ポータブル
新日中辞典
【繁体字版】

蘇文山
監修

三修社

簡体字版『現代日漢・漢日詞典』
外語教學與研究出版社　©1991
繁体字增訂版『小簡明日漢辭典』
文橋出版社　©1995

はじめに

　本辞典は、中国語繁体字学習者のニーズに応えるために編集された。

　主に旅行者ユースとビジネスユースを念頭に編集されているため、訳語その他については簡潔さと見やすさに最大限の配慮をした。

　日常基本用語はもとより科学技術用語・社会科学用語および外来語までを広範に取り込み、総計約２万語を収録した。その他、故事成語・常用文型も網羅しており、コンパクトサイズとはいえ相当程度充実した内容を盛り込めたと自負している。

　さらに、日本語能力検定１級認定標準となる１万語についてもすべて収録した。これは日本語学習者の便宜を考えてのことである。

　収録語彙数は、日常生活レベルにおいて必要かつ十分なものと確信している。本書を利用されることで、学習者の一助ともなれば望外の幸せである。

　なお、台湾・香港での利用を考慮し、付録として「役に立つ表現」、「役に立つ単語」、そして本文では収録されていない「コンピュータ用語」を付した。

　今後の改訂・充実のためにも、広範な読者からのご批判ご指導を賜りたい。

2002年5月

編　者

本辞典の構成

見出し語
1. 本辞典には約2万語を収録した。最重要基本語彙500語は大活字の見出し語で，日常よく使う語彙2,400語は中活字の見出し語で示して区別した。
2. 見出し語は平仮名と片仮名で表記し，片仮名は外来語の表記に用いた。見出し語は五十音順に配列し，清音，濁音，半濁音の順序に従った。促音・拗音はそれぞれ直音の後に配列した。外来語は相応する平仮名見出し語の位置に配列した。
3. 活用のある見出し語の語幹と語尾は間に「・」を入れて区切った。例：あ・う　いた・い
4. 外来語の見出し語は片仮名で表記し，【　】内に英語を表記した。英語以外は言語の前の（　）内に言語名の略号を記入した。例：ピエロ【(仏)pierrot】　ビール【(オ)bier】
5. 接頭辞は後に「-」を付け，接尾辞は前に「-」を付けて示した。例：**お**-　ご-　-さ　-や
6. 2種類以上の漢字表記がある場合は「・」で区切って示し，常用の表記を優先した。例：【激しい・烈しい】
7. 送らなくてもよい送り仮名は（　）に表記した。
例：【行(き)詰(ま)る】【乗(り)越す】

品　詞
1. 同じ一つの見出し語が複数の品詞を兼ねる場合には，「・」で区切って列記した。
2. 品詞指示はすべて略号で示した。

名	名詞
形	形容詞
形動	形容動詞
代	代名詞
副	副詞
連体	連体詞

助動	助動詞
終助	終助詞
並助	並列助詞
副助	副助詞
接助	接続助詞
格助	格助詞
接	接続詞
感	感動詞
自五	五段活用自動詞
他五	五段活用他動詞
自上一	上一段活用自動詞
自下一	下一段活用自動詞
他上一	上一段活用他動詞
他下一	下一段活用他動詞
自カ	カ行変格活用自動詞
自サ	サ行変格活用自動詞
他サ	サ行変格活用他動詞
補動五	五段活用補助動詞
補動上一	上一段活用補助動詞
補動下一	下一段活用補助動詞
造語	造語成分
連語	連語
接頭	接頭辞
接尾	接尾辞

記　号

【　】　見出し語の漢字表記,あるいは外来語の原語を表示

[　]　見出し語の品詞

(　)　①語釈の一般的注　②派生語・複合語　③外来語の原語名　④派生語ならびに難読語の読み

⓪①②　アクセント

❶❷❸　複数の概念の語釈

〜	用例中の見出し語	
〈　〉	専門略語	
；	語釈中の区切り	
◇	成語・ことわざ	
◆	補足説明	
→	関連見出し語への参照	
¶…/	用例とその中国語訳	
——	①同音語で異なるアクセントの区切り　②異なる品詞の区切り　③同音で異なる漢字表記	
…	①省略　②中間省略	
「　」	中国語語釈中の日本語	

略　号

	〈醫〉	医学	〈論〉	論理学
	〈物〉	物理	〈化〉	化学
	〈音〉	音楽	〈法〉	法律
	〈數〉	数学	〈俗〉	俗語
	〈敬〉	敬語	〈體〉	体育・スポーツ
	〈動〉	動物，動物学	〈經〉	経済
	〈口〉	口語	〈建〉	建築
	〈語〉	言語学	〈解〉	解剖学
	〈宗〉	宗教	〈方〉	方言
	〈文〉	文語	〈天〉	天文学
	〈植〉	植物，植物学	〈哲〉	哲学
	〈兒〉	幼児語		
	（ア）	アイヌ語	（仏）	フランス語
	（イ）	イタリア語	（フィ）	フィンランド語
	（オ）	オランダ語	（ぺ）	ペルシャ語
	（カ）	カンボジア語	（ポ）	ポルトガル語
	（ギ）	ギリシャ語	（マ）	マレーシア語
	（ス）	スペイン語	（ラ）	ラテン語
	（中国）	中国語	（ロ）	ロシア語
	（独）	ドイツ語		

あ ア

あ 五十音圖「あ」行第一音,元音之一.羅馬字寫作「a」,發音爲國際音標[α].平假名「あ」來自「安」字的草體,片假名「ア」來自「阿」字的左偏旁.

あ,あっ ①[感] ❶(表示忽然想起什麼央)呀!哎呀!¶~,電車の中に傘を忘れてきた/哎呀!我把傘忘在電車上了¶~,それで思い出した/啊!我想起來了 ❷(不太突然的打招呼聲)喂!哎! ❸(表示吃驚)呀!哎! ❹(表示答應,肯定)嗯!

ああ ⓪[副]那樣,那麼¶~いつまでも子どもでは困ってしまう/總是那個孩子氣真叫人爲難

ああ ①[感] ❶(驚,喜,哀,悲時)啊,哎呦 ❷(同意時)是,哦

アーモンド ①③【almond】[名]〈植〉杏仁,扁桃

あい ①【藍】[名] ❶〈植〉靛 ❷(染料)藍靛 ❸藍色◇青は藍より出(い)でて藍より青(あお)し/青出於藍而勝於藍

あい ①【愛】[名] ❶愛情,戀情 ❷珍愛,愛戴,熱愛,喜歡

あい【合(い)】[造語] ❶(接動詞連用形後)互相¶言い~/議論;口角 ❷(接名詞後表示一種)模糊的感覺¶色~/色調

あいあいがさ ⓪【相合傘】[名](男女)同撐一把傘

あいいれな·い ①【相容れない・相容れない】[形]不相容,勢不兩立

あいえんか ⓪【愛煙家】[名]喜歡抽烟的人

あいえんきえん ⑤【合縁奇縁】[名]緣分,奇緣

あいおい ⓪【相生】[名]〈植〉同根,連理¶~の松/❶連理松 ❷(夫妻)白頭偕老

アイオーシー ⑤【IOC】[名]國際奧委會

あいかわらず ⓪【相変(わ)らず】[副]依舊,依然如故¶店は~繁盛(はんじょう)している/商店依然生意興隆

あいがん ⓪【哀願】[名・他サ]哀求,懇求

あいがん ⓪【愛玩】[名・他サ]玩賞,欣賞¶~動物/(家中爲欣賞而飼養的貓、狗等)寵物

あいきどう ③⓪【合気道】[名](日本武術之一)合氣道

あいきょう ③【愛敬・愛嬌】[名] ❶(給人以)好感¶~たっぷり/笑容可掬 ❷(人,動物)逗人喜愛,可愛¶パンダの動作には,どこか~がある/熊貓的一舉一動,還有些討人喜愛之處 ❸(向對方表示)殷勤,好感¶~を振りまく/表示好感

あいくち ④⓪【合い口】[名] ❶談得來(的人)¶~がいい/談得來 ❷(相撲等的)勁敵

あいくち ④⓪【合口・匕首】[名]匕首

あいご ①【愛護】[名・他サ]愛護,保護

あいこう ⓪【愛好】[名・他サ]愛好,嗜好

あいこくしん ④【愛国心】[名]愛國心

あいことば ③【合(い)言葉】[名] ❶暗語,暗號 ❷口號

あいさい ⓪【愛妻】[名] ❶被寵愛的)妻子 ❷愛妻¶～家/愛老婆的人

あいさつ ①【挨拶】[名・自サ] ❶問候,打招呼,致意¶～を交わす/互相致意 ❷(初次見面)自我介紹 ❸致詞,講話 ❹(書信的首尾)問候,祝福 ❺拜訪,告別,問候

アイシー ③【IC】[名]積體電路

あいしゅう ⓪【哀愁】[名]哀愁

あいしょう ③【相性・合い性】[名] ❶(男女)性格相投 ❷(雙方)和諧,對脾氣

あいじょう ⓪【愛情】[名] ❶熱愛,愛,喜愛 ❷戀愛,愛情

あいじん ⓪【愛人】[名] ❶情人 ❷情夫,情婦

アイス ①【ice】[名]冰
——[造語] ❶冰【-スケート⑤】[名]溜冰 ❷(「アイスクリーム」的略稱)冰淇淋 ❸冰鎮【-コーヒー④】[名]冰鎮咖啡
——【-キャンデー④】[名]冰棒,冰棍

あいず ①【合図】[名・自他サ]信號,暗號,暗示¶～を送る/遞暗號

アイスクリーム ⑤【ice cream】[名]冰淇淋

アイスホッケー ④【ice hockey】[名]冰球

あい・する ③【愛する】[他サ] ❶愛慕,戀 ❷熱愛,喜愛 ❸喜好,愛好

あいせき ⓪【哀惜】[名・他サ]哀惜,哀痛¶～の念に堪えない/不勝悲痛

あいそ ⓪【愛想】[名] ❶討人喜歡¶～がいい/討人喜歡 ❷親近,好意¶～が尽きる/不搭理,嫌棄,討厭

アイソトープ ④【isotope】[名]同位素

あいだ ⓪【間】[名] ❶中間,間 ❷間隔,間隙¶～をあける/騰出空隙 ❸(人與人的)關係¶～に入る/入伙 ❹範圍之內,當中¶-柄(がら)⓪】[名] ❶(人與人的)關係,血緣關係,親屬關係 ❷交往,交際

あいちゃく ⓪【愛着】[名・自サ]眷戀,依依不捨¶～を持つ/眷戀

あいちょう ⓪【愛鳥】[名]愛鳥

あいついで ①【相次いで】[副]相繼,一個接一個

あいつ・ぐ ①【相次ぐ】[自五]相繼

あいづち ④⓪【相槌】[名](鑄鐵時)打對捶¶人の話に～を打つ/別人説話時隨聲附和

あいづちをうつ【相槌を打つ】幫腔,隨聲附和,點頭

あいて ③【相手】[名] ❶伙伴,共事者¶話し～/一塊説話的人 ❷(競爭,比賽的)對手 ❸(買賣,商店的)對象¶子供～にお菓子を売る店/以孩子為銷售對象的點心鋪¶-取(ど)る④】[他五]以…為競爭對手;對…起訴

アイデア ③【idea】[名]主意,想法,念頭

アイデンティティー ①【identity】[名]個性

あいとう ⓪【哀悼】[名・他サ]哀悼,哀悼

あいどく ⓪【愛読】[名・他サ]愛讀,喜歡讀

アイドル ①【idol】[名]偶像,被崇拜的人

あいにく ⓪【生憎】[形動・副]不湊巧,偏偏

アイヌ ①【Ainu】[名](日本少數民族)阿伊奴族

あいのり ⓪【相乗り】[名・自サ] ❶(不是同行人而一起坐出租車的)同乘客人 ❷(不是同伙者而利用機會一起做事的)合作者,共

事者

アイビーエム ⑤【IBM】[名](美國)國際商業機器公司

あいびき ⓪【逢(い)引(き)】[名・自サ](男女)幽會

あいぼう ③⓪【相棒】[名]伙伴,同伙

あいま ③【合間】[名]空閒時間,間隙,空隙

あいまい ⓪【曖昧】[形動]曖昧,含糊¶～模糊(もこ)/含糊其辭,模稜兩可

あいよう ⓪【愛用】[名・他サ]愛用,常用

あいらし・い ④【愛らしい】[形]可愛,討人喜歡

あいろ ⓪【隘路】[名] ❶(山道的)狹窄處 ❷難處

アイロニー ①【irony】[名]反語,諷刺

アイロン ⓪【iron】[名]電熨斗¶～をかける/熨衣服

あ・う ①【会う】[自五]見,會見¶友と～/和朋友見面
——【遭う】遭遇,(偶然)碰見¶ひどい目に～/遭殃,吃苦頭 ◇会うは別(わか)れの始(はじ)め/相逢意味著離別

あ・う ①【合う】[自五] ❶合一,合到一起 ❷一致,符合,合適 ❸準確,正確¶時計が～/錶準 ❹諧和,相配¶このケーキは紅茶とよく～/這種點心正配紅茶 ❺(用「合わない」的形式表示)白費力,白辛苦,不值得¶せっかくしてやったのに、そんなことを言われては～ない/特意為他(她)做反倒挨了一頓說,真是白費力氣
——[接尾](接動詞連用形) ❶互相¶助け～/互相幫助 ❷合一¶溶け～/溶爲一體

アウト ①【out】[名] ❶(網球、乒乓球的)出界 ❷(棒球的)出局,死 ❸失敗
——[造語]外,外面¶～ドア/門外

あえ・ぐ ②【喘ぐ】[自五] ❶喘氣,喘 ❷掙扎

あえて ①【敢えて】[副] ❶敢,敢於¶～危險をおかす/敢於冒風險 ❷(下接否定)不見得…,未必…,不勉強…,不過分…,¶～強制はしないが、できるならお願いします/不勉強求您,如有可能還想請您幫忙

あえん ①⓪【亜鉛】[名]鋅

あお ①【青】[名] ❶藍,蔚藍,天藍色 ❷綠色 ❸(交通信號)綠燈
——[接頭]年輕,未成熟¶～二才/毛孩子,乳臭未乾

あおあお ③【青青】[副]綠油油,青青

あお・い ②【青い・蒼い】[形] ❶藍色 ❷(臉色)蒼白 ❸(果實尚未成熟)青 ❹綠色

あおいろ ⓪【青色】[名]青色,蔚藍色

あおうなばら ④③【青海原】[名]蒼海,汪洋大海

あおうめ ②【青梅】[名]青梅

あおぎり ⓪②【青桐・梧桐】[名]青桐,梧桐

あお・ぐ ②【仰ぐ】[他五] ❶仰視,仰望 ❷尊¶師と～/尊為師長 ❸請求,仰仗¶援助を～/請求援助 ❹(一口氣)飲,服¶毒を～/(一口氣)服毒

あお・ぐ ②【扇ぐ】[他五]搧(扇子)

あおくさ・い ④【青臭い】[形] ❶有青菜味 ❷未成熟

あおざ・める ④【青ざめる】[自下一]蒼白,沒血色

あおじゃしん ③【青写真】[名] ❶藍圖 ❷初步計劃

あおじろ・い ⓪④【青白い】[形]

❶月白色,(月亮)青色 ❷(臉色)蒼白

あおしんごう ③【青信号】[名]❶(交通信號)綠燈 ❷前進,進行,放行等信號

あおぞら ③【青空】[名]❶藍色的天空 ❷(用「青空…」的形式表示)野外,室外,露天¶～駐車(ちゅうしゃ)⑤[名]露天停車

あおな ②⓪【青菜】[名]青菜◇青菜に塩(しお)/垂頭喪氣

あおにさい ③【青二才】[名]小毛孩子,黃口孺子

あおば ①②【青葉】[名](初夏)嫩綠的枝葉

あおみ ③[名]【青み】青色,藍色,綠色¶～を帯びる/略帶青色 ──【青味】(做菜、湯中配菜用的)菜碼,青菜

あおむ・く ⓪【仰向く】[自五]仰,朝上

あおむけ ⓪【仰向け】[名]仰,仰卧

あおもの ②【青物】[名]❶青菜,蔬菜 ❷青菜總稱¶～市場(いちば)⑤[名]菜市場 ❸青魚

あおり ③【煽(り)】[名]❶(風)吹動 ❷影響,牽連¶～をくう/受影響,受損失

あお・る ②【煽る】[他五]❶(風)吹動,煽動 ❷(用扇子)煽火 ❸煽動,鼓動

あか ①【赤】[名]❶紅,紅色 ❷桔紅,粉紅 ❸(交通信號的)紅燈 ❹社會主義,共產主義(者)◇赤の他人(たにん)/陌生人

あか ②【垢】[名]❶垢¶～を落とす/去污,洗澡 ❷水垢 ❸世俗,俗事

あかあかと ③【明明と】[副]亮堂堂,明晃晃 ──【赤赤と】③[副]紅焰焰

あか・い ②【赤い】[形]❶紅,桔紅,粉紅 ❸(社會主義、共產主義思想)赤色◇赤くなる/滿臉通紅

あかがね ⓪【銅】[名]銅

あかぎれ ⓪【皸】[名]皸裂,皴

あが・く ②【足掻く】[自五]❶掙扎,掙脫 ❷徒勞,白費

あかざとう ③【赤砂糖】[名]紅糖

あかさび ⓪【赤さび・赤錆】[名]鐵銹

あかし ⓪【証(し)】[名]證明,證據¶身の～を立てる/證明無辜

あかじ ⓪【赤字】[名]❶赤字 ❷(校對訂正的)紅字

アカシア ⓪②【acacia】[名]〈植〉❶阿拉伯膠樹等 ❷刺槐,洋槐

あかしんごう ③【赤信号】[名]❶(交通信號的)紅燈 ❷危險信號

あか・す ⓪【明かす】[他五]說明真相,說穿¶秘密を～/說出秘密 ──⓪②徹夜不眠(待天明)¶夜を～/徹夜不眠待天明¶鼻(はな)を明かす/乘人不備,搶先下手

あかちゃ・ける ④⓪【赤茶ける】[自下一](日曬)發紅,變紅褐色

あかちゃん ①【赤ちゃん】[名]嬰兒

あかつき ⓪【暁】[名]❶黎明,拂曉 ❷…實現之時¶成功の～には…/當成功之時…

あがったり ④【上がったり】[名](生意、工作等)完蛋,垮台

あかつち ⓪【赤土】[名]紅土

アカデミー ②③【academy】[名]學院,科學院,學會

あかでんしゃ ③【赤電車】[名](日本)末班電車◆也用於公共汽車

あかでんわ ③【赤電話】[名](日本)公用電話

あかとんぼ ③①【赤とんぼ】[名]紅蜻蜓

あかぬ・ける ④【あか抜ける】[自下一]不俗氣,脫俗

あかはじ ⓪【赤恥】[名]十分丟醜,丟臉¶～をかく/十分丟醜

あかはた ⓪【赤旗】[名] ❶紅旗 ❷(革命者,工人使用的)紅旗

あかふだ ⓪【赤札】[名] (特價出售的商品的)紅色標籤

あかまつ ⓪②【赤松】[名]紅松

あかみ ⓪【赤み】[名]紅色

あかみ ⓪【赤身】[名](肉、魚的)痩肉

あが・める ③【崇める】[他下一]崇敬,崇拜,尊敬

あからさま ③⓪[形動]公開,明目張膽,露骨

あかり ⓪【明(か)り】[名] ❶黑暗中的光¶～がさす/亮起來 ❷燈(火)光¶～をつける/點燈

あがり ⓪【上がり】[名] ❶(路、物價)上坡,上漲 ❷完,結束¶今日はこれで～にしよう/今天就到這結束吧 ❸完成,做完¶でき～/完成 ❹收入,效益,收益 ❺(飯館等免費供應的)茶水

―[造語] ❶停止¶雨～/雨停了 ❷病(や)み～/病好了 ❸(接表示職業、身份的名詞後表示)…出身¶軍人～/軍人出身

あが・る ⓪【上がる】[自五] ❶上,登¶炎(ほのお)が～/冒火苗 ❷登陸 ❸(從游泳池、澡堂)出來¶ふろから～/洗完澡 ❹進(家),進來¶どうぞ、お～りください/請進 ❺提高,昇級,提升,進步¶小学校に～/上小學 ❻(趨勢、價格)上漲,上升¶人気(にんき)が～/大受歡迎 ❼響起,發出¶歓声が～/歡聲四起 ❽怯場,慌神¶初めての舞台ですっかり～ってしまった/初次登台暈頭轉向 ❾得到(成果),收到(效益)¶犯人が～/査到犯人 ❿停止¶雨が～/雨停了 ⓫(「訪問する」的敬語)訪問,拜訪

―[他五] (「食べる」「飲む」的敬語)吃,喝¶昼食には何を～りますか/午飯吃什麼?

―[接尾] ❶全部(完成)¶仕～/做完,完成 ❷(某種狀態)極度,完全¶のぼせ～/頭昏腦脹¶晴れ～/天氣格外晴朗

あが・る ⓪【揚がる】[自] ❶升起,揭起¶名が～/揚名 ❷炸,炸好

あかる・い ⓪【明(か)るい】[形] ❶明亮¶～日差し/明亮的陽光 ❷(顔色)明快,亮 ❸快活,爽朗¶～性格/性格開朗 ❹光明 ❺詳知,精通¶法律に～/精通法律

あかるみ ⓪【明(か)るみ】[名]光亮處,明亮處

あかんたい ⓪②【亜寒帯】[名]亞寒帶

あかんぼう ⓪【赤ん坊】[名]嬰兒

あき ①【秋】[名]秋,秋天,秋季

あき ⓪【空き・明き】[名] ❶空,空白,閑着¶座席に～がある/有空位 ❷～家(や)/没人住的房子¶～びん/空瓶 ❷空閒 ❸空額,空缺

あき ②【飽き】[名]厭,膩,夠¶～がくるの～/夠了,膩了

あきあき ③【飽き飽き】[自サ]厭煩,膩煩

あきかぜ ③【秋風】[名]秋風

あきぐち ②【秋口】[名]入秋,初秋

あきさめ ⓪【秋雨】[名]秋雨

あきす ⓪【空き巣】[名]乘人不在家時行竊(的人),閒空門(的賊)

あきぞら ③【秋空】[名](秋天)萬里無雲的天空

あきたりな・い ⓪【飽(き)足りない】[形]不満足

あきち ⓪【空(き)地】[名]空地,閒地

あきっぽ・い ④【飽(き)っぽい】[形]没常性,好厭煩

あきない ②③【商い】[名] ❶生意人 ❷買賣,生意

あきな・う ③【商う】[他五]經商,做生意

あきばれ ⓪【秋晴(れ)】[名]秋季的晴天

あきびより ③【秋日和】[名]秋高氣爽

あきま ⓪【空(き)間】[名]❶空隙,空間 ❷空閒的房子

あきむし ②【秋虫】[名]秋蟲

あきめ・く ③【秋めく】[自五]漸有秋意

あきや ⓪【空(き)家】[名]沒住人的房子,空屋

あきらか ②【明らか】[形動]❶顯然,明顯 ❷亮¶月の～な夜/月光明亮的夜晚

あきら・める ④【明らめる】[他下一]搞清,查明

あきら・める ④【諦める】[他下一]死心,斷念,打消(…念頭)

あ・きる ②【飽きる】[自上一]❶够了,厭煩,厭膩 ❷吃傷,吃膩

あき・れる ⓪【呆れる】[自下一]吃驚,愕住,驚愕

あく ①②【悪】[名]惡,壞

あ・く ⓪【空く・開く・明く】[自五]❶空,閒¶席が～/座位空著 ❷(機器等)閒,没人用 ❸空閒,閒暇¶手が～/閒著,没事幹 ❹(人員的)缺額,空額 ❺開¶ドアが～/門開了¶店が～/商店開業(營業)

あ・く ①【飽く】[自五]够了,厭膩

あくい ①②【悪意】[名]❶惡意,壞心 ❷壞意思¶～に解釈する/惡意曲解

あくうん ②⓪【悪運】[名]❶(做壞事不遭報應的)賊運¶～が強い/賊運亨通 ❷惡運,厄運

あくごう ②【悪業】[名]壞事,惡行¶～の報い/惡有惡報

あくじ ①【悪事】[名]壞事,作惡◇悪事千里(せんり)を走(はし)る/壞事傳千里

あくしつ ⓪【悪質】[名・形動]惡劣,惡性,劣質

あくしゅ ①【握手】[名・自サ]❶握手 ❷和好,和解

あくしゅう ⓪【悪習】[名]惡習

あくしゅみ ③【悪趣味】[名・形動]❶惡作劇 ❷低級趣味

あくじゅんかん ③【悪循環】[名・自サ]惡性循環

アクション ①【action】[名]❶(電影,戲劇中互相酷打、射擊、扭動身體的)演技 ❷(演員、歌手等爲吸引觀衆的)姿態,動作

あくせく ①【副・自サ】❶(爲瑣碎事)忙碌¶～と働く/忙碌 ❷自我煩惱,想不開

アクセサリー ①③【accessory】[名]❶(項鏈等)服飾品,裝飾品 ❷(照像機、汽車的)附屬品

アクセル ①【accelerator】[名](汽車等的)加速器,加速裝置

アクセント ①【accent】[名]❶語調,重音 ❷精心設計部份,突出點,重點

あくど・い ③[形]❶(行爲)過火,過頭,惡毒 ❷(顏色、感覺等)濃艷,重¶～色/刺眼的顏色

あくにん ②⓪【悪人】[名]壞人

あくび ⓪【欠伸】[名・自サ]哈欠¶～が出る/打哈欠

あくひつ ⓪【悪筆】[名]拙劣的字

あくへき ⓪【悪癖】[名]惡習,壞毛病

あくま ①【悪魔】[名]惡魔,魔鬼

あくまで ①②【飽くまで】[副]❶到底,堅持¶～正しいと主張する/一直堅持認爲是正確的 ❷始終,徹底

あぐ・む【倦む】[自五](接動詞連用形作接尾詞表示)棘手,不易做,厭倦¶書き～/寫不下去了

あくめい ⓪②【悪名】[名]壞名聲

あくゆう ⓪【悪友】[名]❶壞朋友

❷(指親密關係的)老朋友
あくよう ⓪【悪用】[名・他サ]濫用,胡用¶地位を～する/濫用職權
あぐら ⓪[名]盤腿坐¶～をかく/❶盤腿坐 ❷(不出力)坐享其成
あくらつ ⓪【悪らつ・悪辣】[形動]惡毒,陰險
あくりょく ②【握力】[名]握力¶～計(けい)⓪[名]握力器
アクリル ②【(独)Acryl】[名]〈化〉❶丙稀 ❷聚丙稀纖維
あくる ⓪【明くる】[連体]次,下,翌¶～朝/次日早晨
あけ ⓪【明(け)】[名]天亮,黎明¶～の明星/晨星
——②[接尾]期滿,終了¶休み～/休假期滿
あげ ⓪【上(げ)】[名]❶提,撞,上漲¶値～/漲價 ❷窩邊,縫褶
あげ ⓪【揚(げ)】[名]❶(「あぶらあげ」的略稱)油炸豆腐 ❷油炸(的食品)¶さつま～/炸紅薯
あげあしをとる【揚(げ)足を取る】找碴兒,挑剔字眼
あけがた ⓪【明(け)方】[名]黎明,拂曉
あげく ⓪【挙げ句・揚げ句】[名]最終,最後¶～の果て/到了最後,最終終於¶さんざん迷った～,やめにした/猶豫到最後,終於決定不做了
あげくのはて ⓪【挙げ句の果て・揚げ句の果て】結果,到頭來,到了最後
あけくれ ②【明(け)暮れ】[名・副・自サ]❶日日夜夜,朝夕,終日,始終¶～心配ばかりしている/始終掛念著
あけく・れる ④【明(け)暮れる】[自下一]度過,光陰流逝¶涙に～終日痛哭流涕
あげさげ ②【上げ下げ】[名]❶上下,起落 ❷表揚和批評,褒貶 ❸

(物價)漲落 ❹(潮水)漲落
あげしお ⓪【上(げ)潮】[名]❶漲潮 ❷高漲
あけすけ ⓪②【明け透け】[形動]不隱諱,露骨
あげぜんすえぜん ②【上(げ)膳据え膳】[名]坐享其成
あけっぱなし ⓪【明けっ放し】[名](門、窗等)開著,大敞大開
——[形動]直率,坦率
あけっぴろげ ⓪【開けっ広げ】[形動]直爽,坦率
あげて ⓪【挙げて】[副]全,都¶国を～祝う/舉國歡慶
あけぼの ⓪【曙】[名]曙光,黎明
あげもの ⓪【揚(げ)物】[名]油炸食品

あ・ける ⓪【明ける】[他下一]❶天亮,天明¶夜が～/天亮了 ❷期滿,到期¶年が～/新年開始
——【空ける・開ける】[他下一]❶空出,騰出¶席を～/空出座位 ❷打眼兒,鑽孔 ❸開,打開¶幕を～/開幕¶店を～/開始營業◇明けても暮(く)れても/終日,一年到頭

あ・げる ⓪【上げる・揚げる・挙げる】[他下一]❶(向高處)舉,撞¶たこを～/放風箏¶手を～/舉手 ❷朝上¶顔を～/揚起臉 ❸嘔吐 ❹(從館上)卸下¶荷を～/卸貨 ❺(請客人)進屋¶客を～/把客人請進屋來 ❻送…上學¶子供を学校へ～/送孩子上學 ❼提高(價格)¶価格を～/漲價 ❽大聲,高聲¶歓声を～/大聲歡呼 ❾收到,得到¶成果を～/取得成果 ❿(油)炸 ⓫完成,做完¶仕～/做好,完成 ⓬列舉,提示,舉出¶実例を～/舉出實例 ⓭用盡,使出¶総力を～/全力以赴,竭盡全力 ⓮舉行,舉辦¶式を～/舉行儀式 ⓯(「与える、やる」的

敬語)給

——[補助]給(他人)做…¶君が教えて～げなさい/請你教給他

あご[2]【顎・腭】[名] ❶顎 ❷下巴◇～をなでる/洋洋得意◇あごが干上(ひあ)がる/無法糊口◇あごで使(つか)う/頤使他人◇あごを出(だ)す/精疲力盡

アコーディオン[4][2]【accordion】[名]手風琴

あこがれ[0]【憧れ】[名]憧憬,嚮往

あこが・れる[0]【憧れる】[自下一] ❶憧憬,嚮往 ❷(被異性)吸引

あさ[2]【麻】[名] ❶麻 ❷麻線,麻布

あさ [1]【朝】[名]早上,上午

あざ[2]【痣】[名]痣

あさ・い [0]【浅い】[形] ❶淺 ❷短促,輕微,少¶経験が～/経験少

あさいと[0]【麻糸】[名]麻線

あさおき[2]【朝起(き)】[名・自サ]早起

あさがお[2]【朝顔】[名]牽牛花

あざけ・る[3]【嘲る】[他五]嘲笑,譏諷

あさって[2]【明後日】[名]後天

あさね[2]【朝寝】[名・自サ]睡早覺

あさねぼう[3]【朝寝坊】[名・自サ]睡懶覺,睡懶覺的人

あさはか[2]【浅はか】[形動]淺薄,膚淺

あさはん[0]【朝飯】[名]早飯

あさばん[0]【朝晩】[名]早晚

——[副]朝夕,經常,始終

あさひ[1][2]【朝日】[名]朝日,朝陽

あさまし・い[4]【浅ましい】[形] ❶悲惨 ❷無聊,卑鄙

あさみ[0]【浅み】[名]水淺的地方

あざみ[2]【薊】[名]〈植〉薊,刺兒菜

あさみどり[3]【浅緑】[名]淺綠

あざむ・く[3]【欺く】[他五] ❶欺,騙,蒙騙 ❷勝似,賽過¶昼を～明るさ/明如白晝

あさめし[02]【朝飯】[名]早飯,早餐

——前(まえ)[5]【名]極其容易,輕而易舉

あざやか[2]【鮮(や)か】[形動] ❶(色彩,形狀)鮮艷,鮮明 ❷(技藝等)精湛,美妙

あさやけ[0]【朝焼(け)】[名]朝霞

あさゆう[1]【朝夕】[名]朝夕,早晚

——[副]經常,常常,朝夕

あざらし[2]【海豹】[名]海豹

あさ・る[02]【漁る】[他五]搜求,尋求¶買い～/搜購

あざわら・う[4]【あざ笑う・嘲笑う】[他五]嘲笑,譏笑

あし [2]【足・脚】[名] ❶(動物、人等的)腿,脚 ❷行走,往來

——【脚】(器物的)腿¶机の～/桌子腿

——【脚・足】(雲、雨的)趨勢¶雨(あま)-[2][0][名]雨勢◇足がつく/❶犯人有了線索 ❷(食品)腐爛◇足が出(で)る/虧空,超支◇足繁(しげ)く/頻繁來往◇足を洗(あら)う/洗手不幹,改邪歸正◇足を運(はこ)ぶ/特意拜訪◇足を引(ひっ)張(ぱ)る/故意搗亂,折台,妨礙◇足が棒(ぼう)になる/累得腿發直

あし[1]【蘆・葦・芦】[名]蘆葦

あじ [0]【味】[名] ❶味道,味覺,味¶～をつける/調味 ❷趣味,妙處¶～がある/耐人尋味

——[形動]風趣

アジア[1]【Asia】[名]亞洲

あしあと[3]【足跡】[名]足跡,脚印

あしおと[43]【足音】[名]脚步聲

あしがかり[3]【足掛(かり)】[名] ❶(攀登時)脚蹬處 ❷門路,線索

あしかけ[0]【足掛(け)】[名](計算

年、月、日的)満,前後大約¶～三年/前後三年

あしからず ③【悪しからず】[副](書信用語)請原諒,別見怪

あしくび ②③【足首】[名]足脖子

あじけな・い ③【味気無い】[形]乏味,無聊

あしこし ②③【足腰】[名]腰腿¶～が立たない/癱瘓

あじさい ①【紫陽花】[名]綉球花,八仙花

あしざまに ⓪【悪(し)様に】[副]悪意,故意説壊話

アシスタント ②【assistant】[名]助理,助手

あした ③【明日】[名]明天

あしだい ⓪【足代】[名]車費,交通費

あじつけ ⓪④【味付(け)】[名・他サ]調味,調味方法

あしでまとい ④【足手まとい】[名・形動]累贅,繁累

あしどめ ④【足留め・足止め】[名・他サ]禁止外出(通行)¶～を食う/被禁止外出(通行)

あしどり ④⓪【足取り】[名]❶步調,步伐,脚步 ❷(犯人的)踪跡

あしなみ ⓪④【足並】[名]❶步伐,步調 ❷(集體)行動¶～がそろう/統一行動

あしならし ④【足慣(ら)し・足馴し】[名]❶(病後)練習走路,練腿脚 ❷(運動之前)準備運動

あしば ③【足場】[名]❶(站、立時)立足之處 ❷(工地)脚手架 ❸立足點,立脚點

あしぶみ ④③【足踏(み)】[名・自サ]❶踏步 ❷停滞不前,無進展

あしまかせ ③【足任せ】[名]信步

あじみ ⓪③【味見】[名]嘗鹹淡,嘗味道

あしもと ④③【足もと・足元・足許】[名]❶脚下 ❷(生活、工作的)立脚點 ❸脚步¶～がふらつく/脚步不穏 ◇足もとから鳥(とり)が立(た)つ ❶事出突然 ❷突然進行 ◇足もとに火(ひ)がつく/危險臨頭 ◇足もとにも及(およ)ばない/望塵莫及 ◇足もとを見(み)られる/(弱點)被看穿,被人抓住短處

あしら・う ③【他五】❶(一般的)招待,應付¶鼻で～/怠慢 ❷點綴,配合¶菊に、もみじを～った生け花/菊花配紅葉的插花

あじわい ⓪【味わい】[名]❶味道 ❷趣味,風趣

あじわ・う ⓪【味わう】[他五]❶嘗,嘗滋味 ❷鑑賞,欣賞¶詩を～/欣賞詩 ❸嘗受,體驗

あす ②【明日】[名]❶明天 ❷將來,未來

あずかり ④③【預(か)り】[名]❶收存,寄存,保管 ❷保管人[-人(にん)]⓪[名]保管人 ❸(相撲比賽時的)和局

あずか・る ③【与(か)る】[他五]❶参與,干預¶国政に～/参政 ❷蒙受,承蒙(誇奨、關照)¶お招きに～/承蒙招待

あずか・る ③【預(か)る】[他五]❶收存,保管¶金を～/保管錢 ❷承擔,擔任

あずき ③【小豆】[名]紅小豆

あず・ける ③【預ける】[他下一]❶寄存,存放¶金を銀行に～/把錢存入銀行 ❷委託 ◇げたを預ける/全權委託 ❸(相撲比賽時)將身體靠在對方身上

アスファルト ③【asphalt】[名]瀝青

アスベスト ③【(独)Asbest】[名]石棉

あずま ①【東・吾妻】[名]日本關東地區的古稱

あずまうた ③【東歌】[名](日本詩歌)關東方言的和歌

あずまや ③【東屋・四阿】[名]亭,

アスレチック ①【athletic】[名]健身房

あせ ①【汗】[名] ❶汗¶～をかく/出汗¶冷(ひや)～②[名]冷汗 ❷(渗出,凝聚的)水珠◇手(て)に汗をにぎる/捏一把冷汗,提心吊膽

あぜ ②【畔・畦】[名] ❶田埂,地埂 ❷(門檻,拉門,拉窗等的)槽間,簷格

あせくさ・い ④【汗臭い】[形]臭汗味,汗味

あせだく ⓪【汗だく】[名]汗流浹背,渾身是汗

あせば・む ③【汗ばむ】[自五]冒汗,出汗

あせみずたらして【汗水垂らして】[連用]汗流如雨

あぜみち ②【畔道】[名]田間小路

あせ・る ②【焦る】[自五]急躁,焦躁

あ・せる ②⓪【褪せる】[自下一]褪色,掉色

あぜん ⓪【啞然】[副・連体]啞然,目瞪口呆

あそこ ⓪【彼処】[代] ❶那裡,那邊 ❷(説話人和聽話人共同知道的)那裡,那兒

あそば・す ⓪【遊ばす】[他五] ❶使～;玩耍 ❷「する」的敬語;做,幹¶いかが～しました/您做得如何
——[接尾](用「お(ご)…あそばす」的形式表示敬語,相當於……なさる)¶お帰り～せ/您回來了

あそび ⓪【遊び】[名] ❶遊戲 ❷(機器零件之間的)空隙,空間

あそ・ぶ ⓪【遊ぶ】[自五] ❶玩,遊戲 ❷(無事可做)閒逛,遊蕩 ❸閒置不用¶せっかくの機械が～んでいる/難得的機器閒置不用

あだ ②【仇】[名] ❶仇敵,仇人 ¶～を討つ/報仇 ❷仇恨 ❸損害,危害¶～をする/加害

あだ ②【徒】[名・形動]白費,徒勞 ¶～やおろそかにできない/不當回事,輕視

あたい ⓪【価】[名]價錢,價格
——【値】〈數〉值,數值

あたい・する ⓪【値する】[自サ] (用「…に値する」的形式表示)值,值得¶称賛に～/值得稱讚

あだうち ④⓪【あだ討(ち)・仇討(ち)】[名・自サ] ❶報仇,復仇 ❷報復

あた・える ⓪【与える】[他下一] ❶(長輩對晚輩)給,授 ❷給予(自由,權利等) ❸提供¶仕事を～/提供工作(機會) ❹使…蒙受,使…受¶いい印象を～/留給(別人)好印象

あたかも ①②【恰も】[副]如同,恰似,宛如

あたたか・い ④【暖かい・温かい】[形] 溫暖,暖和
——【温かい】溫情,親切

あたたま・る ④[自五]
——【暖まる・温まる】溫暖,暖和
——【温まる】溫暖(人心),親切

あたた・める ④【暖める・温める】[他下一] 暖,熱,燙¶スープを～/熱湯
——【温める】保留原稿¶十年も～めていた原稿/保留十年之久的原稿

アタック ③【attack】[名・他サ] ❶攻擊,進攻 ❷(向困難)挑戰,進軍

あだな ⓪【あだ名・渾名・綽名】[名]外號,綽號

あたふた ②[副・自サ]慌慌張張,倉惶

あたま ③【頭】[名] ❶頭,腦袋 ❷頭部 ❸頭髮,髮

型¶〜をかる/理髪 ❹(物體的頂端,上部)頂,頂¶鼻の〜/鼻頭 ❺頭目,首領 ❻人数,人員¶〜を揃える/人到齊了 ❼腦筋,腦力,思考力¶〜を使う/動腦筋 ❽最初,開始,開頭¶頭が上(あ)がらない/擡不起頭◇頭が痛(いたい)/❶頭痛 ❷傷腦筋◇頭隠(かく)して尻(しり)隠さず/顧頭不顧尾◇頭が下(さ)がる/佩服◇頭にくる/惱火◇頭をかかえる/不知如何是好,爲難◇頭を丸(まる)める/❶剃髪出家 ❷剃光頭以示認輸,認錯

あたまうち ⓪【頭打(ち)】[名]頂點,達到頂點¶〜になる/達到頂點

あたまかず ④【頭数】[名]人数,人手¶〜を揃える/人数齊了

あたまきん ⓪【頭金】[名]定金,押金,保證金

あたまごなし ④【頭ごなし】[名]不容分説,不問情由¶〜に決めつける/不容分説一口咬定

あたまでっかち ④【頭でっかち】[名・形動] ❶腦袋大,上面大下面小 ❷光説不練(的人)

あたまわり ⓪【頭割(り)】[名]均攤,按人数平均分配¶〜にする/按人数均攤

あたらし・い ④【新しい】[形] ❶新¶〜型/新型 ❷新鮮

あたらずさわらず ⓪【当(た)らず障らず】不得罪人,圓滑,不痛不癢

あたらない ⓪【当(た)らない】[連語]不必,用不着

あたり ①【辺り】[名] ❶附近,周圍,一帶¶この〜/這一帶,附近 ❷靠近,…周圍¶静岡〜/静岡縣周邊 ❸如…様的,之類的¶委員長には林さん〜がいい/委員長選像林君那樣的人合適

あたり ⓪【当(た)り】[名] ❶碰,撞,(碰、撞、接觸時的)觸感¶人〜が柔らかい/待人親切¶風〜が強い/風勢強 ❷如願¶〜はずれ/期待落空 ❸頭緒,着落¶〜をつける/有頭緒,有著落
—— [接尾] ❶中毒,受病¶食〜/食物中毒¶暑気〜/中暑 ❷平均,每¶一人〜一万円の手当/每人一萬日元的補貼

あたりさわり ⓪【当(た)り障り】[名]妨礙,影響

あたりちら・す ⑤【当(た)り散らす】[自五]拿別人出氣

あたりどし ⓪③【当(た)り年】[名] ❶豐収年 ❷幸運的一年,順利的一年

あたりまえ ⓪【当(た)り前】[形動] ❶自然,正常 ❷理所當然

あた・る ⓪【当(た)る】[自五] ❶碰,撞,擊中¶強敵に〜/遭到強敵 ❷命中,中¶的(まと)に〜/中靶,命中目標¶予想が〜/不出所料 ❸苛待,對待¶つらく〜/苛刻對待 ❹擔當,擔任¶任に〜/擔當責任 ❺被分配,被分派¶いい役に〜ってよかった/遇上一個好角色太好了 ❻(光,雨,火等)照,曬,烤¶雨に〜/遭雨,遇雨¶火に〜/烤火,取暖 ❼受害¶食べ物に〜/食物中毒 ❽相於,合¶昔の関白は今の総理大臣に〜/古時的「関白(日本古時的官名)」相當於現在的總理 ❾(用「…には当(た)らない」的形式表示)不必,用不著¶驚くには〜らない/不必吃驚¶遠慮するには〜らない/用不著客氣 ❿核對,査對¶辞書に〜/核對字典
—— [他五]剃,刮¶ひげを〜/刮臉◇当たって砕(くだ)けろ/(不管成功與否)下決心幹一場

アダルト・ビデオ ⑤【adult video】[名]色情影片

あちこち ③[代]到處,各處
── [名・自サ](事情)不一致
あちら ⓪[代] ❶那裏,那邊,那兒 ❷(指特定的人)那位,那個人 ❸[名]歐美,外國
あちらこちら ④這兒那兒,到處
あっ ①[感](意外,吃驚)啊,呀,哎呀¶〜という間(ま)に/剎那,一眨眼工夫¶〜と言わせる/令人吃驚
あつ・い ⓪【厚い】[形] ❶厚 ❷厚,濃¶〜雲/濃雲 ❸誠摯,熱情¶人情が〜/富於人情味
── 【篤い】(病情)危急,重¶病(やまい)が〜/病危
あつ・い ②【熱い】[形] ❶(溫度)熱¶〜お茶/熱茶 ❷(感情)熱,熱烈¶胸が〜くなる/心中(充滿)感激
── 【暑い】(天氣)熱
あっか ⓪【悪化】[名・自サ]惡化,變壞
あつかい ⓪【扱い】[名] ❶(機器)操作,使用 ❷接待,招待,對待¶客の〜/待客 ❸待遇¶まるで罪人〜だ/簡直像對待犯人
あつか・う ⓪【扱う】[他五] ❶處理,辦理¶事件を〜/處理事件 ❷(機器,器械等)使用,掌握 ❸待遇,對待 ❹提到議事日程,(提出…)進行處理 ❺經營,買賣¶この型の商品は〜っておりません/我們不經營這種型號的商品
あつかまし・い ⑤【厚かましい】[形]厚顏無恥
あつぎ ⓪【厚着】[名]多穿衣服,穿得厚
あつくるし・い ⑤【暑苦しい】[形]悶熱,酷熱,酷暑
あつげしょう ③④【厚化粧】[名・自サ]濃妝
あっけな・い ④【呆気ない】[形]不盡興,不過癮
あっけにとられる【呆気に取られる】目瞪口呆
あつさ ①⓪【暑さ】[名] ❶暑氣,暑熱 ❷夏季
あっさく ⓪【圧搾】[名・他サ]壓榨,壓擠¶〜空気(くうき)⑤[名]壓縮空氣
あつさむさもひがんまで【暑さ寒さも彼岸まで】到秋分冷到春分
あっさり ③[副・自サ] ❶(味,色,設計)清淡,素氣 ❷(性格)爽快
── [副]簡單,輕易
あつじ ⓪【厚地】[名]厚衣料,厚布
あっしゅく ⓪【圧縮】[名・他サ] ❶壓縮 ❷(內容,字數等)壓縮
あ・する ⓪③【圧する】[他サ]壓,壓制,壓倒
あっせん ⓪【斡旋】[名・他サ]斡旋,從中調解,周旋
あっち ③[代]→あちら
あっとう ⓪【圧倒】[名・他サ]壓倒,凌駕
あっぱく ⓪【圧迫】[名・他サ] ❶壓,壓住 ❷(權勢)壓迫,壓制
あっぱれ ⓪【天晴れ】[形動]值得佩服,令人折服
── [感]真好,了不起,有本事
アップ ①[up][名・自他サ] ❶上,升,提高¶レベル〜/水準提高 ❷(「クローズアップ」的略稱)影片特寫鏡頭 ❸(女子髮型)後部頭髮上卷
あっぷあっぷ ①[副・自サ]透不過氣,非常困難
あつまり ④③【集まり】[名] ❶集合 ❷整體,全體 ❸集會,聚會,會議
あつま・る ③【集まる】[自五]集合,集中,滙合,聚
あつみ ⓪【厚(み)】[名]厚,厚度
あつ・める ③【集める】[他下一] ❶召集,收集

❷吸引(注意力)
あつものにこりてなますをふく【羹に懲りて膾を吹く】一朝遭蛇咬,三年怕井繩
あつらえ ③【誂(え)】[名]定做,定做的東西
あつら・える ④【誂える】[他下一]定做¶洋服を～/定做西装
あつりょく ②【圧力】[名] ❶(物體與物體之間的)壓力¶-計(けい) ⓪[名]壓力計 ❷(為達到目的而施加)壓力¶～を加える/施加壓力
あつれき ⓪【軋轢】[名]摩擦,不和,糾紛
あて ⓪【当(て)】[名] ❶目標,目的¶～もなく歩く/漫步,信步而行 ❷期待,指望¶～にならない/靠不住 ❸墊,護具¶すね～/護膝,護腿◇当てにする/指望,期待
――【宛(て)】[接尾]給,發¶学校～の手紙/給學校的信
あてが・う ⓪【宛てがう】[他五] ❶緊靠,貼上¶耳に～/貼在耳朵上 ❷分配,分派¶新しい仕事を～/分派新工作
あてこすり ⓪【当(て)擦り】[名]譏諷,指桑罵槐
あてこ・む ③【当(て)込む】[他五]期望(好結果)
あてさき ⓪【宛(て)先】[名]收信(件)人姓名(地址)¶～不明/地址不詳
あてじ ①【当(て)字】[名] ❶借用字 ❷別字,白字
あてずっぽう ⓪【当てずっぽう】[他下一]瞎猜,胡猜
あてつ・ける ④【当(て)付ける】[他下一](不直接表示自己對對方的不滿而故意引人注目地)譏諷,做…暗示
あてどな・い【当(て)どない】[形]無目的,無目標

あてな ⓪【あて名・宛名】[名]收信(件)人姓名(地址)
アデノイド ③【(独)Adenoid】[名]〈醫〉扁桃線肥大
あてはずれ ③【当(て)外れ】[名・形動]失望,落空
あてはま・る ④【当(て)嵌(ま)る】[自五]適用,合適
あては・める ④【当(て)嵌める】[他下一]使…適用,使…合適
あでやか ⓪【艶やか】[形動]艶麗,華麗,婀娜
あ・てる ⓪【当てる】[他下一] ❶猜測,推測,使…命中 ❷曬,烤,淋¶日に～/曬太陽 ❸安,放,貼¶つぎを～/補釘
――【宛てる】給,發¶友人に～てて手紙を書く/給朋友寫信
――【充てる・当てる】利用,用做…¶生活費に～/作為生活費用
あと ①【後】[名] ❶以後,後來¶～に回す/回頭再做(説),(做事情)往後拖 ❷將來,今後 ❸繼承者,後任¶～を継ぐ/繼承家業 ❹子孫,後代¶～が絶える/絶後 ❺背後¶～をふり返る/回頭看 ❻尾部¶～押し/支持者,後援的人 ❼離去的方向¶～を追う/追趕;效仿
――[副]剩下,餘下¶～五分で終わる/還有五分鐘結束◇後の雁(かり)が先(さき)になる/後來居上◇後の祭(まつ)り/馬後炮◇後は野(の)となれ山(やま)となれ/只顧眼前,不顧將來
あと ①【跡】[名] ❶遺跡,痕跡 ❷(死去的人的)家業,事業【取(と)り②】[名]繼承人
あとあし ②【あと足・後足・後肢】[名]後腳◇後足で砂(すな)を掛(か)ける/不僅不知感恩,甚至連走時也要給人留下麻煩

あとあじ ⓪②【後味】[名] ❶(飲食後的)口味 ❷事後回味

あとがき ⓪【後書(き)】[名] ❶(書,論文等)後記 ❷(信的)又及,附筆

あとかたづけ ③【後片付け・跡片付け】[名・自サ]整理,收拾

あどけな・い ④[形]天真爛漫

あとさき ①【後先】[名] ❶順序,前後 ❷先後的次序

あとしまつ ③【後始末】[名] ❶收拾,清理,善後 ❷善後處理

あとずさり ③【後ずさり・後退り】[名・自サ]後退,退縮

あとぢえ ②【後知恵】[名]事後聰明,雨後送傘

あとつぎ ②③【跡継(ぎ)】[名] ❶(家業等)繼承人 ❷(職位等)後任

あとづけ ⓪【後付(け)】[名] ❶(書信中)日期,姓名 ❷(書)後記,附錄

あとのまつり ①-⓪【後の祭(り)】[名]馬後炮,雨後送傘

アドバイス ③【advice】[名・他サ]忠告,建議

あとばらい ③【後払い】[名・他サ]後付款

あとまわし ③【後回し】[名]推遲,延緩

あともどり ③【後戻り】[名・自サ] ❶返回,往回走 ❷倒退,退步

アトラクション ③【attraction】[名](為吸引顧客而加演的)節目,餘興

アトリエ ⓪③【(仏)atelier】[名](畫家,雕刻家的)工作室

あな ②【穴・孔】[名] ❶穴,孔,眼,窟窿 ❷洞 ❸弱點,缺陷 ❹(生意中的)虧損 ❺(別人不知的)賺錢的事(地方)

あなうめ ⓪【穴埋め】[名・自他サ]填補虧空(虧損)

アナウンサー ③【announcer】[名]廣播員,播音員

アナウンス ②③【announce】[名・他サ]廣播,播送,播音

あながち ⓪[副](後接否定表示)不一定,不見得¶この計画をとりやめたのは,〜経済的理由だけによるものではない/停止這項計劃,不見得僅是由於經濟上的原因

あなた ②【貴方・貴男・貴女】[代]你,您

あなた ⓪②[代]那邊,彼處

あなたまかせ ④【あなた任せ】[名] ❶任人擺布 ❷任其自然

あなど・る ③【侮る】[他五]輕視,侮辱

あに ①【兄】[名] ❶哥,兄 ❷姐夫,(丈夫的哥哥)大伯哥

あにき ①【兄貴】[名] ❶(敬稱,愛稱)哥,兄 ❷(幫會等)大哥,老大

アニメーション ③【animation】[名]動畫片

あによめ ②【兄嫁】[名]嫂子

あね ⓪【姉】[名] ❶姐 ❷嫂子,(丈夫的姐姐)大姑子

あねったい ②【亜熱帯】[名]亞熱帶

あねにょうぼう ③【姉女房】[名]比丈夫年長的妻子

あの ⓪【連体】 ❶那個,那~¶〜光景は忘れられない/那情景忘不了 ❷(雙方都清楚的)那,那個¶〜人/那個人
——[感]喂,那個那個

あのかた ③④【彼の方】[代]〈敬〉他,那一位

あのよ ⓪【あの世】[名]來世,黃泉

あのよう ③【あの様】[形動]那樣,那般

アパート ②【apartment】[名]公寓

あば・く ②【暴く】[他五]揭發,揭

露

あばた ⓪【痘痕】[名] ❶麻子 ❷表面不平(不光滑)◇あばたもえくぼ/情人眼裏出西施

あばらぼね ⓪【あばら骨・肋骨】[名]肋骨

あばらや ③【あばら屋】[名]破房子

あば・れる ⓪【暴れる】[自下一]亂鬧,胡鬧

アピール ②【appeal】[名・他サ] ❶呼籲 ❷有魅力,有感染力,有吸引力

あび・せる ⓪【浴びせる】[他下一] ❶淋,澆,潑 ❷施以,加以 ¶非難を～/大加譴責

あひる ⓪【家鴨】[名]鴨子

あ・びる ⓪【浴びる】[他上一] ❶淋,澆,浴 ❷遭,受¶喝采(かっさい)を～/贏得喝采

アフターサービス ⑤【after service】[名]售後服務

あぶな・い ⓪【危ない】[形] ❶危險 ❷令人擔心,靠不住

あぶなく ⓪【危なく】[副]→あやうく

あぶら ⓪【脂】[名](動物的)脂肪【-身(み)】③[名]肥肉【-ぎ・る】④[自五] ❶(因脂肪多)發亮,發光 ❷肥胖
——【油】[名] ❶(花生油等)植物油 ❷石油,汽油,煤油 ❸活動力,勁兒◇油が切れる/沒勁兒◇脂が乗(の)る/ ❶上膘 ❷(工作,學習)幹得起勁◇油を売(う)る/泡時間,偷懶◇油を絞(しぼ)る/教訓,指責

あぶらあげ ③【油揚(げ)】[名]油炸豆腐

あぶらえ ③【油絵】[名]油畫

あぶらけ ⓪③【油気・脂気】[名]油氣,油性,油亮

あぶらげ ③【油揚】[名]→あぶらあげ

あぶらしょう ③【脂性】[名]油性皮膚的人

あぶらな ③【油菜】[名]油菜

あぶらみ ③【脂身】[名]肥肉

アフリカ ⓪【Africa】[名]非洲

あぶ・る ②【焙る・炙る】[他五]烤,焙,烘

あふ・れる ③【溢れる】[自下一]溢出,漾出,充滿,洋溢¶自信に～/充滿信心

あぶ・れる ⓪[自下一]找不著工作,被甩掉

あべこべ ⓪[名・形動](順序,關係)顛倒,相反

アベック ②【(仏)avec】[名]情侶

あへん ①⓪【阿片】[名]鴉片

アポイントメント ②【appointment】[名]任命;職位;約會;預約

あほう ①②【阿呆・阿房】[名・形動]蠢貨,傻子

あほうどり ②【信天翁】[名]信天翁

あま ①【尼】[名]尼姑

あま ①【海女】[名]海女

あま ①【亜麻】[名]亜麻

アマ ①[名]→アマチュア

あまあい ⓪③【雨間】[名]降雨的間歇,雨暫停的工夫

あまあし ②⓪【雨脚・雨足】[名](大雨)雨勢

あま・い ⓪【甘い】[形] ❶甜 ❷親切,輕鬆¶～メロディー/輕鬆的音樂 ❸淡¶みそ汁は～/醬湯淡 ❹寬容,姑息¶子どもに～/對孩子嬌慣 ❺樂觀¶～く見る/樂觀地看 ❻鬆¶ねじが～/螺絲鬆◇甘い汁(しる)を吸(す)う/撈一把

あまえ ⓪【甘え】[名]隨便,撒嬌

あま・える ⓪【甘える】[自下一] ❶(孩子對父母)撒嬌 ❷承蒙好意¶お言葉に～えまして/承蒙好意

あまぐ ②【雨具】[名]雨具

あまくだり ◎【天下り】[名]政府官員退休後在民間企業等任職

あまくち ◎【甘口】[名・形動](酒)不太辣;(醬)不太鹹

あまぐつ ②【雨靴】[名]雨靴

あまぐり ◎【甘栗】[名]糖炒栗子

あまごい ②【雨ごい・雨乞(い)】[名]求雨,祈雨

あまざけ ◎【甘酒】[名]甜酒,糯米酒

あまざらし ③【雨ざらし・雨曝(し)】[名](任憑)雨淋,雨澆

あま・す ②【余す】[他五]剩,剩餘

あまぞら ③【雨空】[名]要下雨的天空

あまだれ ◎【雨垂(れ)】[名]順房檐流下的雨滴◇雨垂(あまだれ)石(いし)をうがつ/滴水穿石

アマチュア ①【amateur】[名] ❶業餘愛好者 ❷外行

あまった・れる ◎【甘ったれる】[自下一]過ömsestra分撒嬌,任性撒嬌

あまど ③【雨戸】[名]木板套窗

あまどい ②【雨どい・雨樋】[名](屋檐等)水溜子

あまなっとう ③【甘納豆】[名](日本一種豆類食品)甜豆豉

あまねく ②③[副]普遍,遍

あまのじゃく ③【天の邪鬼】[名]故意與別人鬧彆扭的人

あまみ ◎【甘味】[名] ❶甜味 ❷(點心類的)甜食

あまみず ②【雨水】[名] ❶雨水 ❷(雨後地面上)積水

あまもり ②【雨漏(り)】[名・自サ]漏雨

あまやか・す ◎【甘やかす】[他五]嬌生慣養,嬌縱

あまやどり ③【雨宿り】[名・自サ]避雨

あまり ③【余り】[名] ❶剩餘,多餘¶〜が出る/有剩餘,出零頭 ❷(用「…のあまり」的形式表示)由於過分…¶悲しさの〜/由於過度悲傷 ——◎[形動]太…,很…¶〜の暑さで人も動物も倒れた/由於天氣太熱人和動物都量倒了 ——◎[副] ❶太¶〜大きいのでびっくりした/太大了我感到吃驚 ❷(用「あまり…ない」的形式表示)不太…¶この本は〜おもしろくない/這本書不太有趣 ——[造語](用「…余り」的形式表示)稍多¶四十〜の男の人/四十歲的男人◇余りある/ ❶有結餘 ❷…仍不足

あまりに ④【余りに】[副]過於…,過分¶ショックが〜大きくて、言葉が出ない/打擊過於嚴重,話都說不出來了

あま・る ②【余る】[自五] ❶多餘,富餘 ❷超過¶目に〜/目不忍睹

あまん・じる ④【甘んじる】[自上一] ❶滿足,安於 ❷忍受

あみ ②【網】[名] ❶網眼¶金(かな)〜/鐵絲網 ❷(烤魚等用的)網子 ❸魚網,(捕蟲等用的)網

あみだ・す ◎③【編(み)出す】[他五]想出(新方法)

あみど ②【網戸】[名]紗窗,紗門

アミノさん ◎③【アミノ酸】[名]氨基酸

あみぼう ②【編(み)棒】[名]毛衣針

あみめ ③②【編(み)目】[名](織毛衣的)針眼

あみもの ②【編(み)物】[名](毛衣等)織品,毛線活

あ・む ①【編む】[他五] ❶(用毛線、線等)織 ❷編輯(書等)

あめ ①【雨】[名]雨¶〜が上がる/雨停了¶〜をついて行く/冒雨前往¶涙の〜/淚流如雨◇雨降(ふ)って地(じ)固(かた)まる/不打不相識

あめ ⓪【飴】[名]糖
あめあがり ③【雨上(が)り】[名]雨停,雨住
あめかぜをしのぐ【雨風を凌ぐ】遮風避雨
あめがち ⓪【雨がち】[形動]多雨(天),常下雨
あめだま ⓪【あめ玉・飴玉】[名]糖塊◇あめ玉をしゃぶらせる/(為欺瞞、利用對方而説好話)使人喜歡
あめもよう ③【雨模様】[名]❶要下雨的樣子 ❷多雨的(天氣)
アメリカ ⓪【America】[名]美洲,美國
アメリカン・フットボール ⑨【American football】[名]美式足球
あや ②【綾・文】[名]❶(用線或顔色)描出的圖案,紋¶杉の～/杉樹的紋 ❷綾綢,綾絹 ❸條理,情節 ❹措辭,修辭¶言葉の～/措詞
——[名・形動]有魅力,有回味
あやうい ⓪【危うい】[形]危險
あやうく ⓪【危うく】[副]幾乎,差點¶～命を落とすところだった/差點送了命
あやおり ⓪④【あや織り・綾織り】[名]斜紋織品
あやし・い ⓪【怪しい】[形]❶奇怪,可疑 ❷不可信,没準 ❸神魂不定
あやし・む ③【怪しむ】[他五]可疑,覺得奇怪
あや・す ②[他五]哄,逗
あやつりにんぎょう ⑤【操り人形】[名]❶木偶 ❷傀儡
あやつ・る ③【操る】[他五]❶操縱 ❷幕後操縱 ❸掌握¶三か国語を～/掌握三門外語
あやふや ⓪[形動]含糊,暧昧
あやまち ④③【過(ち)】[名]錯誤,過失

あやま・つ ③【過つ】[他五]❶弄錯,搞錯 ❷失敗,犯錯誤
あやまり ④③【誤り】[名]錯誤¶～を犯(おか)す/犯錯誤¶～あらば正(ただ)す/有錯就要改
あやま・る ③【誤る】[自他五]❶搞錯,弄錯 ❷失誤 ❸貽誤,貽害
あやま・る ③【謝る】[他五]賠禮,道歉
あゆ ①【鮎】[名](日本産)香魚
あゆみ ③【歩み】[名]❶步行,走 ❷步伐,進展
あゆみよ・る ⓪【歩み寄る】[自五]❶走近,靠近 ❷互相進步
あゆ・む ②【歩む】[自五]走,行走,前進
あら ②【粗】[名](没剔淨肉的)魚骨,魚頭,粗人的缺點
——[造語]【荒】粗暴,粗魯¶～波/狂涛,惡浪【粗】大致,粗略¶～造り/粗製【粗・荒】粗糙,没加工
あらあらし・い ⑤【荒荒しい】[形]粗野,粗暴
あらい ⓪【洗(い)】[名]❶洗,洗衣服¶水～/水洗 ❷冷水浸的生魚片
あら・い ⓪【荒い】[形](性格等)粗,粗暴
——【粗い】❶粗略,大致¶～く見積る/大致地估計 ❷粗糙
あらいざらい ②④【洗(い)ざらい】[副]所有,全部
あらいざらし ⓪【洗(い)ざらし・洗い晒し】[名]洗褪色的衣物(布料)
あらいそ ⓪【荒磯】[名]多岩石的海岸
あらいば ⓪【洗(い)場】[名]❶洗衣服,(洗碗)的地方 ❷(浴池)洗身體的地方
あら・う ⓪【洗う】[他五]❶洗,洗刷 ❷沖刷¶波が岸を～/海浪沖刷海岸 ❸查,調査¶身元を～

あらうみ ③【荒海】[名]波涛汹湧的大海

あらが・う ③【抗う】[自五]抗争,反抗

あらかじめ ⓪【副】事前,提前¶〜お知らせしておきます/事前通知

あらかせぎ③【荒稼(ぎ)】[名・自他サ]授機倒把,發橫財

あらかた ⓪【粗方】[副]大部分,大體,基本

あらぎもをひしぐ【荒肝をひしぐ】使人心驚膽顫

あらくれ ⓪【荒くれ】[名]魯莽,粗魯【-男(おとこ)⑤】[名]魯莽大漢

あらけずり ③⓪【荒削(り)・粗削(り)】[名・他サ](木工)粗刨,粗削
——[名・形動]粗野,粗魯

あらさがし ③【粗探し】[名・自他サ]挑毛病,找錯兒

あらし ①【嵐】[名]暴風雨

あら・す ③【荒(ら)す】[他五] ❶擾亂,騷擾 ❷(進入別人領域內)偷盜,破壞

あらすじ ⓪【荒筋・粗筋】[名]梗概,概略

あらもがな④【非もがな】[連語]多此一舉,多餘

あらそい ③【争い】[名]爭論,糾紛

あらそ・う ③【争う】[他五] ❶爭奪,鬥爭 ❷競爭¶一刻を〜/分奪秒

あらそえな・い ④【争えない】[形]無可爭議,無可否認¶年は〜/年歲不饒人

あらた ①【新た】[形動]新¶思い出を〜にする/記憶猶新

あらだ・てる ④【荒立てる】[他下一]使…激化,惡化

あらたま・る ④【改まる】[自五] ❶改變,改進 ❷鄭重其事,正經¶〜った場面/鄭重其事的場合 ❸革新¶年号が〜/更改年號
——【革まる】病重

あらためて ③【改めて】[副] ❶再次,另行 ❷重新¶〜言うまでもない/不需要重新提起

あらた・める ④【改める】[他下一] ❶改變,改進 ❷更改,改換 ❸鄭重其事,正經¶服裝を〜/穿戴整齊莊重

あらっぽ・い ⓪【荒っぽい】[形] ❶粗野,粗暴 ❷粗糙

あらて ⓪【新手】[名] ❶生力軍,新人,新手 ❷新方法,新手段

あらぬ ②【連体】不合常理,反常¶〜ことを口ばしる/信口胡言

あらの ⓪【荒野・曠野】[名]荒野,曠野

あらまし ⓪[名]梗概,梗略
——[副]大致,大體

あらもの ②【荒物】[名]雜貨【-屋(や)④】[名]雜貨店

あらゆる ③【連体】一切,所有

あらりょうじ ③⑤【荒療治】[名](對疾病)悫治;(大刀闊斧的)改革

あられ ⓪【霰】[名] ❶霰 ❷(將蔬菜等切成)小塊,丁 ❸小方形糯米點心

あれもな・い ③⑤[形](女性)不體面,不像樣

あらわ ⓪①【露(わ)】[形動]暴露,顯露,露骨¶不滿を〜に顔に出す/明顯地露出不滿

あらわ・す ③【現(わ)す】[他五]現,出現¶正体を〜/顯現原形
——【表(わ)す】表達,表現¶態度に〜/態度上有所表示
——【著す】著,著作¶本を〜/著書

あらわれ ④⓪【現(わ)れ】[名] ❶現象,表現 ❷結果

あらわ・れる ④【現(わ)れる】[自下一]
出現,顯現,暴露¶悪事が～/壞事暴露
——【表(わ)れる】表現,顯出¶性格が行動に～/性格表現在行動上

あらんかぎり ②④【あらん限り】[連語]所有,一切,全部¶力を～出す/盡全力

あり ⓪【蟻】[名]螞蟻◇蟻(あり)の穴(あな)から堤(つつみ)も崩(くず)れる/千里之堤毁於蟻穴◇蟻のはい出(で)るすきもない/戒備森嚴

ありあま・る ⓪【有(り)余る】[自五]充裕,富餘

ありありと ③[副]❶歷歷,清楚¶～目に浮かぶ/歷歷在目 ❷明顯

ありあわせ ⓪【有(り)合(わ)せ】[名]現成,現有¶～の食事/現成的飯菜

ありえない ③【有(り)得ない】[連語]不會有,不可能有

ありかた ③④【在り方】[名]❶現狀 ❷理所當然的狀態,應有的狀態¶教育の～を求めて、いろいろな試みをする/為求得教育應有的狀態,進行各種嘗試

ありがた・い ④【有り難い】[形]❶值得感謝,值得慶幸¶～くいただきます/承蒙您的好意 ❷尊貴,寶貴,難得

ありがち ⓪【有(り)勝ち】[形動]常有,容易有¶子どもに～なけがが/小孩子常有的傷

ありがとう ②【有(り)難う】[感]謝謝

ありがね ②⓪【有(り)金】[名]現錢

ありきたり ⓪【在り来たり】[形動]常見,慣例,老一套

ありげ ⓪【有(り)気】[造語・形動](接體言後表示)似乎…,像…樣子¶用～な顔/看樣子像有什麼事情

ありさま ②⓪【有(り)様】[名]樣子,情況,狀況

ありつ・く ⓪【自五】(好容易)找到,得到(工作,食物等)¶仕事に～/找到工作

ありったけ ⓪【有りったけ】[副]所有,一切,全部

ありとあらゆる ①-③[連体]所有一切

ありのまま ⑤【名・形動・副】如實,照樣¶～に言う/照實說

アリバイ ②【alibi】[名]不在犯罪現場的證明

ありふれた ⓪[連体]常見,常有,不稀奇

ありふ・れる ⓪【有(り)触れる】[自下一](用「ありふれた」的形式表示)常有,司空見慣,不足為奇¶～れた話/常有的事

ありゅう ⓪【亜流】[名](專指文學、藝術等方面效仿名人的)追隨者,效仿者

ありゅうさんガス ⑨【亜硫酸ガス】[名]二氧化硫

ありよう ③【有(り)様】[名]❶實際狀況,實情 ❷現狀 ❸(後接否定表示)不會有…¶そんな奇妙なことは～がない/不會有那種稀奇的事

あ・る ①【在る・有る】[自五]❶存在,有 ❷具有¶この薬は効き目が～/這藥有效果 ❸(處於特定的地位)居…¶そのころ、彼は委員長の地位に～った/那時他任委員長 ❹發生,舉行¶明日、小学校で運動会が～/明天在小學舉行運動會 ❺(時間)流逝,過¶やや～って、会議が始まった/過了一會兒,會議開始了
——[補動五]❶(用「…である」的形式表示)是¶くじらは哺乳類で～/鯨魚是哺乳類動物 ❷

(用「…てある」的形式)表示某種行動、狀態、結果的存續¶木が植えて〜/種有樹 ❸(接形容詞、形容動詞)表示狀態¶必死に弁解している彼の姿を見ると、おかしくも〜り、気の毒でも〜った/看着他竭盡全力辯解的樣子,既可笑又可憐

ある ①【或る】[連体]某,有的¶〜時/有時

あるいは ②【或(い)は】[接]或,或者¶明日の天気は、雨〜雪でしょう/明天的天氣下雨或是下雪吧——[副]或者,也許

あるかぎり ③【有る限り】[副]全,都,一切

アルカリ ⓪【(オ)alkali】[名]鹼【-性(せい)】⓪[名]鹼性

ある・く ②【歩く】[自五] ❶走,步行 ❷(乘車、船等)周遊¶世界中を〜/走遍世界,周遊世界

アルコール ⓪【(オ)alcohol】[名] ❶〈化〉酒精,乙醇 ❷酒【-中毒(ちゅうどく)】①[名]酒精中毒

あるじ ①【主】[名] ❶主人,一家之主 ❷店主 ❸所有者

アルツハイマーびょう ⓪【アルツハイマー病】[名]〈醫〉阿爾茨海默病,老年痴呆症

アルバイト ③【(独)Arbeit】[名・自サ](課餘的)副業,打工掙錢

アルバム ①⓪【album】[名] ❶相簿,影集 ❷唱片集

アルピニスト ④【(独)Alpinist】[名]登山家

アルファせん ⓪【alpha線】[名]〈物〉阿爾法射線(α射線)

アルファベット ④【alphabet】[名]拉丁字母,字母序列,字母表

アルプス ②①【Alps】[名] ❶(歐洲南部的山脈)阿爾卑斯山脈 ❷(日本中部的)日本阿爾卑斯

あるべき ③[連体] ❶當然有的 ❷應有的,必須有的¶人間の〜姿/人應具有的形象

あるまじき ③[連体]不應有的,不應該的,不相稱的

アルミ・サッシ ④【aluminium sash】[名]鋁製窗框

アルミニウム ④【aluminium】[名]〈化〉鋁

アルミ・ホイル ④【aluminium foil】[名]鋁箔紙(食物調理烹調用)

あれ ⓪【荒(れ)】[名] ❶狂風,暴雨¶大(おお)〜/大暴雨 ❷(皮膚)粗糙

あれ ⓪[代] ❶那個,那,那時,那樣 ❷(指自己的部下、晚輩)那人,那傢伙 ❸(雙方都知道的)那件事,那時¶君に頼んでおいた〜はどうなった/託你辦的那件事怎麼樣了

あれ ①[感](驚訝、感動時的女性用語)哎呀

あれくる・う ④【荒(れ)狂う】[自五]瘋狂,(波濤)洶湧

あれこれ ②[名・副]這個那個,種種,這樣那樣¶〜思い悩む/思前想後,憂心忡忡

あれしょう ③②【荒(れ)性】[名]乾性(皮膚)

あれち ⓪【荒(れ)地】[名]荒地,不毛之地

あれの ⓪【荒(れ)野】[名]荒原

あれは・てる ④【荒(れ)果てる】[自下一] ❶荒廢,荒蕪 ❷(壞得)不可救藥

あれもよう ③【荒(れ)模様】[名] ❶變天,(海上)起風暴 ❷(心情、氣氛)失常¶試合は〜だ/比賽失常

あ・れる ⓪【荒れる】[自下一] ❶變天,(海上)起風暴 ❷(心情、精神、行動)失常 ❸(土地等)荒蕪 ❹(皮膚等)乾燥,皸裂

アレルギー ③【(独)Allergie】[名]

❶〈醫〉過敏,過敏症 ❷(對事物等)起反應,核～/核恐懼

アレンジ ②【arrange】[名・他サ] ❶整理,排列 ❷準備,安排 ❸改編,編曲 ❹商定,調解

あわ ②【泡】[名] ❶泡,沫,氣泡 ¶～が立つ/起泡(沫) 兒[泡立(あわだ)つ] ③[自五]起泡 ❷唾沫,泡◇泡を食(く)う/驚慌

あわ ①【粟】[名]穀子,小米

アワー【hour】[造語]時間,時刻 ¶ラッシュ～/(上下班)尖峰時間

あわ・い ②【淡い】[形] ❶(顏色、味)淡,清淡 ❷少許,輕微¶～恋心(こいごころ)/淡淡的戀情

あわせ ③【袷】[名](和服)夾衣

あわせ【合(わ)せ】[造語] ❶對,對照¶時報～/對時間 ❷(同類的)比較¶歌～/賽詩歌遊戲

あわせて ②【合わせて】[副]合計,共計

あわ・せる ③【合わせる・併せる】[他下一]加在一起,合為一體¶力を～/合力

——【合(わ)せる】❶互相接觸¶顔を～/見面 ❷使…一致¶心を～/齊心 ❸核對,對照

あわただし・い ⑤【慌ただしい】[形]急匆匆,慌張

あわだ・つ ③【泡立つ】[自五]起泡,起沫子

あわてふため・く ⑥【慌てふためく】[自五]驚慌失措,手忙脚亂

あわ・てる ⓪【慌てる】[自下一]急忙,慌張

あわび ①【鮑】[名]鮑魚

あわや ①[副]險些,眼看着¶～転落というところで助かった/就在要掉下去的一刹那得救了

あわゆき ②【淡雪】[名](初春時節的)微雪,薄雪

あわよくば ③①[副]碰巧的話,如果得機會的話

あわれ ①【哀れ】[名] ❶可憐,憐憫¶～をさそう/引起憐憫之心 ❷情趣,悲切,哀傷¶旅の～/旅愁

——[形動] ❶悲哀,悲傷 ❷悲慘

あわれっぽ・い ⑤【哀れっぽい】[形]可憐,令人憐憫

あわれ・む ③【哀れむ】[他五]同情,憐憫,可憐

あん ①【案】[名]想法,建議,設想¶～を出す/出主意

あん ①【餡】[名] ❶豆餡,餡,土豆泥 ❷(肉、菜)的餃子餡 ❸(做菜用的)芡,滷

あんい ①【安易】[形動] ❶輕而易舉,容易¶～な道/捷徑 ❷估計不足,考慮不深

あんいつ ⓪【安逸】[名・形動]安逸,遊手好閒

あんうつ ⓪【暗鬱】[形動]暗淡,陰鬱

あんか ①【安価】[名・形動] ❶廉價,便宜 ❷沒價值¶～な同情/無謂的同情

あんがい ①⓪【案外】[副・形動] ❶沒想到,意外 ❷比較,可以¶このケーキは～おいしい/這塊蛋糕挺好吃

あんかけ ④⓪【餡掛け】[名]澆滷(麵條)

あんき ⓪【暗記】[名・他サ]記住,背下來 兒[まる-] ③[名]照原樣背,死記硬背

あんぎゃ ⓪①【行脚】[名・自サ] ❶〈佛〉雲遊,行脚 ❷周遊,巡遊

あんきょ ①【暗渠】[名]暗渠

アングル ①【angle】[名](攝影)角度

アンケート ③【(仏)enquête】[名]民意調查(測驗)

あんけん ③⓪【案件】[名] ❶(討論)議題 ❷(訴訟中的)案子,案件

あんこ ①【餡こ】[名] ❶→あん

❷(枕頭等的)瓢
あんごう ⓪【暗号】[名]暗號,密碼
アンコール ③【仏)encore】[名・自サ](音樂會,歌劇等演出後叫好)再來一次,(應觀衆要求)再演一次
あんこく ⓪【暗黑】[名・形動]❶黑暗,漆黑 ❷愚昧(的時代) ❸惡勢力橫行
あんさつ ⓪【暗殺】[名・他サ]暗殺
あんざん ⓪【暗算】[名・他サ]心算,暗算
あんじ ⓪【暗示】[名・他サ]❶暗示 ❷使人信以爲真¶～にかける/使人相信
あんしつ ⓪【暗室】[名]暗室
あんじゅう ⓪【安住】[名・自サ]❶安居 ❷滿足現狀,安於現狀
あんしゅつ ⓪【案出】[名・他サ](考慮出)研究出新方法
あんしょう ⓪【暗礁】[名]暗礁
あんしょう ⓪【暗唱・暗誦】[名・他サ]背誦
あん・じる ⓪③【案じる】[他上一]❶擔心(他人)¶健康を～/擔心(他人)健康 ❷想辦法,籌劃¶一計を～/想出一計
あんしん ⓪【安心】[名・形動・自サ]安心,放心
あんず ⓪【杏・杏子】[名]杏
あん・ずる ③⓪【案ずる】[他サ]→案じる
あんせい ⓪【安静】[名]安静
あんぜん ⓪【安全】[名・形動]安全{-き}③[名]保險金{-弁(べん)}③[名]❶(鍋爐)安全閥 ❷安全装置
あんぜん ⓪【暗然】[副]悲傷
アンダーライン ⑤【underline】[名](在横寫文章中,對重點部份劃的)横線,字下線
あんちゅうもさく ⑤【暗中模索】[名・自サ]摸索着做
あんてい ⓪【安定】[名・自サ]❶安定,穩定¶～を保つ/保持安定 ❷(物體的)穩定性
アンテナ ⓪【antenna】[名]天線
あんど ⓪【安堵】[名・自サ]安心,放心
あんどん ⓪【行灯】[名]紙燈籠
あんな ⓪【連体】那樣的
あんない ③【案内】[名・他サ]❶嚮導,引路¶～係(がかり)⑤[名]嚮導,引路人 ❷指南
あんな(に) ⓪【副】那麼,那樣地
あんのじょう ③【案の定】[副]果然,正如所料
あんば ⓪【鞍馬】[名]鞍馬
あんばい ③【名内】❶身體狀況 ❷(用「いいあんばいに」的形式表示)正好,幸好¶いい～に晴れてきた/正好天晴了
——[名・他サ]安排,部署
アンバランス ④【unbalance】[名・形動]不平衡,不平均
あんパン ③【餡パン】[名]夾餡麵包
あんぴ ①【安否】[名]平安與否
アンペア ③【ampere】[名]〈物〉安培
あんま ⓪【按摩】[名・他サ]按摩,推拿
あんまり ⓪【形動】過度,過於¶～な言い方/過份的説法
——[副]→あまり
あんみん ⓪【安眠】[名・自サ]安眠,熟睡
あんもく ⓪【暗黙】[名]默默不語,不聲不響
あんや ①【暗夜】[名]黑夜
あんゆ ①【暗喩】[名]暗喩,隱喻
あんらく ①⓪【安樂】[名・形動]安樂,舒適{-椅子(いす)}④[名]安樂椅

い イ

- **い** 五十音圖「あ」行第二音,元音之一。羅馬字寫作「i」,發音爲國際音標[i]。平假名「い」來自「以」字的草體,片假名「イ」來自「伊」字的左偏旁。
- **い** ①【医】[名]醫,醫術
- **い** ⓪【胃】[名]胃
- **い** ⓪【異】[名]❶異,不同 ❷奇特,奇異◇異とするに足(た)りない/不足爲奇◇異を立(た)てる/標新立異
- **い** ①【意】[名]❶意,心意 ❷意思,意義◇意に介(かい)する/介意,在意◇意に満(み)たない/不滿意
- **い** [終助](主要用於親密的男性之間)❶表示疑問¶元気か～/你好嗎 ❷表示強調,勸告¶早くしろ～/快點呀!
- **いあつ** ⓪【威圧】[名・他サ]威壓,欺壓
- **いあわ・せる** ④【居合わせる】[自下一]在場
- **いあん** ⓪【慰安】[名・他サ]安慰,慰勞
- **い・い** ①【良い・好い・善い】[形]❶好¶気分が～/心情好;身體舒服 ❷行,合適,可以¶それで～/那樣就可以 ❸…爲好¶つかれたら,むりしないで休んだら～/累了的話,就不必勉強,還是休息爲好
  ——[接尾](接動詞連用形下表示)合適…,易於…¶住み～/易於居住
- **いい・う** ③【言い合う】[自他五]互相說,異口同聲地說
- **いいあらそ・う** ⓪【言(い)争う】[他五]爭論,爭吵
- **いいえ** [感](用於回答)不,不是,沒有(＝いや,いやいや)¶～,そうではありません/不,不是那樣¶～,どういたしまして/不,没関係;豈敢豈敢
- **いいかえ・す** ③【言(い)返す】[自五]還嘴,還口
- **いいか・える** ④【言(い)換える】[他下一]換句話說
- **いいがかり** ⓪【言(い)掛かり】[名]藉口,找碴¶～をつける/藉口,找碴
- **いいかげん** ⓪【好い加減】[副]很,相當¶～いやになる/很煩膩
  ——[形動]❶適當,恰當¶ふざけるのも～にしろ/開玩笑也要適可而止 ❷敷衍¶～な返事をしないでくれ/不要給我敷衍的答覆
- **いいかた** ⓪【言い方】[名]❶説法 ❷表現法
- **いいかわ・す** ④【言(い)交わす】[他五]❶交談 ❷口頭約定婚事
- **いいきか・せる** ⑤【言(い)聞かせる】[他下一]勸説,勸告,訓誨
- **いいき・る** ③【言(い)切る】[他五]❶説完 ❷斷言,説定¶きっぱりと～/斷然地説
- **いいぐさ** ⓪【言いぐさ・言い種・言い草】[名]❶説法 ❷話柄
- **いいこ・める** ④【言(い)込める】[他下一]駁倒,説倒
- **イースター** ①【Easter】[名]復活節
- **イーゼル** ①【easel】[名]畫架
- **いいそこな・う** ⑤【言(い)損なう】[他五]❶説錯 ❷失言,失口
- **いいそび・れる** ⑤【言いそびれ

いいた・てる ④【言(い)立てる】[他下一]一一例數,列舉

いいつ・ける ⑤【言(い)つける】[他下一] ❶吩咐,命令 ❷告狀,告發

いいつたえ ⓪【言(い)伝え】[名] 傳聞

いいとお・す ③【言(い)通す】[他五]堅持說,硬說

いいなお・す ④【言(い)直す】[他五]重說,再說

いいなずけ ⓪【許嫁・許婚】[名]未婚夫(妻)

いいならわし ⑤【言(い)習わし】[名]老話,老習慣

いいなり ⓪【言(い)なり】[名]唯命是從¶～になる/任人擺布

いいのこ・す ④【言(い)残す】[他五] ❶沒說完,未說盡 ❷留言,留話

いいは・る ③【言(い)張る】[他五]堅持說,固執己見

いいふく・める ⑤【言(い)含める】[他下一]囑咐,詳細地說給…聽

いいふら・す ④【言(い)触らす】[他五]到處宣揚(他人的短處、傳聞等)

いいぶん ⓪①【言(い)分】[名]主張,意見

いいまわし ⓪【言(い)回し】[名]措詞,說法

イーメール ③【E-mail】[名]電子郵件¶友人に～を送る/發電子郵件給朋友

いいわけ ⓪【言(い)訳】[名]辯解,分辯¶～がたたない/不成其為理由

いいん ①【医院】[名]私人診所

いいん ①【委員】[名]委員¶一会(かい)②【名】委員會

い・う ⓪【言う】[他五] ❶說,講¶はっきり～/清楚地講 ❷表達,形容¶ひとことで～と/用一句話來表達的話… ❸叫,稱¶名を太郎と～/名叫太郎
――[自五]響,發出響聲¶戸が,がたぴしと～/門咯嗒咯嗒地響
――[補動五] ❶表示不確切的傳聞¶ここは戦国時代の城跡(しろあと)だと～/據說這裡是戰國時代的城堡遺址 ❷用「AというB」的形式表示A,B兩詞是同一内容¶春と～季節はねむいものだ/春天真是令人發睏的季節 ❸用「AというA」的形式表示全部,所有¶窓と～窓に明かりがついている/所有的窗子都亮着燈 ❹用「…というと」「…といえば」「…といって」的形式表示提示話題¶あの人は,暮れと～とかならず借金にくる/一到年末,那個人肯定來借錢 ❺用「こういう」「そういった」等形式表示同類、同様¶そう～行(な)いはつつしんでほしい/那樣做,你要三思◇言うまでもない/不言而喻,當然◇言わぬが花(はな)/不說為好

いえ ②【家】[名] ❶房屋¶～を建てる/蓋房子 ❷家,自己的家¶～を出る/出門;分開過 ❸家系,家世,門第¶～をつぐ/承嗣

いえがら ④⓪【家柄】[名]門第,家世

いえき ①【胃液】[名]胃液

いえじ ②【家路】[名]歸途,回家的路

いえで ③【家出】[名・自サ]出走,離家出走

いえん ⓪【胃炎】[名]胃炎

いおう ⓪【硫黄】[名]硫黄

いか ⓪【烏賊】[名]烏賊,墨魚

いか ①【以下】[名] ❶以下¶小学

いがい ①【以外】[名]以外,除…之外¶生～は半額/小學生以下半價 ❷後面,以後¶實例は～に示す/實例如後面所示

いがい ⓪【遺骸】[名]遺骸,遺體

いがい ①⓪【意外】[形動]意外,想不到¶事件は～な方向に発展した/事件向意外的方向發展

いかいよう ②【胃潰瘍】[名]胃潰瘍

いかが ②【如何】[副・形動】❶如何,怎麼樣¶ご気分は～ですか/您感覺怎麼樣¶コーヒーは～/來杯咖啡怎麼樣 ❷是否合適(表示一種不贊成的心情)

いかがわし・い ⑤【如何わしい】[形]❶可疑 ❷低級,下流

いがく ①【医学】[名]醫學¶―博士(はくし,はかせ)④【名】醫學博士

いか・す ②【生かす】[他五]使…活着,留活命
―【生かす・活かす】使…發揮作用¶才能を～/發揮才能

いがた ③⓪【鋳型】[名]鑄型,鑄件

いかに ②【副】❶如何,怎麼樣(用「いかに…でも」の形式表示)無論怎樣…也,即使怎樣…也¶～いそいでも/無論怎麼着急～

いかにも ②[副]❶非常,實在 ❷的確,果然 ❸似乎,好像

いかほど ②【副】❶多少,若干 ❷怎樣,怎麼

いかめし・い ④【厳めしい】[形] ❶嚴肅,威嚴 ❷森嚴,嚴格

いカメラ ②【胃カメラ】[名]胃鏡

いかり ⓪【怒り】[名]怒,憤怒

いかり ⓪【錨・碇】[名]錨,碇¶～をおろす/拋錨

いか・る ②⓪【怒る】[他五]生氣,憤怒¶烈火のごとく～/怒火萬丈

いかん ②[副]如何,怎樣
―[名](事物的)趨勢,狀況

いかん ⓪【遺憾】[名・形動]遺憾,可惜¶～の意を表す/表示遺憾

いき ②【生き】[名]❶生,活 ❷(魚,肉,菜)新鮮 ❸(校對時)恢復已刪去的字

いき ②【行き】[名]❶去,往 ❷開往…¶東京～の急行/開往東京的快車

いき ①【息】[名]呼吸,氣息¶～がつまる/喘不過氣來 ◇息が合(あ)う/合得來 ◇息の根(ね)を止(と)める/❶殺,殺害 ❷扼殺 ◇息を凝(こ)らす/屏息,憋住氣 ◇息を殺(ころ)す/屏息,息を吐(つ)く/❶喘氣 ❷鬆口氣 ◇息を詰(つ)める/屏息,憋住氣 ◇息を抜(ぬ)く/休息一下,喘口氣

いき ⓪【粋】[形動]漂亮,瀟灑,風流

いき ①【域】[名]程度,境界

いき ①【意気】[名]意氣,氣勢

いぎ ①【異議】[名]異議,不同意見

いぎ ①【意義】[名]❶意義,價值 ❷意思

いきあたりばったり ⓪-③【行き当たりばったり】[名・形動]過事現打主意,漫無計劃

いきいき ③【生き生き】[副・自サ]生氣勃勃,生動

いきうまのめをぬく【生き馬の目を抜く】眼明手快

いきうめ ④⓪【生(き)埋め】[名]活埋

いきおい ③【勢(い)】[名]❶氣勢,威勢 ❷力量,勁頭 ❸趨勢,局面
―[副]自然而然

いきがい ②⓪【生きがい・生き甲斐】[名]生存的意義

いきかえ・る ⓪【生(き)返る】[自五]復活,復甦

いきかた ④【生き方】[名]生活方

式,生活準則

いきき ⓪【行き来】[名・自他サ] 往來,來往

いきぎれ ④③【息切れ】[名・自サ] ❶呼吸困難 ❷做到一半不能堅持下去

いきぐるし・い ⑤【息苦しい】[形] ❶呼吸困難 ❷沉悶緊張 ¶〜ふんいき/沉悶緊張的氣氛

いきごみ ③【意気込み】[名]幹勁

いきご・む ③【意気込む】[自五] 鼓足勁頭,起勁

いきさき ⓪【行き先】[名]去的地方,目的地;去向,去處→ゆきさき

いきさつ ⓪【経緯】[名](事情的)經過,原委,來龍去脈

いきじびき ③【生(き)字引】[名]活字典,萬事通

いきすぎ ⓪【行き過ぎ】[名]過份,過頭,過火

いきす・ぎる ④【行き過ぎる】[自上一] ❶走過,通過 ❷走(坐)過頭了

いきだおれ ⓪【行き倒れ】[名]路倒

いきちがい ⓪【行き違い】[名] ❶走岔 ❷(聯繫等)弄錯

いきづま・る ④【行き詰まる】[自五] ❶走到盡頭 ❷停滯不前,陷入僵局

いきづま・る ④【息詰まる】[自五](緊張得)喘不過氣來

いきどおり ③【憤り】[名]憤怒,憤慨

いきどお・る ③【憤る】[自五]憤怒,憤慨

いきとど・く ④【行(き)届く】[自五]周到,周密

いきどまり ⓪【行き止まり】[名](路的)盡頭,終點

いきなり ⓪【副】突然,冷不防

いきぬき ④③【息抜き】[名・自サ]休息,歇口氣

いきのこ・る ⓪【生(き)残る】[自五]倖存

いきの・びる ⓪【生(き)延びる】[自上一]保全性命,生存下來

いきもの ②③【生き物】[名]有生命力的東西

いきょう ⓪【異教】[名]異教

いきょう ⓪【異郷】[名]異鄉,他鄉 ——【異境】異境,異國

いきようよう ⓪【意気揚揚】得意揚揚

イギリス ⓪【(ポ)Inglez】[名]英國

い・きる ②【生きる】[自上一] ❶活,生存 ❷謀生,生活 ❸有用,有效 ❹(圍棋、棒球等)活

い・く ⓪【行く・往く】[自五] ❶去,往 ¶となりの町へ〜/去鄰鎮 ❷往来,上學 ❸(事物)進行,進展 ¶うまく〜/進展順利 ❹滿足,滿意 ¶満足が〜/満足 ❺過去,逝去,流逝 ¶春が〜/春天過去 ❻經過,走過 ——[補動五] ❶用「…ていく」的形式表示逐漸變化 ¶夜がふけて〜/夜深了 ❷用「…ていく」的形式表示留有某種結果離去 ¶手つけ金だけは、はらって〜こう/先把保證金交了再走吧

いく-【幾】[接頭] ❶多少,幾 ¶〜人/幾個人 ❷許多,很多 ¶〜千年/幾千年

いくえにも ①【幾重にも】[副]反覆地,多次地

いくじ ①⓪【育児】[名]育兒

いくじ ①【意気地】[名]要強心,志氣

いくじがない ①【意気地がない】沒有志氣,沒出息,懦弱

いくせい ⓪【育成】[名・他サ]培養,培育

いくつ ①【幾つ】[名] ❶幾個,多少 ❷幾歲

いくど ①【幾度】[副]好多次,好幾

回

いくどうおん ①-⓪【異口同音】[名]異口同聲

いくぶん ⓪【幾分】[名・副]某種程度,多少

いくら ①【幾ら】[名・副] ❶多少¶このりんごは一個〜ですか/這蘋果一個多少錢 ❷(用「いくらでも」的形式表示)不論多少¶〜でも結構です/多少都行

いくらか ①⓪[副]稍微,多多少少

いくらも ①【幾らも】[副] ❶很多,很豐富,有的是 ❷多少

いけ ②【池】[名] ❶池,池子 ❷硯池

いけいれん ②【胃けいれん・胃痙攣】[名]胃痙攣

いけがき ②【生(け)垣】[名]樹蘺,樹牆

いけど・る ③⓪【生(け)捕る】[他五]活捉,生擒

いけな・い ⓪[形] ❶不好,糟糕 ❷不行,不可以¶来ては〜/不能來 ❸不會喝酒 ❹(用「…なければいけない」的形式表示)必須¶宿題はしなければ〜/必須做作業

いけばな ②【生(け)花・活(け)花】[名]生花,插花

い・い ⓪【自下一】❶相當不錯,相當好 ❷能喝酒¶〜口だ/能喝酒的人 ❸好吃(喝)

い・ける ②【生ける・活ける】[他下一]插花,生花

──【埋ける】壓火

いけん ①【意見】[名・他サ] ❶意見,見解 ❷勸告,規勸¶人に〜する/勸告別人

いげん ⓪【威嚴】[名]威嚴

いご ①【以後】[名] ❶…以後,…之後¶明治〜の作家/明治以後的作家 ❷今後,往後¶〜は気をつけます/今後一定注意

いご ①⓪【囲碁】[名]圍棋

いこい ②【憩い】[名]休息

いこう ⓪【移行】[名・自サ]轉變,過渡

いこう ⓪【意向】[名]意向,意圖

いこう ⓪【遺稿】[名]遺稿

イコール ②【equal】[名] ❶等號 ❷等於,相等

いこく ①⓪【異国】[名]異國,外國

いごこち ⓪②【居心地】[名](居住,坐臥時的)心情

いこつ ⓪【遺骨】[名]遺骨,骨灰

いこん ①⓪【遺恨】[名]舊仇,宿怨

いざ ①[感]一旦,喂,好啦

いさい ①【委細】[名・副]詳情¶〜かまわず/其它情形一概不管,不管三七二十一

いざかや ③⓪【居酒屋】[名]小酒館

いさぎよ・い ④【潔い】[形]果斷,乾脆,痛快

いさく ⓪【遺作】[名]遺著,遺作

いざこざ ⓪[名]糾紛,不合

いささか ②[副] ❶略,稍微¶昨夜は〜飲みすぎた/昨晚有點喝多了 ❷(與否定詞語相呼應表示)一點也不…

いさまし・い ④【勇ましい】[形] ❶勇敢,奮勇 ❷雄壯

いさ・む ⓪②【勇む】[自五]奮勇,振作

いさ・める ⓪③【諫める】[他下一]諫,勸告

いさん ⓪【遺産】[名]遺産

いし ②【石】[名] ❶石頭,石子 ❷寶石,鑽石 ❸圍棋子 ❹(划拳時的)石頭 ❺結石¶〜焼(や)け石に水(みず)/杯水車薪

いし ①【医師】[名]醫生,大夫

いし ①【意志】[名]意志,意向

いし ①【意思】[名]意圖,心意,意思

いし ①【遺志】[名]遺志¶〜をつぐ/繼承遺志

いじ ②【意地】[名] ❶用心,心腸

¶～が悪い/心腸不好 ❷固執,倔強¶～をはる/固執己見
いじ ①【遺児】[名]遺孤,孤兒
いじ ①【維持】[名・他サ]維持¶生計を～する/維持生活
いしあたま ③【石頭】[名] ❶硬的腦袋 ❷死腦筋,頑固腦筋
いしき ①【意識】[名] ❶意識,知覺¶～をとりもどす/恢復知覺 ❷覺悟
いしきてき ⓪【意識的】[形動]有意識地,故意
いじ・ける ⓪【自下一】❶(因寒冷或害怕)畏縮,縮成一團 ❷怯懦,膽怯
いしずえ ⓪③【礎】[名] ❶柱腳石 ❷基礎
いしつ ⓪【異質】[形動]異質,不同性質
いしばし ⓪【石橋】[名]石橋◇石橋をたたいて渡(わた)る/萬分小心,十分謹慎
いじ・める ⓪【苛める】[他下一] ❶欺負,虐待 ❷糟蹋,作賤(東西)
いしゃ ⓪【医者】[名]醫生,大夫
いしゅ ①⓪【意趣】[名]怨,仇¶～をはらす/報仇
いじゅう ⓪【移住】[名・自サ]移住,移居
いしゅく ⓪①【委縮・萎縮】[名・自サ]萎縮,畏縮
いじゅつ ①【医術】[名]醫術,醫道
いしょ ①【遺書】[名]遺書
いしょう ①【衣装・衣裳】[名] ❶盛裝 ❷戲裝
いじょう ①【以上】[名] ❶以上¶百人～参加した/有百人以上参加了 ❷上述,上面¶～の通り/如上 ❸完了,終了 ❹(用「…する以上は」「…した以上」的形式表示)既然…就…¶参加する～は優勝したい/既然参加了就想贏

いじょう ⓪【異常】[名・形動]異常,反常
いしょく ①【衣食】[名]衣食
いしょく ⓪【移植】[名・他サ] ❶移植,移種 ❷〈醫〉移植
いしょくじゅう ③【衣食住】[名]衣食住
いじらし・い ④[形]令人憐愛,招人疼
いじ・る ②[他五] ❶弄,擺弄 ❷任意改變 ❸玩賞,玩弄
いしわた ⓪【石綿】[名]石棉
いじわる ③【意地悪】[名・形動] ❶心眼壞,心術不良 ❷心術不良的人
いじわる・い ③【意地悪い】[形]心術不正
いしん ⓪①【威信】[名]威信
いしん ①【維新】[名] ❶維新 ❷(日本)明治維新
いしんでんしん ①-⓪【以心伝心】[名]心領神會,心心相印
いす ⓪【椅子】[名] ❶椅子 ❷交椅,地位
いすか ⓪【鶍】[名]交嘴鳥◇いすかの嘴(はし)の食(く)い違(ちが)い/事與願違,不如意
いずみ ⓪①【泉】[名] ❶泉,泉水 ❷源泉¶知識の～/知識的源泉
イスラムきょう ⓪【Islam教】[名]伊斯蘭教,回教
いずれ ⓪[副] ❶總之,不管怎樣 ❷不久,早晚¶～また、うかがいます/以後再來拜訪
——[代]何處,什麼地方
いせい ⓪【威勢】[名] ❶威勢,威力 ❷勁頭,朝氣
いせい ⓪【異性】[名]異性
いせき ⓪【遺跡】[名]遺跡,古跡
いせつ ⓪【異説】[名]異説
いせん ①【緯線】[名]緯線
いぜん ①【以前】[名] ❶以前¶昭和二十年～/昭和二十年以前 ❷過去,從前

- **いぜん** ⓪【依然】[副]依然,仍舊¶〜として変化がない/依然如故
- **いそ** ⓪【磯】[名]湖,海邊多岩石的地方
- **いそいそ** ①[副]高高興興地,興冲冲地
- **いそがし・い** ④【忙しい】[形]忙,忙碌
- **いそがばまわれ**【急がば回れ】欲速則不達
- **いそぎあし** ③【急ぎ足】[名]快走,快步
- **いそ・ぐ** ②【急ぐ】[自他五]急,加快,加速¶道を〜/趕路◇急がば回(まわ)れ/欲速則不達
- **いぞく** ①【遺族】[名]遺族
- **いぞん** ⓪【依存】[名・自サ]依存,依靠
- **いた** ①【板】[名]❶木板 ❷板形狀的東西¶板につく/熟練,老練
- **いた・い** ②【痛い】[形]❶疼,痛 ❷被擊中弱點,要害¶陷入困境◇痛くもない腹(はら)を探(さぐ)られる/無緣無故地被懷疑
- **いたい** ⓪【遺體】[名]遺體
- **いだい** ⓪【偉大】[形動]偉大
- **いたいたし・い** ⑤【痛痛しい】[形]可憐,覺得悲痛
- **いたく** ⓪【委託】[名・他サ]委託
- **いだ・く** ⓪【抱く】[他五]❶抱,摟¶胸に〜/抱在懷裡 ❷環繞,圍繞 ❸懷有,抱有¶疑いを〜/抱有懷疑
- **いた・す** ⓪②【致す】[自他五]❶(「する」的鄭重説法)做,辦 ❷致,致力¶力を〜/致力
- **いたずら** ⓪【悪戲】[名・形動]淘氣,惡作劇¶〜がすぎる/過份淘氣
- **いたずらに** ⓪[副]白白地,無益地
- **いただき** ⓪【頂】[名]山頂
- **いただ・く** ⓪【頂く】[他五]❶戴,蓋¶雪を〜山/蓋滿雪的山 ❷領,領受¶先生から〜いた本/從老師那領來的書 ❸推崇,推戴 ❹(「食べる」「飲む」的鄭重説法)吃,喝¶いただきます/我要吃了
———「補動五」接動詞連用形,是「してもらう」的鄭重説法¶わざわざ先生に本を読んで〜いた/特意請老師念了書
- **いたち** ⓪③【鼬】[名]黄鼠狼
- **いたって** ⓪②【至って】[副]非常,極,最
- **いたで** ⓪【痛手】[名]❶沉重打擊,嚴重損害 ❷重傷
- **いたばさみ** ③【板挾(み)】[名]左右爲難¶〜になる/進退兩難,左右爲難
- **いたまし・い** ④【痛ましい】[形]慘不忍睹
- **いたみ** ③【痛み】[名]❶疼,痛 ❷(水果等)腐爛 ❸悲痛,苦惱
- **いた・む** ②【悼む】[他五]悼念,哀悼
- **いた・む** ②【痛む】[自五]❶疼,痛¶腹が〜/肚子疼 ❷悲痛,悲傷¶心が〜/心痛
———【傷む】❶(水菓)腐爛 ❷破損,損壞
- **いた・める** ③【炒める】[他下一]炒
- **いた・める** ③【痛める】[他下一]❶弄壞,使疼痛¶腹を〜めた子/親生孩子 ❷令人痛苦,令人傷心¶心を〜/傷心
———【傷める】弄壞,受傷¶足を〜めた/傷了腿
- **いたり** ⓪【至り】[名]❶極,至¶感激の〜/感激之至 ❷…所致,…的結果¶若気(わかげ)の〜/由於太年輕(不懂事)…
- **イタリック** ③【italics】[名](歐洲文字)斜體字
- **いた・る** ⓪②【至る】[自五]❶至,到¶山頂に〜道/至山頂的路 ❷達到(某種狀態、結果)¶事こ

こに〜っては、やむをえない/事已至此,是不得已的 ❸到来,湧起¶悲喜こもごも〜/悲喜交集

いたれりつくせり ③-③【至れり尽くせり】無微不至,盡善盡美

いたわ・る ③【他五】❶愛護,憐恤¶病人を〜/愛護病人 ❷慰勞

いたん ⓪【異端】[名]異端,邪説

いち ①【市】[名]集市,市場¶門前(もんぜん)市をなす/門庭若市

いち ②【一】[名] ❶一,一個 ❷最初,第一 ❸最好,第一位◇一か八(ばち)か/管它怎樣試試看再説◇一も二(に)もなく/立刻,二話不説◇一を聞(き)いて十(じゅう)を知(し)る/聞一知十

いち ①【位置】[名・自サ] ❶位置 ❷(社會)地位,立場

いちい ②【一位】[名]第一位,首位

いちいたいすい ④【一衣帯水】[名]一衣帶水

いちいち ②【一一】[副]一一,無遺漏地

いちいん ②⓪【一員】[名]一員,一份子

いちいんせい ⓪【一院制】[名]一院制

いちおう ⓪【一応・一往】[副] ❶大致,大略 ❷暫且,姑且

いちがいに ②【一概に】[副](常與否定詞語呼應)一概,籠統

いちがつ ④【一月】[名]一月

いちげいにひいでる【一芸に秀でる】有一技之長

いちげん ⓪【一元】[名] ❶一個根源 ❷〈數〉一元 ❸(日本一代天皇所用的)一個年號

いちげんこじ ⑤【一言居士】[名]凡事都要提出自己意見的人

いちげんろん ③【一元論】[名]〈哲〉一元論

いちご ⓪①【苺・莓】[名]草莓

いちざ ②【一座】[名] ❶(屬於)一個演出團體 ❷在座的人

いちじ ②【一次】[名] ❶第一次,第一回 ❷〈數〉一次

いちじ ②【一時】[名・副] ❶一時的興奮/一時的興奮 ❷當時¶〜はだめかと思った/當時以爲不行了 ❸暫時

いちじがばんじ【一事が万事】由一件事可以推測其它

いちじく ②【無花果】[名]無花果

いちじつせんしゅう ⓪【一日千秋】一日三秋

いちじるし・い ⑤【著しい】[形]顯著,明顯

いちぞく ②【一族】[名]一族,同族

いちだい ②【一代】[名] ❶一生,一代 ❷某一時代,當代¶〜の名優/當代的名演員

いちだいじ ③【一大事】[名]一件大事,一個大事情

いちだんと ②【一段と】[副]更加,越發

いちだんらく ③【一段落】[名・自サ]一段落¶〜つく/告一段落

いちど ③【一度】[名・副]一次,一回

いちどう ③【一同】[名]大家,全體

いちどうにかいする【一堂に会する】歡聚一堂

いちなんさってまたいちなん【一難去ってまた一難】困難重重,一難接一難

いちにち ④【一日】[名] ❶一日,一天 ❷某一天 ❸短暫的時間

いちにんしょう ③【一人称】[名]第一人稱

いちにんまえ ⓪【一人前】[名] ❶一個人的份兒 ❷成人,成熟

いちねん ②【一年】[名] ❶一年,十二個月 ❷第一學年,一年級學生

いちば ③①【市場】[名] ❶市場,集市 ❷商場

いちはやく ③【いち早く】[副]迅

速,馬上
いちばん ②【一番】[名] ❶最初,第一 ❷最好¶つかれたときは、寝るのが～だ/疲勞的時候,最好是睡覺 ❸一場,一回
―― [副] ❶最,首要¶世界で～高い山/世界最高的山 ❷試試
いちばんのり ③【一番乗り】[名]最先到場(的人)
いちぶ ②【一分】[名] ❶一分,十分之一 ❷一分(一寸的十分之一) ❸一分一厘,絲毫
いちぶ ②【一部】[名] ❶一部份 ❷(書刊等的)一部,一份
いちぶしじゅう ④【一部始終】[名]從頭到尾,源源本本,一五一十
いちぶぶん ③【一部分】[名]一部份
いちべつ ⓪【一瞥】[名・他サ]一瞥,看一眼¶～もくれない/不屑一顧
いちまい ②【一枚】[名] ❶(紙、板、貨幣等)一張,一塊,一枚 ❷(田地的)一塊 ❸一個人
いちみ ②【一味】[名](幹壞事的)同黨,一伙
いちめん ⓪②【一面】[名]一面,一方面 ❶一面,滿¶空～の雲/滿天雲 ❷(報紙的)第一版
いちめんしき ③【一面識】[名]一面之識
いちもうさく ③【一毛作】[名]一年一收,一季作物
いちもく ⓪④【一目】[名] ❶(圍棋盤上的)一格,一個棋子 ❷看一眼,一看¶一目置(お)く…三分,另眼看待【～瞭然(りょうぜん) ⓪】[形動]一目瞭然
いちもくさんに ③【一目散に】[副]一溜煙地(跑、逃走)
いちもくりょうぜん ④【一目瞭然】[形動]一目瞭然,一目了然
いちもん ②【一文】[名]分文,很少的錢【～なし③】[名]分文皆無
いちや ②【一夜】[名] ❶一夜 ❷某夜
いちやく ⓪【一躍】[名・自サ]一躍¶～有名になる/一舉成名
いちゅう ⓪①【意中】[名]意中,心中所想¶～の人/意中人
いちよう ⓪②【一葉】[名] ❶一葉 ❷一隻,一張◇一葉落(お)ちて天下(てんか)の秋(あき)を知(し)る/一葉落知天下秋
いちょう ⓪【胃腸】[名]胃腸
いちょう ⓪【銀杏・公孫樹】[名]銀杏,白果樹
いちらん ⓪【一覧】[名・他サ] ❶一覽 ❷一覽表
いちりつ ⓪【一律】[名]一律,一樣,一概
いちりゅう ⓪【一流】[名] ❶第一流,頭等 ❷獨特的風格,一個流派
いちりん ②【一輪】[名] ❶一朵(花) ❷獨輪,單輪
いちれい ⓪【一礼】[名・自サ]一禮,行一個禮
いちれい ⓪【一例】[名]一例,一個例子
いちれんたくしょう ⓪【一蓮托生】[名]一蓮托生,同生死,共命運
いちろ ②【一路】[副]直接,徑直地
―― [名]一路¶～平安をいのる/祝一路平安

いつ ①【何時】[代]幾時,何時¶～ご出發ですか/幾時出發
いつ ①②【一】[名] ❶一,一個 ❷相同¶心を～にする/同心
いつか ⓪【何時か】[副] ❶早晚,以後,什麼時間¶また～會いたい/願我們來日再相會 ❷以前,曾經 ❸不知不覺
いっか ①【一家】[名] ❶一家 ❷一派,一家 ❸一個組織,團體
いっかい ③⓪【一回】[名] ❶一回,一次 ❷一年【～忌(き)③】[名]死

後一週年忌日
いっかい ⓪【一階】[名]一層,一樓
いっかく ⓪④【一角】[名] ❶〈數〉一角 ❷一個角落 ❸(動物)一隻犄角
いっかつ ⓪【一括】[名・他サ]總括,一包在內
いっかつ ⓪【一喝】[名・自サ]大喝一聲
いっかん ⓪【一貫】[名・自他サ]一貫,自始至終¶～して反対の立場をとる/一貫站在反對的立場上
いっき ①【一揆】[名]農民武裝起義,暴動
いっきいちゆう ①【一喜一憂】[名・自サ]一喜一憂
いっきに ①【一気に】[副]一氣,一口氣¶～しあげる/一氣呵成
いっきゅう ⓪【一級】[名] ❶一個年級 ❷上等,頭等【一品(ひん)】⓪[名]一級品
いっきょいちどう ⓪【一挙一動】[名]一舉一動
いっきょしゅいっとうそく ③-③【一舉手一投足】[名]一舉一動
いっきょに ①【一挙に】[副]一下子,一舉
いっきょりょうとく ①【一舉兩得】[名]一舉兩得
いつくし・む ④【慈しむ】[他五]疼愛,憐愛,慈愛
いっけん ⓪③【一件】[名] ❶一件事,某事 ❷那件事
いっけん ⓪【一見】[名・他サ]一見,一看¶～の価値がある/值得一看
——[副]乍一看,猛一看
いっけん ①【一軒】[名] ❶一所房子 ❷一棟房子
いっこ ①【一個】[名] ❶一個 ❷一百元的隱語
いっこう ⓪③【一行】[名]一行,同行者
いっこう ⓪【一向】[副] ❶(下接否定)一點也沒有…,簡直無…¶いくら注意しても～に効き目がない/無論怎樣提醒也沒有效果 ❷完全¶なんと言われても、～平気な顔をしている/怎麼說他,他也全不在乎
いっこく ④【一刻】[名・形動] ❶短時間,片刻¶～も早く/立刻,馬上 ❷頑固
いっさい ①③【一切】[名]一切,全部
——[副](下接否定語)全,都¶そのことは～知らない/那件事我根本不知道
いっさいたふ ⑤【一妻多夫】[名]一妻多夫
いっさくじつ ④【一昨日】[名]前天
いっさくねん ⓪【一昨年】[名]前年
いっさんかたんそ ⑥【一酸化炭素】[名]一氧化碳
いつしか ①【何時しか】[副]不知不覺(地),不覺(地)
いっしき ④【一式】[名]一套,整套
いっしみだれず【一糸乱れず】一絲不亂
いっしもまとわず【一糸もまとわず】一絲不掛
いっしゅ ①【一種】[名・副] ❶一種 ❷某種 ❸一些,稍微
いっしゅう ⓪【一周】[名・他サ] ❶繞一周,繞一圈 ❷週遊¶世界～/週遊世界
いっしゅう ⓪【一週】[名]一週,一星期
いっしゅうかん ③【一週間】[名]一星期,七天
いっしゅん ⓪【一瞬】[名・副]一瞬,一眨眼¶～のできごと/一瞬間發生的事件
いっしょ ①【一緒】[名] ❶一同,一起 ❷相同,一樣 ❸共合,加在一

起¶〜にする/加在一起
いっしょう ⓪【一生】[名・副]一生,終生¶〜を終える/渡過一生
いっしょうがい ③【一生涯】[名]一生,畢生
いっしょうけんめい ⑤【一生懸命】[形動・副]拚命,努力¶〜がんばる/拚命努力
いっしょうにふする【一笑に付する】付之一笑
いっしょくそくはつ ⓪【一触即発】[名]一觸即發¶〜の危機にある/處於一觸即發的危機之中
いっしん ③【一心】[名] ❶一心,專心¶−不乱(ふらん)③[名・形動]專心致志 ❷一條心,同心
いっしん ⓪【一身】[名]自身,自己
いっしん ⓪【一新】[名・自他サ]一新,煥然一新¶面目を〜する/面貌煥然一新
いっしんいったい ⓪【一進一退】[名・自サ]一進一退,忽好忽壞
いっすい ⓪【一睡】[名・自サ]睡一覺
いっ・する ⓪③【逸する】[自他サ] ❶脫離,逸出¶常軌を〜/逸出常軌 ❷失去,失掉¶好機を〜/失去好時機
いっすん ③【一寸】[名] ❶一寸 ❷短◇一寸先(さき)は闇(やみ)/前途莫測◇一寸の光陰(こういん)軽(かろ)んずべからず/一寸光陰不可輕◇一寸の虫(むし)にも五分(ごぶ)の魂(たましい)/弱者也有志氣不可輕侮
いっせい ⓪【一斉】[名]一齊,同時
いっせい ⓪①【一世】[名] ❶一生,一世 ❷某時代 ❸國王,皇帝的)一世
いっせいに ⓪【一斉に】[副]一齊,同時
いっせき ⓪④【一席】[名] ❶(宴會、講演)一席,一回 ❷第一位,首席

いっせきにちょう ⑤【一石二鳥】[名]一箭雙雕,一舉兩得
いっせん ③⓪【一線】[名] ❶一條線 ❷界線 ❸第一線,前線¶〜をしりぞく/退出第一線◇一線を画(かく)する/劃清界限
いっそ ⓪[副]莫若,寧可¶苦しくて、〜死にたい/難受得倒不如死了好
いっそう ⓪【一層】[副]更,越發
いったい ⓪【一体】[名] ❶〜となる/成爲一體
——[副] ❶總的説來 ❷究竟,到底¶お前は〜だれだ/你到底是誰
いったいぜんたい ⑤【一体全体】[副]究竟,到底
いったん ③⓪【一端】[名] ❶一端 ❷一部份
いったん ⓪【一旦】[副] ❶一旦,萬一 ❷一旦,既然¶〜約束したことは、かならず守る/既然約定了就一定要守約 ❸一次
いっち ⓪【一致】[名・自サ]一致¶意見が〜する/意見一致
いっちはんかい ④【一知半解】[名]一知半解
いっちゃく ④【一着】[名] ❶(賽跑)第一名 ❷(衣服)一套,一件
いっちょう ①【一丁】[名] ❶(飯,菜)一份 ❷(菜刀等)一把
いっちょういっせき ⓪【一朝一夕】[名]一朝一夕
いっちょういったん ⓪【一長一短】[名]一長一短,有長有短
いっちょくせん ③【一直線】[名] ❶一直線 ❷一直地,很直地
いつつ ③【五】[名] ❶五,五個 ❷五歲
いっつい ⓪【一対】[名]一對
いってい ⓪【一定】[名・自他サ]一定,固定¶〜したペースで走る/用固定的速度跑
いってまいります【行ってまいり

ます}我走了,我上班了,我去一下就來

いつでも ①【何時でも】[副]無論什麼時候,隨時,總是(=いつも、つねに)¶～遊びにいらっしゃい/隨時歡迎您來玩

いってらっしゃい【行ってらっしゃい】你慢走

いってん ③【一点】[名] ❶一分 ❷少微 ❸一點,一處 ❹(物品)一件

いってんばり ⓪【一点張り】[名]堅持(某個立場、做某件事),一味地…

いっと ①【一途】[名]一個勁兒,祇

いっとう ⓪③【一等】[名] ❶一等,頭等 ❷(比賽)第一
—— ⓪[副]最,頂

いっとうちをぬく【一頭地を抜く】出人頭地

いっとき ④【一時】[名・副] ❶暫時,一時 ❷某一時期

いつのまにか ①[副]不知不覺,不知什麼時候

いっぱ ①【一派】[名] ❶一派,一個流派 ❷一伙,同伙

いっぱい【一杯】[名] ❶一杯,一碗 ❷喝點酒
—— ⓪[副] ❶滿,充滿¶元気～な子/精力十足的孩子 ❷最大限度

いっぱいちにまみれる【一敗地に塗れる】一敗塗地

いっぱつ ④【一発】[名] ❶一發(子彈等) ❷一回

いっぱん ⓪【一般】[名] ❶同樣,同等 ❷一般,普通 ~的(てき)⓪[形動]一般

いっぱんてき ⓪【一般的】[形動]一般的

いっぴき ④【一匹】[名] ❶一匹 ❷一名

いっぴきおおかみ ⑤【一匹おおかみ】[名]單槍匹馬

いっぴつ ④【一筆】[名] ❶一筆(寫成) ❷(寫)短文章

いっぷく ④【一服】[名・自他サ] ❶一服(藥) ❷休息一會兒

いっぷたさい ①【一夫多妻】[名]一夫多妻

いっぺん ③【一片】[名] ❶一片(花,紙等) ❷一點點,微微

いっぺん ⓪【一変】[名・自他サ]完全改變¶態度が～する/態度完全改變

いっぺん ③⓪【一遍】[名]一遍,一回
——[副]同時,一下子

いっぺんとう ③【一辺倒】[名]一邊倒

いっぽ ①【一歩】[名] ❶一步 ❷向…進一步

いっぽう ③【一方】[名] ❶一個方向 ❷一方面,片面 ❸一直,越來越¶物価は上がる～だ/物價越來越漲
——[接]且說,話說

いっぽうつうこう ⑤【一方通行】[名](交通)單行道

いっぽうてき ⓪【一方的】[形動]一方面,單方面

いっぽん ⓪【一本】[名] ❶一把,一支,一棵 ❷挨一下,整一下 ❸一本,一冊 ❹不同版本,異本

いっぽんぎ ③【一本気】[名・形動]直性子,一個心眼

いっぽんやり ③【一本やり・一本槍】[名]堅持一點,專心於一事

いつまで ①[副]到什麼時候[-も ①][副]到什麼時候也…

いつも ①【何時も】[副] ❶經常,總是¶彼は～にこにこしている/他總是笑咪咪的 ❷平時

いつわ・る ③【偽る】[他五]欺騙,假冒¶事実を～/虛構事實

イデオロギー ③【(独)Ideologie】[名]思想體系,意識形態

いてん ⓪【移転】[名・自他サ]變遷,遷移

いでん ⓪【遺伝】[名・自サ]遺傳【隔世(かくせい)-】⑤[名]隔代遺傳

いでんし ②【遺伝子】[名]遺傳因子

いと ①【糸】[名]❶線¶～をつむぐ/紡線 ❷(琴)弦,琴◇糸を引(ひ)く/❶背後操縱 ❷起黏,拉絲

いと ①【意図】[名・他サ]打算,意圖¶…の～がある/有…打算

いど ①【井戸】[名]井

いど ①【緯度】[名]緯度

いと・う ②【厭う】[他五]❶討厭,嫌¶世を～/厭世 ❷珍重,保重

いどう ⓪【異同】[名]異同,差別

いどう ⓪【移動】[名・自他サ]移動,轉移

いとおし・む ④[他五]愛惜,憐惜

いとぐち ②【糸口】[名]❶線頭 ❷線索,頭緒¶～をつかむ/抓住線索

いとこ ②①【従兄弟・従姉妹】[名]堂兄弟,堂姐妹,表兄弟,表姐妹

いどころ ②⓪【居所】[名]住處,所在地◇虫(むし)の居所が悪(わる)い/情緒不好

いとし・い ③【愛しい】[形]可愛

いとな・む ③【営む】[他五]做,辦,經營¶生活を～/過日子

いとま ③⓪【暇】[名]❶閑暇¶應接に～がない/應接不暇 ❷告辭¶～をつげる/告辭

いど・む ②【挑む】[自他五]挑戰,征服¶戦いを～/挑戰

いとめ ③②【糸目】[名]❶(風箏上的)提線 ❷(陶器等上刻的)細紋◇金(かね)に糸目をつけない/捨得花錢

いと・める ③【射止める】[他下一]❶射死 ❷弄到手

いとわし・い ④【厭わしい】[形]討厭,厭煩

いない ①【以内】[名]以内¶五番～の成績/成績名列前五名

いなか ⓪【田舎】[名]農村,鄉下【-者(もの)】⓪[名]❶鄉下人 ❷粗人,大老粗

いなご ⓪【蝗】[名]蝗蟲

いなずま ②⓪【稲妻】[名]閃電¶～が走る/閃電

いなな・く ③【嘶く】[自五](馬)嘶鳴

いなびかり ③【稲光】[名]閃電

いな・む ②【否む・辞む】[他五]拒絕,不答應

いなめない ②【否めない】[連語]不可否認¶～事実/不可否認的事實

いなや ①【否や】[連語]馬上,立刻¶…するや～/立刻,馬上

いにん ⓪【委任】[名・他サ]委任,委託¶全権を～する/全權委任【-状(じょう)】⓪[名]委任狀

いぬ ②【犬】[名]❶狗,犬 ❷狗腿子,特務◇犬の遠吠(とおぼ)え/背後逞威風

いぬじに ④⓪【犬死(に)】[名]死無代價,白死

いね ①【稲】[名]水稻,稻子

いねむり ④③【居眠り】[名・自サ]瞌睡,打盹兒

いのしし ③【猪】[名]野猪

いのち ①【命】[名]❶命,生命¶～にかかわる/性命攸關 ❷命根子,命脈 ◇命の綱(つな)/命根子

いのちがけ ⓪⑤【命懸け】[名]豁出命,拚命

いのちしらず ④【命知らず】[名・形動]不怕死(的人),不要命(的人)

いのちづな ③【命綱】[名](高空、海上作業的)安全帶,保險帶

いのちとり ③⑤【命取り】[名]致命,要命
いのちびろい ④【命拾い】[名・自サ]九死一生,撿了一條命
いのなかのかわず【井の中の蛙】井底之蛙
いのり ②【祈り】[名]祈禱,禱告
いの・る ②【祈る】[他五] ❶祈禱¶神に～/向神祈禱 ❷祝願¶成功を～/祝願成功
いはい ⓪【違背】[名・自サ]違背,違反
いばしょ ⓪【居場所】[名]住所,所在地
いばら ⓪【茨】[名]有刺的灌木的總稱¶～の道をきりひらく/拔荊斬棘
いば・る ②【威張る】[自五]自吹自擂,驕傲,逞威風,擺架子
いはん ⓪【違反】[名・自サ]違反¶約束に～する/違約
いびき ③【鼾】[名]鼾聲¶～をかく/打鼾,打呼嚕
いびつ ⓪【歪】[名・形動] ❶壓扁,走形,歪形 ❷乖僻
いびょう ⓪【胃病】[名]胃病
いび・る ②【他五】欺負,虐待
いひん ⓪【遺品】[名](死者)遺物
いふう ①⓪【威風】[名]威風
いふう ⓪【遺風】[名] ❶遺風 ❷舊習
いぶかし・い ④【訝しい】[形]可疑,奇怪
いぶき ①【息吹】[名]氣息¶青春の～/青春的氣息
いふく ①【衣服】[名]衣服
いぶ・す ②【燻す】[他五] ❶使…冒煙 ❷燻(蚊子) ❸(用硫黃)燻(銀、銅等)
いぶつ ⓪【異物】[名]異物
いぶつ ⓪【遺物】[名] ❶遺物¶古代の～/古代的遺物 ❷(死人的)遺品,遺物
いぶ・る ②【燻る】[自五]冒煙

いへん ⓪【異變】[名]異變,突然變化
イベント ⓪【event】[名] ❶事件 ❷活動項目 ❸比賽項目
いぼ ①【疣】[名] ❶疣 ❷疙瘩
いほう ⓪【違法】[名]違法
いぼきょうだい ③【異母兄弟】[名]異母兄弟
いま ①【今】[名] ❶現在¶ただ～/我回來了!¶～か～かと/望眼欲穿 ❷剛才,方才¶～,立刻¶～行くよ/馬上就去 ❹目前,當今
—— ②[副]再,另外,更¶もう一度やらせてください/讓我再做一次¶しばらくお待ちください/請再稍等一會
いま ②①【居間】[名](家眷的)起居室
いまいまし・い ⑤【忌(ま)忌ましい】[形]可恨,可惡
いまごろ ⓪【今ごろ・今頃】[名]現在,這個時候
いまさら ①⓪【今更】[副] ❶現在仍… ❷事到如今,到了現在¶～やめられぬ/不能作罷
いましがた ③⓪【今し方】[副]剛才,方才¶～来たばかりだ/剛剛來
いましめ ⓪【戒め】[名]警告
—— 【縛め】縛,綁,捆¶～を解く/鬆綁
いまし・める ⓪④【戒める】[他下一] ❶勸戒¶非行を～/勸戒(他的)不良行為 ❷警告
いまだに ⓪【未だに】[副]仍,尚¶～忘れられない/至今難忘
いまに ①【今に】[副]不久,總有一天,早晚¶～見ていろ/你等着瞧吧
いまにも ①【今にも】[副]馬上,眼看¶～雨が降り出しそうだ/馬上就要下雨了
いまひとつ ④【今一つ】[副] ❶再

一個,又一個 ❷略有欠缺,稍差
いままで ③【今迄】[副]❶現在,至今¶～学校に居たのか/你在學校待到現在嗎? ❷從來¶こういうのは～にない/從來沒有過這樣的例子
いまや ①【今や】[副]❶馬上,眼看 ❷現在¶～コンピューターは、家庭にまで入りこんできた/現在,電腦已進入到了家庭中
いまわし・い ④【忌まわしい】[形]❶可惡,討厭 ❷不祥,不吉利
いみ ①【意味】[名・自他サ]❶意思 ❷意味,意味着¶-ありげ ⓪[名]似有某種意味的 ❸價值,意義
いみしんちょう ①【意味深長】[形動]意義深長
いみん ⓪【移民】[名・自サ]移民
い・む ①【忌む】[他五]忌,忌諱
イメージ ①【image】[名]❶影像,圖像,心像 ❷印象¶～がいい/印象很好
イメージアップ ⑤【image up】[名・他サ]改善印象,提高聲譽
イメージダウン ⑤【image down】[名・自サ]降低聲譽,敗壞形象
イメージチェンジ ⑤【image change】[名・他サ]改變印象,轉變看法
いも ②【芋】[名]❶球根 ❷薯的總稱◇芋を洗(あら)うよう/擁擠不堪
いもうと ④【妹】[名]妹妹
いもづるしき ⓪【芋づる式】[名]順藤摸瓜,以一個線索追查出很多事來
いもの ③⓪【鋳物】[名]鑄器,鑄件
いもめいげつ ③【芋名月】[名]陰曆八月十五日的月亮,中秋月
いや ②【嫌・厭】[形動]❶討厭,厭惡¶～なやつ/令人討厭的傢

伙 ❷够了,不願再繼續¶～になる/够了
いや ①【否】[接]不¶三百万円、～五百万円/三百萬日元,不,五百萬日元
——[感]不,否¶～、ちがいます/不,不對
いやいや ④【嫌嫌】[副]勉強,無奈¶～承知する/勉強應允
——[名]幼兒搖頭(表示不願意)
いやおうなしに ⑤[副・連語]不管願不願意,不容分辨
いやがらせ ⓪【嫌がらせ】[名]故意使人不痛快,故意刁難,使人生氣
いやが・る ③【嫌がる】[他五]嫌,不願意,討厭
いやく ①【医薬】[名]❶醫藥用品 ❷醫療和藥品
いやく ⓪【違約】[名・自サ]違約
いやく ⓪【意訳】[名・自他サ]意譯
いやし・い ⓪【卑しい・賤しい】[形]❶低賤 ❷寒傖,破陋 ❸下流,卑鄙 ❹貪婪¶食べ物に～/嘴饞
いや・す ②【癒す】[他五]醫治¶病を～/治病 ¶渇(かつ)を癒す/止渴,解渴
いやに ②[副]非常,過於¶～寒い/特別冷
イヤホーン ③【earphone】[名]耳塞子,耳機
いやみ ③【嫌味】[名・形動]令人討厭¶～な人/令人討厭的人
いやらし・い ④[形]❶令人不快 ❷下流¶～目つき/下流的眼神
イヤリング ①【earring】[名]耳環,耳飾
いよいよ ②[副]❶更,越發 ❷到底,終於¶～本番だ/終於開始正式演出了 ❸緊要關頭
いよう ⓪【異様】[形動]奇怪,奇異,異常¶～なふんいき/異常的

氣氛

いよく ①【意欲】[名]熱情,積極性¶～を失う/失去熱情

いよくてき ⓪【意欲的】[形動]熱情高漲,積極主動

いらい ①【以来】[名]以來¶入学～/入學以來

いらい ⓪【依頼】[名・他サ】❶委託¶～に応じる/接受委託 ❷依靠,依賴【～心(しん)】[2][名]依賴心

いらいら ①[副・自サ]着急,焦躁¶気が～する/心裡着急

イラスト ⓪「イラストレーション」の略

イラストレーション ⑤【illustration】[名]插圖,圖解◆亦作「イラスト」

いらだたし・い ⑤【苛立たしい】[形]令人煩躁

いらだ・つ ③【苛立つ】[自五]着急,煩躁

いらっしゃい ④「来る」「行く」「居る」等語的命令形的敬語¶こちらへ～/請到這邊來¶ここに座(すわ)って～/請坐在這兒吧
——[感]用以表現歡迎的寒暄語¶やあ、～、しばらくだね/唉呀,歡迎你來,久違久違¶～!/(店員向客人)歡迎光臨!

いらっしゃ・る ④[自五]❶(「行く」的敬語)去¶どちらへ～いますか/您去哪兒 ❷(「来る」的敬語)來¶どちらから～いましたか/您從哪兒來的 ❸(「いる」的敬語)在¶いまどちらに～いますか/您現在在哪兒
——[補動五]『ている』『である』的敬語¶お休みになって～/正在休息

いり ⓪【入(り)】[名]❶(人、物的)數,量¶客の～がいい/觀眾多 ❷收入 ❸開始,最初的那天¶梅雨(つゆ)の～/梅雨季開始 ❹(日、月)落¶日の～/日落 ❺進入

いりうみ ③【入(り)海】[名]内海,海灣

いりぐち ⓪【入(り)口】[名]❶入口,門 ❷開頭,開端

いりく・む ③【入(り)組む】[自五]錯綜複雜¶～んだ事件/複雜的事件

いりひ ⓪【入(り)日】[名]夕陽,落日

いりまじ・る ④【入(り)交じる】[自五]摻雜,混雜¶よろこびと悲しみの～った複雑な気持ち/悲喜交加的複雜心情

いりみだ・れる ⑤【入り乱れる】[自下一]摻雜,混雜

いりよう ⓪【入(り)用】[名・形動]需要,需用

いりょう ①【衣料】[名]衣料

いりょう ①①【医療】[名]醫療,治療

いりょく ①【威力】[名]威力,威勢

い・る ⓪【入る】[自五]進入¶政界に～りて、もはや十年/進入政界已十年
——[接尾]接動詞連用形加強前一動詞的意思¶泣き～/痛哭

い・る ⓪【要る】[自五]要,需要¶金が～/需要錢

い・る ①【煎る・炒る】[他五]炒,煎¶ごまを～/炒芝麻

いる ⓪【居る】[自上一]❶(人、生物)有,在¶ここにいなさい/請在這兒待着 ❷活着¶お母さんがいたら…/如媽媽還活着的話
——[補動上一]表示動作、狀態的繼續和進行¶犬がほえて～/狗在叫◇居ても立(た)ってもいられない/坐立不安

いる ①【射る】[他上一]射¶弓を～/射箭

いる ①【鋳る】[他上一]鑄,鑄造

いるい ①【衣類】[名]衣服,衣裳
いるか ⓪【海豚】[名]海豚
イルミネーション ④【illumination】[名](燈或霓虹燈組成的)燈光裝飾
いれい ⓪【異例】[名]破例,破格,没有前例
いれかえ ⓪【入(れ)替(え)・入(れ)換(え)】[名]換,改換,替換¶メンバーの～/替換隊員
いれか・える ④【入れ替える】[他下一] ❶更換,重新放入 ❷更換,掉換
いれかわりたちかわり ⓪-⓪【入れ替わり立ち替わり】[副]川流不息,接連不斷
いれかわ・る ④【入れ替わる】[自五]替換,交替,更換¶机が～/換桌子
いれぢえ ⓪【入(れ)知恵・入(れ)智恵】[名]出主意,出謀策劃
いれちが・う ④【入れ違う】[自五] ❶裝錯 ❷來去錯過
いれば ⓪【入(れ)歯】[名]鑲的牙,假牙¶～を入れる/鑲牙
いれもの ⓪【入(れ)物】[名]容器,器皿

い・れる ⓪【入れる】[他下一] ❶放進,裝進¶口に～/放到嘴裡 ❷讓…加入,讓…參加¶仲間に～/讓人加入伙 ❸包括,列入¶計算に～/列入計算 ❹插,添¶口を～/插嘴 ❺用心,用力¶力を～/用力¶手を～/加工,修改(文章) ❻採用,承認¶意見を～/採用意見 ❼泡,沏¶お茶を～/沏茶 ❽送,掛¶電話を～/掛電話

いろ ②【色】[名] ❶色,顏色,色彩¶～がさめる/褪色 ❷膚色¶～が白い/皮膚白 ❸女色,色情¶～を好む/好色 ❹臉色,神色¶～を失う/驚惶失色 ❺樣子,調子 ❻種類

いろあい ⓪③【色合(い)】[名] ❶色調 ❷傾向

いろいろ ⓪【色色】[形動・副]各種各樣,種種
いろう ⓪【慰労】[名・他サ]慰勞,犒勞【-会(かい)】②[名]慰勞會
いろがみ ②【色紙】[名]彩色紙
いろけ ③【色気】[名] ❶(女人的)誘惑力 ❷春情,春心 ❸對…感興趣 ❹風趣,情趣
いろずり ⓪④【色刷(り)】[名]彩色印刷
いろづ・く ③【色づく】[自五](果實)著色
いろつや ⓪【色つや】[名]氣色,臉色,光澤
いろどり ④⓪【彩(り)】[名] ❶配色¶～がいい/色彩配得好 ❷點綴,(增添)情趣
いろど・る ③【彩る】[他五] ❶上色,著色 ❷點綴,裝飾¶会場を花で～/用花朵點綴會場
いろは ②【伊呂波・以呂波】[名] ❶「伊呂波歌」 ❷初步,入門
いろめ ③②【色目】[名]秋波¶～をつかう/送秋波,眉目傳情
いろめがね ③【色眼鏡】[名] ❶有色眼鏡 ❷偏見,成見¶～で見る/以成見看人
いろり ⓪【囲炉裏】[名]地爐,炕爐
いろん ⓪【異論】[名]異議,不同意見
いろんな ⓪【色んな】[連体]各種各樣的
いわ ②【岩】[名]岩,岩石
いわい ⓪【祝(い)】[名] ❶祝,祝賀 ❷賀禮,贈品¶結婚のお～を贈る/贈送結婚禮
いわ・う ②【祝う】[他五]祝賀,慶祝¶勝利を～/慶祝勝利
いわく ①【曰く】[名] ❶曰 ❷内情
いわし ⓪【鰯】[名]沙丁魚
いわば ②⓪【言わば】[副]説起來,

可以说,就是说
いわゆる ③②【連体】所謂¶彼は～本の虫だ/他就是所謂的書呆子
いわれ ⓪【名】❶來歷,由來 ❷緣故,理由
いをとなえる【異を唱える】標新立異,標奇立異
いん ①【印】[名]印,圖章¶～をおす/蓋章
いん ①【陰】[名]❶蔭,背陰處 ❷陰(性)◇陰にこもる/悶在裡面不出來◇陰に陽(よう)に/明裡暗裡,或明或暗
いんか ⓪【引火】[名・自サ]引火,點火
いんが ①【因果】[名]❶因果,原因和結果 ❷因果,惡有惡報——[形動]不幸,厄運¶～な身の上/不幸的身世¶因果を含(ふく)める/説明原委,讓人斷念
いんかん ③⓪【印鑑】[名]❶印鑒 ❷圖章
いんき ⓪【陰気】[形動]憂鬱,陰鬱¶～な性格/性格憂鬱
いんきょ ⓪【隠居】[名・自サ]隱居,退休,閒居
いんきょく ⓪【陰極】[名]陰極
いんぎん ③⓪【慇懃】[形動]有禮貌,懇切
インク ①【ink】[名]墨水
いんけん ⓪【陰険】[形動]陰險
いんげんまめ ③【隠元豆】[名]四季豆,扁豆
いんご ⓪【隠語】[名]隱語,黑話
いんさつ ⓪【印刷】[名・他サ]印刷
いんさん ⓪【陰惨】[名・形動]悲慘,淒慘
いんし ①【因子】[名]因子,因素
いんし ⓪【印紙】[名]印花
いんじゃ ①【隠者】[名]隱士,隱者
いんしゅ ⓪【飲酒】[名・自サ]飲酒

いんしゅう ⓪【因習・因襲】[名]舊習,陋習
いんしょう ⓪【印象】[名]印象¶～に残る/留下印象
いんしょうしゅぎ ⑤【印象主義】[名]印象主義
いんしょうてき ⓪【印象的】[形動]印象深刻,有強烈印象
いんしょく ①【飲食】[名・自サ]飲食
いんしょくてん ④【飲食店】[名]飯館,餐廳
いんすう ③【因数】[名]〈數〉因數
インスタント ④【instant】[名・形動]即時的,立即的【-コーヒー ⑦】[名]即溶咖啡
インスピレーション ⑤【inspiration】[名]靈感
いんせい ⓪【院政】[名]院政(太上皇代替天皇執政)
いんせき ⓪【隕石】[名]隕石
いんそつ ⓪【引率】[名・他サ]率領,領
インターナショナル ⑤【international】[名・形動]❶國際性的 ❷國際歌
インターホン ③【interphone】[名]對講機
いんたい ⓪【引退】[名・自サ]引退,退職,離休
インタビュー ③①【interview】[名・自サ]❶會面,會見 ❷記者採訪
インチ ①【inch】[名]英寸
いんちき ①【名・形動】騙人,搞鬼
インテリ ⓪【(ロ) intelligentsiya】[名]知識分子
インテリア ③【interior】[名]室內裝璜,室內裝飾
インテル ⓪【inter line】[名]空鉛
イントネーション④【intonation】[名]語調,抑揚
いんとん ⓪【隠遁】[名・自サ]隱遁

いんにく ⓪【印肉】[名]印泥,印色
いんねん ⓪③【因縁】[名] ❶〈宗〉因縁 ❷因縁,關係 ❸理由¶～をつける/找理由
インフォメーション ④【information】[名] ❶詢問處,傳達室 ❷信息
インプット ③【input】[名]投入,輸入
インフルエンザ ⑤【influenza】[名]流行性感冒
インフレーション ④【inflation】[名]通貨膨脹◆亦作「インフレ」

いんぼう ⓪【陰謀】[名]陰謀,密謀
いんゆ ①【引喩】[名]引喩
いんゆ ①【隠喩】[名]隱喩,引喩
いんよう ⓪【引用】[名・他サ]引用¶前例を～する/引用前例
いんよう ①【陰陽】[名] ❶陰陽 ❷陰極和陽極
いんりょう ③【飲料】[名]飲料
いんりょく ①【引力】[名]〈物〉引力【万有(ばんゆう)-⑤】[名]萬有引力
いんれき ⓪【陰暦】[名]陰暦

う　ウ

う 五十音圖「あ」行和「わ」行的第三音。羅馬字寫作「u」,發音爲國際音標[u],元音之一。平假名「う」來自「宇」字的草體,片假名「ウ」來自「宇」字的寶蓋頭。

う【鵜】[名]鸕鷀,魚鷹¶～を使って魚を捕る/用魚鷹捕魚◇鵜の真似(まね)をする烏(からす)/東施效顰◇鵜の目(め)鷹(たか)の目/瞪著眼睛瞧,仔細尋視

う[助動] ❶(表示自我意志或勸誘)要…,一定…,…吧¶今度はしっかりやろ～/這次一定要好好做¶一緒に食事に行きましょ～/一起去吃飯吧 ❷(表示推測、猜想)將會…,想必…,可能…¶北国の冬は寒かろ～/北方的冬天一定很冷吧 ❸(用「…うが」、「…うと」、「…うとも」、「…うものなら」的形式表示假設)即便…,假如…¶雨が降ろ～が、風が吹こ～が、びくともしない/即便刮風下雨也無所畏懼¶何が起こ～と、わたしの責任ではない/既便發生什麼事,也不是我的責任

うい-[接頭]初次,首次¶～陣(じん)/首次(參加比賽、戰鬥)

ウイーク ②【week】[名]一星期,一周【-エンド】⑤[名]周末,周末休假

ウイークポイント⑤【weak point】弱點

ういういし・い ⑤【初初しい】[形]未經世故,天真爛漫

ウイスキー ②【whisky】[名]威士忌酒

ういてんぺん ①【有為転変】[名]〈宗〉宇宙萬物變遷不已

ウイルス ①【(ラ)Virus】[名]病毒,濾式性病毒

ウインク ②【wink】[名・自サ]使眼色,送秋波

ウインチ ②【winch】[名]捲揚機,絞車

ウインド ②【window】[名](「ショーウインド」的略稱)櫥窗,陳列窗

ウーマン・リブ ⑤【Women's Lib】[名]婦女解放運動

ウール ①【wool】[名]羊毛,毛線,毛料,毛織物

うえ ⓪②【上】[名] ❶上,高處¶～を見る/向上看 ❷表面,外面¶上着の～にオーバーを着る/外衣上再穿件大衣 ❸(地位、職務、年齡等)高,大,年長¶三つ～の兄/年長三歲的哥哥 ❹着眼點,在…方面¶理論の～ではそうなるが、実際がどうかは分からない/理論上是這樣,但不知實際如何 ❺(用「…た上」的形式表示)又,而且¶犯人は被害者を殺した～、金を奪って逃げた/犯人將受害者殺死,而且又搶錢逃跑了 ❻(用「…た上」的形式表示)…之後,…結果¶その件については、調査した～お答えします/有關那件事,待調查後再做答覆

——[造語]對長輩的尊稱¶父～/父親大人◇上には上がある/天外有天,人上有人

ウエーター ②【waiter】[名](餐廳等的)男招待

ウエート ②【weight】[名] ❶體

重 ❷重點,重要性
ウエートレス ②[waitress][名](餐廳等的)女招待
ウエーブ ②[wave][名]電波,波浪
——[名・自サ]波浪式髮型¶～をかける/漫波浪式髮型
うえき ⓪[植木][名]庭院栽的樹木;盆栽的花木
うえじに ④⓪[飢(え)死(に)][名・自サ]餓死
ウエスト ②[waist][名]❶腰,腰部 ❷腰圍
うえつけ ⓪[植(え)付(け)][名]移栽
うえつ・ける ④[植(え)付(け)る][他下一]❶移栽,栽種 ❷灌輸(思想)
ウエット ②[wet][名・形動]多情善感,重感情
ウェディング ①[wedding][名]婚禮,結婚{—ドレス ⑤[名]結婚禮服
う・える ②[飢える][自下一]❶飢餓 ❷渴求,渴望¶愛に～/渴望愛
う・える ⓪[植える][他下一]❶種,植,栽 ❷嵌入¶活字を～/排字
うお ⓪[魚][名]魚
うおいちば ③[魚市場][名]魚市
うおうさおう ⓪[右往左往][名・自サ]四處亂竄,亂跑
ウオークマン ②[Walkman][名]隨身聽,便携式立體聲單放機◆商標
ウオーター ②[water][名]水{—プルーフ ⑦[名]防水
ウオーミング・アップ ⑦[warming up][名・自サ]熱身運動,準備活動
ウオッチ ②[watch][名]錶
うおのめ ⓪③[魚の目][名]鶏眼
うおんびん ②[う音便][名]〈語〉う音便

うかい ⓪[迂回][名・自サ]迂回,繞遠
うがい ⓪[名・自サ]漱口
うかうか ①[副・自サ]❶漫不經心¶～と日を過ごす/漫不經心地度日 ❷馬虎,糊塗
うかがい ⓪[伺(い)][名]❶請示,呈文 ❷問候,拜訪
うかが・う ⓪[伺う][他五]❶(「聞く」、「尋ねる」的謙稱)請教,打聽 ❷(「訪問する」的謙稱)拜訪
うかが・う ⓪[窺う][他五]❶察看¶顔色を～/察顔觀色 ❷伺機¶機会を～/等待機會 ❸看出,顯出
うか・す ⓪[浮かす][他五]❶使…浮起,使…飄起 ❷懸而不決,停頓 ❸省出,節餘,匀出¶費用を～/節省開支
うかつ ⓪[迂閽][名・形動]疏忽,稀里糊塗,粗心大意
うかぬかお ⓪[浮(か)ぬ顔]有心事的樣子,無精打彩的神色,愁眉苦臉
うかびあが・る ⑤[浮(か)び上(がる)][自五]❶浮出,漂起 ❷出現,露出
うか・ぶ ⓪[浮(か)ぶ][自五]❶漂,浮 ❷浮現,飄現¶笑(え)みが～/呈現微笑 ❸湧上心頭,想起¶名案が～/想出個好主意
うか・べる ⓪[浮(か)べる][他下一]❶使…漂起,使…浮起 ❷呈現,出現¶涙を～/淚花湧出 ❸想起,湧上心頭
うか・る ②[受かる][自五]考中,考上¶試験に～/考中
うき ①[雨季・雨期][名]雨季,雨期
うきあが・る ④[浮(き)上(がる)][自五]❶浮出,飄上,浮起 ❷浮現 ❸(想法、行動等)離羣,

脱離周圍的人

うきあし・だ・つ ⑤【浮き足立つ】［自五］失去鎮靜,慌神,想逃跑

うきうき ③①【浮き浮き】［副］興沖沖,興高采烈

うきぐも ⓪③【浮(き)雲】［名］❶浮雲 ❷(生活)飄泊不定

うきしずみ ⓪③【浮(き)沈み】［名・自サ］❶沉浮 ❷盛衰

うきはし ⓪【浮(き)橋】［名］浮橋

うきぼり ⓪【浮(き)彫(り)】［名］❶雕刻,雕刻作品 ❷刻畫,展現,突出

うきめ ①⓪【憂き目】［名］不幸,痛苦的經歷¶落第の〜を見る/備嘗落第之苦

うきよ ⓪②【浮(き)世】［名］塵世,現世,人世━━【-絵(え)】⓪③［名］日本江戸時代的風俗畫

う・く ⓪【浮く】［自五］❶浮,漂¶水に〜/浮於水面 ❷鬆動¶歯が〜/牙齒鬆動了 ❸(費用)富餘 ❹愉快,高興¶失敗が重なって、〜かぬ気分だ/接二連三的失敗,非常沮喪

うぐいす ⓪【鶯】［名］鶯,黃鶯

うけ ②【受け】［名］❶評價,聲譽,名譽¶〜がいい/受歡迎,評價好 ❷(比賽中)防守¶〜に回る/轉為守勢
━━［造語］支撐物,容器

うけあ・う ③【請(け)合う】［他五］承擔責任,擔保

うけい・れる ⓪【受(け)入れる】［他下一］❶接受,容納¶難民を〜/接受難民 ❷採納,接受(意見)

うけおい ③⓪【請負】［名］承包,包工

うけお・う ③⓪【請負う】［他五］承包,承辦

うけざら ⓪【受け皿】［名］❶茶托,茶碟,托盤 ❷接受,接收工作

うけたまわ・る ⓪⑤【承る】［他五］❶(「聞く」的謙稱)聽,聽取 ❷(「承知する」、「引き受ける」的謙稱)知道,接受

うけつ・ぐ ⓪【受(け)継ぐ】［他五］繼承

うけつけ ⓪【受付・受け付け】［名］❶接受,受理(申請) ❷收發室,訊問處

うけつ・ける ⓪【受(け)付ける】［他下一］❶接受,受理 ❷(用「受け付けない」的形式表示)接受不了,承受不了¶病人は食べ物を〜けない状態だ/病人已無法進食

うけて ③【受(け)手】［名］❶收件人 ❷(廣播、通訊等的)收聽者,收報者

うけとり ⓪【受取・受け取り】［名］收據,收條

うけと・る ⓪【受けとる・受(け)取る】［他五］❶收,接,領¶手紙を〜/收到信 ❷理解,領會¶間違って〜/誤解

うけにん ⓪【請(け)人】［名］保證人,擔保人

うけみ ③②【受(け)身】［名］❶被動,守勢¶〜になる/被動 ❷〈語〉被動態 ❸〈柔道〉防護動作

うけもち ⓪【受(け)持ち】［名］擔當人,班主任

うけも・つ ⓪【受(け)持つ】［他五］擔任,擔當¶会計を〜/擔任會計

う・ける ②【受ける】［他下一］❶受,接受¶真(ま)に〜/當真 ❷受影響¶ショックを〜/受打擊 ❸受(獎等)¶賞を〜/得獎 ❹接受
━━【受ける・請ける】［他下一］承包,包工¶工事を〜/承包工程
━━【受ける】［自下一］受歡迎¶大衆に〜/受羣衆歡迎

うけわたし ⓪【受(け)渡し】［名・他サ］❶收付,交接,交貨 ❷現

款付貨

うご ①【雨後】[名]雨後¶〜の竹の子/雨後春筍

うごか・す ③【動かす】[他五] ❶移動,挪動,搬動¶たんすを〜/挪動櫃子 ❷搖,搖晃 ❸變動,開動,操縱¶エンジンを〜/開發動機

うごき ③【動き】[名] ❶動,活動,移動 ❷變化,動向

うご・く ②【動く】[自五] ❶動,移動 ❷搖晃¶風で木の枝が〜/風吹得樹枝搖晃 ❸動盪,變化 ❹(機器等)運轉,開動

うこさべん ①【右顧左眄】[名・自サ]左顧右盼

うごめ・く ③【蠢く】[自五]蠢動,蠕動

うさぎ ⓪【兎】[名]兔

うさんくさ・い ⑤【うさん臭い・胡散臭い】[形]可疑,奇怪

うし ⓪【牛】[名]牛◇牛の歩(あゆ)み/行動遲緩

うじうじ ①[副・自サ]猶豫不決,吞吞吐吐

うしかい ⓪【牛飼(い)】[名]餵牛的(人),放牛的(人)

うしな・う ⓪【失う】[他五] ❶失去,丟失¶自信を〜/失去信心 ❷錯過(失掉)機會 ❸喪失¶子を〜/喪子

うじゃうじゃ ①[副]咕咕容容地

うしろ ⓪【後(ろ)】[名] ❶後,後方,後面 ❷後尾,尾部¶電車の〜/電車的尾部 ❸後背,背部◇後ろを見せる/敗逃

うしろがみをひかれる ⓪【後ろ髪を引かれる】牽腸掛肚,戀戀不捨,依依不捨

うしろすがた ④【後(ろ)姿】[名]背影,後影

うしろだて ⓪【後(ろ)楯】[名]後盾,靠山

うしろむき ⓪【後(ろ)向き】[名]向後,背著臉

うしろめた・い ⑤【後(ろ)めたい】[形]內疚,虧心

うしろゆびをさされる ⓪③【後ろ指を指される】被人在背後指責,讓人家戳脊梁骨

うす ①【臼】[名] ❶臼 ❷磨

うす【薄】[接頭] ❶薄¶〜氷(ごおり)/薄冰 ❷淺,淡,稀,輕微¶〜明かり/微弱的燈光 ❸有點,稍許¶〜ぎたない/有點髒
——[接尾]…不大,…少¶望み〜/希望不大

うず ①【渦】[名]漩渦,渦流

うすい ①【雨水】[名]雨水

うす・い ⓪【薄い】[形] ❶薄 ❷(色,味等)淡 ❸(濃度,密度)低,稀¶髪が〜/頭髮稀少 ❹(程度)淺¶印象が〜/印象不深¶興味が〜/沒什麼興趣

うずうず ①[副・自サ]急得抓耳撓腮地,心裏癢癢

うすぎ ⓪【薄着】[名・自サ]穿得薄,穿得少

うず・く ②【疼く】[自五]針扎似地疼,跳疼

うずくま・る ④【蹲る】[自五]蹲

うすぐも ③⓪【薄雲】[名]薄雲

うすぐら・い ⓪【薄暗い】[形]發暗,微暗

うすげしょう ③【薄化粧】[名]淡粧

うすっぺら ⓪【薄っぺら】[形動]很薄,薄薄的

うずまき ⓪【渦巻(き)】[名] ❶漩渦 ❷渦形,螺旋形

うずま・る ⓪【埋まる】[自五] ❶被埋上¶家も木も雪に〜/房子,樹都被雪埋上 ❷擠滿¶広場は人で〜った/廣場擠滿了人

うすめ ⓪【薄目】[名] ❶淺些,薄些,淡些 ❷眼睛半睜¶〜を開け

うすめ

る/眼睛微微地睜開
- **うす・める** ⓪【薄める】[他下一]稀釋,弄淡
- **うず・める** ⓪【埋める】[他下一] ❶埋,掩埋 ❷佔滿,擠滿
- **うずも・れる** ⓪【埋もれる】[自下一]埋,埋没,塞滿
- **うすゆき** ⓪【薄雪】[名]小雪,薄雪
- **うずら** ⓪【鶉】[名]鵪鶉
- **うすら・ぐ** ③【薄らぐ】[自五] ❶變薄,變淡 ❷漸弱,漸少
- **うす・れる** ⓪【薄れる】[自下一]變淡薄,變微弱,漸輕
- **うそ** ①【嘘】[名] ❶謊言,假話¶～をつく/説謊 ❷不正確,錯誤¶～字(じ)/錯別字 ❸(用「うそのよう」的形式表示)不可思議¶昨夜の暴風雨が～のように、晴れあがった秋空/昨夜的暴風雨轉眼間逝去,今天竟是個秋高氣爽的晴天 ❹失敗,失策◇嘘から出(で)た真(まこと)/弄假成真
- **うそつき** ②【嘘吐き】[名]説謊的人
- **うそはっぴゃく** ①【うそ八百】[名]胡説八道,信口雌黄
- **うた** ②【歌・唄】[名] ❶歌曲,歌謡¶子守(こもり)～/摇籃曲 ❷(日本的詩)短歌,和歌
- **うた・う** ⓪【歌う・謡う】[他五] ❶唱歌 ❷作詩,吟詠
- **うた・う** ⓪【謳う】[他五] ❶明文規定¶新憲法には主権在民が～ってある/新憲法明文規定權力在民 ❷謳歌,歌頌
- **うたがい** ⓪【疑い】[名]疑惑,懷疑¶～深(ぶか)い/多疑
- **うたが・う** ⓪【疑う】[他五] ❶懷疑 ❷疑惑,猜疑
- **うたがわし・い** ⓪【疑わしい】[形] ❶可疑,不確實 ❷靠不住
- **うたごえ** ③⓪【歌声】[名]歌聲
- **うたたね** ⓪【うたた寝】[名・自サ]假寐,打盹兒
- **うだつがあがらない**【うだつが上がらない】抬不起頭來,翻不了身

うち ⓪【内・中】[名] ❶内,中¶胸の～/心中 ❷時候,期間,趁…時候¶日が暮れない～に山を越えよう/趁天色未暗翻過山去吧 ❸之中,之内¶だちょうは鳥の～でもっとも大型のものだ/駝鳥在鳥類中是最大的 ❹我(的),我們(的)¶～の父/我父親 ❺家,(自家)住宅 ❻房屋,住房◆❷❸❹❺❻通常不寫漢字
- **うち-**【打(ち)】[接頭]加強語氣¶～切る/切斷 ❷調整語氣
- **うちあげ** ⓪【打(ち)上(げ)】[名] ❶發射(衛星等) ❷(演出,宴會等)結束
- **うちあ・ける**【打(ち)明ける】[他下一]説心裡話,開誠佈公地談¶秘密を～/吐露秘密
- **うちあ・げる** ⓪【打(ち)上げる】[他下一] ❶發射 ❷(戲等)演完 ❸(某件事情)做完,完畢──【自下一】波浪把…沖上岸¶海岸に～げられた貝がら/被沖上岸的貝殼
- **うちあわせ** ⓪【打(ち)合(わ)せ】[名]事先商談,碰頭
- **うちあわ・せる** ⓪【打(ち)合(わ)せる】[他下一] ❶事先商談 ❷相碰,互相撞擊
- **うちかえ・す** ⓪【打(ち)返す】[他五] ❶反撃,反回 ❷翻地 ❸彈(舊棉花)──【自五】(海浪)又沖撃回來
- **うちかけ** ⓪【打(ち)掛(け)】[名](和服)婦女禮服
- **うちか・つ**【うち勝つ・打(ち)勝つ】[自五] ❶戰勝 ❷(棒球賽)打勝,勝過
- **うちがわ** ⓪【内側】[名]裡側,内部
- **うちき** ⓪【内気】[名・形動]怯場,

羞怯
うちき・る ⓪【うち切る】[他五]停止,中止
うちきん ⓪③【内金】[名]定金,定錢
うちくだ・く ⓪④【打(ち)砕く】[他五] ❶打碎,打破 ❷(用「うちくだいて」的形式表示)細緻地講
うちけし ⓪【うち消し】[名] ❶否定 ❷〈語〉否定
うちけ・す ⓪【うち消す】[他五]否認,否定
うちこ・む ⓪【打(ち)込む・うち込む】[他五] ❶打進,釘進,砸進 ❷(網球,乒乓球等向對方場地)猛擊 ❸(棒球賽)練習擊球
——[自五]熱心,熱中,專心致志 ¶研究に〜/專心致志地研究
うちだ・す ⓪【うち出す】[他五]提出(方針)
うちと・ける ⓪【うち解ける】[自下一]融洽,和諧
うちどめ ⓪【打(ち)止め・打(ち)留め】[名] ❶(演出等)結束 ❷結束
うちと・る ⓪【討(ち)取る・打(ち)取る】[他五] ❶擊斃,殺死 ❷(棒球賽)投手勝擊球員
うちのめ・す ⓪【打(ち)のめす】[他五]打垮,打敗
うちやぶ・る ⓪【打(ち)破る・撃ち破る】[他五] ❶打敗(敵人) ❷打破(舊習,記錄)
うちゅう ①【宇宙】[名]宇宙【-開発(かいはつ)】④[名]宇宙開發
うちょうてん ②【有頂天】[名・形動]欣喜若狂,得意洋洋 ¶〜になる/興高采烈
うちよ・せる ⓪【打(ち)寄せる】[自下一] ❶湧上來 ¶波が〜/海浪湧上岸來 ❷(騎馬)逼近
——[他下一]海浪把…沖上(捲上)

うちわ ②【団扇】[名]團扇
うちわ ⓪【内輪】[名] ❶家裡,內部 ❷保守,留有餘地 ¶〜に見積もる/保守地估計
う・つ ①①【打つ】[他五] ❶打,敲,拍 ¶鐘を〜/敲鐘 ❷灌(水) ❸撚(麵條) ❹下(棋) ❺拍(電報) ❻耕(田) ❼釘,扎,打(針) ❽澆注(泥漿) ¶コンクリートを〜/灌混凝土 ❾點(標點等) ¶番号を〜/點號碼 ❿感動心を〜/打動人心 ⓫採取(方法,行動) ¶芝居を〜って相手を騙(だま)す/耍花招騙人
——【擊つ】發射(子彈等)
——【討つ】討伐,攻擊
うっかり ⑤[副]馬虎,不留神
うつくし・い ④【美しい】[形] ❶美麗,(聲音)動聽,動人 ❷美好,高尚 ¶〜友情/美好的友情
うつし ③【写(し)】[名]摹寫,複寫
うつ・す ②【写す】[他五] ❶抄,謄,書き〜/抄寫 ❷臨摹,摹寫 ❸拍照
——【映す】 ❶映,照 ¶鏡に顔を〜/對著鏡子照 ❷放映 ¶スライドを〜/放幻燈
うつ・す ②【移す】[他五] ❶移,遷,搬,挪,轉 ¶話題を〜/轉話題 ❷付諸,訴諸 ¶行動に〜/付諸行動 ❸傳染(病) ❹轉移 ¶視線を〜/轉移視線 ❺(用「時を〜さず」的形式表示)立即
うっすら ③【薄ら】[副]薄薄地,稍微,略微
うっそう ⓪【鬱蒼】[副](草木)鬱鬱蔥蔥,繁茂
うった・える ⓪④【訴える】[他下一] ❶訴訟,控告 ❷申訴,訴說 ¶苦痛を〜/訴說痛苦 ❸感動,打動,震動 ¶大衆に〜/感動民衆 ❹訴諸 ¶武力に〜/訴諸武力
うっちゃ・る ⓪③[他五] ❶扔,

抛,丢開 ❷抛在一邊,置之不理 ❸(相撲比賽)把對手扔向界外 ❹(緊要關頭)扭轉局勢

うつつ ③⓪【現つ】[名]現實¶夢〜/半睡半醒

うつつをぬかす【現つを抜かす】迷上,(被〜弄得)神魂顛倒,迷住

うってつけ ⓪【打って付け】[名]最合適,最適合,最恰當,理想

うっとうし・い ⑤[形] ❶(天氣)陰沉 ❷(心情)鬱悶

うっとり ③[副]出神,心蕩神馳

うつぶせ ⓪【俯せ】[名・自サ]俯臥,趴

うつぶ・せる ④[他下一]扣過來,扣着放

うつむ・く ⓪③[自五]低頭,臉朝下

うつらうつら ④[副]似睡非睡,迷迷糊糊

うつりかわり ⓪【移り変わり】[名]變遷,變化

うつりかわ・る ⓪【移り変(わ)る】[自五]變遷,變化,演變

うつりぎ ③【移り気】[名・形動]見異思遷

うつ・る ②【写る】[自五]照¶写真に〜/照成照片
——【映る】❶映出,顯現¶鏡に〜った自分の顔/鏡子裡映出自己的面容 ❷看見,映入眼簾¶目に〜/映入眼簾 ❸相稱,諧調

うつ・る ②【移る】[自五] ❶移動,遷移 ❷開始(行動)¶さっそく実行に〜/立即開始行動 ❸傳染 ❹(味、色)薰,染¶においが〜/串味 ❺(感情)轉移¶情が〜/感情轉移 ❻(時間)流逝¶時が〜/時光流逝 ❼變化,變遷¶世が〜/世事變遷

うつろ ⓪【空ろ・虚ろ】[名・形動]❶空,空虚 ❷茫然若失,發呆

うつわ ⓪【器】[名]❶容器 ❷能力,才幹

うで ②【腕】[名]❶胳膊 ❷腕 ❸技能,本領◇腕が上(あ)がる/技術提高◇腕が立(た)つ/技術出色◇腕によりをかける/盡全力◇腕をこまねく/袖手旁觀◇腕を振(ふ)るう/施展才幹

うできき ④【腕利き】[名]有能耐,能手

うでぐみ ④③【腕組(み)】[名]兩臂交叉在胸前

うでくらべ ③【腕比べ】[名]賽力氣,賽腕力

うでずく ④⓪【腕ずく】[名]憑武力,動武

うでずもう ③【腕相撲】[名]掰腕子,扳腕子

うでどけい ③【腕時計】[名]手錶

うでまえ ⓪【腕前】[名]本領,才能

うてん ①【雨天】[名]雨天

うと・い ②【疎い】[形] ❶關係疏遠 ❷生疏,不了解¶世事に〜/不了解人情世故

うとうと ①[副]打瞌睡,迷糊

うどのたいぼく【うどの大木】大而無能的人,大草包

うとまし・い ④【疎ましい】[形](討厭)想疏遠

うと・む ②【疎む】[他五]疏遠,冷淡

うどん ⓪【饂飩】[名]麵條

うなが・す ③【促す】[他五] ❶催促 ❷促進

うなぎ ⓪【鰻】[名]鱔魚¶〜登(のぼ)り④[名](物價等)直線上昇

うなさ・れる ⓪[自下一](做惡夢)魘住

うなず・く ③【頷く】[自五](表示同意、贊成)點頭

うなり ③【唸り】[名] ❶呻吟聲,叫喊聲 ❷轟鳴聲 ❸呼嘯聲

うな・る ②【唸る】[自五] ❶呻吟 ❷(動物)叫喊 ❸(機器)轟鳴 ❹(風)呼嘯 ❺相當多¶〜ほどあ

る/有得是,多極了 ❻喝彩,叫好
うぬぼ・れる ⓪【自惚れる】[自下一]飄飄然,驕傲,自負
うねり ③[名]大浪
うね・る ②[自五] ❶(道路,河流)彎曲,蜿蜒 ❷(波浪等)起伏
うのみ ③【鵜呑み】[名] ❶整吞 ❷(用「鵜呑みにする」的形式表示)不加思索地接受¶人の言葉を〜にする/輕信他人的話
うば・う ②【奪う】[他五] ❶搶奪 ❷吸引人¶心を〜/吸引人,使人心醉
うばぐるま ③【乳母車】[名](手推的)嬰兒車
うぶごえ ⓪③【産声】[名](嬰兒出生時發出的)呱呱聲¶〜をあげる/出生,誕生
うま ②【馬】[名]馬¶〜を駆(か)る/策馬急馳◇馬が合(あ)う/性情相投,脾氣相投◇馬の耳(みみ)に念仏(ねんぶつ)/當耳邊風
うま・い ②【旨い・甘い】[形] ❶好吃,香 ❷高明,好¶話が〜/會説話 ❸順利¶〜くいく/進展順利
うまく ①【旨く】[副]順利,好¶〜いく/進行順利;成功¶〜ない/不香,不好吃;不高明(的方法等);不方便,不合適
うまみ ③【うまみ・うま味・旨味】[名] ❶美味 ❷(演技)妙,高明 ❸(做生意)賺頭,油水¶〜がある/有賺頭
うま・る ⓪【埋(ま)る】[自五] ❶埋上,埋沒 ❷滿,佔滿¶席が〜/座位全滿了 ❸補,填補¶赤字が〜/填補赤字
うまれ ⓪【生(ま)れ】[名] ❶出生,誕生 ❷出身,門第
うまれかわ・る ⑤【生(ま)れ変(わ)る】[自五] ❶託生,來世 ❷重獲新生,脫胎換骨
うまれつき ⓪【生(ま)れつき】

[名・副]天生,先天¶〜怒りっぽい/天生好生氣
うまれながら ⓪【生(ま)れながら】[副]天生,先天
うま・れる ⓪【生(ま)れる・産(ま)れる】[自下一] ❶生(孩子),出生 ❷產(卵) ❸產生,誕生
うみ ①【海】[名] ❶海,海洋 ❷(用「…の海」的形式表示)連成一片¶雲の〜/雲海 ❸硯臺存水的地方¶硯(すずり)の〜/硯池
うみ ②【膿】[名]膿
うみだ・す ③【生み出す・産(み)出す】[他五]產生,想出¶利息を〜/生利息
うみなり ⓪④【海鳴(り)】[名]海鳴,海浪聲
うみのさち ①【海の幸】[名]海產,海貨
うみべ ③【海べ・海辺】[名]海邊,海濱
うむ ①【有無】[名]有無¶〜相通じる/互通有無
う・む ⓪【生む・産む】[他五] ❶生(孩子) ❷產(卵) ❸產生¶疑惑を〜/產生疑慮
う・む ①【倦む】[自五]厭煩,厭倦
うめ ⓪【梅】[名]梅,梅子
うめあわせ ⓪【埋(め)合(わ)せ】[名]補償,彌補
うめ・く ②【呻く】[自五]呻吟
うめたてち ④【埋め立て地】[名]填海建成的陸地
うめた・てる ④【埋(め)立てる】[他下一]填平河(湖、海)
うめぼし ⓪【梅干(し)】[名]鹹酸梅乾
う・める ⓪【埋める】[他下一] ❶埋 ❷填,堵,填塞¶穴を〜/堵窟窿 ❸彌補,補低¶欠員を〜/補缺額
うも・れる ⓪【埋もれる】[自下

うやうやし・い ⑤【恭しい】[形] 恭恭敬敬,必恭必敬,很有禮貌

うやま・う ③【敬う】[他五] 敬,尊敬

うやむや ⓪【有(耶)無(耶)】[名・形動] 含糊不清,曖昧,稀里糊塗

うようよ ①[副] ❶(蟲等)蠕動 ❷(人羣)亂哄哄

うよく ①【右翼】[名] ❶(飛機等的)右翼 ❷(政治上)右翼 ❸(棒球)右外野

うら ②【裏】[名] ❶背面,反面 ¶～を返す/由裏向外翻 ❷内幕,内情¶～がある/有内幕 ❸(棒球比賽時攻守兩隊對換的)下半場比賽 ❹確認¶～を取る/確認,對證查實◇裏をかく/將計就計

うらおもて ⓪【裏表】[名] ❶表面和裏面,正面和反面 ❷(言行)表裏不一 ❸將裏面翻過來

うらがえ・す ③【裏返す】[他五] 翻過來,翻裏做面

うらがき ⓪④【裏書き】[名] ❶證明,證實 ❷(文件、證券等背面的)簽字

うらぎ・る ③【裏切る】[他五] ❶背叛,出賣¶友を～/背叛朋友 ❷辜負,違背¶予想を～/事與願違

うらぐち ⓪【裏口】[名] ❶後門 ❷不正當手段,非法途徑,後門¶～入学/走後門上學

うらさびし・い ⑤【うら寂しい】[形]有點寂寞

うらじ ⓪【裏地】[名](衣服)裡裏

うらづけ ⓪④【裏付け】[名]證據

うらて ③⓪【裏手】[名](建築物)後面,背面

うらない ⓪【占い】[名] ❶算卦 ❷算命先生

うらな・う ③【占う】[他五]占卜,算命

ウラニウム ③【uranium】[名]→ウラン

うらはら ⓪【裏腹】[形動]相反,口是心非,心口不一致

うらぼん ⓪②【盂蘭盆】[名]盂蘭盆會(舊曆七月十五日的祭祀活動)

うらまち ②⓪【裏町・裏街】[名]背街,小巷

うらみ ③【恨み・怨み・憾み】[名] ❶恨¶～を買う/得罪人,招怨恨 ❷遺憾,缺陷

うらみち ②⓪【裏道】[名]背街的小道

うら・む ②【恨む・怨む】[他五] ❶恨,懷恨 ❷悔恨,遺憾

うらめし・い ④【恨めしい・怨めしい】[形]覺得可恨

うらもん ⓪【裏門】[名]後門

うらやまし・い ⑤【羨ましい】[形]令人羡慕

うらや・む ③【羨む】[他五]羡慕

うららか ②【麗らか】[形動] ❶晴朗,和煦 ❷(心情)愉快,快活

ウラン ①【(独)Uran】[名]〈化〉鈾

うり ①【瓜】[名]瓜◇瓜二つ/(容貌)一模一樣

うりあげ ⓪【売(り)上げ】[名]銷售額

うりき・れる ④【売(り)切れる】[自下一]售完,銷售一空

うりくち ⓪【売(り)口】[名]銷路

うりこ ⓪【売(り)子】[名] ❶店員 ❷(車站内)流動叫賣的小販

うりことば ③【売(り)言葉】[名]挑釁性的話¶～に買い言葉/你頂我一句,我頂你一句(吵了起来)

うりこ・む ③【売(り)込む】[他五] ❶推銷 ❷自薦,自我宣傳

うりだ・す ③【売(り)出す】[他五] ❶開始出售 ❷減價出售,特價拍賣 ❸(歌手等)剛出名,初露頭角

うりて ⓪【売(り)手】[名]賣方
うりば ⓪【売り場】[名]出售處,售品處,櫃台
うりもの ⓪【売(り)物】[名]❶商品,出售的東西 ❷(演員等的)拿手戲
うりや ⓪【売り家】[名]出(待)售的房子
うりょう ①【雨量】[名]雨量
う・る ⓪【売る】[他五]❶賣 ❷挑釁¶けんかを〜/找碴打架 ❸出賣,背叛 ❹出名,揚名 ¶名を〜/出名,揚名
うる ①【得る】[他下一](「える」的文語形)得,得到¶少しも〜所がない/毫無所得
——[接尾]能¶有り〜/有可能¶考え〜/可以考慮
うるうどし ②【閏年】[名]閏年
うるおい ③⓪【潤い】[名]❶濕潤 ❷風趣,回味 ❸安樂,輕鬆,寬裕¶〜のある生活/有情趣的生活
うるお・う ③【潤う】[自五]❶潤,濕 ❷增多,寬裕,豐富¶ふところが〜/手頭寬綽起來
うるさ・い ③【五月蠅い】[形]❶吵,嘈雜¶ラジオが〜/收音機(的聲音)吵人 ❷愛批判,愛嘮叨 ❸麻煩,礙事¶かみの毛が〜/頭髮礙事
うるし ⓪【漆】[名]❶漆樹 ❷漆【-塗(ぬり)】⓪[名]❶漆器 ❷塗漆
うる・む ②【潤む】[自五]❶濕潤 ❷(聲音)哽咽¶声が〜/嗚咽哭泣
うるわし・い ④【麗しい】[形]❶端莊,美麗 ❷(心情等)好,愉快 ❸動人,使人感動
うれい ②【憂い】[名]憂,憂慮¶後顧の〜/後顧之憂
——【愁い】愁,憂鬱
うれくち ⓪【売れ口】[名]銷路,買主

うれし・い ③【嬉しい】[形]高興,歡喜
うれしなみだ ④【嬉し涙】[名]喜淚,高興的淚
うれゆき ⓪【売(れ)行き】[名]銷路,銷售情況
う・れる ⓪【売れる】[自下一]❶暢銷 ❷有名氣¶名が〜/出名
うろうろ ①[副]徘徊,轉來轉去,急得亂轉
うろおぼえ ③【うろ覚え】[名・自サ]模糊的記憶
うろこ ⓪①【鱗】[名]鱗◇目(め)から鱗が落(お)ちる/恍然大悟
うろた・える ⓪[自下一]驚惶失措,著慌
うろつ・く ⓪[自五]徘徊
うわがき ⓪【上書(き)】[名](信件,郵包等)收信(件)人姓名,地址
うわき ⓪【浮気】[名・形動]異思思戀,感情不專一¶〜をする/搞婚外情,拈花惹草
うわぎ ⓪【上着】[名]上衣,外衣
うわごと ⓪【うわ言】[名]夢話,胡言亂語
うわさ ⓪【噂】[名]❶背後說閒話,議論人 ❷傳說,風聲,謠言¶〜が立つ/謠言四起◇うわさをすれば影(かげ)/說曹操,曹操就到◇人(ひと)の〜も七十五日(しちじゅうごにち)/謠傳傳不長久
うわつ・く ⓪【浮付く】[自五](得意得)沉不住氣,坐不住
うわっつら ⓪【上っ面】[名]外表,表面
うわて ⓪【上手】[名](技術、能力等)佔上風,強手
うわぬり ⓪【上塗(り)】[名](抹灰,塗漆的)最後一遍¶恥(はじ)の〜/醜上加醜
うわのそら ④【上の空】[名]心不在焉¶〜で聞く/心不在焉地聽
うわべ ⓪【上べ・上辺】[名]表面,

外表,外觀◇上べを飾る/修飾外表,裝門面

うわまわ・る【4】【上回る】[自五]超過,超出

うわむき【0】【上向き】[名] ❶臉朝上,仰臉¶～に寝る/仰臉睡 ❷(情況,形勢等)有希望¶景気が～になる/行情回升

うわめづかい【4】【上目遣い】[名](不満時)翻白眼看人¶～に見る/翻白眼看人

うわやく【0】【上役】[名]上級,上司

うん【1】【運】[名]運,命運,運氣¶～がいい/運氣好◇運を天にまかせる/聽天由命

うん【1】【感】(打招呼,回答問題時表示許諾,同意)嗯,哦¶～ともすんとも/一聲不響,一聲不吭

うんえい【0】【運営】[名・他サ]組織,經營

うんが【1】【運河】[名]運河

うんこう【0】【運航】[名・自サ](飛機,船)航行

うんざり【3】[副]膩,煩,厭煩

うんさんむしょう【0】【雲散霧消】[名・自サ]雲消霧散

うんそう【0】【運送】[名・他サ]運輸,運送¶【-業(ぎょう)】【3】[名]運輸業,運送業

うんだめし【3】【運試し】[名]碰運氣

うんちん【1】【運賃】[名]運費

うんでい【0】【雲泥】[名]天壤,雲泥¶～の差/天壤之別

うんてん【0】【運転】[名・他サ] ❶駕駛,開¶安全～/安全行車 ❷(資金)周轉

うんと【0】[副]很多,有的是,非常地

うんどう【0】【運動】[名・自サ] ❶(物)運動 ❷運動,活動¶-会(かい)】【3】[名]運動會 ❸(有目的地)進行活動¶選挙のために～する/為選舉進行活動¶-神経(しんけい)】【5】[名]運動神經

うんぬん【0】【云云】[名]等等,云云 ——[自他サ]這個那個(地議論)

うんぱん【0】【運搬】[名・他サ]搬運,運送

うんめい【1】【運命】[名]命運,天命¶～に従う/聽從天命

うんゆ【1】【運輸】[名]運輸,輸送¶-省(しょう)】【3】[名](日本政府機構之一)運輸省

うんよう【0】【運用】[名・他サ]運用,活用¶資金を～する/運用資金

え エ

え 五十音圖「あ」行和「や」行第四音。羅馬字寫作「e」,發音爲國際音標[e],元音之一。「や」行的「え」舊時發音爲國際音標[je]。平假名「え」來自「衣」字的草體,片假名「エ」來自「江」字的右偏旁。

え ⓪【柄】[名] ❶柄,把 ❷(蘑菇的)莖部 ❸(植物的)桿,莖

え ①【絵】[名] ❶圖畫,畫 ❷美麗的景色 ◇絵にかいた餅(もち)/畫餅充飢

-え【重】[接尾]重,層¶一(ひと)〜/一層

え ①【感】❶(表示肯定、同意的語氣)嗯,唉 ❷(表示強烈的感動、驚奇、疑問)哎呀,噢
—— 【終助】(老年婦女對親近人説話時表示的輕微的疑問)哎,什麼,嗎

エア ⓪【air】[名]空氣,大氣,壓縮空氣¶〜ブレーキ/氣閘,風閘,空氣制動器
——【造語】❶航空¶〜ポート/機場 ❷廣播¶オン〜/播放中,播音中

エアコン ⓪【air conditioner】[名]空氣自動節節,溫度調節

エアメール ③【airmail】[名]航空郵件

エアロビクス ④【aerobics】[名]有氧運動,吸氧健身運動

えいえん ⓪【永遠】[名]永遠,永久

えいが ①⓪【映画】[名]電影¶-館(かん) ③[名]電影院

えいき ①【鋭気】[名]鋭氣,朝氣

えいきゅう ⓪【永久】[名]永久,永遠¶-歯(し) ④[名]恒齒

えいきょう ⓪【影響】[名・自サ]影響¶〜がある/有影響

えいぎょう ⓪【営業】[名・自サ] ❶營業 ❷(公司裡的)銷售,經營

えいご ⓪【英語】[名]英語¶アメリカ〜/美式英語

えいこう ⓪【栄光】[名]光榮,榮譽

えいこく ⓪【英国】[名]英國(=イギリス)¶〜人(じん)/英國人

えいしゃ ⓪【映写】[名・他サ]放映

えい・じる ⓪【映じる】[自上一] ❶(光、顏色等)映照 ❷留下印象

エイズ ①【AIDS】[名]愛滋病,獲得性免疫缺損綜合症

えいせい ⓪【衛生】[名]衛生¶不(ふ)- ②[形動]不衛生

えいせい ⓪【衛星】[名]衛星¶人工(じんこう)- ⑤[名]人造衛星

えいぞう ⓪【映像】[名] ❶映像¶〜がゆがむ/映像不正 ❷(電影、電視等)影像,影視

えいぞく ⓪【永続】[名・自サ]永續,持久¶-性(せい) ⓪[名]持久性

えいたん ⓪【詠嘆】[名・自サ]讚嘆,感嘆

えいだん ⓪【英断】[名]英明的決斷,當機立斷

えいてん ⓪【栄転】[名・自サ]高昇,榮昇

えいびん ⓪【鋭敏】[形動]敏鋭,靈敏

えいぶん ⓪【英文】[名] ❶英語文章 ❷英國文學

えいみん ⓪【永眠】[名・自サ]長眠,死

えいゆう ⓪【英雄】[名]英雄

えいよ ①【栄誉】[名]榮譽

えいよう ⓪【栄養】[名]營養¶～を取る/汲取營養¶-失調(しっちょう) ⑤[名]營養失調¶-素(そ) ③[名]營養素¶-分(ぶん) ③[名]養分

えいり ③⓪【絵入り】[名]附有插圖

えいり ①【営利】[名]營利¶-事業(じぎょう) ④[名]營利事業

えいり ①【鋭利】[形動] ❶鋭利,鋒利 ❷腦筋快,敏鋭

えいりん ⓪【営林】[名]林業管理,林業經營

ええ ①【感嘆】嗯,好吧

エーエム ③【AM】[名]調幅,振幅調製

エージェンシー ①【agency】[名]代理店,代理商

エース ①【ace】[名] ❶(撲克牌)A ❷(體育運動的)頂尖選手 ❸(網球、排球中的)發球得分

エーテル ①⓪【(オ)ether】[名]〈化〉乙醚,醚

エープリル・フール ⑥【Aprilfool】[名]愚人節

えがお ⓪【笑顔】[名]笑臉,笑容

えが・く ②【描く】[他五] ❶繪,描繪 ❷描寫 ❸(在心中)描繪

えがた・い ③【得難い】[形]難得,寶貴

えき ⓪①【益】[名] ❶有益,有用 ❷利益,賺錢

えき ①【液】[名]液,液體

えき ①【駅】[名]車站¶ターミナル～/終點站

えきいん ②【駅員】[名]車站工作人員

えきか ⓪【液化】[名・他サ]液化

エキサイト ③【excite】[名・自サ]興奮,激動

エキシビション ④【exhibition】[名]展覽會,博覽會

えきしゃ ⓪【易者】[名]算卦人,卜者

エキス ①【(オ)extract】[名] ❶(食物,薬的)濃縮,精¶にんにくの～/蒜精 ❷精華,精髓

エキスパート ④【expert】[名]專家,行家

エキゾチック ④【exotic】[形動]異國情調,異國的

えきたい ⓪【液体】[名]液體

えきちゅう ⓪【益虫】[名]益蟲

えきちょう ⓪【益鳥】[名]益鳥

えきちょう ⓪【駅長】[名]站長

えきでん ⓪【駅伝】[名]長跑接力賽

えきびょう ②【疫病】[名]疫病,傳染病

えきべん ①【駅弁】[名]車站上賣的盒飯

えくぼ ①【名】酒窩◇あばたもえくぼ/情人眼裡出西施

えぐ・る ②【抉る】[他五] ❶剜,挖 ❷根除,剷除 ❸悲痛至極◇肺腑(はいふ)を抉る/心如刀絞 ❹揭露¶真相を～/揭露真相

えげつな・い ④[形]下流,討厭,露骨

エゴ ①【(ラ)ego】[名] ❶自己,自我 ❷利己

エゴイズム ③【egoism】[名]利己主義

エコノミー ②【economy】[名] ❶經濟 ❷節約

えこひいき ③【名・他サ】偏袒,偏向

えさ ②⓪【餌】[名]誘餌,餌

えじき ①③【餌食】[名] ❶餌食 ❷犠牲品

えしゃく ①【会釈】[名・自サ]點頭,行禮,致意

エスエフ ③【SF】[名]科學幻想小説

エスカレーター ④【escalator】[名]自動扶梯

エスケープ ③【escape】[名・自サ]

逃學,翹課
エスコート ③【escort】[名・自他サ]侍從,護衛
——[名](旅行團裡的)隨員
エスペラント ④【Esperanto】[名]世界語
えだ ⓪【枝】[名] ❶樹枝 ❷分支,分岔【-道(みち)⓪】[名]岔道,岐路
えたい ⓪【得体】[名]真面目¶～の知れない/莫明其妙,來歷不明
えだは ⓪【枝葉】[名] ❶枝葉 ❷枝節問題,無關緊要的問題
エチケット ①【etiquette】[名]禮節,禮貌
エチルアルコール ④【(独)Äthylalkohol】[名]乙醇,酒精
エックスせん ⓪【X線】[名]X射線
エッセー ①【essay】[名]隨筆
エッチ ①【H・h】[名・形動] ❶好色(的),令人討厭(的) ❷鉛筆硬度符號
えっちらおっちら ①-①[副]很吃力地(走),很費勁地(走)
エッチング ①【etching】[名] ❶蝕刻術 ❷銅版畫
えつらん ⓪【閲覧】[名・他サ]閲覧【-室(しつ)③】[名]閲覽室
えて ②①【得手】[名・形動]擅長,拿手¶～かってなやり方/任性的做法 ◇得手に帆(ほ)を揚(あ)げる/順風揚帆,順水行舟
エディター ①【editor】[名]編輯;主編
えてして ①【得てして】[副]每毎,往往
えと ⓪【干支】[名]天干地支,干支
えど ⓪【江戸】[名]江戸(東京的舊稱)
えとく ①⓪【会得】[名・他サ]領會,理解
えな・い ①【得ない】[形]不得,不能¶止むを～/不得不,不得已
エナメル ⓪【enamel】[名] ❶琺瑯,搪瓷,釉瓷 ❷瓷漆
エネルギー ③【(独)Energie】[名] ❶能,能源 ❷精力,氣力¶～のある人/精力充沛的人
エネルギッシュ ④【(独)energisch】[形動]精力旺盛的
えのぐ ⓪【絵の具】[名]繪畫顏料
えはがき ②【絵葉書】[名](帶畫的)明信片
えび ⓪【海老・蝦】[名]蝦 ◇えびで鯛(たい)を釣(つ)る/一本萬利
エピソード ③【episode】[名] ❶逸事,逸聞 ❷插曲
エピローグ ③【epilogue】[名] ❶(小説,戯曲等)尾聲 ❷(事件)結尾,收尾,結論
エフエム ③⓪【FM】[名]調頻【-放送(ほうそう)⑤】[名]調頻廣播
エプロン ①【apron】[名] ❶圍裙 ❷(機場)停機坪
えほん ⓪【絵本】[名](兒童)畫册,連環畫
エムディー ③【MD】迷你電射唱片 ◆「ミニ・ディスク」
えもの ③⓪【獲物】[名]獵物
えら ⓪【鰓】[名]鰓
エラー ①【error】[名・自サ]錯誤,失敗,失誤
えら・い ②【偉い】[形] ❶偉大,高高 ❷地位高,身份高 ❸非常¶～騷ぎ/大騒亂
えら・ぶ ②【選ぶ】[他五]挑選,選擇¶代表に～/選為代表
えり ②【襟・衿】[名] ❶領子 ❷脖梗,脖頸
エリート ②【elite】[名]頂尖,優秀,精英
えりごのみ ③【えり好み】[名・自サ]挑剔,挑挑揀揀,挑肥揀瘦
えりまき ⓪【襟巻】[名]圍巾
える ①【得る】[他下一] ❶得到 ❷領會¶要領を～/得要領

——[接尾](連體形、終止形常用「うる」)可能¶あり～/可能有

エレガント ①【elegant】[形動]雅致,優美

エレベーター ③【elevator】[名]電梯

エロ ①【erotic】[名]→エロチック

エロチック ③【erotic】[形動]色情的,性感的

えん ①【円】[名] ❶圓,圓形 ❷(日本貨幣)日元

えん ①【縁】[名] ❶緣,因緣¶多生(たしょう)の～/前世因緣 ❷(血緣、夫妻)關係¶～を切る/斷絕關係¶くされ～/冤家 ❸邊,緣,沿

えんえん ⓪【延延】[副・連體]接連不斷,沒完沒了¶～長蛇(ちょうだ)の列/長蛇陣,長隊列

えんか ①【円価】[名]日元牌價

えんか ⓪【演歌】[名](日本民歌曲調的)流行歌

えんかい ⓪【沿海】[名] ❶沿海 ❷沿岸

えんかい ⓪【宴会】[名]宴會

えんかく ⓪【沿革】[名]沿革,變遷

えんかつ ⓪【円滑】[形動] ❶圓滑 ❷圓滿,順利

えんがわ ⓪【縁側】[名](日本式建築)套廊

えんかわせ ③【円為替】[名]日元外匯比價

えんがん ⓪【沿岸】[名]沿岸

えんき ⓪【延期】[名・他サ]延期

えんぎ ⓪【縁起】[名] ❶吉凶之兆 ❷(寺廟的)孤緣,變遷◇縁起でもない/不祥,不吉利

えんぎ ①【演技】[名・自サ] ❶演技 ❷表演

えんきょく ⓪【婉曲】[形動]婉轉,委婉

えんきょり ③【遠距離】[名]遠距離

えんきり ④【縁切り】[名](夫婦、父子等)脫離關係

えんきん ⓪【遠近】[名]遠近

えんぐみ ④③【縁組】[名]結成夫妻,結成養父子(女)關係

えんげい ⓪【園芸】[名]園藝

えんげい ②【演芸】[名](曲藝、相聲等)表演藝術

エンゲージ・リング ⑥【engagement ring】[名]訂婚戒指

えんげき ⓪【演劇】[名]演劇,戲劇

えんこ ①【円弧】[名]圓弧,弧

えんご ①【援護・掩護】[名・他サ]援救,支援

えんし ⓪【遠視】[名]遠視

エンジニア ③【engineer】[名]技師,工程師

えんしゅう ⓪【円周】[名]〈數〉圓周¶-率(りつ)③[名]圓周率

えんしゅう ⓪【演習】[名・他サ] ❶演習 ❷(教學)共同研究,課堂研討

えんじゅく ⓪【円熟】[名・自サ] ❶(技藝)成熟 ❷老練,圓滑

えんしゅつ ⓪【演出】[名・他サ] ❶導演,舞臺監督 ❷(會議)組織安排

えんしょ ①⓪【炎暑】[名]酷暑

えんじょ ①【援助】[名・他サ]援助,幫助¶～物資/救援物資

エンジョイ ①【enjoy】[名・他サ]享受,享樂

えんしょう ⓪【炎症】[名]炎症¶～を起こす/出現炎症,發炎

えんしょう ⓪【遠称】[名]遠稱

えんしょう ⓪【延焼】[名・自サ](火勢)蔓延

えんじょう ⓪【炎上】[名・自サ]燃燒起來

えん・じる ⓪【演じる】[他上一] ❶(影,劇)扮演 ❷(在衆人面前)露,顯¶醜態を～/出醜

えんしん ⓪【遠心】[名]離心¶-力(りょく)③[名]離心力

エンジン ①【engine】[名]發動機 ¶～がかかる/(汽車等)發動¶ジェット～/噴氣發動機
えんしんりょく ③【遠心力】[名]離心力
えんすい ⓪【円錐】[名]圓錐
えんすい ①【塩水】[名]❶鹽水 ❷海水
エンスト ⓪【engine stop】[名]引擎停了,汽車不動了
えんせい ⓪【厭世】[名]厭世
えんせい ⓪【遠征】[名・自サ]❶遠征,長征 ❷探險
えんぜつ ⓪【演説】[名・自サ]演説,講演【-会(かい)】④[名]演講會
えんせん ⓪【沿線】[名]沿線
えんそう ⓪【演奏】[名・他サ]演奏【-会(かい)】③[名]演奏會
えんそく ⓪【遠足】[名]郊遊,野遊
えんたい ⓪【延滞】[名・自サ]拖延(付款)
えんだい ⓪【演題】[名]講演題目
えんだい ⓪【縁台】[名](納涼用)長凳
えんだい ⓪【遠大】[名・形動]遠大
えんだか ⓪【円高】[名]日元升位
えんたく ⓪【円卓】[名]圓桌【-会議(かいぎ)】⑤[名]圓桌會議
えんだん ⓪【縁談】[名]提親,介紹對象
えんちゃく ⓪【延着】[名・自サ](火車等)晚點
えんちゅう ⓪【円柱】[名]❶圓柱 ❷〈數〉圓柱
えんちょう ⓪【延長】[他サ]延長 ――[名]❶繼續,沿續 ❷全長
えんちょう ①【園長】[名](幼稚園,動物園)園長
えんつづき ③【縁続き】[名]血緣關係

えんでん ⓪【塩田】[名]鹽田
えんてんかつだつ ⓪【円転滑脱】[形動]處事圓滑
えんどう ⓪【豌豆】[名]豌豆
えんどお・い ④③【縁遠い】[形]❶關係疏遠,没多大關係 ❷(指女子)找不到對象
えんとつ ⓪【煙突】[名]煙囱,煙筒
えんにち ①【縁日】[名]有廟會的日子,廟會
えんのう ⓪【延納】[名・他サ]遲繳,過期繳納
えんばん ⓪【円盤】[名]❶圓盤,圓板 ❷鐵餅【-投(なげ)】⓪[名]擲鐵餅
えんぴつ ⓪【鉛筆】[名]鉛筆【-削(けずり)】⑤[名]鉛筆刀
えんぶ ①【円舞】[名]❶(圓圈跳的)集體舞 ❷(華爾玆等)圓舞【-曲(きょく)】③[名]圓舞曲
えんまく ①【煙幕】[名]煙幕◇煙幕を張(は)る/❶爲不暴露目標而施放煙幕 ❷爲掩蓋真相而散佈輿論等
えんまん ⓪【円満】[形動]圓滿,完善,和睦¶～な家庭/和睦的家庭
えんむすび ③【縁結び】[名]結婚,結親
えんやす ⓪【円安】[名]日元貶值
えんよう ⓪【遠洋】[名]遠洋【-漁業(ぎょぎょう)】⑥[名]遠洋漁業
えんりょ ⓪【遠慮】[名・自他サ]❶客氣¶～がない/不客氣 ❷謝絕,避諱¶出席は～しておこう/謝絕出席 ――①[名]遠慮◇遠慮会釈(えしゃく)もない/毫不客氣,不講情面
えんりょぶか・い ⑤【遠慮深い】[形]非常客氣,拘謹,拘禮

お　オ

お 五十音圖「あ」行第五音,元音之一。羅馬字寫作「o」,發音為國際音標[o]。平假名「お」來自「於」字的草體,片假名「オ」來自「於」字的左偏旁。

お ①【尾】[名] ❶尾巴¶尾頭(おかしら)つき/帶頭尾的烤魚 ❷尾狀物◇尾を振(ふ)る/討好

お ①【緒】[名] ❶細繩,細帶¶げたの/木屐帶◇堪忍袋(かんにんぶくろ)の緒が切れる/忍無可忍 ❷(日本樂器)弦

お-【小】[接頭] ❶小,細小¶～川(がわ)/小河 ❷少,稍微,一點¶～暗い/稍暗

お-【御】[接頭] ❶表示鄭重¶～米/大米 ❷表示尊敬¶～美しい/漂亮 ❸(用「お…する」、「お…いたします」的形式)表示謙虛¶～電話いたします/我給您打電話 ❹(用「お…なさい」的形式)表示對部下親切的命令¶さあ,～食べなさい/來吧,請吃

おあいそ ⓪【お愛想】[名] ❶奉承話,應酬話¶～を言う/說奉承話 ❷(飯館,酒館的)帳單¶～お願いします/請算帳

おあいにくさま ⓪[形動・感]不湊巧,不巧

オアシス ②①【oasis】[名](沙漠中的)綠洲

おい ⓪①【老い】[名] ❶老,衰老 ❷老人,老年人¶～も若きも/老老少少◇老いの一徹(いってつ)/老人的頑固脾氣,老頑固

おい ⓪【甥】[名]侄,外甥

おい ①[感](平輩或熟人之間打招呼)喂

おいうち ⓪【追(い)打ち・追(い)擊ち】[名] ❶追擊 ❷(進一步的)破壞,打擊¶～をかける/打擊

おいおい ③【追(い)追(い)】[副]逐漸地,不斷地,漸漸地,不久¶～分かってくることだ/不久就會明白

おいか・ける ④【追(い)かける】[他下一] ❶追趕¶流行を～/趕時髦 ❷緊接著,隨後

おいかぜ ⓪②【追(い)風】[名]順風

おいこ・す ③【追(い)越す】[他五]超過,趕過

おいこみ ⓪【追(い)込み】[名](最後階段的)努力¶～をかける/最後加把勁

おいこ・む ③【追(い)込む】[他五] ❶趕進,使…進入 ❷使…陷入¶窮地に～れる/陷入困境

おいさき ⓪【生(い)先】[名]前途,將來

おいし・い ⓪[形]好吃,味道好

おいしげ・る ④【生(い)茂る】[自五](草木)叢生,繁茂

おいそれと ①[副]輕易地

おいだ・す ③【追(い)出す】[他五]趕走,趕出

おいたち ⓪【生(い)立ち】[名] ❶成長過程,經歷¶不幸な～/不幸的經歷 ❷孩子的成長

おいつ・く ③【追(い)つく・追(い)着く】[自五] ❶追上,趕上 ❷挽回(補回)損失

おいつ・める ④【追(い)詰める】[他下一]窮追,迫到絕境

おいて ⓪①〈文〉❶(用「…におい

て」的形式表示)在,於¶わが国に〜開催/在我國舉行 ❷在…(時候)情況下¶この非常時に〜/在這非常時刻 ❸在…方面,就…方面¶規模に〜第一等だ/就規模而言是第一流的

おいで ⓪[名](「行く・来る・居る」的敬語)去,來,在¶〜になる/去,來
——③(「来い」的敬語表現)過來¶-おいでで⑤[名][用手招呼小孩)過來

おいてきぼり ⓪【置いてきぼり】[名]丟下,甩下

おいでになる ①【行く・来る・いる】「去」,「来」,「在」的尊敬語

おいぬ・く ③【追(い)抜く】[他五] ❶趕過,超過 ❷勝過

おいばらい ③【追(い)払い】[名]補繳款

おいはら・う ④【追(い)払う】[他五]轟走,趕走

おいぼ・れる ⓪【老(い)ぼれる】[自下一]衰老,老糊塗

お・いる ②【老いる】[自上一]老,年老

オイル ①[oil][名]油【サラダ-④】[名]沙拉油 ❷石油,汽油¶〜ショック/石油危機 ❸(汽車等的)潤滑油

おう ①【王】[名] ❶王,國王,帝王 ❷王子 ❸(某方面的)能人

お・う ⓪①【負う】[他五] ❶背 ❷擔負,承擔¶義務を〜/承擔義務 ❸承蒙
——[自五]符合¶名に〜/名符其實

お・う ⓪【追う】[他五] ❶追 ❷追求¶理想を〜/追求理想 ❸遵循,循序¶順を〜/按順序 ❹趕,攆¶牛を〜/趕牛 ❺(被迫)離開,驅逐¶国を〜われる/被迫離開祖國

おうえん ⓪【応援】[名・他サ] ❶聲援,助威【-歌(か)③】[名]助威歌

おうぎ ③【扇】[名]折扇

おうきゅう ⓪【応急】[名]應急,緊急

おうこう ⓪【横行】[名・自サ](壞人)橫行

おうごん ⓪【黄金】[名] ❶黃金 ❷有價值的東西【-時代(じだい)⑤】[名]最興盛時期

おうさま ⓪【王様】[名] ❶國王 ❷至高無上的人

おうしつ ⓪【王室】[名]王室

おうじゃ ①【王者】[名]王¶球界の〜/球界之王

おうしゅう ⓪【応酬】[名・自サ] ❶應對,口頭攻擊 ❷(互相)敬酒

おうじょう ①【往生】[名・自サ] ❶〈宗〉往生¶極楽/極樂往生 ❷死¶〜をとげる/死 ❸無法應付,進退兩難【-際(ぎわ)⓪】[名]臨終,臨死

おうしょく ⓪【黄色】[名]黃色【-人種(じんしゅ)⑤】[名]黃色人種

おうしょくじんしゅ ⑤【黄色人種】[名]黃色人種

おう・じる ⓪③【応じる】[自上一] ❶應,回答¶要望に〜/答應(提出的)要求 ❷適應,按照¶場合に〜じて対処する/隨機應變

おうしん ⓪【往診】[名]出診

おうせい ⓪【旺盛】[形動]旺盛,充沛,飽滿

おうせつ ⓪【応接】[名・自サ]應接,接待¶〜に暇(いとま)がない/應接不暇【-間(ま)⓪】[名]會客廳

おうたい ⓪【応対】[名・自サ]應付,接待

おうたいホルモン ⑤【黄体hormone】[名]黃體酮

おうだん ⓪【横断】[名・他サ] ❶橫過,橫穿,橫渡¶道路を〜する

おうち 60

/横過馬路 ❷横斷,橫切 ❸横跨¶横越(海洋等)
おうちゃく　④③【横着】[名・形動・自サ]偷奸耍滑,蠻橫,不講理¶～者(もの)　⓪[名]不講理的人
おうちょう　⓪【王朝】[名]❶天皇執政的時代(指平安時代)❷王朝
おうとう　⓪【応答】[名・自サ]應答,問答
おうとつ　⓪【凹凸】[名]❶(道路等)凹凸不平 ❷不匀,不匀稱
おうはん　⓪【凹版】[名](印刷技術之一)凹版
おうひ　①【王妃】[名]王妃
おうふく　⓪【往復】[名・自サ]❶往返,來回¶～乗車券/來回車票 ❷來往,交往
おうへい　①【横柄】[形動]傲慢,妄自尊大
おうぼ　⓪【応募】[名・自サ]應募,應徵
おうぼう　⓪【横暴】[名・形動]橫暴,蠻橫¶～な振る舞い/蠻橫的行為
おうま　①【黄麻】[名]黄麻
おうむ　⓪【鸚鵡】[名]鸚鵡¶～返(がえ)し　④】[名]鸚鵡學話,人云亦云
おうよう　⓪【応用】[名・他サ]應用,適用
おうらい　⓪【往来】[名・自サ]往來,通行¶～が激しい/往來頻繁
──[名]道路,路
おうりょう　⓪【横領】[名・他サ]侵占,侵吞,霸占,強占
お・える　⓪【負える】[他下一]能處理,能承擔¶手に～えない/難以處理
お・える　⓪【終える】[他下一]完結,完畢¶一生を～了結一生
──[自下一]完了,結束¶そろそろ～えよう/該結束了吧

おお-【大】[接頭]❶大,寬廣¶～男/高大的男人 ❷多¶～人數/人數眾多 ❸(程度)很,非常¶～さわぎ/大騷亂 ❹(年齡,地位)高,長¶～伯父(おじ)/大伯父 ❺大概,大體¶～ざっぱ/大致,粗略¶～づかみ/大體
おおあめ　③【大雨】[名]大雨
おお・い　②①【多い】[形]多,豐富¶雨量が～/雨量多
おおい　③⓪【覆い】[名]覆蓋,遮蓋物
おおいに　①【大いに】[副](數、量)多,(程度)相當,甚,非常¶旧友と～語り合った/同老朋友交談了許多
おお・う　②⓪【覆う】[他五]❶覆蓋,遮蓋¶目を～/蒙住眼睛 ❷掩蓋
おおうつし　③【大写(し)】[名](電影)特寫
オーエル　③【office lady】[名]公司女職員
おおがかり　③【大掛かり】[形動]大規模,龐大
おおかぜ　④③【大風】[名]大風
おおがた　⓪【大形】[名](形狀)大¶～のケーキ/大蛋糕
──【大型】(同類中的)大,大型¶～バス/大型公共汽車
おおかみ　①【狼】[名]狼
おおがら　⓪【大柄】[形動]❶(身材)大,魁梧,大個子 ❷大花圖案
おおかれすくなかれ　①-③⑦【多かれ少なかれ】[副]或多或少,多多少少
おおき・い　③【大きい】[形]❶(面積、體積、規模、範圍等)大,高大,巨大 ❷(數值)大 ❸(年齡)大 ❹(程度)深 ❺(言辭,行為)粗
おおきく　①【大きく】[副]大,高大,巨大¶口を～あけてごらん/

張大你的嘴看看¶〜なったら何になりたいの/你長大了要做什麼？

オーキシン ③【auxin】[名]植物生長激素

おおきな ①【大きな】[連体]大的¶〜荷物/大行李

おおく ①【多く】[名] ❶大多數,大部份 ❷多
——[副]多,常常,往往

おおぐい ①【大食い】[名]飯量大的人,吃得多的人

オークション ①【auction】[名]拍賣

おおぐち ①【大口】❶大嘴¶〜を開ける/張開大嘴 ❷大話◇大口をたたく/説大話,誇海口

おおくとも ①【多くとも】[副]至多,頂多,充其量

オークル ①【(仏)ocre】[名]赭色

オーケー ①【OK】[感]行,好,可以
——[名・自サ]同意,允許,贊同

おおげさ ⓪【大げさ】[形動]誇大,誇張,過份¶〜に言う/誇大其詞

オーケストラ ③【orchestra】[名]管弦樂,管弦樂團

おおざっぱ ③【大ざっぱ】[形動] ❶草率,粗心 ❷大致,粗略¶〜に言えば/大致上説

おおし・い ③【雄雄しい】[形]雄壯,英勇

オージー ③【OG】[名]女職員

おおすじ ⓪【大筋】[名]梗概,概略

おおずもう ③【大相撲】[名]專業相撲

おおぜい ③【大勢】[名・副]許多人,多數人¶〜の人/許多人

おおぜき ①【大関】[名](相撲)大關

おおそうじ ③【大掃除】[名]大掃除

オーソドックス ④【orthodox】[名・形動]正統派,正統的

オーダー ①【order】[名・他サ] ❶順序,次序 ❷訂購
——[名・他サ]訂貨¶〜メード/訂做的東西

おおだてもの ⓪④【大立て者】[名](政界,商界等)要人

おおっぴら ⓪【大っぴら】[形動] ❶毫無顧忌 ❷公開,公然

おおつぶ ⓪【大粒】[名]大粒,大顆粒

おおどおり ③【大通り】[名]大街,馬路

オートバイ ③【autobike】[名]摩托車

オートメーション ④【automation】[名]自動化,自動控制,自動裝置

オーナー ①【owner】[名](船,公司,球隊)經營者,所有者

オーバー ①【over】[名・他サ]越過,超過¶定員を〜する/超編
——[形動]過度,誇大¶〜に話す/誇張
——[名]大衣

おおはば ④【大幅】[名]寬幅(布)
——[形動](數量,規模,價格等)大幅度¶〜な値上げ/大幅度物價上漲

おおぶねにのったよう【大船に乗ったよう】非常放心,穩若泰山

おおぶろしきをひろげる【大ぶろしきを広げる】説大話,吹牛,誇口

オーブン ①【oven】[名]烤爐,烤箱

オープン ①【open】[名・自他サ]開場,開業,開店
——[形動]公開的,坦白的
——[造語]開,敞¶〜シャツ/開襟視衣

オープン・カー ③⑤【open car】[名]敞蓬車,無蓋車

おおまか ⓪【大まか】[形動] ❶粗略,概略 ❷不拘小節,大方

おおまた ①⓪【大また】[名]大步,闊步

おおみず ④①【大水】[名]大水,洪

おおみ水
おおみそか ③【大晦日】[名]除夕
オーム ①【ohm】[名]〈電〉歐姆
おおむぎ ⓪③【大麦】[名]大麥
おおむね ⓪【概ね】[副]大概,大體,大約
おおめ ③【多目】[名・形動]多一些,稍多些
おおめ ⓪【大目】[名](份量)稍多◇大目に見(み)る/放寬,睁一隻眼,閉一隻眼 ❷原諒,寬宥
おおめだま ③【大目玉】[名] ❶大眼睛 ❷申斥,斥責◇大目玉を食(く)う/受申斥,挨刮
おおめにみる ⓪-①【大目に見る】[名]寬恕,寬大處理
おおもの ⓪【大物】[名] ❶(釣魚,狩獵時)有價值的獵物 ❷大人物,有實力的人物
おおや ①【大家】[名]房東,房主
おおやけ ⓪【公】[名] ❶國家,政府,官方 ❷公共,公家◇～の利益/公共利益 ❸組織,集團,單位
おおゆき ⓪【大雪】[名]大雪
おおよう ⓪【大様】[形動]大方,大氣◇～に構える/落落大方
おおよそ ⓪【大凡】[名・副]大體,大概,大致,大約
おおらか ②[形動]落落大方,豁達開朗,胸襟開闊
オールド・ミス ⑤【old miss】[名]没結婚的女士,老處女
オール・ナイト ④【all-night】[名] ❶通宵,徹夜 ❷電影午夜場
オール・バック ④【all back】[名]背頭,油頭
オーロラ ⓪③【aurora】[名]極光
おおわらい ③【大笑い】[名・自サ] ❶大笑 ❷十分可笑
おおわらわ ③【大わらわ】[形動]拼命的,努力奮鬥,手忙腳亂
おか ⓪【丘】[名]丘陵,山岡
おかあさん ②【お母さん】[名] ❶(孩子對自己母親的親切稱呼)媽媽 ❷(稱呼别人的母親)你的媽媽,令堂 ❸母親對兒女的自稱
おかえりなさい ⑥【お帰りなさい】[連語](迎接回來的人的日常用語)(你)回來了
おかげ ⓪【御陰】[名] ❶托福,幸虧,多虧¶～さま/托您的福 ❷(用「…(の)おかげで」的形式表示)由於…,多虧…¶勉強した～で合格できた/由於用功學習,才及格了
おかし・い【可笑しい】[形] ❶可笑,滑稽 ❷不正常,異常¶機械の調子が～/機械運行不正常 ❸可疑¶そぶりが～/舉止可疑
おか・す ⓪【侵す】[他五] ❶侵犯,入侵 ❷侵害,侵害
——【犯す】違背,犯¶罪を～/犯罪
——【冒す】 ❶冒(危險,困難)¶風雨を～/頂風冒雨 ❷冒犯,褻瀆¶芸術の神聖を～/褻瀆藝術
おかず ⓪[名]菜,副食品
おかね ⓪【お金】[名]錢
おかまい ⓪【お構(い)】[名](對客人)招待,理會¶～なしに/請不要張羅了
おかみ ②【女将】[名](日本式旅館,飯館的)女主人,女老板
おが・む ②【拝む】[他五] ❶拜,跪拜 ❷懇求,拜託 ❸〈謙〉拜見,見
おかめ ⓪【おか目】[名]旁觀,側面看◇おか目八目(はちもく)/旁觀者清
おがわ ⓪【小川】[名]小河
おかわり ②【お代(わ)り】[名・自サ]添(飯,菜,酒)
おかんむり ⓪【御冠】[名]不高興,情緒不佳,生氣
おき ⓪【沖】[名](離岸邊遠的)海上,海面,湖上,湖面
-おき【置(き)】[接尾](接數量詞之

おきあい ⓪【沖合】[名]海上,海面
おきか・える ④【置(き)換える】[他下一] ❶換位置,調換,替換 ❷挪到別處
おきて ⓪③【掟】[名]慣例,習慣,規章,法律
おきどけい ③【置(き)時計】[名]座鐘
おきどころ ⓪③【置(き)所】[名] ❶安放之處 ❷放置處,放的地方
おぎな・う ③【補う】[他五]補充,補償
おきば ⓪【置(き)場】[名]存放處,放的地方
おきまり ②【お決まり】[名]常習,慣例,定規
おきもの ⓪【置物】[名]陳設品,裝飾品
おきゃくさん ⓪【お客さん】[名] ❶客人 ❷比喻濫竽充數的人
おきゅうをすえる【お灸をすえる】嚴斥,教訓

お・きる ②【起きる】[自上一] ❶起立,站起來 ❷起床 ❸醒 ❹發生,出現 ❺(火)燃燒

おく ①【奥】[名] ❶深處,裡頭 ❷內宅,裡間 ❸奧秘,秘密¶～の手/絕招,秘訣
おく ①【億】[名]億

お・く ①【置く】[他五] ❶下(霜,露水)¶霜が～/下霜 ❷放,擱置¶本をたなに～/把書放在架子上 ❸設置 ❹(距離,時間)隔,間隔 ❺放下,停止¶筆を～/放下筆,寫完 ❻定(重點,目標)¶目標を～/定目標 ❼保持(狀態)¶心に～/放在心上 ❽擱置一旁¶この問題はしばらく～いて次に進もう/這個問題暫不談,繼續下一個 ❾(用「…せずにはおかない」的形式表示)不允許,不行

――[補動五](用「…ておく」的形式) ❶表示狀態¶話を聞くだけは聞いて～/先聽你說說情況(結果再說) ❷事先做某種準備¶いまのうちにトイレに行って～きなさい/趁現在你先去趟廁所

おくがい ②【屋外】[名]屋外,戶外
おくさま ①【奥様・奥さま】[名](稱他人的妻子時較鄭重的說法)夫人,太太
おくさん ①【奥さん】[名](稱他人妻子時的一般說法)夫人,太太
おくじょう ⓪【屋上】[名]屋頂
おくそく ⓪【憶測】[名・他サ]臆測,猜測,揣度
おくそこ ⓪【奥底】[名] ❶深處 ❷內心深處
オクターブ ③【(仏)octave】[名]八度音
おくち ①【奥地】[名](離城市,海岸遠的)內地
おくづけ ④⓪【奥付】[名](印有著者名,發行人,發行年月等的)版權頁
おくない ②【屋内】[名]室內
おくに ⓪【お国】[名] ❶貴國,您的故鄉 ❷農村,鄉村
おくのて ③【奥の手】[名]絕招,秘訣¶～を使う/使絕招
おくば ①【奥歯】[名]大牙,白齒◇奥歯に物(もの)が挟(はさ)まったよう/講話吞吞吐吐
おくびょう ③②【臆病】[名・形動]怯懦,膽怯[-者(もの)] ⓪[名]膽小鬼,懦夫
おくぶか・い ④【奥深い】[形] ❶深處 ❷(意義)深遠,深奧
おくゆかし・い ⑤【奥ゆかしい】[形]有修養,高雅¶～人がら/人品高尚
おくゆき ④⓪【奥行(き)】[名] ❶(房屋,庭園,場地等的)縱深 ❷(思考,知識的)深度
おくらいり ④【お蔵入り】[名] ❶

おくら‐せる ⓪【遅らせる・後らせる】【他下一】推遲,拖延,放慢¶返事を~/推遲答覆

おくりがな ⓪【送り仮名】[名]送假名,寫在漢字下面的假名

おくりじょう ③【送り状】[名]發貨單,發貨票

おくりむかえ ④【送り迎え】[名・他サ]送迎,接送

おくりもの ⓪【贈(り)物】[名]禮物,贈品

おく・る ⓪【送る】【他五】❶送 ❷惜別,送行 ❸度日¶月日を~/度日 ❹挪動 ❺標上(送假名)
——【贈る】贈送

おくれ ⓪【遅れ・後れ】[名]遲,晚【時代(じだい)—】④[名]落伍◇後れを取(と)る/落後於人

おくればせ ⓪【後ればせ】[名]晚,事後¶~ながら/未能及時~

おく・れる ⓪【遅れる・後れる】[自下一]❶遲,晚¶学校に~/上學晚了 ❷(進度等)慢,落後¶時計が~/錶慢了

おけ ①【桶】[名]木桶

おける ②【於ける】【連体】在…的,關於…的

おこがまし・い ⑤[形]不自量力的,狂妄無知的,不知分寸的

おこ・す ③【起こす】【他五】❶使…起來,使…立起 ❷喚醒,叫醒 ❸引起(病,事件等)¶食中毒を~/引起食物中毒 ❹產生¶好奇心を~/產生好奇心 ❺開始做,發動¶筆を~/動筆 ❻翻(地)¶土を~/翻地 ❼燃燒¶火を~/點火
——【興す】振興,使…興盛¶家を~/振興家業

おごそか ②【厳か】[形動]莊嚴,嚴肅

おこた・る ③⓪【怠る】[自・他五]怠慢,懶惰,玩忽¶義務を~/不履行義務

おこない ⓪【行(な)い】[名]❶動作,舉止 ❷行為,品行

おこな・う ⓪【行(な)う】[他五]做,舉行,進行

おこなわ・れる ⓪【行(な)われる】[自下一]❶實施,實行 ❷盛行,流行¶世に~/盛行於世

おこのみ ⓪【お好み】[名](對方的)愛好,喜好,嗜好【—焼(やき)】[名](和稀的麪粉裡加入蔬菜、肉、雞蛋等烤製的)食品

おこり ③【起こり】[名]起源,起因

おごり ⓪【奢り】[名]❶請客 ❷奢侈,奢華

おこりっぽい ⑤【怒りっぽい】[形]愛生氣,脾氣暴躁

おこ・る ②【怒る】[自五]❶生氣,發火 ❷責備,申斥¶生徒を~/訓斥學生

おこ・る ②【起こる】[自五]❶發生,起因¶風が~/起風 ❷燃燒¶炭が~/炭燒着了
——【興る】興盛,昌盛

おご・る ⓪【奢る】[自五]奢侈¶口が~/口味高
——【奢る】[他五]請客
——【驕る】[自五]驕傲

おさえ ③②【押(さ)え】[名]按,壓
——【抑え】威嚴,控制力

おさえつ・ける ②⑤【押(さ)えつける・抑えつける】[他下一]❶壓住,按住 ❷鎮壓,壓制

おさ・える ③【押さえる】[他下一]❶按,壓 ❷(自行)佔有,把握¶資産を~/佔有資産 ❸抓住¶要点を~/抓住要點
——【抑える】❶制止,遏制,封鎖,阻止¶敵を~/阻止敵人 ❷控制,抑制¶涙を~/忍住淚水

おさき ⓪【お先】[名]❶(「さき」的鄭重語)先,佔先¶~にどうぞ/請您先走 ❷未來,前途◇お先

棒(ぼう)を担(かつ)ぐ/充當走卒

おさげ ②【お下げ】[名]髪辮,辮子

おさな・い ③【幼い】[形]❶幼小,幼年 ❷幼稚,不成熟

おさなご ③【幼子】[名]幼兒,嬰兒

おさなごころ ④【幼心】[名]童心,幼小心靈

おさななじみ ④【幼なじみ】[名]童年的朋友

おざなり ⓪【御座成り】[名・形動]敷衍,走過場,應景

おさま・る ③【収まる・納まる】[自五]裝進,收入

——【納まる】納入,收納¶国庫に~/収入國庫

——【収まる・治まる】平靜,平息¶腹の虫が~らない/怒氣未消

——【治まる】平定,平靜¶世の中が~/天下太平

——【修まる】品行端正

おさ・める ③【収める・納める】[他下一]❶収入,裝入,納入 ❷收下¶どうぞお~め下さい/請收下

——【収める】❶収回¶兵を~/收兵 ❷收穫,取得¶成功を~/取得成功

——【納める】❶交納,繳納¶会費を~/交納會費 ❷結束,停止

——【治める】平定,治理¶国を~/治國

——【修める】學習(技術),掌握

おさらい ⓪【御浚い】[名]複習,溫習

おじ ⓪【伯父・叔父】[名]伯父,舅父,叔父,姑丈

おし・い ②【惜しい】[形]❶珍惜,愛惜 ❷可惜,遺憾

おじいさん ②【お祖父さん・お爺さん】[名]❶祖父,爺爺 ❷老大爺,老爺爺

おしい・る ③【押し入る】[自五]闖入,擁進

おしいれ ⓪【押し入れ】[名](日本式房屋的)壁櫥

おしうり ⓪【押し売り】[名・他サ]強賣,硬賣

おしえ ⓪【押し絵】[名]貼花,壓花

おしえ ⓪【教え】[名]教育,教導,教誨

おし・える ⓪【教える】[他下一]❶教授,教(知識、技術) ❷指點,告訴 ❸教誨,訓誡,教育

おしか・ける ④【押し掛ける】[自下一]❶蜂擁而來 ❷不招自來

おしがみ ⓪【押し紙】[名](夾在書中的)紙籤

おじぎ ⓪【お辞儀】[名・自サ]行禮,鞠躬

おしきり ⓪【押し切り】[名]❶切,割 ❷(切紙、乾草的)鍘刀

おしきりちょう【押し切り帳】[名]收據簿

おしき・る ③【押し切る】[他五]❶切斷,鍘 ❷排除,不顧¶親の反対を~って結婚した/不顧父母的反對結婚

おしげ ③【惜し気】[名]可惜¶~もなく/毫不可惜,毫不留戀

おじけ ⓪【怖じ気】[名]害怕,恐懼

おしこ・む ③【押し込む】[自五]闖入,闖進

——[他五]塞進,勉強裝入

おじさん ⓪【小父さん】[名]叔叔,伯伯

おすす・める ⑤【推し進める】[他下一]推行,推進

おしせま・る ④【押し迫る】[自五]臨近,接近,迫近

おしだし ⓪【押し出し】[名]❶推出,(相撲的比賽規則)推出界外 ❷(棒球)犠牲打 ❸風度,儀表

おしだ・す ③【押(し)出す】[自他五] ❶推出,(相撲的比賽規則)推出界外 ❷推行(方針)

おしつけがまし・い ⑦【押しつけがましい】[形]硬逼著,命令式,強加於人

おしつ・ける ④【押(し)つける・押(し)付ける】[他下一] ❶按住,壓住 ❷強制,強迫,強加 ❸責任を~/把責任強加於人 ❸(強行)給

おしっこ ②[名](小兒語)小便

おしつま・る ④【押(し)詰まる】[自五] ❶臨近,迫近 ❷臨近年末

おしつ・める ④【押(し)詰める】[他下一] ❶塞,填,擠著裝 ❷壓縮,縮小 ❸逼¶土俵ぎわまで~/逼得無路可走

おしとお・す ③【押(し)通す】[自他五]堅持,固執¶わがままを~/固執己見

おしどり ②[名]鴛鴦¶~夫婦/形影不離的夫妻

おしなべて ③【押し並べて】[副]全都一樣,普通

おしはか・る ④【推(し)量る】[他五]推量,猜測

おしボタン ③【押しボタン】[名]電鈕,按鈕

おしぼり ②【お絞り】[名](飯店等專供客人用的)濕手巾

おしまい ⓪【御仕舞い】[名] ❶完了,終了,結束 ❷完蛋,無法挽救,絕望

おし・む ②【惜しむ】[他五] ❶惋惜,遺憾 ❷愛惜,珍惜¶時間を~/珍惜時間 ❸吝惜◇骨身(ほねみ)を惜しまず/不惜力,不辭辛苦

おしゃべり ②[名・自サ]閒聊,聊天
——[名・形動]愛說,多嘴¶~な人/愛說的人

おしゃれ ②【お洒落】[名・形動・自サ]修飾,打扮,愛美

おしょう ①【和尚】[名]和尚

おじょうさま ②【お嬢様】[名] ❶令嬡 ❷小姐【育(そだ)ち ⑥】[名]嬌生慣養的小姐

おしょく ⓪【汚職】[名]瀆職,貪污

おしよ・せる ④【押(し)寄せる】[自下一]湧上來,蜂擁而來¶津波(つなみ)が~/海嘯湧上來——[他下一]挪到近處

おしろい ⓪【白粉】[名]撲粉

オシログラフ ④【oscillograph】[名]示波器,錄波器

おしんこ ②【御新香】[名]鹹菜,醬菜,醃菜

お・す ⓪【押す】[他五] ❶推¶ドアを~/推門 ❷進一步確認¶念を~/叮囑 ❸冒著,不顧 ❹壓倒,佔優勢

お・す ⓪【推す】[他五] ❶推想,猜測 ❷推舉,推薦◇推して知(し)るべし/可想而知

おす ②【雄】[名]雄

おすい ⓪【汚水】[名]污水

おずおず ①【怖ず怖ず】[副・自サ]畏葸縮縮

オスカー ①【Oscar】[名]奧斯卡獎(美國電影獎)

おすみつき【お墨付き】[名]權威人士的保證

おせいぼ【お歳暮】[名]年終酬送的禮品

おせじ ⓪【お世辞】[名]恭維,奉承¶~がうまい/會說話,會說維人

おせちりょうり ④【お節料理】[名](正月裡吃的)菜餚

おせっかい ②【お節介】[名・形動・自サ]多管閒事,愛多事◇お節介を焼く/多管閒事

おせわ ②【お世話】[名・自サ]照顧,照料,幫助¶いろいろ~になりました/承蒙幫助¶~さま/多虧您照顧了

おせん ⓪【汚染】[名・自他サ]污

染【大気(たいき)-】④[名]大氣污染

おぜんだて ⓪【お膳立て】[名]準備,事先的布置

おそ・い ⓪【遅い】[形]❶慢,晚¶足が～/走路慢 ❷(時間)遲,晚¶帰りが～/回家晚 ❸來不及

おそ・う ②⓪【襲う】[他五] ❶襲,襲擊 ❷(用「襲われる」的形式表示感情上)遭受,受侵擾,陷入¶死の恐怖(きょうふ)に～われる/陷入死的恐懼中 ❸繼承,世襲¶あとを～/繼位

おそかれはやかれ ⑥⑤【遅かれ早かれ】[副]早晚,遲早

おそくとも ②【遅くとも】[副]最晚,至遲

おそまつ ②【お粗末】[名・形動]粗糙,不精緻

おそらく ⓪【恐らく】[副]恐怕,也許,大概

おそるおそる ④【恐る恐る】[副]戰戰兢兢,小心翼翼

おそるべき ④【恐るべき】[連体]可怕的,驚人的

おそれ ③【恐(れ)】[名]害怕,危險
——【虞】有…危險,有…可能性,恐怕會…

おそれいりますが【恐れ入りますが】對不起,十分抱歉,實在不好意思

おそれい・る ③【恐(れ)入る】[自五] ❶對不起,不好意思¶お忙しいところ～ります/百忙之中打擾,十分抱歉 ❷折服,認輸

おそ・れる ③【恐れる】[他下一] ❶懼怕,害怕¶死を～/怕死 ❷擔心

おそろし・い ④【恐ろしい】[形] ❶可怕,驚人,非常,相當¶きょうは～く暑い/今天相當熱

おそわ・る ⓪【教わる】[他五]受教,跟…學¶先生に英語を～/跟老師學英語

オゾン ①【ozone】[名]〈化〉臭氧

おだいじに ⓪【お大事に】請多保重,請保重身體

おたおた ①[副・自サ]心浮

おたがいさま ⓪⑥【お互(い)様】[名]彼此彼此,彼此一樣

おたく ⓪【お宅】[名]您家,府上 ——[代]您,您那裡¶～,どうする/您準備怎麼辦

おたずねもの ⓪【お尋(ね)者】[名]逃犯,(正在追捕的)犯人

おだ・てる ⓪【煽てる】[他下一] ❶捧,戴高帽 ❷煽動,挑唆

おたまじゃくし ④【お玉じゃくし】[名] ❶勺子 ❷蝌蚪 ❸五線譜音符

おためごかし ④[名・形動]偽善,(表面為人)實際為己¶～の親切/虛情假辦

おだやか ②【穏やか】[形動] ❶平穩,平靜 ❷(性格)沉着,溫和

おち ②【落(ち)】[名] ❶遺漏,疏忽,差錯 ❷(不好的)結果,下場 ❸日本單口相聲最後的打諢結尾語
——[造語]流落

おちあ・う ⓪【落(ち)合う】[自五] ❶聚會,相會,碰頭 ❷(河流)匯合

おちい・る ⓪③【陥る】[自五] ❶陷入(困境)¶危険に～/陷入危難 ❷中計,落入(圈套)¶計略に～/中計 ❸陷落

おちおち ③①[副](與否定相呼應)安靜,安心¶～食事もしていられない/飯也吃不安穩

おちこ・む ⓪【落(ち)込む】[自五] ❶落入,掉進 ❷塌陷,窪¶山腹が～んで,深い谷になっている/山腰窪下,形成一個深峽谷 ❸陷入(困境) ❹沒精神,無精打采

おちしお ⓪【落(ち)潮】[名]落潮,退潮

おちつき ⓪【落(ち)着(き)】[名] ❶沉着,沉穩,鎮靜¶~を失う/失控,不冷靜 ❷(東西)放得穩¶~が悪い/不穩

おちつ・く ⓪【落(ち)着く】[自五] ❶鎮靜,安定¶気分が~/心靜 ❷平穩,穩定¶物価が~/物價穩定 ❸安定下來,安頓下來¶生活が~/生活安定 ❹歸結,結果 ❺(色彩)柔和¶~いた色/柔和的色彩

おちど ②①【落(ち)度】[名]過失

おちば ①②【落(ち)葉】[名]落葉

おちぶ・れる ⓪【落ちぶれる】[自下一]落魄,淪落

おちめ ③②【落(ち)目】[名]敗運,倒霉

おちゃ ⓪【お茶】[名]茶,茶葉¶~を入れる/沏茶 ❷工間休息¶~にする/休息一會兒 ❸茶道◇お茶を濁(にご)す/糊弄,搪塞

おちゅうげん ⓪【お中元】[名]中元節禮品

おちょうしもの ⓪【お調子者】[名]隨聲附和的人,應聲蟲

お・ちる ②【落ちる】[自上一] ❶落,落下,降落¶雷(かみなり)が~/落雷 ❷陷入,墜入¶わなに~/落入圈套 ❸脱落,掉¶色が~/掉色 ❹落第,落榜¶試験に~/沒考上 ❺漏掉,遺漏 ❻(聲望等)下降◇臍(ふ)に落ちない/不能理解◇猿(さる)も木(き)から落ちる/智者千慮,必有一失

おっか・ける ④【追っかける】[他下一]追趕,緊跟著去

おっかな・い ④[形]可怕,令人害怕

おつかれさま【お疲れさま】您辛苦了,您受累了

おっくう ③【億劫】[形動]嫌麻煩,懶得做

おっこ・ちる ④[自上一]掉,落

おっしゃ・る ③【仰しゃる】[自五](「言う」的敬語)說,稱

おっちょこちょい ⑤[名・形動]冒失鬼,不穩重

おって ⓪【追って】[副]不久,隨後¶結果は、~郵便でお知らせします/結果隨信通知
——[接](信,通知等)再啟【-書(がき)】⓪[名]再啟,附言,又及

おっと ⓪【夫】[名]丈夫

おっとり ③[副]穩重大方,文雅

おつまみ ②【お摘(ま)み】[名](「摘み」的鄭重說法)下酒菜

おつゆ ②【お汁】[名] ❶(日本飯中的)醬湯 ❷清湯

おつり ②【お釣り】[名]找的錢

おてあげ ⓪【お手上げ】[名]服輸,毫無辦法

おでき ②【御出来】[名]膿腫,膿疱,疖子

おでこ ②[名] ❶額頭,額角 ❷額頭突出(的人)(大)腦兒頭

おてつだい ②【お手伝い】[名]女傭人

おてのもの ⓪⑤【お手の物】[名]特長,專長,拿手戲

おてやわらかに ⓪【お手柔らかに】[形動]請手下留情

おてん ⓪【汚点】[名]污垢,污點

おでん ⓪[名]蘿蔔,海帶,蒟蒻,油豆腐等加糖,醬面煮的)菜

おてんきや ⓪【お天気屋】[名]喜怒無常的人

おと ②【音】[名] ❶音,聲音¶~がする/有聲音,響起聲音 ❷名聲¶~に名高い/有名氣 ❸音信,消息

おとうさん ②【お父さん】[名] ❶(您的)父親 ❷(直接稱自己的父親)爸爸 ❸(指自己丈夫)孩子他爸

おとうと ④【弟】[名]弟弟

おどおど ①[副・自サ]忐忑不安,害怕

おどか・す ⓪【脅かす・威かす・嚇かす】[他五] ❶威脅,恫嚇 ❷嚇唬¶「わっ」と言って〜/"哇"地大叫一聲嚇人

おとぎばなし ④【お伽噺】[名]童話故事,神話故事

おとこ ③【男】[名] ❶男子,男性 ❷傢伙,小子¶きみも困った〜だねえ/你也是個令人頭痛的傢伙 ❸男子漢,大丈夫 ❹(男人的)姿態,氣度【-ぶり】⓪[名]男人的風度(氣度) ❺情夫◇男を上(あ)げる/體面,露臉

おとさた ⓪③【音さた・音沙汰】[名]消息,音信

おとしい・れる ⑤⓪【陥れる・落とし入れる】[他下一] ❶陷入(困境),陷害 ❷攻陷,攻克

おとしだま ⓪【お年玉】[名](新年時給孩子的)壓歲錢

おと・す ②【落(と)す】[他五] ❶扔下,使…落下¶爆弾を〜/扔炸彈 ❶陥入¶わなに〜/使人陥入圈套 ❸去掉,捨棄¶命を〜/捨命¶気を〜/洩氣,灰心 ❹降低,減低¶声を〜/壓低聲音 ❺失落,漏掉¶財布を〜/丟了錢包 ❻攻陷¶城を〜/攻克城堡

おど・す ⓪【脅す・威す】[他五]威脅,嚇唬

おとずれ ⓪④【訪れ】[名] ❶拜訪,訪問 ❷音信,信息¶春の〜/春天的信息

おとず・れる ④⓪【訪れる】[自下一] ❶拜訪,走訪,訪問 ❷(季節等)來到,來臨

おととい ③【一昨日】[名]前天

おととし ③【一昨年】[名]前年

おとな ⓪【大人】[名] ❶成人,大人 ❷(想法)老成,成熟¶気(げ)無(な)い ⑤[形]孩子氣

おとなし・い ④【大人しい】[形] ❶温順,老實 ❷(花色等)素氣,雅氣

おとも ②【お供】[名・自サ]隨從,陪同

おどり ⓪【踊(り)】[名]舞蹈,舞【-子(こ)】⓪[名]舞女

おと・る ②⓪【劣る】[自五]劣,次,不如,不及¶負けず〜らず/不相上下,平手

おど・る ⓪【踊る】[自五]跳舞¶タンゴを〜/跳探戈
——躍る ❶亂,紊亂¶字が〜っている/字跡不整 ❷跳,跳躍,騰空¶身を〜らせてプールに飛び込む/騰空躍入游泳池 ❸(心情)激動,跳動¶胸が〜/激動
——踊る・躍る】(被人)操縱¶人に〜らされる/被人操縱

おとろ・える ④【衰える】[自下一]衰弱,衰落

おどろか・す ④【驚かす】[他五]驚動,驚嚇

おどろき ④【驚き】[名] ❶驚訝,震驚 ❷驚人

おどろ・く ③【驚く】[自五]吃驚,驚恐,驚奇,出乎意料

おなか ⓪【お中・お腹】[名] ❶肚子 ❷胃腸

おなじ ⓪【同じ】[形動]同一,一様,相同
——[副]反正,終歸¶〜やるなら、気持ちよくやりたい/終歸要做,索性心情舒暢地做◇同じ穴(あな)のむじな/一丘之貉

おなじく ②【同じく】[副]一様,同様
——[接]同,相同

おなじみ ⓪【お馴染(み)】[名] ❶熟人,老相識 ❷老主顧

おなら ⓪[名]屁

おに ②【鬼】[名] ❶鬼 ❷殘酷無情的人¶心を〜にする/狠着心

腸 ❸(盡全力做事的人)…狂¶仕事の～/工作狂 ❹(遊戯)蒙眼捉人者
——[接頭]❶可怕的,嚴厲的¶～監督/嚴厲的導演 ❷大的¶～やんま/大蜻蜓◇鬼に金棒(かなぼう)/如虎添翼◇鬼の目(め)にも涙(なみだ)/鐵石心腸的人也會落涙

おにいさん ②【お兄さん】[名]哥哥
おにぎり ②【お握り】[名]飯糰子
おにごっこ ③【鬼ごっこ】[名]捉迷藏
おね ①【尾根】[名]山脊,山嶺
おねえさん ②【お姉さん】[名]姉姉
おの ①【斧】[名]斧頭
おのおの ②【各・各各】[名]各自,分別¶人は～考え方が違う/人各自想法不同
おのずから ⓪【自ずから】[副]自然地
おののく ③【戦く】[自五]發抖,打哆嗦,戰慄
おのれ ⓪【己】[名]本人,自己
——[感]!您這個(壞)東西¶～今に見ていろ/你這個東西走着瞧吧
おば ⓪【伯母・叔母】[名]伯母,姑母,姨母,舅母
おばあさん ②【お祖母さん・お婆さん】[名]❶祖母,奶奶 ❷(上年紀的)老奶奶,老大娘
おばけ ②【お化け】[名]❶妖怪 ❷(同類植物中的)最大的
おばさん ⓪【小母さん】[名]❶(敬稱)伯母,姑母,姨母,舅母 ❷(對中年女子的稱呼)阿姨
おはなし ⓪【お話】[名]❶談話,説話 ❷故事【-中(ちゅう)】⓪[名]❶(兩人)正在談話 ❷(電話)佔線
おはよう ⓪【お早う】[感]早安,早!¶～ございます/早晨好,你早,早安

おび ①【帯】[名](和服用)衣帯¶～を解く/解帯子◇帯に短(みじか)したすきに長(なが)し/高不成低不就
おび・える ⓪③【怯える】[自下一]害怕,畏懼
おひたし ③【お浸し】[名]涼拌菜,(熱水燙後的)拌青菜
おびただし・い ⑤【夥しい】[形]❶(數、量)多¶～人数/衆多的人 ❷厲害,激烈
おひとよし ⓪【お人好し】[名・形](心眼好的)老實人
おひや ②【お冷や】[名]凉水,冷水
おびやか・す ④【脅かす】[他五]❶恫嚇,威脅 ❷威脅
おひらき ⓪【お開き】[名](喜慶宴會時的)散席,結束¶～にする/結束
お・びる ②⓪【帯びる】[他上一]❶帯,佩帯 ❷帯有,含有 ❸擔當,承擔¶使命を～/負有使命
おひれ ①【尾鰭】[名]尾鰭,後鰭◇尾鰭をつける/誇大,添枝加葉
オフ ①【off】[名]❶(電燈、電閘、電門)開關,停止 ❷(「シーズンオフ」的略稱)淡季
オフィス ①【office】[名]辦公室,辦事處
おふくろ ⓪【お袋】[名](男子對自己母親的謙稱)我母親
オブザーバー ③【observer】[名]觀察員,列席代表
オフセット ③【offset】[名]膠版印刷
おふだ ⓪【お札】[名]護身符
おふる ⓪【お古】[名]舊東西,舊衣服
おべっか ①[名]奉承,諂媚,恭維,拍馬屁
オペラ ①【opera】[名]歌劇
オペレーター ③【operator】[名]操作人員
おぼえ ③②【覚え】[名]❶記憶 ❷信心,把握¶腕に～がある/

(對自己的能力、技術)有把握 ❸領會¶～がはやい/領會的快 ❹信任,器重【書(がき)】⓪[名]

おぼえがき ⓪【覚え書き・覚書】[名] ❶記錄,筆記 ❷(非正式的外交文件)備忘錄,照會

おぼ・える ③【覚える】[他下一] ❶記,記得 ❷領會,掌握¶こつを～/掌握竅門 ❸感覺¶寒さを～/感覺冷

おぼしめし ⓪【思(し)召(し)】[名]想法,心意

おぼつかな・い ⑤⓪【覚束ない】[形] ❶没把握 ❷靠不住,没底¶～い天気/靠不住的天氣

おぼ・れる ⓪【溺れる】[自下一] ❶溺死 ❷沉溺,迷戀¶愛に～/沉溺於愛之中◇溺れる者(もの)はわらをもつかむ/溺水者連稻草也抓住不放,有病亂投醫

おぼろ ⓪【朧(ろ)】[形動]朦朧,模糊¶月が～に霞(かす)む/月色朦朧

おぼん ②【お盆】[名]盂蘭盆節

おまえ ②【お前】[代](對同輩、晚輩的稱呼)你

おまけ ⓪【お負け】[名] ❶減價 ❷隨商品一同贈送的物品,贈品

おまけに ⓪[接]而且,再加上

おまちどおさま【お待ち遠様】[連語](客氣語)讓您久等了

おまつり ⓪【お祭(り)】[名]祭日,節日,廟會

おまもり ⓪【お守り】[名]護符,護身符

おまわりさん ②【お巡りさん】[名]巡警,交通警察

おみくじ ⓪【御神籤】[名]神籤

おむすび ②【お結び】[名]飯糰子

おむつ ②【お襁】[名]尿布

おめ ⓪【お目】[名]眼睛¶～に止まる/(被)注意,受重視¶～に掛かる/(「会う」的謙稱)見面,拜會

おめおめ ①[副]没羞没臊,厚着臉皮,滿不在乎

おめし ⓪【お召(し)】[名] ❶(「招くこと、呼ぶこと、車に乗ること、服を着ること」的敬稱)招待,呼喚,乘車,穿¶先生は礼服を～になっています/老師穿著禮服 ❷(「お召し物」的略稱)衣服 ❸(「お召しちりめん」的略稱)做和服用的縐綢

おめだま ②⓪【お目玉】[名](挨)罵,(受)申斥¶～を食(くう)う/挨罵

おめでた ⓪[名]喜慶事(多指結婚、懷孕、分娩等)

おめでた・い ⓪【御目出度い】[形] ❶可喜,可賀 ❷過於天真,過於樂觀¶きみも～ね/你也太天真了

おめでとう ⓪[感]恭喜

おめにかかる ⓪-⓪【お目にかかる】[詞組]見「見面」的自謙語

おも ①【主】[形動]主要,重要

おもい ②【思い・想い】[名] ❶想法,心思 ❷經驗,體驗¶こわい～をする/感到可怕 ❸預想¶～もよらぬ/出乎意料 ❹願望,意願¶～がかなう/如願 ❺戀慕,愛慕,愛情¶～を寄せる/有意,愛上 ❻擔心,憂慮¶～に沈む/憂愁 ❼仇恨¶～を晴らす/雪恨

おも・い ⓪【重い】[形]❶沉,重 ❷(心情)沉重,不舒暢¶気が～/心情不舒暢 ❸(動作)遲緩,遲鈍¶口が～/不愛説話 ❹重大,重要 ❺嚴重¶病気が～/病情嚴重

おもいあが・る ⓪⑤【思い上がる】[自五]驕傲自滿

おもいあた・る ⓪⑤【思い当たる】[自五]想到,猜想到

おもいあま・る ⓪⑤【思い余る】[自五]没主意,不知如何是好

おもいうか・べる ②⓪【思い浮かべる】[他下一]回想起,浮現

おもいおもい ④【思い思い】[名・副]各隨己意,各按所好

おもいかえ・す ⓪④【思い返す】[他五] ❶再想一遍 ❷重新考慮,改主意

おもいがけず ⑤【思いがけず】[副]意外,出乎意料,想不到

おもいがけな・い ⑥【思いがけない】[形]意外,出乎意料,想不到

おもいきって ②【思い切って】[副]斷然,毅然決然

おもいきり ⓪②【思い切り】[名] ❶決斷¶なかなか～がつかない/難下決斷 ❷斷念,死心¶～が悪い/不死心,想不開
——[副]用盡全力,痛快,盡情

おもいすご・す ⓪⑤【思い過ごす】[他五]過慮,多疑

おもいだ・す ⓪【思い出す】[他五]回想起,回憶起

おもいた・つ ④②【思い立つ】[他五]打…主意,起…念頭,決心要(做)

おもいちがい ⓪【思い違い】[名・他サ]誤解,想錯

おもいつき ⓪【思い付き】[名](突然産生的)念頭,主意

おもいつ・く ②【思い付く】[他五]想出,想到,想起

おもいつ・める ⓪⑤【思い詰める】[自下一]鑽牛角尖,死心眼

おもいで ⓪【思い出・想い出】[名]回憶,回想

おもいとどま・る ⓪【思いとどまる】[自他・五]打消主意,放棄念頭

おもいのほか ⓪【思いの外】[副]意外,沒想到

おもいやり ⓪【思いやり・思い遣り】[名]體諒,(對他人)關懷¶～がある/有(關心)體諒之心

おもいや・る ⓪【思いやる・思い遣る】[他五] ❶惦念,關心 ❷(對遠方親人朋友的)遙念 ❸想像,預料

おも・う ②【思う】[他五] ❶認爲,想¶この答えは正しいと～/(我)認爲這個答案正確 ❷覺得,感覺 ❸預料 ❹想像,猜測 ❺希望,盼望¶～ほどには勉強がはかどらない/在學習上,不像希望的那樣順利 ❻惦記 ❼想念

おもうぞんぶん ⓪【思う存分】[副]儘情地,痛痛快快地,爲所欲爲地

おもおもし・い ⑤【重重しい】[形]莊重,嚴肅,鄭重

おもかげ ②③【面影】[名] ❶面貌,面容 ❷昔日風采,昔日的容貌¶～を残す/保留着昔日的風采

おもくるし・い ⑤【重苦しい】[形]壓抑,鬱悶

おもさ ⓪【重さ】[名] ❶重量,份量 ❷重大,重要 ❸〈物〉重力

おもしろ・い ④【面白い】[形] ❶有意思,有趣 ❷滑稽,可笑

おもた・い ⓪【重たい】[形] ❶沉,重 ❷(心情等)沉重

おもちゃ ②【名】玩具

おもて ③【表】[名] ❶表面,正面 ❷表面,外觀,外表 ❸公開,正式¶～玄関(げんかん)/正門 ❹室外,外邊 ❺(棒球比賽的)上半場比賽

おもて ③【面】[名] ❶臉,面 ❷平面¶水の～/水面 ❸(「能楽」的)假臉,臉譜

おもてかんばん ④【表看板】[名] ❶(影,劇院的)廣告牌 ❷招牌,幌子

おもてざた ⓪【表ざた・表沙汰】[名] ❶公開化 ❷起訴,打官司

おもてむき ⓪【表向き】[名] ❶表

面上 ❷正式,公開
おもな ①【主な】[連体]主體,主要
おもに ①【主に】[副]主要是…
おもに ⓪【重荷】[名]包袱,重擔¶〜を下ろす/卸掉包袱
おもみ ⓪【重み】[名] ❶重量 ❷信賴,勢力
おもむき ④⓪【趣】[名] ❶情趣,風趣¶〜のある庭/別具風味的庭院 ❷感覺,景象¶〜を異にする/風格不同 ❸意思,内容
おもむ・く ③【赴く】[自五] ❶赴,往 ❷趨向,向…進展
おもむろに ⓪【徐に】[副]慢慢地,靜靜地,徐徐地
おももち ②⓪【面持(ち)】[名]神色,表情
おもや ①【母屋・母家】[名] ❶房屋主體,主房 ❷正房,上房
おもり ⓪【重り・錘り】[名]秤砣,砝碼,鉛墜
おもわく ②【思惑】[名] ❶預期,期待,期望,打算 ❷想法,看法,評價
おもわず ②【思わず】[副]不由得,無意識地
おもん・じる ⓪④【重んじる】[他上一]重視,注重
おや ②【親】[名]雙親,父母,養父母
——[接頭]大,總¶〜会社(がいしゃ)/總公司,母公司◇親の心(こころ)子(こ)知(しら)ず/兒女不知父母心
おやかた ④【親方】[名]師傅
おやこ ①【親子】[名] ❶父母和子女 ❷指主體和分支類的東西
おやこうこう ③【親孝行】[名・形動]孝順父母
おやじ ①⓪【親父】[名] ❶(男子在非正式場合下稱)我父親 ❷老闆
おやしらず ③【親知らず】[名] ❶不認識父母(的孩子) ❷智齒

おやすみ ⓪【お休(み)】[名] ❶(「寝る」、「休む」的親切表達法)睡眠,休息 ❷晚安¶〜なさい/晚安 ❸(「欠勤」、「休業」的正式表達法)休假,歇工
おやだし ⓪【親出し】[名] ❶(漢字詞典中)詞頭 ❷同義詞的參考詞條
おやつ ②【お八つ】[名](孩子午飯和晚飯之間吃的)點心
おやふこう ④【親不孝】[名・形動]不孝敬父母的人
おやゆずり ③【親譲り】[名]父母遺留的,父母遺傳的¶〜の気性(きしょう)/遺傳的性格
おやゆび ⓪【親指】[名]大拇指
およ・ぐ ②【泳ぐ】[自五] ❶游泳 ❷向前栽倒
およそ ⓪【凡そ】[副]凡是,一般說來 ❶大約,大概 ❷(用「およそ…ない」的形式表示)完全沒有¶〜意味がない/完全沒有意思
——[名]大體,概略
およばずながら ②【及ばずながら】[副]雖然能力有限
および ⓪①【及び】[接]及,以及,與,和
およ・ぶ ⓪【及ぶ】[自五] ❶及於,達到¶力の〜限り/力所能及 ❷臨近(最後階段) ❸(用「…に及び」的形式表示)…之時¶調查するに〜…/調查之時… ❹(後接否定)比不上,趕不上 ❺(用「…に及ばない」、「…には及ばない」的形式表示)不必,不用¶わざわざ人が来るには〜ばない/本人不必特意來
およぼ・す ⓪【及ぼす】[他五]波及,使…受到,給…帶來¶〜に害を〜/給…帶來危害
オランウータン ④(マ)orangoetan)[名]類人猿,猩猩
おり ②【折】[名]時候,時機,機會¶〜を見て/見機

——【折(り)】折,折叠(的東西)

おり ②【檻】[名](關動物用的)欄,籠,圈

おりあい ◎【折(り)合(い)】[名] ❶(人與人的)關係 ❷妥協,遷就 ¶~がつく/和解

おりあ・う ◎【折(り)合う】[自五]妥協,互相讓步

おりあしく ③【折あしく】[副]不湊巧,偏偏,不合時機

おりいって ◎【折り入って】[副]誠懇,懇求

オリーブ ②【olive】[名]橄欖¶-色(いろ) ◎【名】橄欖色

おりおり ◎【折折】[名]隨時,時時/四季~/四季應時
——[副]時常,常常

おりかえし ◎【折(り)返し】[名] ❶折,折叠,折痕¶ズボンの~/褲腳 ❷返回,折回 ❸(詩歌)重覆句,叠句
——[副]立刻,立即

おりかえ・す ◎【折(り)返す】[他五]折叠,翻折
——[自五]返回,折回

おりがみ ②【折(り)紙】[名] ❶折紙(遊戲) ❷(質量)保證書¶~付き/帶保證書;素有定評

おりから ②【折から】[副]正當那時¶~雨が降ってくる/正當那時下起了雨
——[接](書信用語)時值,正當…時¶お寒い~、お体を大切に/時值歲寒,請保重身體

おりこ・む ◎【織(り)込む】[他五] ❶混織,織入(各種顏色) ❷加進,含,包括

オリジナル ②【original】[形動] ❶獨創,創新 ❷創作的劇本 ❸原物,原型,原作,原畫

おりたた・む ◎【折(り)畳む】[他五]折叠,叠

おりづる ②【折り鶴】[名]紙叠的鶴

おりふし ②【折節】[名]季節¶~の移り変わり/季節的變化
——[副]常常¶~思い出す/常常想起

おりめ ③【折(り)目】[名] ❶折痕,折縫 ❷(事情等的)段落

おりもの ◎②【織物】[名]紡織品

おりよく ②【折よく】[副]湊巧,趕巧

お・りる ②【下りる・降りる】[自上一] ❶(從高處)下,下來 ❷階段を~/下樓梯 ❷下(車) ❸退位,降職 ❹批准,下令 ❺降(霜、露等)

オリンピック ④【Olympic】[名]奧林匹克運動會,奧運

お・る ①【折る】[他五] ❶折,折斷¶枝を~/折斷樹枝 ❷彎曲¶ひざを~/彎腿 ❸折紙,叠 ❹中斷¶我(が)を~/折服;屈服¶話のこしを~/打斷談話◇骨(ほね)を折る/費力

お・る ◎①【居る】[自五]有,在¶わたしは東京に三年~りました/我在東京三年了
——[補動五](用「…ておる」的形式表示動作正在進行或狀態持續)正在…,一直…¶その時計は五分進んで~ります/那只錶快五分鐘

お・る ①◎【織る】[他五]織,編織¶布を~/織布

オルガン ◎【organ】[名]風琴

おれ ◎【俺】[代](男子對同輩或晚輩的自稱)我,俺

おれい ◎【お礼】[名]謝意,感謝話,謝禮¶~を申し上げる/致謝,表示謝意

お・れる ②【折れる】[自下一] ❶斷,折斷 ❷彎曲¶道が左に~/路向左彎 ❸轉彎,拐彎 ❹妥協

オレンジ ②【orange】[名] ❶橘子¶-ジュース ⑥】[名]橘子水 ❷橘黃色

おろおろ ①[副・自サ]驚惶失措

おろか ①[副](「…はおろか」的形式表示)不用説,豈止¶万年筆は〜、ボールペンも持っていない/不用説鋼筆,連原子筆都没有

おろか ①【愚か】[形動]愚蠢,愚笨

おろし ③【下ろし】[名]絲,擦絲¶だいこんを〜にする/把蘿蔔擦成絲

―[造語]❶初次使用 ❷(從山上吹來的)風

おろし ③【卸】[名]批發¶〜売(り)③】[名]批發

おろ・す ②【下ろす・降ろす】[他五]❶放下,取下,摘下¶腰を〜/坐下 ❷卸(貨,行李),讓…下(車,船等)¶積(み)荷を〜/卸貨 ❸撤(職) ❹切斷,砍斷¶枝を〜/砍斷樹枝 ❺切(魚) ❻(用擦菜板)擦¶だいこんを〜/擦蘿蔔絲 ❼(物品)初次使用 ❽取(存款)¶金を〜/取錢

おろ・す ②【卸す】[他五]批發

おろそか ②【疎か】[形動]忽略,馬虎,粗心大意

おわり ⓪【終(わ)り】[名]末,末期¶夏の〜/夏末 ❷結束,完了¶〜を告げる/告終,結束

おわ・る ⓪【終わる】[自五]❶完,終了,結束 ❷(用「…に終わる」的形式表示)以…告終¶不成功に〜/以失敗告終
―[他五]結束¶これで本日の会議を〜ります/今天的會議到此結束

おん ⓪【音】[名]❶聲音,響聲 ❷(人的)聲音 ❸(漢字)音讀

おん ①【恩】[名]恩,恩情¶〜を返す/報恩◇恩に着(き)せる/硬要他人領情◇恩を売(う)る/討好,賣人情

オン ①【on】[名]開,開着,接通¶スイッチを〜にする/打開開關
【-エア ③】[名](廣播)正在播音

おんがえし ③【恩返し】[名]報恩

おんがく ①⓪【音楽】[名]音樂

おんきゅう ⓪【恩給】[名]養老金,撫恤金

おんきょう ⓪【音響】[名]音響¶-効果(こうか)⑤】[名]音響效果

おんくん ⓪【音訓】[名](漢字的)音讀和訓讀

おんけい ⓪【恩恵】[名]恩惠,好處

おんけん ⓪【穏健】[形動]穩健

おんこう ⓪【温厚】[名・形動]溫厚,溫和親切

オン・ザ・ロック④【on the rocks】[名]冰鎮威士忌

おんし ①【恩師】[名]恩師

おんしつ ⓪【音質】[名]音質

おんしつ ⓪【温室】[名]溫室¶-育(そだち)⑤】[名]嬌生慣養

おんじゅう ⓪【温柔】[名・形動]❶溫柔 ❷柔和

おんじゅん ⓪【温順】[名・形動]❶溫順,馴順 ❷(氣候)溫和

おんしょく ⓪【音色】[名]音色

おんしらず ③【恩知らず】[名]忘恩負義(的人)

おんしん ⓪①【音信】[名]通信,音信

おんじん ⓪③【恩人】[名]恩人,救星

オンス ①【(オ)ons】[名]盎司(1盎司約等於28.5克)

おんせい ①【音声】[名]❶音聲,語音 ❷(影視,廣播的)聲音

おんせつ ⓪【音節】[名]音節

おんせん ⓪【温泉】[名]❶溫泉¶〜が涌く/溫泉湧出 ❷溫泉設施

おんそく ⓪【音速】[名]音速

おんたい ⓪【温帯】[名]溫帶

おんだん ⓪【温暖】[名・形動](氣候)溫暖

おんち ①【音痴】[名]❶音癡,五音不全 ❷感覺遲鈍的人¶方向〜/不辨方向的人

おんちょう ⓪【音調】[名]❶語調,聲調 ❷音調,曲調

おんど ①【音頭】[名]❶領唱(的人),領奏(的人)【-取(とり)③】[名]領唱(的人) ❷集體舞(曲)◇音頭を取(と)る/帶頭,領頭

おんど ①【温度】[名]温度【-計(けい)⓪】[名]温度計

おんとう ①⓪【穏当】[名・形動]穩妥,妥當

おんどく ⓪【音読】[名・他サ]❶讀出聲 ❷(漢字的)音讀

おんどり ⓪【雄鳥・雄鶏】[名]公鷄

おんな ③【女】[名]❶女,女性,女人 ❷(女子的)容貌,長相 ❸纖細,軟弱◇女の細腕/女人微薄的力量 ❹女人的姿態¶～ぶり/女人的姿態 ❺情婦,妾

おんびん ⓪【音便】[名]音便

おんびん ⓪【穏便】[形動]穩妥

おんぶ ①[名・他サ]背,背孩子

おんぷ ⓪【音符】[名]音符

おんぶにだっこ 完全依靠別人,得寸進尺

おんぼろ ⓪[名]破舊,破爛不堪

おんやく ⓪【音訳】[名・他サ]音譯(借音、訓漢字記錄外文讀音,例「クラブ」寫作「倶楽部」)

おんよみ ⓪【音読み】[名]音讀

オンライン ⓪【on-line】[名]聯機,聯線,線上

おんりょう ③⓪【音量】[名]音量,聲量

おんわ ⓪【温和】[名・形動]❶(氣候)温和 ❷(性格)温和,温柔

か　カ

- **か** 五十音圖「か」行第一音。羅馬字寫作「ka」，發音爲國際音標[ka]。平假名「か」來自「加」字的草體，片假名是「加」字的左旁。濁音「が」，羅馬字寫作「ga」，發音爲國際音標[ga]。
- **か** ①[香][名]芳香,香味¶花の～/花香
- **か** ⓪[蚊][名]蚊子
- **か** ①[可][名] ❶可以◇可もなく不可(ふか)もなし/不算好也不算壞,不好不壞 ❷(評定成績時「優」「良」及格)的)及格
- **か** ①[課][名](課文或課程的)課 ❷(行政單位的)科
- **か** ①[科][名] ❶專業,學科 ❷(生物分類上的)科
- **か-** [接頭]冠於形容詞上,表示看起來給人以某種印象¶～ぼそい/纖弱,纖細
- **-か** [日][接尾] ❶…日,…號¶みっ～/三號 ❷…天¶いつ～かかる/需要五天
- **か** [終助] ❶表示疑問¶いま何時です～/現在幾點 ❷表示勸誘¶映画を見に行かない～/不去看電影嗎 ❸表示責問,命令¶まだわからないの～/還不懂嗎 ❹表示反問¶そんなこと,おれが知る～/那種事,我哪兒知道 ❺(自言自語)表示驚訝、感慨的心情¶ああ、そう～/噢,原來如此
- **——** [副助] ❶表示不肯定¶何人～人手(ひとで)を借りたい/我想借幾個人手 ❷表示推測¶風邪(かぜ)をひいたの～、寒気がする/也許是感冒了,覺得冷
- **——** [並助]表示二者擇其一¶三月～四月に完成する/將於三月或四月完成
- **が** ⓪①[我][名]自己的主張,想法¶～がつよい/固執◇我を張(は)る/固執己見
- **が** ⓪[蛾][名]蛾
- **が** [接]然而,可是¶私は時間どおりに行った～、彼はいなかった/我按時去了,可是他不在

- **が** [格助] ❶表示行爲,動作,性質,狀態的主體¶鳥～鳴く/鳥叫¶風～つよい/風大 ❷表示能否、希望、好惡等的對象¶くだもの～好きだ/喜歡吃水果¶水～飲みたい/想喝水 ❸強調主語,以此區別於其它事物¶(雪ではなくて)あられ～降っているんだ/(不是下雪)是在下霰¶(ほかの場所ではなくて)ここ～会場です/(不是其它地方)這裡才是會場
- **——** [接助] ❶(連接前後相反的兩個句子)然而,可是¶家じゅうさがした～、見つからなかった/家裡整個兒都找遍了,可是沒找到¶昼間はあたたかくなった～、夜はまださむい/白天暖和了,可是夜裡還冷 ❷(上接助動詞「う」「よう」、だろう」等表示)不管,無論¶人がなんと言おう～、わたしはやる/臉色人怎麼說,我都做¶雨だろう～、風だろう～、練習はつづけるんだ/無論刮風下雨,都要堅持訓練 ❸連接敘述句及引伸敘述句¶顔色がわるい～、どうしたのか/臉色不好,怎麼了¶この間の話です～、その後どうなりましたか/前幾天說

的那件事,後來怎麼樣了 ❹(接在句尾表示願望及委婉的語氣)¶あしたも晴れてくれるといい～/明天也是晴天就好了¶彼はもう家に帰っているはずだ～/按理說他已經到家了

かあさん ①【母さん】[名] ❶(直接稱呼自己的母親)母親,媽媽 ❷(在孩子面前稱自己的妻子)孩子他媽

ガーゼ ①【(独)Gaze】[名]紗布,藥布

カーテン ①【curtain】[名]窗簾;幕,幔

カーテン・コール ⑤【curtain call】[名]謝幕

カート ①【cart】[名] ❶手推車 ❷乘人的簡易汽車

カード ①【card】[名] ❶卡片,名片,賀卡 ❷撲克牌 ❸(比賽)編組

ガード ①【guard】[名]守衛,警衛【-マン】①[名]守衛,警衛,保鏢

ガードル ◎【girdle】[名]婦女用的緊身短褲,襯裙

カーペット ①③【carpet】[名]地毯,毛毯

カーボンし ①【carbon紙】[名]複寫紙

カーラー ①【curler】[名]卷髮夾

ガール ①【girl】[名]女孩,少女

かい ◎【甲斐】[名]效果,用處¶～がある(ない)/有(無)價值,值得

かい ①【貝】[名]貝,貝殼

かい ①【櫂】[名]船槳

かい ①【会】[名]會議¶～をひらく/開會

かい ①【回】[名]回,次¶～をかさねる/多次,再三再四

-かい 【階】(樓房的)層,樓¶五～に住んでいる/住在五樓

かい 【終助】(男子用語)用親切的口吻發問¶痛(いた)くない～/不疼嗎

がい ①【害】[名]害

がい ①【概】[名] ❶大概 ❷氣概

かいあく ①【改悪】[名・他サ]改壞

がいあく ①◎【害悪】[名]害,危害

かいあ・げる ④【買(い)上げる】[他下一](政府)收購,徵購

かいいき ◎【海域】[名]海域

かいいぬにてをかまれる【飼い犬に手をかまれる】開門養虎,虎大傷人

かいい・れる ④【買(い)入れる】[他下一]進口,買進

かいいん ◎【会員】[名]會員

かいうん ◎【海運】[名]海上運輸,海運

かいえん ◎【開演】[名・自他サ]開演

かいおうせい ③【海王星】[名]海王星

かいおんせつ ③【開音節】[名](以母音終止的音節)開音節

かいか ◎【開化】[名・自サ]開化【文明(ぶんめい)-】⑤[名]文明開化

かいか ◎【開花】[名・自サ] ❶開花 ❷出成果,開花結果

かいが ①【絵画】[名]繪畫

がいか ①【外貨】[名]外幣,外匯

がいか ①【凱歌】[名]凱歌

かいかい ◎【開会】[名・自他サ]開會【-式(しき)】③[名]開幕式

かいがい ①【海外】[名]海外,國外

がいかい ◎【外界】[名]外界,外部

かいがいし・い ⑤【甲斐甲斐しい】[形]不辭辛苦,勤快

かいかく ◎【改革】[名・他サ]改革【農地(のうち)-】④[名]土地改革

がいかくだんたい ⑤【外郭団体】[名]外圍組織

かいかつ ◎【快活】[名・形動]活潑,快活

がいかつ ⓪【概括】[名・他サ]概括,總括
かいかぶ・る ④【買いかぶる】[他五]估計過高,過於相信
かいがら ④⓪【貝殼】[名]貝殼
かいがらでうみをはかる【貝殼で海を測る】以蠡測海,見識短淺
かいかん ⓪【快感】[名]快感
かいがん ⓪【海岸】[名]海岸¶-線(せん)⓪[名]海岸線
がいかん ⓪【外觀】[名]外觀,外表
がいかん ⓪【概觀】[名・他サ]概觀
かいき ①【会期】[名]會期,會議期間
かいき ①⓪【回歸】[名・自サ]回歸¶-線(せん)⓪[名]回歸線
かいぎ ①③【会議】[名]會議¶～を開く/開會
かいぎ ①【懷疑】[名・自サ]懷疑
かいきしょく ③【皆既食】[名]日全蝕,月全蝕
かいきゅう ⓪【階級】[名]❶階級❷階層,等級
かいきょう ①【回教】[名]回教
かいきょう ⓪【海峽】[名]海峽
かいきょう ⓪【懷鄉】[名]思鄉,懷鄉¶-病(びょう)⓪[名]思鄉病
かいぎょう ⓪【改行】[名]另起一行
かいぎょう ⓪【開業】[名・自他サ]開業,開始營業
がいきょう ⓪【概況】[名]概況
かいきん ⓪【皆勤】[名・自サ]全勤
かいぐん ①【海軍】[名]海軍
かいけい ⓪【会計】[名]❶會計❷算帳,付錢
がいけい ⓪【外形】[名]外形,外表
かいけいのはじをすすぐ【会稽の恥を雪ぐ】雪舊恥
かいけつ ⓪【解決】[名・他サ]

解決¶未(み)-②[名]未解決
かいけつびょう ⓪【壞血病】[名]壞血病
かいけん ⓪【会見】[名・自サ]會見,接見¶～を申しこむ/請求會見
かいげん ①【開眼】[名・自サ]❶發光,開光儀式❷領會,領悟
がいけん ⓪【外見】[名]外表,表面
かいげんれい ③【戒嚴令】[名]戒嚴令
かいこ ①【蚕】[名]蠶¶～を飼う/養蠶
かいこ ①【回顧】[名・他サ]回顧,回憶¶往時(おうじ)を～する/回憶往昔
かいこ ①【解雇】[名・他サ]解雇
かいご ①【悔悟】[名・自サ]悔悟
かいこう ⓪【海港】[名]海港
かいこう ⓪【海溝】[名]海溝
かいこう ⓪【開港】[名・自サ]❶(新建的機場,港口)開始通航❷開放港口
かいこう ⓪【開校】[名・自サ](新建的學校)開課¶～記念日(きねんび)/建校紀念日,校慶
かいごう ⓪【会合】[名・自サ]集會,聚會
がいこう ⓪【外交】[名]❶外交¶-官(かん)③[名]外交官¶-辞令(じれい)⑤[名]外交辭令❷(公司、商店,企業等的)外勤工作¶-員(いん)③[名]推銷員
かいこういちばん【開口一番】一開口便
がいこうてき ⓪【外向的】[形動]外向性的
かいこく ⓪【開國】[名・自サ]❶建國❷與外國開建交
がいこく ⓪【外國】[名]外國¶-為替(かわせ)⑤[名]外國匯兌,國際匯兌¶-語(ご)⓪[名]外國語¶-人(じん)④[名]外國人

がいこつ ①【骸骨】[名]骸骨,骨頭架子

かいことば ③【買(い)言葉】[名](對漫駡,譏諷等的)還口 ◇売(う)り言葉に買い言葉/你来一言,我去一語(吵了起来)

かいこ・む ③【買(い)込む】[他五]大量地買進

かいこん ⓪【悔恨】[名・自サ]悔恨

かいこん ⓪【開墾】[名・他サ]開墾,墾荒

かいさい ⓪【開催】[名・他サ]開(會),舉辦,舉行

かいさいをさけぶ【快哉を叫ぶ】拍手稱快

かいさく ⓪【開削・開鑿】[名・他サ]開鑿,挖掘

かいさつ ⓪【改札】[名・自サ]剪票[-口(ぐち)④][名]剪票口

かいさん ⓪【解散】[名・自他サ]❶解散 ❷取消

がいさん ⓪【概算】[名・他サ]概算,估算

かいさんぶつ ③【海産物】[名]海産品

かいし ⓪【開始】[名・自他サ]開始¶授業(じゅぎょう)を～する/開始上課

がいし ①【外資】[名]外國資本,外國投資

がいして ①【概して】[副]大概,大都,基本上

かいしめ ⓪【買い占め】[名]全部包下,壟斷收購,囤積

かいし・める ④【買(い)占める】[他下一]全部買下,囤積

かいしゃ ⓪【会社】[名]會社,公司,商行¶株式会社(かぶしきがいしゃ)⑤][名]股份公司¶合資会社(ごうしがいしゃ)④][名]合資公司¶有限会社(ゆうげんがいしゃ)⑤][名]有限公司

かいしゃく ①【解釈】[名・他サ]解釋,講解¶古典を～する/講解古典¶～を加える/加上註釋

かいしゅう ⓪【回収】[名・他サ]回收,收回

かいしゅう ⓪【改修】[名・他サ]修改,重修[-工事(こうじ)⑤]翻修工程

かいじゅう ⓪【怪獣】[名]怪獸,怪物

かいじゅう ⓪【懐柔】[名・他サ]拉拔

がいじゅうないごう ⓪【外柔内剛】[名]外柔内剛

がいしゅつ ⓪【外出】[名・自サ]出門,外出[-先(さき)⑤]外出地點

かいしゅん ⓪【改悛・悔悛】[名・自サ]改悔,悔悟,悔罪

かいしょ ⓪【楷書】[名]楷書

かいじょ ⓪【介助】[名]處理,幫助

かいじょ ①【解除】[名・他サ]解除,取消¶警報(けいほう)-⑤][名]解除警報

かいしょう ⓪【改称】[名・他サ]改名稱,改名

かいしょう ⓪【解消】[名・自他サ]撤消,解除,廢除¶契約を～する/廢除合同

かいじょう ⓪【会場】[名]會場

かいじょう ⓪【海上】[名]海上,海面[-権(けん)③][名]制海權

がいしょう ⓪【外相】[名]外相,外交部長

がいしょう ⓪【外傷】[名]外傷

かいしょく ⓪【会食】[名・自サ]會餐,聚餐

かいしょく ⓪【解職】[名・自サ]解職,免職

がいしょく ⓪【外食】[名・自サ]在外面(飯館)吃飯

かいしん ⓪【会心】[名]會心,如意¶～の笑(え)み/會心的微笑

かいしん ⓪【改心】[名・自サ]改悔,悔改

かいしん ⓪【改新】[名・自他サ]革新,改革¶大化(たいか)の〜/大化革新
がいじん ⓪【外人】[名]外國人【-教師(きょうし) ⑤】[名]外籍教師
かいじんにきす【灰燼に帰す】化爲灰燼
かいすい ⓪【海水】[名]海水【-着(ぎ) ③】[名]游泳衣【-浴(よく) ③】[名]海水浴
かいすう ③【回数】[名]回數,次數
がいすう ③【概数】[名]概數,大概數字
かい・する ③【介する】[他サ]介意,留心¶意に〜/介意
かい・する ③【会する】[自サ]集合¶一堂(いちどう)に〜/歡聚一堂
かい・する ③【解する】[他サ]理解,領會
がい・する ③【害する】[他サ]❶傷害,損害¶感情を〜/傷害感情 ❷殺害,害
かいせい ⓪【改正】[名・他サ]改正,修正
かいせい ⓪【回生】[名・自サ]回生,起死回生¶起死(きし)〜/起死回生
かいせい ⓪【快晴】[名]晴朗無雲
かいせき ⓪【解析】[名・他サ]解析
かいせつ ⓪【開設】[名・他サ]設立,設置
かいせつ ⓪【解説】[名・他サ]解說,講解¶ニュース〜/時事簡評,新聞評述
がいせつ ⓪【概説】[名・他サ]概論,概述【日本語(にほんご)- ⑤】[名]日語概論
かいせん ⓪【改選】[名・他サ]改選
かいぜん ⓪【改善】[名・他サ]改善【待遇(たいぐう)- ⑤】[名]改善待遇
がいせん ⓪【外線】[名]❶外線電話 ❷室外電線

がいせん ⓪【凱旋】[名・自サ]凱旋【-門(もん) ③】[名]凱旋門
かいそ ①⓪【改組】[名・他サ]改組¶内閣(ないかく)の〜/内閣改組
かいそう ⓪【回想】[名・他サ]回想,回憶【-録(ろく) ③】[名]回憶錄
かいそう ⓪【回漕】[名・他サ]水路運輸,船運
かいそう ⓪【改装】[名・他サ]改裝,重新裝修
かいそう ⓪【海草】[名]海草
かいそう ⓪【海藻】[名]海藻
かいそう ⓪【階層】[名](社會的)階層,界【知識(ちしき)- ④】[名]知識界
かいぞう ⓪【改造】[名・他サ]改造,改組¶内閣(ないかく)- ①-⓪改組内閣
かいそく ⓪【会則】[名]會章,會規
かいぞく ⓪【海賊】[名]海盜【-船(せん) ⓪】[名]海盜船【-版(ぱん) ⓪】[名]海盜版
がいそふ ③【外祖父】[名]外祖父
がいそぼ ③【外祖母】[名]外祖母
かいたい ⓪【解体】[名・自他サ]拆除,拆散;解體,瓦解
かいたく ⓪【開拓】[名・他サ]❶開墾,開拓 ❷開闢
かいだく ⓪【快諾】[名・他サ]痛快地答應,愉快地答應
かいた・く ④【買いたたく】[他五]狠狠地壓價購買,殺價購買
かいだめ ⓪【買いだめ】[名・他サ]囤積
かいだん ⓪【会談】[名・自サ]會談【首脳(しゅのう)- ⑤】[名]首腦會談
かいだん ⓪【怪談】[名]妖怪故事
かいだん ⓪【階段】[名]階梯,樓梯【-教室(きょうしつ) ⑤】[名]階梯教室
がいたん ⓪【慨嘆】[名・他サ]痛

惜,嘆惜

ガイダンス ①【guidance】[名・自サ]輔導,指導

かいちく ⓪【改築】[名・他サ]改建,重建,翻修

かいちゅう ⓪【回虫・蛔虫】[名]蛔蟲

かいちゅう ⓪【懐中】[名・他サ]❶(裝入)懷中,口袋¶-電灯(でんとう)⑤[名]手電筒¶-時計(どけい)⑤[名]懷錶 ❷錢包

がいちゅう ⓪【害虫】[名]害蟲

かいちょう ⓪【会長】[名]會長,董事長

かいちょう ⓪【快調】[名・形動]順利¶～な出(で)だし/順利的開端

かいつう ⓪【開通】[名・自サ](鐵道,道路,電話線路等)開通,通車

かいて ⓪【買(い)手】[名]買主

かいてい ⓪【改定】[名・他サ]重新規定,重新修定

かいてい ⓪【改訂】[名・他サ]修訂¶-版(ばん)⓪[名]修訂版

かいてい ⓪【海底】[名]海底¶-電線(でんせん)⑤[名]海底電線

かいてき ⓪【快適】[名・形動]舒適,愉快¶～な旅行(りょこう)/愉快的旅行

がいてき ⓪【外的】[形動]❶外部的,外面的¶-条件(じょうけん)⑤[名]外部條件 ❷(區別於精神的)肉體的,物質的¶-生活(せいかつ)⑤[名]物質生活

かいてん ⓪【回転・廻転】[名・自他サ]❶轉,旋轉¶-ド-ス②[名]轉門 ❷(腦子)轉得快¶頭(あたま)の～が速(はや)い/腦子轉得快

かいてん ⓪【開店】[名・自他サ]❶開門,開始營業 ❷(店,鋪)開張

がいでん ⓪【外電】[名]外電

かいてんきゅうぎょう ⑤【開店休業】[名]顧客稀少,營業極為蕭條

ガイド ①【guid】[名・他サ]❶導遊,嚮導 ❷指南,導遊圖

かいとう ⓪【回答】[名・自サ]回答,答覆

かいとう ⓪【解凍】[名・自サ]解凍

かいとう ⓪【解答】[名・自サ]解答¶クイズ～/解謎

かいどう ①【海棠】[名]海棠

かいどう ③⓪【街道】[名]街道,公路

がいとう ⓪【外套】[名]外套,大衣

がいとう ⓪【街灯】[名]街燈,路燈

がいとう ⓪【街頭】[名]街上,街頭¶-募金(ぼきん)⑤[名]在街頭募捐

がいとう ⓪【該当】[名・自サ]符合,適合

かいとうらんまをたつ【快刀乱麻を断つ】快刀斬亂麻

かいどく ⓪【解読】[名・他サ]譯解,破譯(文字,記號,密碼等)

かいどく ⓪【買(い)得】[名]買得合算¶お～品(ひん)/便宜貨

かいと・る ②【買い取る】[他五]買下,買入

かいにゅう ⓪【介入】[名・自サ]介入,干預,插手¶紛争に～する/介入紛爭

かいにん ⓪【解任】[名・他サ]解除職務,撤職

かいぬし ①②【飼い主】[名]飼養主,主人

がいねん ①【概念】[名]概念¶-的(てき)⓪[形動]概念化的,概念性的¶-論(ろん)①[名]概念論

かいば ⓪【飼(い)葉】[名](牛,馬等的)飼料,草料

がいはく ⓪【外泊】[名・自サ]外宿,在外過夜

かいはつ ⓪【開発】[名・他サ]❶開發,開採¶原始林(げんしりん)を～する/開發原始森林¶-途上国(とじょうこく)⑥[名]發展中國

家 ❷研製、製造(新產品)
かいばつ ⓪①【海抜】[名]海拔,拔海
かいひ ⓪【会費】[名]會費
かいひ ①⓪【回避】[名・他サ]迴避,逃避¶責任を～する/迴避責任
かいひょう ⓪【開票】[名・他サ]開箱點票,開票
かいひん【海浜】[名]海濱,海邊
がいぶ ①【外部】[名]❶(建築物的)外側,外面 ❷(團體、組織的)外部,外界
かいふく ⓪【回復・快復】[名・自他サ]康復¶健康(けんこう)が～する/恢復健康
――【回復】恢復¶名誉(めいよ)を～する/恢復名譽
かいふく ⓪【開腹】[名・自サ]〈醫〉剖腹¶～手術(しゅじゅつ)/剖腹手術
かいぶつ ⓪【怪物】[名]怪物,妖怪
がいぶん ⓪【外聞】[名]❶名聲,面子¶～がわるい/名聲不好 ❷被別人知道¶～をはばかる/顧忌外面的傳說
かいへい ⓪【開閉】[名・他サ]開閉¶-器(き) ③【名】開關
かいへん ⓪【改変】[名・他サ]改變,變更
かいほう ①【介抱】[名・他サ]護理,照料
かいほう ⓪【開放】[名・他サ]❶敞開,打開 ❷開放¶～的な人/開放型的人¶-性結核(せいけっか)⑦【名】開放性結核
かいほう ⓪【解放】[名・他サ]解放¶奴隷(どれい)～/解放奴隷
かいぼう ⓪【解剖】[名・他サ]❶解剖¶生体(せいたい)-⑤【名】生體解剖 ❷分析,剖析
かいまく ⓪【開幕】[名・自他サ]❶開幕 ❷召開,(事物的)開始
かいま・みる ④【垣間見る】[他上一]窺視,偷看

かいむ ①【皆無】[名・形動]皆無,完全沒有
がいむしょう ③【外務省】[名]外務省
がいむだいじん ④【外務大臣】[名]外務大臣
かいめい ⓪【解明】[名]解釋清楚
かいめつ ⓪【壊滅・潰滅】[名・他サ]毀滅
かいめん ⓪【海綿】[名]❶海綿動物的簡稱 ❷海綿
がいめん ③⓪【外面】[名]❶(人或物的)外表,表面 ❷外表¶-的(てき)⓪【形動】表面上的
かいもく ⓪【皆目】[副](下接否定語)完全,根本,一點也…
かいもの ⓪【買(い)物】[名]❶買東西¶～に行く/去買東西 ❷買到的便宜貨¶いい～をした/買了個便宜貨
かいやく ⓪【解約】[名・他サ]解除契約,取消合同
かいゆ ①【快癒】[名・自サ]痊癒
がいゆう ⓪【外遊】[名・自サ]外國旅行
かいよう ⓪【海洋】[名]海洋¶-性気候(せいきこう)⑦【名】海洋性氣候¶-漁業(ぎょぎょう)⑤【名】海洋漁業
かいよう ⓪①【潰瘍】[名]潰瘍¶胃(い)-②【名】胃潰瘍
がいよう ⓪【概要】[名]概要,梗概
かいらい ⓪【傀儡】[名]❶木偶 ❷傀儡
がいらい ⓪【外来】[名]❶外來,外國來的 ❷「外来患者」的簡稱¶-患者(かんじゃ)⑤【名】門診病人
がいらいご ⓪【外来語】[名]外來語
かいらく ①【快楽】[名]快樂
かいらん ⓪【回覧】[名・他サ]傳閱

がいりゃく ⓪【概略】[名]概略,大概

かいりゅう ⓪【海流】[名]海流

かいりょう ⓪【改良】[名・他サ]改良,改革¶—種(しゅ) ③[名]改良品種

かいろ ①【回路】[名]電路,回路【集積(しゅうせき)—③[名]集體電路

がいろじゅ ③【街路樹】[名]林蔭樹,行道樹

がいろん ⓪【概論】[名・自他サ]概論

かいわ ⓪【会話】[名・自サ]會話,對話¶～をかわす/交談

かいわい ①【界隈】[名]附近,左近

かいん ①【下院】[名]下院,下議院

か・う ⓪【買う】[他五]❶買¶ノートを～/買筆記本 ❷招致,招惹¶怒(いか)りを～/惹人生氣 ❸高度評價¶人柄(ひとがら)を～/高度評價(他的)人品

か・う ①【飼う】[他五]養¶犬を～/養狗

カウンセラー ①【counselor】[名]個人生活指導員,生活顧問

カウンター ①⓪【counter】[名]❶收款處 ❷(酒吧櫃檯前的)座位

カウント ①⓪【count】[名・他サ]❶計算,計數 ❷(拳擊等比賽中)計時

かえし ③【返し】[名]❶還,歸還 ❷回禮,還禮 ❸(波浪,風,地震等停止後)再次發生

かえ・す ①【返す】[他五]❶歸還,送還¶読みおわった本をたなに～/把讀完的書放回到架子上¶金を～/還錢 ❷報答,回敬¶恩(おん)を～/報恩¶礼を～/回敬 ❸恢復原狀,還原¶白紙(はくし)に～/恢復到原來狀態 ❹返回¶きびすを～/返回 ❺翻,翻轉過來¶裏(うら)を～して使う/翻過來用◇掌(てのひら)を返す/(態度等)突然改變

——[接尾](不寫漢字,上接動詞連用形)❶重覆¶読(よ)み～/又讀了一遍 ❷回敬,還擊¶言(い)い～/回敬,頂嘴¶なぐり～/還手

かえ・す ①【帰す】[他五]讓…回去¶子どもを家へ～/讓孩子回去

かえ・す ①【孵す】[他五]孵,孵化

かえすがえす ④【返す返す】[副]❶怎麼想也…,實在太…¶～(も)残念(ざんねん)でならない/實在太遺憾了 ❷反反覆覆地,再三再四地

かえって ①【副】相反,反而

かえで ⓪【楓】[名]楓,楓樹

かえり ③【帰り】[名]❶回家,回來 ❷歸途,途中

かえりざ・く ⓪【返り咲く】[自五]❶(一年內)再度開花 ❷重新上臺,東山再起

かえり・みる ④【顧(み)る】[他上一]❶往後看,回頭看 ❷回顧¶過去(かこ)を～/回顧過去 ❸(多以否定的形式)不顧¶危険(きけん)を～みない/不顧危險

——【省みる】反省,檢查¶おのれを～/反省自己

かえる ⓪【蛙】[名]蛙,青蛙◇蛙の子(こ)は蛙/龍生龍,鳳生鳳◇蛙の面(つら)に水(みず)/滿不在乎

かえ・る ①【返る】[自五]❶復原¶われに～/清醒過來,醒悟過來 ❷回覆,回覆¶そでが～/袖子翻過來了¶寝返(ねがえ)る ②[自五](睡覺時)翻身

——[接尾](不寫漢字,上接動詞連用形)非常…,完全…¶あきれ～/十分驚訝,目瞪口呆

かえ・る ①【帰る・還る】[自五]❶回去,回來¶学校に～/回學校 ❷回(家),

回(國)
か・える ⓪【代える】[他下一]代替,代理
――【換える・替える】換¶池の水に～/換池子裡的水¶円をドルに～/把日元換成美元【乗(の)り－④】[他下一]改乘,換乘(車)
か・える ⓪【変える】[他下一] ❶改變¶かみがたを～/改變髮型 ❷變更,更改¶開会の時刻を～/變更開會時間
かえん ⓪【火炎】[名]火焰

かお ⓪【顔】[名] ❶臉,面孔¶～をそむける/背過臉去 ❷容貌,相貌¶～がいい/容貌美麗 ❸神態,臉色,表情¶～をくもらす/面帶愁容 ❹臉面,面子◇顔がつぶれる/丟臉,丟面子◇顔をたてる/賞臉,賞光 ❺人,(到的)人數◇顔がそろう/人到齊 ❻交際;名望◇顔が広い/交際廣◇顔が利(き)く/有勢力,吃得開◇顔が立(た)つ/有面子◇顔から火(ひ)が出(で)る/羞愧臉發燙◇顔に泥(どろ)を塗(ぬ)る/往人臉上抹黑,叫人丟臉◇顔が売(う)れる/有名望,出名◇顔をつぶす/(使)…出醜,丟臉◇合(あ)わす顔がない/無臉相見

かおあわせ ③【顔合(わ)せ】[名・自サ] ❶會面,碰頭 ❷同臺演出 ❸(相撲)相遇,交鋒
かおいろ ⓪【顔色】[名] ❶臉色 ❷神色,聲色¶～をうかがう/察顔觀色
かおかたち ⓪③【顔形】[名]容貌,相貌
かおく ①【家屋】[名]房屋,房産
かおだち ⓪【顔だち】[名]容貌,相貌
かおつき ⓪【顔つき・顔付き】[名] ❶相貌 ❷神色,表情
かおなじみ ③【顔なじみ・顔馴染み】[名]熟人

かおぶれ ⓪【顔ぶれ】[名]成員
かおまけ ⓪【顔負(け)】[名](使)見絀,自愧不如
かおみしり ③【顔見知(り)】[名]見過面的人,熟人
かおみせ ⓪【顔見せ・顔見世】[名] ❶(同大家)初次見面 ❷(歌舞伎劇團)全班公演,同臺演出
かおむけ ⓪【顔向け】[名]見面,露面◇顔向けができない/見不得人,不敢露面
かおり ⓪【香(り)・薫(り)】[名]香味,香氣¶花の～/花香
かお・る ⓪【香る・薫る】[自五]飄香
がか ⓪①【画架】[名]畫架
がか ⓪【画家】[名]畫家
かかあでんか ⓪【かかあ天下】[名]老婆當家,老婆掌權
かがい ⓪【課外】[名]課外¶-活動(かつどう)④[名]課外活動
かがいしゃ ②【加害者】[名]兇手,加害者
かかえこ・む ④【抱え込む】[他五] ❶摟抱 ❷擔負,承擔
かか・える ⓪【抱える】[他下一] ❶抱,挾¶こわきに～/挾在腋下【だき－⑤】[他下一]摟住,抱在懷裡 ❷負責照料,擔負責任¶病人(びょうにん)を～/照料病人
カカオ ①【(ス)cacao】[名]可可豆,可可樹
かかく ①⓪【価格】[名]價格
かがく ①【化学】[名]化學¶-記号(きごう)④[名]化學元素符號¶-式(しき)③[名]化學方程式¶-肥料(ひりょう)④[名]化學肥料¶-変化(へんか)④[名]化學變化
かがく ①【科学】[名]科學¶-者(しゃ)②③[名]科學家¶-的(てき)⓪[形動]科學的
かがくせんい ④【化学繊維】[名]

化学繊維
かがくへんか ④【化学変化】[名] 化学變化
かか・げる ⓪③【掲げる】[他下一] ❶昇起,高舉¶旗を～/升旗 ❷刊登,揭示
かかと ⓪【踵】[名] ❶腳後跟 ❷(鞋襪等)後跟
かがみ ③【鏡】[名] 鏡子
かがみ ③【鑑・鑒】[名] 榜樣,借鑒
かがみもち ③【鏡もち】[名] (供神用的)圓形年糕
かが・む ⓪【屈む】[自五] ❶彎腰¶腰(こし)が～/彎腰 ❷蹲下去,彎下身子
かが・める ⓪【屈める】[他下一] 把腰彎下去,曲身
かがやかし・い ⑤【輝かしい】[形] 光輝,輝煌
かがや・く ③【輝く】[自五] ❶發光,閃爍¶～星(ほし)/閃光的星星 ❷輝煌,光明
かかり ①【係(り)】[名] 擔任某項工作的人員
かかり ①【掛かり】[名] 所需要的費用
-がかり【係・掛】[接尾] 表示做…工作的人¶案内～/導遊,嚮導
かかりつけ ⓪【掛かりつけ】[名] 經常就診的醫生
かがりび ③【篝火】[名] 篝火
かか・る ②【掛かる・懸かる】[自五] ❶掛,懸掛¶にじが～っている/(天空)掛着彩虹 ❷委託(處置,處理)¶医者(いしゃ)に～/請醫生看病 ❸提交¶会議(かいぎ)に～/提交到大會 ❹着手,從事¶仕事(しごと)に～/開始工作
―――【架かる】架設,架橋¶川に橋(はし)が～っている/河上架着橋
―――【罹る】患病¶病気(びょうき)に～/患病
―――【係る】有關,關於¶本件(ほんけん)に～こと/有關這件事…
―――【掛かる】❶淋上,濺上¶しぶきが～/濺上水 ❷發動,開動¶エンジンが～/(汽車)發動起來 ❸花費,需要¶時間(じかん)が～/費時間¶金(かね)が～/費錢 ❹蓋上,覆上¶雲(くも)が～っている/雲霧籠罩
-かか・る[接尾](接動詞連用形下,構成五段活用動詞) ❶將要,眼看就…¶死(し)に～/快要死去 ❷正當…;迫近¶とび～/猛撲上來¶さし～/臨近,迫近
-がか・る[接尾](上接名詞,構成五段活用動詞) ❶像…似的,如同…一般¶芝居(しばい)～/如同做戲 ❷表示呈…顔色,帶有…色¶青(あお)み～/帶有藍色
かかわらず ③【連語】 ❶不論,不顧¶晴雨(せいう)に～/不論晴天雨天 ❷儘管,雖然…但仍¶努力したにも～失敗(しっぱい)した/雖然盡了努力,但還是失敗了
かかわ・る ⓪③【係(わ)る・関(わ)る】[自五] ❶拘泥¶小事(しょうじ)に～/拘泥於小事 ❷關係到名譽¶名誉に～/關係到名譽
かき ①【牡蠣】[名] 牡蠣
かき ②【垣】[名] 籬笆,垣牆
かき ⓪【柿】[名] 柿子,柿樹
かき ①【火気】[名] ❶火,煙火 ❷火勢
かき ①【夏季】[名] 夏季
かき ①【夏期】[名] 夏令
かぎ ②【鉤】[名] ❶鉤 ❷引號(「」)
かぎ ②【鍵】[名] ❶鑰匙 ❷鎖 ❸關鍵
かきあ・げる ⓪【書(き)上げる】[他下一] ❶寫完,完成¶論文(ろんぶん)を～/寫完論文 ❷一一寫出來,列舉
かきあらわ・す ⓪⑤【書(き)表(わ)す】[他五] 寫出來,(用文字)

表達出来¶「ふじさん」は、「富士山」、「不二山」とも～せる/「ふじさん」可以寫做"富士山",也可寫做"不二山"

かきいろ ⓪【柿色】[名]❶柿子色,橙黃色 ❷暗褐色,紅褐色

かきおき ⓪【書(き)置(き)・書置】[名・自サ]❶留言條,留簡 ❷遺書

かきおと・す【書(き)落(と)す】[他五]落寫,漏寫

かきおろし ⓪【書き下ろし】[名]新寫(的作品)

かきか・える ⓪④【書き換える・書き替える】[他下一]改寫,重新寫

かきかた ④③【書(き)方】[名]❶(字的)筆順 ❷(文章等的)寫法,表現方法

かきことば ③【書(き)言葉】[名]書面語言,文章用語

かきこ・む ⓪【書(き)込む】[他五]❶寫入 ❷詳細地寫下來

かきしる・す ⓪【書(き)記す】[他五]寫,記載,記錄

かきぞめ ⓪【書き初め】[名]新春試筆

かきだし ⓪【書き出し】[名]文章的起首,開頭

かきだ・す ⓪③【書(き)出す】[他五]❶寫完拿出去 ❷開始寫 ❸摘錄,摘抄¶重要(じゅうよう)なところを～/把重要地方摘錄下來

かきた・てる ⓪【かき立てる・搔(き)立てる】[他下一]激起,挑動

かきた・てる ⓪【書(き)たてる】[他下一]❶引人注目地寫,大寫特寫 ❷羅列,一一寫出

かきつけ ⓪【書(き)付(け)】[名]❶便條,記事條 ❷帳單,單據

かぎつ・ける ④【嗅(ぎ)付ける】[他下一]❶嗅到,聞到 ❷探出,刺探出

かきとめ ⓪【書留】[名]掛號(郵件、信件)

かきとり ⓪【書(き)取(り)】[名]❶聽寫,聽寫測驗 ❷抄寫

かきなお・す ⓪【書(き)直す】[他五]重新寫,改寫

かきなが・す ⓪【書(き)流す】[他五]流利地寫,迅速地寫

かきなぐ・る ⓪【書きなぐる】[他五]胡亂地寫,潦草地寫

かきぬき ⓪【書(き)抜(き)】[名]摘要,摘錄

かきね ②③【垣根】[名]籬笆,柵欄

かきのこ・す ⓪【書(き)残す】[他五]❶(剩下)不寫 ❷留筆¶遺言(ゆいごん)を～/留下遺言

かきばり ③【鉤針】[名]鉤針

かきま・ぜる ⓪【かき混ぜる】[他下一]攪拌,混合

かきまわ・す ⓪【かき回す・搔(き回す)】[他五]❶攪拌,攪和 ❷擾亂,攪亂

かきみだ・す ⓪【か(き)乱す・搔き乱す】[他五]擾亂,攪亂¶平和(へいわ)を～/擾亂和平

かきゅう ⓪【下級】[名]下級

かぎょう ①【家業】[名]家業,父業

かきょく ①【歌曲】[名]❶歌,歌曲 ❷曲譜

かきよ・せる ⓪【搔(き)寄せる】[他下一](用手等)扒攏到一處

かぎり ①③【限(り)】[名]❶限度,止境,極限¶人間の欲望(よくぼう)には～がない/人的慾望是無止境的 ❷祇限於說…¶今回～ゆるす/祇就恕這一回 ❸(用「…の限りではない」的形式表示)不在此限¶急患(きゅうかん)の際(さい)は、その～ではありません/急診病人不在此限 ❹祇要…就…¶仕事がある～、はたらきつづける/祇要有工作,就繼續做

かぎりな・い ④【限りない】[形] 無限,無邊無際

かぎ・る ②【限る】[他五]限定,限於¶時間を～/限定時間¶人數を～/限定人數

── [自五] ❶(用「…に限る」的形式表示)最好,頂好¶すきやきはしもふりの牛肉に～/雞素燒最好是上等牛肉 ❷(用「…に限って」的形式表示)唯有,祇有¶あの人に～って,そんなうそを言うはずがない/唯有那個人不會説那樣的謊話 ❸(用「…とはかぎらない」的形式表示)不一定,未必¶困っているのはきみだけとは～らない/爲難的未必祇是你一個人¶みんな行きたいとは～らない/未必大家都想去 ❹(用「…に限らず」的形式表示)無論,不管

かきわ・ける ⓪【書き分ける】[他下一]分開寫,區別開寫,用不同的寫法寫

かきわ・ける ⓪【搔き分ける】[他下一]用手拔開,用手撥開

かきん ⓪【家禽】[名]家禽

かく ②【角】[名] ❶四角形,四方形 ❷角度,角 ❸(日本將棋的棋子名稱)角行

かく ⓪②【格】[名] ❶地位,等級,資格¶～が上だ/地位高 ❷規範,基準¶～に合わない/不合常規 ❸(日語語法的)格¶～助詞/格助詞

かく【核】[名] ❶果核 ❷細胞核 ❸【核兵器】的簡稱 ❹核心¶市民運動の～になるメンバー/市民運動的核心成員

か・く ⓪【欠く】[他五] ❶打破(硬物一部份),磕掉(一塊) ❷缺乏,不够¶常識を～/缺乏常識¶礼儀(れいぎ)を～/缺乏禮貌

か・く ①【書く・描く】[他五]寫(字),畫(畫)¶字(じ)を～/寫字¶絵(え)を～/畫畫兒
──【書く】作(文),著(書)¶手紙を～/寫信¶詩を～/做詩¶小説を～/寫小説

か・く ①【搔く】[他五] ❶(用手等)搔,抓¶頭を～/搔頭 ❷(用手或筷子等)攪和¶からしを～/攪和芥末¶かきまわす ⓪ [他五]攪和【かきまぜる ⓪】[他下一]攪和 ❸(用手或工具)摟,攏,扒¶おちばを～/把落葉摟起來 ❹(用刀具)切,削等 ❺做某種動作¶いびきを～/打呼¶あせを～/出汗¶はじを～/丢醜

かく- ①【各】[接頭]各¶～方面/各方面

かぐ ①【家具】[名]家具¶-店(てん) ③】[名]家具店

か・ぐ ⓪【嗅ぐ】[他五](用鼻子)聞,嗅¶においを～/聞味兒【かぎあてる ④】[他一下]聞出,聞到

がく ①【学】[名] ❶學校 ❷學問,知識¶～がある/有學問

がく ①【楽】[名]音樂

がく ①【額】[名]敷額
── ⓪ [名]區額¶～をかける/掛區

かくい ①【各位】[名]各位,諸位

がくい ①②【学位】[名]學位¶～をとる/取得學位

かくいつてき ⓪【画一的】[形動]統一(的),劃一的

かくう ⓪【架空】[名]架在空中
──【形動]虛幻,虛構,想像¶～の人物/虛構的人物

かくかぞく ③【核家族】[名](祇有夫妻和其子女的)小家庭

かくぎ ①②【閣議】[名]內閣會議

がくぎょう ②⓪【学業】[名]學業,功課

がくげい ②⓪【学芸】[名]學問和藝術

かくげつ ①【隔月】[名]隔月,每隔

一個月
かくげん ②⓪【格言】[名]格言
かくご ①②【覚悟】[名・自他サ]精神準備;決心¶～をきめる/下決心¶決死(けっし)の～/決死的準備
かくさ ①【格差】[名](資格、等級、價格等)差別,差距
がくさいてき ⓪【学際的】[形動]跨學科(的),各學科之間(的)
かくざとう ③【角砂糖】[名]方糖
かくさん ⓪【拡散】[名・自サ]擴散¶癌(がん)が～する/癌擴散
かくし ⓪【客死】[名・自サ]客死,死於他鄉,死在旅途中
かくじ ①【各自】[名]每個人,各自
がくし ①【学士】[名]學士
がくし ⓪【学資】[名]求學費用
かくしき ⓪【格式】[名] ❶禮法規矩¶～を重(おも)んじる/講究禮法規矩 ❷地位,資格
がくしき ⓪【学識】[名]學識
かくしげい ③【隠し芸】[名]娛興節目,技藝,玩藝
かくじつ ⓪②【隔日】[名]隔日
かくじつ ⓪【確実】[形動]確實,可靠,準確¶～な品/貨真價實的東西
かくじっけん ③【核実験】[名]核試驗
かくして ①【斯くして】[接]如此,這樣
がくしゃ ⓪【学者】[名]學者,文人
かくしゃく ⓪【矍鑠】[形動]老而健壯
かくしゅ ⓪【各種】[名]各種各樣
かくしゅう ⓪【隔週】[名]隔週,每隔一週
かくじゅう ⓪【拡充】[名・他サ]擴充¶体育施設を～する/擴充體育設施
がくしゅう ⓪【学習】[名・他サ]學習¶～法/學習方法

がくじゅつ ⓪②【学術】[名]學術【-会議(かいぎ)】⑤[名]學術會議
かくしょう ⓪【確証】[名]確鑿的證據
かくじょし ③【格助詞】[名]格助詞(有が、の、を、に、へ、と、から、より等)
かくしん ⓪【革新】[名・他サ]革新,改革【-的(てき)】―④[形動]革新的【技術(ぎじゅつ)-】④[名]技術革新
かくしん ⓪【核心】[名]核心,要害¶問題(もんだい)の～/問題的核心
かくしん ⓪【確信】[名・他サ]確信,堅信,堅定的信念¶成功を～する/確信一定成功
かくじん ①【各人】[名]每個人,各人
かく・す ②【隠す】[他五]隱藏,掩蓋,隱瞞¶姿(すがた)を～/躲藏起來¶名(な)を～/隱匿埋名
かくすう ③【画数】[名]筆劃數
かくせい ⓪【隔世】[名] ❶隔世◇隔世の感/隔世之感 ❷隔一代【-遺伝(いでん)】⑤[名]隔代遺傳
がくせい ⓪【学生】[名【-時代(じだい)】⑤[名]學生時代【-運動(うんどう)】⑤[名]學生運動 ◆嚴格説來,「学生」是指大學及短期大學的學生,而高中生、初中生則稱「生徒」,小學生稱「児童」、「学童」
がくせい ⓪【学制】[名]學制¶～改革(かいかく)/學制改革
かくせいき ③【拡声器】[名]擴音器,話筒
がくせき ⓪【学籍】[名]學籍
かくぜつ ⓪【隔絶】[名・自サ]隔絕
がくせつ ⓪【学説】[名]學説【新(しん)-】④[名]新學説
がくぜん ⓪③【愕然】[副・連体]愕然,(非常)吃驚貌
かくだい ⓪【拡大】[名・自他サ]

擴大,放大¶写真を～する/放大照片〔-鏡(きょう) ⓪〕[名]放大鏡

がくたい ⓪【楽隊】[名]樂隊

かくち ①【各地】[名]各地

かくちょう ⓪【拡張】[名・他サ]擴張,擴充,擴大¶軍備(ぐんび)の～をはかる/謀求軍備擴張

かくちょう ⓪【格調】[名]格調

かくてい ⓪【確定】[名・自他サ]確定,決定〔-的(てき) ⓪〕[形動]確定無疑

カクテル ①【cocktail】[名] ❶鷄尾酒,混合酒 ❷混合物,混合

カクテル・パーティー ⑤【cocktail party】[名]鷄尾酒會

かくど ①【角度】[名] ❶角度 ❷(看問題等的)角度,觀點¶～を変える/換個角度

がくと ①【学徒】[名] ❶學生 ❷研究學問的人

かくとう ⓪【格闘】[名・自サ]格鬥,搏鬥

かくとう ⓪【確答】[名・自サ]確切的答覆,肯定的回答

がくどう ⓪【学童】[名]小學生

かくとく ⓪【獲得】[名・他サ]獲得,取得¶権力(けんりょく)を～する/獲得政權

かくにん ⓪【確認】[名・他サ]確認,證實¶身元(みもと)を～する/確認身分

がくねん ⓪【学年】[名] ❶學年 ❷年級

がくは ⓪【学派】[名]學派

がくひ ⓪【学費】[名]學費

がくふ ①【学府】[名]學府¶最高(さいこう)-⑤[名]最高學府

がくふ ⓪【楽譜】[名]樂譜,譜子

がくぶ ①⓪【学部】[名](綜合性大學的)系¶医(い)-②③[名]醫學系

がくふう ⓪【学風】[名] ❶學風 ❷(大學的)校風

がくぶち ⓪【額縁】[名]畫框,鏡框,扁額

かくへいき ⓪【核兵器】[名]核武器

かくべつ ⓪【格別】[副・形動]特別,特殊,格外¶彼は～すぐれた選手ではない/他不是十分出色的選手

かくほ ①【確保】[名・他サ]確實保證,確保

かくま・う ③【匿う】[他五]隱匿,隱藏,窩藏

かくまく ②【角膜】[名]角膜

かくめい ⓪【革命】[名]革命¶産業(さんぎょう)-⑤[名]産業革命

がくめん ②⓪【額面】[名] ❶(債券,貨幣,證券等的)面值,票面金額 ❷(事物的)外表,表面

がくもん ②【学問】[名] ❶學問,科學 ❷學習

がくや ⓪【楽屋】[名](舞臺的)後臺

かくやく ⓪【確約】[名・自他サ]保證,確定

かくやす ⓪【格安】[形動]格外價廉,特別便宜

がくようひん ③⓪【学用品】[名]文具,學習用具

かくり ⓪①【隔離】[名・自他サ]隔離,隔絶¶-病舎(びょうしゃ) ⑤[名]隔離病房

かくりつ ⓪【確立】[名・自他サ]確立,建立¶方針の～/方針的確立

かくりつ ⓪【確率】[名]機率

かくりょう ②【閣僚】[名]内閣大臣,内閣成員

がくりょく ⓪【学力】[名]學問上的實力,學習實力¶～検査(けんさ)/學力考查

がくれい ⓪【学齢】[名]學齡¶-期(き) ③[名]學齡期

がくれき ⓪【学歴】[名]學歷¶-社会(しゃかい) ⑤[名]學歷社會

かくれみの ④【隠れみの】[名]遮

羞布,畫皮,假裝
かく・れる ③【隠れる】[自下一]
❶躲,藏¶かげに～/藏在暗處
❷埋没,無名¶～れた才能/埋没了的才能 ❸隠遁 ❹(身分高的人)逝世,逝去¶おかくれになる/逝世

かくれんぼ ③【隠れんぼ】[名]捉迷藏

がくんと ②[副]電車猛一停

かけ【掛け】❶「かけ売り」「かけ買い」的簡稱 ❷(「かけうどん」「かけそば」的簡稱)清湯麵
——[接尾](上接動詞連用形)表示動作尚未完結或中途停頓下來¶読み～/没讀完¶食べ～/吃了一半

かけ ②【賭け】[名]賭,賭博,賭注¶～をする/打賭

かげ ①【影】[名] ❶影子,影兒¶～がうつる/映出影子 ❷面貌,形像,樣子¶彼は～がうすい/他無精打采
——【陰】❶陰涼地,背陰兒¶木の～で休む/在樹陰處休息 ❷暗中,背後¶～で悪口(わるぐち)を言う/在背地裡説壊話 ❸(心情)暗淡,不舒暢¶あの人にはなんだか～がある/那個人好像有什麼隱痛 ❹(多用「おかげ」,「おかげさま」的形式表示)托福,多虧,幸虧¶影が薄(うす)い/無精打采 ◇不顯眼¶陰で糸(いと)を引(ひ)く/幕後操縦 ◇陰になり日向(ひなた)になり/明裡暗裡,公開私下(幇助) ◇影も形(かたち)もない/無影無踪

がけ ⓪【崖】[名]懸崖,峭壁

かけあ・う ⓪【掛(け)合う】[他五] ❶互相(做某種動作)¶水を～/互相潑水¶声を～/互相打招呼 ❷交渉,談判

かけあし ②【駆(け)足】[名]跑歩

かけい ⓪【家計】[名]家庭生活狀況,家庭經濟

かけうり ⓪②【掛(け)売(り)】[名]賒賣

かけおち ⓪【駆(け)落(ち)】[名]私奔

かけがい ⓪【掛(け)買(い)】[名]賒買

かけがえのない【掛(け)替(え)の ない】寶貴的¶～命(いのち)/寶貴的生命

かげき ⓪【過激】[名・形動]過激¶～派(は) ⓪[名]激進派

かげき ①【歌劇】[名]歌劇

かけきん ②⓪【掛け金】[名]按天(月)積存(繳納)的錢

かげぐち ②【陰口】[名]背後説壊話¶～をきく/背後説壊話,背後議論人

かけごえ ②③【掛(け)声】[名] ❶喝采聲,助威的喊聲 ❷號子聲 ❸空喊,虚張聲勢¶～ばかり/祇是虚張聲勢

かけこ・む ⓪【駆け込む】[自五]跑進

かけざん ②【掛け算】[名]乘法

かけじく ②【掛(け)軸】[名]掛軸,掛畫

かけずりまわ・る ③【駆けずり回る】[自五]東奔西跑

かけだし ⓪【駆(け)出し】[名]生手,新手

かけだ・す ⓪【駆(け)出す】[自五] ❶跑出去,跑到外面 ❷開始跑,跑起來

かけつ ⓪【可決】[名・他サ](議案等)通過¶予算案を～する/通過預算方案

かけつ・ける ⓪【駆けつける】[自下一]急忙趕到,跑到

かけっこ ②【駆けっこ】[名]賽跑

かけて ①[連語](表示時間,地點的)従…一直到…¶秋から冬に～/従秋天到冬天 ❶(常用「…かけては」的形式表示)關於,在…

かけど

上¶運動に〜は自信がある/在體育方面,我很有自信心 ❷起誓,用…擔保¶命に〜/用性命擔保¶神(かみ)に〜/對神起誓

かけどけい ③【掛(け)時計】[名]掛鐘

かげながら ③⓪【陰ながら】[副]暗自,在背地裡

かけね ②【掛(け)値】[名]❶謊價,虛價¶〜のないねだん/沒有謊價的價格 ❷誇張¶〜のないところを言う/如實地説出

かけはし ②【懸け橋】[名]橋,橋樑¶友好の〜/友誼的橋樑

かけはな・れる ⓪【懸け離れる】[自下一]相距太遠,相差懸殊

かけひき ②⓪【駆(け)引(き)】[名・自サ]❶(戰場上)伺機進退 ❷(買賣、談判等)用心計,見機行事,要花招¶〜がうまい/足智多謀

かけぶとん ③【掛け布団】[名]被子

かげぼうし ①【影法師】[名]人影

かけもち ⓪【掛(け)持(ち)】[名・自サ]兼,兼任,兼職¶二つの學校を〜で教える/兼任兩個學校的課

かけら ⓪【欠けら】[名]❶碎片,碴兒 ❷毫無

かけ・る ②【翔る】[自五]飛翔¶空を〜/在天空中飛翔

か・ける ⓪【欠ける】[自下一]❶出缺口,出缺隙¶茶碗が〜/飯碗缺個口 ❷缺乏,不足¶礼儀(れいぎ)に〜/缺乏禮貌¶常識に〜/缺乏常識 ❸(月)缺¶月(つき)が〜/月虧

か・ける ②【掛ける・懸ける・架ける】[他下一] ❶戴,繋¶ボタンを〜/繋扣¶めがねを〜/戴眼鏡 ❷掛,放上¶額(がく)を〜/掛匾 ❸(託付給人或物)辦理,處理¶医者に〜/就醫

はかりに〜/過秤 ❹提交,提到¶裁判に〜/提起訴訟 ❺用於起誓,許願¶願いを〜/許願 ❻蓋上,蒙上¶ふとんを〜/蓋上被子 ❼澆,撒¶水を〜/澆水 ❽花費¶金を〜/花錢¶時間を〜/花費時間 ❾坐¶こしを〜/坐下 ❿打(電話)¶電話を〜/打電話 ⓫使(某種東西發動起來)¶音楽を〜/放音樂 ⓬(算數的)乘¶AにBを〜/B乘以A ⓭使…陷入某種狀態¶わなを〜/設置套 ¶めいわくを〜/添麻煩 ❷架,架設¶橋を〜/架橋 ◇声(こえ)をかける/打招呼 ◇お目(め)にかける/請您看 ◇鼻(はな)にかける/自高自大

——[接尾]表示動作的開始,中途¶やり〜けた仕事/做了一半的工作

か・ける ②【駆ける・駈ける】[自下一]快跑,奔馳

か・ける ②【賭ける】[他下一]賭(錢、物)

かげろう ②【陽炎】[名](春,夏日地面上冒出的)蒸氣

かげん ⓪【加減】[名]❶加法和減法 ❷調節,調整¶胃の調子がわるいので食事を〜する/胃不太舒服,調節一下飯菜 ❸程度,狀況¶〜がわるい/身體狀況不好【味(あじ)-】[名]味道(好壞)

——[接尾]❶情況,狀態,程度 ❷略微¶うつむき〜になる/略微低着頭

かこ ①【過去】[名]❶已逝去的時光(含有不再復返之意)¶〜にさかのぼる/追溯過去 ❷過去,以前,以往¶〜を忘れる/忘記過去

かご ⓪【籠】[名]籃,筐,籠

かこい ⓪【囲い】[名]圍牆,柵欄

かこ・う ⓪【囲う】[他五]❶圍起來¶かなあみで〜/用鐵絲圍起來 ❷窩藏¶犯人を〜/窩藏犯人

かこう ⓪【火口】[名]噴火口,火山口

かこう ⓪【加工】[名・他サ]加工 【—食品(しょくひん)】⑤[名]加工食品

かごう ⓪【化合】[名・自サ]化合 【—物(ぶつ)】②[名]化合物

かこく ⓪【苛酷・過酷】[形動]❶残酷 ❷厳酷,苛刻

かこつ・ける ⓪【託ける】[他下一]找藉口,托故,假藉¶病気に～けて参加をことわる/藉口有病,拒絶参加

かこみ ⓪【囲み】[名]❶包圍,圍¶～をやぶる/衝破包圍 ❷(報紙等上的)花邊新聞【—記事(きじ)】④[名]花邊新聞

かごみみのもちためなし【籠耳の持ち溜なし】一個耳朵聽,一個耳朵出,左耳進右耳出

かこ・む ⓪【囲む】[他五]環繞,圍,包圍¶敵(てき)を～/包圍敵人¶食卓(しょくたく)を～/圍坐在餐桌旁

かごん ⓪【過言】[名]言過其實,誇大其詞¶…といっても～ではない/(上接用言終止形或體言)説…也不算過份,可以毫不誇張地説…¶彼はその道の第一人者なりといっても～ではない/説他是那方面的最高權威也不過份

かさ ①【笠】[名]❶斗笠 ❷傘狀物¶電灯の～/燈罩◇かさに着(き)る/仗勢欺人,狗仗人勢

かさ ①【傘】[名]傘¶～をさす/打傘【雨傘(あまがさ)】③[名]雨傘

かさい ⓪【火災】[名]火災【—報知器(ほうちき)】⑥[名]火災警報器

かざい ①【家財】[名]家産,家當【—道具(どうぐ)】④[名]家當,家具

かさかさ ①[副・自サ]❶沙沙地響 ❷乾巴巴

がさがさ ①[副・自サ]❶沙沙地響 ❷乾燥

かざかみ ⓪【風上】[名]上風

かざかみにもおけない【風上にも置けない】臭不可聞,頂風臭四十里

かささぎ ⓪【鵲】[名]喜鵲

かざしも ⓪【風下】[名]下風

がさつ ⓪[形動]粗野,不禮貌

かさな・る ⓪【重なる】[自五]❶疊,重疊【つみ—】⑤[自五]堆起來,重疊 ❷(事情,日子等)趕在一起,重疊¶日曜と祭日が～/星期日和節日趕在一起

かさにかかる【嵩に懸かる】盛氣凌人,跋扈

かさねて ⓪【重ねて】[副]再一次,重覆

かさ・ねる ⓪【重ねる】[他下一]❶把…疊起來,把…重疊起來¶セーターの上にカーディガンを～/套穿兩件毛衣 ❷屢次,重複,多次¶失敗を～/屢次失敗¶練習を～/反覆練習

かさば・る ③【かさ張る・嵩張る】[自五]體積大

かさぶた ⓪【瘡蓋】[名]瘡痂

かさ・む ②⓪【嵩む】[自五]❶(費用,金額)增多,增大 ❷增多,增大

かざむき ⓪【風向(き)】[名]❶風向 ❷(人的)心情,情緒 ❸形勢,趨勢,傾向¶～がかわる/形勢變了;態度變了

かさやのこぞう【傘屋の小僧】吃力不討好

かざり ⓪【飾(り)】[名]裝飾,裝飾品【—くび—】③[名]頸錬【—気(け)】⓪[名]虛飾,矯揉造作

かざりもの ⓪【飾(り)物】[名]❶裝飾品,擺設 ❷虛飾,擺設,裝璜¶あの社長は～で、実際の仕事は副社長がしている/那個社長不過是個擺設,實際工作是副社長做

かざ・る ⓪【飾る】[他五] ❶修飾,装飾¶身なりを〜/梳粧打扮¶花で〜/用花束装飾 ❷増光,増添色彩 ❸装潢,打扮¶うわべを〜/裝潢門面

かざん ①【火山】[名]火山¶-帯(たい)⓪[名]火山地帯

かし ⓪【貸し】[名]借出的東西,貸款¶〜がある/(他人)欠自己的錢或欠自己的人情

かし ①【樫】[名]橡樹

かし ①【菓子】[名]點心,糕點

かし ①【歌詞】[名]歌詞

かし ①【華氏】[名]華氏

かじ ①【舵・楫・梶】[名]舵◇かじを取(と)る,❶掌舵 ❷掌握方向

かじ ①【鍛冶】[名] ❶鍛冶,打鐵 ❷鐵匠

かじ ①【火事】[名]火災,失火◇対岸(たいがん)の火事/隔岸觀火,袖手旁觀

かじ ①【家事】[名]家務事,家政,家事¶〜にかまける/忙於家務事

がし ①【餓死】[名・自サ]餓死

かじか・む ⓪【自五】凍僵

かしきり ⓪【貸(し)切(り)】[名]包出去,包租¶〜のバス/包租的汽車

かし・げる ③【傾げる】[他下一]使…傾斜◇首(くび)を傾げる/納悶

かしこ・い ③【賢い】[形] ❶聰明,伶俐 ❷(處理事物)高明,周到¶なかなか〜やりかただ/真是個高明的做法

かしこま・る ④【畏まる】[自五] ❶謹慎,拘束¶〜っておじぎをする/拘謹地鞠躬敬禮 ❷恭敬端正地坐 ❸(表示答應,領教)¶明白¶はい,〜りました/是,明白了

かしだ・す ③【貸し出す】[他五] ❶出借,出租 ❷貸款,放款

かしつ ⓪【過失】[名]過失,過錯¶-致死(ちし) ④[名]過失致死

かじつ ①【果実】[名]果實,水果

かしつけ ⓪【貸し付け】[名](物品,金錢的)出借,貸放¶-金(きん)⓪[名]貸款

かじばどろぼう ④【火事場泥棒】[名]趁火打劫的人

かしま ⓪【貸間】[名]出租的房間

かしましい ④【姦しい】[形]嘈雜,喧囂

カシミア ⓪【cashmere】[名] ❶喀什米爾山羊 ❷開司米,山羊織

かしや ⓪【貸家】[名]出租的房子

かしゅ ①【歌手】[名]歌手,歌唱家

かじゅ ①【果樹】[名]果木,果樹¶-園(えん) ②[名]果園

かしゅう ⓪【歌集】[名] ❶日本和歌集 ❷歌曲集

かじゅう ⓪【荷重】[名]載荷,負荷

かしょ ①【箇所・個所】[名](用「…箇所」的形式表示)在…的地方、場所¶危険(きけん)〜/危険處,危険場所
——[接尾]處,部份,地方¶三(さん)〜/三個地方,三處◆也可寫作「か所」「ヶ所」

かじょう ⓪【過剰】[名・形動]過剰¶人口(じんこう)- ⑤[名]人口過剰¶生産(せいさん)- ⑤[名]生産過剰

かじょう ⓪【箇条・個条】[名]條,條款,條項¶-書(がき) ⓪[名]分條寫,分別列出

がじょう ①⓪【賀正】[名]恭賀新年,賀年

がじょう ⓪【賀状】[名]賀信,賀年片

かじょうさはん ④【家常茶飯】[名]家常便飯,平常的事

かしら ③【頭】[名] ❶頭,腦袋¶頭をおろす/出家◇頭に霜(しも)をおく/白髮蒼蒼 ❷頭目,首領

❸地位最高的人
かしら［終助］(主要為女性用語)❶表示疑問¶あしたは雪か〜/明天會下雪嗎¶あの本はどこに置いた〜/那本書放在哪兒了 ❷表示願望¶早く春がこない〜/春天還不快來啊
かしらもじ ④【頭文字】［名］大寫字母,開頭字母
かじりつ・く ②④【齧(り)付く】［自五］❶咬住¶ねこが鼠(ねずみ)に〜/貓咬住老鼠 ❷抓住不放,不離開,聚精會神¶机に〜/不離書桌,抖功學習
かじ・る ②【齧る】［他五］❶啃,咬¶りんごを〜/咬蘋果 ❷稍知一點¶学生時代英語を〜ったことがある/學生時代曾學過一點英文
かしわ ⓪【柏】［名］櫟樹,橡樹
かしん ⓪【過信】［名・他サ］過份相信
かじん ①⓪【佳人】［名］佳人¶−薄命(はくめい)①／［名］佳人薄命
かじん ①⓪【歌人】［名］作和歌的詩人
がしんしょうたん ①【臥薪嘗胆】［名・自サ］臥薪嘗膽
かす ①【滓】［名］❶渣滓,糟粕,無用的東西
か・す ①【貸す】［他五］❶借出,借給¶部屋を〜/把房間借出去 ❷幫助別人¶知恵(ちえ)を〜/幫助出主意¶力を〜/幫忙,出力¶手を〜/幫把手
かず ①【数】［名］❶數,數目¶〜をかぞえる/數數兒 ❷各種各樣,許多 ❸數得上,數得出◇数知(し)れない/無數,不知多少
ガス ①【(オ)gas】［名］❶氣體 ❷煤氣 ❸濃霧
かすか ①【微か】［形動］❶微弱,微小¶〜な光/微弱的光 ❷模糊,隱約¶〜に見える/隱約可見

かすがい ⓪【鎹】［名］❶鐵鋸子,扒鍋子 ❷鈕帶◇子(こ)はかすがい/孩子是夫妻的鈕帶
かずかず ①【数数】［名］各種,種種
カスタード ③【custard】［名］蛋奶糕
カステラ ⓪【(ポ)Castella】［名］海綿蛋糕
かずのこ ⓪【数の子】［名］魚子醬
かすみ ⓪【霞】［名］霞,霭,薄霧
かす・む ⓪【霞む】［自五］❶朦朦朧朧¶月が〜/月色朦朧 ❷(眼睛)模糊不清,看不清¶目が〜/視線模糊 ❸不顯眼,顯不出
かす・める ⓪③【掠める】［他下一］❶欺騙,矇¶人の目を〜/瞞人眼目 ❷掠過,輕輕擦過
かすり ③【掠り】［名］❶掠過,擦過 ❷擦傷【−傷(きず)】③／［名］擦傷
かす・る ②【擦る】［他五］擦過¶バットに球が〜/球擦過球拍
かす・る ②【掠る】［他五］掠過,擦過
か・する ②【課する】［他サ］派,分配¶仕事を〜/分配工作
かす・れる ②【掠れる・擦れる】［自下一］❶(字)模糊不清¶字が〜/字跡不清 ❷(聲音)嘶啞¶声が〜/聲音嘶啞
かぜ ⓪【風】［名］❶風¶〜がふく/刮風 ❷(按接尾詞用)像…的樣子,作出…的樣子¶役人〜をふかせる/擺官架子◇風の便(たよ)り/風聞◇風を食(く)らう/聞風而逃
かぜ ⓪【風邪】［名］傷風,感冒¶〜をひく/感冒,傷風
かぜあたり ③⓪【風当(た)り】［名］(社會上的)責難或攻擊¶〜がつよい/社會上的批評很厲害
かせい ⓪【火星】［名］火星
かせい ⓪【火勢】［名］火勢
かせい ⓪【仮性】［名］(病症的)假性【−近視(きんし)】④／［名］假性

近視
かぜい ⓪【課税】[名・自サ]課税,收税
かせいがん ②【火成岩】[名]火成岩
かせいふ ②【家政婦】[名]保姆,女傭人
かせき ⓪【化石】[名]化石
かせぎ ①③【稼(ぎ)】[名]❶做工,幹活 ❷賺錢,掙錢
かせ・ぐ ②【稼ぐ】[自五]❶做工,幹活 ❷爭取,贏得¶点を～/爭取分數;取悦他人以獲好評 ❸等待時機¶時を～/等待時機
かぜぐすり ③⓪【風邪薬】[名]感冒藥
かせつ ⓪【仮設】[名・自他サ]❶臨時設立 ❷(數學、論理學)假設,假定
かせつ ⓪【仮説】[名]假説,假定¶～をたてる/提出假説
かせつ ①【佳節】[名]佳節
かせつ ⓪【架設】[名・他サ]架設,安設
カセット ②【cassette】[名]卡式錄音機
カセットテープ ⑤【cassette tape】[名]盒式錄音帶,盒式錄影帶
かせん ①【河川】[名]河川
がせんし ⓪【画仙紙】[名]宣紙
かそ ①【過疎】[名](人口)過疏,過稀【-地帯(ちたい)】④③[名]人口過疏地帶
かそう ⓪【下層】[名]❶下邊一層,底層 ❷(社會的)下層
かそう ⓪【火葬】[名・他サ]火葬
かそう ⓪【仮想】[名・自他サ]假想
がぞう ⓪②【画像】[名]❶畫像【自(じ)-】②[名]自畫像 ❷畫面,映像
かそうぎょうれつ【仮装行列】[名・自サ]化裝遊行
かぞえ ③【数え】[名](「かぞえどし」的簡稱)虛歲

かぞ・える ③【数える】[他下一]❶數,數數 ❷列舉,數説¶～えきれない/不勝枚舉,數不勝數
かそく ⓪【加速】[名・自他サ]加速【-度(ど)】③[名]加速度
かぞく ①【家族】[名]家族,家屬,家庭成員
がぞく ①【雅俗】[名]❶雅俗 ❷雅語和俗語
かぞくせいど ④【家族制度】[名]家族制度
ガソリン ⓪【gasoline】[名]汽油【-スタンド】⑥[名]汽車加油站
かた ②①【方】[名]❶(敬)人¶あの～/那位 ❷方向,方位¶西の～/西方
—— [接尾]❶(接動詞連用形下表示)方法¶読(よ)み～/讀法 ❷二者之中的一方¶母(はは)～/母親一方 ❸寫在寄居處戸主姓名之下,表示尊敬
かた ②【形】[名]❶形狀,形¶帽子の～がくずれてしまった/帽子走形了 ❷抵押(品)¶～におく/做抵押
かた- ②【片】[接頭]❶表示一對物件中的一個,單方,一方¶～思い/單相思 ❷表示不完全、少的意思¶～こと/只言片語
かた ①【肩】[名]❶肩,肩膀¶～がこる/肩膀酸痛¶～をもむ/揉肩膀¶～で息をする/呼吸困難 ❷衣服的肩部【-あて】②[名]衣服的墊肩布 ❸表示某物的上角¶封筒の右～/信封的右上角 ❹(棒球等的)投擲力¶～がいい/投擲力好◇肩がこらない/輕鬆◇肩の荷(に)を下(お)ろす/卸下重擔,卸下擔子◇肩をいれる/全力支援◇肩を並(なら)べる/❶並肩 ❷並駕齊驅,匹敵◇肩を持(も)つ/袒護
かた ②【型】[名]❶樣子,模型¶～をとる/造型【-紙(がみ)】⓪

[名]鏤空紙板 ❷慣例,框框¶〜をやぶる/打破舊框框¶〜にはまる/照抄老一套 ❸(舞蹈、體育運動等基本的)姿勢,形式 ❹樣式,式樣,類型【血液型(けつえきがた)[0]】[名]血型

-がた【方】[接尾] ❶(對人的複數的敬稱)…們¶先生(せんせい)〜/老師們 ❷表示所屬¶敵(てき)〜/敵方 ❸表示大約,差不多 ❹表示時刻¶明(あ)け〜/黎明,凌晨

かた・い【固い・堅い・硬い】[形] ❶硬,堅硬¶〜石/硬石頭 ❷堅實,牢固¶〜くしばる/結結實實地捆起來¶引き戸が〜/拉門很緊(難以拉動) ❸堅定,堅決¶〜決心/不動搖的決心 ❹生硬,呆板¶〜表情/呆板的表情¶文章が〜/文章生硬 ❺循規蹈矩,老老實實¶〜人/循規蹈矩的人 ❻有把握¶わが校の優勝は〜/我校獲勝是有把握的◆「固い」「堅い」「硬い」用的範圍廣。在表示某物的性質時,多用「硬い」,而「堅い」則一般用在表示性格等地。

かだい【過大】[名・形動]過大,過多¶〜な期待/過於期待¶-評価(ひょうか)[4]】[名]過高的評價

かだい【課題】[名]課題,任務

-がたい【難い】[接尾]難,難以,很難¶忘れ〜/難忘¶得(え)〜/難得的

かたいじ【片意地】[名・形動]固執,執拗,固執己見¶〜をはる/固執己見

かたいなか【片田舎】[名]偏僻的鄉村

かたおもい【片思い】[名]單戀,單相思

かたがき【肩書(き)】[名] ❶地位,身份 ❷(在名片姓名的右上方寫的)職銜,頭銜

かたかけ【肩掛(け)】[名]披肩,披巾

かたがた【方方】[名](「人びと」的敬稱)諸位,各位

がたがた [1][副・自サ] ❶(物體相碰發出的聲音)咯噔咯噔¶風で戸が〜音をたてる/風把門刮得咯噔咯噔響 ❷(打顫、發抖)哆哆嗦嗦¶寒くて体(からだ)が〜する/冷得身體直哆嗦

かたかな【片仮名】[名]片假名

かたがわ【片側】[名]一側,單面【一通行(つうこう)[5]】[名](交通)單行道

かたがわり【肩代わり・肩替わり】[名・自サ] ❶仇敵,仇人,冤家 ❷敵手,競爭對手

かたき【敵】[名] ❶仇人,敵人¶〜をうつ/報仇,復仇 ❷競爭對象【商売敵(しょうばいがたき)[5]】[名](商業、生意上的)競爭對手

かたぎ【気質】[名]氣質,性情,風度¶学生〜/學生氣質

かたぎ【堅気】[名・形動] ❶正經,正派 ❷正經的職業

かたきやく【敵役】[名] ❶(戲劇、電影的)反派角色 ❷招怨恨的角色

かたく【家宅】[名]住宅¶-侵入罪(しんにゅうざい)[6]】[名]侵犯住宅罪

かたく [1]【固く・堅く・硬く】[副] ❶緊,牢固,堅固¶私は古新聞をひもで〜しばった/我將舊報紙用繩子鄉緊 ❷堅定¶彼が成功することを〜信じている/我堅信他會成功 ❸嚴厲,嚴格¶ここではタバコを吸うことは〜禁じられている/這裡嚴禁吸煙 ❹彼は見知らぬ人に話しかけられて〜なった/當陌生人同他講話時,他緊張了起來

かたくな【頑な】[形動]頑固

かたくるし・い ⑤【堅苦しい】[形]過於嚴格,死板,拘泥形式¶～あいさつはぬきにしよう/省去拘泥形式的致詞吧

かたぐるま ③①【肩車】[名]騎脖子

かたこい ⓪【片恋】[名]單相思,單戀

かたこと ⓪④【片言】[名]❶不完整的言語,不通順的句子 ❷雙言片語

かたこり ②③【肩凝(り)】[名](由於疲勞等)肩膀痠痛

かたすみ ③【片隅】[名]角落

かたずをのむ【固唾を飲む**】**緊張地屏住氣息

かたたたき ②【肩たたき】[名]❶捶肩 ❷勸退工作

かたち ⓪【形】[名]❶形狀,樣子¶～がくずれる/走形,變樣 ❷姿態容貌¶～をあらためる/改變姿態

かたちづく・る ⑤【形づくる】[他五]構成,形成

かたづ・く ③【片付く】[自五]❶收拾整齊,整頓好¶部屋(へや)が～/屋子收拾得很整齊 ❷得到解決¶例の事件は、やっと～いた/那個事件好容易得到了解決 ❸出嫁¶むすめが～いた/女兒出嫁了

がたつ・く ⓪[自五]❶咯噠咯噠作響 ❷搖晃不穩,垮台¶商売が～/生意垮台

かたづ・ける ④【片付ける】[他下一]❶收拾,整理¶部屋を～/收拾房間 ❷處理,解決,做完¶宿題(しゅくだい)を～/把作業做完 ❸嫁出¶むすめを～/把女兒嫁出去

がたっと ②[副]❶突然 ❷咯噠

かたっぱしから ④【片っ端から】[名]依次,左一個右一個

かたつむり ③【蝸牛】[名]蝸牛

かたて ③⓪【片手】[名]❶一隻手¶～で持ちあげる/用一隻手舉起來 ❷[隱語]

かたてま ⓪④【片手間】[名]空閒,業餘

かたどおり ③【型通り】[名・形動]按照常規¶～のあいさつ/老一套的致詞

かたとき ④【片時】[名]片刻,一時一刻

かたな ③②【刀】[名]刀劍

かたはば ⓪【肩幅】[名]肩寬

かたほう ②【片方】[名](兩個中的)一個,(兩方面的)一面

かたぼうをかつぐ【片棒を担ぐ**】**結伙共事,合伙幹(用於不好的事情方面)

かたまり ⓪【塊(り)】[名]❶塊,疙瘩¶雪の～を投げつける/扔雪塊 ❷堆,群,團 ❸極端…的人¶欲の～/貪得無厭的人¶うその～/淨說謊的人

かたま・る ⓪【固まる】[自五]❶變硬,凝固,成塊 ❷聚集,成堆¶人が～って歩く/人們聚集在一起走 ❸定型,穩固¶基礎が～/基礎鞏固¶考えが～/想法成型了 ◇雨(あめ)ふって地(じ)固まる/不打不成交,不打不相識

かたみ ⓪【形見】[名]❶遺物 ❷紀念品

かたみがせまい【肩身が狭い**】**感到不光彩,感到丟臉

かたみち ⓪【片道】[名]單程¶～切符(きっぷ)/單程票

かたむき ④⓪【傾(き)】[名]❶傾斜 ❷傾向¶日本人は塩分をとりすぎる～がある/日本人有過於攝取鹽份的傾向

かたむ・く ③【傾く】[自五]❶傾,傾斜¶船が～/船傾斜 ❷(太陽或月亮)西斜¶日が～/太陽西下 ❸衰落 ❹傾向於,有…傾向¶賛成(さんせい)に～/傾向於贊

成

かた・む・ける ④【傾ける】[他下一] ❶使…傾斜¶首を～/歪着頭思索¶さかずきを～/舉杯喝酒 ❷使…衰落¶家財を～/傾家蕩産 ❸傾注於…¶全力を～/傾注全力¶耳を～/側耳傾聽

かた・める ⓪【固める】[他下一] ❶使…堅固,使…變硬¶ふみ-⑤[他下一]踩結實 ❷鞏固,堅定¶勝利を～/鞏固勝利 ❸使…安定◇身を固める/結婚,成家

かたやぶり ③【型破(り)】[名・形動]破例,破格¶～な人物/大膽的人物

かたよ・る ③【偏る・片寄る】[自五]偏,偏於…一面¶～った考え/偏頗的想法

かたら・う ③【語らう】[他五] ❶親切交談,談心 ❷約請,勸誘,約會

かたりあか・す ⑤【語り明かす】[他五]聊到天亮,說一通宵

かたりぐさ ③⓪【語り種】[名]話柄,話把兒

かたりくち ⓪【語り口】[名]講話的調子或態度

かたりて ⓪【語り手】[名] ❶講話的人 ❷(電影,戲劇等的劇情)解說人

かた・る ⓪【語る】[他五] ❶講述¶事件の一部始終を～/講述事件的全過程 ❷(曲藝)說唱

かた・る ⓪【騙る】[他五]騙,冒名¶人の名を～/盜用別人名義

カタル ①【(独)katarrh】[名]粘膜炎,卡他

かたるにおちる【語るに落ちる】不打自招

カタログ ⓪【catalog】[名]商品目錄,商品說明書,營業項目

かたわら ④⓪【傍(ら)】[名] ❶旁,旁邊¶～に置く/放在旁邊 ❷做…的同時也做…,一面…一面¶勉学の～,家事をてつだう/一面學習,一面幫助做家務

がたん ②[副] ❶(成績,數量,位次)突然下降¶生産額が～と落ちる/産値急劇下降 ❷(物體相撞)喀嚓,砰砰

かち ②【勝(ち)】[名]勝,勝利,赢

かち ①【価値】[名]價值¶～がある/有價值¶～が高い/價值高

-がち [接尾](上接名詞,動詞連用形)往往,容易,常常¶おくれ～/常常遲到¶忘れ～/健忘¶病気～の人/常生病的人

かちあ・う ⓪【かち合う】[自五](兩物或兩件事)趕在一起,湊在一起,相衝突¶日曜と祭日が～/星期日同節日是在一起

かちかん ②【価値観】[名]價值觀¶～が違(ちが)う/價值觀不同

かちき ⓪【勝ち気】[名・形動]好強心,要強

かちく ⓪【家畜】[名]家畜

かちと・る ⓪【勝ちとる・克ちとる】[他五]爭取,取得¶勝利を～/取得勝利

かちぬき ⓪【勝ち抜き】[名]淘汰賽

かちぼし ②【勝(ち)星】[名](相撲)得勝符號

かちゅうのくりをひろう【火中の栗を拾う】火中取栗

かちょう ⓪【課長】[名]課長,科長

かつ ①【活】[名] ❶活◇死中(しちゅう)に活を求める/死裡求生 ❷復活,復甦◇活を入(い)れる/起死回生

かつ ①【渇】[名]渴¶渇を癒(いや)す/❶解渴 ❷如願以償

かつ ①【且】[副]且,且…,邊…邊…,又…又…¶飲み～,食う/又喝又吃¶語り～,笑う/又說又笑
——[接]並且,而且¶この魚はおいしいし,～栄養もある/這個魚

好吃,而且還有營養

か・つ ①【勝つ】[自五] ❶勝,贏,戰勝¶試合に～/比賽獲勝¶敵に/戰勝敵人 ❷克服,克制¶おのれに～/克制自己 ❸過多,過重 ◇荷が勝つ/負擔過重¶勝って兜(かぶと)の緒(お)を締(し)めよ/勝而不驕,勝利後仍要提高警惕 ◇勝てば官軍(かんぐん)/勝者王侯

-がつ【月】[接尾]月¶正～/正月

かつあい ⓪【割愛】[名・他サ]割愛,省去;作罷¶計画の一部を～する/把計劃的一部份割愛

かっか ①【閣下】[名]閣下¶大統領(だいとうりょう)～/總統閣下

がっか ⓪【学科】[名]學科

がっかい ③【学会】[名]學會,學社

がっかい ⓪【学界】[名]學術界

かっかざん ③【活火山】[名]活火山

かっかそうよう ⓪-①【隔靴搔癢】隔靴搔癢¶～の感/隔靴搔癢之感

がつがつ ①【副・自サ】❶狼吞虎嚥 ❷貪婪

がっかり ③【副・自サ】❶失望,洩氣 ❷無精打采,筋疲力竭

かっき ⓪【活気】[名]生氣,活力¶～がある/有生氣

がっき ⓪【学期】[名]學期

がっき ⓪【楽器】[名]樂器

かつぎだ・す ⓪【担ぎ出す】[他五]❶抬出去 ❷推戴,捧出

かっきてき ⓪【画期的】[形動]劃時代的,劃期

がっきゅう ⓪【学究】[名]學究

がっきゅう ⓪【学級】[名]學級,班級

かっきょ ①⓪【割拠】[名・自サ]割據

がっきょく ⓪【楽曲】[名]樂曲

かっきり ③【副】❶清楚,明確,截然 ¶～と二つに分ける/一刀兩半 ❷正,整整,恰好¶～五時だ/整整五點

かつ・ぐ ②【担ぐ】[他五]❶挑,扛,擔,抬¶ふくろを～/扛口袋 ❷推戴,擁擧¶会長に～/推擧當會長 ❸哄騙¶人を～/哄騙人 ❹講迷信

がっくり ③【副・自サ】❶突然無力地(折斷或傾斜) ❷頹廢,心灰意懶

かっけ ③【脚気】[名]脚氣¶-衝心(しょうしん) ④[名]脚氣性心臟病

かつげき ⓪【活劇】[名]❶(武打多的)電影,戲劇 ❷打架,鬥毆

かっけつ ⓪【喀血】[名・自サ]喀血,吐血

かっこ ①【括弧】[名・他サ]括號,括弧,括起來

かっこ ①【確固・確乎】[副・連体]堅定,牢固

かっこいい ④【連語】真棒,真帥

かっこう ⓪【格好】[名]樣子,外形,體形,體態,姿態¶～がいい/樣子好,姿態美¶～がつかない/不像樣子

——[形動]正合適,適當¶～なねだん/合適的價錢¶彼はこの役には～な人だ/這個職務,他是個合適的人選

——[接尾]大約,差不多,上下,左右¶年は五十～の人/大約五十歲左右的人

がっこう ⓪【学校】[名]學校

かっさい ⓪【喝采】[名・自サ]喝彩,叫好¶～をあびる/受到喝彩

がっさく ⓪【合作】[名・自他サ]合作¶日米(にちべい)～/日美合作

がっさつ ⓪【合冊】[名・他サ]合訂本,合訂

かつじ ⓪【活字】[名]鉛字,活字¶～をひろう/揀字¶～をくむ/排字¶-体(たい) ⓪[名]印刷體

- **がっしゅく** ⓪【合宿】[名・自サ]集體住宿,(為了提高工作效率,加強訓練,大家集中住在一起)集訓¶夏休みに～してサッカーの練習をする/暑假集訓練習足球
- **がっしょう** ⓪【合唱】[名・他サ]合唱¶三部～/三部合唱¶混声～/混聲合唱
- **がっしょう** ⓪【合掌】[名・自サ](佛)合掌
- **かっしょく** ⓪【褐色】[名]褐色,黑茶色
- **がっしり** ③[副・自サ] ❶健壯,粗壯 ❷嚴整,嚴密
- **がっ・する** ⓪③【合する】[自他サ]會合,匯合,合起來¶支流が～して本流(ほんりゅう)となる/支流匯成主流
- **がっそう** ⓪【合奏】[名・他サ]合奏
- **かっそうろ** ③【滑走路】[名](飛機)跑道
- **カッター** ①【cutter】[名] ❶刀具,美工刀 ❷獨桅小帆船 ❸船載小汽艇
- **かったつ** ⓪【潤達】[形動]豁達,開闊¶～な人物(じんぶつ)/心胸開闊的人
- **かったる・い** ④[形]疲倦,慵懶
- **がっち** ⓪【合致】[名・自サ]符合,一致
- **がっちり** ③[副・自サ] ❶堅固,牢固 ❷用錢很仔細
- **かつて** ①[副] ❶從前,過去¶～のおもかげがない/已無昔日風貌 ❷(與否定形相呼應)從未…,未曾…¶～ない大慘事/空前的大惨案
- **かって** ⓪【勝手】[名・形動]任意,隨便¶～にする/任意行事
- ——[名] ❶廚房【お-⓪】[名]廚房 ❷情況,情形¶～がちがう/情形不同
- **がってん** ③【合点】[名・自サ] ❶同意,點頭 ❷領會,理解
- **かっと** ①[副] ❶(火)熾熱,旺盛貌 ❷突然發怒,發火貌¶～なる/火冒三丈 ❸眼睛突然瞪大貌
- **カット** ①【cut】[名・他サ] ❶切削,剪,切¶髪(かみ)を～する/剪頭髮 ❷(網球、乒乓球的)削球 ❸(書或報紙上的)小插圖 ❹(電影的)一個鏡頭,一個場面
- **かっとう** ⓪【葛藤】[名]糾紛,糾葛
- **かつどう** ⓪【活動】[名・自サ] ❶活動,運動,工作¶-家(か) ⓪[名]活動家¶政治(せいじ)- ④[名]政治活動 ❷(「活動写真」的簡稱)電影
- **かっぱ** ⓪【河童】[名] ❶河童(傳說中的動物) ❷喜愛游泳的人(主要指小孩)¶河童に水練(すいれん)/班門弄斧◇河童の川流(かわなが)れ/淹死會游水的❷智者千慮,必有一失
- **かっぱつ** ⓪【活発】[名・形動]活潑,踴躍
- **かっぱら・う** ④【かっ払う】[他五]乘隙迅速行竊
- **かっぱん** ⓪【活版】[名]鉛版,活版,活字版¶-印刷(いんさつ) ⑤[名]活版印刷
- **カップ** ①【cup】[名] ❶(帶把的)杯子【コーヒー- ⑤】[名]咖啡杯 ❷量杯 ❸獎杯¶優勝(ゆうしょう)- ⑤[名]優勝杯
- **かっぷく** ⓪【割腹】[名・自サ]剖腹(自殺)
- **カップル** ①【couple】[名]夫妻,情侶,一對男女
- **がっぺい** ⓪【合併】[名・自他サ]併,合併,歸併
- **かつぼう** ⓪【渴望】[名・他サ]渴望,熱望
- **かっぽう** ⓪【割烹】[名](日本風味)烹飪,烹調【-着(ぎ)】③[名]炊事服
- **がっぽり** ③[副]大筆大筆地(抓錢)

がっぽん ⓪【合本】[名・他サ]合訂,合訂本

かつやく ⓪【活躍】[名・自サ]活躍,積極活動

かつよう ⓪【活用】[名・自他サ]❶活用,有效運用,靈活地運用¶人材を～する/利用人材 ❷用言,助動詞的活用【五段(ごだん)-④】[名]五段活用

かつようけい ⓪【活用形】[名](用言,助動詞的)活用形

かつようご ⓪【活用語】[名]活用語(有詞尾變化的詞,用言及助動詞的總稱)

かつようごび ⑤【活用語尾】[名]活用語尾(用言及助動詞活用時,其變化的部份)

かつら ⓪【鬘】[名]假髮,頭套

かつりょく ②【活力】[名]活力,生命力¶～にあふれる/充滿活力

かてい ⓪【仮定】[名・自他サ]假定,假設¶～にもとづく/依據假設

かてい ⓪【家庭】[名]家,家庭¶～を守る/維護家庭【- 教師(きょうし)④】[名]家庭教師

かてい ⓪【過程】[名]過程

かてい ⓪【課程】[名]課程

かていけい ⓪【仮定形】[名](語法)假定形

カテゴリー ②【(独)Kategorie】[名]範疇,種類,部門,範圍

-がてら【接尾】(接名詞或動詞連用形下表示)做…的同時,順便…¶散歩(さんぽ)～、山田さんをたずねた/散步時順便拜訪了山田先生

がでんいんすい ①【我田引水】[名]只顧私利,個人自掃門前雪

かと ①【過度】[名]過渡【-期(き)②】[名]過渡期

かど ①【角】[名]❶(物體的)角¶机の～/桌子角 ❷(路的)拐角 ❸(性格等)生硬,有棱角,不圓滑◇角が立(たつ)/有棱角,不圓滑◇角がとれる/圓滑,老練

かど ①【門】[名]❶門,家門口 ❷家◇笑(わら)う門には福(ふく)きたる/笑口常開,幸福來

かど ①【過度】[名・形動]過度,超過限度¶～の疲労(ひろう)/過度疲勞

かとう ⓪【下等】[名・形動]下等,低級

かどう ①【華道・花道】[名]花道(日本的插花藝術)

かとき ②【過渡期】[名]過渡期

かどだ・つ ②【角立つ】[自五]不圓滑,有棱角

かどで ③②【門出】[名]❶出遠門,長途旅行 ❷走向新的生活,走上…道路¶人生の～/走向社會,走上人生的道路

かどまつ ②【門松】[名](新年裝飾在門前的)松枝或松樹

カトリック ③【(オ)katholiek】[名]天主教,舊教

かどわか・す ④【他五】誘拐,拐騙

かな ⓪【仮名】[名]假名(日文字母)

かな【終助】❶表示疑問¶五百円ではたりない～/五百日元不夠吧¶ここはどこ～/這是哪兒呀 ❷(上接否定句)表示願望¶はやく夏休みがこない～/暑假還不快來啊

かない ①【家内】[名]❶家族,家眷 ❷家中,家裡 ❸(謙)內人,妻子

かな・う ②【適う・叶う】[自五]❶(願望等)實現,達到¶願(ねが)いが～/願望實現 ❷適合,合乎理に～/合乎情理,有道理

かなえ ⓪【鼎】[名]鼎◇鼎の軽重(けいちょう)を問(とう)/問鼎之輕重

かな・える ③【適える・叶える】[他下一]使…達到目的,満足…願望,答應…要求¶望(のぞ)みを〜/満足願望

かなぐ ⓪【金具】[名]金屬零件,小五金

かなぐりす・てる ⑥③【かなぐり捨てる】[他下一]脫掉;棄之不顧¶はじも外聞(がいぶん)も〜/不顧廉恥

かなし・い ⓪【悲しい】[形] 悲哀,悲傷,悲痛,傷心,悲慘¶〜できごと/悲傷的事情

かなしみ ⓪【悲しみ】[名]悲痛,悲傷

かなし・む ③【悲しむ】[他五]悲傷,悲哀,傷心¶母の死を〜/爲母親去世而悲傷

かなた ①②【名]那邊,彼岸

かなづかい ④【仮名遣い】[名]假名的用法

かなづち ④③【金槌】[名] ❶錘子 ❷比喻一點兒也不會游泳的人

かな・でる ③【奏でる】[他下一]奏,演奏¶曲を〜/演奏樂曲

かなぶつ ⓪【金仏】[名] ❶金屬佛像,銅佛像 ❷冷若冰霜的人,没有感情的人

かなぼう ⓪【金棒・鉄棒】[名]鐵棒,鐵棍◇鬼(おに)に鉄棒/猛虎添翼

かなめ ⓪【要】[名] ❶扇軸 ❷要害,關鍵,綱,中樞,樞紐

かなものや ⓪【金物屋】[名]小五金商店,金屬器具店

かならず ⓪【必ず】[副] ❶終究,肯定¶人間は〜死ぬ/人終究要死的 ❷一定,必定¶こんどは、〜勝ってみせる/下次一定要赢

かならずしも ③【必ずしも】[副](與否定語相呼應)不一定,未必,不見得¶名物は、〜うまいものばかりではない/有名的食品未必都好

かなり ①【副・形動】相當,頗¶〜の金額(きんがく)/很可觀的金額

カナリア ⓪【(ス)canaria】[名]金絲雀

がな・る ②【自五】怒叫;嘆

かなわない ④【敵わない】[連語] ❶敵不過,比不上,趕不上 ❷經不起,受不了

かに ⓪【蟹】[名]螃蟹¶蟹は甲羅(こうら)に似(に)せて穴(あな)を掘(ほ)る/量力而行

かにゅう ⓪【加入】[名・自サ]加入,参加¶組合に〜する/加入工會

かね ⓪【金】[名] ❶金屬¶〜の食器(しょっき)/金屬餐具 ❷錢,金錢¶〜をもうける/賺錢¶〜がかかる/花錢◇金に糸目(いとめ)をつけない/不吝惜錢,花錢不心疼◇金に目(め)がくらむ/財迷心竅,利令智昏◇金の切(き)れ目(め)が縁(えん)の切れ目/錢在人情在,錢盡人情斷◇金のために血(ち)も涙(なみだ)もない/爲富不仁

かね ⓪【鐘】[名]鐘¶〜をつく/敲鐘¶〜の音(ね)/鐘聲

かねかし ④③【金貸(し)】[名]貸款的人

かねがね ③②[副]以前,老早,早就¶お名まえは、〜存じあげております/久仰大名

かねじゃく ⓪【曲尺・矩尺】[名](木工用的)金属曲尺,直角曲尺

かねそな・える ⑤【兼ね備える】[他下一]兼備

かねつ ⓪【加熱】[名・他サ]加熱【処理(しょり)】④[名]加熱處理

かねづかい ③【金遣(い)】[名]花錢(的方法),錢的用法¶〜があらい/花錢大手大脚

かねて ①【予て】[副]以前,早就
-かねない[接尾](上接動詞連用形)有可能,或許,一定不…¶雨が降(ふ)り〜/很可能下雨¶あらしになり〜/或許要有暴風雨
かねもち ④③【金持(ち)】[名]有錢的人,財主
か・ねる ②【兼ねる】[他下一]兼,兼有,兼任,兼職¶首相(しゅしょう)が外相(がいしょう)を〜/首相兼外相
——[接尾](上接動詞連用形)很難,不能,無法,不好意思¶残念(ざんねん)ながら,そういうことはいたし〜ねます/很遺憾,我不能去做那樣的事
かねんぶつ ②【可燃物】[名]可燃物
かのう ⓪【可能】[名・形動]可能¶実現(じつげん)が〜かどうか/能否實現還是個問題
かのうせい ⓪【可能性】[名]可能性¶〜が強(つよ)い/可能性很大
かのうどうし ④【可能動詞】[名]可能動詞

かのじょ ①【彼女】[代]她
——[名]戀人,情人¶きみの〜を紹介しろよ/把你的女朋友介紹一下吧
かば ①【河馬】[名]河馬
カバー ①【cover】[名・他サ】❶外罩物,外皮,套子,蓋,殼 ❷補償,彌補¶損失(そんしつ)を〜する/彌補損失 ❸(棒球)掩護,補壘
かば・う ②【庇う】[他五]保護,庇護¶きずを〜/保護傷口¶子どもを〜/庇護孩子
がばと ①[副]❶突然起來 ❷突然摔倒
かばね ⓪【姓】[名]姓(古時日本貴族表示其社會政治地位的世襲稱號)
かばん ⓪【鞄】[名]書包,皮包
かはんすう ④②【過半数】[名]過半數,半數以上¶〜の賛成(さんせい)をえる/得到半數的贊成
かひ ⓪【可否】[名]❶可否,當否 ❷贊成與反對¶〜をきめる/決定贊成還是反對
かび ①【華美】[形動・名]華美,華麗
かび ⓪【黴】[名]霉,霉菌¶〜が生(は)える/長霉,發霉
か・びる ③⓪【黴びる】[自上一]發霉,生霉,長毛¶本が〜/書發霉了
かひん ⓪【佳品】[名]佳品,佳作
かびん ⓪【花瓶】[名]花瓶
かびん ⓪【過敏】[名・形動]❶過敏¶神経(しんけい)〜⑤[名]神經過敏 ❷靈敏¶〜な反応/靈敏的反應
かふ ①【家父】[名](謙)家父
かぶ ①【株】[名]❶(植物的)根株¶〜を分ける/把根株分開 ❷(「株式」「株券」的簡稱)股份,股票¶〜を買う/買股票
——[接尾](特殊職業上的)地位,特權,身分
かぶ ①【下部】[名]下部,下級
かふう ①⓪【家風】[名]家風¶〜にあわない/不合家風
カフェイン ②【(独)Kaffein】[名]咖啡因
カフェテリア ③【cafeteria】[名]自助餐廳
カフェバー ③【café bar】[名]咖啡廳裡設置吧檯的店
がぶがぶ ①[副]咕嘟咕嘟(地喝)¶水を〜(と)飲む/咕嘟咕嘟地喝水
かぶき ⓪【歌舞伎】[名]歌舞伎
かふく ①【禍福】[名]禍福◇禍福はあざなえる縄(なわ)のごとし/

禍今福所倚,福今禍所伏

かぶけん ⓪②【株券】[名]股票
かぶしき ②⓪【株式】[名]❶股,股份【一会社(がいしゃ)】股份有限公司 ❷股票
かぶ・せる ③【被せる】[他下一]❶蓋上,蒙上,包上,戴上¶カバーを～/蓋上外罩 ❷推卸給別人¶罪を～/歸罪於人¶責任を～/推卸責任
カプセル ①【独)kapsel】[名]膠囊
かふそく ②【過不足】[名]過多與不足¶～なく分配する/均匀分配
かぶぬし ②⓪【株主】[名]股東
かぶりつ・く ②【齧り付く】[自五]大口地咬,一口咬住
かぶりをふ・る【頭を振る】搖頭拒絕
かぶ・る ②【被る・冠る】[他五]❶戴,蓋,蒙¶帽子を～/戴帽子¶ふとんを～/蓋上被子 ❷蒙受(水)を～/被澆了一身水¶灰を～/被灑了一身灰 ❸擔負,承擔(別人的責任,罪過)¶罪を～/代人受過
──[自五]❶(膠片)曝光,感光過度 ❷(因風浪)船搖晃
かぶ・れる ⓪[自下一]❶(因油漆,藥膏等)皮膚紅腫,發炎¶うるしに～/油漆過敏而皮膚紅腫 ❷受(不良)影響而中毒¶過激(かげき)な思想に～/受過激思想影響
かふん ⓪【花粉】[名]花粉
かぶん ⓪【過分】[名・形動]過分,過度¶～のおことば/過分的話
かべ ⓪【壁】[名]❶牆,牆壁 ❷障礙¶～にぶつかる/碰壁◇壁に耳(みみ)あり/隔牆有耳
かへい ⓪【貨幣】[名]貨幣【一価値(かち)】④[名]貨幣價值
がべい ⓪【画餅】[名]¶～に帰(き)する/歸於畫餅,計劃落空
かべかけ ④③【壁掛け】[名]壁掛
かべがみ ⓪【壁紙】[名]壁紙
かべしんぶん ③【壁新聞】[名]牆報,壁報
かほう ①【果報】[名・形動]❶因果報應 ❷幸運,福氣◇果報は寝(ね)て待(ま)て/有福不用忙
がほう ①⓪【画報】[名]畫報
かほご ②【過保護】[名]嬌生慣養,溺愛¶～にそだった子/嬌生慣養的孩子
かぼそ・い ③【か細い】[形]纖弱,纖細,細弱¶～うで/纖細的胳膊¶～声/細弱的聲音
カボチャ ⓪【南瓜】[名]南瓜
かま ⓪【釜】[名]鍋
かま ①【鎌】[名]鐮刀◇鎌をかける/用策略套出真情實話
かま・う ②【構う】[自他五]❶介意,在乎¶～ことはない,やりたいようにやりなさい/不要在意,想怎樣做就怎樣做吧 ❷照顧,照料¶どうぞお～いなく/請不要張羅了(不要特意招待我)
かまえ ①②【構(え)】[名]❶(房屋等)構造,外觀,格局¶家の～/房子的構造 ❷精神上的準備 ❸漢字部首名稱¶門(もん)構(かま)え/門字部
かま・える ③【構える】[他下一]❶修築,修蓋¶邸宅(ていたく)を～/蓋住宅 ❷立(戶)¶一家を～/成家自立門戶 ❸取某種姿勢¶カメラを～/端好照相機 ❹假造,虛構¶罪を～/捏造罪名
かま・ける ③[自下一]忙於,醉心於,專心¶雑事に～てかんじんなことを忘れる/忙於雜事而忘掉重要的事情
-がまし・い[接尾]近似,類似¶言いわけ～/表白似的¶さし出(で)～/出風頭,越分

かまど ⓪【竈】[名]灶,爐灶
かまぼこ ⓪【蒲鉾】[名]魚糕
がまん ①【我慢】[名・他サ] ❶忍耐,克制¶～がならない/忍無可忍 ❷將就
かみ ①【上】[名] ❶上游 ❷都城,官衙 ❸昔日,從前 ❹最上面的位置¶～は社長から下(しも)は新入社員まで、勤務時間はみな同じだ/上到社長,下到新來的職員,上下班時間都是一樣的
かみ ①②【神】[名] ❶神,神靈¶全知全能の～/全知全能的神 ❷幽靈,靈魂
かみ ②【紙】[名] ❶紙,紙張 ❷(兒童"猜,猜,猜"遊戲時,與剪子,石頭相對的)布
かみ ②【髪】 ❶頭髮,髮¶～がうすい/頭髮稀少 ❷髮型,髮式¶日本がみ/日本髮型◇髪を下(お)ろす/落髮為僧
かみあ・う ⓪【かみ合う・噛み合う】[自五] ❶相咬 ❷吻合,一致¶議論(ぎろん)が～わない/爭論不休,意見不一致
かみがた ⓪【上方】[名]京都,大阪地區
かみがた ⓪④【髪型・髪形】[名]髮型
かみくず ③【紙屑】[名]廢紙,爛紙
かみくだ・く ⓪④【かみ砕く・噛み砕く】[他五] ❶咬碎,嚼爛 ❷詳細解釋¶～いて説明する/詳細地説明
かみころ・す ⓪【かみ殺す・噛み殺す】[他五] ❶咬死 ❷(閉嘴)忍住,憋住¶あくびを～/忍住呵欠¶笑いを～/忍住笑
かみざ ⓪【上座】[名]上座
かみさま ①②【神様】[名] ❶神的敬稱 ❷活神仙,專家
かみしばい ③【紙芝居】[名]連環畫劇

かみしも ⓪【裃】[名]武士的禮服
かみそり ④③【剃刀】[名] ❶刮臉刀,剃刀 ❷(喻)頭腦機敏¶～のように切れる人/腦筋靈活的人
かみだのみ ③【神頼み】[名]求神(佛)保佑◇苦(くる)しいときの神頼み/平時不燒香,臨時抱佛腳
かみつ【過密】[名・形動]過密,密度過大¶-都市(とし)④【名】人口過密的城市
かみつ・く ⓪【噛み付く】[他五] ❶咬,咬住 ❷頂撞,敵對¶上役(うわやく)に～/頂撞上司
かみて ③⓪【上手】[名] ❶上方 ❷上游 ❸舞台的左側
かみなり ④③【雷】[名] ❶雷¶～がなる/打雷¶～が落ちる/落雷 ❷雷神,雷公
かみのけ ③【髪の毛】[名]頭髮
かみばさみ ③【紙挾(み)】[名]夾子,卷夾,講義夾
かみひとえ ④【紙一重】[名]一紙之差,極小的差距¶～の差/毫厘之差
かみわ・ける ⓪【かみ分ける・噛み分ける】[他下一] ❶品嘗,品滋味 ❷飽嘗,飽經¶すいもあまいも～/飽經風霜
か・む ⓪【擤む】[他五]擤¶鼻を～/擤鼻涕
か・む ①【噛む】[他五] ❶咬,嚼¶くちびるを～/咬嘴唇¶舌を～/咬舌頭 ❷(水)猛烈地碰撞¶波が岩を～/波浪沖撃岩石◇かんで含(ふく)める/深入淺出地講解
ガム ①【gum】[名] ❶("チューインガム"的簡稱)口香糖 ❷樹膠
がむしゃら ⓪【我武者羅】[名・形動]冒失,魯莽,不顧前後
カムバック ③【comeback】[名・自サ]恢復原有地位,東山再起,重返崗位,復出
かめ ②【瓶】[名] ❶(陶器的)瓶,

紅,霞 ❷花瓶
かめ ①【亀】[名]龜,烏龜,海龜◇亀の甲(こう)より年(とし)の功(こう)/人老閱歷深,薑還是老的辣
かめい ⓪【加盟】[名・自サ]參加盟約,加入(組織)¶国連(こくれん)に～する/加入聯合國
かめい ⓪【仮名】[名]假名字
がめつ・い ⓪[形]唯利是圖,見錢眼開
カメラ ①【camera】[名] ❶照相機 ❷攝影機
カメラマン ③【cameraman】[名]攝影師,攝影記者
カメレオン ③【chameleon】[名]變色蜥蝪,變色龍
かめん ⓪【仮面】[名]假面具
がめん ①⓪【画面】[名] ❶(繪畫、照片等)畫面 ❷(電視、電影的)映像¶～が暗い/映像暗
かも ①【鴨】[名] ❶野鴨 ❷(喩)容易受騙的人◇鴨がねぎをしょってくる/好事送上門,隨我心願
かもく ⓪【科目】[名] ❶科目,項目 ❷學科,課程
かもく ⓪【寡黙】[名・形動]沉默寡言
かもしか ①②【羚羊】[名]羚羊
かもしれない【かも知れない】[連語]也許,可能¶午後は雨が降る～/下午也許會下雨¶ある～し、ない～/也許有,也許沒有
かも・す ②【醸す】[他五] ❶釀,釀造¶酒を～/釀酒 ❷釀成,造成,形成¶ふんいきを～/造成一種氣氛
かもつ ①【貨物】[名] ❶貨物 ❷「貨物列車」『貨物自動車』的簡稱【－自動車(じどうしゃ)】⑤[名]運貨卡車【－列車(れっしゃ)】④[名]運貨列車
かもめ ⓪【鷗】[名]海鷗
かや ⓪【蚊帳】[名]蚊帳¶～を吊(つ)る/掛蚊帳
がやがや ①[副・自サ]吵吵嚷嚷
かやく ⓪【火薬】[名]火藥,炸藥
かやぶき ⓪【茅葺(き)】[名]茅草房頂
かやり ⓪【蚊やり】[名] ❶薰蚊子 ❷蚊香¶～をたく/點蚊香
かゆ ⓪【粥】[名]粥¶～をすする/喝粥
かゆ・い ②【痒い】[形]癢,刺癢¶虫にさされて～/被蟲子咬了,很癢◇痒いところに手(て)が届(とど)く/無微不至的關懷,體貼入微
かよい ⓪【通(い)】[名] ❶通勤 ❷來往,通行
かよう ⓪②【火曜】[名]星期二
かよう ⓪【歌謡】[名]歌謠
かよ・う ⓪【通う】[自五] ❶來往,通行¶学校に～/上學 ❷流通,循環¶血管に血が～/血管裡血液流通 ❸理解,溝通(心情等)¶心が～/心靈相通,知心
かようきょく ②【歌謡曲】[名] ❶流行歌曲 ❷歌謠曲
がようし ②【画用紙】[名]圖畫紙
かよわ・い ③【か弱い】[形]柔弱,纖弱
から ②【空】[名]空¶～になる/空蕩蕩¶～の財布(さいふ)/空錢包――[接頭]空…,白…¶～まわり/空忙,白忙¶～元気をつけている/壯著假膽子
から ①【唐】[名]中國¶～絵(え)/中國畫
から ②【殻】[名] ❶(動植物等的)外殼,皮¶たまごの～/鷄蛋皮 ❷空殼¶かんづめの～/空罐頭盒 ❸框框,陳規◇殼をやぶる/打破陳規
から[格助] ❶(表示動作的起點)從…,自…¶となりの教室～音楽が聞こえてくる/從隔壁教室

傳來音樂聲¶この本は山野さん～かりてきました/這本書是從山野同學那借来的 ❷表示動作、狀態開始的時間及時間¶朝～ずっとテレビを見ている/從早晨起一直看電視¶夕がた～雪になった/傍晚起下雪了 ❸表示動作、狀態發生的原因、理由及考慮問題的根據¶食糧の不足～暴動(ぼうどう)がおこった/由於糧食不足,發生了暴動 ❹表示以…爲原料(材料)¶水は水素と酸素～なる/水由氫和氧構成 ❺表示數量在…以上,…多¶三千人～の人が募金(ぼきん)に応じた/三千多人響應了募捐

——[接助](接在用言的終止形後)表示理由、原因¶あぶない～やめなさい/危险,快停止¶この柿はあまい～すきだ/這個柿子很甜,所以我喜歡吃 ◆格助詞的「から」與「より」用法近似,但「より」給人以文章用語較鄭重之感 ◆接續助詞的「から」與「ので」不同,「から」後面的句子常常表示好與不好,喜歡與不喜歡等説話人的判斷、感情、命令、依賴等

カラー ①【collar】[名] 衣服領子
カラー ①【color】[名] ❶色,色彩,彩色¶～テレビ/彩色電視¶～フィルム/彩色膠卷 ❷(繪畫用的)顔料 ❸特色¶学校の～/學校的特色

がら ①[名] ❶(鶏等的)骨頭架子 ❷(煤)渣

がら ⓪【柄】[名] ❶(布等的)花様,花色 ❷(人的)身材,體格¶～が小さい/身材矮小的人 ❸人品,風度¶～がわるい/人品不好 ❹身份¶～にあわない/不合身份

——[接尾](上接名詞)表示某物的性質、樣子、立場等【人(ひと)-

⓪][名・形動]人品

からい ②【辛い】[形] ❶辣 ❷鹹 ❸嚴格,刻薄¶点が～/給分嚴 ❹痛苦,難受

からいばり ③【空威張(り)】[名] 虚張聲勢,假裝威風

からオケ ③【空オケ】[名] 卡拉OK,磁帶伴奏的演唱

からかう ③【他五】嘲笑,嘲弄,開玩笑¶人を～/嘲笑人

からから ⓪[形動] ❶乾燥¶のどが～だ/嗓子乾得冒煙 ❷空,空¶財布が～になった/錢包空空如也

——[副](男人)高聲大笑¶～と笑う/高聲大笑

がらがら ⓪[形動] 空蕩蕩,空¶～の電車/空蕩蕩的電車

——[副] 不穩重,嘎嘎呼呼¶～した性分/嘎嘎呼呼的性格

がらがらへび ⑤【がらがら蛇】[名] 響尾蛇

からきし ⓪[副] 簡直,完全,一點也不

がらくた ⓪[名] 破爛兒,廢品

からくち ⓪【辛口】[名] 味道濃,重¶～の酒/很辣的酒

からくも ①【辛くも】[副] 好不容易,勉強

からくり ②⓪[名] ❶用線,繩操縱¶～人形(にんぎょう)/用線操縱的木偶 ❷策略,計謀¶～を見やぶる/識破詭計

からげいき ③【空景気】[名] 假景氣,虚假的繁榮

からさわぎ ③【空騒(ぎ)】[名・自サ] 大驚小怪,虚驚一場

からし ⓪【辛子】[名] 芥末,芥黄

からして ①(「から」的強調形)因爲¶それである～/因此正(強調某一件事物)單從…就…¶名前～おもしろい/單從名字看就很有趣

からす ①【烏・鴉】[名]烏鴉◇からすの行水(ぎょうずい)/(洗澡)簡単泡一下就出来

から・す ⓪【枯らす】[他五]使…枯萎,枯乾¶ばらを～/使薔薇花枯乾

ガラス ⓪【(オ)glas】[名]玻璃【強化(きょうか)ー】④[名]強化玻璃

ガラスせんい ④【ガラス繊維】[名]玻璃絲,玻璃纖維

ガラスばり ⓪【ガラス張り】[名] ❶鑲着玻璃¶～のドア/鑲着玻璃的門 ❷光明正大,無私無弊

からせき ⓪【空せき】[名] ❶(無痰)乾咳 ❷故意咳嗽

からだ ⓪【体】[名] ❶身,身體 ❷體格,體質¶～が弱い/體質弱◇体がつづかない/體力支持不住

からだつき ③【体付(き)】[名]體型¶ずんぐりした～/矮胖的身材

カラット ②【carat】[名] ❶(含純金量的計算單位)開(純金爲二十四開) ❷(寶石的重量單位)克拉

からっぽ ⓪[名・形動]空,空空

からて ⓪【空手・唐手】[名] ❶空手¶～で帰る/空手而歸 ❷空手道

からとて (「からといって」的約縮表現)表示轉折¶熱が下がった～安心はできない/雖然退燒了,但還不能大意¶外見が粗野だ～,心までそうだとは限らない/雖然外表粗野,但内心並不見得如此

からに [接助] ❶僅僅,一……就……¶見る～かわいらしい/一看就覺得可愛 ❷「からには」的簡稱

からには [接助]既然……就…,只要…就¶やる～,りっぱにやれ/既然要做就要好好做¶学生である～、まず勉強を考えなければならない/既然是学生,就首先要想到用功

からねんぶつ ③【空念仏】[名]説空話,光説不做¶～におわる/光説而不實行¶～をとなえる/空念經

カラフル ①【colorful】[形動]五顏六色,艷麗多彩

から・む ③【絡まる】[自五] ❶纏繞¶つたが木の幹に～/常春藤纏繞在樹幹上¶糸が～/線繩(到一起) ❷糾纏,牽連¶この事件には、いくつもの問題が～っている/這件事裡,牽扯着很多問題

からまわり ③【空回り】[名・自サ] ❶(機械等)空轉 ❷毫無收效地進行¶議論が～する/議論没有進展

から・む ②【絡む】[自五] ❶纏在…上,盤在…上 ❷糾纏,瓜葛,密切相關¶感情が～/有感情糾葛¶選挙に～んだ犯罪/選舉中伴有的犯罪行爲 ❸找碴,胡攪蠻纏¶酔(よ)うと～くせがある/有喝醉酒就胡攪蠻纏的壞毛病

から・める ③【絡める】[他下一]捆綁,綁纏¶足を～/把腳捆上

カラメル ⓪【(仏)caramel】 ❶焦糖 ❷奶糖

がらり ②[副] ❶嘩啦(開門等)¶～と扉をひらいた/嘩啦一下把門拉開 ❷某種狀態突變貌¶態度が～と変わる/態度突變

からりと [副] ❶明亮乾敗 ❷(表示物品)乾透¶天ぷらを～揚げる/把蝦炸酥

がらんどう ⓪[名・形動]空空,裡面什麼也没有¶～の大広間/空蕩蕩的大廳

かり ⓪【仮】[名]臨時,暫時¶～の名(な)/暫時的名字

かり ①【狩】[名]狩獵

かり ⓪【借(り)】[名] ❶借,借的東西 ❷欠帳,借款◇借りがある/欠債;欠有人情◇借りをかえす/還賬,還人情;報復

かり ①【雁】[名]大雁,鴻雁

かりいれ ⓪【刈(り)入れ】[名]收割,收穫

かりおや ⓪【仮親】[名]❶撫養人,父母的代理人 ❷養父母,義父母

カリキュラム ③【curriculum】[名]課程安排,教學計劃

かりき・る ③【借(り)切る】[他五]包租,全部包下¶会場(かいじょう)を～/包租會場

かりこ・む ③【刈(り)込む】[他五]剪,修剪¶生け垣を～/修剪樹籬

かりそめ ⓪【仮初(め)】[名]短暫,短促,一時,暫時¶～の恋/短暫的愛情¶～のすまい/臨時住處

かりだ・す ③【借り出す】[他五]❶借走,借出 ❷借錢,貸款

かりに ⓪【仮に】[副]❶暫時,暫且¶受付(け)口の場所は、～ここにしよう/詢問處暫且定在這兒吧 ❷假定,假如¶～雨なら/假設下雨的話…

かりにも ③【仮にも】[副]❶(下接否定語)絕對,無論如何¶～恩を忘れてはならない/無論如何也不應忘恩負義 ❷(用「かりにも…であるからには」的形式表示)既然是…就…¶～先生であるからには、就…/既然是老師,就…

がりばん ⓪【がり版】[名]謄寫版,鋼版

カリフラワー ④【cauliflower】[名]菜花,花椰菜

がりべん ⓪【がり勉】[名]一天到晚埋頭苦學的學生,死啃書本的人

かりもの ⓪【借り物】[名]借的東西

かりゅう ⓪【下流】[名](河的)下游,下流

がりゅう ⓪【我流】[名]自成一派,(自己)獨特的做法

かりゅうど ①【狩人】[名]獵人,獵手

かりょう ⓪【科料】[名](法律)(對輕微違法行爲的)罰款

がりょう ⓪【雅量】[名]雅量,寛宏大量

がりょうてんせい ⓪①【画竜点睛】[名]畫龍點睛

かりょく ⓪①【火力】[名]火力,火勢¶～発電(はつでん)/④[名]火力發電

か・りる ⓪【借りる】[他上一] ❶借,借入¶金を～/借錢¶へやを～/借房間 ❷借助,求助¶ちえを～/討教,請人出主意¶力を～/借助別人的力量◇ねこの手も借りたいほど忙しい/忙得不可開交

か・る ⓪【刈る】[他五]割;剪,剃¶草を～/割草¶頭を～/剪頭髮

か・る ⓪①【駆る】[他五] ❶驅趕,駕駛¶馬を～/趕馬 ❷(常用「駆られる」的形式表示)受…驅使,受…支配¶好奇心(こうきしん)に～られる/受好奇心驅使

-が・る [接尾] (上接形容詞、形容動詞詞幹構成五段活用動詞) ❶感覺,覺得¶痛(いた)～/感覺疼痛¶おもしろ～/感到有趣兒 ❷自己以爲,裝作¶強(つよ)～/逞強

かる・い ⓪【軽い】[形]❶輕,輕便¶～荷物/小件行李,輕便的行李¶目方が～/分量輕 ❷輕鬆,輕快¶気が～/心情輕鬆 ❸輕微,簡單¶～く会釈(えしゃく)する/輕輕點頭¶～病気/小病

かるがる ③【軽軽】[副]很容易,不費力¶～と子どもをだきあげる

/不費力地把孩子抱起来

かるくち ⓪【軽口】[名] ❶俏皮話,詼諧語¶～をたたく/説俏皮話 ❷多嘴多舌

カルシウム ③【calcium】[名]鈣

カルタ ①【(ポ)carta】[名](日本)紙牌,撲克牌

カルチャー ①【culture】[名]文化,教養

カルテ ①【(独)karte】[名]病歴

カルテット ①【(イ)quartetto】[名]四重唱,四重奏

カルテル ①【(独)kartell】[名]卡特爾,聯合企業

かるはずみ ③⓪【軽はずみ】[名・形動]輕率

かるわざ ⓪【軽業】[名](踩球、走鋼絲等)驚險技巧

かれ ①【彼】[代]他¶なかなかですよ、～は/不能小看他 ──[名]對丈夫或情夫的婉轉的稱呼

かれい ①【華麗】[形動]華麗,富麗堂皇

カレー ⓪【curry】[名]加喱【ーライス ④】[名]加喱飯

ガレージ ①【garage】[名]汽車庫,汽車房

カレーライス ④【curry and rice】[名]咖喱飯

かれきもやまのにぎわい【枯れ木も山の賑い】聊勝於無,有總比沒有強

かれこれ ①[副] ❶這個那個,這樣那樣,種種¶～と言う/説長論短 ❷大約,將近¶～十年前の話だ/大約是十年前事情了

かれし ①【彼氏】[代](親切稱呼)他,那位 ──[名]丈夫,情夫

かれの ⓪【枯(れ)野】[名]荒野,荒郊

かれは ⓪【枯(れ)葉】[名]枯葉

かれら ①【彼ら】[代]他們

か・れる ⓪【枯れる】[自下一] ❶(草木)枯萎,乾枯 ❷年老¶やせても～れても/雖然年老 ❸(技藝等)成熟,老練¶～れた芸/爛熟的技巧

か・れる ⓪【涸れる】[自下一] (水)乾涸¶井戸が～/井乾涸

か・れる ⓪【嗄れる】[自下一](聲音)嘶啞¶声が～/聲音嘶啞

かれん ⓪①【可憐】[形動] ❶可憐 ❷可愛

カレンダー ②【calendar】[名]日暦

かろう ⓪【過労】[名]疲勞過度,過度勞累¶～でたおれる/因過度勞累而病倒

かろうじて ④②【辛うじて】[副]勉勉強強,好不容易,險些没…¶～まにあった/好不容易趕上了

かろやか ②【軽やか】[形動]輕快,輕鬆,輕盈¶～なメロディー/輕快的旋律

カロリー ①【(独)Kalorie】[名] ❶(熱量單位)卡,卡路里 ❷(食品營養價值單位)千卡,大卡¶～が高い/熱量高

かろん・じる ⓪【軽んじる】[他上一]輕視,瞧不起

かわ ②【川・河】[名]河,河川,河流

かわ ②【皮】[名](動植物的)皮,表皮,皮膚¶～をはぐ/剝皮 ──【革】皮革【ー製品(せいひん) ③】[名]皮革製品

がわ ⓪【側】[名] ❶一方,一面 ❷外殻

かわい・い ③【可愛い】[形] ❶可愛,令人疼愛¶～アップリケ/可愛的貼花 ❷小巧玲瓏¶～箱/小巧玲瓏的盒子 ◇かわいい子(こ)には旅(たび)

かわい

をさせよ/要使孩子有出息,就要讓他多經風雨

かわいが・る ④【可愛がる】[他五]喜愛,疼愛;關照¶子どもを〜/疼愛孩子

かわいそう ④【可哀相】[形動]可憐,凄慘¶〜に見える/看着真可憐

かわいらし・い ⑤【可愛らしい】[形]❶令人感到可愛,令人喜愛¶〜小犬/惹人喜愛的小狗 ❷小巧玲瓏¶〜日記帳/小巧玲瓏的日記本

かわか・す ③【乾かす】[他五]曬乾,烤乾¶きものを〜/把衣服烤乾

かわかみ ◎【川上】[名]上游,上流

かわき ③【乾き】[名]乾,乾的程度¶〜がはやい/乾得快

── 【渇き】渴¶〜をいやす/止渴,解渴

かわぎし ◎【川岸・河岸】[名]河岸,河邊

かわ・く ②【乾く】[自五]乾¶空気が〜/空気乾燥

── 【渇く】(口)渴,乾¶のどが〜/口乾

かわぐつ ◎【革靴】[名]皮鞋

かわざんよう ③【皮算用】[名]如意算盤◇取らぬたぬきの皮算用/打如意算盤,指望過早

かわしも ◎【川下】[名]下游

かわ・す ◎【交わす】[他五]❶相互,交換¶あいさつを〜/互相打招呼¶ことばを〜/交談 ❷交錯,交叉,交織¶えだを〜/樹枝交叉在一起 ❸躲開,閃開¶体(たい)を〜/閃開身體

かわせ ◎【為替】[名]匯兌,匯款,匯票 ──管理(かんり) ④[名]匯兌管理 ──銀行(ぎんこう) ④[名]匯兌銀行 ──相場(そうば) ④[名]匯兌行市 ──手形(てがた) ④[名]匯票

かわどこ ◎【川床】[名]河床

かわはば ◎②【川幅】[名]河寬

かわぶね ③◎【川舟】[名]河船

かわら ◎【瓦】[名]瓦

かわら ◎【河原・川原】[名]河灘

かわり ◎【代(わ)り】[名]❶代替,代理¶〜の品/代用品¶母の〜に客の応対(おうたい)に出る/代替母親接待客人 ❷表示相應的酬報,補償¶骨が折れる〜に楽しみがある/雖然費力,但有樂趣 ❸(用「お〜」的形式表示)添飯,添菜¶お〜ください/請再添一碗

かわり ◎【変(わ)り】[名]變化,改變,變更¶〜がない/没有變化¶みなさまお〜ありませんか/(書信用語)大家都好吧

かわりだね ④【変(わ)り種】[名]❶變種 ❷古怪的人,奇特的人

かわりばえ ◎【代わり映え】[名・自サ]改變,變得更好

かわりみ ◎【変(わ)り身】[名]隨機應變,轉變¶〜がはやい/善於隨機應變

かわりめ ◎【変(わ)り目】[名]轉折點,轉換期¶季節(きせつ)の〜/季節變換期

かわりもの ◎【変わり者】[名]奇特的人,怪人

かわ・る ◎【代(わ)る】[自五]代理,代替¶市長に〜って祝辞を述べる/代替市長發表祝詞

── 【換わる・替わる】交換,更替¶内閣が〜/内閣更迭¶席を〜/換座位

かわ・る ◎【変(わ)る】[自五]❶變,變化,變動¶考えが〜/想法改變¶風が〜/風向改變 ❷出奇,古怪,變異¶〜った形/様子新奇¶あの人は〜っている/那個人挺古怪

かわるがわる ④【代(わ)る代(わ)る】[副]輪流,交替¶左右の手を～うごかす/輪流搖動左右手

かん ①【官】[名]官,官方,官員

かん ①【巻】[名]上(じょう)～/上卷¶下(げ)～/下卷

かん ⓪【勘】[名]直覺,第六感¶～でわかる/憑直覺感到¶～がいい/直覺靈敏

かん ①【間】[名] ❶之間,期間,中間¶指呼(しこ)の～/很近¶日中～の諸問題/日中之間的諸問題 ❷間隙◇間,髪(はつ)を容(い)れず/間不容髮

かん ①【感】[名] ❶感覺,感¶隔世(かくせい)の～/隔世之感 ❷感激,感動¶～にたえない/不勝感激◇感極(きわ)まる/無限感激

かん ⓪【癇】[名]脾氣,肝火¶～にさわる/動肝火¶～が高(たか)ぶる/大動肝火

がん ①【雁】[名]雁

がん ①【癌】[名] ❶癌 ❷(喻)不治之症,難關¶現代社会の～ともいうべき公害問題/被稱爲現代社會不治之症的公害問題

がん ①【願】[名]祈求,禱告¶～をかける/許願

かんあん ⓪【勘案】[名・他サ]斟酌,酌量,考慮¶大局の立場から～する/從大局的立場考慮

かんい ①⓪【簡易】[名・形動]簡易,簡便¶-裁判所(さいばんしょ)⑧⓪[名]初級法院¶-保險(ほけん)④[名]簡易保險

かんいっぱつ ①④【間一髪】[名]間不容髮,刻不容緩

かんえつ ⓪【観閲】[名・他サ]檢閱,閱兵¶-式(しき)④[名]閱兵式

かんえつ ⓪【簡閲】[名]點名,查點

かんえん ①【肝炎】[名]肝炎

かんおう ⓪【観桜】[名]觀櫻,賞櫻

【-会(かい)】③[名]賞櫻會

かんおけ ③【棺桶】[名]棺材

かんか ⓪①【感化】[名・他サ]感化,影響¶～をうける/受到感化

がんか ①【眼下】[名] ❶眼下 ❷輕蔑,看不起

がんか ①⓪【眼科】[名]眼科

かんがい ⓪【干害】[名]旱災

かんがい ⓪【寒害】[名]寒災

かんがい ⓪【感慨】[名]感慨¶～にひたる/沉浸於感慨之中

かんがい ⓪【灌漑】[名・他サ]灌漑

がんかい ①⓪【眼界】[名] ❶視野¶～が開ける/眼界開闊 ❷眼界,見識¶～がせまい/眼界狹窄,思路窄

かんがいむりょう ⑤【感慨無量】[形動]無限感慨,感慨萬量

かんがえ ③【考え】[名]思想,意圖,打算,主意¶～があまい/想法天真¶～にふける/沉思

かんがえごと ⑥【考え事】[名]費心,勞神的事;正在思索的事

かんがえこ・む ⓪⑤【考え込む】[自五]沉思,深思

かんがえちがい ⑤【考え違い】[名] ❶錯誤的想法,打算 ❷誤解

かんがえぶか・い ①【考え深い】[形]深思熟慮,慎重

かんがえもの ⑥⑤【考え物】[名]需要慎重考慮的問題

かんが・える ④【考える】[他下一] ❶思考,思維,考慮¶問題を～/考慮問題¶将来を～/考慮將來 ❷想出,研究出¶-出(だ)す【他五】想出,想起¶-付(つ)く⓪⑤[他五]想到,想起

かんかく ⓪【間隔】[名]間隔¶～をあける/隔一定間隔

かんかく ⓪【感覚】[名] ❶感覺,

知覚¶〜をうしなう/失去知覚【-器官(きかん)⑤】[名]感覚器官 ❷感受力¶〜がするどい/感覚敏鋭

かんがく ⓪【漢学】[名]漢学

かんかくしんけい ⑤【感覚神経】[名]知覚神経

かんかくてき ⓪【感覚的】[形動] ❶直覚 ❷感覚強烈

かんかつ ⓪【管轄】[名・他サ]管轄

かんがっき ③【管楽器】[名]管楽器

カンガルー ③【kangaroo】[名]袋鼠

かんかん ①[副] ❶(烈日)炎炎 ❷爐火旺盛貌 ❸怒氣冲冲貌¶〜におこる/大發雷霆

がんがん ①[副・自サ] ❶表示震耳的鐘聲 ❷表示頭痛,耳鳴 ❸表示呶呶不休地責難

かんかんがくがく ①【侃侃諤諤】[名・形動]直言不諱¶〜の論/直言不諱之論

かんがんのいたり【汗顔の至り】慚愧之至

かんき ①【乾季・乾期】[名]旱季

かんき ①【寒気】[名]寒氣

かんき ①⓪【換気】[名]通風,使空氣流通

かんき ①【歓喜】[名・自サ]歓喜

かんきゃく ⓪【観客】[名]観衆

かんきょう ⓪【環境】[名]環境

がんきょう ⓪【頑強】[名・形動]頑強¶〜に抵抗する/頑強地抵抗

かんきん ⓪【監禁】[名・他サ]監禁

がんきん ①【元金】[名]本金,本錢

かんぐ・る ①【勘繰る】[他五]胡亂猜測,猜疑

かんけい ⓪【関係】[名・自サ] ❶關係,相關¶〜をもつ/有關係¶〜がふかい/關係密切 ❷影響,關係到,因…的關係¶資金の〜で、計画を断念した/因資金關係,放棄了計劃 ❸(上接名詞,以「…関係」的形式表示)…方面,…關係¶貿易〜の仕事をしている/做貿易方面的工作

かんけい ⓪【歓迎】[名・他サ]歓迎

かんげき ⓪【感激】[名・自サ]感動,感激¶〜にたえない/非常感動

かんけつ ⓪【完結】[名・他サ]完結,結束

かんけつ ⓪【簡潔】[名・形動]簡潔,簡練

かんげん ⓪【換言】[名・他サ]換言之,換句話説

かんげん ⓪【還元】[名・自他サ] ❶(化學的)還原(作用) ❷還原,恢復原狀

かんげん ⓪【諫言】[名・他サ]忠告,勸告

かんげんがく ③【管弦楽】[名]管弦樂

がんけん ⓪【頑健】[形動]頑健,強健

かんご ⓪【漢語】[名] ❶漢語(日語中的漢字詞彙,如「仁儀」「君子」) ❷和製漢語(如「空港」「單車」)

かんご ①【看護】[名・他サ]看護,護理【-婦(ふ)③】[名]女護士

がんこ ①【頑固】[名・形動] ❶頑固 ❷很難治癒¶〜な病気/難治之症

かんこう ⓪【刊行】[名・他サ]出版發行

かんこう ⓪【慣行】[名]慣例,常規

かんこう ⓪【観光】[名・他サ]観光,遊覧【-客(きゃく)③】[名]遊客

がんこう ①【眼光】[名]眼力,目光 ¶～がするどい/目光敏銳 ◇眼光紙背(しはい)に徹(てっ)す/理解深透

かんこうちょう ③【官公庁】[名]行政機關,政府機關和公共團體機關

かんこうど ③【感光度】[名]感光度

かんこく ⓪【勧告】[名・他サ]勸告,勸告

かんごく ⓪【監獄】[名]監獄

かんこつだったい ①【換骨奪胎】[名・他サ](文章等)翻版,改頭換面

かんこどり ③【閑古鳥】[名]杜鵑

かんごふ ③【看護婦】[名]護士,女護士

かんこんそうさい ⑤【冠婚葬祭】[名]冠婚葬祭,慶弔儀式

かんさ ①【監査】[名・他サ](會計等的)監査

かんさい ①⓪【関西】[名]關西(指京都大阪一帶)

がんさく ⓪【贋作】[名・他サ]贋作,贋品

かんさつ ⓪【観察】[名・他サ]觀察

かんさん ⓪【閑散】[形動]閑散,清靜

かんさん ⓪【換算】[名・他サ]換算,折合

かんし ⓪【監視】[名・他サ]監視,監管

かんじ ⓪【感じ】[名]❶知覺,感覺 ❷印象,感情 ¶～がわるい/印象不好

かんじ ⓪【漢字】[名]漢字

かんじ ①【幹事】[名]❶幹事 ❷(宴會等的)承辦人,主持者

がんじがらめ ⓪【雁字搦め】[名]五花大綁

かんしつ ⓪【乾湿】[名]乾濕 ¶-計(けい)⓪】[名]乾濕計

がんじつ ⓪【元日】[名]元旦

-かんして【関して】[連語](用「…にかんして」的形式)關於… ¶私はそのことに～何も言うことはない/關於那事,我沒什麼好說的 ¶君はその点に～は正しい/關於那點,你是正確的

かんしゃ ①⓪【感謝】[名・他サ]感謝 ¶～にたえない/不勝感謝 ¶ご好意に～します/感謝您的好意

かんじゃ ⓪【患者】[名]患者,病人

かんしゃく ⓪④【癇癪】[名]火氣,肝火 ¶～をおこす/發脾氣,動肝火

かんしゅう ⓪【慣習】[名]習慣,傳統習慣

かんしゅう ⓪【監修】[名・他サ]主編,監修

かんしゅう ⓪【観衆】[名]觀衆

かんじゅく ⓪【完熟】[名・自サ]熟透,成熟

かんじゅせい ⓪【感受性】[名]感受能力,感性 ¶～が強い/感受能力強

かんしょ ①⓪【漢書】[名]漢文書籍

がんしょ ①【願書】[名]❶申請書 ❷入學志願書

かんしょう ⓪【干渉】[名・自サ]❶干涉 ❷(物理)音波,光波等的干擾,干涉現象

かんしょう ⓪【感傷】[名]感傷,傷感 ¶～にひたる/沉溺於傷感之中

かんしょう ⓪【観賞】[名・他サ]觀賞

かんしょう ⓪【鑑賞】[名・他サ]鑑賞

かんじょう ⓪【感情】[名]感情 ¶～が高ぶる/感情激昂 ¶～にはしる/感情用事 ¶-的(てき)⓪】[形

かんじ

動】易動感情,感情用事

かんじょう ③【勘定】[名・他サ] ❶計算,數 ❷算帳,付款 ❸估計,考慮

かんじょう ⓪【環狀】[名]環形,環狀¶-線(せん)③[名]環形線

がんじょう ⓪【頑丈】[名・形動] ❶堅固,結實 ❷(身體)強壯,結實,健壯

かんじょうだか・い ⑥【勘定高い】[形]精明,會打小算盤,不吃虧

かんしょく ①【官職】[名]官職,公職,職務

かんしょく ⓪【間色】[名]間色,中間色

かんしょく ⓪【間食】[名]零食,間食

かんしょく ⓪【感觸】[名]觸覺,觸感

がんしょく ①【顏色】[名]顏色,臉色

かん・じる ⓪【感じる】[自他上一] ❶感覺,知覺¶痛みを~/感覺疼痛 ❷感到,覺得¶楽しく~/感到快樂¶不安に~/感到不安¶危險を~/感到危險

かんしん ⓪【関心】[名]關心¶…に~をもつ/對…很關心,關心…【-事(じ)】③[名]關心的事

かんしん ⓪【感心】[名・自サ]佩服,欽佩
——[形動]值得讚美,值得佩服

かんしん ⓪【肝心・肝腎】[名・形動]首要,重要,關鍵¶そこが~なところだ/那兒是關鍵的地方

かんしんをかう【歓心を買う】博得歡心

かんすう ③【関数・函数】[名]〈數〉函數

かんすうじ ③【漢數字】[名]漢字數字

かん・する ③【関する】[自サ]與…有關,關於¶…われ〜せず/與我無關

かん・ずる ⓪【感ずる】[自他サ] →かんじる

かんせい ⓪【完成】[名・自他サ]完成【-品(ひん)】⓪[名]完成品,成品

かんせい ⓪【陷穽】[名]陷阱,圈套

かんせい ①【閑静】[名・形動]閑靜,清靜¶~な住宅街/閑靜的住宅街

かんせい ⓪【慣性】[名]〈物〉慣性

かんせい ⓪【管制】[名・他サ]管制

かんせい ⓪【歡声】[名]歡呼聲¶~をあげる/發出歡呼聲

かんぜい ⓪【関稅】[名]關稅

がんせき ①【岩石】[名]岩石

かんせつ ⓪【間接】[名]間接【-的(てき)】⓪[形動]間接

かんせつ ⓪【関節】[名]關節【-炎(えん)】④[名]關節炎

かんせん ⓪【感染】[名・自サ] ❶傳染,感染 ❷受影響¶悪風(あくふう)に~する/受壞習氣影響

かんせん ⓪【幹線】[名](鐵路,公路等的)幹線【新(しん)-】③[名]新幹線

かんぜん ⓪【完全】[名・形動]完全,完整,齊全

かんぜん ⓪【敢然】[副]敢於,毅然決然¶~とたたかう/敢於鬥爭

かんぜんちょうあく ⓪【勸善懲惡】[名]勸善懲惡

かんぜんむけつ ⑤【完全無欠】[名・形動]完整無缺,盡善盡美

かんそ ①【簡素】[名・形動]儉樸,簡單樸素¶~な住(す)まい/儉樸的住所

かんそう ⓪【乾燥】[名・自他サ] ❶乾燥¶空氣が~する/空氣乾燥 ❷枯燥乏味

かんそう ⓪【間奏】[名]〈音〉間奏¶-曲(きょく) ③[名]間奏曲

かんそう ⓪【感想】[名]感想¶～を述べる/談感想¶-文(ぶん) ③[名]感想文

かんそう ⓪【歓送】[名・他サ]歓送¶-会(かい) ③[名]歓送會

かんぞう ①【甘草】[名]甘草

かんぞう ⓪【肝臓】[名]肝,肝臓

がんぞう ⓪【贋造】[名・他サ]偽造,假造

かんそく ⓪【観測】[名・他サ]❶(對天文,地理等的)観測 ❷観察,観測

かんたい ⓪【寒帯】[名]寒帯

かんたい ⓪【歓待・款待】[他サ]款待¶～をうける/受到款待

かんたい ⓪①【艦隊】[名]艦隊

かんだい ⓪【寛大】[名・形動]寛大¶～な処置(しょち)/寛大處理

かんだか・い ④【甲高い】[形](聲音)尖鋭,高亢,尖聲尖氣¶～声/尖聲尖氣的

かんたん ⓪【感嘆・感歎】[名・自サ](表示讚揚,佩服的)感嘆¶～の声/感嘆之聲

かんたん ⓪①【肝胆】[名]肝膽◇肝胆相(あい)照(て)らす/肝膽相照,推心置腹

かんたん ⓪【簡単】[名・形動]簡単,容易

かんだん ⓪【閑談】[名・自サ]閑談

かんだん ⓪【歓談】[名・自サ]暢談

がんたん ⓪【元旦】[名]元旦,元旦的早晨

かんだんけい ③【寒暖計】[名]寒暑表,温度計

かんたんのゆめ ①②【邯鄲の夢】[名]邯鄲之夢,黄梁美夢

かんちがい ③【勘違(い)】[名・サ]判断錯誤,錯認,誤會

がんちく ⓪【含蓄】[名]含蓄

がんちゅう ①【眼中】[名]眼中,目中

かんちょう ①⓪【官庁】[名]官廳,政府機関

かんつう ⓪【貫通】[名・自他サ]貫通,貫穿

かんづめ ④③【缶詰】[名]❶罐頭 ❷(由於工作關係,將有關人員)集中起來,不准外出,不准對外聯絡◇缶詰になる/被集中起來

かんてい ⓪【官邸】[名]官邸

かんてい ⓪【鑑定】[名・他サ]鑒定,評價

かんてつ ⓪【貫徹】[名・他サ]貫徹

かんてん ③⓪【観点】[名]観點

かんでんち ③【乾電池】[名]乾電池

かんど ①【感度】[名]霊敏度,感度,霊敏性

かんとう ⓪【完投】[名・自サ](棒球)(一個投手)投到最後

かんとう ⓪【関東】[名]関東(指箱根以東地方)

かんどう ⓪【勘当】[名・他サ]断絶父子関係

かんどう ⓪【感動】[名・自サ]感動¶～をうける/受感動

かんどうし ③【感動詞】[名]感動詞

かんとく ⓪【監督】[名・他サ]監督,導演¶映画(えいが)- ④[名]電影導演

がんとして ①【頑として】[副]頑固,倔強¶～きかない/置若罔聞

かんな ③【鉋】[名]刨子

カンナ ①【canna】[名]美人蕉

かんなん ①【艱難】[名]艱難,艱辛◇艱難汝(なんじ)を玉(たま)にす/艱難能磨煉人

かんにん ①【堪忍】[名・自サ]忍耐,容忍¶もう～できない/已不

能再忍耐

カンニング ⓪【cunning】[名・自サ](考試時)作弊

かんぬき ④⓪【閂】[名]門閂¶～をかける/上門閂

かんねん ①【観念】[名・自他サ】❶観念❷断念,死心¶いい加減に～しろ/你就死了心吧

がんねん ①【元年】[名]元年(大正,昭和等年號的最初一年)

かんのう ⓪【官能】[名]❶器官功能,官能 ❷性感,肉感

かんぱ ①【寒波】[名]寒流

カンパ ①【(口) Kampaniya】[名・他サ]募集(資金),募捐

かんぱい ⓪【乾杯】[名・自サ]乾杯¶～の音頭(おんど)を取る/帶頭敬酒

かんぱく ①【関白】[名]❶關白(日本古代官名,輔佐天皇,處理政務的最高官職)❷有權勢的人【亭主(ていしゅ)－】④[名]男人當家

かんばし・い ④⓪【芳しい】[形]芳香

かんばつ ⓪【干魃・旱魃】[名]乾旱,旱災

がんば・る ③【頑張る】[自五]❶加油,堅持¶ゴールまで～/堅持到終點 ❷固執,堅持己見 ❸守住,固守

かんばん ⓪【看板】[名]❶招牌,廣告牌¶～をかかげる/掛招牌 ❷幌子,外表¶慈善(じぜん)事業を～に,あくどいことをしている/打着慈善事業的幌子,做壞事 ❸(商店等的)開門,閉店¶～にする/開門,閉店

かんぱん ⓪③【甲板】[名]甲板

かんび ①【甘美】[形動]美好,甜蜜

かんび ①【完備】[名・自他サ]完備,完善

かんびょう ①【看病】[名・他サ]護理,看護(病人)

かんぶ ①【幹部】[名](組織機構的)負責人,領導幹部

かんぷく ⓪【感服】[名・自サ]佩服,欽佩¶～のいたり/佩欽之至

かんぷなきまでに【完膚無きまでに】(打得)體無完膚

かんぶん ⓪【漢文】[名]❶(中國的)古文,文言文,漢詩 ❷(日本人仿效中國古文寫的)詩,文章

かんぺき ⓪【完璧】[名・形動]完美無缺,十全十美

かんべん ①【勘弁】[名・他サ]原諒,寬恕,容忍¶ご～ください/請原諒

かんべん ⓪【簡便】[名・形動]簡便

かんぼう ⓪【感冒】[名]感冒

かんぼうやく ③【漢方薬】[名]中藥

ガンマせん ⓪【γ線】[名](鐳)的γ射線

かんみ ①【甘味】[名]甜味,甜食

かんむり ⓪④【冠】[名]❶冠¶～をつける/加冠 ❷(漢字的)部首字頭

かんめい ⓪【感銘・肝銘】[名・自サ]銘感,感動¶～をうける/深受感動

かんめい ⓪【簡明】[名・形動]簡明,簡單明瞭

がんもく ⓪【眼目】[名]重點,要害處

かんもん ⓪【喚問】[名・他サ]傳訊¶証人を～する/傳訊證人

かんやく ⓪【簡約】[名・形動・他サ]簡約,簡化

がんやく ⓪【丸薬】[名]藥丸,丸劑

かんゆ ⓪【肝油】[名]肝油

かんゆう ⓪【勧誘】[名・他サ]勸,勸誘

かんよ ①【関与・干与】[名・自サ]干預,參預¶国政に～する/

参與國政

かんよう ⓪【慣用】[名・他サ]慣用,習慣,常用【－音(おん)】③[名]日語漢字的習慣發音【－句(く)】③[名]慣用句

かんよう ⓪【肝要】[名・形動]重要,非常重要

かんよう ⓪【寬容】[名・形動]寬容

がんらい ①【元来】[副]原來,本來,根本

かんらく ⓪【陥落】[名・自サ]❶(城池等)陷落 ❷被説服,被迫答應

かんらく ⓪①【歓楽】[名]歡樂,快樂

かんらん ⓪【観覧】[名・他サ]觀看,參觀

かんり ①【官吏】[名]官吏

かんり ①【管理】[名・他サ]管理,保管

がんりき ④⓪【眼力】[名]眼力,識別能力

かんりゃく ⓪【簡略】[名・形動]簡略,簡化,從簡¶手つづきを～にする/簡化手續

かんりゅう ⓪【寒流】[名]寒流

かんりょう ⓪【完了】[名・自他サ]完結,完畢,結束

かんりょう ⓪【官僚】[名]官僚【－主義(しゅぎ)】⑤[名]官僚主義

かんれい ⓪【寒冷】[名]寒冷

かんれい ⓪【慣例】[名]慣例¶～にしたがう/按照慣例

かんれき ⓪【還暦】[名]花甲,滿六十歲

かんれん ⓪【関連】[名・自サ]關係,聯繫

かんろく ⓪①【貫禄】[名]威嚴,尊嚴,氣派,派頭¶～を示す/顯示出尊嚴

かんわ ⓪【緩和】[名・自他サ]緩和¶制限を～する/緩和限制

かんわ ①⓪【漢和】[名]漢和(指日、漢語和日語)【－辞典(じてん)】④[名]漢和辭典

き キ

き 五十音圖「か」行第二音,羅馬字寫作「ki」,發音爲國際音標[ki]。平假名「き」是「幾」字的草體,片假名「キ」是其簡體。濁音「ぎ」,羅馬字寫作「gi」,濁音爲國際音標[gi]。

き ①【木】[名] ❶樹,樹木 ❷木料,木柴 ❸(歌舞伎)敲的梆子◇木から落(お)ちた猿(さる)/無依無靠,不知所措◇木で鼻(はな)を括(くく)る/冷淡,愛理不理◇木に竹(たけ)を接(つぐ)ぐ/不協調,不對路◇木を見(み)て森(もり)を見ず/只見樹木,不見森林

き ①【生】[名]純,不加其它東西 ¶ウイスキーを～でのむ/(不掺水)喝威士忌
—— [接頭] ❶純的 {–醬油(じょうゆ)} [②] 純醬油 ❷未精製或未加工的 {–糸(いと)} ①【[名]生絲,繭絲

き ⓪【気】[名] ❶呼吸,氣息 ¶～がつまる/喘不過氣來 ❷空氣,氣體,大氣 ❸脾氣,性格,氣質,氣度 ¶～があらい/脾氣暴躁 ¶～がいい/性格好 ¶～がつよい/要強,好勝 ¶～がよわい/性格懦弱 ❹心情,心緒,感情,感受 ¶～が重(おも)い/心情沉重 ¶～がはれる/心情舒暢 ❺心,精神 ¶～がきく/機靈 ¶～がぬける/洩氣,無精打采 ❻神志,意識 ¶～をうしなう/不省人事 ❼氣氛 ❽氣,香氣◇気が合(あ)う/合得來,情投意合◇気が多(おお)い/見異思遷,不定性,易變◇気が置(お)けない/不需客氣,無隔閡/気が気でない/焦慮不安,坐卧不安◇気が狂(くる)う/發瘋◇気が差(さ)す/感到不安◇気が進(すす)まない/沒有興趣◇気が済(す)む/安心,心中得到安慰◇気が立(た)つ/激昂,激憤◇気が散(ち)る/心不在焉,分心,精神渙散◇気がつく/❶注意到,察覺到 ❷甦醒◇気が遠(とお)くなる/神志不清,暈過去◇気が抜(ぬ)ける/❶鬆勁 ❷(食物)走味◇気が引(ひ)ける/不好意思◇気が短(みじか)い/性子急◇気が向(む)く/願意,高興◇気に入(い)る/稱心如意,看中,稱意◇気にかかる/掛心,放心不下◇気に障(さわ)る/令人不高興,令人生氣◇気にする/介意,把…放在心上◇気に留(と)める/❶介意,放在心上 ❷留意,留心◇気に病(や)む/擔心,焦慮◇気は心(こころ)/略表寸心,心意◇気を落(お)とす/洩氣,灰心◇気を配(くば)る/留意;照顧◇気を遣(つか)う/留心,費神◇気を取(と)り直(なお)す/恢復情緒,重新振作精神◇気を吐(は)く/增光,揚眉吐氣◇気を引(ひ)く/❶試探別人的意圖 ❷牽動對方的心◇気を揉(も)む/着急,焦慮◇気を許(ゆる)す/大意,放鬆警惕

き ①[季][名]季語(俳句中表現季節的詞語)

ぎ ⓪①【義】[名]義 ◇義を見(み)てせざるは勇(ゆう)無(な)きなり/見義不爲無勇也

ぎ ①【儀】[名] ❶儀式 ¶婚礼(こんれい)の～/婚禮 ❷事情
—— [接尾] (書信用語,上接「わ

たくし」等代詞表示)開於…¶私〜、このたび下記に転居いたしました/我們已搬家,新址如下
- **ぎ** ①【議】[名]討論,議論
- **きあい** ⓪【気合い】[名](申斥或鼓勵對方時的)嚴厲語氣,嚴厲的語調¶〜をかける/大聲地鼓勵
- **きあつ** ⓪【気圧】[名]氣壓,大氣壓力
- **ぎあん** ⓪【議案】[名]議案,提案
- **きい** ①【奇異】[名・形動]奇異,稀奇,離奇
- **キー** ①【key】[名] ❶鑰匙 ❷關鍵 ❸鍵,鍵盤
- **キー・ボード** ③【keyboard】[名]鍵盤
- **キー・ホルダー** ③【keyholder】[名]鑰匙圈,鑰匙鍊
- **きいっぽん** ②【生一本】[名・形動] ❶純粹的東西,真正的東西 ❷耿直
- **きいろ** ⓪【黄色】[名・形動]黃顏色
- **きいろ・い** ⓪【黄色い】[形] ❶黃顏色 ❷(女人、孩子的)尖叫聲¶〜声/尖叫聲
- **ぎいん** ①【議員】[名]議員【国会(こっかい)ー】⑤[名]國会議員
- **ぎいん** ①【議院】[名] ❶國會,議會 ❷國會大廈(指日本國會議事堂)
- **キウイ・フルーツ** ⑤【Kiwi fruit】[名]奇異果,幾維果
- **きうん** ①【気運】[名]趨勢,形勢
- **きうん** ①【機運】[名]時機,機會¶〜が熟する/時機成熟
- **き・える** ⓪【消える】[自下一]消失¶あかりが〜/燈光熄滅¶すがたが〜/不見身影¶雪が〜/雪融化
- **きえん** ①⓪【奇縁】[名]奇緣
- **きえん** ①【機縁】[名]時機,機會
- **きお・う** ②【気負う】[自五]抖擻精神,奮勇
- **きおく** ⓪【記憶】[名・他サ]記憶,記性¶〜がうすれる/記憶淡薄【ー力(りょく)】③[名]記憶力
- **きおくれ** ④⓪【気後れ】[名・自サ]膽怯,發怵,害怕
- **きおち** ⓪【気落ち】[名・自サ]氣餒,沮喪,頹喪
- **きおん** ⓪【気温】[名]氣溫
- **ぎおん** ⓪【擬音】[名](廣播劇、電影等的)擬聲,音響
- **ぎおんご** ⓪【擬音語】[名]擬聲詞,象聲詞
- **きか** ②【帰化】[名・自サ] ❶歸化,入籍¶日本に〜する/入日本籍 ❷(從外國引進的動植物在本國得以生存繁殖)歸化
- **きが** ①【飢餓】[名]飢餓
- **きかい** ②【器械】[名]器械【一体操(たいそう)】④[名]器械體操
- **きかい** ②【機会】[名]機會,時機¶〜をつかむ/不失時機¶〜をまつ/等待時機
- **きかい** ②【機械】[名]機械,機器
- **きかい** ②【奇怪】[名・形動]奇怪,離奇¶〜な事件/離奇事件
- **きがい** ①⓪【危害】[名]危害,傷害¶〜をくわえる/危害人,傷害人
- **きがい** ⓪【気概】[名]氣概,氣魄
- **ぎかい** ⓪【議会】[名]議會,國會【ー制度(せいど)】④[名]議會制度
- **きがえ** ⓪【着替(え)】[名] ❶換衣服 ❷替換的衣服
- **きが・える** ③【着替える】[他下一]換衣服
- **きかがく** ②【幾何学】[名]〈數〉幾何學
- **きがかり** ④②【気がかり】[名・形動]掛念,擔心
- **きかく** ⓪【企画】[名・他サ]規劃,計劃
- **きかく** ⓪【規格】[名]規格,標準
- **きがく** ①【器楽】[名]器樂【ー合奏(がっそう)】④[名]器樂合奏

きか・せる ⓪【利かせる】[他下一] ❶使…發揮作用,充分利用¶塩あじを～/多加點鹽(使其更合口味) ❷注意;気を～/想得周到

きか・せる ⓪【聞かせる】[他下一] ❶讓…聽,給…聽¶生徒に交響楽を～/給學生聽交響樂 ❷好聽,中聽¶彼の歌はなかなか～/他唱的歌很好聽

きがね ⓪【気兼(ね)】[名・自サ]顧慮,客氣,拘束

きがる ⓪【気軽】[形動]輕鬆愉快,爽快¶～にひきうける/爽快地接受

きかん ⓪② 【気管】[名]氣管¶支炎(しえん) ④【名】支氣管炎

きかん ⓪【季刊】[名]季刊

きかん ⓪【奇観】[名]奇觀,奇景¶天下の～/天下奇觀

きかん ⓪【帰還】[名・自サ]歸來,歸還,返回

きかん ②【期間】[名]期,期間

きかん ②【器官】[名]器官

きかん ②【機関】[名] ❶(動力裝置的)機關 ❷(辦事組織機構的)機關

きかんき ⓪【利かん気】[名・形動]頑強的性格

きかんしゃ ②【機関車】[名]機車,火車頭

きかんじゅう ⓪【機関銃】[名]機關槍

きき ①②【危機】[名]危機,危險境地¶～する(だつ)/擺脱危機

ききいっぱつ ①-④【危機一髮】[名]千鈞一髮

ききい・る ③【聞(き)入る】[自五]專心聽,傾聽,聚精會神地聽¶熱心に～/熱心地傾聽

ききい・れる ④【聞(き)入れる】[他下一]聽取,聽從;接受,答應¶忠告を～/聽取忠告

ききうで ⓪【利き腕】[名](兩隻手中)好使的那一隻手

ききおと・す ④【聞(き)落とす】[他五]聽漏

ききおぼえ ⓪【聞(き)覚え】[名]聽過的,耳熟的¶声に～がある/對(那個)聲音耳熟

ききかえ・す ③【聞(き)返す】[他五] ❶再問,反覆問 ❷反問

ききかじ・る ⓪【聞きかじる】[他五]聽到一知半解

ききぐるし・い ⑤【聞(き)苦しい】[形] ❶令人難以聽懂,不易聽清楚 ❷不好聽,聽後感到不愉快

ききつ・ける ④【聞(き)つける・聞き付ける】[他下一] ❶聽説一事,聽到…聲 ❷聽慣,聽熟¶～けた声/聽慣了的聲音

ききづら・い ⓪④【聞(き)辛い】[形] ❶聽不清楚 ❷難聽,刺耳

ききて ⓪【聞(き)手】[名]聽者,聽衆

ききとが・める ⑤【聞きとがめる】[他下一]指問,責問,指責

ききとど・ける ⑤【聞き届ける】[他下一]應允,答應

ききとり ⓪【聞(き)取(り)】[名] ❶調查,瞭解,聽取 ❷聽寫,聽力

ききなが・す ④【聞き流す】[他五]當作耳邊風,置若罔聞

ききみみをたてる ⑤【聞き耳を立てる】聚精會神地聽,洗耳恭聽

ききめ ⓪【効(き)目・利(き)目】[名]效驗,效用¶～がある/有效驗

ききゅう ⓪【危急】[名]危急,危在旦夕◇危急存亡(そんぼう)の秋(とき)/危急存亡之秋

ききょう ⓪【帰郷】[名・自サ]回故鄉,回家鄉

きぎょう ①【企業】[名]企業

ぎきょうだい ②【義兄弟】[名] ❶(丈夫或妻子的)兄弟;姐夫,妹夫 ❷拜把兄弟,盟兄弟

ぎきょく ⓪【戯曲】[名] ❶戲曲,

戯劇 ❷劇本
ききわ・ける ④【聞(き)分ける】[他下一] ❶以聽力辨別,區別… ❷聽話,懂事
ききん ②【飢饉】[名] ❶飢饉,災荒 ❷缺,不足
ききん ②【基金】[名]基金,資本
きく ②【菊】[名]菊,菊花
き・く ⓪【利く・効く】[五自] ❶有效,起作用¶薬が～/藥起作用 ❷靈驗,好使,能幹¶鼻が～/鼻子好用 ❸經得住,可能,能¶無理(むり)が～かない/不能勉強◇気(き)が利く/機靈,心眼快
き・く ⓪【聞く】[他五] ❶聽説¶会議があるとは～いていない/沒聽説有會議 ❷聽從,應允,答應¶忠告を～/聽從忠告 ❸打聽,詢問¶道を～/問路 ──【聴く】(積極地)聽,傾聽¶音楽を～/聽音樂¶講演を～/聽講演 ◇聞いて極楽(ごくらく)見(み)て地獄(じごく)/聽來是天堂,一見是地獄◇聞くは一時(いっとき)の恥(はじ)聞かぬは一生(いっしょう)の恥/求教是一時之羞,不問乃永世之恥
きぐ ①【器具】[名]器具,用具
きぐう ⓪【奇遇】[名]巧遇,奇遇
きぐらい ②【気位】[名]自以爲了不起,優越感¶気位が高(たか)い/妄自尊大
きくらげ ②【】[名]木耳
きぐろう ②【気苦労】[名・自サ]操心,勞神
ぎげい ①【技芸】[名](工藝、美工方面的)技藝
きげき ①【喜劇】[名]喜劇
ぎけつ ⓪【議決】[名・他サ]議決,表決 -権(けん) ③[名]表決權
きけん ⓪【危険】[名・形動]危險¶～をおかす/冒險
きけん ⓪【棄権】[名・自他サ]棄權

きげん ①【紀元】[名] ❶紀元,公元 ❷建國第一年
きげん ①【起源】[名]起源
きげん ①【期限】[名]期限
きげん ⓪【機嫌】[名] ❶情緒,心情¶～がいい/情緒好 ❷(多用「ごきげん」的形式表示)高興¶ご～ですね、なにかいいことがあったんですか/看樣子您很高興啊,有什麼愉快的事情嗎
きこう ⓪【気候】[名]氣候
きこう ⓪【紀行】[名]記行,遊記 -文(ぶん) ②[名]旅行記文,遊記
きこう ⓪②【機構】[名]機構,構造,組織
きごう ⓪【記号】[名]記號,符號
ぎこう ⓪【技巧】[名]技巧¶～をこらす/鑽研技巧
きこえ ⓪【聞(こ)え】[名] ❶聽,聽力 ❷名聲,評價,聲譽
きこえよがし ④【聞(こ)えよがし】[名・形動]故意大聲講別人的壞話,有意讓人聽到¶～に言う/故意大聲説別人的壞話
きこ・える ⓪【聞(こ)える】[自下一] ❶聽得見,能聽見 ❷聽着似乎是…,聽來覺得是…¶じょうだんに～かもしれないが、ほんとうなんだ/聽來好像是開玩笑,其實是真的 ❸出名,聞名◇世(よ)に聞こえる/聞名於世
きこく ⓪【帰国】[名・自サ]歸國
きごこち ②⓪【着心地】[名](衣服穿在身上時的)感覺¶～がいい/穿着舒服
ぎこちな・い ④[形] ❶(動作)不俐落,笨手笨腳 ❷(語言表達)生硬
きこつ ⓪【気骨】[名]骨氣,氣節
きこな・す ③【着こなす】[他五]衣服穿得很合體,善於穿戴¶上手(じょうず)に～/衣服穿得合體
きこん ⓪【既婚】[名]已婚
きざ ①②【気障】[形動](語言、服

装等)矯揉造作,故作姿態
きさい ⓪【奇才】[名]奇才
きさい ⓪【記載】[名・他サ]記載
ぎざぎざ ⓪①【名・自サ・形動】鋸齒狀刻紋,呈鋸齒狀
きさく ⓪【気さく】[形動]坦率,直爽而親切
ぎさく ⓪【偽作】[名]偽作
きざし ⓪【兆し】[名]預兆,苗頭
きさま ⓪【貴様】[代]你,你這個小子(男性對男性的稱呼,一般用於斥責對方或很親近的人之間)
きざみ ⓪【刻(み)】[名]❶碎的東西 ❷刻紋,刻下的痕跡¶～をいれる/刻上痕跡
───[接尾]每…¶五分～で電車がホームに入る/每隔五分鐘,電車進站
きざみつ・ける ⑤【刻(み)つける】[他下一]刻上,雕上＊銘記,牢記
きざ・む ⓪【刻む】[他五]❶切細,細切¶たまねぎを～/把蔥頭切碎 ❷刻,雕¶文字を～/刻字 ❸銘刻,銘記¶心に～/銘刻在心
きし ②【岸】[名]岸,岸邊,河岸,海岸
きし ①②【騎士】[名]❶騎馬的兵士 ❷騎士(指歐洲中世紀貴族出身的武士)
きじ ①【生地】[名]❶原形,素質,本來面目 ❷(做衣服的)衣料,布料
きじ ⓪【雉・雉子】[名]野雞◇雉も鳴(な)かずば撃(う)たれまい/禍從口出
きじ ①【記事】[名](報紙、雜誌的)報導,消息
ぎし ①【技師】[名]技師,工程師
ぎじ ①【議事】[名]議事,討論事項
きしかいせい ①⓪【起死回生】[名]起死回生
ぎしき ①【儀式】[名]儀式
きしつ ⓪【気質】[名]❶性情,脾氣,性格 ❷派頭,氣質¶学生～/學生氣質¶職人～/手藝人的氣質
きじつ ①【期日】[名]規定日期,期限
きし・む ②【軋む】[自五](兩物相擦)嘎吱嘎吱響
きしゃ ②【汽車】[名]火車
きしゃ ②【記者】[名]記者¶～会見(かいけん) ③¶【名]記者招待會
きじゅうき ②【起重機】[名]起重機
きしゅくしゃ ③【寄宿舎】[名]宿舍
きじゅつ ⓪【記述】[名・他サ]記叙,記載
ぎじゅつ ①【技術】[名]技術
きじゅん ⓪【規準】[名]規範,準則¶～にしたがう/遵照準則
───【基準】❶標準,基準 ❷最低標準
きしょう ⓪【気性】[名]稟性,性格,脾氣¶～がはげしい/脾氣急躁
きしょう ⓪【気象】[名]氣象
きしょう ⓪【起床】[名・自サ]起床
きしょう ⓪【記章】[名]徽章
ぎしょう ⓪【偽証】[名]偽證,假證
きしょうだい ⓪【気象台】[名]氣象臺
きしょうてんけつ ⓪【起承転結】[名](文章的)起承轉合
きじょうのくうろん ⓪【机上の空論】紙上談兵
きじょうぶ ②【気丈夫】[形動]❶心裡有底,膽子壯 ❷剛毅,剛強
ぎじょうへい ②【儀仗兵】[名]儀仗兵
きしょく ⓪【気色】[名]神色,氣色,臉色¶～をうかがう/察顔觀色
きしょく ②⓪【喜色】[名]喜色
ぎしんあんき ①【疑心暗鬼】[名]疑心生暗鬼¶～になる/疑心生

暗鬼
- **ぎじんほう** ⓪【擬人法】[名](修飾上的)擬人手法
- **キス** ①【kiss】[名・自サ】接吻
- **きず** ⓪【傷・疵・瑕】[名] ❶傷,傷口,傷處 ❷(精神上的)打擊,創傷 ❸污點,缺陷,瑕疵◇玉に傷/白璧之瑕,美中不足
- **きずあと** ⓪【傷跡】[名] ❶傷痕,傷疤 ❷創傷
- **きすう** ②【奇数】[名]奇數
- **きすう** ②【基数】[名]基數,從一到九的整數
- **ぎすぎす** ①[副・自サ】 ❶枯瘦 ❷生硬
- **きず・く** ②【築く】[他五] ❶築,構築,建造 ❷積累,攢下¶財産を〜/積累財産
- **きずぐち** ⓪②【傷口・疵口】[名] ❶傷口 ❷創傷,隱痛
- **きずつ・く** ⓪【傷つく】[自五] ❶受傷¶〜いた兵士/受了傷的士兵 ❷心靈受到創傷 ❸名譽受到損害
- **きずつ・ける** ④【傷付ける】[他下一] ❶弄傷,損傷,搞壞 ❷挫傷,敗壞(名譽)
- **きずな** ①⓪【絆】[名] ❶繩索 ❷紐帯,羈絆
- **き・する** ②【帰する】[自他サ] ❶歸於,歸結 ◇灰燼（かいじん）に帰する/化爲灰燼 ❷歸罪,歸咎¶罪を人に〜/歸罪於他人
- **き・する** ②【期する】[他サ] ❶限期,以…爲期¶四月一日を〜して行（おこな）う/定於四月一日進行 ❷確信,決心¶必勝（ひっしょう）を〜/確信會取得勝利 ❸期待,期望 ❹(以「期せずして」的形式表示)没想到,不約而同¶〜せずして一致（いっち）した/不謀而合
- **きせい** ⓪【気勢】[名]氣勢,幹勁¶〜をあげる/鼓勁兒
- **きせい** ⓪【既成】[名]既成¶〜の事実（じじつ）/既成事實
- **きせい** ⓪【帰省】[名・自サ]回家鄉探親
- **きせい** ⓪【既製】[名]已做好的,現成的¶〜品（ひん）/⓪[名]現成品
- **きせい** ⓪【寄生】[名・自サ]寄生¶〜虫（ちゅう）/⓪[名]寄生蟲
- **きせい** ⓪【規制】[名・他サ] ❶規定,規則 ❷限制,約束
- **ぎせい** ⓪【犠牲】[名] ❶犧牲¶〜をはらう/付出犧牲 ❷犧牲品
- **ぎせいご** ⓪【擬声語】[名]擬聲詞
- **きせいひん** ②【既製品】[名]製成品,現成品
- **きせき** ⓪【奇跡】[名]奇迹
- **ぎせき** ⓪【議席】[名] ❶議員席位 ❷議員資格
- **きせつ** ②【季節】[名]季節
- **きぜつ** ⓪【気絶】[名・自サ](一時)休克,昏過去
- **き・せる** ⓪【着せる】[他下一] ❶給…穿 ❷使…蒙受,嫁禍,加害◇ぬれぎぬを着せる/使人蒙受不白之冤
- **キセル** ⓪【(カ)Khsier・煙管】[名]煙袋鍋,煙斗
- **きぜわし・い** ④【気ぜわしい】[形] ❶慌張,忙亂 ❷氣象
- **きせん** ⓪【汽船】[名]輪船
- **きぜん** ⓪【毅然】[形動]毅然,堅決
- **ぎぜん** ⓪【偽善】[名]偽善,假仁假義
- **きそ** ②【起訴】[名・他サ]起訴
- **きそ** ②【基礎】[名] ❶地基,根基 ❷基礎¶〜を固（かた）める/筆固基礎
- **きそ・う** ②【競う】[自五]互相競爭,競賽
- **きぞう** ⓪【寄贈】[名・他サ]贈送,贈與¶本を〜する/贈書
- **ぎぞう** ⓪【偽造】[名・他サ]偽造,假造
- **きそうてんがい** ②【奇想天外】[形動]想法出奇,異想天開

きそく ②【規則】[名]規則,規章¶～に反する/違反規則¶交通(こうつう)－ ⑤[名]交通規則

きぞく ①【貴族】[名]貴族

きそくえんえん ②【気息奄奄】[名]氣息奄奄

きた ②【北】[名]北,北方,北面

ギター ①【guitar】[名]吉他

きたい ◎【気体】[名]氣體

きたい ◎【期待】[名・他サ]期待,期望¶～にこたえる/不負期待

きたい ◎【機体】[名]機身,機體

ぎたい ◎【擬態】[名]擬態[－語(ご) ◎][名]擬態詞

ぎだい ◎【議題】[名](會議的)議題

ぎたいご ◎【擬態語】[名]擬態詞

きた・える ③【鍛える】[他下一] ❶冶(金),煉(鐵) ❷鍛鍊,加強練習¶からだを～/鍛鍊身體

きたかいきせん ⑤【北回帰線】[名]北回歸線

きたかぜ ③④【北風】[名]北風

きたく ◎【帰宅】[名・自サ]回家

きだて ◎【気立(て)】[名]性情,心地(多指女性,小孩)¶～がやさしい/性情溫柔

きたな・い ③【汚い・穢い】[形] ❶髒,不乾淨 ❷醜陋,卑鄙,粗魯¶～ことば/粗鄙的語言 ❸貪婪,吝嗇¶金に～/貪財

きたならし・い ⑤【汚らしい】[形]骯髒,令人欲嘔

きたはんきゅう ③【北半球】[名]北半球

きたる ②【来る】[連体]下次的,未來的¶水泳(すいえい)大会は～十日ときまった/游泳大會定在下月十日舉行

きち ②【吉】[名]吉利,吉祥,好運氣

きち ①②【危地】[名]險境,危險境地

きち ②①【既知】[名]已知

きち ②①【基地】[名]基地,根據地

きちがい ③【気違(い)】[名] ❶精神失常,瘋子 ❷熱中,狂熱¶釣(つ)り～/釣魚狂

きちじつ ◎【吉日】[名]吉日,良辰

きちゅう ◎【忌中】[名]居喪服忌(四十九天)

きちょう ◎【基調】[名] ❶(音樂中的)主調 ❷(思想、行動,作品等的)主要精神,基本觀點

きちょう ◎【貴重】[名・形動]貴重,珍貴,寶貴

ぎちょう ①【議長】[名]會議的主席

きちょうめん ④【几帳面】[名・形動]規規矩矩,一絲不苟

きちんと ②◎[副] ❶乾乾淨淨,整整齊齊¶～したへや/整整齊齊的房間 ❷有規律,規規矩矩¶～した生活/有規律的生活

きつ・い ◎【形】❶嚴厲,嚴害¶～くしかる/嚴厲申斥 ❷嚴格,嚴正 ❸緊,瘦¶～服/緊瘦的衣服¶スケジュールが～/日程安排得很緊 ❹強烈,厲害¶～酒/烈性酒

きつえん ◎【喫煙】[名・自サ]吸煙,抽煙

きづか・う ③【気遣う】[他五]擔心,惦念¶安否(あんぴ)を～/擔心平安與否

きっかけ ◎[名] ❶起首,開端 ❷時機,以…為契機

きっかり ③[副] ❶清楚 ❷(時間,數量等)正好時,恰好,不多不少¶十時～/正好十點

きづかれ ②④【気疲れ】[名・自サ]精神疲勞

きづ・く ②【気づく】[自五] ❶注意到,感覺到,認識到¶誤(あやま)りに～/認識到錯誤 ❷甦醒

ぎっくりごし ④【ぎっくり腰】[名]閃腰,腰扭傷

きつけ ⓪【着付(け)】[名] ❶穿和服的技巧,穿法 ❷给…穿和服

きっさ ⓪【喫茶】[名]喝茶,喫茶¶-店(てん)【30】[名]咖啡店

きっさき ⓪④【切っ先】[名](刀或尖東西的)尖兒

ぎっしり ③【副】(装或擠得)満満¶～とつめこむ/塞得満満的

きっすい ⓪【生っ粋】[名]純粋

きっ・する ⓪③【喫する】[他サ]遭受,遭到¶惨敗(ざんぱい)を～/遭到惨敗

きっちり ③【副】❶緊緊,嚴絲合縫 ❷恰好,正好

きつつき ②【啄木鳥】[名]啄木鳥

きって ③⓪【切手】[名]郵票

きっての(表示在某一範圍内)第一,最好¶学校～秀才(しゅうさい)/学校裡頂尖的高材生

きっと ❶一定,必定,準¶彼はあした、～帰ってくる/他明天一定會回來 ❷嚴厲,嚴肅¶～なる/突然變得嚴属起来

きつね ⓪【狐】[名]狐狸,狐◇きつねにつままれたよう/令人莫名其妙 ◇きつねの嫁入(よめい)り/出着太陽下雨

きっぱり ③【副】斷然,乾脆¶～(と)ことわる/斷然拒絕

きっぷ ⓪【切符】[名]❶(乘車或入場的)車票,入場券 ❷(購領配給商品的)票證

きづまり ④②【気詰(ま)り】[名・形動]拘束,發窘

きづよ・い ③⓪【気強い】[形] ❶心裡踏實,有所仗恃 ❷剛強,堅强

きてい ⓪【既定】[名]既定,已定

きてい ⓪【規定】[名・他サ]規定,規則

きてき ⓪【汽笛】[名]汽笛

きてん ⓪②【起点】[名]起點,出發點

きてん ⓪②【機転・気転】[名]機智,霊機

ぎてん ⓪【疑点】[名]疑點,可疑之處¶いささか～が残(のこ)っている/有一些疑點

きと ②【帰途】[名]歸途

きどあいらく ①【喜怒哀楽】[名]喜怒哀樂

きとう ⓪【祈禱】[名・他サ]祈禱

きどう ⓪【軌道】[名]❶(火車、電車的)軌道 ❷(天體運行的)軌道 ❸(事物進行的)軌道¶～にのる/(事情)走上正軌

きとく ⓪【危篤】[名]病重,病危¶～におちいる/病情陷入危險狀態

きとく ⓪【既得】[名]既得,已得¶-権(けん)③【名】既得權,既得權利

きど・る ⓪【気取る】[自五]❶裝模做樣,做作¶～ったポーズ/做作的姿勢 ❷以…自居,裝成…樣子¶政治家(せいじか)を～/以政治家自居

キナ ①【(オ)kina】[名]奎寧皮,金鷄納霜皮

きなが ⓪【気長】[形動]慢性子,不着急

きにゅう ⓪【記入】[名・他サ]記上,寫上,填上

きぬ ①【絹】[名]絲綢,綢子

きねん ①【祈念】[名・他サ](對神佛)祈禱

きねん ⓪【記念】[名・他サ]紀念¶いい～になる/成爲美好的紀念¶-品(ひん)⓪【名】紀念品

きのう ②【昨日】[名] ❶昨天 ❷過去,不久以前

きのう ⓪【帰納】[名・他サ]歸納

きのう ①⓪【機能】[名・自サ]機能,作用

ぎのう ①【技能】[名]技能,技術,本領

きのこ ①【茸】[名]蘑菇

きのどく[43]【気の毒】[名・形動]❶可憐,不幸,悲慘¶～な人/可憐的人 ❷對不起,於心不安,過意不去

きのみきのまま【着の身着のまま】(除身上穿的衣服外)一無所有

きのやまい[3]【気の病】[名]❶心勞成疾 ❷神經衰弱,神經病

きのり[0]【気乗り】[名・自サ]感興趣,起勁

きば[1]【牙】[名]犬齒,獠牙,虎牙

きはく[0]【気迫】[名]氣魄,氣勢,氣慨

きはく[0]【希薄】[名・形動]❶稀薄,稀少 ❷缺少,缺乏,淡薄

きはずかし・い[5][0]【気恥ずかしい】[形]害羞,害臊

きはつ[0]【揮発】[名・自サ]揮發【─油(ゆ)[3][0]】揮發油

きばつ[0]【奇抜】[名・形動]奇特,新奇,新穎,新鮮¶～なアイデア/奇特的構思

きば・む[2]【黄ばむ】[自五]變黃,帶黃色,呈黃色

きばらし[40]【気晴らし】[名]解悶,散心

きば・る[0]【気張る】[自五]❶發奮,振作起來,努力 ❷豁出錢來,肯多花錢

きはん[0][1]【規範・軌範】[名]規範,模範

きばん[0]【基盤】[名]基礎,地基

きび[1]【黍】[名]黍子,黄米【─だんご[3]】[名]黏米圓子

きびきび[1][副]敏捷,輕快,俐落¶～と行動(こうどう)する/俐落地行動

きびし・い[3]【厳しい】[名]❶嚴格,嚴肅,嚴峻 ❷極度的,属害的¶～寒(さむ)さ/嚴寒

きびす【踵】[名]踵,腳後跟◇びすを返(かえ)す/返回,往回走 ◇きびすを接(せっ)する/接踵,一個接一個

きひん[0]【気品】[名](藝術作品或人的)高雅風格¶～が高い/高雅,文雅

きひん[0]【貴賓】[名]貴賓

きびん[0]【機敏】[名・形動]機敏,敏捷

きふ[1][0]【寄付・寄附】[名・他サ]捐贈,捐助,贈給【─金(きん)[0]】捐款

ぎふ[1]【義父】[名]❶繼父,養父 ❷公公,岳父

きふう[20]【気風】[名]❶風氣,習氣 ❷特性

きふく[0][1]【起伏】[名・自サ]❶(土地)起伏 ❷(感情,狀況等)盛衰,浮沉,多變¶～の多い人生/坎坷的人生

きぶん[1]【気分】[名]❶心情,情緒¶～がいい/心情好 ❷身體狀況¶～がわるい/身體不舒服 ❸氣氛¶お祭(まつ)り～/節日的氣氛

ぎふん[0]【義憤】[名]義憤

きぼ[1]【規模】[名]規模

ぎぼ[1]【義母】[名]❶養母,繼母 ❷婆婆,岳母

きぼう[0]【希望】[名・他サ]希望,期望¶～にもえる/満懐希望

きぼね[0]【気骨】[名]操心,勞心¶～がおれる/操心,勞心

きぼり[03]【木彫(り)】[名]木刻,木雕

きほん[0]【基本】[名]基礎,基礎【─的人権(てきじんけん)[0]】[名]基本人權

きまえ[0]【気前】[名]大方,慷慨¶～がいい/慷慨大方

きまぐれ[04]【気まぐれ・気紛(れ)】[名・形動](想法,行動等)反覆無常,變化無常¶～な人/反覆無常的人

きまじめ[2]【生まじめ・生真面目】[名・形動]過於認真,一本正經

きずず・い ⓪③【気まずい・気不味い】[形](彼此之間)不融洽,不愉快

きまつ ⓪①【期末】[名]期末【—テスト】④[名]期末考試

きまって ⓪【決まって】[副]一定,必定,准

きまま ⓪【気まま】[名・形動]任性,任意,隨便

きまり ⓪【決(ま)り】[名] ❶規定,規則¶～にしたがう/服従規定 ❷習慣,常規,慣例¶—文句(もんく) ❸[名]老一套的話,老生常談 ❹終點,歸結◇きまりが悪(わる)い/不好意思,害羞

きま・る ⓪【決まる・極まる】[自五] ❶決定,規定¶方針が～/方針已定 ❷合乎要求,合適 ❸(用「…にきまっている」「…ときまっている」的形式表示)一定…,必定…¶合格に～っている/一定會考上的

きみ ⓪【君】[名]君主,皇帝,天皇――[代](男性用語,對同輩、晚輩的稱呼)你

きみ ②【気味】[名] ❶感受,心情 ❷有…傾向,有點…¶あの人は考えすぎの～がある/那個人有些過慮◇気味がいい/活該◇気味がわるい/令人不快,毛骨悚然

きみつ ⓪【機密】[名]機密¶～をもらす/洩漏機密

きみゃくをつうじる【気脈を通じる】串通,搭關係,掛上勾

きみょう ①【奇妙】[形動]奇妙,奇異,出奇

ぎむ ①【義務】[名]義務【—教育(きょういく)】③[名]義務教育

きむずかし・い ⓪⑤【気難しい】[形]愛挑剔,難以取悅

きめこまか ⓪【きめ細か】[形動] ❶皮膚細膩 ❷細緻,仔細

きめつ・ける ④【決めつける】[他下一]申斥,指責,硬説是

きめて ⓪【決め手】[名]決定的辦法,解決的證據

き・める ⓪【決める・極める】[他下一] ❶決定,定¶方針を～/決定方針 ❷合乎要求,合適 ❸(用「…と決めている」的形式表示)認定,判定¶帰ってくるものと～めている/我認爲他會回來的

きも ②【肝】[名] ❶(人、動物的)肝臟,五臟 ❷膽量,魄力◇肝がすわる/有膽量,膽子壯◇肝に銘(めい)ずる/銘記在心◇肝をつぶす/嚇破膽◇肝を冷(ひ)やす/膽顫心驚

きもち ⓪【気持(ち)】[名] ❶心情,感情,情緒 ❷身體舒服與否的感覺¶～がいい/心情舒暢;身體舒服

きもの ⓪【着物】[名] ❶衣服 ❷和服

ぎもん ⓪【疑問】[名]疑問,懷疑【—符(ふ)】②[名]問號

きやく ⓪【規約】[名]規約,規章

きゃく ⓪【客】[名] ❶客,客人¶～をもてなす/招待客人 ❷顧客,主顧,觀衆

-きゃく【脚】[接尾](計算桌椅等的量詞)把,張

ぎゃく ⓪【逆】[名・形動] ❶逆,倒,相反¶～に言えば/反過來説¶本心(ほんしん)と～なことを言う/説違心話 ❷(柔道)反扭對手胳膊

きゃくご ⓪【客語】[名](語法)賓語

ぎゃくさつ ⓪【虐殺】[名・他サ]虐殺,屠殺

きゃくしつ ⓪【客室】[名] ❶客廳,會客室 ❷客房

きゃくしゃ ⓪【客車】[名]客車

きゃくしょく ⓪【脚色】[名・他サ] ❶改編(把小説等改編成戲劇或電影) ❷誇張,添枝加葉

ぎゃくじょう ⓪【逆上】[名・自サ] 勃然大怒,大為腦火

ぎゃくせつ ⓪【逆接】[名]逆態接續

ぎゃくせつ ⓪【逆説】[名]反論,似非而是的説法

ぎゃくたい ⓪【虐待】[名・他サ] 虐待

きゃくちゅう ⓪【脚注・脚註】[名] 註脚

ぎゃくてん ⓪【逆転】[名・自他サ] ❶反轉,倒轉 ❷逆退,倒退,惡化 ¶情勢(じょうせい)が～した/局勢惡化了

ぎゃくほん ⓪【脚本】[名]脚本,劇本

きゃくま ⓪【客間】[名]客廳,會客室

きゃしゃ ⓪【華奢】[名・形動]苗條,嬌嫩,削薄

きやす・い ⓪【気安い】[形]不拘泥,不客氣,隨隨便便¶～く言う/不客氣地説

キャスト ①【cast】[名]分配角色

きやすめ ④⓪【気休め】[名]安心,寬慰,安慰

きゃっかん ⓪【客観】[名]客觀{-主義(しゅぎ) ⑤}[名]客觀主義{-性(せい) ⓪}[名]客觀性

きゃっかんてき ⓪【客観的】[形動]客觀¶～な判断/客觀的判斷

ぎゃっきょう ⓪【逆境】[名]逆境,困境

ぎゃっこう ⓪【逆光】[名]逆光{-撮影(さつえい) ⑤}[名]逆光攝影

ぎゃっこう ⓪【逆行】[名・自サ]逆行,倒行

きゃっこうをあびる【脚光を浴びる】❶上演,登臺 ❷引人注目

キャッシュカード ④【cashcard】[名]自動提款卡

キャッチ ①【catch】[名・他サ]捕捉,抓住¶情報(じょうほう)を～する/搜集情報

キャップ ①【cap】[名] ❶無縁帽 ❷(筆等的)帽 ❸領隊,隊長

ギャップ ①【gap】[名] ❶隔閡,代溝 ❷間隙

キャベツ ①【cabbage】[名]巻心菜,甘藍菜

キャラクター ①【character】[名] ❶性格,性情 ❷特別,有特色 ❸(電視、廣播)節目主持人

キャラメル ⓪【caramel】[名]牛奶糖

キャリア ①【career】[名] ❶經歴,經驗 ❷(考升級考試合格的)國家公務員

キャリア・ウーマン ④【career woman】[名]職業婦女

キャンセル ①【cancel】[名・他サ]取消,廢除(合同)

キャンパス ①【campus】[名](大學的)校園,校内

キャンプ ①【camp】[名・自サ] ❶野營 ❷兵營,營房 ❸收容所 ❹帳篷

ギャンブル ①【gamble】[名]賭博

キャンペーン・セール ⑥【campaign sale】[名・他サ]商品推銷活動

きゅう ①【九】[名]九

きゅう ①【旧】[名] ❶舊,陳舊¶～に復(ふく)する/復舊,復原 ❷舊暦,農暦

きゅう ⓪【灸】[名]灸,灸術

きゅう ①【級】[名] ❶等級,階級 ❷班級,年級(=クラス) ——[接尾]表示等級(例:「初級」「高級」)

きゅう ⓪【急】[名・形動] ❶急,急迫¶～を要(よう)する/急需處理 ❷突然,忽然¶空が～にくらくなった/天空突然變暗了 ❸緊急,危急 ❹急速,快速¶～ななかれ/急流 ❺險峻,陡峭¶～な坂(さか)/陡坡

きゅうあい ⓪【求愛】[名・自サ]求愛

きゅうあく ⓪①【旧悪】[名]舊惡,

從前的壞事
ぎゅういんばしょく ⓪【牛飲馬食】[名・自サ]暴飲暴食,貪吃貪喝
きゅうえん ⓪【救援】[名・他サ]救援,救濟¶- 物資(ぶっし)⑤[名]救援物資
きゅうか ⓪【休暇】[名]休假
きゅうかい ⓪【休会】[名・自他サ]休會
きゅうがく ⓪【休学】[名・自サ]休學
きゅうかざん ③【休火山】[名]休火山,休眠火山
きゅうかん ⓪【急患】[名]急病患者,急病人
きゅうきゅう ①[副・形動] ❶(生活)窘迫,拮据 ❷(塞得)滿滿的,(壓得)緊緊的
きゅうきゅう ⓪【救急】[名]急救¶-車(しゃ)③[名]急救車
ぎゅうぎゅう ①[副・形動] ❶(塞得)滿滿的,緊緊 ❷(被)狠狠地訓斥
ぎゅうぎゅうのいちもう【九牛の一毛】九牛一毛
きゅうぎょう ⓪【休業】[名・自サ]停業,不營業
きゅうきょく ⓪【究極・窮極】[名]最終,終極
きゅうくつ ①【窮屈】[名・形動] ❶狹窄,瘦小¶~な服/瘦小的衣服 ❷不自在,拘束¶~な思いをする/感到不自在 ❸(物資)缺乏,短缺¶財政(ざいせい)が~だ/財政緊張
きゅうけい ⓪【休憩】[名・自サ]休息
きゅうげき ⓪【急激】[形動]急劇,劇烈¶気温(きおん)が~に低下(ていか)する/氣溫急劇下降
きゅうご ①【救護】[名・他サ]救護
きゅうこう ⓪【休校】[名・自サ](學校)停課

きゅうこう ⓪【休講】[名・自サ](臨時)停課
きゅうこう ⓪【急行】[名] ❶急往,急忙去 ❷「急行列車」的簡稱¶-列車(れっしゃ)⑤[名]快車
きゅうこうをあたためる【旧交を温める】重溫舊誼
きゅうこく ⓪【救国】[名]救國
きゅうさい ⓪【救済】[名・他サ]救濟
きゅうし ⓪【休止】[名・自他サ]停止,停歇¶運転(うんてん)を~する/停車
きゅうし ⓪【急死】[名・自サ]突然死去
きゅうしき ⓪【旧式】[名・形動]舊式,老式
きゅうじつ ⓪【休日】[名]休息日,假日
きゅうしにいっしょうをえる【九死に一生を得る】九死一生
きゅうしゅう ①【九州】[名]九州
きゅうしゅう ⓪【吸収】[名・他サ]吸收¶養分(ようぶん)を~する/吸收養分
きゅうじゅう ①【九十】[名]九十
きゅうしゅつ ⓪【救出】[名・他サ]救出
きゅうしょ ③⓪【急所】[名] ❶(身體上的)要害處,致命處 ❷要點,要害,關鍵
きゅうじょ ①【救助】[名・他サ]救助,救護
きゅうじょう ⓪【窮状】[名]窮困狀況,窘境
きゅうしょく ⓪【給食】[名](學校等爲學生)供給伙食
きゅうしょく ⓪【休職】[名・自サ](暫時)停職
ぎゅうじ・る ③【牛耳る】[他五]操縱,支配
きゅうしん ⓪【休診】[名・自サ]停診
きゅうしん ⓪【急進】[名・自サ]

急進,激進,冒進
きゅうじん ⓪【求人】[名・他サ]招人,招聘人員
きゅうじんのこうをいっきにかく【九仞の功を一簣に欠く】爲山九仞,功虧一簣
きゅうしんりょく ③【求心力】[名]向心力
きゅう・す ①【休す】[自サ]完結,休矣¶万事(ばんじ)～／萬事皆休
きゅうすい ⓪【給水】[名・自サ]給水,供水
きゅう・する ③【窮する】[自サ]❶爲難 ❷窮困,貧困¶生活に～する／生活貧困◇窮すれば通(つう)ず／窮極生智,窮則變
きゅうせい ⓪【急性】[名]〈醫〉急性¶-肺炎(はいえん)⑤】[名]急性肺炎
きゅうせい ⓪【救世】[名]救世¶-軍(ぐん)⓪【救世軍】[名](基督教的一派,從事救濟,慈善事業)¶-主(しゅ)③】[名]救世主
きゅうせき ⓪①【旧跡・旧蹟】[名]古蹟¶名所(めいしょ)- ⓪[名]名勝古蹟
きゅうせっきじだい ⑥【旧石器時代】[名]舊石器時代
きゅうせん ⓪【休戦】[名・自サ]停戦
きゅうぞう ⓪【急増】[名・自サ]猛増¶人口(じんこう)が～する／人口猛増
きゅうそく ⓪①【休息】[名・自サ]休息
きゅうそく ⓪①【急速】[名・形動]迅速,高速
きゅうそねこをかむ【窮鼠猫を嚙む】窮鼠囓貓,狗急跳牆
きゅうだい ⓪【及第】[名・自サ]考取,及格
きゅうだん ⓪【糾弾・糺弾】[名・他サ]譴責,攻撃,彈劾
きゅうち ①【窮地】[名]困境;窘境

きゅうてん ⓪【急転】[名・自サ]急轉,突然變化¶-直下(ちょっか)⑤】[名]急轉直下
きゅうでん ⓪【休電】[名・自サ]停電
きゅうでん ⓪【宮殿】[名]宮殿
キュート ①【cute】[形動]可愛的
きゅうとう ⓪①【旧冬】[名](年初用語)去年冬天(季)
きゅうに ⓪【急に】[副]突然,忽然
ぎゅうにく ⓪【牛肉】[名]牛肉
ぎゅうにゅう ⓪【牛乳】[名]牛奶
きゅうねん ⓪【旧年】[名]去年
きゅうば ⓪【急場】[名]緊急場合,緊急情況
きゅうはく ⓪【急迫】[名・自サ]窘迫,窮困
きゅうばのみち【弓馬の道】武藝
キューピッド ①③【Cupid】[名]丘比特(羅馬神話中的愛神)
きゅうびょう ⓪【急病】[名]急病
きゅうへん ⓪【急変】[名・自他サ]❶突變,驟變 ❷意外事件
きゅうぼう ⓪【窮乏】[名・自サ]窮窘,貧困
キューポラ ⓪【cupola】[名]煉鐵爐,高爐
きゅうめい ⓪①【究明】[名・他サ]查明,研究探明¶真相(しんそう)を～する／查明真相
きゅうめい ⓪【救命】[名]救命,救生¶-艇(てい)③】[名]救生艇
きゅうゆ ⓪【給油】[名・自サ]加油,給油
きゅうゆう ⓪【旧友】[名]舊友,老朋友
きゅうゆう ⓪【級友】[名]同班同學
きゅうよ ①【給与】[名・他サ]❶工資,薪金 ❷供給,供應
きゅうよ ①【窮余】[名]窮極◇窮余の一策／窮極之策,最後一着
きゅうよう ⓪【休養】[名・自サ]休養

きゅうよう ⓪【急用】[名]急事
きゅうり ①【胡瓜】[名]黄瓜
きゅうりょう ⓪【丘陵】[名]丘陵
きゅうりょう ①③【給料】[名]工資,薪水
きゅうれき ⓪【旧暦】[名]舊暦
きよ ①【寄与】[名・自サ]貢獻,有助於…¶社会に～する/有助於社會
きょ ①【居】[名]住址
きょ ①【挙】[名]舉,舉動
きょ ①【虚】[名]❶虚,空虚¶～と実(じつ)/虚與實 ❷疏忽大意◇虚を衝(つ)く/攻其不備
きよ・い ②【清い】[形]❶清,清澈 ❷純潔,潔白
きよう ⓪【起用】[名・他サ]起用,重用¶新人(しんじん)を～する/起用新人
きよう ⓪【器用】[名・形動]❶巧,靈巧¶手先(てさき)が～だ/手巧 ❷機靈

きょう ①【今日】[名]今天,今日◇今日の後(あと)に今日なし/時不再来◇今日の情(なさけ)は明日(あす)の仇(あだ)/今日恩情明日仇

きょう ⓪【境】[名]❶境地 ❷心境
きょう ⓪【興】[名]興致,興趣¶～にのる/乗興
きょう ⓪【経】[名]佛經
ぎょう ①【行】[名]❶(文字的)行¶～をあらためる/另起一行 ❷(佛教)修行 ❸(五十音圖的)行 ❹(漢字書法的)行書體
ぎょう ①【業】[名]❶職業,行業 ❷事業 ❸學業
きょうあく ⓪【兇悪】[名・形動]凶悪
きょうい ①【脅威】[名]威脅,脅迫
きょうい ①【驚異】[名]驚異,驚奇¶～の目をみはる/瞠目驚視
きょうい ①【胸囲】[名]胸圍

きょういく ⓪【教育】[名・他サ]教育¶-者(しゃ)④③[名]教育工作者¶義務(ぎむ)-③[名]義務教育
きょういん ①⓪【教員】[名]教員,教師
きょうえい ⓪【競泳】[名]游泳比賽
きょうか ①⓪【強化】[名・他サ]強化,加強¶とりしまりを～する/加強管理
きょうか ①【教科】[名]教學科目,課程
きょうかい ⓪【協会】[名]協會
きょうかい ⓪【教会】[名]❶教堂 ❷教會
きょうかい ⓪【境界】[名]邊境,境界,疆界¶-線(せん)⓪[名]邊境線
きょうがく ⓪【共学】[名](男女)同校
きょうかしょ ③【教科書】[名]教科書,課本
きょうかつ ⓪【恐喝・脅喝】[名・他サ]恐嚇,威脅
きょうかん ⓪【共感】[名・自サ]同感,共鳴
きょうき ①【凶器・兇器】[名]兇器
きょうぎ ①③【協議】[名・他サ]協議,協商
きょうぎ ①【競技】[名・自サ]競技,競賽
ぎょうぎ ⓪【行儀】[名]禮節,禮儀,禮貌¶～がわるい/没禮貌
きょうきゅう ⓪【供給】[名・他サ]供給,供應
ぎょうぎょうしい ⑤【仰仰しい】[形]誇大,誇張
きょうきんをひらく【胸襟を開く】推心置腹
きょうぐう ⓪③【境遇】[名]境遇,處境
きょうくん ⓪【教訓】[名]教訓,訓

戒
ぎょうけつ ⓪【凝結】[名・自サ]
凝結,凝固
きょうけん ⓪【強権】[名]強權
きょうけん ⓪【強健】[名・形動]
強健,強壯
きょうげん ③【狂言】[名] ❶狂言
(「能樂」幕間演的一種古典滑稽
劇) ❷歌舞伎]劇 ❸詭計,騙局
きょうけんびょう ⓪【狂犬病】[名]
狂犬病
きょうこ ①【強固】[形動]筆固,堅
固
きょうこう ⓪【恐慌】[名] ❶恐慌
¶～をきたす/引起恐慌 ❷(經
濟)恐慌,危機
きょうこう ③【教皇】[名]教皇
きょうこう ⓪【強行】[名・他サ]
強行
きょうこう ⓪【強硬】[形動]強硬
きょうこく ⓪①【強国】[名]強國
きょうさ ①【教唆】[名・他サ]教
唆,唆使
きょうざい ⓪【教材】[名]教材
きょうさく ⓪【凶作】[名]歉收
きょうざ・める ④【興ざめる・興
醒める】[自下一]掃興,敗興
きょうさん ⓪【共産】[名] ❶共産
❷共産主義,共産黨的簡稱
きょうし ①【教師】[名]教師,教員
ぎょうじ ①③【行事】[名](按慣例
或定期舉行的)儀式,活動¶年中
(ねんじゅう)～⑤[名]一年中按慣
例或計劃舉辦的儀式,活動
きょうしつ ⓪【教室】[名] ❶教
室,課堂 ❷(教授技術,技巧的)
學習班¶編み物～/毛衣編織學
習班
ぎょうしゃ ①【業者】[名]工商業者
きょうしゅ ①【興趣】[名]興趣,趣
味
きょうじゅ ①【享受】[名・他サ]享
受,享有
きょうじゅ ①⓪【教授】[名・他サ]

❶教授,講授 ❷教授
きょうしゅう ⓪【郷愁】[名]鄉愁
きょうしゅう ⓪【強襲】[名・他サ]
強攻,猛攻
きょうしゅく ⓪【恐縮】[名・自サ]
惶恐,不敢當;對不起¶～に存じ
ます/很過意不去¶～ですが,…
/對不起,請問…
ぎょうしゅく ⓪【凝縮】[名・自サ]
凝縮
きょうじゅつ ⓪【供述】[名・他サ]
供述,口供
ぎょうしょ ⓪【行書】[名]行書
きょうじょう ⓪【教条】[名](教會
公認的)教義條文¶-主義(しゅぎ)
⑤[名]教條主義
きょう・じる ⓪【興じる】[自上
一]興致勃勃,興高采烈
きょうじん ⓪【強靭】[形動]強靭,
堅強,頑強
きょうしんざい ⓪③【強心剤】[名]
強心劑
ぎょうずい ⓪【行水】[名・自サ]
用水沖洗身體
きょうせい ⓪【強制】[名・他サ]
強制,強迫
きょうせい ⓪【矯正】[名・他サ]
矯正
ぎょうせい ⓪【行政】[名]行政
ぎょうせき ⓪【業績】[名]業績,成
果
きょうそう ⓪【強壮】[名・形動]
強壯
きょうそう ⓪【競争】[名・自他
サ]競爭,競賽¶～がはげしい/
競爭激烈
きょうそう ⓪【競走】[名・自サ]
賽跑
きょうそん ⓪【共存】[名・自サ]
共存,共處
きょうだい ①【兄弟】[名]
❶兄弟,姐妹
❷(男性之間的親熱稱呼)老
兄

きょうだい ⓪【鏡台】[名]梳妝臺
きょうだい ⓪【強大】[名・形動]強大
きょうたん ⓪【驚嘆】[名・自サ]驚嘆¶～にあたいする/値得驚嘆
きょうだん ⓪【教壇】[名]講臺,講壇
きょうち ①【境地】[名]境地
きょうちゅう ①【胸中】[名]胸中,内心
きょうちょう ⓪【協調】[名・自サ]協調
きょうちょう ⓪【強調】[名・他サ]強調
きょうつう ⓪【共通】[名・自サ・形動]共同¶～の話題(わだい)/共同的話題¶-語(ご) ⓪[名]❶通用語❷普通話
きょうてい ⓪【協定】[名・他サ]協定
きょうてき ⓪【強敵】[名]強敵,勁敵
ぎょうてん ③⓪【仰天】[名・自サ][名]非常吃驚¶びっくり- ④[名]大吃一驚
きょうと ①【教徒】[名](宗教、宗派的)教徒,信徒
きょうど ①【郷土】[名]❶故鄉❷鄉土,鄉間¶-色(しょく) ③[名]地方色彩
きょうど ①【強度】[名]強度,極度
きょうとう ⓪【教頭】[名](日本中、小學中僅次於校長的)副校長,教導主任
きょうどう ⓪【共同】[名・自サ]共同¶-募金(ぼきん) ⑤[名]共同募捐
きょうどう ⓪【協同】[名・自サ]協同,協力¶-組合(くみあい) ⑤[名]合作社
きょうねん ⓪【凶年】[名]凶年,荒年
きょうねん ⓪【享年】[名]享年

きょうばい ⓪【競売】[名・他サ]拍賣
きょうはく ⓪【脅迫】[名・他サ]威脅,脅迫¶～に屈(くっ)しない/不怕威脅
きょうはく ⓪【強迫】[名・他サ]強迫,強制¶-観念(かんねん) ⑤[名]強迫觀念
きょうはん ⓪【共犯】[名]同犯,共犯(罪)
きょうふ ①⓪【恐怖】[名]恐怖
きょうぶ ①【胸部】[名]胸部
きょうべん ⓪【強弁】[名・他サ]強詞奪理,狡辯
きょうぼう ⓪【共謀】[名]同謀
きょうぼう ⓪【狂暴・凶暴】[名・形動]狂暴,殘暴
きょうみ ①③【興味】[名]興趣
きょうみぶか・い ⑤【興味深い】[形]很有興趣,頗有興意
きょうむ ⓪【教務】[名](學校的)教學業務
ぎょうむ ①【業務】[名]業務,日常工作
きょうめい ⓪【共鳴】[名・自サ]共鳴,同情,贊同
きょうもん ⓪【経文】[名]經文
きょうやく ⓪【協約】[名・他サ]協約,協定,協商¶～をむすぶ/締結協約
きょうゆう ⓪【共有】[名・他サ]共同所有,公有¶-財産(ざいさん) ⑤[名]公有財產
きょうよう ⓪【共用】[名・他サ]共同使用,公用
きょうよう ⓪【教養】[名]教養,素養
きょうらく ⓪【享楽】[名・他サ]享樂¶-主義(しゅぎ) ⑤[名]享樂主義
きょうらん ⓪【狂乱】[名・自サ]狂亂,瘋狂¶半(はん)- ③[名]半瘋

きょうり ①【郷里】[名]故郷,老家
きょうりゅう ⓪【恐竜】[名]恐龍
きょうりょう ⓪【狭量】[名]度量狭小,氣度狭小
きょうりょく ①⓪【協力】[名・自サ]協力,合作
きょうりょく ⓪【強力】[名・形動]強有力,力量大,強大
きょうれつ ⓪【強烈】[形動]強烈
ぎょうれつ ⓪【行列】[名・自サ]行列,隊列
きょうわ ⓪①【共和】[名]共和¶-国(こく)③[名]共和國
きょえいしん ②【虚栄心】[名]虚榮心
ギョーザ ⓪[名]餃子
きょか ①【許可】[名・他サ]許可,允許¶~をえる/得到許可
きょぎ ①【虚偽】[名]虚偽
ぎょぎょう ①⓪【漁業】[名]漁業
きょきょじつじつ ①【虚虚實實】[名]虚虚實實
きょく ①⓪【曲】[名] ❶〈音〉曲調 ❷樂曲,歌曲
きょく ①【局】[名](「放送局」「郵便局」等的簡稱)局
きょく ①【極】[名]極限,極點¶疲労(ひろう)の~に達(たっ)する/疲勞到了極點
ぎょく ⓪【玉】[名] ❶(日本將棋中的)王將 ❷鷄蛋 ❸玉,寶石
きょくがい ②【局外】[名]局外¶-者(しゃ)③[名]局外人
きょくげい ⓪②【曲芸】[名]雜技
きょくげん ②③【極限】[名]極限,極點
きょくげん ⓪【極言】[名・他サ]極端地説,徹底地説
ぎょくせきこんこう ⓪【玉石混交】[名]魚龍混雜,玉石混淆
きょくせつ ⓪【曲折】[名・自サ]曲折,複雜
きょくせん ⓪【曲線】[名]曲線¶-美(び)③[名]曲線美

きょくたん ③【極端】[名・形動]極端
きょくてん ③【極点】[名] ❶極點,極限 ❷(南北極的)極點
きょくど ①【極度】[名]極度,極端,非常
きょくめん ②③【局面】[名] ❶(日本將棋、圍棋的)棋局,棋勢 ❷局面,局勢¶~を打開(だかい)する/打開局面
きょくりょく ⓪【極力】[副]盡量,盡可能,盡力
きょくろん ⓪【極論】[名・自他サ]極端地説,極端的意見
きょこう ⓪【挙行】[名・他サ]舉行
きょこう ⓪【虚構】[名・他サ]虚構
きょじゃく ⓪【虚弱】[名・形動](身體)虚弱,軟弱
きょしゅ ①【挙手】[名・自サ]舉手
きょじゅう ⓪【居住】[名・自サ]居住
きょしょ ①【居所】[名]住處,住址
きょしん ①⓪【虚心】[名・形動]虚心¶-坦懐(たんかい)①[名]虚心坦率
きょじん ⓪【巨人】[名] ❶(身材魁偉的)巨人 ❷能人,偉人
きよずり ⓪【清刷(り)】[名](印刷)清様
きょせい ⓪【虚勢】[名]虚張聲勢¶~をはる/虚張聲勢
きょぜつ ⓪【拒絶】[名・他サ]拒絶
ぎょせん ⓪【漁船】[名]漁船
ぎょそん ⓪【漁村】[名]漁村
きょだい ⓪【巨大】[名・形動]巨大
きょだつ ⓪【虚脱】[名] ❶虚脱 ❷失神,呆然若失
きょっかい ⓪【曲解】[名・他サ]曲解,歪曲
きょっけい ⓪【極刑】[名]極刑,死

刑

ぎょっと ⓪[副・自サ]大吃一驚,嚇得心裏撲通一跳

きょてん [1]⓪[拠点][名]據點

きょとう ⓪[巨頭][名]巨頭,首腦¶―会談(かいだん)[4][名]巨頭會談

きょとんと [2][副・自サ]發呆,發愣

きょねん [1][去年][名]去年

きょひ [1][拒否][名・他サ]拒絶,否決¶―権(けん)[2][名]否決權

ぎょふのり【漁夫の利】漁翁之利

きよみずのぶたいからとびおりる【清水の舞台から飛び降りる】豁出去了,破釜沉舟

ぎょみん [1]⓪[漁民][名]漁民

きょむ [1][虚無][名]虚無¶―主義(しゅぎ)[3][名]虚無主義

きよ・める [3][清める][他下一]洗清,洗淨¶身を～/洗淨身體

きょよう ⓪[許容][名・他サ]容許,寛容¶―量(りょう)[2][名]容許量

きよらか [2][清らか][形動]清澈潔白,純潔¶～な心(こころ)/純潔的心

きょり [1][距離][名]距離

きょりゅう ⓪[居留][名・自サ] ❶逗留 ❷僑居,居留¶―民(みん)[2][名]僑民

きょろきょろ [1][副](心神不安地)東張西望

ぎょろぎょろ [1][副]睜大眼睛四處尋視

きよわ ⓪[気弱][名・形動]懦弱,膽小¶～な性格/懦弱的性格

きらい ⓪[嫌い][形動]討厭,不喜歡¶～な人/討厭的人
――[名] ❶(多用『…するきらいがある』『…のきらいがある』的形式表示)有…傾向¶わがままずぎる～がある/有些過份任性 ❷(用『…のきらいなく』的形式表示)没有區別¶男女(だんじょ)の～なく採用する/不分男女都録用

きら・う ⓪[嫌う][他五]討厭,不喜歡¶勉強(べんきょう)を～/討厭學習

きらきら [1][副]閃爍,晃眼¶星(ほし)が～光(ひか)る/星光閃爍

ぎらぎら [1][副・自サ]閃耀,輝耀

きらく ⓪[気楽][名・形動] ❶輕鬆¶～な仕事/輕鬆的工作 ❷無掛慮

きらびやか [3][形動]華麗耀眼,燦爛奪目

きらめ・く [3][煌く][自五]閃爍,閃閃發光

きり [2][切(り)][名] ❶階段,段落¶～をつける/告一段落 ❷極限¶ピンから～まで/從頭到尾;從最高級到最低級

きり [1][錐][名]錐子

きり [1][霧][名] ❶霧 ❷(噴出的)霧氣,小水珠

きり[副助] ❶隻,僅¶彼に会ったのは一回～だ/只見過他一次 ❷之後就沒…¶出かけた～帰(かえ)ってこない/出去就再沒回來

ぎり [2][義理][名] ❶人情,情義,情面¶～を欠く/不懂人情事理 ❷姻親,親屬關係¶～の兄(あに)/内兄,姐夫,大伯

きりあ・げる ⓪[切(り)上げる][他下一] ❶結束,告一段落¶仕事を～/把工作告一段落 ❷小數進位

きりか・える ⓪[切(り)替える][他下一]轉換,改換;兌換¶チャンネルを～/換頻道¶ポンドを日本円に～/把英磅兌換成日元

きりきり [1][副] ❶急劇轉動貌 ❷(身體某部)劇烈疼痛

ぎりぎり ⓪[副]極限,到頭,勉勉強強¶～にまにあう/勉勉強強

きりぎ

起上
きりぎりす ③[名]蟋蟀
きりきりまい ④[名・自サ]忙得不可開交
きりくず・す ④【切り崩す】[他五] ❶砍伐,削平 ❷破開,瓦解
きりこうじょう ③【切(り)口上】[名]拘謹刻板的口吻,鄭重其事的口吻¶～であいさつする/一板一眼地致辭
きりさ・げる ④【切り下げる】[他下一]貶値
きりさめ ⓪【霧雨】[名]毛毛雨,濛濛細雨
きりす・てる ④【切り捨てる】[他下一] ❶砍下扔掉;切掉 ❷捨去
キリスト ⓪【(ポ)christo】[名]基督[-教(きょう)⓪][名]基督教
きりだ・す ③【切り出す】[他五] ❶砍伐後運出 ❷開口説話
きりつ ⓪【起立】[名・自サ]站起來,起立
きりつ ⓪①【規律】[名]規律,紀律,規章
きりつ・める ⓪【切(り)詰める】[他下一]削減,壓縮,節約¶予算(よさん)を～/縮減預算
きりぬ・ける ⓪【切(り)抜ける】[他下一] ❶擺脱(困境)¶危機(きき)を～/擺脱危機 ❷衝出,殺出(敵人重圍)
きりはな・す ⓪【切(り)離す・切(り)放す】[他五]割斷,切開,分開
きりひら・く ⓪【切(り)開く】[他五] ❶開墾(荒地),鑿開(山岳等) ❷突破
きりふだ ②【切り札】❶王牌 ❷最後的招數
きりまわ・す ④【切り回す】[他五]料理,掌管
きりょう ①【器量】[名] ❶(女性的)容貌,相貌¶～がいい/長得漂亮 ❷才能,才幹

きりょく ①【気力】[名]毅力,精力
きりん ⓪【麒麟】[名] ❶長頸鹿 ❷(中國古代想像中的動物)麒麟
き・る ①【切る】[他五] ❶切,剪,裁,撕¶紙(かみ)を～/裁紙¶肉(にく)を～/切肉¶キップを～/剪票¶つめを～/剪指甲 ❷中止,中斷,切斷¶スイッチを～/開開關◇電話(でんわ)を切る/掛上電話◇手を切る/斷絶往來¶ことばを～/中斷講話 ❸轉(彎)¶ハンドルを～/轉彎 ❹開始¶スタートを～/起跑◇口(くち)を切る/首先發言 ❺打破(最低限度),突破¶百メートルで十秒を～/百米跑十秒大關
——[接尾] ❶完結,完成¶読(よ)み～/讀完¶売(う)り～/賣完 ❷極,非常¶困(こま)り～/極爲難¶弱(よわ)り～/極弱
き・る ⓪【着る】[他上一] ❶穿¶きものを～/穿和服 ❷承擔,承受◇罪(つみ)を着る/承擔罪過
きれ ②【切れ】[名] ❶(刃物等的)快鈍程度¶～の悪いほうちょう/鈍的菜刀 ❷碎片¶紙(かみ)⓪][名]紙片 ❸布匹,布料
——[接尾]片¶パン二(ふた)～/兩片麵包
きれい ①【奇麗・綺麗】[形動] ❶美麗,漂亮,好看¶～な声(こえ)/好聽的聲音 ❷乾淨,清潔¶～にそうじする/打掃乾淨¶～な水(みず)/乾淨水 ❸一乾二淨,完完全全¶～に忘れた/忘得一乾二淨
ぎれい ⓪【儀礼】[名]禮儀,禮節
きれいごと ⑤【綺麗事】[名]漂亮話,漂亮事
きれめ ③【切(れ)目】[名] ❶段落¶話(はなし)の～/話的段落 ❷斷開處,裂縫◇金(かね)の切れ目が

縁(えん)の切れ目/錢盡情亦盡

き・れる ②【切れる】[自下一] ❶斷,中斷,斷開¶糸が～/線斷了¶電話(でんわ)が～/電話中斷¶息(いき)が～/上氣不接下氣 ❷用完,失效¶期限が～/期滿¶油(あぶら)が～/油用完了¶くすりが～/藥失效 ❸(頭腦)精明¶あたまの～男/精明的人 ❹偏離¶右(みぎ)に～/向右偏了 ❺(刀)快◇手(て)の切れるような札(さつ)/新新的票子

キロ ①(仏)kilo[接頭]千【-メートル ③】[名]公里【-グラム ③】[名]公斤
── [名]キロメートル『キログラム』的簡稱

きろく ⓪【記錄】[名・他サ] ❶記載,記錄¶～をとる/記錄 ❷(體育等的)記錄¶～を更新(こうしん)する/刷新記錄

ぎろん ①【議論】[名・他サ]討論,議論,爭論¶～をたたかわす/激烈爭辯

きわ ②【際】[名]邊緣¶がけの～/山崖的邊緣

-ぎわ ②【際】[接尾] ❶邊緣 ❷…之際,…時候¶帰(かえ)り～/回去的時候¶別(わか)れ～/分別之際

ぎわく ⓪【疑惑】[名]疑惑

きわだ・つ ③【際立つ】[自五]顯眼,顯著¶～って美しい人/特別漂亮的美人

きわど・い ③【際どい】[形]危險萬分,差一點

きわまりな・い ⑤【極まりない】[形]再也沒有,極其

きわま・る ③【極まる・窮まる】[自五] ❶到盡頭,達極限¶失礼(しつれい)～/非常失禮¶感(かん)極まる感動¶陷入困境,走投無路¶進退(しんたい)～/進退兩難

きわめて ②【極めて】[副]極,非常,特別

きわ・める ③【極める・窮める】[他下一] ❶到達極限¶学問の頂上(ちょうじょう)を～/達到科學的頂峰¶栄華を～/富貴榮華之極 ❷極,非常¶雜踏を～/非常擁擠¶多忙を～/極忙
── 【究める】徹底查明,查究¶真理(しんり)を～/查明真理

きわもの ⓪【際物】[名] ❶應時的商品 ❷應時,流行的作品(小說,電影,戲劇等)¶～の映画(えいが)/應時電影

きをつけ ④【気を付(け)】[整隊時的口令]立正↔「休め」

きん ①【金】[名] ❶金,黃金¶～のゆびわ/金戒指 ❷金色,金黃色 ❸日本將棋中「金将(きんしょう)」的簡稱 ❹「金曜日(きんようび)」的簡稱 ❺(加在表示錢的數量名詞前)錢,金錢¶～三万円/錢,三萬日元

きん ①【禁】[名]禁止,禁令¶～をやぶる/破壞禁令

ぎん ①【銀】[名] ❶銀,銀子 ❷日本將棋中「銀将(ぎんしょう)」的簡稱

きんいつ ⓪【均一】[名・形動]均等,劃一¶～なねだん/一樣的價錢

きんいろ ⓪【金色】[名]金色,金黃色

きんえい ⓪【近影】[名]近影,近照

きんえん ⓪【禁煙】[名] ❶禁煙 ❷戒煙

きんか ①【金貨】[名]金幣
きんか ①【槿花】[名]木槿
きんが ①【謹賀】[名]恭賀,謹賀【-新年(しんねん) ④】[名]恭賀新年

ぎんか ①⓪【銀貨】[名]銀幣
ぎんが ①【銀河】[名]天河,銀河【-系(けい) ⓪】[名]銀河系

きんかい ①【近海】[名]近海

きんかぎょくじょう ①-⓪【金科玉条】[名]金科玉律

きんがく ⓪【金額】[名]金額,款數

きんがしんねん ④【謹賀新年】[名]恭賀新禧

きんがん ⓪【近眼】[名]近視,近視眼

きんかんしょく ③【金環食・金環蝕】[名]金環蝕,日環蝕

きんき ①【近畿】[名]以本州中西部,京都爲中心的地方(指京都、大阪二府及兵庫、和歌山、奈良、三重、滋賀五縣)

きんきゅう ⓪【緊急】[名・形動]緊急,急迫¶〜な事態(じたい)/緊急情勢

きんぎょ ①【金魚】[名]金魚

きんきょう ⓪【近況】[名]近況

キング ①【king】[名]❶王,國王 ❷(國際象棋的)王將

きんけい ⓪【近景】[名]近景

きんけい ①⓪【謹啓】[名]敬啟(書信用語)

きんけん ⓪【金權】[名]金錢勢力【-政治(せいじ)⑤】[名]金錢權勢政治

きんげん ⓪【謹嚴】[名・形動]謹嚴,嚴肅

きんこ ①【金庫】[名]❶保險櫃,保險箱 ❷國庫,國家金融機關

きんこう ⓪【均衡】[名]均衡,平衡¶〜をたもつ/保持平衡

ぎんこう ⓪【銀行】[名]銀行【血液(けつえき)-⑤】[名]血庫

きんこつ ①【筋骨】[名]❶筋骨 ❷體格

きんこんしき ③【金婚式】[名]金婚儀式

ぎんこんしき ③【銀婚式】[名]銀婚儀式

きんし ⓪【近視】[名]近視,近視眼

きんし ⓪【禁止】[名・他サ]禁止

きんしつあいわす【琴瑟相和す】琴瑟和鳴,夫妻感情融洽

きんじとう ⓪【金字塔】[名]❶金字塔 ❷輝煌業績

きんしゅ ⓪【禁酒】[名]❶禁酒 ❷戒酒

きんしゅく ⓪【緊縮】[名・自他サ]壓縮,緊縮,節約,縮減【-財政(ざいせい)⑤】[名]縮減財政開支

きんじょ ①【近所】[名]近處,附近

きんじょうはなをそえる【錦上花を添える】錦上添花

きん・じる ⓪【禁じる】[他上一]禁止,不許¶外出(がいしゅつ)を〜/禁止外出

きんしん ⓪【近親】[名]近親

きんしん ⓪【謹慎】[名・自サ]❶謹慎,小心 ❷閉門反省(的處分)

きんせい ⓪【近世】[名]近世(指江戶時代)

きんせい ⓪【金星】[名]金星

きんせい ⓪【禁制】[名・他サ]禁止,禁令【-品(ひん)⓪】[名]違禁品

きんせん ⓪【金錢】[名]錢,金錢

きんぞく ①【金屬】[名]金屬

きんぞく ⓪【勤續】[名・自サ]繼續工作,工齡

きんだい ①【近代】[名]近代(在日本,指明治維新至第二次世界大戰)

きんだいてき ⓪【近代的】[形動]近代,現代¶〜な建物(たてもの)/現代化的建築

きんだんのこのみ【禁斷の木の實】❶禁果 ❷被禁止的歡樂

きんちょう ⓪【緊張】[名・自サ]❶(生理、精神、心理)緊張¶〜をほぐす/解除緊張情緒 ❷(兩者關係)緊張

きんちょう ⓪【謹聽】[名・他サ]敬聽,聆聽

きんとう ⓪【均等】[名・形動]均等,均勻¶〜にわける/均等分開

ぎんなん ⓪【銀杏】[名]銀杏,白果

きんにく ①【筋肉】[名]肌肉

きんぱく ⓪【緊迫】[名・自サ]緊迫,吃緊¶〜した空気/緊張空氣

きんぱつ ⓪【金髪】[名]金髪
ぎんぱつ ⓪【銀髪】[名]銀髪,白髪
きんぶち ⓪【金縁】[名](眼鏡或鏡框等)金框,金邊¶～のめがね/金絲框眼鏡
きんべん ⓪【勤勉】[名・形動]勤奮,勤勉
ぎんまく ⓪①【銀幕】[名]❶銀幕❷電影
ぎんみ ①③【吟味】[名・他サ]推敲,仔細研究
きんみつ ⓪【緊密】[形動]緊密,密切
きんむ ①【勤務】[名・自サ]勤務,工作【-時間(じかん) ④】[名]工作時間
きんメダル ③【金medal】[名]金牌
ぎんメダル ③【銀medal】[名]銀牌

きんもつ ⓪【禁物】[名]禁止的事情,禁忌¶油断(ゆだん)は～だ/切勿疏忽大意
きんゆう ⓪【金融】[名]❶金融❷通融資金
きんゆうきかん ⑥【金融機関】[名]金融機構
きんゆうしじょう ⑤【金融市場】[名]金融市場
きんゆうしほん ⑤【金融資本】[名]金融資本
きんよう ⓪③【金曜】[名]星期五【-日(び) ③】[名]星期五
きんよう ⓪【緊要】[形動]重要,緊要
きんらい ①【近来】[名・副]近來,最近
きんろう ⓪【勤労】[名・自サ]勞動,辛勞

く　ク

く 五十音圖「か」行第三音。羅馬字寫作「ku」,發音爲國際音標[ku]。平假名「く」來自「久」字的草體,片假名「ク」來自「久」字的楷書的一部分。濁音「ぐ」,羅馬字寫作「gu」,發音爲國際音標[gu]。

く ⓾【九】[名]九,九個

く ①【句】[名] ❶句子 ❷和歌,俳句的前後段 ¶上(かみ)の〜/前段 ❸俳句¶〜をひねる/作俳句

く ①【苦】[名] ❶痛苦,苦惱,擔心¶テストが〜になる/擔心考試 ❷辛苦,勞苦◇苦あれば楽(らく)あり/苦盡甘來◇苦は楽(らく)の種(たね)/有苦才有樂

ぐ ①【具】[名](加在湯、炒飯裡的)菜料

ぐ ⓪①【愚】[名・形動]愚蠢,愚笨¶〜にもつかない/愚蠢至極

ぐあい ⓪【具合・工合】[名] ❶(事物進行的)方法,狀況,情形¶こんな〜に書いてごらん/請這樣寫¶〜がいい/情況(狀態)良好 ❷(身體)狀況¶からだの〜/身體狀況

くい ①【杭・杙】[名]椿子,橛子¶〜をうつ/打椿子◇出(で)るくいは打(う)たれる/出頭的椽子先爛,槍打出頭鳥

くい ①【悔い】[名]後悔,遺憾

くいあらた・める ⑥【悔(い)改める】[他下一]悔改,改過

くいき ①【区域】[名]區域,地區

くいけ ③【食い気】[名]食慾(旺盛)

くいこ・む ⓪【食(い)こむ】[自五] ❶深入進去,進到…中去¶なわが手首(てくび)に〜/繩子勒進手腕裡 ❷超過(限界、範圍)

くいさが・る ④【食い下がる】[自五]不肯輕易罷休,纏住不放

くいしば・る ⓪【食(い)しばる】[他五]咬緊牙關¶歯(は)を〜/咬牙忍耐

くいしんぼう ①③【食(い)しん坊】[名・形動]貪吃(的人),嘴饞(的人)

クイズ ①【quiz】[名]猜謎,問答比賽,智力測驗

くいだおれ ⓪【食(い)倒れ】[名]遊手好閒,坐吃山空¶京(きょう)の着倒(きだおれ),大阪(おおさか)の食い倒れ/京都人講究穿,大阪人講究吃

くいちが・う ⓪【食(い)違う】[自五]不一致,分歧;交叉,交錯¶意見(いけん)が〜/意見分歧

くいつ・く ⓪【食(い)つく】[自五] ❶咬上,咬住¶えさに〜/咬住餌食 ❷起勁,熱心,不放手,不離開

くいと・める ⓪【食(い)止める】[他下一]控制住,制止住,攔住¶事故(じこ)を〜/制止事故發生

くいにげ ⓪【食(い)逃げ】[名・自サ]吃飯後不付錢而溜走

くいはぐ・れる ⓪【食いはぐれる】[自下一] ❶沒趕上吃飯 ❷喪失生活來源,生計困難

く・いる ②【悔いる】[他上一]後悔,悔恨

くう ①【空】[名] ❶高空,空中 ❷空,空空如也¶〜に帰(き)する/落空

く・う ①【食う】[他五] ❶吃(飯)¶〜や〜わず/吃上頓沒下頓,一

貧如洗¶〜か〜われるか/你死我活¶〜にこまる/爲吃飯發愁,生活困難❷(蟲)咬,叮¶蚊(か)に〜われる/被蚊子咬❸撃敗,戰勝❹侵占❺消耗,耗費◇時間(じかん)をくう/費時間◇金(かね)をくう/費錢❻遭受,遭到◇お目玉(めだま)をくう/挨了申斥◇道草(みちくさ)をくう/在路上閑逛

くうかん ⓪【空間】[名]❶空間❷空地

くうき ①【空気】[名]❶空氣❷氣氛¶緊張(きんちょう)した〜/緊張的氣氛

くうきょ ①【空虚】[名・形動]❶空❷空虚¶〜な生活/空虚的生活

ぐうぐう ①[副]❶呼嚕呼嚕❷咕嚕咕嚕

くうぐん ⓪【空軍】[名]空軍

くうこう ⓪【空港】[名]飛機場

くうしゅう ⓪【空襲】[名・他サ]空襲

ぐうすう ③【偶数】[名]偶數

くうせき ⓪【空席】[名]❶空坐位❷空缺,空位

くうぜん ⓪【空前】[名]空前¶-絶後(ぜつご)⑤[名]空前絶後

ぐうぜん ⓪【偶然】[名・形動・副]偶然,偶爾¶〜のできごと/偶然的事件

くうそう ⓪【空想】[名・他サ]空想,幻想¶〜にふける/耽於空想

ぐうぞう ⓪③【偶像】[名]偶像【-崇拝(すうはい)】⑤[名]崇拜偶像

ぐうたら ⓪[名・形動]吊兒郎當,無所事事,游手好閑

くうちゅう ⓪①【空中】[名]空中,天空【-楼閣(ろうかく)】⓪[名]❶空中樓閣❷海市蜃樓

クーデター ③【(仏)coup d'Etat】[名]軍事政變,苦迭打

ぐうのねもでない【ぐうの音も出ない】閉口無言,一聲不吭

くうはく ⓪【空白】[名]空白——[名・形動](該做而沒做所造成的)空白¶〜な期間(きかん)/空白期間

くうふく ⓪【空腹】[名]空腹◇空腹にまずいものなし/飢者易為食,飢不擇食

くうゆ ⓪【空輸】[名・他サ]空運

クーラー ①【cooler】[名]空調,冷氣設備

くうりくうろん ①-⓪【空理空論】[名]空洞的理論

くうろん ⓪【空論】[名]空談◇机上(きじょう)の空論/紙上談兵

ぐうわ ⓪【寓話】[名]寓言

くかく ⓪【区画・区劃】[名]❶區劃,區分❷區,區域

くがつ ①【九月】[名]九月

くかん ②【区間】[名]區間,段

くき ②【茎】[名](植物的)莖,梗,桿

くぎ ⓪【釘】[名]釘,釘子¶〜をうつ/釘釘子◇ぬかに釘/暗子點燈白費蠟,徒勞無效 ◇釘を刺(さ)す/叮囑好,說定

くきょう ⓪【苦境】[名]窘境,困境¶〜に立つ/處於困境

くぎり ③【区切(り)・句切(り)】[名]❶(文章,詩等)段落,句讀❷(事物的)段落

くぎ・る ②【区切る・句切る】[他五]❶(把文章,詩等)分成段落❷(把事物)割分爲段落,階段

くく・る ⓪【括る】[他五]❶捆,紮¶なわで〜/用繩子捆起來❷總括起來¶かっこで〜/用括號括起來

くぐ・る ②【潜る】[自五]❶潛水❷鑽過,鑽進¶門(もん)を〜/進門

くげん ⓪【苦言】[名]忠言,忠告¶〜を呈(てい)する/進忠告

くさ ②【草】[名]草,雑草,野草——[接頭]非正式的¶〜競馬(け

いば)/非正規的賽馬¶〜野球(やきゅう)/業餘棒球◇草の根(ね)を分(わ)けても探(さが)す/掘地三尺也要找出来

-ぐさ[接尾](上接動詞連用形)…材料,話題¶お笑(わら)い〜/笑料¶語(かた)り〜/話題,談話的材料

くさ・い ②【臭い】[形] ❶臭,有臭味 ❷可疑¶あの男(おとこ)が〜/那個男人可疑

——[接尾] ❶有…氣派,有…樣子(多用於貶意)¶老人〜/老氣橫秋¶いなか〜/鄉巴佬樣 ❷有…味道¶酒(さけ)〜/有酒味◇臭いものに蓋(ふた)をする/掩蓋醜惡,捂蓋子◇臭い物(もの)の身(み)知(し)らず/烏鴉落在豬身上,看不見自己的缺點

くさき ②【草木】[名]草木,植物◇草木もねむる/夜深人靜◇草木もなびく/望風披靡

くさばな ④②【草花】[名] ❶花草 ❷草(本)花

くさばのかげ【草葉の陰】九泉之下,黃泉

くさはら ⓪④【草原】[名]草原

くさび ⓪【楔】[名]楔子¶〜を打ち込む/插入敵陣

くさぶか・い ④【草深い】[形] ❶草長勢密,草深 ❷偏僻¶〜いなか/偏僻的鄉村

くさみ ③【臭み】[名] ❶臭味,難聞的氣味 ❷矯揉造作,討厭的派頭

くさむら ⓪④【草むら・叢】[名]草叢,野草叢生的地方

くさり ⓪【鎖】[名]鎖鏈,鏈子

くさ・る ②【腐る】[自五] ❶腐爛,壞¶たまごが〜/雞蛋臭了 ❷(木頭,金屬)腐朽,生鏽 ❸消沉,氣餒¶いちどの失敗ぐらいで,そんなに〜なよ/不要因一次失敗就那麼洩氣 ❹腐敗,墮落◇腐っても鯛(たい)/瘦死的駱駝比馬大

くされえん ③【腐れ縁】[名]欲罷不能的關係

くさわけ ④【草分け】[名]創始人,先驅,開拓

くし ②【串】[名](竹,鐵)籤子

くし ②【櫛】[名]梳子

くし ⓪【駆使】[名・他サ]運用自如

くじ ②①【籤】[名]籤¶〜をひく/抽籤¶〜があたる/中籤

くじ・く ②【挫く】[他五] ❶挫,扭¶足(あし)を〜/扭傷腳 ❷削弱,挫(鋭氣)¶気(き)を〜/挫傷鋭氣

くじ・ける ③【挫ける】[自下一]沮喪,氣餒,頽唐¶心が〜/灰心喪氣

ぐしゃ ①【愚者】[名]愚者,愚人

くじゃく ⓪【孔雀】[名]孔雀

くしゃくしゃ ⓪[形動]蓬亂,皺皺褶褶¶〜の髪/亂蓬蓬的頭髮¶紙を〜にする/把紙搓皺

——[副]心煩,心亂¶気が〜する/心裡煩躁

しゃみ ②[名]噴嚏

くじゅうをなめる【苦汁をなめる】嘗到苦頭

くしょう ⓪【苦笑】[名・自サ]苦笑

くじょう ⓪【苦情】[名]苦衷,不平,不滿

ぐしょう ⓪【具象】[名]形象化,具體表現

くじら ⓪【鯨】[名]鯨魚

くしん ②【苦心】[名・自サ]苦心,費盡心血¶〜惨憺(さんたん)②⓪【〜惨憺】嘔心瀝血

くず ①【屑】[名] ❶碎片,碎渣兒 ❷廢物,破爛兒

ぐずぐず ①【愚図愚図】[副・自サ] ❶磨磨蹭蹭,慢慢吞吞 ❷嘟嘟嚷嚷

くすぐった・い ⓪[形] ❶酥癢

❷難為情,不好意思
くすぐ・る ⓪【他五】❶使…發癢,胳肢 ❷逗人發笑 ❸挑逗,撩撥¶人の心を～/挑逗人心
くずしがき ⓪【崩(し)書(き)】[名](漢字的)行書和草書
くず・す ②【崩す】[他五]❶使…崩潰,拆毀,弄零亂¶山を～/開山¶ひざを～/隨隨便便地坐¶体調(たいちょう)を～/把身體搞垮 ❷寫連筆字 ❸換(零錢)¶金を～/換成零錢
ぐずつ・く ③【愚図つく】[自五]❶不明朗,不順利 ❷磨蹭
くすのき ②【樟・楠】[名]樟樹
くすぶ・る ③【燻ぶる】[自五]❶(不起火苗)乾冒煙 ❷(問題)未得到徹底解決 ❸閑居,悶居¶家(いぇ)で～っている/悶在家裡
くすり ⓪【薬】[名]❶藥¶～がきく/薬有效¶粉薬(こなぐすり) ③[名]藥粉¶かぜぐすり ③[名]感冒藥 ❷釉子 ❸益處,好處¶こんどの失敗(しっぱい)は、彼にいい～になっただろう/這次失敗對他會有益處吧
くすりゆび ③【薬指】[名]無名指
ぐず・る ②【愚図る】[自五]❶磨人,鬧人 ❷磨蹭 ❸抱怨,嘮叨
くず・れる ③【崩れる】[自下一]❶崩潰,倒塌¶がけが～/懸崖崩塌 ❷(天氣)變壞¶天気が～/天氣變壞 ❸(完整的東西)不完整,零亂¶姿勢(しせい)が～/姿勢不端正¶列が～/隊形亂了 ❹(找錢)找得開
くせ ②【癖】[名]❶脾氣,習氣,癖¶～になる/成癖,成習慣 ❷獨特的性格¶～のある文章/有特性的文章◇癖ある馬(うま)に能(のう)あり/人有脾氣,必有能力◇なくて七(なな)癖/人無完人
くせに[接助]雖然…可是,儘管…可是¶知っている～に教えてくれない/儘管(他)知道,卻不告訴我
くせもの ⓪【くせ者・曲者】[名]❶可疑的人 ❷老奸巨滑的人,不好對付的人
くそ ②【糞】[名]❶糞便 ❷身體排泄出的分泌物¶鼻(はな)- ⓪[名]鼻垢
—— [感]表示罵人或強烈的語氣¶～、いまいましい/媽的,真可恨
—— [接頭]❶表示過份¶～まじめ/過於認真 ❷表示輕蔑¶～ばばあ/臭老婆子
くそみそ ⓪【糞味噌】[形動]❶好壞不分,香臭不分 ❷貶得一錢不值¶～に言う/說得一錢不值
くだ ①【管】[名]管,管子◇管を巻(ま)く/喝醉酒後說醉話
ぐたい ⓪【具体】[名]具體¶- 化(か) ⓪[名・自他サ]具體化¶-的(てき) ⓪[形動]具體
ぐたいさく ②【具体策】[名]具體對策,實際對策
くだ・く ②【砕く】[他五]❶弄壞,打碎 ❷費心思¶心(こころ)を～/費心思,動腦筋 ❸淺顯易懂地說
くたくた ⓪[形動]❶筋疲力盡 ❷(衣服)磨損
—— [副]咕嘟咕嘟(地)煮
くだくだし・い ⑤[形]絮煩,冗長,瑣碎
くだ・ける ③【砕ける】[自下一]❶破碎¶ガラスが～/玻璃碎了 ❷隨便,非正式的,輕鬆¶～けた態度(たいど)/態度隨便¶～けた文章/輕鬆的文章
ください【下さい】(「くださる」的命令形)❶〈敬〉給(我)¶お手紙(てがみ)を～/請給我寫信¶すこし時間(じかん)を～/請給我一點時間 ❷〈敬用〉「お(ご)…ください」「…てください」的形式表示)

請…¶どうぞ、おっしゃって～/請講,請告訴我¶おかけ～/請坐

くださ・る ③【下さる】[他五] 贈給我,送給我¶先生が～った本(ほん)/老師送給我的書

―― [補動五] 給(我),爲(我)¶読んで～/爲我念¶ご利用～/請使用◆連用形變化爲「い」

くだ・す ⓪【下す・降す】[他五]
❶降低,降下¶官位(かんい)を～/降職 ❷(由上往下)通知,下達¶命令(めいれい)を～/下命令¶判決(はんけつ)を～/宣佈判決 ❸自己歲,親自動手¶手を～/親自動手¶判断を～/下判斷 ❹攻陷,使…投降¶強敵(きょうてき)を～/擊敗強敵 ❺排泄¶おなかを～/瀉肚

―― [接尾] 一口氣做完某動作¶読(よ)み～/一口氣看完¶書(か)き～/一氣寫完

くたび・れる ④【自下一】❶疲乏,疲勞 ❷(衣服等)穿舊走形¶～れた背広(せびろ)/走了形的西裝

くだもの ②【果物】[名] 水果

くだらな・い ⓪【下らない】[形] ❶無價值,無用¶～話(はなし)/無聊的話 ❷不少於…¶犠牲者(ぎせいしゃ)は三百人を～だろう/死者不下三百人吧

くだり ⓪【下り】[名] ❶下,降 ❷下行

くだりざか ⓪【下り坂】[名] ❶下坡 ❷走下坡路,衰退,下降 ❸(天氣)變壞

くだ・る ⓪【下る・降る】[自五] ❶(從高處)下,下去¶山を～/下山 ❷由上游到下游;由中央到地方¶川を～/順河而下 ❸下達(命令等)¶命令(めいれい)が～/命令下達¶判決が～/判決下來了 ❹投降¶敵(てき)に～/向敵人投降 ❺瀉(肚)¶腹が～/瀉肚

くち ⓪【口】[名] ❶口,嘴¶～をつぐむ/閉口無言,沉默 ❷説,説話,語言¶～がうまい/嘴甜,會説話¶～をつつしむ/謹言 ❸口味,味覺¶～にあう/合口味 ❹人口,人數¶～を減らす/減少人口 ❺(器物的)口兒,嘴兒;(出入的)地方,門口¶非常口(ひじょうぐち) ❻開始,開端 ❼類,份,宗◇口が重(おも)い/話少,沉默寡言◇口がかたい/嘴緊(不洩密)◇口が軽(かる)い/嘴不緊,嘴快◇口が肥(こ)える/口味高◇口が滑(すべ)る/説溜嘴◇口が悪(わる)い/嘴壊◇口にする/❶説到,提到 ❷吃進口裡◇口にだす/失言◇口は禍(わざわい)の門(かど)/禍從口出◇口も八丁(はっちょう)手(て)も八丁/又能説又能做◇口を利(き)く/説話◇口を切(き)る/❶啟開,打開(瓶子,罐頭) ❷首先發言◇口を酸(す)っぱくする/苦口(規勸),磨破嘴皮◇口をとがらす/噘嘴(不高興)◇口を挾(はさ)む/插嘴◇口を割(わ)る/坦白,招認

ぐち ⓪【愚痴】[名] (無用的)牢騷,怨言¶～をこぼす/發牢騷,發怨言

くちうらをあわせる【口裏を合わせる】統一口徑

くちうるさ・い ⑤⓪【口うるさい】[形] 嘴碎

くちおし・い ④【口惜しい】[形] 可惜,遺憾,感到委曲

くちかず ⓪【口数】[名] ❶話,語言的數量¶～が多い/愛説話,話多 ❷(吃飯的)人數¶～をへらす/減少人口

くちぎたな・い ⑤【口汚い】[形] ❶愛駡人,説話下流 ❷嘴饞

くちぐせ ⓪【口癖】[名] 口頭語,口頭禪

くちぐるま ③⓪【口車】[名]花言巧語¶～にのせられる/被花言巧語所騙

くちげんか ③【口げんか・口喧嘩】[名]爭吵,吵嘴

くちごたえ ③【口答(え)】[名]頂嘴

くちコミ ⓪【口コミ】[名]口頭傳聞,小道消息

くちごも・る ④【口ごもる・口籠る】[自五]❶口齒不清,含含糊糊地説 ❷欲言又止,吞吞吐吐地説

くちさき ⓪【口先】[名]❶嘴邊,唇邊 ❷口頭上敷衍(的話)

くちずさ・む【口ずさむ】[他五]吟,誦,哼

くちぞえ ⓪【口添え】[名・自サ]代人説好話;講情

くちだし ⓪【口出(し)】[名]多言,插嘴

くちどめ ⓪【口止め】[名・自サ]堵嘴,不讓説出

くちばし ⓪【嘴】[名](鳥)嘴◇嘴が黄色(きいろ)い/乳臭未乾,黄口小兒◇嘴を挾(はさ)む/插嘴,管閒事

くちばし・る ④【口走る】[他五]❶順口説出 ❷説胡話;無意識地説

くちび ⓪【口火】[名]導火線,引火管◇口火を切(き)る/起火,開火

くちびる ⓪【唇】[名]嘴唇 ◇唇を嚙(か)む/遺憾,悔恨

くちぶえ ③⓪【口笛】[名]口哨

くちぶり ⓪【口振(り)】[名]口氣,口吻

くちべに ⓪【口紅】[名]口紅

くちまね ⓪【口まね・口真似】[名]模仿他人説話,學舌¶～がうまい/善於模仿他人講話

くちもと ⓪【口元・口許】[名]嘴邊,嘴角

くちやかまし・い ⑥【口喧しい】[形]愛吹毛求疵,愛嘮叨

くちゅう ⓪【苦衷】[名]苦衷,難處¶～を察(さっ)する/體諒苦衷

くちょう ⓪【口調】[名]語調,腔調

く・ちる ②【朽ちる】[自上一]❶腐朽,朽壞 ❷衰敗,衰亡

くつ ②【靴】[名]鞋¶～をはく/穿鞋¶～をぬぐ/脱鞋

くつう ②⓪【苦痛】[名](肉體和精神上的)痛苦

くつがえ・す ③【覆す】[他五]❶弄翻個兒¶船(ふね)を～/把船弄翻 ❷否定¶決定(けってい)を～/翻案 ❸推翻,顛覆

クッキー ①【cookie】[名]曲奇餅,小甜點

くっきり ③[副]鮮明,清清楚楚

くつした ④②【靴下】[名]襪子

くつじょく ⓪【屈辱】[名]屈辱,恥辱

クッション ①【cushion】❶彈簧墊,軟靠墊 ❷椅墊

くつずみ ②【靴墨】[名]鞋油

ぐっすり ③[副]酣睡,熟睡

くっ・する ⓪【屈する】[自他サ]❶彎曲¶ひざを～/屈膝 ❷屈服,投降

くっせつ ⓪【屈折】[名・自サ]❶彎曲,曲折¶～した道(みち)/彎彎曲曲的路 ❷折射

ぐったり ③[副・自サ]筋疲力盡,精疲力竭

くっつ・く ③[自五]❶粘上,粘住 ❷緊跟着,緊挨着 ❸男女同居

くってかかる ①【食って掛かる】[他五]頂撞,極力争辯

ぐっと ①⓪[副]❶用力,一口氣 ❷比以前更…,越發

グッド【good】[感]好!行!真棒!◆よし,よろしい

くっぷく ⓪【屈伏・屈服】[名・自サ]屈服,屈従¶敵(てき)に～する/向敵人屈服

くつろ・ぐ ③【寛ぐ】[自五](身心)放鬆,輕鬆¶ソファーで～/在沙發上休息¶～いで話しあう/輕鬆地交談

くつわ ⓪【轡】[名]馬嚼子,馬口鉗

くてん ⓪【句点】[名]句號

ぐでんぐでん ⓪【副】酩酊(大醉),爛醉如泥

くど・い ②【形】❶囉嗦,絮叨,冗長 ❷(顏色、味道等)濃

くとうてん ②【句読点】[名]句號和逗號

くどきおと・す ⑤【口説き落とす】[他五]説服對方,使對方同意自己的意見

くど・く ②【口説く】[他五]❶勸説,説服 ❷追求,勾引

くどくど ①【諄諄】[副]絮絮叨叨,囉囉嗦嗦

くなん ①【苦難】[名]苦難

くに ⓪②【国】[名]❶國,國家 ❷故鄉,老家 ❸地域◇国破(やぶ)れて山河(さんが)在(あ)り/國破山河在

にくのさく【苦肉の策】苦肉計

くにざかい ③【国境】[名]國境

くね・る ②【自五】❶彎曲 ❷乖僻

くのう ①【苦悩】[名・自サ]苦惱,痛苦

くば・る ②【配る】[他五]❶分配,分發¶資料を～/分發資料 ❷關心,注意¶気(き)を～/關心,注意¶目を～/留神

くび ⓪【首】[名]❶脖子,頭 ❷頭,腦袋¶～をひっこめる/缩回腦袋◇首が回(まわ)らない/債臺高築◇首をかしげる/歪頭思索(表示懷疑)◇首を突(つ)っこむ/参與,千涉¶首を長(なが)くして待(ま)つ/焦急地等待,望眼欲穿◇首をひねる/冥思苦想◇首を振(ふ)る/摇頭,晃頭◇首にする/解雇¶首になる/被解雇

くびかざり ③【首飾(り)】[名]項鍊

くびきり ④【首切り】[名・他サ]❶斬首 ❷撤職,解雇

くびったけ ⓪【首ったけ】[名](被異性)迷住,神魂顛倒¶彼女に～だ/被她完全迷住

くびっぴき ⓪【首っ引き】[名・自サ・形動]不離手的,不斷查看

くびつり ④⓪【首つり・首吊(り)】[名・自サ]上吊¶-自殺(じさつ) ⓪[名]上吊自殺

くびわ ⓪【首輪】[名]❶(狗等的)項圈 ❷項鍊

くぶ ①【九分】[名]十分之九

くふう ⓪【工夫】[名・他サ]❶想辦法,動腦筋 ❷辦法,竅門¶～をこらす/找竅門,想辦法

くべつ ①【区別】[名・他サ]區別,分開¶男女(だんじょ)の～/男女之別

くぼち ⓪【くぼ地・凹地・窪地】[名]窪地

くぼ・む ⓪【凹む・窪む】[自五]塌陷,窪¶目が～/眼窩塌陷

くま ②【隈】[名]❶深處,隱蔽的地方 ❷(因勞累、睡眠不足等)眼周圍的黑圈¶～ができる/眼圈發黑

くま ②【熊】[名]熊

くまどり ④【くま取り・隈取(り)】[名]臉譜

くまなく ③【隈無く】[副]❶没有陰影¶月(つき)の光(ひかり)が～している/月亮照得很亮 ❷到處,無處不…¶～さがす/到處尋找

くみ ②【組み・組】[名]❶付,套 ❷班組
—— [接尾](成)套¶ふとんを二～注文(ちゅうもん)した/定購了兩套被

くみあい ⓪【組合】[名]同業工會,農業合作社

――【組み合い】扭成一團
くみあわせ ⓪【組(み)合(わ)せ】[名] ❶(數學)組合 ❷搭配,編組
くみあわ・せる ⓪【組(み)合わせる】[他下一] ❶搭配在一起,編在一起 ❷摻合在一起
くみか・える ⓪【組(み)替える】[他下一]改編,重編¶日程を～/重新編排日程表
くみこ・む ⓪【組(み)込む】[他五]編入,列入
くみたて ⓪【組(み)立(て)】[名] ❶裝配,組裝 ❷構造,結構¶文章の～/文章的結構
くみた・てる ⓪【組(み)立てる】[他下一]裝配,安裝
くみと・る ③【汲(み)取る】[他五] ❶汲,汲取 ❷體察,酌量
くみはん ⓪【組(み)版】[名]排版,排字
く・む ⓪【汲む】[他五] ❶打(水),汲(水)¶水(みず)を～/打水 ❷體諒,酌量¶人の気持ちを～/體諒別人心情
く・む ①【組む】[他五] ❶把…交叉起來¶うでを～/挽起胳膊 ❷編,組,搭
――[自五]扭打,扭在一起¶四つに～/互相扭打起來
-ぐ・む ①[接尾](上接名詞構成五段自動詞) ❶稍長出,發出,露頭兒¶芽(め)を～/發出嫩芽 ❷含¶なみだを～/含著眼淚
くめん ⓪【工面】[名・他サ]籌措;設法弄錢
くも ①【雲】[名]雲,雲彩 ◇雲を霞(かすみ)と/一溜煙地 ◇雲をつかむよう/不着邊際,靠不住 ¶雲をつくよう/頂天
くも ①【蜘蛛】[名]蜘蛛 ¶蜘蛛の子(こ)を散(ち)らすよう/衆人東逃西散
くもがくれ ③【雲隠れ】[名・自サ]躱藏,逃跑
くもなく ③【苦もなく】[副]容易,不費勁,輕而易舉
くもま ③⓪【雲間】[名]雲隙,雲彩縫兒
くもゆき ④⓪【雲行(き)】[名] ❶雲彩移動的情形,天空的情況 ❷形勢,動向
くもり ③【曇(り)】[名] ❶陰天,天陰 ❷模糊不清,朦朧¶めがねの～/眼鏡上的霧氣 ❸心情憂悉,暗淡
くも・る ②【曇る】[自五] ❶天陰 ❷變模糊,朦朧不清 ❸心情不愉快,暗淡¶心が～/心情不好¶顔が～/滿面愁色
くやし・い ③【悔しい・口惜しい】[形]令人遺憾,令人氣憤,令人悔恨
くやみ ③【悔やみ】[名] ❶悔,後悔 ❷弔唁¶お～/弔唁
くや・む ②【悔やむ】[他五] ❶後悔,悔不該當初 ❷弔唁,哀悼
くよくよ ①[副・自サ]放心不下,惦記,想不開
くら ②【蔵・倉】[名]倉庫,庫房 ◇蔵が建(た)つ/發財
くら ②【鞍】[名]鞍,鞍子
くらい ⓪【位】[名] ❶地位,等級¶～が上がる/升級 ❷稱號榮譽¶～を授(さず)かる/獲得榮譽 ❸(數學)位,位數¶十の～/十位
くら・い ⓪【暗い】[形] ❶(光線)暗,黑暗¶明(あ)かりが～/燈光暗淡 ❷(色調)暗淡¶～赤(あか)/暗紅色 ❸(心情)不舒暢,暗淡¶～性格(せいかく)/性格陰鬱 ❹不熟悉,不通達¶法律(ほうりつ)に～/不熟悉法律
くらい[副助] ❶(表示數量,程度)大約,左右¶一時間(いちじかん)～かかる/大約要一個小時 ❷表示容易的程度¶そんなこと～,なんでもないよ/那麼一點小事情,

不算什麼 ❸表示像…那樣,與其…莫如…¶寝(ね)たきりになる～なら死(しん)だ方がましだ/與其臥床不起,莫如死了的好¶彼～の速度で歩いて、ちょうどいいんだ/像他那樣的速度走,正好 ❹(與否定詞相呼應)沒有比…更…的了¶異国(いこく)で病気(びょうき)になる～心ぼそいことはない/沒有比在異國得病更心情不安的了

ぐらい [副助]→くらい

クライマックス ④【climax】[名](緊張、興奮的)最高點,頂點,高潮

く・う ⓪②【食(ら)う】[他五] ❶吃喝 ❷受,挨¶パンチを～/挨了一拳

グラウンド ⓪②【ground】[名]運動場,體育場

くらく ①【苦樂】[名]苦樂,甘苦

クラクション ②【Klaxon】[名]汽車喇叭

くらくら ①[副・自サ] ❶發暈¶頭(あたま)が～する/頭暈 ❷(水煮沸貌)嘩嘩

ぐらぐら ①[副] ❶劇烈晃動¶地震(じしん)でビルが～動(うご)いた/由於地震,樓房劇烈搖晃 ❷(水煮沸貌)嘩嘩 ❸搖晃¶机のあしが～する/桌子腿晃動

くらげ ⓪【水母・海月】[名]海蜇

くらし ⓪【暮(ら)し】[名] ❶度日,生活 ❷生計,謀生¶～をたてる/謀生

クラシック ①【classic】[名]古典音樂,古典作品
—— [形動]古典的

くら・す ⓪【暮らす】[自他五] 生活,度日,過日子 ¶楽しく～/過快樂日子

クラス ①【class】[名] ❶(學校的)班,級 ❷等級

グラス ①【glass】[名] ❶玻璃酒杯 ❷眼鏡 ❸玻璃

クラスメート ④【classmate】[名]同班生,同學

クラッシャー ②【crusher】[名]粉碎機,壓碎機,碎煤機

クラッチ ②【clutch】[名]離合器,聯軸器

クラブ ①【club】[名] ❶俱樂部 ❷(學校)課外小組 ❸高爾夫球桿 ❹撲克牌中的「梅花」

グラフ ①【graph】[名] ❶圖表,圖解 ❷畫報

グラブ ①【glove】[名](革製)棒球手套,拳擊手套

くら・べる ⓪【比べる】[他下一] ❶比較¶AとBとを～/比較A和B ❷較量,比賽

グラマー ②【glamour】[名・形動](女人)體態豐盈有魅力

くらみ ⓪【暗み】[名]暗,暗處

くら・む ⓪【暗む・眩む】[自五] ❶天黑起來 ❷頭昏眼花 ❸執迷,迷惑

グラム ①【仏】gramme】[名](重量單位的)克

くらやみ ⓪【暗やみ・暗闇】[名]黑暗,漆黑一團

クラリネット ④【(イ)clarinetto】[名]單簧管

クランク ②【crank】[名] ❶曲柄,曲軸 ❷(電影的)攝影

グランプリ ②【(仏)garnd prix】[名](電影節等)最高獎,大獎

くり ②【栗】[名]栗子,栗子樹

くりあ・げる ⓪【繰(り)上げる】[他下一] ❶提前¶開会(かいかい)を一時間～/提前一小時開會 ❷補上,提上

くりあわ・せる ⓪【繰(り)合わせる】[他下一]安排,調整,調配

クリーナー ②【cleaner】[名]吸塵器

クリーニング ②【cleaning】[名・他サ] ❶洗衣服 ❷乾洗 ❸把東

西清乾淨【-屋(や)】⓪[名]洗衣店

クリーム ②【cream】[名] ❶奶油 ❷美容用膏狀化妝品

グリーン ②【green】[名] ❶綠色 ❷草地,草坪

グリーンしゃ ②【グリーン車】[名]頭等車廂

くりかえ・す ⓪③【繰(り)返す】[自他五]反覆,重覆¶あやまちを~/重犯錯誤

くりくり ①[副] ❶滴溜滴溜地轉 ❷光溜溜

くりごと ②【繰(り)言】[名]嘮叨,喋喋不休

くりこ・む ⓪【繰(り)込む】[自他五] ❶湧進¶会場に~/湧進會場 ❷編入,編進

くりさ・げる ⓪【繰(り)下げる】[他下一] ❶推遲,往後拖 ❷依次順延,往下推

クリスチャン ②【Christian】[名]基督教徒

クリスマス ③【Christmas・Xmas】[名](十二月二十五日)聖誕節

クリスマスイブ ⑥【Christmas Eve】[名]聖誕節前夜(十二月二十四日)

クリスマスカード ⑥【Christmas card】[名]聖誕賀卡

クリスマスツリー ⑦【Christmas tree】[名]聖誕樹

グリセリン ③【glycerin】[名]甘油

クリップ ②【clip】[名] ❶夾子,卡子 ❷別針,曲別針

グリニッジ・タイム ⓪【Greenwich Time】[名]格林威治標準時間

くりひろ・げる ⓪【繰(り)広げる】[他下一] ❶開展,推廣 ❷(把捲着的東西)展開

グリンピース ①【green peas】[名]青豌豆

く・る ①【繰る】[他五] ❶紡¶糸(いと)を~/紡線 ❷依次移動¶じゅずを~/捻佛珠 ❸數,計算¶日数(にっすう)を~/數天數,計算天數 ❹挨著翻¶ページを~/翻頁

くる ①【来る】[自カ] ❶來,來到,到來¶手紙(てがみ)が~/來信¶荷物(にもつ)が~/行李到了¶春(はる)が~/春天來了 ❷(表示某種狀態發生)來,到來¶あらしが~/暴風雨來了 ❸起因於,由於¶過労(かろう)からきた病気(びょうき)/由過度勞累引起的疾病 ❹(用「…とくると」「…ときては」的形式表示對某事物的特別強調)提起,提到¶あまいものときたら目(め)がない/説起甜的東西,那比什麼都愛吃
——[補動カ] ❶…來¶木が流(なが)れて~/木頭漂過來 ❷…回來¶パンを買(か)って~/把麵包買回來 ❸…起來¶雨がおちてきた/下起雨來 ❹一直在…¶いままでがまんしてきた/一直在忍耐

ぐる ①[名](做壞事的)同謀者,同伙¶~になる/合伙,同謀

くるい ②【狂(い)】[名]失常,瘋狂

くる・う ②【狂う】[自五] ❶精神失常,發瘋,發狂¶気(き)が~/失常,發瘋 ❷出故障,出毛病¶時計(とけい)が~/手錶出了毛病 ❸(估計、希望等)落空,不準確,偏離¶見込(みこみ)が~/估計錯誤 ❹迷戀於…,沉溺於…¶ギャンブルに~/迷戀於賽馬

グループ ②【group】[名] ❶群,組 ❷團體,小組

くるおし・い ④【狂おしい】[形]簡直要發瘋

くるくる ①[副・自サ] ❶滴溜溜地(轉) ❷手脚不停,勤快 ❸一層層地,一圈圈地

くるし・い ③【苦しい】[形] ❶痛苦,難受¶息(いき)が～/喘不上氣來(難受) ❷經濟陷入困境¶～財政(ざいせい)/財政困難 ❸艱難,困難◇苦しい時(とき)の神頼(かみだの)み/平時不燒香,急時抱佛腳

くるしみ ⓪【苦しみ】[名]痛苦,苦惱

くるし・む ③【苦しむ】[自五] ❶痛苦,苦惱¶病気に～/因病而苦惱 ❷苦於,難以¶弁解(べんかい)に～/苦於辯解

くるし・める ④【苦しめる】[他下一]使…受苦,使…為難¶人(ひと)を～/折磨人

クルス ①[(ポ)cruz][名]十字架,十字

くるびょう ⓪【くる病・佝僂病】[名]佝僂病,軟骨症

くるぶし ⓪【踝】[名]踝,踝骨

くるま ⓪【車】[名] ❶輪子,粘轆 ❷車

くるまいす ③【車椅子】[名]輪椅,帶輪子的椅子

くるみ ③⓪【胡桃】[名]核桃,胡桃

くる・む ②【他五】包,裹

グルメ ①[(仏)gourmet][名] 美食專家,美食主義者

くるり ②[副]轉動,滾動貌

ぐるり ⓪②③[名]周圍[副] ❶旋轉 ❷徹底,完全

くれ ⓪【暮(れ)】[名] ❶黃昏時分,日落 ❷季節末¶秋(あき)の～/晚秋

グレー ②[gray][名]灰色

クレージー ②[crazy][形動] 瘋狂的,狂熱的

クレープ ②[(仏)crèpe][名]泡泡紗,縐紗

グレープフルーツ ⑥[grapefruit] [名] 葡萄柚

クレーム ⓪[claim][名] ❶〈經〉索賠損失 ❷不滿

クレーン ②[crane][名]起重機,吊車

くれがた ⓪【暮(れ)方】[名]黃昏時分,傍晚時刻

くれぐれも ②[副]懇切,衷心,再三再四,反覆¶～よろしく/請多多關照

クレジット ②[credit][名]信用銷售,分期付款,賒銷¶～カード/信用卡

くれない ②③【紅】[名]鮮紅色

クレヨン ②[(仏)crayon][名]蠟筆

く・れる ⓪【呉れる】[他下一]給(我)(一般多用於平輩之間)¶兄がこの本を～れた/哥哥把這本書給我了¶父が小(こ)づかいを～れた/父親給了我零用錢——[補動下一][用「…てくれる」的形式表示]為我做某動作¶その人は駅まで送って～れた/那個人把我(們)送到了車站¶母がむかえにきて～れた/媽媽接我(們)來了¶新聞を持ってきて～れ/給我拿報紙來

く・れる ⓪【暮れる】[自下一] ❶日落,天黑¶日が～/天黑了 ❷(一年)結束¶ことしも～れようとしている/今年也快結束了 ❸不知如何是好¶途方(とほう)に～/不知如何是好¶思案(しあん)に～/想不出主意來

ぐ・れる ②[自下一]墮落,走入歧途

クレンザー ②[cleanser][名]去污粉

くろ ①【黒】[名] ❶黑,黑色 ❷(圍棋)黑子 ❸犯罪嫌疑,嫌疑犯

くろ・い ②【黒い】[形] ❶黑,黑色 ❷(皮膚)黑¶色(いろ)が～/皮膚黑 ❸髒,不乾淨¶～手(て)/髒手 ❹心術不正¶腹(はら)が黒い/心術不正的人(心黑的人)

くろう ①【苦労】[名・形動・自サ]辛苦,勞苦,操心,費力¶～をいとわない/不辭辛勞

くろうと ①【玄人】[名]專家,内

行,行家
- **クローク** ②【cloak】[名](旅館,劇場等的)行李物品寄存處
- **クローズアップ** ⑤【close-up】[名・他サ] ❶(電影的)特寫鏡頭 ❷大書特書
- **グローバル** ②【global】[形動]全球的,全世界的,世界性的¶～な問題/世界性的問題
- **クロール** ②【crawl】[名]〈體〉自由式(游泳)
- **クローン** ②【clone】[名] ❶基因複製,無性繁殖 ❷複製品
- **くろがね** ⓪【鉄】[名]鐵
- **くろざとう** ③【黒砂糖】[名]黑糖,紅糖
- **くろじ** ⓪【黒字】[名]黑字,盈餘,順差
- **くろしお** ⓪【黒潮】[名]黑潮,日本海流
- **クロスゲーム** ④【close game】[名]難分勝負的比賽
- **くろ・ずむ** ③【黒ずむ】[自五]發黑,發青¶眼(め)のふちが～んでいる/眼圈發黑
- **クロッキー** ②【(仏)croquis】[名]速寫,寫生畫
- **くろまく** ⓪【黒幕】[名]幕後策劃人,黑後臺
- **くろやま** ⓪【黒山】[名]成群的人,人山人海
- **くわ** ①【桑】[名]桑
- **くわ** ⓪【鍬】[名]鋤,鎬
- **くわ・える** ⓪③【加える】[他下一] ❶加,添,增¶スピードを～/加速¶しおを～/加鹽 ❷給予¶治療(ちりょう)を～/給予治療 ❸入伙,加進去¶仲間(なかま)に～/(吸收某人)入伙
- **くわ・える** ⓪【銜える・咥える】[他下一]叼,銜¶たばこを～/叼煙捲 ◇指(ゆび)を銜える/眼紅(美慕割據)
- **くわし・い** ③【詳しい】[形] ❶詳細,詳盡 ❷精通,熟悉
- **くわずぎらい** ④【食わず嫌い】[名] ❶未吃就先厭惡(的人) ❷有成見
- **くわ・せる** ③【食(わ)せる】[他下一] ❶養活,供養¶家族(かぞく)を～/養活家族 ❷加以,給予
- **くわだ・てる** ④【企てる】[他下一] ❶計劃,着手試辦… ❷企圖,圖謀¶陰謀(いんぼう)を～/搞陰謀
- **くわわ・る** ⓪③【加わる】[自五] ❶增加,增添¶寒さが～/越來越冷 ❷參加,加入¶仲間に～/入伙
- **くん** ⓪【訓】[名]訓讀
- **ぐん** ①【群】[名]群 ◇群を抜(ぬ)く/出衆
- **ぐんぐん** ①[副] ❶有力地,猛刻地 ❷迅速
- **くんし** ①【君子】[名]君子 ◇君子危(あや)うきに近寄(ちかよ)らず/君子不立於危牆之下 ◇君子は豹変(ひょうへん)す/君子豹變
- **ぐんじ** ①【軍事】[名]軍事
- **くんしゅ** ①【君主】[名]君主¶-政治(せいじ)④[名]君主政治
- **ぐんしゅう** ⓪【群集】[名・自サ]群集,集聚
- **ぐんしゅく** ⓪【軍縮】[名]裁軍
- **くんしょう** ⓪【勲章】[名]勳章
- **ぐんじん** ⓪【軍人】[名]軍人,士兵
- **くんせい** ⓪【燻製】[名]熏製(魚,肉)
- **ぐんたい** ⓪【軍隊】[名]軍隊
- **くんどく** ⓪【訓読】[名・他サ] ❶按日語文法直接讀漢文 ❷訓讀
- **ぐんび** ①【軍備】[名]軍備
- **ぐんもんにくだる**【軍門に降る】投降
- **ぐんゆうかっきょ** ⑤【群雄割拠】[名]群雄割據
- **くんよみ** ⓪【訓読み】[名・他サ] ❶訓讀 ❷在漢文上注訓點按日語文法讀漢文
- **くんれいしき** ⓪【訓令式】[名](用羅馬拼音書寫日語的一種方式)訓令式
- **くんれん** ①【訓練】[名・他サ]訓練

け　ケ

け 五十音圖「か」行第四音。羅馬字寫作「ke」，發音爲國際音標［ke］。平假名「け」是「計」字草體的演變，片假名「ケ」是「介」字的簡略。濁音「げ」，羅馬字寫作「ge」，發音爲國際音標［ge］。

け ⓪【毛】［名］❶毛,汗毛,毛髮 ❷(植物表面的)細毛

け ⓪【気】［名］…樣子,…氣味,氣¶血(ち)の～/血色,血氣 ——［接尾］表示有某種心情,感覺¶寒(さむ)～がする/發冷

け［終助］❶表示回憶往事¶あのころは近所(きんじょ)の子とよく遊んだっ～なあ/那時,常和附近的小孩玩來着 ❷用於對忘記或把握不準的事情向對方詢問、確認時¶こんどの集まりはいつでしたっ～/下次的集會是什麼時候啊

-げ【気】［接尾］…樣子,情形,好像¶かなし～/悲傷的樣子¶あぶな～/危險的樣子

ケア ①【care】［名］照顧

ケアレス・ミス ⑤【careless mistake】［名］(因疏忽引起的)錯誤,不注意

けい ①【刑】［名］刑,刑罰

けい ①【計】［名］❶計劃¶百年(ひゃくねん)の～/百年之計 ❷合計,總計

けい ①【罫】［名］❶線格 ❷(圍棋、象棋棋盤上的)縱橫線

げい ①【芸】［名］❶技能,技巧,手藝 ❷表演藝術,演技 ◇芸が細(こま)かい/演技細膩 ◇芸がない/平平凡凡,不精彩 ◇芸は身(み)を助(たす)ける/家有千金,不如薄技在身

ゲイ ①【gay】［名］同性戀者

けいあい ⓪【敬愛】［名・他サ］敬愛

けいい ①【経緯】［名］❶經緯 ❷(事情的)原委

けいい ①【敬意】［名］敬意

げいいんばしょく ⓪【鯨飲馬食】［名・自サ］大吃大喝,暴飲暴食

けいえい ⓪①【形影】［名］形影◇形影相伴(あいともな)う/形影不離

けいえい ⓪【経営】［名・他サ］經營,管理,營運

けいえん ⓪【敬遠】［名・他サ］❶敬而遠之 ❷迴避

けいおんがく ③【軽音楽】［名］輕音樂

けいか ⓪【経過】［名・自他サ］❶經過 ❷經過,過程

けいが ①【慶賀】［名・他サ］慶祝,祝賀

けいかい ⓪【警戒】［名・他サ］警戒,警惕

けいかい ⓪【軽快】［形動］❶輕快,敏捷 ❷輕鬆愉快,輕快

けいかく ⓪【計画】［名・他サ］計劃,規劃¶～をたてる/制定計劃 【-的(てき)】⓪［形動］有計劃

けいかん ⓪【警官】［名］警官,警察

けいき ①【契機】［名］(事物轉化的)關鍵,契機,機會,機緣¶…を～に/以…爲契機

けいき ⓪【景気】［名］❶景氣,商情,行情¶～がいい/景氣好 ❷(精神)活潑,活躍

けいきょく ⓪【荊棘】[名] ❶荊棘 ❷困難¶～の道(みち)/荊棘叢生之路

けいきょもうどう ①【軽挙妄動】[名]輕舉妄動

けいぐ ①【敬具】[名](書信中的結束語)謹啟,謹上

けいけん ⓪【経験】[名・他サ]經驗¶～ゆたか/經驗豐富【-者(しゃ)③】[名]有經驗的人,經驗過的人

けいけん ⓪【鶏犬】[名]鶏犬◇鶏犬相(あい)聞(きこ)ゆ/鶏犬相聞

けいこ ①【稽古】[名・他サ]練(技巧,武藝,技藝等),練習,練功

けいご ⓪【敬語】[名]敬語

けいご ①【警護】[名・他サ]警戒,警衛

けいこう ⓪【傾向】[名]傾向,趨勢

げいごう ⓪【迎合】[名・自サ]迎合,逢迎

けいこうぎょう ③【軽工業】[名]輕工業

けいこうとう ⓪【蛍光灯】[名]螢光燈,日光燈

けいこうとなるもぎゅうごとなるなかれ【鶏口となるも牛後となるなかれ】寧爲鶏口,勿爲牛後

けいこく ⓪【警告】[名・他サ]警告,提醒¶～を発(はっ)する/發出警告

けいさい ⓪【掲載】[名・他サ]登載,刊載

けいざい ①【経済】[名] ❶(國民)經濟¶～の法則(ほうそく)/經濟法則 ❷經濟,節省¶時間の～/節省時間

けいざいせいちょうりつ ⑦【経済成長率】[名]國民經濟增長率

けいざいてき ⓪【経済的】[形動] ❶經濟上的,經濟方面的 ❷節約

けいさつ ⓪【警察】[名]警察

けいさん ⓪【計算】[名・他サ] ❶計算,算 ❷籌劃,考慮¶～にいれる/計算在内,考慮在内

けいさんき ③【計算機・計算器】[名]計算器

けいさんじゃく ③【計算尺】[名]計算尺

けいし ①【警視】[名]警視(日本警察官衔)【-庁(ちょう)③】[名](東京都)警視廳

けいし ⓪【軽視】[名・他サ]輕視

けいじ ①【刑事】[名] ❶刑事(案件等) ❷刑警

けいじ ⓪【掲示】[名・他サ] ❶揭示,公佈 ❷告示,佈告

けいしき ⓪【形式】[名]形式,樣式,方式

けいしきてき ⓪【形式的】[形動]形式¶～なあいさつ/形式上的致辭

けいしきめいし ⑤【形式名詞】[名]形式名詞

けいしゃ ⓪【傾斜】[名・自サ] ❶傾斜 ❷傾斜度

げいしゃ ⓪【芸者】[名] ❶藝妓 ❷擅長技藝的人

けいしゅく ⓪【慶祝】[名・他サ]慶祝

げいじゅつ ⓪【芸術】[名]藝術【-家(か)⓪】[名]藝術家

けいしょう ⓪【形象】[名]形象

けいしょう ⓪【敬称】[名]敬稱

けいしょう ⓪【軽傷】[名]輕傷

けいしょう ⓪【景勝】[名]風景優美(的地方)

けいしょう ⓪【継承】[名・他サ]繼承

けいじょう ⓪【形状】[名]形狀,樣子

けいじょう ⓪【敬譲】[名](「尊敬、謙讓」的簡稱)尊敬和謙讓

けいしょく ⓪【軽食】[名]小吃,便餐

けいせい ⓪【形勢】[名]形勢,局勢

けいせい ⓪【形成】[名・他サ]形

成¶人格(じんかく)の〜/人格的形成

けいせき ⓪【形跡】[名]形跡,跡象¶…の〜がある/有…跡象

けいせつのこう【蛍雪の功】螢雪之功

けいそう ⓪【軽装】[名]輕裝,輕便的服裝

けいそう ⓪【継走】[名・自サ]接力賽

けいそく ⓪【計測】[名・他サ]計量,測量

けいぞく ⓪【継続】[名・他サ]繼續,接續¶審議(しんぎ)を〜する/繼續審議

けいそつ ⓪【軽率】[名・形動]輕率,草率

けいたい ⓪【形態・形体】[名]形態,形狀

けいたい ⓪【携帯】[名・他サ]攜帶¶-電話 ⑤[名]行動電話,手機

けいたい ⓪【敬体】[名]敬體

けいだい ①【境内】[名](神社,寺院等的)院内

けいちゅう ⓪【傾注】[名・他サ]傾注,集中精力

けいちょう ⓪【慶弔】[名・他サ]喜事和喪事,紅白喜事

けいちょう ⓪【傾聴】[名・他サ]傾聽

けいてき ⓪【警笛】[名]警笛

けいでんき ③【継電器】[名]繼電器

けいと ⓪【毛糸】[名]毛線

けいとう ⓪【系統】[名]❶系統,體系 ❷血статус,世系

けいとう ⓪【傾倒】[名・自他サ]傾倒,佩服¶文学に〜する/醉心於文學

げいにん ⓪【芸人】[名]❶藝人 ❷多才多藝的人

げいのう ①⓪【芸能】[名]藝術,文藝的總稱

けいば ⓪【競馬】[名]賽馬

けいはく ⓪【軽薄】[名・形動]輕薄,輕浮

けいはつ ⓪【啓発】[名・自サ]啟發

けいばつ ①【刑罰】[名]刑罰

けいひ ①【経費】[名]經費

けいび ①【警備】[名・他サ]警備,戒備,守備

けいひん ⓪【景品】[名](商店隨商品贈送給顧客的)贈品,小禮品

げいひん ⓪【迎賓】[名]迎賓¶-館(かん)③[名]迎賓館

けいふ ⓪【継父】[名]繼父

けいぶ ①【警部】[名]警部(日本警察官衔)

けいふく ⓪【敬服】[名・自サ]敬佩,欽佩

けいぶつ ⓪【景物】[名]四季的景物(花鳥風月等)

けいべつ ⓪【軽蔑】[名・他サ]輕蔑,輕視¶〜のまなざし/輕蔑的目光

けいぼ ⓪【継母】[名]繼母

けいほう ①【刑法】[名]刑法

けいほう ⓪【警報】[名]警報

けいみょう ⓪【軽妙】[形動]輕妙,輕鬆有趣

けいむしょ ③⓪【刑務所】[名]監獄

けいもう ⓪【啓蒙】[名・他サ]啟蒙,開導

けいやく ⓪【契約】[名・他サ]契約,合同¶〜をむすぶ/締結契約

けいゆ ⓪①【経由】[名・自サ]經由,經過,中轉¶ロンドンを〜してパリへ行く/經由倫敦去巴黎

けいようし ③【形容詞】[名]形容詞

けいようどうし ⑤【形容動詞】[名]形容動詞

けいり ①【経理】[名]經管錢財(的人)

けいりゃく ①⓪【計略】[名]計策,

策略,謀略

けいりゅう ⓪【渓流】[名]溪流,山谷小溪

けいりょう ③⓪【計量】[名・他サ]計量,測量

けいりん ⓪【競輪】[名]自行車競賽

けいれき ⓪【経歴】[名]經歷,簡歷

けいれん ⓪【痙攣】[名・自サ]痙攣,抽筋

ケーキ ①【cake】[名]洋點心,蛋糕

ケース ①【case】[名] ❶箱子,盒子 ❷實例,事例

ゲート ①【gate】[名]門,出入口 ❷(飛機乘客)上下的梯口

ケーブル ①【cable】[名] ❶電纜 ❷(「ケーブルカー」的簡稱)爬山纜車,索道車

ゲーム ①【game】[名] ❶遊戲 ❷比賽,競賽

ゲームセンター ④【game center】[名]電視娛樂場

けおりもの ②⓪【毛織り物】[名]毛紡織品

けが ⓪【怪我】[名・自サ] ❶傷,受傷 ❷過失,過錯◇怪我の功名(こうみょう)/僥倖成功

げか ⓪【外科】[名]外科

けが・す ②【汚す】[他五]弄髒,玷污¶…の名を～/玷污…的名聲

けがらわし・い ③【汚らわしい】[形] ❶污穢,髒的 ❷討厭的

けがれ ③【汚(れ)】[名]髒,污垢

けが・れる ③【汚れる】[自下一]變髒,變壞

けがわ ⓪【毛皮】[名]毛皮,皮貨

げき ⓪【劇】[名]劇,戲劇¶-映画(えいが) ③【名]故事影片,戲劇影片

げきえいが ③【劇映画】[名]故事影片

げきが ⓪【劇画】[名]連環畫

げきさく ⓪【劇作】[名]戲劇創作,

劇作【劇作家(げきさっか) ⓪【名]劇作家

げきじょう ⓪【劇場】[名]劇場

げきじょう ⓪【激情】[名]激情

げきしょく ⓪【激職・劇職】[名]繁忙的差事,繁重的職務

げき・する ③【激する】[自サ]興奮,激動¶感情が～する/感情激動

げきたい ⓪【撃退】[名・他サ]擊退,打退

げきつう ⓪【激痛・劇痛】[名]劇痛

げきてき ⓪【劇的】[形動]戲劇般¶～な出会(であ)い/戲劇般的相遇

げきど ①【激怒】[名・自サ]極為憤怒,勃然大怒

げきやく ⓪【劇薬】[名]烈性藥品,危險藥品

けぎらい ②【毛嫌い】[名・他サ]無故厭惡,一味討厭

げきれい ⓪【激励】[名・他サ]激勵,鼓勵

げきれつ ⓪【激烈・劇烈】[形動]激烈,猛烈

けさ ①【今朝】[名]今天早晨

けさ ⓪【袈裟】[名]袈裟

げざい ⓪【下剤】[名]瀉藥

げし ⓪①【夏至】[名]夏至

けしいん ⓪【消印】[名] ❶郵戳 ❷註銷戳

けしか・ける ⓪【嗾ける】[他下一] ❶嗾使 ❷唆使,挑動

けしからん ④【怪しからん】[連語]不像話,不講理,無理

けしき ①【気色】[名] ❶氣色,神色 ❷樣子,兆頭

けしき ①【景色】[名]景色,景致,風景¶～がいい/景色優美【冬景色(ふゆげしき) ③】[名]雪景

けしゴム ③⓪【消(し)ゴム】[名]橡皮擦

けじめ ⓪③[名]區別,界線

げしゃ ⓪①【下車】[名・自サ]下車

げしゅく ⓪【下宿】[名・自サ](提供食宿的)家庭公寓

げじゅん ⓪【下旬】[名]下旬

げじょ ①【下女】[名]女僕(「お手伝いさん」的舊稱)

けしょう ②【化粧】[名・自他サ] ❶化妝,打扮¶-品(ひん)⓪[名]化妝品¶薄化粧(うすげしょう)③[名]淡妝 ❷裝飾,裝扮

け・す【消す】[他五] ❶減掉,熄掉¶火(ひ)を～/滅火¶あかりを～/熄燈 ❷關閉(電燈、電視等)¶テレビを～/關電視 ❸消除,抹除,塗去¶字(じ)を～/把字擦掉¶録音(ろくおん)を～/消去錄音¶すがたを～/躲藏起來 ❹去(味),解(毒)¶毒(どく)を～/解毒

げすい【下水】[名] ❶髒水,下水 ❷下水道,陰溝

ゲスト ①【guest】[名](廣播電臺或電視臺節目裡的)特約演員

けず・る ⓪【削る】[他五] ❶削,刮,剗¶えんぴつを～/削鉛筆 ❷削減¶予算(よさん)を～/削減預算

けた ⓪【桁】[名] ❶(橋和房屋的)橫樑,桁架 ❷算盤柱 ❸(數)位數

げた ⓪【下駄】[名]木屐◇下駄を預(あず)ける/委託對方全權處理◇下駄を履(は)かせる/抬高分數,多打分數

けたたまし・い ⑤[形]喧囂的,尖銳的

けたはずれ ③【桁外れ】[名・形動]格外,特別,異乎尋常

けだもの ⓪【獣】[名] ❶獸,野獸 ❷(罵人)獸類,畜牲

けだる・い ③【気怠い】[形]疲倦,懶散,倦怠的

けち ①[名・形動] ❶吝嗇,小氣的人 ❷寒酸;卑賤,卑劣 ¶-な服(ふく)/寒酸的衣服 ――[名]不妙,壞兆頭,毛病¶-をつける/挑毛病,説壞話

けちくさ・い ④【けち臭い】[形] ❶吝嗇,小氣 ❷狹隘,短淺

けちけち ①[副・自サ]小裏小氣,吝嗇

けちんぼう ①【けちん坊】[名]小氣鬼,吝嗇鬼

けつ【欠】[名]缺,缺少¶-をおぎなう/補缺

けつ ①【決】[名]表決,決定,決意¶-をとる/決定,表決

けつあつ ⓪②【血圧】[名]血壓【-計(けい)】⓪[名]血壓計

けつい ①②【決意】[名]決意,決心¶-を固める/下定決心

けつえき ②【血液】[名]血,血液

けつえきがた ⓪【血液型】[名]血型

けつえきぎんこう ⑤【血液銀行】[名]血庫

けつえん ⓪【血縁】[名]血緣¶-関係(かんけい)/血緣關係

けっか ⓪①【結果】[名]結果,結局

げっか ①【月下】[名]月下,月光下【-氷人(ひょうじん)】④[名]月下老人,媒人

けっかく ⓪【結核】[名]結核,結核病

けっかん ⓪【欠陥】[名]缺陷,缺點,毛病

けっかん ⓪【血管】[名]血管

げっかん ⓪【月刊】[名]月刊

けっき ①【血気】[名]血氣,精力

けつぎ ①②【決議】[名・他サ]決議¶-案(あん)③[名]決議案

けっきゅう ⓪【血球】[名]血球

げっきゅう ⓪【月給】[名]月薪,薪水

けっきょく ⓪【結局】[副]最終,結果,歸根究底

けっきん ⓪【欠勤】[名・自サ]缺勤

げっけい ⓪【月経】[名]月経

けっこう ⓪【欠航】[名・自サ](飛機,輪船因故)停航,停開

けっこう ⓪【決行】[名・他サ]決心實行,堅決進行

けっこう ⓪③【結構】[名]結構,構造¶文章(ぶんしょう)の〜/文章的結構

── ①[形動]❶相當好,很好,不錯¶〜な、おみやげをありがとう/謝謝你送給我這麼好的禮品 ❷不用了,足夠了¶酒はもう〜です/酒已經夠了 ❸可以,行,沒關係¶明日で〜です/明天也行

── ①[副]相當,很¶電車は〜混雑(こんざつ)していた/電車相當擠

けつごう ⓪【結合】[名・自他サ]結合

げっこう ⓪【月光】[名]月光

けっこん ⓪【結婚】[名・自サ]結婚¶〜を申(もう)しこむ/申請結婚【一式(しき)】③ [名]結婚儀式,婚禮

けっさく ⓪【傑作】[名]傑作
──[形動]滑稽,可笑

けっさん ①【決算】[名・他サ]決算,結算

けっしきそ ④【血色素】[名]血色素

けっして ⓪【決して】[副](下接否定詞語)絕不,一定不¶〜うそは言わない/絕不說謊

げっしゃ ⓪【月謝】[名](在私塾或學校)每月付的學費

げっしゅう ⓪【月収】[名]月收

けっしゅつ ⓪【傑出】[名・自サ]傑出,卓越

けつじょ ①【欠如】[名]缺乏,欠缺

けっしょう ⓪【決勝】[名]決勝,決賽

けっしょう ⓪【結晶】[名・自サ]❶結成晶體 ❷結晶¶愛(あい)の〜/愛的結晶

けっしょうばん ⓪【血小板】[名]血小板

げっしょく ⓪【月食】[名]月蝕

けっしん ①③【決心】[名・自サ]決心,決意

けっ・する【決する】[自他サ]決定,決意¶運命(うんめい)が〜/決定命運

けっせい ⓪【血清】[名]血清

けっせい ⓪【結成】[名・他サ]結成,組成

けっせき ⓪【欠席】[名・自サ]缺席¶会議(かいぎ)を〜する/缺席會議

けっせき ⓪【結石】[名]〈醫〉結石

けっせん ⓪【決戦】[名・自サ]決戰

けつぜん ③⓪【決然】[副]堅決,毅然決然

けっせんとうひょう ⑤【決選投票】[名]最後投票

けっそう ③【血相】[名]面部表情,臉色

けつだん ⓪【決断】[名・自サ]決斷,果斷

けっちょう ①【結腸】[名]結腸

けっちん ⓪【血沈】[名]血沉

けってい ⓪【決定】[名・他サ]定,決定,確定¶予算(よさん)を〜する/決定預算

けってん ③⓪【欠点】[名]缺點,毛病

けっとう ⓪【血統】[名]血統

けっとう ⓪【血糖】[名]血糖

けっぱく ⓪【潔白】[名・形動]清白,純潔,廉潔

げっぷ ⓪【月賦】[名]分月付款

けっぺき ⓪【潔癖】[名・形動]潔癖,清高,潔身自愛

けつぼう ⓪【欠乏】[名・自サ]缺乏¶食糧(しょくりょう)が〜する/糧食缺乏

けつまくえん ④【結膜炎】[名]結膜炎

けつまつ ⓪【結末】[名]結尾,末尾,結局

けつみゃく ⓪②【血脈】[名]❶血管 ❷血緣,血統

げつよう ⓪③【月曜】[名]星期一 【-日(び)③】[名]星期一

けつれつ ⓪【決裂】[名・自サ]決裂,破裂

けつろん ⓪②【結論】[名]結論

げてもの ⓪【下手物】[名]粗貨,簡單的手工品

けど ①[接]然而,但是
── [接助]❶(表示轉折或反轉)然而,但是 ❷僅接上下文不表任何意義

げどく ⓪【解毒】[名・自サ]解毒 【-剤(ざい)③⓪】[名]解毒劑

けとば・す ⓪【蹴飛ばす】[他五]踢開,踢飛¶ボールを～/踢球

けな・す ⓪【貶す】[他五]譏謗,貶低

げねつ ⓪【解熱】[名・自サ]解熱,退燒【-剤(ざい)⓪】[名]退燒藥

けねん ①⓪【懸念】[名・他サ]掛念,擔心

げば ①【下馬】[名・自サ]下馬【-評(ひょう)②】[名]❶社會上的風聞 ❷局外人的推測

けはい ②①【気配】[名]樣子,情形,感覺

けばけばし・い ⑤【毳毳しい】[形]花枝招展

けびょう ⓪【仮病】[名]假病,裝病 ¶～をつかう/裝病

げひん ②【下品】[形動]下流,下賤,無教養 ¶～なことば/下流的言詞

ケミカル ①【chemical】化學合成的 ¶～シューズ/塑膠革

けむ ⓪【煙】[名]けむに巻く/説大話騙人,使人莫名其妙

けむ・い ⓪【煙い】[形]嗆人,熏人

けむし ③【毛虫】[名]❶毛毛蟲 ❷令人討厭的人

けむた・い ⓪【煙たい】[形]❶嗆人,熏人 ❷令人拘束,不易接近,令人發怵

けむり ⓪【煙】[名]❶煙¶～にむせる/被煙嗆了 ❷煙狀物

けむ・る ⓪【煙る】[自五]❶冒煙 ❷煙霧瀰漫,朦朧¶雨(あめ)に～/煙雨朦朧

けもの ⓪【獣】[名]獸,獸類

けらい ①【家来】[名]❶家臣,臣下 ❷僕人

げらく ⓪【下落】[名・自サ]❶(價格,行情)下跌 ❷(程度,階段)降低,下降

げらげら ①[副]哈哈大笑

げり ⓪【下痢】[名・自サ]瀉肚

け・る ①【蹴る】[他五]❶踢,踹 ¶ボールを～/踢球 ❷拒絕

けれども[接]但是,可是¶金(かね)はある、～貸(か)す金はない/我有錢,但是,沒有可借出的錢◆亦作「けれど」

けれども[接助]❶雖然,可是¶すこし寒い～、気持(きも)ちがいい /雖然有些冷,可是感覺很舒服 ❷連接上下句,不表示轉折¶ぼくは行く～、きみはどうする/我打算去,你呢 ❸接在句子末尾,表示委婉的語氣¶その本なら、私もほしいんです～/如果是那本書,我也希望得到一本…

けろりと ②[副]若無其事,毫不介乎

けわし・い ③【険しい】[形]❶險峻,陡峭¶～山/險峻的山 ❷危險,險惡¶前途(ぜんと)は～/前途危險 ❸嚴厲,可怕,尖銳

けん ①【県】[名]縣【-知事(ちじ)③】[名]縣知事

けん ①【剣】[名]❶劍 ❷劍術 ❸(蜜蜂的)刺

けん ①【険】[名]❶險要,危險¶

天下(てんか)の～/天険 ❷陰森可怕
けん ①【腱】[名]腱
けん ①【鍵】[名]鍵盤
げん ①【言】[名]言,語言¶～を待(ま)たない/不待言,不用說
げん ①【舷】[名]船舷
けんあく ⓪【険悪】[名・形動]險惡,可怕¶～な情勢(じょうせい)/險惡的形勢
けんあん ⓪【検案】[名・他サ](對刑事案件的)鑑定,核實
けんあん ①【懸案】[名]懸案
げんあん ⓪①【原案】[名]原案
けんい ①【権威】[名]❶權威 ❷權威人士
げんいん ⓪【原因】[名・自サ]原因
げんえき ⓪①【現役】[名]❶有現職或正在從事某種社會活動的人 ❷(準備考大學的)應屆高中畢業生
けんえつ ⓪【検閲】[名・他サ]❶檢閱 ❷檢查,審査
けんえんのなか【犬猿の仲】水火不相容(喻關係不好)
けんお ①【嫌悪】[名・他サ]討厭,嫌惡,厭惡¶～の情(じょう)/厭惡的表情
けんか ⓪【喧嘩】[名・自サ]吵架,口角,爭吵¶～をうる/找碴兒吵架◇～両成敗(りょうせいばい)/打架雙方各打五十大板
げんか ①【原価・元価】[名]❶原價,進貨價格 ❷成本價格
げんか ⓪【減価】[名]減價,降價
けんかい ⓪【見解】[名]見解,意見
げんかい ⓪【限界】[名]界限,限度,邊緣
げんがい ①【言外】[名]言外
けんがく ⓪【見学】[名・他サ]見習,參觀,實地考察
けんかく ⓪【厳格】[形動]嚴,嚴格
げんがく ⓪①【弦楽】[名]弦樂

げんがっき ③【弦楽器】[名]弦樂器
げんかん ⓪【玄関】[名]前門,正門,大門
けんぎ ③①【嫌疑】[名]嫌疑¶～がかかる/受嫌疑
げんき ①【元気】[名・形動]❶精神,精力¶～がいい/精神十足¶～を出す/振作起精神來 ❷健康,身體好¶お～ですか/您身體好嗎
けんきゅう ⓪【研究】[名・他サ]研究,鑽研¶数学(すうがく)を～する/研究數學¶～生(せい)③[名]進修生
けんきょ ①【検挙】[名・他サ]拘留審查
けんきょ ①【謙虚】[名・形動]謙虛,虛心
けんぎょう ⓪【兼業】[名・他サ]兼業,兼營
けんきょうふかい ⓪【牽強付会】[名]牽強附會
けんきん ⓪【献金】[名・自サ]捐款
げんきん ③【現金】[名]現錢,現款¶～ではらう/付現款
——[形動]有利就做,貪圖眼前利益¶～な人/有利就做的人
げんきん ⓪【厳禁】[名・他サ]嚴禁
げんけい ⓪【原型】[名]原型,模型,樣子
けんけつ ⓪【献血】[名・自サ]捐血
げんげん ③【権限】[名]權限
けんご ①【堅固】[形動]❶堅固,穩固 ❷堅強
げんご ①【言語】[名]言語,語言◇言語に絶(ぜっ)する/無話可說¶～学(がく)③[名]語言學
けんこう ⓪【健康】[名・形動]健康¶～が回復(かいふく)する/恢復健康¶～な体

/健康的身體
げんこう ⓪【言行】[名]言行【-不一致(ふいっち) ⑥】[名]言行不一
げんこう ③⓪【原稿】[名]原稿,稿子
げんこう ⓪【現行】[名]現行
げんこうはん ③【現行犯】[名]現行犯
けんこく ⓪【建国】[名]建國
げんこく ⓪【原告】[名]原告
げんこつ ⓪【拳骨】[名]拳頭
けんさ ①【検査】[名・他サ]檢查,檢驗
けんざい ⓪【健在】[名・形動]健在
げんざい ①【現在】[名] ❶現在,目前 ❷截至(某時)
げんさく ⓪【原作】[名]原作,原著
けんさつ ⓪【検察】[名]檢察
けんさつかん ④③【検察官】[名]檢察官
けんさつちょう ④③【検察庁】[名]檢察廳
けんざん ⓪【験算・検算】[名・他サ]驗算,核對
げんさん ⓪【原産】[名](動植物的)原産,原産地
げんさん ⓪【減産】[名・自他サ]減産
けんし ①【絹糸】[名]絲線
けんし ⓪【検死】[名・他サ]驗屍
けんじ ①【検事】[名]檢事(檢察官銜的一種)
けんじ ①【堅持】[名・他サ]堅持 ¶原則(げんそく)を～する/堅持原則
げんし ①【原子】[名]原子
げんし ①【原始】[名]原始【-時代(じだい) ④】[名]原始時代【-社会(しゃかい) ④】[名]原始社會【-人(じん) ③】[名]原始人
げんしかく ③【原子核】[名]原子核
けんしき ⓪【見識】[名]見識,鑑賞力

けんじつ ⓪【堅実】[名・形動]堅實,紮實,踏實,牢靠 ¶～な方法/可靠的辦法
げんじつ ⓪【現実】[名]現實,實際 ¶～にあわない/不符合現實【-主義(しゅぎ) ④】[名]現實主義【-的(てき) ⓪】[形動]現實
げんしばくだん ④【原子爆弾】[名]原子彈
げんしゅ ①【元首】[名]元首
げんしゅ ①【厳守】[名・他サ]嚴守
けんしゅう ⓪【研修】[名・他サ]進修
げんじゅう ⓪【厳重】[形動]嚴格 ¶～な警戒/戒備森嚴
げんしゅく ⓪【厳粛】[形動] ❶嚴肅,莊嚴 ❷確定無疑,鐵一般(的事實)
けんしゅつ ⓪【検出】[名・他サ]檢查出來,驗出
げんしょ ①⓪【原書】[名](外語的)原文書,原版書
けんしょう ⓪【憲章】[名]憲章
けんしょう ⓪【謙称】[名]謙稱
けんしょう ⓪【懸賞】[名]懸賞,有獎
けんじょう ⓪【謙譲】[名]謙讓
げんしょう ⓪【現象】[名]現象【自然(しぜん)- ④】[名]自然現象
げんしょう ⓪【減少】[名・自他サ]減少
げんじょう ⓪【原状】[名]原狀,原形
げんじょう ⓪【現状】[名]現狀
げんば ⓪【現場】[名]現場,現地
けんじょうご ⓪【謙譲語】[名]謙讓語,謙遜語
げんしょく ⓪【原色】[名]原色(紅,黃,藍)
げんしょく ①⓪【現職】[名]現職,現任

げんしょく ⓪【減食】[名・自サ]減食

げんしりょく ③【原子力】[名]原子能

げん・じる ⓪【減じる】[自他上一]減,減少,減輕,減弱

けんしん ⓪【検診】[名・他サ]診查,健康檢查

けんしん ⓪【献身】[名・自サ]獻身,捨身

げんすい ①【元帥】[名]元帥

げんすいばく ③【原水爆】[名]原子彈和氫彈

けんせい ⓪【牽制】[名・他サ]牽制

けんせい ①⓪【権勢】[名]權勢,權力¶〜をふるう/施展權力

げんせい ⓪【厳正】[名・形動]嚴正,公正¶〜な審査(しんさ)/公正的審查

げんぜい ⓪【減税】[名・他サ]減稅

げんせき ①⓪【原籍】[名]原籍

けんせつ ⓪【建設】[名・他サ]❶建設,建築,建造 ❷建立

けんせつてき ⓪【建設的】[形動]建設性¶〜な意見(いけん)/建設性的意見

けんぜん ⓪【健全】[形動]❶健全,健康 ❷正常,堅實

げんせん ⓪【源泉・原泉】[名]源泉¶力(ちから)の〜/力量的源泉

げんせん ⓪【原潜】[名]原子能潛艇

げんぜん ⓪【厳然】[副・連体]儼然,嚴肅

げんそ ①【元素】[名]〈化〉元素

けんぞう ⓪【建造】[名・他サ]建造,建築¶-物(ぶつ) ③[名]建築物

げんそう ⓪【幻想】[名]幻想¶〜をいだく/抱有幻想

げんぞう ⓪【現像】[名・他サ]顯像,顯影

げんそきごう ④【元素記号】[名]元素符號

げんそく ⓪【原則】[名]原則¶〜として…/原則上…

げんそく ⓪【減速】[名・自他サ]減速

けんそん ⓪【謙遜】[名・形動・自サ]謙虛,謙遜

けんたい ⓪【倦怠】[名]❶倦怠,厭倦 ❷疲勞

げんたい ⓪【減退】[名・自サ]減退,衰退¶食欲(しょくよく)が〜する/食慾減退

げんだい ①【現代】[名]現代,當代【-人(じん)】③[名]現代人

けんち ①【見地】[名]見解,觀點,見地¶〜の〜からみる/從…的觀點來看

げんち ①【現地】[名]❶(生活的)當地 ❷(工作)現場,實地¶〜におもむく/赴現場

ゲンチアナ・バイオレット ①-④【gentiana violet】[名]紫藥水

けんちく ⓪【建築】[名・他サ]建築,建築物

けんちょ ①【顕著】[形動]顯著,明顯¶〜な功績(こうせき)/顯赫的功績

げんちょ ①【原著】[名]原著,原作

けんちょう ①【県庁】[名]縣公署

けんてい ⓪【検定】[名・他サ]鑒定,審定,考核¶〜に合格(ごうかく)する/審定合格

げんてい ⓪【限定】[名・他サ]限定,限制¶時間を〜する/限定時間

げんてん ①⓪【原点】[名]❶(測量距離時的)基點,測量點 ❷基點,起點,出發點

げんど ①【限度】[名]限度¶〜をこえる/超過限度

けんとう ③【見当】[名](大致的)估計,預計¶〜がつく/心中有數 ——[接尾]大約,左右,上下¶五

十~の男/五十上下的男人

けんとう ⓪【検討】[名・他サ]研究,商討

けんどう ①【剣道】[名]劍術

げんとう ⓪【幻灯】[名]幻燈

げんとう ⓪【厳冬】[名]嚴冬

げんどう ⓪【言動】[名]言行¶~をつつしむ/謹言慎行

げんどう ⓪【原動】[名]原動【-機(き)】③[名]動力機,原動機【-力(りょく)】③[名]動力,原動力

けんとうちがい ⑤【見当違い】[名]估計錯誤

げんどうりょく ③【原動力】[名]原動力,動力

げんなり ③【副・自サ】不耐煩,厭倦,膩¶~した顔(かお)/不耐煩的臉色

けんにん ⓪【兼任】[名・他サ]兼,兼任

けんにん ⓪【堅忍】[名・自サ]堅忍【-不抜(ふばつ)】⓪[形動]堅忍不拔

けんば ①【犬馬】[名]犬馬◇犬馬の労(ろう)をとる/效犬馬之勞

げんば ⓪【現場】[名]❶(事件,事故的)現場¶犯行(はんこう)の~/犯罪的現場 ❷工地

けんばいき ③【券売機】[名]出售券,票的機器【自動(じどう)ー】⑥[名]自動售票機

げんばく ⓪【原爆】[名](「原子爆弾」的簡稱)原子彈【-症(しょう)】④[名]原子病

げんばつ ⓪【厳罰】[名]嚴厲的懲罰

けんばん ⓪【鍵盤】[名]鍵盤

けんびきょう ⓪【顕微鏡】[名]顯微鏡

けんぴつ ⓪【健筆】[名]能書善寫,健筆

けんぶつ ⓪【見物】[名・他サ]觀賞,遊覽◇高見(たかみ)の見物/坐山觀虎鬥,袖手旁觀

げんぶつ ⓪【原物】[名]原物,原件

げんぶつ ⓪【現物】[名]實物

けんぶん ⓪【見聞】[名・他サ]見聞,見識¶~を広(ひろ)める/擴大眼界

げんぶん ⓪【言文】[名]言文,語言和文章【-一致(いっち)】⑤[名]言文一致

けんぽう ①【憲法】[名]憲法

けんぼうしょう ⓪【健忘症】[名]健忘症

げんみつ ⓪【厳密】[形動]嚴密,周密

けんめい ⓪【賢明】[形動]賢明,高明

けんめい ⓪【懸命】[形動]拼命,盡力¶~の努力(どりょく)/拼命的努力

げんめつ ⓪【幻滅】[名・自サ]幻想破滅,失望¶~の悲哀(ひあい)/失望的悲哀

けんやく ⓪【倹約】[名・他サ]節儉,儉省

げんゆ ⓪【原油】[名]原油

げんゆう ⓪【現有】[名・他サ]現有

けんよう ⓪【兼用】[名・他サ]兼用,共用

けんり ①【権利】[名]權利

げんり ①【原理】[名]原理

げんりょう ③【原料】[名]原料

けんりょく ①【権力】[名]權力¶~をふるう/使用權力

げんろう ⓪【元老】[名]元老

げんろん ⓪①【言論】[名]言論¶~の自由(じゆう)/言論自由

こ コ

こ 五十音圖「か」行第五音。羅馬字寫作「ko」,發音爲國際音標[ko]。平假名「こ」來自「已」字的草體,片假名「コ」來自「己」字的上部。濁音「ご」,羅馬字寫作「go」,發音爲國際音標[go]。

こ ⓪【子・兒】[名] ❶兒女,孩子,小孩 ❷姑娘 ❸仔,卵,雛¶竹的～/竹筍¶利息¶元も子もなくなる/本利全光,雞飛蛋打
── [接尾] ❶人¶売り～/(在站臺流動叫賣的)小販 ❷孩子¶かぎっ～/(父母均工作的)持鑰匙的孩子 ❸(表示特定的)東西 ❹日本女子名字用字¶花～/花子◇子はかすがい/孩子是夫妻的紐帶

こ ①【粉】[名] 粉,碎末兒◇身を粉にして働く/竭盡全力工作
── [接尾] 麵粉¶パン～/麵包粉

こ ①【弧】[名]〈數〉弧 ¶弧形

こ ①【個】[名] 個,單個

こ- [小][接頭] ❶小,少¶～声(ごえ)/小聲 ❷將近,差不多¶～一時間/差不多一小時 ❸稍微,有點兒¶～太(ぶと)り/微胖

-こ [接尾](上接擬態詞)表示某種狀態¶どろん～/滿是泥印,泥濘

ご ①⓪【五】[名] 五,五個

ご ①【碁】[名] 圍棋¶～を打つ/下圍棋

ご ①【語】[名] 詞,單詞

ご-【御】[接頭] ❶(上接漢語名詞)表示尊敬¶～兩親/您的父母 ❷(接漢語動詞前)表示自謙¶わたくしが～案内いたします/我來爲您帶路
── [接尾](上接表示人的名詞)表示尊敬¶親～さん/您父親(母親)

-ご【後】[接尾] 後¶3日～/三天後¶私は日沒(にちぼつ)～に出發した/我日落後出發了¶夕食～散歩しよう/晚飯後散散步吧

コアラ ①【koala】[名] 無尾熊

こい ①【恋】[名] 戀愛,愛情

こい ①【鯉】[名] 鯉魚

こい ①【故意】[名] 故意,有意

こ・い ①【濃い】[形] ❶(色、味等)深,濃,重¶～緑色/深綠色 ❷稠,密¶～霧/大霧 ❸某種可能性很大,越加顯出某種狀態¶敗色(はいしょく)が～/敗局已定

ごい ①【語彙】[名] 詞彙,語彙

こいし・い ③【恋しい】[形] 愛慕,愛戀;懷念

こい・する ③【恋する】[他サ] 戀愛

こいつ ⓪[代]〈俗〉❶這小子,這個像伙 ❷這個

こいのぼり ③【鯉幟】[名](端午節時,有男孩的家庭掛的)鯉魚形狀的幡,鯉魚旗

こいびと ⓪【恋人】[名] 情人,戀人

こいぶみ ⓪①【恋文】[名] 情書

コイル ①【coil】[名](電器元件)線圈

コイン ①【coin】[名] 硬幣¶-ランドリー④[名] 投幣式自助洗衣機¶【ロッカー】④[名] 投幣式物品寄存箱

こう ①【功】[名] 功,功勞

こう ①【甲】[名] ❶甲,甲殼¶かめの～/龜甲 ❷(手、腳)背

こう ①【効】[名] 功效,效果,效能

こう ①【幸】[名]幸福,幸運
こう ①【香】[名]❶香味,香氣 ❷香料,香
こう ①【項】[名]項,項目
こう ①【鋼】[名]鋼
こう ⓪【副】這樣,這種¶～いう形のお皿がほしい/我想要這種形狀的盤子
こう ①【高】[名]高
ごう ①【号】[名]❶雅號,別名 ❷(雜誌,報紙發行順序)號,期¶創刊～/創刊號
ごう ①【剛】[名]剛,剛強◇柔(じゅう)よく剛(ごう)を制(せい)す/柔能克剛
ごう ①【業】[名]❶善惡的行為 ❷生氣,憤怒◇業を煮(に)やす/發急,急得發脾氣
こうあつ ⓪【高圧】[名]❶強壓力 ❷(電)高壓;-的(てき)⓪[形動]高壓,強制
こうあん ⓪【考案】[名・他サ]想出(辦法)
こうい ①【好意】[名]好意,好感
こうい ①【行為】[名]行徑
こうい ①【厚意】[名]厚意,盛情
ごうい ①【合意】[名・自サ](雙方)同意,意見一致
こういしょう ③【後遺症】[名]後遺症
こういってん ①-③【紅一点】[名](衆多男性中的)唯一女性
こういん ⓪①【工員】[名]工人
こういん ⓪①【光陰】[名]光陰,歲月◇光陰矢(や)の如(ごと)し/光陰似箭
ごういん ⓪【強引】[形動]強制,強行
ごうう ①【豪雨】[名]大雨,暴雨
こううん ⓪①【幸運・好運】[名・形動]幸運;-児(じ)③[名]幸運兒
こううんき ③【耕耘機】[名]耕耘機
こうえい ⓪【公営】[名]公辦,官辦
こうえい ⓪【光栄】[名・形動]光榮
こうえつ ⓪【校閲】[名・他サ]校閱,校訂
こうえん ⓪【公園】[名]公園
こうえん ⓪【公演】[名・自他サ]公演
こうえん ⓪【後援】[名・他サ]後援,支援
こうえん ⓪【講演】[名・自サ]講演
こうおん ⓪【高温】[名]高溫
こうおん ⓪【恒温】[名]恒溫,常溫
こうおんどうぶつ ⑤【恒温動物】[名]恒溫動物
こうか ①【工科】[名]❶(有關工業的)學科 ❷(大學工學部的舊稱)工科
こうか ①【効果】[名]❶效果,成效 ❷(電影,劇場)效果
こうか ①【高架】[名]高架,架空¶-鉄道(てつどう)④[名](離開地面的)高架鐵路
こうか ①【高価】[名・形動]高價
こうか ①【硬貨】[名]硬幣
こうか ⓪【硬化】[名・自サ]硬化¶【動脈(どうみゃく)-】⑤[名]動脈硬化
ごうか ①【豪華】[名・形動]豪華,奢侈
こうかい ⓪【公海】[名]公海
こうかい ⓪【公開】[名・他サ]公開¶-放送(ほうそう)⑤[名]公開廣播,對公衆廣播
こうかい ①【後悔】[名・自他サ]後悔
こうかい ①【航海】[名・自サ]航海
こうがい ⓪【公害】[名]公害
こうがい ①【郊外】[名]郊外,市郊
こうがい ①【校外】[名]校外
こうがい ⓪【梗概】[名]梗概,概要
ごうかい ⓪【豪快】[形動]爽快,豪

爽

こうかがくスモッグ ７【光化学スモッグ】[名](公害之一)光化學烟霧

こうかく ０【広角】[名]廣角【-レンズ】５[名]廣角鏡頭

こうがく ０１【工学】[名]工科,工程學

こうがく ０【光学】[名]〈物〉光學

ごうかく ０【合格】[名・自サ]合格,及格¶検査に～する/検查合格

こうかん ０【好感】[名]好感¶～をいだく/抱有好感

こうかん ０【交歓】[名・自サ]聯歡

こうかん ０【交換】[名・他サ] ❶交換,互換 ❷(電話)接線【-手(しゅ)】③[名]接線員【-台(だい)】０[名]總機,交換臺

こうかん ０【鋼管】[名]鋼管

こうき １【好奇】[名]好奇【-心(しん)】③[名]好奇心

こうき １【後期】[名]後期

こうぎ １【広義】[名]廣義

こうぎ １③【抗議】[名・自サ]抗議

こうぎ ③【講義】[名・他サ]講課,教授(知識)

こうきあつ ③【高気圧】[名]高氣壓

こうきゅう ０【公休】[名]公休【-日(び)】③[名]公休日

こうきゅう ０【硬球】[名](棒球、網球等)硬球

こうきゅう ０【高級】[名・形動]高級

こうきょ １【皇居】[名]皇宮

こうきょう ０【公共】[名]公共,公衆【-料金(りょうきん)】⑤[名](水、電、煤氣、交通等)公用事業費

こうきょう ０【交響】[名]交響【-楽(がく)】③[名]交響樂

こうぎょう １【工業】[名]工業

こうぎょう １【鉱業】[名]礦業,採礦業

こうぎょう ０【興行】[名・他サ]演出,獻藝

こうきょうきょく ③【交響曲】[名]交響曲

ごうきん ０【合金】[名]合金

こうぐ １【工具】[名]工具

こうくう ０【航空】[名]航空【-機(き)】③[名]飛機,飛行器【-便(びん)】③[名]航空郵件【-母艦(ぼかん)】⑤[名]航空母艦

こうぐう ０【厚遇】[名・他サ]優待,厚遇

こうけい ０【光景】[名]光景,景象,情景

こうげい １【工芸】[名]工藝【-品(ひん)】③[名]工藝品

ごうけい ０１【合計】[名・他サ]合計,總計

こうけいき ③【好景気】[名]繁榮,景氣

こうげき ０【攻撃】[名・他サ]攻擊,進攻

ごうけつ ０【豪傑】[名]豪傑

こうけつあつ ④【高血圧】[名]高血壓

こうけん ０【貢献】[名・自サ]貢獻

こうげん ３０【巧言】[名]能説會道,巧言巧語【-令色(れいしょく)】０[名]花言巧語

こうげん ０③【光源】[名]光源

こうげん ０【高原】[名]高原

ごうけん ０【剛健】[名・形動]剛健

こうこ １【考古】[名]考古【-学(がく)】③[名]考古學

こうご ０【口語】[名] ❶口語 ❷現代語【-文法(ぶんぽう)】④[名]現代語法

こうご ０【交互】[名]互相,交替

こうこう １【孝行】[名・自サ]孝

順(親(おや)-)③[名]孝順父母
こうこう ⓪【高校】[名](「高等学校」的簡稱)高中¶-生(せい)③[名]高中生
こうごう ③【皇后】[名]皇后
こうごうせい ③【光合成】[名]光合作用
こうこく ⓪【広告】[名・自サ]廣告,宣傳
こうこつ ⓪【恍惚】[副・連体] ❶出神,心馳神往 ❷恍惚,神志不清
こうこつぶん ④【甲骨文】[名]甲骨文
こうさ ⓪【交差】[名・自サ]交差¶-点(てん)③[名]十字路口
こうさ ①⓪【考査】[名・他サ] ❶審查,考核 ❷考試
こうさ ①【黄砂】[名] ❶黃砂 ❷(春,秋季刮的)黃塵
こうざ ⓪【口座】[名](銀行)户頭¶~をひらく/立户頭
こうざ ⓪【講座】[名] ❶(大學的)講座❷(電臺)講座❸(專題講座的)單行本
こうさい ⓪【公債】[名]公債(券)
こうさい ⓪【高裁】[名]「高等裁判所」的簡稱)中級法院
こうさい ⓪【交際】[名・自サ]交際,交往¶~が広い/交際廣¶-家(か)⓪①[名]善交際的人¶-費(ひ)③[名]交際費
こうざい ⓪【鋼材】[名]鋼材
こうざい ①⓪【功罪】[名]功罪
こうさく ⓪【工作】[名・他サ] ❶學校的手工課 ❷活動,工作¶かげで~する/秘密地做工作
こうさく ①【交錯】[名・自サ]交錯¶愛とにくしみが~する/又愛又恨
こうさく ⓪【耕作】[名・他サ]耕地,耕種
こうさつ ⓪【考察】[名・他サ]考察,研究
こうさてん ③【交差点】[名]十字路口,交叉點
こうさん ⓪【降参】[名・自サ] ❶投降 ❷(使人)毫無辦法¶この暑さには～した/這麼熱的天,真讓人受不了
こうざん ①【高山】[名]高山¶-病(びょう)⓪[名]高山病
こうざん ①【鉱山】[名]礦山
こうし ①【公私】[名]公私¶~のけじめをつける/公私分明
こうし ①【公使】[名]公使
こうし ⓪【格子】[名] ❶(門,窗的)格子¶-戸(と)③[名]木格子的門 ❷方格圖案¶-縞(じま)⓪[名]方格圖案
こうし ①【講師】[名] ❶講演者 ❷(大學的)講師
こうじ ⓪【麴】[名]酵母,麴子¶-菌(きん)③[名]酵母菌
こうじ ①【工事】[名・自サ]施工【道路(どうろ)-】④[名]道路施工【-現場(げんば)】④[名]施工現場
こうしき ⓪【公式】[名] ❶正式【-訪問(ほうもん)】⑤[名]正式訪問 ❷〈数〉公式
こうしせい ③【高姿勢】[名]高壓的態度
こうしつ ⓪【皇室】[名]皇室
こうじつ ⓪【口実】[名]藉口,托辭¶~をつくる/製造藉口
こうしゃ ①【公社】[名]日本的國營企業
こうしゃ ①【後者】[名]後者
こうしゃ ①【校舎】[名]校舍
こうしゅう ⓪【公衆】[名]公衆,群衆¶-電話(でんわ)⑤[名]公用電話
こうしゅう ⓪【講習】[名・他サ]講習,學習¶-会(かい)③[名]學習會
こうしゅうは ③【高周波】[名]〈物〉高頻

こうじゅつ ⓪【口述】[名・他サ] 口述

こうしょう ⓪【公証】[名] ❶公證 【-人(にん) ⓪】[名]〈法〉公證人 ❷正式的證明

こうしょう ⓪【口承】[名・他サ] 口頭傳誦【-文学(ぶんがく) ⑤】[名]口頭文學

こうしょう ⓪【交渉】[名・自サ] ❶交渉,談判¶～がまとまる/談判成功 ❷來往¶～をたつ/斷絶來往

こうしょう ⓪【好尚】[名]時尚¶時代の～にあう/合乎時尚

こうしょう ⓪【高尚】[形動]高尚

こうしょう ⓪【考証】[名・他サ] 考證

こうじょう ③⓪【工場】[名]工廠

こうじょう ⓪【向上】[名・自サ] 提高,進步,上進【-心(しん) ③】[名]上進心

こうじょう ⓪【恒常】[名]恒久,永久,經常不變【-性(せい) ⓪】[名]恒久性

ごうじょう ⓪【強情・剛情】[名・形動]固執,低強¶～をはる/固執

こうしょうがいきょうそう ③【高障害競走】[名]〈體〉跨欄,高欄

こうじょうせん ⓪【甲状腺】[名] 甲狀腺

こう・じる ⓪③【講じる】[他上一] ❶講授 ❷謀求(方法),採取(對策)

こうしん ⓪【後進】[名]晩輩,後來人

こうしん ⓪【更新】[名・他サ]更新,刷新,革新

こうしん ⓪【行進】[名・自サ]遊行【-曲(きょく) ③】[名]進行曲【デモ-】[名]遊行示威

こうしん ⓪【後進】[名・自サ]落後

こうしんりょう ③【香辛料】[名] (薑,胡椒等香辣味的)調味料

こうしんりょく ③【向心力】[名] 〈物〉向心力

こうず ⓪【構図】[名]構圖

こうすい ⓪【香水】[名]香水

こうすい ⓪【硬水】[名]硬水

こうずい ①⓪【洪水】[名]洪水

こうすいりょう ③【降水量】[名] (雨,雪的)降水量

こうせい ⓪【厚生】[名]福利保健 【-省(しょう) ③】[名]厚生省(日本政府機構,主管衛生,福利)

こうせい ⓪【恒星】[名]恒星

こうせい ①【後世】[名]後世,將來

こうせい ①⓪【後生】[名]後生,晩輩◇後生畏(おそ)るべし/後生可畏

こうせい ⓪【公正】[名・形動]公正,公平

こうせい ⓪【更生】[名・自サ] ❶更生¶自力(じりき)～/自力更生 ❷再生,舊物翻新【-品(ひん) ③】[名]再生品

こうせい ⓪【校正】[名・他サ]校正,校對

こうせい ⓪【構成】[名・他サ]結構,構成¶文章の～/文章結構

ごうせい ⓪【合成】[名・他サ] ❶合成【-語(ご) ⓪】[名]複合語 ❷〈化〉合成【-樹脂(じゅし) ⑤】[名]合成樹脂【-繊維(せんい) ⑤】[名]合成纖維

ごうせい ①【豪勢】[形動]豪華;講究

こうせいぶっしつ ⑤【抗生物質】 [名]抗生物質

こうせき ⓪【功績】[名]功績,功勞

こうせき ⓪【鉱石】[名]礦石

こうせつ ⓪【降雪】[名]降雪【-量(りょう) ④】[名]降雪量

ごうせつ ⓪【豪雪】[名]大雪,暴風雪

こうせん ⓪【光線】[名]光線

こうせん ⓪【鉱泉】[名]礦泉,冷泉

こうぜん ⓪【公然】[副・連体]公然,公開¶～と口にする/公開地宣揚¶～たる秘密/公開的秘密
こうそ ①【酵素】[名]酵素,酶
こうそ ①【公訴】[名・他サ]〈法〉公訴
こうそう ⓪【抗争】[名・自サ]抗爭,對抗
こうそう ⓪【高層】[名]❶高空❷高層(建築)
こうそう ⓪【構想】[名・他サ]構思,設想¶～をねる/構思,構思
こうぞう ⓪【構造】[名]構造,結構
こうそく ⓪【高速】[名]高速度
こうそく ⓪【拘束】[名・他サ]約束,限制
こうそく ⓪【梗塞】[名・自サ]梗塞,堵塞¶心筋(しんきん)～⑤[名]心肌梗塞
こうぞく ⓪【皇族】[名]皇族
こうそくど ⓪【光速度】[名]光速
こうそくどうろ ⑤【高速道路】[名]高速公路
こうたい ⓪【交替・交代】[名・自サ]交替,交換
こうたい ⓪【後退】[名・自サ]❶後退❷衰退,倒退
こうだい ⓪①【広大】[形動]廣大,廣闊
こうたいし ③【皇太子】[名]皇太子
ごうだつ ⓪【強奪】[名・他サ]搶奪,掠奪
こうだん ⓪【公団】[名]日本政府出資經營的公共企業
こうだん ⓪【講壇】[名]講壇
こうち ①【耕地】[名]耕地
こうち ①⓪【拘置】[名・他サ]拘留
こうちゃ ⓪①【紅茶】[名]紅茶
こうちゃく ⓪【膠着】[名・自サ]粘着,膠結【-語(ご)】⓪[名]膠着語,靠助詞、助動詞等附属詞變化而表現語法關係的語言。如日本語、朝鮮語)
こうちょう ⓪【好調】[名・形動]順利¶～な売れゆき/暢銷
こうちょう ⓪【校長】[名]校長
こうちょう ⓪【候鳥】[名]候鳥
こうつう ⓪【交通】[名・自サ]交通¶-事故(じこ)⑤[名]交通事故¶-渋滞(じゅうたい)⑤[名]交通堵塞
こうつごう ③【好都合】[名・形動]合適,方便¶それは～だ/那是再好不過的了
こうてい ⓪【公定】[名]公定,法定【-歩合(ぶあい)】⑤[名]法定利率
こうてい ③⓪【高低】[名]高低,高和低
こうてい ⓪③【校庭】[名]校園
こうてい ③【皇帝】[名]皇帝
こうてい ⓪【肯定】[名・他サ]肯定
こうてき ⓪【公的】[形動]公的,公共的
こうてつ ⓪【鋼鉄】[名]鋼鐵
こうてん ⓪【公転】[名・自サ](天文)公轉
こうてん ⓪【好転】[名・自サ](情況、形勢、病情)好轉¶情勢が～する/情勢好轉
こうてん ⓪【好天】[名]晴天
こうでん ⓪【香典】[名]奠儀
こうでんかん ③【光電管】[名]〈物〉光電管
こうでんち ③【光電池】[名]〈物〉光電池
こうてんてき ⓪【後天的】[形動]後天的
こうど ①【光度】[名]〈物〉光度
こうど ①【高度】[名]高度 ——[形動]高級,高超¶～の文明/高度文明¶～な技術/高超的技術
こうど ①【硬度】[名]❶(金屬、礦物等的)硬度❷(水的)硬度

こうとう ⓪【口頭】[名]口頭¶-試問(しもん)⑤[名]口試
こうとう ⓪【高等】[名・形動]高等,高級¶-学校(がっこう)⑤[名]高中¶-裁判所(さいばんしょ)⑨⓪[名](日本的)中級法院
こうとう ⓪【高騰】[名・自サ](物價)飛漲
こうどう ⓪【講堂】[名]禮堂,講堂
こうどう ⓪【行動】[名・自サ]行動¶～をとる/採取行動
ごうとう ⓪【強盗】[名]強盗
ごうどう ⓪【合同】[名・自他サ]❶合併 ❷聯合
――[名・形動]〈數〉相等¶三角形の～/等邊三角形
こうどく ⓪【講読】[名・他サ]講解,講讀
こうない ①【校内】[名]校内,校園内
こうない ①【構内】[名](某一區域)内¶大学の～/大學内
ごうにいってはごうにしたがえ【郷に入っては郷に従え】入境隨俗
こうにゅう ⓪【購入】[名・他サ]購入,買進¶土地を～する/購買土地
こうにん ⓪【公認】[名・他サ](國家,政府)認可
こうねつひ ④【光熱費】[名]照明、燃料費
こうねん ⓪①【高年】[名]高齢,老年
こうねんき ③【更年期】[名]更年期
こうのう ⓪【効能】[名]效能,效果,功能
こうば ③【工場】[名]工廠(比「こうじょう」規模小)
こうはい ⓪【後輩】[名]❶(學校或公司裡比自己晚來的)同學,同事 ❷後輩,晚輩
こうはい ⓪【荒廃】[名・自サ]荒廢,荒蕪¶～した土地/荒蕪的土地
こうばい ③【勾配】[名]❶坡度,斜度 ❷斜坡,坡
こうばい ⓪【購買】[名・他サ]購買,收購¶-力(りょく)③[名]購買力
こうはく ⓪【紅白】[名](比賽時兩支對抗的隊、組)紅白
こうばし・い ⓪【香ばしい】[形](煎、炒的東西等)香
ごうはら ④⓪【業腹】[名・形動]可氣,氣憤難忍¶負けてばかりで、～だ/總是輸,太氣人了
こうはん ⓪【公判】[名]公審
こうはん ⓪【甲板】[名](船)甲板
こうはん ⓪【後半】[名]後期,後一階段
こうはん ⓪【広範】[形動]廣泛,廣大
こうばん ⓪【交番】[名]派出所
こうひ ①【公費】[名]公費
こうひょう ⓪【好評】[名]好評
こうひょう ⓪【公表】[名・他サ]公佈,發表
こうふ ⓪【公布】[名・他サ]公佈,頒佈
こうふ ①⓪【交付】[名・他サ]交付,發給
こうふく ⓪【幸福】[名・形動]幸福,幸運
こうふく ⓪【校服】[名]校服
こうふく ⓪【降伏・降服】[名・自サ]投降
こうぶつ ①⓪【好物】[名]愛吃的(東西)【大(だい)-】③[名]最愛吃的東西
こうぶつ ⓪①【鉱物】[名]礦物
こうふん ⓪【興奮】[名・自サ]興奮,激動
こうへい ⓪【公平】[名・形動]公平
ごうべん ⓪【合弁】[名]合辦,合營,(與外商的)合資

こうほ ⓪【候補】[名]候補,候選人 ¶～に立つ/立爲候選人【－者(しゃ) ③】[名]候選人

こうぼ ①【酵母】[名] ❶酵母 ❷發酵粉

こうぼ ①【公募】[名・他サ]公開招募

こうほう ⓪①【公報】[名]公報,通知

ごうほう ⓪【合法】[名・形動]合法

こうぼうもふでのあやまり【弘法も筆の誤り】智者千慮必有一失

こうぼく ⓪【香木】[名](沉香,檀香等)香木

ごうまん ⓪【傲慢】[名・形動]傲慢

こうみゃく ⓪【鉱脈】[名]礦脈

こうみょう ⓪【功名】[名]功名【－心(しん) ③】[名]功名心◇怪我(けが)の功名/僥倖成功

こうみょう ⓪①【巧妙】[形動]巧妙

こうみん ⓪【公民】[名]公民【－権(けん) ③】[名]公民權

こうむ ①【公務】[名]公務【－員(いん) ③】[名]公職人員

こうむ・る ③【被る】[他五]承蒙,蒙受,招致¶損害を～/受害◇御免(ごめん)を～(用於謝絶時)請原諒,對不起,恕不奉陪 ❷承蒙允許

こうめい ⓪【高名】[名・形動] ❶有名 ❷〈敬〉尊名,大名

こうめいせいだい ⓪【公明正大】[名]光明正大

こうもく ⓪【項目】[名] ❶項目 ❷索引,目錄

こうもり ①【蝙蝠】[名] ❶蝙蝠 ❷(「こうもりがさ」的簡稱)洋傘

こうもん ⓪【校門】[名]校門

こうもん ⓪【肛門】[名]肛門

ごうもん ⓪【拷問】[名・他サ]拷問,刑訊

こうや ①【荒野】[名]荒野

こうやく ⓪【公約】[名・自他サ](政府,政黨向民衆提出的)公約,諾言,許願

こうやく ④⓪【膏薬】[名]青薬,薬膏

こうやくすう ③④【公約数】[名]公約數

こうやのしろばかま【紺屋の白袴】無暇自顧

こうゆう ⓪【交友】[名]交友

こうゆう ⓪【校友】[名]校友,同學【－会(かい) ③】[名]校友會,同窓會

こうゆう ⓪【公有】[名・自他サ]公有,國有【－林(りん) ③】[名]公有林,國有林

こうよう ⓪【公用】[名] ❶公事,公務【－文(ぶん) ③】[名]公文 ❷公用

こうよう ⓪【効用】[名] ❶用處,用途 ❷效能,功效

こうよう ⓪【紅葉・黄葉】[名・自サ]紅葉,霜葉

こうら ③⓪【甲羅】[名](亀,蟹等的)甲殻◇甲羅を経(へ)る/老練,有經驗

こうらく ⓪①【行楽】[名]遊覽,遊玩【－地(ち) ④③】[名]遊覽區

こうり ⓪【小売(り)】[名]零售

ごうり ①【合理】[名]合理【－化(か) ⓪】[名・他サ]合理化【－的(てき) ⓪】[形動]合理

ごうりき ④③【強力・剛力】[名] ❶力氣大,力氣很大 ❷(給登山者運送行李的)登山嚮導

こうりつ ⓪【公立】[名](地方公共團體經營的)公立【－学校(がっこう) ⑤】[名]公立學校

こうりつ ⓪①【効率】[名]效率

こうりゃく ⓪【後略】[名]後部省略,以下從略

コウリャン ①⓪[名]高梁

こうりゅう ⓪【勾留】[名・他サ] 收容審查
——【拘留・勾留】拘留,關押
こうりゅう ⓪【交流】[名]〈物〉交流電,交變電流
——[名・自サ]交流,溝通,往來 ¶～をふかめる/加深交流
ごうりゅう ⓪【合流】[名・自サ] ❶(江,河等)匯合,合流 ❷(政府,政黨的)合併,聯合
こうりょ ①【考慮】[名・他サ]考慮 ¶～に入れる/加以考慮
こうりょう【香料】[名] ❶香料 ❷奠香錢,香貢 ◆語調為③型,❷語調為①型
こうりょく ①【効力】[名]效力,效果
ごうりょく ①⓪【合力】[名]〈物〉合力
こうれい ⓪【恒例】[名]常規,慣例
こうれい ⓪【高齢】[名]高齢,年邁 【-者(しゃ)③】[名]高齢者,老人
ごうれい ⓪【号令】[名・自サ] ❶口令 ¶～をかける/發口令 ❷號令,命令
こうろ ①【航路】[名](船,飛機的)航線
こうろう ⓪【功労】[名]功勞,功勳
こうろん ⓪【公論】[名]公論,輿論
こうろん ①⓪【口論】[名・自サ]口角,爭吵
こうわ ⓪【講和】[名・自サ]講和 【-条約(じょうやく)⑤】[名]和約
こうわん ⓪①【港湾】[名]港灣,碼頭

こえ ①【声】[名] ❶(人的)聲音 ¶～をかける/打招呼 ¶～が遠い/(打電話時)聽不清 ❷(動物,昆蟲的)聲音 ¶せみの～/蟬鳴 ❸言語,意見 ¶読者の～/讀者之聲 ¶～がたかまる/呼聲很高

こえ ②【肥】[名]肥料,糞肥
ごえい ⓪【護衛】[名・他サ]護衛,警衛

こえがわり ③【声変(わ)り】[名]變聲,變聲期(多指男孩)
こ・える ②【肥える】[自下一] ❶肥,胖 ❷(土地)肥沃 ❸有判斷力◇目が肥える/有眼力◇舌が肥える/對吃内行
こ・える ⓪【越える】[自下一] ❶越,越過 ¶山を～/翻山 ¶国境を～/越過國境 ❷度過(某一時期) ¶年を～えてもまだ終わらない/過了年(工作)還沒做完
——【超える・越える】超過 ¶限度を～/超過限度 ¶常識を～/超出常識
こおう ⓪【呼応】[名・自サ]呼應
コークス ①【(独)Koks】[名]焦炭
コース ①【course】[名] ❶路線 ❷跑道,泳道 ❸順序,程序 ❹課程
コーチ ①【coach】[名・他サ]教練;技術指導
コート ①【coat】[名]上衣,大衣
コート ①【court】[名]球場
コード ①【cord】[名]撓性線,軟線
コード ①【code】[名] ❶規則,條例,章程 ❷(計算機等的)碼,暗碼
こおどり ②【小躍り】[名・自サ]雀躍,欣喜跳躍 ¶～してよろこぶ/欣喜跳躍
コードレス ①【cordless】[名]無線的,不用電線的
コーナー ①【corner】[名] ❶角,拐角 ❷(百貨公司裡特設的)展賣部 ❸(貼相片用)相角
コーヒー ③【(オ)koffie】[名]咖啡
コーラ ①【cola】[名]可樂(「コカコーラ」的簡稱)可口可樂
コーラス ①【chorus】[名] ❶合唱 ❷合唱團 ❸合唱曲
こおり ⓪【氷】[名]冰
こおりざとう ④【氷砂糖】[名]冰糖
こおりつ・く ④【凍り付く】[自五] ❶凍上,凍結 ❷凍得很硬

こおりみず ③【氷水】[名]刨冰
こお・る ⓪【凍る】[自五]凍,結冰,凍結¶水が～/結冰
ゴール ①【goal】[名・自サ】❶(運動)決勝點,終點 ❷球門進球,踢進¶～イン ③[名・自サ】❶到達終點 ❷踢進球門 ❸達到目的 ❹結婚
コールガール【call girl】應召女郎
ゴールキーパー ④【goalkeeper】[名](足球,冰球等的)守門員
コールタール ④【coal tar】[名]煤焦油,瀝青,柏油
コールテン ⓪【corded velveteen】[名]燈芯絨
ゴールデン【golden】[接頭]金,金色,價值高¶～アワー ⑥[名](電視、廣播電視、收聽率最高的)黃金時間¶～ウイーク ⑦[名](四月末至五月初休假多的)黃金周
ゴールド ①【gold】[名]金,黃金
こおろぎ ①[名]蟋蟀
ごおん ⓪①【呉音】[名]吳音(古代由我國南方傳到日本的漢字讀音的一種)
ごかい ⓪【誤解】[名・他サ]誤解¶～をまねく/招致誤解
こがいしゃ ②【子会社】[名]分公司
コカイン ②【(独)kokaine】[名]可卡因
ごかく ⓪③【互角】[形動]勢均力敵
ごがく ①⓪【語学】[名】❶語言學 ❷外語
こかげ ①【木陰】[名]樹蔭,樹下
こが・す ②【焦がす】[他五]烤糊,烤焦,弄糊¶ご飯を～/把飯燒糊了◇胸(むね)を焦がす/(暗中愛慕)焦思
こがた ⓪【小形】[名]小(的東西)¶スズメより～の鳥/比麻雀小的鳥
―― 【小型】小型¶～自動車/小型汽車

こがたな ④③【小刀】[名]小刀
こかつ ⓪【枯渇・涸渇】[名・自サ】❶(水)乾涸 ❷(資金等)枯竭,用盡,耗盡¶資金が～する/資金枯竭¶才能が～する/才能用盡
ごがつ ①【五月】[名]五月
こがね ⓪①【小金】[名]一小筆錢
こがね ①⓪【黄金】[名】❶黃金,金 ❷金幣 ❸金黃色
こがら ⓪【小柄】[形動】❶身材矮小 ❷碎花紋圖案
こがらし ②【木枯(ら)し・凩】[名](秋末冬初刮的)寒風
こが・れる ③【焦がれる】[自下一]思慕,思念,戀慕
ごかん ⓪【五官】[名]五官(眼、耳、鼻、舌、皮膚)
ごかん ⓪【五感】[名]五種感覺(視覺、聽覺、味覺、嗅覺、觸覺)
ごかん ⓪【語感】[名】❶語感 ❷(對語言的)感覺
ごかん ⓪【語幹】[名]詞幹
こき ①【古希・古稀】[名]古稀,七十歲
ごき ①⓪【語気】[名]語氣,語調
こきおろ・す ⓪【扱き下ろす】[他五]…說得一文不值,一貶到底
ごきげん ⓪【御機嫌】[名]情緒,心情¶～を取る/討好、奉承 ――[形動]心情好,興高采烈¶～好(よう)⑤[感]再見
こきざみ ②【小刻み】[名・形動】❶切碎,弄碎 ❷碎,一點點,零碎¶～にふるえる/微微顫抖 ❸～に値上げする/一點點地漲價
こきつか・う ⓪④【こき使う・扱(き)使う】[他五]驅使,(殘酷地)使喚
こぎつ・ける ⓪【こぎ着ける・漕(ぎ)着ける】[他下一】❶(船)划到,搖到 ❷(經過努力,曲折之後)到達,達到

こぎって ②【小切手】[名]支票
ごきぶり ⓪[名]蟑螂
こきゅう ②⓪【胡弓】[名]二胡,胡琴
こきゅう ⓪【呼吸】[名・自他サ]❶呼吸 ❷竅門,要領◇呼吸が合(あ)わない/不合拍,合不來
こきょう ①【故郷】[名]故郷◇故郷へ錦(にしき)を飾(かざ)る/衣錦還鄉
こぎれ ③【小切(れ)】[名]布頭,碎布
こぎれい ②①【小ぎれい・小綺麗】[形動]整潔,乾淨,清爽
こく ①【石】[名]❶(日本度量衡制)容積單位(約180升) ❷(木材)體積單位(約0.27立方米) ❸(日本船隻)積載量(十立方尺) ❹(古時武士的)俸禄單位
こく ②⓪[名](味道)濃,香¶～のある酒/有味道的酒
こ・ぐ ①【漕ぐ】[他五]❶划(船),搖(櫓)¶ふねを～/划船;打瞌睡 ❷蹬(自行車);盪(鞦韆)¶自転車を～/騎自行車¶ブランコを～/盪鞦韆
ごく ①【語句】[名]❶詞 ❷語句
ごく ①【極】[副]極,最¶～貧しい人びと/極為貧窮的人們
ごくあく ⓪②【極悪】[形動]極惡,極其兇惡¶-非道(ひどう)⑤[名・形動]慘無人道
こくえい ⓪【国営】[名]國營
こくえん ⓪【黒鉛】[名]石墨
こくがい ②【国外】[名]國外
こくがく ⓪【国学】[名]❶國學(平安時代地方官吏子弟學校) ❷國學(研究日本古代思想文化的學問)
こくぎ ①②【国技】[名]國技(一國固有的武技、體育項目)
こくご ⓪【国語】[名]❶國語,本國語言¶-学(がく) ③[名]語言學 ❷(學校課程)國語,語文

こくさい ⓪【国債】[名]公債
こくさい ⓪【国際】[名]國際¶-放送(ほうそう)⑤[名]國際廣播¶-線(せん)⓪[名]國際航線(航班)¶-的(てき)⓪[形動]國際
こくさいご ⓪【国際語】[名]❶世界通用語(英語) ❷世界語
ごくさいしき ③【極彩色】[名]絢麗多彩
こくさいほう ⓪【国際法】[名]國際法
こくさいもんだい ⑤【国際問題】[名]國際問題
こくさいれんごう ⑤【国際連合】[名]聯合國
こくさく ⓪【国策】[名]國策
こくさん ⓪【国産】[名]國產¶-品(ひん)⓪[名]本國產品
こくし ①【酷使】[名・サ]任意驅使
こくじ ⓪【告示】[名・他サ]告示,通告,佈告
こくじ ⓪【国字】[名]❶一個國家所使用的文字 ❷日本自製的漢字
こくしょ ⓪【国書】[名]國書
こくしょ ①【酷暑】[名]酷暑
こくじょう ⓪【国情】[名]國情
こくしょくじんしゅ ⑤【黒色人種】[名]黑色人種
こくじん ⓪【黒人】[名]黑人
こくせい ⓪【国勢】[名]國情,國勢
こくせいちょうさ ⑤【国勢調査】[名]國情調查
こくせき ⓪【国籍】[名]國籍
こくそ ①【告訴】[名・他サ]起訴
こくたん ③【黒檀】[名]黑檀樹,黑檀木
こくち ①⓪【告知】[名・他サ]通知,通告¶-板(ばん)⓪[名]通知板
こくちょう ⓪【国鳥】[名]國鳥
こくてい ⓪【国定】[名]國家制定,國家規定¶-教科書(きょうかしょ)

こくて　　　　　　176

[7][名]國家審定的教科書【-公園(こうえん)[5][名]國家指定的自然公園(相當於國立公園)
こくてつ ⓪[国鉄][名]國有鐵道
こくでん ⓪[国電][名]國營電車
こくど ①[国土][名]國土
こくどう ⓪[国道][名]國營公路
こくない ②[国内][名]國內
こくはく ⓪[告白][名・他サ]告白,坦白¶罪を～する/坦白罪行
こくはつ ⓪[告発][名・他サ]❶告發,檢舉 ❷控告
こくばん ⓪[黒板][名]黑板
こくひ ①[国費][名]國費
こくびゃく ②⓪[黒白][名]黑白,是非
こくひん ⓪[国賓][名]國賓
こくふく ⓪[克服][名・他サ]克服¶困難を～する/克服困難
こくぶん ⓪[国文][名]❶用日語寫的文章 ❷[国文学]的簡稱
こくぶんがく ③[国文学][名]日本文學
こくぶんぽう ③[国文法][名]日本語語法
こくべつ ⓪[告別][名・自サ](向死者)告別【-式(しき)[5][名]遺體告別儀式
こくほう ⓪[国宝][名]國寶(由國家保護管理的文物,古建築等)
こくほう ⓪[国法][名]國法
こくぼう ⓪[国防][名]國防
こくみん ⓪[国民][名]國民,公民
こくみんしょとく [5][国民所得][名]國民生產所得
こくみんせい ⓪[国民性][名]國民性
こくみんそうせいさん [7][国民総生産][名]國民生產總值(GNP)
こくめい ⓪[国名][名]國名
こくめい ⓪[克明][形動]細緻,細心,周密¶～に記(しる)す/詳細地記錄下來

こくもつ ②[穀物][名]穀物,糧食
こくゆう ⓪[国有][名]國有,國家所有【-林(りん)[3][名]國有林
ごくらく [4]⓪[極楽][名](佛教)「極楽浄土」的簡稱=浄土(じょうど)[5][名]極樂世界◇聞(き)いて極楽、見(み)て地獄(じごく)/看景不如聽景
こくりつ ⓪[国立][名]國立【-大学(だいがく)[5][名]國立大學
こくりつこうえん [7][国立公園][名]國家管理的自然公園
こくりょく ②[国力][名]國力
-こく・る[接尾](上接動詞連用形,構成五段活用動詞)一直地,不停地¶黙り～/一直在沉默著
これん ⓪[国連][名]→こくさいれんごう
ごくろう ②[御苦労][名・形動](對他人表示慰問)受累,辛苦¶～をおかけしました/讓您受累了¶～さま/你辛苦了(用於長輩對晚輩)
こけ ②[苔][名]苔蘚,青苔
ごけ ⓪[後家][名]❶寡婦 ❷不成套,不成對【-蓋(ぶた)⓪[名]半扇殘蓋
こけい ⓪[固形][名]固態,固體
ごけい ⓪[互恵][名]互惠【-条約(じょうやく)[4][名]互惠條約
ごけい ⓪[語形][名]語形,詞形
ごけいへんか [4][語形変化][名]詞形變化
こげくさ・い [4][焦(げ)臭い][形]烟味,焦味
こけし ⓪[名]圓頭圓身的小木偶人
こげちゃ ②[焦(げ)茶][名]茶黑色,深褐色
こげつ・く ⓪③[焦げつく][自五]❶燒焦 ❷倒帳,借出的錢無法收回
こけつにいらずんばこじをえず【虎穴に入らずんば虎児を得ず】

不入虎穴焉得虎子

-こ・ける［接尾］(上接動詞連用形,構成下一段活用動詞,表示動作)不斷地,不停地¶笑い～/笑個不停

こ・げる ②【焦げる】［自下一］烤焦,烤糊

ごげん ⓪【語源】［名］語源,詞源

ここ ⓪［代］(場所,地點)這裡,此處¶～へ来(こ)い/到這兒來 ❷(説話人提到的話題)這一點,這裡¶きみの答えは～がまちがっている/你的答案,這裡錯了 ❸目前,最近¶～二、三日は暖かいですね/這兩、三天真暖和呀

ここ ①【個個】［名］各個,每個,各人

こご ①【古語】［名］古語

ごご ①【午後】［名］午後,下午

ココア ②①【cocoa】［名］可可,可可粉

こごえ ⓪【小声】［名］小聲,低聲

こご・える ⓪【凍える】［自下一］凍僵¶手が～/手凍僵

ここち ⓪【心地】［名］感覺,心情,心境¶すがすがしい～/清爽的感覺

——［接尾］(上接動詞連用形、名詞以「ごこち」的形式表示) ❶猶如…的感覺¶夢見(ゆめみ)ごこち/恍惚如夢 ❷表示做某種動作時的感覺¶寝(ね)ごこちがいい/睡着舒服¶乗りごこちのわるい車/坐着不舒服的車子

こごと ⓪【小言】［名］❶不満,怨言¶～を言う/發牢騷 ❷申斥,責備

ここのか ④【九日】［名］❶九日,九號 ❷九天

ここのつ ②【九つ】［名］❶九個 ❷九歲

こご・る ⓪【凝る】［自五］凍結,凝結,凝固

こころ ②【心】［名］❶心,精神,心胸¶～が広い/心胸寛闊,氣量大¶～を入れかえる/洗心革面¶～に悟る/心領神會 ❷心情,感情¶～がさわぐ/心神不定¶～をうつ/感動¶～をこめる/真心誠意 ❸意志,想法,念頭,心思¶～をきめる/決心¶～の底/内心¶～にもないこと/非本意的事◇心を砕(くだ)く/焦思苦慮◇心を引(ひ)かれる/被吸引住

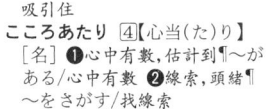

こころあたり ④【心当(た)り】［名］❶心中有數,估計到¶～がある/心中有數 ❷線索,頭緒¶～をさがす/找線索

こころある ②【心ある】［連体］明白事理,通情達理¶～人/通情達理的人

こころいき ④③【心意気】［名］氣魄,氣質

こころえ ③【心得】［名］❶素養¶茶道(さどう)の～がある/有一定茶道知識 ❷精神準備,思想準備 ❸代理(某職務)

こころえがた・い ⑥【心得難い】［形］難以理解

こころえちがい ⑤【心得違(い)】［名法］錯誤,不合情理

こころ・える ④【心得る】［他下一］❶領會,理解 ❷掌握,有經驗¶茶道はいちおう～えている/掌握了一定的茶道知識

こころおきなく ⑥【心おきなく】［副］無顧慮地,無牽掛地,安心地¶おかげで、～出かけられます/托您的福,能放心地外出¶～ゆっくり休んでください/請放心地休息吧

こころおぼえ ④【心覚え】［名］❶記憶,記住 ❷備忘錄

こころがけ ⑤⓪【心掛け】［名］留心,留意

こころが・ける ⑤【心掛ける】[他下一]留心,留意

こころがまえ ④【心構え】[名]精神準備,思想準備¶～ができている/已經做好準備

こころがわり ④【心変(わ)り】[名]變心,變主意

こころくばり ④【心配り】[名]照料,關懷¶いろいろお～ありがとう/謝謝您的多方關照

こころぐるし・い ⑥【心苦しい】[形]過意不去,於心不忍

こころざし ⓪⑤【志】[名]❶志願¶～を立てる/立志◇青雲の志/青雲之志 ❷厚意,盛情 ❸(表示心意的)一點小禮品¶わたくしの～をお受け下さい/請接受我的一點小意思

こころざ・す ④【志す】[自五]立志

こころして ②【心して】[副]注意,留心

こころづかい ④【心遣い】[名]關懷,照料,費心

こころづくし ④【心尽(く)し】[名]真誠,厚意

こころづよ・い ⑤【心強い】[形]有信心,膽氣壯

こころな・い ④【心無い】[形]無情,不體諒人;不懂事

こころのこり ④【心残り】[名]遺憾

こころぼそ・い ⑤【心細い】[形]心中無底,膽怯¶ひとりでは～/就我一個人,有點膽怯

こころまち ⑤⓪【心待ち】[名]期待,盼望¶～にする/期待,盼望

こころみ ④③【試み】[名]嘗試,試驗¶～にやってみる/嘗試性地做做看

こころ・みる ④【試みる】[他上一]試,嘗試

こころもち ⓪⑤【心持(ち)】[名]心情,心境,感覺

—— ⓪[副]稍微,少

こころよ・い ④【快い】[形]愉快,爽快,痛快¶～く承知した/痛快地答應

ごさ ①⓪【誤差】[名]誤差

ござ ②【茣蓙】[名]涼席

ございま・す ④【御座います】[自・特殊](「ある」的鄭重表現)有¶もうしばらく行くと右手に郵便局が～/再往前走,靠右邊有一個郵局

—— [補動](用「…て(で)ございます」的形式或上接形容詞,形容動詞的連用形)表示鄭重、親切的語氣¶あの子は長女で～/那孩子是長女¶この紙はあまり丈夫では～せん/這紙不太結實¶映画はたいへんおもしろう～した/電影非常有意思

コサイン ②【cosine】[名]〈數〉餘弦

こさく ⓪【小作】[名]佃種,佃農【-農(のう) ③】[名]佃農

こざっぱり ④①[副・自サ]蠻乾淨;蠻俐落

こさめ ⓪【小雨】[名]小雨,細雨

ごさん ⓪【誤算】[名・他サ]❶計算錯誤 ❷估計錯,判斷錯¶大きな～/完全估計錯了

こし ⓪【腰】[名]❶腰¶～を曲げる/彎腰 ❷(衣服的)腰身 ❸(牆、紙拉門的)底部 ❹姿勢,架勢【けんか腰(ごし) ⓪】[名]要打架的架勢【逃(に)げ腰(ごし) ②⓪】[名]逃避責任的態度 ❺(粘糕等的)粘度,彈力◇腰が重(おも)い/遲遲不行動,不果斷◇腰が強(つよ)い/腰部結實(有力);不屈服,堅定不移;(粘糕)有粘勁兒◇腰が抜(ぬ)ける/直不起腰;嚇得癱軟◇腰がひくい/謙恭◇腰が弱(よわ)い/腰部無力;沒有魄力,沒有主見◇腰を上(あ)げる/站起來;(經過一番周折)着

手,開始◇腰をおろす(かける)/坐下◇腰を入(い)れる/專心幹◇腰を据(す)える/安下心來◇話(はなし)の腰を折(お)る/打斷話題

こし [1]【輿】[名]轎子

こじ [1]【孤兒】[名]孤兒

-ごし【越し】[接尾] ❶(上接體言)隔着¶壁～に話す/隔牆交談 ❷(接時間詞語後)歷時,經過¶一年～/歷時一年

こじあ・ける [0][4]【抉じ開ける】[他下一]撬開,弄開

こしかけ [4][3]【腰掛(け)】[名] ❶凳子 ❷暫時,臨時

こしか・ける [4]【腰掛ける】[自下一]坐下

こじき [3]【乞食】[名]乞丐

こしたんたん [1]-[0]【虎視眈眈】[副]虎視眈眈

こしつ [0]【個室】[名]單間

こしつ [0]【固執】[名・自他サ]固執

ゴシック [2]【Gothic】[名] ❶黑體字,粗體字 ❷哥德式建築

こじつ・ける [0][他下一]牽強附會,生搬硬套

ごじっぽひゃっぽ [5]【五十步百步】[名]五十步笑百步

こしぬけ [0]【腰抜け】[名]膽怯,懦怯(的人)

ごしゃく [0]【語釋】[名・他サ]詞語解釋

ごしゃごしゃ [1][副]混亂,亂烘烘

こしゅ [1]【固守】[名・他サ]固守,堅守

こしゅう [0]【固執】[名・自他サ]→こしつ

ごじゅう [2]【五十】[名] ❶五十 ❷五十歲

ごじゅうおんず [4]【五十音圖】[名](日文字母表)五十音圖

ごしゅきょうぎ [3]【五種競技】[名]〈體〉女子五項全能

ごじゅん [0]【語順】[名]語序,詞序

こしょう [2]【胡椒】[名]胡椒

こしょう [0]【故障】[名・自サ]故障

ごしょう [1]【後生】[名] ❶(佛教)來世 ❷來世的幸福¶～を願う/願來世幸福 ❸(表示懇求)請一定¶～だから、やめてちょうだい/求求你,快別做了

ごしょうだいじ【後生大事】[連語]很重視,極珍重

ごしょく [0]【誤植】[名]誤排,排錯字

こしら・える [0][他下一] ❶製作¶洋服を～/做西服¶料理を～/做菜 ❷打扮,化妝¶顏を～/化妝 ❸湊集,募集¶金を～/籌款 ❹虛構,找藉口¶言いわけを～/找藉口

こじら・せる [4][他下一]使…複雜化,使…惡化¶話を～/使問題複雜化¶かぜを～/感冒加重了

こじ・れる [3][自下一](事物)複雜,麻煩,惡化

こじん [1]【個人】[名]個人,一個人 -経営(けいえい) [4][名]個體經營 -タクシー [4][名]個人出租汽車 -的(てき) [0][形動]個人

ごしん [0]【誤診】[名・自他サ]誤診

こじんしゅぎ [4]【個人主義】[名]個人主義

こじんまり [副]→こぢんまり

こ・す [0]【越す】[他五] ❶越過,翻過¶山を～/翻山 ❷(時間、時期)經過,度過¶冬を～/過冬¶年を～/過年

——【越す・超す】[他五]超過,趕過¶十万人を～人出(ひとで)があった/到場的人超過十萬¶それに～したことはない/沒有比那再好的了

——【越す】[自五] ❶搬家¶新居に～/喬遷 ❷「行く」「くる」的

敬語¶どうぞ、またお～しくださ
い/請您再來¶どちらへお～
しですか/您去哪兒

こ・す ⓪【漉す・濾す】[他五]過
濾,滲濾

こすい ⓪【湖水】[名]湖水

こずえ ⓪【梢】[名]樹梢,枝頭

コスト ①【cost】[名]❶成本,生
產費 ❷價格,費用

コスモス ①⓪【cosmos】[名]大波
斯菊

こすりつ・ける ⑤②【擦(り)つけ
る】[他下一]❶擦上 ❷嫁罪(禍)
於人

こす・る ②【擦る】[他五]擦,搓,
揉¶ごみの入った目を～/揉進了
沙子的眼睛

こせい ①【個性】[名]個性

コセカント ②【cosecant】[名]
〈數〉餘割

こせき ⓪【戶籍】[名]戶籍,戶口¶-
謄本(とうほん) ④[名]戶口本抄
件

こせき ⓪【古跡】[名]古跡

こせこせ ①[副]小氣,拘泥小事

こぜに ⓪【小錢】[名]零錢

こせん ⓪【弧線】[名]弧線

ごぜん ①⓪【午前】[名]上午,
午前

ごせんし ⓪②【五線紙】[名]〈音〉
五線譜紙

ごせんぷ ②【五線譜】[名]五線譜

こそ [副助](用於加強語氣)❶正
是,才是¶今度～がんばろう/這
次一定努力做¶雪があって～北
海道の冬だ/正是這雪,代表著北
海道的冬天 ❷(以動詞假定形+
こその形式表示)正因為…¶き
みのためを思えば～、言いにく
いことも言っているのだ/正是
為你著想,所以才將一般難以啟
齒的話都說了 ❸只有,只能¶タ
バコは、体に害～あれ、益(えき)
はない/煙對人體祗有害而無益

こそあど ⓪[名]日語指示代名詞
的總稱

こぞう ②【小僧】[名]❶小和尚
❷(店鋪)小伙計,學徒 ❸小傢伙,
毛孩子¶いたずら-⑥⑤[名]小
淘氣

ごぞく ①【語族】[名]語族,語系

こそこそ ①[副]偷偷摸摸地,鬼鬼
祟祟地¶～とするな/別偷偷摸摸
的

ごそごそ ②[副・自サ]嘎吱嘎吱
(作響)

こぞって ②[副]全部,所有¶～贊
成する/全體都同意

ごぞんじ ②【御存じ】[名]〈敬〉您
知道的,您認識的¶～の方(かた)/
您認識的人

こたい ⓪【固体】[名]固體

こたい ⓪【個体】[名]❶個體 ❷
(生物)單獨生活的生物體

こだい ①【古代】[名]古代

こたえ ②【答(え)】[名]❶答覆,
回答 ❷答案

こたえられない ⑥【堪えられない】
[形]了不起,好得很

こた・える ③【答える】[自下
一]❶答覆,回答
¶質問に～/回答問題 ❷解答¶
次の問いに～えよ/請解答下列
問題

——【応える】❶反應,響應,報
答¶期待に～/不辜負期望 ❷影
響,感到¶寒さが～/感到寒冷

——【堪える】❶(用「こたえら
れない」的形式,表示)實在太…
¶～えられないほどうまい/太
棒了 ❷忍受,忍耐

こだか・い ③【小高い】[形]略微
高起

こだくさん ⓪②【子沢山】[名]孩
子很多,多子女

ごたごた ①[名・自サ]糾紛,紛爭
¶～がかたづく/糾紛得到解決

——[副]❶雜亂,亂七八糟¶お

し入れにものが～と入れてある/壁櫥裡的東西雜亂無章地放着 ❷叨嚀,(發)怨言¶あまり～言うな/別沒完沒了地叨嚀了

こだち ⓾【木立】[名]樹叢,小樹林

こたつ ⓪【火燵・炬燵】[名](取暖用的)被爐,暖爐

ごだつ ⓪【誤脱】(文章的)錯漏字

こだね ⓪【子種】種子;精子;子嗣

ごたぶんにもれず ⓪【ご多分に漏れず】[連語]和其他多數人一樣,並非例外

こだま ⓪【木霊】[名](山谷中的)回響¶～がかえる/響起回聲

こだわ・る ③【拘る】[自五]拘泥¶つまらないことに～/拘泥於小事

ごだんかつよう ④【五段活用】[名]五段活用

コタンジェント ②【cotangent】[名]〈數〉餘切

こちこち ⓪[形動] ❶(凍得,乾得)硬梆梆¶～に凍(こお)る/凍得硬梆梆的 ❷(緊張得頭腦)發曚 ❸死腦筋,腦筋不靈活¶～の石頭(いしあたま)/死腦筋

ごちそう ⓪【御馳走】[名・他サ] ❶招待,款待¶～になる/(被)招待,(被)請吃飯 ❷酒席,豐盛的飯菜¶～様(さま)⓺⓪[感]我吃飽了;感謝您的款待

ごちゃごちゃ ①[副・自サ]亂糟糟,雜亂

こちょう ⓪【誇張】[名・他サ]誇張,誇大

ごちょう ⓪【語調】[名]語調,聲調

こちら ⓪[代] ❶這邊,這一方 ❷(電話用語)我,我們¶～は鈴木です/我是鈴木 ❸這位

こぢんまり ④[副]小而整潔,舒適,雅致¶林の中に～した家が見える/可以看到林中的一座小屋

こつ ②【骨】[名]骨灰,遺骨¶お～を納める/安放骨灰
—— ⓪[こつ]竅門,秘訣,要領¶～をおぼえる/掌握要領¶～をつかむ/抓住竅門

こっか ①【国花】[名]國花

こっか ①【国家】[名]國家

こっか ⓾【国歌】[名]國歌

こっかい ⓪【国会】[名]國會¶-議員(ぎいん)⑤[名]國會議員

こづかい ①【小遣(い)】[名]零用錢

こっかく ⓪【骨格】[名] ❶骨骼 ❷骨架¶建物の～/建築物的骨架

こっかこうむいん ⑥【国家公務員】[名]國家公職人員

こっかん ⓪【酷寒】[名]嚴寒

こっき ⓪【国旗】[名]國旗

こっきょう ⓪【国境】[名]國境,國界

コック ①【cock】[名]活嘴,塞,拴

コック ①【(オ)kok】[名]廚師

こづ・く ②【小突く】[他五](用手指等)捅,戳,碰

こっくり ⓪[副] ❶點頭,同意 ❷打盹兒

こっけい ⓪【滑稽】[名・形動]滑稽,可笑

こっけいせつ ③【国慶節】[名](中國)國慶日

こっこ ①【国庫】[名]國庫¶-債券(さいけん)④[名]國家發行的短期公債

こっこう ⓪【国交】[名]國交,邦交¶～を回復する/恢復邦交¶-断絶(だんぜつ)⓪[名]斷絕外交關係

こつこつ ①[副] ❶硬物輕輕叩碰聲¶靴音(くつおと)が～とひびく/鞋跟碰地塔嗒響 ❷孜孜不倦,勤奮¶～と勉強する/孜孜不倦地學習

ごつごつ ①[副・自サ] ❶凸凹不

こっそ

平,粗糙¶〜した岩山(いわやま)/凸凹不平的石山¶〜した手/粗糙的手 ❷粗魯,生硬¶〜した人/粗魯的人

こっそり ③[副]悄悄地,暗暗地,偷偷地¶〜と部屋(へや)をぬけだす/悄悄地溜出房間

ごっそり ③[副]全部,一點不剩

こっち ③[此方][代]→こちら

こづつみ ⓪[小包][名] ❶小包袱 ❷郵包

こってり ③[副] ❶(味道)濃,重¶バターを〜ぬる/抹上厚厚的一層奶油 ❷(化粧)濃艶 ❸狠狠地¶先生に〜としぼられた/被老師狠狠地訓了一頓

こっとう ⓪[骨董][名]古董,古玩 【一品(ひん)】⓪[名]古玩

コットン ①[cotton][名]棉花,棉布

こっぱみじん ①[木っ端微塵][名]粉碎;七零八落

こつぶ ⓪[小粒][名]小粒
—— [名・形動] ❶身材小 ❷力量小

コップ ⓪[(オ)kop][名]玻璃杯

こっぷん ⓪[骨粉][名](動物的)骨粉

ごつんと ①[副]砰

こて ⓪[鏝][名] ❶(瓦工用)抹子 ❷(裁縫用)鐵熨斗 ❸烙鐵

こてい ⓪[固定][名・自他サ]固定 —資本(しほん) ④[名]固定資本

こてき ①[鼓笛][名]鼓笛,鼓號【一隊(たい)】⓪[名]鼓號隊

ごてごて ①[副] ❶(塗抹得)厚,濃厚 ❷(東西)雜亂無章

こてしらべ ③[小手調べ][名]在正式開始以前試一試

こてん ⓪[古典][名]古典{-的(てき)⓪[形動]古典

こてん ⓪[個展][名](繪畫等)個人展覽

こてんしゅぎ ④[古典主義][名]古典主義

こと ②[事][名] ❶事情,事實,事態 ❷事件,問題¶一週間は〜なくすぎた/一星期平安度過 ❸上接用言連體形,起名詞化的作用¶山に一人で行く〜は危険だ/一個人上山危險 ❹表示命令,要求,規定¶身体検査前日にはかならず入浴する〜/體檢之前務必洗澡 ❺(用「ことがある」「こともある」「ことが多い」的形式表示)有時,經常¶雪の降った翌日は晴れる〜が多い/雪後次日常是晴天¶南国でも、ときには雪が降る〜がある/南方有時也下雪 ❻(用「ことがあるか」「ことはない」「ことはあるまい」的形式表示)没必要,不值得¶なにを泣く〜があるか/有什麼值得哭的 ❼(用「ことができる」的形式表示)能够,可以¶いまならやり直す〜ができる/現在還可以重新做 ❽(用「ことだね」「ことね」的形式表示)勸誘¶ためしにやってみる〜ね/就試着做做看吧 ❾(用「ことにしている」的形式表示個人的)決定,方針,習慣¶酒は飲まない〜にしている/我不喝酒 ❿(用「ことにしよう」的形式表示個人的)決心¶そろそろ帰る〜にしよう/該回家了 ⓫(用「ことにする」的形式表示主觀的)決定,計劃¶この字引きを買う〜にしました/我準備買這本字典 ⓬(用「ことになっている」,「ことになった」的形式,表示)客觀的規定,決定¶朝8時に出発する〜になっている/定為早上8點出發 ⓭(用「ということだ」,「とのことだ」的形式,表示)據説,聽説¶来日するチームは、国内で負けたことがないという〜だ/聽說来日訪問的球隊

在國内没輸過 ⑭(用「動詞連用形+たことがある」的形式表示)曾經…過¶そこには一度行った～がある/曾去過那裡一次 ⑮(用「だけのことはある」的形式表示)值得,有效果¶見ただけの～はあった/没白看,值得看◇事によると/也許,或許

こと ①【琴】[名]琴,箏¶～を弾く/彈琴

こと[助詞](女子用語) ❶表示感嘆¶まあ、かわいい人形だ～/哎呀,真漂亮的娃娃呀 ❷表示委婉地詢問,徴求同意,勸誘¶これでいい～/這樣好嗎?

-ごと[接尾](上接名詞)連…一起,包括…在内¶骨～食べる/連骨頭一起吃

-ごと[接尾]每,各自¶月～/每個月¶好みは人～にちがう/愛好因人而異

こどう ⓪【鼓動】[名・自サ](心臓)跳動,搏動¶心臓の～が激しい/心跳劇烈

こどうきょう ⓪【跨道橋】過街天橋,人行天橋

ことか・く ②③【事欠く】[自五]缺少,缺乏,不足

ことがら ④⓪【事柄】[名]事情,情況

ごとき[助動](文語助動詞「ごとし」的連體形)如,像…那樣¶大地をゆるがす～喚声/震憾大地般的喊聲¶小山の～巨体/像小山一樣的巨大身體

こどく ⓪【孤獨】[形動]孤獨,孤單

ごとく[助動](文語助動詞「ごとし」的連用形)如,像…¶平常の～/像往常一樣,照例

ことごとく ③【悉く】[副]所有,全部,一切

ことごとに ③【事毎に】[副]每件事,事事,總是

ことさら ②⓪【殊更】[形動]故意,特意¶～なものの言いかたが気に入らない/對那種故意的説法不満意
——[副]特別,更加

ことし ⓪【今年】[名]今年

ことづけ ④【言付け】[名]口信

ことづ・ける ④【言付ける】[他下一]託人帶口信,託人捎東西

ことづて ④⓪【言伝】[名] ❶口信 ❷傳言,聽説

ことなく ②【事無く】[副]順利,平安

ことな・る ③【異なる】[自五]不同,不一樣¶意見が～/意見不一致

ことに ①【殊に】[副]特別,格外

ことによると ⓪【事によると】或許,也許¶～、もうできているかもしれない/或許已經做妥了

ことのほか ③【殊の外】[副] ❶特別,格外 ❷意外,没想到

ことば ③【言葉・詞】[名] ❶語言 ❷詞,句¶むずかしい～/難懂的詞 ❸話,話語¶別れの～/離別贈言¶お～にあまえて…/那就接受您的好意◇言葉を返(かえ)す/頂嘴,還嘴◇言葉を濁(にご)す/含糊其詞,支支吾吾

ことばづかい ④【言葉遣い】[名]措詞,説法¶～がわるい/用詞不當

こども ⓪【子供】[名] ❶(自己的)兒女 ❷孩子,兒童【～っぽい ⑤】[形]孩子氣

ことり ⓪【小鳥】[名]小鳥

ことわざ ④⓪【諺】[名]諺語,成語

ことわ・る ③【断(わ)る】[他五] ❶拒絶,謝絶¶申し出を～/拒絶所提的請求 ❷事先通知,事先請示¶だれにも～らずに帰った/事先没向任何人打招呼就回去了

こな ②【粉】[名]粉末,粉

こないだ ④【此間】[名]→このあ

いだ
こなぐすり ③【粉薬】[名]散剤,藥鉤兒,粉狀藥
こな・す ⓪【他五】❶(食物)消化 ❷(知識、技術)掌握,運用自如¶日本語を～/日語運用自如 ❸處理完,做完¶三日分の仕事を一日で～/三天的工作一天做完
こなまいき ③【小生意気】[形動]狂妄,自命不凡
こなミルク ③【粉ミルク】[名]奶粉
こな・れる ⓪【自下一】❶(食物)消化 ❷(知識、技術)熟練,運用自如¶～れた文章/流利的文章
こにもつ ②【小荷物】[名]❶隨身攜帶的東西 ❷鐵路隨車託運的小件行李
コネ ①【connection】[名](人與人間的)關係,親戚
こ・ねる ②【捏ねる】[他下一] ❶揉,採¶メリケン粉を～/採麵 ❷強詞奪理¶理屈(りくつ)を～/強詞奪理¶だだを～/(小孩)撒嬌,纏人
ご・ねる ②[自下一]發牢騷;抱怨
この ⓪【此の】[連体]這,這個¶～ほか/此外¶～問題/這個問題
このあいだ ⑤⓪【この間】[名]上次,前幾天,前些日子
このうえな・い ⑤【この上ない】[形]無比,最¶～しあわせ/最大的幸福
このかた ④③【この方】[代]〈敬〉這位,這個人
このごろ ②⓪【この頃】[名]近來,最近
このさい ③【この際】[副]這種情況,這種場合¶～だから、全部おはなしします/既是這樣,我就都說了吧
このたび ②【この度】[名](「こんど」的鄭重說法)這次,這回,此次¶～の事件/此次的事件
このは ①【木の葉】[名]樹葉¶～が散る/樹葉飄落
このへん ⓪【この辺】[名]❶這邊,這一帶 ❷這種程度
このまえ ③【この前】[名]❶前幾天;最近 ❷上次,前次
このまし・い ④【好ましい】[形]令人喜歡,理想,令人滿意¶～くない傾向/不好的傾向
このまま ④【この儘】[名]就這樣,按照現在這樣
このみ ①【木の実】[名]果實
このみ ③【好み】[名]愛好,嗜好
この・む ②【好む】[他五]愛好,喜歡,願意¶くだものを～/喜歡吃水果¶～んで会長になったわけではない/並不是自願當的會長
このゆえに ④【この故に】[接]因此,所以
このよ ⓪③【この世】[名]今世,人世¶～を去る/離開人世
このよう ③【この様】[形動]這樣,如此
こはく ⓪【琥珀】[名]琥珀
こばしり ②【小走り】[名]小跑,急走¶～に走る/一路小跑
こば・む ②【拒む】[他五]❶拒絕 ❷阻攔,阻止¶敵の侵入を～/阻攔敵人的入侵
コバルト ②⓪【cobalt】[名]❶〈化〉鈷 ❷天藍色
こはるびより ④【小春日和】[名]小陽春天氣(初冬時的暖和天氣)
こはん ①【小半】[名]四分之一
こはん ①⓪【湖畔】[名]湖畔
こばん ⓪①【小判】[紙]小張↔大判
ごはん ①【御飯】[名]❶米飯 ❷飯
ごばん ⓪【碁盤】[名]圍棋盤¶～縞(じま)⓪[名]方格花紋
こび ②【媚】[名]媚,獻媚¶～を売る/獻媚

ごび ⓪①【語尾】[名] ❶語尾 ❷詞尾 ❸活用語尾

コピー ①【copy】[名・他サ]複印,複寫¶〜をとる/複印

こびき ③⓪【木挽(き)】[名]伐木的人,樵夫

こ・びる ②【媚びる】[自上一]獻媚

こぶ ②【瘤】[名] ❶瘤子,包 ❷物體表面鼓出的部份¶らくだの〜/駝峰◇瘤つき/有小孩拖累◇目(め)の上(うえ)の瘤/眼中釘

ごふく ⓪【呉服】[名](做和服用的)綢緞布匹¶-屋(や)⓪[名]綢布店

ごぶごぶ ⓪【五分五分】[名] ❶實力相當 ❷(可能性)各占一半

ごぶさた ⓪【御無沙汰】[名・自サ]久未訪問,久未通信¶どうも〜いたしました/久未問候

こぶし ⓪【拳】[名]拳頭

ごふしょう ⓪【御不承】[名]〈敬〉叫您為難¶〜願います/叫您為難,但請您答應

こぶとり ②【小太り】[名]微胖

コブラ ①【cobra】[名]眼鏡蛇

こふん ⓪【古墳】[名]古墓,古墳

こぶん ①【子分】[名](幫派組織中的)嘍囉,黨羽

こぶん ①【古文】[名]古文

ごへい ⓪【語病】[名]語病

こべつ ⓪【個別】[名]各別,單個

ごぼう ⓪【牛蒡】[名]牛蒡

こぼうず ②【小坊主】[名] ❶小和尚,小沙彌 ❷男孩子

ごぼうぬき ⓪【牛蒡抜き】[名] ❶一個個地拉走 ❷一個個地趕過去

こぼ・す ②【零す】[他五] ❶弄灑,溢出¶お茶を〜/把茶水弄灑¶なみだを〜/流淚 ❷發牢騷¶愚痴(ぐち)を〜/發牢騷

こぼ・れる ③【零れる】[自下一] ❶溢出,灑出¶水が〜/水灑出來 ❷洋溢,充滿¶笑(え)みが〜/笑容滿面

こぼんのう ②④【子煩悩】[名・形動]溺愛孩子(的人)

こま ①【齣】[名] ❶(電影,小說,戲劇等的)一個場面,一個片斷 ❷(大學裡教師承擔的)一次講課

こま ①【独楽】[名]陀螺

こま ⓪①【駒】[名] ❶馬駒 ❷(將棋)棋子 ❸弦樂器上的琴碼

ごま ⓪【胡麻】[名]芝麻◇胡麻をする/阿諛奉承,逢迎拍馬

コマーシャル ②【commercial】[名](電視節目中的)廣告

こまか・い ③【細かい】[形] ❶小,細小¶お金を〜くする/換零錢¶あみめが〜/網眼小 ❷詳細¶〜事情/詳情¶〜く説明する/詳細說明 ❸周到,細緻,仔細¶〜心づかい/用心周到

ごまか・す ③【誤魔化す】[他五] ❶蒙混,作假¶分量を〜/在分量上作假 ❷敷衍,搪塞¶笑って〜/一笑搪塞過去

こまぎれ ⓪【細切れ】[名]肉片,肉絲

こまく ⓪【鼓膜】[名]鼓膜

こまごま ③【細細】[副] ❶零碎,瑣碎 ❷詳細,周到

ごましお ⓪【ごま塩・胡麻塩】[名] ❶芝麻鹽 ❷花白(頭髮,鬍鬚)¶-頭】[-頭(あたま)⑤][名]花白頭髮

こまやか ②【濃やか】[形動] ❶(色)濃 ❷(情意)深厚,細膩

こまり・る ②④【困り切る】[自五]一籌莫展,束手無策,感到極為困難

こまりは・てる ⑤【困り果てる】[自下一]不知所措,一籌莫展

こまりもの ⑤④【困り者】[名]令人操心的人,不好對付的人

こま・る ②【困る】[自五] ❶(感到)困難,為難,難辨¶返事に〜/

ごみ ②【塵・芥】[名]垃圾,灰塵¶-箱(ばこ)②【名】垃圾箱
こみあ・う ①【込(み)合う】[自五]多,擁擠
こみあ・げる ⓪【込(み)上げる】[自下一]❶(感情,淚水等)往上湧¶なみだが〜/淚水湧出¶喜びが〜/欣喜 ❷噁心,要吐¶はきけが〜/噁心
こみい・る ③【込み入る】[自五]複雜,錯綜複雜
コミカル ①【comical】[形動]滑稽的,好笑的
ごみごみ ①【副】不清潔,不整潔
こみだし ②【小見出し】[名]❶(報紙,雜誌)副標題 ❷(文章的)小標題
こみち ⓪【小道】[名]❶小道 ❷岔道
コミック ①【comic】[名・形動]❶喜劇的 ❷滑稽的,好笑的;漫畫的¶〜雑誌(ざっし)/漫畫雜誌
こみどり ②【濃綠】[名]墨綠,深綠色
ごみとり ④③【ごみ取(り)】[名]❶清掃垃圾用的畚箕 ❷清掃垃圾(的人)
こみみにはさむ【小耳に挟む】無意中聽到
ごみゃく ⓪【語脈】[名]詞語的脈絡(詞與詞之間的組合)
コミュニケ ②【(仏)communiqué】[名](外交)公報,聲明
コミュニケーション ④【communication】[名]❶報導,通訊 ❷(靠語言的)思想交流,傳達意識
こ・む ①【込む・混む】[自五]❶擁擠,(日程,計劃)滿¶電車が〜/電車很擠¶日程が〜/日程排得滿滿的 ❷細緻,精巧¶手の〜んだ細工(さいく)/精巧的手工藝品——[接尾](上接動詞連用形)

❶表示進入的意思¶風が吹き〜/風吹進來¶レコードに吹き〜/灌唱片 ❷表示某種狀態的繼續和加深¶考え〜/深思¶だまり〜/沉默
ゴム ①【(オ)gom】[名]橡膠
こむぎ ②⓪【小麦】[名]小麥
こむぎこ ③【小麦粉】[名]麵粉
こむすめ ②【小娘】[名]小姑娘
こめ ②【米】[名]米,稻米
こめかみ ⓪②【名】太陽穴
コメット ①【comet】[名]彗星
コメディアン ②【comedian】[名]喜劇演員
コメディー ①【comedy】[名]喜劇
こ・める ②【込める・籠める】[他下一]❶裝填 ❷集中,注入(精神,力量)¶心を〜/懷著真心誠意
ごめん ⓪【御免】[名]表示拒絕之意¶〜をこうむる/請原諒,恕不奉陪¶あんなこと二度と〜だ/那種事我再也不幹了 ——[感]訪問,辭謝,道歉,謝絕時說的客氣話¶〜ください/(訪問時)屋裡有人嗎¶待たせて〜/讓您久等了,真對不起
コメント ②【comment】[名](政治)評論,說明¶ノー〜③【名】無可奉告
ごめんなさい ⑤【御免なさい】[感](道歉)請原諒,對不起
こもち ⓪【子持ち】[名]❶有小孩(的人) ❷有魚卵(的魚)
こもり ②【子守】[名]照料孩子,帶孩子(的人)¶-歌(うた)③【名】搖籃曲
こも・る ②【籠る】[自五]❶閉門不出¶家に〜/閉門不出 ❷(氣體)不流通,充滿¶けむりが〜/煙霧騰騰 ❸充滿(感情),(力量)充沛¶心が〜/盛情
こもん ①【顧問】[名]顧問
こもんじょ ②【古文書】[名]古文

献
こや ⓪【小屋】[名] ❶(簡陋的)小房,窩棚【馬小屋(うまごや)⓪】[名]馬圈,馬棚 ❷(演戲等搭的)戲棚
こやし ③【肥(やし)】[名]肥料
こや・す ②【肥やす】[他五] ❶使…肥胖,(使土地)肥沃 ❷肥私◇私腹を肥やす/肥私囊 ❸提高鑒賞能力◇目を肥やす/提高鑒賞能力◇耳を肥やす/提高欣賞能力
こやみ ⓪【小やみ・小止み】[名](雨,雪)暫停,暫時下小了
こゆう ⓪【固有】[名・形動]固有,特有【日本に〜の動物/日本特有的動物
こゆうめいし ④【固有名詞】[名]專有名詞
こゆび ⓪【小指】[名] ❶小指 ❷(隱設)情婦
こよう ⓪【雇用】[名・他サ]雇用
ごよう ②【御用】[名] ❶〈敬〉事,事情¶何か〜ですか/您有什麼事嗎? ❷(官廳)公事 ❸舊時下令逮捕犯人用語)逮捕
ごよう ⓪【誤用】[名・他サ]誤用,錯用
こよみ ③【暦】[名]曆書,日曆
こら ①【感】(憤怒時的吆喝聲)喂
こら・える ③【堪える】[他下一]忍耐,忍受¶痛みを〜/忍痛¶なみだを〜/忍着眼淚
ごらく ⓪【娛樂】[名]娛樂
こらし・める ④【懲らしめる】[他下一]懲罰,教訓
こら・す ②【凝らす】[他五](使意志等)集中¶ひとみを〜/凝視¶息を〜/屏住呼吸¶くふうを〜/動腦筋想辦法
コラム ①【column】[名](報紙、雜誌)評論(欄),短評(欄)
ごらん ⓪【御覧】[名](「見る」的敬語)看¶〜ください/請看

――[補動]試試看¶もう一度やって〜/你再做一次看看
こりくつ ②【小理屈】[名]歪理¶〜をこねる/強詞奪理
こりこう ②【小利口】[形動]小聰明
こりごり ③【懲(り)懲(り)】[名・自サ](因吃過苦頭不想再做)受夠了¶もう〜だ/我受夠了
こりつ ⓪【孤立】[名・自サ]孤立
ごりむちゅう ①-⓪【五里霧中】[名]如墜五里霧中,撲朔迷離
こりょ ①【顧慮】[名・他サ]考慮
ゴリラ ①【gorilla】[名]大猩猩
こ・りる ②【懲りる】[自上一]吃過苦頭不願再做¶失敗に〜/因失敗不想再做
こ・る ①【凝る】[自五] ❶熱衷,入迷¶つりに〜/熱衷於釣魚 ❷講究,精心製作¶〜った料理/精心製作的飯菜 ❸(肌肉僵硬,酸痛)¶肩が〜/肩膀酸痛
ゴルフ ①【golf】[名]高爾夫球

これ
⓪【此れ】[代] ❶這個,這¶〜をきみにあげよう/這個給你 ❷這個人¶〜がわたしのむすこです/這是我的兒子 ❸表示正在談論的話題,問題¶〜をやらなければ帰れない/不把這做完,就不能回去 ❹現在¶きょうは〜で終わりにしよう/今天就到此爲止吧 ❺(用「これという」的形式表示)值得一提的,特別的¶〜という欠点も無い/沒什麼特別的缺點

――[副]加强語氣¶弁明〜つとめる/極力辯明
――[感](提醒別人時,生氣時)喂

これから
⓪④【此(れ)から】[連語] ❶從現在起,今後;現在¶〜もっと勉強する/今後將更加用功¶〜説明します/(我)現在來説明一下 ❷從現在

コレク 188

起,從此處起¶〜道路は林に入る/道路從這裡起進入樹林裡
コレクション ②【collection】[名] 收集,收藏(藝術品、郵票等)
コレクト・コール ⑤【collect call】[名]受話人付費的電話
コレステロール ⑤【cholesterol】[名]膽固醇
これはこれは ⓪-⓪[感]哎呀
これほど ④【此(れ)程】[副]如此,這麼,這樣,這種程度¶〜頼んでもだめか/我這麼求你還不答應嗎
これまで ③【此(れ)迄】[連語] ❶從前,過去;到現在為止(＝いままで)¶〜と同様に/一如既往¶私は〜にこんなつらい思いをしたことがない/我從來沒有這樣難過過 ❷到這種程度,到這種地步¶子どもを〜に育てるには、どれだけの苦労をしたか分からない/把孩子撫養到這種程度真不知費了多少心血 ❸到此為止(＝ここまで)¶今日は〜にしておこう/今天就到此為止吧◇もうこれまでだ/萬事休矣
これみよがし ④【此(れ)見よがし】[形動]誇耀,顯示
ころ ①【頃】[名] ❶時候,時期¶子どもの〜/小時候¶いまごろ/現在 ❷時機,適時¶〜をみる/找時機¶年ごろ/妙齢
-ごろ【頃】[接尾] ❶(時間、日期)前後,左右¶6時〜/6時左右 ❷正好的時候,正適合的時候¶食べ〜/正好吃的時候
ころあい ③⓪【頃合い】[名] ❶時機 ❷恰好,正合適¶〜の値段/合適的價錢
ころが・す ⓪【転がす】[他五] ❶使⋯運轉,滾動¶車を〜/駕駛弄倒,弄翻
ころが・る ⓪【転がる】[自五] ❶滾動¶ボールが〜/球滾動 ❷倒了,跌倒 ❸[用「転がっている」的形式表示]拋着,放着¶チャンスはそこらじゅうに〜っている/機會多得很
ころころ ①[副] ❶小物體滾動貌 ❷胖子子
ごろごろ ①[副] ❶(體積大、重的東西)滾動貌 ❷異物磨擦的感覺¶目にごみが入って〜する/眼裡進了沙子磨得發慌 ❸(體積大、重的東西)到處都是¶大きな石が〜している/大塊石頭到處都是 ❹(類似的事情)到處都有¶そんな話なら〜あって、ちっともめずらしくない/那種事到處都有,一點也不新鮮 ❺閒蕩,無所事事¶働かないで〜している/不幹活閒蕩 ❻[雷聲]隆隆 ❼(貓)喘氣聲 ❽(肚子)咕嚕咕嚕聲
ころ・す ⓪【殺す】[他五] ❶殺 ❷扼殺,控制,抑制¶息を〜/屏住氣息 ❸減弱(攻勢,速度) ❹(棒球)使之出局,(封,刺)殺出局
ごろね ⓪【ごろ寝】[名・自サ]和衣而臥,圍圈倒睡
ころ・ぶ ⓪【転ぶ】[自五] ❶跌倒 ❷(江戶時代天主教徒)被迫改教◇転ばぬ先(さき)の杖(つえ)/未雨綢繆(事先做好準備)◇転んでもただでは起(お)きぬ/什麼時候都想撈一把
ころも ⓪【衣】[名] ❶〈文〉衣服 ❷(僧侶穿的)法衣,道袍 ❸(油炸食品的)麵衣
ころりと ②[副] ❶一下子,很容易地 ❷突然 ❸完全,徹底
こわ・い ②【怖い・恐い】[形]恐懼,害怕¶〜先生/嚴厲的老師¶〜病気/可怕的病
こわ・い ②【強い】[形] ❶(飯)硬¶〜飯/飯硬 ❷(性情)固執¶情が〜/固執
こわいろ ⓪【声色】[名] ❶嗓音,聲音 ❷模仿演員或別人的聲調

こわが・る ③【怖がる】[自五](覚得)害怕
こわき ①⓪【小脇】[名]腋下
こわごわ ⓪【怖怖】[副]提心吊膽,戰戰兢兢
こわ・す ②【壊す】[他五] ❶毀壞,弄壞¶家を～/拆毀房屋 ❷損害,損傷¶からだを～/把身體搞壞 ❸破壞¶話を～/破壞談話¶ふんいきを～/破壞氣氛
こわだか ⓪【声高】[名・形動]高聲¶～にしゃべる/大聲地說話
こわね ②⓪【声音】[名]聲音,嗓音
こわば・る ③【こわ張る】[自五]發硬,變硬¶顔が～/表情嚴肅,板着面孔
こわれもの ⑤⓪【壊れ物】[名] ❶壞(碎了)的東西 ❷易碎物品
こわ・れる ③【壊れる】[自下一] ❶壞,碎,破損¶家が～/房屋倒塌 ❷發生故障,出毛病 ❸破裂¶縁談が～/提親的事吹了
こん ①【紺】[名]藏青,深藍
こんい ①【懇意】[名・形動] ❶親密交往,有交情 ❷懇切的好意,好意
こんいん ⓪【婚姻】[名]婚姻,結婚【-届(とどけ)】⑤[名]結婚登記
こんかい ①【今回】[名]這次,這回
こんがらか・る ⓪⑤[自五]亂成一團,漫無頭緒¶糸が～/線亂了¶話が～/談話變得複雜
こんき ⓪【根気】[名]耐性,毅力,韌勁兒¶～がない/沒毅力
こんきょ ①【根拠】[名] ❶根據,依據 ❷(行動)落腳點【-地(ち)】③[名]根據地
コンクール ③【(仏)concours】[名](音樂等)比賽,大獎賽
こんくらべ ③【根比べ】[名]比耐性,比毅力
コンクリート ④【concrete】[名]混凝土【-ブロック】⑧[名]混凝土預製件

こんけつ ⓪【混血】[名・自サ]混血【-児(じ)】④[名]混血兒
こんげつ ⓪④【今月】[名]本月,這個月
こんご ①⓪【今後】[名]今後,以後
こんこう ⓪【混交・混淆】[名・自サ]混淆
こんごう ⓪【混合】[名・自他サ]混合
こんごうせき ③【金剛石】[名]金剛石
コンコース ③【concourse】[名](車站,機場的)中央大廳
ごんごどうだん ①【言語道断】[名]豈有此理;荒謬絕倫
こんこん ①[副] ❶吭吭 ❷呵嘍
こんこんと ⓪【懇懇と】[副]懇切,諄諄
こんこんと ⓪【昏昏と】[副]昏昏沈沈
コンサート ①【concert】[名]演奏會,音樂會
コンサイス ③①【concise】[名]簡明【-版(ばん)】⓪[名]簡明版,袖珍版
こんざつ ①【混雜】[名・自サ]混雜,擁擠,混亂
コンサルタント ③【consultant】[名](企業經營管理等的)專家,顧問
コンサルティング ③【consulting】[名]咨詢
こんじ ①⓪【根治】[名・自他サ]根治
こんしゅう ⓪【今週】[名]本週,本星期
こんじょう ①【根性】[名] ❶毅力,意志 ❷根性,脾氣,稟性
こんしょく ⓪【混食】[名・自他サ](動,植物性食物)混食
こんしんかい ③【懇親会】[名]聯誼會
こんぜつ ⓪【根絶】[名・他サ]根絕,根除

こんせん ◎【混線】[名・自サ] ❶(電話)串線 ❷(談的事情)混亂,雜亂無章

コンセント ③【concentricplug】[名]插座,萬能插口

コンソール ③【console】[名] ❶(電視機等)落地式支架 -型(がた)◎[名]落地式 ❷(處理數據等)調整裝置 ❸(電信等)控制臺

こんだく ◎【混濁】[名・自サ]混濁

コンダクター ③【conductor】[名](樂園等)指揮

コンタクトレンズ ⑥【contactlens】[名]隱形眼鏡

こんだて ④◎【獻立】[名]菜單,菜譜

こんだん ◎【懇談】[名・自サ]懇談,暢談

コンチェルト ①【(イ)concerto】[名]協奏曲

こんちゅう ◎【昆虫】[名]昆蟲

コンディション ③【condition】[名](身體、氣候、場所的)情況,條件,狀況 ¶～がいい/狀態良好

コンテスト ①【contest】[名]比賽(會),競演(會) ¶美人～/選美比賽

コンテナ ◎【container】[名]貨櫃

コンデンサー ③【condenser】[名] ❶電容器 ❷凝縮器

コンデンス・ミルク ⑥【condensed milk】[名]煉乳

こんど ①【今度】[名] ❶這次,這回 ❷下次,下回

こんどう ◎【混同】[名・自他サ]混同,混淆

コントロール ④【control】[名・他サ] ❶控制,管理,操縱,調節 ❷(棒球)投球力 -タワー ⑦[名](機場)導航臺,塔臺

こんな ◎【連体】這樣(的) ¶～こともできないのか/連這樣簡單的事都不會呀

こんなに ◎【副】這樣,如此(=このように) ¶～うまくゆくとは思わなかった/沒想到會這麼順利

こんなん ①【困難】[名・形動]困難

こんにち ①【今日】[名] ❶今日,今天 ❷現在,現代

こんにちは ◎【今日は】[感]您好,午安

こんにゃく ④③【蒟蒻】[名] ❶蒟蒻,魔芋 ❷魔芋食品

こんにゅう ◎【混入】[名・自他サ]混入,摻入

コンパ ①【company】[名]聯歡會

コンバイン ③【combine】[名]康拜因,聯合收割機

コンパクト ③【compact】[名]粉餅盒(化妝盒) ——[形動]小型

コンパス ①②【(オ)kompas】[名] ❶圓規 ❷步幅 ❸羅盤儀,指南儀

こんばん ①【今晚】[名]今晚

こんばんは ◎【今晚は】[感]晚安

コンビ ①【combination】[名]搭檔,搭配

コンビナート ④【(ロ)kombinat】[名]聯合企業

コンビニエンス・ストア ⑨【convenience store】[名]便利商店

コンピューター ③【computer】[名]電子計算機,電腦

こんぶ ①【昆布】[名]海帶

コンプレックス ④【complex】[名]自卑感

コンプレッサー ④【compressor】[名]壓縮機

コンペ ①【competition】[名] ❶(高爾夫球等的)比賽 ❷設計比賽

コンベヤー ③【conveyor】[名]傳送裝置 ◆也可作「コンベア」

こんぼう ◎【混紡】[名]混紡 ¶-糸

(し) ③】[名]混紡紗
こんぽう ◎【捆包】[名・他サ]捆,捆行李
こんぽん ③【根本】[名]根本
コンマ ①【comma】[名] ❶逗點,逗號 ❷小數點
こんもり ③【副】 ❶(樹木)茂密 ❷(盛得)滿滿的,冒尖
こんや ①【今夜】[名]今夜,今晚
こんやく ◎【婚約】[名・自サ]婚約,訂婚
こんらん ◎【混乱】[名・自サ]混亂¶～におちいる/陷入混亂
こんりゅう ◎【建立】[名・他サ]修建(寺院)
こんりんざい ③【金輪際】[名]大地的底層
──[副]決不,無論如何也不
こんれい ◎【婚礼】[名]婚禮
こんろ ①【焜炉】[名](家庭用)小爐子【電気(でんき)-】④【名]電爐【石油(せきゆ)-】④【名]煤油爐
こんわ ◎【混和】[名・自他サ]混和
こんわく ◎【困惑】[名・自サ]困惑,為難,不知所措

さ　サ

さ 五十音圖「さ」行第一音。羅馬字寫作「sa」,發音爲國際音標[sa]。平假名「さ」來自「左」字的草體,片假名「サ」來自「散」字的左上部。濁音「ざ」,羅馬字寫作「za」,發音爲國際音標[sa]或[dza]。

さ ⓪①【差】[名] ❶差別,差距 ❷〈數〉差,差數◇雲泥(うんでい)の差/天壤之別

さ [終助] (多爲男子用) ❶加強肯定的語氣¶そんなことありっこない〜/絕不會有那種事 ❷(上接疑問句)加強疑問,反駁等語氣¶なんど言ったらわかるの〜/說幾遍你才能明白呢 ❸(插在語句之間)用以提起對方注意¶だから〜、ぼくが言ったとおりだろう/所以嘛,和我說的一樣吧

-さ [接尾] (上接形容詞、形容動詞語幹構成名詞)表示性質,狀態,程度¶うつくしさ〜/漂亮,美麗¶静か〜/静,安靜¶高〜/高度

ざ ⓪①【座】[名] ❶座位,席位¶〜につく/入座 ❷會場◇座が白(しら)ける/冷場,在場的人感到掃興 ❸劇團,劇場¶歌舞伎(かぶき)〜/歌舞伎(劇團)劇場

さあ ①[感] ❶表示勸誘,催促,號召¶〜、出かけましょう/我們走吧 ❷表示驚訝,期待¶〜、たいへんだ/哎呀,不得了了 ❸表示遲疑,猶豫不決¶〜、どうしようかしら/哎呀,怎麼辦好呢

サーカス ①[circus][名]馬戲團
サーキット ①[circuit][名] ❶電路,線路 ❷[賽車]環行路線
サークル ①[circle][名] ❶(興趣相同而聚在一起的業餘)小組,團體 ❷圓圈,方形圈【ベビー-④】[名]嬰兒用圓圈椅子
ざあざあ ①[副]嘩嘩地(下雨、流水聲)¶雨が〜降る/大雨嘩嘩地下
サージ ①[serge][名]嗶嘰
サーチライト ④[searchlight][名]探照燈
サード ①[third][名] ❶第三 ❷(棒球)三壘,三壘手
サーバー ①[server][名](排球、網球等)發球員
サービス ①[service][名·自他サ] ❶招待,服務¶アフター-⑤】[名]售後服務 ❷(商店)減價,白送
サーブ ①[serve][名·自サ]發球
サーフィン ①⓪[surfing][名]衝浪
サーモスタット ⑤[thermostat][名]保溫器,恆溫箱
さい ①【犀】[名]犀牛
さい ①【際】[名]時候,…之際¶この〜、おたがいに協力しよう/這個時候,讓我們互相協助吧
さい ①【差異・差違】[名]差異,差別
-さい [接尾] (助數詞用法) ❶表示歲次 ❷(表示年齡)歲
さいあく ⓪【最惡】[名]最惡,最壞
ざいあく ⓪【罪惡】[名]罪惡
さいえん ⓪【才媛】[名]才女
サイエンス ①[science][名]科學,自然科學
さいかい ⓪【再開】[名·自他サ]重新開放,再次舉行,恢復¶試合を〜する/重新比賽
さいがい ⓪【災害】[名]災害,災難

ざいかい ⓪【財界】[名]金融界,經濟界,實業界
さいかいはつ ③【再開発】[名・他サ]再次開發
ざいがく ⓪【在学】[名・自サ]在學,正在上學
さいき ①【才気】[名]聰明,才氣¶～あふれる/才華橫溢
さいき ①【再起】[名・自サ]❶再起,重整旗鼓 ❷(病人)恢復健康
さいぎ ①【猜疑】[名・他サ]猜疑¶-心(しん) ③【名]猜疑心
さいきん ⓪【細菌】[名]細菌
さいきん ⓪【最近】[名]最近¶つい～知った/最近才知道
さいく ③⓪【細工】[名・自他サ]❶手工,手工藝品¶竹細工(たけざいく) ③【名]竹編工藝品 ❷〈俗〉耍花招,弄虛作假¶へたな～をするな/別要花招了
さいくつ ⓪【採掘】[名・他サ]採掘,開採
サイクリング ①【cycling】[名・自サ]騎自行車郊遊
サイクル ①【cycle】[名]❶週期 ❷週波數
さいくん ①【細君】[名]❶(自己的)妻子,老婆 ❷別人的妻子(用於對同輩和晚輩)
さいけいこく ③【最惠国】[名]最惠國¶-待遇(たいぐう) ⑦【名]最惠國待遇
さいけつ ①⓪【採決】[名・他サ]表決(議案)¶～を行う/進行表決
さいけつ ⓪①【裁決】[名・他サ]裁決
さいげつ ①【歳月】[名]歲月◇歲月人(ひと)を待(ま)たず/歲月不饒人
さいけん ⓪【再建】[名・他サ]再建,重建,重整
さいけん ⓪【債券】[名](國家,銀行等發行的)債券

さいげん ③【再現】[名・自他サ]再現
ざいげん ③【財源】[名]財源
さいけんとう ③【再検討】[名・他サ]重新考慮,重新研究,重新審查
さいこ ①【最古】[名]最古,最早,最舊
さいご ①【最後】[名]❶最後,最終,最末尾 ❷(用「…たら最後」的形式表示)一旦…就;(毫無辦法了)¶あの人は話し出したら～いつになってもとまらない/那人一旦說起來,就沒完沒了◇最後を飾(かざ)る/(儀式,工作等)精彩地結束
さいご ①【最期】[名]臨死,臨終¶～をとげる/死去
ざいこ ⓪【在庫】[名・自サ](商品)庫存¶-品(ひん) ⓪【名]庫存商品
さいこう ⓪【採光】[名・自サ]採光
さいこう ⓪【最高】[名・形動]最高,極¶～の品質/最好的質量
さいこうさいばんしょ ⑨⓪【最高裁判所】[名]最高法院
ざいこう ⓪【在校】[名・自サ]❶在校¶午前中～/上午在學校 ❷正在上學
さいころ ③【骰子】[名]骰子
さいこん ⓪【再婚】[名・自サ]再婚
さいさん ⓪【再三】[副]再三,屢次
さいさん ⓪【採算】[名]核算(盈虧)¶～があう/合算
ざいさん ⓪①【財産】[名]財産,資産
さいし ①【妻子】[名]妻子和兒女
さいしき ①⓪【才識】[名]才識
さいしき ⓪【彩色】[名・自他サ]彩色,着色¶～をほどこす/着色,上色
さいじつ ⓪【祭日】[名](神社)祭

祝日

さいして ①【際して】當…時候,…之際¶出発に～抱負を述べる/出發之際,闡述自己的抱負

さいしゅ ⓪【採取,收集】[名・他サ] 採取,收集¶サンプルを～する/採集樣品

さいしゅう ⓪【最終】[名] ❶最後,最終 ❷末班(車)

さいしゅう ⓪【採集】[名・他サ] 採集,搜集

さいしょ ⓪【最初】[名]最初,首先,開始

さいしょう ⓪【最小】[名]最小【-限(げん)③】[名]最小限度

さいしょう ⓪【最少】[名] ❶最少 ❷最年少,最年輕

さいじょう ⓪【最上】[名] ❶最高層,最上面 ❷最好,最優秀

ざいじょう ③⓪【罪状】[名]罪狀

ざいしょく ⓪【在職】[名・自サ]在職

さいしん ⓪【細心】[名・形動]細心,周到¶～の注意/細心注意

さいしん ⓪【最新】[名]最新¶～の技術/最新技術

サイズ ①【size】[名](服裝等)尺寸,號碼

さいせい ⓪【再生】[名・自他サ] ❶重生,復活 ❷重新做人,新生 ❸(生物)重新生長,更新 ❹(廢品)再生,翻新 ❺(錄音等)放音,再現

さいせい ⓪【再製】[名・他サ] ❶重製 ❷加工改製

ざいせい ⓪【財政】[名] ❶財政 ❷家庭經濟情況,家計

さいせん ③⓪【賽錢】[名](參拜神佛時捐的)香資,香火錢

さいぜん ⓪【最善】[名] ❶最佳,最好 ❷全力¶～を尽くす/盡全力

さいそく ①【催促】[名・他サ]催促

サイダー ①【cider】[名]汽水

さいだい ⓪【最大】[名]最大

さいだいげん ③【最大限】[名]最大限度

さいたく ⓪【採択】[名・他サ] ❶選定 ❷通過(議案)¶議案を～する/通過議案

ざいたく ⓪【在宅】[名・自サ]在家

さいたん ⓪【最短】[名]最短

さいだん ⓪【裁断】[名・他サ] ❶(布,紙等)切斷,截斷,剪裁 ❷斷定,裁決

ざいだん ⓪【財団】[名]財團【-法人(ほうじん)⑤】[名]財團法人

さいち ①【細緻】[名・形動]細緻,緻密

さいちゅう ①【最中】[名]正在…時候¶食事の～/正在吃飯的時候

ざいちゅう ⓪【在中】[名・自サ]在内,内有¶写真～の封筒/内有照片的信

さいちょう ⓪【最長】[名]最長

さいてい ⓪【最低】[名] ❶最低 ❷(品質,内容)最差¶あいつは～だ/那傢伙品行最惡劣

さいてい ⓪【裁定】[名・他サ]裁定,裁決

さいてき ⓪【最適】[名・形動]最合適¶～な環境/最合適的環境

さいてん ⓪【祭典】[名]祭禮,盛典

さいてん ⓪【採点】[名・他サ]評分數,打分數

サイド ①【side】[名] ❶側面,旁邊 ❷方面,一側¶消費者～/消費者一方 ❸(本職以外)副業¶-ビジネス ④】[名]副業

さいなん ③【災難】[名]災難,災害¶～をまぬがれる/免於災難

ざいにん ⓪③【罪人】[名]罪人

さいにんしき ③【再認識】[名・他サ]再認識,重新認識

さいのう ①⓪【才能】[名]才能,才幹

さいのう ⓪【採納】[名・他サ]採

さいはい ③【采配】[名]命令,指揮¶〜をふるう/發號施令
さいばい ⓪【栽培】[名・他サ]栽培,種植
さいばし・る ④【才走る】[自五]才氣過人,聰明¶〜った男/才氣過人的男人
さいはつ ⓪【再発】[名・自サ](病情,事件)復發,再次發生¶持病が〜する/舊病復發
ざいばつ ⓪【財閥】[名]財閥
さいはっけん ③【再発見】[名・他サ]重新估計,(對某種事物價值的)重新認識
サイバネティックス ⑤【cybernetics】[名]控制論
さいはん ⓪【再版】[名・他サ]再版,第二版
さいばん ①【裁判】[名・他サ]審判,審理¶〜にかける/提起訴訟【-官(かん)③】[名]審判官【-所(しょ)⑤⓪】[名]法院
さいひ ①【採否】[名]採用與不採用¶〜を決める/決定是否採用
さいひょう ⓪【砕氷】[名]破冰【-船(せん)⓪】[名]破冰船
さいふ ⓪【財布】[名]錢包◇財布の底(そこ)をはたく/傾囊,一文不剩◇財布の紐(ひも)を締(し)める/緊縮開支,不亂花錢
さいほう ⓪【裁縫】[名・自サ]裁縫,縫紉
さいぼう ⓪【細胞】[名]❶細胞 ❷(團體的)基層組織
サイボーグ ③【cyborg】[名]植入遠隔裝置的人 ❷機器人
サイホン ①【siphon】[名]❶(將液體從高處引入低處的)吸管 ❷(煮咖啡的)器具,咖啡壺
さいまつ ⓪【歳末】[名]歲末,年末
さいみん ⓪【催眠】[名]催眠【-術(じゅつ)③】[名]催眠術
ざいもく ⓪【材木】[名]木料,木材

さいよう ⓪【採用】[名・他サ]❶採用,採納(建議,方案)¶意見を〜する/採納意見 ❷錄用,任用(人員)
さいりょう ⓪【最良】[名]最好,最良
ざいりょう ③【材料】[名]❶材料,原料 ❷(研究用)資料
サイレン ①【siren】[名]警笛,報警器
さいわい ⓪【幸い】[名・形動]❶幸福 ❷幸運¶不幸中の〜/不幸中之大幸¶もっけの〜/意外的幸運,湊巧
——[副]幸虧,幸而¶当日は〜天候にめぐまれた/幸虧那天天氣很好
サイン ①【sign】[名・自サ]❶簽名,署名¶〜をもらう/請簽名 ❷暗號¶〜を送る/給暗號,發信號
サイン・ペン ②【sign pen】[名]簽字筆
サウスポー ④③【southpaw】[名](棒球,拳擊等的)左撇子
サウナ ①【(フィ)Sauna】[名]蒸氣浴(室),桑拿浴(室)
サウンド・ボックス ⑤【sound-box】[名]❶聲體 ❷共鳴箱 ❸〈音〉拾音器,拾波器

さえ [副助]❶連…,甚至¶はじめての人で〜すぐできる簡単なことです/(這是)連新手都一學就會的簡單事情 ❷而且,又加上¶天気が悪くて視界がよくないのに,霧〜でてきた/天氣不好,視野不清,而且又下霧了 ❸(用「…さえ…ば」的形式表示)祇要…就…¶雨〜あがれば,すぐに始められるのだがなあ/祇要雨停了,就能馬上開始(但…)
さえかえ・る ⓪【さえ返る・冴え返る】[自五]❶非常鮮明,非常

清澈¶星の～空/繁星晶瑩的夜空 ❷(早春)天氣又轉冷,春寒
- **さえぎ・る** ③【遮る】[他五] ❶遮擋,阻擋¶風を～/擋風 ¶行く手を～/擋住去路 ❷打斷(發言等)¶発言を～/打斷發言
- **さえず・る** ③【囀る】[自五](鳥)叫,啼,鳴
- **さ・える** ②【冴える】[自下一] ❶(光,色,音)清晰,鮮明,鮮亮¶月が～/月光如水¶色が～/顏色鮮亮 ❷(頭腦,目光)靈敏,清楚¶頭が～/頭腦清醒 ❸(技術)高超¶わざが～/技藝高超 ❹寒冷,刺骨般的冷 ❺(用「さえない」的形式表示)不痛快,情緒不佳¶今日は～えない/今天不大痛快
- **さお** ②【竿・棹】[名] ❶竿,竹竿 ❷船篙 ❸三弦琴的桿部
——[接尾]計算箱櫃,旗幟等的數量單位
- **さか** ②①【坂】[名] ❶坡,斜坡 ❷斜面
- **さかい** ②【境】[名] ❶界線,分界 ❷疆界 ❸(特殊的)地方,境界◇幽明(ゆうめい)境を異(こと)にする/離開人世
- **さかいめ** ④【境目】[名]分界線,交接處
- **さか・える** ③【栄える】[自下一] 興盛,繁榮
- **さかき** ⓪【榊】[名]楊桐(被奉為神樹,用於神道儀式)
- **さかさ** ⓪【逆さ】[名]倒,顛倒,相反¶～につるす/倒掛,倒吊
- **さかさま** ⓪【逆様】[名・形動]倒,顛倒¶～になる/顛倒
- **さが・す** ⓪【探す・捜す】[他五]找,尋找,尋求¶職を～/求職¶犯人を～/搜索罪犯
- **さかずき** ④⓪【杯・盃】[名]酒杯¶～をさす/敬酒
- **さかだち** ⓪【逆立ち】[名] ❶倒立 ❷顛倒,相反

- **さかとんぼ** ③【逆とんぼ】[名]往後翻筋斗,後空翻
- **さかな** ⓪【魚】[名]魚,魚類
——【肴】酒肴
- **さかのぼ・る** ④【遡る・溯る】[自五] ❶逆流而上¶川を～/逆流而上 ❷回潮,追溯¶時代を～/回溯歷史
- **さかば** ⓪【酒場】[名]酒館
- **さかみち** ②【坂道】[名]坡道
- **さかや** ⓪【酒屋】[名] ❶酒店,酒館 ❷賣酒的人
- **さから・う** ③【逆らう】[自五] ❶違背,逆行¶時代に～/逆時代潮流而行 ❷反抗,不服從¶父に～/反抗父親
- **さかり** ⓪【盛り】[名]最盛時期¶花の～/鮮花盛開期【-場(ば)⓪】[名]繁華地帶(酒館,娛樂場所集中的地方)¶【男盛(おとこざか)り】④】[名]男子年富力強的時期¶いたずら盛(ざか)り】④】[名]正淘氣的年齡
- **さが・る** ②【下がる】[自五] ❶落下,降下¶成績が～/成績下降¶物価が～/物價下降 ❷垂掛,垂落¶幕が～/帷幕垂落 ❸後退¶一歩～/後退一步 ❹(從長輩,上司面前)退下,離開◇頭(あたま)が下がる/佩服
- **さかん** ⓪【盛ん】[形動] ❶朝氣蓬勃,有幹勁¶老いてますます～だ/年紀越大反而越有幹勁 ❷熱烈,興盛¶この学校はスポーツが～だ/這所學校大力開展體育運動
- **さき** ⓪【先】[名] ❶尖兒,尖端¶ペン～/鋼筆尖兒¶指～/手指尖兒 ❷最前列,先頭,前頭¶～に立つ/站在最前列¶～をあらそう/爭先恐後¶「どうぞお～に」/請先回去吧 ❸前方,目的地¶行き～/目的地 ❹(故事,文章

等的)下文,以後,將來¶その~
を話してくれ/告訴我那以後的
事 ❺剛才,過去,以前¶~に予
告したとおり/正如剛才預告過
的那樣 ❻(談ى,交涉的)對方,
對手

さぎ ⓪【鷺】[名]鷺鷥

さぎ ①【詐欺】[名]欺詐,詐騙—師(し)②[名]騙子

さきおととい ⑤【一昨昨日】[名]大前天,前三天

さきごろ ③②【先ごろ・先頃】[名]前些天,不久前,前些日子

さきそろ・う ④【咲(き)揃う】[自五](花)齊開,齊放

さきだか ⓪【先高】[名](交易)看漲,看挺

さきだ・つ ③【先立つ】[自五] ❶預先,事先,在…之前¶開幕に~って前夜祭が行われた/在開幕前夜,舉行了慶祝活動 ❷先死¶親に~/先於父母離開人世◇先立つものは金(かね)だ/萬事錢當先

さきどり ⓪【先取り】[名・他サ] ❶預收,先收(錢款) ❷搶先,率先¶時代を~する/走在時代前列

さきばし・る ④【先走る】[自五]冒失,搶先;貿然行事

さきばらい ③【先払い】[名] ❶預先付款 ❷(收件人)付款

さきほ・こる ④【咲(き)誇る】[自五](花)盛開,爭艷

さきほど ⓪【先程】[副]方才,剛才

さきまわり ③⑤【先回り】[名] ❶先去,搶先到達 ❷搶在別人前頭,搶先,佔先

さきみだ・れる ⑤【咲(き)乱れる】[自下一](花)盛開

さきゅう ⓪【砂丘】[名]沙丘

さきゆき ⓪【先行き】[名]前景,前途

さぎょう ①【作業】[名・自サ]作業,操作—員(いん) ②[名]現場工人

さきん・ずる ④【先んずる】[自上一]先行,先去◇先んずれば人(ひと)を制(せい)す/先發制人

さく ⓪②【作】[名] ❶作品 ❷(農作物)長勢,狀況 ¶~がいい/長勢很好

さく ①②【柵】[名]柵欄

さく ②①【策】[名]計策,策略 ¶~をねる/推敲計策

さ・く ⓪【咲く】[自五](花)開

さ・く ①【裂く】[他五] ❶撕開,割開,切開 ¶紙を~/撕紙 ❷分離,離間 ¶仲を~/拆散關係
——【割く】割讓,分出,騰出 ¶時間を~/騰出時間

さくいん ⓪【索引】[名]索引

さくがん ⓪【鑿岩】[名]鑿岩—機(き)③[名]鑿岩機

さくげん ⓪【削減】[名・自他サ]削減 ¶予算を~する/削減預算

さくご ②【錯誤】[名] ❶錯誤 ❷事實與觀念不一致

さくじつ ②【昨日】[名]昨天

さくしゃ ①⓪【作者】[名]作者,作家

さくしゅ ①【搾取】[名・他サ]剝削

さくじょ ①【削除】[名・他サ]削除,刪掉

さくず ⓪【作図】[名・他サ] ❶繪圖,製圖 ❷〈數〉作圖

さくせい ⓪【作成】[名・他サ]制定(計劃,議案) ¶報告書を~する/寫報告書
——【作製】製作,製造 ¶ブロンズ像を~する/製造青銅像

さくせん ⓪【作戰】[名] ❶比賽方案,戰術 ¶~をねる/擬定比賽方案 ❷(軍事)作戰,演習

サクソフォーン ③【saxophone】[名]〈音〉薩克斯管

さくねん ⓪【昨年】[名]去年

さくばん ②【昨晩】[名]昨晚
さくひん ◎【作品】[名]作品
さくぶん ◎【作文】[名]作文
さくもつ ②【作物】[名]農作物
さくや ①【昨夜】[名]昨夜,昨晚
さくら ◎【桜】[名]櫻樹,櫻花¶―狩(がり)③[名]觀賞櫻花
さくらんぼ ◎【桜ん坊】[名]櫻桃
さぐり ◎【探り】[名]探聽,刺探¶～をいれる/探口氣
さくりゃく ◎【策略】[名]策略,計策
さぐ・る ◎【探る】[他五]❶摸索,尋找 ❷刺探,探聽◇相手の腹を探る/摸對方的底 ❸探訪¶秘境を～/探索未知之地
ざくろ ①【石榴・柘榴】[名]石榴
さけ ◎【酒】[名]酒,日本酒¶強い～/烈性酒¶～によう/喝醉¶～がまわる/酒勁上來
さけ ①【鮭】[名]鮭,大馬哈魚
さげす・む ③【蔑む】[他五]蔑視,輕視¶～ような目つき/蔑視的目光
さけびごえ ④【叫び声】[名]喊叫聲,呼聲
さけ・ぶ ②【叫ぶ】[自五]❶叫,喊 ❷呼籲¶再軍備反対を～/呼籲反對重整軍備
さ・ける ②【裂ける】[自下一]裂,裂開¶大地が～/地裂
さ・ける ②【避ける】[他下一]❶避,躲避¶人目を～/避人眼目 ❷避開,錯開¶ラッシュ時(じ)を～/避開上下班高峰時間 ❸避免,迴避
さ・げる ②【下げる】[他下一]❶降下,降低¶程度を～/降低程度¶ねだんを～/降價 ❷掛,吊,提¶かばんを～/提書包¶いぬの首にすずを～/在狗脖子上掛個鈴鐺 ❸往後移¶机の位置を少し～/把桌子稍向後移一移 ❹撤走,拿開¶皿を～/撤下盤子◇頭(あたま)を下げる/佩服
ざこ ①◎【雑魚】[名]❶小雜魚 ❷小嘍囉
さこうべん ①-◎【左顧右眄】[名・自サ]瞻前顧後,猶豫不決
さこく ◎【鎖国】[名・自サ]鎖國,閉關自守
ささい ①【些細】[名・形動]細小,微不足道,瑣碎
ささえ ③②【支(え)】[名]支撐,支撐物¶心の～/精神支柱
ささ・える ③◎【支える】[他下一]❶支,支撐¶つえで体を～/用拐杖支着身體 ❷維持(生活)¶家計を～/維持生計 ❸阻擋,阻止¶攻撃を～/阻擋進攻
ささ・げる ◎【捧げる】[他下一]❶捧,高舉¶トロフィーを～/高舉獎杯 ❷奉獻,貢獻¶愛を～/奉獻出愛¶一生を～/獻出一生
さざなみ ◎【さざ波・小波・漣】[名]漪,細波,微波
さざめ・く ③[自五]喧嘩,大聲説笑
ささめゆき ③【ささめ雪・細雪】[名]細雪,小雪
ささやか ②[形動]小規模,簡單¶～なパーティーを開きますので、おこし下さい/我們將舉辦一個簡單的宴會,請光臨¶～な暮らし/簡樸的生活
ささや・く ③【囁く】[自他五]耳語,私語,小聲説話
ささ・る ②【刺さる】[自五]扎(刺)¶とげが～/扎刺
さざんか ②【山茶花】[名]山茶花
さし ◎【差し】[名]面對面,相對¶～で飲む/對飲
—— [接頭]接動詞之上,表示加強該動詞語氣,自謙等意¶～かかる/到達,臨近
-さし [し] [接尾]上接動詞連用形,表示動作未完¶読み～/沒讀完,讀了一半

さじ ②【匙】[名]匙子◇匙を投(な)げる/斷念,放棄
さしあ・げる ⓪【差(し)上げる】[他下一] ❶高舉,舉起 ❷〈敬〉(「上げる」的鄭重説法)給,贈給¶これをあなたに～げましょう/這個送給你吧
――[補動](「あげる」的鄭重説法,表示我爲你做…)かたをたたいて～げましょう/我給您捶捶背吧
さしあたり ⓪【差(し)当(た)り】[副]當前,目前
さしい・る ⓪【差(し)入る】[自五](光線)射入,射進來
さしいれ ⓪【差し入れ】[名] ❶(給被拘留的人)送的東西 ❷插入,投入,送進(名詞形)
さしえ ②【挿絵】[名]挿圖,挿畫
さしお・く ⓪【差(し)置く】[他五]擱置,抛開¶兄をさ～いて弟が家をつぐ/抛開哥哥,弟弟繼承家業¶なにを～いても,この仕事をかたづけなければならない/別的可以先不管,但這項工作一定要完成
さしおさえ ⓪【差押(さ)え】[名・他サ]扣押,查封,凍結
さしおさ・える ⓪【差(し)押(さ)える】[他下一]查封,凍結
さしかか・る ⓪【差(し)掛かる】[自五] ❶來到,到達¶峠(とうげ)に～/到達山頂 ❷(時期,狀態)到來,迫近,臨近
さじかげん ③【さじ加減】[名・自サ] ❶下藥的分量 ❷處理的分寸
さしき ③【挿(し)木】[名](樹木等)挿條,接枝
ざしき ③【座敷】[名] ❶(日本住宅的)客廳¶～に上がる/進入客廳 ❷藝妓等到宴會上)表演,陪客◇お座敷がかかる/(藝妓)被叫去陪客

さしこみ ⓪【差(し)込み】[名] ❶插銷,插頭 ❷(胃痙攣等)劇痛
さしこ・む ⓪【差(し)込む】[自五] ❶(陽光)射進,照進 ❷(腸,胃針刺般地)疼痛
――[他五]插入,挿進¶プラグをコンセントに～/把插頭插入插座裡
さしさわり ⓪【差(し)障り】[名]妨礙,影響¶健康に～のある添加物/對健康有影響的添加劑
さしず ①【指図】[名・自サ]指令,指示¶～をうける/接受指令
さしずめ ⓪[副] ❶説來説去,歸根究底¶～君が一番適任だよ/考慮再三,還是你最合適 ❷當前,暫時¶金については,～心配はないだろう/錢,暫時還不缺
さしせま・る ⓪【差し迫る】[自五]迫近,逼近¶～った用事/緊急的事情
さしだしにん ⓪④【差出(し)人】[名]寄信(件)人
さしだ・す ⓪【差し出す】[他五] ❶伸出¶手を～/伸出手 ❷提交,遞交¶書類を～/提交文件
さしつかえ ⓪【差し支え】[名]妨礙,障礙,影響
さしつか・える ⓪【差し支える】[自下一]妨礙,影響¶仕事に～/妨礙工作
さして ①[副](下接否定語)不必那麼…¶～あわてることもない/不必那麼着急
さしでがまし・い ⑥⓪【差(し)出がましい】[形]出風頭,愛管閒事¶～ことを言うな/別多嘴多舌
さしと・める ⓪【差(し)止める】[他下一]禁止,制止¶出入りを～/禁止通行
さしひか・える ⓪⑤【差(し)控える】[他下一]節制,控制¶外出を～/節制外出¶発言を～/暫不發言

さしひき ⓪②【差(し)引き】[名] ❶扣除¶〜五百円の損/減去應扣除的部份,虧損500日元 ❷(海潮的)漲落

さしひ・く ⓪【差(し)引く】[他五]扣除,減去¶給料から〜/從工資中扣除

さしみ ③【刺し身】[名]生魚片

さしむかい ⓪【差(し)向かい】[名](二人)相對,面對面(而坐)¶〜にすわる/相對而坐

さしむき ⓪【差(し)向き】[副]目前,當前

さしもど・す ⓪【差(し)戻す】[他五] ❶退回(原處) ❷〈法〉駁回重審

さしょう ⓪【此少】[名・形動]一點點,少許¶〜の品ですが、お受けとりください/東西雖少,還請收下

さしょう ⓪【查証】[名]簽證

ざしょう ⓪【座礁】[名・自サ](船)觸礁

さじん ⓪【砂塵】[名]沙塵,塵埃

さ・す ①【刺す】[他五] ❶螫,叮,刺扎¶刀で〜/用刀刺殺 ¶はちに〜される/被蜂螫了 ❷(棒球)使…出局 ❸縫紉,手針縫

さ・す ①【指す】[他五] ❶指示,指向¶時計の針が十時を〜/時針指向十點 ¶あの話は暗にきみを〜して言ったものだ/那話是暗指你說的呀 ❷朝着,向着¶都を〜して出発した/朝着首都出發了 ❸下(將棋)¶将棋(しょうぎ)を〜/下將棋

さ・す ①【差す】[自五] ❶呈現出,透出,泛出¶赤みが〜/(臉上)泛紅 ¶いやけが〜/感到厭煩 ❷(潮水)湧來¶潮が〜/潮水上漲

──【差す・射す】[自五]照射¶西日(にしび)が〜/夕陽照射

──【差す】[他五] ❶抹,塗¶紅(べに)を〜/抹口紅 ❷佩帶¶刀を〜/佩帶刀 ❸擎,舉¶傘を〜/撐傘

──【差す・注す】[他五](液體)注入,點,摻入 ¶酒に水を〜/往酒裡摻水 ¶目薬(めぐすり)を〜/點眼藥 ◇水(みず)を注す/挑撥關係,離間

──【差す・挿す】[他五]插¶かんざしを〜/插上門栓 ¶かんざしを〜/別髮簪

-さ・す【止す】[接尾]上接動詞連用形構成五段活用動詞,表示動作中途停止¶言い〜/話没有說完,說了一半

さすが ⓪【流石】[副・形動] ❶不愧,到底,畢竟¶〜チャンピオンだけあって、強かった/畢竟是冠軍,真強 ❷就連…也…¶いくらずうずうしいៃおでも、〜にそれだけは言いだせなかった/就連我這麼厚臉皮的人,也無法說出那種話

さずか・る ③【授かる】[自五]領受,獲得¶子を〜/懷孕

さず・ける ③【授ける】[他下一]授與,授給¶賞を〜/授獎

サスペンス ③【suspense】[名](文學、電影中的)宕筆法,懸念情節¶〜映画/驚險電影

さす・る ⓪【他五]摩擦,揉¶こしを〜/揉腰

させき ⓪【座席】[名]座位,座席

ざせつ ⓪【挫折】[名・自サ]挫折

さ・せる [助動](上接一段動詞,カ變動詞的未然形,構成下一段動詞) ❶使,令,叫,讓¶ボールをできるだけ遠くへ投げ〜/(叫他)盡量把球扔投遠些 ❷准許,許可¶留学したいと言うので、試験を受け〜せた/因爲他要留學,所以准許他參加了考試 ❸叫人,令人¶仕事のあとの一杯のコーヒーは、つかれを忘

れ〜せてくれる/工作後喝一杯咖啡,使人忘記疲勞
- **さ・せる** ⓪【他下一】❶讓…做,使…做¶毎日練習を〜/讓他毎日練習 ❷許可…做¶やりたいように〜/讓他做他想做的
- **さぞ** ①【副】(與推量句相呼應表示)必想,一定¶ヒマラヤの山やまのながめは〜雄大なことでしょう/喜瑪拉雅群山的景致一定很宏偉壯觀吧
- **さそ・う** ⓪【誘う】【他五】❶勸誘,邀請¶スキーに〜/邀(別人一同)滑雪¶人を〜/邀請別人 ❷誘發,引起¶同情を〜/令人同情¶涙を〜/令人流淚
- **さそり** ⓪①【蠍】【名】蠍子
- **さた** ②①【沙汰】【名・自サ】❶命令,指令,判決,評定是非 ❷音信,消息 ❸(衆人議論的)話題,事件,行爲¶世間の取りざた/議論紛紛◇沙汰の限(かぎ)り/荒謬絶倫
- **さだま・る** ③【定まる】【自五】❶定,確信¶運命が〜/命運已定 ❷安定,平靜,穩定¶天下が〜/天下太平¶天候が〜/氣候穩定
- **さだめ** ③【定(め)】【名】❶規定,規則 ❷命運 ❸固定,一定◇定めなき世(よ)/變幻無常的人世
- **さだめし** ②【副】(與推量句相呼應)一定,想必¶〜痛かったろうに,声ひとつたてなかった/想必一定很痛,可一聲都没吭
- **さだ・める** ③【定める】【他下一】❶制定,決定¶法律を〜/制定法律 ❷平定,鎮定¶世を〜/平定天下
- **ざだんかい** ②【座談会】【名】座談會
- **さち** ①【幸】【名】❶山貨,海產品¶海の〜/海產品 ❷幸福,幸運
- **さつ** ⓪【札】【名】紙幣,鈔票
- **-さつ**【冊】【接尾】(助數詞用法,表數書籍的單位)本
- **ざつ** ⓪【雑】【形動】粗糙,草率
- **さつえい** ⓪【撮影】【名・他サ】攝影
- **ざつおん** ⓪【雑音】【名】雜音,噪音
- **さっか** ①⓪【作家】【名】作家
- **ざっか** ⓪【雑貨】【名】雜貨
- **サッカー** ①【seersucker】【名】泡泡紗
- **サッカー** ①【soccer】【名】足球
- **さつがい** ⓪②【殺害】【名・他サ】殺害,殺死
- **さっかく** ⓪【錯覚】【名・自サ】錯覺¶〜をおこす/産生錯覺
- **サッカリン** ⓪【saccharin】【名】糖精
- **さつき** ⓪【五月・皐月】【名】❶(陰曆)五月 ❷(「さつきつつじ」的簡稱)杜鵑花
- **さっき** ①【副】剛才,方才¶彼なら〜帰りましたよ/他剛剛回去
- **さつきばれ** ⓪【五月晴(れ)】【名】❶五月的晴天 ❷梅雨期的晴天
- **さっきゅう** ⓪【早急】【形動】緊急,火速
- **ざっきょ** ⓪①【雑居】【名・自サ】雜居,幾户人家(公司等)擠在一處
- **さっきょく** ⓪【作曲】【名・自他サ】作曲,譜曲
- **さっきん** ⓪【殺菌】【名・他サ】殺菌,滅菌
- **サック** ①【sack】【名】套,袋
- **ざっくばらん** ①【形動】(俗)坦率,直言不諱¶〜にものを言う/坦率地講
- **さっこん** ①【昨今】【名】最近,近來
- **さっさと** ①③【副】迅速,趕快¶〜帰る/迅速回去
- **ざっし** ⓪【雑誌】【名】雜誌
- **さつじん** ⓪【殺人】【名】殺人
- **さつじつてき** ⓪【殺人的】【形動】要命,凶猛,厲害,極度
- **さっ・する** ⓪③【察する】【他サ】推測,推察,體諒¶心中(しんちゅう)

ざつぜん ◎【雑然】[形動]雑然,雜亂

さっそう ◎【颯爽】[副・連体]颯爽¶～たる姿/颯爽英姿

さっそう ◎【雑草】[名]雜草

さっそく ◎【早速】[副]立刻,馬上

ざった ◎【雑多】[形動]繁多,繁雜¶～な用事/繁雜的事情

ざつだん ◎【雑談】[名・自サ]閑談,聊天

さっと ◎【副】❶粗略地¶～読んだが、いい本だよ/粗讀了一遍,是本好書 ❷大約,大致

さっとう ◎【殺到】[名・自サ]湧來,蜂擁而至¶注文が～する/訂單紛紛而至

ざっとう ◎【雑踏・雑沓】[名・自サ]擁擠¶～をきわめる/擁擠不堪

ざつねん ◎②【雑念】[名]雜念,胡思亂想¶～をはらう/消除雜念

さっぱり ③[副]❶乾淨,俐落,爽快¶床屋(とこや)へ行って～した/去理髮店理完頭,覺得很爽快¶きれいに～かたづけた/收拾得乾淨俐落 ❷(食物,菜肴)清淡,素¶～した味/清淡可口的味道 ❸(性格)痛快,爽朗¶～した性格/爽快的性格 ❹(與否定句相呼應)全然,一點也…¶この問題はいくら考えても～分からない/對這個問題一再考慮,還是一點都不明白¶不景気で、売り上げは～だ/由於不景氣,銷售額不佳

ざっぴ ◎【雑費】[名]雜費

さっぷうけい ③【殺風景】[名・形動]❶缺乏生氣,不風雅 ❷令人掃興,使人生厭

ざつぶん ◎【雑文】[名]雜文

さつまいも ◎【薩摩芋】[名]甘薯,地瓜,白薯

ざつよう ◎【雑用】[名]雜事,瑣事

さて ①[接]用於轉換話題時¶～、次の問題にうつろう/那麼,開始談下一個問題
——[感]❶(表示猶豫的心情)到底,如何¶～、どうしよう/到底怎麼辦好呢 ❷(常用「さておき」的形式表示)姑且不提,暫且不管¶冗談(じょうだん)は～おき/先別開玩笑了(談正題吧)¶なには～おき/(其它暫且不管)首先

さては ①[接]而且,還有¶テニス、ゴルフ、～車にいたるまで熱中している男/對網球,高爾夫球,還有車都深感興趣的男人
——[感](恍悟大悟)原來是¶～、あいつが犯人だったか/原來那傢伙是罪犯啊

サテライト ③【satellite】[名]衛星¶-スタジオ[⑦][名]衛星轉播站

さと ◎【里】[名]❶村落,村莊 ❷故鄉,老家 ❸(婦女的)娘家¶～へ帰る/回娘家 ◇お里が知(し)れる/淺了老底,(被人)了解底細

さといも ◎【里芋】[名]芋頭

さとう ②【砂糖】[名]砂糖

さどう ①◎【茶道】[名](日本文化之一)茶道

さとうきび ④【砂糖黍】[名]甘蔗

さとうだいこん ④【砂糖大根】[名]甜菜

さとがえり ③⑤【里帰り】[名](已婚婦女)回娘家

さと・す ◎②【諭す】[他五]教導,訓諭

さと・る ◎②【悟る】[他五]❶(佛教)悟道 ❷領悟,察覺¶死期を～/知道死期已近

さなえ ◎【早苗】[名]稻秧

さなか ①【最中】[名]最盛期,最高潮¶暑い～/盛夏

さなぎ ◎【蛹】[名]蛹

さは ①【左派】[名]左派

さば ①【鯖】[名]青花魚,鮐魚 ◇鯖を読(よ)む/打馬虎眼

さば・く ②【裁く】[他五]評判,裁

決¶けんかを～/勸架評理
　——【捌く】❶妥善處理¶仕事を～/妥善處理工作 ❷推銷,售光¶商品を～/把商品全部售出 ❸解開,理開,弄平¶鶏(とり)を～/把鶏肉從骨頭上剔下來
さばく ⓪【砂漠・沙漠】[名]沙漠
さば・ける ③【捌ける】[自下一]
❶(把雜亂的東西)清理好,整理好 ❷售先,售完 ❸用「さばけた」的形式表示)通情達理,開通¶～けた人/通情理的人
さび ②【寂】[名]❶古樸典雅 ❷(聲音)低沉有力
さび ②【錆・銹】[名](金屬表層的)鏽
さびし・い ③【寂しい・淋しい】[形]❶寂寞,淒涼,孤單¶～生活/孤單、寂寞的生活 ❷荒涼,僻靜¶～道/荒涼的小路 ❸感到不滿足,覺得缺點兒什麽◇口がさびしい/想吃點什麽◇ふところがさびしい/手頭兒緊
さびつ・く ⓪【錆つく】[自五](金屬)生鏽,長鏽,鏽住
ざひょう ⓪【座標】[名]〈數〉座標
さ・びる ②【錆びる】[自上一](金屬)生鏽,長鏽¶～びた自転車/生了鏽的自行車
さび・れる ③⓪【寂れる】[自下一]蕭條,冷落
サブ ①【sub】[名]副,候補,備用,輔助
ざぶとん ②【座布団】[名]坐墊
さべつ ①【差別】[名・他サ]差別,區別
さほう ①【作法】[名]禮儀,禮貌,禮法¶～にかなう/合禮儀
サボタージュ ③【(仏)sabotage】[名・自サ]怠工
サボテン ⓪【(ス)sapoten】[名]仙人掌
さほど ⓪[副](與否定句呼應表示)沒什麽…,不那麽…¶町は三年前と～かわっていなかった/這條街和三年前比沒什麽變化
サボ・る ②[自五]怠工,偸懶¶授業を～/逃學
さま ②【様】[名]❶樣子,形態 ❷體統,面子¶～にならない/不成體統
　——[接尾]❶上接人名,稱呼,表示敬意¶田中～/田中先生 ❷表示客氣¶ご苦労～/辛苦了
ざま ②【様】[名]樣子,狼狽相
さまざま ②⓪【様様】[名・形動]各種各樣,種種
さま・す ②【冷ます】[他五]❶弄涼,冷卻¶湯を～/將熱水弄涼 ❷降低,減少(感情、興趣)¶興奮を～/使(他)從興奮中鎮靜下來
さま・す ②【覚(ま)す】[他五]❶叫醒,喚醒¶目を～/睡醒 ❷酒醒
さまた・げる ④【妨げる】[他下一]妨礙,阻礙
さまよ・う ③【彷徨う】[自五]❶流浪,遊蕩 ❷徬徨,徘徊
さみし・い ③【寂しい・淋しい】[形]→さびしい
さみだれ ⓪【五月雨】[名]梅雨,黄梅雨
サミット ①【summit】[名](先進國家)首腦會談,高峯會議
さむ・い ②【寒い】[形]寒冷,冷
さむがり ④③【寒がり】[名]怕冷,怕冷的人
さむけ ③【寒気】[名]發冷的感覺¶～がする/渾身發冷,感覺冷
さむさ ①【寒さ】[名]寒冷,寒冷的程度¶～を防ぐ/禦寒 ¶～がきびしい/冷得厲害 ¶～をこらえる/耐寒
さむらい ⓪【侍】[名]武士
さめ ⓪【鮫】[名]鮫,鯊魚
さ・める ②【冷める】[自下一]❶(變)冷,(變)涼¶お茶が～/茶涼了 ❷(熱情、興趣)減退,降低¶

興(きょう)が～/興致大減

さ・める ②【覚める】[自下一] ❶醒,目が～/睡醒 ❷(酒)醒

さ・める ②【褪める】[自下一] 褪色,掉色

さも ①【然も】[副] ❶非常,很,實在 ❷那樣,好像,彷彿

さもなければ ①【然も無ければ】[接]不然的話

さや ①【鞘】[名] ❶(刀、剣)鞘 ❷(筆)帽

さゆう ①【左右】[名] ❶左右 ❷附近,身邊
——[他サ]支配,左右,摆佈¶運命を～する/左右命運

ざゆうのめい【座右の銘】座右銘

さよう ①【作用】[名・自サ]作用,起作用

さようなら ④ ⓪[感]→さよなら

さよく ①【左翼】[名] ❶(飛機等)左翼 ❷左翼,左派 ❸(棒球)左外野手

さよなら ③ ⓪[感]再見
——[名・自サ]分別,離開¶そろそろこの時間工作分手了和這項工作分手了～だ/就要
——[接頭]最後,最終¶～ゲーム/最後(決勝)局,最後一場比賽

さら ⓪【皿】[名] ❶盤子,碟子 ❷盤狀物

さらいねん ⓪【再来年】[名]後年

さら・う ⓪【浚う・渫う】❶疏通,疏浚 ❷攫取,奪走¶人気を～/奪走(他人的)人緣¶波に～われる/被浪沖走

さらさら ①[副・自サ] ❶颯颯,嘩嘩 ❷鬆散,沙沙稜稜 ❸爽快 ❹流利

ざらざら ①[副]粗糙,不光滑

さらし ⓪【晒(し)】[名] ❶(任風雨、日光)吹打,照射 ❷漂白¶～木綿(もめん)④[名]漂白布

さらしこ ⓪【さらし粉・晒し粉】[名]漂白粉

さら・す ⓪【晒す】[他五] ❶風吹,日曬 ❷漂白 ❸暴露,示衆¶はじを～/丟醜

サラダ ①【salad】[名](西餐)沙拉

さらに ①【更に】[副] ❶又,再次¶～、くわしく調べる/再次詳細調査 ❷越發,進一步 ❸(與否定句相呼應表示)絲毫(不),一點也(不)¶反省する気持ちなど～ない/没有絲毫反省之心

ざらめ ⓪【粗目】[名] ❶粗粒砂糖 ❷(雪溶化後又凍成顆粒的)雪粒

サラリーマン ③【salaried man】[名]工資生活者,公司職員

さらりと ②③[副] ❶滑溜,圓滑,細膩¶～した布/光滑的布料 ❷乾脆,痛快,果断¶～忘れる/不記恨在心

さりげな・い ④[形]若無其事,毫不在意

さる ①【猿】[名]猴子◇猿も木(き)から落(お)ちる/智者千慮,必有一失

さ・る ①⓪【去る】[自五] ❶離開,離去¶世を～/去世¶職を～/離職 ❷消失¶危険が～/危険消失¶悲しみが～/痛苦消失 ❸(時間)流逝¶夏が～った/夏天過去了 ❹(空間、時間)相隔,距離¶東京を～こと六十キロの地点/距東京60公里的地方
——[他五]除掉,去掉¶雑念を～/除掉雑念
——[接尾](上接動詞連用形)完了,光,盡¶消し～/抹掉,擦掉◇去る者(もの)は追～,来者不拒◇去る者(もの)は日々(ひび)に疎(うと)し/去者日日疎

さる ①【去る】[連体](下接日期)表示過去的日子¶～五月、長女が結婚しました/長女已於五月結婚了

ざる ②【笊】[名]竹簍

ざる[助動]〈文〉(「ざり」的連體形)不 ¶感謝せ〜を得ない/不得不感謝

さるまね ⓪【猿真似】[名]暗模仿,依樣畫葫蘆

さ・れる[他下一](「せられる」的約音形式) ❶表示被動¶採用〜/被錄用 ❷(「する」的敬語)做¶何を〜れますか/(您)在做什麼

サロン ①【(仏)salon】[名]沙龍

さわがし・い ④【騒がしい】[形] ❶吵鬧,喧嚷 ❷不定,騷動

さわが・せる ④【騒がせる】[他下一]騷擾,引起騷亂 ¶どうも、お〜せしました/對不起,打擾你們了

さわぎ ①【騒ぎ】[名] ❶吵鬧,騷動 ❷(用「…どころのさわぎではない」的形式表示)不是…時候,談不上…¶学校が火事になって、試験どころの〜ではない/學校失火,哪顧得上考試的事

さわ・ぐ ②【騒ぐ】[自五] ❶吵鬧,喧嚷 ❷(心情)不安,不穩¶胸が〜/心緒不寧

ざわざわ ①[副・自サ] ❶人聲嘈雜 ❷(東西磨擦發出的低微聲音)沙沙

さわやか ②【爽やか】[形動] ❶清爽,清新¶〜な朝/(空氣)清新的早晨 ❷鮮明,清楚,俐落

さわらび ②【早蕨】[名]嫩蕨菜

さわり ⓪【触(り)】[名] ❶手感,觸覺 ❷(故事等)最精彩的一段

さわり ⓪【障り】[名]妨礙,障礙

さわ・る ⓪【触る】[自五] ❶觸,摸,碰 ❷破壞(情緒,精神)¶気に〜/得罪¶触らぬ神(かみ)に祟(たた)りなし/多一事不如少一事

さわ・る ⓪【障る】[自五]妨礙,障礙,有害¶体に〜/傷身體 ◇しゃくに障る/令人生氣

さん ⓪【三】[名]三,三個

さん ①【産】[名] ❶分娩 ❷產地 ❸財產¶〜をなす/起家,發財

-さん[接尾] ❶(上接人名,人稱表示)尊敬,親切¶お母(かあ)〜/母親¶鈴木〜/鈴木先生¶お二人(ふたり)〜/二位 ❷(接寒暄語、感謝語之後)表示感謝¶ご苦労〜/你辛苦了

ざん ①【残】[名]餘額

さんいん ⓪【参院】[名]→さんぎいん

サン・オイル ③【sun oil】[名]防曬油

さんか ⓪【産科】[名]產科

さんか ①⓪【参加】[名・自サ]參加,加入¶オリンピックに〜する/參加奧運會

さんか ⓪【酸化】[名・自サ]〈化〉氧化

さんかく ①【三角】[名]三角,三角形

さんがく ⓪①【山岳】[名]山嶽

ざんがく ⓪【残額】[名]餘額

さんかくかんすう ⑤【三角函数・三角関数】[名]〈數〉三角函數

さんかくけい ③【三角形】[名]〈數〉三角形

さんかくす ④③【三角州】[名]三角洲

さんがつ ①【三月】[名]三月

さんかっけい ③【三角形】[名]→さんかくけい

さんかん ⓪【参観】[名・他サ]參觀

さんぎいん ③【参議院】[名]參議院

さんきゃく ④⓪【三脚】[名] ❶(照相機等的)三角架 ❷三腳凳

ざんぎゃく ⓪【残虐】[名・形動]殘酷,殘暴,殘忍

さんきゅう ⓪【産休】[名]產假

さんぎょう ⓪【産業】[名]產業,生產事業¶第一次(だいいちじ)-⑥[名]第一產業(農林業,畜牧業,漁業)【-資本(しほん)⑤[名]產

業資本
さんぎょうかくめい⑤【産業革命】[名]産業革命
さんぎょうはいきぶつ⑤【産業廃棄物】[名]工業上的廢棄物
ざんぎょう◎【残業】[名・自サ]加班¶－手当(てあて)⑤[名]加班費
サングラス③【sunglasses】[名]太陽眼鏡,墨鏡
ざんげ③①【懺悔】[名・他サ]懺悔
さんけい◎【参詣】[名・自サ]參拜(廟,神社)
さんけん◎【散見】[名・自サ]在各處見到,散見
さんげんしょく③【三原色】[名]三原色(紅、黃、藍)
さんご①【珊瑚】[名]珊瑚¶－礁(しょう)③[名]珊瑚礁
さんこう◎【参考】[名・他サ]参考¶－書(しょ)◎③[名]參考書
ざんこく◎【残酷】[名・形動]殘酷,殘忍
さんさい◎【三彩】[名]三彩的陶瓷器¶唐(とう)－③[名]唐三彩
さんざい◎【散在】[名・自サ]散在,散佈
さんさく◎【散策】[名]散步
さんざし◎【山査子】[名]山楂
さんざん③◎【散散】[副・形動]❶厲害,嚴重,兇狠¶～迷惑をかける/添了很多麻煩¶～待たされた/讓我等了很久 ❷狼狽,凄慘,倒霉¶～な目にあう/吃苦頭,倒霉
さんさんくど⑤【三三九度】[名]結婚儀式的交杯酒(三杯酒,新郎新娘每杯各喝三口)
さんさんごご⑤【三三五五】[副](人)三三兩兩地,三五成群地
さんじ①【三次】[名]❶三次,第三次 ❷〈数〉立方

さんじ①【産児】[名]❶生小孩 ❷(初生的)嬰兒¶－制限(せいげん)④[名]計劃生育,節制生育
さんじ①【惨事】[名]惨事,惨案
さんしすいめい①-◎【山紫水明】[名]山青水秀
さんじゅう①【三十】[名]三十
さんしゅつ◎【産出】[名・他サ]生産,出産¶－量(りょう)④[名]生産量,産量
さんじゅつ◎【算術】[名]算術
さんしょ◎【山椒】[名]→さんしょう
ざんしょ①◎【残暑】[名]殘暑,秋老虎
さんしょう◎【山椒】[名]花椒,秦椒◇山椒は小粒(こつぶ)でもぴりりと辛(から)い/(比喻)雖然身體小,但卻有不可輕視的才幹
さんしょう◎【参照】[名・他サ]参照,對照
さんじょう◎【参上】[自サ]拜訪
さんすい①【山水】[名]山水
さんすう③【算数】[名]算術,初等數學
さん・する③【産する】[自他サ]❶出産,生産¶小麦を～/産小麥 ❷生孩子,分娩
さんせい◎【酸性】[名]〈化〉酸性
さんせい◎【賛成】[名・自サ]贊成,贊同,同意¶～をえる/得到同意
さんせいう③【酸性雨】[名]酸性雨
さんせいけん③【参政権】[名]参政權
さんそ①【酸素】[名]〈化〉氧,氧氣
ざんそん◎【残存】[名・自サ]殘存,殘留,殘餘
ざんだか◎③【残高】[名]餘額,餘數,餘款
サンタクロース⑤【Santa Claus】[名]聖誕老人
サンダル◎①【(仏)sandale】[名]

涼鞋

さんたん ⓪③【惨憺】［連体］❶凄惨,悲惨¶火事現場の〜たるありさま/火災現場的凄惨景象 ❷費盡心血¶苦心〜のすえ,やっとしあげた/費盡苦心,終於完成了

さんだんとび ⓪【三段跳(び)】［名］三級跳遠

さんち ①【山地】［名］山地

さんち ①【産地】［名］産地¶お茶の〜/茶葉産地

さんちょう ③⓪【山頂】［名］山頂,山巓

さんど ①【三度】［名］三次,三回¶〜の食事/(一日)三餐

サンドイッチ ④【sandwich】［名］三明治

さんにん ③【三人】［名］三人◇三人寄(よ)れば文殊(もんじゅ)の知恵(ちえ)/三個臭皮匠勝過一個諸葛亮

さんにんしょう ③【三人称】［名］第三人稱

ざんねん ③【残念】［名・形動］悔恨,遺憾,可惜¶〜に思う/感到遺憾¶—無念(むねん) ③-⓪［名］萬分悔恨

さんぱい ⓪【参拝】［名・自サ］参拜(廟,神社)

さんばし ⓪【桟橋】［名］棧橋,浮碼頭

さんぱつ ⓪【散髪】［名・自他サ］理髮,剪髮

さんび ①【賛美・讃美】［名・他サ］讚揚,讚美

さんぴ ①【賛否】［名］贊成與否,贊成和反對

さんぴん ⓪【産品】［名］産品

ざんぴん ①⓪【残品】［名］賣剩下的貨物

さんぶ ①【三部】［名］三部,三部份【–曲(きょく)】③［名］三部曲【–作(さく)】③［名］(文学)三部曲

さんぷ ⓪①【産婦】［名］産婦

さんぷく ⓪【山腹】［名］山腹,山腰

さんふじんか ⓪【産婦人科】［名］婦産科

さんぶつ ⓪【産物】［名］❶産物,物産 ❷成果,結果¶時代の〜/時代的産物

サンプリング ①【sampling】［名・他サ］採様,取様,抽様

サンプル ①【sample】［名］❶様品,貨様 ❷標本

さんぶん ⓪【散文】［名］散文【–詩(し)】③【–詩］散文詩

さんぽ ⓪【散歩】［名・自サ］散歩

さんま ⓪【秋刀魚】［名］秋刀魚

さんまい ⓪【三昧】［名］(佛教)三昧

——［接尾］專心致志,聚精會神¶読書ざんまい/聚精會神地讀書

さんまいめ ⑤【三枚目】［名］丑角,喜劇演員;滑稽的人

さんみゃく ⓪【山脈】［名］山脈

さんめんきじ ⑤【三面記事】［名］報紙的第三版消息,社會新聞

さんよ ①【参与】［名・自サ］❶參與 ❷(職務)参議

さんらん ⓪【産卵】［名・自サ］産卵

さんりゅう ⓪【三流】［名］三流,三級

ざんりゅう ⓪【残留】［名・自サ］残留,剩餘

さんりょう ⓪【山稜】［名］山脊,山嶺

さんりん ⓪【山林】［名］山林

さんるい ①⓪【三塁】［名］(棒球)三壘

さんれつ ⓪【参列】［名・自サ］參加,列席¶葬儀(そうぎ)に〜する/参加葬禮

さんろく ⓪【山麓】［名］山麓,山脚

し　シ

し 五十音圖「さ」行第二音。羅馬字寫作「si」或「shi」,發音爲國際音標[ʃi]。平假名「し」來自「之」字的草體,片假名「シ」來自「之」字草體的轉變。濁音「じ」,羅馬字寫作「zi」或「ji」,發音爲國際音標[ʒi]或[dʒi]。

し ①【氏】[代] ❶上接姓、姓名,表示尊敬¶吉田～/吉田氏 ❷他¶～の意見では/根據他的意見

し ①【四】[名]四

し ①【市】[名] ❶(日本行政區劃之一)市 ❷市政府

し ①【死】[名]死

し ⓪【詩】[名]詩¶～をつくる/寫詩

し [接助] ❶(列舉相同的事物)又…又…¶景色もいい～、食べものもうまい/景色迷人,飯菜又香 ❷(舉出一個或幾個理由,來暗示其它相同原因)因爲…所以¶疲れた～、きょうは帰るよ/太疲倦了,所以今天就回去了

じ ⓪【地】[名] ❶地面,土地 ❷(紡織品等的)地,底色¶黑の～に花がらのプリント/黑底帶花的圖案 ❸(人的)本質,本性¶～が出る/露出本質

じ ①【字】[名] ❶字,文字 ❷字跡,字體¶～がうまい/字寫得好

じ ⓪【痔】[名]痔瘡

-じ【時】[接尾] ❶(時間的單位)時,點,點鐘 ❷時刻¶起床(きしょう)～/起床時間

しあい ⓪【試合】[名]比賽

じあい ⓪【自愛】[名・自サ](書信用語)保重身體¶どうか、ご～ください/請多保重

しあが・る ③【仕上がる】[自五] ❶完成,做完¶作品が～/作品完成了 ❷齊備,完備,具備

しあげ ⓪【仕上げ】[名](工作的)最後完成階段,收尾

しあ・げる ③【仕上げる】[他下一]做完,完成¶宿題を～/完成作業

しあさって ③【名】大後天

しあわせ ⓪【幸せ】[名・形動]幸福¶～な生活/幸福的生活

しあん ⓪【試案】[名]試行方案

しあん ①【思案】[名・自サ] ❶左思右想¶～に余る/想不出好辦法¶-投(なげ)首(くび) ①-② [名・自サ]一籌莫展 ❷擔心¶-顔(がお) ④【名】憂慮的神色◇思案に暮(く)れる/想不出辦法,不知所措

ジーエヌピー ⑤【GNP】[名]國民生產總値

シーエム ③【CM】[名](電視、廣播中的)廣告

シーオー ③【CO】[名]〈化〉一氧化碳

しいか ①【詩歌】[名]詩歌

しいく ①⓪【飼育】[名・他サ]飼養

じいしき ②【自意識】[名]自我意識

シーズン ①【season】[名]季節,時期¶スキー～/滑雪季節

しいたけ ①【椎茸】[名]香蕈,香菇

しいた・げる ④⓪【虐げる】[他下一]虐待,摧殘

シーツ ①【sheet】[名]床單,褥單

しいて ①【強いて】[副]勉強¶～言えば/勉強可以説是…¶いや

なら～参加しなくともよい/你要是不願意参加,就不必勉強
シーディー ③【CD】[名]激光唱片,雷射唱片
シート ①【seat】[名]❶座席【ーベルト ④】[名]安全帶【(棒球)防守位置
シード ①【seed】[名・他サ]❶淘汰賽時對種子選手的編法 ❷種子選手
ジーパン ⓪【jeans pantsの略】[名]牛仔褲
ジープ ①【jeep】[名]吉普車
し・いる ②【強いる】[他上一]強制,迫使¶酒を～/強迫喝酒
しい・れる ③【仕入れる】[他下一]採購,買進(生産資料),進貨
しいん ⓪【子音】[名]子音,輔音
じいん ①【寺院】[名]寺院
しいんと ⓪【副】靜悄悄,靜靜地
じんん ⓪【(疼痛,鑽心) ❷(感動得心裡)熱乎乎¶胸に～来る/心裡熱乎乎的
しうんてん ②【試運転】[名・他サ]試車,試開
シェア ①【share】[名]〈經〉市場佔有率
じえい ⓪【自營】[名]自己經營,獨立經營
じえい ⓪【自衛】[名・自他サ]自衛
じえいたい ⓪【自衛隊】[名](日本)自衛隊
シェーク ①【shake】[名・他サ]❶搖混(鶏尾酒等) ❷奶昔
シェーバー ①【shaver】[名]電動刮鬍刀
しえき ①【使役】[名・他サ]❶指使,使役 ❷〈語法〉使役,使役態
ジェスチャー ①【gesture】[名]❶姿勢,手勢¶～をまじえて語る/一邊做手勢一邊講 ❷故作姿態 ◆也做「ゼスチャー『ジェスチュア」

ジェットき ③【ジェット機】[名]噴射(式)飛機
ジェットコースター ④【jet coaster】[名](遊樂園的)雲霄飛車,快速滑行車
ジェネレーション ③【generation】[名]代,一代¶ヤング～/年輕的一代
しえん ⓪【支援】[名・他サ]支援,援助
しお ②【塩】[名]❶鹽,食鹽 ❷鹹度¶～があまい/淡
しお ②【潮・汐】[名]❶海水¶～のかおり/海水的氣味 ❷潮,潮汐¶～がみちる/漲潮¶引(ひ)き一⓪[名]落潮 ❸(適宜的)時機,機會¶雨がやんだのを～に退席した/趁雨停的機會大家散去了
しおかぜ ②【潮風】[名]海風
しおから・い ④【塩辛い】[形]鹹
しおくり ⓪【仕送り】[名]寄生活費(學費)
しおけ ③【塩気】[名]鹽分,鹹度——【潮気】海上的濕氣
しおさい ⓪【潮騒】[名](漲潮時的)波濤聲
しおしお ①③【副】消沉,無精打采
しおづけ ④⓪【塩漬け】[名]❶醃(菜、魚、肉等) ❷醃製品
しおひがり ③【潮干狩り】[名](退潮時)趕海
ジオプトリー ②【(独)Dioptrie】[名]眼鏡鏡片的屈光度
しおみず ②【塩水】[名]鹽水——【潮水】潮水
しおやき ④③【塩焼き】[名・他サ]❶熱鹽 ❷加鹽烤(魚)
しおやけ ④⓪【塩焼け】[名]汗水使衣服變色——【潮焼け】皮膚(受海風吹、太陽曬)呈黑紅色
しおら・い ④[名]溫柔,老實,令人憐愛
しおり ⓪③【枝折り・栞】[名]❶

しお・れる ⓪【萎れる】[自下一] ❶(花、草)枯萎¶花が〜/花枯萎了 ❷氣餒,沮喪,消沉

しおん ⓪【子音】[名]→しいん

しか ②【鹿】[名]鹿 ◇鹿を追(お)う者(もの)は山(やま)を見(み)ず/追鹿者不見山(專心求利,不顧其它)

しか ②【歯科】[名]牙科

しか[副助](與否定語相呼應)只,僅¶5時間〜寝ていない/只睡了五個小時

じか ①【自家】[名] ❶自己的家【−用(よう)】 ❷家用 ❸自己,自身【−撞着(どうちゃく)③】[名]自相矛盾◇自家薬籠中(やくろうちゅう)の物(もの)/運用自如、熟練掌握

じか ①【時価】[名]時價

じが ①【自我】[名]自我¶〜にめざめる/意識到自我¶〜をつらぬく/堅持自我

じが ①【自画】[名]自畫(的畫)【−像(ぞう)②】[名]自畫像

シガー ①【cigar】[名]雪茄

しかい ⓪【司会】[名・自他サ]主持會議【−者(しゃ)②】[名]司儀

しかい ②⓪【視界】[名]視野,眼界¶〜に入る/進入眼簾,看見

しがい ①【市街】[名]街市

しがい ⓪【死骸】[名]死屍,屍體

しがい ①【市外】[名]市郊,郊區

じかい ⓪①【磁界】[名]磁場

じかい ①【次回】[名]下次,下回

しがいせん ⓪②【紫外線】[名]紫外線

しかえし ⓪【仕返し】[名]報復,報仇

しか・る ③【仕掛かる】[他五] ❶着手進行,開始做 ❷(工作)做到中途

しかく ③【四角】[名・形動]四角形,方形¶〜な紙/方形紙【−四面(しめん)④】[名・形動] ❶四四方方 ❷嚴肅,正經【−張(ば)る④】[自五] ❶有棱有角 ❷嚴肅,鄭重其事,拘謹

しかく ⓪【視覚】[名]視覺

しかく ⓪【資格】[名] ❶身份,立場 ❷資格,條件¶〜をうしなう/失去資格

しがく ①【私学】[名]私立學校

じかく ⓪【自覚】[名・他サ] ❶自覺,覺悟¶〜をもつ/有覺悟 ❷(自己的)感覺

しかく・い ③【四角い】[形]四方形¶〜顔/方臉

しかくば・る ④【四角張る】[自五] ❶拘謹;板起面孔 ❷成四角形

しかけ ⓪【仕掛(け)】[名] ❶構造,裝置¶たねも〜もない/沒有做任何手腳 ❷釣魚用具的總稱(魚鉤、魚漂等)

しか・ける ③【仕掛ける】[他下一] ❶(主動地)做,挑釁¶けんかを〜/找碴兒打架 ❷安設裝置,準備¶わなを〜/設圈套

しかし【然し・併し】[接]然而,但是¶からだは弱い。〜、気は強い/身體弱,但是,很好強

じがじさん ①-⓪【自画自賛】[名・自サ]自我吹噓,自誇

しかしながら ④【然し乍ら】[接]「しかし」的強調形式→しかし

しかた ⓪【仕方】[名]方法,做法¶あいさつの〜/寒暄的方法

しかたがない ④【仕方がない】[連語] ❶無用,不得已¶なんと言われても〜/説什麼也沒用了 ❷(用「…て(で)仕方がない」的形式)表示難以忍受的某種心情¶かわいそうで〜/可憐得要命,真叫人可憐 ❸遊んでばかりいて、〜やつだ/光顧玩,真是個叫人沒辦法的傢伙

しがつ ③【四月】[名]四月,四月份
じかに ①【直に】[副]直接地,當面¶~着る/貼身穿 ¶~手渡す/面交
しがみつ・く ②【自五】抱住(摟住)不放,緊緊抓住¶お母さんに~/緊緊抱住母親不放
しかめっつら ⓪【顰め面】[名]愁眉苦臉
しか・める ⓪【顰める】[他下一]皺眉¶顔を~/皺着眉頭
しかも ②【接】❶而,卻¶不治の病(やまい)と知りながら,~笑顔を絶やさなかった/雖然知道身患不治之症,卻仍笑口常開 ❷而且,並且¶寒さがきびしく,~雪が深い/冷得厲害,而且雪很深
じかようしゃ ③【自家用車】[名]自用汽車,私人汽車
しか・る ⓪【叱る】[他五]斥責,訓斥¶子供を~/訓斥孩子
しかるべき ④【然るべき】❶(用「…てしかるべきだ」的形式表示)應當,應該¶むこうからあやまって~だ/對方應當賠禮才對 ❷適當,適宜¶~とき が来たら話す/在適當的時候告訴你
しがん ①【志願】[名・他サ]志願,申請

じかん ⓪【時間】[名]❶時間¶~が流れる/時間流逝¶~がない/没空¶~がかかる/費時間 ❷小時,時刻,鐘點¶電車の~におくれる/誤了電車¶二~/二小時【-割(わり)⓪】[名]課程表,作息時間表
じかんひょう ⓪【時間表】[名]❶(車,船等的)時刻表 ❷作息時間表
しき ②【式】[名]❶儀式¶~をあげる/舉行儀式¶卒業(そつぎょう)-③】[名]畢業典禮 ❷數¶算式,公式¶~をたてる/列公式
── [接尾]樣式,形式¶日本~/日本式
しき ②【四季】[名]四季¶~のうつりかわり/四季轉換¶~なりのいちご/四季結果的草莓
しき【指揮】[名]指揮[-者(しゃ)]②[名]指揮者[-棒(ぼう)②⓪][名]指揮棒
じき ⓪【直】[副]馬上,立刻¶もう~新学期だ/新學期馬上就要開始了¶~に終わる/馬上就好
── [接頭]直接¶~弟子/親傳弟子¶~取り引き/直接交易
じき ①【時期】[名]時期¶~尚早(しょうそう)/為時尚早
じき ①【時機】[名]時機¶~をうかがう/伺機
じき ①【磁気】[名]〈物〉磁力,磁性
じき ①【磁器】[名]瓷器
しきい ⓪【敷居】[名]門坎,門檻◇敷居が高(たか)い/不好意思登門
しきいし ⓪【敷石】[名]鋪在路上的小石塊
しきぎょう ②【私企業】[名]私營企業
しききん ②【敷金】[名](租房時交的)押金
しきけん ⓪【識見】[名](辨別是非的)能力,見識¶高い~/很高的見識
しきさい ⓪【色彩】[名]❶色彩¶~にとむ/色彩豐富 ❷感覺(かんかく) ⑤](名)色彩感覺 ❸傾向¶~をおびる/具有(某種)傾向
じきじき ⓪【直直】[副]直接
しきしゃ ②【識者】[名]有識之士
しきじょう ⓪【式場】[名](舉行婚禮等儀式的)會場
しきそ ②【色素】[名]色素
しきたり ⓪【仕来たり】[名]慣例,常規¶~にしたがう/按照慣例
しきち ⓪【敷地】[名]建築用地
しきちょう ⓪【色調】[名]色調
しきてん ⓪【式典】[名]典禮,儀式
じきに ⓪【直に】[副]馬上,就要

¶～正月だ/馬上就到正月了

しきふ ⓪【敷布】[名]床單,褥單

しきぶとん ③【敷(き)布団】[名]褥子,墊被

しきべつ ⓪【識別】[名・他サ]識別,辨別

しきもう ⓪【色盲】[名]色盲

しきもの ⓪【敷物】[名]鋪墊的東西(鋪席、坐墊等)

しきゅう ⓪【子宮】[名]子宮

しきゅう ⓪【支給】[名・他サ]支付,發放

しきゅう ⓪【至急】[名・副]火急,緊急¶～の用/急事

じきゅう ⓪【自給】[名・他サ]自給¶-自足(じそく)⓪[名・他サ]自給自足

じきゅう ⓪【時給】[名]計時工資,按時計酬

しきょ ②【死去】[名・自サ]死去,去世

じきょう ⓪【自供】[名・自他サ]自述,自供¶犯行を～する/供述罪行

じぎょう ①【事業】[名]❶事業 ❷企業,實業¶-家(か)⓪[名]實業家

しきり ⓪【仕切り】[名・他サ]❶間隔,隔扇¶～をもうける/設置隔扇 ❷階段,段落¶～をつける/告一段落 ❸結賬,清算,清账 ❹(相撲比賽前)擺姿勢,擺架勢

しきりに ⓪【頻りに】[副]再三,屢次,一個勁地¶～電話がなる/電話一個勁兒地響

しき・る ②【仕切る】[他五]❶隔開¶へやを～/把房間隔開 ❷結賬,清算 ❸(相撲比賽前的)擺姿勢

しきん ②【資金】[名]資金¶～を調達する/籌集資金¶-繰(ぐり)⓪[名]籌措資金

しきんせき ②【試金石】[名]❶試金石 ❷(判斷事物價值的)標準

し・く ⓪【敷く】[他五]❶鋪¶ふとんを～/鋪被子¶石を～/鋪石子 ❷發佈,頒佈¶戒嚴令を～/頒佈戒嚴令 ❸部署¶陣を～/部署陣地 ❹鋪設¶鉄道を～/鋪設鐵道

じく ②⓪【軸】[名]❶軸 ❷(事物的)中心,軸心 ❸(書畫)掛軸 ❹(火柴等)桿,莖¶ペン-④⓪[名]筆桿

しぐさ ⓪【仕種】[名]❶動作,姿勢 ❷(演員的)演技,表演動作

ジグザグ ①⓪【zigzag】[名・形動]彎彎曲曲,鋸齒形

しくしく ①[副]❶抽泣,抽抽搭搭地(哭) ❷絲絲拉拉地(痛)¶～と痛む/絲絲拉拉地痛

しくじ・る ③[他五]失敗,搞糟¶大事な試験を～って、がっかりした/重要的考試考壞了,令人失望

シグナル ①⓪【signal】[名](鐵路)信號機

しくはっく ③【四苦八苦】[名・自サ]千辛萬苦,傷透腦筋

しくみ ⓪【仕組(み)】[名]構造,結構¶世のなかの～/社會結構¶機械の～/機器的構造

しく・む ②【仕組む】[他五]❶構造,裝配 ❷策劃¶狂言強盗(きょうげんごうとう)を～/策劃遭到搶劫的騙局

しぐれ ⓪【時雨】[名](秋冬之交的)陣雨

しけ ②【時化】[名](海上的)暴風雨,海浪洶湧¶～がおさまる/暴風雨平息了

しけい ②⓪【死刑】[名]死刑¶～に処する/處以死刑

しけい ⓪【紙型】[名](印刷用)紙型

しげ・い ②【繁い】[形]連續不斷,頻繁¶足～く出入りする/頻繁來往

しげき ①【史劇】[名]歴史劇
しげき ⓪【刺激・刺戟】[名・他サ]刺激¶〜がつよい/刺激很大
しげしげ ①[副] ❶頻頻,頻繁¶〜かよう/常去 ❷仔細¶〜と見つめる/仔細地觀察
しけつ ⓪【止血】[名・他サ]止血【-剤(ざい)③】[名]止血藥
し・ける ②【時化る】[自下一] ❶(海上)起暴風雨,海浪洶湧¶海が〜/海上浪濤洶湧 ❷(用「しけた」,「しけている」的形式表示)生意不景氣,手頭拮据,心情鬱悶等
しげ・る ②【茂る・繁る】[自五](草,木)繁茂,茂密¶草が〜/草長得繁茂【おい- ④】[自五](草,木)叢生,茂盛
しけん ②【試験】[名・他サ] ❶檢驗,實驗¶品質を〜する/檢驗品質 ❷考試¶〜をうける/参加考試¶〜に合格する/考試合格【期末(きまつ)- ④】[名]期末考試
しげん ①【資源】[名]資源
じけん ①【事件】[名]事件,案件¶〜が発生する/發生事件¶殺人(さつじん)- ⑤】[名]殺人事件 ❷(法院受理的)案件
じげん ①⓪【次元】[名] ❶〈數〉次元,維度 ❷(看問題的)立場,角度,基點¶〜が違う/立場不同
じげん ①【時限】[名] ❶定時,時限【爆弾(ばくだん) ④】[名]定時炸弾 ❷(上課)課時,節¶第一〜/第一節課
しけんかん ②【試験管】[名]試管
しご ①【死後】[名]死後
じこ ①【自己】[名]自己【-流(りゅう) ⓪】[名]自己獨特的作法【-紹介(しょうかい) ③】[名・自サ]自我介紹【-批判(ひはん) ③】[名・自サ]自我批評
じこ ①【事故】[名]事故¶交通(こうつう)- ⑤】[名]交通事故¶-死(し) ②】[名]因事故而死亡
しこう ⓪【志向】[名・他サ]志向,傾向¶消費者の〜を調査する/調查消費者的傾向
しこう ⓪【施工】[名・他サ]施工
しこう ⓪【施行】[名・他サ] ❶施行,實施 ❷〈法〉生效¶法を〜する/使法律生效
しこう ⓪【思考】[名・他サ]思考【-力(りょく) ②】[名]思考能力
しこう ⓪【嗜好】[名・他サ]嗜好¶〜がかわる/嗜好變了【-品(ひん) ⓪】[名]嗜好品
しこう ⓪【試航】[名・他サ](輪船,飛機)試航,試飛
じこう ①【事項】[名]事項
じこう ⓪【時効】[名]〈法〉時效¶〜が成立する/時效成立
じこう ⓪【時候】[名]季節,時令,氣候
しこうさくご ④【試行錯誤】[名]反覆試驗,反覆摸索
じごうじとく ④①【自業自得】[名]自作自受
しご・く ②【扱く】[他五] ❶捋 ❷(體)嚴格訓練
しごく ①【至極】[副]極,最
じこく ①【時刻】[名]時間,時刻¶正確な〜/準確的時間【-表(ひょう) ⓪】[名](火車,飛機等)時刻表
じごく ③【地獄】[名] ❶地獄¶〜におちる/落入地獄(深淵)【交通(こうつう)- ⑤】[名]交通狀況擁擠不堪 ❷(活火山,温泉의)噴火(水)口 ◇地獄で仏(ほとけ)に会(あ)ったよう/遇難得到意外的拯救
じこしょうかい ③【自己紹介】[名]自我介紹
しごせん ②【子午線】[名]子午線
しごと ⓪【仕事】[名] ❶工作¶〜が忙しい/工作忙

¶の鬼/全力以赴工作的人 ❷職業,工作¶〜をさがす/找工作 ❸〈物〉功

しこ・む ②【仕込む】[他五] ❶教,傳授¶芸を〜/授藝 ❷採購,買進(原料) ❸灌輸,裝入¶新しい知識を〜/灌輸新知識 ❹(釀酒)下料

しこり ⓪[名] ❶筋疙瘩¶肩に〜ができてた/肩膀上長出個筋疙瘩 ❷思想上的疙瘩,隔閡,芥蒂¶心に〜をのこす/心存芥蒂

しさ ①【示唆】[名・他サ]暗示,啟發¶〜をあたえる/給予暗示

じさ ①【時差】[名] ❶時差¶〜開時間¶[-出勤(しゅっきん)]③[名]錯開時間上班

しさい ①⓪【子細・仔細】[名] ❶詳情,底細¶〜に語る/詳細地説 ❷妨礙¶そのことについては別に〜はない/對那件事並没什麼妨礙

しざい ①【資材】[名]資材,資料【建築(けんちく)-】⑤[名]建築材料

じざい ②⓪【自在】[名・形動]自由,自如¶〜にあやつる/操作自如

しさく ⓪【思索】[名・他サ]思索¶〜にふける/沉浸於思考之中

しさつ ⓪【視察】[名・他サ]視察

じさつ ⓪【自殺】[名・自サ]自殺【-未遂(みすい)】④[名]自殺未遂

しさん ⓪【資産】[名]資産,財産

じさん ⓪【持参】[名・他サ](自己)帶¶弁当を〜/自帶便當【-金(きん)】⓪[名](結婚時)男女雙方從各自家中帶來的錢

しじ ①【支持】[名・他サ]支持¶〜をえる/得到支持

しじ ①【指示】[名・他サ]指示,指意¶〜にしたがう/遵照指示

じじこっこく ①-⓪【時時刻刻】[副]時刻,每時每刻

じじつ ①【事実】[名]事實¶〜に即(そく)して言う/實事求是地説¶〜をまげる/歪曲事實【既成(きせい)-】④[名]既成事實
――[副]實際上¶〜,彼はそう言っている/實際上,他是那麼説的

ししゃ ①②【死者】[名]死人

ししゃ ①【支社】[名] ❶分公司,分店 ❷(神社的)分社

ししゃ ①【使者】[名]使者

ししゃ ①【試写】[名・他サ](電影)試映,預演,試片

じしゃく ⓪【磁石】[名] ❶磁石,磁鐵 ❷指南針 ❸〈礦〉磁鐵礦

ししゃごにゅう ①-⓪【四捨五入】[名・他サ]四捨五入

じしゅ ①【自主】[名]自主【-外交(がいこう)】④[名]自主外交

ししゅう ⓪【刺繡】[名・他サ]刺繡

しじゅう ①【始終】[名]始終,自始至終
――[副]始終,不斷,經常

じしゅう ⓪【自習】[名・他サ]自習【-時間(じかん)】④[名]自習課

じしゅく ⓪【自粛】[名・自サ]自慎

ししゅつ ⓪【支出】[名・他サ]支出¶〜をおさえる/控制支出

ししゅんき ②【思春期】[名]思春期

ししょ ①【司書】[名](圖書館)館員

じしょ ①【地所】[名]地皮,建築用地

じしょ ①【辞書】[名]字典,辭典¶〜をひく/查字典

じじょ ①【次女】[名]次女

じじょ ①【自叙】[名]自敍【-伝(でん)】②[名]自傳

ししょう ⓪【支障】[名]妨礙,障礙

¶～をきたす/發生障礙
ししょう ⓪【死傷】[名・自サ]死傷【-者(しゃ)】②[名]死傷者
ししょう ①②【師匠】[名](手藝人、民間藝人的)師傅,老師
ししょう ⓪【史上】[名]歷史上,有史以來¶～に名をとどめる/青史留史【-空前(くうぜん)】⓪-⓪[名]史無前例
しじょう ⓪①【市場】[名]市場【-調査(ちょうさ)】④[名]市場調査
しじょう ⓪【至上】[名]至上,最高¶～の喜び/無比喜悦
じじょう ⓪【事情】[名]❶緣故,原因¶～をうちあける/講出緣故 ❷情況,狀況¶家庭の～/家庭情況
じじょうじばく ⓪【自縄自縛】[名]自做自受,自繩自縛
ししょうせつ ②【私小説】[名](日本現代文學中以反映作者自身生活體驗的文學形式)私小説
じしょく ⓪【辞職】[名・他サ]辭職【-願(ねが)い】④[名]辭職報告
しじん ⓪【詩人】[名]詩人
じしん ①【自身】[名]❶自身,自己 ❷本身¶それはきみ～の問題だ/那是你本身的問題
じしん ⓪【自信】[名]自信,信心¶～がある/有信心
じしん ⓪【地震】[名]地震¶～がおこる/發生地震
しすう ②【指数】[名]❶指數,指標【知能(ちのう)-】④[名]智能指數,智商❷〈數〉指數
しずか ①【静か】[形動]❶安靜,寂靜¶～にあるく/輕輕地走 ❷平穩,平靜¶～な海/平靜的大海 ❸(性格)沉穩,穩重¶～な人/穩靜的人
しずく ③【滴・雫】[名]水點,水滴¶～がたれる/水滴滴落
しずけさ ③【静けさ】[名]靜,沉靜,寂靜
システム ①【system】[名]❶體系 ❷組織,系統
じすべり ⓪【地滑り】[名]❶滑坡 ❷(社會)大變革
しずま・る ③【静まる】[自五]平靜,安靜¶場内が～/場内安靜下來【静まりかえる】⑤[自五]鴉雀無聲
——【静まる・鎮まる】平息,平定,恢復正常¶気が～/心情平靜下來¶痛みが～/疼痛消失
しず・む ⓪【沈む】[自五]❶沉入(水中)¶船が～/船沉了¶海に～/沉入海中 ❷下沉,落¶日が～/日落 ❸(心情)沉悶,消沉,鬱悶¶～んだ表情/消沉的表情【泣(な)き-】④[自五]悲傷(地)哭泣 ❹沒落,淪落¶不幸な境遇に～/淪落到不幸的境地
しず・める ③【沈める】[他下一]把…沉入(水中)¶船を～/把船沉到水中
しず・める ③【静める】[他下一]使(吵鬧聲等)静下來¶場内を～/使場内安靜下來
——【静める・鎮める】使(局面、心情等)穩定,平息¶内乱を～/平息内乱
じ・する ②【辞する】[自サ]辭別,告辭
——[他サ]辭退(職務、工作)¶職を～/辭職
せい ⓪【姿勢】[名]❶(身體的)姿勢,體態 ❷(對問題所採取的)態度¶前向きの～/積極的態度
じせい ⓪【自制】[名・他サ]自我克制¶～をうしなう/失去自我控制【-心(しん)】②[名]自制力,自制心
じせい ⓪【時勢】[名]時世,時代¶～に流される/隨波逐流
せいかつ ②【私生活】[名]私生活

しせき ①【史跡・史蹟】[名]史跡,古跡[-めぐり]④[名]追尋古跡

しせつ ①②【施設】[名・他サ]設施,設備【公共(こうきょう)-】⑤[名]公共設施

じせつ ①【時節】[名]❶季節,時機◇時節を待つ/等待時機 ❷(當前的)形勢,時勢

しせん ①【支線】[名]❶【鐵路】支線 ❷(電線桿等拉至地面支撐用的)鐵絲

しせん ⓪【視線】[名]視線¶~があう/目光相遇

しぜん ⓪【自然】[名]❶自然¶~に親しむ/熱愛自然【-界(かい)】②[名]自然界 ❷天然,未加工的【-石(せき)】②】天然石

じぜん ⓪【事前】[名]事前¶~に知る/事前知道【-運動(うんどう)】④[名]（選舉等的)事前活動

じぜん ⓪【慈善】[名]慈善¶-事業(じぎょう)】④[名]慈善事業

しぜんかがく ④【自然科学】[名]自然科学

しそう ⓪【思想】[名]思想【-家(か)】⓪[名]思想家

じそく ⓪【時速】[名]時速

じぞく ⓪【持続】[名・自他サ]持續,繼續

しそん ⓪【子孫】[名]子孫

じそん ⓪【自尊】[名]自尊【-心(しん)】②】[名]自尊心

した ⓪②【下】[名]❶下,下面,下方¶~のへや/下面的房間 ❷内,裡面¶~にシャツを着る/裡面穿襯衫¶ズボン~/視褲 ❸(地位、年齢、能力等)低,小¶~への思いやり/對部下的關懷¶二つ~の弟/小我二歳的弟弟 ❹隨後,後¶そう言う言葉の~から,もうまちがっている/從那句話之後,就錯了
——[接頭]事先做準備¶~調べ/事先調查

した ②【舌】[名]❶舌頭◇舌が肥(こ)えている/口味高◇舌がまわる/言語流利◇舌の先(さき)/耍嘴皮子◇舌を巻(ま)く/佩服

したい ⓪【死体】[名]屍體,死屍

-したい 想¶「何をしたいの」—「テニスをしたいわ,あなたはどう」/"你想做什麼?"—"我想打網球,你呢?"¶今日は勉強したくない/今天不想讀書

しだい ⓪【次第】[名]❶次序,順序 ❷情況,經過,情形¶まことにおはずかしい~です/這件事真讓我感到羞愧¶事の~/事情的經過
——[接尾]❶(上接名詞)聽任,任其自然¶お天気~/視天氣情況(而定) ❷(上接動詞連用形)一…就…,馬上…¶仕事が終わり~帰国する/工作一結束就回國

じたい ①【自体】[名]自體,自身,本身¶使い方ではなくて,機械~に欠陥がある/不是使用方法的問題,而是機器本身有缺陷
——[副]首先,根本¶楽(らく)をして,もうけようというのが,~まちがいだ/要想舒舒服服地賺錢,(這一想法)從根本上就錯了

じたい ①【事態】[名]事態,局勢,情況¶~を見きわめる/看清局勢¶非常(ひじょう)-】④[名]特殊情況,非常事態

じたい ①【辞退】[名・他サ]辭退,謝絕

じだい ⓪【時代】[名]❶時代,時期,年代 ❷當代,現代¶~にながされる/隨時代而行¶~の先端/時代的前列【-後(おく)れ】④[名]過時,落後於時代 ❸過去的時代,歷史¶~がつく/有歷史的印跡【-劇(げき)】⓪[名]歷史劇

しだいに ⓪【次第に】[副]依次,逐漸(＝だんだん)¶~明るくなる

/漸漸地亮起來

した・う ⓪②【慕う】[他五] ❶懷念¶故郷を～/懷念故郷 ❷戀慕,眷戀¶あとを～/因戀慕而追隨其後¶恋い～/愛戀 ❸景仰,敬慕

したうけ⓪【下請け】[名]轉包(工),轉承攬¶-工事(こうじ)⑤[名]轉包工程

したうちあわせ⓪【下打ち合わせ】[名](預備性的)洽談,磋商

したが・う⓪【従う】[自五] ❶跟,隨¶時勢に～/跟隨形勢 ❷聽從,遵照¶意見に～/服從意見 ❸按照,依照(法律,習慣)¶法律に～/按照法律(辦事) ❹[用「…にしたがい」,「…にしたがって」的形式表示]隨著¶試合経験を積(つ)むに～って、成績もよくなってきた/隨著比賽經驗的豐富,成績也越來越好

したがき⓪【下書(き)】[名](打)草稿,底稿¶～に手を入れる/修改底稿

したがって⓪【従って】[接]所以,因此¶あすは先生が出張に出かける。～授業は休みだ/明天老師出差。因此,就不上課了

したぎ⓪【下着】[名]内衣(褲),貼身衣服

したく⓪【支度・仕度】[名・他サ]準備¶～がととのう/準備完畢¶食事の～/準備飯菜【身仕度(みじたく)】②[名]打扮,修飾

じたく⓪【自宅】[名]自己的住所

したごころ③【下心】[名]壞心惡意

したさき④③【舌先】[名] ❶舌尖 ❷巧妙的言辭¶～でごまかす/巧言妙語搪塞

したじ⓪【下地】[名] ❶基礎 ❷(原有的)素質¶～がいい/素質好 ❸[用「おしたじ」的形式表示]醬油

したし・い③【親しい】[形]親近,親密,親切¶～友だち/親密的朋友¶日本人にとって～景色/令日本人感到親切的景色

したしみ④⓪【親しみ】[名]親近感,親密感

したし・む③【親しむ】[自五] ❶親密,親近 ❷(感到)熟悉,親切

したしらべ③【下調べ】[名] ❶事先調查 ❷預習(功課)

したたか⓪②【強か】[副] ❶用力,痛 ❷很多,好些

したたらず②【舌足らず】[名・形動]言猶未盡,未充分表達出¶～な文章/未充分表達出觀點的文章

したつづみをうつ【舌鼓を打つ】(因為好吃)咂嘴,吧嗒嘴

したづみ⓪【下積み】[名] ❶裝在底下,壓在底下 ❷供人驅使,受人壓迫

したて⓪【下手】[名]下方,下面◇下手に出(で)る/謙遜

した・てる③【仕立てる】[他下一] ❶縫製,裁做(衣服) ❷準備¶船を～/備船 ❸培養,造就¶一人まえに～/培養成人 ❹裝扮¶悪人に～/裝扮成壞人

じたばた①[副・自サ] ❶慌張,著慌 ❷手腳亂動(想要抵抗)

したばたらき③【下働き】[名]助手,打下手 ❷勤雜工

したまち⓪【下町】[名]城市中地勢低,小工商業集中的地區

したまわ・る④【下回る】[自五]不滿…水準,在…之下

したみ⓪【下見】[名] ❶預先察看 ❷(房屋外的)魚鱗板,護壁板

じだらく②⓪【自堕落】[形動]懶散,疏懶¶～な生活/堕落的生活

したわし・い【慕わしい】[形]戀慕,愛慕

じだんだ②【地団駄】[名]じだんだを踏む/頓足捶胸,悔恨

しち ②【七】[名] 七
しち ②【質】[名] ❶抵押物 ❷典當的東西
じち ①【自治】[名] 自治【-会(かい)】②[名] 自治會【地方(ちほう)-】④[名] 地方自治
しちがつ【七月】[名] 七月
しちじゅう ③【七十】[名] 七十
しちや ②【質屋】[名] 當鋪
しちょう ②【市長】[名] 市長
じちょう ②【自重】[名・自サ】❶自重,慎重 ❷保重
じちょう ②【自嘲】[名・自サ】自嘲¶～の笑い/自嘲的笑
しちょうかくきょういく ⑥【視聽覺教育】[名] (利用廣播,電視等進行的)視聽教育
しちょうりつ ②【視聽率】[名] (電視,廣播的)收視(聽)率¶～が高い/收視(聽)率高
しつ ②【質】[名] 質,品質
しっ ①[感] ❶(驅逐靠攏來的動物時的用語)去 ❷(要求靜一靜時的用語)噓
じつ ②【実】[名] ❶真實,實際¶～を言うと/説實在的…¶～の父/生身父親 ❷實質,實效◇名をすてて実をとる/務實,不徒虛名 ❸真誠¶～のある態度/誠心誠意的態度
じつえん ⓪【実演】[名・他サ】❶現場表演 ❷(演員,歌手等)登臺演出
じっか ⓪【実家】[名] (已婚婦女的)娘家¶～に帰る/回娘家
しっかく ⓪【失格】[名・自サ】喪失資格
しっかり ③[副] ❶堅固,結實¶～した土台/堅固的基礎 ❷～と結ぶ/繫得結結實實 ❸緊緊實實¶～した研究/紮紮實實的研究 ❹可靠,可信¶～した考え/信得過的想法【-者(もの)】⑥[名] 有思想的人,意志堅定的人

じっかん ⓪【実感】[名・他サ】真實感,(親身體驗的)感覺¶～がわく/有一種真實感
しっき ③⓪【湿気】[名] →しっけ
しっき ⓪【漆器】[名] 漆器
しっきゃく ⓪【失脚】[名・自サ】❶失足 ❷喪失立足地
しつぎょう ⓪【失業】[名・自サ】失業【-者(しゃ)】③[名] 失業者
じっきょう ⓪【実況】[名] 實況【-中継(ちゅうけい)】⑤[名] (電視)實況轉播
じっくり ③[副] 慢慢地,穩穩當當地¶～(と)考える/沉思
しつけ ⓪【仕付け・躾】[名] ❶禮儀,禮貌教育¶～がいい/有家教,有教養 ❷(縫紉)綳線
しっけ ③⓪【湿気】[名] 濕氣,潮氣¶～をおびる/帶濕氣¶～が多い/濕氣重
しっけい ③【失敬】[形動] 失禮,没禮貌
——[名・他サ】❶失陪,告辭¶きょうはこれで～する/今天到此告辭 ❷(不經允許)偷拿
——[感] (男子用語,分手或道歉時)再見,對不起¶や、～/呀,對不起
じっけい ⓪【実刑】[名] 實際所服的刑
しつ・ける ③【躾ける】[他下一] 管教,進行禮貌教育¶子供を～/教育孩子
しっけん ⓪【執権】[名] ❶執政 ❷(鎌倉幕府時代輔佐將軍總攬政務的)執政官
しつげん ⓪【失言】[名・他サ】失言¶～をとりけす/收回失言
じっけん ⓪【実験】[名・他サ】實驗【-結果(けっか)】⑤[名] 實驗結果【核(かく)-】③[名] 核實驗
じつげん ⓪【実現】[名・自他サ】實現¶ゆめが～する/夢想實現了

しつこ・い ③【形】❶(色,香,味等)濃艷,膩人 ❷糾咬,糾纏不休¶～くつきまとう/糾纏不休

しっこう ⓪【執行】[名・他サ]執行¶刑を～する/猶予(ゆうよ)⑤[名]緩期執行

じっこう ⓪【実行】[名・他サ]實行¶～にうつす/付諸實行【-力(りょく)③[名]實踐能力

じっさい ⓪【実際】[名]❶實際¶～に見る/看看實際(情況) ❷真實,現實¶写真より～の方が美しい/比起照片來,還是本人漂亮 ――[副]的確,實在¶～あきれたやつだ/實在是個少見的傢伙

じつざい ⓪【実在】[名・自サ]實際存在¶～の人物/眞有的人物

じっし ⓪【実施】[名・他サ]實施¶計画どおり～する/按計劃實施

じっしつ ⓪【実質】[名]實質¶-賃金(ちんぎん)⑤[名]實際工資

しつじつごうけん ⓪【質実剛健】[名・連語]誠實而剛毅

じっしつてき ⓪【実質的】[形動]❶實質¶～な仕事/實質性工作 ❷(談論時)實際上¶～には三時間しか寝ていない/實際上只睡了三個小時

じっしゃかい ③【実社会】[名]現實社會

じっしゅう ⓪【実習】[名・他サ]實習【-生(せい)③[名]實習生

じっしゅきょうぎ ④【十種競技】[名]⟨體⟩十項全能

じっしょう ⓪【実証】[名・他サ]確鑿的證據

じつじょう ⓪【実情】[名]眞情 ――【実情・実状】實際情況

しっしん ⓪【湿疹】[名]濕疹

じっせき ⓪【実績】[名]工作成績

じっせん ⓪【実践】[名・他サ]實踐

しっそ ①【質素】[名・形動]樸素,簡樸¶～な暮らし/樸素的生活

じったい ⓪【実態】[名]實態,實際情況

しったかぶり ⑥⓪【知ったか振り】[名]假裝知道,不懂裝懂

じっち ⓪【実地】[名]❶現場¶-調査(ちょうさ)④[名]實地調查 ❷現實,實際¶-訓練(くんれん)④[名]實際訓練

じっちゅうはっく ⑤[連語・名・副]十之八九,大多數

しっちょう ⓪【失調】[名]❶出毛病,暫時失靈 ❷失調¶栄養(えいよう)-⑤[名]營養失調

しっと ⓪【嫉妬】[名・他サ]嫉妒,吃醋¶～の炎(ほのお)/嫉妒之火¶-心(しん)②[名]嫉妒心

しつど ①【湿度】[名]濕度¶-計(けい)⓪[名]濕度計

じっと ⓪[副]目不轉睛,一動不動¶～見つめる/凝視¶そのまま～している/一動不動

しっとり ③[副]❶濕潤,發潮 ❷安祥,沉着,文靜¶～(と)おちついた感じの女性/文靜的女性

しつない ②【室内】[名]室内¶-楽(がく)②[名]室內樂

じつに ②【実に】[副]實在,眞,的確,非常¶～すばらしい/眞是美極了

じつは ②【実は】[副]其實,說實在的¶～,すっかり忘れていた/其實我早忘在腦後了

ジッパー ①【zipper】[名]→ファスナー

しっぱい ⓪【失敗】[名・自サ]失敗¶試験に～する/考試失敗◇失敗は成功(せいこう)のもと/失敗是成功之母

じっぱひとからげ ①-②【十把一絡げ】[連語]不分清紅皂白,全都混爲一談

しっぴつ ⓪【執筆】[名・自他サ]執筆,寫文章

じつぶつ ⓪【実物】[名]實物¶-教

育(きょういく) ⑤[名]實物教學(教育)

しっぽ ③[尻尾][名] ❶(動物的)尾巴 ❷(細長物的)末尾,尾部¶大根の〜/蘿蔔根

しつぼう ⓪[失望][名・自サ]失望¶前途に〜する/對前途失望

しつめい ⓪[失明][名・自サ]失明

しつもん ⓪[質問][名・自他サ]質問,疑問¶〜を受ける/受質問

じつよう ⓪[実用][名・他サ]實用¶〜一点ばり/專搞實用【−品(ひん)⓪】[名]實用品【−化(か)⓪】[名]實用化

しつりょう ②[質量][名]質量

じつりょく ⓪[実力][名] ❶實力,實際的能力¶〜がある/有實力 ❷武力¶〜にうったえる/用武力,動武【−行使(こうし)⑤】[名]行使武力

しつれい ②[失礼][名・形動・自サ]失禮,不禮貌 ¶〜な言い方/不禮貌的說法¶〜にあたる/不禮貌
——[名・自サ](分手時)告辭,先走¶先に〜します/對不起,我先走了
——[感](分手,道歉時)再見,對不起

じつれい ⓪[実例][名]實例

しつれん ⓪[失恋][名・自サ]失戀

してい ⓪[指定][名・他サ]指定¶日時を〜する/指定日期,時間

してき ⓪[指摘][名・他サ]指出¶あやまりを〜する/指出錯誤

してき ⓪[私的][形動]私人的,個人的

してつ ⓪[私鉄][名]私營鐵路

しては[副][用「…にしては」,「…としては」的形式表示]就…而言,照…看來¶それに〜/照此看來

してみると ②[接]依照…看來¶わたしに〜/依我看

してみれば ③[接]作為…來說,從…出發¶父に〜/作為父親來說…

しても[副助]即使,假使¶あるに〜/即使有也…¶いずれに〜/不管怎樣,總之¶それに〜/即使那樣也…

してん ⓪[支店][名]支店,分公司

してん ⓪②[視点][名]立場,觀點¶〜をかえる/轉變觀點

じてん ⓪[字典][名]字典

じてん ⓪[辞典][名]辭典

じてん ⓪[時点][名]時候

じてん ⓪[自転][名・自サ]自轉

じてん ⓪[事典][名]辭典

じでん ⓪[自伝][名]自傳

じてんしゃ ②[自転車][名]自行車

しどう ⓪[指導][名・他サ]指導¶〜にあたる/擔任指導

じどう ⓪[自動][名][−ドア][名]自動門【−販売機(はんばいき)⑥】[名]自動販賣機

じどう ①[児童][名]兒童[−劇(げき)②][名]兒童劇

じどうし ②[自動詞][名]〈語〉自動詞

じどうしゃ ②[自動車][名]汽車

じどうせいぎょ ④[自動制御][名・自サ]自動控制

じどうてき ⓪[自動的][形動] ❶自動¶〜に開く/自動地開 ❷自然而然¶会長の死去にともなって,副会長が〜に会長になる/隨着會長的去世,副會長自然接替會長職務

しどけな・い ④[形](指女性)服飾不整,不整潔

しと・げる ③[し遂げる・為遂げる][他下一]完成,做完

しとしと ②[副](雨)淅淅瀝瀝地(下)¶〜降る雨/濛濛細雨

しとやか ②【淑やか】[形動](指女性)文雅,安靜,端莊

しどろもどろ ④[形動]語無倫次,前言不搭後語

しな ⓪【品】[名]❶物品,東西¶祝いの～/賀禮 ❷商品¶～をえらぶ/挑選商品 ❸商品質量¶～がいい/質量好 [一定(さだめ)] ③[名]品評,評定(質量)◇手(て)を替(か)え品を替え/(爲某事成功而)換盡花樣,採用各種各樣的方法

しない ①②【竹刀】[名](劍道用的)竹刀

しない ①【市内】[名]市内,市區

しなぎれ ⓪【品切れ】[名](貨物)賣光,售完

しな・びる ⓪【萎びる】[自上一]枯萎,乾癟¶～びた手/乾癟的手¶～びた野菜/枯萎了的蔬菜

しなもの ⓪【品物】[名]物品,商品

しなやか ②[形動]柔軟而有彈性

シナリオ ②⓪【scenario】[名](電影、電視劇)脚本¶～ライター ⑤[名]劇作家,編劇

じなん ⓪【次男】[名]次男

しにぎわ ⓪【死(に)際】[名]臨終,臨死

しにせ ⓪【老舗】[名]老字號,老舖子

しにものぐるい ⑤【死(に)物狂い】[名]拼命,豁出命¶～で働く/拼死拼活地幹

しにん ⓪①【死人】[名]死人,死者◇死人に口(くち)なし/死人無法對證

じにん ⓪【辭任】[名・自]辭職

し・ぬ ⓪【死ぬ】[自五]❶死亡¶～んだふりをする/裝死¶交通事故で～/死於交通事故 ❷(用「しんでいる」的形式表示)無生氣,死氣沉沉¶目が～んでいる/目光無神 ❸無用,(白白地)浪費¶そのままでは金が～んで

しまう/那樣錢就白費了 ❹(棒球)出局 ❺(圍棋)死棋

じぬし ⓪【地主】[名]地主

シネマスコープ ⑤【Cinema Scope】[名]寬銀幕電影

しの・ぐ ②【凌ぐ】[他五]❶凌駕,優勝於…¶兄を～/超過哥哥 ❷忍耐,熬過¶夏を～/熬過夏季◇糊口(ここう)を凌ぐ/勉強度日

しのび ⓪【忍(び)】[名]❶悄悄地¶お～で歩く/悄悄地走[－足(あし) ⓪③][名]躡足,輕手輕脚 ❷潛入(偵察),密探¶～の者(もの)/密探

しのびこ・む ④【忍び込む】[自五]悄悄進入,潛入

しの・ぶ ⓪②【忍ぶ】[自五]偷偷地行動¶人目を～/避人眼目¶～びよる/悄悄地靠近 ──[他五]忍受,忍耐¶恥(はじ)を～/忍受耻辱

しの・ぶ ⓪【偲ぶ】[他五]追憶,緬懷¶昔を～/追憶過去¶亡(な)き人を～/緬懷故人

シノプシス ②【synopsis】[名](電影等)情節梗概

しば ⓪【芝】[名](鋪草坪用的)矮草

しば ⓪【柴】[名]柴¶～をかる/打柴

しはい ①【支配】[名・他サ]支配,統治

しばい ⓪【芝居】[名]❶戲劇,戲 ❷把戲,花招◇芝居を打つ/耍把戲

しはいにん ②【支配人】[名](商店、公司的)管理人,經理

じはく ⓪【自白】[名・他サ]坦白,招認[－調書(ちょうしょ) ④][名]自白書,自供狀

しばしば ①[副]屢次,常常¶そのころ私は、病気で学校を～休んだ/那時我常常因病休學

しばたた・く ④[他五](不停地)眨眼¶目を～/不停地眨眼

しはつ⓪【始発】[名]❶頭班(電、火車)¶-電車(でんしゃ)④[名](清晨)第一班電車 ❷始發(站)【-駅(えき)】③[名]始發站

じはつ⓪【自発】[名]自發,自覺¶-的(てき)⓪[形動]自發

しばふ⓪【芝生】[名]草坪

じばら⓪【自腹】[名]自己的腰包

しはらい⓪【支払い】[名・他サ]支付,付款¶~を請求する/要求付款

しはら・う③【支払う】[他五]支付,付款¶料金を~/付錢

しばらく②【暫く】[副]❶一會兒¶~お待ち下さい/請稍等一下 ❷好久,一段時間¶~ごぶさたいたしました/好久沒寫信了(久未拜訪)

しば・る②【縛る】[他五]❶捆,綁,紮¶しっかり~/緊緊地捆 ❷束縛,限制◇時間に縛られる/受時間限制

しはん⓪【市販】[名・他サ]市場上出售

しはん①【師範】[名]❶師範,師表 ❷(教授武藝、技藝的)師傅

じばん⓪【地盤】[名]❶地基,地盤¶~がやわらかい/地基鬆軟 ❷勢力範圍

しひ⓪①【私費】[名]私費,自費¶~で留学する/自費留學

じひ⓪①【自費】[名]自費

じびか⓪【耳鼻科】[名]耳鼻科

じびき③【字引】[名]辭典

じひつ⓪【自筆】[名]親自書寫,親筆

じひびき②【地響き】[名・自サ]地動,地面震動

じひょう⓪【時評】[名]❶(時事)評論¶社会~/社會評論¶文芸~/文藝評論 ❷議論¶~にのぼる/受到(人們的)議論

じひょう⓪【辞表】[名]辭呈,辭職書¶~を出す/提出辭職書

じびょう①【持病】[名]❶老病 ❷老毛病

しびれ③【痺れ】[名]麻,麻木【-薬(ぐすり)④[名]麻醉藥◇痺れを切(き)らす/❶腿麻了 ❷等得不耐煩了

しび・れる③【痺れる】[自下一]❶麻木,發麻¶足が~/腳麻了¶電気で~/因觸電而(感覺)麻木 ❷陶醉,興奮

しぶ・い②【渋い】[形]❶澀 ❷不高興,不痛快¶~顔/悶悶不樂的面孔 ❸小氣,吝嗇¶金に~/吝嗇錢 ❹老練,深沉¶~芸/老練的演技¶~声/深沉的聲音

しぶき③①【飛沫】[名]飛沫,飛濺的水花¶~にぬれる/被飛濺的水花打濕¶~を上げる/濺起水花

しふく⓪【私服】[名]❶便服 ❷便衣(警察)

しふく⓪【私腹】[名]私囊◇私腹を肥(こ)やす/肥私囊

しぶしぶ①⓪【渋渋】[副]勉強¶~ひきうける/勉強答應

じぶつ①【事物】[名]事物

ジフテリア⓪【diphtheria】[名]〈醫〉白喉

しぶとい③[形]頑固的,頑強的

しぶ・る②【渋る】[自五]❶不流暢,不順利¶売れ行きが~/銷路不暢 ❷便秘¶腹が~/便秘 ——[他五]不願意,不情願¶返事を~/不願答覆

じぶん⓪【自分】[名]當事人,自己¶~をかえりみる/自省¶-自身(じしん)④[名]自己本人
——[代]我

じぶんかって④【自分勝手】[名・形動]任性,衹顧自己方便¶~な人/任性的人

しへい①【紙幣】[名]紙幣

じへいしょう⓪【自閉症】[名]孤

獨症,自閉症
じべた ①【地べた】[名]地面
しべつ ⓪【死別】[名・自サ]死別
じへん ①【事変】[名]❶事件,騒亂 ❷事變
じべん ⓪【自弁】[名・自サ]自己負擔費用
しぼ ①【思慕】[名・他サ]思慕,思念¶～の情/思慕之情
しほう ⓪【司法】[名]司法¶-権(けん)②[名]司法權
しほう ②【四方】[名]❶(東、南、西、北)四方,四面 ❷周圍,四周¶～を見わたす/環顧四周
しぼう ⓪【死亡】[名・自サ]死亡¶～通知/死亡通知
しぼう ⓪【志望】[名・他サ]願望,志願¶医者を～する/希望當醫者
しぼう ⓪【脂肪】[名]脂肪¶～がつく/長脂肪【-油(ゆ)②[名]脂油(魚油,植物油等)
じほう ⓪【時報】[名]❶時報¶社会～/社會時報 ❷報時¶正午の～/中午報時
じぼうじき ⓪【自暴自棄】[名・形動]自暴自棄¶～になる/變得自暴自棄
しほうはっぽう【四方八方】[名]四面八方,到處
しぼ・む ⓪【萎む・凋む】[自五]❶枯萎,凋萎¶花が～/花枯萎了 ❷癟,洩氣¶風船が～/氣球洩氣了 ❸(希望)破滅¶夢が～/幻想破滅了
しぼり ③【絞り】[名]❶(「しぼり染め」的簡稱)絞纈染法 ❷帶斑紋的花瓣¶～の朝顔/帶斑紋的牽牛花 ❸(照像)光圈
しぼ・る ②【搾る・絞る】[他五]❶擰¶タオルを～/擰手巾 ❷硬擠,強逼¶税金を～/徵稅¶知恵を～/絞盡腦汁 ❸苛責,申斥¶父に～られる/挨父親訓斥 ❹收攏,縮小¶音量を～/放低音量¶問題を～/把問題集中◇袖(そで)をしぼる/痛哭
しほん ⓪【資本】[名]資本,資金
しほんしゅぎ ④【資本主義】[名]資本主義
しま ②【島】[名]島
しま ②【縞】[名](橫、豎)條紋
しまい ①【姉妹】[名]姐妹
しま・う ⓪【終う・仕舞う】[他五]❶完了,結束¶仕事を～/做完工作¶店を～/關店門,停止營業 ❷收起來,整理好¶道具を～/把工具放好
――[補動](用「…て(で)しまう」的形式)❶表示動作完了¶いっきに読んで～った/一口氣讀完了 ❷強調某種狀態,結果¶すっかりあわてて～った/完全慌了¶金をおとして～った/把錢丟了
しまうま ⓪【縞馬】[名]斑馬
じまく ⓪【字幕】[名](電影)字幕
しまぐに ②【島国】[名]島國
しまじま ②【島島】[名]❶每個島嶼 ❷群島
しまつ ①【始末】[名]❶收拾,處理¶～をつける/加以解決¶～に負えない/難處理【後(あと)-③[名]善後 ❷結局,下場¶あれほど注意したのに、この～はいったいなんだ/一再提醒你,可怎麼還弄成這麼個結果 ❸節儉,節省【-屋(や)⓪[名]會節省的人
しまった ②[感](遺憾時)糟了,糟糕
しまり ①【締(ま)り】[名]❶緊張,嚴緊¶口もとに～がない/嘴不嚴的人 ❷結束,收尾¶～をつける/結束(工作)
しま・る ②【締まる・絞まる】[自五]緊,勒緊¶ねじがかたく～っている/螺絲擰得緊緊的
――【締まる】緊張,不鬆懈¶身が～/渾身緊張【引(ひ)き-④】

じまん

[自五] ❶緊閉 ❷(精神)緊張——【閉まる】關閉,緊閉¶戸が〜/門關着

じまん ⓪【自慢】[名・他サ]自誇,自豪¶－話(ばなし)[4][名]引以爲自豪的事

しみ ⓪【染み】[名] ❶污垢,污跡¶〜がつく/沾上污垢¶〜をぬく/去掉污垢 ❷老人斑

じみ ③【地味】[名・形動] ❶素,不艷麗,樸素¶〜な色の着物/顔色素氣的衣服 ❷樸實¶〜な性格/樸實的性格

シミーズ ①【(仏)chemise】→シュミーズ

しみこ・む ③【染(み)込む】[自五] ❶滲透,滲入 ❷(思想、習慣等)浸透,深入

しみじみ ③[副]深切,發自内心地,懇切¶〜(と)感じる/痛感

しみず ⓪【清水】[名]清泉,清澈的水

じみち ⓪【地道】I[名]普通步伐,組步 II[形動] 勤勤懇懇,堅實

しみったれ ⓪[名・形動]小氣,吝嗇,吝嗇鬼

しみとお・る ③【滲(み)透る】[自五] ❶滲透¶冷たさが〜/冷氣刺骨 ❷痛感,深感¶骨の髄(ずい)まで〜/刻骨銘心

し・みる ⓪【染みる・滲みる】[自上一] ❶滲入,滲透 ❷刺痛¶目に〜/刺痛眼睛 ❸深感¶身に〜/切身痛感 ❹受影響,沾染¶悪習に〜/染上惡習

-じ・みる ⓪【染みる】[接尾](上接名詞,構成上一段活用動詞) ❶(全部)沾上¶あか〜/沾上污垢 ❷(看起來)好像…¶子供〜/看起來像個孩子

しみん ①【市民】[名]市民¶-權(けん)[2][(名)市民(公民)權

じむ ①【事務】[名]事務¶〜をとる/辦公¶-室(しつ)[2][名]辦公室 ¶-員(いん)[2][名]職員,辦事員 ¶-所(しょ)[2][名]事務所

しむけ ⓪【仕向け】[名] ❶(向某處)發送(貨物等) ❷對待

しむ・ける ③【仕向ける】[他下一] ❶對待¶親切に〜/熱情地對待 ❷發送(貨物等)

じむてき ⓪【事務的】[形動]事務性

しめい ①【氏名】[姓]姓名

しめい ①【使命】[名]使命¶〜をおびる/負有使命¶-感(かん)⓪[名]使命感

しめい ⓪【指名】[名・他サ]指名,指定¶〜をうける/接受指定

しめいてはい ④【指名手配】[名・他サ]通緝(逃犯)

しめきり ⓪【締め切り】[名]截止,終止¶-日(び)[4][名]截止日期

しめ・る ⓪【締(め)切る】[他五]截止,終止¶申しこみを〜/截止報名
——【閉(め)切る】關閉¶へやを〜/把房間緊緊關上

しめくく・る ③【締めくくる・締(め)括る】[他五]總結,結束¶会議を〜/結束會議

じめじめ ①[副]潮濕,潮乎乎¶〜した気候/潮濕的氣候

しめ・す ⓪【示す】[他五] ❶出示,指示¶方向を〜/指示方向¶見本を〜/出示樣本 ❷表示,表現¶誠意を〜/表現出誠意 ❸顯示¶実力を〜/顯示出實力

しめ・す ⓪【湿す】[他五]弄濕,浸濕

しめた ①[感]太好了,好極了

しめだ・す ⓪【締(め)出す】[他五]排斥¶日本製品を〜/排斥日貨
——【閉(め)出す】關在門外,不許進屋

じめつ ⓪【自滅】[名・自サ] ❶自

取滅亡 ❷自然滅亡

しめっぽ・い ⓪④【湿っぽい】[形]
❶潮乎乎,濕 ❷(心情)陰鬱,憂鬱¶～気分/憂鬱的心情

しめなわ ⓪②【注連縄】[名](祭神或新年時掛的)稻草繩

しめやか ②[形動]肅靜,肅穆

しめりけ ⓪【湿り気】[名]潮氣,濕氣

しめ・る ⓪【湿る】[自五]潮濕¶～った空気/潮濕的空氣

し・める ⓪【占める】[他下一]❶占,占有¶席を～/占座位【買(か)い－】④[他下一]全部買下,囤積 ❷占據¶多数を～/占多数

し・める ②【締める】[他下一]❶繋(緊),捳(緊),勒(緊)¶帯を～/繋緊帶子 ❷振作起來,緊張起來¶気持ちを～/振作精神【ひき－】④[他下一]勒(緊),振作起來 ❸結算,合計¶～めて五万円の料理/共計飯菜是5萬日圓
——【締める・絞める】掐,勒,榨¶首を～/掐脖子【だき－】④[他下一]緊緊抱住
——【閉める】關閉¶窓を～/關窗¶店を～/商店關門,停業

しめん ①【四面】[名]❶四面 ¶一体(たい)⓪【名】〈数〉四面體 ❷周圍,四周

じめん ①【地面】[名]地面

しめんそか ①-①【四面楚歌】[名]四面楚歌

しも ②【下】[名]❶下游¶川(かわ)－⓪【名】下游 ❷下半身¶－半身(はんしん)①[名]下半身 ❸後期¶－半期(はんき)③[名]後半期 ❹地位低下的人

しも ②【霜】[名]霜¶～がおりる/下霜¶～がつく/(冰箱)結霜¶－柱(ばしら)③[名](冬季地面結的)霜柱

しもいちだんかつよう ①【下一段活用】[名]〈語〉(動詞變化的一種)下一段活用

しもつき ②【霜月】[名]陰曆十一月

しもて ③【下手】[名]❶下游 ❷(從觀衆席看)舞臺左側

じもと ③【地元】[名]❶地方,當地¶－新聞(しんぶん)④[名]地方報紙 ❷自己居住的地方

しもやけ ⓪【霜焼(け)】[名](手、腳的)凍瘡

しもん ⓪【指紋】[名]指紋

しもん ⓪【試問】[名・他サ]考試,測試¶口頭(こうとう)－⑤[名]口試

しもん ⓪【諮問】[名・他サ]咨詢¶－機関(きかん)⑤[名]咨詢機關

じもんじとう ⓪【自問自答】[名・自サ]自問自答

しや ①【視野】[名]視野¶～をひろめる/開闊視野

しゃ ①【社】[名](「会社」的簡稱)公司

しゃ ⓪【車】[名](將棋的「飛車」的簡稱)飛車

じゃ ①[接]那麼¶～、また/那麼,再見(回頭見)
——[接助]¶そう～ない/不是那麼回事◆也讀做「じゃあ」

ジャージー ①【jersey】[名]針織布(做春秋女裙用)

ジャーナリスト ④【journalist】[名]記者,撰稿人,新聞工作者

ジャーナル ①【journal】[名]❶期刊 ❷專欄

シャープペンシル ④【sharp pencil】[名]自動鉛筆

ジャイロコンパス ⓪【gyrocompass】[名]回轉羅盤

しゃいん ①⓪【社員】[名]公司職員

しゃおん ①【謝恩】[名・自サ]謝恩¶－会(かい)⓪[名]謝恩會

しゃか ⓪①【釈迦】[名]釋加年尼

しゃかい ①【社会】[名] ❶社會¶～に出る/走上社會【実(じつ)－③】[名]現實社會 ❷(藝術等)界¶芸術家の～/藝術界

しゃかいか ⓪【社会科】[名]社會科(日本中小學的政治、經濟、地理、歴史等學科)

しゃかいかがく ④【社会科学】[名]社會科學

しゃかいしゅぎ ④【社会主義】[名]社會主義

しゃかいじん ②【社会人】[名]社會成員

しゃかいふくし ⑤【社会福祉】[名]社會福祉

しゃかいほけん ④【社会保険】[名]社會保險

ジャガいも ⓪【ジャガ芋】[名]馬鈴薯

しゃが・む ⓪【自五】蹲下

しゃがれごえ ④【嗄(れ)声】[名]嘶啞的嗓音

しゃが・れる ⓪【嗄れる】[自下一](聲音)嘶啞

しゃく ②【尺】[名] ❶長度 ❷尺子

しゃく【酌】[名]斟酒¶お～をする/斟酒

しゃく ⓪【癪】[名・形動]生氣,怒氣¶～にさわる/動肝火

じゃく ①【弱】[名] ❶弱,不足¶ニメートル～の長さ/不足兩米長

じゃくし ①【弱視】[名]弱視

しゃくしじょうぎ ④【杓子定規】[名・形動]死板,墨守陳規

しゃくしょ ②【市役所】[名]市政廳

じゃぐち ⓪【蛇口】[名]水龍頭

じゃくてん ③【弱点】[名]弱點,缺點

しゃくど ①【尺度】[名]尺度,標準

しゃくどういろ ⓪【赤銅色】[名]紫銅色

じゃくにくきょうしょく ⓪【弱肉強食】[連語・名]弱肉強食

しゃくはち ⓪【尺八】[名]尺八(日本樂器)

しゃくほう ⓪【釈放】[名・他サ]釋放

しゃくや ⓪【借家】[名]租房¶-人(にん)⓪】[名]租房人,房客

しゃくやく ⓪【芍薬】[名]芍藥

しゃくりあ・げる ⑤【しゃくり上げる】[自下一]抽噎著哭,哽咽地哭

しゃげき ⓪【射撃】[名・他サ]射擊

ジャケット ①②【jacket】[名] ❶夾克 ❷(唱片、書籍的)紙套

しゃけん ⓪【車検】[名](定期的)驗車

しゃこ ①【車庫】[名]車庫

しゃこう ⓪【社交】[名]社交

じゃこう ⓪【麝香】[名]麝香

しゃこうかい ②【社交界】[名]社交界

しゃざい ⓪【謝罪】[名・他サ]道歉,賠罪

しゃさつ ⓪【射殺】[名・他サ]槍殺

しゃじく ⓪【車軸】[名]車軸◇車軸を流(なが)すような/(雨下得)如瓢潑,滂沱

しゃじつ ⓪【写実】[名]寫實

しゃじつしゅぎ ④【写実主義】[名]寫實主義

しゃしょう ⓪【車掌】[名]乗務員,列車員

しゃしん ⓪【写真】[名]照片,像片¶～をとる/照相

ジャズ ①【jazz】[名]爵士樂

ジャスト ①【just】[名]恰好,正好¶いま、～十二時です/現在正好是12點

ジャスミン ⓪①【jasmine】[名]茉莉

しゃせい ⓪【写生】[名・他サ]寫生
しゃせつ ⓪【社説】[名]社論
しゃぜつ ⓪【謝絶】[名・他サ]謝絶, 拒絕
しゃたく ⓪【社宅】[名](公司)員工住宅
しゃだん ⓪【遮断】[名・他サ](交通等)隔斷, 遮斷¶交通を～する/禁止通行
しゃだんき ②【遮断機】[名](鐵路道口上)橫道欄桿
しゃちこば・る ④[自五]拘板, 嚴肅, 緊張 ◆亦作「しゃっちょこばる」
しゃちょう ⓪【社長】[名]社長, 公司經理
シャツ ①[shirt][名]襯衣, 襯衫
じゃっかん ⓪【若干】[名]若干¶～の修正を行う/進行若干修改
——[副]一些, 少許¶うたがわしい点が～ある/多少有些疑點
ジャッキ ①[jack][名]千斤頂
しゃっきん ③【借金】[名・自サ]借錢, 借款, 負債¶-取(とり)④[名]要債的人
しゃっくり ①[名]打嗝兒
ジャッジ ①[judge][名]❶審判官 ❷〈體〉副裁判 ❸判定, 審判
シャッター ①[shutter][名]❶(防盗用)捲簾式鐵門¶～をおろす/放下鐵門 ❷(照相機)快門¶～をきる/按快門
シャットアウト ④[shutout][名・他サ]❶關在門外, 不讓進入 ❷(棒球)(使對方得零分)完封 ❸(排球)完全封死
しゃとう ⓪【斜塔】[名]斜塔
しゃどう ⓪【車道】[名]車道
しゃない ①【車内】[名]車内
しゃにむに ⓪【遮二無二】[副]不管不顧, 莽撞¶～つきすすむ/橫衝直闖
しゃばけ ③【娑婆気】[名]名利心

しゃぶしゃぶ ⓪[名]涮牛(羊)肉
しゃふつ ⓪【煮沸】[名・他サ]煮沸¶-消毒(しょうどく)④[名]煮沸消毒
しゃぶ・る ⓪[他五]吮, 含着¶指を～/吮手指頭
しゃべ・る ②【喋る】[自五]❶說, 講 ❷饒舌, 嘮叨
シャベル ①[shovel][名]鐵鍬
シャボンだま ⓪[(ス)jabón玉][名]肥皂泡
じゃま ⓪【邪魔】[名・形動・他サ]❶妨礙, 礙事¶～になる/礙事¶仕事の～をする/妨礙工作¶-者(もの)⓪[名]礙事的人, 絆脚石 ❷(拜訪別人家時的用語)打擾, 打擾¶お～します/(臨進門時)打擾您了
しゃみせん ⓪【三味線】[名](日本式)三弦琴
ジャム ①[jam][名]果醬
しゃめい ⓪【社名】[名]公司名稱
しゃめん ①【斜面】[名]斜面
しゃもじ ①【杓文字】[名]飯勺
しゃよう ⓪【社用】[名]公司業務, 公務
しゃらく ⓪【洒落】[名・形動]灑脫, 瀟灑
じゃり ⓪【砂利】[名]碎石子¶-玉(たま)②[名](大粒)碎石子
しゃりょう ⓪【車両・車輛】[名]車輛
しゃりん ⓪【車輪】[名]車輪
しゃれ ⓪【洒落】[名]❶利用同音字等講的)俏皮話, 詼諧語¶～をとばす/講俏皮話 ❷打扮, 修飾
しゃれい ⓪【謝礼】[名]謝禮
しゃ・れる ⓪【洒落る】[自下一]❶(穿戴)講究 ❷機靈, 心眼快 ❸傲慢, 自大 ❹說俏皮話
じゃ・れる ②【戯れる】[自下一]嬉戲, 玩耍, 歡鬧
シャワー ①[shower][名]淋浴

ジャングル ①[jungle][名]密林,熱帶叢林

じゃんけん ⓪[名](兒童遊戲)划拳(石頭、剪刀、布)

しゃんと ⓪[副・自サ]端正,挺直

ジャンパー ①[jumper][名] ❶工作服 ❷運動服

シャンパン ③[仏)champagne][名]香檳酒

ジャンプ ①[jump][名・自サ]〈體〉❶跳躍 ❷(三級跳遠)最後一跳 ❸(田徑、滑雪)跳躍

シャンプー ①[shampoo][名・自サ]洗髮精;洗(頭髮)

ジャンボ ①[jumbo][名]超大型客機
—— [名・形動]巨大,特大

ジャンル ①[(仏)genre][名](文藝、文學)種類

しゅ ①[主][名] ❶主要 ❷國王,國君 ❸〈宗〉神,主

しゅう ①[週][名]一星期,一週

しゆう ⓪[私有][名・他サ]私有【-地(ち)②】[名]私有土地

じゆう ②[自由][名・形動]自由,隨意,任意【-行動(こうどう)④】[名]自由行動【-業(ぎょう)②】[名]自由業

じゅう ①[十][名]十

じゅう ①[銃][名]槍

-じゅう [中][接尾] ❶(接表示場所的詞)整個,全¶世界～/全世界 ¶一年～/全年,整年 ❷(接表示時間的詞)其間,中間 ¶工事は今年～に完成するでしょう/工程在今年之內完工吧

しゅうい ①[周囲][名] ❶周圍,四周 ❷環境,外界,周圍的人

じゅうい ①[獣医][名]獸醫

じゅういち ④[十一][名]十一

じゅういちがつ ⑥[十一月][名]十一月

しゅういん ⓪①[衆院][名]衆議院

じゅうおう ③⓪[縦横][名]自由自在,任意¶～に活躍する/任意馳騁

しゅうかい ⓪[集会][名・自サ]集會

じゅうかがくこうぎょう ⑥[重化学工業][名]重化學工業

しゅうかく ⓪[収穫][名・他サ] ❶(農作物)收穫,收成 ¶～が多い/收成好 ❷(喻)成果,收穫

しゅうかく ⓪[臭覚][名]嗅覺

しゅうがく ⓪[就学][名・自サ]上小學,就學【-率(りつ) ④】[名]就學率

しゅうがくりょこう ⑤⓪[修学旅行][名]修學旅行(由教師帶領中、小學生到實地參觀)

じゆうがた ⓪[自由型][名]〈體〉自由式(游泳)

じゅうがつ ④[十月][名]十月

しゅうかん ⓪[習慣][名] ❶習慣 ¶～になる/形成習慣 ❷(國家,地方)風俗

しゅうかん ⓪[週刊][名]週刊【-誌(し) ③】[名]週刊雜誌

しゅうかん ⓪[週間][名]週,星期
—— [接尾]星期¶三～/三個星期

しゅうき ①[周期][名]周期

-しゅうき[周忌][接尾](死者的)週年忌日,忌辰¶一～/一週年忌日

しゅうぎ ①[祝儀][名] ❶慶祝儀式,婚禮 ❷(表示祝賀之意的)禮品,禮錢 ❸賞錢,小費

しゅうぎいん ③[衆議院][名]衆議院

じゅうきょ ①[住居][名]住所

しゅうきょう ①[宗教][名]宗教

しゅうぎょう ⓪[修業][名・自サ]修業,結業

しゅうぎょう ⓪[終業][名・自サ]

❶下班,收工 ❷學期結束
しゅうぎょう ⓪【就業】[名・自サ]
❶(開始)工作[-規則(きそく)⑤]
[名]工作守則 ❷就業[-人口(じんこう)⑤][名]就業人口
じゅうぎょういん ③【従業員】[名]職工
しゅうきん ⓪【集金】[名・自他サ]收款
シュークリーム ④【(仏)chou à la crème】[名]奶油餡點心,泡芙
しゅうけい ⓪【集計】[名・他サ]合計,總計
しゅうげき ⓪【襲撃】[名・他サ]襲擊
じゅうご ①【十五】[名]十五
しゅうこう ⓪【修好・修交】[名・自サ]修好,友好[-条約(じょうやく)⑤][名]($ 國之國間$)友好條約
しゅうごう ⓪【集合】[名・自サ] ❶集合 ❷〈數〉集合
じゅうこうぎょう ③【重工業】[名]重工業
じゅうごや ⓪【十五夜】[名]中秋節
ジューサー ①【juicer】[名]榨汁器
しゅうさい ⓪【秀才】[名]秀才,才子
じゅうさん ①【十三】[名]十三
しゅうし ①【収支】[名]收支¶〜があう/收支平衡
しゅうし ①【修士】[名]修士,碩士
しゅうし ①【終始】[副・自サ] ❶始終 ❷(某種狀態)貫穿始終
しゅうじ ⓪【修辞】[名]修辭
しゅうじ ⓪【習字】[名]習字,練字
じゅうし ⓪【重視】[名・他サ]重視¶スポーツを〜する/重視體育
じゅうじ ①【従事】[名・自サ]從事¶研究に〜する/從事研究
じゅうじか ⓪【十字架】[名]十字架
しゅうしけい ⓪【終止形】[名]〈語〉終止形
じゆうじざい ④【自由自在】[名・形動]自由自在,運用自如
じゅうしち ④【十七】[名]十七
じゅうじつ ⓪【充実】[名・自サ]充實¶〜した生活/充實生活
しゅうしゅう ⓪【収拾】[名・他サ]收拾(敗局,殘局等)¶〜がつかない/不可收拾
しゅうしゅう ⓪【収集】[名・他サ]收集[-家(か)⓪][名]收藏家
しゅうじゅく ⓪【習熟】[名・自サ]熟習,掌握¶運転に〜する/掌握駕駛技術
しゅうしゅぼうかん ①-⓪【袖手傍観】[名・他サ]袖手旁觀
じゅうじゅん ⓪【従順・柔順】[名・形動]溫順,順從
じゅうしょ ①【住所】[名]住所,住址[-録(ろく)③][名]住址名簿,通訊錄
じゅうしょう ⓪【重症】[名]重症,重病[-患者(かんじゃ)⓪][名]重病患者
じゅうしょう ⓪【重傷】[名]重傷
しゅうしょく ⓪【修飾】[名・他サ]❶修飾,裝飾 ❷〈語〉修飾
しゅうしょく ⓪【就職】[名・自サ]就職,就業[-先(さき)⓪][名]就業(單位)[-難(なん)④][名]就業難
しゅうしょくご ④【修飾語】[名]〈語〉修飾語
しゅうじょし ③【終助詞】[名]〈語〉終助詞
じゅうじろ ③【十字路】[名]十字路口
しゅうしん ①⓪【終身】[名]終身,一生[-雇用(こよう)⑤][名]終身雇用
じゅうしん ⓪【重心】[名]重心
シューズ ①【shoes】[名]鞋
ジュース ①【juice】[名]果汁,橘子水

しゅうせい ⓪【習性】[名] ❶習慣 ❷(動物的)習性

しゅうせい ⓪【修正】[名・他サ] 修正,修改¶〜をくわえる/加以修改

しゅうせきかいろ ⑤【集積回路】[名]積體電路,集成電路

しゅうせん ⓪【周旋】[名・他サ] 幹旋,推薦,介紹【-屋(や)⓪】[名]中間人,經紀人

しゅうせん ⓪【終戦】[名] ❶停戰,戰爭結束 ❷指日本在第二次世界大戰中戰敗投降

しゅうぜん ⓪【修繕】[名・他サ] 修繕,修理

じゅうそう ⓪【重奏】[名・他サ] 〈音〉重奏【四(し)-②】[名]四重奏

じゅうそく ⓪【充足】[名・自他サ]充足,充裕,満足¶心が〜する/内心充實

じゅうぞく ⓪【従属】[名・自サ] 從屬,附属

じゅうたい ⓪【重体・重態】[名] 病危

じゅうたい ⓪【渋滞】[名・自サ] (工作,交通等)無進展,堵塞¶交通が〜する/交通堵塞

じゅうだい ⓪【重大】[名・形動] 重大,重要

じゅうたく ⓪【住宅】[名]住宅【-地(ち)④】[名]住宅區

しゅうだん ⓪【集団】[名]集團,集體

じゅうたん ①【絨緞・絨毯】[名] 地毯

じゅうだん ⓪【縦断】[名・自サ] 縦断

しゅうち ①⓪【周知】[名]衆所周知¶〜のとおり/正如衆所周知的那樣

しゅうち ①【羞恥】[名]羞恥【-心(しん)③】[名]羞恥心

しゅうちゃく ⓪【終着】[名]終點【-駅(えき)④】[名]終點站

しゅうちゃく ⓪【執着】[名・自サ] 執着,留戀

しゅうちゅう ⓪【集中】[名・自他サ]集中¶精神を〜する/集中精神

しゅうてん ⓪【終点】[名]終點站

じゅうてん ③【重点】[名] ❶重點 ❷〈物〉力點,支點

しゅうでんしゃ ③【終電車】[名]末班電車

しゅうと ⓪【舅】[名]公公,岳父 ——【姑】→しゅうとめ

シュート ①【shoot】[名・他サ] ❶(棒球)自然曲線球 ❷(足球)射門 ❸(籃球)投籃 ❹(網球)急扣球

じゅうどう ①【柔道】[名]柔道

しゅうとく ⓪【習得・修得】[名・他サ]學會,學好

しゅうとめ ⓪【姑】[名]婆婆,岳母

じゅうなん ⓪【柔軟】[形動] ❶柔軟 ❷(態度)靈活

じゅうに ③【十二】[名]十二

じゅうにがつ ⑤【十二月】[名]十二月

じゅうにし ③【十二支】[名]子(ねずみ)、丑(うし)、寅(とら)、卯(うさぎ)、辰(たつ)、巳(へび)、午(うま)、未(ひつじ)、申(さる)、酉(にわとり)、戌(いぬ)、亥(いのしし)

じゅうにしちょうかいよう ⑦【十二指腸潰瘍】[名]十二指腸潰瘍

しゅうにゅう ⓪【収入】[名]収入【現金(げんきん)-⑤】[名]現金収入

しゅうにゅういんし ⑤【収入印紙】[名](國庫収入證明)印花税票

しゅうにん ⓪【就任】[名・自サ] 就任

じゅうにんといろ ①-①【十人十色】[名](愛好,想法,性格等)人各不同

じゅうにんなみ ⓪【十人並(み)】

［名・形動］(才幹、容貌等)一般，普通，平常
- **しゅうねん** ①⓪【執念】［名］執着的(追求)，念念不忘
- **しゅうねんぶか・い** ⑥【執念深い】［形］執拗
- **しゅうのう** ⓪【収納】［名・他サ］❶収納 ❷収起，収存
- **しゅうは** ⓪【周波】［名］周，周波数¶～数(すう) ③［名］頻率，周率
- **じゅうばこ** ⓪【重箱】［名］(日本式)疊層飯盒
- **じゅうばこよみ** ⓪【重箱読(み)】［名］(兩個漢字組成的單詞，上一個音讀，下一個訓讀的)音訓讀法
- **しゅうはつ** ⓪【終發】［名］末班發車，末班車
- **じゅうはん** ⓪【重版】［名・他サ］重版，再版(書籍)
- **じゅうびょう** ⓪【重病】［名］重病
- **じゅうふく** ⓪【重複】［名・自サ］重複
- **しゅうぶん** ⓪【秋分】［名］秋分
- **じゅうぶん** ⓪【重文】［名］❶〈語〉並列複合句 ❷(「重要文化財」的簡稱)重點保護的文化遺產
- **じゅうぶん** ③【十分・充分】［形動・副］充份，足夠¶～な食べ物／充足的食品¶～考える／考慮充分
- **しゅうへん** ⓪①【周辺】［名］周圍，四周
- **しゅうぼう** ⓪【衆望】［名］衆望¶～をになう／身負重望
- **しゅうまつ** ⓪【週末】［名］週末
- **じゅうみん** ③⓪【住民】［名］住民，居民
- **しゅうや** ①【終夜】［名］整夜，徹夜，通宵¶～営業(えいぎょう) ④［名］通宵營業
- **じゅうやく** ⓪【重役】［名］(公司，銀行等)擔任重要職務的人(董事，監事等)
- **しゅうよう** ⓪【収容】［名・他サ］収容
- **しゅうよう** ⓪【修養】［名・自他サ］修養，涵養
- **じゅうよう** ⓪【重要】［名・形動］重要¶～視(し) ③［名・他サ］重視¶～文化財(ぶんかざい) ⓪⑦［名］國家重點保護的文化遺產
- **じゅうらい** ①【従来】［名・副］従來
- **しゅうり** ①【修理】［名・他サ］修理¶自転車を～する／修理自行車
- **しゅうりょう** ⓪【修了】［名・他サ］(課程)學完，結業¶～式(しき) ③［名］結業式
- **しゅうりょう** ⓪【終了】［名・自他サ］終了，結束
- **じゅうりょう** ③【重量】［名］❶份量 ❷重量¶～級(きゅう) ⓪［名］重量級
- **じゅうりょうあげ** ③【重量挙げ】［名］〈體〉舉重
- **じゅうりょく** ①【重力】［名］〈物〉重力
- **しゅうれっしゃ** ③【終列車】［名］(當天的)末班列車
- **じゅうろうどう** ③【重労働】［名］重體力勞動
- **じゅうろく** ④【十六】［名］十六
- **じゅうろくミリ** ④【十六ミリ】［名］十六毫米小型電影片
- **しゅうわい** ⓪【収賄】［名・他サ］収賄，受賄
- **しゅえい** ⓪【守衛】［名］守衛，守衛人員
- **しゅえん** ⓪【主演】［名］主演
- **シュガー** ①【sugar】［名］砂糖
- **しゅかく** ②⓪【主格】［名］〈語〉主格
- **しゅかくてんとう** ②【主客転倒・主客顛倒】［名・自サ］喧賓奪主
- **しゅかん** ⓪【主観】［名］主觀
- **しゅかんてき** ⓪【主観的】［形動］主觀
- **しゅぎ** ①【主義】［名］主義

しゅぎょう ⓪【修行・修業】[名・自他サ] ❶(佛教)修行 ❷(武術)苦練工夫

じゅきょう ①【儒教】[名]儒教

じゅぎょう ①【授業】[名・自サ]授業,授課【-料(りょう)】②】[名]學費

じゅく ①【塾】[名] ❶補習學校 ❷私塾

しゅくがん ⓪【宿願】[名]宿願¶〜をはたす/宿願得償

じゅくご ⓪【熟語】[名]〈語〉複合詞,熟語

しゅくし ⓪【祝辞】[名]祝詞

しゅくじつ ⓪【祝日】[名]節日

しゅくしゃ ⓪【宿舎】[名] ❶旅館 ❷(國家職員)住宅,宿舍

しゅくしょう ⓪【縮小】[名・自他サ]縮小¶軍備を〜する/縮小軍備

しゅくず ⓪【縮図】[名]縮小圖,縮影

じゅく・す ①【熟す】[自五] ❶(果實)熟 ❷(時機)成熟¶機が〜/時機成熟

じゅくすい ⓪【熟睡】[名・自サ]熟睡,酣睡

しゅくだい ⓪【宿題】[名]作業¶〜を出す/交作業

しゅくちょく ⓪【宿直】[名・自サ]值夜班

しゅくでん ⓪【祝電】[名]賀電¶〜をうつ/發賀電

じゅくどく ⓪【熟読】[名・他サ]細讀,熟讀

しゅくはく ⓪【宿泊】[名・自サ]投宿,住宿

しゅくふく ⓪【祝福】[名・他サ]祝福

しゅくめい ⓪【宿命】[名]宿命【-的(てき) ⓪】[形動]宿命

じゅくりょ ①【熟慮】[名・自サ]深思,熟慮【-断行(だんこう) ①-⓪】[名・他サ]深思後斷然實行

じゅくれん ⓪【熟練】[名・自サ]熟練

しゅげい ①【手芸】[名]手工藝

しゅけん ⓪②【主権】[名]主權【-国(こく) ②】[名]主權國家

じゅけん ⓪【受験】[名・他サ]應考,應試【-生(せい) ②】[名]應考生,考生

しゅご ①【主語】[名]〈語〉主語

しゅこう ②⓪【趣向】[名]動腦筋,下功夫¶〜をこらす/下功夫

しゅこうぎょう ②【手工業】[名]手工業

しゅさい ⓪【主催】[名・他サ]主辦,舉辦¶大会を〜する/舉辦大會【-者(しゃ) ②】[名]舉辦者

しゅざい ⓪【取材】[名・他サ] ❶(新聞,報紙)採訪 ❷取材

しゅし ①【主旨】[名]主旨,要旨

しゅし ①【趣旨】[名]宗旨,意思

しゅしゃせんたく ①【取捨選択】[名]去粗取精,加以選擇

しゅじゅ ①【種種】[名・副]各種,種種¶食品を〜とりそろえてある/備有各種食品【-雑多(ざった) ①】[形動]種類繁多

じゅじゅ ①【授受】[名・他サ]授受,贈給與接受

しゅじゅつ ①【手術】[名・他サ]手術

しゅしょう ⓪【首相】[名]首相,内閣總理大臣

じゅしょう ⓪【受賞】[名・自サ]得獎,獲獎

しゅしょく ⓪【主食】[名]主食

しゅじん ①【主人】[名] ❶丈夫 ❷(商店的)店主 ❸(傭人,雇員稱雇傭者)主人 ❹(妻子對外稱自己的丈夫)我的丈夫

じゅしん ⓪【受信】[名・他サ] ❶(無線電)接收,收聽 ❷(電報,郵件)收件,收信

しゅじんこう ②【主人公】[名](電影,文學作品中的)主人公

しゅす ①【繻子】[名]緞子

じゅず ⓪②【数珠】[名](佛教)念珠

しゅせき ⓪【主席】[名]主席

じゅぞう ⓪【受像】[名・他]接受

圖像,頭像
しゅたい ⓪【主体】[名]主體
しゅだい ⓪【主題】[名]主題
しゅだん ⓪【手段】[名]手段,辦法 ¶〜をとる/採取手段
しゅちょう ⓪【主張】[名・自サ]主張
じゅつ ②【術】[名] ❶技術,技能 ❷謀略,策略 ❸魔術
しゅつえん ⓪【出演】[名・自サ](電影、戲劇)演出,出場 ¶-者(しゃ)③[名]演出人員,演員
しゅっか ⓪【出火】[名・自サ]發生火災,失火 ¶-地点(ちてん)④[名]失火地點
しゅっか ⓪【出荷】[名・他サ](商品)上市
しゅっきん ⓪【出勤】[名・自サ]上班,出勤
しゅっけ ⓪【出家】[名・自サ](佛教)出家;出家人,僧人
しゅっけつ ⓪【出血】[名・自サ]出血
しゅっけつ ⓪【出欠】[名]出席和缺席
しゅつげん ⓪【出現】[名・自サ]出現
じゅつご ⓪【述語】[名]〈語〉述語
じゅつご ⓪【術語】[名]術語
しゅっこく ⓪【出国】[名・自サ]出國
しゅっさつ ⓪【出札】[名](車站)售票,賣票 ¶-口(ぐち)③[名]售票口
しゅっさん ⓪【出産】[名・自他サ]分娩,生育 ¶-休暇(きゅうか)⑤[名]產假
しゅっし ⓪①【出資】[名・自サ]出資,投資
しゅっしょう ⓪【出生】[名]出生,誕生 ¶-届(とどけ)⑤[名]出生申報表 ⓪【-地(ち)③[名]出生地
しゅつじょう ⓪【出場】[名・自サ](文藝、體育)出場,登場,参加
しゅっしょうりつ ③【出生率】[名]出生率
しゅっしん ⓪【出身】[名] ❶出生地,籍貫 ❷畢業
しゅっせ ⓪【出世】[名・自サ]出名,發跡 ¶〜が早い/發跡快 ¶校長に〜する/升爲校長 ¶立身(りっしん)-①[名]飛黄騰達,出人頭地 ¶-作(さく)③[名]成名作
しゅっせい ⓪【出生】[名]→しゅっしょう

しゅっせき ⓪【出席】[名・自サ]出席
しゅっちょう ⓪【出張】[名・自サ]出差
しゅつど ⓪【出土】[名・自サ]出土 ¶-品(ひん)⓪[名]出土文物
しゅつにゅう ⓪【出入】[名・自サ] ❶出入 ❷(金錢的)收支

しゅっぱつ ⓪【出発】[名・自サ] ❶出發 ¶-時間(じかん)⑤[名]出發時間 ❷開頭,開始做 ¶人生の〜/人生的起點
しゅっぱん ⓪【出版】[名・他サ]出版 ¶-社(しゃ)③[名]出版社
しゅっぴん ⓪【出品】[名・自他サ]展出作品(產品)
しゅつりょく ②【出力】[名]輸出
しゅと ①②【首都】[名]首都,首府
じゅどう ⓪【受動】[名]被動
しゅどうけん ⓪【主導權】[名]主導權
しゅとく ⓪【取得】[名・他サ]取得 ¶免許を〜する/獲取執照
しゅとして ①②【主として】[副]主要 ¶地元で消費した残りは、〜東京に出荷する/當地消費的剩餘產品,主要運往東京
ジュニア ①[junior][名] ❶少年 ❷低年級同學 ❸(中學至高中時期的)少男少女
しゅにん ⓪【主任】[名]主任 ¶-弁

護人(べんごにん)】⓪[名]首席律師

しゅのう ⓪【首脳】[名]首腦,領導人

じゅばん ⓪【襦袢】[名](和服的)貼身襯衫

しゅひ ①【守秘】[名・自サ]保守秘密¶〜義務/(公務員、律師、醫生等)保守(因職業關係得知的)秘密的義務

しゅび ①【守備】[名・他サ]守備,守衛¶〜をかためる/加強守衛

しゅび ①【首尾】[名]❶首尾,始終{一一貫(いっかん)①[名・自サ]始終如一❷(事情的)過程;結果

じゅひょう ①⓪【樹氷】[名]樹掛,霧松

しゅびよく ②【首尾よく】[副]順利地,成功地¶〜成功した/順利地成功了

しゅひん ⓪【主賓】[名]主賓

しゅふ ①【主婦】[名]家庭主婦

しゅふ ①【首府】[名]首府

しゅみ ①【趣味】[名]❶愛好¶〜が広い/愛好廣泛❷情趣,趣味¶〜のいいネクタイ/雅緻的領帶{悪(あく)—③[名・形動]低級趣味

シュミーズ ②【(仏)chemise】[名]襯裙

じゅみょう ⓪【寿命】[名]壽命

しゅもく ①⓪【種目】[名]項目

じゅもく ①【樹木】[名]樹木

しゅやく ⓪【主役】[名](電影、戲劇的)主演,主角

しゅよう ⓪【主要】[名・形動]主要

しゅよう ⓪【腫瘍】[名]腫瘤

じゅよう ⓪【受容】[名・他サ]容納,接受

じゅよう ⓪【需要】[名]需要¶〜をみたす/滿足需要

ジュラルミン ③⓪【duralumin】[名]鋁合金

しゅりゅう ⓪【主流】[名]主流

しゅりょう ⓪【狩猟】[名・自サ]狩獵

しゅりょく ①【主力】[名]主力¶〜選手(せんしゅ)④[名]主力選手

しゅるい ①【種類】[名]種類

しゅわ ①【手話】[名]啞語

じゅわき ②【受話器】[名]電話聽筒

しゅわん ①⓪【手腕】[名]手段,手腕

しゅん ⓪【旬】[名](魚、蔬菜、水菓等的)味道最鮮美的季節

じゅん ⓪【順】[名]順序,次序¶ご〜にお入りください/請按順序進場

——[形動]合乎情理,理所應當

じゅんい ①【順位】[名]順序,等級,位次

しゅんかしゅうとう ①【春夏秋冬】[連語・名]春夏秋冬,四季

じゅんかつゆ ④【潤滑油】[名]潤滑油

しゅんかん ⓪【瞬間】[名]瞬間¶〜のできごと/瞬間發生的事情

じゅんかん ⓪【循環】[名・自サ]循環¶血液の〜/血液循環

しゅんきはつどうき ①-③【春機発動期】[名]思春期

じゅんきゅう ⓪【準急】[名]準快車

じゅんけつ ⓪【純潔】[名・形動]純潔

じゅんけっしょう ③【準決勝】[名]半決賽

じゅんさ ①⓪【巡査】[名]警察

じゅんじゅんに ③【順順に】[副]按順序

じゅんじょ ①【順序】[名]❶順序❷(事情的)步驟,過程

じゅんじょう ⓪【純情】[名・形動]純情,純真

じゅんじょう ⓪【殉情】[名]殉情

じゅんしょく ⓪【殉職】[名・自サ]殉職¶-死(し)④】[名]因公死亡

じゅんしょく ⓪【潤色】[名・他サ]❶(對文章等)加工,潤色 ❷(根據原作)改寫

じゅん・じる ⓪【準じる】[自上一]❶按…對待¶会員に～/按會員對待 ❷以…為準,按照¶会費は収入に～じてきめよう/按收入多少,繳納會費

じゅんしん ⓪【純真】[名・形動]純真

じゅんすい ⓪【純粋】[名・形動]❶純,無雜質 ❷純潔,單純

じゅんせつ ⓪【順接】[名・自サ]〈語〉順接

じゅんちょう ⓪【順調】[名・形動]順利¶～にはこぶ/順利進行

じゅんど ①【純度】[名]純度¶～が高い/純度高

しゅんとう ⓪【春闘】[名]春季的罷工鬥爭

じゅんとう ⓪【順当】[形動]理當,理應,應當

じゅんのう ⓪【順応】[名・自サ]順應,適應¶環境に～する/適應環境

じゅんぱく ⓪【純白】[名・形動]純白

じゅんばん ⓪【順番】[名](按)順序,輪流

じゅんび ①【準備】[名・他サ]準備,預備¶～をととのえる/準備好¶-体操(たいそう)④】[名]準備運動

しゅんぶん ⓪【春分】[名]春分

じゅんぶんがく ③【純文学】[名]純文學

じゅんぼく ⓪【純朴・淳朴】[名・形動]純樸,淳樸

じゅんめん ⓪【純綿】[名]純綿

じゅんもう ⓪【純毛】[名]純毛

じゅんりょう ⓪【純量】[名]純量,淨重

じゅんろ ①【順路】[名](遊覽時的)正常路線

しょ ①【書】[名]❶書法 ❷書籍 ❸文書,書類

じょ ①【女】[名]❶女子 ❷女兒

しよう ⓪【仕様】[名]❶方法,辦法 ❷做法,製造方法¶-書(しょ)⓪】[名]說明書,設計書

しよう ⓪【私用】[名]私事

しよう ⓪【使用】[名・他サ]使用¶-者(しゃ)②】[名]使用者,雇用者¶-人(にん)⓪②】[名]雇工,傭人

しょう ①【省】[名]❶(日本政府機關的)省 ❷節省¶能源

しょう ⓪【小】❶小 ❷(月份)小月¶～の月/小月

しょう ①【性】[名]性情,性格

しょう ①【章】[名]章,章節

しょう ①【賞】[名]獎賞,獎勵,獎品

じょう ①【上】[名]❶上等 ❷(書的)上卷

じょう ①【城】[名]城,城堡

じょう ⓪【情】[名]情,感情¶恩愛の～/恩愛之情¶～にもろい/感情脆弱,心軟

じょう ⓪【錠】[名]鎖頭,鎖

じょうあい ⓪【情愛】[名]情愛

じょうい ①【上位】[名]順序靠前,位置居上¶～にしめる/居於前茅¶～で予選を通過した/以靠前的名次通過預賽

じょうえい ⓪【上映】[名・他サ]上映,放映

じょうえん ⓪【上演】[名・他サ]上演(戲劇)

しょうおん ⓪【消音】[名]❶消音¶-装置(そうち)⑤】[名]消音裝置 ❷隔音¶-室(しつ)③】[名]隔音室

じょうおん ⓪【常温】[名]❶常溫 ❷恒溫

しょうか ⓪【消化】[名・自他サ]

しょう ❶消化[-不良(ふりょう) ④][名]消化不良 ❷吸收,理解 ❸完成,處理完

しょうか ⓪【消火】[名・自サ]消火,滅火 -栓(せん) ③[名]消火栓

しょうが ⓪【生姜・生薑】[名]生薑

じょうか ①【城下】[名]城的四周 -町(まち) ③[名](以諸侯居住的城爲中心發展起來的)城鎮

じょうか ⓪【淨化】[名・他サ]淨化

しょうかい ⓪【紹介】[名・他サ]介紹 -狀(じょう) ③[名]介紹信 自己(じこ)- ③[名]自我介紹

しょうかい ⓪【照会】[名・他サ]照會

しょうがい ①⓪【生涯】[名]畢生,終生,一生 -教育(きょういく) ⑤[名]終生教育

しょうがい ⓪【障害・障碍】[名]❶障礙 ❷〈體〉(「障害競走」的簡稱)障礙賽跑

しょうかえき【消化液】[名]消化液

しょうかき ③【消化器】[名]消化器官

しょうかく ⓪【昇格】[名・自他サ]升格,提升

しょうがくきん ⓪【奨学金】[名]奬學金

しょうがくせい ③④【小学生】[名]小學生

しょうがつ ④【正月】[名]正月,新年

しょうがっこう ③【小学校】[名]小學校

しょうがな・い ④【仕様がない】[形]没辦法,…(得)不得了¶寒くて～/冷得不得了

しょうかん ⓪【償還】[名・他サ]償還

じょうかん ⓪【情感】[名]情感,感情

しょうき ①⓪【正気】[名・形動]精神正常,頭腦清醒¶～にもどる/恢復理智

しょうぎ ①【床几】[名]❶(日本古時戰場,狩獵用的一種)折疊凳 ❷(簡易)椅子

しょうぎ ⓪①【将棋】[名]將棋¶～をさす/下將棋◇しょうぎだおし/一個壓一個地倒

じょうき ①【蒸気】[名]蒸氣,水蒸氣

じょうぎ ①【定規】[名]規尺

じょうききかんしゃ ⑤【蒸気機関車】[名]蒸汽火車頭

じょうきげん ③【上機嫌】[名・形動](心情,情緒)好,高興¶～な顔/高興的神色

じょうきどう ③【上気道】[名]上呼吸道

じょうきゃく ⓪【乗客】[名]乘客

じょうきゅう ⓪【上級】[名]上級,高等級 -生(せい) ③[名]高年級同學

しょうぎょう ①【商業】[名]商業

じょうきょう ⓪【上京】[名・自サ]進京,去京城

じょうきょう ⓪【状況・情況】[名]狀況,情況¶現場の～/現場情況

しょうきょく ⓪【消極】[名]消極 -的(てき) ⓪[形動]消極

しょうきん ⓪【賞金】[名]奬金,賞金

じょうくう ⓪【上空】[名]上空

じょうげ ①【上下】[名]❶上下 ❷(地位)高低 ❸(西服的)上下一套 ❹(書的)上下卷 ——[名・自サ](物價的)漲落,升降

じょうけい ⓪【情景】[名]情景

しょうけいもじ ⑤【象形文字】[名]象形文字

しょうげき ⓪【衝擊】[名]打擊,衝擊¶～をうける/受到打擊 -波(は) ④[名]衝擊波

しょうけん ⓪【証券】[名]證券

しょうげん ③⓪【証言】[名・他サ]證言,證詞

じょうけん ③⓪【条件】[名]條件¶～がととのう/條件具備¶～を出す/提出條件¶-付(つき)⓺⓪[名]附帶條件,有條件¶無(む)-②[名]無條件

じょうけんはんしゃ ⑤【条件反射】[名]條件反射

しょうこ ⓪【証拠】[名]證據¶～がある/有證據

しょうご ①【正午】[名]正午

じょうご ①【上戸】[名]能飲酒的人¶笑い～/酒後好笑的人¶泣き～/酒後好哭的人

じょうご ①【漏斗】[名]漏斗

しょうこう ⓪【昇降】[名・自サ]升降¶-口(ぐち)③[名]出入口

しょうこう ⓪【焼香】[名・自サ]燒香

しょうごう ⓪【照合】[名・他サ]對照,核對

じょうこう ③⓪【条項】[名]條款,項目

じょうこう ⓪【乗降】[名・自サ]上下(車,船)¶-客(きゃく)③[名](上,下車船的)乘客

しょうこうぐん ③【症候群】[名]綜合病症,合併病狀

しょうさい ⓪【詳細】[名・形動]詳細,詳情¶～に説明する/詳細説明

じょうざい ⓪【錠剤】[名]藥片,片劑

しょうさん ⓪【硝酸】[名]〈化〉硝酸

しょうさん ⓪【称賛・賞賛】[名・他サ]稱讚,讚揚

しょうし ⓪【焼死】[名・自サ]燒死¶-者(しゃ)③[名]被燒死的人

しょうじ ⓪【障子】[名](日本式房間的)拉門

じょうし ①【上司】[名]上司,上級

しょうじき ④③【正直】[名・形動]正直,坦率,誠實¶～な人/正直的人¶～に話す/老老實實地說出——[副]老實說,坦率地說¶～わたしも困るんです/坦率地說我也很為難◇正直の頭(こうべ)に神(かみ)宿(やど)る/神保佑正直的人,天公疼憨人

じょうしき ⓪【常識】[名]常識¶～に欠ける/缺乏常識

しょうしつ ⓪【消失】[名・自サ](權利)消失,(到期)失效

しょうしつ ⓪【焼失】[名・自他サ]燒掉,燒毀

しょうしゃ ①【商社】[名]貿易公司,商社

じょうしゃ ⓪【乗車】[名・自サ]乘車¶-券(けん)③[名]車票

じょうじゅ ①【成就】[名・自他サ]❶成就 ❷完成,實現

じょうしゅうはん ③【常習犯】[名]慣犯

じょうじゅん ⓪①【上旬】[名]上旬

しょうしょ ①【証書】[名]證書¶卒業(そつぎょう)-⑤[名]畢業證書

しょうじょ ①【少女】[名]少女

しょうじょ ⓪【浄書】[名・他サ](將草稿)謄清

しょうしょう ①【少少】[副]稍微,一點兒¶～お待ちください/請稍候

しょうじょう ⓪【症状】[名](病,傷)症狀¶～が好転する/病情好轉

しょうじょう ⓪【賞状】[名]獎狀

じょうしょう ⓪【上昇】[名・自サ]上升¶物価が～する/物價上漲

じょうじょうしゃくりょう ⓪【情状酌量】[名・他サ]〈法〉酌情從輕量刑

しょうしょく ⓪【少食・小食】[名・形動]飯量小

しょう・じる ⓪【生じる】[自上

——[他上一]引起,使…發生¶誤解を〜/引起誤解

じょう・じる ⓪③【乗じる】[自上一]乘着,乘勢¶勝ちに〜/乘勝
——[他上一]〈數〉乘

しょうしん ⓪【昇進】[名・自サ]晉升,晉級¶課長に〜する/晉升為課長

しょうしんしょうめい ⓪【正真正銘】[名]道道地地,真正¶〜のほんもの/道道地地的真貨

しょうじん ⓪【小人】[名]❶心胸狹窄的人,小人 ❷(買車票等時區分的)兒童,小孩

しょうじん ①【精進】[名・自サ]❶吃素[-料理(りょうり)]⑤[名]素菜 ❷專心致志¶芸の道に〜する/專心於藝術 ❸齋戒,淨身慎心

じょうず ③【上手】[名・形動]❶(某種技術)好,高明[話(はな)し-]④[形動]會說話,能說善道 ❷用「お上手」的形式表示)奉承話¶お〜を言う/說奉承話◇上手の手(て)から水(みず)が漏(も)れる/智者千慮必有一失

じょうすい ⓪【浄水】[名]淨化(水)
じょうすい ⓪①【上水】[名]自来水
じょうすいどう ③【上水道】[名]上水道,自来水道

しょうすう ③【少数】[名]少數
しょうすうてん ③【小数点】[名]〈數〉小數點

しょう・する ③【称する】[他サ]❶稱 ❷稱讚

じょうせい ⓪【情勢・状勢】[名]情況,形勢

じょうせき ⓪【定石・定跡】[名]❶(圍棋、將棋)棋譜,一定的着數 ❷(事情)常規的做法

しょうせつ ⓪【小説】[名]小説[-家(か)]⓪[名]小説家

じょうぜつ ⓪【冗舌・饒舌】[名・形動]耍嘴皮子

しょうそう ⓪【尚早】[名](時機)尚早

しょうそう ⓪【焦燥】[名・自サ]焦躁,焦慮

しょうぞう ⓪【肖像】[名]肖像[-画(が)]⓪[名]肖像畫

しょうそく ⓪【消息】[名]❶信息,音信¶〜をたつ/斷絕音信 ❷消息,情報[-筋(すじ)]⑤[名]消息靈通(人士)

しょうたい ①③【正体】[名]❶原形,真面目¶〜をあばく/揭露真面目 ❷清醒的神志¶〜を失う/神志不清

しょうたい ①【招待】[名・他サ]招待

じょうたい ⓪【状態・情態】[名]狀態

しょうだく ⓪【承諾】[名・他サ]承諾,應允

じょうたつ ⓪【上達】[名・自サ]進步,長進¶〜がはやい/進步快

じょうだん ⓪【冗談】[名]玩笑話¶〜を言う/開玩笑¶〜を真(ま)に受ける/把玩笑當真

しょうち ⓪【承知】[名・他サ]❶承諾,同意,允許¶そんなことは、とても〜できない/那樣的事,實在不能同意 ❷知道,知曉¶むりを〜でお願いしたい/知道要求有些過份,但還望幫助我

しょうちゅう ③【焼酎】[名]燒酒

じょうちょ ⓪【情緒】[名]❶情調,情趣¶異国(いこく)〜/④[名]異國情調 ❷情緒

しょうちょう ⓪【象徴】[名・他サ]象徴

しょうてん ①【商店】[名]商店
しょうてん ①【焦点】[名]❶〈物〉焦點 ❷(問題的)中心,焦點

しょうてんきょり ⑤【焦点距離】

[名]〈物〉焦點距離
しょうとう ⓪【消灯】[名・自サ] 熄燈
しょうどう ⓪【衝動】[名]衝動¶一時の〜にかられる/由於一時衝動
じょうとう ⓪【上等】[名・形動] ❶上等,高級¶〜の品/上等貨 ❷満足,足矣
しょうどく ⓪【消毒】[名・他サ]消毒
しょうとつ ⓪【衝突】[名・自サ] ❶(車、船)相撞 ❷(利益)衝突¶意見が〜する/意見發生衝突
じょうない ①【場内】[名]場内¶-禁煙(きんえん) ①-⓪[名]場内禁止吸煙
しょうにか ⓪【小児科】[名]小兒科
しょうにまひ ④【小児麻痺】[名]小兒麻痺症
しょうにゅうせき ③【鐘乳石】[名]鐘乳石
しようにん ⓪②【使用人】[名]傭人,雇工
しょうにん ⓪【承認】[名・他サ]承認,認可¶〜をえる/得到承認
しょうにん ①【商人】[名]商人
しょうにん ⓪【証人】[名]證人
じょうにん ⓪【常任】[名・自他サ]常任¶-理事(りじ) ⑤[名]常任理事
じょうねつ ⓪①【情熱】[名]熱情
しょうねん ⓪【少年】[名]少年◇少年老(お)い易(やす)く学(がく)成(な)り難(がた)し/少年易老,學難成
しょうのう ⓪【小脳】[名]小腦
しょうのう ①【樟脳】[名]樟腦
しょうのう ⓪【笑納】[名・他サ]〈敬〉笑納¶どうか〜下さい/請笑納
しょうはい ⓪【勝敗】[名]勝敗
しょうばい ①【商売】[名・他サ]買賣,生意【-敵(がたき) ⑤[名](買賣)競争對手【-人(にん) ⓪[名]商人
じょうはつ ⓪【蒸発】[名・自サ] ❶〈物〉蒸發,汽化 ❷失踪,不知去向
じょうはんしん ③【上半身】[名]上半身
しょうひ ⓪【消費】[名・他サ]消費【-税(ぜい) ⓪[名]消費税
じょうび ①【常備】[名・他サ]常備
しょうひしゃ ③【消費者】[名]消費者
しょうひょう ⓪【商標】[名]商標
しょうひん ⓪①【商品】[名]商品
しょうひん ⓪【賞品】[名]獎品
じょうひん ③【上品】[名・形動]文雅,高貴¶〜な婦人/高貴的婦人¶〜に食べる/文雅地吃東西
しょうぶ ①【勝負】[名・自サ]勝負¶〜をつける/決一勝負
じょうぶ ⓪【丈夫】[形動] ❶(身體)健康 ❷結實,堅固¶〜な机/結實的桌子
しょうふだ ⑤⓪【正札】[名]價目牌,明碼實價的標籤
しょうぶん ⓪①【性分】[名]性格,禀性,性情
じょうぶん ⓪【条文】[名](法律等)條文
しょうべん ③【小便】[名・自サ]小便,尿
じょうほ ①【譲歩】[名・自サ]讓步¶〜をせまる/迫使譲步
しょうぼう ⓪【消防】[名]消防,防火
じょうほう ⓪【情報】[名]資訊,信息,消息¶〜をあつめる/搜集資訊(信息)【-理論(りろん) ⑤[名](電子計算機)資訊(信息)理論
じょうほうさんぎょう ⑤【情報産業】[名]資訊工業
しょうみ ①【正味】[名] ❶淨重,

内,實質 ❷實數

じょうみゃく [0１]【静脈】[名]静脈

じょうむ [1]【乗務】[名・自サ](火車,飛機等)乗務¶-員(いん) [3] [名]乗務員

しょうめい [0]【証明】[名・他サ]證明

しょうめい [0]【照明】[名・他サ]照明

しょうめつ [0]【消滅】[名・自他サ]消滅

しょうめん [3]【正面】[名] ❶(物體的)正面,表面 ❷(方向)正面,前方,對面

しょうもう [0]【消耗】[名・自他サ]消耗,耗費¶体力を～する/消耗體力

しょうもうひん [3]【消耗品】[名]消耗品

じょうやく [10]【条約】[名]條約¶～を締結する/締結條約

しょうゆ [0]【醤油】[名]醤油

しょうよ [1]【賞与】[名](毎年六月、十二月發的)奨金

じょうよ [1]【剰余】[名] ❶剰余価値(かち) [4] [名]剰余價値 ❷〈数〉餘数

じょうようかんじ [4]【常用漢字】[名]常用漢字

じょうようしゃ [3]【乗用車】[名]轎車

しょうらい [1]【将来】[名・副]將来,未来¶-性(せい) [0] [名]有前途,有發展

しょうり [1]【勝利】[名]勝利

じょうり [1]【情理】[名] ❶情理¶～を尽くして説く/盡情盡理地説服 ❷條理,道理

じょうりく [0]【上陸】[名・自サ]登陸,上岸

しょうりゃく [0]【省略】[名・他サ]省略

じょうりゅう [0]【上流】[名] ❶上游 ❷上流,上層(社會)

じょうりゅうすい [3]【蒸留水・蒸溜水】[名]蒸鎦水

しょうりょう [03]【少量】[名]少量

じょうりょくじゅ [4]【常緑樹】[名]常緑樹

じょうるり [0]【浄瑠璃】[名]淨瑠璃(以三弦琴伴唱的日本説唱藝術)

しょうれい [0]【奨励】[名・他サ]奨励

しょうろう [0]【鐘楼】[名]鐘楼

ショー [1]【show】[名] ❶展覽,展覽會 ❷演出,表演 ❸電影

じょおう [3]【女王】[名] ❶女王 ❷(某一領域中優秀的女性)女王

ショーウインドー [3]【show window】[名]商品陳列窗

ジョーク [1]【joke】[名]诙諧,笑話

ジョーゼット [3]【Georgette】[名]喬其紗(一種透明的細薄絹織料)

ショート [1]【short】[形] ❶短[-カット [4]](女子)短髪型 ❷(棒球「ショートストップ」的簡稱)游撃手
—— [名・自他サ](電流)短路

ショール [1]【shawl】[名]披肩,圍巾

ショールーム [3]【showroom】(商品)陳列室

しょが [1]【書画】[名]書畫

じょがい [0]【除外】[名・他サ]除外,不在此例

じょがくせい [2]【女学生】[名]女學生

じょがっこう [2]【女学校】[名]女子中學

しょかん [0]【書簡・書翰】[名]信,信件

しょき [1]【初期】[名]初期

しょきあたり [3]【暑気あたり・暑気中り】[名]中暑

しょきゅう [0]【初級】[名]初級

じょきょうじゅ [2]【助教授】[名]副教授

じょきょく ①【序曲】[名]序曲
ジョギング ⓪【jogging】[名・自サ]慢跑
しょく ⓪①【食】[名] ❶食品,食物 ❷飲食,飯量
しょく ⓪②【職】[名] ❶職業¶～を求める/求職¶～につく/就業 ❷職務 ❸手藝,技術
しょくいん ②【職員】[名]職員
しょくえん ②【食塩】[名]食鹽
しょくぎょう ②【職業】[名]職業
しょくぎょうびょう ⓪【職業病】[名]職業病
しょくご ⓪【食後】[名]飯後
しょくじ ⓪【食事】[名・自サ]吃飯,飯食¶～をとる/吃飯
しょくじ ⓪【植字】[名・自サ](印刷)排字
しょくじゅ ⓪【植樹】[名・自サ]植樹¶～祭(さい) ③[名]植樹節
しょくじょ ①【織女】[名](天)織女星
しょくたく ⓪【食卓】[名]飯桌,餐桌
しょくちゅうどく ③【食中毒】[名]食物中毒
しょくどう ⓪【食堂】[名] ❶(家裡的)飯廳 ❷飯館,食堂
しょくにん ⓪【職人】[名]手藝人
しょくのう ②⓪【職能】[名] ❶職能 ❷職業
しょくば ③⓪【職場】[名]工作崗位
しょくばい ⓪②【触媒】[名]〈化〉觸媒,催化劑
しょくパン ⓪③【食パン】[名]主食麵包,方麵包
しょくひ ⓪【食費】[名]飯費,伙食費
しょくひん ⓪【食品】[名]食品¶～添加物(てんかぶつ) ⑦[名](爲美觀或防腐而摻進的)食品添加劑
しょくぶつ ②【植物】[名]植物¶～園(えん) ④[名]植物園¶～油(ゆ) ④[名]植物油
しょくみんち ③【植民地】[名]殖民地
しょくむ ①②【職務】[名]職務
しょくもつ ②【食物】[名]食物,食品
しょくよく ⓪②【食欲】[名]食慾¶～がわく/有食慾
しょくりょう ②⓪【食料】[名]食物,食品
しょくりょう ②⓪【食糧】[名]食糧,糧食
しょくりょうひん ③【食料品】[名]副食品
しょくりん ⓪【植林】[名・自サ](植樹)造林
しょくん ①【諸君】[名]諸君,諸位(用於同輩、晚輩)
しょ・げる ②[自下一]頹喪,垂頭喪氣
じょげん ⓪【序言】[名]序言
じょげん ⓪【助言】[名・自サ]建議,忠告¶～をあたえる/給予忠告
しょこ ①【書庫】[名]書庫
しょこう ⓪【初校】[名](印刷)第一次校對
じょこう ⓪【徐行】[名・自サ]慢速,慢行¶～運転(うんてん) ⑤[名]慢速行駛
しょこく ①【諸国】[名]列國,各國
しょさ ①【所作】[名]舉止,行爲,動作
しょさい ⓪【書斎】[名]書齋
しょざい ⓪【所在】[名]所有,所有之處¶～がわからない/不知(他的)下落¶責任の～/責任所在
しょざいない ④【所在ない】[形]無事可做,無聊
じょさいな・い ④【如才ない】

[形]圓滑周到,機敏,善應酬¶～くふるまう/圓滑地應酬

じょさんぷ ②【助産婦】[名]助産士

じょし ①【女子】[名] ❶女孩,女兒 ❷女子

じょし ⓪【助詞】[名]〈語〉助詞

じょしゅ ⓪【助手】[名] ❶助手 ❷(大學教員職稱)助教

じょじゅつ ⓪【叙述】[名・他サ]敍述

しょじょ ①【処女】[名]處女
——[接頭] ❶第一次,初次¶～作(さく)/處女作 ❷未曾有人進入的地方¶～峰(ほう)/處女峰

じょじょう ⓪【叙情・抒情】[名]抒情

じょじょに ①【徐々に】[副]徐徐,緩緩

しょしん ⓪【初心】[名・形動] ❶初志,初衷 ❷初學,沒有經驗

じょじんき ②【除塵機】[名]除塵器,吸塵器

じょすうし ③【序数詞】[名]序数詞(如第一,第二等)

じょすうし ②【助数詞】[名]〈語〉量詞

しょ・する ②【処する】[自サ]處於,置身於¶難局に～/處於困難的局面
——[他サ] ❶處理¶事を～/處理事務 ❷判刑,處罪¶死刑に～/處以死刑

じょせい ⓪【女性】[名]女性

じょせいご ⓪【女性語】[名]女子用語

じょせいてき ⓪【女性的】[形動]女人氣

しょせき ①【書籍】[名]書籍,圖書

じょせき ⓪【除籍】[名・他サ]除名,(從戶口上)消除名字

しょせん ⓪【所詮】[副]終究,結局,歸根,究底¶～、かなわぬ夢とあきらめる/畢竟那是難以實現的夢想,只得作罷

しょぞく ⓪【所属】[名・自サ]所屬,屬於

しょたい ②①【所帯・世帯】[名]家庭,門戶¶～を持つ/成家,立門戶【-持(も)ち】②⑤[名]有家(的人),成家(的人)

しょたいめん ②【初対面】[名]初次見面

しょち ①【処置】[名・他サ]處置,處理

しょちゅう ⓪【暑中】[名]盛夏,伏天

しょちゅうみまい ④【暑中見舞い】[名]暑期問候

じょちゅう ⓪【女中】[名] ❶女傭人 ❷(旅館,飯館的)女招待

じょちょう ⓪【助長】[名・他サ] ❶促進;協助 ❷助長

しょっかく ⓪【触角】[名]〈動〉觸角

しょっかく ⓪【触覚】[名](生理)觸覺

しょっき ⓪【食器】[名]餐具

ショッキング ①【shocking】[形動]驚人,令人震驚

ショック ①【shock】[名] ❶〈物〉衝擊,打擊 ❷(心理上的)打擊,刺激¶～をうける/受到刺激

しょっけん ⓪【食券】[名]飯票,菜券

しょっちゅう ①[名]經常,總是,不斷¶～いねむりばかりしている/經常打瞌睡

ショット ①【shot】[名] ❶(網球,高爾夫球的)擊球 ❷(電影的)一個鏡頭

しょっぱい ③[形]〈俗〉鹹的

ショッピング ①【shopping】[名・自サ]購物,買東西

しょてん ①⓪【書店】[名]書店

しょとう ⓪【初等】[名]初等,初級

しょとう ①【諸島】[名]諸島,群島

しょどう ⓪【書道】[名]書法
じょどうし ②【助動詞】[名]〈語〉助動詞
しょとく ⓪【所得】[名]收入,所得
しょとくぜい ③【所得稅】[名]所得稅
しょばつ ①⓪【處罰】[名・他サ]處罰,懲罰
しょはん ⓪【初版】[名]初版,第一版
しょぶん ①【處分】[名・他サ] ❶處理(廢品等) ❷處分,處罰¶～をうける/受到處分
ショベル ①【shovel】[名] ❶→シャベル ❷掘土機
しょほ ①【初步】[名]初步,初級
しょほう ⓪【處方】[名・他サ]處方
しょほうせん ⓪【處方箋】[名]處方
しょぼしょぼ ①[副](細雨)濛濛——[副・自サ] ❶(眼睛)睜不開,朦朧,惺忪 ❷衰弱無力¶～歩く/軟弱無力地走着
じょまく ⓪【除幕】[名](銅像、紀念碑的)揭幕【-式(しき) ③】[名]揭幕式
しょみん ①【庶民】[名]庶民,平民
しょめい ⓪【署名】[名・自サ]署名,簽名
じょめい ⓪【除名】[名・他サ]除名,開除
しょもつ ①【書物】[名]書,書籍
じょや ①【除夜】[名]除夕
しょゆう ⓪【所有】[名・他サ]所有【-權(けん) ②】[名]所有權
じょゆう ⓪【女優】[名]女演員
しょり ①【處理】[名・他サ]處理¶～をまかせる/委託處理
じょりゅう ⓪【女流】[名]女子,女性【-作家(さっか) ④】[名]女作家【-文學(ぶんがく) ④】[名]女子文學

しょるい ①【書類】[名]文書,文件
じょれつ ⓪【序列】[名](按年齡、地位、成績而排的)順序【年功(ねんこう)- ⑤】[名]按年資長短排隊,論資排輩
じょろん ⓪【序論】[名]緒論,序論
しょんぼり ③[副・自サ]悄然,寂寞,孤單,垂頭喪氣,無精打彩
しらが ③【白髮】[名]白髮
しらかば ②⓪【白樺】[名]白樺樹
しら・ける ③【白ける】[自下一] ❶掃興,冷場¶座が～/冷場 ❷褪色,(顔色)發白
しらじらし・い ⑤【白白しい】[形] ❶佯裝不知 ❷瞞不了人,顯而易見¶～うそ/一看便知的謊言
じら・す ②【焦らす】[他五]使人焦急,使人着急
しらずしらず ④【知らず知らず】[副]不知不覺地¶～のうちに寝てしまった/不知不覺地睡着了
しらせ ⓪【知らせ】[名] ❶通知,消息 ❷預兆,前兆
しら・せる ⓪【知らせる】[他下一]告知,通知¶急を～/告急◇虫(むし)が知らせる/(壞的、糟糕的)預感,前兆
しらに ③【白煮】[名] ❶加鹽清燉、白煮(帶肉的魚骨) ❷加鹽、糖燉(煮)的甘薯
しらぬかお ⓪【知らぬ顔】[名] ❶不認識的人 ❷假裝不知道(的樣子)
しらぬがほとけ【知らぬが仏】眼不見,心不煩
しらべ ③【調(べ)】[名] ❶調查 ❷音調,曲調
しら・べる ③【調べる】[他下一] ❶調查,查閱¶原因を～/調查原因 ❷審查,檢查,盤查¶犯人を～/審查犯人
しらみ ⓪【虱・蝨】[名]虱子

しり ②【尻】[名] ❶臀部,屁股 ❷(人的)後頭,後面¶人の〜からついていく/跟在別人後頭走 ❸最後,末尾¶〜から数える/從末尾数 ❹善後,後果 ❺(容器的)底兒◇尻が重(おも)い/懶惰,不愛動◇尻が軽(かる)い/輕浮,水性楊花,不穩重,輕率◇尻が割(わ)れる/壞事露馬腳¶尻に敷(し)く/妻子欺壓丈夫,受老婆的氣◇尻に火(ひ)が付く/情況緊迫,緊急

しりあい ⓪【知(り)合(い)】[名] 相識,朋友,熟人

シリーズ ①【series】[名] ❶(出版物,電影,電視節目等的)連續,系列,成套 ❷(棒球)聯賽,循環賽

しりうまにのる【尻馬に乗る】隨聲附和,盲從

しりおし ④③【尻押(し)】[名] ❶從後面推 ❷後盾,後援

じりき ⓪【自力】[名] ❶自力 ❷(佛教)自力修行成佛

しりきれとんぼ ⑤【尻切れ蜻蛉】[名] 有頭無尾

しりごみ ④③【尻込(み)・後込(み)】[名] ❶後退,倒退 ❷退縮,躊躇不前

シリコン ①【silicone】[名]〈化〉硅,硅鋼,聚矽硅氧,元素矽

じりじり ①【副】❶(東西煎焦時的)狀態或聲音¶肉が〜こげる/肉烤糊了 ❷(太陽光)灼熱¶〜と照りつける/太陽照得火辣辣的 ❸(緩緩地)接近¶〜とせまる/一點點逼近

────[副・自サ] 焦急,焦躁¶〜しながらバスを待っている/焦急地等車

しりぞ・く ③【退く】[自五] ❶後退 ❷離開,退下 ❸退職,離職

しりぞ・ける ④【退ける・斥ける】[他下一] ❶命令退下,喝退 ❷(將進攻者)撃退,趕走 ❸(對他人的意見,要求)拒絕 ❹撤職,降職

しりつ ①⓪【私立】[名] ❶私立 ❷「私立学校」的簡稱

じりつ ⓪【自立】[名・自サ] 自立,獨立

じりつご ⓪【自立語】[名]〈語〉獨立語

じりつしんけい ④【自律神經】[名](生理)自主神經

しりとり ③④【尻取り】[名] 遊戲,接尾令(如たまご→ゴリラ→らっきょう)

しりめ ③②【尻目】[名](用「…を尻目に」的形式表示)全然不顧,無視¶人びとの大混乱を〜に,さっさとその場を去った/全然不願人們的混亂,很快地離開了那裡◇尻目にかける/瞧不起人

しりめつれつ ①-⓪【支離滅裂】[名・形動] 支離破碎,七零八落

しりもち ③④【尻餅】[名] 四腳朝天¶〜をつく/摔了個四腳朝天

しりゅう ⓪【支流】[名] ❶(河流的)支流 ❷分支,支派

しりょ ①【思慮】[名] 思考,考慮,深思

しりょう ①⓪【資料】[名] 資料

しりょう ①⓪【飼料】[名] 飼料

しりょく ①【視力】[名] 視力

じりょく ①【磁力】[名]〈物〉磁力

シリンダー ②①【cylinder】[名] 汽缸,汽筒

しる ①【汁】[名] ❶汁,汁液 ❷湯,(日本)醬湯◇うまい汁を吸(す)う/乘機撈油水,占便宜

し・る ⓪【知る】[他五] ❶知道,知曉,懂得¶はじを〜/知恥¶〜一を聞いて十を知(聴一而知十 ❷感覺,察覺¶〜らずに店の前をとおりすぎた/不知不覺地走過了商店 ❸認識¶その

人なら,よく〜っている/那個人,我很了解 ❹有關係¶そんなこと〜もんか/那事和我無關

シルク ①【silk】[名]絲綢,絲

シルクロード ④【Silk Road】[名]絲綢之路

しるこ ⓪③【汁粉】[名]年糕紅豆濃湯

しるし ⓪【印】[名] ❶記號,符號¶〜をつける/割上記號 ❷證明,證據 ❸標誌¶駐車禁止の〜/禁止停車的標誌

しる・す ⓪【印す】[他五]印上(記號)¶第一步を〜/留下了第一步

しる・す ⓪【記す】[他五] ❶記入,寫入 ❷記住,留在記憶中¶心に〜/記在心裡

シルバー ①【silver】[名] ❶銀,銀色 ❷銀器

シルバー・シート ⑤【silver seat】[名](公共車輛上的)老弱病殘優先席座,博愛座

しれい ⓪【司令】[名・他サ]司令【-官(かん)】②[名]司令官

しれい ⓪【指令】[名・他サ]指示,命令

じれい ⓪【辞令】[名] ❶任免證書 ❷辭令¶外交〜/外交辭令

じれった・い ④[形]令人焦急,惹人不耐煩

し・れる ⓪【知れる】[自下一] ❶(被)知道¶世間に〜/被世人知道 ❷明白,了解¶えたいが〜れない/不了解底細,來歷不明 ❸(用「知れたこと」的形式表示)不説自明,當然明白¶そんなことは〜れたことだ/那種事情不説自明

じ・れる ②【焦れる】[自下一]焦急,急躁

ジレンマ ②【dilemma】[名]進退兩難(的狀態)¶〜に陥る/陷入進退兩難的地步

しろ ①【白】[名] ❶白,白色 ❷(圍棋的)白棋子 ❸無罪,清白(的人)

しろ ⓪【城】[名]城,城堡

しろあと ⓪③【城跡】[名]城堡的遺跡

しろあり ⓪②【白あり・白蟻】[名]白蟻

しろ・い ②【白い】[形] ❶白,白色¶色が〜/顔色白◇白い目で見る/冷眼相看 ❷空白¶〜ページ/空白頁

しろうと ①【素人】[名]外行,門外漢

しろがね ⓪【白金・銀】[名] ❶銀,白銀 ❷銀色

しろくま ⓪【白くま・白熊】[名]白熊

しろくろ【白黒】[名・他サ] ❶黑白,黑色與白色¶〜映画/黑白電影 ❷是非曲直,有罪無罪◇白黒をきめる/定個是非曲直 ❸(吃驚、痛苦時的)眨眼◇目を白黒させる/使勁眨眨眼 ◆❶為⓪型、❷❸為①型語調

しろざとう ③【白砂糖】[名]白砂糖

じろじろ ①[副](不客氣地)盯著看

しろっぽ・い ④【白っぽい】[形](帶)白色,發白

しろバイ ⓪【白バイ】[名](交通警察騎的)白色摩托車

しろば・む ③【白ばむ】[自五]發白,帶白色

しろぼし ②【白星】[名](相撲)勝利的符號

しろみ ①②【白身】[名] ❶蛋白 ❷(魚、肉的)白色部份;(豬)肥肉 ❸(木材的)白色部份

しろめ ①②【白目】[名] ❶白眼珠 ❷冷眼光◇白目で見る/冷眼看人

じろりと ②[副]瞪眼

しわ ⓪【皺】[名]皺紋,褶子¶～がよる/起皺,出皺紋

しわが・れる ⓪【嗄れる】[自下一](聲音)嘶啞,吵啞¶～れた声/吵啞的聲音

しわけ ⓪【仕分け】[名]區分,分類　──【仕訳】(帳目)分錄,分別記載

しわざ ⓪【仕業】[名]行為,所作所為

じわじわ ①[副]慢慢地,一步步地

しわす ⓪【師走】[名]十二月,臘月

しわよせ ④⓪【しわ寄せ・皺寄せ】[名]波及,殃及¶…の～を受ける/受…影響

じわれ ⓪【地割れ】[名]地裂(縫)

しん ①【心】[名] ❶心 ❷内心¶～が強い/内心很好強

しん ①【芯】[名] ❶核,芯¶えんぴつの～/鉛筆芯 ❷(蠟燭,煤氣爐等的)芯 ❸(身體的)内部¶頭の～がぼんやりしている/腦子發愣 ❹中心,核心部份

しん ①【新】[名] ❶新 ❷(「新暦」的簡稱)陽暦

しん ①【真】[名]真,真正,真實

しんあい ⓪【親愛】[名・形動]親愛

しんい ①【真意】[名]真意,本意

じんい ①【人為】[名]人為,人工【-的(てき)】[形動]人爲

しんいり ⓪【新入り】[名]新加入(的人),新參加(的人)

じんいん ⓪【人員】[名]人數,工作人員數

しんえい ⓪【新鋭】[名・形動]新生力量,新人

しんえん ⓪【深遠】[名・形動]深遠

しんか ①【進化】[名・自サ]進化【-論(ろん)】③[名]進化論

しんかい ⓪【深海】[名]深海

しんがい ⓪①【心外】[名・形動]意外,遺憾

しんがい ⓪【侵害】[名・他サ]侵犯

しんがお ⓪【新顔】[名]新來的人,新參加的人,新手

しんがく ⓪【進学】[名・自サ]升學

じんかく ⓪【人格】[名] ❶人格,人品 ❷〈法〉公民的資格

しんがた ⓪【新型】[名]新型

しんがっき ③【新学期】[名]新學期

しんかん ⓪【新館】[名]新館,新樓

しんかんせん ③【新幹線】[名]新幹線

しんぎ ①【真偽】[名]真偽,真假¶～をたしかめる/弄清真假

しんぎ ①【審議】[名・他サ]審議

しんきゅう ⓪【針灸・鍼灸】[名]針灸

しんきゅう ⓪【進級】[名・自サ](等級)進級,(學生)升級

しんきょ ①【新居】[名]新居

しんきょう ⓪【心境】[名]心境,心情

しんきょう ⓪【進境】[名]進步的程度

しんきろう ③【蜃気楼】[名]海市蜃樓

しんきんかん ③【親近感】[名]親切感

しんきんこうそく ⑤【心筋梗塞】[名]心肌梗塞

しんくう ⓪【真空】[名]〈物〉真空

じんぐう ③【神宮】[名](規格高的)神社

しんくうかん ⓪【真空管】[名]真空管,電子管

ジンクス ①【jinx】[名]不吉利,不祥之兆

シングル ①【single】[名] ❶單人,單個 ❷獨身者 ❸(網球,乒乓球的)單打 ❹(外衣的)單排鈕扣 ❺(棒球)一壘打

シングルス ①【singles】[名](網

球、乒乓球等的)單打
しんけい⓪【神経】[名]❶神經 ❷精神,感覺¶～がするどい/感覺敏銳
しんけいしつ③【神経質】[名・形動]神經質
しんけん⓪【真剣】[名]真刀,真劍
——[形動]認真
しんげん③⓪【震源】[名]❶震源❷根源
じんけん⓪【人権】[名]人權
しんご⓪【新語】[名]❶新詞❷(教材中的)生字
しんこう⓪【信仰】[名・他サ]信仰¶～をもつ/有信仰
しんこう⓪【進行】[名・自サ]行進,前進
——[名・自他サ]❶(病情)惡化¶病気が～する/病情惡化❷推進,進展
しんこう⓪【新興】[名]新興
しんごう⓪【信号】[名]紅綠燈,信號,交通信號
じんこう⓪【人口】[名]❶人口❷衆口,人言◇人口に膾炙(かいしゃ)する/膾炙人口
じんこう⓪【人工】[名]人工,人造
じんこうえいせい⑤【人工衛星】[名]人造衛星
じんこうこきゅう⑤【人工呼吸】[名]人工呼吸
じんこうじゅせい⑤【人工授精】[名]人工授精
じんこうみつど④【人口密度】[名]人口密度
しんこきゅう③【深呼吸】[名]深呼吸
しんこく⓪【申告】[名・他サ]申報
しんこく⓪【深刻】[形動]嚴重,重大¶～な問題/嚴重的問題
しんこん⓪【新婚】[名]新婚¶-旅行(りょこう)⑤】[名]新婚旅行
しんさ①【審査】[名・他サ]審査

じんざい⓪【人材】[名]人材
しんさつ⓪【診察】[名・他サ]診斷(病情)
しんし①【紳士】[名]紳士¶-協定(きょうてい)④】[名]君子協定¶-服(ふく)③】[名]男士服裝
じんじ①【人事】[名]❶(人力所及的)事情❷(人的)感覺,知覺【-不省(ふせい)①】[名]不省人事❸(組織内部)人事(關係)
しんしき⓪【新式】[名・形動]新式¶～の自動車/新式汽車
しんしつ⓪【寝室】[名]寢室,卧室
しんじつ①【真実】[名]真實,事實
——[副]確實¶～,そう思うよ/我確實那樣認爲
じんじふせい①【人事不省】[名]不省人事,人事不省
しんしゃ⓪【新車】[名]新車
しんじゃ①③【信者】[名]信者,信徒
じんじゃ①【神社】[名]神社
しんじゅ⓪【真珠】[名]珍珠
じんしゅ⓪【人種】[名]人種
しんじゅう⓪【心中】[名・自サ]❶(男女)情死,殉情❷(全家)共同自殺
しんしゅく⓪①【伸縮】[名・自サ]伸縮
しんしゅつ⓪【進出】[名・自サ]打入,進入¶海外へ～する/打入國際(市場)
しんしょう⓪【身障】[名](「身体障害」的簡稱)殘疾
しんじょう⓪【心情】[名]心情¶～を察する/體諒心情
しんじょう①⓪【身上】[名]❶身世,履歴¶-調査(ちょうさ)⑤】[名]身世調査❷長處,優點
しんじょう⓪【信条】[名]❶信念❷信條,教義
しんしょく⓪【寝食】[名・他サ]寢食

しん・じる ⓪③【信じる】[他上一] ❶信,確信 ❷信仰¶神を〜/信神 ❸信頼,相信¶人を〜/相信人
しんしん ①【心身】[名]身心,精神與肉體
しんしん ⓪【新進】[名]新出現(的人物)¶〜作曲家/新作曲家
しんしん ⓪③①【副】❶夜深人静,夜深¶夜が〜とふける/夜深人静 ❷冷氣襲身,刺骨¶〜と冷えこむ冬の夜/寒冷的冬夜 ❸雪落堆積貌
しんじん ⓪【新人】[名]新人,新秀
しんじん ③①【信心】[名・他サ]信仰(神,佛)
しんずい ⓪①【神髄・真髄】[名]精髓
しんせい ⓪【申請】[名・他サ]申請
しんせい ⓪【神聖】[名・形動]神聖
じんせい ①【人生】[名]人生¶〜をおくる/渡過人生
じんせいかん ③【人生観】[名]人生観
しんせき ⓪【親戚】[名]親戚
しんせつ ①【親切】[名・形動]親切,熱情
しんせっきじだい ⑥【新石器時代】[名]新石器時代
しんせん ⓪【新鮮】[名・形動]新鮮¶〜な空気/新鮮空氣
しんぜん ⓪【親善】[名]親善,友好
しんそう ⓪①【真相】[名]真相
しんぞう ⓪【心臓】[名]心臓◇心臓が強(つよ)い/臉皮厚
じんぞう ⓪【人造】[名]人造
じんぞう ⓪【腎臓】[名]腎,腎臓
じんそく ⓪【迅速】[名・形動]迅速
しんたい ①【身体】[名]身體,人體
しんたい ①【進退】[名・自サ]❶進退¶〜きわまる/進退維谷 ❷(平日的)行動,舉止 ——[名](留職或辭職)去留¶—伺(うかがい) ⑤[名](因犯錯誤而向上司請示)去留
しんだい ①【寝台】[名]床,卧鋪¶—車(しゃ) ③[名]卧鋪車
じんたい ①【人体】[名]人體
じんだい ⓪【甚大】[名・形動]甚大,很大
しんたいけんさ ⑤【身体検査】[名]體格檢查
しんたいしょうがいしゃ ⑦【身体障害者】[名]残疾人
しんだん ⓪【診断】[名・他サ]診斷(病情)¶〜を受ける/接受診斷
しんちく ⓪【新築】[名・他サ]新建;新建的房屋
しんちょう ⓪【身長】[名]身長
しんちょう ⓪【新調】[名・他サ]新做(買)的(衣服)
しんちょう ⓪【慎重】[名・形動]慎重¶〜にあつかう/慎重對待
しんちんたいしゃ ⑤【新陳代謝】[名・自サ]新陳代謝
シンデレラ ③⓪【cinderella】[名](童話)灰姑娘
しんてん ⓪【進展】[名・自サ](事態)進展,擴展
しんてん ⓪【親展】[名]親展,親啟,親拔
しんでんず ③【心電図】[名]心電圖
しんど ①【深度】[名]深度
しんど ①【進度】[名]進度
しんど ①【震度】[名](地震)震度,震級
じんと ⓪【副】感動得熱淚盈眶的樣子¶胸に〜来る/感人肺腑
しんど・い ③【形】❶疲乏,疲勞 ❷麻煩,費勁兒¶〜仕事/吃力的工作
しんとう ①【神道】[名](日本的宗教)神道

しんとう ⓪【浸透・滲透】[名・自サ] ❶渗透 ❷〈化〉渗透
しんどう ⓪①【神童】[名]神童
しんどう ⓪【振動】[名・自他サ]振動
しんどう ⓪【震動】[名・自他サ]震動¶大地が～する/大地震動
じんどう【人道】[名] ①人道 ── ⓪人行道
じんどうしゅぎ ⑤【人道主義】[名]人道主義
じんどうてき ⓪【人道的】[形動]人道主義的
シンナー ①【thinner】[名]稀释剂,稀料(吸则起幻覺)¶～遊びをする/吸毒
しんにゅう ⓪【侵入】[名・自サ]侵入,入侵
しんにゅう ⓪【新入】[名]新加入 ─生(せい) ③[名]〈新入學的〉學生,新生
しんにん ⓪【信任】[名・他サ]信任
しんねん ①【信念】[名]信念,信心¶～をもつ/有信念
しんねん ①【新年】[名]新年

しんぱい ⓪【心配】[名・形動・自他サ]擔心,掛念,不安¶～をかける/令人擔心¶よけいな～/多餘的擔心 ──[名・自他サ]照顧,幫忙,張羅¶就職の～をする/幫助找工作

しんぱん ⓪①【新版】[名]新版,重新排版
しんぱん ⓪【審判】[名・他サ]❶審判【-官(かん)】③[名]審判官 ❷(體育比賽)裁判【-員(いん)】③[名]裁判員
しんぴ ①【神秘】[名・形動]神秘 【-的(てき)】⓪[形動]神秘
しんびがん ③【審美眼】[名]審美的能力
しんぴょうせい ⓪【信憑性】[名]可靠性,可信性
しんぴん ⓪【新品】[名](没用過的)新商品,新東西
しんぷ ①【神父】[名]神父
しんぷ ①【新婦】[名]新娘
シンフォニー ①【symphony】[名]交響曲
しんぷく ⓪【振幅】[名]〈物〉振幅
じんぶつ ①【人物】[名] ❶人物 ❷人品,人格¶～を保証する/我保證他的人品 ❸人材¶彼はなかなかの～だ/他是個了不起的人材
シンプル ①【simple】[形動] ❶樸素 ❷簡單明瞭¶～なデザイン/簡潔的圖案

しんぶん ⓪【新聞】[名]報紙 ─記者(きしゃ) ⑥[名]記者,報社記者 ─社(しゃ) ③[名]報社

じんぶんかがく ⑤【人文科學】[名]人文科學,文化科學
しんぽ ①【進歩】[名・自サ]進步 【-的(てき)】⓪[形動]進步
しんぼう ①【辛抱】[名・自サ]忍耐,忍受【-強(づよ)い】⑥[形]有耐心,忍耐力強
じんぼう ⓪【人望】[名]人望,聲望
シンポジウム ④【symposium】[名] ❶專題討論會,座談會 ❷專題論文集
シンボル ①【symbol】[名]象徵
しんまい ⓪【新米】[名] ❶當年收的新米 ❷新手,生手,新參加的人
じんましん ③【蕁麻疹】[名]蕁麻疹
しんみつ ⓪【親密】[名・形動]親密,密切
しんみょう ①⓪【神妙】[形動]老老實實,乖乖
しんみり ③[副]令人感到寂寞¶～した話/令人感到寂寞的談話
じんみん ③【人民】[名]人民

じんめい ⓪③【人名】[名]人名
じんもん ⓪【尋問・訊問】[名・他サ](法官、警察)訊問,盤問
しんや ①【深夜】[名]深夜
しんゆう ⓪【親友】[名]親密的朋友,摯友¶無二の～/最好的朋友
しんよう ⓪【信用】[名・他サ]❶信賴,信任¶人を～する/相信人❷信用¶～がある/守信用
しんらい ⓪【信頼】[名・他サ]信賴
しんり ①【心理】[名]心理¶-学(がく) ③】心理學
しんり ①【真理】[名]真理
しんり ⓪【審理】[名・他サ]審理(案件)
しんりゃく ⓪【侵略】[名・他サ]侵略
しんりょく ⓪【深緑】[名]深緑(色)
しんりょく ⓪【新緑】[名](初夏時的)新緑,嫩緑
じんりょく ①【尽力】[名・自サ]盡心盡力
しんりん ⓪【森林】[名]森林
しんるい ①⓪【親類】[名]親戚,親属
じんるい ①【人類】[名]人類
しんれき ⓪【新暦】[名]新暦,陽暦
しんろ ①【進路】[名](前進的)方向¶卒業後の～/畢業後的方向¶台風の～/台風的路線
しんろう ⓪【新郎】[名]新郎
しんわ ⓪【神話】[名]神話,傳説

す ス

す 五十音圖「さ」行第三音。羅馬字寫作「su」,發音爲國際音標[su]。平假名「す」是「寸」字的草體,片假名「ス」是「須」字右半邊的簡略。濁音「ず」,羅馬字寫作「zu」,發音爲國際音標[zu]或[dzu]。

す ⓪【州・洲】[名]洲,沙州◇三角(さんかく)―④③[名]三角洲

す ①②【巢】[名] ❶巢,窩 ❷住處,家庭 ❸巢穴,賊窩

す ①【酢・醋】[名]醋

ず ⓪【図】[名] ❶圖,圖表 ❷樣子,情景,光景 ❸預料,預想¶～に当たる/如願以償,正中下懷¶―星(ぼし)⓪①[名]要害,心事◇図に乗(の)る/得意忘形

ず ⓪【頭】[名]頭◇頭が高(たか)い/傲慢,無禮

ず [助動](上接動詞和其他活用語的未然形)表示否定¶無用の者入るべからず/閒人勿進¶本屋には寄らず、まっすぐ家に帰る/不去書店,直接回家

すあし ①⓪【素足】[名]赤足,光(着)腳

ずあん ⓪【図案】[名]圖案,圖樣

すい ①【粋】[名] ❶精華,精髓¶技術の～をあつめる/集技術之精華 ❷懂人情,通曉事理

ずい ①【蕊】[名](花)蕊

ずい ①【髄】[名] ❶骨髓 ❷(植物根莖中的)芯

すいあ・げる ④【吸(い)上げる】[他下一]吸上來,抽上來¶ポンプで水を～/用抽水機抽水

すいあつ ⓪【水圧】[名]水壓

すいい ①【水位】[名]水位

すいい ①【推移】[名・自サ]變遷,變化¶時代の～/時代的變遷

ずいい ⓪①【随意】[名・形動]隨便,隨意

すいいき ⓪【水域】[名]水域

ずいいち ①⓪【随一】[名]最優秀的,第一

ずいいん ⓪【随員】[名]隨員,隨行人員

すいえい ⓪【水泳】[名・自サ]游泳¶寒中(かんちゅう)―⑤[名]冬泳

すいおん ⓪【水温】[名]水温

すいか ⓪【西瓜・水瓜】[名]西瓜

すいか ①【水火】[名]水與火◇水火の苦(くる)しみ/水深火熱◇水火器物(きぶつ)を一(ひと)つにせず/水火不相容

すいがい ⓪【水害】[名]水災

すいかずら ③【忍冬】[名]忍冬,金銀花

すいがら ⓪【吸い殼】[名]香烟頭,烟蒂,烟灰

すいきゅう ⓪【水球】[名]水球

すいぎゅう ③⓪【水牛】[名]水牛

すいきょ ①【推挙】[名・他サ]推舉,推薦

すいきん ⓪【水禽】[名]水禽

すいぎん ⓪【水銀】[名]水銀,汞

すいけい ⓪【推計】[名・他サ]推算¶人口を～する/推算人口¶―学(がく)③[名]歸納統計學

すいげん ⓪③【水源】[名]水源¶―地(ち)③[名]水源地

すいこう ⓪【推敲】[名・他サ]推敲¶～を重ねる/反覆推敲

すいこう ⓪【遂行】[名・他サ]完成

すいごう ⓪【水郷】[名]水鄉◆亦

作「すいきょう」

ずいこう ⓪【随行】[名・自サ]随同,随行【-員(いん)】③[名]随員,随從人員

すいこ・む ③【吸(い)込む】[他五]吸入,吸進¶けむりを～/吸進煙

すいさいが ⓪【水彩画】[名]水彩畫

すいさつ ⓪【推察】[名・他サ]推測,推察

すいさん ⓪【水産】[名]水産(品)【-資源(しげん)】⑤[名]水産資源

すいさんぎょう ③【水産業】[名]水産業,漁業

すいさんぶつ ③【水産物】[名]水産品,水産物

すいじ ⓪【炊事】[名・自サ]炊事【-場(ば)】⓪[名]廚房,伙房

すいしつ ⓪【水質】[名]水質【-検査(けんさ)】⑤[名]水質檢驗

すいしゃ ①【水車】[名]水車【-小屋(ごや)】⑤[名]水車房,磨房

すいじゃく ⓪【衰弱】[名・自サ]衰弱【神経(しんけい)-】⑤[名]神經衰弱

すいじゅん ⓪【水準】[名]水平,水準【生活(せいかつ)-】⑤[名]生活水準

すいしょう ⓪【水晶】[名]水晶

すいしょう ⓪【推賞】[名・他サ]推崇,稱讚

すいじょう ⓪【水上】[名]水上【-競技(きょうぎ)】⑤[名]水上比賽【-スキー】⑤[名]滑水運動

すいじょうき ③【水蒸気】[名]水蒸氣

すいしん ⓪【推進】[名・他サ]推動,推進【-器(き)】③[名]推進器

すいすい ①[副]❶輕快地 ❷順利地

すい・する ③【推する】[他サ]推測

すいせい ⓪【水星】[名]水星

すいせい ⓪【彗星】[名]彗星

すいせいむし ⑤【醉生夢死】[名]醉生夢死

すいせん ⓪【水仙】[名]水仙

すいせん ⓪【推薦】[名・他サ]推薦【-状(じょう)】③[名]推薦信

すいそ ①【水素】[名]氫

すいそう ⓪【水槽】[名]水槽

すいそく ⓪【推測】[名・他サ]推測¶～が当たる/猜中,猜對

すいぞくかん ④③【水族館】[名]水族館

すいたい ⓪【錐体】[名]錐體

すいたい ⓪【衰退・衰頽】[名・自サ]衰退

すいだ・す ③【吸(い)出す】[他五]吸出來

すいちゅう ⓪【水中】[名]水中¶船は～に沈没(ちんぼつ)した/船沈入水中¶～作業/水中作業¶～撮影(さつえい)/水中攝影¶～肺/水中呼吸器,水肺【-花(か)】③[名](將人造花置於水中使之開花的)水中花

すいちょう ⓪【水鳥】[名]水鳥,水禽

すいちょく ⓪【垂直】[名・形動]垂直

すいつ・く ③【吸(い)付く】[自五](被)吸住,嘬住¶釘(くぎ)が磁石(じしゃく)に～/針被磁石吸住

すいつ・ける ④【吸(い)付ける】[他下一]❶吸,吸住 ❷(吸煙)點火 ❸吸慣(某種煙)

スイッチ ②【switch】[名]❶開關,電門 ❷(鐵路)路閘

すいてい ⓪【推定】[名・他サ]推定,推斷【-人口(じんこう)】⑤[名]大約人口

すいでん ⓪【水田】[名]水田

すいとう ⓪【水痘】[名]水痘

すいとう ⓪【水筒】[名](旅行用)

水壺⓪
すいとう ⓪【水稲】[名]水稻
すいとう ⓪【出納】[名・他サ]出納
すいどう ⓪【水道】[名] ❶自來水¶～を引く/安裝自來水 ❷航路,水路
すいどう ⓪【隧道】[名]隧道
ずいとくじをきめる【随徳寺を決める】逃之夭夭
すいとりがみ ④【吸取紙】[名]吸墨紙
すいと・る ③【吸(い)取る】[他五] ❶吸,吸吮,吸取¶インクを～/吸墨水 ❷榨取
すいばく ⓪【水爆】[名]氫彈,熱核武器
すいはんき ③【炊飯器】[名]燒飯鍋
すいび ①⓪【衰微】[名・自サ]衰微,衰落
ずいひつ ⓪【随筆】[名]随筆
すいふ ①【水夫】[名]水手
すいぶん ①【水分】[名]水分
ずいぶん ①【随分】[副]很,非常,相當¶～たくさんある/有很多¶～大きい/相當大
──[形動]〈俗〉太不像話¶それは～な言いかただよ/這麼説可太不像話了
すいへい ⓪【水平】[名・形動]水平¶～に置く/水平放置【-線(せん)】⓪[名]水平線
すいへい ①【水兵】[名]水兵
すいぼう ⓪【衰亡】[名・自サ]衰亡¶～にむかう/走向衰亡
すいぼくが ⓪【水墨画】[名]水墨畫
すいみつとう ⓪【水蜜桃】[名]水蜜桃
すいみゃく ⓪【水脈】[名]水脈
すいみん ⓪【睡眠】[名・自サ]睡眠【-薬(やく)】③[名]安眠藥【-不足(ぶそく)】③[名]睡眠不足

すいめん ③⓪【水面】[名]水面
すいもあまいもしりぬく【酸いも甘いも知り抜く】飽經風霜
すいもん ⓪【水門】[名]水閘
すいよう ⓪③【水曜】[名]星期三【-日(び)】⓪[名]星期三
すいよく ⓪【水浴】[名・自サ]沖涼,洗冷水澡
すいよ・せる ④【吸(い)寄せる】[他下一]吸引過來
すいらい ⓪【水雷】[名]水雷
すいり ①【水利】[名]水利【-權(けん)】③[名]用水權
すいり ⓪【推理】[名・他サ]推理【-小説(しょうせつ)】④[名]推理小説
すいりゅう ⓪【水流】[名]水流
すいりょう ③⓪【水量】[名]水量
すいりょう ③⓪【推量】[名・他サ]推測,推想【当(あて)-】③⑤[名]猜想
すいりょく ①⓪【水力】[名]水力【-発電(はつでん)】⑤[名]水力發電
すいれん ①【睡蓮】[名]睡蓮
すいろん ⓪①【推論】[名・他サ]推論,推理
すう ①【数】[名] ❶數 ❷數量
す・う ⓪【吸う】[他五]吸,抽¶タバコを～/抽煙
すうがく ⓪【数学】[名]數學
すうこう ⓪【崇高】[名・形動]崇高
すうし ⓪【数詞】[名]數詞
すうじ ⓪【数字】[名]數字【アラビア-】⑤[名]阿拉伯數字
すうじくこく ④【枢軸国】[名]軸心國
ずうずうし・い ⑤【図図しい】[形]厚臉皮,不知羞恥
すうせい ⓪【趨勢】[名]趨勢,趨向¶時代の～/時代的趨勢
ずうたい ①【図体】[名]〈俗〉大個子,大個頭兒

すうち ①【数値】[名]數値,得數

スーツ ①【suit】[名] ❶西服套裝 ❷(上衣下裙的)女西服套裝

スーツケース ④【suitcase】[名]旅行用皮箱

スーパー ①【super】[接頭] ❶超級 ❷超級市場

スーパーマーケット ⑤【supermarket】[名]超級市場,自選市場

すうはい ⓪【崇拜】[名・他サ]崇拜¶偶像(ぐうぞう)~[名]崇拜偶像

スープ ①【soup】[名]湯

すうよう ⓪【枢要】[名・形動]樞紐

すうりょう ③【数量】[名]數量

すえ ⓪【末】[名] ❶盡頭,末端¶野の~/原野的盡頭 ❷【広(ひろ)がり ③⓪】[名]逐漸擴展,逐漸興盛 ❷末¶月末(つきずえ) ③⓪】[名]月末 ❸結果,終局¶口論の~/争論的結果,未來¶~恐(おそ)ろしい ⑥⓪】[形]可怕的未來,前途不堪設想 ❺(兄弟姉妹中)最小的 ❻無關緊要的

スエーター ②【sweater】[名]毛衣 =セーター

すえお・く ③⓪【据(え)置く】[他五]擱置不動

すえおそろし・い ⑥⓪【末恐ろしい】[形]前途可怕,前途不堪設想

すえつ・ける ③【据え付ける】[他下一]安裝¶機械を~/安裝機器

すえっこ ⓪【末っ子】[名]最小的孩子

す・える ⓪【据える】[他下一] ❶安放,放置 ❷放在某個職位上¶社長に~/放到社長的位置上 ❸沉住氣,穩定下來¶腰を~/沉下心來,專心致志¶見(み)~[他下一]定睛而視

ずが ①【図画】[名]圖畫¶~工作(こうさく) ③】[名]畫圖畫

スカート ②【skirt】[名]裙子

スカーフ ②【scarf】[名]頭巾,圍巾

ずかい ⓪【図解】[名・他サ]圖解

ずがいこつ ②【頭蓋骨】[名]頭蓋骨

すがお ①【素顔】[名] ❶未化妝的臉¶~がうつくしい/未化妝的臉好看 ❷本來面目

すかし ⓪【透かし】[名] ❶透亮,透空 ❷間隙,空隙 ❸(紙上的)水印

すか・す ⓪【透かす】[他五] ❶留間隔¶間(あいだ)を~/留間隔 ❷透過¶ガラスを~/透過玻璃

すか・す ⓪【空かす】[他五]空(肚子)¶お中を~/肚子餓了

すがすがし・い ⑤【清清しい】[形]清爽,凉爽

すがた ①【姿】[名] ❶姿態,身段¶~がいい/姿態優美 ❷面貌,面目¶打扮,裝束¶みすぼらしい~をしている/穿戴非常寒酸【晴(は)れ~ ③】[名]盛裝 ❹身影¶~を見せる/露面¶~が消える/身影消失,銷聲匿跡

すがたみ ③【姿見】[名]穿衣鏡

ずがら ⓪【図柄】[名]花樣,花紋,圖案

すがりつ・く ④【すがり付く・縋り付く】[自五]纏住,抱住(不放)¶袖に~/抓住袖子

すが・る ⓪【縋る】[自五]扶,拄,依靠¶杖(つえ)に~って歩く/拄着手杖走路¶追(お)い~ ④】[自五]盯住不放,緊追

ずかん ⓪【図鑑】[名]圖鑒¶動物(どうぶつ)~ ⓪】[名]動物圖鑒

すかんぴん ④【素寒貧】[名・形動]〈俗〉窮光蛋¶~になる/變成窮光蛋,身無分文

すき ②【好き】[名・形動]愛,喜歡,愛好¶水泳が~だ/喜歡游泳◇好きこそ物(もの)の上手(じょうず)なれ/愛好才能精

通
すき ⓪【透き・隙】[名] ❶間隙,縫兒¶-間(ま)⓪[名]縫子,縫隙 ❷空子,可乘之機¶～を狙(ねらう)/伺機
すき ⓪【鋤】[名]鋤
――【犂】[名]犂
すぎ ⓪【杉】[名]杉樹
-すぎ⓪【過ぎ】[接尾]❶(時間、年齢等)過了,超過¶二時～/兩點多 ❷(上接動詞連用形)過份,過超¶食べ～/吃得太多了
スキー ②【ski】[名]❶滑雪板 ❷滑雪¶～をする/滑雪
スキー・ウエア ④【ski wear】[名]滑雪服
すきかって ③【好(き)勝手】[名・形動]隨意,隨心所欲
すききらい ②③【好(き)嫌い】[名]好恶,挑別¶～がはげしい/好挑剔
すきこの・む ④【好き好む】[他五]愛好,願意(多用否定)¶何も～んで、こんなことをしているのではない/我可不是心甘情願做這種事
すきさ・る ⓪③【過(ぎ)去る】[自五](時間)流逝,過去¶あっというまに～/時間轉眼過去
すきずき ②【好き好き】[名]各有所好,愛好不同◇蓼(たで)食(く)う虫(むし)も好き好き/人各有所好
すきっぱら ⓪【空(き)っ腹】[名]空肚子
すきとお・る ③【透(き)通る・透(き)透る】[自五]❶透明,透澈¶～ようなはだ/白晰的皮膚 ❷清澈 ❸清脆¶～った声/清脆的聲音
すぎない【過ぎない】[連語]只不過
すきま ⓪【透き間・隙間】[名]空隙,間隙,縫隙¶-風(かぜ)③[名]從縫隙中吹來的風

すきみ ⓪【透(き)見】[名]窺視,偷看
すきやき ⓪【すき焼(き)・鋤焼(き)】[名]鷄素燒(把肉,豆腐,粉條等放在鍋裡邊煮邊吃的菜)
スキャンダル ②【scandal】[名]醜聞¶政界の～をあばく/揭露政界的醜聞
すぎゆ・く ③①【過(ぎ)行く】[自五]❶走過,通過 ❷(時間)流逝
す・ぎる【過ぎる】[自一]❶經過,通過¶横浜を～と、まもなく東京です/過了橫濱就快到東京了 ❷(時間)流逝¶花見(はなみ)を～ぎた/過了賞花的季節了 ❸過份,過度,過於¶遠慮が～/過於客氣 ❹超過,勝過¶これに～ぎた光栄はありません/再沒有比這更榮耀的事。❺[用]「…にすぎない」的形式表示:不過是…,只不過…¶それはただの口实に～ぎない/那不過是個藉口而已
――[接尾](上接動詞連用形和形容詞、形容動詞的詞幹表示)過度¶働(はたら)き～/做過了頭兒¶重(おも)～/太重了¶静か～/過於安靜了
ずきん ②【頭巾】[名]頭巾,圍巾
す・く ①②【好く】[自五]愛,喜歡,喜好¶人に～かれる/惹人喜愛
す・く ⓪【梳く】[他五]梳¶髪を～/梳頭
す・く ⓪【透く】[他五]❶有間隙,有縫兒¶戸と柱の間が～いている/門板和柱子間透着條縫兒 ❷透過…看見
す・く ⓪【空く】[自五]❶空腹¶腹が～/肚子餓了 ❷有空,空着¶席が～/空着座位 ❸有空閒¶手が～/有空閒
す・く ⓪【鋤く】[他五]犂,鋤¶田を～/犂田

すぐ ①【直ぐ】[副] ❶馬上,立即,立刻¶～行きます/馬上就去 ❷(距離)很近¶～のところ/很近的地方

すくい ①【救(い)】[名]救,救助¶～を求める/求救

すく・う ⓪【掬う】[名] ❶撈,舀¶砂糖を～/舀砂糖 ❷抄(對方的脚等)¶足を～/抄起對方的脚

すく・う ⓪【救う】[他五]救,拯救¶命を～/救命

スクーター ②【scooter】[名] ❶小型摩托車 ❷(兒童的)單脚踏板車

スクープ ②【scoop】[名・他サ](報紙的)獨家新聞

スクール ②【school】[名]學校

すくな・い ③【少(な)い】[形]少¶今年は雨が～/今年雨水少

すくなからず ④【少なからず】[副] ❶不少,很多¶我々は～彼の影響を受けている/我們都受了他很大影響 ❷很,非常

すくなくとも ②【少(な)くとも】[副]至少,起碼¶～一万人参加/至少有一萬人参加

すく・む ⓪②【竦む】[自五]畏懼,畏縮,縮成一團【立(た)ち－ ⓪④】[自五](嚇得)呆若木雞

-ずくめ [接尾]表示清一色,完全的意思

-すく・める ⓪③【竦める】[他下一]縮¶首を～/縮脖子

スクラップ ③【scrap】[名] ❶(報紙,雜誌的)剪貼,剪報【ブック⑥】❷剪貼簿,碎鐵渣

スクラム ②【scrum】[名] ❶〈體〉(橄欖球)密集爭球 ❷互相挽臂

スクリーン ③【screen】[名]銀幕

すぐ・れる ③【優れる・勝れる】[自下一] ❶出色,優秀 ❷(多用否定形表示)不佳¶顔色(かおいろ)が～れない/脸色不好

ずけい ⓪【図形】[名]圖,圖形

スケート ②【skate】[名] ❶冰鞋【-靴(ぐつ)②】[名]冰鞋 ❷滑冰

スケール ②【scale】[名] ❶規模¶～が大きい/規模大 ❷尺寸,尺度

スケジュール ③【schedule】[名]日程,時間表,預定計劃表

ずけずけ ①【副】(俗)毫不客氣,倔强,不講情面¶～(と)言う/直言不諱

スケッチ ②【sketch】[名・他サ] ❶寫生(畫) ❷小品文

すげな・い ③【素気無い】[形]冷淡¶～くことわる/冷冷地拒絶

スコア ②【score】[名] ❶得分 ❷總譜

スコアラー ②【scorer】[名] ❶記分員 ❷得分者

すご・い ②【凄い】[形] ❶可怕,嚇人 ❷很,非常¶～く暑い/熱得厲害¶～美人/非常漂亮的人

スコール ②【squall】[名]急風;驟雨

すこし ②【少し】[副]稍微,一點兒¶ほんの～/一點兒¶水を～ください/請給我點水

すこしも ②⓪【少しも】[副](與否定語相呼應表示)一點兒也(不),絲毫也(不)¶～わからない/一點也不明白

すご・す ②【過ごす】[他五] ❶度過,過生活 ❷過度,過量¶酒を～/喝酒過量

—— [接尾](上接動詞連用形)放過不管¶見～/視而不見

すごすご ①[副]沮喪地,垂頭喪氣地

スコップ ②【(オ)scoop】[名]鐵鍬,鏟子

すこぶる ③【頗る】[副]非常,頗,很

すごみ ③【凄み・凄味】[名]可怕,

嚇人¶～をきかせる/恐嚇人
すご・む②【凄む】[自五]恐嚇,威嚇
すこやか⓪【健やか】[形動]健康,健全¶～に育つ/健康地成長
すさまじ・い④【凄まじい】[形]❶可怕,嚇人 ❷猛烈,厲害 ❸不像話
すさ・む⓪【荒む】[自五]❶自甘墮落,頹廢¶～んだ心/頹廢的心情¶生活が～/墮落地生活 ❷(勢頭)漸猛,猛烈【吹(ふき)－④⓪】[自五]猛刮,狂吹
ずさん⓪【杜撰】[形動]粗糙,偷工減料¶～な工事/粗糙的工程
すし②①【寿司・鮨】[名]飯捲,飯團
すじ⓪【筋】[名]❶筋¶張(ば)る③[自五]筋絡突起 ❷血統 ❸條理,道理¶～がとおる/有條理【荒(あら)－】[名]提要,梗概 ❹素質¶～がいい/素質好 ❺有關方面,渠道¶政府～/官方¶消息～/消息靈通人士
──【接尾】❶數細長的東西時的量詞¶ひと～の道/一條路 ❷沿…～街道/沿街一帶
ずし①【図示】[名・他サ]圖示
すじがき⓪④【筋書(き)】[名]❶(小説,戯劇的)梗概 ❷計劃,預想
すじちがい③【筋違い】[名・形動]❶不合理¶～な意見/不合理的意見 ❷找錯人,找錯對象¶わたしに文句(もんく)を言うのは～だ/向我發牢騷,真是找錯對象了
すしづめ⓪【すし詰(め)・鮨詰(め)】[名]擠滿,塞滿◇すし詰めの電車/擁擠不堪的電車¶～になる/擠得滿滿的
すじば・る⓪【筋張る】[自五]❶筋絡突起 ❷死板,生硬
すじみち①②【筋道】[名]道理,條理¶～が立つ/有條理¶～が通る/條理通順
すじょう⓪【素性・素姓】[名]❶來歷,來路,經歷¶～がしれない/不知(他的)來歷 ❷由來,來歷¶～のいい茶器/有來歷的茶具
ずじょう⓪【頭上】[名]頭上
すす①【煤】[名]煤灰,灰塵
すず⓪【鈴】[名]鈴,鈴鐺
すず①【錫】[名]錫
すずかぜ②【涼風】[名]涼風
すす・ぐ⓪【漱ぐ】[他五]漱口¶口を～/漱口
──【雪ぐ】洗刷¶汚名を～/洗刷污名
──【濯ぐ】漂洗¶せんたくものを～/漂洗衣物
すずし・い③【涼しい】[形]❶涼快,涼爽 ❷明亮,清澈◇涼しい目/明亮的眼睛◇涼しい顔(かお)/與己無關的樣子
すす・む⓪【進む】[自五]❶前進¶行列が～/隊列前進 ❷(鐘錶)快 ❸(順利)進展,(順利)進行¶仕事が～/工作進展順利 ❹進步,先進¶～んだ技術/先進的技術 ❺升入,升¶大学へ～/升入大學 ❻惡化,加重¶病気が～/病情惡化 ❼積極,主動¶～んで練習する/主動練習◇気(き)がすすまない/没心思,不起勁
すず・む②【涼む】[自五]乘涼,納涼
すずめ⓪【雀】[名]麻雀◇雀の涙(なみだ)/微乎其微
すす・める⓪【進める】[他下一]❶使…向前 ❷推進,推動¶会議を～/推動會議的進行 ❸加快,撥快¶時計の針を～/撥快錶針
すす・める⓪【勧める】[他下一]勸,勸誘¶酒を～/勸酒
──【薦める】推薦,推舉
すずやか②【涼やか】[形動]❶涼

すずり ③【硯】[名]硯臺¶一箱(ばこ)③[名]硯臺盒,墨盒

すすりあ・げる ⑤【啜(り)上げる】[自下一]抽泣,抽抽搭搭¶～げて泣く/抽抽搭搭地哭

すすりな・く ④【すすり泣く・啜(り)泣く】[自五]啜泣,抽噎¶女の～声がする/聽到有女人的抽噎聲

すす・る ⓪【啜る】[他五]❶啜飲,喝¶茶を～/喝茶 ❷抽,吸¶鼻を～/抽鼻涕

すすんで ⓪【進んで】[副]自願,主動¶～参加する/自願參加

ずせつ ⓪【図説】[名・他サ]圖解

すそ ⓪【裾】[名]❶(衣服)下擺¶一模様(もよう)③[名]衣服下擺的圖案 ❷山腳;河流下游¶一野(の)⓪[名]山麓 ❸(靠近頸部的)頭髮¶一刈(がり)⓪[名]剃去靠近後頸的頭髮

スター ②【star】[名]❶星星 ❷星星符號 ❸明星

スターター ②【starter】[名]❶(起跑)發令員 ❷起動機,發動機

スタート ②【start】[名・自サ]出發;起跑¶～ライン/起跑線 ❷(新工作的)開始

スタイル ③【style】[名]❶身段,身材 ❷樣式,式樣¶ヘア～/髮型 ❸風格¶アメリカン－⑥〔名〕美國風格 ❹文體

スタジアム ②③【stadium】[名]運動場,體育場,棒球場

スタジオ ⓪②【studio】[名]❶攝影棚 ❷播音室,錄音室

すたすた ②[副]趕緊地(走)

ずたずた ①[副・名・形動]粉碎,零碎

スタッフ ②【staff】[名]❶(共同工作的)職氣,成員 ❷(電影、電視除演員外的)工作人員

スタミナ ⓪【stamina】[名]❶體力,精力 ❷持久力

すだれ ⓪【簾】[名]簾子

すた・れる ⓪【廃れる】[自下一]不時興,過時¶この習慣はすでに～れた/這習慣已經過時了

スタンド ⓪【stand】[名]❶(運動場的)臺階式看臺 ❷售貨站¶ガソリン～/加油站 ❸小吃店 ❹(放東西的)臺子¶インク～/放墨水的臺子 ❺(「電気スタンド」的簡稱)臺燈

スタンドイン ⑤【stand-in】[名]替身演員

スタンプ ②【stamp】[名]❶圖章,戳子 ❷(觀光遊覽地的)紀念戳 ❸郵戳¶～を押す/蓋郵戳

スチーム ②【steam】[名]❶蒸氣 ❷暖氣設備

スチール ②【steal】[名・他サ](棒球)盜壘
── 【steel】[名]❶鋼 ❷鋼鐵製器具(武器)

スチュワーデス ③【stewardess】[名]空中小姐

ずつ [副助]每,平均¶1人一つ～とってください/請每人拿一個¶少し～やれば、だんだん慣れるよ/一點一點地做,逐漸就會習慣的¶毎日二ページ～読む/每天平均讀兩頁

ずつう ⓪【頭痛】[名]❶頭痛 ❷煩惱,苦惱¶～の種(たね)/煩惱的原因

すっかり ③[副]完全,全部¶仕事は～おわった/工作全部結束了

すっきり ③[副・自サ]❶(心情)舒暢 ❷乾淨,俐落 ❸(文章)通順

ズック ①【(オ)doek】[名]❶帆布 ❷帆布鞋

すってんてん ⑤身無分文,精光¶マージャンで～になった/打麻將輸得精光

すっと ①⓪[副・自サ]❶迅速地

❷痛快,舒服¶これで気持ちが～した/這才舒心了

ずっと ⓪[副]❶(距離,差距)大;(時間)很長¶駅はまだ～先です/火車站離這兒還好遠呢¶彼とは～一緒だ/一直和他在一起¶一直,還直¶これから先は～下りだ/打這開始一直是下坡

すっぱ・い ③[酸っぱい][形]酸

すっぽか・す ④[他五]擱下不管,置棄不顧

すっぽり ③[副]❶蒙上,包上 ❷完全脫落,整個掉入

すっぽん ⓪[鼈][名]鱉,甲魚

すで ②①[素手][名]赤手空拳,空手

すていし ⓪[捨て石][名]❶(日本庭院中作為點綴)散放的石頭 ❷(土木工程中)投入水底打基礎的石頭 ❸(圍棋)棄子

ステーキ ②[steak][名]烤肉

ステージ ②[stage][名]舞臺

ステーション ⓪[station][名]❶車站 ❷…站¶サービス～/服務站

ステープル・ファイバー ⑥[staple fibre][名]人造纖維,人造棉,人造毛

すてお・く ③⓪[捨(て)置く][他五]置之不理,不管¶しばらく～/暫時擱一擱

すてき ⓪[素敵][形動](女性用語)極好,極漂亮¶～な靴/好漂亮的鞋

すてご ⓪[捨(て)子][名]棄兒,棄嬰

ステッキ ②[stick][名]手杖

ステップ ②[step][名]❶舞步 ❷(汽車等的)臺階 ❸三級跳遠的第二步 ❹(工作的)步驟

すでに ①[既に・已に][副]業已,已經

す・てる ⓪[捨てる・棄てる][他下一]❶扔,扔掉¶ごみを～/扔垃圾 ❷捨棄,放棄¶希望を～/放棄希望 ❸不顧,不理◇棄てる神(かみ)あれば拾(ひろ)う神あり/天無絕人之路

ステレオ ⓪[stereo][名]立體聲音響裝置

ステレオ・カメラ⑤[stereo (scopic) camera][名]立體照相機

ステレオ・テープ・レコーダー ⑦[stereo tape recorder][名]立體聲錄音機

ステレオ・ラジオ・カセット・レコーダー[stereo radio cassette recorder][名]立體聲收錄音機

ステレオ・レコーダー ⑤[stereo recorder][名]立體聲錄音機

ステレオ・レコード ⓪[stereo record][名]立體聲唱片

ステンレス ②[stainless][名]不銹鋼

スト ②[strike][名・自サ]→ストライキ

ストア ②[store][名]商店

ストーブ ②[stove][名]火爐,爐子

ストッキング ②[stocking][名]❶長筒襪 ❷絲襪

ストップ ②[stop][名・自サ]停止¶-ウオッチ ⑤[名]碼錶

ストライキ ③[strike][名・自サ]罷工,罷課

ストライク ③[strike][名]〈體〉(棒球)好球

ストレート ③[straight][形動]❶直,筆直 ❷直率¶～な発言/直率的發言
——[名]❶比賽連勝 ❷(棒球)直球 ❸(拳擊)直拳 ❹不摻水(的酒),不放其他東西的咖啡)

ストレス ②[stress][名]❶精神的緊張狀態 ❷重音,重讀

ストロー ②[straw][名]❶(吸飲料的)吸管 ❷麥稈

すな ⓪【砂】[名]沙,沙子
すなお ①【素直】[形動] ❶聽話,順從¶～な子ども/聽話的孩子 ❷没有毛病¶～な字/工整的字
スナック ②【snack】[名] ❶快餐(店) ❷小吃,零食
スナップ ②【snap】[名] ❶子母扣,按扣 ❷快照,快拍¶～写真/快照相片
すなはま ⓪【砂浜】[名]海濱沙灘
すなわち ②【即ち・則ち】[接]即,即是
…ずに(は)いられない(上接動詞未然形表示) ❶不得不…¶モーターが急に故障を起こしたので、すぐ修理をせнかった/因為發動機突然發生了故障,所以不得不馬上修理 ❷不由地…¶悲しみのあまり、泣か～なかった/因過於悲傷而不由地哭了起來
…ずにはおかない(上接動詞未然形表示)必須,一定要¶この仕事はやりとげ～/這個工作非得完成不可
すね ②【臑・脛】[名]腔,脛骨,小腿¶親(おや)の臑をかじる/靠父母生活
す・ねる ②【拗ねる】[自下一]彆扭,發低,鬧脾氣
ずのう ①②【頭脳】[名] ❶頭腦 ❷首腦
スノー ①【snow】[接頭]雪¶～コート/防雪大衣¶～タイヤ/防雪輪胎¶[-ボート(snow boat)] ④【機動雪橇,雪上摩托車¶[-ボード(snow board)] ④【滑雪板
スパイ ①【spy】[名・他サ]間諜
スパイク ②【spike】[名・他サ] ❶釘鞋 ❷[排球]扣球
スパイス ②【spice】[名]調味品,香料
スパゲッティ ③【(イ)spagheti】[名]義大利麵條,通心粉
すばしっこ・い ⑤[形]敏捷,靈活
◆亦作「すばしこい」
スパナ ②【spanner】[名]螺絲鉗,螺絲板子
ずばぬ・ける ④【ずば抜ける】[自下一]出衆,超群
すばや・い ③【素早い】[形]敏捷,靈活
すばらし・い ④【素晴らしい】[形]好,了不起¶～できばえ/了不起的成績
ずばり ②③[副]直截了當,一語道破¶～ひとことで言ってください/請你直截了當地一句話說出來
すばる ①【昴】[名]〈天〉昴宿星團
ずはん ⓪【図版】[名]插圖
スピーカー ②【speaker】[名]擴音器,揚聲器
スピーチ ②【speech】[名]講演,演說,致詞
スピード ⓪【speed】[名] ❶速度¶～をあげる/加速¶一写真(しゃしん) ⑥[名]快拍¶フル ④[名]全速 ❷快速,迅速
スピード・アップ ⑤【speed up】[名・自サ]加速,加快
スピード・スケート ⑤【speed skate】[名]快速滑冰
ずひょう ⓪【図表】[名]圖表
スフ ①【staple fibre】[名]→ステープル・ファイバー
スプーン ②【spoon】[名]匙子,調羹
ずぶぬれ ⓪【ずぶ濡れ】[名]濕透,淋透¶～になる/淋透了
スプリング ③【spring】[名] ❶彈簧,鋼絲 ❷春,春天 ❸「スプリング・コート」的簡稱
スプリング・コート ⑥【spring coat】[名]風衣,夾大衣
スプレー ②③【spray】[名] ❶噴霧器 ❷香水噴壺 ❸用作噴霧的器具或液體
すべ ②①【術】[名]手段,方法¶も

はや施す〜もない/已無計可施
スペア ②【spare】[名]備件,備品
【-タイヤ】④[名]備用輪胎
スペイン ②【spain】[名]西班牙[-語(ご)】⓪[名]西班牙語
スペース ②【space】[名]❶空間,空隙,餘地¶へやの〜/房間的空間 ❷(報紙等的)空白處¶〜をうめる/補白 ❸(文章的)字間,行間 ❹宇宙
スペース・シャトル ⑤【space shuttle】[名]航天飛機,太空梭
スペード ⓪【spade】[名](撲克牌的)黑桃
スペシャル ②【special】[名]專門,特製
スペシャル・コレクション ⑥【special colleciam】[名]專題集郵

すべて ①【全て・凡て・総べて】[名]全部,一切
──[副]全,都¶仕事は〜終わった/工作全部做完了

すべら・す ③【滑らす】[他五]使…滑出¶口を〜/説溜了嘴¶手を〜/失手
すべりこ・む ⓪【滑(り)込む】[自五]❶滑進,滑入 ❷(棒球)滑進 ❸剛好趕上¶発車間際(まぎわ)に〜んだ/在將要開車時趕到了
すべりだい ③【滑(り)台】[名]滑梯
すべりだし ⓪【滑(り)出し】[名]開端,開始
すべ・る ②【滑る】[自五]❶滑,滑行¶スキーで〜/穿着滑雪板滑行 ❷打滑,發滑¶タイヤが〜/輪胎打滑¶足が〜/脚一滑(摔倒) ❸溜嘴¶口が滑る/説溜嘴 ❹没考上¶試験に〜/没考上
スペル ②【spell】[名]拼法
スポイト ⓪【(オ)spuit】[名]吸管
スポークスマン ⑤【spokesman】[名](代表政府,團體的)發言人

スポーツ ②【sports】[名]體育運動
スポーツ・ウェア ⑤【sports wear】[名]運動服
スポーツ・シャツ ⑤【sports shirt】[名]運動衫
スポーツ・センター ⑤【sports center】[名]體育中心
スポーツ・ニュース ⑤【sports news】[名]體育新聞
スポーツマン ④【sportsman】[名]運動員
すぼま・る ⓪③【窄まる】[自五]縮窄,縮小
すぼ・む ⓪【窄む】[自五]❶(尖端)變窄,變細¶先の〜んだズボン/緊褲脚的褲子 ❷萎縮¶花が〜/花枯萎了
すぼ・める ⓪【窄める】[他下一]收縮,收攏¶傘(かさ)を〜/合上傘
ずぼら ⓪[名・形動]吊兒郎當,馬馬虎虎
ズボン ②【(仏)jupon】[名]西服褲,褲子¶〜をはく/穿褲子【長(なが)-】③[名]長褲
スポンサー ②【sponsor】[名]❶資助者,後援人,贊助單位 ❷出資做廣告者,廣告主
スポンジ ⓪【sponge】[名]海綿
スマート ②【smart】[形動]❶苗條¶〜な体つき/苗條的身材 ❷瀟灑¶〜にふるまう/舉止瀟灑
すまい ②①【住まい】[名]住處,住所¶田舎住(いなかず)まい ④[名]住在鄉下
すま・う ②【住まう】[自五]居住
すま・す ②【済ます】[他五]❶做完,辨妥¶仕事を〜/做完工作 ❷了結,解決¶金で〜/用錢了結 ❸對付,將就¶昼はそばで〜した/午飯吃點麵條就過去了
──[接尾](上接動詞連用形表示)徹底,完全¶成(なり)〜/完全打扮成…¶行い〜/全做完了
すま・す ②【澄ます】[他五]❶興

スマッ

己無鬧的樣子,冷漠的樣子¶みんなが笑っているのに一人つんと～している/大家都笑了,只有他一人顯出一付冷漠的樣子 ❷澄清¶水を～/澄清水◇耳(みみ)をすます/注意傾聽

スマッシュ ②【smash】[名・自サ](網球,乒乓球,排球的)猛烈扣殺

すま・ない ②【済まない】[連語]對不起¶あなたには～なく思っている/我覺得真對不起你

すみ ②【炭】[名]炭,木炭¶～をやく/燒炭

すみ ①【隅・角】[名]角,角落【-隅(ずみ)】①②[名]各個角落,到處【-っこ】①[名]角落

すみ ②【墨】[名] ❶墨,墨汁¶～を磨(す)る/研墨 ❷(章魚體內的)墨液 ❸(鍋底的)黑灰

すみえ ②【墨絵】[名]水墨畫

すみか ①②【住み処・棲(み)処】[名]巢,窩

すみき・る ⓪【澄(み)切る】[自五]晴朗,清澈¶～った青空(あおぞら)/晴空

すみごこち ③【住み心地】[名]居住的感覺¶～がいい/住得很舒服

すみこみ ⓪【住(み)込み】[名]住在雇主家或工作場所

すみずみ ①②【隅隅】[名]各個角落,各方面,所有的地方

すみつ・く ⓪【住(み)着く】[自五]落户,定居

すみな・れる ⓪【住(み)慣れる】[自下一]住慣¶長年～れた土地/住慣了多年的地方

すみません ④【済みません】[連語] ❶對不起 ❷勞駕 ❸謝謝

すみやか ②【速やか】[形動]快速,迅速¶～に解決する/盡快解決

すみれ ⓪【菫】[名]紫花地丁【-色(いろ)】⓪[名]深紫色

すみわた・る ⓪④【澄(み)渡る】[自五]晴朗,萬里無雲¶～った空/晴朗的天空

す・む ①【住む】[自五] ❶住,居住¶この家には誰も～んでいない/這房子無人居住 ❷生息,棲居¶ジャングルに～動物/棲居在原始森林的動物◇住めば都(みやこ)/住慣了哪兒都是好地方

す・む ①【済む】[自五] ❶完了,終結¶食事が～/吃完飯了 ❷解決,了結¶金で～/用錢了結

す・む ①【澄む】[自五] ❶清澈,清新¶～んだ空気/清新的空氣 ❷清亮,明亮¶～んだ声/清脆的聲音 ❸純潔¶～んだ心/純潔的心

スムーズ ②【smooth】[形動]順利,流暢¶～にいく/順利進行 ◆赤ちゃん「スムース」

ずめん ⓪①【図面】[名]圖紙,設計圖

すもう ⓪【相撲・角力】[名]相撲¶～を取る/相撲¶腕相撲(うでずもう)③[名]掰腕子

スモーキング ②【smoking】[名]吸煙¶ノー～/禁止吸煙

スモッグ ②【smog】[名](公害之一)煙霧,煙塵

すもも ⓪【李】[名]李子

すやすや ①[副]安穩地(睡),香甜地(睡)

すら[副助]連,甚至¶親に～知らせなかった/連父母都没告訴¶ひらがな～満足に書けない/連平假名都寫不好

スライド ②⓪【slide】[名・自サ] ❶幻燈機,幻燈 ❷滑動,滑 ❸工資隨物價指數而變動 ❹(顯微鏡)載片

ずら・す ②【他五】 ❶挪開 ❷錯開¶出発を一週間～/把出發時間向後錯開一週

すらすら ①[副]流利,順利¶～読

む/流利地朗讀¶事が～はこぶ/事情進展順利
スラックス ②【slacks】[名]長褲
スラム ①【slam】[名]貧民窟,貧民區
すらり ②[副] ❶苗條 ❷順利地,無阻礙地
ずらり ②③[副]一溜兒,一排¶本棚に画集を～と並べる/在書架上擺一大排書册
ずらり ②[副]並排地,成排,成串
すり ①【掏摸・掏児】[名]小偷,扒手
すり ②【刷(り)】[名]印刷,印刷品
ずりお・ちる ⓪④【ずり落ちる】[自上一]滑落,滑掉¶ベッドから～/從床上掉下來
すりか・える ⓪【擦り替える】[他下一]偷換
すりガラス ③【磨りガラス】[名]毛玻璃,磨玻璃
すりきず ⓪【擦(り)傷】[名]擦傷,磨傷
すりこ・む ⓪【刷(り)込む】[他五]印上¶さし絵を～印上插圖
——【擦(り)込む】抹上,擦上¶クリームを肌に～/把乳液擦在皮膚上
スリッパ ②①【slipper】[名]拖鞋
スリップ ②【slip】[名・自サ] ❶滑,滑動 ❷長襯裙
すりつぶ・す ⓪【擂り潰す】[他五]研碎,磨碎¶くるみを～/把核桃仁磨碎
すりぬ・ける ⓪【擦(り)抜ける】[自下一] ❶穿過,擠過¶人々の間を～けて前に出る/穿過人群走上前去 ❷蒙混過去¶出まかせを言って、その場を～けた/扯了個謊,混過去了
すりばち ②【すり鉢・擂(り)鉢】[名]研鉢
すりへら・す ⓪【すり減らす・磨(り)減らす】[他五]磨損,損耗¶靴のかかとを～/磨損鞋跟¶神経を～仕事/耗損精力之工作
すりむ・く ③【擦(り)むく・擦(り)剥く】[他五]擦破,磨破¶膝を～いた/擦破了膝蓋
すりもの ②【刷(り)物】[名]印刷物,印刷品,刊物
すりよ・る ⓪【擦(り)寄る】[自五]蹲近,靠近,貼近
スリラー ②【thriller】[名]驚險
スリラーえいが ⑤【thriller映画】[名]驚險影片
スリラーしょうせつ ⑤【thriller小説】[名]驚險小説
スリル ②①【thrill】[名]驚險
す・る ①【掏る】[他五]扒竊,掏包
す・る ①【刷る】[他五] ❶印刷 ❷印
す・る ①【擦る】[他五] ❶擦,磨 ❷研磨¶墨を～/研墨 ❸(賭博等)賠光,輸光
する ⓪[自他サ] ❶有某種感覺¶寒けが～/發冷¶…気が～/感覺到 ❷表示某種狀態¶意識がはっきり～/意識清楚¶病気を～/得病 ❸值(多少錢)¶この服はかなり～だろうね/這衣服很多錢吧 ❹表示時間的經過¶三日もすれば成功できる/再過三天就能成功 ❺做,辦¶いたずらを～/淘氣¶実験を～/做實驗 ❻表示某種下意識的動作¶あくびを～/打呵欠¶くしゃみを～/打噴涕 ❼(用「…にする」的形式表示)使…成爲,使…變爲¶彼を委員長に～/讓他當委員長 ❽表示事物的性質,本質¶青い目をしている人形/藍眼睛的偶人 ❾帶,戴¶ネクタイを～/帶領帶 ❿(用「…とする」的形式表示)假定,假設¶いま、マグニチュード七の地震がおきたと～/假設現在發生了七級地震 ⓫(用「…うとする」的形式表示)將要,

正要¶帰ろうと～ところに雨が降りだした/正要回去的時候,下起了雨

——[補動](用「お…する」、「ご…する」的形式)表示自謙¶このあいだお借りしたご本、お返しします/將上次借的書還給您¶その件はご辞退します/那件事,我不打算做

ずる・い ②[形]狡猾,滑頭

するする ①[副]❶很快地 ❷滑溜

ずるずる ①[副]❶拖拉着 ❷拖延¶ストが～と長びく/罷工拖延着 ❸滑溜

すると ⓪[接]❶於是,那樣¶わたしはそのまま歩きつづけた。～駅前に出た/我一直走着。於是来到了車站前 ❷這麼説,那麼¶～きみはぼくがおかしいと言うのですか/這麼説,你是認爲我可疑嘍

すると・い ③[鋭い][形]❶鋒利,快 ❷鋭利 ❸敏鋭,霊敏¶頭が～/頭腦敏鋭

するめ ⓪[名]魷魚乾

すれすれ ⓪[形動]❶貼着,擦着¶水面に～に鳥が飛んだ/鳥掠過水面飛去 ❷剛好,没有餘地¶合格点～で、試験に受かった/以剛好及格的分数通過了考試

すれちが・う ⓪[擦(れ)違う][自五]❶交錯,相擦而過¶電車が～/両輛電車相擦而過 ❷錯過 ❸(事物)不一致,不協調

す・れる ②[擦れる][自下一]❶磨損,磨破 ❷油滑¶～れた子供/油滑的孩子

ずれ・る ②[自下一]❶移動,錯位 ❷離間,脱離¶時間が～/時間不對頭

スローガン ②[slogan][名]標語,口號

すわ・る ⓪[座る・坐る][自五]❶坐 ❷居(要職)◇肝(きも)がすわる/沉着,有膽量◇目(め)がすわる/両眼發直

すんげき ⓪[寸劇][名]短劇,小話劇

すんし ①[寸志][名]寸心,小意思¶～を表わす/聊表寸心

すんじ ①[寸時][名]片刻¶もはや～も猶予ならぬ/已經刻不容緩

ずんずん ⓪[副]迅速地

すんなり ③[副・自サ]❶細長,纖細¶～した指(ゆび)/纖指 ❷順利

すんぴょう ⓪[寸評][名・他サ]短評

すんぽう ⓪[寸法][名]❶尺碼,尺寸¶～をはかる/量尺寸 ❷計劃,安排¶きみが説明し、ぼくが演じるという～だ/計劃是你先講解,然後我演

せ セ

せ 五十音圖「さ」行第四音。羅馬字寫作「se」,發音爲國際音標[se]。平假名「せ」來自「世」字的草體,片假名「セ」來自「世」字草體的演變。濁音「ぜ」,羅馬字寫作「ze」,發音爲國際音標[ze或[dze]。

せ ①【背】[名] ❶背,脊背 ❷後方,背後 ❸山脊 ❹身高,身長¶〜が高い/個子高【-丈(たけ)①】[名]身高,身量

せ ⓪【畝】[名]畝(土地的面積單位,一畝約合一公頃)

せ ⓪【瀬】[名] ❶灘,淺灘 ❷急流,湍流 ❸機會,時機

ぜ ①【是】是◇是が非(ひ)でも/務必,無論如何

ぜ【終助】(男子用語) ❶表示勸誘,感嘆¶早く行こう〜/快走吧¶おもしろいのがあった〜/有不錯的哪 ❷表示談話人的意見,判斷¶それはちょっとちがいます〜/你说的不對

せい ①【正】[名] ❶正,正直,正義 ❷主要的,正 ❸正,正數 ❹正相反,完全相反

せい ①【背】[名]→せ

せい ①【所為】[名]原因,緣故¶失敗を人の〜にする/把失敗的原因歸於他人

せい ①【生】[名] ❶生命 ❷生存

せい ①【姓】[名]姓,姓氏

せい ①【性】[名] ❶性別 ❷性 ❸本性,秉性

せい ①【精】[名] ❶精靈,妖怪 ❷精力¶〜を出す/加勁,努力◇精も根(こん)も尽(つ)き果(は)てる/精疲力盡

-せい【製】[接尾]製,製造

ぜい ①【税】[名]税¶〜をごまかす/偸漏税

せいあい ⓪【性愛】[名]性愛

せいあつ ⓪【制圧】[名・他サ]鎮壓¶反乱軍を〜する/鎮壓叛亂軍隊

せいあん ⓪【成案】[名]完整的方案,成熟的方案

せいい ①【誠意】[誠心(せいしん)- ⓪-①]誠心誠意

せいいき ⓪【声域】[名]音域

せいいく ⓪【生育・成育】[名・自他サ] ❶生育,繁殖 ❷成長,發育

せいいっぱい ③【精一杯】[副・形動]竭盡全力¶〜に働く/拚命工作

せいいん ⓪【成因】[名]成因¶火山の〜を調べる/研究火山的成因

せいえい ⓪【精鋭】[名・形動]精銳【-部隊(ぶたい) ⑤】[名]精銳部隊

せいえき ⓪【精液】[名]精液

せいえん ⓪【声援】[名・他サ]聲援¶〜を送る/助威

せいおう ⓪【西欧】[名]西歐

せいおん ①【清音】[名]清音

せいか ①【生花】[名] ❶插花 ❷鮮花

せいか ⓪【成果】[名]成果,成就

せいか ⓪【声価】[名]評價,聲譽¶〜が高い/聲譽很高

せいか ①【青果】[名]蔬菜和水果

せいか ①【盛夏】[名]盛夏

せいか ①【精華】[名]精華

せいかい ⓪【正解】[名]正確答案

せいかい ⓪【政界】[名]政界

せいかい ⓪【盛会】[名]盛會
せいかいけん ③【制海権】[名]制海權
せいかく ⓪【正確】[名・形動]正確,準確¶～に伝える/準確地轉達【不(ふ)-】②[形動]不正確
せいかく ⓪【性格】[名]性格,性情¶～があわない/性情不合
せいがく ⓪【声楽】[名]聲樂¶-家(か)⓪[名]聲樂家
せいかつ ⓪【生活】[名・自サ]生活,生計¶～を送る/生活【国民(こくみん)-⑤】[名]國民生計【日常(にちじょう)-⑤】[名]日常生活
せいかっこう ③【背格好】[名]身材
せいかん ⓪【生還】[名・自サ]❶生還,活着回來 ❷(棒球)安全回到本壘
せいがん ⓪【請願】[名・他サ]請願
ぜいかん ⓪【税関】[名]海關
せいき ⓪【世紀】[名]世紀
せいき ①【生気】[名]生氣,活力,生機¶～をとりもどす/恢復活力
せいき ⓪【正規】[名]正規,正式¶～の手続き/正式手續
せいぎ ①【正義】[名]正義¶～を守る/維護正義
せいきゃく ⓪【政客】[名]政客
せいきゅう ⓪【請求】[名・他サ]索要,索取¶代金を～する/要帳【-書(しょ)⑤⓪】[名]帳單
せいきゅう ⓪【性急】[形動]性急
せいきょ ①【逝去】[名・自サ]逝世,去世
せいぎょ ①【制御】[名・他サ]控制¶感情を～する/控制感情【自動(じどう)-装置(そうち)⑦】[名]自控裝置
せいきょう ⓪【盛況】[名]盛況
せいきょう ⓪【生協】[名]消費合作社

せいきょうと ③【清教徒】[名]清教徒
せいきょく ⓪【政局】[名]政局
せいきょく ⓪【正極】[名]正極
ぜいきん ⓪【税金】[名]稅款,稅金¶～を納める/納稅
せいく ⓪【成句】[名]成語,諺語
せいくうけん ③【制空権】[名]制空權
せいくらべ ③【背比べ】[名]比個兒
せいけい ⓪【生計】[名]生計¶～をたてる/謀生
せいけい ⓪【西経】[名](地理)西經
せいけい ⓪【成型】[名・他サ]成形,壓製成形
せいけいげか ⑤【整形外科】[名]整形外科
せいけつ ⓪【清潔】[名・形動]❶乾淨,潔淨,廉潔¶～な政治/廉潔的政治
せいけん ⓪【政見】[名]政見【-発表(はっぴょう)⑤】[名]發表政見【-放送(ほうそう)⑤】[名]政見廣播
せいけん ⓪【政権】[名]政權¶-争(あらそ)い⑦】[名]權力之爭
せいげん ③【制限】[名・他サ]限制【-速度(そくど)⑤】[名]時速限制
せいご ⓪【成語】[名]成語,典故
せいこう ⓪【成功】[名・自サ]成功¶～をおさめる/獲得成功【-者(しゃ)③】[名]成功者
せいこう ⓪【性向】[名]性格,性情
せいこう ⓪【性行】[名]品行,品格和行為
せいこう ⓪【盛行】[名・自サ]盛行,風行
せいこう ⓪【精巧】[名・形動]精巧,精緻¶～をきわめる/巧奪天工
せいこう ⓪【製鋼】[名・自サ]煉鋼

せいごう ⓪【整合】[名・自他サ] ❶齊整,無缺陷 ❷(理論)嚴謹

せいこつか ⓪【整骨科】[名]正骨科

せいごひょう ⓪【正誤表】[名]勘誤表

せいざ ⓪【星座】[名]星座

せいざ ⓪①【正座】[名・自サ]端坐¶きちんと～する/正襟危坐

せいざ ⓪【静座】[名・自サ]靜坐,安靜地坐

せいさい ⓪【生彩】[名]生氣,活力¶～を欠(か)く/缺乏活力
——【精彩】色彩鮮艷¶～を放つ/放光彩

せいさい ⓪【制裁】[名・他サ]制裁¶～を加える/施加制裁

せいざい ⓪【製材】[名・自サ]製材,加工木材【-所(しょ)】⓪[名]木材加工廠

せいさく ⓪【政策】[名]政策¶～をねる/制定政策

せいさく ⓪【制作】[名・他サ]製作【卒業(そつぎょう)-】⑤[名]畢業設計
——【製作】製造

せいさん ⓪【成算】[名]把握¶～がある/有把握

せいさん ⓪【生産】[名・他サ]生産¶～をあげる/提高生産【-力(りょく)】③[名]生産力【-性(せい)】⓪[名]勞動生産率【-高(だか)】③[名]産量【-財(ざい)】③[名]生産資料【-手段(しゅだん)】⑤[名]生産手段【-コスト】⑤[名]生産成本,工本

せいさん ⓪【清算】[名・他サ] ❶結算,結賬¶借金を～する/結算借款 ❷清算,了結¶過去を～する/清算過去

せいし ①【生死】[名]生死¶～をともにする/生死與共

せいし ①【精子】[名]精子

せいし ⓪【製紙】[名]造紙

せいし ⓪①【正視】[名・他サ]正視,直視¶～するに忍びない/不忍正視

せいし ⓪【制止】[名・他サ]制止,阻攔

せいし ⓪【静止】[名・自サ]靜止【-衛星(えいせい)】④[名]同步衛星

せいじ ⓪【政治】[名]政治【-家(か)】⓪[名]政治家【-権力(けんりょく)】④[名]政治權力【-力(りょく)】③[名]政治力量

せいしき ⓪【正式】[名・形動]正式¶～に許可する/正式許可

せいしつ ⓪【性質】[名] ❶性格,性情¶～がいい/性情好 ❷(事物的)性質,特性

せいじつ ⓪【誠実】[名・形動]誠實,真誠¶～を欠く/缺乏誠意

せいじゃ ①【聖者】[名]聖人

せいじゃく ⓪【静寂】[名・形動]寂靜,沉寂

ぜいじゃく ⓪【脆弱】[名・形動]脆弱

せいしゅ ⓪【清酒】[名]清酒(日本酒)

ぜいしゅう ⓪【税収】[名]税收

せいしゅく ⓪【静粛】[名・形動]肅靜

せいじゅく ⓪【成熟】[名・自サ]成熟

せいしゅん ⓪①【青春】[名]青春

せいしょ ⓪【清書】[名・他サ]謄清,謄寫

せいしょ ①【聖書】[名]聖經

せいしょう ⓪【斉唱】[名・他サ]齊唱,齊呼

せいじょう ⓪【正常】[名・形動]正常¶～にもどる/恢復正常

せいしょうねん ③【青少年】[名]青少年

せいしん ①【精神】[名]精神【-衛生(えいせい)】⑤[名]精神保健◇精神一到(いっとう)何事(なにごと)

か成(な)らざらん/有志者事竟成

せいじん ⑩【成人】[名・自サ]成人,成年人【-式(しき)】③[名]加冠禮

せいじん ①【聖人】[名]聖人

せいしんか ⓪【精神科】[名]精神科

せいしんせいい ⑤【誠心誠意】[副]誠心誠意

せいしんびょう ⓪【精神病】[名]精神病

せいず ⓪【製図】[名・他サ]製圖,繪圖

せいすい ⓪【盛衰】[名]盛衰,興衰◇栄枯(えいこ)盛衰は世の常(つね)/榮枯盛衰是世之常事

せいずい ⑩【精髓】[名]精髓,精華

せいすう ③【正数】[名]正數

せい・する ③【制する】[他サ] ❶制止,抑止¶さわぎを～/制止住爭吵 ❷控制¶機先を～/先發制人

せいせい ③【清清】[自サ](心情)舒暢,痛快¶借りを返してやっと～した/還清了借款,終於寬心了

せいせい ⓪【精製】[名・他サ]精製,精煉

せいぜい ①[副] ❶盡量,盡¶どうせだめだろうが、～がんばるんだな/估計成功不了,你盡力而為吧 ❷充其量,頂多¶出席者は～百人程度だろう/頂多來一百人左右吧

せいせいどうどう ⓪-③【正正堂堂】[形動]正大光明,堂堂正正¶～と戦う/光明正大地戰鬥

せいせき ⓪【成績】[名]成績【-表(ひょう)】⓪[名]成績單

せいせん ⓪【生鮮】[形動]生鮮,新鮮【-食品(しょくひん)】⑤[名]生鮮食品

せいせん ⓪【精選】[名・他サ]精選

せいぜん ⓪③【整然】[副]井然,整齊,井井有條¶～とならぶ/排列得井井有條

せいせんしょくりょうひん ⓪【生鮮食料品】[名]新鮮副食品

せいそ ①【清楚】[名・形動]整潔,素雅¶～な身なり/穿戴素雅

せいそう ⓪【清掃】[名・他サ]清掃,打掃【-車(しゃ)】③[名]清潔車

せいそう ⓪【盛装】[名・自サ]盛裝

せいぞう ⓪【製造】[名・他サ]製造,製作

せいそく ⓪【生息・棲息】[名・自サ]生息,棲息,棲居¶野生のさるの～地(ち)/野生猴子的棲息地

せいぞろい ③【勢ぞろい・勢揃(い)】[名・自サ]聚集,齊聚¶一族が～する/家族齊聚

せいぞん ⓪【生存】[名・自サ]生存【-競争(きょうそう)】⑤[名]生存競爭

せいたい ⓪【生態】[名] ❶生態 ❷生活狀況

せいたい ⓪【声帯】[名]聲帶

せいだい ⓪【盛大】[形動]盛大,隆重¶～に行う/隆重舉行

せいたいもしゃ ⑤【声帯模写】[名]口技

ぜいたく ④③【贅沢】[名・形動]奢侈,奢華【-品(ひん)】⓪④[名]奢侈品

せいち ①【精緻】[名・形動]細緻,精密

せいちょう ⓪【成長】[名・自サ](人的)成長¶人間として～する/成熟起來
——【生長】(植物的)生長,發育¶～を促す/促進生長

せいちょう ⓪【声調】[名]聲調,語調

せいつう ⓪【精通】[名・自サ]精通,通曉

せいてい ⓪【制定】[名・他サ]制定¶憲法を～する/制定憲法

せいてき ⓪【政敵】[名]政敵

せいてつ ⓪【製鉄】[名]煉鐵【-所(しょ)】⓪⑤[名]煉鐵廠

せいてん ③⓪【晴天】[名]晴天

せいでんき ③【静電気】[名]靜電

せいてんのへきれき ⓪-⓪【青天の霹靂】[名]青天霹靂

せいと ①【生徒】[名](中小學)學生¶-手帳(てちょう)④[名]學生筆記本

せいど ①【制度】[名]制度【-教育(きょういく)-】⑤[名]教育制度

せいとう ⓪【政党】[名]政黨【-政治(せいじ)】⑤[名]政黨政治

せいとう ⓪【正当】[名・形動]正當,合理¶-防衛(ぼうえい)⑤[名]正當防衛

せいとう ⓪【正統】[名・形動]正統【-派(は)】⓪[名]正統派

せいどう ⓪【制動】[名・他サ]制動【-機(き)】③[名]制動器,制動閘

せいどうき ⑤【青銅器】[名]青銅器

せいどく ⓪【精読】[名・他サ]精讀

せいとん ⓪【整頓】[名・他サ]整頓,收拾,整理

せいなん ⓪【西南】[名]西南

ぜいにく ⓪【ぜい肉・贅肉】[名](身體)多餘的肉,脂肪,贅肉

せいねん ⓪【成年】[名]成年

せいねん ⓪【青年】[名]青年【-団(だん)】③[名]青年團

せいねんがっぴ ⑤【生年月日】[名]出生年月日

せいのう ⓪【性能】[名]性能

せいは ①【制覇】[名・自サ] ❶稱霸¶世界～をたくらむ/妄圖稱霸世界 ❷(比賽中)優勝

せいばい ①【成敗】[名・他サ]懲罰,懲治◇喧嘩(けんか)両(りょう)成敗/打架雙方都該受罰

せいばつ ①【征伐】[名・他サ]討伐,征討

せいはんたい ③【正反対】[名・形動]完全相反¶～の方向/完全相反的方向

せいひ ①【成否】[名]成敗

せいび ①【整備】[名・自他サ]備齊,配備【自動車(じどうしゃ)-工場(こうじょう)】②-④汽車修配廠

せいひん ⓪【清貧】[名]清貧

せいひん ⓪【製品】[名]製品,產品

せいふ ①【政府】[名]政府

せいぶ ①【西部】[名] ❶西部 ❷美國西南地區【-劇(げき)】③[名]西部片

せいふく ⓪【制服】[名]制服

せいふく ⓪【征服】[名・他サ]征服

せいぶつ ①⓪【生物】[名]生物【-学(がく)】④[名]生物學

せいぶつ ⓪【静物】[名]靜物【-画(が)】⓪[名]靜物畫

せいぶん ①【成分】[名]成份¶水の～/水的成分

せいふんじょ ⓪⑤【製粉所】[名]麵粉廠

せいべつ ⓪【性別】[名]性別

せいぼ ①【聖母】[名]聖母

せいぼ ⓪【歳暮】[名] ❶歲暮,年末 ❷年末送的禮品

せいほう ⓪【製法】[名]製作方法

せいぼう ⓪【声望】[名]聲望,名望¶～が高い/名望高

せいぼう ⓪【制帽】[名](學生、警察等戴的)特製的帽子

せいほうけい ③【正方形】[名]正方形

せいほく ⓪【西北】[名]西北

せいほん ⓪【製本】[名・他サ]裝訂成書【-工場(こうじょう)】⑤[名]裝訂廠

せいまい ①【精米】[名・自サ] ❶碾米 ❷精白米,白米
せいみつ ⓪【精密】[名・形動] ❶精密¶～な機械/精密儀器 ❷細緻,嚴密¶-検査(けんさ)⑤[名]嚴密検査
せいむじかん ④【政務次官】[名]政務次官
ぜいむしょ ③【税務署】[名]税務局
せいめい ①③【生命】[名]生命
せいめい ⓪【声明】[名・自サ]聲明¶共同(きょうどう)-⑤[名]聯合聲明
せいめい ①③【姓名】[名]姓名¶-判断(はんだん)⑤[名](依據名字)算命
せいもん ⓪【正門】[名]正門
せいやく ⓪【制約】[名・他サ]制約,限制¶～を受ける/受限制
せいやく ⓪【誓約】[名・他サ]誓約¶～を守る/遵守誓約
せいゆ ⓪【製油】[名・他サ]煉油¶-所(しょ)⓪[名]煉油廠
せいゆう ⓪【声優】[名]廣播劇演員,配音演員
せいよう ①【西洋】[名]西洋¶-料理(りょうり)⑤[名]西餐,西菜¶-風(ふう)⓪[名]西式¶-人(じん)③[名]西洋人
せいよう ⓪【静養】[名・自サ]静養
せいようおんがく ⑤【西洋音楽】[名]西洋音樂,西樂
せいようじん ③【西洋人】[名]西洋人
せいらい ①【生来】[副]生來,天生
せいり ①【生理】[名] ❶生理¶-現象(げんしょう)④[名]生理現象 ❷月經
せいり ①【整理】[名・他サ] ❶整理,收拾,整頓 ❷清理,縮減¶人員(じんいん)-⑤[名]裁員
せいりつ ⓪【成立】[名]成立,有效¶予算が～する/預算通過¶商談が～する/成交
ぜいりつ ⓪【税率】[名]税率
せいりゃく ①⓪【政略】[名]政治謀略,政略¶-結婚(けっこん)⑤[名]政治婚姻
せいりゅう ⓪【整流】[名・他サ]〈物〉整流¶-器(き)③[名]整流器
せいりょういんりょう ⑤【清涼飲料】[名]清涼飲料
せいりょく ①【勢力】[名]勢力,權勢¶～を張る/擴張勢力¶～を振るう/行使權勢¶-範囲(はんい)⑤[名]勢力範圍
せいりょく ①【精力】[名]精力¶-絶倫(ぜつりん)①-⓪[形動]精力充沛
せいれい ⓪【精励】[名・自サ]勤奮,奮勉¶勉学に～する/勤奮學習
せいれき ⓪【西暦】[名]公暦,公元
せいれつ ⓪【整列】[名・自他サ]列隊,整隊
せいれん ⓪【精錬】[名・他サ]冶煉
せいろん ⓪【正論】[名]正論,正確的言論
セーター ①【sweater】[名]毛衣
セーフ ①【safe】[名]安全進壘,趕得上,來得及
セール ①【sale】[名]賤賣,大減價¶バーゲン-⑤[名]大拍賣
セールスマン ④【salesman】[名]推銷員
せお・う ②⓪【背負う】[他五] ❶背 ❷擔負,承擔¶責任を～/負責任
せおよぎ ⓪【背泳ぎ】[名]仰泳
せかい ①②【世界】[名] ❶世界,宇宙¶--(いち)④[名]世界第一¶-平和(へいわ)④[名]世界和平¶全(ぜん)-③[名]全世界¶-観(かん)②[名]世界

観,宇宙観【-大戦(たいせん)】④[名]世界大戦【-的(てき)】⓪[形動]世界的 ❷領域,世界¶子どもの〜/孩子們的世界¶学問の〜/學術領域 ❸視野,眼光¶新しい〜がひらける/打開新的視野◇世界にきこえている/世界聞名◇世界に類(るい)のない/舉世無雙◇世界を股(また)にかける/走遍天下

せか・す ②【急かす】[他五]催,催促

せかせか ①[副・自サ]急急忙忙,慌慌張張

せが・む ②[他五]纏磨,死氣百賴地要求

せき ①【隻】[名](船等的數量單位)隻,艘

せき ②【咳】[名]咳嗽¶〜が出る/咳嗽

せき ①【堰】[名]堰,堤壩

せき ①⓪【席】[名] ❶座位,位子¶〜に着く/入坐 ❷場所,場合¶おおやけの〜/公開場合 ❸職位¶課長の〜/課長的位子

せき【籍】[名] ❶加入某組織¶野球部に〜を置く/加入棒球隊 ❷戶籍,戶口¶〜を入れる/入籍,上戶口

せきがいせん ③⓪【赤外線】[名]紅外線

せきこ・む ⓪【せき込む・急き込む】[自五]着急,焦急¶〜んで話す/急切地講

せきこ・む ⓪【せき込む・咳き込む】[自五]猛烈地咳嗽

せきさい ⓪【積載】[名・他サ]裝載【-量(りょう)】③[名]裝載量

せきざい ⓪【石材】[名]石料

せきさん ⓪【積算】[名・他サ]累計

せきじ ⓪【席次】[名]座次,名次¶〜を決める/定座次

せきじゅうじ ③【赤十字】[名]紅十字

せきしょ ③【関所】[名]關卡¶〜を越える/過關卡

せきずい ②【脊髄】[名]脊髄

せきせつ ⓪【積雪】【-量(りょう)】④[名]積雪量

せきぞう ⓪【石像】[名]石像

せきた・てる ⓪【せき立てる・急(き)立てる】[他下一]催促,催趕

せきたん ③【石炭】[名]煤炭,煤【-工業(こうぎょう)】⑤[名]煤炭工業

せきどう ⓪【赤道】[名]赤道

せきと・める ⓪【せき止める・塞(き)止める】[他下一]攔住,堵住¶川を〜/攔住河流

せきとり ④③【関取】[名](相撲)十兩以上的力士,關取

せきにん ⓪【責任】[名]責任,職責¶〜を果たす/盡責【-者(しゃ)】③[名]負責人

せきばく ⓪【寂寞】[名・副]寂寞,荒凉¶〜たる荒野(こうや)/寂寞的荒野

せきばらい ③【せき払(い)・咳払(い)】[名]乾咳,清嗓子

せきひ ⓪【石碑】[名] ❶石碑 ❷墓碑¶〜をたてる/立碑

せきひんあらうがごとし【赤貧洗うが如し】一貧如洗

せきぶつ ⓪【石仏】[名]石佛

せきべつ ⓪【惜別】[名]惜別¶〜の情/惜別之情

せきぼく ⓪【石墨】[名]石墨

せきめん ⓪【石綿】[名]石棉

せきめん ⓪【赤面】[名]害羞,臉紅¶〜の至り/慚愧之至

せきゆ ⓪【石油】[名]石油【-工業(こうぎょう)】④[名]石油工業

せきらら ⓪【赤裸裸】[形動]赤裸裸¶〜な告白/赤裸裸的自白

せきり ①⓪【赤痢】[名]赤痢,痢疾

せ・く ②【急く】[自五]急,著急

せ・く ①【咳く】[自五]咳嗽

セクシー ①【sexy】[形動]性感的

セクション・ペーパー ⑤【section paper】[名]方格紙,座標紙

セクハラ ⓪【sexual harassment】[名・形動]性侮辱,侮辱女性,性騒擾

せけん ①【世間】[名]人間,世上,社會¶～知(し)らず ④不懂人情世故¶－話(ばなし) ④[名]家常話,閑話

せさい ⓪②【世才】[名]處世才能

セ ①【セ氏】[名]攝氏

せしゅう ⓪【世襲】[名・他サ]世襲

せじょう ⓪【世上】[名]世間,世上,社會¶～のうわさ/街談巷議

せすじ ⓪①【背筋】[名]❶脊梁¶～が寒くなる/不寒而慄 ❷(衣服)脊縫

ゼスチュア ①【gesture】[名]動作,手勢◆亦作「ジェスチュア」『ジェスチャー』「ゼスチャー」

ぜせい ⓪【是正】[名・他サ]矯正,糾正¶不均衡を～する/糾正不平衡

せせこまし・い ⑤[形]❶窄小¶～家/窄小的房屋 ❷心胸狹小

せせらぎ ⓪[名]小溪,小溪的流水聲

せせらわら・う ⑤【せせら笑う】[他五]嘲笑,冷笑,譏笑¶鼻の先で～/嗤之以鼻

せそう ⓪②【世相】[名]世風,世道,社會狀況¶～を反映する/反映世風

ぞく ⓪①【世俗】[名]世俗

せぞくてき ⓪【世俗的】[形動]世俗的¶～な音楽/世俗音樂

せたい ①⓪【世態】[名]世態

せたい ②①【世帯】[名]→しょたい

せだい ①⓪【世代】[名]❶代,一代¶若い～/年輕的一代【同(どう)－】③[名]同代人 ❷世世代代,世代

せたけ ①【背丈】[名]❶身高 ❷(衣服)身長

せちがら・い ④【世知辛い】[形]日子不好過,處世艱難¶～世の中/艱難的世道

せつ ①【節】[名]❶時候,時節 ❷(詩,文章の)節 ❸節操¶～を守る/守節

せつ ⓪①【説】[名]説法,見解

せつ ①【切】[形動]誠懇,懇切¶～に願う/懇切要求

ぜつえんたい ⓪【絶縁体】[名]絕緣體

せっかい ⓪【石灰】[名]石灰

せっかく ⓪【折角】[副]❶好不容易,難得¶～の休日なんだから仕事の話はやめてくれよ/好不容易有個休息日,別再談工作了 ❷特意¶～のご招待ですので、ぜひともうかがいます/承蒙特意邀請,我一定去

せっかち ①[名・形動]性急

せっきじだい ④【石器時代】[名]石器時代

せっきょう ③①【説教】[名・自サ]❶説教,傳教,傳道

せっきょく ⓪【積極】[名]積極【－性(せい)】⓪[名]積極性

せっきょくてき ⓪【積極的】[形動]積極¶～に発言する/積極地發言

せっきん ⓪【接近】[名・自サ]接近¶台風が～する/颱風臨近

せっく ③⓪【節句・節供】[名]節日

セックス ①【sex】[名]❶性別 ❷性,性慾 ❸性交

せっけい ⓪【設計】[名・他サ]設計【－図(ず)】③[名]設計圖【－技師(ぎし)】⑤[名]設計師

ぜっけい ⓪【絶景】[名]絕景

せっけっきゅう ③【赤血球】[名]紅血球

せっけん ⓪【石鹼】[名]肥皂【粉(こ

な)-③[名]肥皂粉,洗衣粉
せっけん ⓪【接見】[名・他サ]接見
せっこう ⓪【石工】[名]石匠
せっこう ⓪【石膏】[名]石膏
ぜっこう ⓪【絶好】[名]絶好,極好¶～のチャンス/極好的機會
ぜっこう ⓪【絶交】[名・自サ]絶交¶友と～する/和朋友絶交
せっこく ⓪【石刻】[名]石刻,石印,石雕
せっさたくま ①-①【切磋琢磨】[名・自サ]切磋琢磨
ぜっさん ⓪【絶賛】[名・他サ]高度讃揚
せっし ①【摂氏】[名]攝氏
せつじつ ⓪【切実】[形動]❶迫切,切實 ❷切實¶～に感じる/切實感到
せっしゃくわん ①【切歯扼腕】[名・自サ]咬牙切齒¶～して悔しがる/切齒悔恨
せっしゅ ①【接種】[名・他サ]接種【予防(よぼう)-】④[名]預防接種
せっしゅ ①【摂取】[名・他サ]攝取,吸取
せっしょう ①【折衝】[名・自サ]交渉,談判,磋商¶～にあたる/進行交渉
せっしょう ①【殺生】[形動]残忍,残酷
せっしょく ⓪【接触】[名・自サ]❶接觸 ❷交往,接觸¶～をたもつ/保持接觸
せっしょく ⓪【節食】[名・自サ]節食
ぜっしょく ⓪【絶食】[名・自サ]絶食
せっすい ⓪【節水】[名・自サ]節水
せっ・する ⓪③【接する】[自サ]❶緊接着,挨着¶となりと～/緊挨着鄰家¶海に～している家/挨着海邊的房屋 ❷交往,接觸¶客と～/與客户接觸 ❸接到,遇上¶悲報に～/接到悲痛的消息——[他サ]使…挨上,連接◇踵(きびす)を接する/接踵,一個接一個◇額(ひたい)を接する/交頭接耳
ぜっ・する ⓪③【絶する】[自サ]絶,盡¶言語に～/不可言狀¶想像を～/不可想像
せっせい ⓪【節制】[名・自サ]節制¶タバコを～する/節制吸煙
せっせと ⓪[副]不停地,拼命地¶～働く/拼命地工作
せっせん ⓪【接戦】[名・他サ]勢均力敵的戰鬥
せつぞく ⓪【接続】[名・自他サ]連接,衛接
せつぞくし ③④【接続詞】[名]接續詞
せったい ①【接待】[名・他サ]接待,招待【-費(ひ)】③[名]招待費
ぜったい ⓪【絶対】[名・副]絶對¶そんなことは～にありえない/絶不會有那種事¶-服従(ふくじゅう)⑤[名]絶對服従¶-安静(あんせい)⑤[名]絶對安靜
ぜったいぜつめい ⓪【絶体絶命】[名・形動]絶境,無可奈何,窮途末路
せつだん ⓪【切断】[名・他サ]切断,割斷,截斷
せっち ①【設置】[名・他サ]設置,設立¶審議会を～する/設置審議會
せっちゃくざい ⓪④【接着剤】[名]粘合劑,粘接劑
せっちゅう ⓪【折衷】[名・他サ]折衷【-案(あん)】③[名]折衷方案
ぜっちょう ⓪【絶頂】[名]頂峰,頂點¶人気(にんき)-⓪[名]紅極一時【-期(き)】③[名]走紅期,最盛期

せっ・く ③⓪【他五】催,催促
せってい ⓪【設定】[名・他サ]制定,擬定¶問題を〜する/設問,設立問題
せってん ①【接点】[名]❶接點,接觸點¶〜をみい出す/找出接點 ❷(數學的)切點
せつでん ⓪【節電】[名・他サ]節電
セット ①【set】[名・他サ]❶(器物等的)一套 ❷電影佈景,舞臺背景 ❸做頭髮,整理髮型 ❹調整,調節
せっとうご ⓪【接頭語】[名]接頭詞,前綴詞
せっとく ⓪【説得】[名・他サ]説服,勸説【-力(りょく)④】[名]説服力
せつな・い ③【切ない】[形]痛苦,難受
せつなる ①【切なる】[連体]懇切,殷切¶〜願い/衷心の願望
せつに ①【切に】[副]懇切,深切
せっぱく ⓪【切迫】[名・自サ]❶臨近,逼近 ❷緊迫,急迫¶事態が〜する/事態急迫
せっぱつま・る ①【切羽詰(ま)る】[自五]迫不得已,萬不得已
ぜっぱん ⓪【絶版】[名]絶版¶〜にする/絶版
せつび ①【設備】[名・他サ]設備【-投資(とうし)④】[名]設備投資
せつびご ⓪【接尾語】[名]接尾詞,後綴詞
せっぷく ⓪【切腹】[名・他サ]切腹自殺
せっぷく ⓪【説伏】[名・他サ]説服,勸服
ぜっぺき ⓪【絶壁】[名]絶壁,峭壁
せつぼう ⓪【切望】[名・他サ]熱切盼望
ぜつぼう ⓪【絶望】[名・自サ]絶望¶人生に〜する/對人生絶望【-的(てき)⓪】[形動]絶望

ぜつみょう ⓪【絶妙】[名・形動]絶妙
せつめい ⓪【説明】[名・他サ]説明,解釋
ぜつめつ ⓪【絶滅】[名・自他サ]滅絶,根絶
せつやく ⓪【節約】[名・他サ]節約,節省
せつりつ ⓪【設立】[名・他サ]設立,創辦
せつれつ ⓪【拙劣】[名・形動]拙劣
せつわ ⓪【説話】[名]民間傳説,民間故事
せとぎわ ⓪④【瀬戸際】[名]緊要關頭,關鍵時刻¶生死の〜にある/處於生死關頭
せともの ⓪【瀬戸物】[名]陶瓷器
せなか ⓪【背中】[名]❶背,背背¶〜を流す/搓背 ❷後面
ゼネレーション ③【generation】[名]一代,世代,同時代◆亦作「ジェネレーション」
セパード ②【shepherd】[名]狼狗,軍用犬◆亦作「シェパード」
せばま・る ③【狭まる】[自五]變窄¶範囲が〜/範圍縮小
せば・める ③【狭める】[他下一]縮小,縮短
ぜひ ①【是非】[名]是非,好壞¶〜もない/不得已
——[副]無論如何,一定,務必¶〜ひきうけてくれ/請務必接受下來
ぜひとも ①⓪【是非とも】[副](「ぜひ」的強調形)→ぜひ
せびろ ⓪【背広】[名](男子)西服
せぶみ ③⓪【瀬踏(み)】[名・自サ]試探¶〜をする/試探
せぼね ⓪【背骨】[名]脊梁骨
せま・い ②【狭い】[形]窄小,狭小¶道が〜/街道狹窄¶心が〜/小心眼兒

せまくるし・い ⑤【狭苦しい】［形］狭窄,擠得慌¶～部屋/非常狭窄的屋子

せま・る ②【迫る】［自五］❶臨近,迫近¶夕やみが～/天色將晚 ❷逼近,靠近¶敵が～/敵人逼近 ❸緊迫,窘迫¶息が～/呼吸緊迫 ──［他五］逼迫,強迫¶交際を～/強迫交往¶内閣に総辞職を～/逼迫内閣總辭職

せみ ⓪【蟬】［名］蟬

ゼミ ①【(独)Seminar】［名］「ゼミナール」的簡稱→ゼミナール

セミナー ①【seminar】［名］→ゼミナール

ゼミナール ③【(独)Seminar】［名］(大學的)課堂討論,討論會,研究會

せむし ③⓪【傴僂】［名］駝背,傴僂

せめあ・う ⓪【責(め)合う】［自五］互相攻擊

せめい・る ⓪【攻(め)入る】［自五］攻進,攻入¶敵陣に～/衝進敵陣

せめおと・す ⓪【攻(め)落(と)す】［他五］攻克,攻陷

せめか・ける ⓪【攻め懸ける】［他下一］進攻,攻上去

せめく ②③【責め苦】［名］折磨¶地獄の～にあう/遭受地獄的折磨

せめこ・む ③【攻(め)込む】［自他五］攻進,攻入

せめさいな・む ⑤【責(め)苛む】［他五］折磨¶良心に～まれる/受到良心的譴責

せめた・てる ⓪④【攻(め)立てる】［他下一］連續進攻,猛攻

せめた・てる ⓪【責(め)立てる】［他下一］痛斥,嚴厲指責

せめつ・ける ⓪【責(め)付ける】［他下一］嚴厲責備,嚴加申斥

せめて ①［副］哪怕,至少¶～五位以内に入りたい/希望至少進入前五名¶～一目だけでも会いたい/很想見一面,哪怕只看一眼

せめよ・せる ⓪【攻(め)寄せる】［自下一］攻打附近,逼近

せ・める ②【攻める】［他下一］攻,攻擊,進攻¶城を～/攻城

せ・める ②【責める】［他下一］❶責備,責難,指責¶失敗を～/譴責失敗 ❷折磨,拷打 ❸催促,逼

セメント ⓪【cement】［名］水泥

せり ②【芹】［名］水芹,芹菜

せりあ・う ⓪【競り合う】［自五］競爭,爭奪¶トップを～/爭奪第一名

せりあ・げる ⓪【競(り)上げる】［他下一］爭着提高價錢,哄抬價格

せりあ・げる ⓪【迫(り)上げる】［他下一］❶逐漸推上(舞臺) ❷逐漸增大¶声を～/放大聲音

ゼリー ①【jelly】［名］果凍

せりおと・す ⓪【競(り)落(と)す】［他五］拍板成交

せりだ・す ⓪【せり出す・迫(り)出す】［自他五］❶(把佈景)推上(舞臺) ❷向前突出¶おなかが～/腆着肚子

せりふ ⓪②【台詞・科白】［名］❶臺詞,口白 ‐回(まわ)し ④［名］口白技巧 ❷論調,言論

せ・る ①【競る】［他五］❶競爭 ❷爭出高價

せる［助動］(上接五段、サ變動詞未然形) ❶使,讓,叫¶犬にそりを引か～/讓狗拉雪橇¶子どもにピアノを習わ～/讓孩子學鋼琴 ❷任憑,任其,隨他便¶あの店ではコーヒーを飲みたいだけ飲ま～/那個店的咖啡願意喝多少就可喝多少 ❸(用「…せていただきます」的形式表示)請允許我…¶見せていただきます/請讓我看看

セルフサービス ④【self-service】

[名]自我服務,自助餐
- **セルロイド** ③【celluloid】[名]賽璐珞,硝酸象牙,假象牙
- **ゼロ** ①【(仏)zéro】❶零,零數 ❷無,沒有¶この本は内容が〜だ/這本書毫無内容
- **セロテープ** ③【cellotape】[名]膠粘紙帶,膠帶
- **セロハン** ①【cellophane】[名]膠帶
- **セロリ** ①【celey】[名]芹菜
- **せろん** ⓪【世論】[名]輿論【-調査(ちょうさ)④】[名]民意測驗
- **せわ** ②【世話】[名] ❶照看,照料¶〜をやく/照料,照管¶人のーになる/得到別人的關照¶余計(よけい)なおーだ/多管閒事 ❷推薦,介紹¶友人を会社にーする/把朋友推薦給公司¶およめさんをーする/介紹對象 ❸麻煩,難辦的事¶ーがやける/麻煩人¶ーをかける/添麻煩 ❹通俗¶ーにくだけた話/通俗的話
- **せわし・い** ③【忙しい】[形]忙,忙碌

せん ①【千】[名]千,一千 ◇千載一遇(せんざいいちぐう)/千載一遇
- **せん** ①【栓】[名] ❶塞子,瓶塞 ❷龍頭,開闊¶水道の〜をしめる/關上水龍頭
- **せん** ①【線】[名] ❶線¶〜をひく/劃線 ❷線路 ❸方針,路線¶きまった〜に添(そ)う/按着既定的方針辦 ❹界限,限度
- **-せん**【船】[接尾]客船,客輪
- **-せん**【戦】[接尾]戰,戰鬥
- **ぜん** ①【善】[名]善,好事¶ーをなす/行善
- **ぜん** ①【禅】[名]禪
- **ぜん** ⓪【膳】[名](放飯菜的)食案 ❷(放在飯桌上的)飯菜¶おーを出す/上飯菜
- **ぜん-** ①【全】[接頭]全,整個¶〜日本(にほん)/整個日本
- **ぜんあく** ①【善惡】[名]善惡
- **せんい** ①【繊維】[名]纖維【合成(ごうせい)-⑤】[名]合成纖維
- **ぜんい** ①【善意】[名]善意¶〜に解釈する/善意地解釋
- **ぜんいき** ①⓪【全域】[名]整個地區,一切領域
- **せんいつ** ①⓪【専一】[名・形動]專一
- **せんいん** ⓪【船員】[名]船員,海員
- **ぜんいん** ①⓪【全員】[名]全體人員
- **せんえい** ⓪【先鋭・尖鋭】[名・形動] ❶銳利¶〜なナイフ/鋒利的刀 ❷激進,過激【-分子(ぶんし)⑤】[名]激進分子
- **ぜんえい** ⓪【前衛】[名] ❶(網球、排球的)前排 ❷(運動的)先鋒,前衛 ❸(藝術)前衛派,先鋒派【-画家(がか)⑤】[名]先鋒派畫家
- **せんえき** ①⓪【戦役】[名]戰役
- **せんおう** ⓪【専横】[名・形動]專橫
- **せんか** ①【戦火】[名] ❶戰火,因戰爭引起的火災 ❷戰爭¶〜が広がる/戰爭擴展
- **せんか** ①【専科】[名]專科
- **せんかい** ⓪【旋回】[名・自他サ]盤旋,迴旋
- **ぜんかい** ⓪【全快】[名・自サ]痊癒
- **ぜんかい** ①【前回】[名]上次,上回
- **ぜんがく** ⓪①【全額】[名]全數,全額
- **せんかくしゃ** ③【先覺者】[名]先覺者,先知者
- **せんがくひさい** ⑤【浅学非才】[名]才疏學淺
- **せんかん** ⓪【戦艦】[名]戰艦
- **ぜんき** ①【前期】[名]前期,上期,上半期
- **ぜんき** ①【前記】[名]上述,前述
- **せんきゃく** ⓪【船客】[名]乘船的旅客

せんきゃくばんらい ⓪【千客万来】[名]客人絡繹不絶,車馬盈門

せんきょ ①【占拠】[名・他サ]占據,占領【不法(ふほう)－】④[名]違法占據

せんきょ ①【選挙】[名・他サ]選擧¶～に勝つ/選擧獲勝¶～に出る/参加競選【－権(けん)】③[名]選擧權

せんきょう ⓪【戦況】[名]戰況

せんぎょう ⓪【専業】[名]專業,專門的職業

せんきょうし ③【宣教師】[名]傳教士

せんきょく ⓪【戦局】[名]戰局

ぜんきょく ⓪①【全局】[名]❶全局¶～に目を注ぐ/照顧全局 ❷(圍棋,象棋)全盤

せんぎり ④⓪【千切り】[名]切成細絲

せんくしゃ ③【先駆者】[名]先驅,前革

せんぐんばんば ⑤【千軍万馬】[名]❶千軍萬馬 ❷身經百戰

ぜんけい ⓪【全景】[名]全景

ぜんけい ⓪【前掲】[名・他サ]上述,上舉

せんけつ ⓪【先決】[名・他サ]先決,首先決定【－問題(もんだい)】⑤[名]首先要解決的問題

せんけつ ⓪【鮮血】[名]鮮血

せんげつ ①【先月】[名]❶上月 ❷前幾個月

ぜんげつ ①【前月】[名]上月

せんけん ⓪【先見】[名]先見◇先見の明(めい)/先見之明

せんげん ⓪③【宣言】[名・他サ]宣言【独立(どくりつ)－】⑤[名]獨立宣言

ぜんけん ⓪【全権】[名]全權¶～を委任する/委以全權【－大使(たいし)】⑤[名]【－(特命)全權大使

ぜんげん ③⓪【前言】[名]❶從前説過的話,前人的話 ❷前言

せんげんばんご ⑤【千言万語】[名]千言萬語

せんご ①【先後】[名・自サ]先後,前後

せんご ⓪①【戦後】[名]戰後(特指第二次世界大戰後)

ぜんご ①【前後】[名]❶前後 ❷周圍情況,後果
——[自サ]❶順序顛倒¶話が～する/語無論次 ❷相續,緊接着¶彼らは～してやってきた/他們先後來到
——[接尾]左右¶十二時(じゅうじ)～/十二點左右¶二十歳(にじっさい)～/二十歳上下

せんこう ⓪【先行】[名・自サ]先行¶時代に～する/先行於時代【－文献(ぶんけん)】⑤[名]先行文件

せんこう ⓪【専攻】[名・他サ]專攻,專門研究【－科目(かもく)】⑤[名]專業科目

せんこう ⓪【潜行】[名・自サ]❶潛行¶水中を～する/潛行水中 ❷秘密活動【－運動(うんどう)】⑤[名]地下活動

せんこう ①【線香】[名]線香,香¶～をたく/焚香【蚊取(かとり)－】④[名]蚊香

せんこう ⓪【選考・銓衡】[名・他サ]銓選,選拔

ぜんこう ①【全校】[名]❶全校 ❷所有的學校

ぜんごう ③【前号】[名]前一期,上一期(刊物)

せんこく ⓪【先刻】[名]剛才,方才
——[副]已經,早就¶～ご承知の通り…/正如您早已知道的那樣…

せんこく ⓪【宣告】[名・他サ]宣告,宣判¶～をくだす/宣判

ぜんこく ⓪【全国】[名]全國【－放送(ほうそう)】⑤[名]全國廣播

せんさい ⓪【戦災】[名]戰爭災害,

せんか【孤児(こじ)】⑤[名]戦争孤児

せんさい⓪【繊細】[名・形動]纖細,敏感¶～な神経/敏感的神經¶～な感情/細膩的感情

せんざい⓪【洗剤】[名]洗滌劑

せんざい⓪【潜在】[名・自サ]潛在【-意識(いしき)⑤】[名]潛意識

ぜんさい⓪【前菜】[名]冷盤,拼盤

せんざいいちぐう⓪【千載一遇】[名]千載難逢,千載一時

せんさく⓪【穿鑿】[名・他サ]追根問底【-好(ずき)⑤】[名]喜歡追根問底

せんさばんべつ①-⓪【千差万別】[名]千差萬別

せんさんこう③【穿山甲】[名]穿山甲

せんし①【戦士】[名]戰士

せんし⓪【戦死】[名・自サ]戰死【-者(しゃ)③】[名]陣亡者

ぜんし①【前史】[名]❶前半部歷史❷以前的歷史❸史前

ぜんじ①【漸次】[副]逐漸,漸漸

せんじぐすり④【煎じ薬】[名]湯藥

せんしつ⓪【船室】[名]客艙,船艙

せんじつ⓪③【先日】[名]前幾天,前些日子

ぜんじつ④⓪【前日】[名]前一天

せんじつ・める⑤【せんじ詰める・煎じ詰める】[他下一]❶歸根究底,總而言之¶～と金の問題だ/說到底是錢的問題❷(把藥)煎透,熬透

ぜんじつせい⓪【全日制】[名]全日制

せんしばんこう①-⓪【千思万考】[名・他サ]反覆思考,深思熟慮

せんしばんこう①-⓪【千紫万紅】[名]萬紫千紅

せんしばんたい①-⓪【千姿万態】[名]千姿百態

せんしゃ①【戦車】[名]坦克,戰車

ぜんしゃ①【前者】[名]前者

ぜんしゃのてつ【前車の轍】[名]前車之鑒◇前車の轍を踏む/重蹈覆轍

せんしゅ①【選手】[名]選手,運動員

せんしゅう⓪【先週】[名]上週,上星期

せんしゅう⓪【専修】[名・他サ]專修,專攻

せんしゅう⓪【選集】[名]選集

せんじゅう⓪【専従】[名・自サ]專職,專業

ぜんしゅう⓪【全集】[名]全集

せんしゅうがっこう⑤【専修学校】[名]專科學校

せんしゅうらく③【千秋楽】[名](相撲、戲劇等連續演出的)最後一天

せんしゅつ⓪【選出】[名・他サ]選出

せんじゅつ⓪①【戦術】[名]戰術

ぜんじゅつ⓪【前述】[名・自サ]上述,前述

ぜんしょ①【善処】[名・他サ]妥善處理

せんしょう⓪【戦勝】[名・自サ]戰勝

せんじょう⓪【戦場】[名]戰場

ぜんしょう⓪【全勝】[名・自サ]全勝

せんしょく④【染色】[名・自サ]印染【-業(ぎょう)⑤】[名]印染業

せんしょくたい⓪【染色体】[名]染色體

せん・じる⓪③【煎じる】[他上一]煎,熬

せんしん⓪【先進】[名]先進【-国(こく)③】[名]先進國家

せんしん⓪【専心】[名・自サ]專心,一心一意【一意(いちい)-②-⓪】[名]專心一意

せんじん⓪【先人】[名]前人

ぜんしん ⓪【全身】[名]全身¶-麻酔(ますい)⑤/全身麻酔¶-全霊(ぜんれい)⓪-⓪/整個身心,全心全力

ぜんしん ⓪【前進】[名・自サ]前進

ぜんしん ⓪【漸進】[名・自サ]漸進

ぜんじん ③⓪【前人】[名]前人,先人

せんしんこく ③【先進国】[名]先進國家

せんしんばんく ⑤【千辛万苦】[名・自サ]千辛萬苦

せん・す ⓪【扇子】[名]扇子

センス ①【sense】[名]感覺,感受¶～がいい/感受能力強,懂得事物的細微差別

せんすい ⓪【潜水】[名・自サ]潜水¶-夫(ふ)③/潜水員¶-法(えいほう)⑤/潜泳

せんすいかん ⓪【潜水艦】[名]潜艇

せん・する ③【宣する】[他サ]宣布,宣告¶開会を～/宣布開會

せんせい ③【先生】[名] ❶先生 ❷老師

せんせい ⓪【宣誓】[名・他サ]宣誓¶選手～/運動員宣誓

せんせい ⓪【専制】[名]専制¶-君主(くんしゅ)⑤/専制君主¶-政治(せいじ)⑤/専制政治

ぜんせい ①【全盛】[名]全盛¶-期(き)③/全盛期,鼎盛期

ぜんせいき ③【前世紀】[名]上世紀

せんせいじゅつ ⑤【占星術】[名]占星術

センセーショナル ③【sensational】[形動]❶引起轟動的 ❷煽動感情的,富有煽動性的

センセーション ③【sensation】[名]轟動的事件

ぜんせかい ③【全世界】[名]全世界

せんせん ⓪【宣戦】[名・自サ]宣戦

せんせん ⓪【戦線】[名]戦線

せんぜん ⓪③【戦前】[名]戦前

ぜんせん ⓪【前線】[名]❶前線 ❷(氣象)鋒面¶温暖(おんだん)-⑤/[名]暖鋒¶梅雨(ばいう)-④/[名]梅雨鋒面

ぜんぜん ⓪【全然】[副]❶(與否定語相呼應表示)絲毫不,一點兒不¶そんなことは～知らない/那件事我根本不知道 ❷〈俗〉非常,很¶～面白い/非常有趣

せんせんきょうきょう ⓪【戦戦恐恐】[副]戦戦兢兢,心驚膽戦

せんぞ ①【先祖】[名]祖先,祖宗,先人¶～の墓/先人之墓

せんそう ⓪【戦争】[名・自サ]❶戦争¶-反対運動(はんたいうんどう)⑨/反戦運動¶核(かく)-③/[名]核戦争 ❷(喩)激烈的競争¶受験(じゅけん)-④/升学競争

ぜんぞう ⓪【漸増】[名・自サ]漸增,逐漸增加

せんぞく ⓪【専属】[名・自サ]専属

ぜんそく ⓪【喘息】[名]哮喘,氣喘¶小児(しょうに)-④/[名]小兒哮喘

ぜんそくりょく ④③【全速力】[名]全速¶～で走る/全速奔跑

センター ①【center】[名]❶中心¶貿易～/貿易中心 ❷(足球、籃球的)中鋒

せんたい ①⓪【船体】[名]船身,船體

ぜんたい ⓪【全体】[名]全體,總體,整體¶～を把握する/把握總體¶～にわたる/渉及全體¶-会議(かいぎ)⑤/[名]全體會議 ── ①[副]❶本來,原本¶-出発点からまちがっているよ/原本開始就錯了 ❷究竟,到底¶これは～どういうことなんだ

/這究竟是怎麼回事

ぜんだいみもん ①-⓪【前代未聞】[名]前所未聞

せんたく ⓪【洗濯】[名・他サ]洗,洗衣服¶-屋(ゃ) ⓪ [名]洗衣房,洗染店

せんたく ⓪【選択】[名・他サ]選擇

せんだって ⑤⓪【先だって】[副]前幾天,前些日子,不久以前¶～の件はどうなりましたか/前幾天的那件事怎麼樣了

せんたん ⓪【先端】[名]❶尖端,頂端¶塔の～/塔尖 ❷前列,最前面¶時代の～/時代的前列

せんだん ⓪【専断】[名・他サ]獨斷專行

せんだん ⓪【栴檀】[名]❶楝樹,苦楝 ❷白檀

センチ ①【centi】[名]→センチメートル

――【senti】[形動]→センチメンタル

ぜんち ①【全治】[名・自サ]痊癒

センチグラム ④【centigramme】[名]釐克

ぜんちし ③【前置詞】[名]前置詞

ぜんちぜんのう ①-⓪【全知全能】[名]全知全能¶～の神/萬能的主

センチメートル ④【centimetre】[名]釐米

センチメンタル ④【sentimental】[形動]感傷的¶～な詩/傷感的詩

センチメント ①【sentiment】[名]❶情感,感情 ❷傷感,感傷

せんちゃ ⓪【煎茶】[名]烹茶,煎茶,綠茶

せんちょう ①⓪【船長】[名]❶船長 ❷船的長度

ぜんちょう ⓪【前兆】[名]先兆,預兆,前兆

せんて ⓪【先手】[名]❶(圍棋、將棋)先走(的人) ❷(比賽)主動進攻,搶先進攻◇先手を打(ぅ)つ/先發制人¶-必勝(ひっしょう) ⓪ /先下手爲强

せんてい ⓪【選定】[名・他サ]選定

ぜんてい ⓪【前提】[名]前提

せんてつ ①⓪【銑鉄】[名]銑鐵,生鐵

せんでん ⓪【宣伝】[名・自サ]宣傳

ぜんてんこう ③【全天候】[名]全天候¶-機(き) ⑤ [名]全天候飛機

センテンス ①【sentence】[名]句,句子

せんてんてき ⓪【先天的】[形動]先天的¶～な才能/天生的才能

せんど ①【先途】[名]緊要關頭,關鍵時刻

ぜんと ①【前途】[名]前途¶-洋洋(ようよう) ①-⓪/前途遠大

ぜんど ①【全土】[名]整個國土

せんとう ⓪【先頭】[名]先導,最前頭,最前列¶～にたつ/站在最前列¶～をきる/搶在最前頭

せんとう ①【銭湯】[名]公共澡堂

せんとう ⓪【戦闘】[名・自サ]戰鬥

せんどう ⓪【先導】[名・他サ]先導,嚮導¶-車(しゃ) ③ [名]開道車

せんどう ⓪【扇動・煽動】[名・他サ]煽動,蠱惑¶-者(しゃ) ③ [名]煽動者

せんどう ③【船頭】[名]船夫,船老大

ぜんどう ⓪【蠕動】[名・自サ]蠕動

ゼントルマン ①【gentleman】[名]紳士◆亦作「ジェントルマン」

ぜんにちせい ⓪【全日制】[名]全日制

せんにゅうかん ③【先入観】[名]成見,先入之見¶～にとらわれ

る/拘於成見
せんにょ ①【仙女】[名]仙女
せんにん ③【仙人】[名]仙人,神仙
せんにん ⓪【専任】[名]專任,專職
ぜんにん ⓪【前任】[名]前任
ぜんにん ③【善人】[名]❶好人,善人 ❷老好人
せんぬき ④③【栓抜(き)】[名]瓶起子
せんねん ⓪【先年】[名]前些年,前幾年
せんねん ⓪【専念】[名・自サ]專心,埋頭¶仕事に～する/埋頭工作
ぜんねん ⓪【前年】[名]前一年,去年
ぜんのう ⓪【全能】[名]全能,萬能
ぜんのう ⓪【前納】[名・他サ]預先付款【－金(きん)】③[名]預付金
せんばい ⓪【専売】[名]專賣,包銷【－特許(とっきょ)】⑤[名]專賣權
せんぱい ⓪【先輩】[名]❶先輩,前輩 ❷先於自己進校、進入公司的人
せんぱい ⓪【戦敗】[名]戰敗
ぜんぱい ⓪【全廃】[名・他サ]完全廢除
せんぱく ①【船舶】[名]船舶,船隻
せんぱく ⓪【浅薄】[名・形動]淺薄,膚淺¶～な知識/淺薄的知識
せんばつ ⓪【選抜】[名・他サ]選拔
-せんばん ①【千万】[接尾]很,非常¶迷惑(めいわく)～/非常麻煩¶無礼(ぶれい)～/極其無禮
せんばん ⓪【旋盤】[名]車床,旋床
せんぱん ①【先般】[副][書信用語]前幾天,前些日子,上次
せんぱん ⓪【戦犯】[名]戰犯
ぜんはん ⓪【前半】[名]前半,上半
ぜんぱん ⓪【全般】[名]整個,全面
せんび ①【戦備】[名]戰備

ぜんぶ ①【全部】[名]全部,全,都¶この切手(きって)は～私のです/這些郵票都是我的¶この本を～読(よ)んだわけではありません/我還沒讀過全部這些書¶～で三千円持(も)っています/我全部有3000日元
せんぷう ③⓪【旋風】[名]旋風
せんぷうき ③【扇風機】[名]電扇,風扇
せんぷく ⓪【潜伏】[名・自サ]潛伏,潛藏【－期(き)】④③[名]潛伏期
ぜんぶん ⓪【全文】[名]全文
ぜんぶん ⓪①【前文】[名]❶序文,前言 ❷上文
せんべい ①【煎餅】[名]酥脆餅乾
せんべつ ⓪【餞別】[名]送別的禮品,送別紀念
せんべつ ⓪【選別】[名・他サ]選擇,挑選
ぜんぺん ①⓪【全編】[名]全篇
ぜんぺん ①【前編】[名]前編,上篇,上集
せんぺんいちりつ ①-⓪【千編一律】[名]千篇一律¶～の内容/千篇一律的内容
せんぺんばんか ⑤【千変万化】[名]千變萬化
せんぼう ⓪【羨望】[名・他サ]羨慕
せんぽう ⓪【先方】[名]對方
ぜんぼう ⓪【全貌】[名]全貌
ぜんぽう ⓪【前方】[名]前方,前面
せんぼうきょう ⓪【潜望鏡】[名]潛望鏡
せんぼつ ⓪【戦没】[名・自サ]陣亡,戰死
ぜんまい ⓪[名]發條,彈簧¶～をまく/上弦【－秤(ばかり)】⑤[名]彈簧秤
せんむ ①【専務】[名]❶專任,專職(某項工作) ❷(公司的)常務董事

せんめい ⓪【鮮明】[名・形動]鮮明¶～な画像/鮮明的圖象
せんめつ ⓪【殲滅】[名・他サ]殲滅
ぜんめつ ⓪【全滅】[名・自サ]全部殲滅
せんめん ⓪【洗面】[名・自サ]洗臉
ぜんめん ③【前面】[名]前面
せんめんき ③【洗面器】[名]洗臉盆
せんめんじょ ⑤⓪【洗面所】[名]盥洗室
ぜんめんてき ⓪【全面的】[形動]全面
せんもん ⓪【専門】[名]❶専門❷専業
せんもんか ⓪【専門家】[名]專家
せんもんご ⓪【専門語】[名]專業用語,術語
ぜんもんのとらこうもんのおおかみ【前門の虎後門の狼】前門拒虎後門進狼
ぜんや ①【前夜】[名]前夜
ぜんやく ⓪【先約】[名]前約
ぜんやく ⓪【全訳】[名・他サ]❶全部譯出❷全部譯文
せんゆう ⓪【占有】[名・他サ]佔有,據為己有¶-権(けん) ③[名]佔有權
せんよう ⓪【専用】[名・他サ]專用
せんりつ ⓪【戦慄】[名・自サ]戰慄¶～すべき光景/令人戰慄的景象

ぜんりつせん ⓪【前立腺】[名]前列腺
せんりのみちもいっぽよりはじまる【千里の道も一歩より始まる】千里之行,始於足下
せんりひん ③【戦利品】[名]戰利品
せんりゃく ①⓪【戦略】[名]戰略
ぜんりゃく ⓪【前略】[名]省略前言,省略前文
せんりゅう ⓪【川柳】[名]川柳(形式與俳句相同,由17個假名組成的詼諧、諷刺的短詩)
せんりょう ③【染料】[名]染料
せんりょう ⓪【占領】[名・他サ]佔領,佔據¶-軍(ぐん) ③[名]佔領軍
ぜんりょう ⓪【善良】[名・形動]善良
せんりょく ①【戦力】[名]戰鬥力
ぜんりょく ⓪①【全力】[名]全力¶～をあげる/使出全力¶～を尽くす/竭盡全力
せんりょのいっしつ ①-⓪【千慮の一失】智者千慮,必有一失
せんれい ⓪【先例】[名]先例,慣例
せんれい ⓪【洗礼】[名]❶(基督教)洗禮¶～を受ける/受洗禮❷考驗,鍛錬
ぜんれい ⓪【前例】[名]❶先例,慣例❷前面舉的例子
せんれん ⓪【洗練】[名・他サ]❶洗練,精練¶～された文章/精練的文章❷高雅,脱俗
せんろ ①【線路】[名]線路,軌道

そ ソ

そ 五十音圖「さ」行第五音。羅馬字寫作「so」,發音爲國際音標[so]。平假名「そ」來自「曾」字的草體,片假名「ソ」是「曽」字的部首。濁音「ぞ」,羅馬字寫作「zo」,發音爲國際音標[zo]或[dzo]。

そ ①【祖】[名]祖先,鼻祖

ぞ [終助](男子用語) ❶表示説話人的意志,決心¶さあ、がんばる~/好啦,要努力幹哪 ❷表示感嘆的語氣¶やあ、いいものを見つけた~/哎,發現了一個好東西吶 ❸提醒對方注意¶いいか、投げる~/注意,我要扔啦

そあく ⓪【粗悪】[形動](質量)粗劣,粗糙¶-品(ひん) ⓪[名]劣等貨

-ぞい【沿い】[接尾](上接體言)沿着,順着¶川~の家/沿河的人家

そいつ ⓪【其奴】[代] ❶那個,那東西 ❷那傢伙,那小子

そいと・げる ④【添(い)遂げる】[自下一]白頭偕老

そう ①【相】[名]相貌,表情

そう ①【僧】[名]僧,僧侶

そう ①【想】[名]構思¶~を練(ね)る/構思

そう ①【層】[名]層¶大気の~/大氣層

そ・う ⓪【沿う】[自五] ❶沿,順¶川に~って下る/沿河而下 ❷按照,遵照

そ・う ⓪【添う】[自五] ❶跟隨,不離左右¶人に~/跟隨人【付(つ)き- ⓪】[自五]跟隨,照管,護理 ❷符合(目的、期望)¶目的に~/符合目的¶期待に~/滿足期望

そう ⓪[副](用於同意對方的意見時)那樣¶私も~思います/我也那樣認爲 ── ①[感]是的,是¶あれも~ですか/那個也是嗎¶~です/是的

そう-【総】[接頭]總¶~収入/總收入¶~人口/總人口

ぞう ①【象】[名]象,大象

ぞう ①【像】[名] ❶像,肖像 ❷〈物〉影像¶~が映(うつ)る/顯像

そうあたり ③【総当たり】[名] ❶循環賽 ❷全部中彩

そうあん ⓪【草案】[名]草案

そうあん ⓪【創案】[名・他サ]發明,創造

そうい ①【創意】[名]創見,獨創的見解

そうい ⓪【相違】[名・自サ]相反,不同¶案に~する/與預料的相反

そうい ①【総意】[名]全體的意見,輿論

そういん ⓪①【総員】[名]全體人員,總人數

ぞういん ⓪【増員】[名・自サ]增加人員,增加名額

ぞうお ①【憎悪】[名・他サ]憎惡,憎恨¶~の念/憎恨之心

そうおう ⓪【相応】[名・形動・自サ]相稱,相宜¶能力に~した仕事/與能力相當的工作¶分(ぶん)- ①-⓪[形動]與身分相稱

そうおん ①【騒音・噪音】[名]噪音

ぞうか ①【造化】[名] ❶造化,造物主 ❷天地,萬物,自然界

ぞうか ⓪【増加】[名・自他サ]增

そうか加

そうかい ⓪【壮快】[名・形動]令人痛快,振奮

そうかい ⓪【総会】[名]全會,全體會議

そうかい ⓪【爽快】[名・形動]爽快

そうがい ⓪【霜害】[名]霜害,霜災

そうがかり ③【総掛かり】[名]大家齊動手,總動員

そうかく ⓪【総画】[名](一個漢字的)總筆畫數【—索引(さくいん)⑤】[名]筆畫索引

そうがく ⓪①【総額】[名]總額

ぞうがく ⓪【増額】[名・他サ]增加金額

そうかつ ⓪【総括】[名・他サ]❶總體,整體【—責任者(せきにんしゃ)⑦】[名]總負責人 ❷全面,總括【—質問(しつもん)⑤】全面性提問 ❸總結

そうかつ ⓪【総轄】[名・他サ]總管,總轄

そうかん ⓪【壮観】[名・形動]壯觀

そうかん ⓪【相関】[名・自サ]相關,互相關聯【—関係(かんけい)⑥】[名]相互關聯,關系

そうかん ⓪【送還】[名・他サ]遣返,遣送【捕虜(ほりょ)を～する/遣返俘虜

そうかん ⓪【創刊】[名・他サ]創刊【—号(ごう)③】[名]創刊號

ぞうかん ⓪【増刊】[名・他サ]增刊

そうがんきょう ⓪【双眼鏡】[名]望遠鏡

そうぎ ①【争議】[名](「労働争議」的簡稱)勞資糾紛

そうぎ ①【葬儀】[名]葬禮【—社(しゃ)③】[名]殯儀館

ぞうき ①【臓器】[名]内臟器官

ぞうきばやし ④【雑木林】[名]雜木林

そうきゅう ①【送球】[名・自サ]傳球,遠球

そうきゅう ⓪【早急】[名・形動]火速,趕快◆亦作「さっきゅう」

ぞうきゅう ⓪【増給】[名・自サ]增加工資,增薪

そうきょ ①【壮挙】[名]壯舉

そうぎょう ⓪【創業】[名・自サ](企業,商店等)創立,創辦

そうぎょう ⓪【操業】[名・自サ]操作,作業

ぞうきょう ⓪【増強】[名・他サ]增強,加強

そうきょくせん ④【双曲線】[名]雙曲線

そうきん ⓪【送金】[名・自サ]寄錢,匯款

ぞうきん ⓪【雑巾】[名]抹布

そうぐう ⓪【遭遇】[名・自サ]遭遇,遇到

ぞうげ ③⓪【象牙】[名]象牙

そうけい ⓪【総計】[名・他サ]總計

そうげい ⓪【送迎】[名・他サ]迎送,接送

ぞうけい ⓪【造詣】[名]造詣【～が深(ふか)い/造詣深

ぞうけい ⓪【造形・造型】[名・自サ]造型

そうけだ・つ ④【総毛立つ】[自五]毛骨悚然

そうけっさん ③【総決算】[名・他サ]總結算

そうけん ⓪【創見】[名]創見,獨到的見解

そうけん ⓪【壮健】[名・形動]健壯

そうけん ⓪【創建】[名・他サ]創建,創立

そうげん ⓪【草原】[名]草原

ぞうげん ⓪【増減】[名・自他サ]增減

そうこ ①【倉庫】[名]倉庫

そうご ①【相互】[名]相互,互相【—

関係(かんけい)④[名]相互關係【-作用(さよう)】④[名]相互作用

そうこう ⓪【壮行】[名]送行,餞行【-会(かい)】③[名]壯行會,餞行宴

そうこう ③【操行】[名]操行,品行

そうごう ⓪【総合・綜合】[名・他サ]綜合【-芸術(げいじゅつ)】⑤[名]綜合藝術【-利用(りよう)⑤][名]綜合利用

そうこうげき ③【総攻撃】[名・他サ]總攻擊¶～をかける/發動總攻

そうこく ⓪【相克・相剋】[名・自サ]相剋

ぞうごせいぶん ④【造語成分】[名]構詞成分

そうごん ⓪【壮厳】[名・形動]莊嚴

そうさ ①【捜査】[名・他サ]搜查

そうさ ①【操作】[名・他サ]❶操作 ❷安排,處理(事務) ❸籌措(資金)

ぞうさ ⓪③【造作・雑作】[名]費事,麻煩¶～をかける/添麻煩

そうさい ⓪【総裁】[名]總裁

そうさい ⓪【相殺】[名・他サ]收入與支出相抵,抵銷

そうざい ③【総菜・惣菜】[名]家常菜

そうさく ⓪【捜索】[名・他サ]搜索

そうさく ⓪【創作】[名・他サ]❶創作【-舞踊(ぶよう)】⑤[名]舞蹈創作 ❷捏造,編造

ぞうさく ④③【造作】[名]❶(建築的)内部裝飾 ❷容貌,長相

ぞうさん ⓪【増産】[名・他サ]增產【食糧(しょくりょう)-】⑤[名]糧食增產

そうじ ⓪【相似】[名・自サ]相似

そうじ ⓪【掃除】[名・他サ]掃除【-機(き)】③[名]吸塵器【大(お)-】③[名]大掃除

ぞうし ⓪【増資】[名・自サ]增加資本

そうしき ⓪【葬式】[名]葬禮,喪事

そうししゃ ③【創始者】[名]創始人

そうじしょく ③【総辞職】[名・自サ]總辭職【内閣(ないかく)-】⑦[名]内閣集體總辭職

そうしそうあい ①-⓪【相思相愛】[名]相親相愛¶～の仲(なか)/相親相愛的伴侶

そうしつ ⓪【喪失】[名・他サ]喪失【記憶(きおく)-】④[名]喪失記憶【自信(じしん)-】④[名]喪失信心

そうして ⓪[接]→そして

そうじて ①⓪【総じて】[副]總的説來,概括説來¶～言えば結果はよかった/總的説來結果很好

そうじゅう ⓪【操縦】[名・他サ]操縱,駕駛【-席(せき)】③[名]駕駛艙【-士(し)】③[名]飛行員

ぞうしゅう ⓪【増収】[名・自サ]增收,增加收入

そうじゅく ⓪【早熟】[名・形動]早熟

そうしゅん ⓪【早春】[名]早春

そうしょ ⓪【草書】[名]草書

そうしょ ⓪①【双書・叢書】[名]叢書

ぞうしょ ⓪【蔵書】[名]藏書

そうじょう ⓪【相乗】[名・他サ](兩個數)相乗

ぞうしょう ⓪【蔵相】[名]大藏大臣

そうしょく ⓪【装飾】[名・他サ]裝飾¶～を施(ほどこ)す/加以裝飾

ぞうしょく ⓪【増殖】[名・自他サ]增殖

そうしれいかん ④【総司令官】[名]總司令

そうしん ⓪【送信】[名・自サ]發

射,發報【-局(きょく)】③[名]發報台,發射台【-機(き)】③[名]發射機,發信機

ぞうしん ⓪【増進】[名・他サ]增進,增強

ぞうすい ⓪【増水】[名・自サ]水量增加

ぞうすい ⓪【雑炊】[名]菜粥

そうすう ③【総数】[名]總數

そうすかん ④【総すかん】[名]被周圍所有人討厭(反對)

そう・する ③【奏する】[他サ] ❶演奏¶琴(こと)を～/奏琴 ❷奏效,奏功¶功を～/成功

ぞう・する ③【蔵する】[他サ]藏,包藏

そうすると ⓪[接]那麼說¶～、私は二時に出なければならない/那麼說我兩點就得出門

ぞうぜい ⓪【増税】[名・他サ]增稅

そうせいき ③【創世記】[名]創世紀

そうせつ ⓪【創設】[名・他サ]創立,創建

そうせつ ⓪【総説】[名・他サ]總論

ぞうせつ ⓪【増設】[名・他サ]增設

そうぜん ⓪③【騒然】[副・連体]騷動不安,動亂¶～たる世相/動亂的社會

ぞうせん ⓪【造船】[名・自サ]造船【-所(じょ)】③[名]造船廠【-工業(こうぎょう)】⑤[名]造船工業

そうせんきょ ③【総選挙】[名]大選

そうそう ⓪【早早】[副] ❶剛,剛剛¶開店～火事にあった/剛剛開張就遭了火災 ❷急忙,趕緊¶～(にして)立ち去る/匆忙地離去

そうそう ①[副](與否定語相呼應)不能……,無法……¶長い休みだからといって、～のんびりとはしていられない/雖說假期很長,但也不能閒着

—— [感] ❶(用於想起某事時)對了,想起來了¶～、電話をするんだった/對了,我應打個電話 ❷表示贊同對方¶～、きみの言うとおりだ/是的,正像你說的那樣

そうぞう ⓪【創造】[名・他サ]創造

そうぞう ⓪【想像】[名・他サ]想像¶～がつく/可以想像得到¶～に及ばない/無法想像

そうぞうし・い【騒騒しい】[形] ❶嘈雜,喧鬧 ❷不安寧,騷動不安¶世間が～/世道不安寧

そうそく ⓪【総則】[名]總則

そうぞく ⓪③【相続】[名・他サ]繼承【-税(ぜい)】④[名]繼承稅【遺産(いさん)-】④[名]繼承遺產

そうそふ ③【曾祖父】[名]曾祖父

そうそぼ ③【曾祖母】[名]曾祖母

そう・だ【助動】❶好像,彷彿,似乎¶子どもたちが楽しっに遊んでいる/孩子們似乎玩得很高興¶彼はあまりやる気がなさ～/他好像不太想做 ❷眼看,差一點¶石につまずいて転び～になった/被石頭絆了一下,差一點摔倒 ❸有可能,有希望¶こんどの試合には勝て～/這場比賽有可能贏 ❹最好……¶これは食べないほうがよさ～/最好不要吃這個

そう・だ【助動】聽說,據說¶この靴は高い～/據說這雙鞋很貴¶天気予報によると、台風が近づいている～/據天氣預報說,颱風將要臨近

そうたい ⓪【早退】[名・自サ]早退,早走

そうたい ⓪【草体】[名]草體,草書體

そうたい ⓪【宋体】[名]宋體
そうたい ⓪【相対】[名]相對¶-的(てき)⓪[形動]相對
そうたい 1⓪【総体】[名]總體,整體
　——[副]全部¶～むりな話だ/全部是做不到的事
そうだい ⓪【総代】[名]總代表,全體代表
そうだい ⓪【壮大】[形動]宏大,宏偉
ぞうだい ⓪【増大】[名・他自サ]增多,增加,增長¶需要が～する/需求增加
そうたいてき ⓪【相対的】[形動]相對(的)
そうだつ ⓪【争奪】[名・他サ]爭奪
そうだん ⓪【相談】[名・他サ]商量,商討¶～に乗る/參與商討¶-役(やく)3[名]顧問
そうち 1【装置】[名・他サ]裝置,設備¶舞台(ぶたい)-4[名]舞台裝置
ぞうちく ⓪【増築】[名・他サ]增建,擴建
そうちょう ⓪【早朝】[名]清早,清晨
そうちょう ⓪【総長】[名]總長
そうちょう ⓪【荘重】[名・形動]莊重,莊嚴
ぞうちょう ⓪【増長】[名・自サ]❶滋長,加劇 ❷驕傲,妄自尊大
そうてい ⓪【装丁・装幀】[名・他サ]裝幀,裝訂
そうてい ⓪【想定】[名・他サ]假定
ぞうてい ⓪【贈呈】[名・他サ]贈送¶記念品を～する/贈送紀念品
そうてん 1【争点】[名]爭論的焦點¶～を明らかにする/弄清爭論的焦點
そうでん ⓪【送電】[名・自サ]輸送電源

そうとう ⓪【相当】[名・自サ]❶相應,相稱,適合¶それ～の処置をする/做與之相應的處理 ❷相當於,等於¶重役に～する待遇/相當於董事的待遇
　——[副・形動]相當,很,頗¶今日は～に寒い/今天相當冷
そうどう 1【騒動】[名・自サ]騷動,騷亂¶お家(いえ)-4[名]內訌¶学園(がくえん)-5[名]學潮
ぞうとう ⓪【贈答】[名・他サ]贈答,互相贈送¶-品(ひん)3[名]贈品,回禮
そうどういん 3【総動員】[名]總動員
そうなめ ⓪【総なめ】[名・他サ]❶一一擊敗 ❷全部受害
そうなん ⓪【遭難】[名・自サ]遭難,過難
ぞうに 3⓪【雑煮】[名]燴年糕
そうねん ⓪【壮年】[名]壯年
そうば ⓪【相場】[名]❶行情,行市¶～が上がる/行市上漲 ❷投機買賣¶-師(し) 3[名]投機商 ❸社會的評價,一般認爲
そうはく ⓪【蒼白】[名・形動]蒼白
そうび 1【装備】[名・他サ]裝備,配備
そうふ 1【送付】[名・他サ]寄,郵遞
そうふうき 3【送風機】[名]鼓風機,送風機
ぞうふく ⓪【増幅】[名・他サ]放大¶-器(き) 43[名]放大器
そうべつ ⓪【送別】[名・自サ]送別,送行
そうべつかい 4【送別会】[名]歡送會,送別會
そうほう 1【双方】[名]雙方
そうほん 1⓪【草本】[名]草本(植物)
そうまとう ⓪【走馬灯】[名]走馬

燈

そうむ ①【総務】[名] 総務{-部(ぶ) ③}[名] 総務處

そうめい ⓪①【聡明】[名・形動] 聰明

そうめん ①【素麺】[名] 細掛麵

ぞうよ ①【贈与】[名・他サ] 贈與, 贈給

そうらん ⓪【騒乱】[名] 騷亂, 騷動

そうらん ⓪【総覧】[名・他サ] 匯編, 總覽

ぞうり ⓪【草履】[名](日本)草鞋

そうりだいじん ④【総理大臣】[名] 內閣總理大臣

そうりつ ⓪【創立】[名・他サ] 創立, 創辦{-者(しゃ) ④}[名] 創辦人

そうりょ ①【僧侶】[名] 僧侶

そうりょう ③①【送料】[名] 郵費

そうりょう ⓪【総領・惣領】[名] 長子, 長女

そうりょうじ ③【総領事】[名] 總領事

そうりょく ①⓪【総力】[名] 全力 ¶～をあげる/傾全力

そうろ ①【走路】[名] 跑道

そうろん ①⓪【争論】[名・自サ] 爭論, 辯論

そうわ ⓪【挿話】[名] 插話

そうわ ①⓪【総和】[名・他サ] 總和, 總計

そうわき ③【送話器】[名] 話筒, 送話器

そえぎ ⓪【添え木・副木】[名] 夾板, 托板

そ・える ⓪【添える】[他下一] 附, 附帶 ¶手紙を～/附上一封信{書(か)き- ⓪}[他下一] 添寫, 補寫 ◇口(くち)を添える/美言 ◇手(て)を添える/幫忙

そえん ⓪【疎遠】[名・形動] 疏遠

ソース ①【sauce】[名] 調味料

ソース ①【source】[名] 出處

ソーセージ ①③【sausage】[名] 香

腸

ソーダ ①【soda】[名] 蘇打{-水(すい) ③}[名] 蘇打水

そかい ⓪【租界】[名] 租界

そかい ⓪【疎開】[名・自他サ] 疏散

そがい ⓪【阻害】[名・他サ] 阻礙, 妨礙 ¶発展を～する/阻礙發展

そがい ⓪【疎外】[名・他サ] 疏遠, 冷淡{-感(かん) ②}[名] 疏遠感

そかく ⓪【組閣】[名・自サ] 組閣

そく ①【足】[名](數襪子、鞋等的量詞)雙

そく ⓪【束】[名] 束, 把, 捆

ぞく ⓪【俗】[形動] ❶俗, 通俗 ¶～な言い方をすれば…/通俗點說的話…… ❷低俗, 粗俗 ——[名](佛教)俗, 未出家 ¶～にかえる/還俗

ぞく ⓪【賊】[名] 賊

ぞくあく ⓪【俗悪】[形動] 庸俗, 低級

そくおう ⓪【即応】[名・自サ] 適應, 順應 ¶時代に～する/順應時代

そくおん ②【促音】[名] 促音

ぞくご ⓪【俗語】[名] 俚語, 俗語

そくざ ①【即座】[名] 當即, 即刻 ¶～に答える/當場回答

そくし ⓪【即死】[名・自サ] 當場死亡

そくじ ①【即時】[名] 立即, 當即

そくじつ ⓪【即日】[名] 當日, 即日

ぞくしゅつ ⓪【続出】[名・自サ] ❶接連發生, 不斷發生 ❷接連出現

そくしん ⓪【促進】[名・他サ] 促進

ぞくじん ⓪【俗人】[名] ❶俗人, 庸人 ❷没出家的人

ぞくじん ⓪【俗塵】[名] 塵世, 紅塵

そく・する ③【即する】[自サ] 依照, 符合 ¶現状に～/符合現狀

ぞく・する ③【属する】[自サ] 屬

於

そくせい ⓪【促成】[名・他サ]促成【-栽培(さいばい)】⑤[名]人工速成栽培

ぞくせい ⓪【属性】[名]屬性

そくせき ⓪【即席】[名]當場,即席【-ラーメン】⑤[名]速食麵

そくせき ⓪【足跡】[名]足跡

ぞくぞく ①【副・自サ】❶打冷顫,打哆嗦¶何だか～と寒気(さむけ)がする/不知怎麼身上冷得打戰 ❷心情激動,非常興奮¶ほめられて～した/受到誇獎,心情激動 ❸極度緊張,戰戰兢兢

ぞくぞく ①【続続】[副]連續,繼續不斷,陸續¶～と人が集まる/人陸續聚齊

そくたつ ⓪【速達】[名]快信【-切手(きって)】⑤[名]快信郵票

そくだん ⓪【名・他サ】【即断】當機立斷,當場決定 ——【速断】輕率地決定,倉促判定

ぞくっぽ・い ④⓪【俗っぽい】[形]低級,庸俗,通俗

そくてい ⓪【測定】[名・他サ]測定,測量

そくど ①【速度】[名]速度¶～を落とす/降低速度【-計(けい)】⓪[名]速度表

そくばく ⓪【束縛】[名・他サ]束縛¶～を受ける/受束縛

そくめん ⓪【側面】[名]側面,旁邊【-図(ず)】③[名]側視圖

そくりょう ⓪②【測量】[名・他サ]測量

そくりょく ②【速力】[名]速度,速力

そぐわな・い ③[形]不符合,不相稱¶気持ちに～/不合心意

ソケット ②【socket】[名]❶孔,洞 ❷插口,插座

そこ ⓪【底】[名]❶底部,底面¶海の～/海底 ❷内心深處¶心の～/心底裏◇底が知れない/不摸底

そこ ⓪[代]❶那兒,那裏¶～で待っていてくれ/在那兒等我 ❷表示前面所提到的事物、狀態¶～をもう一度読んでください/把那個地方再念一遍

そご ①【齟齬】[名・自サ]齟齬,分歧¶～をきたす/發生分歧

そこいじ ②【底意地】[名]心眼兒¶～が悪い/心眼兒壞

そこう ⓪【素行】[名]品行,行爲

そこく ①【祖国】[名]祖國

そここ ②【其処此処】[代]這兒那兒,到處

そこそこ ⓪[副]草草了事,慌慌張張

そこぢから ③⓪【底力】[名]潛力

そこつ ⓪【粗忽】[名・形動]馬虎,粗心【-者(もの)】⓪[名]冒失鬼

そこで ⓪[接]❶於是¶翌朝は晴天だった。～、わたしは早めに出発した/第二天是晴天。於是,我早早地出發了 ❷那麼¶大臣は憲法を守ると言われる。～ひとつうかがいたい/大臣說要維護憲法。那麼我想問一個問題

そこな・う ③【損なう】[他五]損害,傷,傷害¶機嫌(きげん)を～/惹人不高興 ——[接尾](上接動詞連用形)❶錯過機會¶見(み)～/看錯,錯過看的機會 ❷差點,險些¶死に～/差點死掉

そこぬけ ⓪【底抜け】[名]極端,無止境,沒有底的

そこのけ ⓪【其処退け】[接尾]也比不止

そこはかとなく ⑥[副]總覺得,總感到¶花の香が～漂う/總感到有花的香味¶～悲しい/總覺得有些悲哀

そこびえ ⓪【底冷(え)】[名]冷得透骨

そこら ②【其処ら】[代] ❶那一帯,那裏 ❷一般 ❸那様,那種程度

そざい ⓪【素材】[名]素材

そざつ ⓪【粗雑】[形動]不精細,粗劣¶～にあつかう/粗劣地處理

そし ①【素子】[名]元件,零件

そし ①【阻止】[名・他サ]阻止

そじ ⓪【素地】[名]基礎

ソシアリスト ④【socialist】[名]社會主義者

ソシアリズム ④【socialism】[名]社會主義

そしき ①【組織】[名・他サ]組織¶～をつくる/建立組織【-化(か)】⓪[名]組織化【神経(しんけい)-】⑤[名]神經組織

そしたら ③[接]如果那様,若是那様

そしつ ⓪①【素質】[名]素質¶～がある/素質好

そして ⓪[接] ❶然後,接着¶雨がやんだ。～青空がひろがった/雨停了。接着天空開始晴朗起来 ❷還有,以及,而且¶この部屋は大きく、～明るい/這間房子寬敞而明亮 ❸冷害と大火、～疫病が村をおそった/寒流和大火,以及瘟疫襲擊了村莊

そしな ⓪【粗品】[名]微薄的禮品,菲薄的贈品

そしゃく ⓪【租借】[名・他サ]租借

そしょう ⓪【訴訟】[名・自サ]訴訟¶～をおこす/起訴

そしょく ⓪【粗食】[名・自サ]粗食【粗衣(そい)-】①[名]布衣粗食

そしらぬ ⓪【素知らぬ】[連体]佯装不知¶～顔で通す/一直裝作不知道

そしり ③【謗り】[名]誹謗¶～を招く/招致誹謗

そし・る ②【謗る・譏る】[他五]誹謗,詆毀¶人を～/毀謗人

そせい ⓪【組成】[名・他サ]構成,組成

そせい ⓪【蘇生】[名・自他サ]復蘇,復活,再生

ぜいせい ⓪①【租税】[名]租税

そせき ⓪【礎石】[名]基石,基礎

そせん ⓪【祖先】[名]祖先

そそう ①【祖宗】[名]列祖列宗

そそう ①【粗相】[名・自サ]疏忽,差錯

そぞう ⓪【阻喪・沮喪】[名・自サ]沮喪,頽喪【意気(いき)-】①-⓪]精神沮喪

ぞぞう ①【塑像】[名]塑像

そそ・ぐ ⓪②【注ぐ】 ❶流入¶川が海に～/河水流入大海 ❷降(雨)【降(ふ)(り)-】⓪[自五]傾盆(大雨)

——[他五] ❶倒入,注入¶熱湯を～/灌開水 ❷澆,灑¶花に水を～/給花澆水 ❸傾注,集中注意を～/集中注意力¶心血を～/傾注心血

そそ・ぐ ⓪②【雪ぐ】[他五]雪洗,洗刷¶恥を～/雪耻

そそっかし・い ⑤[形]冒失,毛手毛腳¶～性格/冒冒失失的性格

そそのか・す ④【唆す】[他五]慫恿,挑唆¶彼に～されて学校をサボった/受他挑唆我曉課了

そそりた・つ ④②【そそり立つ】[自五]聳立,屹立

そそ・る ⓪②[他五]引起,喚起,激起¶興味を～/引起興趣¶食慾を～/引起食慾

そだい ⓪【粗大】[形動]粗大

そだいごみ ②【粗大ごみ】[名]大件垃圾

そだち ③【育ち】[名] ❶成長,生長,發育,長勢¶～が早い/生長快 ❷成長的環境¶彼は～が良い/他生長在有教養的家庭

——[接尾](上接名詞)長於…地

方…¶温室～/長於溫室¶おじょうさん～/嬌小姐

そだ・つ ②【育つ】[自五]生長,成長¶子が～/孩子長大¶研究者が～/成長為研究人員

そだ・てる ③【育てる】[他下一]扶養,養育,培育,培養¶苗(なえ)を～/培育秧苗¶コーチとして多くの若い選手を～てた/作為教練培養出很多年輕的運動員

そち ①【措置】[名・他サ]措施¶～を講じる/採取措施

そちら ⓪【代】❶(表示方向)那邊¶今～へまいります/馬上就去您那邊 ❷(指對方)你,你們¶～のご意見は/您的意見呢¶～さん,どうぞ/您先請

そつう ⓪【疎通】[名・自サ]疏通,溝通

ぞっか ⓪【俗化】[名・自サ]庸俗化,世俗化

ぞっかい ⓪【俗界】[名]塵世,俗世

そっき ⓪【速記】[名・他サ]速記【-者(しゃ)】③【名】速記員

そつぎょう ⓪【卒業】[名・他サ]畢業¶-式(しき)③【名】畢業典禮¶-論文(ろんぶん)⑤【名】畢業論文

そっきん ⓪【側近】[名]親信,心腹

ソックス ①【socks】[名]短筒襪子

そっくり ③【副】❶全部,完全¶給料を～盗(ぬす)まれてしまった/工資全被偷走了

—— [形動]一模一樣,酷似¶横顔は父親に～だ/側面看去活像他父親

そっけつ ⓪【即決】[名・他サ]立即決定,立即裁決¶-裁判(さいばん)⑤【名】立即判決

そっけな・い ④【素っ気ない】[形]冷淡,無情,漠不關心

ぞっこう ⓪【続行】[名・他サ]繼續執行

そっこうじょ ⑤【測候所】[名]氣象站

そっこく ⓪【即刻】[副]即刻,立刻

ぞっこく ⓪【属国】[名]附屬國,附庸國

そっせん ⓪【率先】[名・自サ]率先,領頭,帶頭

そっち ③【代】那邊,你那邊¶いま,～へ行く/現在就去你那兒

そっちゅう ③【卒中】[名]→のうそっちゅう

そっちょく ⓪【率直】[形動]直率,坦率¶～に言う/直率地説

そっと ⓪【副】❶輕輕地,悄悄地¶気づかれないように～近づく/不讓人發覺地,悄悄地靠近 ❷偷偷地,暗中¶～仕事をはこぶ/暗中工作 ❸不驚動

ぞっと ⓪【副・自サ】❶令人毛骨悚然¶考えただけでも～する/只想一想都令人毛骨悚然 ❷(用「～しない」表示)不怎麼樣

そっとう ⓪【卒倒】[名・自サ]昏厥,暈厥

そで ⓪【袖】[名]❶袖子,衣袖¶～をとおす/穿(新)衣服 ❷舞台的兩側◇袖にする/抛棄,不理睬¶袖を濡(ぬら)す/落淚

そと ①【外】[名]❶外面,外邊¶～で食事をすませる/在外頭吃飯¶～へ出て遊ぶ/到外面玩 ❷表面,外表¶感情を～に表わす/感情外露

そとおもて ③【外表】[名]將布的面朝外疊

そとがわ ⓪【外側】[名]外面,外側

そとまわり ③【外回り】[名]❶周圍,外圍 ❷外環,外圈¶～の電車/外環電車 ❸外勤,跑外

そなえ ③②【備え】[名]準備

そなえあればうれいなし【備えあれば憂いなし】有備無患

そなえつ・ける ⑤⓪【備(え)付ける】[他下一]設置,安裝

そな・える ③【供える】[他下一]

そなえ

供,上供¶霊前に花を～/在霊前供花

そな・える ③【備える】[他下一] ❶準備,防備¶万一に～/以防萬一 ❷置備,設置¶図書館にビデオを～/圖書館配備錄影機 ❸具有,具備¶才能を～/具有才能

ソナタ ①【(イ)sonata】[名]奏鳴曲

そなわ・る ③【備わる】[名・自五] ❶具有,具備 ❷設置,備有

その ⓪【其の】[連体] ❶那,那個¶～本は私のです/那本書是我的 ❷指前面所説的事物¶スキーに行って,～ときにけがをした/去滑雪的時候受傷了

そのうえ ④⓪【その上】[接]而且,並且,加之¶あの子は健康で～頭がよい/那孩子很健康而且又很聰明¶値段も安いし～品(しな)もよい/價錢便宜,東西又好

そのうち ⓪【その内】[副]不久,過幾天¶～またお邪魔(じゃま)します/改天再来拜訪

そのかわり ⓪【その代わり】[接]與此相應地¶品物はいいが,～ねだんが高い/東西很好,同時價格也貴

そのくせ ⓪【その癖】[接]儘管如此卻……,雖然……卻……¶彼は口が悪い、一言わない/他雖然嘴壞卻不令人討厭

そのご ⓪【その後】[副]其後,以後¶～お変わりありませんか/您一向好嗎(書信用語)

そのせつ ②【その節】[名] ❶那個時候,當時¶～はお世話になりました/那時候承蒙您多方關照了 ❷居時,到時

そのた ②【その他】[名]其他,其餘

そのば ⓪③【その場】[名] ❶(發生事件的)現場,場所¶私は偶然に～に居合わせた/當時我偶然在場

❷當即,當場¶要求を～で拒否した/當即拒絕了對方的要求

そのひぐらし ④【その日暮らし】[連語・名]當天掙的當天花

そのまま ④⓪[副]❶原封不動,照原樣¶言われたことを～実行する/按吩咐的去做 ❷一……馬上就……¶カバンを投げだすと,～遊びにいった/一扔下書包就去玩了

——[名・形動]絲毫未變¶彼は子どものころ～に,人なつっこい目をしている/他和童年時期相比絲毫未變,仍有一雙惹人喜愛的眼睛

…そのものだ(表示加強前面的詞意) ❶非常,極其¶人に対しての態度は熱心～/對人的態度非常熱情¶彼は真剣～/他是極認真嚴肅的人 ❷就其本身來説……,單就……來説……¶金そのものが悪いのではない/金錢本身,並沒有什麼不好

そば ①【側・傍】[名] ❶旁邊,附近¶駅の～/車站附近¶～に寄る/靠近 ❷剛一……就……¶教わる～から忘れてしまう/剛學完就忘了

そば ①【蕎麦】[名]蕎麥麵條

そび・える ③【聳える】[自下一]聳立,矗立,屹立¶天に～高層ビル/聳入雲霄的高層大樓

そびやか・す ④【聳やかす】[他五]聳,端著¶肩を～/聳肩膀

そびょう ⓪【素描】[名・他サ]素描

そひん ⓪【粗品】[名]→そしな

そふ ①【祖父】[名]祖父,外祖父

ソファー ①【sofa】[名]沙發

ソフト ①【soft】[形動]柔軟

——[名]「ソフト帽」呢帽的簡稱

ソフト・ウエア ④【software】[名]軟體,程式系統

ソフト・クラス【softclass】[名]軟

席
ソフト・クリーム ⑤【soft cream】[名]霜淇淋
ソフト・ドリンク ⑤【soft drink】[名](不含酒精的)清涼飲料
ソフト・ボール ④【softball】[名]壘球
そふぼ ②【祖父母】[名]祖父母
ソプラノ ⓪【(イ)soprano】[名]女高音,女高音歌唱家
そぶり ⑩【素振り】[名]舉止,表情
そぼ ①【祖母】[名]祖母,外祖母
そほうのうぎょう ④【粗放農業】[名]粗放農業,粗放經營
そぼく ⓪【素朴】[名・形動]樸素,樸實,純樸
そまつ ①【粗末】[形動]❶簡陋¶～な住まい/簡陋的住房 ❷不重視,不愛惜¶物を～にする/糟蹋東西¶親を～に扱う/不孝順父母
そま・る ⓪【染まる】[自五]❶染上,染成(某種顔色)¶夕日に～/夕陽染紅了天空 ❷沾染¶悪習に～った/染上惡習
そむ・く ②【背く】[自五]❶違背,違反¶約束に～/違約 ❷違抗¶命令に～/違抗命令 ❸辜負¶期待に～/辜負期望
そむ・ける ②【背ける】[他下一]背過臉去¶目を～/背過臉去
そ・める ⓪【染める】[他下一]染色¶かみの毛を～/染髮¶手(て)を染める/着手,開始(某項工作)
そもそも ①【抑抑】Ⅰ[接]❶説起來,蓋 ❷究竟,畢竟 Ⅱ[名]最初,起始
そや ①【粗野】[名・形動]粗野
そよう ⓪【素養】[名]素養,修養¶～に欠ける/缺乏修養
そよかぜ ⓪【そよ風・微風】[名]微風,和風
そよ・ぐ ②【戦ぐ】[自]微微搖動¶風に～葦(あし)/迎風搖擺的蘆葦
そよそよ ①[副](風)輕輕吹動¶春風が～(と)ほおをなでる/春風拂面

そら ①【空】[名]❶天,天空¶～を飛ぶ/在空中飛翔 ❷氣候,天氣[-模様(もよう)] ③[名]天氣 ❸地點,場所¶故郷の～/家郷¶旅の～/旅途 ❹心情,心境 ❺暗記,背誦
——[接頭]❶故作,假裝¶～寝(ね)/裝睡¶～なみだ/假裝流淚 ❷無用,不可靠的¶～だのみ/白指望¶～談義(だんぎ)/空談 ❸無根據¶～おそろしい/没來由地害怕
そらいろ ⓪【空色】[名]天藍色,淡青
そら・す ②【反らす】[他五]向後仰¶胸を～/挺胸
そら・す ②【逸(ら)す】[他五]❶偏離¶的を～/偏離靶心 ❷轉移,移開,岔開¶目を～/避開視線¶注意を～/轉移注意力
そらぞらし・い ⑤【空空しい】[形]顯而易見的,虛假¶～うそ/顯而易見的謊話
そらとぼ・ける ⑤【空惚ける】[自下一]裝糊塗,裝不知道¶～けて聞く/明知故問
そらまめ ②【空豆】[名]蠶豆
そり ①【橇】[名]橇,雪橇,冰橇
そりかえ・る ⓪【反(り)返る】[自五]❶翹起,彎曲 ❷(傲慢地)挺胸腆肚
そ・る ①【反る】[自五]❶翹,彎曲,翹起¶板が～/板子翹起 ❷(身體等)向後彎¶胸が～/挺胸
そ・る ①【剃る】[他五]剃,刮¶ひげを～/刮鬍子

それ ⓪【其(れ)】[代]❶那,那個¶表示正在談論的事物¶～はいい考えだ/這是個好

主意

それから ⓪[接] ❶還有,而且¶今日は西瓜(すいか)と蜜柑(みかん)と~,ぶどうがある/今天有西瓜和橘子,還有葡萄 ❷從那以後,以後,然後¶彼と一度も会っていない/從那以後再也沒見到過他

それぞれ ②[名・副]各自,各個,每個

それだけ ⓪[連語] ❶(表示程度)那些¶~食べれば満足だろう/把那些吃了就差不多了吧 ❷唯獨,只¶方法は~しかない/只有那一個辦法¶~はごめんだ/唯獨那事我做不了

それで ⓪[接] ❶因此,所以 ❷那麼¶~どうしましたか/那麼,後來怎麼樣了呢

それに ③[接] ❶那樣的話¶~私も行きます/那樣的話我也去 ❷(表示結束談話之意)那麼

それでも ⓪[接]儘管如此

それどころか ③[副・接]豈止如此,不僅¶私は反対しない、~あなたの力になりたいと思う/我不但不反對,而且還想幫你的忙

それとなく ④[副]委婉地¶~注意する/委婉地提醒注意

それとも ③[接]還是,或者¶きみが行くか、~ぼくが行こうか/是你去還是我去

それなのに ③[接]儘管…可是…,雖然那樣¶医者に治療してもらった。~まだすっかり治らない/雖請醫生治療了。但是還沒完全好

それなら ③[接]那麼,那樣的話¶~明日にしよう/那麼明天再說吧

それに ⓪[接]而且,加之¶この車はねだんも高く、~性能もわるい/這輛車價格貴而且性能也不好¶かき、なし~、蜜柑(みかん)¶柿子,梨還有橘子

それにしても ⑤[接]即使如此,儘管是那樣

それは ⓪[感](「は」讀作「わ」)(表示十分感嘆,無法形容)那可真是¶~、~どうも恐れ入ります/那可真是太不敢當了

それほど ⓪[副]那種程度¶~いやなら止(や)めればいい/那麼不願意就別做了

それまで ③[連語] ❶到那時,那麼久¶病人は~持つまい/病人恐怕支持不了那麼久 ❷那樣¶~にしなくてもいい/你用不著那樣做 ❸完了,算了,無話可說了¶不可抗力だったと言ってしまえば~だが,…/如果說那是人力不可抗拒的,那就無話可說,不過……

それゆえ ⓪[それ故][接]因此,因而

そ・れる ②[逸れる][自下一]偏離¶話が~/話離題了

ソロ ①【(イ)solo】[名]獨奏,獨唱

そろい ②[揃い][名] ❶聚齊,齊全¶お~で、どちらへ/一齊去哪兒啊 ❷同樣的花色,衣服等 ❸全套,一套¶全集を~で買う/買一套全集

—— [接尾]套¶ひと~/一套¶三つぞろい/三套

そろ・う ②[揃う][自五] ❶齊備,齊全¶条件が~/條件齊備 ❷聚齊¶みんな~ったね、じゃあ出発しよう/大家都到齊了吧,那麼出發吧 ❸整齊,協調¶足なみが~/步調一致 ❹相同,一致¶どの家も~って車をもっている/每家都有汽車

そろう ⓪[粗漏・疎漏][名・形動]疏忽,疏漏,遺漏

そろ・える ③[揃える][他下一] ❶使…一致,使…整齊…¶大きさを~/弄成一樣大小¶声を~/齊聲 ❷配齊,湊齊¶商品を

~/配齊商品 ❸使…聚齊…¶顔を~/都到齊了
そろそろ ①[副]❶漸漸,逐漸¶病気がよくなり、~と歩けるようになった/病好了,漸漸地可以走路了 ❷不久,馬上應該¶~出掛けよう/該動身了
ぞろぞろ ①[副]❶成群結隊 ❷拖拉着,長長地拖着¶帯を~とひきずる/拖拉着帯子
そろばん ⓪[算盤][名]算盤
そわそわ ⓪[副]心神不寧,坐卧不安¶~と落ち着かない/心神不寧
そん ①[損][名・形動]賠本,虧損,吃虧¶商売で~をする/買賣賠了【骨折損(ほねおりぞん)】⑤[名]吃力不討好
そんえき ①[損益][名]損益,盈虧
そんかい ⓪[損壊][名・自他サ]損壊,毀壊
そんがい ⓪[損害][名・他サ]損害,損失¶~を受ける/受損害【-賠償(ばいしょう)】⑤]賠償損失【-保険(ほけん)】⑤][名]損失保険
そんけい ⓪[尊敬][名・他サ]尊敬¶~の念/尊敬之意
そんけいご ⓪[尊敬語][名]尊敬語,敬語
そんざい ⓪[存在][名・自サ]❶存在¶資格,存在的價值¶~をみとめる/受到承認【-価値(かち)】⑤]存在的價値【-意義(いぎ)】⑤]存在的意義 ❸人物,人¶彼はクラスではあまり目だたない~だ/他在班裡是個不太引人注意的人
ぞんざい ③[形動]❶粗俗,不禮貌 ❷草率,馬虎¶~に扱う/草率對待
そんしつ ⓪[損失][名・他サ]損失¶~をあたえる/造成損害
そんしょう ⓪[損傷][名・自他サ]損傷,損壊

そん・じる ⓪③[損じる][他上一]損壊,損傷¶きげんを~/惹人不高興
——[接尾](上接動詞連用形)弄壊,失敗,寫錯¶書(か)き~/寫錯¶~し/弄壊
ぞん・じる ③⓪[存じる][自上一]❶(「知る」「知っている」的自謙語)知道,認識¶よく~じております/和他很熟悉 ❷(「思う」的自謙語)想,打算¶お会いしたいと~じます/想見您一面
そん・する ①[損する][自サ]賠本,虧損,吃虧¶いつも~してばかりいる/老是吃虧
そんぞく ⓪[存続][名・自他サ]繼續存在,延續,遺留
そんぞく ⓪①[尊属][名]尊親,長輩
そんだい ⓪[尊大][名・形動]自大,自高自大¶~にかまえる/擺架子
そんちょう ⓪[尊重][名・他サ]尊重
そんとく ①[損得][名]得失,損益¶~を計算する/計算得失【-ぬき】①-①][名]不計較得失
そんな ⓪[連体]那様的¶~事情で/由於那様的原因¶まあ~ところでしょう/大概就那様了吧
そんなに ⓪[副]那麼様¶~たくさんは食べられない/吃不了那麼多¶~がっかりするな/不要那麼灰心
ぞんぶん ③⓪[存分][名]盡情充分¶~に批判してやった/狠狠地批評了他【思(おも)う-】⓪②[副]盡興
そんぼう ⓪[存亡][名]存亡
そんみん ③⓪[村民][名]村民
そんらく ①⓪[村落][名]村落
そんりつ ⓪[存立][名・自他サ]存在,存立
そんりょう ③[損料][名]租金,折舊費

た　タ

た 五十音圖「た」行第一音。羅馬字寫作「ta」,發音爲國際音標[ta]。平假名「た」來自「太」字的草體,片假名「夕」來自「多」字的上半部。濁音「だ」,羅馬字寫作「da」,發音爲國際音標[da]。

た ①【田】[名]水田,稻田

た ①【他】[名] ❶別的,其他 ❷別人,他人

た [助動](上接用言連用形)❶表示動作的過去,完了¶父は十五年前になくなりまし～/父親在十五年前去世了¶あのときはうれしかっ～/那時很高興 ❷表示既成的事實¶あっ、バスがき～/啊,車來了¶あなたに会えてよかっ～/能見到你真令人高興 ❸表示狀態的存續¶まがっ～釘(くぎ)/彎釘子¶とがっ～鉛筆/削尖了的鉛筆

だ [助動](上接體言)❶(表示指定,斷定)是¶これは植物～/這是植物 ❷表示突出强調某事物¶さあ、出發～、用意はいいかい/好,該出發了,準備好了嗎 ❸起代替動詞的作用¶ぼくはカレーライス～/我吃咖喱飯

ターゲット ①【target】[名]目標,靶子,指標

ダース ①【dozen】[名]打(12個)

タービン ①【turbine】[名]渦輪,透平(機),汽輪機

ターミナル ①【terminal】[名] ❶(鐵路、汽車的)終點站 ❷機場大廈 ❸終端,末端

ターミナル・ビル ⑥【terminal-building】[名] ❶機場大樓 ❷車站大樓

ターム ①【term】[名](專業)術語,用語

ターンパイク ④【turnpike】[名]收費公路

たい ①【体】[名] ❶身體¶～をかわす/把身子閃開 ❷體系,形式¶～をなさぬ/不成體統,不像樣 ❸性質,本質

たい ①【鯛】[名]鯛魚,真鯛

たい ①【対】[名]對,比¶五～一で勝った/以五比一獲勝 ❷對等

たい ①【隊】[名]隊,隊伍¶～を組む/編隊

タイ ①【tie】[名] ❶領帶¶-ピン③】[名]領帶别針 ❷比賽平局【-記録(きろく)③】平記録〈音〉連音,連結線

たい [助動](上接動詞連用形,構成形容詞)❶想,打算¶水が飲み～/我想喝水¶わたしは行き～くない/我不想去 ❷希望,期望¶人間はたがいに寛大であり～/願人們互相寛大爲懷 ❸表示對方及第三者的願望¶なにを飲み～の/你想喝些什麽

だい ①【大】[名]大¶～なり小なり/不論大小

だい ⓪【代】[名] ❶一代,世代¶～がかわる/换代 ❷費用¶電気(でんき)-【】[名]電費【本(ほん)-⓪】[名]書費

だい ①【台】[名] ❶台,台子 ❷表示數量的範圍¶四千円～の品物/四千多日圓的東西 ❸計算車輛、機器的數量詞¶バス五～/五輛公共汽車¶一～のピアノ/一架鋼琴

だい ①【題】[名]❶題,題目 ❷問題,命題

だい-【第】[接頭](接在數詞前表示順序)第¶～一回/第一回

たいあたり ③【体当たり】[名・自サ]❶以自身衝撞,撞倒 ❷拼命,全力以赴

タイ・アップ ③【tie up】[名・自サ]合作,協作

ダイアローグ ④【dialogue】[名]對話

たいあん ⓪【大安】[名]吉日

たいあん ⓪【対案】[名]對立的建議

たいい ①【大意】[名]大意¶～をつかむ/抓住大意

たいい ①【体位】[名]❶體質 ❷姿勢

たいいく ①【体育】[名]體育¶～館(かん) ④[名]體育館

だいいち ①【第一】[名]第一¶～印象(いんしょう) ⑤[名]第一印象 ——[副]首先,最重要的

だいいちにんしゃ ⑤【第一人者】[名]第一人,首屈一指的

たいいん ①⓪【隊員】[名]隊員

たいいん ①【退院】[名・自サ]出院

たいえき ⓪【退役】[名・自サ]退役,退伍

ダイエット ①【diet】[名]規定的飲食,減肥

たいおう ⓪【対応】[名・自サ]❶相對應 ❷相應,適應¶その場に～した服/適應那種場合的衣服 ❸應付,對付¶時局に～する/應付時局¶～策(さく) ③[名]對策

ダイオード ③【diode】[名]二極管

たいおん ⓪①【体温】[名]體溫¶～計(けい) ③[名]體溫計

たいか ①【大家】[名]❶大戶人家,富貴人家 ❷大家,權威,專家¶書道の～/書法大家

たいか ①【大過】[名]大的錯誤,大的過失

たいか ⓪【耐火】[名]耐火¶-建築(けんちく) ④[名]耐火建築

たいか ①【退化】[名・自サ]退化

だいか ⓪【代価】[名]❶價錢 ❷代價

たいかい ⓪【大会】[名]大會

たいかい ⓪【退会】[名・自サ]退會

たいがい ⓪【大概】[名]大部分¶～の人は知っている/大部分的人都知道了 ——[副]❶大致,大概,大體¶そのことなら～知っている/要是那件事,我大體知道一些 ❷適度,適當¶冗談も～にしろ/開玩笑也要適可而止

たいがいぼうえき ⓪【対外貿易】[名]對外貿易

たいがいほうそう ⓪【対外放送】[名]對外廣播

たいかく ⓪【体格】[名]體格

たいがく ⓪【退学】[名・自サ]退學¶-処分(しょぶん) ⑤[名]勒令退學

だいがく ⓪【大学】[名]大學

だいがくいん ④【大学院】[名]大學院,研究所

だいがくせい ④③【大学生】[名]大學生

たいかくせん ④【対角線】[名]對角線

たいがんのかじ ⑥【対岸の火事】[名]隔岸觀火

たいき ①⓪【待機】[名・自サ]待機

たいき ①【大気】[名]大氣,空氣

たいぎ ①【大義】[名]大義¶～に殉(じゅん)じる/殉於大義¶-名分(めいぶん) ①⓪[名]正當的理由

たいぎ ①【大儀】[形動]❶(由於病,疲乏等感到)費力,吃力¶座っているのさえ～だ/連坐着都費

力 ❷不愛(做),厭倦¶混雑しているところに出かけて行くのは~だ/我可不願意去擁擠的地方

たいきおせん ④【大気汚染】[名]大氣污染

だいぎし ③【代議士】[名]衆議院議員

だいきぼ ③【大規模】[形動]宏偉,大規模¶~な計劃/宏偉的計劃

たいきゃく ⓪【退却】[名・自サ]退卻

たいきゅう ⓪【耐久】[名]耐久【-性(せい)】⓪[名]耐久性¶消費財(しょうひざい)⑦[名]耐久消費品(車,家俱,電器等)

たいきょく ⓪【大局】[名]大局¶~から見る/從大處着眼

たいきょく ⓪【対局】[名・自サ]對弈,下棋

たいきょくけん ⑤【太極拳】[名]太極拳

たいきん ⓪【大金】[名]巨款

たいきん ⓪【退勤】[名・自サ]下班

だいきん ⓪【代金】[名]貨款

たいく ①【体軀】[名]身軀,體格

だいく ①【大工】[名]木匠,木工【-仕事(しごと)】④[名]木工活【-道具(どうぐ)】④[名]木工工具【日曜(にちよう)-】⑤[名]業餘木匠

たいぐう ⓪【待遇】[名・他サ]❶招待,款待,對待¶~がよい/招待得很好 ❷待遇¶~を改善する/改善待遇【-表現(ひょうげん)】⑤[名]待遇表現

たいくつ ⓪【退屈】[名・形動・自サ]無聊¶~をまぎらす/解悶兒

たいぐん ⓪【大群】[名]大群¶いなごの~/大群蝗蟲

たいけい ⓪【体系】[名]體系¶~をたてる/建立體系【-的(てき)】⓪[形動]有系統

だいけい ⓪【台形】[名]梯形

たいけつ ①⓪【対決】[名・自サ]決鬥,較量¶両雄の~/兩雄的決鬥

たいけん ⓪【体験】[名・他サ]體驗,經驗,感受,體會【-談(だん)】③[名]經驗之談

たいげん ①【体言】[名]體言(日語中名詞、代詞、數詞的總稱)

たいげん ⓪【体現】[名・他サ]體現

たいげんそうご ⑤【大言壮語】[名]説大話,誇海口

たいこ ⓪【太鼓】[名]鼓¶~を打つ/打(擂)鼓【でんでん太鼓(だいこ)】③⑤[名]撥浪鼓【-医者(いしゃ)】③[名]庸醫,江湖醫生◇太鼓をたたく/奉承

たいこう ⓪【大綱】[名]大綱

たいこう ⓪【対抗】[名・自サ]對抗,抗衡【-意識(いしき)】⑤[名]對抗意識【-馬(ば)】⓪[名](賽馬)居第二而有希望獲勝的馬

たいこう ⓪【退校】[名・自サ]退學【-処分(しょぶん)】⑤ ❶勒令退學 ❷離校

だいこう ⓪【代行】[名・他サ]代行,代理

たいこうじあい ⑤【対校試合】[名]校際比賽

たいこく ⓪【大国】[名]大國【-主義(しゅぎ)】⑤[名]大國主義

だいこくばしら ⑤【大黒柱】[名]支柱,頂梁柱

だいこん ⓪【大根】[名]蘿蔔

たいさ ①【大差】[名]大的差別,顯著的差別¶~がない/没有顯著的差別

たいざい ⓪【滞在】[名・自サ]停留,逗留

だいざい ⓪【題材】[名]題材

たいさく ⓪【対策】[名]對策¶~を練る/研究對策

だいさん ①【第三】[名]❶第三

(＝さんばんめ) ❷局外人,第三者¶～者/第三者
たいざん ①【大山】[名]大山◇大山鳴動(めいどう)して鼠(ねずみ)一匹(いっぴき)/虎頭蛇尾,雷聲大雨點小
だいさんしゃ ①【第三者】[名]第三者,當事雙方以外的人
たいし ①【大使】[名]大使
たいじ ①【対峙】[名・自サ]對峙
たいじ ①【退治】[名・他サ]撲滅,消滅,降伏
だいし ①【台紙】[名]硬板紙
だいじ【大事】③①[名]大事,重大的事¶～にいたる/釀成大禍
── ①[形動] ❶重要¶～なこと/重要的事 ❷保重,愛護,愛惜¶からだを～にする/保重身體
ダイジェスト ①【digest】[名・他サ]摘要,概要
たいしかん ③【大使館】[名]大使館
たいした ①【大した】[連体] ❶了不起¶～ものだ/真了不起 ❷(與否定語相呼應)沒什麼了不起,不值一提¶～ことはない/沒什麼了不起
たいしつ ①【体質】[名]體質【アレルギー ⑥】[名]過敏體質
たいして ①【大して】[副](下接否定)不那麼……,沒怎麼……¶～勉強もしないで,合格した/並沒怎麼念書就及格了¶～うまくない/不那麼好
たいしゃ ①【退社】[名・自サ] ❶退職,辭職 ❷下班¶-時間(じかん) ④】[名]下班時間
たいしゃく ①【貸借】[名・他サ]借貸¶-関係(かんけい) ⑤】[名]借貸關係
たいしゅう ①【大衆】[名]大衆,群衆
たいじゅう ①【体重】[名]體重¶～をはかる/稱體重
たいしょ ①【処処】[名・自サ]對待,處理
たいしょう ①【大将】[名] ❶(軍衔)大將,上將 ❷頭子,首領,頭目◇お山の大將/山大王 ❸(親密,戲謔的稱呼)老兄
たいしょう ①【大勝】[名・自サ]大勝,大捷
たいしょう ①【対称】[名]對稱
たいしょう ①【対象】[名]對象¶研究の～/研究的對象
たいしょう ①【対照】[名・他サ]對照¶原文と～する/與原文對照
たいしょう ①【大正】[名]大正(日本天皇時代的年號(1912～1926年)
たいじょう ①【退場】[名・自サ]退場,(離開舞台)下場
だいしょう ①【大小】[名] ❶大小 ❷大刀與小刀
だいしょう ①【代償】[名] ❶賠償¶～を支払う/賠償 ❷代價
だいじょうぶ ③【大丈夫】[形動]不要緊,沒關係
たいしょく ①【退職】[名・自サ]退職
たいじん ①【退陣】[名・自サ] ❶撤退 ❷下台,引退
だいじん ①【大臣】[名]大臣
だいず ①①【大豆】[名]黃豆
だいすう ③【代数】[名]代數
だいすき ①【大好き】[形動]最喜歡,特別喜愛
たい・する ③【体する】[他サ]體會,領會¶意を～/領會對方意圖
たい・する ③【対する】[自サ] ❶面對,對着 ❷對待¶いつも笑顔(えがお)で客に～/總是熱情待客 ❸對於,對¶地震に～そなえ/抗震的準備 ❹相對,對抗
だい・する ③【題する】[他サ]題字,題詞

たいせい ⓪【大成】[名・他サ]出色完成
——[名・自サ]成大器¶学者として～する/成爲學者

たいせい ⓪【大勢】[名]大勢,大局¶～がきまった/大局已定

たいせい ⓪【体制】[名]體制¶社会(しゃかい)－ ④[名]社會體制¶経済(けいざい)－ ⑤[名]經濟體制

たいせい ⓪【態勢】[名]姿勢,體態,態度¶～を整える/作好一切準備

たいせいよう ③【大西洋】[名]大西洋

たいせき ①【体積】[名]體積

たいせき ⓪【退席】[名・自サ]退席

たいせつ ⓪【大切】[形動]❶重要,寶貴¶～な役目/重要的任務 ❷珍視,愛護¶ものを～にする/愛惜東西

たいせん ⓪【大戦】[名]大戰

たいぜんじじゃく ⑤【泰然自若】[副・連体]泰然自若

たいそう ⓪【体操】[名]體操

たいそう ①【大層】[副・形動]❶很,非常¶～混雑している/很擁擠 ❷誇張

だいそれた ③【大それた】[連体]狂妄的,不知天高地厚的

たいだ ①【怠惰】[名・形動]怠惰,懶惰

だいたい ⓪【大体】[名]大略,概要
——[副]大概,大約¶ねだんは――いくらぐらいですか/大概多少錢 ❷差不多,基本上¶～終わった/基本上完了 ❸從根本上説來¶～、さそった君(きみ)がわるい/從根本上説來,是你不該邀請他

だいたい ⓪【代替】[名]代替

だいたい ⓪【大隊】[名]大隊

だいだい ③【橙】[名]❶橙子 ❷(「だいだい色」的簡稱)橙色

だいたすう ③④【大多数】[名]大多數

たいだん ⓪【対談】[名・自サ]對談,交談

たいだん ⓪【退団】[名・自サ]退出團體

だいたん ③【大胆】[名・形動]大膽,勇敢¶～に立ち向かう/勇敢地反抗¶-不敵(ふてき) ③②[形動]膽大包天

だいち ①【大地】[名]大地

だいちはぐのごとし【大智は愚の如し】大智若愚

たいちょう ⓪【隊長】[名]隊長

たいちょう ⓪【体調】[名]健康狀態,身體情況

だいちょう ①【大腸】[名]大腸

だいちょう ①【台帳】[名]❶(商店的)帳本 ❷底帳¶土地(とち)－ ③[名]地籍册

たいてい ⓪【大抵】[副・形動]❶大體上,基本上 ❷適度,適當 ❸(與否定語相呼應表示)普通,一般¶～のことでは許してもらえそうにない/一般是不會原諒的

たいど ①【態度】[名]態度

たいとう ⓪【台頭】[名・自サ](某種勢力)抬頭

たいとう ⓪【対等】[形動]對等,平等¶～にあつかう/平等對待

だいどう ③⓪【大道】[名]❶大道,大街 ❷道義,道德

だいどうしょうい ⑤【大同小異】[名]大同小異

だいどうみゃく ③【大動脈】[名]大動脈

だいとうりょう ③【大統領】[名]總統¶-選挙(せんきょ) ⑦[名]總統選舉,大選

たいとく ⓪【体得】[名・他サ]掌握,領會¶こつを～する/掌握竅門

だいどころ ⓪【台所】[名]廚房

タイト・スカート ⑤【tight skirt】[名]緊身裙,西服裙

タイトル ①【title】[名]❶標題,題目 ❷錦標賽,冠軍(賽)

だいなし ◎【台無し】[名]糟蹋,弄壞¶晴れ着が雨で～になった/禮服被雨弄壞了

ダイナマイト ④【dynamite】[名]炸藥

ダイナミック ④【dynamic】[形動]有力(的),有生氣(的),生動(的)

だいに ①【第二】[名]❶第二,第二位(＝にばんめ) ❷次要¶～の問題/次要問題

だいにじせかいたいせん ⑭【第二次世界大戦】[名]第二次世界大戦

たいにん ◎【退任】[名・自他サ]卸任¶任期満了で～する/任期居満卸任

ダイニング・キッチン ⑥【dining kitchen】[名]兼餐室的廚房 ◆簡稱「DK」

たいのう ◎【滞納】[名・他サ]拖欠,欠交

たいはい ◎【退廃・頽廃】[名・自サ]頽廢,墮落¶～した生活/頽廢的生活

たいはいてき【退廃的】[形動]頽廢的

たいはん ③◎【大半】[名]大半,多半,大部分

たいひ ◎【対比】[名・他サ]對比

タイピスト ③【typist】[名]打字員

だいひつ ◎【代筆】[名・自サ]代筆

たいびょう ①【大病】[名]大病,重病

だいひょう ◎【代表】[名・他サ]代表

タイピン ③【tiepin】[名]領帯別針

タイプ ①【type】[名・他サ]❶様式,式様 ❷類型 ❸打字;打字機

だいぶ ◎【大分】[副]頗,很,相當¶病気は～良くなった/病情大爲好轉

たいふう ③【台風】[名]颱風

だいぶつ ◎④【大仏】[名]大佛(像)

だいぶぶん ③【大部分】[名]大部分

タイプ・ペーパー ④【typepaper】[名]打字紙

タイプライター ④【typewriter】[名]打字機

たいへいよう ③【太平洋】[名]太平洋

たいへん ◎【大変】[形動]❶属害,嚴重¶～な雨だった/下了暴雨 ❷費力,夠嗆¶そんなに忙しいのでは～ですね/那麼忙,夠辛苦的啊
――[副]很,非常,相當¶～面白(おもしろ)かった/很有意思¶～失礼しました/真對不起

だいべん ③【大便】[名]大便

だいべん ◎【代弁】[名・他サ]替人辯解¶-者(しゃ) ③[名]代言人

たいほ ◎【退歩】[名・自サ]退歩

たいほ ①【逮捕】[名・他サ]逮捕,拘捕[-状(じょう) ③][名]逮捕證

たいほう ◎【大砲】[名]大砲,砲

たいぼう ◎【待望】[名・他サ]盼望,期待

たいぼくはかぜにおられる【大木は風に折られる】樹大招風

だいほん ◎【台本】[名]脚本

タイマー ①【timer】[名]❶定時器 ❷秒錶 ❸計時員

たいまん ◎【怠慢】[名・形動]怠慢

だいみょう ③【大名】[名](日本封建時代的諸侯)大名

タイミング ◎【timing】[名]時機¶いい～/好時機

タイム ①【time】[名] ❶時間¶～をはかる/計時 ❷(比賽)暫停

タイムリー ①【timely】[形動] 適時,合時¶～な発言/適時的發言

だいめい ⓪【題名】[名] 標題,題目

だいめいし ③【代名詞】[名] 代名詞,代詞

たいめん ③⓪【体面】[名] 體面,面子¶～を保つ/保持體面

たいめん ⓪【対面】[名・自サ] 相見,會面¶初(しょ)～②[名]初次見面

たいもう ⓪【大望】[名] 宏願,奢望

だいもく ⓪ ④【題目】[名] ❶題目,標題 ❷(佛教日蓮宗)「南無妙法蓮華經」七字¶～を唱える/念經

だいもんじ ③【大文字】[名] ❶大字 ❷大場文章 ❸8月16日晚在日本京都如意岳上燃燒的「大」字形篝火

タイヤ ①【tire】[名] 輪胎,車胎

ダイヤ ①【dia】[名] ❶(撲克牌的)方塊 ❷「ダイヤグラム」的簡稱 ❸「ダイヤモンド」的簡稱

たいやく ⓪【大役】[名] 重任

たいやく ⓪【対訳】[名] 對譯,對照原文的翻譯

ダイヤグラム ④【diagram】[名] 行車時間表,列車時刻表◆亦作「ダイヤ」

ダイヤモンド ④【diamond】[名] 鑽石,金剛石◆亦作「ダイヤ」

ダイヤモンド・ゲーム ⑦【diamondgame】[名] 跳棋

ダイヤル ①⓪【dial】[名] ❶日規,刻度盤 ❷(電話機)撥號盤

たいよ ①【貸与】[名・他サ] 出借,貸給

たいよう ①【太陽】[名] 太陽

だいよう ⓪【代用】[名・他サ] 代用

たいようしゅう ③【大洋州】[名] 大洋洲

たいら ⓪【平ら】[形動] 平,平坦¶～な道/平坦的道路
——[名]隨便坐¶どうぞ,お～に/請隨便坐吧

たいら・げる ④⓪【平らげる】[他下一] ❶平定,平息¶賊を～/平定賊匪 ❷吃完,吃光

だいり ⓪【代理】[名・他サ] 代理,代理人

たいりく ①⓪【大陸】[名] 大陸【-棚(だな)④】[名] 大陸棚

たいりくせいきこう ⓪-⓪【大陸性気候】[名] 大陸性氣候

だいりせき ③【大理石】[名] 大理石

たいりつ ⓪【対立】[名・自サ] 對立

たいりゃく ⓪【大略】[名] 大略,大概

たいりゅう ⓪【対流】[名]〈物〉對流

たいりょう ③⓪【大量】[名] 大量,大批,成批¶-生産(せいさん)⑤[名]大量(成批)生産

たいりょう ⓪【大漁】[名] 漁業豐收
——【大猟】獵獲量大

たいりょく ①【体力】[名] 體力¶～をつける/增強體力

タイル ①【tile】[名] 瓷磚

ダイレクトメール ⑥【directmail】[名] 信件廣告,直接郵寄的廣告

たいれつ ⓪①【隊列】[名] 隊列¶～を組む/列隊

だいろっかん ⓪【第六感】[名] 第六感¶～が働く/靈機一動

たいわ ⓪【対話】[名・自サ] 對話

たうえ ③【田植え】[名] 插秧【-機(き)③】[名] 插秧機

ダウン ①【down】[名・自他サ] ❶下降,向下¶成績が～する/成績下降 ❷(拳撃)倒下 ❸(生病,勞累)躺倒,倒下

たえがた・い ④【堪え難い】［形］
不堪忍受,難以忍受
たえか・ねる ⓪【堪えかねる】［下一自］難以忍受,忍不住,擔負不了
だえき ⓪【唾液】［名］唾液
たえしの・ぶ ⓪【耐(え)忍ぶ】［他五］忍受,忍耐¶寒さを～/忍受寒冷
たえず ①【絶えず】［副］不斷地
たえて ①【絶えて】［副］(與否定語相呼應)絲毫沒有,一點兒也(不)¶その後は～音沙汰(おとさた)がない/從那以後毫無音信
たえまな・い ④【絶え間無い】［形］不間斷¶～努力/不懈的努力
た・える ②【耐える・堪える】［自下一］❶忍受,忍耐¶ふんがいに～えない/極其憤怒 ❷耐,勝任,經得住¶高温に～/耐高温¶任に～/勝任 ❸值得¶読むに～えない/不值得一讀
た・える ②【絶える】［自下一］斷,斷絕¶息が～/斷氣¶消息が～/消息斷絕
だえん ⓪【楕円】［名］楕圓
たお・す ②【倒す】［他五］❶推倒,弄倒,放倒¶政府を～/推翻政府¶押(お)し－ ④【他五】推倒【切(き)り－ ⓪】［他五］砍倒 ❷賴帳,借錢不還¶借(か)り－ ④【他五】賴帳¶踏(ふ)み－ ④【他五】賴帳不還
たお・る ②【手折る】［他五］折,摘,掐
タオル ①【towel】［名］毛巾
タオルケット ④【towelblanket】［名］毛巾被
たお・れる ③【倒れる】［自下一］❶倒,倒下 ❷倒壺,垮臺¶内閣が～/内閣倒臺 ❸病倒¶病(やまい)に～/病倒 ❹死
たか ①②【高】［名］額,數量¶売り上げ－(だか)/銷售量¶生産(せいさん)

だか)/產量◇高が知(し)れている/有限的,沒什麼了不起的◇高を括(くく)る/輕視,不放在眼裡
たか ⓪【鷹】［名］鷹
たが ⓪【箍】［名］箍◇箍がゆるむ/鬆懈
だが ①【接】可是¶一つしかない。～君にあげよう/只有一個。不過送給你吧
たかい ⓪【他界】［名・自サ］去世,逝世
たか・い ②【高い】［形］❶高¶～山/高山¶背が～/個子高 ❷(價錢)貴¶値段が～/價錢貴¶(聲音)高,大 ❹(地位,評價)高◇鼻(はな)が高い/自高自大◇頭(ず)が高い/傲慢無禮◇目(め)が高い/有眼力
たがい ⓪【互(い)】［名］互相,彼此【お－ ⓪】［名］雙方¶お－さま ⓪⑥】［名］彼此彼此
だかい ⓪【打開】［名・他サ］打開¶難局を～する/打開僵局
たがいちがい ④【互(い)違(い)】［名］相間,交錯,交叉
たがいちがいに ⓪【互(い)違(い)に】［副］交替,相互
たがいに ⓪【互いに】［副］互相,相互¶～助け合う/互相幫助
たが・う ②【違う】［自五］❶錯,不一致¶一銭も～わない/分毫不差 ❷違反,違背¶人情に～/不合乎人情
たが・える ②【違える】［他下一］違反,違背¶約束を～/違約
たかくけいえい ④【多角経営】［名］多種經營,多角經營
たかさ ①【高さ】［名］高度
だがし ⓪②【駄菓子】［名］粗點心,便宜的點心
たかだい ⓪【高台】［名］地勢高的地方
たかだか ③⓪【高高】［副］❶高高地 ¶～と差し上げる/高高地舉

起 ❷頂多,最多,充其量¶一三百円の品/頂多不過三百日元的東西

だがっき ②【打楽器】[名]打擊樂器

たかとび ④⓪【高跳び・高飛び】[名]❶跳高¶走(はし)り-④[名]跳高¶棒(ぼう)-⓪[名]撐竿跳 ❷逃跑,逃之夭夭

たか・なる ③【高鳴る】[自五]❶高聲作響 ❷心怦怦跳動¶胸が~/心潮澎湃,心情激動

たかね ⓪【高値】[名]高價

たかのぞみ ③【高望み】[名]過分的希望,奢望

たかは ⓪【たか派・鷹派】[名]鷹派

たかびしゃ ⓪【高飛車】[形動]高壓,強硬¶~に出る/採取高壓手段

たかぶ・る ③【高ぶる】[自五]❶興奮,緊張¶神経が~/興奮 ❷高傲,傲慢,自大

たかまくらでねる【高枕で寝る】高枕無憂

たかま・る ③【高まる】[自五]高漲,昇高,增強¶士気が~/士氣高昂

たかみのけんぶつ【高みの見物】[名]袖手旁觀,坐壁上觀

たか・める ③【高める】[他下一]提高¶学力を~/提高學力

たがや・す ③【耕す】[他五]耕,耕作¶田を~/種田

たから ③【宝】[名]寶,寶貝,寶物¶国の~/國寶¶-さがし④[名]尋寶¶子-(こだから)⓪④[名]寶貝,寶物

だから ①【接】所以,因此¶~、遅刻した/所以,遲到了

たからか ②【高らか】[形動]大聲,高聲

たからくじ ③④【宝くじ・宝籤】[名]彩票,奬券

だからといって【だからと言って】儘管如此…還是………,雖說…但是………¶~言わずにいられなかった/儘管如此,還是要說 ¶~彼を放っておくわけにもいかない/話雖道義說,但也不能不管他

たからもの ⑤④【宝物】[名]寶物

たか・る ⓪【自五】❶聚集,聚攏,圍攏¶人が~/圍着一群人 ❷(蟲等)爬滿,落滿 ❸迫使(別人做某事),敲詐,勒索

たが・る【助動】(上接動詞連用形,構成五段活用動詞)想,希望¶行き~/想去¶見(み)~/想看

たかをくくる【高をくくる】目空一切,不放在眼裡

たかん ⓪【多感】[名・形動]多感,多愁善感

だかんけん ②【兌換券】[名]兌換券

たき ⓪【滝】[名]瀑布¶~のような汗/汗如雨下

たき ①【多岐】[名・形動]錯綜複雜,頭緒多¶問題が~にわたる/問題錯綜複雜

だきあ・う ③【抱(き)合う】[他五]擁抱

だきあ・げる ④【抱(き)上げる】[他下一]抱起¶子どもを~/抱起小孩

だきおこ・す ④【抱(き)起こす】[他五]扶起¶病人を~/扶起病人

だきかか・える ⑤【抱(き)抱える】[他下一]摟抱,抱在懷裡¶赤ちゃんを~/把嬰兒抱在懷裡

たきぎ ⓪【薪】[名]木柴,薪

たぎご ⓪【多義語】[名]多義詞

だきこ・む ③【抱(き)込む】[他五]拉攏,籠絡

だきし・める ④【抱(き)締める】[他下一]抱住,摟緊

だきすく・める ⑤【抱(き)竦める】[他下一]抱住不讓動

だきつ・く ③【抱(き)着く】[自

た・く ⓪【炊く】[他五]煮,燒,燜¶ご飯を～/燒飯

た・く ⓪【焚く】[他五]燒,焚¶香を～/焚香

だ・く ⓪【抱く】[他五] ❶抱,摟¶胸に～/抱在懷裡 ❷抱有,懷有¶疑問を抱(いだ)く/懷疑

たきつ・ける ④【焚(き)付ける】[他下一] ❶點燃¶火を～/點着火 ❷煽動,挑唆¶人に～けられる/受人挑唆

だきと・める ④【抱(き)留める】[他下一]抱住不放

だきと・る ③【抱(き)取る】[他五]抱過來

たきび ⓪【たき火・焚(き)火】[名] ❶篝火 ❷燒落葉(的火)

だきょう ⓪【妥協】[名・自サ]妥協,讓步¶-案(あん) ②[名]妥協方案

たきょくか ⓪【多極化】[名]多極化

たぎ・る ②【自五】 ❶煮開,滾沸¶湯が～/水開了¶煮(に)え- ④[自五]煮沸 ❷(感情等)激動,高漲 ◇血がたぎる/熱血沸騰 ❸(急流等)翻滚

たく ⓪【宅】[名] ❶自己的家 ❷(妻子在別人面前稱自己的丈夫)我丈夫

たく ①【卓】[名]桌子,案,几

たくあん ②【沢庵】[名]黃蘿蔔醃菜

たくえつ ⓪【卓越】[名・自サ]卓越

だくおん ⓪【濁音】[名]濁音

たくさん ⓪③【沢山】[副・形動] ❶許多,很多¶まだ～残っている/還剩很多 ❷够了,不再想要¶戦争はもう～だ/戰爭已經够了

たくしあ・げる ⑤【たくし上げる】[他下一]捲起,挽起

タクシー ①【taxi】[名]出租汽車,計程車

たくじしょ ④【託児所】[名]托兒所

たくじょう ⓪【卓上】[名]桌上【-カレンダー ⑥】[名]桌曆

たく・する ③【託する・托する】[他サ] ❶託付,委託¶任務を～/託付任務¶手紙を～/託人捎信 ❷寄託,藉…表達…

たくそう ⓪【託送】[名・他サ]託運

たくち ⓪【宅地】[名]住宅用地,地皮

だくてん ③⓪【濁点】[名]濁音點

たくはい ⓪【宅配】[名・自サ]送到家裡

タグボート ③【tugboat】[名]拖船,拖輪

たくまし・い ④【逞しい】[形] ❶魁偉,魁梧,健壯 ❷旺盛 ❸自由,隨意¶想像を～くする/隨意想像

たくみ ⓪①【巧み】[名]技巧,技術¶～をこらす/精工細作 ——[形動]巧,巧妙,高超¶～にあやつる/巧妙地操縱

たく・む ②【巧む】[他五]施技巧,下功夫¶～まざる自然の美しさ/不加修飾的自然美

たくら・む ③【企む】[他五]策劃,謀劃,企圖,陰謀¶謀反(むほん)を～/陰謀造反

たぐりこ・む ②④【手繰(り)込む】[他五]拉近,拉過來¶記憶を～/追回記憶

たぐ・る ②【手繰る】[他五] ❶拉,繞 ❷追溯

たくわえ ③⓪【蓄え・貯え】[名] ❶儲存,儲藏 ❷積蓄,存款

たくわ・える ④⓪【蓄える・貯える】[他下一] ❶儲備,儲藏,儲蓄¶実力を～/保存實力 ❷留,蓄¶髭(ひげ)を～/留鬍子

たけ ②【丈】[名] ❶高度¶～が高い/身材高 ❷身長【背(せ)-】①[名]身長 ❸全部,一切◇思いの丈/心事,衷情

たけ ⓪【竹】[名]竹子¶-製品(せいひん)③[名]竹製品,竹器◇竹を割(わ)ったよう/乾脆,爽快,心直口快

だけ [副助] ❶只,單單,光,僅¶あなたに～話してあげる/只告訴你一個人¶十五分～休むことにしよう/只休息15分鐘 ❷(用「…ば…だけ」的形式表示越…越…)¶練習すればする～上達する/越練習就越有進步 ❸儘量¶やれる～やった/能做的都做了 ❹(上接「これ」「それ」「あれ」「どれ」)表示程度¶これ～言ってもまだ分からないのか/我已經講得這麼明白了,還不懂嗎

…だけあって(上接體言,用言連體形)正因為……¶じゅうぶん練習をつんだ～うまいものだ/正因為經過充分練習,所以做得很好

たけうま ⓪【竹馬】[名] ❶竹馬 ❷高蹺

だげき ⓪【打撃】[名] ❶敲打 ❷打擊,刺激¶～を受ける/受打擊 ❸(棒球)擊球¶-率(りつ)④[名]擊球率

たけだけし・い ⑤【猛猛しい】[形] ❶勇猛,強悍 ❷厚顏無恥

だけつ ⓪【妥結】[名・自サ]談妥,達成協議¶交涉が～する/談判達成協議

…だけでなく(上接體言,用言連體形)不僅……而且………¶日本語を学ぶ～,英語も学ばねばならぬ/不僅要學日語,而且也要學英語¶口～,行動が一番大切だ/不能只停留在口頭上,重要的是行動

…だけに(上接體言,用言連體形)正因為……¶彼は苦労した～人の気持ちがよく分かる/正因為受過苦,所以他很能理解別人的心情¶予想しなかった～喜びも大きかった/正因為是出乎預料,所以更加高興

たけなわ ⓪【酣・闌】[名・形動]高潮,旺盛

たけにつぎき【竹に接木】牛頭不對馬嘴

たけのこ ⓪【筍】[名]筍

た・ける ②【長ける】[自下一]擅長¶数学に～/擅長數學
——【闌ける】正盛,正濃¶春が～/春意正濃

たけ・る ②【猛る】[自五] ❶興奮,激動 ❷狂暴,怒號

だけ(れ)ど(も)[接助]雖然,…可是…¶彼女は美人～,私は好きになれない/她雖是美人,可是我並不喜歡她¶彼はすぐれた学者～,教師には向かない/他雖是一位道地的學者,然而卻不適合教書¶あのホテルはサービスが悪かった。～料金は安かったよ/那家旅館服務雖差。但是價格卻很便宜

たこ ①【凧】[名]風箏¶～をあげる/放風箏

たこ ①【蛸】[名]章魚

たこ ①【胼胝】[名]胼胝,繭子,起繭◇耳(みみ)にたこができる/聽膩了

たこく ①【他国】[名] ❶他國,外國 ❷他鄉

たさい ⓪【多彩】[名・形動] ❶五顏六色,色彩繽紛 ❷豐富多彩¶～な行事/豐富多彩的活動

たさつ ⓪【他殺】[名]他殺

ださん ⓪【打算】[名・自サ]打算,盤算,算計¶～が働く/打如意算盤¶-的(てき)⓪[形動]自私自利,打小算盤

たし ⓪【足(し)】[名]補貼,貼補¶～にする/用以補助

たしか ① 【確か】[形動] ❶確實,確鑿 ❷可靠,牢靠
——[副]大概,多半¶～田中という名前でした/大概叫田中¶あれは——十七日だったと思う/我想那天大概是17號

たしか・める ④【確かめる】[他下一]弄清,查清,確認¶事實を～/弄清事實¶答えを～/確認答案

たしざん ②【足(し)算】[名]加法

たじたじ ⓪①[副・自サ] ❶搖晃,踹跚 ❷退縮,畏縮

たしな・む ③【嗜む】[他五] ❶愛好,喜好¶俳句を～/好寫一點俳句 ❷嗜好¶酒を～/好喝酒

たしな・める ④【他下一】勸戒,規勸,責備¶不注意を～/責備疏忽

だしぬ・く ⓪【出し抜く】[他五]搶先,先下手¶人を～/搶在別人前頭

だしぬけに ⓪【出し抜けに】[副]突然,冷不防,出其不意

だしもの ②【出し物】[名]節目

だしゃ ①【打者】[名](棒球)擊球員,打擊者

だじゃれ ⓪【駄洒落】[名]打哈哈,無聊的笑話¶～を飛ばす/説低級笑話

たしゅ ①【多種】[名]多種,種類多¶～多様/多種多様

たしゅたよう ①【多種多様】[形動]多種多様,各式各様

たしょう ⓪【他称】[名]第三人稱

たしょう ⓪【多少】[名]多少¶～にかかわらず/不論多少
——[副]多少,稍微,一些¶～知っている/知道一些

たじろ・ぐ ③[自五]退縮,後退¶どんなことにも～がない/遇到什麼事都不退縮

だしん ⓪【打診】[名・他サ] ❶叩診 ❷探聽,試探¶意向を～する/探詢意圖

た・す ⓪【足す】[他五] ❶添加,補充¶水を～/添水¶言(いい)－③][他五]補充說明¶付(っ)け－⓪][他五]補充,增添 ❷加¶1に2を～と3だ/1加2等於3 ❸辦完,做完¶用を～/辦完事,解手

だ・す ①【出す】[他五] ❶拿出,取出¶ポケットから手を～/從口袋裡拿出手來 ❷派出,派遣,打發¶使いを～/派人去辦事¶迎えの車を～/派車去迎接 ❸顯露出,露出¶声を～/出聲◇ぼろを出す/露出破綻 ❹發行,出版,發表¶本を～/出書¶レコードを～/發行唱片 ❺寄信¶手紙を～/寄信 ❻鼓起,打起¶元気を～/打起精神¶勇気を～/鼓起勇氣 ❼加快¶スピードを～/加快速度 ❽出産 ❾産生,發生¶熱を～/發燒¶火事を～/發生火災 ❿得出(某種結果),出示¶結論を～/下結論¶答えを～/得出答案 ⓫給予¶許可を～/給予許可¶命令を～/下命令 ⓬提交,上交¶宿題を～/交作業,出作業
——[接尾](上接動詞連用形表示)開始……,…起來¶歩き～/走起來¶泣き～/哭起來¶読み～/讀起來

たすう ⓪【多数】[名]多數¶-決(けつ)②][名]多數表決

たすうけつ ②【多數決】[名]多數表決,多數決定

たすか・る ③【助かる】[自五] ❶獲救,得救¶命が～/得救 ❷減輕負擔,省錢,省事¶費用が～/節省費用 ❸得到幫助

たすけ ③【助(け)】[名]助,幫助,援助,救濟,救助¶～を求(もと)める/求助,求救¶～になる/(對…)有幫助,有助於……¶～を呼ぶ/呼救【－船(ぶね)③④】❶救生船,救援船 ❷幫助,幫忙(＝た

すけ)

たす・ける ③【助ける】[他下一] ❶救,救助,援救¶命を~/救命 ❷幫助,援助¶消化を~/助消化

たずさ・える ④【携える】[他下一] ❶帶,攜帶¶大金を~/攜帶巨款 ❷偕同,攜手¶手を~/攜手

たずさわ・る ④【携わる】[自五] 從事,參與¶農業に~/從事農業

たず・ねる ③【訪ねる】[他下一] 訪問,拜訪¶人を~/拜訪人¶会社を~/訪問公司
――【尋ねる】❶問,打聽¶安否を~/問安¶道を~/問路 ❷尋找,探尋¶由来(ゆらい)を~/探尋由來¶人を~/找人

だせい ⓪【惰性】[名] ❶惰性,慣性 ❷習慣

たぜいにぶぜい【多勢に無勢】寡不敵衆

たそう ⓪【多相】[名]多相

たそがれ ⓪【黄昏】[名]黃昏,傍晚

だそく ⓪【蛇足】[名]多餘,畫蛇添足

ただ ①【只・唯】[名] ❶免費,白給,白送¶~でもらう/白拿¶~で働く/白做 ❷普通,平常¶~ではすまない/不能就那麼完了
――[副] ❶只不過,僅僅¶~聞いてみただけだ/只不過打聽一下 ❷(強調數量極小)僅¶~一つ/只一個¶~一人/僅一人
――[接]然而,唯有¶彼はよくできる。~体が弱いのが心配だ/他學習成績很好。唯有身體太弱,這一點令人擔心¶~それはいい考えだ。~々危険だ/那是個好主意,然而有點危險

ただい ⓪【多大】[形動]巨大,極大¶~な恩恵/極大的恩惠

ダダイズム ③【Dadaism】[名]達達派

ただいま ②④【唯今・只今】[名] ❶現在 ❷剛,剛才 ❸馬上,立刻
――[感](外出回家時的寒暄語)我回來了

たた・える ③⓪【称える・賛える】[他下一]稱讚,歌頌
――③⓪【湛える】[自下一] ❶充滿,裝滿 ❷洋溢¶満面に笑(え)みを~/笑容滿面

たたかい ⓪【戦い】[名]戰鬥,鬥爭

たたか・う ⓪[自五]【戦う・闘う】戰鬥,作戰¶敵と~/與敵人作戰
――【闘う】鬥爭¶病苦と~/與病痛作鬥爭

たたき ③【三和土】[名]三合土

たたきあ・げる ⓪⑤【たたき上げる・叩(き)上げる】[自下一]鍛鍊出來,熟成

たたきうり ③【たたき売り・叩(き)売(り)】[名] ❶拍賣,叫賣 ❷賤賣

たたきおこ・す ②⑤【たたき起こす・叩(き)起(こ)す】[他五]叫醒

たたきおと・す ⑤【たたき落とす・叩(き)落とす】[他五]打落,打掉

たたきこわ・す ⑤【たたき壊す・叩(き)壊す】[他五]打壞,敲碎,搗毀

たたきつ・ける ②⑤【たたき付ける・叩き付ける】[他下一] ❶(用力)打 ❷扔出,摔出 ❸強硬地提出¶社長に辞表を~/毅然決然地向總經理提出了辭呈
――[自下一](雨等)猛下

たた・く ②【叩く】[他五] ❶打,敲打¶太鼓を~/擂鼓¶手を~/拍手 ❷打擊,攻擊¶敵を~/打擊敵人 ❸還價,壓價 ❹(用刀背)拍打(魚肉等)◇口(くち)をた

たく/喋喋不休
- **ただし** ①【但(し)】[接]不過¶引き受けてもよい。〜条件がある/接受是可以的。不過有個條件
- **ただし・い** ③【正しい】[形]①正確,合理¶〜答え/正確的回答 ②合乎標準,端正¶礼儀(れいぎ)−⑥[形]彬彬有禮
- **ただ・す** ②【正す】[他五]①改正,糾正¶誤りを〜/糾正錯誤 ②辨別,辨明¶是非(ぜひ)を〜/辨明是非 ③追究,盤查¶罪を〜/追究罪責
- **ただ・す** ②【質す】[他五]詢問,質問
- **たたずまい** ③【佇まい】[名]樣子,姿態,形狀
- **たたず・む** ③【佇む】[自五]佇,佇立
- **ただちに** ①【直ちに】[副]當即,立刻,馬上¶〜出發する/立即出發
- **だだっぴろ・い** ⑤[形]空曠,寛敞
- **ただでさえ** ①[連語・副]本來就,本來已經
- **ただならぬ** ④[連体]不平常,不尋常,不一般¶〜気配(けはい)/不尋常的跡象
- **ただのり** ⓪【只乗り】[名](不買票)白坐車
- **たたみ** ⓪【畳】[名]榻榻米(和式房間地板上的草席)
- **たたみのうえのすいれん**【畳の上の水練】紙上談兵
- **たた・む** ⓪【畳む】[他五]①折,疊¶きものを〜/疊和服 ②藏(在心裡)¶そのことを胸に〜/把那件事藏在心裡 ③闔閉,合上¶傘(かさ)を〜/合上傘 ④殺掉
- **ただよ・う** ⓪【漂う】[自五]①漂,漂浮¶波間に〜/漂浮在波浪間 ②飄散,飄動
- **ただよりたかいものはない**【ただより高いものはない】吃人家的嘴軟,拿人家的手短
- **たた・る** ②【祟る】[自五]①(鬼怪)作祟 ②遭受惡果¶無理が〜/過份勞累
- **ただ・れる** ⓪【爛れる】[自下一](皮肉)爛¶傷口が〜れた/傷口爛了
- **だだをこねる**【駄駄をこねる】撒嬌
- **たち** ①【質】[名]①生性,性格,體質¶忘れっぽい〜の人/生來好忘事的人,健忘的人 ②性質
- **たち** ①②【太刀】[名]大刀
- **たち−**【立ち】[接頭](下接動詞或動詞的名詞形)①加強語氣¶〜働く/辛勤勞動 ②站着(做某事)¶〜食(ぐ)い/站着吃
- **-たち**【達】[接尾](表示人的複數)們¶子ども〜/孩子們¶きみ〜/你們
- **たちあ・う** ⓪【立ち会う】[自五]在場,到場,臨場
- ——【立ち合う】格鬥
- **たちあが・る** ⓪【立(ち)上がる】[自五]①起立,站起來¶椅子(いす)から〜/從椅子上站起來 ②振奮,振作 ③着手,開始行動
- **たちい・る** ⓪【立ち入る】[自五]①進入¶無断で〜/擅自進入 ②干涉,干與,介入¶他人の生活に〜/干涉別人生活
- **たちうお** ②【太刀魚】[名]帶魚,刀魚
- **たちうち** ⓪④【太刀打ち】[名・自サ]競爭,爭勝負,較量
- **たちおうじょう** ③【立(ち)往生】[名]進退不得,被困在那兒¶大雪のため、列車が〜している/由於大雪,火車困在半路
- **たちおく・れる** ⓪【立ち後れる・立ち遅れる】[自下一]落後,晚¶対策が〜/對策落後
- **たちおよぎ** ③【立(ち)泳ぎ】[名]

たちかえ・る ⓪【立ち返る】[自五]回,返回,恢復,醒悟¶本題に～/言歸正傳

たちぎえ ⓪【立ち消え】[名・サ]中斷,自消自滅

たちぎき ⓪【立ち聞(き)】[名・自他サ]偷聽,竊聽

た・ちる ⓪【断(ち)切る】[他五]❶切開,裁開,斷開 ❷中斷,斷絕¶未練を～/斬斷留戀

たちこ・める ⓪【立ち込める】[自下一]籠罩,遮掩

たちさ・る ⓪【立(ち)去る】[自五]走開,離開¶故郷を～/離開故鄉

たちすく・む ⓪④【立(ち)すくむ・立(ち)竦む】[自五]呆立不動,呆若木雞

たちつく・す ⓪【立(ち)尽くす】[自五]佇立,始終站立¶茫然(ぼうぜん)と～/茫然地佇立着

たちどころに ③⓪[副]立刻,立即,馬上

たちどま・る ⓪【立(ち)止まる】[自五]站住,止步¶～って挨拶する/停步行禮

たちなお・る ⓪【立(ち)直る】[自五]❶恢復,康復,好轉¶ショックから～/從打擊中恢復過來 ❷復原,回升

たちの・く ⓪【立(ち)退く】[自五]遷移,騰出,離開

たちのぼ・る ⓪【立ち上る】[自五]冒,升¶煙が～/冒煙

たちば ③【立場】[名]❶立場 ❷處境,立足點¶苦しい～/困境

たちはだか・る ⓪⑤【立(ち)はだかる】[自五]阻擋,攔擋,阻礙

たちふさが・る ⓪【立(ち)ふさがる・立(ち)塞がる】[自五]擋住,擋住,堵住

たちまち ⓪[副]立刻,轉眼間,不大功夫

たちまわり ⓪【立(ち)回り】[名]❶轉來轉去 ❷武打場面,武打技巧 ❸打架

たちむか・う ⓪【立(ち)向かう】[自五]正視,面對,對付,對抗¶難局に～/面對困境

たちゆ・く ①⓪【立ち行く】[自五]維持

だちょう ⓪【駝鳥】[名]駝鳥

たちよみ ⓪【立ち読み】在書店站著閱讀

たちよ・る ⓪【立ち寄る】[自五]順便,順路¶学校の帰りに、本屋に～/回校的路上順便去一趟書店

たつ ⓪【竜】[名]龍

た・つ ①【立つ】[自五]❶站,站立,直立¶山の上にアンテナが～った/山上架着天線 ❷處於,佔據¶先頭に～/站在前頭,帶頭 ❸刺,扎,射中¶とげが～/扎刺 ❹離開,退出¶席を～/離席,退席 ❺冒,上升¶煙が～/冒煙 ❻出發,出門¶旅に～/去旅行 ❼顯眼;擴散◇人目に立つ/顯眼,引人注目¶うわさが～/傳出風聲,傳出消息 ❽起,生¶波が～/起浪¶風が～/起風 ❾有能力,能幹◇うでが立つ/手藝高超¶役に～/有用,起作用 ❿保住,維持◇保てる/保住房子,有房子¶生計が立つ/維持生計 ⓫(時光)流逝¶時間が～/時光流逝

た・つ ①【建つ】[他五]蓋起,建¶家が～/蓋起房子

た・つ ①【経つ】[自五]經,經過¶月日の～のは早いものだ/歲月如梭

た・つ ①【断つ】[他五]切斷,截斷¶酒を～/戒酒¶退路を～/切斷退路

―――【絶つ】斷絕¶関係を～/斷絕關係

――【裁つ】裁,剪裁¶紙を～/裁紙

だっきゃく ⓪【脱却】[名・他サ]擺脫,擺脫¶悪習を～する/擺脫壞習慣

たっきゅう ⓪【卓球】[名]乒乓球

だっこ ⓪【抱っこ】[名・他サ]抱

だつサラ ③【脱サラ】自謀職業

だっし ⓪【脱脂】[名・自サ]脫脂【-綿(めん)】[名]脫脂棉,藥棉

たっしゃ ⓪【達者】[名・形動] ❶健康,健壯 ❷精通,熟練¶～な英語/熟練的英語 ❸機靈,精明

ダッシュ ①【dash】[名・自サ] ❶衝刺 ❷破折號 ❸′符號,如X′

だっすい ⓪【脱水】[名・自サ]脫水【-機(き)】③[名]脫水機【-症状(しょうじょう)】⑤[名]脫水症狀

たっ・する ⓪③【達する】[自サ]到,到達,達到¶山頂に～/到達山頂¶合意に～/達成協議
――[他サ]達到,實現,完成¶希望を～/實現希望

たっせい ⓪【達成】[名・他サ]達成,完成¶目標を～する/達到目標

だつぜい ⓪【脱税】[名・自サ]偷稅,漏稅

だっせん ⓪【脱線】[名・自サ] ❶出軌,脫軌 ❷(行動,言論)離開本題,走題

だっそう ⓪【脱走】[名・自サ]逃走,逃跑【-兵(へい)】③[名]逃兵

たった ⓪【副】只,僅

だったい ⓪【脱退】[名・自サ]脫離,退出

タッチ ①【touch】[名・自サ] ❶觸,碰 ❷觸覺,指觸,彈撥 ❸(棒球)觸殺

たって ①[副]硬要,非要,一定要¶～の願い/強烈的願望

たって[接助](接動詞連用形)即使,即使¶あいつにはいくら言っ～わかりやすない/不論怎麼跟那傢伙説,他都不會懂

だって[接](向人申訴理由)因爲;可是,話雖如此¶「なぜ昨日来なかったの」―「～知らなかったんだ」/"昨天怎麽没來?""我不知道啊"
――[副助]連…也(都),即使…也¶子ども～知っている/連孩子也知道¶一日～休んだことはない/連一天也没休息過

たっと・い ③【尊い】[形]寶貴,珍貴,貴重,高貴

だっとう ⓪【脱党】[名・自サ]退黨

たっと・ぶ ③【尊ぶ・貴ぶ】[他五]尊敬,尊重

だっぴ ⓪【脱皮】[名・自サ] ❶脫皮,蜕皮 ❷棄舊

たっぴつ ⓪【達筆】[名・形動]寫得漂亮

タップ・ダンス ①【tap dance】[名]踢躂舞

たっぷり ③【副】足,足够,充足¶～と眠った/睡足了
――[副・自サ]肥大,寛綽¶～した服/肥大的衣服

だつぼう ⓪【脱帽】[名・自サ]脫帽

だつらく ⓪【脱落】[名・自サ] ❶脫落 ❷脫離,掉隊

たて ①【盾・楯】[名] ❶盾,盾牌 ❷擋箭牌,藉口◇盾に取(と)る/藉口,作擋箭牌

たて ①【縦・竪】[名]縱,豎

-だて【立(て)】[接尾] ❶特意,故意¶かくし～/故意隱瞞 ❷(拉車的牲口頭數)套¶二頭～の馬車/兩套馬的馬車 ❸(電影等的)部,出¶三本～/(同時上演)三部電影

たていたにみず ②【立て板に水】口若懸河,説話流利

たてうり ⓪【建て売り】建造房屋

出售

たてか・える ⓪【立(て)替える】[他下一]垫付

たてがき ⓪【縦書(き)】[名]直寫¶～にする/直着寫

たてか・ける ⓪【立(て)掛ける】[他下一]立(直)着靠,戳起來

たてぐ ②【建具】[名]⟨日式房屋的⟩拉門,拉窗,隔扇(等)¶-屋(や) ⓪[名]⟨拉門等的⟩裝修店

たてぐみ ⓪【縦組(み)】[名]直排

たてこ・む ⓪【立(て)込む】[自五] ❶擁擠¶店が～/店裡擁擠 ❷密集¶家が～/房屋密集 ❸繁忙,工作緊

たてつ・く ①【楯突く】[自五]反抗,頂嘴

たてつけ ⓪【建てつけ】[名]⟨門、窗等⟩開闔的情況

たてつづけ ⓪【立て続け】[名]接連,連續

たてなお・す ⓪【立(て)直す】[他五] ❶重搞¶計画を～/重擬計劃 ❷重建,修復¶会社を～/重建公司

たてなお・す ⓪【建(て)直す】[他五]翻蓋,翻修¶家(いぇ)を～/翻蓋房子

たてふだ ②④【立(て)札】[名]揭示牌,告示牌

たてまえ ⓪②【建(て)前・立(て)前】[名] ❶原則,方針 ❷上樑

たてまつ・る ④【奉る】[他五] ❶奉獻,捧,恭維

たてもの ②③【建物】[名]建築物,房屋

たてやくしゃ ③【立(て)役者】[名] ❶主角,主演 ❷核心人物,臺柱

た・てる ②【立てる】[他下一] ❶立,豎立,豎柱を～/豎起柱子¶えりを～/豎起領子 ❷使…出現,使人注目¶音を～/弄出聲音 ❸制定¶計画を～/制訂計劃 ❹揚起,冒(煙)¶ほこりを～/揚起灰塵 ❺使之有用¶役に～/使之有用 ❻派遣¶使者を～/派遣使者 ❼維持,保全¶顔を立てる/保全面子¶義理を～/盡情分 ❽扎,刺¶のどに魚のほねを～/魚刺扎了喉嚨

——[接尾]接動詞連用形表示加強語氣¶つき～/猛撞,猛推¶追い～/轟走,攆走

た・てる ②【建てる】[他下一]建,蓋,建築

だとう ⓪【妥当】[形動・自サ]妥當,妥善

たどうし ⓪【他動詞】[名]他動詞

たとえ ②【譬え・喩え】[名]例子,比喻¶～を引く/打比方,舉例¶-話(ばなし) ④[名]比方,比喻

たとえ ⓪②[副]即使,無論,縱然¶～どんな困難があろうと,やり抜く覚悟だ/縱使有天大困難我也決心拼到底

たとえ…ても(でも)即使…也…,縱然…也…¶たとえ冗談でも,そんな事を言うものではない/就是開玩笑也不該説那種話¶たとえ君の頼みでも,それは聞けない/即使是你的請求我也不能答應

たとえば ②[副]比如,例如,譬如

たと・える ③【譬える・喩える】[他下一]比喻,比方,比擬

たどく ⓪【多読】[名・他サ]泛讀,多讀

たどたどし・い ⑤[形]⟨説話⟩不流利;⟨動作⟩不穩,笨拙

たどりつ・く ⓪②【辿り着く】[自五]好容易走到,撐扎走到

たど・る ②【辿る】[他五] ❶走上,走¶家路を～/走上歸途¶山道を～/走山路 ❷尋訪,追蹤¶記憶を～/尋訪記憶¶跡を～/追踪足跡 ❸逐漸走向

たどん ⓪【炭団】[名]煤球

たな⓪【棚】[名]❶隔板¶～をつる/釘隔板【本棚(ほんだな)】①[名]書架【架棚】【藤棚(ふじだな)】⓪[名]藤蘿架 ❸大陸棚【大陸棚】(たいりくだな)④[名]大陸棚

たなあげ④⓪【棚上げ】[名・他サ]擱置,暫不處理

たなからぼたもち【棚から牡丹餅】天上掉餡餅,喜從天降

たなにあげる【棚に上げる】置之不理,束之高閣

たなばた⓪【七夕】[名]七夕

たに②【谷】[名]❶谷,山谷,山澗,溪谷【-底(そこ)】⓪[名]谷底【-間(あい)】⓪[名]山澗,峽谷 ❷低谷¶気圧の～/低壓帶

だに②【壁蝨】[名]扁蝨,蜱,壁虱

たにま⓪【谷間】[名]山澗,峽谷

たにん⓪【他人】[名]❶別人,他人 ❷無血緣關係的人◇赤の他人/陌生人,外人 ❸局外人,外人,旁人

たにんぎょうぎ④【他人行儀】[名]當客人對待,多禮,太客氣

たぬき①【狸】[名]狸¶寝入(ねい)り②[名]裝睡【- おやじ】④[名]老滑頭

たね①【種】[名]❶種子,籽兒,核兒¶～をまく/播種¶柿の～/柿子核兒【-まき】②[名]播種,種地,動物的品種,人的血統¶～を宿(やど)す/懷孕【-馬(うま)】②⓪[名]種馬 ❸原因¶悩みの～/煩惱的根源¶けんかの～/爭吵的原因 ❹(文章,談話的)材料¶話の～/話題【新聞-(しんぶん)】②[名]報紙的題材 ❺(做菜的)材料¶すしの～/壽司上放的魚,貝等 ❻(戲法的)秘密◇種をあかす/講明戲法的秘密

たねん⓪【多年】[名]多年

だの[並助](接體言,形容動詞詞幹,其他活用語的終止形)表示並列¶とんぼ～蝶(ちょう)～がたくさん飛んでいる/蜻蜓呀,蝴蝶呀,到處飛着¶好き～嫌い～言わずに何でも食べなさい/別説愛吃這不愛吃那,什麼都得吃

たのし・い③【楽しい】[形]快活,愉快,高興

たのしみ④③【楽しみ】[名]樂趣,快樂

たのしみつきてかなしみきたる【楽しみ尽きて悲しみ来る】樂極生悲

たのし・む③【楽しむ】[他五]❶快樂,愉快,享樂¶人生を～/享樂人生 ❷欣賞¶音楽を～/欣賞音樂 ❸期待,盼望

たのみ①③【頼み】[名]❶請求,懇求 ❷依賴,依靠,指望¶～になる/可以信賴¶～にする/依靠,依賴

たの・む②【頼む】[他五]❶求,懇求,請求,拜託¶留守を～/請人看家 ❷靠,依仗,指望¶権勢を～/仗勢 ❸雇¶車を～/雇車

たのもし・い④【頼もしい】[形]❶靠得住 ❷有出息,有前途,有指望

たば①【束】[名]束,捆◇～になってかかる/群起而攻之 ——[接尾]束,把,捆¶一～/一束

タバコ⓪【(ポ)tabaco・煙草・莨】[名]❶煙草 ❷煙¶～を吸う/抽煙

たはた①【田畑】[名]田地¶～を耕す/耕田

たば・ねる③【束ねる】[他下一]❶束,捆,紮¶かみの毛を～/束髪 ❷管理,治理

たび①【足袋】[名]和式短襪

たび②【度】[名]❶回,次,{-かさなる⑤⓪}【自五】屢次 ❷(用「たびに」的形式)每當,每次¶これを見る～に彼を思い出す/每逢看到這個就想起他

──[接尾]回,次¶一～/一次
たび ②【旅】[名]旅行¶～にたつ/出去旅行◇旅の恥(はじ)は搔(か)き捨(す)て/旅行在外出醜也無所謂◇旅は道連(みちづれ)世(よ)は情(なさ)け/出門靠旅伴,處世靠朋友
たびじ ②【旅路】[名]旅途,旅程
たびだ・つ ③【旅立つ】[自五]外出旅行
たびたび ①【度度】[副]常常,屢次
ダビング ⓪【dubbing】[名・自サ]❶複製(錄音,唱片) ❷譯製,配音(電影,電視)
タフ ①【tough】[形動]頑強,堅靱,倔強
タブー ②①【taboo】[名]禁忌,戒律
だぶだぶ ①【副・自サ】❶(衣服)又肥又大 ❷肥胖貌 ❸(液體)晃蕩狀
たぶらか・す ④【誑かす】[他五]騙,誆騙
ダブ・る ②[自五]❶重疊¶予定が～/計劃發生衝突 ❷(棒球)雙殺 ❸留級
ダブル ①【double】[名]❶對,雙 ❷二倍,二重
ダブル・ベッド ④【double bed】[名]雙人床
たぶん ⓪【多分】[名]多,頗,很¶そういう傾向が～にある/大有那種傾向
── ①[副]大概,恐怕¶あすは～雨でしょう/明天大概會下雨吧
たべごろ ③【食べ頃】[名]正適於吃的時候,好吃的季節
たべざかり ③【食べ盛り】[名]正能吃的年齡;胃口正好的孩子
たべもの ④③【食べ物】[名]食物
た・べる ②【食べる】[他下一] ❶吃 ❷生活
たほう ②【他方】[名]其他,另一方面,其他方面
たぼう ⓪【多忙】[名・形動]忙,繁忙¶～をきわめる/極爲忙碌
たま ②【玉】[名]❶(圓形物)珠¶目の～/眼球 ❷算盤珠
──【球】球
──【玉・球・弾】子彈;燈泡
──【玉・珠】玉,珍珠 ◇玉にきず/美中不足
たま ①【霊・魂】[名]靈魂
たまご ②⓪【卵】[名]❶卵,蛋 ❷鶏蛋 ❸未成熟者¶医者の～/未来的醫生
たましい ①【魂】[名]魂,靈魂¶～がぬける/失魂落魄
だま・す ②【騙す】[他五]騙,欺騙¶まんまと～される/上大當¶客を～/欺騙顧客
たまたま ⓪【副】❶偶然,碰巧 ❷偶爾
たまつき ④②【玉突(き)】[名]撞球
たまな ②【玉菜】[名]甘藍,高麗菜
たまに ②【副】偶爾,有時候
たまねぎ ③⓪【玉葱】[名]葱頭,洋葱
たまもの ④⓪【賜物・賜】[名]賞賜,賜物¶努力の～/努力的結果
たまらない ⓪【堪らない】[連語]受不了,不得了¶悔しくて～/後悔得不得了
たまりか・ねる ⑤【堪り兼ねる】[自下一]忍耐不住,難於容忍
たま・る ⓪【溜まる】[自五]積存,蓄積¶金が～/存下錢¶雨水が～/積有雨水
だま・る ②【黙る】[自五]不做聲,沉默¶－りこくる ⑤[自五]一言不發【おし－】[自五]默不作聲
たみ ①【民】[名]人民,百姓,臣民
ダム ①【dam】[名]壩,水壩,堰堤
ダムダムだん ④⓪【dumdum弾】[名]達姆彈

たむろ ⓪【屯】[名・自サ]集合;集合的地方

ため ②【為】[名] ❶有益¶～になる本/有益的書 ❷爲了,爲 ❸由於……原因¶病気の～に死ぬ/因病死亡¶台風の～に、船は欠航します/因有颱風,船停開

だめ ②【駄目】[形動] ❶白費,白搭¶行っても～だ/去也是白搭 ❷不可能,無法實現¶すぐ行けったって～だよ/說馬上去也走不了 ❸不許,不能¶そっちへ行っちゃ～だ/不許去那兒 ❹没用,没出息¶まるで～なやつだ/真是個没用的傢伙 ◇駄目を押(お)す/叮囑

ためいき ③【ため息・溜め息】[名]嘆氣¶～をつく/嘆氣,長吁短嘆

ためいけ ⓪【溜(め)池】[名]蓄水池

ためし ③【例し】[名]事例,前例,先例

ためし ③【試し】[名]試,嘗試

ため・す ②【試す】[他五]試,嘗試,試驗

ためら・う ③[自五]踌躇,猶豫¶返事を～/猶豫如何答覆

た・める ⓪【溜める】[他下一]積存,攢¶金を～/存錢

た・める ②【矯める】[他下一]矯正,改正

ためん ⓪【多面】[名]多方面,多面【-体(たい) ⓪】[名]多面體【-的(てき) ⓪】[形動]多面的

たも・つ ②【保つ】[他五]保持,維持,保全¶体面を～/維持體面 ──[自五]維持,持續

たや・す ②【絶やす】[他五] ❶滅,消滅,撲滅¶跡を～/滅跡 ❷(用「…を絶やさない」的形式表示)總是¶笑顔を～さない/總是笑容滿面

たやす・い ⓪③【容易い】[形]容易

たゆ・む ②【弛む】[自五]鬆懈¶倦(う)まず～まず/堅持不懈

たよう ⓪【多様】[形動]多種多樣

たより ①【便り】[名] ❶信,音信 ❷消息

たより ①【頼り】[名] ❶指望,依靠¶～にする/依靠,以…爲靠山¶～になる/可靠,靠得住 ❷線索

たよりな・い ④【頼りない】[形] ❶靠不住,不牢靠 ❷没有依靠,無依無靠

たよ・る ②【頼る】[自五]靠,依靠,依賴¶人を～/依靠別人¶武力に～/憑藉武力

たら ①【鱈】[名]鱈魚,大頭魚

たら [副助](接體言常用「ったら」的形式表示)提示主題¶お父さん～、またはだかで昼寝してるのよ/爸爸又光膀子睡午覺了 ──[終助]用「ったら」的形式強調説話人的意見,想法¶早くしてっ/請你快點嘛 ❷(婦女用語)表示委婉地勸告、命令¶さっさとやっ～/趕快做好不好 ¶なさってみ～/試一下怎麼樣 ❸(女性用語)表示厭煩的心情¶まあ、あなた～/你呀真是的 ──[接助]假定,如果

たらい ⓪【盥】[名]盆

たらいまわし ④【盥回し】[名・他サ] ❶轉交,轉來轉去,推卸¶政黨私相授受政權 ❷蹬盆

だらく ⓪【堕落】[名・自サ]堕落【腐敗(ふはい)-④】[名]腐敗堕落

-だらけ [接尾]滿是,淨是¶まちがい～/都是錯誤¶傷(きず)～/渾身是傷¶泥(どろ)～/渾身是泥

だら・ける ⓪③[自下一]懶散,疲倦¶気分が～/精神懶散

だらしな・い ④[形] ❶邋遢,不整齊,不檢點 ❷没出息,懦弱

たら・す ②【垂らす】[他五] ❶滴,流¶はなを〜/流鼻涕 ❷垂,拖拉¶両手を〜/垂下雙手

だらだら ①[副・自サ] ❶大汗淋漓,汗流浹背 ❷冗長 ❸坡度小而漫長地

タラップ ②【(オ)trap】[名](船的)舷梯,(飛機)扶梯

だらり ②③[副]無力地垂着,奉拉着¶手が〜とたれている/手無力地垂着

たり[並助](接動詞,形容詞,形容動詞的連用形) ❶又…又…,時而…時而…¶読んだり書いたりしている/有時讀,有時寫¶見〜聞い〜した事を書き留める/記下所見所聞¶温度が上がっ〜下がっ〜する/溫度忽高忽低¶行っ〜来〜する/走來走去 ❷表示示例¶人に知られ〜しては困る/讓人知道可就麻煩了

ダリア ①【dahlia】[名]大麗菊

たりない ③【足りない】[連語・形] ❶不足,不夠 ❷〈轉〉低能,頭腦遲鈍

たりょう ⓪【多量】[名・形動]大量

た・りる ⓪【足りる】[自上一] ❶足,夠 ❷夠用

たる ⓪②【樽】[名]桶,木桶

た・る ⓪【足る】[自五] ❶足,夠 ❷滿足,夠用

たる[助動]文語助動詞「たり」的連體形(=だ,である)¶議員〜者/作為議員 ¶ゆうゆう〜暮(く)らし/悠閒的生活

だる・い ②【怠い】[形]發疲,疲倦¶体が〜/渾身疲乏

だるま ①【達磨】[名] ❶達磨 ❷不倒翁 ❸圓形(的東西)

たる・む ⓪【弛む】[自五] ❶鬆,鬆馳¶ひもが〜/帶子鬆了 ❷鬆懈,精神不振¶気持ちが〜/精神懶散

だれ ①【誰】[代]誰

だれか ①【誰か】[代]誰,某人

だれでも ①【誰でも】[連語]任何人,無論什麼人(=どんな人でも)¶〜知っている/誰都知道

だれも ⓪①【誰も】[連語]任何人,誰也(=どんな人も)¶〜来ない/誰也沒來,沒人來

た・れる ②【垂れる】[自下一] ❶滴,滴答¶しずくが〜/滴水滴 ❷垂,拖拉¶幕が〜/垂着幕 ──[他下一] ❶教誨,示範¶範を〜/垂範 ❷大小便¶屁(へ)を〜/放屁

だ・れる ②[自下一]鬆懈,鬆弛,疲倦¶気持ちが〜/精神不振

タレント ①⓪【talent】[名](電視,電影,廣播等的)演員

-だろう[連語・助動](接體言和動詞,形容詞的連體形以及助動詞型、形容詞型活用的助動詞的連體形)(表示推測)是…吧;或許…吧;是…呢?¶雨が降る〜/要下雨吧¶これは何〜/這是什麼呢?

タワー ①【tower】[名]塔

たわいな・い ④[形] ❶無聊¶〜話/無聊的話 ❷天真,孩子氣

たわごと ⓪②【たわ言】[名]夢話,廢話,胡話

たわむ・れる ④【戯れる】[自下一]玩耍,遊戲【遊(あそ)び】⑦[名]不務正業,玩樂,貪玩

たわら ③【俵】[名]裝米和木炭等使用的一種用稻草編的用具

たん ①【反】[名] ❶布匹的長度單位,「一反」約寬34厘米,長10米 ❷土地面積單位,「一反」等於992平方米

たん ①【短】[名]不足,缺點¶〜を

補う/補短
たん ①【痰】[名]痰
たん ①【端】[名]端,開端¶～を発する/發端
だん ①【段】[名]❶階梯,臺階,樓梯¶～を上がる/上樓梯 ❷層,格 ❸(文章的)段落 ❹(運動)等級¶～が違う/力量懸殊 ❺場合,地方¶ご無礼の～お許しください/失禮之處,請多原諒
だん ①【断】[名]果断,決定¶最後の～を下す/做出最後決定
だん ①【暖】[名]暖¶～をとる/取暖
だん ①【談】[名]談,談話
だん ①【壇】[名]壇,臺¶～に登る/登臺
だんあつ ⓪【弾圧】[名・他サ]鎮壓,壓制¶言論を～する/壓制言論
たんい ①【単位】[名]❶(度量等)單位¶重さの～/重量單位 ❷(組織等)單位 ❸(學校教育的)學分¶～をとる/取得學分
たんおん ①【短音】[名]短音
たんか ①【単価】[名]單價
たんか ①【短歌】[名]短歌(由31個假名組成的和歌)
たんか ⓪①【啖呵】[名]氣勢洶洶,連珠炮般地訓斥¶～を切(き)る/說得淋漓盡致,罵得痛快淋漓,連珠炮般地斥責
タンカー ①【tanker】[名]油船,油輪
だんかい ⓪【段階】[名]❶階段,時期 ❷步驟,順序
だんがい ⓪【弾劾】[名・他サ]彈劾
だんがん ⓪【弾丸】[名]子彈,炮彈
たんき ①【短期】[名]短期¶-大学(だいがく)④[名]短期大學
たんき ①【短気】[名・形動]急性子,沒耐性¶～を起こす/急躁,發脾氣

たんきゅう ⓪【探求】[名・他サ]探求,追求
たんきょり ③【短距離】[名]❶短距離 ❷(50～200米)短距離賽跑
タンク ①【tank】[名]❶罐 ❷坦克
タングステン ③【tungsten】[名]鎢
だんけつ ⓪【団結】[名・自サ]團結¶～を固める/加強團結¶-一致(いっち)-④[名]團結一致
たんけん ⓪【探検・探険】[名・他サ]探険,探査¶-隊(たい)⓪[名]探險隊
たんげん ①⓪【単元】[名]單元¶-学習(がくしゅう)⑤[名]單元教學
だんげん ③【断言】[名・他サ]斷言,斷定
たんご ⓪【単語】[名]詞,單字
たんご ①【端午】[名]端午,端陽¶～の節句/端午節
タンゴ ①【tango】[名]探戈,探戈舞,探戈舞曲
たんごこうせいほう ⑥【単語構成法】[名]構詞法
だんこ ①【断固・断乎】[副・連体]斷然,堅決,果斷¶～としてやりぬく/堅決到底
だんご ⓪【団子】[名]❶米粉丸子 ❷圓圓的東西¶～鼻(ばな)/蒜頭鼻子◇花(はな)より団子/捨名求實
たんこう ⓪【炭坑】[名]礦井
たんこう ⓪【炭鉱】[名]煤礦
だんこう ⓪【断交】[名・自サ]斷交
だんこう ⓪【断行】[名・他サ]斷然實行,堅決實行
だんごう ③【談合】[名・自サ]商議,協議
たんこうぼん ⓪【単行本】[名]單行本
ダンサー ①【dancer】[名]❶舞蹈家 ❷舞女

たんさんガス ⑤【炭酸gas】[名] 二氧化碳,碳酸氣
たんさんすい ③【炭酸水】[名]汽水
だんし ①【男子】[名] ❶男孩子 ❷男子【美(び)-②】[名]美男子
だんじき ④【断食】[名・自サ]絶食
だんじて ⓪【断じて】[副] ❶断然¶～拒否する/断然拒絶 ❷(下接否定語表示)絶不…¶～許さない/絶不允許
だんしのいちごんしばもおよばず【男子の一言四馬も及ばず】君子一言駟馬難追
たんしゅく ⓪【短縮】[名・他サ]縮短
たんじゅん ⓪【単純】[名・形動] ❶簡単¶～な計算/簡單的計算 ❷単純
たんしょ ①【短所】[名]短處,缺點
たんしょ ①【端緒・端初】[名]頭緒,線索¶～をつかむ/抓住頭緒,找到線索
だんじょ ①【男女】[名]男女【-同権(どうけん)①-⓪】[名]男女平権
たんじょう ⓪【誕生】[名・自サ]誕生【-日(び)③】[名]生日【～石(せき)③】[名]生日寶石
だんしょう ⓪【談笑】[名・自サ]談笑
たんしん ⓪【単身】[名]單身,隻身【-赴任(ふにん)⓪】[名]單身赴任
たんしん ⓪【短信】[名]簡訊
たんす ⓪【箪笥】[名]衣櫃,衣櫥
ダンス ①【dance】[名]舞蹈
たんすい ⓪【淡水】[名]淡水【-魚(ぎょ)①】[名]淡水魚
だんすい ⓪【断水】[名・自他サ]断水,停水
たんすいかぶつ ⑤【炭水化物】[名]碳水化合物

たんすう ③【単数】[名]單數
ダンス・パーティー ④【dance party】[名]舞會
ダンス・ホール ④【dance hall】[名]舞廳
たんせい ⓪【端正】[名・形動]端正,端方
だんせい ⓪【男性】[名]男性
だんせい ⓪【弾性】[名]彈性
だんせい ⓪【男性的】[形動]男子氣概的
たんせき ⓪【胆石】[名]膽結石
だんぜつ ⓪【断絶】[名・自他サ]断絶,減絶¶家が～する/一家死光【国交(こっこう)-⓪】[名]断絶國交¶世代の～/代溝
だんぜん ⓪【断然】[副・連体]堅決
たんそ ①【炭素】[名]炭
たんそう ①【単相】[名]單相
たんそく ⓪①【嘆息・歎息】[名・自サ]嘆息,嘆氣
だんぞく ⓪①【断続】[名・自サ]断續【-的(てき)⓪】[形動]断断續續
だんそんじょひ ⑤【男尊女卑】[名]男尊女卑
たんだい ⓪【短大】[名]短期大學
だんたい ⓪【団体】[名]團體,集體【-旅行(りょこう)⑤】[名]集體旅行
たんたん ⓪③【淡淡】[形動]淡漠,淡泊
だんだん ①【段段】[名]階梯¶～畑(ばたけ)/梯田 —— ⓪[副]漸漸,逐漸
だんち ⓪【団地】[名]集體住宅區【住宅(じゅうたく)-⑤】[名]住宅區
だんちがいへいこうぼう ⑧【段違い平行棒】[名]高低槓
たんちょう ⓪【単調】[名・形動]單調¶～な生活/單調的生活
たんちょうづる ⑤【丹頂鶴】[名]丹頂鶴

たんつぼ ③④【痰壺】[名]痰盂
たんてい ⓪【探偵】[名・他サ]偵探【私立(しりつ)ー】④[名]私家偵探【ー小説(しょうせつ)】⑤[名]偵探小説
だんてい ⓪【断定】[名・他サ]斷定,判斷
たんでき ⓪【耽溺】[名・自サ]沉溺,沉湎
たんとう ③【短刀】[名]短刀,匕首
たんとう ⓪【担当】[名・他サ]擔當,擔任【ー者(しゃ)】③[名]負責人
たんとうちょくにゅう ⓪【単刀直入】[名]單刀直入,開門見山
たんどく ⓪【単独】[名]單獨,獨自
だんどり ④⓪【段取り】[名]安排;程序,順序
だんな ⓪【旦那】[名] ❶(店)主人,老闆 ❷店主對男顧客的稱呼 ❸丈夫
たんなる ①【単なる】[連体]只是
たんに ①【単に】[副]僅,只,單
たんにん【担任】[名・他サ]擔任¶ーの先生/班主任
たんねん ①【丹念】[形動]精心,細心
だんねん ⓪【断念】[名・他サ]死心,斷了念頭
たんのう ⓪【胆嚢】[名]膽囊
たんのう ⓪①①【堪能】[名・形動]長於,擅長¶語学にーだ/擅長外語
——[名・自サ]十分滿意
たんぱ ①【短波】[名]短波
たんぱく ①⓪【淡泊・淡白】[名・形動] ❶清淡,素¶ーな味/清淡的味道 ❷恬淡,淡泊
たんぱくしつ ④【蛋白質】[名]蛋白質
たんぴょう ⓪【短評】[名]短評
ダンピング ①【dumping】[名・他サ]傾銷,特賣
ダンプ・カー ③【dump car】[名]翻斗車,自卸卡車
たんぺん ⓪【短編・短篇】[名]短篇【ー小説(しょうせつ)】⑤[名]短篇小説
だんぺん ③⓪【断片】[名]片斷,部分
たんぼ ⓪[名]田,水田
たんぽ ①【担保】[名]抵押,擔保¶〜をとる/作保
だんぼう ⓪【暖房】[名]暖氣【ー装置(そうち)】⑤[名]暖氣設備
だんボール ③【段ボール】[名](包装用)瓦楞紙
たんぽぽ ①[名]蒲公英
たんまつ ⓪【端末】[名] ❶終端 ❷終端裝置
たんまり ③[副]很多,許多
たんめい ①【短命】[名]短命【ー内閣(ないかく)】⑤[名]短命内閣
タンメン ①【(中国)tang mian】[名]湯麵
だんめん ③【断面】[名]剖面,斷面,截面¶社会のー/社會的側面【ー図(ず)】③[名]斷面圖,剖面圖
たんもの ①⓪【反物】[名]和服衣料
だんやく ⓪【弾薬】[名]彈藥
だんゆう ⓪【男優】[名]男演員
だんらく ⓪④【段落】[名]段落
だんらん ⓪【団欒】[名・自サ]圈圍
だんりゅう ⓪【暖流】[名]暖流
たんりょく ①【胆力】[名]膽力,膽量
だんりょく ①⓪【弾力】[名]彈力,彈性
たんれん ①【鍛練・鍛錬】[名・他サ]鍛錬
だんろ ①【暖炉】[名]壁爐
だんろん ⓪【談論】[名・自サ]談論
だんわ ⓪【談話】[名・自サ]談話【ー室(しつ)】③[名]談話室【ー会(かい)】③[名]座談會

ち　チ

ち 五十音圖「た」行第二音。羅馬字寫作「chi」或「ti」,發音爲國際音標[tʃi]。平假名「ち」來自「知」字的草體,片假名「チ」來自「千」字的變體。濁音「ぢ」,羅馬字寫作「zi」或「di」,發音與「じ」同,國際音標爲[dʒi]或[ʒi]。按「現代假名遣」,只用於「ちぢむ」「ちぢまる」等「ち」後同音的連濁,和「ぢ」「ひぢりめん」等複合詞的下一個詞第一音節的濁音。

ち ⓪【血】[名] ❶血,血液 ❷血線,血統¶〜がつながっている/有血緣關係

ち ①【地】[名] ❶地,大地 ❷土地,地點,場所¶〜の利/地利 ❸(書或貨物等)底面

ち ①【治】[名] ❶政治 ❷太平

ち ①【知・智】[名]智慧¶〜をみがく/磨練智力¶知余(あま)って勇(ゆう)足(た)らず/智有餘而勇不足

ち ①【乳】[名] ❶乳,奶 ❷小環,鼻兒¶旗の〜/旗上的環兒

チア・ガール ③【cheer girl】[名]女子啦啦隊

ちあん ①⓪【治安】[名]治安¶〜が乱れる/治安混亂¶-維持(いじ)④[名]維持治安

ちい ①【地位】[名]地位¶〜が上がる/地位上升

ちいき ①【地域】[名]地域,地區¶〜社会/地域團體

ちいく ①【知育】[名]智育

チークダンス ④【cheek dance】[名]貼面舞

ちいさ・い ③【小さい】[形] ❶(體積、面積、規模等)小¶〜声/小聲¶気が〜/氣量小 ❷(數值等)少,低 ❸(年齡)幼小

ちいさな ①【小さな】[連体]小¶〜時計/小鈸(鐘)

ちいさなながれもたいがとなる【小さな流れも大河となる】積少成多

チーズ ①【cheese】[名]起士,乳酪

チーム ①【team】[名]隊,團體,小組¶野球(やきゅう)-④[名]棒球隊¶研究(けんきゅう)-⑤[名]研究小組

チームワーク ④【team work】[名]合作,協作

ちえ ②【知恵・智慧】[名]智慧¶〜を借りる/討教,請別人出主意¶〜を絞る/動腦筋,想辦法¶猿-(さるぢえ)⓪[名]小聰明¶浅-(あさぢえ)⓪[名]淺見,淺識

チェーン ①【chain】[名] ❶鏈子,鏈條¶タイヤ-④[名]防滑鏈 ❷連鎖商店(＝チェーンストア)

チェス ①【chess】[名]國際象棋

チェック ①【check】[名] ❶支票 ❷(衣料的)格紋
——[名・他サ]核對,檢查

チェロ ①【(イ)cello】[名]大提琴

ちえん ⓪【遅延】[名・自サ]遲延,誤點

チェンジ ①【change】[名・自他サ] ❶交換 ❷(棒球等)攻守調換¶イメージ-⑤[名]改變印象,改變形象

ちおん ⓪【地温】[名]地温

ちか ②【地下】[名]地下¶〜に眠る/長眠地下¶-資源(しげん)③

[名]地下資源
- **ちかい** ⓪②【誓い】[名]誓言,誓詞¶～をたてる/發誓
- **ちかい** ⓪【地階】[名](高樓的)地下室
- **ちか・い** ②【近い】[形] ❶(空間、時間的距離)近¶海に～/離海近¶五時に～/將近五點鐘 ❷(內容、數量)近於,將近¶五十人～参加者/將近50位参加者¶狂気に～/近於發瘋 ❸(關係)親近¶～親類/近親
- **ちがい** ⓪【違い】[名] ❶差別,區別 ❷差錯,錯誤
- **ちがいな・い** ④【違いない】[形]一定,肯定¶それは私の品に～/那肯定是我的東西
- **ちか・う** ⓪②【誓う】[他五]起誓,發誓¶神に～/對天發誓
- **ちが・う** ⓪【違う】[自五] ❶不同,不一樣¶習慣が～/習慣不同 ❷不正確,錯¶答えが～/答錯了¶聞(き)き-④[自五]聽錯了
- **ちが・える** ⓪【違える】[他下一] ❶使之不同,違背 ❷搞錯,弄錯 ❸扭(筋)
- **ちかく** ②⓪【近く】[名]附近,近處¶学校の～に公園がある/學校附近有公園
- —— ②[副]不久,近期
- **ちかく** ②【地核】[名]地核
- **ちかく** ⓪【知覚】[名・他サ]知覺
- **ちかごろ** ②【近ごろ・近頃】[名]最近,近來
- ——[副]非常,很
- **ちかし・い** ③【近しい】[形]親近,親密
- **ちかぢか** ⓪②【近近】[副]不久,最近
- **ちかづ・く** ③⓪【近付く】[自五] ❶靠近,臨近¶歳末が～/迫近年底 ❷親近,接近
- **ちかづ・ける** ④【近付ける】[他下一]靠近,接近
- **ちかてつ** ⓪【地下鉄】[名]地鐵
- **ちかどう** ⓪②【地下道】[名]地下道
- **ちかみち** ②【近道・近路】[名・自サ]近路,捷徑¶～をする/抄近路
- **ちかめ** ②【近目】[名]近視眼
- **ちかよ・る** ⓪③【近寄る】[自五]靠近,接近
- **ちから** ③【力】[名] ❶能力¶～がある/有能力¶～が足りない/能力不足 ❷依靠的力量¶～をかす/幫助 ❸力氣,體力¶～が強い/力氣大 ❹武力,暴力¶～の頭,幹勁¶～がぬける/洩氣◇力を入(い)れる/出力,努力◇力を落(お)とす/灰心,洩氣
- **ちからぞえ** ④⓪【力添え】[名]幫助,協助,援助
- **ちからづ・ける** ⑤【力付ける】[他下一]鼓勵,鼓舞¶病人を～/鼓勵病人
- **ちからづよ・い** ⑤【力強い】[形] ❶有信心,心裡踏實 ❷強有力
- **ちからまかせ** ⓪【力任せ】[形動]用力,竭盡全力
- **ちからもち** ③⑤【力持(ち)】[名]大力士
- **ちかん** ⓪②【痴漢】[名]色情狂
- **ちきゅう** ⓪【地球】[名]地球¶—儀(ぎ)②[名]地球儀
- **ちぎ・る** ②【千切る】[他五] ❶撕,掰¶パンを～/把麵包撕碎 ❷摘,揪¶枝を～/揪樹枝¶食(く)い-①[他五]咬斷,咬捽
- **ちぎ・る** ②【契る】[他五]誓約,約定
- **チキン** ②【chicken】[名]雛雞;雞肉
- **ちく** ②①【地区】[名]地區
- **ちくおんき** ③【蓄音機】[名]留聲機,唱機

ちくしょう ③【畜生】[名] ❶牲畜 ❷(罵人話)畜牲
ちくせき ⓪【蓄積】[名・他サ]積蓄,儲備
ちくちく ②[副] ❶連續刺扎貌 ❷刺痛貌
ちぐはぐ ①⓪[名・形動]不成對,不一致
ちけい ⓪【地形】[名]地形,地勢¶-図(ず) ②[名]地形圖
チケット ②【ticket】[名]票,券
ちこく ⓪【遅刻】[名・自サ]遲到
ちじ ①【知事】[名]知事
ちしき ①【知識】[名]知識¶-階級(かいきゅう) ④[名]知識分子階層
ちしきじん ③【知識人】[名]知識分子
ちじょう ⓪【地上】[名] ❶地面,地表 ❷人世間¶-の楽園/人間樂園
ちじょく ⓪【恥辱】[名]恥辱¶-を受ける/蒙受恥辱
ちじん ⓪【知人】[名]相識,熟人,朋友
ちず ①【地図】[名]地圖
ちすじ ⓪【血筋】[名]血統,血線
ちせい ②⓪【知性】[名]智力,才智,智能¶-が高い/智力高,聰明
ちそう ⓪【地層】[名]地層
ちたい ①【地帯】[名]地帶¶安全(あんぜん)- ⑤[名]安全地帶¶工業(こうぎょう)- ⑤[名]工業地帶,工業區
ちたい ⓪【遅滞】[名・自サ]遲誤,遲延
ちだるま ②【血達磨】[名]渾身是血,滿身血跡

ちち ②【父】[名]父親

ちち ②【乳】[名] ❶奶水,乳汁 ❷乳房
ちちおや ⓪【父親】[名]父親

ちぢこま・る ⓪【縮こまる】[自五]蜷縮,蜷曲¶寒さで体が~/因寒冷蜷縮着身體
ちぢま・る ⓪【縮まる】[自五] ❶縮,縮小,縮短 ❷(因緊張、害怕而)抽縮,蜷縮¶身が~思い/嚇得縮成一團
ちぢ・む ⓪【縮む】[自五] ❶縮,縮小 ❷抽縮,蜷縮
ちぢ・める ⓪【縮める】[他下一] ❶縮小,縮短 ❷蜷縮,蜷曲¶日程を~/縮短日程
ちちゅう ⓪②【地中】[名]地理,地下
ちぢれげ ⓪【縮れ毛】[名]卷髮,卷毛
ちぢ・れる ⓪【縮れる】[自下一]起皺褶,卷曲¶~れた髪/卷髮
チッキ ①【check】[名] ❶寄存物件牌,行李票 ❷托運的快件行李
ちつじょ ①②【秩序】[名]秩序¶~を乱す/擾亂秩序
ちっそ ①【窒素】[名](化)氮
ちっそく ⓪【窒息】[名・自サ]窒息¶-死(し) ④[名]窒息而死
ちっとも ③[副](下接否定語)一點兒也不,毫不¶この映画は~面白(おもしろ)くない/這個電影一點意思也沒有
ちっとやそっと ③-⓪[副]〈俗〉一點點,一星點兒
チップ ①【tip】[名] ❶小費 ❷(棒球)擦棒球
ちてき ⓪【知的】[形動] ❶知識性的,腦力的 ❷智慧,聰明
ちてん ②⓪【地点】[名]地點¶折返(おりかえ)し- /折返點
ちどん ⓪【遅鈍】[名・形動]遲鈍
ちなまぐさ・い ⓪⑤【血生臭い,血腥い】[形] ❶血腥 ❷流血,殘酷¶~事件/流血事件
ちなみに ⓪①【因みに】[接]附帶說一下,順便提一下
ちにいてらんをわすれず【治に居

て乱を忘れず】居安思危
ちねつ ⓪【地熱】[名]地熱
ちのう １⓪【知能・智能】[名]智能,智力¶～が高い/智力高¶-指数(しすう) ４][名]智商
ちのうけんさ ４【知能検査】[名]智力檢查,智力測驗
ちのけ ⓪【血の気】[名]❶血色¶～が引く/臉煞白 ❷血氣¶～が多い/有血氣,血氣方剛
ちび １[名]矮子,矮個子
ちぶさ １【乳房】[名]乳房
チフス １【(オ)typhus】[名]傷寒
ちへいせん ２⓪【地平線】[名]地平線
ちほ １【地歩】[名]地位,位置
ちほう ２【地方】[名]❶地方,地區¶関東(かんとう)- ５][名]關東地區 ❷(相對中央而言)地方¶-色(しょく) ２][名]地方色彩¶-自治(じち) ４][名]地方自治¶-公共団体(こうきょうだんたい) ８][名]地方政府,地方行政機關¶-公務員(こうむいん) ６][名]地方國家機關職員¶-裁判所(さいばんしょ) ２][名]地方法院¶-税(ぜい) ２][名]地方税¶-分権(ぶんけん) ４][名]地方分權
ちまき １⓪【粽】[名]粽子
ちまた ⓪１【巷】[名]人世上,世間
ちまちま １[副・自サ]小而圓貌
ちまなこ ２⓪【血眼】[名]充了血的眼睛,眼紅,拚命
ちまめ ⓪【血豆】[名]血泡
ちみ １【地味】[名]土地肥瘠¶～が肥えている/土地肥沃
ちみつ ⓪【緻密】[形動]❶周密,詳盡 ❷緻密,細膩
ちみどろ ⓪２【血みどろ】[名・形動]満身是血,沾満鮮血
ちみもうりょう １-⓪【魑魅魍魎】[名]魑魅魍魎,妖魔鬼怪
ちめい ⓪【地名】[名]地名
ちめい ⓪【知名】[名・形動]知名,

有名¶-度(ど) ２][名]知名度¶-人(じん) ２][名]名人
ちめいしょう ⓪【致命傷】[名]致命傷
ちめいてき ⓪【致命的】[形動]致命性的¶～な打撃を受ける/受到致命的打擊
ちゃ ⓪【茶】[名]❶茶,茶葉 ❷茶色¶～の靴/茶色的鞋
チャーシュー ３【(中國)叉燒】[名]叉燒肉¶-めん/叉燒麵
チャーター １【charter】[名・他サ]租,包(車、船、飛機等)
チャーハン １【(中國)炒飯】[名]炒飯
チャーミング １【charming】[形動]有魅力,迷人,可愛
チャーム １【charm】[名・他サ]魔力,魅力,吸引力¶-ポイント ４][名]魅力中心點,吸引人之處
チャイナ １【china】[名]❶中國 ❷瓷器
ちゃいろ ⓪【茶色】[名]茶色,棕色
チャオズ １【(中國)餃子】[名]餃子
ちゃかい ⓪１【茶会】[名]茶會
ちゃか・す ２【茶化す】[他五]❶(拿正經事)開玩笑 ❷(用開玩笑來)搪塞
-ちゃく ⓪【着】[接尾]❶到達,抵達¶東京～/到達東京 ❷(到達順序)名¶一～から三～まで/從第一名到第三名 ❸(衣服的數量)件,套,身¶三～のコート/三件大衣
ちゃくじつ ⓪【着実】[名・形動]踏實,紮實
ちゃくしゅ １⓪【着手】[名・自サ]着手,動手,開始¶研究に～する/開始研究
ちゃくしょく ⓪【着色】[名・自サ]着色,上色
ちゃくせき ⓪【着席】[名・自サ]就座,入席

ちゃくそう ⓪【着想】[名]立意,構思

ちゃくちゃく ⓪【着着】[副]穩步而順利地,一步一個腳印地

ちゃくにん ⓪【着任】[名・自サ]到任,上任

ちゃくふく ⓪【着服】[名・他サ]私呑,侵呑,貪污¶公金を～する/侵吞公款

ちゃくりく ⓪【着陸】[名・自サ]着陸,降落¶~ 地点(ちてん) ⑤ [名]着陸地點

チャコ ①【chalk】[名](縫紉用)畫粉

ちゃさじ ⓪【茶さじ・茶匙】[名]茶匙

ちゃしつ ⓪【茶室】[名]茶室,舉行茶會的屋子

ちゃだい ⓪【茶代】[名] ❶茶錢 ❷小費

ちゃだんす ⓪【茶簞笥】[名]茶器櫃,碗櫃

ちゃっか ⓪【着火】[名・自サ]着火,點火

ちゃっかり ③[副・自サ]〈俗〉不吃虧,能幹

チャック ①【chuck】[名] ❶拉鎖,拉鏈 ❷夾盤,卡盤

ちゃづけ ⓪【茶漬け】[名]茶水泡飯

ちゃっこう ⓪【着工】[名・自サ]動工,開工

ちゃのま ⓪【茶の間】[名]家裡的飯廳,起居室

ちゃぶだい ⓪【ちゃぶ台】[名]矮飯桌

ちやほや ①[副・自サ] ❶溺愛孩子 ❷捧,奉承

ちゃみせ ⓪【茶店】[名]茶亭,茶館

ちゃや ⓪【茶屋】[名] ❶茶葉店,茶莊 ❷茶亭,茶館 ❸(戲院,相撲場的)食堂

チャリティー【charity】[名]慈善事業

チャルメラ ⓪【(ポ)charamela】[名]七孔喇叭

チャレンジ ①【challenge】[名]挑戰

ちゃわん ⓪【茶わん・茶碗】[名]茶碗,飯碗

-ちゃん[接尾](接名詞後)表示親暱¶ねえ～/姐姐

チャンス ①【chance】[名]機會,良機¶～をつかむ/抓住機會

ちゃんと ⓪[副] ❶端正,規規矩矩¶仕事を～する/踏踏實實地工作¶～座りなさい/你老老實實坐好 ❷正當,正經,正派¶～した職/正當職業 ❸確實,確鑿¶～した証拠(しょうこ)/確鑿的證據 ❹完全,已經¶用意は～出来た/已經準備好了 ❺明顯,顯然¶～顔に出ている/明顯地露在臉上 ❻整齊,整潔¶～並ぶ/排列得整整齊齊 ❼牢固地¶戶を～しめなさい/好好把門關上 ❽按期,準時¶彼は時間は～守る/他很守時間 ❾順利,安然無事¶～帰ってきた/安然無事地回來了 ❿同…樣,應該¶彼にも～食べさせてください/也應該讓他吃

チャンネル ①【channel】[名]頻道,週波

チャンピオン ①③【champion】[名]冠軍,優勝者

ちゆ ①【治癒】[名・自サ]治癒,治好

ちゆう ⓪①【知友】[名]知友,知交

ちゅう ①⓪【宙】[名] ❶空中,半空¶～に浮く/浮在空中 ❷背誦◊宙で言う/背着誦

ちゅう ⓪①【注・註】[名]註解,注釋¶～をつける/加注

-ちゅう【中】[接尾] ❶在…之中,在…裡面¶来月～に上京する/下月裡進京 ❷正在…,正在…中¶授業～/正在上

課¶お話〜/正在談話；(電話)佔線

ちゅうい ①【注意】[名・自サ] ❶注意,小心,留神¶〜を払う/特別注意【-力(りょく)】③[名]注意力 ❷提防,警惕¶〜を喚起する/引起注意¶落石/注意落石 ❸告戒,警告¶〜を受ける/受到警告

ちゅういぶか・い ⑤【注意深い】[形]特別小心,特別謹慎

チューインガム ③⑤【chewing-gum】[名]橡皮糖,口香糖

ちゅうおう ③【中央】[名] ❶中心¶広場の〜/廣場中心 ❷中央【-政府(せいふ)】⑤[名]中央政府

ちゅうおう ⓪【中欧】[名]中歐,歐洲中部

ちゅうか ①【中華】[名]中華

ちゅうがえり ③【宙返り】[名]筋斗,跟斗

ちゅうがく ①【中学】[名]中學

ちゅうがくせい ③④【中学生】[名]中學生

ちゅうがっこう ③【中学校】[名]中學

ちゅうかりょうり ⑤【中華料理】[名]中國菜

ちゅうかん ⓪【中間】[名] ❶中間【-地点(ちてん)】⑤[名]中間地帶 ❷中途 ❸折中¶〜をとる/折衷

ちゅうかんしけん ⓪⑥【中間試験】[名]期中考試

ちゅうぎ ①【忠義】[名・形動]忠義,忠誠

ちゅうきゅう ⓪【中級】[名]中級

ちゅうきょり ③【中距離】[名]中距離

ちゅうきんとう ③【中近東】[名]中近東

ちゅうぐらい ①【中位】[名]中等,中常

ちゅうけい ⓪【中継】[名・他サ] ❶中轉,中繼【-点(てん)】③[名]中轉點【-貿易(ぼうえき)】⑤[名]轉口貿易 ❷轉播【宇宙(うちゅう)-】④[名]衛星轉播【生(なま)-】[名]③實況轉播

ちゅうけん ⓪【中堅】[名] ❶中堅,骨幹【-幹部(かんぶ)】⑤[名]骨幹幹部 ❷(棒球)中間手,中外野手

ちゅうげんはみみにさからう【忠言は耳に逆らう】忠言逆耳

ちゅうこ ①【中古】[名] ❶中古時代 ❷半舊半新【-品(ひん)】⓪[名]舊貨【-車(しゃ)】③[名]中古車

ちゅうこく ⓪【忠告】[名・他サ]忠告,勸告¶〜を聞く/接受忠告,聽從勸告

ちゅうごく ①【中国】[名]中國

ちゅうごくご ⓪【中国語】[名]中國話,中文,漢語

ちゅうさい ⓪【仲裁】[名・他サ]仲裁,調停,調解¶〜に入る/勸解

ちゅうざいきしゃ ⑤⓪【駐在記者】[名]特派記者

ちゅうし ⓪【中止】[名・他サ]中止,中斷

ちゅうし ⓪【注視】[名・他サ]注視,注目,凝視

ちゅうじつ ⓪①【忠実】[名・形動]忠實,誠實¶職務に〜だ/忠實於職務¶原作に〜だ/忠實於原著

ちゅうしゃ ⓪【注射】[名・他サ]注射,打針¶〜を打つ/打針【-器(き)】③[名]注射器

ちゅうしゃ ⓪【駐車】[名・自サ]停車【-場(じょう)】⓪[名]停車場【-禁止(きんし)】④[名]禁止停車

ちゅうしゃく ⓪④【注釈・註釈】[名・他サ]註釋¶〜を加える/加注

ちゅうしゅう ⓪①【中秋】[名]中秋

節,中秋¶〜の名月/中秋明月
ちゅうしゅつ ⓪【抽出】[名・他サ]抽出,提煉,抽樣,摘出 ¶エキスを〜する/提取精華
ちゅうじゅん ①⓪【中旬】[名]中旬
ちゅうしょう ⓪【中傷】[名・他サ]中傷,誹謗
ちゅうしょう ⓪【抽象】[名・他サ]抽象 ¶-画(が) ③[名]抽象畫 ¶-芸術(げいじゅつ) ⑤[名]抽象藝術
ちゅうしょうきぎょう ⑤【中小企業】[名]中小企業
ちゅうしょうてき ⓪【抽象的】[形動]抽象,空洞
ちゅうしょうは ③【抽象派】[名]抽象派
ちゅうしょく ⓪【昼食】[名]午飯,午餐
ちゅうしん ⓪【中心】[名] ❶中心 ¶〜からそれる/偏離中心 ❷核心,重點 ¶〜になる/成為重點 ¶-人物(じんぶつ) ⑤[名]核心人物
ちゅうしん ⓪【衷心】[名]衷心
ちゅうすう ⓪【中樞】[名] ¶-神経(しんけい) ⑤[名]中樞神經
ちゅうせい ①【中世】[名]中世紀
ちゅうせい ⓪【中性】[名]中性
ちゅうせい ⓪【忠誠】[名]忠誠
ちゅうぜつ ⓪【中絶】[名・自サ]中斷,中止
ちゅうせん ⓪【抽選・抽籤】[名・自サ]抽籤 ¶〜にあたる/中簽
ちゅうたい ⓪【中退】[名]中途退學
ちゅうだん ⓪【中断】[名・自他サ]中斷,中輟 ¶仕事を〜する/中斷工作
ちゅうちょ ①【躊躇】[名・自サ]躊躇,猶豫 ¶〜なく答える/毫不猶豫地回答
ちゅうと ⓪【中途】[名]中途
ちゅうとう ⓪【中東】[名]中東
ちゅうとう ⓪【中等】[名] ¶-教育(きょういく) ⑤[名]中等教育
ちゅうどうせいじ ⑤【中道政治】[名]中庸政治
ちゅうどく ①【中毒】[名・自サ]中毒 ¶食(しょく)- ③[名・自サ]食物中毒 ¶アルコール- ⑥[名]酒精中毒
ちゅうとはんば ④【中途半端】[名・形動] ❶半途而廢 ❷左右不定,模稜兩可 ¶〜な態度/模稜兩可的態度
ちゅうとん ⓪【駐屯】[名・自サ]駐屯,駐紮 ¶-地(ち) ③[名]駐紮地
ちゅうねん ⓪【中年】[名]中年
ちゅうは ①【中波】[名]中波
チューバ ①【tuba】[名]大號銅喇叭
ちゅうぶ ①【中部】[名]中部
ちゅうふく ⓪【中腹】[名]半山腰
ちゅうぶらりん ⓪【宙ぶらりん】[名・形動] ❶模稜兩可,不上不下 ❷懸空吊著
ちゅうぶる ⓪【中古】[名]半舊不新
ちゅうへん ⓪【中編・中篇】[名] ❶中篇 ¶-小説(しょうせつ) ⑤[名]中篇小説 ❷中卷,中册
ちゅうもく ⓪【注目】[名・自他サ]注目,注視 ¶〜を浴びる/受到注目 ¶〜のまと/注目的對象
ちゅうもん ①⓪【注文・註文】[名・他サ] ❶訂,訂做,訂購 ¶〜の品/訂購的商品 ¶〜を受ける/接受訂貨 ❷要求,希望 ¶無理な〜/無理的要求 ¶〜をつける/提出要求
ちゅうや ①【昼夜】[名]晝夜,日夜 ¶〜をわかたず/不分晝夜
ちゅうよう ⓪【中庸】[名・形動]中庸 ¶〜をえる/不偏不倚
ちゅうりつ ⓪【中立】[名] ¶〜を守る/保持中立 ¶-国(こく) ④[名]中立國
チューリップ ①③【tulip】[名]鬱金

香
ちゅうりゅう ⓪【中流】[名] ❶中流,中游 ❷(社會的)中間階層¶～の家庭/中等家庭
ちゅうりゅう ⓪【駐留】[名・自サ]駐紮,留駐¶～軍(ぐん)③[名]駐軍
ちゅうわ ⓪【中和】[名・自サ] ❶中和,平衡 ❷〈化〉中和
ちょ ①【著】[名]著,著作
ちょ ①【緒】[名]開端¶～につく/就緒
ちょいちょい ①[副]常常,時常
ちょう ①【庁】[名]廳,官廳
ちょう ①【兆】[名]兆,萬億
ちょう ①【疔】[名]疔瘡
ちょう ①【長】[名] ❶首長,首領¶一家の～/一家之長 ❷長處
ちょう ①【町】[名] ❶鎮(地方政府的一種,比村大,比市小) ❷街,巷 ❸古代的距離單位,「一町」約公109米 ❹古代的面積單位,「一町」約公99.2公畝
ちょう ①【腸】[名]腸,腸子
ちょう ①【蝶】[名]蝴蝶
ちょういん ⓪【調印】[名・他サ]簽訂,簽署
ちょうえき ⓪【懲役】[名]徒刑
ちょうえつ ⓪【超越】[名・自サ]超越,超出,超脱¶世俗を～する/超脱世俗
ちょうえん ⓪【腸炎】[名]腸炎
ちょうおん ①【長音】[名]長音
ちょうか ⓪【超過】[名・自サ]超過¶時間を～する/超過時間
ちょうかい ⓪【聽解】[名]聽解,聽力
ちょうかく ⓪【聽覺】[名]聽覺
ちょうかん ⓪【長官】[名]長官
ちょうかん ⓪【朝刊】[名]晨報,早報
ちょうかんし ③【朝刊紙】[名]早報,晨報
ちょうかんず ③【鳥瞰図】[名]鳥瞰圖
ちょうき ①【長期】[名]長期
ちょうきょう ⓪【調教】[名・他サ]調教,訓練,馴¶-師(し)③[名]馴獸師
ちょうきょり ③【長距離】[名]長距離(的比賽)
ちょうけし ⓪④【帳消し】[名・他サ] ❶消帳,清帳,勾帳 ❷頂帳,兩清,互相抵消
ちょうこう ⓪【兆候・徴候】[名]徵候,徵兆,前兆
ちょうごう ⓪【調合】[名・他サ]調配,配製,配¶薬を～する/配製藥品
ちょうこうせい ③【聽講生】[名]旁聽生
ちょうこく ⓪【彫刻】[名・他サ]雕刻
ちょうさ ①⓪【調査】[名・他サ]調査¶事件を～する/調査事件【世論(よろん)-】④[名]輿論調査
ちょうざい ⓪【調剤】[名・自サ]調剤,配藥¶-師(し)③[名]藥劑師
ちょうざめ ①【蝶鮫】[名]蝶鮫,鱘魚
ちょうさんぼし ⑤【朝三暮四】[名]朝三暮四
ちょうし ⓪【調子】[名] ❶調子¶～が狂う/音調不準¶-はずれ④[名]走調,跑調 ❷語氣,語調¶～を変える/換腔調 ❸狀況,情況¶からだの～/身體狀況 ❹勁頭,勢頭¶～が出る/來勁兒,上勁兒
ちょうし ⓪【銚子】[名]酒壺,酒瓶
ちょうじ ⓪【弔辞】[名]哀辭,悼辭
ちょうじゅ ①【長寿】[名・自サ] ❶長壽 ❷持續很久
ちょうしゅ ①【聽取】[名・他サ]聽取,收聽
ちょうしゅう ⓪【聽衆】[名]聽衆

ちょうしゅう ⓪【徴収】[名・他サ]徴收

ちょうしょ ①【長所】[名]長處¶～をのばす/發揮長處

ちょうじょ ①【長女】[名]長女

ちょうしょう ⓪【嘲笑】[名・他サ]嘲笑

ちょうじょう ③【頂上】[名]❶山頂 ❷極點,頂點

ちょうしょく ⓪【朝食】[名]早飯,早餐

ちょうしん ⓪【長針】[名](鐘錶的)長針,分針

ちょうしんき ③【聽診器】[名]聽診器

ちょうせい ⓪【調整】[名・他サ]調整,協調¶意見を～する/協調意見

ちょうせつ ⓪【調節】[名・他サ]調節

ちょうせん ⓪【挑戦】[名・自サ]挑戰¶記録に～する/向紀錄挑戰

ちょうせんあさがお ⑥【朝鮮朝顔】[名]曼陀羅

ちょうぞう ⓪【彫像】[名]雕像

ちょうだい ⓪【頂戴】[名・他サ]❶(「もらう」的自謙語)領受,收到 ❷(「食べる」的自謙語)吃 ❸(兒童用語,用法與「ください」相同)請給(我)

ちょうたく ⓪【彫琢】[名・他サ]雕琢,琢磨,推敲

ちょうたつ ⓪【調達】[名・他サ]籌措,籌集¶資金を～する/籌集資金

ちょうたんぱ ③【超短波】[名]超短波

ちょうチフス ③【腸typhus】[名]傷寒

ちょうちん ③【提灯】[名]燈籠◇提灯に釣鐘(つりがね)/天淵之別,力量懸殊【-持(も)ち】③[名]捧場,拍馬屁(的人)

ちょうつがい ③【蝶番(い)】[名]鉸鏈,合葉

ちょうづけ ④【帳付(け)】[名]❶記賬;記賬員 ❷除賬

ちょうてい ⓪③【朝廷】[名]朝廷

ちょうてい ⓪【調停】[名・他サ]調停,調解¶紛爭を～する/調解糾紛

ちょうてん ①【頂点】[名]❶(數學)頂點 ❷山頂 ❸頂點,極點

ちょうでん ⓪【弔電】[名]唁電

ちょうど ⓪【丁度】[副]❶正,正好,整整¶～五年になる/整整5年¶～一万円だ/正好一萬日圓 ❷好像是,宛如,恰似¶～絵のようだ/宛如圖畫一樣

ちょうとうは ③【超党派】[名]超黨派

ちょうなん ③①【長男】[名]長子,大兒子

ちょうは ①【長波】[名]長波

ちょうば ③【帳場】[名]賬房,櫃房

ちょうば ⓪【跳馬】[名]跳馬

ちょうはつ ⓪【挑発・挑撥】[名・他サ]挑撥,挑動¶～に乗る/受挑撥【-的(てき)】⓪[形動]挑逗性,挑釁性

ちょうばつ ①⓪【懲罰】[名・他サ]懲罰

ちょうふく ⓪【重複】[名・自サ]重複

ちょうへい ⓪【徴兵】[名]徵兵【-制(せい)】③[名]徵兵制

ちょうへん ⓪【長編・長篇】[名]長篇¶-小説(しょうせつ)⑤[名]長篇小説

ちょうぼ ⓪【帳簿】[名]賬簿,帳本

ちょうぼ ①【徴募】[名・他サ]徵募,招募

ちょうほう ①【重宝】[名・形動・他サ]❶寶物,寶貝 ❷好使,方便,適用

ちょうぼう ⓪【眺望】[名・他サ]

眺望,瞭望¶～が開ける/豁然開朗
ちょうほうけい ③⓪【長方形】[名]長方形
ちょうほんにん ③⓪【張本人】[名]肇事者,罪魁禍首
ちょうみりょう ③【調味料】[名]調味品,佐料【化学(かがく)-⑥】[名]化學調味品
ちょうみん ⓪【町民】[名]街道居民,鎮上的居民
-ちょうめ【-丁目】[接尾](街巷區劃單位)段
ちょうめい ①【長命】[名・形動]長命,長壽
ちょうめん ③【帳面】[名]本子,筆記本,賬簿
ちょうもんのいっしん【頂門の一針】一針見血,切中要害
ちょうやく ⓪【跳躍】[名・自サ]❶跳躍 ❷跳高,跳遠
ちょうらく ⓪【凋落】[名・自サ]❶凋落,凋謝 ❷衰敗,衰退,衰落¶～の一途をたどる/日趨衰落
ちょうりほう ③【調理法】[名]烹調法,烹調術
ちょうりゅう ⓪【潮流】[名]潮流
ちょうりょく ①【張力】[名]¶物)張力【表面(ひょうめん)-⑤】[名]表面張力
ちょうりょく ①【聴力】[名]聽力
ちょうれいぼかい ⓪【朝令暮改】[名]朝令夕改
ちょうろう ⓪【長老】[名]老前輩,長老¶文壇の～/文壇的老前輩
ちょうろう ⓪【嘲弄】[名・他サ]嘲弄
ちょうわ ⓪【調和】[名・自サ]調和,諧調¶～を保つ/保持和諧
チョーク ①【chalk】[名]粉筆
ちょきん ⓪【貯金】[名・自他サ]存錢,存款,儲蓄¶～をおろす/提取存款【-箱(ばこ)】②[名]儲蓄箱【-通帳(つうちょう)】④[名]存摺

ちょく ①【勅】[名]天皇的命令和講話,詔敕,聖旨
ちょくげき ⓪【直撃】[名]直接射擊,直接轟炸
ちょくご ①②【直後】[名]…之後不久,緊接着¶事件の～/事件發生之後不久
ちょくせつ ⓪【直接】[名・自サ]直接¶-選挙(せんきょ)⑤】[名]直接選舉
ちょくせん ⓪【直線】[名]直線¶-コース⑤】[名]直道
ちょくぜん ⓪【直前】[名]❶即將…之前,將要…之前 ❷眼前
ちょくつう ⓪【直通】[名・自サ]直通,直達【-電話(でんわ)⑤】[名]直通電話
ちょくめん ⓪【直面】[名・自サ]面臨,面對¶危機に～する/面臨危機
ちょくやく ⓪【直訳】[名・他サ]直譯
ちょくりつ ⓪【直立】[名・自サ]直立¶-猿人(えんじん)⑤】[名]直立猿人
ちょくりゅう ⓪【直流】[名・自サ]直流,筆直地流動 ——[名]〈電〉直流電
ちょげん ⓪【緒言】[名]序文,序言
ちょこ ①【猪口】[名]酒盅,小瓷酒杯
ちょこちょこ ①【副】❶邁小步跑¶2歳の子が,母親を見つけてちょこちょこ(と)走ってきた/兩歲的孩子看見媽媽,一晃一晃地跑過來 ❷急忙,匆忙
チョコレート ③【chocolate】[名]❶巧克力 ❷(「チョコレート色」之略)巧克力色
ちょさく ⓪【著作】[名・自サ]著作,著述【- 者(しゃ)③】[名]著者,作家
ちょしゃ ①【著者】[名]著者,作者

ちょじゅつ ⓪【著述】[名・他サ]著述,寫作
ちょしょ ①【著書】[名]著作,著書
ちょすいち ②【貯水池】[名]蓄水池
ちょぞう ⓪【著増】[名・自サ]驟增,顯著増加
ちょぞう ⓪【貯蔵】[名・他サ]儲藏,儲備
ちょたん ⓪【貯炭】[名]儲煤
ちょちく ⓪【貯蓄】[名・他サ]儲蓄,存款
ちょっかい ①[名](俗) ❶多管閒事,多嘴 ❷用前爪抓物
ちょっかく ⓪④【直角】[名]直角
ちょっかく ⓪④【直覚】[名・他サ]直覺
ちょっかん ⓪【直感】[名・他サ]直覺,直感¶～にたよる/憑直感
ちょっかん ⓪【直観】[名・他サ]直觀
チョッキ ⓪【(ポ)jaque】[名]西服背心
ちょっけい ⓪【直系】[名]直系,嫡系¶～の子孫/直系子孫
ちょっけい ⓪【直径】[名]直徑
ちょっこう ⓪【直行】[名・自サ] ❶直奔,直達¶現場に～する/直奔現場 ❷怎麼想就怎麼做
ちょっこう ⓪【直航】[名・自サ]直達

ちょっと ①⓪【一寸】[副] ❶稍微,一點¶～散歩に行ってくる/我散散步去 ❷一會兒,暫且¶～これを持って下さい/請你幫我拿一下這個 ❸(下接否定語)難以,不容易¶～信じられない/簡直不敢相信
——[感](打招呼)喂¶～、どこへ行くの/喂,上哪兒去

ちょっぴり ③[副]一點兒
ちょめい ⓪【著名】[名・形動]著名
ちょろちょろ ①[副・自サ] ❶消

涓 ❷徐徐地(燃著) ❸到處亂跑
ちらか・す ⓪【散らかす】[他五]亂扔,弄亂
ちらか・る ⓪【散らかる】[自五]零亂,亂七八糟
ちらし ⓪【散らし】[名] ❶散開,分散¶-模様(もよう)④】[名]零散的花紋 ❷傳單¶～をまく/散發傳單
ちら・す ⓪【散らす】[他五] ❶散開,飄散,亂扔¶紙くずを～/亂扔紙屑 ❷渙散,散漫¶気を～/精神渙散 ❸消腫
——[接尾](接動詞連用形表示)胡亂…¶食い～/亂吃
ちらちら ①[副・自サ] ❶紛紛¶雪が～と降ってきた/雪霏霏地下 ❷隱隱約約 ❸一閃一閃
ちらば・る ⓪【散らばる】[自五]分散,零散
ちらほら ①[副・自サ]稀稀落落,零零星星,星星點點¶桜が～咲き始めた/櫻花星星點點地開了
ちらり ②③[副] ❶一閃,一晃 ❷略微
ちり ⓪【塵】[名] ❶灰土,灰塵,垃圾¶～がたまる/積起灰塵 ❷塵世,俗世,紅塵¶浮世(うきよ)の～/紅塵 ❸污垢,污點◇塵も積(つ)もれば山(やま)となる/積少成多
ちり ①【地理】[名]地理
ちりがみ ⓪【ちり紙・塵紙】[名]衛生紙,手紙
ちりぢり ⓪【散り散り】[名]四散,離散,分散
ちりばめる ④【鏤める】[他下一]鏤嵌
ちりょう ⓪【治療】[名・他サ]治療,醫治¶～を施す/施行醫治【-室(しつ)②】[名]治療室【-費(ひ)②】[名]醫療費
ちりょく ①【知力・智力】[名]智力

ち・る ⓪【散る】[自五] ❶散開,四散¶火花が～/火星四濺 ❷渙散¶気が～/心散了,精神不集中 ❸消(腫) ❹(花)凋謝

ちん ①【狆】[名]巴兒狗,哈巴狗,獅子狗

ちん ①【珍】[名]珍貴物,珍奇物

ちんあげ ④⓪【賃上げ】[名]増薪,加薪

ちんあつ ⓪【鎮圧】[名・他サ]鎮壓

ちんか ①⓪【沈下】[名・自他サ]下沉,沉陷【地盤(じばん)－④】[名]地面下沉

ちんたい ⓪【賃貸(し)】[名]出租,租賃

ちんがり ⓪④【賃借(り)】[名]租借,租賃

ちんぎん ①【賃金・賃銀】[名]工資,薪水

ちんしゃく ⓪【賃借】[名・他サ]租,賃,租借[-權(けん)④】[名]租借權

ちんじょう ⓪【陳情】[名・他サ]請願[-団(だん)③】[名]請願團

ちんせい ⓪【沈静・鎮静】[名] ❶沈靜,穩定 ❷平静,鎮静

ちんたい ⓪【沈滞】[名・自サ]沉滯,無生氣¶～した空気/沉悶的空氣

ちんたい ⓪【賃貸】[名・他サ]出租,出貸

ちんちゃく ①⓪【沈着】[名・形動]沉着

ちんちょう ①⓪【珍重】[名・他サ]珍重,珍視,珍貴

ちんつう ⓪【沈痛】[名・形動]沉痛

ちんでん ⓪【沈殿・沈澱】[名・自サ]沉澱【-物(ぶつ)③】[名]沉澱物

ちんば ①【名】❶跛子,瘸子 ❷不成雙,不成對¶～の靴/不成雙的鞋子

チンパニー ①【(イ)timpani】[名]〈音〉定音鼓

チンパンジー ③【chimpanzee】[名]黑猩猩

ちんぷ ①【陳腐】[名・形動]陳腐

ちんぷんかんぷん ⑤【名・形動】莫名其妙,糊裏糊塗¶～な話/令人費解的話

ちんぼつ ⓪【沈没】[名・自サ]沉没[-船(せん)⓪】[名]沉船

ちんもく ⓪【沈黙】[名・自サ]沉默¶～をやぶる/打破沉默

ちんれつ ⓪【陳列】[名・他サ]陳列[-棚(だな)⑤】[名]陳列架

つ　ツ

つ 五十音圖「た」行第三音。羅馬字寫作「tsu」或「tu」，發音爲國際音標「tsu」。平假名來自「州」字或「門」字的草體，片假名「ツ」據說是「州」的簡寫。濁音「づ」，羅馬字寫作「zu」或「du」，發音與「ず」同，國際音標爲「dzu」或「zu」。按「現代假名遣」，只用於「つづく」「つづる」等「つ」後同音的連濁，和「みかづき」「かなづかい」等複合詞的下一個詞第一音節的濁音。

ツアー ①【tour】[名] ❶〈團體〉旅遊 ❷短途旅行 ❸樂園、劇團等的巡迴演出 ❹〈體〉巡迴賽

つい ⓪【対】[名] ❶對，雙，副 ❷對句——[接尾]對，雙

つい ⓪[副] ❶就在剛才¶～さっきお帰りになりました/他剛走不一會兒 ❷不禁，不由得，無意中¶秘密を～漏(も)らしてしまった/無意中洩露了秘密

ついおく ⓪【追憶】[名・他サ]追憶，回憶¶～にふける/沉浸在回憶中

ついか ⓪【追加】[名・他サ]追加，追補，補加¶-予算(よさん) ④[名]追加預算

ついきゅう ⓪【追及】[名・他サ]追究，追查¶責任を～する/追究責任

ついきゅう ⓪【追求】[名・他サ]追求，追逐¶利益を～する/追求利益

ついきゅう ⓪【追究】[名・他サ]追究，探索¶真理を～する/追究真理

ついしゅ ⓪【堆朱】[名]雕漆

ついじゅう ⓪【追従】[名・自サ] ❶追隨，迎合 ❷效法，模仿

ついしん ⓪【追伸】[名]附筆，又及

ついせき ⓪【追跡】[名・他サ]跟踪，追踪¶犯人を～する/追踪罪犯¶-調査(ちょうさ) ⑤[名]跟踪調查

ついたち ④③【一日】[名]一號，一日，初一

ついたて ⓪④【衝立て】[名]屏風

ついて ①【就いて】[連語] ❶就，關於¶計画に～意見を聞く/就計劃徵求意見 ❷每¶会費は一人に～五千円/會費每人五千日圓

ついで ⓪【序(で)】[名]順便，順路¶お～の節におこし下さい/請順便來玩

ついで ⓪【次いで】[副] ❶接着，隨後，其次 ❷次於¶北岳は富士山に～高い/北岳的高度僅次於富士山

ついでに ⓪【序(で)に】[副]順便，就便

ついとう ⓪【追悼】[名・他サ]追悼，悼念¶～の辞/悼詞

ついとつ ⓪【追突】[名・自サ]從後面撞上

ついに ①【遂に・終に】[副] ❶終於，終究¶～成功した/終於成功了 ❷(下接否定)終於沒，到底沒，始終也沒¶彼女は～現れなかった/她始終沒來

ついほう ⓪【追放】[名・他サ] ❶驅逐，流放¶国外(こくがい)- ②[名]驅逐出境 ❷清除，開除¶公職(こうしょく)- ⓪[名]開除公職

ついや・す ⓪③【費やす】[他五]

❶費,花費,耗費¶歲月を～/耗費歲月 ❷浪費,白費
ついらく ⓪【墜落】[名・自サ]墜落¶飛行機が～する/飛機墜落
つう ①【通】[名]通,精通【-ぶる ③】[自五]裝內行,假行家
――[接尾](接數量詞後表示書信文件的份數)封,份¶一～の手紙/一封信
つうか ①【通貨】[名]通貨,流通的貨幣
つうか ⓪①【通過】[名・自サ]通過¶関門を～する/通過關卡
つうかい ⓪【痛快】[名・形動]痛快
つうかきき ①-⓪【通貨危機】[名]通貨危機,貨幣危機
つうかく ⓪【痛覚】[名]痛覺
つうがく ⓪【通学】[名・自サ]上學,通學
つうかビザ ④【通過visa】[名]過境簽證
つうかん ⓪【通関】[名]報關¶～手続きをする/辦理關手續
つうかん ⓪【痛感】[名]痛感
つうきん ⓪【通勤】[名・自サ]上班
つうこう ⓪【通行】[名・自サ]❶通行,往來【-禁止(きんし) ⑤】[名]禁止通行 ❷一般通用的,常用的¶～の辞書/常用的辭典
つうこう ⓪【通航】[名・自サ]通航
つうこく ⓪【通告】[名・他サ]通知,通告
つうさん ①⓪【通算】[名・他サ]總計,共計【-成績(せいせき) ⑤】[名]總計成成
つうさんしょう ③【通産相】[名]通商產業大臣,通產相
つうしょう ⓪【通商】[名・自サ]通商【-条約(じょうやく) ⑤】[名]通商合約
つうじょう ⓪【通常】[名]普通,平常,通常【-郵便物(ゆうびんぶつ) ⑦】[名]普通郵件
つうじょうへいき ⑤【通常兵器】[名]常規武器
つう・じる ⓪【通じる】[自上一] ❶相通¶電流が～/通電¶電話が～/通電話 ❷理解,理會¶心が～/心心相通¶言葉が～/語言相通 ❸通曉,精通¶事情に～/通曉情況,知情
――[他上一] ❶通過¶テレビを～じてわかった/通過電視弄懂的 ❷聯繫¶気脈を～/暗中串通 ❸在整個期間內,在整個範圍內¶この地方は一年を～じて温暖だ/這地方常年(一年到頭)暖和 ❹透過¶人を～じて面会を申し入れた/透過別人要求會見
つうしん ⓪【通信】[名・自サ] ❶通信 ❷通訊¶～が途絶(とだ)える/通訊中斷
つうしんえいせい ⑤【通信衛星】[名]通訊衛星
つうしんきょういく ⑤【通信教育】[名]函授教育
つうしんしゃ ③【通信社】[名]通訊社
つうせつ ⓪【痛切】[形動]痛切,深切
つうぞく ⓪①【通俗】[名・形動]通俗
つうち ⓪【通知】[名・他サ]通知¶～をうける/接到通知
つうちひょう ⓪【通知表】[名]成績單
つうちょう ⓪【通帳】[名]帳,摺子
ツーピース ③【two piece dress】[名](上衣下裙的)女西服套裙
つうふう ⓪【通風】[名]通風,通氣【-装置(そうち) ⑤】[名]通風裝置
つうほう ⓪【通報】[名・他サ]報告,通報【気象(きしょう)-】④【名】氣象報告

つうやく ①【通訳】[名・自サ]口譯,譯員¶同時(どうじ)- ④[名]同步翻譯

つうよう ①⓪【通用】[名・自サ] ❶通用 ❷有效¶-期間(きかん)⑤[名]有效期間

つうれい ⓪①【通例】[名]通例,慣例¶〜にしたがう/按照慣例
——[副]一般,通常

つうれつ ⓪【痛烈】[名・形動]猛烈,激烈¶〜に批判する/嚴厲地批判

つうろ ①【通路】[名]通路,通道

つうわ ⓪【通話】[名・自サ]通話¶-料(りょう)③[名]電話費

つえ ①【杖】[名]拐杖,手杖¶〜をつく/拄拐杖

つか ②【柄】[名]把,柄

つか ②【塚】[名] ❶土堆,土臺 ❷墳墓

つが ②①【栂】[名]鐵杉

つかい ⓪【使い・遣い】[名] ❶使者 ❷被打發出去辦事(的人)¶〜をだす/派人¶〜をやる/打發人去辦事

つがい ⓪【番】[名] ❶一對公母 ❷夫婦

つかいかた ⓪【使い方】[名]用法

つかいこな・す ⓪【使いこなす】[他五]運用自如,熟練掌握

つかいこ・む ④【使い込む】[他五] ❶竊用,挪用,盜用 ❷用慣,使慣

つかいすて ⓪【使い捨て】[名]用完就扔掉,一次性使用

つかいはた・す ⑤【使い果たす】[他五]用盡,用光¶精力を〜/心力交瘁

つかいみち ⓪【使い道】[名]用途,用處,用場¶〜に困る/無處可用

つかいもの ⓪【使い物・遣い物】[名] ❶有用的東西 ❷禮品

つかいわ・ける ⑤【使い分ける】[他下一]開用使用,分別使用,適當地使用

つか・う ⓪【使う】[他五] ❶使,用,使用 ❷使喚¶助手を〜/用助手
——【使う・遣う】 ❶花費¶金を〜/花錢 ❷説¶おせじを〜/説奉承話
——【遣う】費心,勞神¶気を〜/費心,勞神

つか・える ③【支える】[自下一]堵,堵塞

つか・える ⓪【仕える】[自下一] ❶侍奉,服侍¶神に〜/侍奉神 ❷工作,服務

つかさど・る ④【司る】[他五]掌管,管理¶事務を〜/掌管事務

つかま・える ⓪【捕まえる】[他下一] ❶捉拿,逮捕¶犯人を〜/捉拿罪犯 ❷揪,抓著

つかま・せる ④【摑ませる】[他下一] ❶行賄 ❷騙人買,強迫人買

つかま・る ⓪【捕まる・掴まる】[自五] ❶抓住,揪住 ❷被捕,被逮住¶犯人が〜/罪犯被捕了

つかみあい ⓪【摑み合い】[名]扭打,揪打

つかみどころ ④【摑み所】[名]沒有抓實,不得要領

つか・む ②【摑む】[他五] ❶抓住,揪住 ❷掌握¶チャンスを〜/不失良機¶証拠を〜/掌握證據 ❸領會,理解◇こつをつかむ/掌握竅門

つかれ ③【疲れ】[名]疲乏,疲倦,疲勞¶〜が出る/感到疲勞

つか・れる ③【疲れる】[自下一] ❶疲乏,疲倦,疲勞¶神経が〜/精神疲倦 ❷舊,用乏

つか・れる ③【憑かれる】[自下一]魂迷住,附體¶狐(きつね)に〜/被狐狸精迷住

つき ②【月】[名] ❶月亮¶〜が出る/月亮出來了¶-見(み)

③】[名]賞月 ❷月(一年之中的十二個月) ❸懷孕期◇月とすっぽん/天壤之別◇月に叢雲(むらくも)花(はな)に風(かぜ)/好事多磨

つき ⓪【付(き)】[名] ❶粘 ❷運氣¶〜が回ってくる/時來運轉 ── [接尾] ❶樣子,姿態¶顔(かお)〜 ⓪[名]表情,面貌¶目(め)〜 ①[名]眼神 ❷附帶¶保証(ほしょう)〜 ⓪[名]附帶保證

つぎ ②【次】[名]其次,下一個¶〜から〜へ/一個接一個

つきあい ⓪【付(き)合い】[名] ❶交往,交際 ❷奉陪,陪伴,應酬¶〜がわるい/不善應酬

つきあ・う ⓪【付(き)合う】[自五] ❶交往,交際 ❷陪,陪伴,陪同¶食事を〜/陪同吃飯

つきあた・る ④【突(き)当たる】[自五] ❶撞上,碰上¶自転車が塀(へい)に〜った/自行車撞上牆了 ❷到頭兒,到盡頭兒

つきあわ・せる ⑤【突(き)合(わ)せる】[他下一] ❶緊挨着¶顔を〜/面對面 ❷對照,查對

つきおと・す ④【突(き)落(と)す】[他五] ❶推下去,推掉 ❷(相撲)將對方按倒,推倒

つきかげ ②③【月影】[名] ❶月光,月色¶〜さやか/月色明朗 ❷月影

つぎき ⓪【接(ぎ)木】[名]嫁接樹

つききり ⓪【付き切り】[名]始終不離左右,一直守在身旁

つぎこ・む ⓪【つぎ込む・注(ぎ)込む】[他五] ❶注入,倒入,灌入 ❷投入

つきさ・す ③【突(き)刺す】[他五]扎,刺

つきずえ ③⓪【月末】[名]月末,月底

つきそい ⓪【付(き)添い】[名]護理,看護人

つきそ・う ⓪【付(き)添う】[自五]陪,陪伴 ❷陪同吃飯

五]陪,陪伴

つきたお・す ④【突(き)倒す】[他五] ❶推倒,撞倒 ❷(相撲)撞倒

つきだ・す ③【突(き)出す】[他五] ❶伸出,探出,挺出¶唇(くちびる)を〜/撅起嘴脣 ❷扭送¶泥棒を警察に〜/把小偷扭送警察局 ❸(相撲)推出界

つぎつぎ ⓪【次次】[副]接連不斷,絡繹不絕

つきつ・める ④【突き詰める】[他下一]追究,追問

つき・でる ③【突(き)出る】[自下一] ❶突出,挺出 ❷扎透,扎破

つきとお・す ③【突(き)通す】[他五] ❶刺透,扎透 ❷堅持¶主張を〜/堅持意見

つきとば・す ④【突(き)飛(ば)す】[他五]撞翻,撞倒,撞出很遠

つきと・める ④【突(き)止める】[他下一]追查,查清

つきなみ ⓪【月並み】[名]平凡,平庸

つぎに ②【次に】[副]接着,其次

つぎはぎ ⓪【継ぎはぎ】[名]補,縫補 ❷東拼西湊,修修補補

つきはな・す ④【突(き)放す】[他五] ❶推開,甩開 ❷拋開,拋棄

つきひ ②【月日】[名]時光,歲月¶〜が流れる/歲月流逝

つきまと・う ④⓪【付(き)まとう・付(き)纒う】[自五]纏,糾纏,纏繞

つきみ ③【月見】[名] ❶賞月 ❷湯麵中放的生鷄蛋¶〜そば/鷄蛋蕎麥麵

つぎめ ⓪【継(ぎ)目】[名]接縫

つきやぶ・る ④【突(き)破る】[他五] ❶捅破,撞破 ❷衝破,打破

つきよにちょうちん【月夜に提灯】畫蛇添足

つ・きる ⓪②【尽きる】[自上一] ❶盡,完¶命が〜/生命結束 ❷(用「…に尽きる」的形式表示)最

好,再好不過

つ・く ①②【付く】[自五] ❶沾上,附上¶泥が〜/沾上泥 ¶着色 ❷帶有,配有¶風呂(ふろ)の〜いたアパート/附有洗澡間的公寓 ❸跟隨,緊跟¶父に〜いて旅行に行く/跟隨父親去旅行 ❹增添,生,長出¶元気が〜/有精神¶力が〜/長力氣 ❺得以解決,有結果¶決心が〜いた/拿定了主意 ❻發覺,感覺¶気が〜/發覺,感到 ❼運氣好

つ・く ⓪【吐く】[自五] ❶吐氣¶ため息を〜/嘆氣 ❷説¶うそを〜/説謊

つ・く ⓪【突く・撞く・衝く】[他五] ❶刺,扎¶針で〜/用針扎 ❷拄,支撐¶つえを〜/拄拐杖 ❸拍,打,打¶羽根を〜/打羽毛毽 ❹撞,打,敲¶鐘を〜/敲鐘 ❺乘機,攻¶不意を〜/出其不意 ❻冒着,頂着 ❼刺鼻¶悪臭(あくしゅう)が鼻を〜/悪臭刺鼻

つ・く ①【点く】[自五] 點,燃¶電灯が〜/電燈亮了

つ・く ①②【就く】[自五] ❶起程,動身¶帰途に〜/踏上歸途 ❷就任,從事 ❸從師,跟隨

つ・く ①②【着く】[自五] ❶到,到達,抵達 ❷入席,就坐¶食卓に〜/就餐 ❸碰,觸

つ・く ①②【憑く】[自五] 被妖魔迷住,妖魔附體

つ・く ①②【搗く】[他五] 搗¶米を〜/搗米

つ・ぐ ⓪【次ぐ】[自五] ❶接着,…之後 ❷次於,亞於¶東京に〜大都/僅次於東京的大城市

つ・ぐ ⓪【注ぐ】[他五] 倒,斟¶酒を〜/斟酒

つ・ぐ ⓪【継ぐ】[他五] ❶繼承¶家業を〜/繼承家業 ❷續,添加 ❸補,縫補

——【接ぐ】拼合,接上¶骨を〜/接骨

つくえ ⓪【机】[名] 桌子,書桌

つく・す ②【尽くす】[他五] ❶盡,竭盡¶力を〜/盡力 ❷盡心盡力¶社会のために〜/為社會效勞

——[接尾](接動詞連用形)盡,光,完¶言(い)い−④[他五]説完

つくづく ③【副】❶注意,凝視¶〜眺(なが)める/凝視 ❷深感,痛感¶〜思う/深切地感到

つぐな・う ③【償う】[他五] 抵償,補償,賠償¶罪を〜/贖(抵)罪

つぐ・む ②【噤む】[他五] 噤口,閉口

つくり ③【造り・作り】[名] 結構,樣式

——【作り】❶打扮 ❷裝,假裝¶−笑(わらい)④[名] 假笑

つくり ③【旁】[名] 右旁

つくりあ・げる ⓪⑤【作り上げる】[他下一] ❶完成,作完 ❷偽造,捏造

つくりかた ④【作り方】[名] 作法

つくりた・てる ⑤【作り立てる】[他下一] 打扮,裝飾

つくりばなし ④【作り話】[名] 編造的話,假話,虛構的故事

つく・る ②【作る】[他五] ❶做,製¶料理を〜/做菜 ❷組織,建立¶内閣を〜/組閣 ❸栽培,栽種¶花を〜/栽(種)花 ❹排列¶列を〜/排隊 ❺打扮,化妝¶若く〜った/打扮得年輕 ❻虛構,假裝¶笑顔を〜/強作笑臉 ❼生育¶子どもを〜/生孩子 ❽擠(時間)¶ひまを〜/擠時間

——【造る】建造¶家を〜/蓋房子

つくろ・う ③【繕う】[他五] ❶補,修補,縫補¶鉤裂(かぎざ)きを〜/補鉤破的口子 ❷整理,裝修

つけ ②【付(け)】[名] ❶帳單,帳¶～を払う/付帳 ❷賒欠
——[接尾](接動詞連用形)經常,熟悉,習慣¶行き～の店/常去的商店

つげ ⓪【黄楊・柘植】[名]黄楊

つけあが・る ⓪【付(け)上がる】[自五]放肆起来,得意忘形¶ほめるとすぐ～/一誇就得意忘形

つけい・る ⓪【付(け)入る】[自五]抓住機會;乘人之危

つげぐち ⓪【告(げ)口】[名]搬弄是非,告密

つけくわ・える ⓪【付(け)加える】[他下一]補充,添加,增補

つけまつげ ⓪【付け睫】[名]假睫毛

つけもの ⓪【漬物】[名]鹹菜,醬菜,泡菜

つけやきば ③【付け焼き刃】[名] ❶臨陣磨槍 ❷加鋼

つ・ける ②【付ける】[他下一] ❶沾,塗,粘,抹¶バターを～/抹奶油 ❷附加¶利子(りし)を～/附加利息 ❸派人跟踪 ❹增長,增加¶元気を～/打起精神 ❺留下印跡¶傷を～/劃了個傷口 ❻評定,決定¶点数を～/評分 ❼開始做某事¶手を～/動手做 ❽記,寫¶日記を～/記日記 ❾跟踪,盯梢
——[接尾](接動詞連用形) ❶經常… ❷加強語氣¶しかり～/嚴加申斥

つ・ける ②【点ける】[他下一]點燃 ❷開¶電気を～/開燈

つ・ける ②【着ける】[他下一] ❶穿,佩戴¶衣裝を～/着盛裝¶首かざりを～/戴首飾 ❷停靠¶船を岸に～/船靠岸 ❸就位,入席¶席に～/入席,就坐

つ・ける ⓪【漬ける・浸ける】[他下一] ❶泡,浸¶水に～/泡在水裡 ❷醃,醬

つ・げる ⓪【告げる】[他下一]告訴,通知¶時刻を～/報時¶暇(いとま)を～/告別,辭別

つごう ⓪【都合】[名]情況,狀況¶～がいい/方便,合適¶不(ふ)―②】[名・形動]不方便,不合適,不妥當
——⓪【名・他サ】安排(時間),籌劃(錢款)¶～をつける/設法籌劃¶何とか～する/設法安排
——①【副】合計,總計

つじ ⓪【辻】[名] ❶十字路口,十字街頭 ❷街頭,路旁

つじつま ⓪【辻褄】[名]條理,道理◇つじつまが合う/合乎邏輯

つた ②【蔦】[名]常春藤,爬山虎

つた・う ⓪【伝う】[自五]沿着,順着

つた・える ⓪【伝える】[他下一] ❶傳導¶熱を～/傳熱 ❷轉達,轉告 ❸傳授,傳播¶仏教を～/傳播佛教 ❹廣為告知

つたな・い ③【拙い】[形]拙劣,不佳

つたわ・る ⓪【伝わる】[自五] ❶傳導 ❷傳播,流傳¶うわさが～/謠言四起 ❸傳,相傳,流傳¶先祖から～/代代相傳 ❹傳入,傳来

つち ②【土】[名] ❶土地 ❷土,土壤

つち ②【槌】[名]錘子

つちいろ ⓪【土色】[名]土色,土黄色

つちか・う ③【培う】[他五] ❶培養,培育 ❷培植,栽種

つちぼとけのみずあそび【土仏の水遊び】形容做某種事情有滅頂之災,泥菩薩過江

つつ ⓪②【筒】[名]筒,筒子

つつ [接助](文章用語) ❶一面…一面…,邊…邊…¶働きつつ学ぶ/半工半讀 ❷雖然…但是,儘管…

但是¶煙草(たばこ)は体に悪いと知り～もやめられない/明知抽煙對身體有害卻戒不了 ❸用「…つつある」的形式表示動作正在進行¶列車は駅に近づき～ある/列車正接近車站

つつうらうら ②-⓪【津津浦浦】[名]全國各地,全國各個角落

つづき ⓪【続(き)】[名]接續,繼續,連續不斷

つつ・く ②[他五] ❶杵,捅¶背中を～/杵後背 ❷挑,挑剔¶欠点を～/挑人缺點,吹毛求疵 ❸挑唆,唆使

つづ・く ⓪【続く】[自五] ❶繼續,連續¶道が～/道路伸延 ❷接著,跟著¶彼に～/跟上他 ❸接連發生

つづ・ける ⓪【続ける】[他下一] ❶繼續,連續¶練習を～/繼續練習 ❷接著

つっけんどん ③【突っ慳貪】[形動]粗暴,不和藹,簡慢

つっこ・む ③【突っ込む】[自他五] ❶衝入,闖入 ❷深入¶～んだ話しあいが必要だ/需要深入地談一談
──[他五]塞進,插入

つつじ ②【躑躅】[名]杜鵑花,映山紅

つつし・む ③【慎む】[他五] ❶謹慎,小心¶言葉を～/説話謹慎 ❷節制¶酒を～/少喝酒
──【謹む】謹,敬¶～んでおわび申し上げます/謹請原諒

つつぬけ ⓪【筒抜け】[名] ❶聽得清楚 ❷完全洩露

つっぱ・る ③【突っ張る】[他五]固執己見
──[自五]抽筋,痛◇欲(よく)の皮(かわ)がつっぱる/貪得無厭

つつまし・い ④【慎ましい】[形] ❶謙虚,客氣氣 ❷謹慎,樸素

つつみ ③【包(み)】[名]包,包裹

つつみ ③【堤】[名]堤,堤岸,壩

つつ・む ②【包む】[他五] ❶包裹,包上 ❷環繞,籠罩¶緑に～まれた町/緑色環繞的街道 ❸隱藏,遮掩

つづり ⓪③【綴(り)】[名] ❶裝訂成冊 ❷拼寫法

つづ・る ⓪②【綴る】[他五] ❶訂,裝訂¶書類を～/裝訂文件 ❷寫¶随筆を～/隨意的寫 ❸拼,拼寫

-って[終助] ❶表示傳聞,聽說¶知らない～言った/說是不知道 ❷(相當於「という」)說是,叫做¶田中～名前だ/叫做田中 (相當於「というのは」)叫做…的是¶銀座～いい所ね/銀座可是個好地方 ❹(相當於「といって」)說是…¶いなか者だから～,ばかにするな/別因為是鄉下人就看不起 ❺表示疑問¶あんな店でなんか食うか～/那種舖子裡有什麼可吃的¶あれは誰か～,ぼくも知らないよ/你問我他是誰？我也不清楚啊

つど ①【都度】[名]每逢,每當

つとま・る ③【務まる・勤まる】[自五]勝任,稱職

つとめ ③【勤(め)】[名]工作¶～をやめる/辭職,退職
──【務(め)】義務,職責

つとめさき ⓪⑤【勤(め)先】[名]工作單位,工作地點

つとめて ②【努めて・勉めて】[副]盡量,盡力

つと・める ③【勤める】[他下一]工作,做事¶会社に～/在公司工作
──【努める】努力,盡力¶解決に～/努力解決
──【務める】任,擔任,擔當¶議長を～/擔任議長

つな ②【綱】[名] ❶繩,繩索 ❷依靠,依賴

つながり [0]【繋がり】[名] ❶相連,關係¶血の〜/血緣關係 ❷連接

つなが・る [0]【繋がる】[自五] ❶連接,連通¶電話が〜/電話接通 ❷有關係¶血が〜っている/有血緣關係

つな・ぐ [0]【繋ぐ】[他五] ❶拴,繫 ❷接,連接¶手を〜/手拉手 ❸維持,延續¶命を〜/維持生命

つなひき [4][2]【綱引(き)】[名]拔河

つなみ [0]【津波】[名]海嘯

つなわたり [3]【綱渡り】[名]走鋼絲

つね [1]【常】[名] ❶通常,平常¶〜のごとく/像平常一樣 ❷常情 ❸平凡,普通¶〜の人/常人

つねに [1]【常に】[副]常常,經常,時常

つね・る [2]【抓る】[他五]擰,掐,捏

つの [2]【角】[名] ❶角,犄角 ❷類似角的東西◇角を折(お)る/態度變軟◇角を出(だ)す/女人吃醋,嫉妒◇角を矯(た)めて牛(うし)を殺(ころ)す/矯角殺牛,心欲除之,實屬害之

つの・る [2][0]【募る】[自五]越來越厲害¶あらしが〜/暴風雨越來越猛
── [他五]募,募集¶寄付を〜/募捐

つば [2][1]【唾】[名]唾液,唾沫

つばき [3]【唾】[名]唾液,口水

つばき [1]【椿】[名]山茶,茶花

つばさ [0]【翼】[名] ❶翅膀¶〜をひろげる/展翅 ❷機翼

つばめ [0]【燕】[名]燕子

つぶ [1]【粒】[名]粒,顆粒
──[接尾]粒

つぶ・す [0]【潰す】[他五] ❶壓碎,擠碎 ❷使其無用,弄壞¶声を〜/喊啞了嗓子¶顔を〜/使其丟臉 ❸毀滅¶家を〜/敗家,破產 ❹堵上,填滿¶ひまを〜/打發時間

つぶや・く [3]【呟く】[自五]嘀咕,嘟噥

つぶ・る [0]【他五】閉眼,合眼¶目を〜/ ❶合眼,閉上眼睛 ❷死,瞑目

つぶ・れる [0]【潰れる】[自下一] ❶壓碎,擠碎¶たまごが〜/鷄蛋擠碎了 ❷無用,失去功能¶目が〜/眼睛瞎了¶胸が〜/悲痛萬分 ❸崩潰,倒閉¶会社が〜/公司倒閉 ❹消磨,浪費¶時間が〜/浪費時間

つべこべ [1][副]強辯,講歪理¶一郎は、仕事がつらいとか給料が安いとか、〜(と)文句(もんく)ばかり言っている/一郎一會兒說工作緊張一會兒又說工資太低,說這說那就是不想做

ツベルクリン [4]【独】Tuberkulin][名]結核菌素

つぼ [0]【坪】[名]土地面積單位,「1坪」約合3.3平方公尺

つぼ [0]【壺】[名] ❶壇子,壺¶茶(ちゃ)−[1][名]茶壺 ❷(日本)瓷鉢 ❸(針灸)穴位 ❹坑窪 ❺關鍵,要害

-っぽ・い [接尾](接名詞、動詞連用形,構成形容詞)表示某種傾向很強¶忘れ〜/健忘¶水〜/水份多

つぼみ [3]【蕾・莟】[名]花蕾,蓓蕾¶〜がふくらむ/含苞待放

つぼ・める [0]【窄める】[他下一]合攏,收攏¶傘を〜/收攏傘

つま [1][2]【妻】[名] ❶妻子 ❷(生魚片等的)配菜 ❸(房屋的)山牆,房山

つまさき [0]【つま先・爪先】[名]腳尖¶−立(だ)つ [5][自五]用腳尖站立

つまし・い [3]【倹しい】[形]儉樸,節儉

つまず・く ⓪【躓く】[自五] ❶絆,絆倒¶石に〜/被石頭絆倒 ❷失敗,受挫

つまはじき ③【爪弾き】[名・自サ]厭惡,輕蔑,排斥

つまみ ⓪【摘まみ】[名] ❶撮 ❷(器具等)紐,把兒¶蓋(ふた)の〜/蓋紐 ❸酒菜,酒肴

つまみぐい ⓪【撮み食い】[名・他サ]抓著吃,偷吃

つま・む ⓪【摘まむ】[他五] ❶捏,撮,抓,掐 ❷(夾起來)吃 ❸摘要 ❹(用「つままれる」的形式)被…迷惑住

つまようじ ③【爪楊枝】[名]牙籤

つまらな・い ③[形] ❶没意思,無聊,没趣 ❷没有價值,微不足道

つまり ③【詰まり】[名]到頭,盡頭 ——[接]就是,即

つま・る ②【詰まる】[自五] ❶裝滿,塞滿,擠滿 ❷塞住,堵塞,不通¶鼻が〜/鼻子不通氣 ❸窘迫,窮困¶金に〜/缺錢¶言葉に〜/無話可説¶息詰(いきづ)まる ④[自五]緊張得喘不過氣來 ❹縮短

つみ ①【罪】[名] ❶罪,罪行¶〜をおかす/犯罪 ❷罪孽 ❸處罰¶〜に服する/認罪
——[形動]殘酷,狠毒

つみあ・げる ④【積(み)上げる】[他下一]堆放¶本を〜/把書堆起來

つみかさ・ねる ⑤【積(み)重ねる】[他下一]堆起來

つみき ⓪【積(み)木】[名]積木

つみこ・む ③【積(み)込む】[他五]裝,載,裝貨¶トラックに〜/裝上卡車

つみだ・す ③【積(み)出す】[他五]裝運,載運

つみた・てる ④【積(み)立てる】[他下一]儲蓄,積存

つみほろぼし ③【罪滅ぼし】[名・自サ]贖罪

つ・む ⓪【摘む】[他五] ❶採,摘,掐¶花を〜/摘花 ❷剪齊¶かみの毛を〜/剪齊頭髮

つ・む ⓪【積む】[他五] ❶堆積,積累¶經驗を〜/累積經驗 ❷裝載¶荷物を〜/裝貨
——[自五]積,堆¶雪が〜/積雪

つめ ⓪【爪】[名] ❶指甲,爪¶〜をきる/剪指甲 ❷撥子,指套 ❸起重鉤,錨爪 ◇つめに火(ひ)をともす/吝嗇 ◇つめの垢(あか)ほど/一點點,微不足道

-づめ【詰(め)】[接尾] ❶裝,包裝¶びん〜/瓶裝 ❷繼續,連續¶立ち〜/一直站着 ❸表示常在某處工作

つめか・ける ⓪【詰め掛ける】[自下一]蜂擁而上,擁上前去

つめきり ④③【爪切(り)】[名]指剪刀

つめこ・む ⓪【詰(め)込む】[他五]塞,填,灌¶知識を〜/硬灌知識

つめた・い ⓪【冷たい】[形] ❶冷,涼 ❷冷淡

つ・める ②【詰める】[自他下一] ❶裝,填塞¶弁当を〜/裝飯盒 ❷連續,不間斷¶〜めて仕事をする/不停地工作 ❸縮小,縮短 ❹節儉¶暮らしを〜/節儉生活 ❺守候¶会社に〜/在公司值勤 ❻屏住¶息を〜/屏息 ❼竭盡¶考えを〜/想盡辦法

つもり ⓪【積(も)り】[名] ❶打算,意圖¶大学へ行く〜だ/打算上大學 ❷預先做好某種思想準備¶あす行くから、その〜でいてくれ/我明天去,請等著我 ❸就算是,就當作¶子供に帰った〜で、はしゃぎ回る/歡鬧嬉笑,只當是又回到童年時代

つも・る ⓪②【積(も)る】[自五]

❶積,堆積¶雪が～/積雪 ❷累積,積存
——〘他五〙估計,推測
つや ⓪【艶】〘名〙❶光澤,光潤 ❷興趣,精采
つやつや [1]3【艶艶】〘副・自サ〙光滑,光潤¶けさ洗ったばかりなので、髪が～している/今天早晨剛洗過,所以頭髮油亮油亮的
つややか [2]【艶やか】〘形動〙有光澤,光潤¶～た肌(はだ)/光潤的皮膚
つゆ [1]【汁】〘名〙❶湯 ❷汁,液
つゆ ⓪[2]【梅雨】〘名〙梅雨,梅雨季節
つゆ [1]【露】〘名〙❶露水¶～がおく/下露水〔夜(よ)−[1]〕〘名〙夜露 ❷短暫,一刹那◇露の命/短命,暫短的生命
——〘名〙(後接否定語)一點也不…,絲毫也不…¶私は彼を～ほども疑わなかった/我一點也没懷疑過他
つよ・い [2]【強い】〘形〙❶強¶～チーム/強隊 ❷強烈,厲害¶～風/大風 ❸堅強,剛毅¶気が～/剛強,好勝 ❹耐於…¶夏に～/不怕夏天
つよき [3]【強気】〘名〙❶強硬,剛強¶～を出す/採取強硬態度 ❷行情看漲¶相場(そうば)は～だ/行情看漲
つよ・める [3]【強める】〘他下一〙增強,加強¶語気を～/加強語氣
つら [2]【面】〘名〙❶(俗)臉(含有貶意)¶～の皮(かわ)/臉皮〔−の皮(そとづら)⓪[4]〕〘名〙外表,外面〔馬面(うまづら)⓪〕〘名〙馬臉,長臉 ❷面,表面〔上(うわ)つー⓪〕〘名〙表面,外表
つら・い [2]【辛い】〘形〙❶痛苦,艱難¶～世の中/艱難的世道 ❷苛刻,刻薄¶～く当る/刁難
つら・なる [3]【連なる・列なる】〘自五〙❶接連,連綿¶山が～/山連着山 ❷参加,列席
つらぬ・く [3]【貫く】〘他五〙❶穿通,穿通¶南北を～/貫穿南北 ❷貫徹,貫通¶信念を～/堅持信念
つら・ねる [3]【連ねる・列ねる】〘他下一〙❶連接,排列¶軒(のき)を～/鱗次櫛比 ❷参加,加入◇袖(そで)をつらねる/伴同,同…一起¶名を～/聯名
つらら ⓪【氷柱】〘名〙冰柱,冰溜
つり ⓪【釣(り)】〘名〙❶釣魚,垂釣 ❷(「つり銭」的簡稱)找的零錢
つりあい ⓪【釣(り)合(い)】〘名〙平衡,均衡¶～がとれる/相稱,相配
つりあ・う [3]【釣(り)合う】〘自五〙❶平衡,均衡¶重さが～/重量均衡 ❷相稱,相配
つりあ・げる [4]【釣(り)上げる】〘他下一〙釣上来
——【攣(り)上げる・吊(り)上げる】向上吊¶眉(まゆ)を～/竪起眉毛
——【吊(り)上げる・釣(り)上げる】抬高¶相場を～/抬高行情
つりかわ ⓪【つり革・吊(り)革】〘名〙(電,汽車上的)吊環
つりせん ⓪[2]【釣(り)銭】〘名〙找的錢
つりばし ⓪【釣(り)橋・吊(り)橋】〘名〙吊橋
つりわ ⓪【つり輪・吊(り)輪】〘名〙(體操)吊環
つる [2]【蔓】〘名〙❶蔓,藤 ❷眼鏡掛架¶めがねの～/眼鏡掛架 ❸線索,門路¶～を辿(たど)る/找線索
つる [1]【鶴】〘名〙鶴◇鶴の一声(ひとこえ)/權威者的一句話,一聲令下,一言千鈞
つ・る ⓪【釣る】〘他五〙❶釣 ❷

勾引,騙,引誘¶甘言で〜/用甜言蜜語勾引人
──**【吊る】**❶吊,掛,懸¶蚊帳(かや)を〜/掛蚊帳 ❷(相撲)抓住對方的腰帶提起來

つるしがき ③【吊(し)柿】[名]柿餅

つる・す ⓪【吊(る)す】[他五]吊,掛,懸

つるつる ①[副]❶光滑 ❷溜滑¶道が凍って〜/路面凍得滑溜溜的

つるはし ②①【鶴嘴】[名]鶴嘴鎬,十字鎬

つるりと ③②[副]滑溜¶〜滑(すべ)った/滑溜一下滑倒了

つれ ⓪②【連(れ)】[名]❶同伴,伙伴¶〜になる/結伴,搭伙【二人連(ふたりづ)れ】④[名]兩人結伴 ❷(能、狂言的)配角

つれあい ②⓪【連(れ)合(い)】[名]❶配偶,老伴兒 ❷同伴,伙伴

つれて ⓪【連れて】(用「…につれて」的形式表示)隨着,跟着,伴隨着¶年をとるに〜体が衰えてくる/年齡越大,身體越衰弱

つれな・い ③[形]冷淡,薄情,無情

つ・れる ⓪【連れる】[他下一]帶領,帶着¶子どもを〜/帶着孩子

つんつん ①[副・自サ]架子大,不和藹

つんぼ ①[名]聾,聾子

て テ

て 五十音圖「た」行第四音。羅馬字寫作「te」,發音爲國際音標[te]。平假名「て」來自「天」字的草體,片假名「テ」來自「天」字的簡略。濁音「で」,羅馬字寫作「de」,發音爲國際音標[de]。

て ①【手】[名] ❶胳膊,臂膀 ❷手 ❸(器物的)把¶ひしゃくの~/杓子把¶手が～がたりない/人手不足 ❹手段,方法¶おくの～/絶招 ❺本領,能力¶~があがる/能力提高 ❻(工作需要的)時間,勞力¶~をぬく/偷工¶~がかかる/費事 ❼筆跡,毛筆¶~があがる/字寫得好 ❽關係,聯繫¶~をきる/斷絶關係 ❾(自己手中的)牌,棋子 ◇手が届(とど)く/周到,周密 ◇講得得當◇手が回(まわ)る/考慮周到(仔細) ◇手に汗(あせ)を握(にぎ)る/捏一把冷汗,提心吊膽 ◇手に余(あま)る/無能爲力 ◇手に入(い)れる/得到手 ◇手に負(お)えない/没辦法,管不了 ◇手に取(と)るように/非常清楚 ◇手も足(あし)も出(で)ない/毫無辦法,一籌莫展 ◇手を打(う)つ/❶拍手 ❷達成協議,談妥 ❸採取措施 ◇手を貸(か)す/幫助別人 ◇手を出(だ)す/❶參與 ❷吵架,打仗 ❸做着試試看 ◇手を引(ひ)く/❶拿手引路 ❷洗手不幹,罷手 ◇手を焼(や)く/棘手,難辦

—— [接頭] ❶加強語氣¶~きびしい/厲害,嚴厲 ❷隨身帶的¶~荷物/手提行李

—— [接尾] ❶做某動作的人¶聞き~/聽話人¶買い~/買方 ❷位置,方向¶右~/右面,右手 ❸性質,種類 ❹傷,傷痕

て [接助] ❶表示動作並列¶彼は歌っ~、踊っ~、うれしく遊んでいる/他又唱又跳玩得很高興 ❷表示繼續發生的動作狀態¶電灯を消し~ベッドにはいった/關上電燈,躺下了 ❸表示動作狀態¶手をふっ~走る/揮着手跑 ❹表示手段、方法¶手紙を書い~知らせる/寫信通知 ❺表示原因、理由¶風邪(かぜ)をひい~頭が痛い/感冒了頭疼 ❻表示轉折¶見~見ぬふりをする/明明看見卻裝做没看見 ❼上接動詞下接補助動詞,起連接前後兩個動詞的作用¶書い~いる/正在寫¶走っ~いく/跑去¶走っ~くる/跑來

—— [終助] ❶表示柔和的命令語氣¶ちょっとまっ~よ/請等一會兒¶かさは忘れないようにし~ね/你可不要忘記帶傘 ❷(女性用語)表示詢問、確認¶もうごらんになっ~/已經看完了嗎 ❸表示説話人的看法、意見¶私、知らなく~よ/我可不知道

で ⓪【出】[名] ❶出來,出場,登場¶~を待つ/等待~登場 ❷月の~/月出 ❸出身,産地 ❹分量,程度

で [格助] ❶表示場所¶運動場~遊ぶ/在操場上玩 ❷表示某個期間¶あと~また来ます/以後再來 ❸表示手段、方法,材料¶ナイフ~切る/用刀切¶ペン~書く/用鋼筆寫 ❹表示原因、理由¶風邪(かぜ)~休む/因感冒休息

❺表示動作の状態¶ウォーミングアップなし〜いきなり試合に出た/没做準備活動就立刻参加了比賽

であい ⓪【出会い】[名] ❶不期而遇,邂逅 ❷(河川,峡谷的)匯合處

であ・う ⓪②【出会う・出合う】[自五]碰上,遇上,遇見¶災難に〜/遇到災難

てあし ①【手足】[名] ❶手腳 ❷部下,手下人¶社長の〜となって働く/身為總經理的左右手從事工作

であし ⓪【出足】[名] ❶起動,開端¶〜がいい/開端好,開始得順利 ❷客流量,人數¶客の〜が悪い/顧客来的少

てあたりしだい ⑤【手当(た)り次第】[副]順手¶〜に投げつける/隨手亂扔

てあつ・い ⓪③【手厚い】[形]熱誠,豐厚

てあて ①【手当(て)】[名] ❶津貼,補貼¶〜がつく/有津貼 ❷治療,醫治¶〜をする/治療¶応急(おうきゅう)ー ⑤】[名]應急治療

てあらい ②【手洗(い)】[名] ❶洗手 ❷盥洗室,廁所 ❸洗手盆

てあら・い ⓪【手荒い】[形]粗暴,粗魯

-である[連語](表示斷定「だ」鄭重説法)是,為¶東京は日本の首都〜/東京是日本的首都

てい ①【体】[名] ❶外表,模様¶ほうほうの〜で逃げ出す/狼狽逃竄 ❷(做出某種)姿態¶〜よく断る/婉言拒絶

てい ①【弟】[名]弟◇兄(けい)たり難(がた)く弟たり難し/難分優劣

てい ①【底】[名] ❶底,底面 ❷程度,種類 ❸根底

てい ①【艇】[名]艇,小船

ていあん ⓪【提案】[名・他サ]提案,建議¶【-者(しゃ) ③】[名]提案者

ティーシャツ ⓪【T-shirts】[名]T恤;汗衫

ディーゼル ①【(独)Diesel】[名]柴油(發動)機¶【-機関(きかん) ⑥】[名]柴油裝置,内燃機

ティー・テーブル ①【tea table】[名]茶几

ティーピーオー ⑤【TPO】[名]時間,地點,場合的三個條件

ティーンエージャー ④【teenager】[名]十幾歳的青少年男女

ていいん ⓪【定員】[名]定員,定額¶【-削減(さくげん) ⑤】[名]裁減編制

ていえん ⓪【庭園】[名]庭園,園林

ていか ①⓪【低下】[名・自サ] ❶下降,降低¶気温が〜する/氣温下降 ❷(質量)下降¶品質が〜する/質量下降

ていか ⓪【定価】[名]定價¶【-表(ひょう) ⓪】[名]定價單

ていかん ⓪【定款】[名]規章

ていき ①【定期】[名] ❶定期 ❷「定期券、定期預金」的簡稱¶【-券(けん) ③】[名]月票,季票¶【-預金(よきん) ④】[名]定期存款¶【-刊行物(かんこうぶつ) ④】[名]定期刊物,期刊

ていき ①【提起】[名・他サ]提出¶問題を〜する/提出問題

ていぎ ③①【定義】[名・他サ]定義¶〜を下す/下定義

ていきあつ ③【低気圧】[名] ❶低氣壓,低壓 ❷消沉,不高興 ❸(形勢,氣氛)不穏定,緊張

ていきけん ③【定期券】[名]月票,季票

ていきゅう ⓪【定休】[名]定期休息(日)¶【-日(び) ③】[名]定期休息日,公休日

ていきゅう ⓪【低級】[名・形動]低級

ていきゅう ⓪【庭球】[名]網球
ていきょう ⓪【提供】[名・他サ]提供,供給¶資料を～する/提供資料
ていけい ⓪【提携】[名・自他サ]合作,協作¶技術(ぎじゅつ)－ ④ [名]技術合作
ていけつ ⓪【締結】[名・他サ]締結,簽訂¶条約を～する/簽訂條約
ていけつあつ ③【低血圧】[名]低血壓
ていけん ⓪【定見】[名]定見,主見
ていげん ③⓪【提言】[名・他サ]建議
ていこう ⓪【抵抗】[名・自サ]❶抵抗,反抗￤－力(りょく) ③ [名]抵抗力❷阻力,阻抗,反作用力【空気(くうき)－】④ [名]空氣阻力￤－器(き) ③ [名]電阻器
ていこく ⓪【定刻】[名]準時,按時
ていこく ①【帝国】[名]帝國￤－主義(しゅぎ) ⑤ [名]帝國主義
ていさい ⓪【体裁】[名]❶様子,外表¶～を整える/修整門面❷體面,體統¶～がいい/體面
ていし ⓪【停止】[名・自他サ]❶停止❷停幣,中止￤一時(いちじ)－ ② [名]暫時停止
ていじ ⓪【提示】[名・他サ]提示——[名]出示
ていじ ①【定時】[名]定時,定點￤－発車(はっしゃ) ④ [名]定時發車
ていしせい ③【低姿勢】[名・形]低姿態,謙遜,甘居人下
ていしゃ ⓪【停車】[名・自他サ]停車¶急(きゅう)－ ③ [名]緊急刹車￤－場(ば,じょう) ⓪ [名]停車場
ていしゅ ①【亭主】[名]❶主人,老闆,東家❷丈夫￤－関白(かんぱく) ④ [名]大男人主義
ていじゅう ⓪【定住】[名・自サ]定居,落戸￤－生活(せいかつ) ⑤ [名]定居生活

ていしゅうにゅう ③【定収入】[名]固定収入
ていしゅうは ③【低周波】[名]低頻
ていしゅつ ⓪【提出】[名・他サ]提交,提出
ていしょう ⓪【提唱】[名・他サ]提倡
ていしょく ⓪【定食】[名]定食,客飯
ていしょく ⓪【抵触・牴触】[名・自サ]抵觸,違反¶法に～する/違法
ていすう ③【定数】[名]❶定額,定員 ❷〈數〉常數
ディスカウント ③【discount】[名]折扣,減價,廉價【－セール ⑦】[名・自他サ]廉價出售
ディスカッション ③【discussion】[名・自他サ]討論,議論
ディスコ ①【disco】[名]迪斯可舞廳,流行音樂舞廳
てい・する ③【呈する】[他サ]呈現
ていせい ⓪【訂正】[名・他サ]訂正,更正
ていせん ⓪【停戦】[名・自サ]停戰,停火￤－協定(きょうてい) ⑤ [名]停火協定,停戰協定
ていぞく ⓪【低俗】[形動]庸俗,下流
ていた・い ③【手痛い】[形]沉重,嚴重,致命¶～打撃/沉重的打撃
ていたい ⓪【停滞】[名・自サ]停滞,停頓¶生産が～する/生産處於停頓狀態
ていちゃく ⓪【定着】[名・自サ]❶定居❷固定下來——[名・他サ](照相)定影￤－液(えき) ④ [名]定影液
ていちょう ⓪【丁重・鄭重】[名・形動]彬彬有禮,鄭重¶～を極める/極其鄭重

ていちょう ⓪【低調】[名・形動] 不旺盛,蕭條,低沈

ティッシュペーパー ①【tissue paper】[名]面紙;紗紙

ていでん ⓪【停電】[名・自サ]停電

ていど ①⓪【程度】[名] ❶程度 ❷限度 ❸水準
——[接尾]表示大概的時間、程度、數量等¶三十分～/三十分鐘左右

ていとう ⓪【抵当】[名]抵押¶～に入れる/作抵押,抵押

ていねい ①【丁寧】[名・形動] ❶有禮貌,恭敬 ¶～にあいさつする/禮貌地問候 ❷細心周到,非常仔細¶～に教える/詳細地告訴

ていねん ⓪【定年・停年】[名]退休,退休年齢【→退職(たいしょく)⑤】[名]退職

ていのう ⓪【低能】[名・形動]低能

ていはく ⓪【停泊・碇泊】[名・自サ]停泊,錨泊

ていひょう ⓪【定評】[名]定評

ていへん ①【底辺】[名] ❶(數)三角形的底邊 ❷(社會的)底層¶社会の～/社會的底層

ていぼう ⓪【堤防】[名]堤,壩,堤岸¶～を築く/築堤

ていめい ⓪【低迷】[名・自サ] ❶低垂,彌漫 ❷沈淪,滴落

ていやく ⓪【締約】[名・自サ]締約,締結¶通商条約を～する/締結通商條約

ていよく ③【体よく】[副]婉言,很有禮貌地

ていらく ⓪【低落】[名・自サ]低落,下跌¶ドルが～している/美元下跌

ていり ①【定理】[名]〈數〉定理

でいり ⓪【出入り】[名] ❶出入,進出¶人の～が多い/進出的人很多 ❷常來往,常客¶～の業者/常來往的同行 ❸(指幫會組織之間的)糾紛

でいりぐち ⓪【出入り口】[名]出入口

ていりゅう ⓪【底流】[名] ❶(河、海的)底層水流 ❷暗流,潛在的情緒,潛在的趨勢

ていりゅうじょ ⓪【停留所】[名]公共汽車站

ていれ ③【手入(れ)】[名・他サ] ❶整修,維修 ❷搜捕,搜索

てうす ⓪【手薄】[形動]缺少,不足;人手少

データ ①【data】[名] ❶資料,數據 ❷作爲論據的事實

データ・アウト ④【data out】[名]輸出數據

データ・イン ④【data in】[名]輸入數據

デート ①【date】[名] ❶日期 ❷約會

テープ ①【tape】[名] ❶布帶 ❷卷尺 ❸録音帶

テーブル ⓪【table】[名] ❶桌子 ❷表,目録

テーブル・スピーチ ⑥【table speech】[名]席上致詞

テープ・レコーダー ⑤【tape recorder】[名]磁帶録音機,卡式録音機

テーマ ①【独)Thema】[名] ❶主題 ❷(論文等的)題目

テーマ・ソング ④【thema song】[名](電影)主題歌

ておくれ ②【手遅れ・手後れ】[名]爲時已晩,耽誤¶～になる/爲時已晩

ておけ ⓪【手おけ・手桶】[名]提桶

ておち ③⓪【手落ち】[名]過失,疏忽

てかがみ ②【手鏡】[名]帶柄的小鏡子,手拿的鏡子

てがかり ②【手掛(か)り・手懸(か)り】[名] ❶抓頭兒,抓手 ❷線索,頭緒¶〜をつかむ/抓住線索

てが・ける ③【手懸ける・手掛ける】[他下一] ❶親自動手,親手做 ❷親自照料,經手¶長年〜けた子ども/長年親自照料的孩子

でか・ける ⓪【出掛ける】[自下一]出門,外出¶旅行に〜/出去旅行

でかせぎ ⓪【出稼ぎ】[名・自サ]出外做活

てがた ⓪【手形】[名] ❶手掌印,手印 ❷票據¶-割引(わりびき)④】[名]票據貼現

てがた・い ⓪③【手堅い】[形]踏實,堅實穩定

てがみ ⓪【手紙】[名]信,書信,信函¶〜を出す/寄信【-置(おき)-】③【名]字條,便條

てがら ③【手柄】[名]功勞,功勳¶〜をたてる/立功

てがる・い ⓪【手軽い】[形]簡單,輕易¶〜料理/簡便飯

てき ⓪【敵】[名] ❶敵人 ❷敵手,對手◇敵は本能寺(ほんのうじ)に在(あり)/聲東擊西◇敵を見(み)て矢(や)を矧(は)ぐ/臨陣磨槍,臨渴掘井

てき ⓪【滴】[名]滴

でき ⓪【出来】[名] ❶質量¶〜がよい/質量好 ❷收成,年成¶-高(だか)②⓪】[名]產量

できあが・る ⓪【出来上(が)る】[自五]做成,完成¶ようやく〜/終於完成了

てきおう ⓪【適應】[名・自サ]適應,適合¶-能力(のうりょく)⑤】[名]適應能力¶-性(せい)⓪】[名]適應性

てきかく ⓪【的確・適確】[形動]確切,準確¶〜な判断/正確的判斷

てきぎ ①【適宜】[副・形動] ❶恰當,適宜,合適 ❷適當,酌情¶〜おぎなう/酌情補充

できごころ ③【出来心】[名]起歹意,偶發的惡念

できごと ②⓪【出来事】[名]事,事情

てきざい ⓪【適材】[名]適當的人材¶-適所(てきしょ)⑤】[名]人盡其才,量才而用

できし ⓪【溺死】[名・自サ]溺死,淹死

テキスト ①【text】[名] ❶教科書,課本,講義 ❷原本,原文

てき・する ⓪【適する】[自サ]適於,適宜,適合

てきせい ⓪【適性】[名](適合做某種工作的)性質或能力

てきせい ⓪【適正】[名・形動]公正,公道,適當,適當¶〜な処置/恰當的處理¶-価格(かかく)⑤】[名]公道的價格

てきせつ ⓪【適切】[名・形動]確切,恰當

できたて ⓪【出来たて】[名]剛做好

てきちゅう ⓪【的中】[名・自サ]猜中,推測準確¶予報が〜する/預報準確

てきど ①【適度】[名・形動]適度,適當

てきとう ⓪【適当】[形動] ❶適當,適宜 ❷正好,正合適¶三万円ぐらいが〜だろう/三萬日圓左右正好吧 ❸隨便,馬虎,敷衍

できないそうだん【できない相談】不可能的事

てきなきにやをはなつ【敵なきに矢を放つ】無的放矢

てきにん ⓪【適任】[名・形動]勝任,適合做某項工作

てきぱき ①[副・自サ]乾脆,俐落¶～しない/不乾脆,不俐落

てきはつ ⓪[摘発][名・他サ]揭發,檢舉¶汚職を～する/揭發貪污

てきびし・い ④[手厳しい][形]厲害,嚴厲

てきよう ⓪[適用][名・他サ]適用,應用

で・きる ②[出来る][自上一] ❶發生,產生,出現¶子どもが～/懷孩子 ¶用事(ようじ)が～/有事 ❷建立,建成¶ビルが～/大樓建成 ❸完成,做好¶準備が～きた/準備好了 ❹優秀,出色¶～生徒/優秀的學生 ❺會,能够,可以¶彼は日本語が～/她會日語

できるだけ ④[出来るだけ]盡可能,盡量¶～早く帰るつもりだ/我盡量提早回來

てぎわ ③[手際][名]手法,手段

てぐすねひ・く ②[手ぐすね引く][自五]磨拳擦掌

でぐち ①[出口][名]出口

てくてく ①[副]步行貌

テクニック ①[technique][名](藝術上的)藝術,手法,技巧

テクノロジー ③[technology][名]科學技術

てくび ①[手首][名]手腕

でくわ・す ⓪[出くわす][自五]偶然遇見,碰上

てこ ①[梃・梃子][名] ❶槓桿¶～の原理/槓桿原理 ❷撬棍,撬槓,千斤頂¶～でも動(うご)かない/死頑固,堅持己見

てこいれ ④⓪[梃入れ][名・自サ]採取人為的措施

てこず・る ③[自五]棘手,為難

てごたえ ②[手答(え)・手応(え)][名] ❶手感 ❷反應

でこぼこ ⓪[凸凹][名・形動] ❶凸凹不平,坎坷不平¶～した道/坑窪不平的路 ❷不平均,不均衡¶学力が～だ/學力參差不齊

てごろ ⓪[手ごろ・手頃][形動] ❶合適(的長度,重量等) ❷(與自己的能力,條件)相配,合適¶～な値段/合適的價錢

てごわ・い ③[手強い][形]不好對付

デザート ②[dessert][名]餐後的果品,點心【一コース ⑤】[名](西餐)正餐,最後上甜食的時間

デザイナー ②[designer][名]服裝設計師,圖案設計家

デザイン ②[design][名・自他サ] ❶設計 ❷花色圖案,圖樣

てさき ③[手先][名] ❶手指頭¶～が器用だ/手巧 ❷爪牙,走狗

てさげ ③[手提(げ)][名]手提包

てざわり ②[手触(り)][名]手感¶～がいい/手感好

でし ②[弟子][名]弟子,徒弟

てしおにかける[手塩にかける]親手精心培養

てした ③⓪[手下][名]手下,嘍囉,幫手

てじな ①[手品][名]戲法,魔術

でしゃば・る ③[出しゃばる][自五]出風頭,多管閒事,多嘴多舌

てじゅん ①⓪[手順][名]次序,步驟¶～が狂う/程序亂了

てじょう ⓪①[手錠][名]手銬¶～をかける/戴上手銬

です[助動][判断助動詞「だ」的敬體] ❶是¶大山先生はぼくらの顧問/大山先生是我們的顧問 ❷多以「ですね」「ですな」的形式用於會話中,起調整語氣的作用¶これは～な,わが社で新しく開発したロボットで…/這個嘛,這是我公司新研製的機器人 ❸以「お…です」的形式,對做動作的人表示敬意¶先生がお呼び～

よ/先生在叫你呢 ❹(上接形容詞)表示禮貌的語氣¶もういい～/可以了 ❺起代替動詞的作用¶叔父(おじ)はいつもざるそば～/叔叔是吃麵條

てすう ②【手数】[名・形動]麻煩,手續¶～がかかる/費事

ですから[接]因此,因而,所以¶去年の冬はあまり雪が降らなかった、～今年は旱(かん)ばつになった/去年冬天沒怎麼下雪,所以今年旱甲

てすき ③【手すき・手隙】[名]空閒,工夫¶～になる/有空閒,有工夫

デスク ①【desk】[名] ❶辨公桌,寫字樓 ❷(報社等的)編輯部

テスト ①【test】[名・他サ]測驗,考試¶～を受ける/接受考試【─パイロット ④】[名]試飛員

てすり ③⓪【手すり】[名・他サ]扶手,欄杆

てぜま ⓪【手狹】[名・形動]窄,狹窄

てだすけ ②【手助け】[名]幫助,幫忙

てだて ①【手立(て)】[名]手段,方法,辨法¶～を講じる/想辦法

でたらめ ⓪【出鱈目】[名・形動]胡說八道,胡來,胡鬧¶～を言う/胡說八道

てぢか ⓪【手近】[形動] ❶身旁,身邊,附近 ❷常見,人盡皆知¶～な問題/常見的問題

てちがい ②【手違い】[名]錯誤,差錯

てちょう ⓪【手帳・手帖】[名]效率手冊,記事本

てつ ⓪【鉄】[名] ❶鐵 ❷鋼鐵般的,堅強的¶～の規律/鐵的紀律

てつ ①【轍】[名]車轍◇前者(ぜんしゃ)の轍をふむ/重蹈覆轍

てっかい ⓪【撤回】[名・他サ]撤回,取消¶前言を～する/收回前言

てっかく ⓪【的確・適確】[形動]恰當,準確¶～に分析する/正確地分析

てつがく ②⓪【哲学】[名] ❶哲學【人生(じんせい)─⑤】[名]人生哲學 ❷人生觀,世界觀,哲理

てっかん ⓪【鉄管】[名]鐵管

てっき ⓪【鉄器】[名]鐵器

てつき ①【手付(き)】[名]手的姿勢,手的動作

デッキ ①【deck】[名] ❶(船)甲板 ❷(火車)車門平臺

てっきょう ⓪【鉄橋】[名]鐵橋,鐵路橋

てっきり ③[副]一定,必定,果然

てっきん ⓪【鉄筋】[名]鋼筋【─コンクリート ⑧】[名]鋼筋混凝土

てづくり ②【手作り】親手做(的東西)

てっこう ⓪【鉄鋼】[名]鋼鐵

てっ・する ⓪③【徹する】[自サ] ❶徹底¶金儲(かねもう)けに～/一心一意賺錢 ❷透,徹¶骨身(ほねみ)に～/徹骨

てったい ⓪【撤退】[名・他サ]撤退

てつだい ③【手伝い】[名・他サ]幫,幫忙,幫助¶～をする/幫助

てつだ・う ③【手伝う】[他五]幫,幫忙,幫助¶家事を～/幫助做家務

―――[自五]再加上(某件事)¶彼女の成功には幸運も～っている/她的成功也有點兒靠運氣

でっちあ・げる ⑤【でっち上げる】[他下一]捏造,編造

てつづき ②【手続(き)】[名]手續,程序¶～を踏む/履行手續

てつづきりょう ④【手続(き)料】[名]手續費

てってい ⓪【徹底】[名・自サ] ❶

徹底,一貫 ❷貫徹¶命令を〜させる/貫徹命令
てっていてき [0]【徹底的】[形動]徹底¶〜に聞く/追根究底
てつどう [0]【鉄道】[名]鐵路,鐵道¶〜を敷く/鋪設鐵路¶国有(こくゆう)- [5][名]國營鐵路
てっとうてつび [5]【徹頭徹尾】[副]徹頭徹尾
デッドボール [4]【dead ball】[名](棒球)死球
てっとりばやい [6]【手っ取り早い】[形]迅速,省事,簡便¶手紙より電話の方が〜/電話比信更迅速
てつはあついうちにうて【鉄は熱いうちに打て】打鐵趁熱
てっぱい [0]【撤廃】[名・他サ]廢除,廢止¶制限を〜する/取消限制
でっぷり [3][副・自サ]肥胖
てつぼう [0]【鉄棒】[名] ❶鐵棍,鐵管 ❷(體操)單槓
てっぽう [0]【鉄砲】[名]槍,步槍¶〜をうつ/開槍
てつめんぴ [3]【鉄面皮】[形動]厚臉皮,厚顏無恥
てつや [0]【徹夜】[名・自サ]徹夜,通宵¶〜で試験勉強をする/開夜車準備考試
てどり [3]【手取り】[名]實收額,純收入
テトロン [1]【Tetoron】[名]〈化〉滌綸,(合成纖維之一)特多龍
テナー [1]【tenor】[名]〈音〉 ❶男高音 ❷高音樂器
てなおし [2]【手直し】[名]修改,修正
でなおす [0]【出直す】[自五] ❶重來,再來 ❷重新開始(做起)
てなべ [1]【手鍋】[名]帶提柄的鍋◇手鍋下(さ)げても/(倘能與心上人結合)受苦也情願
てなみ [10]【手並み】[名]本事,本領

…てならない(接形容詞連用形)…得不得了,…極了¶私はうれしくてならない/我高興得不得了
てにかんをすてず【手に巻を捨てず】手不釋卷
テニス [1]【tennis】[名]網球
てにもつ [2]【手荷物】[名]隨身行李
てぬかり [2]【手抜かり】[名]疏忽,疏漏,遺漏
てぬき [3]【手抜き】[名・自サ]偷工
てぬぐい [0]【手拭(い)】[名]手巾
てぬるい [03]【手ぬるい】[形]寬大
テノール [2]【(獨)Tenor】[名]〈音〉 ❶男高音 ❷高音樂器
てのこう [1]【手の甲】[名]手背
てのひら [21]【掌】[名]手掌◇掌を返すよう/突然改變
ては[接助] ❶(表示發生消極事物的條件)如果要…¶こんなに雪が降っ〜ではバスがおくれるだろう/下這麼大的雪,公車要晚點了吧 ❷表示同一動作或狀態反覆出現¶取っ〜投げ,取っ〜投げ/拿起來又扔,扔了又拿起來
では [1][接]那麼,那¶〜行ってきます/那麼我走了¶〜これで終わります/那麼就此結束
——[副助]在…情況下,在…方面¶現在〜事情が変わっている/現在情況已經變了
デパート [2]【department store】[名]百貨公司
てはい [21]【手配】[名] ❶安排,籌備¶車を〜する/籌備汽車 ❷(為逮捕犯人)佈署,指令¶指名(しめい)- [4][名]通緝令
…てはいけない(接動詞連用形)不可…,不許…¶ここで写真を撮ってはいけない/不得在此照相

…てばかりいる(接動詞連用形)淨…,光…,老是¶泣いてばかりいる/老是哭¶彼女はいつも彼より早く来てばかりいる/她總是比他來得早

てはじめ ②【手始め】[名]開始,開頭,開端

てはず ①【手はず・手筈】[名]步驟,程序,準備¶~を整える/準備好

…ては…ては(動詞連用形＋ては＋動詞連用形＋ては)表示同一動作或狀態反覆出現¶書いては消し,消してはまた書き改める/寫了又擦,擦了又寫

てばな・す ③【手放す】[他五]❶鬆手,放手,撒手 ❷賣掉,轉手¶土地を～/賣掉土地 ❸放棄(保護或統治)¶領土を～/放棄領土 ❹中斷

てばや・い ③【手早い・手速い】[形]伶俐,迅速,敏捷¶～くかたづける/伶俐地收拾

てびき ①【手引(き)】[名]❶嚮導,指引 ❷指南,入門¶学習の～/學習指南 ❸引薦,介紹

てひど・い ③【手ひどい】[形]嚴重,沉重,毫不客氣

デビュー ①【仏 début】[名・自サ]❶初次登台 ❷初次問世

てびろ・い ③【手広い】[形]❶廣泛,範圍廣 ❷寬廣,寬敞

でぶ ①〈俗〉胖,胖子

デフォルメ ②【仏 déforme】[名・他サ]〈美術〉變形

てぶくろ ②【手袋】[名]手套

てぶそく ②【手不足】[名・形動]人手不足

てぶら ◎【手ぶら】[名・形動]空手

てぶり ①【手振(り)】[名]手勢

デフレ(ーション) ③【deflation】[名]通貨緊縮,通貨收縮↔インフレ(ーション)

てほん ②【手本】[名]❶字帖,畫帖,範本 ❷榜樣,模範¶～を示す/示範

てま ②【手間】[名]勞力,時間,工夫¶～がかかる/費工夫【二度手間(にどでま)】◎[名]費了兩次工夫

デマ ①【独 Demagogie】[名]❶謠言,謠傳 ❷流言

てまえ ◎【手前】[名]❶前,跟前¶～に引く/拉到跟前 ❷體面,面子¶世間の～/在人前的面子 ❸本事,本領 ❹(自謙)我,鄙人 ❺(卑稱)你

でまえ ◎【出前】[名]❶飯館將顧客所訂飯菜送到家 ❷上門服務

てまえみそをならべる【手前みそを並べる】老王賣瓜,自賣自誇

でまかせ ◎【出任せ】[名・形動]信口開河,隨便胡說

てまど・る ③【手間取る】[自五]費工夫,費時間

てまね ①【手まね・手真似】[名]手勢,比劃

てまわし ④【手回し】[名]❶手搖,用手轉動 ❷安排,佈置,準備

てまわりひん ④【手回(り)品】[名]隨身用的物品

でまわ・る ◎【出回る】[自五]上市,大量出現

てみじか ◎【手短】[形動]簡單,簡略

てむか・う ③【手向(か)う】[自五]抵抗,反抗,對抗¶親に～/反抗父母

でむかえ ◎【出迎(え)】[名]迎接,接人¶～に行く/去迎接

でむ・く ◎【出向く】[自五]前去,前往

ても(でも)［接助］儘管…也,即使…也,無論怎樣¶雨が降っ～/出発する/即使下雨也出發¶間に合っ

～合わなく～行くだけは行ってみよう/不管趕得上趕不上,去一趟看看¶いくら呼んでも聞こえなかった/無論怎樣喊也沒聽見

デモ ①【demonstration】[名]示威,示威遊行

でも [副助] ❶表示例舉¶どこかでコーヒー～飲もうか/我個地方喝杯咖啡什麼的吧¶日曜に～訪ねてみよう/或者星期天去看看 ❷連…都,即使…都¶だれ～できる/誰都會 ❸縱令,儘管也…,就是…也…¶雨天～挙行する/就是下雨也要擧行

でも [接]可是,但是¶車が来た、～もう間にあわなかった/車是來了,可是已來不及了

てもあしもでない【手も足も出ない】一籌莫展,毫無辦法,束手無策

デモクラシー ④【democracy】[名]❶民主主義 ❷民主政治,民主政體 ❸萬民平等

てもち ③【手持ち】[名]手拿,手中(的東西)

…でもって [連語]用¶電話～通知する/用電話通知¶木～椅子(いす)を作る/用木頭做椅子

…ても…ても（用言連用形＋ても＋用言連用形＋ても)不管…,不管…;…也好,…也好¶寒く～暑く～やることはやらねばならない/不管是冷還是熱,該做的事必須做

てもと ③【手元】[名] ❶身邊,手頭¶～にある/在身邊 ❷手的動作¶～がくるう/失手,手忙脚亂 ❸手頭的現款¶～が苦しい/手頭緊,手裡不寬裕

デモンストレーション ⑥【demonstration】[名]示威(運動)

てら ②【寺】[名]廟,寺院¶-参(まいり) ③[名]拜佛

てら・う ⓪②【衒う】[他五]炫耀,誇耀,顯示

テラス ①【terrace】[名]陽臺,涼臺

てら・す ②【照(ら)す】[他五] ❶照,照耀 ❷依照,對照¶規則に～/依照規章

テラゾー ①【terrazzo】[名]水磨石

デラックス ②【deluxe】[名・形動]高級,豪華

デリケート ②【delicate】[形動] ❶微妙 ❷敏感

てりやき ⓪【照り焼き】[名]蘸(醬油,糖等佐料調成之)醬烤(的魚)

て・る ①【照る】[自五] ❶照,照耀¶日が～/陽光照耀 ❷晴天

でる ①【出る】[自下一] ❶出來¶へやから～/從屋裡出來 ❷超出,越出¶あまりが～/有剩餘 ❸離開,出發¶家を～/離開家¶旅に～/出去旅行 ❹畢業¶大学を～/大學畢業 ❺到,達到¶～に出席,参加¶会議に～/出席會議 ❼出現,現出,露出¶声が～/出聲 ❽出版,刊登,登載¶新聞に～/登在報紙上 ❾發生,產生¶元気が～/有精神¶熱が～/發燒 ❿出產¶此種結果 ⓫結論が～/得出結論 ⓬獲得,得到¶許可が～/得到許可 ⓭銷出,賣出 ⓮採取¶態度を下手(したて)に～/採取謙遜態度

でるくいはうたれる【出る杭は打たれる】槍打出頭鳥,出頭的椽子先爛

てれくさ・い ④【照れくさい】[形]害羞,不好意思

テレスコープ ④【telescope】[名]望遠鏡

テレタイプ ③【teletype】[名]電傳打字機,電報機

テレックス ②【telex】[名]電報

テレビ ①【television】[名]電視

テレビ・インタビュー ④【television interview】[名]電視探訪
テレビ・カー ④【telecar】電視車
テレビ・カメラ ④【television camera】[名]電視攝影機
テレビ・ゲーム ④【television game】[名]電視遊戲
テレビ・タワー ④【television-tower】[名]電視塔
テレビ・ドラマ ④【television drama】[名]電視劇
テレビばんぐみ ④【television番組】[名]電視節目
て・れる ②【照れる】[自下一]害羞,羞怯
テロ ①【terrorism】[名]「テロリスト,テロリズム」的簡稱→「テロリスト」,「テロリズム」
テロリスト ③【terrorist】[名]恐怖主義者,恐怖分子
テロリズム ③【terrorism】[名]恐怖主義,暴力主義
てわけ ②【手分(け)】[名]分頭¶～してさがす/分頭去找
てをかえしなをかえ【手を変え品を替え】千方百計
てをつかねてぼうかんする【手を束ねて傍観する】袖手旁觀
てをぬらさずにもうける【手を濡らさずに儲ける】不勞而獲
てん ①【天】[名]❶天,天空¶～を仰ぐ/仰天 ❷神¶～の助け/天助 ❸天國,天堂 ❹(書籍等的)天頭◇天に唾(つば)する/害人反害己◇天高(たか)く馬肥(こ)ゆる秋(あき)/天高馬肥之秋
てん ⓪【点】[名]❶點 ❷〈數〉點 ❸標點¶～をつける/點標點 ❹(漢字訓讀時標的符號)【訓(くん)-】⓪[名]分數 ❺分數¶～があまい/分數給得寬 ❻點,方面
テン ①【ten】十¶ベスト～/十佳
てん ⓪【貂】[名]貂
でんあつ ⓪【電圧】[名]電壓
てんい ①【転移】[名]轉移,擴散
てんいむほう ①-⓪【天衣無縫】[形動]天衣無縫
てんいん ⓪【店員】[名]店員
でんえん ⓪【田園】[名]田園【-都市(とし)】⑤[名]田園城市【-風景(ふうけい)】⑤[名]田園風景
てんか ⓪【天下】[名]天下¶～を取る/得天下¶かかあ-(でんか)④/老婆當家
でんか ⓪【電化】[名・自他サ]電氣化
てんかい ⓪【展開】[名・自他サ]❶展現 ❷展開,進展¶議論を～する/展開議論 ❸〈數〉(立體圖、公式的)展開
てんかい ⓪【転回】[名・自他サ]回轉,回旋
てんかふん ③⓪【天花粉】[名]痱子粉,爽身粉
てんかん ⓪【転換】[名・自他サ]轉換,變換【-期(き)】③[名]轉變期,過渡期
てんかん ⓪③【癲癇】[名]羊癲瘋
てんき ①【天気】[名]❶天氣¶～がいい/天氣好【-予報(よほう)】④[名]天氣預報 ❷晴天,好天氣 ❸情緒¶～が悪い/不高興【お-屋(や)】⓪[名]忽冷忽熱,喜怒無常的人
でんき ⓪【伝記】[名]傳記
でんき ①【電気】[名]❶電,電氣¶～を切る/斷電【静(せい)-】③[名]靜電 ❷電燈¶～をつける/開燈
でんきアイロン ④【電気iron】[名]電熨斗
でんきえいが【伝記映画】[名]傳記電影

でんきかいろ ◎[電気回路][名]電路

でんきかみそり ◎[電気剃刀][名]電動剃刀

でんききかんしゃ ⑤[電気機関車][名]電氣火車頭,電力火車頭

でんきけいさんき ⑥[電気計算器][名]電子計算器

でんきこう ④[電気工][名]電工

でんきこうがく ④[電気工学][名]電工學

でんきゅう ◎[電球][名]燈泡

てんきょ ◎[転居][名・自サ]遷居,搬家 **-先**(さき) ◎[名]搬遷地址,遷入地址

でんきろ ③[電気炉][名]電爐

てんきん ◎[転勤][名・自サ]調職,調動工作

てんぐ ◎[天狗][名] ❶天狗 ❷自誇,自負(的人)◇天狗になる/自負起來

てんぐさ ◎①[天草][名]石花菜

でんぐりがえ・る ⑤[でんぐり返る][自五] ❶翻筋斗 ❷顛倒,天翻地覆

てんけい ◎[典型][名]典型 **-的**(てき) ◎[形動]典型的

てんけん ◎[点検][名・他サ]査點,檢驗

でんげん ③◎[電源][名] ❶電力資源 **-開発**(かいはつ) ⑤[名]開發電力資源 ❷電源¶~を切る/切斷電源

てんこ ①[点呼][名・他サ]點名

てんこう ◎[天候][名]天氣,氣候¶~に恵まれる/遇上好天氣

てんこう ◎[転向][名・自サ]轉向,改變(職業,生活,思想等)

でんこうせっか ⑤[電光石火][名]風馳電掣,瞬間,極快

てんこく ◎[篆刻][名・他サ]篆刻

てんごく ①[天国][名] ❶〈宗〉天堂,天國 ❷(喩)天堂,樂園¶子どもの~/孩子們的天堂

でんごん ◎③[伝言][名・他サ]口信,傳話 **-板**(ぼん) ◎[名]留言板

てんさい ◎[天才][名]天才

てんさい ◎[天災][名]天災

てんざい ◎[点在][名・自サ]散在,散佈

てんさく ◎[添削][名・他サ]刪改,修改

てんし ①[天使][名]天使

てんじ ◎①[展示][名・他サ]展覽,陳列¶見本を~する/展覽樣品 **-品**(ひん) ③[名]展品,陳列品

てんじ ◎[点字][名]點字,盲文

てんし ①[電子][名]電子

でんしおんがく ④[電子音楽][名]電子音樂

でんしけいさんき ⑥[電子計算機][名]電子計算機

でんしけんびきょう ⑦[電子顕微鏡][名]電子顯微鏡

でんしこうぎょう ④[電子工業][名]電子工業

でんしゃ ◎[電車][名]電車 **-賃**(ちん) ③[名]電車費

てんしょ ◎[篆書][名]篆書,篆體

てんじょう ◎[天井][名]天棚,天花板

でんしょう ◎[伝承][名・他サ]相傳,傳説 **民間**(みんかん)**-** ⑤[名]民間傳説

てんじょうからめぐすり[天井から目薬]徒勞無功,無濟於事

てん・じる ◎[転じる][自他上一] ❶轉換,轉變¶話題を~/改變話題 ❷遷居,搬家

でんしレンジ ④[電子レンジ][名]電子微波爐

でんしん ◎[電信][名]電信 **-機**(き) ③[名]電報機

- でんしんばしら ⑤【電信柱】[名] 電線桿
- てんしんらんまん ⓪【天真爛漫】[名・形動] 天真爛漫,幼稚,天真
- テンス ①【tense】[名]〈語〉時,時態
- てんすう ③【点数】[名] ❶分數¶～をとる/得分 ❷(商品、作品的)件数
- てんせい ①【天性】[名]天性,禀性
- でんせつ ⓪【伝説】[名]傳説
- でんせん ⓪【伝染】[名・他サ]❶傳染 ❷傳播
- でんせん ⓪【電線】[名]電線
- でんせんびょう ⓪【伝染病】[名]傳染病
- でんそう ⓪【電送】[名・他サ]傳真【-写真(しゃしん) ⑤】[名]傳真照片
- てんたい ⓪【天体】[名]天體【-観測(かんそく) ⑤】[名]天體觀測
- てんたい ⓪【篆体】[名]篆體
- でんたく ⓪【電卓】[名]台式電子計算機(器)
- でんたつ ⓪【伝達】[名・他サ]傳達
- てんち ①【天地】[名]❶天地¶～の果(はて)/天涯海角 ❷(書、行李等等的)上下¶～をあける/上下空出空兒¶- 無用(むよう) ①】[名]切勿倒置
- でんち ①【電池】[名]電池
- でんちゅう ⓪【電柱】[名]電線杆子
- てんてき ⓪【点滴】[名]點滴(注射)
- てんてこまい ④【天手古舞(い)】[名・自サ]忙碌不可開交
- てんてん ③⓪【転転】[名・自サ]❶滾轉,來回滚動 ❷輾來轉去¶各地を～とする/輾轉各地
- てんてんはんそく ⓪【輾転反側】[名・自サ]輾轉反側
- テント ①【tent】[名]帳篷¶～を張る/搭帳篷
- てんとう ⓪【転倒・顛倒】[名・自他サ]❶翻倒,跌倒 ❷顛倒¶本末～/本末倒置 ❸驚慌,魂不附體¶気が～する/神魂顛倒
- でんとう ⓪【伝統】[名]傳統¶～をつぐ/繼承傳統
- でんとう ⓪【電灯】[名]電燈¶懷中(かいちゅう)- ⑤】[名]手電筒
- でんどう ⓪【伝道】[名・自サ]傳道,傳教
- でんどうき ③【電動機】[名]電動機,馬達
- てんとりむし ③④【点取虫】[名]書呆子
- でんねつき ④③【電熱器】[名]電熱器
- てんねん ①⓪【天然】[名]天然,自然
- てんねんガス ⑤【天然gas】[名]天然氣
- てんねんとう ⓪【天然痘】[名]天花
- てんねんほうせき ⑤【天然宝石】[名]天然寶石
- てんのう ③【天皇】[名]天皇
- でんぱ ①【電波】[名]電波¶-障害(しょうがい) ④】[名]電波干擾
- てんびき ④⓪【天引(き)】[名・他サ]先行扣除
- でんぴょう ⓪【伝票】[名]單據,發票,傳票¶～を切る/開傳票¶出金(しゅっきん)- ⑤】[名]付款單據【購入(こうにゅう)- ⑤】[名]進貨單據
- てんびん ⓪【天秤】[名]天平
- てんぷく ⓪【転覆・顛覆】[名・自他サ]❶翻¶車が～した/車翻了 ❷顛覆,推翻
- てんぷら ⓪【天麩羅】[名]日本式(裹麵油炸魚蝦蔬菜等的)油炸食

品¶魚の〜/炸魚
- **てんぶん** [10]【天分】[名]天賦,天份
- **でんぶん** [0]【澱粉】[名]澱粉
- **テンポ** [1]【(イ)tempo】[名] ❶〈音〉速度,拍子 ❷發展速度
- **てんぼう** [0]【展望】[名・他サ] ❶ 瞭望,眺望【-台(だい) [3]】[名]瞭望臺 ❷展望
- **でんぽう** [0]【電報】[名]電報¶〜をうつ/拍電報
- **でんぽうきょく** [3]【電報局】[名]電報局
- **てんまど** [0][3]【天窓】[名]天窗
- **てんめつ** [0]【点滅】[名・自他サ]乍明乍暗
- **てんもん** [0]【天文】[名]天文【-学(がく) [3]】[名]天文學
- **でんらい** [0]【伝来】[名・自サ] ❶ 傳來,傳入 ❷流傳,祖傳
- **てんらく** [0]【転落】[名・自サ] ❶ 滾下,摔下 ❷淪落,墮落
- **てんらんかい** [3]【展覧会】[名]展覽會
- **でんりゅう** [0]【電流】[名]電流
- **でんりょく** [1][0]【電力】[名]電力【-計(けい) [0]】[名]電錶
- **でんりょくこうぎょう** [5]【電力工業】[名]電力工業
- **でんわ** [0]【電話】[名]電話,電話機¶〜をかける/打電話【-番号(ばんごう) [4]】[名]電話號碼【-番号係(がかり) [4]】[名]查號臺

と　ト

と 五十音圖「た」行第五音。羅馬字寫作「to」,發音爲國際音標[to]。平假名「と」來自「止」字的草體,片假名「ト」是「止」字的簡略。濁音「ど」,羅馬字寫作「do」,發音爲國際音標[do]。

と ⓪[戸][名]門,房門¶～をあける/開門¶～を立てる/關門【-口(ぐち)①】[名]房門口【-じまり ⓪②】[名]關門,鎖門【引(ひ)き戸(と)②】[名]拉門【開(ひら)き戸(と)③】[名]帶合頁的門

と ①[途][名]途,路途¶帰国の～につく/啓程回國

と ①[都][名](日本行政區劃之一)都¶東京～/東京都

と [格助] ❶(表示動作所要求的對象)和,同¶弟～けんかをした/和弟弟吵架了¶クラスメート～相談してみます/我和同學商量一下¶あしたはとなり町のチーム～試合をします/明天將和鄰鎮的球隊進行比賽 ❷(表示共同行動的對方)和…一起¶駅ビルのレストランで叔父(おじ)さん～食事をした/和叔叔一起在車站的餐廳吃了飯¶小山君～博物館を見に行った/和小山君一起參觀了博物館 ❸(表示比較的對象)同,和,與,跟¶昔～違って,今では女性もおおぜい働いている/和過去不同,現在許多婦女也工作¶あなたはお兄さん～よく似ていますね/你長得和你哥哥真像 ❹(表示變化的結果,狀態)成,成爲¶彼は三年後,優秀な選手～なった/他三年後,成了一名優秀的運動員¶雨が夜に入って雪～なった/到夜裡,雨變成了雪 ❺(後接「する」表示)當作,認作,作爲¶留学生の友人を語学の先生～する/將留學生朋友當作自己的外語老師¶つぎの列車は当駅で運転うちきり～します/本站將是下次列車的終點 ❻(後接「思う」「言う」等動詞)表示動作,思考的內容¶バスはすぐ来る～思う/我覺得公車很快就會來¶彼は「知らないよ」～言った/他說"不知道"¶映画館の中には禁煙～書いてある/電影院裡寫著"禁止吸煙" ❼表示動作的狀態¶ころころ～ころがる/咕嚕咕嚕地滾¶遊覧船はゆっくり～方向転換をした/遊船慢慢地掉過頭來

—— [並助](表示並列)和,跟,與,同¶かき～みかん/柿子和橘子¶輸入～輸出/進口和出口

—— (接助) ❶(接續止形,表示前後兩個動作幾乎同時或相繼進行)剛一…就…¶栓(せん)をひねる～,水がどっと流れだした/剛一扭開水龍頭,水就嘩地一聲流出來了¶ベルが鳴りおわる～,電車はゆっくり～動きはじめた/鈴聲剛停,電車就徐徐開動起來¶彼は電灯を消す～,すぐ目を閉じた/他剛一關上燈,就馬上閉上了眼睛 ❷(上接終止形)表示繼前一個動作之後,發現或看到了意料不到的後一個動作¶窓をあけてながめ～,町のネオンがまたたき始めていた/推窗遠眺,鎮上的霓虹燈已在閃爍¶家に帰る～,友だちからの手紙が

来ていた/一到家,就看到了朋友的來信 ❸(上接終止形,表示動作發展的必然性,前一動作是後一動作的條件或前提)一…就…¶春になる～、花が咲く/一到春天,花就開¶彼は酒を飲む～、顔が赤くなる/他一喝酒臉就紅 ❹(上接終止形,表示假定)如果…就…¶天気がいい～、気持ちがせいせいします/如果天氣好,心情就舒暢¶早く行かない～、遅れるよ/如不快去就晚了 ❺(上接『う』『よう』『まい』)不管,無論¶どんなに非難されよう～、自分の計画は実行するつもりだ/無論受到什麼樣的責難,我都要堅持自己的計劃¶雪が降ろう～、降るまい～、とにかく出発する/不管下不下雪,都要出發

ど ⓪【度】[名] ❶程度,限度¶～をこす/過度¶日ましに親密の～をましている/日益親密 ❷回,次¶一～も行ったことがない/一次也沒有去過(眼鏡的)度數¶～があう/度數合適¶～がつよい/度數深 ◇度を失(うしな)う/驚慌失措,慌神

ドア ①【door】[名]門

どあい ⓪【度合い】[名]程度¶強弱の～/強弱程度

とい ⓪【問い】[名] ❶疑問¶～を発する/提問題 ❷(試卷等提出的)問題¶以下の～に答えよ/請回答下列問題

とい ①【樋】[名] ❶(引導房頂雨水下流的)落水管¶雨樋(あまどい) ❷[名]落水管 ❷(竹筒等製的)導水管

といあわ・せる ⑤【問(い)合わせる】[他下一]詢問,打聽¶先方に～/向對方詢問

といか・ける ④【問(い)掛ける】[他下一]詢問,問

といただ・す ④【問(い)質す】[他五]盤問,質問¶事の真偽を～/盤問事情的真假

ドイツ ①【(オ)Duits】[名]德國【-語(ご)⓪】[德語]¶～体操/德意志體操械體操

どいつ ①【代】(「だれ」的粗俗說法)誰,哪個傢伙

といつ・める ④【問(い)詰める】[他下一]追問,逼問

といやのただいま ⓪【問屋の只今】說了不做,不履行諾言

トイレ ①[名]「トイレット」的簡稱→トイレット

トイレット ③①【toilet】[名]洗手間,廁所¶-ペーパー ⑥【名】衛生紙,手紙

とう ⓪【頭】[名] ❶頭(＝あたま) ❷統率,首領(＝かしら) ──[接尾](助數詞用法,用來計算牛,馬等)頭

とう ①【唐】[名](中國的)唐朝¶-三彩(さんさい)③【名]唐三彩

とう ①【党】[名]黨,政黨

とう ①【塔】塔¶テレビ-④【名】電視發射塔

と・う ⓪【問う】[他五] ❶問,詢問¶真意を～/詢問真意¶安否(あんぴ)を～/問安,問候 ❷追究¶責任を～/追究責任 ❸(用「…に問われる」的形式,表示法律上)被定為罪¶傷害罪に～われる/被定為傷害罪 ❹(以否定形式表示)不論,不管¶年齢を～わない/不問年齡大小¶老若男女を～わず…/不論男女老少等… ◇問うは一時の恥(はじ)、問わぬは末代(まつだい)の恥/問為一時之恥,不問為一生之恥

どう ①【胴】[名] ❶(人體除去頭部和四肢的)軀幹¶～が長い/身子長¶-まわり⓪ ❷(物體的)主體部分¶飛行機の～/飛機的機身 ❸(鼓的)共鳴箱 ❹(劍術)胸膛,護胸,對胸部的一

撃
- **どう** ①[堂][名] ❶(寺院的)殿,堂↑佛堂◇堂に入(い)る/(學問,技藝)無可挑剔,爐火純青
- **どう** ①[銅][名]銅
- **どう** ①[副]怎麼,怎樣,如何↑お体のぐあいは〜ですか/您身體怎麼樣呢↑〜しよう/怎麼辦呢↑〜とも思わないね/我没覺得怎麼樣
- **どうあげ** ③④[胴上(げ)][名](為慶祝勝利,衆人將有功之臣)抛擧起來↑〜する/抛擧
- **とうあん** ⓪[答案][名]試卷↑白紙(はくし)の〜/白卷【模範(もはん)-】④[名]標準答案【-用紙(ようし)】④[名](專寫答案的)答卷紙
- **どうい** ⓪[同位][名]同位【-角(かく)】⓪[名]同位角【-元素(げんそ)】④[名]同位素
- **どうい** ⓪[同意][名・自サ]同意,贊成↑〜をえる/得到同意↑〜を求める/請求同意
  ——[名]同義【-語(ご)】③[名]同義語
- **どういう** ①[連体]怎樣,什麼樣(=どんな)↑〜物が欲しいのですか/你想要什麼樣的東西↑いったい〜つもりなんだ/你到底打算幹什麼
- **どういたしまして** ①[どう致しまして](寒暄語)不必客氣
- **とういつ** ⓪[統一][名・他サ]統一【天下(てんか)-】①-⓪[名]天下統一
- **どういつ** ⓪[同一][名・形動]同樣,同等↑〜にあつかう/同樣對待↑〜にみる/同樣看待【-人物(じんぶつ)】⑤[名]同一人物
- **どういつし** ④[同一視][名・他サ]同樣看待
- **とういん** ⓪[党員][名]黨員
- **どういん** ⓪[動員][名・他サ]動員,調動
- **とうえいず** ③[投影図][名]透視圖
- **とうおう** ⓪[東欧][名]東歐
- **とうおん** ⓪[唐音][名]指從平安時代末期開始傳入日本的中國唐到清代的)漢字讀音如「京(きん)」、「行(あん)」等,漢字讀音以漢音、吳音最多,唐音只限於一小部得恩
- **とうか** ⓪①[投下][名・他サ] ❶投下,扔下↑爆弾を〜する/扔下炸彈 ❷投入(資本)↑資本を〜する/投資
- **どうか** ⓪[同化][名・自他サ]同化↑炭酸(たんさん)〜作用/炭酸同化作用
- **どうか** ①[副] ❶請,務請,懇請↑〜よろしくお願いします/請務必多多關照 ❷不知何時〜,一下的拍子にこわれたらしい/好像什麼時候碰了一下給弄壞的 ❸想個辦法,設法↑学費だけは〜してやりたい/真希望有個辦法幫助他,至少解決學費問題 ❹(以「どうかこうか」的形式表示)勉强↑〜こうか生きてます/勉强度日 ❺(以「どうかする」的形式表示)反常,令人奇怪↑このごろ、きみは〜しているぞ/最近,你有些反常 ❻(以「どうかと思う」的形式表示)難以贊成,無法同意↑その考えは〜と思う/我難以同意那個意見
- **とうかいどう** ③①[東海道][名] ❶(江戸時代)東京日本橋至京都三條大橋間的沿海道路 ❷東京經靜岡,名古屋,京都、大阪至神户的沿海公路【-本線(ほんせん)】⑦[名]東京至神户的沿海鐵路
- **とうがいひん** ⓪[等外品][名]次級品,殘品,等外品
- **どうかせん** ⓪[導火線][名] ❶引信,導火線 ❷(事件等的)導火線

とうから ①【疾うから】[副]很早,早就…¶そんなこと、言われなくても～知っているよ/那件事你用不着说,我早就知道了

とうがらし ③【唐辛子】[名]辣椒

どうかん ⓪【同感】[名・自サ]同感,同意,赞同

とうがん ③【冬瓜】[名]冬瓜

とうき ①【冬季】[名]冬季¶-オリンピック大会(たいかい) ①-⑦[名]冬季奥林匹克运动會

とうき ⓪【冬期】[名]冬天期間

とうき ①【投機】[名]投機

とうき ⓪①【陶器】[名]陶器

とうき ①【騰貴】[名・自サ](物價)飛漲

とうぎ ①【討議】[名・他サ]討論

どうき ①【同期】[名] ❶同時期¶-録音(ろくおん) ④[名]同步錄音 ❷同年(入學、入社)¶～の仲間(なかま) ①同一期的伙伴¶-生(せい) ③[名]同一期的同學

どうき ⓪①【動機】[名]動機¶犯行の～/犯罪動機

どうき ①【動悸】[名]心臟劇烈跳動,心砰砰地跳¶～がする/心臟劇烈跳動

どうぎご ③【同義語】[名]同義語(如「来年」和「明年」、「投手」和「ピッチャー」)

とうきゅう ⓪【等級】[名]等級¶～をつける/劃分等級

とうきゅう ⓪【投球】[名・自サ](棒球)投球¶全力(ぜんりょく)-⑤[名] ❶(棒球)使出全力投球 ❷全力以赴/地工作

とうぎゅう ⓪【闘牛】[名] ❶牛與牛比賽;其比賽中使用的牛 ❷鬥牛(人與牛鬥);其比賽中使用的牛¶-士(し) ③[名]鬥牛士

どうきゅう ⓪【同級】[名] ❶等級相同,同等級 ❷同年級¶-生(せい) ③[名]同年級的同學

どうきょ ⓪【同居】[名・自サ] ❶同居,同住在一起¶三世代(さんせだい)が～する/三代同堂¶-人(にん) ⓪[名]同居者 ❷同時存在

とうきょう ⓪【東京】[名]東京

どうきょう ⓪【同郷】[名]同郷,老鄉

どうきょう ①【道教】[名](中國的)道教

とうきょく ①【当局】[名]當局,當事

とうきょり ③【等距離】[名]等距離

どうぐ ③【道具】[名] ❶工具,用具¶大工(だいく)-④[名]木工工具¶所帯(しょたい)-④[名]家庭必備的生活用具 ❷手段,工具

どうくつ ⓪【洞窟】[名]洞穴,山洞

とうげ ③【峠】[名] ❶山頂¶～をくだる/下山 ❷頂峰,頂盛期◇峠をこす/過了頂盛期¶病状も～をこした/病情好轉(過了危險期)

どうけ ③【道化】[名] ❶滑稽 ❷滑稽的人¶-師(し) ③[名]丑角,滑稽師¶-者(もの) ⑤[名]令人發笑的人¶-役(やく) ⓪④[名]滑稽演員,丑角

とうけい ⓪【統計】[名・他サ]統計¶～をとる/作統計

とうけい ⓪【同慶】[名](書信用語)同慶,同賀¶ご子息(しそく)様大学合格とのこと、ご～の至(いた)りです/聽説令郎考上大學,可喜可賀

とうけつ ⓪【凍結】[名・自他サ] ❶結冰 ❷(資金等)凍結¶賃金(ちんぎん)-⑤[名]工資凍結

とうげんきょう ⓪③【桃源郷】[名]烏托邦,世外桃源

とうこう ⓪【登校】[名・自サ]去學校,上學

とうごう ⓪【統合】[名・他サ]統一¶意見を～する/統一意見

どうこう ⓪【同好】[名]興趣相同,

愛好相同¶～の士/興趣相同之士【-会(かい)】③[名]愛好相同的人組成的俱樂部

どうこう ◎【動向】[名]動向

どうこんしき ③【銅婚式】[名]紀念銅婚儀式

どうさ ①◎【動作】[名]動作¶～がすばやい/動作快【投球(とうきゅう)-】⑤[名][棒球]投球動作

とうざい ①【東西】[名]東和西-南北(なんぼく)】⑤[名]東西南北【-問題(もんだい)】⑤[名]東西方之間的問題【古今(ここん)-】④[名]古今中外

どうさつ ◎【洞察】[名・他サ]洞察

とうざよきん ④【当座預金】[名]支票活期存款(不帶息)

とうさん ◎【倒産】[名・自サ]破産

とうし ◎【投資】[名・自サ]投資【-家(か)】◎[名]投資家【設備(せつび)-】④[名]設備投資

とうじ ◎【冬至】[名]冬至

とうじ ①【当時】[名]當時

どうし ①【同志・同士】[名] ❶同志 ❷属於同一種關係的雙方;們¶恋人～/属於戀愛關係的雙方¶男～/男同胞們 ◆❸多用「同士」或假名書寫

どうし ①【此氏】[名]該氏,該人

どうし ◎【動詞】[名]動詞

どうじ ◎①【同時】[名] ❶同時【-通訳(つうやく)】④[名]同步翻譯【-進行(しんこう)】④[名]同時進行 ❷(用「…と同時に」的形式表示)既…又…¶学者であると～に教育者でもある/既是学者又是教育家

とうじき ③【陶磁器】[名]陶瓷器

とうじしゃ ③【当事者】[名]當事者,當事人

とうじつ ◎①【当日】[名]當天【-売(う)り】◎[名]當天售出【-券

(けん)】④[名]當日有效的票,券

どうしつ ◎【同室】[名・自サ] ❶同室 ❷同室的人

どうして ①[副] ❶如何,怎樣¶この問題を～解決したらいいだろう/怎樣解決這個問題才好呢 ❷爲什麼,什麼理由¶～きみは出来なかったのか/你爲什麼不會

——[感] ❶(多用「どうして、どうして」形式表示否定對方的話)哪裡哪裡,遠不止那様¶～、～、そんな程度じゃなかったよ/哪裡,遠不止那様 ❷(表達出乎意料,吃驚時的感情)喲¶～、あいつはたいしたもんだ/喲,那傢伙還真了不起

どうしても ④[副] ❶無論如何,必須¶～行かなければならない/必須去 ❷怎麼也…¶～できない/怎麼也不會

とうしゃ ①【当社】[名] ❶本公司 ❷本神社

とうしゃばん ◎【謄写版】[名]刻字蠟版【-原紙(げんし)】◎-①[名]蠟紙

とうしゅ ①【投手】[名](棒球)投手

とうしょ ①【当初】[名]當初,最初

とうしょ ◎【投書】[名・自他サ]投書,投稿【-欄(らん)】⑤[名]讀者來信專欄

とうじょう ◎【搭乗】[名・自サ]搭乗(飛機、船等)【-員(いん)】③[名]乗務員【-券(けん)】③[名]登機券

とうじょう ◎【登場】[名・自サ] ❶登場,上場¶ステージに～する/上舞臺,登場【-人物(じんぶつ)】⑤[名]出場人物 ❷出世,問世¶新製品が～する/新産品問世

どうじょう ◎【同情】[名・自サ]同情¶～をかう/爭取同情¶～をよせる/寄予同情

どうじょう ③①【道場】[名] ❶(佛教)修行的地方 ❷(練習武藝等的)練習場所

とう・じる ③⓪【投じる】[自他上一](文語)投入,投身¶仕事に身を～/投身到工作當中¶時流(じりゅう)に～/投身到時代的洪流中去

どう・じる ⓪【動じる】[自上一]動摇,心慌

とうしん ⓪【答申】[名・他サ]回答上級機構的諮詢¶-案(あん)③[名](回答上級諮詢的)意見報告¶-書(しょ)③[名](回答上級諮詢的)意見報告書

どうじん ⓪【同人】[名]志同道合的人¶-雑誌(ざっし)⑤[名]同人雜誌

とうすい ⓪【陶酔】[名・他サ]陶醉

どうせ ⓪【副】(多含有自暴自棄的心情)反正,無論如何¶～失敗するんだ/反正是要失敗¶～ろくな者にはなれまい/反正我成不什麼大氣候

とうせい ⓪【統制】[名・他サ]統制,管制¶言論を～する/管制言論(自由)¶-経済(けいざい)⑤[名]計劃經濟¶-委員会(いいんかい)⑥[名]管制委員會

どうせい ⓪【同姓】[名]同姓¶-同名(どうめい)⓪-⓪[名]同姓同名

どうせい ⓪【同性】[名]同性

どうせい ⓪【同棲】[名・自サ]同居

とうせん ⓪【当選】[名・自サ]當選¶市長に～する/當選爲市長¶-者(しゃ)③[名]當選的人

とうぜん ⓪【当然】[形動・副]當然,理所當然¶～なこと/理所當然的事情¶～そうすべきだ/當然要那麼做

どうぞ ①[副]請¶～よろしくお願いします/請多多關照¶～お先に/您先請¶はい、～/請吧

とうそう ⓪【逃走】[名・自サ]逃跑,逃脱

とうそう ⓪【闘争】[名・自サ]鬥爭

どうそう ⓪【同窓】[名](同一學校畢業的)同學¶-会(かい)③[名]同學會¶-生(せい)③[名]同學,校友

どうぞう ⓪【銅像】[名]銅像

とうだい ⓪【灯台】[名](水路)航標,燈塔¶-守(もり)③[名]看守燈塔的人

とうたつ ⓪【到達】[名・自サ]到達,達到¶同じ結果に～した/達到相同結果¶-点(てん)④[名]到達地點¶-目標(もくひょう)⓪[名]達到的目標

とうち ①【当地】[名](書信用語)本地,當地¶～では初雪(はつゆき)をみましたが、そちらではいかがでしょうか/這裡已經下了第一場雪,你們那裡怎麼樣

とうち ⓪【倒置】[名・他サ] ❶(順序、位置)倒置 ❷(句子)倒裝¶-法(ほう)⓪[名](句子)倒裝法

とうちゃく ⓪【到着】[名・自サ]到達¶-時刻(じこく)⑥[名]到達時間

とうちょく ⓪【当直】[名・自サ]值班

とうてい ⓪【到底】[副](後接否定語)無論如何也,怎麼也¶こんな難しい問題は、～できない/這麼難的問題無論如何也不會¶～無理だ/無論如何也做不到

どうてい ⓪【童貞】[名]童男

どうてき ⓪【動的】[形動]具有動感,具有動態¶～なリズムを感じさせるデザイン/具有動感的

設計
- **とうてん** ⓾⓪【読点】[名]頓點,頓號
- **どうてん** ⓪【動転】[名・自サ]驚恐失措¶気が～する/慌神
- **とうと・い** ③【貴い】[形] ❶寶貴,珍貴,貴重¶～体験/寶貴的經驗 ❷(身分,地位)高貴
  ——【尊い】令人尊敬,尊貴
- **とうとう** ①【副】終於¶長時間(ちょうじかん)の会議をした結果,結論が～出た/開了很長時間的會,終於有了結論
- **どうどう** ⓪【堂堂】[副・形動] ❶(體魄)健壯¶～たる体格/健壯的體魄 ❷(舉止)堂堂¶～と自分の意見をのべる/堂堂正正地發表自己的意見【正正(せいせい)ー】⓪【副】堂堂正正
- **どうとく** ⓪【道徳】[名]道德 -教育(きょういく)⑤【名】道德教育【公衆(こうしゅう)ー】⑤【名】公共道德
- **とうとつ** ⓪【唐突】[形動]突然,唐突
- **とうと・ぶ** ③【尊ぶ・貴ぶ】[他五]尊敬,尊重
- **とうどり** ⓪④【頭取】[名](銀行的)總經理
- **とうなん** ⓪【盗難】[名]失竊,被盗
- **とうなんアジア** ⑤【東南アジア】[名]東南亞
- **どうにか** ①⓪【副】❶好歹,總算¶～頂上まで来た/總算爬上了山頂 ❷設法,想個辦法¶五千円ほしいんですが,～なりませんか/我想要五千日圓,你能不能幫我想點辦法
- **どうにも** ①⓪【副】(後接否定語)無論如何也,怎麼也¶～ならない/毫無辦法¶～助けようがない/無法救助
- **とうにゅう** ⓪【豆乳】[名]豆漿
- **どうにゅう** ⓪【導入】[名・他サ]傳入,輸入,導入
- **とうにょうびょう** ⓪【糖尿病】[名]糖尿病
- **とうにん** ①【当人】[名]本人,當事人
- **どうねん** ⓪【同年】[名]❶同年齢 -輩(ぱい)③【名】同年齢的人 ❷同年,同一年
- **どうの こうの** ①-①【副】(表示不滿)這呀那呀¶今さら～と言ってもしようがない/到現在再説這道那的也沒用了
- **とうは** ①【踏破】[名・自サ]走遍,踏破¶ジャングルを～する/走過叢林
- **どうはい** ⓪【同輩】[名]❶同年齢的人 ❷同一期(入學,参加工作)的人
- **とうばつ** ⓪①【討伐】[名・他サ]討伐
- **とうばん** ①【当番】[名]❶值班,值日 ❷值班人,值日生
- **とうひょう** ⓪【投票】[名・自サ]投票 -区(く)③【名】投票區 -者(しゃ)③【名】投票人 -日(び)③【名】投票日【記名(きめい)ー】④【名】記名投票【無記名(むきめい)ー】⑤【名】無記名投票
- **とうふ** ③【豆腐】[名]豆腐 -屋(や)⓪【名】豆腐店◇豆腐に鎹(かすがい)/(忠告,意見等)徒勞,不起作用
- **とうぶ** ①【東部】[名]東部地區
- **どうふう** ⓪【同封】[名・他サ]附在信内¶写真を～します/隨信寄去照片
- **どうぶつ** ⓪【動物】[名]動物 -園(えん)④【名】動物園
- **とうぶん** ①【糖分】[名]糖分
- **とうぶん** ⓪【等分】[名・他サ]等分,均分¶～に分ける/平均分
- **とうぶん** ⓪【当分】[副]暫時,目前,最近¶～の間/最近一段期間

とうべん ①[答弁][名・自サ]答辯¶～に立つ/起來答辯
とうぼう ⓪[逃亡][名・自サ]逃亡
どうほう ⓪[同胞][名]同胞
とうほく ⓪[東北][名](本州島的)東北部(包括青森、秋田、岩手、宮城、山形、福島縣)-地方(ちほう)⑤[名]東北地區
とうほん ⓪①[謄本][名]副本¶戸籍(こせき)-④[名]戸籍謄本
とうほんせいそう ⓪[東奔西走][連語・名・自サ]東奔西走
どうまわり ③[胴回り][名]臀圍
どうみゃく ①[動脈][名]動脈¶-硬化(こうか)⑤[名]動脈硬化
とうめい ⓪[透明][名・形動]透明¶～なガラス/透明的玻璃¶無色(むしょく)-④[名]無色透明
どうめい ⓪[同盟][名・自サ]同盟¶～をむすぶ/結成同盟¶-罷業(ひぎょう)⑤[名]罷工
どうメダル ③[銅メダル][名]銅牌
とうめん ⓪③[当面][名・自サ]當前,面臨¶～の問題/面臨的問題¶～の急務/當務之急
——[副]目前,暫時
どうも ①[副]❶(後接否定語)怎麼也…¶～上手(じょうず)に話せない/怎麼也説不好¶いろいろやってみたが、～うまくいかない/各種方法都試了,但怎麼也弄不好 ❷總覺得,好像,似乎¶～体の調子がよくない/總覺得有些不舒服¶～ちがうようだ/似乎不對 ❸(表示毫無辦法及驚訝的心情)真,實在¶～あきれたやつだ/真是個令人没辦法的傢伙 ❹(用於寒暄語前)真,非常¶～ありがとう/非常感謝¶～すみません/很抱歉
——[感]❶用於省略「どうも」之後的詞¶先日は～/前些日子太感謝了(太對不起了)¶や、これは、～/哎呀,這可太好了,謝謝您 ❷表達猶豫、不滿、委婉地拒絶等心情¶「お願いできませんか」—「それはちょっと、～ね」/"能幫幫我的忙嗎"—"這可有點不好辦呀"

とうもろこし ③[玉蜀黍][名]玉米

どうやら ①⓪[副]❶好容易,終於¶～先が見えてきたようだ/終於有盼頭了 ❷大概,好像¶～雨になりそうだ/大概要下雨

とうゆ ⓪[灯油][名]煤油,燈油

とうよう ⓪[東洋][名]東洋(亞洲東部和南部)

どうよう ⓪[童謡][名]童謡

どうよう ⓪[動揺][名・自サ]❶搖動,晃動¶車体の～がはげしい/車身晃動得厲害 ❷動揺

どうよう ⓪[同様][形動]同様¶～にあつかう/同様對待¶昨年と～のやりかた/和去年同様的做法

とうようかんじ ⑤[当用漢字][名]當用漢字(一九四六年日本政府公佈的日常生活中常用的漢字,共1850個,後幾經增補、調整,於一九八一年改爲「常用漢字」

どうらく ④③[道楽][名・自サ]❶嗜好¶食(くい)-③[名]嗜好吃 ❷沉溺於吃喝嫖賭¶-者(もの)⓪[名]沉溺於吃喝嫖賭的人

どうり ③[道理][名]道理¶～にあう/合乎道理¶～にかなう/合乎道理

どうりで ①[副]怪不得¶囲碁(いご)二段ですか、～強いと思った/是圍棋二段呀,怪不得這麼厲害

とうりゅうもん ③[登龍門][名]飛黃騰達的臺階◆此詞源於鯉魚躍龍門的故事

どうりょう ⓪[同僚][名]同事

どうりょく ①[動力][名]動力

とうるい ⓪【盗塁】[名・自サ](棒球)盗壘

どうろ ①【道路】[名]道路,公路¶-標識(ひょうしき)④[名](公路的)交通標誌¶高速(こうそく)-⑤[名]高速公路¶有料(ゆうりょう)-⑤[名]收費公路

とうろう ⓪【灯籠】[名]燈籠¶-流(なが)し⑤[名](盂蘭盆會的末日夜裡舉行的)放河燈

とうろく ⓪【登録】[名・他サ]登記,註冊¶住民(じゅうみん)-⑤[名]申報戶口¶-商標(しょうひょう)⑤[名]註冊商標

とうろん ①【討論】[名・自他サ]討論

どうわ ⓪【童話】[名]童話

とうわく ⓪【当惑】[名・自サ]困惑,不知如何是好¶-の色をかくせない/掩不住困惑的神情

とえい ⓪【都営】[名]東京都經營¶-バス④[名]東京都經營的公共汽車¶-地下鉄(ちかてつ)⓪[名]東京都經營的地鐵

とお ①【十】❶十 ❷十個 ❸十歲

とお・い ⓪【遠い】[形] ❶(距離、時間)遠,遙遠¶学校が~/學校遠¶~い将来/遙遠的將來¶~むかし/很久很久以前 ❷(關係)疏遠¶~親戚 ❸聽不清¶電話が~/電話(遠)聽不清◇耳が遠い/耳背◇遠くの親類(しんるい)より近(ちか)くの他人(たにん)/遠親不如近鄰

とおか ⓪【十日】[名] ❶十號 ❷十天

とおく ③【遠く】[名]遠方,遠處¶~の山/遠方的山

―― [副] ❶很久以前¶~戦国時代の昔/遠在戰國時代的古時候 ❷離開很遠¶~外国から手紙がきた/從老遠的外國來了信

とおざか・る ④【遠ざかる】[自五] ❶遠離,遠去 ❷(關係)疏遠

-どおし【通し】[接尾](接動詞連用形表示)一直做該動作¶泣き~/一直哭

とお・す ①【通す】[他五] ❶通,通過,穿過¶針の穴に糸を~/穿針 ❷通順¶すじを~/通情理 ❸(決議等)通過,合格¶法案を~/通過法律案 ❹透過¶放射線を~さない金属/放射線透不過去的金屬 ❺引進,領進¶客を部屋に~/把客人領進屋 ❻(用「~を通して」表示)通過,經過¶テレビやラジオを~して宣伝する/藉由電視、廣播進行宣傳 ❼瀏覽¶雑誌に目を~/瀏覽一遍雜誌 ❽始終保持(一種狀態)¶独身で~/堅持獨身 ❾始終堅持(自己的主張)¶意地(いじ)を~/固執己見¶我(が)を~/固執己見 ❿(接動詞連用形表示)做完,做到底¶つらぬき~/貫徹到底¶読み~/通讀

トースター ①【toaster】[名]烤麵包片

トースト ①【toast】[名](烤好的)麵包片

トータル ①【total】[名・他サ]合計,總計¶得点を~する/合計分數

―― [形動]全體,總,綜合¶~にとらえる/整體來看

ドーナツ ①⓪【doughnut】[名]炸麵包圈,甜甜圈

トーナメント ①【tournament】[名]淘汰賽¶-戦(せん)④[名]淘汰賽

とおの・く ③【遠のく】[自五] ❶遠去,遠離 ❷(關係)疏遠

とおまわし ③⑤【遠回し】[名]委婉,拐彎抹角¶~に言う/委婉地說

とおまわり ③【遠回り】[名]繞遠¶~の道/繞遠的路

ドーム ①【dome】[名]半圓形屋頂

とおり ⓪【通り】[名] ❶大街,馬路¶~に出る/上大街¶大通(おおどおり) ③[名]後街,胡同 ❷來往,交通¶車の~が激(はげ)しい/来往車輛很多¶-道(みち)⑤[名]來往行人經過的路¶人通(ひとどおり) ⓪[名]来往行人 ❸通(風)風の~がわるい/通風不好¶社会上の~が通用¶芸名のほうが~がよい/社會上多知道他的藝名¶-相場(そうば)④[名](社會上的)一般行情,公認的評價

―― ①[形動]按照…樣¶言われた~にしろ/按照說的那樣去做¶その~だ/正如(您所說的)那樣¶希望どおり/按照您所希望的那樣

――[接尾]表示事物的種類,次數¶二(ふた)~のやり方/二種做法¶三(み)~の意見/三種意見

-とおり【通り】[接尾](助數詞用法,接表示數目詞後) ❶種類,方法 ¶やり方はいく~もある/辦法有多種 ❷套,組¶教科書を一(ひと)~買ってきた/買来了一套教科書 ❸遍¶朝,新聞を一~読んでから出かける/早上,看了一遍報紙後出去

-どおり【通り】[接尾] ❶表示街,路的名称¶銀座(ぎんざ)~/銀座街 ❷表示程度¶左右¶九分(くぶ)~できた/完成了百分之九十左右

とおりあめ ④【通り雨】[名]陣雨

とおりいっぺん ⑥【通り一遍】[形動]表面,形式上,泛泛¶~のあいさつ/形式上的客套話

とおりがかり ⓪【通り掛かり】[名]路過

とおりがけ ⓪【通り掛け】[名]路過時順便

とおりすがり ⓪【通りすがり】[名] ❶路過 ❷路過時順便¶~にでもお寄りください/以後路過這裡時,請順便来玩

とおりな ③【通り名】[名]通稱

とお・る ①【通る】[自五]
❶通,通過,穿過¶鉄道が~/鐵路通車¶貨物列車が鉄橋を~/貨車通過鐵橋 ❷(意思,條理)通順¶すじが~/合情理 ❸(鼻子)通氣¶つまっていた鼻が~/堵着的鼻子通氣了 ❹(聲音)響亮¶声が~/聲音響亮 ❺(決議等)通過;(考試)合格¶議会を~/在議會上通過¶予選を~/通過預選¶試験に~/考試合格 ❻進入¶どうぞ、お~りください/請進 ❼(受到)承認,(多数人)知暁¶意見が~/意見被採納¶名が~/聞名

とお・る ①【透る】[自五]透明,透光

とか[副助] ❶(表示列擧)…啦…啦¶毎日掃除(そうじ)~洗濯(せんたく)~に追われている/每天不是忙着掃除就是忙着洗衣服¶バナナ~オレンジ~のくだもの/香蕉、橘子之類的水果 ❷要麼…要麼…,或者…或者…¶自分で本をさがす~、図書館に行く~、いくらでも調べる方法はある/或者自己查看,或者去圖書館,總之,查找的辦法有很多 ❸表示不確實的傳聞,不確切的記憶¶ちょうど出掛けるところがある~で、くわしく話すことはできなかったけど/說是要去個什麼地方,所以,我們沒能深談¶おじさんは四年前に七十幾つ~で亡くなった/爺爺在四年前七十多歲的時候死去了

とかい ⓪【都会】[名]城市,都市

とかく ⓪[副] ❶這個那個地指責¶子どもについて~言うまえに、まず親自身が反省しろ/在這個那個地訓斥孩子之前,父母應首

先反省一下自己¶～この世は悪いうわさが流れる/社會上流傳著種種不好的傳言 ❷往往,常常¶寒くなると,～寝坊しがちだ/天一冷就往往愛睡懶覺¶成績がよいと,～うぬぼれがちだ/學習成績一好,就常常驕傲起來了 ❸總而言之¶～健康がすぐれない/總而言之健康狀況不好 ❹這個那個,不知不覺¶～するうちに十日たった/不知不覺地過了十天

とかげ ⓪【蜥蜴】[名]蜥蜴

とか・す ②【梳かす】[他五]梳理(頭髮)¶頭を～/梳頭¶髪を～/梳頭

とか・す ②【溶かす・解かす】[他五]溶解,溶化¶水を～/溶化冰¶なまりを～/溶化鉛

どかっと ②[副] ❶猛地放下重物貌¶～すわる/重重地坐下¶床の上に包みを～置く/抱包袱猛地放在地板上 ❷下大雨(雪)貌¶雪は短時間に～降ってきた/大雪一下子就來了 ❸(數量)一下子增加很多¶大金(たいきん)が～ころがりこむ/一下子有了一大筆錢 ❹物價驟然漲落貌

とが・める ③【咎める】[他下一] ❶責難,譴責¶不注意を～/責怪他不小心¶罪を～/譴責罪行 ❷盤問¶警官に～められる/受到警察的盤問 ❸(內心感到)不安¶気が～/於心不安

とがら・す ③【尖らす】[他五] ❶使…尖出¶口を～/噘嘴(表示不滿) ❷神經過敏,緊張¶神經を～/精神緊張起來 ❸(生氣時)聲音尖銳¶声を～/高聲(訓斥)

とが・る ②【尖る】[自五] ❶(頭兒)尖¶～った鉛筆/尖尖的鉛筆 ❷(神經)過敏,緊張¶神經が～/神經過敏 ❸(生氣時)尖銳,高聲◇とがった声/尖銳的聲音

とき ①【鴇・朱鷺】[名]朱鷺

とき ②【時】[名] ❶時間,光陰¶～がたつ/光陰流逝 ❷時代¶～のうつりかわり/時代變遷 ❸時期,時候¶若い～/年輕時候¶幼い～の思い出/童年的回憶 ❹時刻,鐘點¶～を知らせる/報時 ❺時機,機會¶～をえる/得到機會¶～を待つ/等待時機 ❻當時,現時¶～の人/名噪一時的人物 ❼時候¶欠席の～は届け出ること/缺席時,請事先請假◇時は金(かね)なり/一寸光陰一寸金

どき ①【土器】[名] ❶陶器 ❷(新石器時期用泥土做的)容器

ときいろ ⓪【鴇色】[名]淺粉色

ときおり ⓪【時折】[副]有時,偶爾

ときたま ⓪【時たま】[副]有時,偶爾¶～会う/偶爾見面

…ときたら 要說…,提起…來¶水泳～彼にかなう者はいない/要說游泳,沒人能比得過他

ときどき ④⓪【時時】[名]每個時期¶狀況に応じて,その～の実行計画を立てる/根據情況再訂各個時期的計劃

―― ⓪[副]時常,常常¶～行く/時常去¶～見かける/常常看到

どきどき ①[副・自サ](心)撲通撲通地跳(形容緊張,不安)¶胸が～する/心撲通撲通地跳

ときならぬ ④【時ならぬ】[連体]不合季節的;令人意外的¶～大雪/不合季節的大雪

ときに ②【時に】[副] ❶有時¶～彼を見かける/偶爾會看見他 ❷時間正是…¶～元禄十五年/時間正是元禄十五年

―― [接]用於談話中途另換話題時¶哎,那個

ときには ②【時には】[副]偶爾,有時¶誰だって～失敗することが

ときふ・せる ④【説き伏せる】[他下一]説服,勸説
どぎまぎ ①[副・自サ]慌張,慌神
ときめ・く ③[自五]激動¶胸が～/激動得心跳
どぎもをぬく【度肝を抜く】使…嚇破膽
ドキュメンタリー ③【documentary】[名]紀録片(小説、廣播節目)
ドキュメンタル ⑧【documental】[形動]紀實性
ドキュメント ①【document】[名]紀録,文獻
どきょう ①【度胸】[名]膽量¶～をすえる/壯起膽¶－だめし ④[名]試膽量
どきょう ⓪【読経】[名・自サ]念經
とぎれとぎれ ④[形動]斷斷續續¶～に話す/斷斷續續地説
とぎ・れる ③【途切れる】[自下一]間斷,中斷
ときわぎ ③【常磐木】[名]常青樹
とく ⓪【徳】[名]❶德,品德¶～が高い/德高 ❷恩德¶～をほどこす/施德
とく ⓪【得】[名・形動]利益,得利,有利¶～をする/得利¶そんなことをしても、なんの～にもならない/既使那樣做,也得不到什麼好處
と・く ①【解く】[他五]❶解開,解¶靴のひもを～/解鞋帶¶むすび目を～/解知兒 ❷解除¶警戒を～/解除警戒 ❸消除¶誤解を～/消除誤解 ❹解職¶職を～/解職
——【溶く】溶解,溶化¶メリケン粉を水で～/用水和麵
と・く ①【梳く】[他五]梳理(頭髮)
と・く ①【説く】[他五]講解,説明¶ものの道理を～/講道理

と・ぐ ①【研ぐ・磨ぐ】[他五]❶磨(快)¶包丁を～/磨刀 ❷淘(米)¶米を～/淘米
どく ①【毒】[名]❶毒,毒藥¶～にあたる/中毒¶～をあおぐ/服毒 ❷有害,無益¶目の～/看後無益(的東西)¶食べすぎは体に～だ/暴飲暴食對身體有害◇毒にも薬(くすり)にもならぬ/既無害也無益◇毒を食(く)らわば皿(さら)まで/一不作二不休◇毒を以(もっ)て毒を制(せい)す/以毒攻毒
ど・く ⓪【退く】[自五]躲開,讓開¶じゃまになるから～いてくれ/你在那兒礙事,快讓開
どくあたり ③【毒中り】[名]中毒
とくい ②⓪【得意】[名・形動]❶得意¶～そうに鼻をうごめかす/洋洋得意地抽動鼻子 ❷(技藝等)擅長,拿手¶～な科目/擅長的項目
——[名]老主顧,常客¶お～さんを大事にする/重視老主顧¶－先(さき)②[名]老主顧
とくい ⓪【特異】[名・形動]特異,異常,特殊
とくいく ②【德育】[名]德育
どくえん ⓪【独演】[名・自他サ]一個人演出¶－会(かい)③[名]個人演出會,個人専場演出
どくがく ⓪【独学】[名・自他サ]自學
とくぎ ①【特技】[名]特長,特殊技能
どくけし ④③【毒消(し)】[名]解毒;解毒劑
どくさい ⓪【独裁】[名・自サ]獨裁¶－者(しゃ) ③[名]獨裁者¶－政治(せいじ) ③[名]獨裁政治
とくさく ⓪【得策】[名]上策
とくさん ⓪【特産】[名]特産¶－物(ぶつ) ③[名]特産品,名産

とくし ⓪【特使】[名]特使

どくじ ①⓪【独自】[名・形動]獨自,獨立,獨特¶～のやりかた/獨特的做法¶～な考え/獨立的見解¶-性(せい) ⓪[名]獨立性

とくしつ ⓪【特質】[名]特徵,特色

どくしゃ ①【読者】[名]讀者

どくしゃく ⓪【独酌】[名・自サ]自斟自飲

とくしゅ ⓪①【特殊】[名・形動]特殊¶-鋼(こう) ⓪[名]特種鋼【-学級(がっきゅう)】④[名]全部是殘疾或弱智兒童的年級¶-教育(きょういく)④[名]對殘疾及弱智兒童的教育¶-切手(きって)④[名]特種郵票¶-撮影(さつえい)④[名]特技攝影¶-性(せい)⓪[名]特殊性

とくじゅ ①【特需】[名]特殊需要,軍備需要(特指駐日美軍的軍備需要)

とくしゅう ⓪【特集】[名・他サ]特集,專刊¶-号(ごう)③[名]專刊¶-記事(きじ)⑤[名]專題報導

どくしょ ①⓪【読書】[名・自サ]讀書,看書◇読書百遍(ひゃっぺん)意(い)自(おのず)から通(つう)ず/讀書上百遍,意義自然通

とくしょう ⓪【特賞】[名]特等獎

どくしょう ⓪【独唱】[名・他サ]獨唱

とくしょく ⓪【特色】[名]特色,特點¶～をだす/顯示特色¶～を生かす/發揮特點

どくしん ⓪【独身】[名]未婚,單身,獨身

とく・する ⓪【得する】[自サ]占便宜,得利

どく・する ③【毒する】[他サ]毒害

とくせい ⓪【特製】[名]特製¶～のケーキ/特制的蛋糕

どくぜつ ⓪【毒舌】[名]辛辣的諷刺話,挖苦話¶-家(か) ⓪[名]專愛挖苦人的人

とくせん ⓪【特選】[名・他サ] ❶特別挑選出(的東西)¶-品(ひん) ⓪[名]特別選出的產品 ❷最佳,特佳¶-作品(さくひん)⑤[名]最佳作品

どくせん ⓪【独占】[名・他サ] ❶獨占¶利益を～する/獨占利潤【-放送(ほうそう)】⑤[名]獨家播送 ❷壟斷¶-企業(きぎょう)⑤[名]壟斷企業¶-禁止法(きんしほう)⓪[名]〈法〉禁止壟斷法

とくそう ⓪【特捜】[名]特別搜查,特別調查¶-班(はん)③[名]專案組

どくそう ⓪【独奏】[名・他サ]獨奏

どくそうてき ⓪【独創的】[名・他サ]獨創性,獨創的

ドクター ①【doctor】[名] ❶醫生 ❷博士¶-コース⑤[名]博士課程

とくだね ⓪【特種】[名]獨家消息,獨家新聞

どくだん ⓪【独断】[名・他サ]獨斷¶-専行(せんこう)⓪[名・自サ]獨斷獨行

とくちょう ⓪【特長】[名]特長,專長¶各人の～を生かす/發揮各個人的特長

とくちょう ⓪【特徴】[名]特徵,特點¶～のある顔/富有特徵的臉

とくてい ⓪【特定】[名・他サ] ❶特定,固定,確定,確認¶犯人を～することができない/無法確定誰是犯人

とくてん ⓪③【得点】[名・自サ]得分

どくとく ⓪【独特・独得】[名・形動]獨特,獨有

どくどくし・い ⑤【毒毒しい】[形] ❶(色彩)濃艷,刺眼 ❷兇狠,充滿惡意

とくに ①【特に】[副] ❶特別,特意¶～言うことはない/沒有什麼特別要講的 ❷格外¶きょうは～寒い/今天格外冷

とくばい ⓪【特売】[名・他サ]特別賤賣¶－品(ひん)⓪[名]廉價商品【－場(じょう)】⓪[名]廉價商品售賣處

とくはいん ③【特派員】[名]特派員(多指駐外記者)

どくはく ⓪【独白】[名・自サ]獨白

とくひょう ⓪【得票】[名・自サ]得票¶－数(すう)③[名]得票數

とくべつ ⓪【特別】[副・形動]特別,特殊¶きょうは～なニュースがない/今天沒有什麼特殊新聞【－扱(あつか)い】⑤[名]特別對待¶－急行列車(きゅうこうれっしゃ)⑨[名]特快列車¶－号(ごう)①[名]特刊¶－番組(ばんぐみ)⑤[名]特別節目

とくほう ⓪【特報】[名・他サ]特別報導,專題報導

とくほん ⓪【読本】[名]讀本,課本,指導性讀物

とくめい ⓪【匿名】[名]匿名

とくめい ⓪【特命】[名]特命¶－全権大使(ぜんけんたいし)⑨[名]特命全權大使

どくやく ⓪【毒薬】[名]毒藥

とくゆう ⓪【特有】[名・形動]特有¶彼に～の魅力/他所特有的魅力¶～な味とにおい/特有的味道和氣味

どくりつ ⓪【独立】[名・自サ]獨立,自立¶－独歩(どっぽ)⑤[名]獨立自主

とげ ②【刺・棘】[名]刺兒¶～をぬく/拔刺兒◇とげのあることば/帶刺兒的話

とけあ・う ⓪【解(け)合う】[自五]融洽

とけい ⓪【時計】[名]鐘錶¶腕時計(うでどけい)③[名]手錶¶置き時計(どけい)③[名]座鐘¶電子鐘(でんしどけい)④[名]電子鐘¶－台(だい)⓪[名]鐘樓¶－屋(や)⓪[名]鐘錶店

とけこ・む ⓪【溶(け)込む】[自五]融洽,熟識,融爲一體

どげざ ⓪【土下座】[名・自サ]跪在地上¶～してあやまる/跪在地上求饒

とげとげし・い ⑤【刺刺しい】[形]不和藹,帶刺兒

と・ける ②【解ける】[自下一]❶開,鬆開,散開¶帯が～/帶子鬆開了 ❷解除,消除 ❸解決¶問題が～/問題解決了
――【溶ける】溶化¶氷が～/冰化了

と・げる ②【遂げる】[他下一]❶達到,完成,實現¶目的を～/達到目的 ❷取得(某種結果)¶最期(さいご)を～/死去¶進歩を～/取得進步

ど・ける ⓪【退ける】[他下一]挪開,移開

とこ ⓪【床】[名]❶床¶～をしく/舖床¶～につく/上床就寢 ❷榻榻米的襯墊¶「とこのま」的簡稱 ❹河床 ❺苗床【苗床(なえどこ)⓪】[名]苗床 ❻地板

とこ ②【所】[名]「ところ」的簡稱 →ところ

どこ ①【何処】[代]何處,哪裡¶～にあるの/在哪裡呢

どこか ①【何処か】[副](説不清)什麼地方,總覺得哪兒¶～変だ/總覺得哪兒不對勁

どことなく ④【副】總覺得¶～感じのいい店/令人感覺舒適的商店

とことんまで ③[副]〈俗〉到底,最後¶～やる/做到底

どこのうまのほね【何処の馬の骨】

(罵人話)你是哪兒來的傢伙
とこのま⓪【床の間】[名](日本客廳裡掛畫、陳設裝飾品的地方)壁龕 ◇床の間の置物(おきもの)/空擺設,有職無權
とこや⓪【床屋】[名](理男髮的)理髮店;理髮師
どこやら①【何処やら】[副]不知哪裏,不知甚麼地方
ところ③【所】❶(表示地理位置)地方,地點;住所,住處¶高い～/高處¶いたる～/到處 一番地(ばんち)④⓪[名]地址門牌 ❷(表示空間位置)範圍,程度¶いまの～、天気はくずれそうもない/現在看來天氣不會變¶いま言えるのは、大體こんな～です/現在能說的,只有這些 ❸(表示事物的某)部份,處,點¶このレポートは終わりの～が不明瞭だ/這份報告書的結尾部份觀點不明確¶こわれた～を修理する/修理有毛病的地方¶見た～よさそうな人だ/看上去是個不錯的人 ❹(作形式體言)所¶聞く～によれば/據說¶そんなことは私の知る～ではない/那不是我該知道的 ❺(用「…するところだ」「…しているところだ」「…したところだ」表示某種狀態)馬上,正在,剛剛¶会議がいま始まる～だ/會議馬上就要開始¶今調べている～です/正在調查 ❻(用「…するところだった」表示)差一點…¶もうすこしで自動車にはねられる～だった/差點被車撞著 ❼(後接「へ」「に」「を」「で」等助詞表示)正當…時候¶出掛けようとしている～へ、電話が掛かってきた/剛要出門的時候,來電話了¶お騒がせしました/打擾您休息了¶困っている～に、助け舟が來た/正在發愁時,

救兵到了 ❽(用「…したところ」的形式表示後一分句是前一分句所敘事情的結果)果然;可是¶實驗してみた～、うまくできた/實驗了一下,果然成功了¶先生にうかがった～、先生も分からないとおっしゃった/向老師詢問,可是老師說他也不清楚 ◇所変(か)われば品(しな)変わる/一個地方一個樣

どころ【所】[副助]❶豈止,遠非¶痛い～の騒ぎではない/豈止是疼(簡直受不了啦) ❷根本談不上,哪裡談得上¶こんなに忙しいのに、遊ぶ～ではないよ/這麼忙,哪裡談得上玩啊

ところが③[接]可是,但是¶夕立(ゆうだち)が降った。～少しも涼しくならない/傍晚下了陣雨。可是一點也沒有涼快起來
——[接助]→「ところで」❽

どころか[接助]❶不但不…(反倒…),不僅沒…(反而…)¶天気がよくなる～、ひどい風雨になった/天氣不但不晴,反倒下起了暴風雨¶病気～、ぴんぴんしている/不僅沒病,反而活蹦亂跳的 ❷別說…(連…),豈止…(也…)¶英語～、フランス語も知っている/別說英語,連法語都會¶話をする～会ってもくれなかった/別說談話了,連見都沒見我

ところきらわず⓪【所嫌わず】[副]隨地,到處

ところで③[接]用於談話中途轉換話題¶～、きみはなんの仕事をしているの/那麼,你在做什麼工作呀
——[接助]既使¶いまさら走った～間に合うまい/既使現在跑去也來不及了¶くやんだ～今さらどうなるものでもない/現在既使後悔也沒用了

ところてん⓪【心太】[名](石花菜

とこ ろ

做的)涼粉
ところどころ ④【所所】[名]這兒那兒,有些地方
とさか ⓪【鶏冠】[名]鶏冠
どさくさ ⓪[名・副]忙亂,混亂
とざ・す ②⓪【閉ざす】[他五] ❶ 關閉,鎖上¶門を～/鎖門 ❷ 封閉¶心を～/封閉心扉¶口を～/封住嘴 ❸封鎖¶国を～/鎖國
とざん ⓪[名・自サ]登山¶富士～/登富士山
とし ②【年・歳】[名] ❶ 年,年度¶～があける/新年到 ❷ 年齢¶～をとる/年老,上年紀
とし ①【都市】[名]城市
としうえ ⓪④【年上】[名](比某人)年長,歳數大
としおとこ ③【年男】[名]本命年的男子
としがいもない【年甲斐もない】白活那麼大歳數
としこし ⓪④【年越(し)】[名]過年(指除夕)¶～そば ⑤[名]除夕吃的蕎麥麵條
とじこ・める ④【閉じ込める】[他下一]關在裡面,憋在裡面
とじこも・る ⓪【閉(じ)籠る】[自五](閉在屋中)不出門
としごろ ⓪【年頃】[名] ❶ 大概年齢 ❷ 正値…年齢(時期)¶遊びざかりの～/正是貪玩的年齢 ❸(女性進入結婚適齢期的)年齢¶～の娘/適婚女性
とした ⓪④【年下】[名](比某人)年少,歳數小
としつき ②【年月】[名]歳月,光陰
として ⓪[格助] ❶ 作爲…,以…資格¶医者～できるだけのことはした/作爲一個醫生該做的都做了 ❷ 暫且不論¶これはこれ～/這個暫且不論
―――[副助](下接否定語)没有(不…)的¶一人～涙を流さないものはいなかった/没有一個人不流淚的
どしどし ①[副] ❶ 順利,一個接一個 ❷ 大量¶～入荷する/大量進貨 ❸ 不斷,踴躍¶～質問してください/請踴躍發言提問題
としと・る ③【年取る】[自五]上年紀,歳數大(=としよる、おいる)¶～と耳が遠くなる/一上年紀耳朵就背
としのこう ⓪【年の功】[名]年歳大閲歴深◇亀(かめ)の甲(こう)より年の功/閲歴最寶貴
とじまり ②⓪【戸締(ま)り】[名]關門,鎖門
どしゃぶり ⓪【土砂降り】[名]傾盆大雨
としょ ①【図書】[名]圖書¶~館(かん) ②[名]圖書館¶~室(しつ) ②[名]圖書室
どじょう ⓪【泥鰌】[名]泥鰍
としより ④③【年寄り】[名]老人◇年寄りの冷(ひ)や水(みず)/不服老(做不自量力的事)◇年寄りの物忘(ものわす)れ、若(わか)い者(もの)の物知(ものし)らず/老年人好忘事,年輕人不懂事
と・じる ②【閉じる】[自他上一] ❶ 關,關閉¶幕が～/落幕¶目を～/閉上眼¶本を～/合上書 ❷ 結束¶会が～/會議結束¶店を～/關門;停業
と・じる ②【綴じる】[他上一]訂,訂綴
としわすれ ③【年忘(れ)】[名](年末舉行的)忘年會,辭舊迎新會
としん ⓪【都心】[名] ❶ 城市中心 ❷ 東京都的中心地區¶副(ふく)～ ③[名] ❶(僅次於城市中心的)第二中心 ❷ 指東京都的新宿一帶
どすぐろ・い ⓪④【どす黒い】[形]烏黑,紫黒
とせい ⓪【都政】[名]東京都的行政

とそ ①[屠蘇]【名】❶屠蘇散 ❷(新年喝的)屠蘇酒¶お〜で祝う/喝屠蘇酒賀新年

どそう ⓪[土葬]【名・他サ】土葬

どそく ⓪[土足]【名】不脫鞋

どだい ⓪[土台]【名】❶地基,基座【-石(いし)】⓪【名】基石,奠基石 ❷(事物的)基礎¶〜を築く/打基礎

とだ・える ③[途絶える][自下一]中斷¶便りが〜/音信中斷¶通信が〜/通信聯絡中斷

とだな ⓪[戸棚]【名】廚櫃【食器(しょっき)-】④【名】餐具廚

どたばた ①[副]・自サ]❶噼嚦啪喀(亂蹦亂跳,狂奔亂跑或嗵嗵聲響) ❷瞎鬧鬨

とたん ⓪[途端]【名】❶(用「…したとたん」的形式表示)正當…時候,剛一…時候¶外出した〜,雨になった/剛一出門就下了雨 ❷(用「とたんに」的形式表示)突然¶〜に態度を変えた/突然變了臉

トタン ⓪[(ポ)tutanaga]【名】馬口鐵,鍍鋅薄鐵板【-板(いた)】④[名]鐵板

どたんば ⓪[土壇場]【名】❶絶境,最後關頭 ❷刑場,法場 ❸窮途末路,一籌莫展之境

とち ①[土地]【名】❶土地,大地¶〜をたがやす/耕地 ❷當地,地方¶〜の言葉/當地話¶〜の人/當地人¶初めての〜/初次來到的地方【-勘(かん)】⓪[名]對當地情況了解的程度【-っ子(こ)】⓪[名]土生土長的人

とちゅう ⓪[途中]【名】中途,途中¶〜からひきかえす/中途返回【-下車(げしゃ)】④[名]中途下車

どちら ①[代]❶哪裡,哪個¶お出かけは〜ですか/您去哪裡¶〜にお住まいですか/您住在哪裡 ❷哪個¶コ

ーヒーと紅茶と〜になさいますか/您要咖啡還是紅茶 ❸哪一位¶失礼ですが,〜さまですか/對不起,請問您是哪一位

とち・る ②[自五]念錯台詞;做錯動作

とっか ⓪[特価]【名】特價【-品(ひん)】⓪[名]特價商品

どっかい ⓪[読解]【名・他サ】(文章的)閱讀和理解【-力(りょく)】③[名]閱讀和理解能力

どっかり ③[副]❶放下重物貌 ❷突然,急遽 ❸舒適,穩穩當當 ❹大方,端端正正

とっかん ⓪[突貫]【名・自他サ】突擊【-工事(こうじ)】⑤[名]突擊施工

とっきゅう ⓪[特急]【名】「特別急行列車」的簡稱◆亦作「特快」

とっきょ ①[特許]【名】❶〜を申請する/申請專利【-庁(ちょう)】③[名](屬於通産省的)專利廳【-権(けん)】③[名]專利權

ドッキング ①⓪[docking]【名・自サ】(宇宙飛船,人造衛星的)空中對接

ドック ①[dock]【名】船塢

とっくに ③[疾っくに][副]早早,老早

とっくり ⓪[徳利]【名】酒壺,溫酒器◆也叫「とくり」

とっくん ⓪[特訓]【名](「特別訓練」的簡稱)特別訓練,特殊訓練

とつげき ⓪[突擊]【名・自サ】進攻,衝鋒

どっこいしょ ③[感]嗨喲,哼唷,哎喲

とっこう ⓪[特効]【名]特效【-薬(やく)】③[名]特效藥

とっさ ⓪①[名・副]瞬間,突然¶〜に身をかわす/突然閃開身

とつじょ ①[突如][副]突然,冷不防

どっしり ③[副]❶沉甸甸¶〜と

重たい本/沉甸甸的書 ❷沉着,鎮靜

とっしん ⓪【突進】[名・自サ]突進,挺進

とつぜん ⓪【突然】[副]突然

どっち ①[代]「どちら」的口語形式→どちら

どっちつかず ④【どっち付かず】[名・形動]搖擺不定,模稜兩可

どっちみち ⓪【どっち道】[副]無論怎麼說,總而言之¶～結果は同じだろう/無論怎麼説結果可能都是一樣的

とって ③⓪【取っ手・把手】[名]把手

とっておき ⓪【取って置き】[名]秘藏,珍藏(之物)

とっても ⓪【副】「とても」的強調形→とても

どっと ①⓪[副]❶哄然,哄堂 ❷(突然)病重 ❸(水)洶湧(流出)❹(人,物)雲集

とつにゅう ⓪【突入】[名・自サ]衝入,毅然進入

とっぱ ①⓪【突破】[名・他サ]突破,打破

とっぱんいんさつ ⑤【凸版印刷】[名]凸版印刷

とっぴ ⓪【突飛】[形動]出人意料,古怪

とっぴょうしもない【突拍子もない】[連語]越出常軌,異常

トップ ①【top】[名]❶第一,第一位,率先,首位【-クラス ④】[名]首席,最高一級 ❷「トップニュース」的簡稱【-ニュース ④】[名]頭版消息,頭條新聞

とつめんきょう ⓪【凸面鏡】[名]凸面鏡

とつレンズ ③【凸レンズ】[名]凸透鏡

どて ⓪【土手】[名]堤壩,土堤

とてつもない ⑤【途轍もない】[連語]極不合理,出人意料

とても ⓪【副】❶(下接否定語)無論如何也…,怎麼也…¶そんなことは～言えません/那件事怎麽也説不出口 ❷非常,很¶～寒い/很冷

とど・く ②【届く】[自五]❶够(得到),達(到)¶六十に手が～/快六十歲了 ❷寄到¶手紙が～/信寄到了 ❸周到¶目が～/照顧周到【行(ゆ)きー ④】[自五]照顧周到 ❹(願望)達到,實現¶思いが～/願望實現

とどけ ③【届(け)】[名]申報,報告¶～をだす/提出報告【欠席(けっせき)ー】⑤【名]請假條【結婚(けっこん)ー】⑤[名]結婚申請書

とど・ける ③【届ける】[他下一]❶送到 ❷報告¶警察へ～/報案

ととの・う ③【整う】[自五]完整,整齊¶～った文章/内容,結構完整的文章
——【調う】❶齊備¶食事の準備が～/飯菜備齊了 ❷談妥,談成¶縁組(えんぐみ)が～/婚事談妥了

ととの・える ④【整える】[他下一](弄)整齊,整理¶服装を～/整理服裝
——【調える】❶備齊,準備好¶材料を～/備齊材料 ❷談妥,達成¶縁談を～/談妥婚事

とどのつまり ①[名・副]到末了,到底,歸根究底

とどま・る ③【止まる・留まる】[自五]❶留,停留¶東京に～/停留在東京 ❷止於,限於¶～ところを知らない/無止境

とど・める ③【止める・留める】[他下一]❶留住,阻止 ❷留下,停留¶名を～/ ❸止於,限於¶被害を最小限に～/把災害控制在最小範圍内

とどろ・く ③【轟く】[自五]❶轟

鳴 ❷(名聲)響震 ❸(心房)跳動
とない ①【都内】[名]東京都内(包括23個區)
とな・える ③【称える】[他下一] 稱做,叫做
とな・える ③【唱える】[他下一] ❶高聲念,高聲呼喊 ❷倡導,主張¶異議を～/提出不同建議
どなた ①[代]誰,哪位
となり ⓪【隣】[名]鄰,鄰近¶～の席/鄰座【-近所(きんじょ)④】[名]左鄰右舍,鄰居【-合(あ)わせ④】[比鄰,毗鄰
どな・る ②【怒鳴る】[自五] ❶大聲(喊),高聲 ❷大聲訓斥
とにかく ①[副]總之,不管怎樣¶留守(るす)かもしれないが、～行ってみよう/可能不在家,不管怎樣去看看吧

どの ①[連体]哪個

-どの【殿】[接尾](接在姓名下表示敬意,用於獎狀等正式場合)先生

どのくらい【どの位】多少
(時間,價錢,數量),(距離)多遠,(體積)多大

…とはいうものの 雖說…可是¶体がよわい～まだ病気で休んだことはない/雖說身體弱,但從沒因病請過假

…とはいえ 雖說…不過¶貧乏～結構な庭付きの家に住んでいる/雖說窮,不過他的家開了個庭院挺不錯

とば・す ⓪【飛ばす】[他五] ❶使飛,放¶風船を～/放氣球 ❷噴,濺¶つばを～/噴唾沫¶冗談を～/隨口亂開玩笑 ❸急駛,飛馳¶車を～/驅車飛馳 ❹跳過,越過¶～して読む/跳行看(書) ❺貶謫¶支店に～された/被貶到分社工作

――[接尾]接在動詞連用形下,以加強語氣¶蹴(け)っ～/踢開

どはずれ ②【度外れ】[名]超出限度,過度

とばっちり ⓪[名] ❶連累,牽連 ❷飛濺的水滴,飛沫

とび ①【鳶】[名]鳶◇鳶(とんび)が鷹(たか)を生(う)む/鶴窩裡出鳳凰,兒子勝過老子

とびあが・る ④【飛(び)上がる】[自五]向高處飛
――③【跳び上がる】跳上,跳起來

とびいり ⓪【飛び入り】[名・自サ]突然加入,臨時參加(的人)

とびいろ ⓪【鳶色】[名]茶褐色,棕色

とびうお ②【飛(び)魚】[名]飛魚

とびきり ⓪【飛切り】[名・副]卓越,出色,優秀

とびこみ ⓪【飛(び)込(み)】[名] ❶跳進,跳入【-自殺(じさつ)⓪】[名]撲向行駛中的火車(汽車等)輪下自殺 ❷〈體〉跳水【-台(だい)⓪】[名]跳臺

とびこ・む ③【飛(び)込む】[自五] ❶跳進¶海に～/跳海 ❷闖進,撞進¶ドアがあいて弟が～んできた/門開了,弟弟頭撞進屋裡 ❸投身於…,主動參與…¶十八歲で歌手の道に～んだ/十八歲時當了職業歌手

とびだ・す ③【飛(び)出す】[自五] ❶飛起來 ❷跳出,跑出¶外へ～/跑到外面 ❸露出,鼓出¶目玉が～ほど驚いた/大吃一驚 ❹突然出現¶車の前に急に～/突然闖到車前

とびた・つ ③【飛(び)立つ】[自五]飛起來

とびち・る ③【飛(び)散る】[自五]飛濺

とびつ・く ③【飛(び)付く】[自五] ❶撲過來 ❷跑過來

トピック ①②【topic】[名]話題

とびとび ⓪②【飛び飛び】[副]跳著,隔三跳四

とびばこ ⓪【跳(び)箱】[名]〈體〉跳箱

とびひ ⓪【飛び火】[名・自サ] ❶ 延燒,火勢蔓延 ❷ 牽連,涉及 ❸ 黃水疱

とびまわ・る ④【飛(び)回る】[自五] ❶ 盤旋飛翔 ❷ 跑來跑去 ❸ 四處奔走

どひょう ⓪【土俵】[名] ❶ 土袋,沙袋 ❷ (相撲) 摔跤場 【-入(い)り】⓪[名]相撲進入摔跤場的儀式

とびら ⓪【扉】[名] ❶ 門¶～をたたく/敲門¶～をひらく/開門 ❷ (書、雜誌的)扉頁

どびん ⓪【土瓶】[名](陶製)茶壺

と・ぶ ⓪【飛ぶ】[自五] ❶ 飛¶鳥が空を～/鳥在空中飛¶パリへ～/乘飛機去巴黎¶～ように売れる/暢銷 ❷ 飛跑,急跑¶犯行現場に～んで行く/飛快地趕到犯罪現場¶～んで帰る/急匆匆地趕回家 ❸ 流傳,傳送¶デマが～/謠言四起 ❹ 跳過,躍過(順序)¶ページが～/跳頁 ❺ 斷,分離¶ヒューズが～/保險絲斷了 ❻ 被解雇¶首が～/被解雇了

——【跳ぶ】 ❶ 跳,跳躍¶～んだりはねたりする/又蹦又跳 ❷ 跳下,落下¶屋根(やね)から～んで怪我(けが)をした/從房頂上跳下,結果受傷了 ◇飛んで火(ひ)に入(い)る夏(なつ)の虫(むし)/飛蛾撲火,自取滅亡

どぶ ⓪【溝・泥溝】[名]水溝,污水溝

とべい ⓪【渡米】[名・自サ]去美國

とほ ①【徒歩】[名]徒步

とほうにくれる【途方に暮れる】不知所措

とほうもない【途方もない】非同一般,出奇

どぼく ①【土木】[名]土木(工程)【-工事(こうじ)】④[名]土木工程

とぼ・ける ③[自下一] ❶ 裝糊塗,假裝不知¶～けてばかりいないで、ちゃんと答えなさい/別總裝糊塗,請正面回答我 ❷ 滑稽¶～けた演技で、客を笑わせる/滑稽的表演使觀眾發笑

とぼし・い ⓪③【乏しい】[形] ❶ 缺乏,不足¶金が～/錢不夠¶知識が～/知識不足 ❷ 貧窮¶～生活/貧窮的生活

とぼとぼ ①[副]步履沉重,無精打采地(走路)¶～と歩く/拖着沉重的腳步走路

トマト ①②【tomato】[名]西紅柿,蕃茄

とまど・う ⓪③【戸惑う・途惑う】[他五]不知如何是好,不知所措¶駅の出口がわからず、～った/弄不清車站出口在哪裡,不知如何是好

トマト・ケチャップ ⑤【tomato ketchup】[名]蕃茄醬

とまりこ・む ④【泊(ま)り込む】[自五]暫住(某地)¶仕事で会社に～/因工作忙暫住在公司裡

とま・る ⓪【止まる】[自五]停,停止,止住¶息が～/停止呼吸¶時計が～/錶停了

——【止まる・留まる】棲,落¶木の枝に小鳥が～っている/小鳥停棲在樹枝上

——【留まる】留,留下¶心に～/留在心裡¶耳に～らない/聽不進去¶目に～/看在眼裡 ◆「とまる」也可寫做「停まる」

とま・る ⓪【泊まる】[自五] ❶ 住宿,投宿¶宿屋(やどや)に～/投宿在旅店 ❷ (船)停泊

とみ ①【富】[名] ❶ 財富 ❷ 資源

ドミノ ①【domino】[名]多米諾骨牌

と・む ①【富む】[自五] ❶富有,有錢 ❷(用「…に富む」表示)豐富,富有¶才能に～/多才多藝¶経験に～/富有經驗
とむら・う ⓪③【弔う】[他五]弔唁
とめがね ⓪【留(め)金】[名](手提包、錢包等的)金屬鎖扣
と・める ⓪【止める】[他下一]使…停止,停住,止住,抑止¶車を～/把車停下¶息を～/屏住呼吸¶血を～/止血
——【留める】❶使…固定¶名札(なふだ)を胸にピンで～/用別針把姓名牌別在胸前¶ボタンを～/繫扣子 ❷留,留下¶目に～/看在眼裡;引起注意¶気に～/介意
——【止める・留める】制止,禁止¶けんかを～/勸架
と・める ⓪【泊める】[他下一]留宿,留住
とも ②【友】[名] ❶朋友,友人 ❷(用「…を友とする」的形式表示)以…為友¶書物を～とする/以書為友
とも【共】[接頭]共同¶～かせぎ/雙職工¶～ばたらき/雙職工
——[接尾] ❶都,全部¶三つ～食べた/三個全都吃了 ❷連…在內,包括…在內¶住所、氏名～不明だ/住址、姓名都不清楚
とも [副助]最(晚),至(少)¶遅く～十二月はじめには完成させたい/最遲也要在十二月初完成¶多少～余裕はあるはずだ/多少總會有些富餘
——【終助】當然¶いい～/當然可以¶そうです～/當是那樣
ども [接助]雖然,雖說¶子どもといえ～、ばかに出来ない/雖說是孩子,也不能小看¶行け～行け～一面の草原であった/走了一程又一程,周圍仍是大草原

-ども【共】[接尾] ❶表示多數 ❷(謙遜的説法)接在第一人稱下表示複數¶わたくし～/我們
ともあれ ①[接]不管怎麼説¶～、やっと終わった/不管怎麼説,總算完成了
ともかく ①[副] ❶總之,不管怎樣 ❷暫且不論¶色は～、柄(がら)がわるい/顔色暫且不論,圖案太難看了
ともしび ③⓪【灯し火・灯】[名]燈火
ともすると ①[副]往往,動不動¶部屋には電灯があるが、～つかないことがある/房間裡雖然有電燈,但動不動就不亮
ともすれば ①[副]→ともすると
ともだち ⓪【友達】[名]朋友,伙伴,友人¶幼(おさな)- ④[名]童年的伙伴
ともづな ⓪【纜】[名]船纜,纜繩
ともども ②⓪【共共】[副]共同,雙方
ともな・う ③【伴う】[自他五] ❶帶領¶大臣は秘書官を～って会議に出かけた/大臣帶着秘書出席了會議,隨着 ❷伴隨,隨着¶苦痛が～/伴隨着痛苦¶危険を～/伴隨着危險
ともに ⓪①【共に】[副] ❶共同¶友人と～恩師を訪ねる/和朋友一起去拜訪恩師 ❷同時¶嬉(うれ)しく感じると～、すまなく思う/感到高興的同時又覺有幾分歉意
ともばたらき ③【共働き】[名]夫婦都工作
どもり ①【吃り】[名]口吃,結巴的人
とも・る ⓪②【点る】[自五]點上,亮
ども・る ②【吃る】[自五]口吃,結巴
とやかく ①[副]説三道四¶～言

う/説三道四
どやどや ①[副]闖進,蜂擁而來,一擁而入
どよう ⓪【土曜】[名]星期六¶～日(び)/星期六
どよめ・く ③[自五]❶響徹 ❷吵嚷
とら ⓪【虎】[名]虎 ◇虎の威(い)を借(か)る狐(きつね)/狐假虎威 ◇虎の尾(お)を踏(ふ)む/若踩虎尾(喻冒險大危險)
どら ⓪①【銅鑼】[名]鑼,銅鑼
とらい ⓪【渡来】[名・自サ]由海外傳來
ドライ ②【dry】[名]❶乾燥¶ークリーニング ⑤[名]乾洗¶ーミルク ④[名]奶粉 ❷(糖份少的)辣酒
── [形動]理智,現實¶～な性格/理智的性格
ドライバー ②【driver】[名]❶螺絲起子 ❷汽車駕駛員
ドライブ ②【drive】[名・自サ]駕駛汽車兜風¶ーイン ⑤[名]公路旁的餐館(商店等)¶ーウエー ⑤[名]汽車路,公路
ドライヤー ②【dryer】[名]乾燥器,乾燥機¶ヘアー ④[名](頭髮)吹風機
とら・える ③【捕らえる・捉える】[他下一]❶捉住,抓住¶要点を～/抓住要點 ❷捕獲,捉拿¶犯人を～/捉拿犯人
トラクター ②【tractor】[名]拖拉機,耕耘機
トラック ②【track】[名]❶跑道 ❷徑賽¶-競技(きょうぎ) ⑥[名]徑賽
トラック ②【truck】[名]卡車
トラブル ②【trouble】[名]糾紛,磨擦
トラベラー ②【traveler】[名]旅行者¶-チェック ⑦[名]旅行支票

トラホーム ③【(独)Trachom】[名]〈醫〉沙眼
ドラマ ①②【drama】[名]劇,戲劇¶テレビ- ④[名]電視劇
どらむすこ ③【どら息子】[名]浪蕩公子,敗家子
トランク ②【trunk】[名]❶旅行箱 ❷轎車的後背箱
トランジスター ④【transistor】[名]❶晶體管 ❷晶體管收音機¶-ラジオ ⑧[名]晶體管收音機
トランス ②⓪【transformer】的簡稱[名]變壓器
トランス ②【trance】[名]出神,恍惚的狀態
トランプ ②【trump】[名]撲克牌
トランペット ④【trumpet】[名]〈音〉小號
とり ⓪【鳥】[名]❶鳥 ❷雞
とりあえず ③【取(り)敢えず】[副]先,暫且先¶～伝える/暫且先告訴你一聲¶～御(おん)礼まで/(書信用語)特此致謝
とりあ・げる ⓪【取(り)上げる】[他下一]❶拿起¶受話器を～/拿起電話(聽筒) ❷納,接受¶議題として～/列為(會議)議題 ❸剝奪,沒收¶財產を～/剝奪財產 ❹助產,接生
とりあつか・う ⓪【取り扱う】[他五]❶處理,辦理¶その件は戸籍(こせき)係で～っている/那件事在戶籍科辦理 ❷操作,使用 ❸對待 ❹銷售,賣
ドリアン ①【durian】[名]榴槤果;榴槤樹
とりい ⓪【鳥居】[名]鳥居(神社入口處的牌坊)
とりいそぎ ⓪【副】(書信用語)匆忙,草草¶～お知らせまで/(時間緊迫)暫且先草草通知與您
とりい・れる ⓪【取り入れる】[他下一]❶採納,吸收¶新説を～/吸收新學說 ❷收穫,收割

とりうちぼう ④⓪【鳥打(ち)帽】[名]鴨舌帽

とりえ ③【取(り)柄】[名]長處,優點

とりかえしがつかない【取(り)返しがつかない】無可挽回

とりかえ・す ⓪【取り返す】[他五] ❶要回來 ❷挽回,恢復

とりか・える ⓪【取り替える】[他下一] ❶換,更換 ❷交換

とりかか・る ⓪【取り掛かる】[自五]開始,着手¶仕事に～/着手工作

とりきめ ⓪【取り決め】[名]規定,商定,協定

とりく・む ⓪【取り組む】[自五] ❶致力於…,熱心於…¶課題に～/致力於課題研究 ❷(相撲比賽時)互相扭住

とりけ・す ⓪【取り消す】[他五]取消,收回

とりこ ③⓪【虜・擒】[名] ❶俘虜 ❷着迷,成爲…的俘虜¶恋の～になる/堕入情網

とりこしぐろう ⑤【取り越し苦労】[名]杞人憂天,不必要的憂慮

とりこみ ⓪【取(り)込(み)】[名](家中發生不幸事等)忙亂,混亂¶お～中(ちゅう)失礼ですが…/對不起,正忙亂時打擾您…

とりこ・む ⓪【取(り)込む】[他五] ❶拿進,取回¶洗たくものを～/把洗的東西拿進來 ❷拉攏,攏絡 ❸(家中)忙亂,混亂

とりさ・げる ⓪【取(り)下げる】[他下一]撤回,撤消¶辞表を～/撤回辭呈

とりざた ②【取(り)沙汰】[名](社會上的)議論,輿論

とりしき・る ⓪【取り仕切る】[他五]獨自處理,一手承擔

とりしま・る ⓪【取(り)締(ま)る】[他五]取締,監督,管理¶スピード違反を～/取締超速行駛

とりしら・べる ⓪【取り調べる】[他下一]審問,查問¶容疑者を～/審問嫌疑犯

とりすま・す ⓪【取り澄ます】[自五]裝模作樣,一本正經¶～した態度/裝模作樣的態度¶～した顔/一本正經的樣子

とりだ・す ⓪【取(り)出す】[他五] ❶拿出,取出 ❷挑選出

とりたて ⓪【取(り)立(て)】[名] ❶強行收取,徵收¶借金の～/討債 ❷(水果,魚蝦等)剛摘下的¶～のみかん/剛摘下的橘子

とりた・てる ⓪【取(り)立てる】[他下一] ❶強行收取,徵收 ❷提拔¶課長に～/提拔(他)做課長 ❸(特別)提出,提及¶～てて言うほどのこともない/沒有什麼特別值得一提的

とりちが・える ⓪⑤【取(り)違える】[他下一] ❶拿錯,粗錯 ❷弄錯,想錯,聽錯

とりつ ①【都立】[名](東京)都立

トリック ②【trick】[名] ❶詭計 ❷(電影)特技,假景

とりつ・く ⓪【取り付く】[自五] ❶開始,着手¶仕事に～/着手工作 ❷迷住,(鬼魂,妖魔)纏住¶きつねに～かれる/狐狸精附體¶妄想に～かれる/患了妄想症◇取り付く島もない/無依無靠,(態度冷淡)無法接近

とりつ・ぐ ⓪【取り次ぐ】[他五] ❶傳達,轉 ❷轉告,通報

とりつくろ・う ⓪⑤【取り繕う】[他五]掩飾,粉飾,遮掩

とりつ・ける ⓪【取り付ける】[他下一] ❶安裝¶ステレオを車に～/把立體聲音響安裝在車上 ❷使…成立;獲得¶契約を～/使契約生效

とりで ⓪③【砦】[名]碉堡,堡壘

とりとめのないはなし【取り留めのない話】不得要領的話,漫無邊

際的話

とりどり ②0【名・形動】各式各様¶色～/五顏六色

とりなお・す ⓪【取(り)直す】[他五] ❶改換拿法,重新拿¶筆を～/重新拿起筆 ❷振作(起精神)¶気を～/振作起来 ❸(相撲)重新比賽

とりのぞ・く ⓪【取(り)除く】[他五]消除,清除,去掉¶障害を～/清除障礙

とりはだ ⓪【鳥肌・鳥膚】[名]鶏皮疙瘩¶～が立つ/起鶏皮疙瘩

とりひき ②①【取り引き・取引】[名]交易,貿易¶～をはじめる/開始進行交易

ドリブル ②【dribble】[名・他サ] ❶(足球)盤球,帶球 ❷(籃球)帶球,運球 ❸(排球)連撃

とりま・く ②【取(り)巻く】[他五]❶圍,包圍 ❷奉承

とりみだ・す ⓪【取り乱す】[他五]❶弄得亂七八糟 ❷慌張,失去理智

とりも・つ ⓪【取り持つ】[他五]❶調停,撮合 ❷接待,應酬

とりもど・す ⓪【取り戻す】[他五]❶收回,取回¶落としたものを～/取回丟失的東西 ❷恢復¶健康を～/恢復健康¶意識を～/恢復知覚

とりもなおさず ⑤①【取りも直さず】[連語・副]即是,就,也就是

どりょう ①⓪【度量】[名]❶度量(長度與容積)¶～衡(こう)②[名]度量衡 ❷度量,氣度¶～がある/有度量¶～がせまい/氣度小

どりょく ①【努力】[名・自サ]努力,奮勉¶～家(か) ⓪[名]實幹家

とりよ・せる ⓪【取(り)寄せる】[他下一](訂購物品並命令)送来,訂購,郵購¶料理を～/叫了一桌菜

ドリル ②【drill】[名]❶鑽,鑽頭¶電気(でんき)～ ④[名]電鑽 ❷反覆練習

とりわけ ⓪[副]特別,尤其¶彼は飲みものの中でも、～コーヒーが好(す)きだ/在飲料中他尤其喜歡喝咖啡

と・る ①【取る】[他五]❶拿,取¶手に～/拿在手中¶手を～って教える/手把手地教,耐心地教 ❷偷,搶,奪取¶金を～/偷錢¶強盗に五万円～られた/被強盗搶去5萬日圓¶命を～/奪取生命 ❸留出¶間隔(かんかく)を～/留出間隔 ❹佔用¶時間,空間)¶時間を～/費時間¶手間を～らせた/費事,費時間¶席を～/佔位子;訂席位 ❺掌握¶バランスを～/掌握平衡¶舵(かじ)を～/掌舵¶手拍子(てびょうし)を～/打拍子¶音頭(おんど)を～/起頭,帶頭 ❻奉承,討好¶きげんを～/奉承,討好 ❼除掉,去掉¶草を～/除草,拔草¶よごれを～/擦去灰塵 ❽脱掉,摘掉¶帽子を～/摘帽子¶ネクタイを～/解領帯 ❾得到,取得¶休暇を～/得到假期¶学位を～/取得學位 ❿吃,攝取¶食事を～/吃飯 ⓫記,做(紀録)¶ノートを～/記筆記 ⓬迎娶,接收¶婿(むこ)を～/迎女婿¶弟子(でし)を～/收徒弟 ⓭理解,領會¶意味を～/領會意思 ⓮上(年紀)¶年を～/上年紀 ⓯徵收,收¶税金を～/收税 ⓰承擔,擔當¶責任を～/承擔責任 ⓱訂購,訂購¶新聞を～/訂報紙 ⓲(用「…にとって」表示)對…来説¶彼らが来てくれたのは、わたしに～って好都合だった/対我来説他們来得正是時候

——【捕る・取る】捕,捉¶さかなを～/捕魚¶ねずみを～/捉老鼠

──【採る・取る】❶採,採集,收集¶きのこを〜/採蘑菇¶データを〜/收集數據¶血を〜/抽血 ❷採用,錄取¶新人を〜/錄用新職工¶採納,採用¶彼の説を〜/採納他的意見

──【取る・執る】執,執掌,處理¶政権を〜/執政¶事務を〜/處理事務◇取るに足(た)らぬ/微不足道◇取らぬ狸(たぬき)の皮算用(かわざんよう)/指望過早

と・る ①【撮る】[他五]攝影,照相¶写真を〜/照相

ドル ①【dollar】[名]美元¶切下(きりさ)げ ①-⓪[名]美元貶值

ドルビー ①【Dolby】[名]杜比降噪,杜比音響

どれ ①[代]哪個
── [感](向對方提議)喂,嗳¶〜,ひと休みするか/喂,休息一下吧

どれい ⓪【奴隷】[名]奴隷

トレードマーク ①【trademark】[名]❶註冊商標 ❷(人的)特徵

トレーナー ②【trainer】[名]❶〈體〉教練員 ❷運動上衣

トレーニング ②【training】[名]訓練,練習

ドレス ①【dress】[名]女式西服,婦女禮服¶イブニング− ⑥[名]晚禮服

ドレッサー ②【dresser】[名]❶穿衣有風度的人¶ベスト− ⑤[名]服裝最佳男士(女士) ❷梳妝臺

ドレッシング ②【dressing】[名](調拌沙拉用的)調味汁¶フレンチ− ⑥[名]調味汁

どれほど ⓪[副]❶怎麼,怎樣¶〜強調しても,し過ぎることはない/怎麼強調都不過份 ❷多麼,多少¶君のことを〜心配したか分からない/我多替你擔心啊¶勘定(かんじょう)は〜になりますか/一共多少錢

どれも 哪個都…¶〜これも似たり寄ったりだ/哪個都差不多

と・れる ②【取れる】[自下一]❶脱落,掉下¶ボタンが〜/扣子掉了 ❷止疼,消失¶痛みが〜/止痛¶つかれが〜/恢復體力 ❸没有棱角¶角(かど)がとれる/圓滑 ❹可以理解為…¶皮肉(ひにく)に〜/可以理解爲是諷刺 ❺協調,調和(的狀態)¶バランスが〜/保持着平衡¶調和が〜/色調協調

──【取れる・捕れる・採れる】出産¶魚が〜/産魚¶米が〜/産大米

どろ ②【泥】[名]泥¶〜にまみれる/一身泥◇泥を塗(ぬ)る/抹黑,丟脸¶−臭(くさ)い ④[形]土里土氣

どろじあい ③【泥試合】[名・自サ]互相揭短,互揭醜事

トロッコ ②①【truck】[名](在軌道上行駛的)手推車,礦車

ドロップ ②【drop】[名]水果糖

とろとろ ①[副]❶(固體溶化後的)粘糊糊狀¶〜のジャム/粘糊糊的果醬 ❷(火勢)微弱¶〜と煮る/微火煮 ❸打盹,瞌睡

どろどろ ①[副・自サ]❶轟鳴 ❷(劇)幽靈出場時的鼓聲 ❸弄得滿body是泥 ❹化成泥狀

どろなわ ⓪【泥縄】[名]臨陣磨槍

どろぬま ⓪【泥沼】[名]泥坑,沼澤,泥潭

トロフィー ①②【trophy】[名]奬杯,優勝杯

どろぼう ⓪【泥棒】[名]小偷,竊賊◇泥棒を見(み)て縄(なわ)をなう/臨渴掘井,臨陣磨槍

どろまみれ ③【泥まみれ】[名]滿是泥,塗滿了泥

トロリーバス ⑤【trolley bus】[名]

無軌電車
トロンボーン ④【trombone】[名]〈音〉拉管,長號
トン ①【ton】[名](重量、容積單位)
とんカツ ⓪【豚カツ】[名]炸豬排
どんかん ⓪【鈍感】[名・形動]不敏感,遲鈍
どんぐり ⓪①【団栗】[名]橡子◇団栗の背(せい)くらべ/半斤八兩(都不怎麼樣)
どんじり ⓪④【名】末尾,最後
どんす ①【緞子】[名]緞子
どんぞこ ⓪【どん底】[名]最底層
とんだ ⓪【連体】❶萬沒想到的,意外的¶～災難にあった/遇到了意外的災害 ❷無可挽回的¶～失敗/無可挽回的失敗
どんちゃんさわぎ ⑤【どんちゃん騒ぎ】[名]邊喝酒邊唱歌地喧閙
とんで ⓪【飛んで】(高聲念數字時,表示數字的)零¶三千～五十一円なり/三千零五十一日圓
とんでもな・い ⑤【形】❶出乎意外¶～値段/貴得出奇 ❷絶没有的事,哪裡話¶人のものを盗むなんて、～/豈有此理,我怎麼會偷別人的東西¶「これもあなたのおかげです」—「～、私はなんにもしてません」/"這都是托您的福"—"哪裡話,我什麼也沒有做"
とんでる ⓪【翔んでる】[連体]〈俗〉走在潮流前面的¶～女/新潮女性
どんでんがえし ⑤【どんでん返し】[名]局勢完全逆轉過來
とんとん ①③[副]❶咚咚¶順利,順順當當 ❷相等,不相上下
どんどん ①[副]❶接連不斷¶質問が～出た/問題一個接一個地提出 ❷順利,迅速 ❸(強勁的敲打聲)¶太鼓を～たたく/咚咚地敲鼓
どんな ①[連体]什麼樣的,怎樣的¶～人だった/他是個什麼樣的人
どんなに ⓪[副]❶如何,怎様 ❷多麼
トンネル ⓪【tunnel】[名]隧道
どんぶり ⓪【丼】[名]❶大碗 ❷蓋澆飯
とんぼ ⓪【蜻蛉・蜻蜓】[名]蜻蜓
とんぼがえり ④【蜻蛉返り】[名]❶空翻,翻筋斗 ❷到目的地後馬上返回¶出張先から～で帰ってきた/到出差地點未休息就馬上趕回來了
とんや ⓪【問屋】[名]批發商店◇そうは問屋がおろさない/不會讓你隨心所欲的,沒那麼便宜
どんよく ①⓪【貪欲】[名・形動]貪婪,貪得無厭
どんより ③[副]❶(天空)陰沉沉 ❷(色調、眼睛)混濁

な　ナ

な 五十音圖「な」行第一音。羅馬字寫作「na」，發音爲國際音標[na]。平假名「な」是「奈」字的草體，片假名「ナ」是「奈」字最初的二畫。

な ⓪【名】[名] ❶名稱¶「あかつき」という～の寢台特急/名稱叫做"曙光"的特快軟臥 ❷姓名,名 ❸名聲,名譽¶～が高い/有名¶～に恥じない/不辱名譽 ❹名義上¶会長とは～ばかりで、実際の仕事をするのは副会長だ/(我)不過是個名義上的會長,真正做事的是副會長◇名ありて実(じつ)なし/有名無實◇名を成(な)す/成名◇名を残(のこ)す/留名◇名を捨(す)てて実(じつ)をとる/捨名求實

な [終助] ❶(表示禁止)不要,不許¶さわぐ～/不許喧嘩 ❷(上接動詞連用形)表示命令¶於長輩對晚輩¶早く行き～/快去吧¶そんなことやめ～/別做那種事 ❸(接在「いらっしゃい」「ください」等命令形下)使語氣委婉¶ぜひ來てください～/請一定來¶ちょっとこっちへいらっしゃい～/請過來一下 ❹表示感嘆¶いい天気だ～/真是個好天氣¶そんなことしちゃ困る～/你要那麼做,我可就爲難了 ❺表示願望¶もっと上手(じょうず)になりたい～/真想練得更好些 ❻發表自己的意見並徵求對方同感¶それは間違っていると思う～/我覺得不對 ❼用於提請對方注意¶君が貸してくれたあの本～、あれはなかなかいいよ/你借給我的那本書啊,真不錯

なあ [助助]→な

な・い ① 【無い】[形] ❶無,沒有¶金が～/沒錢 ❷(上接形容詞,形容動詞表示否定,用假名書寫)不¶彼は男らしく～/他不像個男子漢¶正直で～/不誠實◇無い袖(そで)は振(ふ)れない/巧婦難爲無米之炊

な・い [助動] ❶(表示否定)不¶もう十日も雨が降ら～/已經十天不下雨了 ❷表示邀請,勸誘(句尾一般用升調)¶一緒にテニスをし～か/不一塊兒打網球嗎¶コーヒーを飲みに行か～/去喝杯咖啡吧 ❸表示請求、命令、禁止¶二日ほど貸してくれ～/借給我兩天行嗎¶おい、やめ～か/喂,別做了 ❹表示希望¶はやく晴れ～かなあ/天能快點晴就好了

ないえん ⓪【内苑】[名] (神社,皇宮的)内苑

ないえん ⓪【内縁】[名] 姘居(不合法的夫婦)

ないか ① ⓪【内科】[名] 内科

ないがい ① 【内外】[名] ❶内外 ❷國内外

ないかく ① 【内閣】[名] 内閣¶～総理大臣(そうりだいじん)[1]－[4][名] 内閣總理大臣

ないがしろ ③ ⓪【形動】輕視,忽視¶人を～にあつかう/輕視人¶親を～にする/對父母不孝

ないこうてき ⓪【内向的】[形動] 内向¶～な性格/内向的性格

ないし ① 【乃至】[接] ❶至,到¶二日～三日滞在する/停留兩

到三天 ❷或者¶校長～主任が出席する/校長或主任出席

ないしょ ③⓪【内緒】[名]秘密¶～にする/保密¶～で出かける/秘密地出門¶{-話(ばなし)}［4］[名]情情話{-事(ごと)}⓪[名]保密的事

ナイショク ⓪【内職】[名・自サ】❶(工作人員)做副業 ❷(家庭婦女在家做的)家庭副業

ないしん ⓪③【内心】[名]❶内心,心中 ❷〈數〉多邊形内切圓的中心,内心

ナイス ①【nice】[名]好,棒,精彩¶～ボール/好球

ないせん ⓪【内戦】[名]内戰

ないせん ⓪【内線】[名]電話分機{-番号(ばんごう)}［5］[名]分機號碼

ないぞう ⓪【内臓】[名]内臟

ナイター ①【nighter】[名](棒球等)夜晚舉行的比賽

ナイチンゲール ⑤【nightingale】[名]❶夜鶯 ❷(護士的美稱)白衣天使

ないてい ⓪【内定】[名・自他サ]内定

ナイトクラブ ④【night club】[名]夜總會

ないねんきかん ⑥【内燃機關】[名]内燃機

ナイフ ①【knife】[名]❶餐刀 ❷小刀

ないぶ ①【内部】[名]内部

ないみつ ⓪【内密】[名・形動]暗中,秘密¶～に調査する/暗中調查¶～に済(す)ませる/私下了結

ないめん ③⓪【内面】[名]❶内部,裡面 ❷内心¶～の苦しみ/内心的苦痛

ないものねだり ⑤【無い物ねだり】[名・自サ](小孩任性)無理要求

ないゆう ⓪【内憂】[名]❶内心之憂 ❷内憂

ないよう ⓪【内容】[名]内容

ないらん ⓪【内亂】[名]内亂

ないりく ①【内陸】[名]内陸{-性気候(せいきこう)}［7］[名]大陸性氣候

ナイロン ①【nylon】[名]尼龍纖維

な・う ①【綯う】[他五]搓(繩)

ナウ ①【now】[形動]〈俗〉現代派

なえ ①【苗】[名]苗,秧

なお ①【尚・猶】[副]❶更¶藥を飲んだら～悪化した/吃了藥反而更惡化了 ❷還,再¶～二、三日余裕がある/還有兩天空閒時間 ❸仍然,依舊¶今～行方(ゆくえ)が知れない/至今仍然不知去向
——[接]還有¶これできょうの会議は終わります。～、次回は来月の十五日に開きます/今天的會議到此結束。還有,下次會議在下月十五日舉行

なおさら ⓪①【尚更】[副]越發,更¶富士は美しい、雪の富士は～美しい/富士山很美,披上銀裝的富士山更美

なお・す ②【直す】[他五]❶修理,修繕¶時計を～/修鐘 ❷改正,糾正¶悪習を～/改掉惡習 ❸修改¶文章を～/修改文章 ❹改變(情緒)¶機嫌(きげん)を～/快活起來 ❺變換,換算¶英文を和文に～/將英文譯成日文¶センチメートルをメートルに～/將釐米換算成米
——【治す】治療¶病気を～/治病

-なお・す [補動五](接動詞連用形,構成五段動詞表示)重新,再¶書き～/重寫¶読み～/重唸

なおまた ①【尚又】[副]此外,還有

なおも ①【尚も】[副]仍然¶病(やま)いに冒されても～執筆を続ける/得了病還仍然堅持寫作

なお・る ②【直る】[自五] ❶修好,復原¶故障が～/故障排除了 ❷改正¶欠点が～/缺點改正了 ❸(情緒)好轉¶機嫌が～/情緒好了 ❹地位改變¶一等席へ～/換乘一等席
——[治る]痊癒,治好¶きずが～/傷好了

なか ①【中】❶裡,内,中¶部屋の～/心の～/心理 ❷内部¶会社の～の事情/公司内部的情況 ❸在…之中¶お忙しい～を、よくおいで下さいました/歡迎您百忙之中光臨我處 ❹中間,之中,其中◇男の中の男/男子漢中的俊佼者 ❺(兄弟三人排行)第二¶～の兄/二哥 ❻居中,折中◇中に立つ/居中(調停)◇中を取る/不偏不倚

なか ①【仲】[名]關係,交情¶～がいい/關係好¶犬猿(けんえん)の仲/水火不相容◇仲を裂(さ)く/挑撥離間

なが・い ②【長い】[形] ❶(距離)長¶～ひも/長繩 ❷(性子)慢¶気が～/慢性子【細(ほそ)-】④[形]細長
——[長い・永い](時間)長¶～あいだ/長時期¶話が～/話長◇長い目(め)で見(み)る/從長遠的觀點看◇長い物(もの)には巻(ま)かれろ/胳膊扭不過大腿,在人家屋簷下忍敢不低頭

ながいき ④③【長生き】[名]長壽
ながぐつ ⓪【長靴】[名]長筒雨靴
なかごろ ②⓪【長頃】[名] ❶中旬 ❷中間,中部
ながさ ①⓪【長さ】[名]長度
ながし ③①【流し】[名] ❶流,沖 ❷(廚房)洗物槽 ❸澡堂内沖洗身體處 ❹賣唱
なが・す ②【流す】[他五] ❶流,使…流動¶涙を～/流淚¶血を～/流血 ❷沖洗,洗掉¶風呂で汗を～/洗個澡沖掉汗水 ❸散佈,傳播¶うわさを～/散佈風言風語¶音楽を～/播放音樂 ❹流産,作罷¶計画を～/計劃流産
——[自五](出租車、藝人等)串街攬客

なかたがい ③【仲違い】[名]關係破裂
なかたらし・い ⑤【長たらしい】[形]冗長
なかだるみ ③【中だるみ】[名・自サ]中間鬆弛
ながつき ②【長月】[名](農曆)九月
なかなおり ③【仲直り】[名]和好,和解
なかなか ⓪【中中】[副] ❶(下接否定語)怎麽也(不)…¶バスが～来ない/汽車怎麽也不來 ❷相當,很,非常¶これは～のできだ/這個相當不錯
ながなが ③【長長】[副] ❶長,冗長¶～とつまらない話/冗長無聊的話 ❷身體都伸開貌¶ベッドに～と寝そべる/四仰八叉躺在床上
なかば ②【半ば】[名] ❶一半¶会員の～は女性/有一半是女會員 ❷中旬 ❸途中,中途
なが・く ②【長びく】[自五]拖延,延長¶病気が～/病拖到很久
なかま ③【仲間】[名]同志,伙伴¶～に入る/入伙
なかみ ②【中身・中味】[名] ❶(裝在容器裡的)東西 ❷内容
ながめ ③【眺め】[名]景色
なが・める ③【眺める】[他下一] ❶盯着,望着 ❷眺望
なかゆび ②【中指】[名]中指
なかよし ②【仲良し】[名]好朋友,親密的伙伴
ながら [接助] ❶(上接動詞連用形表示)一邊…一

边…¶手をふり～走る/一边招手一边跑 ❷[上接體言,動詞連用形,形容詞連體形,形容動詞詞幹,表示兩種相反的動作同時存在]雖然,儘管¶お金があり～買おうとしない/雖然有錢卻不買¶体は小さい～力はつよい/雖然個子小卻有力氣¶他人事～心配である/儘管是別人的事,但我卻很擔心 ❸[上接體言表示]原樣,和…一樣¶昔～の建物/一如往昔的建築¶残念～/非常遺憾¶しかし～/但是

ながら・える ④【長らえる・永らえる】[自下一]長存

ながらく ②【長らく】[副]很長時間,很久

ながらぞく ③【ながら族】[名]〈俗〉習慣於一面聽音樂一面吃飯或看書的人

ながれ ③【流れ】[名] ❶河流,水流¶清い～/清澈的水¶人の～/人流¶潮流¶時代の～/時代的潮流 ❸流派¶山田先生の～/山田學派 ❹[用「お流れ」表示]停止,流產¶雨で花見は～になった/因爲下雨,賞花活動取消了 ◇流れを汲(く)む/具有…血統;繼承…流派

ながれさぎょう ④【流れ作業】[名]流水作業

ながれぼし ③【流れ星】[名]流星

なが・れる ③【流れる】[自下一] ❶流,流動¶川が～/河水流動¶血が～/流血 ❷(物體)漂動,流動¶台風のあとの川には、たくさんのごみが～れていた/颱風過後,河裡漂浮着很多垃圾¶電気が～/電流通過 ❸(氣體)飄蕩¶雲が～/白雲飄動¶かおりが～/散發着香味,流傳¶うわさが～/流傳着流言風語 ❺(歲月)流逝¶十年の歲月が～れた/十年的歲月過去了

❻偏於,產生…傾向¶怠惰(たい)に～/有些疏懶 ❼停止,流產

なぎ ②【凪】[名]風平浪靜

なきおとし ⓪【泣き落とし】[名]哀求,哭訴

なきがら ⓪【亡骸】[名]屍首,屍體

なきくず・れる ⑤【泣(き)崩れる】[自下一]失聲痛哭

なぎさ ③⓪【渚・汀】[名]岸邊,海濱

なきじょうご ③【泣き上戸】[名]喝醉酒後好哭的人

なぎたお・す ⓪④【薙(ぎ)倒す】[他五] ❶割倒,砍倒¶草を～/割草 ❷擊敗,蕩平

なきだ・す ③【泣(き)出す】[自五]哭起來,開始哭泣 ◇泣き出しそうな空模樣/陰沈欲雨的天氣

なきつ・く ③【泣(き)つく】[自五]哀求,央求

なきつらにはち【泣(き)面に蜂】禍不單行

なきどころ ⓪【泣(き)所】[名]弱點,痛處

なきいり ⓪⑤【泣(き)寝入り】[名] ❶忍氣吞聲 ❷哭着睡了

なぎはら・う ⓪④【薙(ぎ)払う】[他五]砍倒,横掃¶草を～/將草砍倒

なきむし ③④【泣(き)虫】[名]動不動就哭的人,愛哭鬼

なきわらい ⓪【泣(き)笑い】[名] ❶破涕為笑¶有悲有喜¶～の人生/悲歡離合的人生

な・く ⓪【泣く】[自五] ❶哭,哭泣¶悲傷¶悲運に～/爲運氣不好而悲傷 ❷[咬咬牙]答應,允諾¶五百円～きましょう/便宜你五百日圓吧 ◇泣く子(こ)は育(そだ)つ/愛哭的孩子好養活 ◇泣く子と地頭(じとう)には勝(か)てぬ/ ❶對方不講理無可奈何 ❷胳膊扭不過大腿 ◇泣きを入(い)れる/哀求

な・く ⓪【鳴く】[自五]（鳥、獣、蟲等）叫喚,鳴叫◇鳴かず飛(と)ばず/銷聲匿跡 ◇鳴く猫(ねこ)は鼠(ねずみ)を捕(と)らぬ/好叫的貓不拿耗子,會叫的狗不咬人

なぐさ・める ⓪④【慰める】[他下一]安慰¶心を～/給以心靈上的安慰

なく・す ⓪【無くす】[他五] ❶丟失,喪失,失掉 ❷使…無,杜絶¶事故(じこ)を無くす/杜絶事故
──【亡くす】喪,死

なくてはならない ①-②[上接動詞未然形]必須,一定要¶行か～/一定要去

なくな・る ⓪【無くなる】[自五] ❶丟失,遺失 ❷盡,完,光¶金が～/錢花光了¶人気(にんき)が～/不受歡迎了¶夢が～/希望破滅
──【亡くなる】故去,死去

なぐ・る ②【殴る】[他五] ❶殴打,揍,[ー]り倒(たお)す ⑤[他五]打倒,[ー]り付(つ)ける ②⑤[他下一]狠狠地揍 ❷(風、雨、雪等)撲打(在身上)

なげうり ⓪【投(げ)売(り)】[名]抛售

なげかわしい ⑤【嘆かわしい】[形]可嘆,真可悲

なげキッス ③【投げキッス】[名]飛吻◆也可寫作「投げキス」

なげ・く ②【嘆く】[自他五]悲嘆¶不運を～/悲嘆命運不好

なげこ・む ⓪【投(げ)込む】[他五]投入,扔進

なげだ・す ⓪【投(げ)出す】[他五] ❶抛出,扔出,投出¶かばんを～/扔下書包¶足を～/伸開腿 ❷放棄¶試験を～/放棄考試

なけなし ⓪①[名]僅有的一點點

なげ ②「投(げ)槍」[名] ❶梭標 ❷標槍

なげやり ⓪【投(げ)遣り】[名・形動]撒手不管,抛開不管¶～な態度/不負責任的態度

な・ける ⓪【泣ける】[自下一] ❶(感動得)流涙 ❷深受感動

な・げる ②【投げる】[他下一] ❶投,擲,扔¶石を～/扔石頭 ❷提供¶話題を～/提供話題 ❸(相撲、柔道等將對方)摔倒 ❹放棄,斷念◇さじを投げる/放棄¶身を～/自殺

なければならない[連語](上接動詞未然形)必須,一定¶今度こそ合格しなければならない/這次一定要考及格

なこうど ②【仲人】[名]媒人

なご・む ②【和む】[自五]穏静;緩和

なごやか ②【和やか】[形動]和睦¶～な雰囲気(ふんいき)/和睦的氣氛

なごり ③⓪【名残】[名] ❶遺痕¶往時(おうじ)の～/往昔的回憶 ❷惜別,留戀¶～を惜しむ/惜別

なごりおし・い ⑤【名残惜しい】[形]依依不捨,戀戀不捨¶これでお別れとは、お～ことです/就此分別,真有些捨不得

なさけ ①③【情(け)】[名]同情,憐惜◇情けは人(ひと)のためならず/與人方便,自己方便◇情けをかける/憐憫

なさけしらず ④【情(け)知らず】[名・形動]不懂人情的人,無情的人

なさけな・い ④【情(け)ない】[形] ❶可嘆,可悲,可憐¶連敗とは～/接連失敗,太可悲了 ❷窮途潦倒¶～身なり/窮途潦倒的樣子

なさけぶか・い ⑤【情(け)深い】[形]富有同情心

なさ・る ⓪「する」的敬語)[他五]做¶ここでは何を～ってもご自由です/您在這裡做什麼都行

──[補動五](上接動詞連用形)表示尊敬¶校長先生がお話し～います/請校長先生講話¶体に十分気をつけ～い/請多加注意身體

なし ②【梨】[名]梨◇梨のつぶて/(去信後無回音)杳無音信

なしと・げる ⓪④【成し遂げる・為し遂げる】[他下一]完成

なしのつぶて ⓪【梨の礫】[連語・名]杳無音信

なじみ ③【馴染み】[名]熟識,熟悉¶～が深い/非常熟悉¶～の店/常去買東西的商店¶顔(かお)-③[名]熟人¶幼(おさな)-④[名]童年的朋友

なじ・む ②【馴染む】[自五]熟悉

ナショナリスト ④[nationalist][名]國家主義者,國粹主義者,民族主義者

ナショナリズム ④[nationalism][名]國家主義,民族主義,國粹主義

なす ①【茄子】[名]茄子

なすび ①【茄子】[名]茄子

なすりつ・ける ②⑤【擦り付ける】[他下一]❶擦上,塗上 ❷推諉,嫁禍

なぜ ①【何故】[副]為何,為什麼

なぜなら ①【何故なら】[接]為什麼呢,其理由(原因)是…

なぞ ⓪②【謎】[名]❶謎話 ❷謎,難以理解的事物¶～の人物/難以捉摸的人

なぞなぞ ⓪【謎謎】[名]謎語,猜謎遊戲

なだか・い ③【名高い】[形]有名,著名

なたね ②【菜種】[名]油菜籽

なだ・める ⓪【宥める】[他下一]勸,哄,調解¶子どもを～/哄孩子

なだらか ②[形動]❶平穩,順利 ❷慢;坡度小 ❸流暢

なだれ ③【雪崩】[名]雪崩

ナチ ①【(独)Nazi】[名]納粹黨(黨員)

ナチス ①【(独)Nazis】[名]納粹黨

ナチュラル ①[natural][形動]自然,天然¶～な味/(未加化學調料的)自然的味道

──[名]〈音〉還原符號「♮」

なつ ①【夏】[名]夏天

ないん ⓪【捺印】[名・自サ]蓋章

なつかし・い ④【懐かしい】[形]令人懷念,令人思念¶故郷が～/懷念故郷

なつ・く ②【懐く】[自五](小孩,動物等毫無戒心地)接近(成人),熟識

なづ・ける ③【名付ける】[他下一]起名,命名

なつじかん ③【夏時間】[名]夏時制

なっせん ⓪【捺染】[名・他サ](布匹)印染

ナット ①[nut][名]螺絲帽

なっとう ③【納豆】[名]納豆(類似我國的豆豉)

なっとく ⓪【納得】[名・他サ]理解,領會¶～がいく/理解

なつば ⓪【夏場】[名]夏季,夏天

なつばしょ ⓪【夏場所】[名](五月舉行的)相撲比賽

なつばて ⓪[名]苦夏

なつめ ⓪【棗】[名]棗

なつやすみ ③【夏休(み)】[名]暑假

なつやせ ⓪【夏痩せ】[名]苦夏

なでおろ・す ④【撫で下ろす】[他五](從上往下)按◇胸(むね)を撫で下ろす/放心

なでがた ②【なで肩・撫で肩】

[名]溜肩膀

なでしこ ②【撫子】[名]〈植〉瞿麥

な・でる ②【撫でる】[他下一] ❶撫摸 ❷梳整(頭髮)

など [副助] ❶等¶秋は運動会や文化祭〜で忙しい/秋天有運動會,文化節等很忙¶ラーメン〜インスタント食品ばかり食べていては、体によくないよ/光吃速食麵等速成食品,對身體不好 ❷(表示委婉的語氣)什麼的¶お見舞いには、お花〜がいいかもしれない/去探望時,帶束花什麼的也許好些 ❸表示謙虛或輕蔑的語氣¶そんな高価なものは、わたし〜にはもったいない/那麼貴重的東西,我這樣的人用不起¶お前〜に言われなくても、わかってるよ/用不着你來教訓我,我知道¶加強否定語氣¶雨〜全然降っていませんよ/一點也沒下雨呀¶あの人に人殺し〜できるはずがありません/他決不會殺人

ナトリウム ③【(独)Natrium】[名]〈化〉鈉

なな ①【七】[名]七

ななくさ ②【七草】[名] ❶七種,七類 ❷春天的七種花草 ❸秋天的七種花草

ななころびやおき ③-①【七転(び)八起(き)】[名]百折不撓,不屈不撓

ななじゅう ②【七十】[名]七十

ななつ ②【七つ】[名] ❶七 ❷七歲 ❸七個

ななめ ②【斜め】[名] ❶斜,傾斜¶日が〜にかたむいてきた/斜陽西下¶-向(tǐ)かい④【名】斜對面 ❷不尋常¶ご機嫌(きげん)ななめ/心情不好

なに【何】[代] ❶(表示疑問)什麼
——[副](與否定語相呼應)什麼都…¶〜不自由なく生活している/過着自由自在的生活¶〜一つできていない/什麼都没做好
——[感] ❶表示否定,抗拒對方¶〜、たいしたことはない/哪裡,没什麼了不得的事¶〜、やる気か/怎麼,要打架嗎 ❷用於自己否定某件事時¶宿題を忘れたが、〜、かまうものか/作業忘了做了,管它呢 ❸表示驚疑¶〜、そんなばかな/什麼,居然有這種事

なにか ①【何か】[代](表示不定稱)什麼(的)¶コーヒーか〜を用意する/準備些咖啡什麼的
——[副](不知爲什麼)總覺得有些…¶〜変だ/總覺得有些怪

なにかと ⓪【何かと】[副]這個那個,種種¶〜お世話になります/请您多關照

なにくわぬかお ④【何食わぬ顔】[連語]若無其事的樣子,假裝不知道的樣子

なにげな・い ④【何気ない】[形]無意中,漫不經心¶〜くふりむく/無意中一回頭

なにごと ⓪【何事】[名] ❶何事,什麼事情 ❷怎麼回事

なにしろ ①【何しろ】[副]不管怎麼説,總之¶〜道が込んでいて、すっかり遅くなってしまった/總之,路上太擠,結果已經晚了

なにとぞ ⓪【何とぞ】[副]請(比「どうぞ」語氣強烈,用於書信等正式場合)¶今後とも〜よろしくお願いします/今後還請您多多關照

なにはさておき ①-①【何はさておき】[連語]別的且不管,首先¶〜、これだけはしておきたい/別的且不管,只想先做完這件事

なにはともあれ ①【何はともあれ】[連語]不管怎麼樣,總之¶〜、うれしい話だ/不管怎麼

樣,這是件高興的事
- **なにも** ⓵[何も][副] ❶什麼都,一切都¶~見えない/什麼都看不見 ❷用不着,不必¶~までする必要がない/不必做到那種程度
- **なにもかも** ④[何も彼も][連語]完全,全部¶~忘れた/全都忘了
- **なにやかや** ①[何やかや][連語・副]種種,這個那個
- **なにやら** ①[副]不知爲什麼,總覺得
- **なにゆえ** ⓪①[何故][副]何故,爲什麼
- **なにより** ①[何より][副]比什麼都(好),最好¶~の証拠だ/最好的證據¶~うれしい/比什麼都高興
- **なぬか** ③⓪[七日][名]→なのか
- **なのか** ③⓪[七日][名]❶初七,七號 ❷七天
- **なのはな** ①[菜の花][名]油菜花
- **なの・る** ⓪②[名乗る][自他五]❶自稱,自報¶名を~/自報姓名 ❷改姓別人的姓¶夫の姓を~/改姓夫家的姓
- **なばかり** ②[名ばかり][連語]名義上的,有名無實
- **なび・く** ②[靡く][自五]❶隨風飄動,風靡 ❷屈服,打動人心
- **ナフキン** ①[napkin][名]→ナプキン
- **ナプキン** ①[napkin][名]餐巾
- **なふだ** ⓪[名札][名]姓名牌
- **ナフタリン** ③[(独)Naphthalin][名]衛生球,樟腦丸
- **なべ** ①[鍋][名]❶鍋 ❷火鍋¶~物(もの)②[名]火鍋
- **なま** ①[生][名]❶生,不熟¶~で食べる/生着吃¶~肉(にく)⓪[名]生肉 ❷未加工的,原來的¶~の声/本來的聲音¶~放送(ほうそう)③[名]現場直播
- **――**[接頭]❶不充分,不透徹¶~返事/不明確的回答¶~煮え/半生不熟 ❷(後接形容詞)微,有點~¶~暖かい/微有暖意
- **なまいき** ⓪[生意気][名・形動]自大,狂妄
- **なまえ** ⓪[名前][名]❶名稱 ❷姓名,名字
- **なまがし** ③[生菓子][名]不易長期存放的點心(如帶餡的點心、蛋糕等)
- **なまかじり** ③⓪[生かじり・生嚙り][名]一知半解,半通不通¶~の知識/一知半解的知識
- **なまきず** ②④[生傷][名]新傷口
- **なまきをさく** [生木を裂く]棒打鴛鴦
- **なまぐさ・い** ④[生臭い・腥い][形]❶腥,血腥,膻 ❷俗氣,世俗,流俗
- **なまクリーム** ④[生クリーム][名]鮮奶油
- **なまけもの** ⓪⑤[名]〈動〉樹懶
- **なまけもの** ⓪⑤[怠け者][名]懶漢,懶惰鬼
- **なま・ける** ③[怠ける][自他下一]懶,懶惰
- **なまこ** ③[生子・海鼠][名]海参
- **なまごみ** ②[生ごみ][名](爛菜葉、剩飯等)垃圾
- **なまじ** ⓪[副・形動]不上不下,一知半解,不徹底
- **なまじっか** ⓪[副・形動]不上不下,馬馬虎虎,不徹底
- **なまず** ⓪[鯰][名]鯰魚
- **なまたまご** ③④[生卵][名]生鷄蛋
- **なまなまし・い** ⑤[生生しい][形]非常鮮明,活生生
- **なまぬる・い** ⓪[生ぬるい][形]❶不够涼或不够熱,微温¶~お湯/微温的開水 ❷不徹底¶~処置/不徹底的處理措施
- **なまビール** ③[生ビール][名]生啤酒,鮮啤酒

なまへんじ ③【生返事】[名]含糊其詞的回答
なまみず ②【生水】[名]生水
なまめかし・い ⑤【艶めかしい】[形]嬌艷,妖艷
なまもの ②【生物】[名]不用火加工的食品(主要指生吃的魚、奶油點心等)
なまやさし・い ⓪①【生易しい】[形]輕而易舉(多與否定語相呼應)
なまり ⓪【鉛】[名]鉛
なまり ③⓪【訛り】[名]口音,地方口音
なま・る ②【鈍る】[自五] ❶(刃具)鈍 ❷(技術等)退步
なみ ②【波】[名] ❶波浪,波濤 ❷起伏(的事物)¶感情の〜/感情的波瀾¶成績に〜がある/成績不穩定 ❸潮流¶人の〜/人潮 ❹〈物〉波(如光波、聲波等)
なみ ⓪【並・並み】[名] ❶普通,一般,平常¶〜の人間/普通人 ❷下等(委婉的説法)¶〜定食/下等價格的套餐
── [接尾] ❶同等¶世間〜/與世人同等¶人〜/與普通人相同 ❷每¶月〜/每月
なみうちぎわ ⓪⑥【波打(ち)際】[名]汀線(海岸被海水侵蝕而形成的綫狀的痕跡),岸邊
なみう・つ ③【波打つ】[自五] ❶起波浪 ❷起伏不平
なみき ⓪【並木】[名]道路兩旁的樹¶〜道(みち)/[名]林蔭道
なみせい ⓪【並製】[名] ❶普通製品 ❷平裝(書)
なみだ ①【涙】[名] ❶涙水 ❷憐憫◇血も涙もない/冷酷無情◇涙に暮(く)れる/悲痛欲絶◇涙を飲(の)む/忍氣吞聲
なみたいてい ⓪【並(み)大抵】[形動](與否定語相呼應)一般,普通¶〜の努力では、できない/不是一般努力就能完成的
なみだきん ③【涙金】[名]很少的錢(退職金贍養費)
なみだぐまし・い ⑥【涙ぐましい】[形]令人感動
なみだぐ・む ④【涙ぐむ】[自五]含涙
なみだもろ・い ⑤【涙脆い】[形]愛流涙,動不動就流涙
なみなみ ⓪【並並】[名]普通,一般,平常
なみなみ(と) ③[副]滿滿地
なみのり ④③【波乗(り)】[名]〈體〉衝浪
なみはず・れる ⓪【並外れる】[自下一]不尋常,與衆不同,非凡¶〜れた才能/非凡的才能
なむあみだぶつ ⑤①【南無阿弥陀仏】[名]〈宗〉南無阿彌陀佛
なめらか ②【滑らか】[形動] ❶滑溜,光滑¶〜なはだ/光滑的皮膚 ❷順利¶会談が〜に進んだ/會談順利進行 ❸流利,流暢
な・める ②【嘗める・舐める】[他下一] ❶舔¶くちびるを〜/舔嘴唇 ❷經歷,嘗受¶苦しみを〜/受苦 ❸輕視,小看
なやまし・い ④【悩ましい】[形] ❶難過的,難受的 ❷惱人的,令人神魂顛倒的
なやま・す ③【悩ます】[他五]使煩惱,使苦惱,折磨,折騰¶頭を〜/傷腦筋¶一晩じゅう蚊(か)に〜される/被蚊子折騰了一晩
なやみ ③【悩み】[名]煩惱,苦惱,痛苦
なや・む ②【悩む】[自五] ❶(精神的)煩惱,憂慮¶恋に〜/爲戀愛問題而煩惱¶物価高に〜/爲物價昂貴而煩惱 ❷(肉體的)痛苦,疼痛¶頭痛に〜/害頭痛
なら [助動](助動詞"だ"的假定形) ❶如果,要是¶ほしい〜あげるよ/要是想要的話,就

送給你¶クラス全員で賛成する～その案にしよう/如果全班都同意,就按這個決議辦 ❷[上接名詞表示]就…而言,要説…¶旅行～夏がいい/要説旅行還是夏天好

なら・う ②【習う】[他五]學習¶ピアノを～/學習彈鋼琴¶先生に～/跟着老師學習──【倣う】效仿,模仿,仿照¶先輩に～/效仿前輩◇習うより慣(な)れよ/熟能生巧

なら・す ⓪【鳴らす】[他五] ❶使…出響¶ブザーを～/按門鈴 ❷聞名 ❸嘟噥,責難¶非を～/責難¶不平を～/鳴不平,發牢騷

ならでは[連語]只有¶母～の気遣(きづか)い/只有母親才會有的關心¶地方～の研究/只有在地方才能做的研究

ならば[接]→なら❶

ならない ②【連語】❶(上接「動詞連用形＋ては」)不許,不准(＝いけない)¶見ては～/不准看 ❷(以「なくてはならない」,「なければならない」的形式)必須,應該,一定要,當然,必然¶しなければ～/必須做 ❸(「なくてはならない」的形式)必需,不可缺少¶塩は私たちの生活になくては～ものです/鹽是我們生活中不可缺少的東西 ❹不能(＝できない)¶もう我慢(がまん)が～/已經忍無可忍 ❺不得了,不由得(＝どうしようもない)¶心配で～/擔心得不得了¶悲しくて～/不禁感到悲傷;悲傷得不得了 ❻不成,不行;沒辦法¶この石は重くてどうにも～/這塊石頭重,毫無辦法

ならびに ⓪【並びに】[接]以及,和,與¶町長～議長が挨拶する/鎮長和議長將致詞

なら・ぶ ⓪【並ぶ】[自五] ❶並排 ¶～んで座る/並排坐下 ❷排列,排成行¶～んで待つ/排隊等候 ❸(能力,成績等)相同¶成績で彼に～者はいない/沒有人能比得上他的成績

なら・べる ⓪【並べる】[他下一] ❶並排◇肩を並べる/肩並肩 ❷擺¶品物を～/擺商品 ❸羅列,列舉¶文句を～/發牢騷

ならわし ④⓪【習わし・慣わし】[名]風俗習慣

なり ②【形】[名] ❶體形,身材 ❷打扮

なり [接助] ❶立刻,剛一…就…¶家にかばんを置く～,遊びに出かけた/進宿後,放下書包就跑出去玩了 ❷(接動詞「た」的連體形表示)原樣不動¶帽子(ぼうし)をかぶった～で挨拶(あいさつ)をするのは失礼です/戴着帽子致辭是不禮貌的
──【並助】❶(表示列舉並從所舉事物中選擇)或是…或是…¶味つけは,みそ～しょうゆ～,好きなものですればよい/調味料或是用醬或是用醬油,可根據自己的喜好而定 ❷(表示籠統地提示一例,另有更合適的也可選擇)比如,像¶結果が分かったら,電話～なん～で知らせて下さい/結果一出來,就打個電話什麼的通知我

-なり [接尾] ❶像…形狀¶弓～になる/成弓狀 ❷按照…¶言い～になる/唯命是從 ❸與之相應的¶わたしにはわたし～の考えがある/我自有我的想法

なりきん ⓪【成金】[名] ❶(將棋)進入對方陣地後,取得「金將」資格的棋子 ❷暴發戶,暴富的人

なりすま・す ⓪【成り済ます】[自五]裝扮,扮作,冒充¶医者に～/扮作醫生

なりた・つ ⓪【成(り)立つ】[自

五】❶成立 ❷組成,構成¶国会は衆議院と参議院から〜ている/國會由衆議院和參議院組成
なりて ③【為り手】[名]想當〜的人
なりひび・く ④【鳴(り)響く】[自五]❶響徹¶サイレンがあたりに〜/汽笛響徹四方 ❷馳名,聞名
なりふり ②【形振り】[名]服裝,裝束外表¶〜かまわず/不在乎衣着打扮,不講究穿戴,不修邊幅
なりゆき ⓪【成(り)行き】[名](事物的)變遷,發展¶〜にまかせる/聽其自然
な・る ①【生る】[自五]結(果實)¶実が〜/結果
な・る ①【成る】[自五]❶成為,變成¶飛行士に〜/當上飛行員 ❷(表示時間)到¶春に〜/春天到了¶いまと〜っては手おくれだ/事到如今一切都晚了 ❸(表示結果)結果會,就應該¶この道をまっすぐ行けば銀行の前に出ることに〜/沿着這條路一直走,就會走到銀行門口 ❹有用,有益¶ために〜/有益 ❺得病¶病気に〜/得病 ❻(用「…からなる」的形式表示)構成¶日本国憲法は103条から〜/日本憲法有103條 ❼由…建造¶名工の手に〜/由名工巧匠建造的建築 ❽完成,成功
——【補動五】(用「お…になる」「ご…になる」的形式)表示尊敬¶先生はお帰りに〜りました/老師回去了
な・る ⓪【鳴る】[自五]❶響,出聲音¶電話が〜/電話鈴響¶かみなりが〜/打雷 ¶耳が〜/耳鳴 ❷聞名
なるたけ ⓪[副]→なるべく
なるべく ⓪[副]盡量,盡可能

なるほど ⓪[副](用於長輩對晚輩)的確,果然¶〜本に書いてあったとおりだ/果然如書上寫的那樣
ナレーション ②【narration】[名](電影,電視的)解說詞
ナレーター ②【narrator】[名]解說人
なれっこ ②【慣れっこ】[名・形動]司空見慣,習以為常
なれなれし・い ⑤【馴(れ)馴れしい】[形]故作親密,過份親密
なれのはて ⑤⓪【成れの果て】[連語・名]窮途末路,悲慘下場
な・れる ②【慣れる】[自下一]❶習慣,適應¶環境に〜/適應環境 ❷熟練¶使い〜れたもの/用慣了的東西¶聞き〜/聽慣了
——【馴れる】(動物)馴順,順從
——【熟れる】正好吃(的時候)¶この鮨(すし)は味がよく〜れている/這個壽司味道正好
——【狎れる】捉狎,嘻皮笑臉
なわ ②【縄】[名]繩子¶〜にかかる/(犯人)被捕,落網
なわとび ③④【縄跳び】[名]跳繩
なわばり ④⓪【縄張(り)】[名](幫會組織的)地盤,勢力範圍
なん ①【難】[名]❶災難,苦難¶〜をのがれる/避難 ❷缺點,毛病 ❸難,困難

なん ①【何】[代]→なに

なんい ①【難易】[名]難易¶〜度(ど)③[名]難易程度
なんか [副助]〈ロ〉❶等¶その歌はテレビとかラジオ〜でよくやってるよ/那首歌經常在電視、廣播中播放 ❷(表示委婉的語氣)什麼的,之類的¶レコード〜あげたら,喜ばれるんじゃないかな/送這個唱片什麼的,也許會高興吧 ❸表示謙虛或輕蔑¶わたしのかいた絵〜,恥ずかしくて見せら

なんか

れません/我畫的畫不好,不好意思給你們看 ❹(加強否定的語氣)絶没有…¶そんなこと〜言ってませんよ/我絶没有那麼説過

なんかい [0]【難解】[名・形動]難懂

なんかい [1]【何回】[名]多少次,幾回

なんかん [0]【難関】[名]難關¶〜を突破(とっぱ)する/攻克難關

なんぎ [3]【難儀】[名・形動] ❶困難,辛苦 ❷麻煩

なんきょく [0]【南極】[名]南極【—大陸(たいりく)[5]】[名]南極大陸

なんきょく [0]【難局】[名]困難的局面

なんきんまめ [3]【南京豆】[名](帶殻的)落花生

なんきんむし [3]【南京虫】[名]臭蟲

なんくせをつける【難癖をつける】挑剔,吹毛求疵

なんこう [1]【軟膏】[名]軟膏

なんこう [0]【難航】[名・自サ](會議,交渉等)進展得不順利,擱淺¶工事が〜する/施工進展得不順利

なんざん [1]【難産】[名・自サ]難産

なんじ [1]【何時】[名]幾點鐘¶今〜ですか/現在幾點鐘?

なんじゃく [0]【軟弱】[名・形動] ❶軟弱,鬆軟 ❷軟弱(意志)

なんじゅう [0]【難渋】[名・形動・自サ] ❶遲遲不得進展¶話し合いが〜する/交渉遲遲没有進展 ❷吃力,費力 ❸晦澀

なんしょく [1]【難色】[名]難色,不同意的表情

ナンセンス [1]【nonsense】[名・形動]無聊,無意義

なんだい [0]【難題】[名]難題¶〜をふっかける/故意出難題【無理(むり)—[3]】[名]無理要求

なんだか [1]【何だか】[副] ❶(不明白)是什麼¶何が〜分からない/不明白是什麼 ❷不知爲什麼,總覺得¶〜寂しい/總覺得有些寂寞

なんだかんだ【何だかんだ】[副]這個那個,種種¶〜言っても,結局これでよかった/七嘴八舌地參謀半天,結果還是這個好

なんだって [1]【何だって】(反問對方)你説什麼¶〜、あいつが死んだ/你説什麼?他死了¶〜、もう一度言ってみろ/什麼?你敢再説一遍

なんて [副助]〈俗〉 ❶(表示委婉的口氣)之類的,什麼的¶友だちと旅行に行こうか〜話しているのです/正和朋友談去旅行的事 ❷表示謙虚或輕蔑的語氣¶君たちの練習〜、遊びみたいなものだ/你們的訓練簡直像是做遊戯 ❸(表示意外)所説的,所謂¶彼がそんなことをする〜信じられない/我不信他會做那種事 ❹(加強否定的語氣)根本没有…¶雨〜降っていませんよ/根本没有下雨

なんでも [1]【何でも】[副] ❶一切,不論什麼¶〜食べる/什麼都吃(不挑食) ❷無論如何,不管怎樣¶何が〜やる/不論如何都要做 ❸彷彿,好像¶〜、二、三日旅行してくるそうですよ/説是出門去旅行兩三天 ◇何でもない/不要緊,没什麼

なんてん [3][0]【難点】[名]疑難之處,難點

なんと [1]【何と】[副] ❶多麼¶〜きれいな花だろう/多漂亮的花啊 ❷怎樣,如何¶〜しよう/怎麼做呀

なんど [1]【何度】[名] ❶幾次,幾回 ❷多次,屢次

なんとか ①【何とか】[連語](指不明確的事物)什麼¶～言う会社/一個什麼公司
—— [副] ❶設法,想個辦法¶～したい/想(幫他)想個法子¶～なるさ/總會有辦法的 ❷好歹,總算¶～食っていける/日子總算過得去

なんとなく ④【何となく】[副] ❶(不知爲什麽)總覺得,不由地¶～おもしろそうだ/覺得挺有意思¶～行ってみたい/不知爲什麽總想去看看 ❷若無其事¶知らないふりをして～ごまかした/裝做不知道的樣子,若無其事地混過去了

なんとも ①◎【何とも】[副] ❶(後接否定語)表示無關緊要¶～ないから安心して/没什麼事,你放心吧 ❷無論怎麼說,無論從哪方面說¶～無事でよかった/無論怎麼說,平安無事就好 ❸真,實在¶～申し訳ありません/真對不起

なんなんたいわ ⑤【喃喃対話】[名]喃喃對話

なんにも ⓪【何にも】[副]→なにも

なんの ①⓪【何の】[連語] ❶(没有)一點¶～苦もなく/没費一點力氣 ❷(用「…のなんの」的形式表示)…啦,…的¶難しいの～と言わずに早くやれ/別説難啦什麽的,快做吧 ❸没什麽,無關緊要¶～これしきの傷/這點小傷没什麽

なんぱ ⓪【難破】[名・自サ](船隻)遇難

ナンバー ①【number】 ❶號數,號碼{-ワン ⑤}[名]第一個,頭一名 ❷(雜誌)期,號數 ❸(爵士樂等的)曲目

ナンバー・プレート ⑥【number plate】[名]車牌,汽車號碼牌

なんばん ⓪【南蛮】[名]指從室町時代末期到江戶時代,經東南亞來日的葡萄牙人和西班牙人{-人(じん)⑤}[名]西洋人

なんびょう ⓪①【難病】[名]難治的病

なんべい ⓪【南米】[名]南美洲

なんぼくたいわ ⑤【南北対話】[名]南北對話

なんみん ③⓪【難民】[名]難民

なんもん ⓪【難問】[名]難題

なんよう ⓪【南洋】[名]南洋,南太平洋的熱帶地區

なんら ①⓪【何等】[副]絲毫,任何

に ニ

に 五十音圖「な」行第二音。羅馬字寫作「ni」,發音爲國際音標[ni]。平假名「に」來自「仁」字的草體,片假名「ニ」是「二」的楷書。

に ①【二】[名] ❶二,兩個 ❷第二

[格助] ❶(表示場所)在¶頂上~立つ/站在山頂上 ❷(表示時間、日期)於¶会社は九時~始まる/公司九點開始上班¶雪は翌日の朝~は消えていた/第二天早晨雪化了 ❸(表示動作移動的方向、到達地點)去,到¶東京~着く/到達東京¶山~登る/(去)爬山¶部屋~入る/進屋去 ❹(表示動作的對象)給,對,向¶友人~手紙を書く/給朋友寫信¶先生~習う/跟着老師學習 ❺(表示原因、理由)因爲,由於¶火遊び~よる火事/由於玩火而引起的火災¶怒り~ふるえる/氣得直發抖 ❻表示動作、行爲的歸結點¶悲しみを顔~表す/臉上現出悲傷¶富士山を写真~撮る/將富士山攝入鏡頭 ❼(表示變化的結果)當,成,爲¶将来はパイロット~なるつもりだ/我將来想當一名飛行員¶会議は第二会議室~変わった/會議改在第二會議室進行¶大豆を粉~引く/把大豆磨成粉 ❽表示能力的主語¶このクイズは君~できるかね/這個謎題你會解嗎¶ぼく~はもったいない/(給我)太可惜了 ❾表示尊敬¶女王陛下~は予定どおり宮殿をご出発になりました/女王陛下按預定時間從宮殿出發了 ❿表示動作行爲的狀態¶あまり暗くならないうち~、おうちに帰りなさい/趁天還没黑,快回家吧 ¶内密~調査する/暗中調査 ⓫【若さ~あふれる/充満青春活力 ⓬表示比較的對象¶XはY~ひとしい/X等於Y ⓭(表示比例)毎¶三日~一回/毎三天一次¶十人~ひとり/毎十人中出一個 ⓭(表示被動、使役)被,讓,叫,使¶母~叱られた/挨媽媽的罵了¶車~ひかれた/被車撞了 ⓮用在同一動詞中間以加強語氣¶走り~走る/一個勁兒地跑¶考え~考えた末/反覆考慮的結果 ⓯(用「…には…が」的形式)表示有條件的贊成,認可¶カメラがほしい~はほしいが、いまお金がないので買えない/照相機我喜歡是喜歡,但現在没錢,買不了¶この本を読む~は読んだが、ちょっと難しいので、分らない所が多い/這本書是看了,但因爲有些難,有很多不懂的地方

—— [並助](表示同類事物的並列、添加)和、及¶背広~ネクタイ~革靴といういでたち/(他的)裝束是西服加領帶再配上皮鞋¶ぶどう~りんご/葡萄和蘋果

にあ・う ②【似合う】[自五]相配,適合, 匹配¶和服のよく~人/適合於穿和服的人

にいさん ①【兄さん】[名]〈敬〉哥哥

ニーズ ①【needs】[名]需要,必要,要求

にいづま ⓪【新妻】[名]新婚妻子

にいろ ⓪【丹色】[名]丹色

にえきらな・い ④【煮え切らない】[形](態度)曖昧な~返事/曖昧的答覆

にえゆをのまされる【煮え湯を飲まされる】被好友出賣

に・える ⓪【煮える】[自下一]煮熟¶まめが~/豆煮好了

におい ②【臭(い)・匂(い)】[名]❶氣味¶いやな~がする/有一股難聞的臭味兒¶~をかぐ/聞味兒 ❷情趣,特徵¶この小説には生活の~がある/這本小説具有生活的氣息¶人間の~/人情味

におう ①【仁王】[名](寺院的)金剛力士,仁王【-立(だち)⓪】[名]佇立不動

にお・う ②【臭う・匂う】[自五]❶有…氣味¶梅の香(か)が~/梅花飄香 ❷鮮艷,俊秀¶~ばかりの美少年/俊秀的少年

にかい ⓪【二階】[名]❶二層的樓房¶-建(だて)⓪】[名]二層的樓房 ❷第二層◇二階から目薬(めぐすり)/徒勞無益,毫無效驗

にが・い ②【苦い】[形]❶苦¶~薬/苦藥 ❷痛苦,不愉快¶~顔/哭喪着臉

にがおえ ⓪【似顔絵】[名]肖像畫

にが・す ②【逃がす】[他五]❶放跑,放掉¶飼っていた小鳥を~/把餵養的鳥放掉 ❷沒有抓到

にかた ⓪【煮方】[名]❶煮,燉的方法 ❷煮,燉的火候¶~が足(た)りない/燉的火候不夠 ❸(專門負責煮,燉的)廚師

にがつ ③【二月】[名]二月

にがて ③【苦手】[名・形動]❶棘手¶どうもあの先生は真面目(まじめ)すぎて~だ/那個先生太認真,不好對付 ❷不擅長¶~な科目/不擅長的學科

にがむしをかみつぶしたようなかお【苦虫を噛みつぶしたような顔】愁眉苦臉

にかよ・う ③【似通う】[自五]相似,相仿¶~ったストーリー/相似的故事情節

にがわらい ③【苦笑い】[名]苦笑

にがんレフ【二眼レフ】[名]雙鏡頭反光照相機

にきさく ②【二期作】[名]一年種兩穫(農作物)

にきび ①【面皰】[名]粉刺

にぎやか ②【賑やか】[形動]❶熱鬧,繁華 ❷活潑,開朗¶~な笑い声/歡笑聲

にきょくしんくうかん ①【二極真空管】[名]二極真空管

にぎりずし ③④【握(り)鮨】[名]飯糰,壽司(上面放有魚片或其等)

にぎりつぶ・す ⑤【握り潰す】[他五]❶捏壞 ❷置之不理

にぎりめし ⓪【握(り)飯】[名]飯糰(呈三角形或圓形)

にぎ・る ⓪【握る】[他五]❶握¶ハンドルを~/把握方向盤¶手に汗を~/捏一把汗 ❷抓住,掌握¶政権を~/把握政權 ❸做(飯糰)

にぎわ・う ③【賑わう】[自五]❶熱鬧,繁華 ❷(買賣)興隆,興旺¶店が~/商店買賣興隆

にぎわ・す ③【賑わす】[他五]❶使熱鬧 ❷賑濟

にく ②【肉】[名]❶肌肉,肉¶~がつく/長肉¶~がおちる/掉肉¶~づきがいい/不胖不瘦 ❷肉類¶~料理/肉類料理

にく・い ②【憎い】[形]可憎,可惡

-にく・い【接尾】(上接動詞連用形)❶難,不好辦¶書き~/不好寫¶言い~/難出口 ❷不容易¶よごれ~/不易髒¶こげ~/不易糊

にくいれ ④③【肉入れ】[名]印泥盒

にくしみ ④⓪【憎しみ】[名]憎恨,憎惡

にくしん ⓪【肉親】[名]骨肉親¶～の情/骨肉情

にくせい ⓪【肉声】[名]人口直接發出的聲音

にくたい ⓪【肉体】[名]人體¶−労働(ろうどう) ⑤[名]體力勞動

にくたらし・い ⑤【憎たらしい】[形]實在可恨,令人討厭

にくづき ⓪④【肉付(き)】[名](人體的)胖瘦程度,(動物肉的)肥瘦¶～のいい若い女/不胖不瘦的年輕姑娘

にくづけ ④⓪【肉付(け)】[名](為文章)充實,潤色¶文章に～する/為文章充實內容

にくひつ ⓪【肉筆】[名]親筆(書寫的東西)¶～のサイン/親筆簽名

にくぶと ⓪【肉太】[名]筆道粗¶～の字/粗體字,黑體字

にくまれぐち ④【憎まれ口】[名]招人討厭的話¶～をきく/説討人嫌的話

にくまれっこよにはばかる【憎まれっ子世にはばかる】討人厭惡的反而得勢

にくまん ⓪【肉饅】[名]→にくまんじゅう

にくまんじゅう ③【肉饅頭】[名]肉包子

にく・む ②【憎む】[他五]憎恨,恨¶～んでもあまりある犯人/可惡之極的罪犯

にくらし・い ④【憎らしい】[形]❶可憎,討厭,可恨 ❷嫉妒¶～ほどの美人/令人嫉妒的美女

にぐるま ②【荷車】[名](人或牛、馬拉的)大板車,架子車

ニグロ ①【Negro】[名]黑人,黑色人種

にげあし ②⓪【逃(げ)足】[名]❶逃跑速度◇逃げ足が速い/得得快 ❷要逃跑的樣子

にげぐち ②【逃(げ)口】[名]退路,逃路

にげこうじょう ③【逃(げ)口上】[名]遁辭,推託話

にげごし ②⓪【逃(げ)腰】[名]❶要逃跑的樣子 ❷要逃避責任的態度¶～になる/逃避責任

にげだ・す ⓪【逃(げ)出す】[自五]❶逃出,跑掉,溜走 ❷開始逃跑

にげまわ・る ⓪【逃(げ)回る】[自五]四處逃竄

にげみち ②【逃(げ)道】[名]❶逃路 ❷逃避責任的途徑

に・げる ②【逃げる】[自下一]❶逃跑 ❷迴避,逃避

にげん ⓪【二元】[名]❶二元【−論(ろん)】②[名]二元論 ❷〈數〉(兩個未知數)二元【−方程式(ほうていしき)】⑥[名]二元方程式 ❸同頻廣播

にごう ①【二号】[名]❶第二號 ❷〈俗〉妾

にごしらえ ②【荷拵(え)】[名]捆行李,打包裏

にご・す ②【濁す】[他五]❶弄渾,使…混濁¶水を～/把水弄渾 ❷曖昧,含糊◇言葉を濁す/含糊其詞◇お茶を濁す/支吾,搪塞

ニコチン ⓪②【(独)Nikotin】[名]尼古丁

にこにこ ①[副]笑眯眯,笑微微

にこ・む ②【煮込む】[他五]❶煮,燉 ❷煮熟,燉爛

にこやか ②[形動]和藹可親,和顔悦色¶～に話しかける/和藹可親地搭話

にこり ②③[副]微笑¶～ともしない/連笑也不笑

にご・る ②【濁る】[自五]❶混濁,污濁¶川が～/河水混濁 ❷(聲音、顔色)不亮,不鮮亮¶色が～/顏色不鮮亮 ❸不純潔,不正當¶心が～/心地不純潔 ❹加濁音¶「は」が～と「ば」になる/「は」帶濁音就是「ば」

にさんかたんそ ⑤【二酸化炭素】[名]二氧化碳

にし ⓪【西】[名] ❶西邊,西❷西風◇西も東(ひがし)も分(わ)からない/不辨方向,(新手對一切)一無所知

にじ ②⓪【虹】[名]彩虹¶～がかかる/天空出現彩虹

にじかい ②【二次会】[名](宴會之後換個地方接着開始的)小型宴會

にしかぜ ⓪④【西風】[名]西風

にしがわ ⓪【西側】[名]西方(國家)

にしき ①【錦】[名]織錦緞◇錦を着(き)て故郷(こきょう)へ帰(かえ)る/衣錦還鄉

にしきえ ③【錦絵】[名](日本「浮世絵」的)彩色版畫

にしじん ②【西陣】【西陣織】的簡稱=織(おり) ⓪【名】京都西陣産的織錦、綢緞

にじっせいき ④【二十世紀】[名]二十世紀

にしにほん ⑤【西日本】[名] ❶西部日本 ❷九州一帶

にしはんきゅう ③【西半球】[名]西半球

にじみ・でる ⓪【にじみ出る・滲み出る】[自下一] ❶滲出¶インクが～/墨水滲出 ❷自然流露、顯露

にじ・む ②【滲む】[自五]滲¶額(ひたい)に汗が～/額頭上冒出汗珠

にしゃたくいつ【二者択一】[名]兩者選一

にじゅう ①【二十】[名]二十

にじゅうしき ①【二十四気】[名]二十四節氣

にじゅうしょう ②【二重唱】[名]二重唱

にじゅうそう ②【二重奏】[名]二重奏

にじゅうよじかん ①【二十四時間】[名]二十四小時,全天,整天

にしん ①【鰊・鯡】[名]青魚,鯡

にせ ⓪【偽・贋】[名]假,贋品¶～もの/贋品,冒牌貨

にせい ①【二世】[名] ❶二世,第二代¶エリザベス～/伊麗莎白二世 ❷(移民的)孩子

にせもの ⓪【偽者】[名]冒充的人 ——【偽物】假貨,冒牌貨,贋品

にそくのわらじをはく ①-⓪【二足の草鞋を穿く】一身兼任根本不同的兩種職業;脚踩兩隻船

にだい ⓪【荷台】[名](卡車的)車廂;(自行車的)後車架

にた・つ ②【煮立つ】[自五]煮開,煮沸

にたにた ①[副・自サ]獰獰的呆笑貌, 齜牙咧嘴地笑, 傻笑

にたもの ⓪【似たもの】[名](性格)相似的人¶～同士/性格相似的兩個人¶～夫婦(ふうふ) ⑤【名】(性格及愛好)相似的夫婦

にたりよったり ④【似たり寄ったり】[名]相似,差不了多少¶～の考え/類似的想法

にち ⓪【日】[名] ❶日本的簡稱 ❷星期日(=にちようび) ——[接尾](助數詞用法,表計算日數單位)日

にちぎん ⓪【日銀】[名](「日本銀行」的簡稱)日本銀行

にちじ ②①【日時】[名]日期和時間

にちじょう ⓪【日常】[名]日常,平常¶～生活(せいかつ) ⑤【名】日常生活¶～茶飯事(さはんじ) ⑥【名】毫不稀奇,司空見慣

にちぼつ ⓪【日没】[名]日落

にちや ①②【日夜】[名]日和夜,晝和夜 ——[副]總是,經常不斷

にちよう ⓪③【日曜】[名]星期日

にちよう ⓪【日用】[名]日用¶–品

(ひん)③[名]日用品
にちようび③[日曜日][名]星期日
…について[…に付いて]關於,就…(而言)¶右の件について申しあげます/就前邊那件事,講兩句話
にっか◎[日課][名]每日要做的事¶散步が毎日の〜だ/散步是我每日的功課
につかわし・い⑤[似つかわしい][形]合適,相稱
にっかん◎[日刊][名]日刊¶-新聞(しんぶん)⑤[名]每日出版的報紙¶-紙(し)③[名]每日出版的報紙
にっき◎[日記][名]日記¶〜をつける/記日記
にっきゅう◎[日給][名]日工資,日薪
にっきょうそ③[日教組][名](「日本教職員組合」的簡稱)日本教職員工會
ニックネーム④[nickname][名]綽號,外號
にづくり②[荷造り][名]捆行李
にっけい◎[日系][名]日本血統,日裔
ニッケル◎①[nickel][名]〈化〉鎳
にっこう①[日光][名]日光,陽光¶-浴(よく)③[名]日光浴
にっこり③[副]微笑¶〜と笑う/微微一笑
にっさん◎[日産][名]日産量
にっし◎[日誌][名]業務〜/工作日誌
にっしょく◎[日食・日蝕][名]日蝕
にっしんげっぽ◎[日進月步][名・連語]日新月異
にっすう③[日數][名]天數¶〜がかかる/需要天數¶出席(しゅっせき)-⑦[名]出席天數

にっちもさっちも①[二進も三進も][副]¶〜行かない/毫無辦法
にっちゅう◎[日中][名]白天
にっちょく◎[日直][名]❶值日(的人)❷白天值班(的人)
にってい◎[日程][名]日程¶〜がつまる/日程排得滿滿的¶〜にのぼる/提到日程上¶-表(ひょう)◎[名]日程表
にってん◎[日展][名](「日本美術展覧会」的簡稱)日本美術展覽會
ニット①[knit][名]毛線編織物,針織¶〜のワンピース/毛線織的連衣裙
にっとう◎[日当][名]日薪
にっぽん③[日本][名]→にほん
につま・る③[煮詰まる][自五]❶煮乾,燉乾¶汁(しる)が〜/湯汁燉乾了❷(爭論的問題)接近解決¶話が〜/問題接近解決了
にてもにつかない②-②[似ても似つかない][連語]一點也不像,毫無共同之處
にど②①[二度][名]兩次,兩回,再◇二度あることは三度ある/事物是再三反覆的,禍不單行¶-の勤(つと)め②③[名]❶(妓女等)重操舊業❷一度作廢的東西又拿出來使用
にどと②[二度と][副](下接否定語)再不…¶〜しない/再也不幹了¶〜ふたたび/「二度と」的強調說法
ニトログリセリン⑥[nitroglycerin][名]〈化〉硝化甘油
にな・う②[担う][他五]❶擔,挑❷承擔,擔負(責任)¶國政を〜/擔負起領導國家政治的責任
ににんさんきゃく④[二人三脚][名]兩人三足,齊心合力
ににんしょう②[二人稱][名]第

二人稱
- **にぬり** ⓪【丹塗(り)】[名]塗上朱紅色
- **ニヒリスト** ③【nihilist】[名]虛無主義者
- **ニヒリズム** ③【nihilism】[名]虛無主義
- **ニヒル** ①（ラ）nihil】[名・形動]虛無(的)
- **にぶ・い** ②【鈍い】[形] ❶(刃具)鈍¶切れあじが～/不好切 ❷遲鈍,遲緩¶頭が～/頭腦遲鈍(不靈活) ❸(光線,聲音)弱
- **にふだ** ①【荷札】[名]貨籤,貨物牌子
- **にぶ・る** ②【鈍る】[自五] ❶鈍,不快 ❷(本領,勢力)減弱¶決心が～/決心動搖了
- **にべもない** ②①【連語】非常冷淡
- **にほん** ②【日本】[名]日本【-海】②[名]日本海【-人(じん)】④[名]日本人【-酒(しゅ)】⓪[名]日本酒,清酒
- **にほんご** ⓪【日本語】[名]日語
- **にほんばれ** ⓪【日本晴れ】[名]萬里無雲的好天氣
- **にほんま** ⓪【日本間】[名]日本式房間
- **にまいじた** ②【二枚舌】[名]撒謊,說話自相矛盾¶～を使う/撒謊
- **にまいめ** ④【二枚目】[名] ❶(電影,戲劇中的)小生,演美男子角色的人 ❷美男子
- **にもうさく** ②【二毛作】[名](一塊地上)一年收兩穫(不同的農作物)
- **にもかかわらず**【にも拘らず】[連語]儘管…可是¶雨が降っている～,傘もささずに出て行った/儘管下著雨,可他連傘也不撐就出去了¶日曜日～ご出勤だ/儘管是星期天,可他還是上班
- **にもつ** ①【荷物】[名] ❶行李 ❷〈俗〉負擔,累贅(多用「おにもつ」的形式)
- **にやにや** ①[副]嗤笑貌¶意味ありげに～する/別有用意地笑著
- **ニュアンス** ②【(仏)nuance】[名](意義,音色,色調等的)微妙差異¶～がちがう/有着細微的差異
- **ニュー** ①【new】[名]新【-タウン】③[名](郊外的)新城,新住宅區【-フェース】③[名](電影,歌唱演員的)新秀,新星
- **にゅういん** ⓪【入院】[名・自サ]住醫院
- **にゅういんりょう** ③【乳飲料】[名]牛奶和果汁混合的飲料
- **にゅうか** ⓪【入荷】[名・自他サ]進貨,到貨
- **にゅうがく** ⓪【入学】[名・自サ]入學¶-式(しき)】④[名]開學典禮¶-試験(しけん)】⑥[名]入學考試
- **にゅうかん** ②【入管】[名]入國管理局(簡稱)
- **にゅうぎゅう** ⓪【乳牛】[名]乳牛
- **にゅうこく** ⓪【入国】[名・自サ]入境¶～手続(てつづき)/入境手續【-ビザ】⑤[名]入境簽證
- **にゅうさつ** ⓪【入札】[名・自サ]投標
- **にゅうし** ⓪【入試】[名](「入学試験」的簡稱)入學考試
- **にゅうじ** ①【乳児】[名]嬰兒
- **にゅうしゃ** ⓪【入社】[名・自サ]進入公司(工作)
- **にゅうしょう** ⓪【入賞】[名・自サ]獲獎¶五位に～した/獲得第五名【-者(しゃ)】③[名]獲獎者
- **にゅうじょう** ⓪【入場】[名・自サ]入場¶-券(けん)】③[名]入場券【-式(しき)】③[名]入場式【-料(りょう)】③[名]門票錢
- **ニュース** ①【news】[名]新聞,消息【トップ-】④[名]頭條新聞,頭版消息【-映画(えいが)】④[名]新聞紀錄片

にゅうせいひん ③【乳製品】[名] 乳製品

にゅうせき ⓪【入籍】[名・自他サ](因結婚、領養等)加入(某家的)戸籍

にゅうせん ⓪【入選】[名・自サ](作品)入選 ‖ 一作(さく) ③ [名] 入選作品, 獲獎作品

にゅうばい ⓪【入梅】[名] 入梅, 進入梅雨季節

ニューフェース ③【new face】[名] (電影、歌唱演員的)新秀, 新星

にゅうもん ⓪【入門】[名・自サ] ❶ 進門 ❷ 拜師 ❸ 入門(書)【—書(しょ)】③ [名] 入門書

にゅうよく ⓪【入浴】[名・自サ] 入浴

にゅうりょく ⓪【入力】[名] 輸入

にゅうわ ①⓪【柔和】[形動] 温柔, 温和

にょう ①【尿】[名] 尿, 小便

にょうい ①【尿意】[名] 尿意, 有尿

にょうそ ①【尿素】[名] 尿素

にょうどう ⓪【尿道】[名] 尿道

にょうどくしょう ③④【尿毒症】[名] 尿毒症

にょうぼう ①【女房】[名](稱自己的)妻, 老婆 ‖ うちの〜/我老婆 ‖ 〜の尻(しり)にしかれる/怕老婆

にょかん ⓪【女官】[名](古代服務於宮中的)女官

にょきにょき ①【副】(細長的東西)一個接一個地長出貌 ‖ 竹の子が〜と生える/竹筍一個接一個地長出來

にょじつ ⓪①【如実】[名] 如實地, 真實地

にょろにょろ ①【副】(蛇等)蜿蜒而行貌

にら ②⓪【韮】[名] 韮菜

にら・む ②【睨む】[他五] ❶ 瞪 ‖ 相手を〜/瞪著對方 ❷ 密切注視 ‖ 情勢を〜/密切注視形勢 ❸ 監視, 盯 ❹ 估計, 推測 ‖ あいつが犯人だと〜/估計他是罪犯

にらめっこ ③【睨めっこ】[名] ❶ (兒童遊戲)做出各種滑稽表情, 讓對方先笑的遊戲 ❷ (長時間地)互相盯視

にりつはいはん ④【二律背反】[名] 二律背反

にりゅうかたんそ ⑤【二硫化炭素】[名] 二硫化碳

にりんしゃ ②【二輪車】[名] (自行車等)兩輪車

に・る ⓪【似る】[自上一] 像, 相似 ‖ 二人は顔だちがよく〜ている/倆人長得很像

に・る ⓪【煮る】[他上一] 煮, 燉, 熱

にるい ①【二塁】(棒球)二壘(手)【—手(しゅ)】②[名] 二壘手

にれ ⓪①【楡】[名] 楡樹

にわ ⓪【庭】[名] ❶ 院子, 庭院, 庭園 ❷ (農家)場院

にわか ①【俄か】[形動] ❶ 突然, 忽然 ❷ 立刻, 馬上 ‖ 急に言われても、〜には決められない/提得太突然, 無法馬上做出決定

にわかあめ ④【俄か雨】[名] 陣雨

にわとり ⓪【鶏】[名] 鶏

-にん【人】[接尾] 表示人數 ‖ 三〜/三個人

にんい ①⓪【任意】[名・形動] 任意, 隨意

にんか ⓪①【認可】[名・他サ] 認可, 批准 ‖ 〜をあたえる/給予批准

にんき ⓪【人気】[名] 受歡迎, 走紅 ‖ 〜がある/受歡迎 ‖ 一者(もの) ⓪ [名] 紅人

にんき【任期】[名] 任期

にんぎょう ⓪【人形】[名] ❶ (用土、紙、布、塑料等做的)偶人【—劇(げき)】③ [名] 木偶戲 ❷ 傀儡, 木偶

にんげん ⓪【人間】[名] ❶ 人, 人品 ‖ 〜ができている/人品好 ‖ 〜の屑(くず)/敗類, 品行惡劣的

人◇人間到(いた)る処(ところ)青山(せいざん)あり/青山處處埋忠骨
にんげんせい ⓪【人間性】[名]人性
にんげんてき ⓪【人間的】[名]有人情味的,有人性的
にんしき ⓪【認識】[名・他サ]認識¶～を欠く/缺乏認識【-不足(ぶそく)⑤】[名]認識不足
にんじゃ ①【忍者】[名](古代)可飛簷走壁的人
にんしょう ⓪【人称】[名]人称【-代名詞(だいめいし)⑦】[名]人稱代名詞【一(いち)-③】[名]第一人稱【二(に)-②】[名]第二人稱【三(さん)-③】[名]第三人稱
にんじょう ①【人情】[名]人情【-味(み)③⓪】[名]心情味【義理(ぎり)-③】[名]人情世故
にんしん ⓪【妊娠】[名・自サ]妊娠

にんじん ⓪【人参】[名]胡蘿蔔
にんず ①【人数】[名]→にんずう
にんずう ①【人数】[名]❶人數 ❷許多人
にんそう ①【人相】[名]相貌¶～をみる/看相,相面
にんたい ⓪【忍耐】[名・他サ]忍耐【-力(りょく)③】[名]忍耐力【-強(づよ)い⑤】[形]忍耐力強
にんち ①⓪【任地】[名]工作地點
にんち ⓪【認知】[名・他サ]❶認識,確認 ❷〈法〉承認,認可(非婚生子)
にんてい ⓪【認定】[名・他サ]審定
にんにく ⓪[名]大蒜
にんぷ ①【妊婦】[名]孕婦
にんむ ①【任務】[名]任務
にんめい ⓪【任命】[名・他サ]任命

ぬ　ヌ

ぬ 五十音圖「な」行第三音。羅馬字寫作「nu」，發音屬國際音標[nu]。片假名「ヌ」是「奴」字的草體，片假名「ヌ」來自「奴」字的右邊。

ぬ[助動・特殊型]（上接動詞和部份助動詞未然形）表示否定◇知らぬがほとけ／眼不見心不煩◇言わぬが花／少説爲佳¶お伺いもせず失礼いたしました／未去問候，實在抱歉◆「ぬ」常用於鄭重的場合及慣用句、歴史小説中。現代口語中爲「ん」

ぬいあわ・せる ⓪⑤【縫（い）合（わ）せる】[他下一] 縫合（到一起）

ぬいぐるみ ⓪【縫いぐるみ】[名] ❶（用布裏着棉花縫製的）玩偶 ❷（扮演動物而穿的）動物服裝

ぬいなお・す ⓪【縫（い）直す】[他五] 拆開重縫

ぬいめ ③【縫（い）目】[名] ❶線縫兒¶～がほころびる／開了線 ❷針脚

ぬいもの ④③【縫（い）物】[名] 針線活，縫紉

ぬ・う ①【縫う】[他五] ❶縫¶着物を～／縫和服¶きずを～／縫合傷口 ❷穿過（空隙）¶人ごみを～って歩く／穿過人群而行

ヌード ①【nude】[名] 裸體

ヌードル ①【noodle】[名]（西式）湯麵

ぬか ⓪【糠】[名] ❶糠，米糠 ❷稻皮◇糠に釘（くぎ）／往糠裡釘釘子（喻白費力氣）

ぬかあめ ③【糠雨】[名] 細雨，毛毛雨

ぬか・す ⓪【抜かす】[他五] ❶遺漏，漏掉¶うっかり順番を～した／不小心把順序弄亂了 ❷跳過，省掉¶朝食を～／不吃早飯◇腰（こし）を抜かす／驚呆

ぬかづけ ⓪【糠漬け】[名]（米糠和鹽醃的）鹹菜

ぬかみそ ⓪【糠味噌】[名] 米糠醬

ぬかるみ ⓪【泥濘】[名]（道路）泥濘

ぬきあしさしあし ⓪-②【抜（き）足差（し）足】[名] 躡手躡脚

ぬきうち ⓪【抜（き）打ち】[名] ❶突然襲撃，來個冷不防 ❷（冷不防拔刀就砍）-試験（しけん）⑤[名] 臨時抽考

ぬきがき ⓪【抜（き）書（き）】[名] 摘要，節錄

ぬきだ・す ③【抜（き）出す】[他五] 挑出，選出，拔出

ぬきと・る ③【抜（き）取る】[他五] ❶拔出，抽出¶くぎを～／拔出釘子 ❷竊取 ❸挑出，選出

ぬきん・でる ④【抜きん出る】[自下一] 出類拔萃

ぬ・く ⓪【抜く】[自五] ❶拔¶刀（かたな）を～／拔刀¶栓（せん）を～／拔瓶塞 ❷去掉，放棄，消除¶空氣を～／放掉空氣¶力を～／鬆勁兒 ❸省去¶食事を～／不吃飯◇手をぬく／偸工減料 ❹穿透，扎透¶かべを～／穿透牆 ❺攻陷¶城を～／攻陷城堡 ❻超越，超過 ——[接尾]（上接動詞連用形） ❶做到底¶がんばり～／做到底，堅持到底¶考え～／徹底地思考 ❷非常，很¶よわり～／非常爲難

ぬ・ぐ ①【脱ぐ】[他五] 脱¶上着を～／脱上衣

ぬぐ・う ②【拭う】[他五] 擦拭，揩掉¶汗を～／擦汗¶恥（はじ）を～／雪恥◇口（くち）を拭う／裝做若無

其事
ぬくぬく [1][副] ❶暖烘烘,熱呼呼 ❷舒舒服服,輕鬆自在
ぬくもり [4][0][温もり][名]温暖,熱氣¶はだの～/體溫
ぬけあな [0][抜(け)穴][名]可以逃走的地道,漏洞,解脱的手段
ぬけがら [0][抜(け)殻・脱(け)殻][名] ❶(蟬,蛇等)蛻下的殼皮 ❷(無魂的)軀殻
ぬけだ・す [3][抜(け)出す][自五] ❶溜走,脱身¶教室を～/溜出教室 ❷脱離,擺脱
ぬけ・でる [3][抜(け)出る][自下一] ❶逃出,擺脱,逃脱¶敵のかこみを～/擺脱敵人的包圍 ❷傑出,突出
ぬけぬけ [1][3][副・名・自サ]厚顔無恥
ぬけみち [0][抜(け)道][名] ❶近路 ❷(逃避責任,法律的)辨法,手段
ぬけめがない【抜(け)目がない】[連語]無漏洞,毫無破綻
ぬ・ける [0][抜ける][自下一] ❶脱落,掉下¶歯が～/牙掉了 ❷離開,退出¶会議を～/退出會議 ❸跑氣,漏氣¶空気が～/漏氣 ❹消失¶香りが～/香味消失¶力が～/没勁兒¶気が～/洩氣 ❺漏掉,缺少¶ページが～/缺頁 ❻遲鈍,缺心眼¶～けた人/遲鈍的人 ❼陷落¶床(ゆか)が～/地板塌陷下去 ❽穿過,通過◇腰(こし)が抜ける/癱瘓,站不起来;大吃一驚
ぬし [1][主][名] ❶主人,所有者【持(も)ち-2】[名]所有者【落(お)とし-3】[名]失主 ❷老資格(的人物,動物)
ぬすびと [0][盗人][名]盗賊,小偷◇盗人を見(み)て縄(なわ)をなう/臨陣磨槍
ぬすみ [3][盗み][名]偷盗¶～を働く/行竊¶-聞(ぎき) [0][名]

偷聽【-食(ぐ)い[0][3][名]偷吃【-読(よ)み[0][名]偷看(書信等)
ぬす・む [2][盗む][他五] ❶偷盗,偷竊¶金を～/偷錢¶欺瞞¶人の目を～んで会う/瞞着人相會 ❸偷閒¶暇を～んで本を読む/抽時間看書
ぬの [0][布][名]布,布匹¶～を織る/織布
ぬま [2][沼][名]沼澤
ぬら・す [0][濡らす][他五]弄濕,沾濕¶タオルを～/將毛巾弄濕
ぬらりくらり [2][1][副]態度曖昧,敷衍搪塞
ぬりぐすり [3][塗(り)薬][名]塗的藥
ぬりたて [0][塗(り)立(て)][名]剛油漆過¶ペンキ～につき注意/請注意,油漆未乾
ぬりつ・ける [4][塗(り)付ける][他下一] ❶塗上,抹上 ❷推,轉嫁¶罪を人に～/嫁禍於人
ぬりもの [0][塗(り)物][名]漆器
ぬ・る [0][塗る][他五] ❶塗,抹¶壁を～/抹牆¶くすりを～/抹藥 ❷抹黑,損害名譽◇人の顔にどろを塗る/往別人臉上抹黑
ぬる・い [2][温い][形]微温,半涼不熱¶～ふろ/半涼不熱的洗澡水¶お茶が～/茶水半涼不熱 ❷不嚴厲,温和
ぬるぬる [1][副・自サ]滑溜,粘滑
ぬるまゆ [3][ぬるま湯][名]温水,微温的水
ぬれぎぬ [0][3][濡(れ)衣][名]冤枉,冤罪◇ぬれぎぬを着せられる/受冤枉
ぬれてであわ【濡れ手で粟】不勞而穫
ぬれねずみ [3][5][濡(れ)鼠][名]渾身濕透,落湯雞¶～になる/淋個落湯雞似的
ぬ・れる [0][濡れる][自下一]濕¶雨に～/被雨淋濕¶なみだに～/充滿淚水

ね　ネ

ね 五十音圖「な」行第四音。羅馬字寫作「ne」，發音爲國際音標[ne]。平假名「ね」來自「彌」的草體，片假名「ネ」來自「彌」字的左邊。

ね ⓪【音】[名](悦耳的)聲音¶笛の～/笛聲◇音をあげる/投降，受不了

ね ①【根】[名] ❶根,根部¶～がつく/紮根 ¶～がはえる/生根 ❷根源 ❸天生的本質,本性¶彼は～が正直だ/他本性誠實◇根に持(も)つ/懷恨在心,記仇◇根も葉(は)もない/無中生有,毫無根據

ね[終助] ❶表示感嘆¶これはきれいな花～/這真是朵漂亮的花啊¶これはうまい～/這個眞好吃啊 ❷表明自己的意見並使對方理解,認可自己的想法¶このやり方は間違っていると思う～/我認爲這種做法不對¶きみ、賛成してくれる～/你也同意吧 ❸表示叮問¶広場ではなにが始まるのか～/廣場上要有什麽活動吧 ❹表示調整語氣¶～、わが社が、…最近開発した新製品で～…/這個呀,是我們公司呀,新研製出的產品…

ね[感](用以對關係親密的人打招呼、叮囑或徵求對方的同意、理解)¶～、いいでしょう/喂,可以吧¶～、おいでよ/喂,你過來一下

ねあがり ⓪【値上がり】[名]價格上漲,漲價

ねあげ ⓪【値上げ】[名]提高價格,提價

ねいき ⓪【寝息】[名]睡眠中的呼吸

ねい・る ②【寝入る】[自五] ❶入睡 ❷睡熟

ねいろ ⓪【音色】[名]音色,音質

ねうち ⓪【値打(ち)】[名]價值¶～がある/值得¶なんの～もない/毫無價值

ねえ[感]「ね」的強調形式→ね[感]

ねえ[終助]→ね[終助]

ねえさん ①【姉さん】[名] ❶〈敬〉姐姐 ❷(對年輕女子的稱呼)大姐

ネーブル ①【navel orange】[名]廣柑

ネーム ①【name】[名]名字

ネオン ①【neon】[名] ❶〈化〉氖 ❷「ネオンサイン」的簡稱¶―サイン ④】[名]霓虹燈

ネガ ①【negative】[名](「ネガティブ」的簡稱,照相)底片,負片

ねがい ②【願(い)】[名] ❶願望,志願¶～がかなう/如願以償 ❷請求¶～をきき入れる/接受請求 ❸申請書¶入学～/入學申請書

ねが・う ②【願う】[他五] ❶希望,期望¶合格を～/希望成績及格 ❷請求,懇求¶手助けを～/請求幫助 ❸(向神佛)祈求¶神に～/向神祈求◇願ったりかなったり/事從心願,稱心如意◇願ってもない/喜出望外

ねがえり ④⓪【寝返り】[名] ❶(睡覺或躺着)翻身¶～を打つ/翻身 ❷叛變,倒戈

ねか・す ⓪【寝かす】[他五] ❶使…睡覺,使…躺下¶子どもを～/

哄孩子睡覺 ❷放倒 ❸擱置(使之發酵)¶二十年～したブランデ—/擱置了二十年的白蘭地 ❹(商品、資金等)積存,存放不用¶金を～/將錢放在手邊(不用)

ネガティブ ①【negative】[名・形動] ❶否定的 ❷消極的 ❸→ネガ

ねぎ ①【葱】[名]葱

ねぎら・う ③【労う】[他五]慰勞,犒勞¶労を～/犒勞

ねぎ・る ②【値切る】[他五]殺價,還價¶五千円～って買った/以便宜5千日圓的價錢買下了

ネクタイ ①【necktie】[名]領帶

ねぐるし・い ④【寝苦しい】[形]難以入睡,睡不好,睡不着

ねこ ①【猫】[名]貓◇猫にかつお節(ぶし)/虎口送肉◇猫に小判(こばん)/對牛彈琴◇猫の手(て)も借(か)りないほど/(忙得)不可開交◇猫の額(ひたい)ほど/(面積)狭小◇猫の目(め)のよう/變化無常◇猫も杓子(しゃくし)も/不論張三李四,不管是誰◇猫をかぶる/假裝老實,佯裝不知

ねこいらず ③【猫要らず】[名]滅鼠藥

ねこかぶり ③【猫被(り)】[名] ❶假裝老實(的人) ❷佯裝不知(的人)

ねこかわいがり③【猫かわいがり】[名]溺愛,嬌慣

ねこぜ ②【猫背】[名]水蛇腰

ねこそぎ ⓪【根こそぎ】[副]乾淨地,一點不留地,連根撬掉

ねごと ⓪【寝言】[名]夢囈,夢話

ねこなでごえ ⑤【猫撫(で)声】[名]獻媚聲,撒嬌聲

ねこばば ⓪【猫ばば】[名](將拾得的物品)昧為己有¶～をきめこむ/把拾得的東西據為己有

ねこ・む ②【寝込む】[自五] ❶熟睡 ❷(病得)臥床不起

ねころ・ぶ ③【寝転ぶ】[自五]橫卧;隨便躺下

ねさがり ⓪④【値下がり】[名]跌價,落價

ねさげ ⓪【値下げ】[名]減價,降價

ねじ ⓪【螺子】[名] ❶螺絲釘¶～をまわす/擰螺絲釘 ❷(鐘錶的)上發條裝置◇ねじを巻(ま)く(銀)上發條;給…打氣,鼓勵

ねじ・ける ③【拗ける】[自下一]性情乖僻¶心が～/性情乖僻

ねじこ・む ③⓪【ねじ込む】[他五] ❶扭進 ❷塞進 ❸責難

ねしずま・る ④【寝静まる】[自五]夜深人靜

ねじまわし ③【ねじ回し】[名]螺絲起子

ねしょうがつ ②【寝正月】[名] ❶(過年哪裡都不去)待在家裡過年 ❷(過年時)生病臥床

ねじりはちまき⑤【ねじり鉢巻き】[名]擰起來紮在頭上的手巾

ねじ・る ②【捩じる・捻じる】[他五]擰,扭¶体を～/扭轉身¶びんのふたを～/擰瓶蓋

ねじ・れる ③【捩じれる・捻じれる】[自下一] ❶歪,歪扭¶ネクタイが～/領帶歪了 ❷性情乖僻

ねずみ ⓪【鼠】[名]老鼠

ねずみいろ ⓪【鼠色】[名]深灰色

ねぞう ⓪【寝相】[名]睡覺的姿勢

ねそべ・る ③【寝そべる】[自五]隨便躺卧

ねた ⓪[名] ❶話題,材料 ❷證據,把柄

ねたまし・い ④【妬ましい】[形]感到嫉妒,妒忌

ねた・む ②【妬む】[他五]嫉妒¶人の成功を～/嫉妒他人的成功

ねだ・る ⓪[他五]死乞白賴地請求,乞求¶母に～/纏着媽媽央求

ねだん ⓪【値段】[名]價格,價錢¶～が上がる/價格上漲¶～をつける/標價

ねちねち ①[副]❶黏貌❷(言行)不乾脆,黏黏叨叨

ねつ ②【熱】[名]❶熱,熱度¶～をくわえる/加熱❷發燒¶～をはかる/量體溫¶～が下がる/退燒❸入迷,熱情¶～を上げる/入迷,熱情◇熱がさめる/熱情消失

ねつい ①【熱意】[名]熱情,熱忱

ねつエネルギー ⑤【熱エネルギー】[名]熱能

ねつえん ◎【熱演】[名・他サ]充滿激情地表演(演出)

ネッカチーフ ④【neckerchief】[名]方頭巾

ねっから ◎【根から】[副]根本,生來,本來¶彼は～の新聞記者だ/他生來就是當新聞記者的材料¶酒は～だめだ/我生來就不會喝酒

ねつけ ◎【寝付(き)】[名]入睡¶～がわるい/入睡難,不容易入睡

ねっきょう ◎【熱狂】[名・自サ]狂熱,入迷

ネック ①【neck】[名]❶脖子❷窄路,隘路

ねつ・く ②【寝付く】[自五]❶入睡❷患病臥床

ねづ・く ②【根付く】[自五]生根,紮根

ネックレース ④【necklace】[名]→ネックレス

ネックレス ①【necklace】[名]項鍊

ねつじょう ◎【熱情】[名]熱情,熱忱,熱心¶～をこめて語る/熱心地講述

ねっしん ①③【熱心】[名・形動]熱心,熱情¶～に説く/熱情地勸説

ねっ・する ◎【熱する】[自他サ]❶熱,熱起來❷加熱

ねっせん ◎【熱戦】[名]激烈的比賽

ねつぞう ◎【捏造】[名・他サ]捏造,編造

ねったい ◎【熱帯】[名]熱帶

ねっちゅう ◎【熱中】[名・自サ]熱衷,着迷,入迷¶野球に～する/熱衷外打棒球

ねつっぽ・い ③【熱っぽい】[形]❶好像有點發燒¶体が～/似乎有些發燒❷熱情

ネット ①【net】[名]❶網¶ヘアー～③/[名]髪網❷球網❸觸網❹淨重「ネットワーク」的簡稱❺淨重¶～三百グラムの肉/淨重三百克的肉

ねっとう ◎【熱湯】[名]滾開的水,開水

ネットワーク ④【network】[名]廣播電視網

ねつべん ◎【熱弁】[名]熱情的,演説,熱烈的辯論

ねづよ・い ③【根強い】[形]深深,不易動搖¶～人気/深受歡迎

ねつりょう ◎【熱量】[名]熱量

ねつれつ ◎【熱烈】[形動]熱烈¶～に歓迎する/熱烈歡迎

ねどいはどい ④【根問(い)葉問(い)】[名]刨根問底,問個不休

ねどこ ◎【寝床】[名]臥具,床¶～をしく/鋪床¶～に入る/就寢

ねばねば ①[副・サ]粘糊糊,發粘

ねばり ③【粘り】[名]❶粘,粘性❷頑強,忍性

ねばりづよ・い ⑤【粘り強い】[形]不屈不撓,頑強¶～く交渉する/頑強地進行交涉

ねば・る ②【粘る】[自五]❶粘¶この餅(もち)は、よく～/這個年糕很粘❷頑強地堅持

ねびえ ◎【寝冷え】[名・自サ]睡時着涼

ねびき ◎【値引(き)】[名]減價

ねぶか・い ③【根深い】[形]根深蒂固,由來已久¶～対立/嚴重的分歧

ねぶくろ ②【寝袋】[名]鴨絨睡袋
ねぼう ⓪【寝坊】[名・形動]睡懶覚(的人)【朝(あさ)-③】[名・形動]早晨睡懶覚
ねぼけまなこ ④【寝惚けまなこ】[名]睡眼惺忪
ねぼ・ける ③【寝ぼける】[自下一] ❶迷迷糊糊 ❷睡迷糊
ねほりはほり ①-①【根掘り葉掘り】[副]刨根問底¶～聞く/刨根問底地打聽
ねまき ⓪【寝巻き・寝間着】[名]睡衣
ねみみにみず【寝耳に水】事出突然,青天霹靂
ねむ・い ⓪【眠い】[形]睏,睏倦
ねむけ ⓪【眠気】[名]睡意¶～をもよおす/發睏
ねむた・い ⓪【眠たい】[形]睏,想睡
ねむのき ①【合歓の木】[名]合歓樹,芙蓉樹
ねむ・る ⓪【眠る】[自五]睡覚,睡眠
ねもと ③【根元】[名] ❶根 ❷根本
ねらい ⓪【狙(い)】[名] ❶目標,目的 ❷瞄準¶～をつける/瞄準
ねら・う ⓪【狙う】[他五] ❶瞄準¶えものを～/瞄準獵獲物 ❷以…爲目標¶優勝を～/以取勝爲目標 ❸伺機¶機会を～/尋找機會
ねりせいひん ③【練(り)製品】[名]用魚肉餡製成的熟食品(如魚腸,魚肉捲等)
ねりはみがき ④【練(り)歯磨(き)】[名]牙膏
ねる ⓪【寝る】[自下一] ❶躺下,倒下¶あおむけに～/仰面躺下 ❷睡覚,就寢¶ぐっすり～/熟睡 ❸得病卧床¶インフルエンザで一週間ねていた/得了流行性感冒,躺了一個星期 ❹(商品、資金)積壓¶倉庫にねているテレビ/積壓在倉庫中的電視機◇寝る子(こ)は育(そだ)つ/能睡的孩子長得壯
ね・る ①【練る】[他五] ❶揉,攪拌 ❷熱製¶あんを～/熱豆餡 ❸推敲¶文章を～/推敲文章 ❹磨練 ❺結隊遊行
ねわざ ⓪【寝技・寝業】[名] ❶躺著戰勝對手的招數 ❷背地玩弄權勢搞陰謀

ねん ①【年】[名]年,一年¶～に一度のみ/每年一次而已
ねん ①【念】[名] ❶念頭,觀念,心情¶望郷の～/思郷之情 ❷注意,小心¶～がいる/充役留意◇念には念を入(い)れる/再三考慮◇念のため/爲了慎重起見◇念を押(お)す/叮囑,叮嚀
ねんが ①【年賀】[名]賀年,拜年【-状(じょう)③⓪】[名]賀年片
ねんがっぴ ③【年月日】[名]年月日
ねんがらねんじゅう ①-①【年がら年中】[副]一年到頭,終年
ねんかん ⓪【年間】[名] ❶一年時間【-計画(けいかく)⑤】[名]年計劃 ❷時期¶大正～/大正時期
ねんかん ⓪【年鑑】[名]年鑒
ねんきん ⓪【年金】[名]每年支取的定額養老金
ねんげつ ①【年月】[名]歲月,年月
ねんこう ⓪③【年功】[名] ❶(在某工作崗位上)工作多年的功勞【-序列(じょれつ)⑤】[名]按年資排輩分的制度 ❷多年工作的經驗¶～をつむ/積工作經驗
ねんごう ⓪【年号】[名]年號
ねんこうじょれつ ⓪⑤【年功序列】[名]按照工齡和年齡決定職位的制度
ねんざ ⓪【捻挫】[名・他サ]扭傷(關節)
ねんさん ⓪【年産】[名]年產量
ねんし ①【年始】[名] ❶年初 ❷

ねんしゅう ⓪【年収】[名]一年的收入

ねんじゅう ①【年中】[名]全年,整年【-無休(むきゅう)】①-⓪[名]全年不休息(營業)——[副]經常,一年到頭

ねんじゅうぎょうじ ⑤【年中行事】[名]→ねんちゅうぎょうじ

ねんしょう ⓪【燃燒】[名・自サ] ❶燃燒 ❷幹勁,熱情

ねんだい ⓪【年代】[名]年代

ねんちゃく ⓪【粘着】[名・自サ]粘,粘着【-テープ】⑤[名]膠帶,膠紙

ねんちゅうぎょうじ ⑤【年中行事】[名]一年中的例行節日或活動

ねんど ①【年度】[名]年度
ねんど ①【粘土】[名]粘土
ねんとう ⓪【念頭】[名]心上,心頭
ねんない ①⓪【年内】[名]年内,當年之内

ねんね ①[名] ❶(幼兒語)睡覺¶～しな/快睡覺吧 ❷不懂事的孩子(多指女孩)

ねんねん ⓪【年年】[副]每年,逐年

ねんぱい ⓪【年配・年輩】[名] ❶大約的年齡¶四十～の人/大約四十來歲的人 ❷通曉世故的年齡,中年 ❸年長

ねんぴょう ⓪【年表】[名]年表
ねんぷ ⓪【年譜】[名]年譜
ねんぶつ ⓪【念佛】[名・自サ]念佛¶～をとなえる/念佛
ねんぽう ⓪【年俸】[名]年薪,年俸
ねんまつ ⓪【年末】[名]年末【-大売(おおうり)出(だし)】⓪-③[名]年末大拍賣

ねんりょう ③【燃料】[名]燃料
ねんりん ⓪【年輪】[名] ❶年輪 ❷(事物的)逐年成長變化的歷史

ねんれい ⓪【年齡】[名]年齡,歲數

の ノ

の 五十音圖「な」行第五音。羅馬字寫作「no」，發音爲國際音標［no］。平假名「の」來自「乃」字的草體，片假名「ノ」來自「乃」字的一撇。

の[1]【野】[名]原野,田野

の [格助]❶(表示所有、所屬關係)的¶私～シャツ/我的襯衫¶市役所～小野さん/在市政府工作的小野 ❷限定下面詞語的內容、性質、狀態、場所、時間等¶栄養～調査/營養調査¶となり～家/鄰居 ❸表示同格關係¶院長～田中先生/院長,田中先生¶次女～良子ちゃん/二女兒,良子 ❹在定語句中表示主語¶顔色～わるい子ども/臉色不好的孩子¶私～好きな人/我喜歡的人 ❺(上接體言,用言連體形,做形式體言)表示其上面的詞語作爲體言處理¶行く～はいいけれど、帰りが大変だぞ/去倒是可以去,不過回來時可不好走¶遺族の涙を見る～がつらい～/不忍目睹遺屬們的眼淚¶あなた～はどれですか/哪個是你的 ❻(以「のです」「のだ」「のか」的形式)表示申述理由、說明解釋或詢問、命令等(口語用「ん」)¶君たちに分けてやる食料はもうない～だ/分給你們的食物已經沒有了¶このホテルで送別会が開かれた～です/這是在這個飯店開的歡送會¶この動物園にはしま馬はいない～か/這個動物園裡沒有斑馬嗎

――[並助]表示例舉¶行く～行かない～と、ちっともはっきり言わないんだ/又説去又説不去,老是含含糊糊的¶これを買え～、あれを買え～と、うるさいことばかり言う/又叫買這個,又叫買那個,真煩人¶足が痛い～気分が悪い～と言い訳(わけ)をする/又是腳疼啦又是難受啦,找藉口

――[終助](女性、兒童用語)❶表示委婉的判斷¶もう、いい～/已經可以了¶明日、アメリカに出発する～/我明天將去美國¶これから始めようと思っていたところ～/我剛要開始做 ❷(用上揚的語調)表示詢問¶さち子ちゃん、どうした～/幸子,你怎麼啦¶あなた、あしたの会にはいらっしゃる～/(妻子對丈夫)你參加明天的會嗎 ❸(語調強硬)表示詰問及命令¶いったいどうした～、このちらかりようは/這到底是怎麼回事？弄得亂七八糟的¶テレビなんか見ていないで、勉強する～/別看什麼電視,好好用功吧

ノアのはこぶね[1]-[0][名]〈宗〉諾亞方舟

ノイローゼ[3]【獨】Neurose）[名]神經官能症,神經衰弱

のう[1]【能】[名]❶能力,本領¶～がない/沒有本領 ❷能樂(日本古典戲劇)◇能ある鷹(たか)は爪(つめ)を隱(かく)す/真人不露相,大智若愚 ◆❷的語調爲[0]

のう[1]【脳】[名]❶腦 ❷腦力,腦筋

のういっけつ[3]【腦溢血】[名]腦溢血

のうか ①⓪【農家】[名]農户
のうがく ⓪【能樂】[名]能樂(日本古典戲劇)
のうかんき ③【農閑期】[名]農閑期
のうきょう ⓪【農協】[名](「農業協同組合」的簡稱)日本農業生産合作社
のうぎょう ①⓪【農業】[名]農業
のうぎょうきょうどうくみあい ①【農業協同組合】[名]日本農業生産合作社
のうきょうげん ③【能狂言】[名] ❶狂言(演出能樂時,中間穿插的喜劇) ❷能樂和狂言
のうぐ ①【農具】[名]農具
のうけっせん ③【脳血栓】[名]腦血栓
のうこう ⓪【濃厚】[形動] ❶(色,味)濃,濃重¶～な味/味道濃 ❷(氣體,液體)濃¶～なジュース/濃果汁 ❸(給人以)強烈刺激¶～なラブシーン/給人以強烈刺激的愛情場面 ❹(事態)明顯
のうこつ ⓪【納骨】[名・自サ]安放骨灰¶-堂(どう) ⓪[名]骨灰堂¶-式(しき) ④[名]骨灰安放儀式
のうさぎょう ③【農作業】[名]農活,莊稼活
のうさくぶつ ④【農作物】[名]農作物
のうさんそん ③【農山村】[名]農村和山村
のうさんぶつ ③【農産物】[名]農産品
のうし ⓪【脳死】[名]腦組織壞死
のうしゅく ⓪【濃縮】[名・他サ]濃縮¶～ジュース/濃縮果汁
のうじょう ⓪③【農場】[名]農場
のうぜい ⓪【納税】[名・自サ]納税
のうそっちゅう ③【脳卒中】[名]腦出血,腦血栓,腦溢血
のうそん ⓪【農村】[名]農村
のうたん ③⓪【濃淡】[名]濃淡,深淺
のうち ①【農地】[名]農田
のうど ①【濃度】[名]濃度
のうどうてき ⓪【能動的】[形動]能動,主動
のうのうと ③[副]悠閒,輕鬆,悠然自得
のうは ①【脳波】[名]腦電波
ノウハウ ①【know-how】技術專利,技術情報◆「ノーハウ」
のうはんき ③【農繁期】[名]農忙期
のうひん ⓪【納品】[名・自他サ]交貨¶-書(しょ) ⓪⑤[名]交貨單
のうふ ①【農夫】[名]農夫
のうふ ①【農婦】[名]農婦
のうべん ⓪①【能弁】[名・形動]能言善辯¶-家(か) ①[名]雄辯家
のうまくえん ④【脳膜炎】[名]腦膜炎
のうみそ ③【脳味噌】[名]〈俗〉腦,腦筋◇脳みそを絞る/絞盡腦汁(去思考)
のうみん ⓪【農民】[名]農民
のうめん ⓪【能面】[名](能樂用的)面具
のうやく ⓪【農藥】[名]農藥
のうりつ ⓪①【能率】[名]效率¶～が上がる/效率提高
のうりょう ⓪【納涼】[名・自サ]納涼,乘涼
のうりょく ①【能力】[名]能力
のうりょく ⓪【濃緑】[名]深綠,濃綠
ノー ①【no】[名]否定,否認 ——[感]不,不是,否
ノーコメント ③【no comment】[名]無須説明,無可奉告
ノースモーキング ④【no smoking】[名]禁止吸煙

- **ノースリーブ** ④【no sleeve】[名] 無袖的婦女服
- **ノート** ①【note】[名・他サ] ❶記錄,筆記¶～をとる/記筆記 ❷筆記本,本子¶-ブック ④【名】筆記本,本子
- **ノーベルしょう** ④【ノーベル賞】[名]諾貝爾獎
- **ノーマル** ①【normal】[形動]正常的,標準的
- **のが・す** ②【逃す】[他五]錯過,放過
  - ——[接尾]漏掉¶見～/看漏¶聞き～/聽漏
- **のが・れる** ③【逃れる】[自下一]逃避,逃跑¶責任を～/逃避責任
- **のき** ⓪【軒】[名]房檐,屋檐¶～をつらねる/房屋櫛比
- **のぎく** ①【野菊】[名]野菊花
- **のきさき** ⓪【軒先】[名] ❶檐端,屋檐頭 ❷屋檐下
- **のきした** ⓪【軒下】[名]屋檐下
- **のきなみ** ⓪【軒並み】[名]屋檐櫛比
  - ——[副] ❶家家户户,挨家挨户 ❷全部,都
- **のけもの** ⓪【のけ者】[名]被排擠的人
- **の・ける** ⓪【退ける・除ける】[他下一] ❶挪開,推開 ❷除掉,去掉
- **のこぎり** ④③【鋸】[名]鋸¶～を引く/拉鋸
- **のこ・す** ②【残す】[他五] ❶留下,剩下¶食事を～/剩下飯 ❷留下,遺留¶仕事を～/留下工作¶遺產財產を～/留下財產
- **のこのこ** ①[副]蠻不在乎地
- **のこらず** ②【残らず】[副]一個不剩,全部¶～食べる/全都吃了
- **のこり** ⓪【残(り)】[名] ❶剩餘,殘餘¶-高(だか)[名]餘額,餘數 ❷留下¶居～/留下來(的人)
- **のこりものにはふくがある**【残り物には福がある】別人拿剩下的東西裡有福氣
- **のこ・る** ②【残る】[自五] ❶留下,剩下¶食事が～/飯剩下了¶家に～/留在家裡 ❷遺留¶傷あとが～/留下傷疤¶耳に～/(聲音)留在耳邊
- **のさば・る** ③【自五】 ❶橫行霸道¶世に～/在社會上橫行霸道 ❷(雜草)叢生
- **のし** ②【熨斗】[名] ❶熨斗 ❷附在禮物上的裝飾品,禮簽
- **のしがみ** ②【熨斗紙】[名]貼在禮品上,作為送禮標誌的色紙
- **の・す** ①【熨す】[他五]熨平,發開¶アイロンでしわを ～/用熨斗把皺褶熨平
- **ノスタルジア** ③【nostalgia】[名]思鄉病,懷鄉病,鄉愁
- **の・せる** ⓪【載せる】[他下一] ❶裝載,載¶荷物を～/載運行李 ❷放上,擺上¶手のひらに～/放在手掌上¶台に花瓶(かびん)を～/把花瓶擺在臺上 ❸刊載,登載¶広告を～/登廣告¶新聞に～/登在報紙上
  - ——【乗せる】 ❶使…乘上¶客を～/載客 ❷誘騙,欺騙◇口車(くちぐるま)にのせる/用花言巧語騙人
  - —— ❶和着拍子(節奏)¶リズムに～せて歌う/和着節奏唱歌 ❷播放,傳導
- **のぞ・く** ⓪【除く】[他五] ❶除去,除掉¶障害を～/除掉障礙 ❷除外,除了¶この点を～けば、賛成です/除了這一點之外都同意
- **のぞ・く** ⓪【覗く】[他五] ❶(從縫、孔中)窺視¶中を～/窺視裡邊¶窓から～/從窗戶向外望 ❷俯望¶谷底を～/探身俯望山澗底 ❸稍微看一看,大致看一看,瀏覽¶本屋を～/到書店轉一

のそのそ ①[副・自サ]慢吞吞

のぞまし・い ⓪④【望ましい】[形]符合心願,最好,希望能…¶みんなの協力が〜/希望能得到大家的協助

のぞみ ⓪【望(み)】[名] ❶願望,期望¶〜がかなう/願望實現 ❷指望,希望,前途¶前途に〜ある少年/前途大有希望的少年

のぞ・む ⓪②【望む】[他五] ❶希望,期望¶出世を〜/希望發跡 ❷眺望,遙望

のぞ・む ⓪②【臨む】[他五] ❶面臨,面對¶海に〜/臨海 ¶死に〜/臨死

のだ 動詞,形容詞的基本形,形容動詞的「な」形(詞尾連體形) ❶說明事情的狀況¶ねばり強(づよ)い交渉(こうしょう)の結果(けっか),ついにこちらの主張(しゅちょう)が認(みと)められた〜/經過反覆交涉,他們終於接受了我們的主張 ❷說明原因,理由,根據等¶火事(かじ)が起(お)きたのは,タバコの火(ひ)が原因(げんいん)だった〜/發生火災的原因是吸烟不注意所引起的 ❸說話者的強烈意志,向對方採取強烈要求¶どんなことがあっても,成功(せいこう)させる〜/不管如何一定要使它成功 ¶みんな,ここから出(で)ていく〜/你們都從這裡出去 ❹(以「〜のだった」)帶著感情的說明情況¶親(おや)から離(はな)された子牛(こうし)は,悲(かな)しそうに鳴(な)き続(つづ)ける〜った/離開母親的小牛悲哀地叫著不停 ◆容易理解的說法是「んだ」,客氣的說法是「ので

のたれじに ⓪⑤【のたれ死に】[名] ❶死在路邊 ❷死得可憐

のち ⓪②【後】[名] ❶(時間)後,以後¶曇り→晴れ,陰轉晴¶映画を見た〜食事をする/看完電影後吃飯 ❷將來,未來

のちぞい ⓪【後添(い)】[名]後妻,續弦

のちほど ⓪【後程】[副]以後,一會兒¶〜またお目にかかります/以後再拜訪您

ノック ①【knock】[名・他サ]敲門,敲打

のっそり ③[副] ❶動作遲緩 ❷呆立

ノット ①【knot】[名](船速單位)小時海里「一ノット」等於一小時一海里

のっと・る ③【乗っ取る】[他五]劫持,奪取¶飛行機を〜/劫機

のっぴきならない ⑥【連語・連体】無法逃避,進退兩難

のっぺり ③[副・自サ] ❶平板而缺少變化 ❷(臉部)平板而無情

のっぽ ①[名・形動]〈俗〉瘦高個,瘦高(的人)

ので [接助](上接用言連體形)因為,由於¶雨が降らない〜田植えができない/因爲不下雨,所以不能插秧¶線路工事をしております〜,電車は徐行運転をいたします/由於線路正在施工,電車將慢速行駛

のど ①【喉・咽】[名] ❶咽喉,喉嚨¶〜がかわく/口渴 ❷聲音,歌聲◇〜がいい/嗓音好◇〜から手(て)が出(で)る/非常渴望得到手

のどか ①【長閑か】[形動] ❶悠閒¶心〜に散歩する/悠閒地散步 ❷(春天天氣)風和日麗¶〜な春の日/晴朗的春天

のどぼとけ ③【喉仏】[名]喉節

のどもとすぎればあつさをわすれる【喉元と過ぎれば熱さを忘れる】好了傷疤忘了痛

のに ②［接助］（上接用言連體形，表示語氣轉折）卻，可是，竟¶春が来た～花が咲かない/春天到了，花卻不開¶お金を持っていた～買わなかった/有錢卻沒買

―――［終助］表示不満，遺憾或惋惜的心情¶またこわしてしまったか。あれほど注意しておいた～/又弄壊了啊。那麽提醒你小心（怎麽還弄壊了）¶もう少し早く起きれば、汽車に間にあった～/再早起一點的話就能趕上火車啦（真可惜）

ののし・る ③【罵る】［自他五］罵，吵罵¶人を～/罵人

のば・す ②【伸ばす】［他五］❶放長，留頭髮¶髪を～/留頭髮 ❷伸開，展開¶うでを～/伸開胳膊¶腰を～/伸腰 ❸擴張，發展¶勢力を～/擴張勢力範圍 ❹増長，増強¶才能を～/増長才幹 ❺〈俗〉撵趴下，打倒在地

―――【延ばす】❶延長（時間，距離）¶距離を～/延長距離¶寿命を～/延長壽命 ❷延期¶出発を～/延期出發

のはら ①【野原】［名］原野

のばら ①【野薔薇】［名］野薔薇

のびのび ③【伸び伸び・延び延び】［副・自サ］❶生長暢旺 ❷拖延，拖拖拉拉 ❸舒暢，悠悠自得

の・びる ②【伸びる】［自上一］❶長高，伸長¶身長が～/個子長高了 ❷展開，伸展¶しわが～/皺紋展開了 ❸發展，擴大¶勢力が擴大了 ❹増長，提高¶学力が～/學力提高 ❺〈俗〉（累得）不能動彈，（累得）趴下

―――【延びる】❶（時間，距離）拖長¶立春（りっしゅん）をすぎて日が～/過了立春，天就長了 ❷延期¶期日が～/延期 ❸變稀，鋪散開 ❹（失去弾性）變長¶ゴムが～/橡皮筋失去弾性，變長了

ノブ ①【knob】［名］門上的把手

のべ ②【延（べ）】［名］總計¶～面積/總計面積

の・べる ②【伸べる】［他下一］伸出¶救いの手を～/伸出救援的手

―――【延べる】❶展開，鋪開¶床（とこ）を～/鋪床 ❷延期，推遲

の・べる ②【述べる】［他下一］敘述，陳述，闡述¶意見を～/闡述意見

のぼ・せる ⓪【逆上せる】［自下一］❶（血往上湧）滿臉通紅¶長湯で～/洗澡洗了很長時間，洗得滿臉通紅 ❷迷戀，迷戀¶歌手に～/迷戀上歌手 ❸驕傲自大

のぼり ⓪【登り・上り】［名］❶登，上 ❷上坡路徑¶急な～/陡坡

―――【上り】上行，進京¶列車（れっしゃ）④｜［名］上行列車◆也可寫做「昇り」

のぼりおり ③【上り下り】［名・他サ］上下，升降

のぼりざか ⓪【上り坂】［名］❶上坡（路）❷上升的狀態

のぼ・る ⓪【上る・昇る】［自五］❶升，上升¶日が～/太陽升起 ❷（地位）提升，升級¶大臣の位に～/升爲大臣

―――【上る・登る】登，攀登¶山に～/登山¶坂を～/爬坂

―――【上る】❶溯流而上 ❷進京，上行¶都に～/進京 ❸（數量）達到，高達¶百万円に～金額/高達一百萬日圓的金額 ❹提出¶日程に～/被提到日程上

のみ ②【蚤】［名］跳蚤

のみ ①【鑿】［名］鑿子

のみ［副助］〈文〉只，唯，僅僅¶住民

のみぐすり ③【飲(み)薬】[名]内服薬

のみこみ ⓪【飲(み)込み】[名]理解,領會¶～がわるい/不善於理解

のみこ・む ⓪【飲(み)込む】[他五]❶吞下,咽下¶へびが蛙(かえる)を～/蛇吞下青蛙 ❷按下,忍住¶怒りを～/強按下怒火 ❸領會,理解¶要領を～/領會要領

のみて ③【飲(み)手】[名]能喝酒的人

のみとりまなこ ⑤【蚤取(り)眼】[名]不放過任何疑點(仔細尋找)

のみならず ③①【接】不僅,不但¶専門家～一般の人びとも注目した出来事/不僅是専家學者,連普通人都關注的事情¶彼は英語～フランス語にも才能をしめしている/他不但英語好,在法語方面也顯示出才能

のみのいち ④【蚤の市】[名]跳蚤市場,舊貨市場

のみみず ②【飲(み)水】[名]飲用水

のみもの ②③【飲(み)物】[名]飲料

のみや ②【飲(み)屋】[名]小酒館

の・む ①【飲む】[他五]❶喝,飲¶酒を～/喝酒¶～まず食わず/不吃不喝¶薬を～/喝藥,吃藥 ❷吸¶タバコを～/吸煙 ❸按下,忍住¶声を～/吞聲◇涙をのむ/忍住眼涙 ❹(不得已)接受,答應¶条件を～/(不得已)接受條件 ❺壓倒◇敵をのむ/壓倒敵人 ❻暗中攜帶

のめりこ・む ④【のめり込む】[自五]❶向前傾,陷入 ❷陷入,迷上

のらいぬ ⓪【野良犬】[名]野狗

のらしごと ③【野良仕事】[名]農活

のらねこ ⓪【野良猫】[名]野猫

のらりくらり ②-②【副・自サ】❶遊手好閒 ❷推推拖拖,態度曖昧

のり ②【海苔】[名]紫菜

のり ②【糊】[名]漿糊¶～をつける/刷漿糊

のりい・れる ④【乗り入れる】[他下一]❶乘車進入 ❷定期路線延長到其他路線上

のりか・える ④【乗(り)換える】[他下一]❶換(車)¶電車を～/換乘電車¶電車からバスに～/由電車改乘汽車 ❷改變(想法,方針)

のりき ⓪【乗り気】[形動]起勁,感興趣

のりき・る ③【乗(り)切る】[自五]渡過,越過(難關)¶難局を～/渡過難關

のりくみいん ④【乗組員】[名]❶船員 ❷飛行小組人員

のりく・む ③【乗(り)組む】[自五](作爲工作人員)乘(飛機、船)¶船に～/登船(工作)

のりこ・える ④【乗(り)越える】[自下一]❶翻越,越過¶へいを～/翻牆 ❷渡過,克服(難關)¶危機を～/渡過危機 ❸超過,超越

のりごこち ③【乗(り)心地】[名]乘車(船)時的感覺

のりこし ⓪【乗り越し】[名](坐公汽車、電車等)坐過站

のりこ・す ③【乗(り)越す】[他五]乘過站

のりこ・む ③【乗(り)込む】[自五]❶乘坐,坐上¶車に～/坐上車 ❷闖入

のりだ・す ③【乗(り)出す】[自五]❶乘船出去¶大洋に～/乘船出海 ❷積極着手(參典)¶政

界に～/積極參與政界事務 ❸探出(上半身)¶身を～して見る/探出身子看

のりもの ⓪【乗(り)物】[名]交通工具

の・る ⓪【乗る】[自五] ❶登上,踩上 ❷乘,坐,騎¶馬に～/騎馬 ❸參與¶相談に～/幫助參謀 ❹上當,受騙◇口車にのる/聽信花言巧語而上當¶計略に～/上圈套 ❺乘勢¶気が～/起勁,有興致 ❻附着 ❼傳導¶電波に～/通過電波(傳出) ❽合節拍¶リズムに～/合上節拍

——【載る】❶放着,擱着¶本ばこの上に時計が～っている/書箱上放着鐘 ❷登載,刊載¶新聞に～/登載在報紙上

のるかそるか ①-① [伸るか反るか][連語]不管三七二十一,不管成敗與否

ノルマ ①【(ロ)norma】[名](工作)額

のれん ⓪【暖簾】[名] ❶(門)簾子 ❷(鋪子開門時)掛在門口的簾子(上面寫有鋪子的字號)¶～をくぐる/(顧客)進店¶～を下ろす/停止營業

のろ・い ②[鈍い][形] ❶(速度)慢,遲緩¶足が～/腳步慢¶仕事が～/工作速度緩慢 ❷(頭腦)遲鈍,(動作)笨拙

のろ・う ②【呪う・詛う】[他五]詛咒

のろし ③[名]狼煙,烽火

のろのろ ①[副]慢吞吞¶～と歩く/慢吞吞地走

のろま ⓪【鈍間】[名]動作緩慢,慢性子

のんき ①[形動] ❶安閑,逍遙自在¶～な生活/逍遙自在的生活 ❷漫不經心,滿不在乎

ノンストップ ④【non stop】[名]中途不停車

のんびり ③[副]悠閑,逍遙自在¶田舎(いなか)で～暮らす/在鄉村悠閑地生活

ノンフィクション ③【nonfiction】[名](報告文學、回憶錄、傳記等)非虛構的作品

のんべえ ①【飲兵衛】[名]酒鬼

のんべんだらりと ⑥[副]遊手好閒,無所事事

は　ハ

は　五十音圖「は」行第一音。羅馬字寫作「ha」,發音爲國際音標[ha]。平假名「は」來自「波」字的草體,片假名「ハ」來自「八」字。濁音「ば」,羅馬字寫作「ba」,發音爲國際音標[ba]。半濁音「ぱ」,羅馬字寫作「pa」,發音爲國際音標[pa]。

は ①【刃】[名]刃,刀刃

は ⓪【葉】[名]樹葉,葉子

は ①【歯】[名] ❶牙齒¶～をみがく/刷牙 ❷(機器的)齒¶くしの～/梳齒 ❸(木屐的)齒◇歯が浮(う)く/牙根鬆動;令人感到肉麻◇歯が立(たた)ない/(硬得)咬不動,望塵莫及,抵擋不住◇歯に衣(きぬ)を着(き)せない/直言不諱◇歯の抜(ぬ)けたよう/冷冷清清,寂寞冷清◇歯の根(ね)が合(あ)わない/(冷得、嚇得)牙打顫◇歯を食(く)いしばる/咬緊牙關

は [副助](發音爲「わ」) ❶表示敘述的主題¶この絵～松本くんがかいたものです/這幅畫是松本畫的¶選手団～午後の特急で出発した/運動代表隊坐下午的特快出發了¶この装置を作ったの～伊藤さんのグループです/製造這套設備的是伊藤小組 ❷表示兩種事物的對比¶体～小さいが、力～強い/雖然身材矮小,但很有力氣¶右手～公園で、左手～学校だ/右邊是公園,左邊是學校¶映画～あまり見ないが、テレビ～よく見る/不經常看電影,但經常看電視 ❸表示特別提示某事物(以區別其他),句尾多爲否定或與預期相反的結果¶お父さんと～一緒に行きたくない/我不想和父親一起去(和別人還可以)¶そのことはよく～知りません/我不太了解那件事(只知道個大概)¶一生懸命練習して～いるが、記録は平凡だ/我練習得很刻苦,但成績平平

ば ⓪【場】[名] ❶場所,地點 ❷(用「その場」的形式表示)當時,當場¶その～に居あわせる/當時在場¶その～で答える/當場回答 ❸(戲劇)場¶第三幕第二～/第三幕第二場

ば [接助](接用言假定形) ❶(表示假定條件)如果…,假如…¶あした雨が降れ～、運動会は中止だ/如果明天下雨,運動會就停開¶きょう来(く)れ～よかったのに/你如果今天來就好了(真可惜) ❷(表示某種前提條件)一…就¶人の顔さえ見れ～、自慢ばかりしている/一見人就誇耀¶このボタンを押せ～、ふたがあく/一按這個鈕,蓋子就打開了 ❸(表示並列)¶英語もできれ～、中国語もできる/既會英文又會中文¶景色もよけれ～、食べ物もうまい/(這裡)風景優美,飯菜也好吃

はあ ① [感] ❶(用於應答時)是 ❷(表示驚嘆,用上揚聲調)嗬 ❸(表示疑問,用上揚聲調)啊

バー ①【bar】[名] ❶(跳高用的)橫桿 ❷酒吧

ぱあ ①[名]〈俗〉 ❶笨,愚蠢 ❷失敗,完蛋,落空¶儲(もう)けが～になる/賺錢的希望落空了 ❸(剪

刀、石頭、布划拳中的)布

ばあい ⓪【場合】[名] ❶場合,情形,情況¶時と～/時間和場合¶～によっては…/根據情況… ❷時候

パーキング ①【parking】[名]停車場

はあく ⓪①【把握】[名・他サ]掌握

バーゲンセール ⑤【bargain sale】[名]廉價出售

ばあさん ①【祖母さん・婆さん】[名]→おばあさん

バージン ①【virgin】[名]處女

バースデー ①【birthday】[名]生日[-ケーキ ⑥]生日蛋糕

パーセント ①③【percent】[名]百分比,百分之～¶五～/百分之五

パーティー ①【party】[名] ❶(茶會、晚會、宴會、舞會等交際性的)集會¶～をひらく/舉行招待會¶クリスマス～/聖誕晚會 ❷(登山等)同去的伙伴

ハート ①【heart】[名] ❶心,心臟 ❷(撲克)紅桃

ハード ①【hard】[形動] ❶硬,堅固 ❷困難,艱難 ❸猛烈

パート ①【part】[名] ❶部分,部門 ❷樂曲的一部

ハードウエア ④【hard ware】[名]電腦硬體

パートタイム ④【part-time】[名](一天中定時工作幾個小時的)臨時工作,兼職

パートナー ①【partner】[名] ❶(工作等的)伙伴,同伴 ❷舞伴

ハードル ①⓪【hurdle】[名]〈體〉(障礙賽的)跨欄,跨欄賽

ハーフ ①【hulf】[名] ❶一半,二分之一 ❷(「half blood」的簡稱)混血兒[-サイズ ④]名]小一半的尺寸[-タイム ④]名] ❶(足球比賽時間的)半場 ❷(比賽)中間休息

ハープ ①【harp】[名]豎琴

パーフェクト ①【perfect】[形動]完美的

バーベキュー ③【barbecue】[名]烤肉

パーマ ①【permanent wave】[名]燙髮¶～をかける/燙頭髮

ハーモニー ①【harmony】[名] ❶〈音〉和聲 ❷協調

ハーモニカ ①【harmonica】[名]口琴¶～をふく/吹口琴◆也做「ハモニカ」

パール ①【pearl】[名]珍珠

はい ①【杯】[名]酒杯¶～をかさねる/喝了好幾杯酒

はい ①【灰】[名]灰¶～になる/化為灰燼

はい ①⓪【肺】[名]肺

はい ⓪【蠅】[名]→はえ

はい ①【感】 ❶(用於回答時)是,到,是的 ❷(表示允許、同意)好,行,可以 ❸(表示提醒)喂¶～、始めましょう/喂,開始吧

ハイ-【high】[接頭] ❶高[-ネック ③]名]高(衣)領[-ハードル ③]名](田徑)高欄[-ヒール ③]名]高跟鞋 ❷高級[-クラス ③]名・形動](身份)高貴,(物品)高級[-スクール ④]名]高中[-センス ③]名・形動](穿衣、打扮)雅緻 ❸高速[-ウエー ③]名](汽車專用)高速公路[-スピード ④]名]高速[-テンポ ③]名]高速

ばい ①【倍】[名]倍,加倍¶～にする/加倍¶～になる/成倍

パイ ①【(ギ)π】[名]〈數〉圓周率

パイ ①【pie】[名](用小麥粉夾上水果餡烤的)夾餡點心[アップル- ⑤④]名]蘋果派

はいいろ ⓪【灰色】[名] ❶灰色 ❷黯淡,陰鬱¶～の青春/灰色的青春

ばいう ①【梅雨】[名]梅雨

はいえき ⓪【廃液】[名]廢液
はいえん ⓪【肺炎】[名]肺炎
ばいえん ⓪【煤煙】[名]煤煙
バイオテクノロジー ⑥【biotechnology】[名]生物工學,遺傳工程學
バイオリニスト ⑤【violinist】[名]小提琴手
バイオリン ⓪【violin】[名]小提琴¶～をひく/拉小提琴
バイオレット ④【violet】[名]❶紫羅蘭 ❷紫羅蘭色
はいかい ⓪①【俳諧・誹諧】[名]❶一種帶詼諧趣味的「和歌」「連歌」❷『連句』『俳句』『川柳』等的總稱 ❸俳句
ばいかい ⓪【媒介】[名・他サ]媒介,中間人
はいがまい ⓪【胚芽米】[名]帶胚芽的大米
ハイカラ ⓪【high collar】[名・形動]時髦,西洋味十足
はいかん ⓪【廃刊】[名・他サ]停刊
はいき ⓪【排気】[名]❶排氣【-口(ぐち)③】[名]排氣口,排氣孔 ❷(發動機排出的)廢氣【-ガス ④】[名]廢氣
はいき ⓪【廃棄】[名・他サ]廢棄,廢除,丟棄
ばいきゃく ⓪【売却】[名・他サ]賣光
はいきょ ①【廃墟】[名]廢墟
ばいきん ⓪【黴菌】[名]細菌
ハイキング ①【hiking】[名・自サ]徒步旅行,郊遊
バイキング ①【Viking】[名]❶自助餐 ❷(八至十世紀的)北歐海盜
はいく ①③【俳句】[名]俳句(由五、七、五三句共十七個音節組成的短詩)
バイク ①【bike】[名]輕便摩托車
はいぐうしゃ ③【配偶者】[名]配偶
はいけい ①【拝啓】[名](書信用語)拜啟
はいけい ⓪【背景】[名]❶(繪畫、照相)背景¶みずうみを～にして写真をとる/以湖水爲背景照相 ❷(舞臺)佈景【-セット ⑤】[名]佈景 ❸(事物)背景
はいけっかく ③【肺結核】[名]肺結核
はいけん ⓪【拝見】[名・他サ](自謙語)拜讀,看¶ちょっと～します/請讓我看看¶お手紙～しました/收到了您的來信
はいごう ⓪【配合】[名・他サ]調配,調合
ばいこく ⓪【売国】[名]賣國【-奴(ど)③④】[名]賣國奴
はいさつ ⓪【拝察】[名・他サ](多爲書信用語)敬察¶みなさまにはお元気のこととご～いたします/想必你們都很好
はいざら ⓪【灰皿】[名]煙灰缸
はいし ⓪【廃止】[名・他サ]廢止,廢除
はいしゃ ①【歯医者】[名]牙醫,牙科大夫
はいしゃく ⓪【拝借】[名・他サ](自謙語)借¶この本を～します/請允許我借這本書
ばいしゃく ⓪【媒酌】[名・他サ]媒妁,作媒【-人(にん)⓪】[名]媒人
ハイジャック ③【hijack】[名・他サ]劫持(飛機、船)
ばいしゅう ⓪【買収】[名・他サ]❶購買(土地、房產) ❷收買
ばいしゅん ⓪【売春】[名・自サ]賣淫
はいじょ ①【排除】[名・他サ]排除
ばいしょう ⓪【賠償】[名・他サ]賠償【-金(きん)⓪】[名]賠款
はいじん ⓪【俳人】[名](做「俳句」

的)詩人
- **はいすい** ⓪【排水】[名・自サ]排水¶～溝(こう)⓪[名]排水溝¶～量(りょう)③[名]排水量
- **はいすいかん** ⓪【配水管】[名]給水管
- **はいすいのじん** ⓪-①【背水の陣】[名]背水一戰
- **はいせき** ⓪【排斥】[名・他サ]排斥,抵制
- **はいせつ** ⓪【排泄】[名・他サ]排泄
- **はいせん** ⓪【敗戰】[名]戰敗(負於戰爭,比賽等)
- **はいぞく** ⓪【配属】[名・他サ](人員的)分配
- **ハイソックス**【high socks】[名](至膝蓋的)絲襪
- **ばいたい** ⓪【媒体】[名]媒介物
- **はいたつ** ⓪【配達】[名・他サ]分送,投遞¶郵便を～する/投遞信件
- **バイタリティー** ③【vitality】[名]活力,生氣,生命力
- **はいち** ⓪【配置】[名・他サ]配備,安置
- **ハイティーン** ③【high teen】[名]十六歲至十九歲的青少年男女
- **ハイテクノロジー** ①【high technology】[名]高科技,尖端技術 ◆也寫做「ハイテク」
- **ばいてん** ⓪【売店】[名]小賣店,小賣部
- **バイト** ⓪[名・自サ]→アルバイト
- **はいとう** ⓪【配当】[名・他サ]❶配給 ❷分紅利¶-金(きん)⓪③[名]股息,紅利
- **はいどく** ⓪【拝読】[名・他サ](自謙語)拜讀
- **ばいどく** ⓪①【梅毒】[名]梅毒
- **パイナップル** ③【pineapple】[名]菠蘿,鳳梨
- **はいはい** ①[感]❶(痛快的應允聲)好好,是是¶～、承諾(しょうだく)しました/是是,知道了 ❷(不滿時的回答聲)行啦行啦,知道啦知道啦 ❸(接電話時的回答聲,針對「もしもし」而言)是¶是啊 ❹(提醒對方注意時的吆喝聲)喂喂¶～、危ないからどいて…/喂喂,危險,請躲開… ❺(驅馬時的吆喝聲)喝喝
- **ばいばい** ①【売買】[名・他サ]買賣
- **バイバイ** ①【bye-bye】[感]〈俗〉再見
- **ハイヒール** ③[名]→ハイ
- **はいふ** ①⓪【配布】[名・他サ]散發¶広報を～する/散發公報 ――【配付】分發(給有關人員)
- **パイプ** ①【pipe】[名]❶管¶-ライン④[名]管線,輸油管道 ❷煙斗
- **ハイファイ** ③【hifi】[名](錄音的)高傳真度
- **はいふく** ⓪【拝復】[名](書信用語)拜復
- **はいぶつ** ⓪【廃物】[名]廢物,廢品
- **バイブル** ①【Bible】[名]聖經
- **バイブレーション** ④【vibration】[名]❶振動,顫動 ❷顫聲,顫音
- **はいぶん** ⓪【配分】[名・他サ]分配¶利益を～する/分利
- **はいぼく** ⓪【敗北】[名・自サ]失敗
- **はいほん** ⓪【配本】[名・自他サ]❶把出版的書批發給書店 ❷(給訂購者)分發書
- **ハイヤー** ①【hire】[名]出租汽車
- **はいやく** ⓪【配役】[名]角色分配
- **はいゆう** ⓪【俳優】[名]演員
- **ハイライト** ③【highlight】[名]❶(照相等的)光線最強部份 ❷(新聞等的)精彩部份
- **はいりょ** ⓪【配慮】[名・自他サ]關懷,照顧,關照,小心¶～がいきとどく/無微不至地關懷

バイリンガル【bilingual】能説兩國語言的

はい・る ①【入る】[自五] ❶進,入,進入¶部屋に～/進屋裡¶ふろに～/洗澡 ❷參加,加入,入(學)¶会社に～/進公司(工作)¶大学に～/入大學 ❸進入(某種狀態)¶梅雨(つゆ)に～/進入梅雨期¶交渉に～/進入交渉階段 ❹容納,裝進¶水一リットル～瓶/能裝一升水的瓶子 ❺進入(目、耳、手等器官)¶手に～/到手¶耳に～/聽到¶目に～/看見 ❻充滿¶熱が～/幹勁十足

はいれつ ⓪【配列・排列】[名・他サ](順序的)排列

パイロット ③【pilot】[名] ❶飛行員 ❷(海港)領航員

は・う ②【這う】[自五] ❶爬,爬行 ❷(植物蔓)爬,攀緣

ハウス ①【house】[名] ❶住宅¶モデル- ④】【名】標準設計住宅 ❷暖房¶ビニール- ⑤】【名】暖棚,塑料大棚,溫室

パウダー ①【powder】[名] ❶粉,粉末¶ベーキング- ⑥】【名】發酵粉 ❷香粉,撲粉¶ベビー- ④】【名】嬰兒香粉

はえ ⓪【蠅】[名]蒼蠅

はえぬき ⓪【生え抜き】[名] ❶土生土長 ❷元老,最早加入的

は・える ②【生える】[自下一] ❶(植物)生,長¶草が～/長草¶根が～/生根 ❷生長(動物)(毛,角齒等)¶ひげが～/長鬍子

は・える ②【映える・栄える】[自下一] ❶映照¶夕日に～山なみ/在夕陽映照下的山巒 ❷(在…襯托下)顯得格外美麗¶～えない一生を過ごす/平平淡淡地渡過一生

パオ ①【(中国)包】[名]蒙古包

はおり ⓪【羽織】[名](男子和服外面的)短外褂

はお・る ②【羽織る】[他五]披¶コートを～/披上大衣

はか ②【墓】[名]墳墓¶-参(まい)り ③】【名】上墳,掃墓

ばか ①【馬鹿】[名・形動] ❶傻瓜,笨蛋,愚蠢¶人を～にする/小看人¶おまえは本当に～だな/你可真傻¶-者(もの) ④】【名】傻瓜,笨蛋 ❷極爲熱衷於某項事物,而對其他一無所知(的人)¶あいつは碁(ご)にかけては、～もいいところだ/那傢伙別的不行圍棋卻不錯¶専門(せんもん)- ⑤】【名】只鑽研專業對其它一無所知的人 ❸不合道理,不合常理¶そんな～な/絶不會有那樣的事 ❹無聊,無價值¶～を言え、いまどきそんな安い土地があるものか/胡説,現在哪裡有那麼便宜的土地 ❺不靈,不中用¶風邪で鼻が～になった/因感冒鼻子不通了 ❻(表示程度)非常,很¶～に寒いね/真冷啊 ❼-でか・い ④】[形]〈俗〉過外大,太大¶-正直(しょうじき) ③】[形動]過外耿直,太過老實¶-丁寧(ていねい) ③】[形動]過分恭敬 ◇馬鹿を見(み)る/吃虧,上當 ◇馬鹿の一(ひと)つ覚(おぼ)え/傻瓜會的唯一一件事(諷刺反覆在人前顯耀自己的某項特長的人) ◇馬鹿にならない/不容輕視,不容忽視

はかい ⓪【破壊】[名・自他サ]破壞

はがき ⓪【葉書】[名]明信片

ばか・げる ③【馬鹿気る】[自下一]愚蠢,糊塗,荒唐

はが・す ②【剥がす】[他五]揭下,剝下

はかせ ①【博士】[名] ❶學識淵博的人¶物知(ものしり)- ③】【名】博學多識的人 ❷〈俗〉博士

ばかちょんカメラ ⑤【名】〈俗〉傻

瓜照相機
- **はかど・る**③【捗る】[自五]進展順利
- **はかな・い**③【果敢無い・儚い】[形]❶無望,渺茫 ❷短暫¶〜命/短暫的生命
- **ばかばかし・い**⑤【馬鹿馬鹿しい】[形]❶毫無價值,無聊¶〜話/無聊的話 ❷(程度)過於,過甚¶〜値段/過高的價格,不合理的價格
- **はかま**②③【袴】[名](男子)裙裙;(はおり-④⑥)[名](男子)有短外掛和褲裙的和式禮服
- **はかまいり**③【墓参り】[名]上墳,掃墓
- **ばかやろう**③【馬鹿野郎】混蛋
- **はがゆ・い**③【歯痒い】[形]令旁觀者著急
- **はから・う**③【計らう】[他五]❶採取措施,適當處理 ❷商量
- **ばからし・い**④【馬鹿らしい】[形]不值得一提,愚蠢,無聊
- **はかり**③【秤】[名]秤¶〜にかける/過秤¶台秤(だいばかり)③【名;臺秤¶さお秤(ばかり)③[名]桿秤¶ばね秤③【名]彈簧秤

ばかり [副助]❶表示大概的數量,程度)大約,左右¶千円〜貸してくれませんか/能借我一千日圓左右嗎¶風邪(かぜ)で三日〜休みました/由於感冒休息了大約三天 ❷光,淨,總是¶甘いもの〜食べていると虫歯(むしば)になるぞ/光吃甜的,會長蛀牙的¶泣いて〜いる/一個勁兒地哭 ❸剛剛¶起きた〜でまだ顔も洗っていない/剛剛起來,臉還沒有洗 ❹幾乎要,快要¶頭をたたみにつけん〜,おじぎをした(頭幾乎要碰到地板上)深深地鞠了一躬 ❺只因下,就差¶あとは清書(せいしょ)する

〜だ/就剩下謄寫了 ❻只因…¶やせたい〜に食事をせず,病気になってしまった/祇因要減肥而不吃飯,結果生病了 ◆強調形為「ばっかり」
- **はかりしれな・い**⓪【計り知れない】[形]不可測量
- **はか・る**②【計る・量る・測る】[他五]測,量¶距離を〜/測距離¶容積を〜/測容積¶目方(めかた)を〜/測重量¶時間を〜/測時間
- ──【量る・測る】推測,揣摩¶相手の心を〜/揣摩對方的心理
- ──【図る・謀る】❶謀求¶解決を〜/謀求解決¶便宜(べんぎ)を〜/謀求方便 ❷企圖,圖謀¶暗殺を〜/企圖暗殺
- ──【計る・謀る】欺騙,設圈套
- **はが・れる**③【剥がれる】[自下一]剝落,脫落¶めっきが〜/鍍金剝落了;露出本來面目
- **はき**①【破棄】[名・他サ]撕毀
- **はぎ**⓪②【萩】[名]〈植〉胡枝子
- **はきけ**③【吐(き)気】[名]噁心,要嘔吐¶〜がする/要嘔吐
- **はきだ・す**⓪【吐(き)出す】[他五]❶吐出 ❷(煙等)冒出
- **はきはき**①[副・自サ]❶活潑貌 ❷乾脆
- **はきもの**⓪【履物】[名]腳上穿的東西的總稱(鞋、靴、木屐等)
- **はきゅう**⓪【波及】[名・自サ]波及,影響
- **バキュームクリーナー**⑤【vacuum cleaner】[名]真空吸塵器
- **はきょく**⓪【破局】[名]悲慘的結局
- **はぎれ**③【歯切れ】[名](講話時的)發音,口齒及內容的條理性¶〜のいい話しかたをする/説話清楚,流利
- **は・く**①【吐く】[他五]❶吐,吐出¶つばを〜/吐唾沫 ❷冒出,

噴出¶火山がけむりを～/火山噴出煙霧 ❸説出,吐露¶本音(ほんね)を～/吐露真情 ¶弱音(よわね)を～(=引く)/説洩氣話

は・く ⓪【穿く】[他五]穿(褲等)¶ズボンを～/穿褲子¶パンツを～/穿短褲

は・く ①【掃く】[他五] ❶掃¶ゆかを～/掃地 ❷(輕輕地)塗抹¶まゆを～(=刷く)/描眉

は・く ⓪【履く】[他五]穿(鞋)

は・ぐ ①【剝ぐ】[他五] ❶剝,扯掉,撕掉◇ばけの皮をはぐ/撕掉畫皮 ❷剝奪,革除¶官位を～/革職

は・ぐ ⓪【接ぐ】[他五]接上,縫補上

はくおし ④【箔押(し)】[名]燙金(字)

はぐき ①【歯茎】[名]牙床,齒齦

ばくぎゃくのとも【莫逆の友】[名]莫逆之交

はぐくむ ③【育む】[他五] ❶養育 ❷維護,保護

ばくげき ⓪【爆撃】[名・他サ]轟炸

はくさい ⓪③【白菜】[名]白菜

はくし ⓪①【白紙】[名] ❶白紙,空白紙 ❷原來的狀態◇白紙にもどす/恢復到原來的狀態

はくし ①【博士】[名]博士

はくしゃ ①【拍車】[名]馬刺◇拍車をかける/加速

はくしゃく ⓪④【伯爵】[名]伯爵

はくじゃく ⓪【薄弱】[形動] ❶(身體)弱 ❷(意志)薄弱 ❸(理由,證據)不充分,不確鑿

はくしゅ ①【拍手】[名・自サ]鼓掌

はくじゅ ①【白寿】[名]九十九壽辰

はくしょ ①【白書】[名]白皮書

はくじょう ②①【白状】[名・他サ]坦白¶罪を～する/坦白罪行

ばくしょう ⓪【爆笑】[名・自サ]哄堂大笑

はくじん ⓪【白人】[名]白色人種,白人

ばくぜん ⓪③【漠然】[副・連体]漠然,模糊,不明確¶～たる不安/漠然不安

ばくだい ⓪【莫大】[形動]莫大,極大¶～な費用/巨大的費用

ばくだん ⓪【爆弾】[名]炸彈¶～を落とす/投炸彈

ばくだんはつげん ⓪【爆弾発言】[名]爆炸性的發言

はくち ①⓪【白痴】[名]白痴

ばくち ⓪【博打・博奕】[名]賭博

ばくちく ⓪【爆竹】[名]爆竹,鞭砲

はくちゅう ⓪【伯仲】[名・自サ]伯仲,不分上下,力量相當

はくちょう ⓪【白鳥】[名]鵠,天鵝

はくはつ ⓪【白髪】[名]白髮

ばくはつ ⓪【爆発】[名・自サ] ❶爆炸¶ガスが～する/瓦斯爆炸 ❷爆發¶不満が～する/不滿爆發

ばくふ ①⓪【幕府】[名]幕府(武家時代,將軍建立的政權)¶江戸～/江戸幕府

はくぶつかん ④③【博物館】[名]博物館

はくぼく ⓪【白墨】[名]粉筆

ばくやく ⓪【爆薬】[名]炸藥

はくらい ⓪【舶来】[名]舶來(品),進口(貨)【-品(ひん)】⓪[名]舶來品

はぐらか・す ④[他五] ❶岔開,支吾 ❷巧妙地(擺脫掉)

はくらんかい ③【博覧会】[名]博覽会【万国(ばんこく)-】①-③[名]萬國博覽會

はくりょく ②【迫力】[名]迫力,動人的力量¶～に欠ける/缺乏動人的力量

はぐるま ②【歯車】[名]齒輪
はぐ・れる ③【逸れる】[自下一]（與同行的人）走散,走失¶群れから～/與同伴走散
――【接尾】（接動詞連用形）失掉機會¶食い～/沒趕上吃飯
ばくろ ①【暴露】[名・自他サ]❶暴露¶揭露¶正体を～する/揭露真面目
はけ ②【刷毛】[名]刷子
はげ ①【禿(げ)】[名]禿,光禿[-頭(あたま) ③][名]光頭,禿頭的人
はけぐち ②【捌(け)口】[名]❶排水口 ❷銷路 ❸（感情）發洩的對象(機會)¶不満の～がない/無處發洩不滿
はげし・い ③【激しい・烈しい】[形]❶（勢頭）猛烈,強烈,激烈,劇烈¶～雨/驟雨,大雨¶～く責める/強烈地譴責 ❷（程度）属害¶～痛み/疼得厲害¶競争が～/競爭激烈 ❸頻繁
バケツ ⓪【bucket】[名]水桶
ばけのかわ ⑤【化(け)の皮】[連語・名]假面具,鬼臉◇化(け)の皮がはがれる/假面具被揭發
はげま・す ③【励ます】[他五]鼓勵,勉勵
はげ・む ②【励む】[自五]努力,奮勉¶勉強に～/努力學習
ばけもの ④③【化(け)物】[名]妖怪,鬼怪
はげやま ⓪【禿(げ)山】[名]禿山
は・げる ②【禿げる】[自下一]禿,掉頭髮
は・げる ②【剝げる】[自下一]❶脫落,剝落¶ペンキが～/油漆脫落 ❷褪色
ば・ける ②【化ける】[自下一]❶變,變化¶きつねが娘に～/狐狸變成小姑娘 ❷化裝,喬裝
はけん ⓪【派遣】[名・他サ]派遣
はけん ⓪【覇権】[名]霸權

ばけん ⓪【馬券】[名]（賽馬的）馬票
はこ ⓪【箱・函】[名]❶箱,盒,匣 ❷客車車廂
はごいた ②【羽子板】[名]羽板球拍
はこいりむすめ ⑤【箱入(り)娘】[名]（父母十分疼愛的）千金小姐,閨秀
はごたえ ②【歯応(え)】[名]❶（咬食物時的感覺）咬勁¶あまりにも軟らかくて～がない/太軟,沒咬勁 ❷反應,效果¶～のある仕事/有勁頭的工作
はこ・ぶ ⓪【運ぶ】[自他五]❶搬運,運送¶荷物を～/搬運行李¶船で～/用船運送 ❷使…向前行¶足を～/(步行)前往 ❸（事物順利）進展¶話が～/談話順利進行
はごろも ⓪【羽衣】[名]羽衣
バザー ①【bazaar】[名]義賣市場,慈善市場
バザール ②【(ペ)bazar】[名]❶（西亞等地的）露天市場 ❷（商店）賤賣,大減價
ばさばさ ①[副・形動]（頭髮）蓬亂
ぱさぱさ ①[副・形動]（頭髮等）乾鬆（無油性）¶～した髪/乾鬆的頭髮
はさま・る ③【挟まる】[自五]夾¶食べたものが歯に～/食物塞在牙縫裡
はさみ ③【鋏】[名]❶剪刀 ❷剪票鉗 ❸（剪刀、石頭、布划拳中的）剪刀
――【螯】（螃蟹、蝦的）夾子,螯
はさ・む ②【挟む】[他五]❶夾¶本をわきに～/把書夾在腋下 ❷隔¶テーブルを～んで向かいあう/隔桌而坐 ❸插(嘴)¶口を～/插嘴

はさん ⓪【破産】[名・自サ]破産, 倒閉

はし ⓪【端】[名] ❶(物體的)端, 頭¶竿(さお)の～¶竹竿頭兒 ❷邊, 線¶道の～/路邊, 路旁 ❸碎片¶切れ～/(剪下的)碎片¶言葉の～/隻言片語

はし ①【箸】[名]筷子¶～をつける/下筷子吃◇箸にも棒(ぼう)にもかからぬ/無法對付, 軟硬不吃

はし ⓪【橋】[名]橋¶～をかける/架橋

はじ ②【恥】[名]耻辱, 丢臉¶～をかく/丢臉, 丢臉¶～をさらす/(當衆)出醜¶～をすすぐ/雪耻◇恥も外聞(がいぶん)もない/不顧羞耻¶恥の上塗(うわぬ)り/醜上加醜(越發丢臉)

はしおき ②【箸置(き)】[名]筷架

はしか ③【麻疹】[名]麻疹

はじ・く ②【弾く】[他五] ❶彈, 撥¶弦(げん)を～/撥弦 ❷不沾, 排拒 ❸打(算盤)¶そろばんを～/打算盤

はしくれ ⓪【端くれ】[名] ❶零件, 碎片 ❷地位低, 能力差的人

はしご ⓪【梯子】[名] ❶梯子¶～をかける/架梯子 ❷【梯子酒】的簡稱[-酒(ざけ)][名](一家接一家地)連着喝酒

はじさらし ③【恥曝し】[名]當衆出醜

はじしらず ③【恥知らず】[名・形動]不知羞耻, 厚臉皮

はした ⓪【端】[名]零散¶～ない/卑鄙, 下流, 粗俗

ばじとうふう ①-⓪【馬耳東風】[名]耳旁風, 馬耳東風

はしばみ ⓪【榛】[名]榛樹

はじまり ⓪【始まり】[名] ❶開始 ❷起因, 起源

はじま・る ⓪【始まる】[自五]開始¶映画が～/電影開始了◇始まらない/無用, 白搭

はじめ ⓪【初め・始め】[名] ❶最初, 開始¶～から終わりまで/由始至終 ❷【初】¶用「…をはじめ」的形式表示)以…爲首, 以…爲代表, 以及¶美術館を～, 各種の文化施設がつくられている/正在建造以美術館爲代表的各種文化設施

はじめて ②【初めて】[副] ❶初次, 首次¶～にお目にかかります/初次見面 ❷…之後才¶会って～誤解がとけた/見面之後才消除了誤解

はじめまして ④【初めまして】[連語](寒暄語)初次見面¶～, 木村です, どうぞよろしく/初次見面, 我是木村, 請多關照

はじ・める ⓪【始める】[他下一]開始, 創辦¶商売を～/開始做買賣
——[接尾](接動詞連用形)開始…¶歩き～/開始走¶書き～/開始寫

ばしゃ ①【馬車】[名]馬車

はしゃ・ぐ ⓪【自五]歡閙, 歡跳

パジャマ ①【pajamas】[名]睡衣

ばしょ ⓪【場所】[名] ❶場所, 地點¶～をえらぶ/選擇地點 ❷座位, 席位¶～をとる/佔座位 ❸(舉行相撲比賽的)時期¶春～/春季相撲比賽大會

はしら ⓪③【柱】[名] ❶柱子, 支柱¶電信柱(でんしんばしら)⑤[名]電綫桿 ❷靠山, 頂梁柱¶一家の～/一家之柱¶大黑柱(だいこくばしら)⑤[名]頂梁柱, 靠山

はしらどけい ④【柱時計】[名]掛鐘

はしりがき ⓪【走(り)書き】[名]潦草書寫(的東西)

はしりたかとび ④【走(り)高跳び】[名]跳高

はしりはばとび ④【走(り)幅跳び】[名]跳遠

はし・る ②【走る】[自五] ❶跑¶グラウンドを～/在運動場跑步 ❷(車等)行駛,運行¶電車が～/電車運行 ❸閃(電)¶いなずまが～/閃電 ❹運筆自如,疾書 ❺(道路、河流等的)走向¶南北に～道/南北走向的路 ❻(感情、行動)偏於,陷入◇感情にはしる/感情用事

は・じる ②【恥じる】[自上一] ❶羞,羞耻,害羞 ❷(用「…に恥じない」的形式表示)不愧¶名に～じない/不愧爲…稱號

はす ⓪【蓮】[名]蓮,荷[-池(いけ)⓪][名]荷花池

はず ⓪【筈】[名] ❶(表示所當然)應該,理應,按理説¶彼ならできる～だ/按理説他會¶間に合う～だ/應該來得及 ❷道理¶そんな～はない/不會是那樣的

バス ①【(独)Bass】[名]<音> ❶男低音 ❷「コントラバス」的簡稱,低音大提琴 ❸低音銅管樂器

バス ①【bath】[名]西式洗澡間【-タオル③】[名]浴巾【-ルーム③】[名]洗澡間,浴室

バス ①【bus】[名]公共汽車[-停(てい)⓪][名]公車站[-ガイド③][名]遊覽客車的導遊【観光(かんこう)-⑤】[名]遊覽觀光汽車

パス ①【pass】[名] ❶免費乘車票,免費入場券 ❷月票
――[名・自サ] ❶(考試)通過,錄取 ❷(籃球、足球等的)傳球 ❸(撲克牌遊戲中)放棄出(叫)牌機會,不出牌,不叫牌 ❹(跳高比賽中的)放棄試跳

はずかし・い ④【恥ずかしい】[形] ❶羞耻,慚愧 ❷害羞,不好意思

はずかし・める ⑤【辱しめる】[他下一]侮辱,羞辱

バスケット ③【basket】[名] ❶提籃 ❷「バスケットボール」的簡稱

バスケットボール⑥【basketball】[名]籃球

はず・す ⓪【外す】[他五] ❶摘下,取下,解開¶めがねを～/摘下眼鏡 ❷開除 ❸避開,躲開,放過¶タイミングを～/放過機會 ❹錯過,沒抓住¶まとを～/偏離目標 ❺離席,退(席)

パステル ①【pastel】[名]彩色粉筆,蠟筆[-画(が)⓪][名]蠟筆畫,彩粉畫

バスト ①【bust】[名]胸圍

パスポート ③【passport】[名]護照

はずみ ⓪【弾み】[名] ❶彈力 ❷興致,興頭 ❸(做某一動作時的)慣性,順勢

はず・む ⓪【弾む】[自五] ❶彈跳,跳,蹦 ❷起勁,興致(高)¶心が～/心情激動¶胸が～/心情激動 ❸(呼吸)急促¶息が～/呼吸急促

パズル ①【puzzle】[名]謎題,智力測驗題

はずれ ⓪【外れ】[名] ❶(答案、抽籤等)不中 ❷(期望)落空¶期待～/期望落空 ❸遠離中心的地方,盡頭¶町の～/城鎮邊上【村(むら)-③】[名]村頭

はず・れる ⓪【外れる】[自下一] ❶(鑲嵌物等)脱落,掉下¶ボタンが～/鈕扣掉了 ❷遠離(某一範圍) ❸脱離,不符合(標準)¶調子が～/走調,跑調¶常識から～/不合乎常理 ❹(期望、目標等)落空¶予想が～/預想落空¶あてが～/希望落空

はせい ⓪【派生】[名・自サ]派生 【-語(ご) ⓪】[名]派生詞

パセリ ①【parsley】[名]芹菜

パソコン ②【personal computer】[名]個人電腦

はそん ⓪【破損】[名・自他サ]破損, 損壞

はた ②【旗】[名]旗, 旗幟◇旗を揚(あ)げる/揭竿而起◇旗を巻(ま)く/投降, 作罷, 偃旗息鼓

はた ②【端・側・傍】[名]邊, 端¶池の~/池邊 ❷周圍(的人), 旁邊(的人)¶~の見る目/旁人看來¶~迷惑(めいわく) ③】[名]給旁人添麻煩

はた ②【機】[名]織布機

はだ ①【肌】[名]❶肌, 膚, 皮膚 ❷(土地等的)表層, 表面¶木の~/樹皮 ❸風度, 氣質¶学者~の人/學者風度的人

バター ①【butter】[名]奶油

パターン ②【patten】[名]❶類型, 形式 ❷圖案 ❸(服裝裁剪的)紙樣◆也可做「パタン」

はたおり ④③【機織(り)】[名]織布(人)

はだか ⓪【裸】[名]❶裸體, 赤身露體 ❷無遮蓋物, 裸露【-電球(でんきゅう) ❷】[名]無燈罩的燈 ❸不加掩飾, 坦率¶~になって話しあう/坦率地交流意見 ❹身無分文【-一貫(いっかん) ④】[名]身無分文, 一無所有

はたき ③【叩き】[名]撢子

はだぎ ⓪【肌着】[名]內衣, 內裤

はた・く ②【叩く】[他五]❶撢¶ふとんを~/撢被子 ❷傾囊¶財布を~/傾囊

はたけ ⓪【畑・畠】[名]❶旱田¶~をたがやす/耕地¶段々畑(だんだんばたけ) ②】[名]梯田 ❷(專業的)領域, 方面【-違(ちがい) ④】[名]非本專業, 專業不同

はださむ・い ④【肌寒い】[形](皮膚)感覺冷, 微寒

はだざわり ③【膚触り・肌触り】[名]接觸皮膚時的感覺, 手感

はだし ⓪【裸足】[名]❶光腳, 赤腳 ❷趕不上, 敵不過

はたして ②【果たして】[副]❶果然¶~思った通りだ/果然如我想的那樣 ❷(表示疑問)果真¶そんなことが~起こりうるのだろうか/真會發生那樣的事嗎

はた・す ②【果(た)す】[他五]作完, 完成¶目的を~/達到目的¶約束を~/踐約, 實現諾言

はたち ①【二十・二十歳】[名]二十歲

はたち ⓪【畑地】[名]旱田

ばたばた ①【副】❶(腳步)走動聲, (翅膀)扇動聲¶廊下を~と走る/吧嗒吧嗒地從走廊跑過 ❷(連續倒下的狀態)一個接一個 ❸(事物進展)迅速貌

バタフライ ①【butterfly】[名]❶蝶泳 ❷蝴蝶

はため ⓪【傍目】[名]旁觀者的眼睛, 旁觀者的印象

はためいわく ③【傍迷惑】[名・形動]煩擾旁人, 周圍的人遭到的麻煩

はたらか・す ⓪【働かす】[他五]使…動作起來¶頭を~/動腦筋

はたらき ⓪【働(き)】[名]❶工作, 勞動【-ざかり ⑤】[名]年富力強的時期【-者(の) ④】[名]努力工作的人 ❷作用, 機能¶頭の~がにぶる/頭腦遲鈍

はたら・く ⓪【働く】[自五] ❶工作, 勞動¶工場で~/在工廠工作 ❷動(腦筋)¶知恵が~/想辦法 ❸起作用, 發生効力 ❹做(壞事)¶ぬすみを~/偷盜 ❺詞尾變化, 活用¶五段に~動詞/按五段活用的動

詞

はたん ⓪【破綻】[名・自サ] ❶破綻 ❷(關係)破裂

はだん ⓪【破談】[名]解除(婚約、前約等)

はち ②【八】[名]八,八個

はち ⓪【蜂】[名]蜂◇蜂の巣(す)をつついたよう/像捅了馬蜂窩一樣(亂成一團)

はち ②【鉢】[名] ❶鉢（栽花的)盆兒 ❷【~巻(ま)き ②】[名](爲鼓舞氣勢)在頭部纏的布條

ばち ②【罰】[名]報應¶〜があたる/遭報應

ばちあたり ③【罰当(た)り】[名・形動]遭報應

はちあわせ ③【鉢合せ】[名・自サ] ❶頭碰頭 ❷碰,撞 ❸偶然碰見

はちうえ ④【鉢植(え)】[名]盆栽(的花草)

ばちがい ⓪【場違(い)】[名・形動]不合時宜

はちがつ ④【八月】[名]八月

ぱちくり ①【副・自サ]眨眼貌

はちじゅう ③【八十】[名]八十

ぱちぱち ①【副】❶(小)爆裂聲 ❷薪柴盛燃貌 ❸拍手聲 ❹眨眼貌

はちみつ ⓪【蜂蜜】[名]蜂蜜

はちミリ ②【八ミリ】[名]八毫米膠片(攝影機)

はちょう ⓪【波長】[名]波長

ぱちんこ ⓪【名】❶小鋼珠遊藝,即「柏青哥」 ❷彈弓

はつ ⓪【初】[名]首次,最初

ばつ ①【罰】[名]罰,處罰

ばつ ①[名]表示不行時的符號「×」¶〜をつける/劃叉

ばつ ①【閥】[名]派閥,派系

はつあん ⓪【発案】[名・他サ] ❶提議,設想 ❷(會議上請大家討論的)提案

はついく ⓪【発育】[名・自サ]發育

はつおん ⓪【発音】[名・他サ]發音

はつおん ②【撥音】[名]撥音,鼻音(用假名「ん」「ン」表示)

はつおんびん ③【撥音便】[名](語法)撥音便(如「び」「み」「に」下接「て」時變爲「ん」,「飛んで」「摘んで」「死んで」等,又如「あまり」變爲「あんまり」等)

はつか ⓪【二十日】[名] ❶(每月的)二十號 ❷(第)二十天

はっかん ⓪【発刊】[名・他サ]發刊,創刊

はっき ⓪①【発揮】[名・他サ]發揮

はっきり ③【副】❶清楚,清晰,明瞭¶〜と見える/看得清楚 ❷明確¶〜した態度/明確的態度

ばっきん ⓪【罰金】[名]罰款

バック ①【back】[名] ❶背景,背後 ❷向後退¶車が〜する/倒車 ❸「バックストローク」的簡稱,仰泳 ❹(足球、橄欖球的)後衛

バッグ ①【bag】[名](婦女用)手提包

はっくつ ⓪【発掘】[名・他サ]發掘

バックミュージック ④【background music】[名] ❶(電影的)背景音樂 ❷(咖啡店等播放的)小音量、使人輕鬆的音樂

バックミラー ④【back mirror】[名](汽車的)後望鏡

ばつぐん ⓪【抜群】[名・形動]出類拔粹,出衆

はっけっきゅう ③【白血球】[名]白血球

はっけつびょう ⓪【白血病】[名]白血病

はっけん ⓪【発見】[名・他サ]發

現

はつげん ⓪【発言】[名・自サ]發言

はつこい ⓪【初恋】[名]初戀

はっこう ⓪【発行】[名・他サ] ❶出版 ❷頒發(證明等) ❸發行(貨幣,債券等)

はっこう ⓪【発効】[名・自サ]生效

はっこう ⓪【発酵・醱酵】[名・自サ]醱酵

ばっさい ⓪【伐採】[名・他サ]伐木,砍伐

ばっさり ③[副] ❶一刀斬斷 ❷掛着的衣服等落地下的聲音 ❸堅決地削去

はっさん ⓪【発散】[名・自他サ] ❶散發 ❷發洩

バッジ ①【badge】[名]紀念章,徽章,證章

はっしゃ ⓪【発車】[名・自サ]發車,開車

はっしゃ ⓪【発射】[名・他サ]發射

はっしん ⓪【発信】[名・自サ]發信,發報¶-人(にん)⓪[名]寄信人,(電報)發報人

ばっすい ⓪【抜粋】[名・他サ]拔萃,摘錄¶要点を〜する/摘錄要點

はっ・する ⓪【発する】[自他サ] ❶發 ❷出發 ❸發生

ばっ・する ③⓪【罰する】[他サ]懲罰,處罰

はっせい ⓪【発生】[名・自他サ]發生,出現¶事故が〜する/發生事故

はっそう ⓪【発想】[名] ❶主意,想法¶ユニークな〜/獨特的想法 ❷思維方法¶日本人の〜/日本人的思維方法 ❸〈音〉表達法

はっそう ⓪【発送】[名・他サ]寄送,發送

ばった ⓪[名]蝗蟲

バッター ①【batter】[名](棒球)擊球員

はったつ ⓪【発達】[名・自サ] ❶(身心)健康¶心身の〜/身心的健康 ❷發展,發達¶交通が〜している/交通發達

はったり ⓪[名] ❶打架 ❷故弄玄虛

ばったり ③[副] ❶突然相遇,不期而遇¶旧友と〜出会う/與老友不期而遇 ❷(事物)突然中斷,突然停止貌

ばったり ③[副]與「ばったり」意同,語感稍輕

はっちゃく ⓪【発着】[名・自サ](汽車,列車等)出發和到達

ばっちり ③[副]〈俗〉❶精細,精明¶〜とかせぐ/會賺錢 ❷(結果)很好,沒錯

ぱっちり ③[副]亮晶晶的(大眼睛)¶〜した目/亮晶晶的大眼睛

バッティング ⓪①【batting】[名](棒球)擊球(動作)

ばってき ⓪【抜擢】[名・他サ]拔擢,提拔,提升

バッテリー ⓪【battery】[名]蓄電池

はってん ⓪【発展】[名・自サ] ❶發展,展開¶一途上国(とじょうこく)⑥[名]開發中國家 ❷進步,出息,發跡

はつでん ⓪【発電】[名・自サ]發電

はっと ①⓪[副] ❶猛然,突然¶〜気がつく/猛然發覺到 ❷(因意外而)受驚貌

バット ①【bat】[名](棒球)球棒

ぱっと ①[副]突然,一下子[自サ]顯眼,出色,起色,起眼兒

はつどうき ③【発動機】[名]發動機

はっぱ ⓪【発破】[名]¶〜を掛ける/激勵,激發

はつばい ⓪【発売】[名・他サ]出售,發售 ‐中(ちゅう) ⓪[名]正在發售 新(しん)‐ ③[名]首次發售,發售新産品

はつばしょ ⓪【初場所】[名]一月舉行的相撲比賽

ハッピー ①【happy】[形動]幸福的,快樂的

はつびょう ⓪【発病】[名・自サ]發病,得病

はっぴょう ⓪【発表】[名・他サ]發表 ‐合格(ごうかく)‐ ⑤[名]公佈成績合格者

はっぽう ③【八方】[名] ❶八方◇四方八方◇はっぽうふさがり/到處碰壁◇はっぽうやぶれ/百孔千瘡,莽撞

はっぽうびじん ⑤【八方美人】[名]八面玲瓏(的人)

はつみみ ⓪【初耳】[名]初次聽説

はつめい ⓪【発明】[名・他サ]發明 ‐家(か) ⓪[名]發明家

はつもうで ③【初詣(で)】[名]新年最初次謁拜神社,寺廟

はつゆめ ⓪【初夢】[名]正月初一、初二所做的夢

はつらつ ⓪【溌剌】[副・連体]朝氣蓬勃,活潑

はて ②【果(て)】[名] ❶邊際,盡頭¶〜がない/無邊際,無盡頭 ❷結局,最後

はで ②【派手】[名・形動] ❶(服裝等)鮮艷 ❷(行動等)顯眼,大規模

はてしな・い ④【果(て)しない】[形]無邊際

はでやか ②【派手やか】[形動]華麗,艷麗

は・てる ②【果てる】I [自下一] ❶終,盡,完畢 ❷死 II [補動下一]達到極點

ば・てる ②[自下一]疲乏至極,累得要命,筋疲力盡

パテント ⓪①【patent】[名]専利(權)

はと ①【鳩】[名]鴿子

はとう ⓪【波濤】[名]波濤

パトカー ②[名]→パトロールカー

はとば ⓪【波止場】[名]港口,碼頭

バドミントン ③【badminton】[名]羽毛球◆也可作「バトミントン」

はどめ ③【歯止(め)】[名] ❶車閘,制動器 ❷(防止停在坡道上的車自然滑動的)擋車胎物 ❸制止¶円安の傾向に〜をかける/抑制日圓貶值

パトロール ③【patrol】[名・自サ](警察)巡邏 ‐カー ⑤[名]巡邏車(常略作「パトカー」)

ハトロンし ③【ハトロン紙】[名]牛皮紙

バトンタッチ ④【baton touch】[名・他サ] ❶傳遞接力棒 ❷交班,向繼任者交付工作

はな ②【花】[名] ❶花¶〜が咲く/花開 ❷引人注目,惹人注意¶彼女はクラスの〜だった/她曾是班級裡最漂亮的人 ❸黄金時期,最寶貴的時期◇人生の花/人生的黄金時期 ❹紙牌 ❺櫻花◇花も実(み)もある/有名有實,名實俱備◇花より団子(だんご)/去求求實◇花を持(も)たせる/將榮譽讓給別人◇両手(りょうて)に花/美人扶持左右◇言(い)わぬが花/少説為妙

はな ⓪【鼻】[名] ❶鼻¶〜がつまる/鼻子不通氣◇鼻がきく/鼻子靈,嗅覺靈敏 ❷鼻涕¶〜をかむ/擤鼻涕◇鼻が高(たか)い/得意揚揚,驕傲◇鼻であしらう/冷淡地對待◇鼻にかける/驕傲自大◇鼻につく/厭膩,厭煩◇鼻の下(した)が長(なが)い/迷戀女人,好色◇鼻も引

(ひ)っかけない/毫不理睬◇鼻を折(お)る/挫人銳氣◇鼻を明(あ)かす/(超過處於優勢的對手)使之大吃一驚◇木(き)で鼻をくくった/態度冷淡

はないき ⓪【鼻息】[名]鼻息,用鼻子呼氣

はなお ⓪【鼻緒】[名](木屐上的)帶

はながた ②【花形】[名] ❶出名的人物,明星¶社交界の～/社交界的名人¶～選手(せんしゅ) ⑤[名]有名的運動員,受歡迎的運動員 ❷(花的)圖案

はなくそ ⓪【鼻くそ】[名]鼻垢

はなぐもり ③【花曇(り)】[名]櫻花開放季節時的微陰天氣

はなごえ ③⓪【鼻声】[名] ❶(撒嬌時)嬌滴滴的聲音 ❷(因鼻子不通氣而發出的)鼻音

はなさき ⓪【鼻先】[名] ❶鼻尖兒,鼻頭 ❷眼前,近前◇鼻先であしらう/冷淡地對待,輕率不理

はなし ③【話】[名] ❶話¶～をする/說話¶～がうまい/能說善道¶世間話(せけんばなし) ④[名]家常話 ❷(值得一聽)的事情,消息¶耳よりな～/值得一聽的消息¶～にならない/不值一提,(價錢、提議等太過份)不敢問津,無法評論 ❸商談,商議¶～に乗る/參үү,商議 ❹道理,事理¶～がわかる人/明事理的人 ❺故事¶むかし話(ばなし) ④[名]傳說,故事 ❻(相聲等)引人發笑的語言¶～の名人/語言大師◇…という話だ/據說…◇話に花(はな)が咲く/越說越熱烈◇話に実(み)が入(はい)る/越說越起勁

はなしあ・う ⓪【話し合う】[自五] ❶談話,交流 ❷商談,商議

はなしか・ける ⓪【話し掛ける】[自下一] ❶搭話¶隣席(りんせき)の人に～/和鄰座的人搭話 ❷開始說,開始講

はなしことば ④【話し言葉】[名]口語,口頭用語

はなして ④【話して】[名] ❶說話的人 ❷會談話的人,健談者

はな・す ②【放す】[他五] ❶鬆開,撒開,放開¶手を～/鬆手 ❷放掉,給…自由¶小鳥を～/放掉小鳥

——【離す】 ❶使…離開,分開 ❷隔開◇目(め)を離す/不注意,忽略看管◇手(て)が放せない/(有工作)離不開,脫不開身

はな・す ②【話す】[他五] ❶說,談,告訴¶人に～/告訴他人 ❷商量,磋商

はなたば ②③【花束】[名]花束

はなぢ ⓪【鼻血】[名]鼻血

はな・つ ②【放つ】[他五]放

はなっぱしら ⓪⑥【鼻っ柱】[名]鼻樑◇鼻っ柱が強い/固執己見,目中無人的◇鼻っ柱をへしおる/挫其銳氣

はなつまみ ⑤⓪【鼻摘まみ】[名]討人嫌(的人)

バナナ ①【banana】[名]香蕉

はなはだ ⓪【甚だ】[副]非常,很,極其

はなはだし・い ⑤【甚だしい】[形]非常,很,太甚¶～い損害/巨大損害

はなばなし・い ⑤【華華しい】[形] ❶華美的 ❷壯烈的,光彩的

はなび ①【花火】[名]焰火

はなびら ④③【花びら】[名]花瓣

はなみ ③【花見】[名]賞(櫻)花¶～に行く/去看櫻花

はなみち ②【花道】[名] ❶(角力)力士出場的道 ❷(歌舞伎)演員上下場的通道

はなむけ ◎4【贐・餞】[名]餞別
はなむこ ③【花婿】[名]新郎
はなやか ②【華やか】[形動]❶盛大,豪華 ❷顕赫
はなよめ ②【花嫁】[名]新娘
はなればなれ ④【離れ離れ】[名]分離,零散¶家族が〜に暮らしている/家人分散在各地
はな・れる ③【放れる】[自下一]脱離(束縛)¶くさりから〜れた犬/脱離鐵鏈束縛的狗
——【離れる】❶脱離,離開¶職を〜/離職 ❷距離,相距¶年が〜れている/年齢差距大
——【離れる・放れる】離開,遠離¶故郷を〜/離郷開故郷
はなれわざ ◎【離れ業】[名]絶技
はなわ ◎②【花輪・花環】[名]❶花環 ❷花圈(喜慶及弔喪時用)
はにか・む ②[自五]羞怯,腼腆
パニック ①【panic】[名]❶經濟恐慌 ❷(因地震,火災等引起的)混亂局面 ❸〜におちいる/陷入混亂狀態¶映画(えいが)⑤[名]恐怖電影
はね ◎【羽】[名]❶羽毛¶羽布団(はねぶとん)③[名]鴨絨被,羽絨被 ❷(鳥,昆蟲的)翅膀 ❸(飛機的)翼¶飛行機の〜/機翼
——【羽根】❶(器械類的)翼¶扇風機の〜/電扇的葉片 ❷(打羽板球用的)羽毛毽◇羽を伸(の)ばす/無拘無束
ばね ①【発条】[名]❶發條,彈簧 ❷彈跳力
はねあが・る ◎【跳ね上がる】[自五]❶跳起來,飛濺 ❷暴漲,猛漲
はねかえ・る ◎【跳(ね)返る】[自五]❶反彈回,跳回¶ボールが〜/球反彈回來 ❷反過來影響¶むりなことを言えば,結局自分の身に〜ってくる/不講理,最後倒霉的還是自己
ばねばかり ③【ばね秤】[名]彈簧秤
ハネムーン ③【honeymoon】[名]❶蜜月 ❷新婚旅行
は・ねる ②【跳ねる】[自下一]❶跳起,躍起 ❷濺出,濺起¶水が〜/水花飛濺 ❸裂開,爆開¶まめが〜/豆子爆開 ❹(電影,戲劇)散場,終場
は・ねる ②【撥ねる】[他下一]❶(筆畫)鉤,撇 ❷淘汰 ❸撞¶人を〜/(車)撞人 ❹提成,抽取 ❺砍掉¶首を〜/砍(殺)頭

はは ①②【母】[名]❶母親 ❷源泉◇必要は発明の母/需要是發明之母

はば ◎【幅】[名]❶寛,幅度 ❷成熟;有深度;(範圍)寛,廣泛 ❸有伸縮餘地¶〜をあたえる/留有餘地 ❹兩點之間的距離,幅度¶値あげの〜が大きい/價格上漲的幅度大 ◇幅が利(き)く/有勢力
パパ ①【papa】[名]〈兒〉爸爸
パパイヤ ②【papaya】[名]木瓜
ははうえ ②【母上】[名]〈敬〉母親大人
ははおや ◎【母親】[名]母親
はばか・る ③◎【憚る】❶[他五]忌憚,顧忌,怕 ❷[自五]有勢力,當權
はばた・く ③【羽ばたく】[自五](鳥等)拍打翅膀
はばつ◎【派閥】[名]派閥,派系
はばとび ④③【幅跳(び)】[名]跳遠¶走(はしり)—④[名](助跑)跳遠¶立(たち)—③[名]定點跳遠
はばひろ・い ④【幅広い】[形]廣泛,廣闊,寛廣
はば・む ②【阻む】[他五]阻止
はびこ・る ③【蔓延る】[自五]❶

蔓延 ❷横行,跳梁 ❸彌漫
パピルス ①【(ラ)papyrus】[名]
　❶(古代造紙用的)紙草 ❷(寫在紙草上的)文章
パフ ①【paff】[名]粉撲
パブ ①【pub】[名]小酒店,酒吧
はぶ・く ②【省く】[他五]省略,略去¶てまを〜/省事
ハプニング ①【happening】[名]意外的事情,偶發事件
はブラシ ②【歯ブラシ】[名]牙刷
バブル ①【bubble】[名]泡沫(氣泡)經濟
はへん ⓪【破片】[名]碎片
はぼうき ②【羽帚】羽毛撢子
はま ②【浜】[名]海濱,湖畔
はまき ⓪【葉巻】雪茄烟(＝シガー)
はまぐり ②【蛤】[名]文蛤,蛤蜊
はまなす ③【浜茄子】[名](玫瑰的一種)蘘薇(生長在日本東北地方及北海道的落葉低木。夏天開紅花,結圓木。根可做染料)
はまべ ③【浜辺】[名]海邊,湖畔
はま・る ⓪【嵌まる】[自五]❶正好嵌入¶型に〜/嵌入模具 ❷合適,符合¶条件に〜/符合條件 ❸陷入,落入¶わなに〜/落入圈套
はみがき ②【歯磨】[名]❶刷牙;牙刷 ❷牙粉,牙膏【-粉(こ)】③[名]牙粉
はみだ・す ③⓪【食み出す】[自五]❶溢出,擠出,露出 ❷超出限度,越出範圍
ハミメロン ④【(中国)哈密メロン】[名]哈密瓜
ハミング ①【humming】[名・自サ](用鼻子)哼唱
ハム ①【harm】[名]❶火腿 ❷業餘無線電愛好者
はむか・う ③【刃向かう・歯向かう】[自五]張牙欲咬,反抗

はめ ②【羽目・破目】[名]❶擋板,板壁 ❷苦境,窘境
はめつ ⓪【破滅】[名・自サ]破滅,毀滅,滅亡¶〜に瀕(ひん)する/瀕於毀滅
は・める ⓪【嵌める・塡める】[他下一]❶鑲入,嵌入¶指輪(ゆびわ)を〜/戴戒指 ❷使…陷入¶計畫に〜/使…上當
ばめん ①⓪【場面】[名]場面
はもの ①【刃物】[名]刃具
はもん ①【波紋】[名]❶波紋 ❷影響,波及

はや・い ②【速い】[形]快,迅速¶足が〜/跑得快
——【早い】❶早¶〜く起きる/早起 ❷爲時尚早¶話すのは,まだ〜/告訴你,還爲時尚早
はやうまれ ②③【早生まれ】[名]年初出生的人(日本指一月一日至四月一日之間出生的人)
はやおき ②【早起き】[名]早起(的人)◇早起きは三文(さんもん)の徳(とく)/早起好處多
はやがてん ③【早合点】[名](没有完全理解,領會就)貿然下結論,不懂裝懂
はやくち ②【早口】[名]説話速度快【-言葉(ことば)】⑤[名]繞口令
はやし ③【林】[名]林,樹林【雑木林(ぞうきばやし)】④[名]雑樹林
はやした・てる ⑤【囃し立てる】[他下一]吹打伴奏
はや・す ①【生やす】[他五]使…生長¶ひげを〜/留鬍子
はやてまわし ④【早手回し】[名]提前準備,事先作好準備
はやとちり ③【早とちり】[名]錯誤理解,貿然下結論而造成錯誤
はやね ②【早寝】[名]早睡
はやのみこみ ③【早吞(み)込(み)】[名]自以爲領會,理解

はやま・る ③【早まる】[自五] ❶提前¶予定が～/計劃提前了 ❷着急,慌忙,慌慌張張

はやめ ③【早目】[名]提前,提早

はや・める ③【早める】[他下一] ❶加速,加快¶足を～/加快腳步 ❷提前

はやりすたり ⓪【流行り廃り】[連語]時髦和不流行

はや・る ②【流行る】[自五] ❶盛行,時興,流行¶テニスが～っている/現在盛行打網球 ❷(商店買賣)興隆 ❸(疾病)流行¶風邪(かぜ)が～/感冒流行

はやわざ ④⓪【早業】[名]神速的技藝,俐落的手法

はら ①【原】[名]原野

はら ②【腹】[名] ❶腹,肚子¶～がへる/肚子餓¶～がいっぱいになる/吃飽了¶～をいためた子/親生孩子¶～ちがい/非同母所生 ❷心,心腹¶～を割って話す/推心置腹地談心◇腹を読む/揣摸他人的心思 ❸度量¶腹が太い/度量大◇腹にすえかねる/忍無可忍 ❹(物體凸出的)肚¶指の～/手指肚◇腹が黒(くろ)い/黑心腸,陰險◇腹が立(た)い/生氣,發怒◇腹を立てる/生氣,發怒◇腹に一物(いちもつ)/心懷叵測◇腹を抱(かか)える/捧腹(大笑)◇腹を肥(こ)やす/肥己,謀私利

ばら ⓪【薔薇】[名]薔薇

バラード ②【(仏)ballade】[名] ❶敘事詩 ❷〈音〉敘事曲

はらいこ・む ⓪【払(い)込む】[他五](通過銀行等)繳納(各種費用)

はら・う ②【払う】[他五] ❶掃,拂,清除¶ほこりを～/揮灰塵 ❷付(款)¶税金を～/納税 ❸處理,出售(廢品) ❹給予(關懷等)¶注意を～/提

醒注意

バラエティー ②【variety】[名] ❶多種多様 ❷(歌、舞、相聲等的)聯合演出

パラグラフ ①【paragraph】[名] (文章的)段落,節

はらぐろ・い ④【腹黒い】[形]黑心腸,陰險

はらげい ②⓪【腹芸】[名]有膽略,有膽識,訥於言而敏於行

はらごしらえ ③【腹拵え】[名・自サ]吃飯

はらごなし ③【腹ごなし】[名・自サ](幫助)消化

パラシュート ③【parachute】[名]降落傘

はら・す ②【晴らす】[他五]消除,解除

ばら・す ②[他五] ❶拆開 ❷殺死,殺掉

パラソル ②①【(仏)parasol】[名]陽傘,旱傘

はらだたし・い ⑤【腹立たしい】[形]可氣,令人生氣

はらだ・つ ③【腹立つ】[自五]生氣,發怒

はらだ・てる ④【腹立てる】[自下一]生氣,發怒

バラック ②①【barracks】[名]臨時性板房,簡易棚屋

はらっぱ ①【原っぱ】[名]草原

ばらにく ②【ばら肉】[名](牛、猪的)五花肉

はらのむしがおさまらない【腹の虫が治まらない】怒氣難平

はらばい ②⓪【腹ばい・腹這い】[名]俯臥,臥¶～になる/臥着

はらはら ①[副] ❶(樹葉、花等)飄落¶～と散る紅葉/紛紛飄落的紅葉 ❷(眼淚、水滴等)接連不斷¶思わず～と涙をながした/不覺撲簌簌地落下淚來 ❸非常擔心

ばらばら ①[形動]七零八落,零散 ¶足並みが～だ/步伐零亂(不齊) ──[副] ❶(大雨等降落)劈里啪啦 ❷(子彈、石頭)連續打來聲

ぱらぱら ①[副] ❶(雨點)稀稀落落地降落貌 ❷翻開書頁貌 ❸稀疏貌

パラフィン ②【paraffin】[名]石蠟

はらぺこ ⓪【腹ぺこ】[名]肚子餓

はらまき ②⓪【腹巻(き)】[名](布、毛線織)護肚巾

ばらま・く ③【ばら撒く】[他五] ❶撒,散佈◇うわさをばらまく/散佈流言 ❷散財

はら・む ②【孕む】[自他五] ❶懷孕,有孕 ❷孕藏◇危機を～/孕藏着危機

はらわた ④③【腸】[名]腸,內臟◇腸が煮(に)え繰(く)り返(かえ)る/怒不可遏

はらん ①⓪【波乱・波瀾】[名] ❶波瀾 ❷風波 ❸變化多端

バランス ①【balance】[名]平衡,均衡¶～をとる/保持平衡¶～がくずれる/失去平衡

はり ①【針】[名] ❶針 ❷(儀表的)指針¶時計の～/錶針 ❸(注射器的)針頭 ❹唱針,鉤針◇つり針(ばり) ③⓪[名]魚鉤 ❺(花草、植物的)刺 ❻蜂刺◇針の蓆(むしろ)に座(すわ)るよう/如坐針氈

はり ⓪【張り】[名] ❶張力;拉力 ❷信心;起勁兒

はりあい ⓪【張(り)合(い)】[名]勁頭,幹勁¶～がある/有勁頭

はりあ・う ③【張り合う】[自五] ❶競爭 ❷爭風

はりあ・げる ④【張(り)上げる】[他下一]大聲,拉開嗓門

バリエーション ③【variation】[名] ❶變化,變體 ❷變奏曲

はりがね ⓪【針金】[名]鐵絲,銅絲,鋼絲,金屬線

バリカン ⓪【(仏)bariquand】[名]理髮推子

ばりき ⓪【馬力】[名] ❶馬力 ❷精力,體力

はりき・る ③【張(り)切る】[自五]勁頭十足,精神百倍

バリケード ③【barricade】[名]路障,街壘,防柵

はりこのとら【張(り)子の虎】[名]紙老虎

はりこ・む ③【張(り)込む】[自五] ❶埋伏,(暗中)監視¶刑事が～/便衣警察在監視 ❷豁出錢來

はりしごと ③【針仕事】[名]針線活

はりつ・ける ④【張(り)付ける・貼(り)付ける】[他下一]粘上,貼上

はりつ・める ④【張り詰める】[自下一] ❶鋪滿 ❷緊張

バリトン ②⓪【baritone】[名]男中音

はりねずみ ③【針鼠】[名]刺猬

ばりばり ①[副・自サ] ❶用指甲、爪等搔物的聲音或撕碎紙、布等的聲音 ❷用牙嚼碎硬物體的聲音 ❸漿硬的衣服等的聲音 ❹工作緊張積極貌

はりめぐら・す ⑤【張り巡らす】[他五]周圍,布滿

はる ①【春】[名] ❶春,春天 ❷最盛期,青春◇人生の春/人生的青春時代 ❸春情,春心 ❹新年

は・る ⓪【張る】[自五] ❶結,覆蓋¶氷が～/結冰 ❷伸展,擴張¶木の根が～/樹繁下根 ❸緊張¶気が～/精神緊張,拘謹 ❹(面積)脹滿,寬¶かさが～/傘撐開着 ❺(價格)昂貴¶この絵は値が～/這張畫很貴

——[他五] ❶支開,張掛¶アンテナを〜/架天線¶幕を〜/掛幕 ❷擴展¶勢力を〜/擴展勢力 ❸(將液體)裝滿¶水槽(すいそう)に水を〜/把水槽裡裝滿水 ❹挺起(胸膛)◇胸を張る/挺起胸膛 ❺裝點(門面)◇みえを張る/裝門面,求虛榮 ❻固執己見¶意地(いじ)を〜/固執 ❼擺開(陣勢)¶論陣を〜/展開辯論 ❽貼,粘 ❾打(嘴巴)¶横っつらを〜/打嘴巴 ❿暗中監視 ◆❽也寫做"貼る"

はるか ①【遙か】[副・形動] ❶(時間,距離)遙遠¶〜昔/很久以前 ❷(用「はるかに」的形式表示)兩者差距大¶太平洋は日本海よりーに大きい/太平洋比日本海大得多

バルコニー ③【balcony】[名]陽臺

はるさめ ⓪【春雨】[名] ❶春雨 ❷粉絲

はるばしょ ⓪【春場所】[名]每年三月在大阪舉行的相撲比賽大會

はるばる ②③【遙遙】[副]千里迢迢

バルブ ①【valve】[名]閥,活門,氣門

パルプ ①【pulp】[名]紙漿

はるまき ⓪②【春巻(き)】[名](炸)春捲

はるまき ⓪【春蒔(き)】[名]春播

はるめ・く ⓪【春めく】[自五]春意漸濃

はるやすみ ③【春休(み)】[名]春假(三月下旬至四月初)

はれ ②①【晴(れ)】[名] ❶晴,晴天 ❷盛大,隆重¶〜の入学式/隆重的入學典禮

バレエ ①【(仏)ballet】[名]芭蕾舞

ハレーすいせい ④【ハレー彗星】[名]哈雷彗星

パレード ②【parade】[名]慶祝遊行(的隊伍)

バレーボール ④【volleyball】[名]排球

はれがまし・い ⑤【晴れがましい】[形]盛大,豪華;有點不好意思

はれぎ ③【晴(れ)着】[名](入學典禮、畢業典禮、結婚儀式上穿的)盛裝,禮服

はれつ ⓪【破裂】[名・自サ] ❶破裂¶血管(けっかん)が〜する/血管破裂 ❷(喻)(商談、交渉等的)決裂¶談判(だんぱん)が〜する/談判決裂了

はれつおん ③【破裂音】[名](語言學)破裂音

はればれ ③【晴晴】[副・自サ] ❶晴朗;爽快 ❷心情愉快,高高興興

はれやか ②【晴れやか】[形動](天氣,心情等)晴朗,明朗

バレリーナ ③【(イ)ballerina】[名]女芭蕾舞演員

は・れる ②【晴れる】[自下一] ❶(天)晴 ❷(疑團)消失,心情舒暢◇気が晴れる/心情舒暢

は・れる ⓪【腫れる】[自下一]腫

ば・れる ②【自下一】 ❶破裂 ❷暴露,敗露

バレンタインデー ④【Valentine Day】[名]情人節(二月十四日,屆時女性可向自己喜歡的男性贈送巧克力)

バロメーター ③【barometer】[名] ❶氣壓計 ❷晴雨表

パワー ①【power】[名] ❶(對社會的)影響力,能力,實力 ❷馬力,功率

はん ①【半】[名] ❶一半,半¶五時間〜/五個半小時¶〜年(はんとし)/半年 ❷半,不完全¶〜途/半途 ❸(骰子點的)奇數

はん ①【判】[名] ❶印章,圖章¶

～をおす/蓋章 ❷(書籍、紙的)開數
- **はん** ①【班】[名]班,組
- **はん** ①【藩】[名](江戸時代的)諸候領地
- **ばん** ⓪【晩】[名]晩上,傍晩¶～ごはん/晩飯
- **ばん** ①【番】[名] ❶順序,次序¶～を待つ/按順序等候 ❷值班,看守¶～をする/值班
- **パン** ①【(ポ)pão】[名]¶～を焼く/烤麵包
- **はんい** ①【範囲】[名]範圍
- **はんえい** ⓪【反映】[名・自他サ] ❶(光)反射,映照 ❷反映
- **はんえい** ⓪【繁栄】[名・自サ]繁榮
- **はんか** ①【反歌】[名](和歌)長歌後面附加的短歌
- **はんが** ⓪【版画】[名]版畫
- **ばんか** ①【挽歌】[名]挽歌
- **ハンガー** ①【hanger】[名]衣架
- **ばんかい** ⓪【挽回】[名・他サ]挽回,收回,得回
- **はんがく** ⓪【半額】[名]半價,五折【－セール】⑤[名]按五折大減價
- **ハンカチ** ①⓪【handkerchief】[名]手帕◆也寫做「ハンケチ」「ハンカチーフ」
- **はんかん** ⓪【反感】[名]反感¶～をかう/討人嫌
- **はんき** ①【半期】[名]半年【上(かみ)-】③[名]上半年
- **はんき** ①【半旗】[名]半旗
- **はんぎゃく** ⓪【反逆】[名・自サ]叛逆,反逆,造反
- **はんきょう** ⓪【反響】[名・自サ] ❶〈物〉回聲,回音 ❷反響,反應
- **バンク** ①【bank】[名]銀行
- **パンク** ⓪【puncture】[名] ❶(輪胎)爆胎 ❷脹破
- **ばんぐみ** ⓪④【番組】[名](廣播、電視、演出等的)節目【-表(ひょう)】⑤[名]節目單
- **ばんくるわせ** ③【番狂わせ】[名]打亂次序,出乎意料
- **はんけい** ①【半径】[名]〈數〉半徑
- **はんけい** ⓪【判型】[名](書籍的)開本,(紙張的)開數
- **はんげき** ⓪【反撃】[名・自サ]反擊,反攻
- **はんけつ** ⓪【判決】[名・他サ]判決
- **ばんけん** ⓪【番犬】[名]看家狗
- **はんこ** ③【判こ】[名]〈俗〉印章,圖章
- **はんご** ⓪【反語】[名] ❶反問法 ❷反話
- **パンこ** ③【パン粉】[名] ❶麵包屑(做炸食物的麵衣) ❷做麵包的麵粉
- **はんこう** ⓪【反抗】[名・自サ]反抗
- **はんこう** ⓪【犯行】[名]犯罪行為
- **ばんごう** ③【番号】[名]號碼¶へやの～/房間號
- **ばんこく** ①【万国】[名]萬國,世界各國
- **ばんこん** ⓪【晩婚】[名]晩婚
- **はんざい** ⓪【犯罪】[名]犯罪
- **ばんざい** ⓪【万歳】[名] ❶萬歲,萬年¶千秋～/千秋萬年(繁榮昌盛) ❷投降 ──[感]萬歲
- **はんざつ** ⓪【煩雑・繁雑】[名・形動]複雜;麻煩
- **ハンサム** ①【handsome】[名・形動]美男子
- **ばんさんかい** ③【晩餐会】[名]晩宴
- **はんじ** ①【判事】[名]推事,審判員
- **ばんじ** ①【万事】[名]萬事◇万事休(きゅう)す/萬事休矣
- **はんしゃ** ⓪【反射】[名・自他サ] ❶(光等)反射,折射 ❷(生物受刺激後的)反應,反射

ばんしゃく ⓪【晩酌】[名・自サ] 晩飯時喝點酒

はんじょう ①【繁盛】[名・自サ] 繁榮,昌盛,興隆

はんしょく ⓪【繁殖】[名・自サ] 繁殖

はんしん ①【阪神】[名]❶大阪和神戸地區❷「阪神電氣鉄道株式会社」的簡稱

はんしん ⓪③【半身】[名]半身〔-不随(ふずい)③〕[名]半身不遂

はんしんはんぎ ⑤【半信半疑】[名・連語]半信半疑

はんすう ⓪【反芻】[名・他サ]❶反芻❷反覆玩味

はんすう ③【半数】[名]半数

はんズボン ③【半ズボン】[名](男子穿的)短裤

はん・する ③【反する】[自サ]❶與…相反¶期待に〜/與期待的相反❷違反

はんせい ⓪【反省】[名・自他サ] 反省

はんせん ⓪【反戦】[名]反戦

ばんぜん ③⓪【万全】[名]萬全

ばんそう ⓪【伴奏】[名・自サ]伴奏

ばんそうこう ⓪【絆創膏】[名]橡皮膏,白膠布

はんそで ⓪④【半そで・半袖】[名]半袖(衣服)

パンダ ①【panda】[名]熊猫

はんたい ⓪【反対】[名・形動】❶相反,顛倒¶予想と〜の結果/與預料相反的結局
——[名・自サ]反對,不贊成〔-語(ご) ⓪〕[名]反義詞

はんだくおん ④【半濁音】[名] 半濁音 日語中用「パ、ピ、プ、ペ、ポ」表示

パンタロン ①【(仏)pantalon】[名]喇叭裤

はんだん ①③【判断】[名・他サ]❶判断❷占卜,卜封

ばんち ⓪【番地】[名]門牌號

パンチ ①【punch】[名]❶拳打,拳擊❷有力,響亮❸剪票,(給紙)穿孔,打眼❹穿孔機,剪票鉗

ばんちゃ ⓪【番茶】[名]粗茶◇番茶も出花(でばな)/十八醜女也好看

はんちゅう ⓪【範疇】[名]範疇

パンツ ①【pants】[名]❶(男子穿的)内褲❷運動短裤〔海水(かいすい)- ⑤〕[名]游泳裤〔トレーニング- ⑦〕[名]運動短褲❸長裤

はんつき ④【半月】[名]半個月

はんてい ⓪【判定】[名・他サ]❶判断,判定❷(柔道,拳擊等比賽到時間仍未分勝負時,由裁判)裁定

パンティー ①【panties】[名](女子穿)内褲〔-ストッキング⑥〕[名] 連褲襪

ハンディキャップ ④【handicap】[名]❶不利條件,障礙❷讓步,差點

はんてん ③【半纏】[名]❶無領的和式短外衣❷(手藝人等工作時穿的)在衣服或後背印有姓名、店名的短外衣

バンド ⓪【band】[名]❶帶〔ヘア- ③〕[名]髪帶❷皮帶,腰帶❸樂隊

はんとう ⓪【半島】[名]半島

はんどう ⓪【反動】[名]❶〈物〉反作用(力)❷反動

ばんとう ⓪【番頭】[名](商店、旅館等的)領班,管家

はんどうたい ⓪【半導体】[名]半導體

ハンドバッグ ④【handbag】[名] (婦女用)手提包

ハンドボール ④【handball】[名]

手球
ハンドル ⓪【handle】[名] ❶方向盤 ❷(門等的)拉手,把手
ばんなん ⓪①【万難】[名]萬難
はんにち ④【半日】[名]半天,半日
はんにん ①【犯人】[名]罪犯
ばんねん ⓪【晩年】[名]晚年
はんのう ⓪【反応】[名・自サ]反應¶化学的な～/化學反應
ばんのう ⓪【万能】[名] ❶萬能¶コンピューター～の時代/電腦萬能的時代¶-薬(やく) ③【名】萬能藥 ❷全能
はんぱ ⓪【半端】[名・形動] ❶不完全,不齊全 ❷無用的人,廢物
ハンバーガー ③【hamburger】[名] 漢堡,(内夾牛肉餅的)圓麵包
ハンバーグ ③【hamburg steak】[名](「ハンバーグ・ステーキ」的簡稱)漢堡牛(豬)肉餅
はんばい ⓪【販売】[名・他サ]銷售
はんぱつ ⓪【反発・反撥】[名・自他サ] ❶回跳,反彈¶-力(りょく) ④【名】反彈力 ❷抵制,抗拒
はんぴれい ③【反比例】[名・自サ]反比例

パンプス ①【pumps】[名]高跟鞋
パンフレット ④【pamphlet】[名]小冊子
はんぶん ③【半分】[名]一半,二分之一
はんぼいん ③【半母音】[名]半母音
ハンマー ①【hammer】[名] ❶鎚子 ❷(鏈球的)球【-投(な)げ ⑤】[名]擲鏈球
はんめい ⓪【判明】[名・形動・自サ]判明,了解清楚
はんめん ③【反面】[名]反面,相反的方面
——[副]另一方面
はんもく ⓪【反目】[名・自サ]反目,不和
はんらん ⓪【氾濫】[名・自サ]泛濫¶川が～する/河水泛濫
はんらん ⓪【反乱】[名・自サ]叛亂,造反
はんれい ⓪【凡例】[名]凡例
はんろん ⓪【反論】[名・自他サ]反論,反駁

ひ ヒ

ひ 五十音圖「は」行第二音。羅馬字寫作「hi」,發音為國際音標[çi]。平假名「ひ」來自「比」字的草體,片假名「ヒ」來自「比」字的一半。濁音「び」,羅馬字寫作「bi」,發音為國際音標[bi]。半濁音「ぴ」,羅馬寫作「pi」發音為國際音標[pi]。

ひ ⓪【日】[名] ❶太陽¶～がのぼる/太陽升起¶～がしずむ/日落 ❷白天,白晝,晝¶～が短い/晝短¶夜を～について/夜以繼日 ❸日光,陽光¶～にあたる/曬太陽¶～に焼ける/曬黑皮膚 ❹一整天,一天¶～をかさねる/日復一日 ❺日數,天數¶～をかぎる/期限 ❻日期,日子¶～をあらためる/改日 ❼(特定的)節日,值日¶文化の～/文化節¶子どもの～/兒童節 ❽時節,時代¶若き～の姿/青年時期的風姿
―― [接尾] (上接名詞,發音為「び」)…日¶誕生日(たんじょうび)/生日¶日曜日(にちようび)/星期日

ひ ①【火】[名] 火¶～を燃やす/燒火◇火に油(あぶら)を注(そそ)ぐ/火上澆油◇火のない所(ところ)に煙(けむり)は立(た)たぬ/無風不起浪

ひ ①【灯】[名] 燈,燈光¶～をともす/點燈

ひ ①【比】[名] 比,比值¶AとBの～/A和B的比值

ひ ①【非】[名] ❶非,問題¶～をあばく/揭露問題 ❷缺點,錯誤¶～をみとめる/承認錯誤 ❸不利,糟,壞¶形勢～なり/形勢不利◇非の打(う)ちどころがない/無可非議,無懈可擊

ひ ⓪【碑】[名] 碑¶～を建てる/立碑

び ①【美】[名] 美好,美麗,美¶自然の～/自然美

ひあい ⓪【悲哀】[名] 悲哀¶～に満ちた物語/充滿悲哀的故事

ひあたり ⓪④【日当(た)り】[名] ❶向陽處,陽光照射處 ❷陽光照射程度¶～がいい/陽光(照射程度)很好

ピアニスト ③【pianist】[名] 鋼琴家,鋼琴演奏家

ピアノ ⓪①【(イ)piano】[名] ❶鋼琴 ❷〈音〉弱音符號「p」

ヒアリング ①【hearing】[名] ❶(外國語的)聽力(練習) ❷意見聽取會→ヒヤリング

ピーアール ③【P.R.】[名・他サ] 企業或政府機構的廣告或宣傳單

ひいき ①【晶屓】[名・他サ] ❶偏袒,偏向,偏愛◇ひいきの引(ひ)き倒(たお)し/過於偏袒,反而給人帶來麻煩 ❷庇護者

ひいきめ ③【ひいき目・晶屓目】[名] 偏袒的看法¶～に見る/往好裡看

ピーク ①【peak】[名] 山頂,頂峯,(時間)尖鋒

ヒーター ①【heater】[名] ❶暖房裝置 ❷加熱器

ピーティーエー ⑤【P.T.A.】[名] 家長和老師的聯合會

ひいては ③【副】以至,進而,而且¶自身の,～学校全体の名誉(めいよ)になる/是他自己以至學校的光榮

ひい・でる ③【秀でる】[自下一]

優秀,卓越
ビーナス ①【Venus】[名]維納斯
ピーナッツ ①【peanuts】[名]花生
◆也可寫「ピーナツ」
ビーフ ①【beef】[名]牛肉¶ーシチュー⑤[名]燉牛肉¶ーステーキ⑤[名]烤牛肉,牛排
ピーマン ①【(仏)piment】[名]青椒,柿子椒
ビール ①【(オ)bier】[名]啤酒
ビールス ①【(独)Virus】[名]毒素,病毒¶→ウイルス
ヒーロー ①【hero】[名]❶英雄,勇士 ❷(小説中的)男主人翁,男主角
ひうん ①【悲運】[名]悲慘的命運
ひえいせい ②【非衛生】[名]不衛生
ひえこ・む ⓪【冷(え)込む】[自五]❶氣溫急劇下降,驟冷 ❷(身體)覺得冷,着涼
ひえびえ ③【冷え冷え】[副・自サ]❶冷冰冰 ❷孤寂,空虛
ひ・える ②【冷える】[自下一]❶冷,覺得冷¶からだが~/身體感到冷 ❷變涼¶~えたビール/冰鎮啤酒 ❸冷淡,淡漠
ピエロ ①【(仏)pierrot】[名]丑角,小丑
びおん ⓪【鼻音】[名]鼻音
ひか ②【皮下】[名]皮下¶ー脂肪(しぼう)③[名]皮下脂肪¶ー注射(ちゅうしゃ)③[名]皮下注射
びか ①【美化】[名・他サ]美化¶ー運動(うんどう)③[名]美化運動
ひがい ⓪【被害】[名]被害,受害¶ー者(しゃ)②[名]受害人
ひかえ ②③【控(え)】[名]❶預備,備用¶ーの選手/預備隊員 ❷副件,副本,抄件,抄本¶納品書(のうひんしょ)の~/交貨單副本
ひかえめ ⓪【控(え)目】[名・形動]❶謹慎,客氣¶ ~に食べる/很客氣地吃 ❷節制¶塩分を~にする/節制鹽份,少吃鹽

ひか・える ③【控える】[自他下一]❶等待,等候 ❷抑制,節制¶酒を~/節制飲酒 ❸臨近,迫近 ❹抄,記,抄錄,記錄¶メモ帳に~/記在記事本上
ひかく ⓪【比較】[名・他サ]比較,對比¶~にならない/無法對比
ひかく ⓪②【皮革】[名]皮革¶ー製品(せいひん)④[名]皮革製品¶人工(じんこう)ー⑤[名]人造皮革
びがく ①【美学】[名]美學
ひかくてき ⓪【比較的】[副]比較,較爲
ひかげ ⓪【日陰・日蔭】[名]背陰處,陰影
ひがさ ①【日傘】[名]陽傘
ひがし ③【東】[名]東,東面¶~半球(はんきゅう)/東半球
ぴかぴか ②【副】❶閃閃發亮,閃亮¶~とした靴/閃閃發亮的皮鞋 ❷閃耀¶稲妻が~と光る/電光閃閃
ひが・む ②【僻む】[自五]抱有偏見,乖僻
ひから・びる ④【干涸びる・乾涸びる】[自上一]乾透
ひかり ③【光】[名]❶光,光亮 ❷光澤 ❸視力¶~を失う/失明 ❹光明,光輝¶希望の~/希望的火花 ❺威勢,威風
ひか・る ②【光る】[自五]❶發光,閃光¶きらきら~/閃閃發光
ひか・れる ⓪【引かれる・惹かれる】[自下一]被…所吸引,爲…所引誘¶異性に~/爲異性所吸引
ひかん ⓪【悲観】[名・自他サ]悲觀¶将来を~する/對未來抱悲觀態度¶ー的(てき)⓪[形動]悲觀
ひがん ②【彼岸】❶春分或秋分前後的七天期間 ❷(佛教)彼岸◇

暑(あつ)さも寒(さむ)さも彼岸まで/冷不過春分,熱不過秋分

ひきあ・げる ④【引(き)上げる・引(き)揚げる】[他下一] ❶拉,拽 ❷提高,漲價¶料金を～/提高費用 ❸提拔,提升 ❹返回,撤回 ❺要回,索回¶貸した道具を～/要回借出的工具

ひき・いる ③【率いる】[他上一] 率領,帶領¶生徒を～/帶領學生

ひきう・ける ④【引き受ける】[他下一] ❶接受,承擔¶責任を～/承擔責任 ❷擔保,保證¶身元(みもと)を～/人身擔保

ひきおこ・す ④【引き起こす】[他五] ❶拉起,扶起 ❷引起,挑起¶混乱を～/引起混亂¶事件を～/挑起事端

ひきおと・す ④【引き落とす】[他五] ❶扒::拉下,曳下來 ❷拉倒,曳倒

ひきかえ・す ③【引(き)返す】[他五] 返回,折回¶わすれものをして、家へ～/忘了東西,所以又折回家

ひきか・える ④【引き換える】[他下一] ❶交換,兑換 ❷(用「…に引き換えて」の形式表示)與之相反,不同¶昨年に～えて今年は楽だ/與去年相比今年較輕鬆

ひきがね ⓪【引(き)金】[名](槍的)板機¶～をひく/扣扳機

ひきこ・む ③【引(き)込む】[他五] ❶拉入,引人¶なかまに～/拉入伙 ❷吸引,入迷¶話に～まれる/被講的話所吸引◇かぜを引き込む/傷風,感冒

ひきさが・る ④【引き下がる】[自五] 退出,離開

ひきざん ②【引(き)算】[名] 減法

ひきしお ⓪【引(き)潮】[名] 退潮,落潮

ひきしま・る ④【引き締まる】[自五] ❶身體結實¶肉が～/肌肉緊綳綳的 ❷(身體,精神)緊張 ❸(文章等)緊湊,無多餘部份

ひきし・める ④【引き締める】[他下一] ❶綳緊,勒緊¶口もとを～/緊閉着嘴角 ❷鼓舞,氣を～/振奮精神 ❸緊縮¶財政を～/緊縮財政

ひきずりこ・む ③【引き摺り込む】[他五] 拖入,曳進

ひきず・る ⓪【引(き)ずる・引(き)摺る】[他五] ❶拖,拖拉¶足を～/拖着腿走 ❷拖,拉,拽 ❸拖延

ひきだし ⓪【引(き)出(し)・抽(き)出(し)】[名] ❶抽屉 ❷提款,取款

ひきだ・す ③【引(き)出す】[他五] ❶拖出,拉出,拽出 ❷發掘出,開發出 ❸引出,套出¶本音(ほんね)を～/引出實話 ❹取,提取¶貯金を～/提取存款

ひきた・つ ③【引き立つ】[自五] ❶出眾,超群,顯眼¶美しさが～/美麗超群 ❷振作起來¶気が～/精神振作起來

ひきた・てる ④【引き立てる】[他下一] ❶襯托,陪襯 ❷(對商人,演員等)照顧,扶持,提攜¶主任に～/提攜為主任 ❸振奮,振作¶気を～/振奮精神 ❹(將犯人,俘虜等)強行拉走,押走,帶走¶犯人を～/將犯人帶走 ❺(將門)關上

ひきつ・ぐ ③【引き継ぐ】[他五] 接替,繼承¶仕事を～/接替工作

ひきつ・ける ④【引き付ける】I [自下一] 抽筋 II [他一] ❶吸引,引誘,誘惑 ❷拉到近旁

ひきつづき ⓪【引(き)続き】[名] 繼續,延續
——[副]接着,繼續¶では、～、つぎの議題にうつります/那麼,接着進行下一個議題

ひきづな ⓪【引(き)綱】[名] 縴繩

ひきど [20]【引き戸】[名]拉門
ひきと・める [4]【引き止める】[他下一] ❶留,挽留 ❷勸止,阻止
ひきと・る [3]【引き取る】[自五] 退下,離開,回避¶どうぞ、お～りください/請退下
——[他五] ❶收,回收¶古新聞を～/收舊報紙 ❷收養,扶養¶親に死なれた子どもを～/收養死去父母的孩子◇息(いき)を引き取る/嚥氣,死
ビキニ [1]【bikini】[名]比基尼泳裝
ひきにく [0]【挽き肉】[名]絞碎的肉
ひきぬ・く [3]【引(き)抜く】[他五] ❶拔¶くぎを～/拔釘子 ❷挖(入),挖角,搶奪
ひきのば・す [4]【引(き)伸ばす】[他五] ❶延長,伸長 ❷放大(照片)¶記念写真を大きく～した/把紀念照片放得很大
——【引(き)延ばす】拖延,延長,延期¶解決を～/延期解決
ひきはら・う [4]【引き払う】[他五]遷出,搬走
ひきょう [2]【卑怯】[形動]卑劣,卑鄙¶～なふるまい/卑劣的行為
ひきわけ [0]【引(き)分(け)】[名]平局,不分勝負¶～になる/打成平局
ひきわた・す [4]【引き渡す】[他五] ❶引渡 ❷交給,提交,交還 ❸拉上
ひ・く [0]【引く】[他五] ❶拉,拽¶つなを～/拉纜繩¶車を～/拉車 ❷引入,安裝¶水道を～/安裝自水水 ❸傷(風)¶かぜを～/傷風 ❹吸引,招惹¶人目(ひとめ)を～/引人注目¶注意を～/引起注意 ❺繼承¶先祖の血を～/流有祖先的血液 ❻查閱¶辞書を～/查辭典 ❼引用¶例を～/引例,舉例 ❽抽(籤)

¶おみくじを～/抽籤 ❾減,減去¶九から五を～/九減去五 ❿削價,減價¶一割(いちわり)～いて売る/削價一成出售 ⓫拖,拉幕(まく)を～/拉幕 ⓬塗,抹¶油を～/抹油 ⓭劃(線)¶線を～/劃線
——[自五] ❶退,退卻¶潮(しお)が～/退潮 ❷消失¶熱が～/退燒¶あとを引く/留下影響◇身(み)を引く/退出,不再干涉
ひ・く [0]【弾く】[他五]彈,彈奏,拉¶バイオリンを～/拉小提琴
ひ・く [0]【轢く】[他五]軋,壓
ひく・い [0]【低い】[形] ❶矮¶背が～/個子矮 ❷低¶海面より～土地/低於海平面的土地 ❸低賤,微賤¶地位が～/地位低
ひくつ [0]【卑屈】[名・形動]卑躬屈膝
びくともしない [1] ❶一動也不動,安然如故 ❷毫不恐懼,滿不在乎 ❸毫不動搖
ピクニック [1][3]【picnic】[名]郊遊
びくびく [1][副・自サ] ❶害怕,提心吊膽 ❷哆嗦
ひぐれ [0]【日暮れ】[名]黃昏,傍晚
ひけ [0]【引(け)】[名] ❶下班,收工 ❷遜色,(相形)見絀 ❸(交易所)收盤
ひげ [0]【髭・鬚・髯】[名]鬍鬚
ひげき [1]【悲劇】[名]悲劇
ひけつ [0]【否決】[名・他サ]否決
ひけつ [0]【秘訣】[名]秘訣¶成功の～/成功的秘訣
ひごい [0]【緋鯉】[名](觀賞用)緋鯉
ひこう [0]【非行】[名]不軌行為
ひこう [0]【飛行】[名・自サ]飛行【低空(ていくう)～】低空飛行【-機(き)-】[2][名]飛機【-士(し)】[2][名]飛行員【-場(じょう)】[0][名]飛機場

- びこう ⓪【尾行】[名・自他サ]跟踪,盯梢
- びこう ⓪【備考】[名]備考
- ひこうき ②【飛行機】[名]飛機
- ひく ⓪【被告】[名]被告人(にん)⓪[名]被告人,被告
- ひごと ①【毎日】[連語・名]毎日
- ひごろ ⓪【日ごろ・日頃】[名・副]平時,平日
- ひざ ⓪【膝】[名]膝,膝蓋
- ビザ ①【visa】[名]簽證
- ピザ ①【(イ)pizza】[名]意大利餡餅,披薩
- ひさし ⓪【庇・廂】[名]❶房檐,屋檐 ❷帽檐兒
- ひざし ⓪【日差(し)・陽射(し)】[名]陽光,日光
- ひさし・い ③【久しい】[形]許久的,好久的
- ひさしぶり ⑤⓪【久し振り】[名]相隔很久,好久¶～に会う/隔了很久才見面◇お久し振り/久違了
- ひざまず・く ④【跪く】[自五]跪
- ひさん ⓪【悲惨】[名・形動]悲慘
- ひじ ②【肘・肱・臂】[名]肘,胳膊肘
- ひしがた ⓪【菱形】[名]菱形
- ひじでっぽう ③【肘鉄砲】[名]❶用肘撞人 ❷嚴屬拒絕
- ビジネス ①【business】[名]❶工作,事務 ❷商業,實業【-マン④】[名]實業家;公司職員
- ひしひし ①②【犇犇】[副]❶緊緊地 ❷深刻地 ❸(車等的輾軋聲)吱嘎
- びしっと ①[副]嚴屬
- ひしめ・く ③【犇く】[自五]擁擠吵嚷
- ぴしゃり ②③[副]❶砰然 ❷(掌擊聲)啪啪 ❸威嚇倨傲的口吻
- ひじゅう ⓪【比重】[名]❶〈物〉比重 ❷重點
- びじゅつ ①【美術】[名]美術【-館(かん)③】[名]美術館【-品(ひん)③】[名]美術品,美術作品
- ひしょ ②【秘書】[名]秘書
- ひしょ ②【避暑】[名・自サ]避暑
- ひじょう ⓪【非常】[名]特殊¶～の際(さい)/非常時期¶口(ぐち)②】[名]太平門【-手段(しゅだん)④】[名]非常措施——[形動]非常,很,極爲¶～に楽しい/非常愉快
- ひじょう ①⓪【非情】[名・形動]無情
- びしょう ⓪【微笑】[名・自サ]微笑
- ひじょうきん ②【非常勤】[名]臨時,非正式【-講師(こうし)⑥】[名]代課教師
- ひじょうしき ②【非常識】[名・形動]不合乎常理◇非常識にもほどがある/做事不能太離譜
- **ひじょうに** ⓪【非常に】[名]非常,特別¶この漫画の本は～おもしろい/這本漫畫書非常有趣
- びしょびしょ ①[副]❶(雨)連綿 ❷濕透
- びじん ①【美人】[名]美人,美女
- ひすい ②⓪【翡翠】[名]翡翠
- ビスケット ③【biscuit】[名]餅乾
- ヒステリー ④③【(独)Hysterie】[名]歇斯底里,臟病
- ピストル ⓪【pistol】[名]手槍
- ピストン ①【piston】[名]活塞
- ひずみ ⓪【歪(み)】[名]❶歪,斜,變形 ❷畸形¶経済の～/經濟畸形
- ひず・む ⓪②【歪む】[自五]歪,斜,變形
- ひずめ ⓪①【蹄】[名]蹄,蹄子
- びせいぶつ ②【微生物】[名]微生物
- びせきぶん ②【微積分】[名]〈數〉微積分
- ひそう ⓪【皮相】[名・形動]❶表

面,浮面 ❷膚淺
ひそう ⓪【悲壯】[名・形動]悲壯,壯烈
ひそか ②【密か・窃か】[形動]悄悄,私下,暗中¶~に出かける/悄悄地溜出門
ひそひそ ②[副]偷偷,悄悄
ひそ・む ②【潛む】[自五]藏,潛藏,隱藏¶心に~/藏在心裡
ひそ・める ②【潛める】[他下一]藏,隱藏¶身を~/藏身
ひだ ①【襞】[名](衣服的)皺褶
ひたい ⓪【額】[名]額,額頭,天庭
ひた・す ②⓪【浸す】[他五]浸,浸泡¶タオルを~/浸泡毛巾
ひたすら ②[副]祇顧,一心,一味¶~研究にうちこむ/一心投入研究
ひだね ②①【火種】[名]火種
ひたひた ②[副]❶(水)剛剛沒過來的樣子 ❷(水)淺貌 ❸水拍擊貌 ❹(漸漸)迫近
ビタミン ⓪【(独)Vitamin】[名]維生素,維他命
ひたむき ⓪【直向】[形動]只顧,專心,一心一意
ひだり ⓪【左】[名]❶左,左邊¶~に曲がる/向左拐 [-きき ③][名]左撇子 ❷愛喝酒的人 ❸左派,左翼
ひだりて ⓪【左手】[名]❶左手 ❷左邊,左側
ひだりまえ ③⓪【左前】[名]❶衰弱,衰敗;倒霉 ❷大襟向左扣
ひた・る ②⓪【浸る】[自五]❶浸,泡 ❷沉浸在,耽於¶思い出に~/沉浸在回憶之中
ぴちぴち ②①[副・自サ]❶活蹦亂跳 ❷活潑,朝氣勃勃
ひつう ⓪②【悲痛】[名・形動]悲痛
ひっかか・る ④【引っ掛かる】[自五]❶掛住,鉤住¶あみに~/掛在網上 ❷受騙¶わなに~/中圈套 ❸令人捉摸,令人放心不下¶彼の話にはなにか~ところがある/總覺得他的話裡什麼地方有問題
ひっか・く ③【引っ掻く】[他五]搔,撓
ひっか・ける ④【引っ掛ける】[他下一]❶掛 ❷披¶コートを肩に~/把外衣披在肩上 ❸騙,欺騙 ❹吐,啐¶つばを~/(向某物上)吐唾沫 ❺喝(酒)¶一杯~/喝一杯 ❻有關連◇はなも引っ掛けない/毫不理睬
ひっき ⓪【筆記】[名・他サ]❶筆記¶~試験(しけん) ⑤][名]筆試 ❷記筆記
ひっきりなし ⑤[形動]接連不斷,接二連三¶~に来客がある/接二連三地來客人
びっくり ③[名・自サ]吃驚,嚇一跳¶~仰天(ぎょうてん) ③][名・自サ]大吃一驚,驚得目瞪口呆
ひっくりかえ・す ⑤【ひっくり返す】[他五]顛倒¶試合を~/反敗為勝
ひっくりかえ・る ⑤【ひっくり返る】[自五]❶倒,摔倒¶あおむけに~/仰面摔倒 ❷翻,翻轉,底朝天¶ボートが~/小船翻覆 ❸逆轉¶形勢が~/形勢逆轉
ひっく・める ⑤【引っ括める】[他一下]包括在內
ひづけ ⓪【日付】[名]日期 [-変更線(へんこうせん) ⓪][名]國際換日線
びっこ ⓪【跛】[名]❶瘸子,跛子 ❷不成雙,不成對¶~のくつ/不成雙的鞋
ひっこし ⓪【引っ越(し)】[名]搬家,遷居
ひっこ・す ③【引っ越す】[自五]搬家,遷居
ひっこ・む ③【引っ込む】[自五]❶退居,縮¶いなかに~/隱居到

郷下 ❷退下,降下¶こぶが〜/疙瘩消下去了 ❸凹進
ひっこ・める ④【引っ込める】[他下一]收回¶提案を〜/收回方案
ひっし ◎①【必死】[名・形動]拼命,拼死¶〜になる/拼命
ひっし ◎【必至】[名]必至,一定到來
ひつじ ◎【羊】[名]羊
ひっしゃ ①【筆者】[名]筆者,作者
ひっしゅう ◎【必修】[名・他サ]必修
ひつじゅひん ◎【必需品】[名]必需品
ひっしょう ◎【必勝】[名]必勝¶〜の信念/必勝信心
びっしり ③[副] ❶密密麻麻 ❷充分,加緊
ひつぜん ◎【必然】[名]必然¶-性(せい)/[名]必然性
ひっそり ③[副]静悄悄¶〜とした室内/静悄悄的房間
ひった・くる ④[他五]搶,搶奪
ぴったり ③[副・自サ] ❶緊,緊密¶〜によりそっている/緊緊靠在一起 ❷恰,正¶〜合う上着(うわぎ)/正合身的上衣 ❸説中,猜中¶一度で〜(と)当てる/一下子就猜中了
ピッチ ①【pitch】[名] ❶效率¶〜をあげる/提高效率 ❷音頻,音調 ❸瀝青
ピッチャー ①【pitcher】[名](棒球)投手,投球手
ひってき ◎【匹敵】[名・自サ]匹敵,媲美¶〜するものがない/無與倫比
ヒット ①③【hit】[名・自サ] ❶(棒球)安打,安全打 ❷熱門¶-ソング ④/[名]熱門歌曲
ヒット・チャート ④【hit chart】[名]流行歌曲排行榜
ひっぱりだこ ⑤【引っ張りだこ】[名] ❶各方面互相爭搶 ❷受歡迎的人或物

ひっぱ・る ③【引っ張る】[他五] ❶拉,拽,拖¶新入生をクラブに〜/把新生拉進課外社團 ❷帶走,押走¶警察に〜られた/被警察帶走了 ❸拖長,拉長
ヒップ ①【hip】[名](纖紉)臀圍尺寸
ひづめ ◎①【蹄】[名]蹄子,蹄
ひつよう ◎【必要】[名・形動]必要,需要¶〜がある/有必要¶〜な品物(しなもの)/必需品
ひてい ◎【否定】[名・他サ]否定¶うわさを〜する/闢謡
ビデオ ①【video】[名]錄影機¶-テープ ④/[名]錄影帶
びてん ◎【美点】[名]長處,優點
ひと ◎②【人】[名] ❶人,人類 ❷社會上的人,一般人¶知らない〜/不認識的人 ❸別人,他人¶〜とつきあう/與別人交往¶〜にたよる/依靠別人 ❹有用的人,人材¶〜となる/成為有用的人 ❺人品,個性 ◇人の口(くち)に戸(と)は立(た)てられぬ/人言可畏 ◇人のふんどしで相撲(すもう)を取(と)る/損人利己
ひど・い ②【酷い】[形] ❶厲害,嚴重¶寒さ/極為寒冷 ❷殘酷,無情¶〜しうち/殘酷的行為
ひといき ②【一息】[名] ❶一口氣¶〜に飲みほす/一口氣喝乾 ❷加一把力,加一把勁¶頂上までは,あと〜だ/再加一把力就到山頂了
ひといちばい ◎【人一倍】[名]比旁人加倍
ひとえに ②【偏に】[副] ❶專心,誠心誠意 ❷完全
ひとかげ ◎③【人影】[名] ❶人影 ❷人
ひとがら ◎【人柄】[名]人品,品質¶〜がいい/人品好

ひときわ ②【一際】[副]更,更加

ひどく ①【酷く】[副]很,非常,極¶～不安になった/感到極度不安

ひとくち ②【一口】[名]一口¶～に食べる/一口吃下去 ❷一點兒¶「～いかがですか」/嘗一點好嗎 ❸一句話,一言¶とても～では言えない/一言難盡 ❹(捐款的)一份,一股

ひとこと ②【一言】[名]一句話,簡單的話

ひとごと ⓪【人事】[名]別人的事,與己無關的事¶～ではない/並非與己無關的事

ひとごみ ⓪【人込み】[名]人群¶～にまぎれる/混入人群中

ひとさしゆび ④【人差(し)指・人指(し)指】[名]食指

ひとし・い ③【等しい】[形] ❶相等,相同 ❷一致,均

ひとしお ②【一入】Ⅰ[名]浸染一次 Ⅱ[副]更加一層,格外

ひとしきり ②【一頻り】[副]一陣

ひとじち ⓪【人質】[名]人質

ひとしれず ⓪【人知れず】[副]暗中,背地

ひとちがい ③【人違い】[名]認錯人,看錯人¶～をする/認錯人

ひとつ ②【一つ】[名] ❶一,一個 ❷一歲 ❸全憑,取決於 ❹一致,一體¶全員が心を～にして当たれば、かならず成功する/只要大家一條心就一定會成功 ❺(用「一つとして…ない」「一つも…ない」「なに一つも…ない」等形式)加強否定的語氣¶一つとして完全なものはない/沒有一個好的¶身にやましいことはなに一つない/問心無愧 ──[副]試一試¶どうです。～、話にのってみませんか/怎麼樣,試一試吧 ◇一つ穴(あな)の狢(むじな)/一丘之貉

ひとづま ⓪【人妻】[名] ❶已婚的女子 ❷他人的妻子

ひとで ⓪【人手】[名] ❶人手,勞力¶～がたりない/人手不足 ❷人為,人工 ❸他人之手,別人的手◇人手にかかる/被人殺害

ひとで ⓪【人出】[名]到場的人¶五万人の～があった/有五萬人到場

ひとでなし ⓪⑤【人で無し】[名・形動]不是人,畜牲

ひととおり ⓪【一通り】[名・副] ❶一般,普通 ❷大概,大略,泛泛¶～目をとおす/大略通覽一遍

ひとなつこ・い ⑥【人懐こい】[形]很快與人熟,不怕生¶～子ども/不怕生的孩子

ひとなみ ⓪【人波】[名]人流

ひとなみ ⓪【人並(み)】[名・形動]與別人一樣,普通,平常¶～のくらし/普通人的生活

ひとにぎり ②【一握り】[名]一把,一點兒,一小撮

ひとねむり ②【一眠(り)】[名]小睡一會兒,打個盹兒

ひとまず ②【一先ず】[副]暫且,首先¶～、家へ帰ろう/先回趟家吧

ひとまね ⓪【人まね】[名・自サ] ❶學人 ❷摹倣旁人

ひとまわり ②【一回り】[名・自他サ] ❶轉一圈,統一圈¶会場を～する/繞會場一周 ❷一輪¶年が～ちがう/年齡差一輪 ❸(才能等)差一層,差一等¶人物が～大きい/才識高人一等

ひとみ ②⓪【瞳】[名]瞳孔◇瞳を凝(こら)す/凝視

ひとみしり ⑤③【人見知り】[名・自サ](小孩)認生

ひとめ ⓪【人目】[名]他人的視線¶～をひく/引人注目◇人目につく/引人注意◇人目を忍(しの)ぶ/避人耳目

ひとやくかう ②【一役買う】[自他]主動承擔某項任務

ひとやすみ ②【一休(み)】[名]休息一會兒
ひとり ②【一人・独り】[名]一人,一個人,獨身¶～で散歩する/獨自散步¶「まだ、～でおります」/還是一個人生活
——[副](興否定語相呼應表示)不單是,不僅是¶～わが校だけの問題ではない/不單是我校的問題
ひとりごと ⑤④【独り言】[名]自語,自言自語
ひとりっこ ③【独りっ子】[名]獨生子
ひとりでに ⓪【独りでに】[副]自動地,自然而然¶～治る/自然而然地痊癒了
ひとりぼっち ④【一人ぼっち・独りぼっち】[名]孤身一人,孤單一人
ひとりよがり ④【独り善がり】[名・形動]自以爲是
ひな ①【雛】[名]❶雛鶏(鳥) ❷偶人
——[接頭]小巧¶～菊(ぎく)/雛菊
ひなた ⓪【日向】[名]向陽處,陽光照射處【-ぼっこ】④[名]曬太陽
ひなまつり ③【ひな祭(り)・雛祭(り)】[名]三月三日女孩節
ひなん ①【非難・批難】[名・他サ]非難,責難,譴責¶はげしい～/猛烈的指責
ひなん ①【避難】[名・自サ]避難【-民(みん)】②[名]難民
ビニール ②【vinyl】[名]❶乙烯合成樹脂 ❷塑料薄膜【-ハウス⑤】[名]塑料薄膜大棚,暖棚
ひにく ⓪【皮肉】[名・形動]諷刺,譏諷¶～を言う/諷刺
ひにち ⓪【日日】[名]❶天數,日數 ❷日期
ひにひに ⓪①【日に日に】[副]一天比一天,逐漸

ひにん ⓪【避妊】[名・自サ]避孕
ひにん ⓪【否認】[名・他サ]否認
ひねくれる ④【自下一】(性格)乖僻,彆扭
びねつ ⓪【微熱】[名]❶微熱 ❷稍微發燒
ひねる ②【捻る】[他五]❶捻,擰¶スイッチを～/擰開開關 ❷扭傷(脚)¶足を～/扭傷脚◇頭(あたま)をひねる/思索◇首(くび)をひねる/歪頭(帶有疑問)
ひのいり ⓪【日の入り】[名]日没,日暮
ひのきぶたい ④【ひのき舞台・檜舞台】[名]大顯身手的場所
ひので ⓪【日の出】[名]日出
ひのもと ②【火の元】[名]火源,有火處¶～に用心する/小心火燭
ひばくしゃ ②③【被爆者】[名]受爆者
ひばち ⓪【火鉢】[名]火盆
ひばな ①【火花】[名]❶火星 ❷〈物〉火花
ひばり ⓪【雲雀】[名]雲雀
ひはん ①⓪【批判】[名・他サ]批判,批評
ひひ ①【狒狒】[名]狒狒
ひび ②【皹】[名]皸,皸裂
ひび ②【罅】[名]裂口,裂痕
ひびき ③【響(き)】[名]❶聲響,聲音 ❷回響,反響¶このホールは、音の～がいい/這個大廳音響效果很好 ❸影響,波及
ひびく ②【響く】[自五]❶響,回蕩 ❷回響,回音 ❸影響,波及¶からだに～/影響身體¶生活に～/反及生活¶国中(くにじゅう)にその名が～/名揚全國
ひひょう ⓪【批評】[名・他サ]評論【-家(か)⓪】[名]評論家
ひふ ⓪①【皮膚】[名]皮膚
びぶん ⓪【微分】[名・他サ]〈數〉微分
ひぼん ⓪【非凡】[名・形動]非凡,

出衆,卓越

ひま ⓪【暇・隙】[名]空餘時間,閒暇¶〜がない/沒空
——[形動]閒暇,空餘¶〜な一日/閒暇的一天◇暇をつぶす/打發空閒時間 ◇暇を取(と)る/休假◇暇を盗(ぬす)む/抽空

ひまご ①【ひ孫・曾孫】[名]曾孫

ひましに ⓪③【日増しに】[副]逐日,一天比一天

ひまわり ⓪【向日葵】[名]向日葵

ひみつ ⓪【秘密】[名・形動]秘密¶〜をまもる/保守秘密

びみょう ⓪【微妙】[形動]微妙

ひめい ⓪【悲鳴】[名]悲鳴,驚叫聲¶〜をあげる/叫苦

ひ・める ②【秘める】[他下一]隱秘起來

ひめん ⓪【罷免】[名・他サ]罷免

ひも ⓪【紐】[名]❶繩子¶〜をかける/捆上繩子 ❷背後操縱者

ひもじい ③【形】餓的

ひもつき ⓪④【紐付(き)】[名]❶有帶(的衣服等)❷附帶條件 ❸有情夫(的女人)

ひやあせ ③【冷(や)汗】[名]冷汗¶〜をかく/出冷汗

ひやか・す ③【冷(や)かす】[他五]❶挖苦,嘲弄 ❷光問價不買貨

ひゃく ②【百】[名]百,一百 ◇百も承知/知道得很清楚

ひやく ⓪【飛躍】[名・自サ]飛躍

ひゃくしょう ③【百姓】[名]農民

ひゃくねん ②【百年】[名]❶百年,一年百年 ❷長年,漫長的年月¶〜の計(けい)/百年大計

ひゃくぶんはいっけんにしかず【百聞は一見に如かず】百聞不如一見

ひやけ ⓪【日焼け】[名・自サ]曬黑,曬焦

ひや・す ②【冷やす】[他五]❶冰,冰鎮¶ビールを〜/冰鎮啤酒 ❷使…冷靜,鎮靜 ◇頭を冷やす/使腦冷靜

ひゃっかじてん ④【百科事典】[名]百科全書

ひゃっかてん ③【百貨店】[名]百貨商店

ひやひや ①【冷や冷や】[副・サ]❶涼 ❷害怕,提心吊膽

ヒヤリング ①【hearing】[名]聽力(練習)→ヒアリング

ひゆ ①【比喩・譬喩】[名]比喻

ヒューズ ①【fuse】[名]保險絲

ひょう ⓪【表】[名]表,表格

ひょう ①【票】[名]選票

ひょう ①【豹】[名]豹,豹子

ひょう ①【雹】[名]雹,冰雹

ひよう ①【費用】[名]費用,經費

びょう ①【秒】[名](時間單位)秒

びよう ⓪【美容】[名]❶美麗的容貌 ❷美容 [-体操(たいそう)]④[名]美容體操 [-院(いん)]②[名]美容院

びょういん ⓪【病院】[名]醫院

ひょうか ①【評価】[名・他サ]評價

ひょうが ①【氷河】[名]氷河

ひょうかい ⓪【氷塊】[名]冰塊

ひょうがじだい ⑤【氷河時代】[名]冰河期

ひょうき ①⓪【表記】[名・他サ]❶表面記載 ❷表示,記載

びょうき ⓪【病気】[名・自サ]病,得病¶〜になる/生病

ひょうげん ③⓪【表現】[名・他サ]表現,表達

ひょうご ⓪【標語】[名]標語

ひょうさつ ⓪【表札・標札】[名]門牌,門上的名牌

ひょうざん ①【氷山】[名]冰山

ひょうし ③⓪【拍子】[名]❶拍子,節拍¶〜をとる/打拍子 ❷…的一刹那¶ころんだ〜に忘

てしまった/摔了一跤就忘了
ひょうし ③【表紙】[名]封面
ひょうじ ⓪【表示】[名・他サ]❶表示 ❷以表格的形式表示
びょうしつ ⓪【病室】[名]病房
びょうしゃ ⓪【描写】[名・他サ]描写
びょうじゃく ⓪【病弱】[名・形動]病弱
ひょうじゅん ⓪【標準】[名]標準【-語(ご)⓪】[名]標準話【-時(じ)⓪】[名]標準時間
ひょうじょう ③⓪【表情】[名]表情
びょうじょう ⓪【病状】[名]病情
ひょうたん ③【瓢簞】[名]❶葫蘆 ❷瓢◇瓢簞から駒(こま)/戲言成事實
ひょうてん ①【氷点】[名]冰點,零點【-下(か)③】[名]零度以下,零下
びょうどう ⓪【平等】[名・形動]平等¶~にあつかう/平等對待
びょうにん ⓪【病人】[名]病人¶~をみまう/探望病人
ひょうはく ⓪【漂白】[名・他サ]漂白
ひょうばん ⓪【評判】[名]❶評價¶~がいい/評價好 ❷議論的話題¶~になる/成為人們議論的話題
びょうぶ ⓪【屏風】[名]屏風
ひょうほん ⓪【標本】[名]標本¶~をつくる/製作標本
ひょうめい ⓪【表明】[名・他サ]表示,表明
ひょうめん ③【表面】[名]表面
ひょうり ①【表裏】[名]表裏,内外,裡外
ひょうりいったい【表裏一体】密不可分,直接聯繫,相互關聯
ひょうりゅう ⓪【漂流】[名・自サ]漂流
ひょうろん ⓪【評論】[名・他サ]評論【-家(か)⓪】[名]評論家

ひよこ ⓪【雛】[名]雛鷄(鳥)
ひょっこり ⓪【副】突然,偶然
ひより ⓪【日和】[名]❶天氣¶~がいい/好天氣 ❷好天氣【小春日和(こはるびより)④】[名]小陽春天氣
ひよりみ ⓪【日和見】[名]見機行事【-主義(しゅぎ)⑤】[名]機會主義
ひょろひょろ ①【副・自サ】❶細長 ❷搖搖晃晃
ひよわ ⓪【ひ弱】[形動]❶虚弱,纖弱 ❷纖弱,軟弱
ひら ①【平】[名]普通,没有官衔的
ビラ ⓪【bill】[名]❶傳單 ❷招貼
ひらいしん ⓪【避雷針】[名]避雷針
ひらおよぎ ③【平泳(ぎ)】[名]蛙泳
ひらがな ④③【平仮名】[名]平假名
ひらき ③【開き】[名]❶差距,距離¶~が大きい/差距大 ❷(剖開魚腹的)乾魚 ❸(「開き戸」的簡稱)帶合頁的門
ひらきど ③【開き戸】[名]單扇門,雙扇門
ひらきなお・る ⓪⑤【開き直る】[自五]突然改變態度,翻臉
ひら・く ②【開く】[自五]❶開着,敞開着¶戸が~/門開着 ❷展開,擴展 ❸差距大¶差が~/差距加大 ❹(花)開,開放¶花が~/花開
—— [他五]❶打開¶門を~/開門 ❷睜(眼)¶目を~/睜開眼睛 ❸召開,開始¶会を~/召開會議 ❹開設,設立¶口座を~/開户頭 ❺開闢¶道を~/開闢道路 ❻(數學)開方
ひら・ける ③【開ける】[自下一]❶開化,變文明,繁榮起來 ❷開潤,敞亮,寬敞¶視界が~/視野

遼濶 ❸開明,通人性¶～けた人/開明的人,懂事 ❹(道路)開通 ❺命運好轉¶彼の運が～けた/他時來運轉了 ❻(心情)變舒暢,痛快(＝さっぱりする)

ひらた・い ⓪【平たい】[形] ❶平,平滑 ❷扁平¶～顔/扁平臉 ❸簡單,易懂◇平たく言う/簡單地說

ひらひら ①[副・自サ]飄落

ひらべった・い ⓪【平べったい】[形]平,平坦,扁平

ピラミッド ③【pyramid】[名]金字塔

ひらめ ⓪【平目・比目魚】[名]比目魚

ひらめ・く ③【閃く】[自五] ❶閃,閃爍 ❷閃現¶名案が～/(頭腦中)閃現出一個好辦法

ひらや ⓪【平屋・平家】[名]平房

ひらりと ①②③[副]敏捷地

ピリオド ①【period】[名]終止符,句號

ひりつ ⓪①【比率】[名]比率¶～が高い/比率高

ビリヤード ③【billiards】[名]撞球

ひりょう ①⓪【肥料】[名]肥料¶～をほどこす/施肥【化学(かがく)－】[名]化肥

びりょく ①⓪【微力】[名・形動]微力¶～ながら協力させていただきます/願盡微薄之力

ひる ②【昼】[名] ❶白天,白晝 ❷中午 ❸午飯,中午飯¶お～を用意する/準備午飯

ビル ①【building】[名]樓,大廈

ひるがえ・す ③【翻す】[他五] ❶飄揚,飄動 ❷突然改變 ❸躲開

ひるがえ・る ③【翻る】[自五] ❶飄揚,飄動,招展 ❷(突然)翻過來,翻個兒

ビルディング ①【building】[名]→ビル

ひるね ⓪【昼寝】[名]午睡,午覺

ひるま ③【昼間】[名]白天,白晝

ひる・む ②【怯む】[自五]畏怯,畏縮,畏懼

ひるめし ⓪【昼飯】[名]午飯,中午飯

ひるやすみ ③【昼休(み)】[名]午休

ひれい ⓪【比例】[名・サ]〈數〉比例,正比

ひれつ ⓪【卑劣】[名・形動]卑劣,卑鄙

ひろ・い ②【広い】[形]廣闊,遼闊,寬廣,開闊¶心が～/心胸開闊¶～視野(しゃ)/開闊的視野

ひろいよみ ⓪【拾い読み】[名・他サ] ❶挑著看,選摆重點讀 ❷一個字一個字地湊

ヒロイン ②【heroine】[名] ❶女傑 ❷(小説中的)女主角,女主人翁

ひろ・う ⓪【拾う】[他五] ❶揀,拾¶大金を～/拾到巨款 ❷命を～/揀條命 ❸挑,選¶活字を～/揀鉛字 ❹在路上攔(出租汽車)¶タクシーを～/雇出租汽車

ひろう ①【披露】[名・他サ]披露,發表,展示,顯示¶うでまえを～する/顯示本領〔宴(えん)〕②[名]結婚喜宴

ひろう ⓪【疲労】[名・サ]疲勞,疲憊◇疲労困憊(こんぱい)/疲憊不堪

ビロード ⓪【(ポ)veludo】[名]天鵝絨

ひろが・る ⓪【広がる】[自五] ❶展開,擴展,鋪開 ❷擴散,散開

ひろ・げる ⓪【広げる】[他下一] ❶展開,打開¶かさを～/打開傘 ❷擴展,展開¶両手を～/張開雙手

ひろば ①②【広場】[名]廣場

ひろびろ ③【広広】[副・自サ]寬廣,遼闊
ひろま ①②【広間】[名]大廳
ひろま・る ③【広まる】[自五]傳播,流傳¶名声が～/名聲大噪
ひろ・める ③【広める】[他下一]推廣,普及¶宗教を～/傳教
びん ⓪【品】[名]品格,品質¶～がいい/文雅
びん ①【便】[名]❶方便,機會¶～のあり次第/一旦有機會¶～があったら届けて下さい/得便請送過來 ❷郵寄(的班次)¶次の～で送る/下一班寄去 ❸信,信息(＝たがみ,おとずれ)
びん ①【瓶・壜】[名]瓶子
ピン ①【pin】[名]❶別針,大頭針,髮夾 ❷(保齡球的)瓶子
ひんい ①【品位】[名]品格,風度,體面
ピンからキリまで〈俗〉以最好的到最壞的
びんかん ⓪【敏感】[名・形動]敏感¶～に反応する/反應敏感
ピンク ①【pink】[名]桃色,粉紅色
ひんけつ ⓪【貧血】[名]貧血
ひんこん ⓪【貧困】[名・形動]❶貧困 ❷(知識等)貧乏
ひんしつ ⓪【品質】[名]質量¶～がおとる/質量低劣
ひんじゃく ⓪【貧弱】[名・形動]❶(知識等)貧乏¶～な知識/貧乏的知識 ❷軟弱無力,單薄
ひんしゅ ⓪【品種】[名]品種
ひんしゅく ⓪【顰蹙】[名・自サ]皺眉,蹙慶¶世人の～を買う/惹人討厭
びんしょう ⓪【敏捷】[名・形動]敏捷
びんじょう ⓪【便乗】[名・形動]❶順便搭乘(別人的車等) ❷趁勢利用
ピンセット ③【(オ)pincet】[名]鑷子
びんせん ⓪【便箋】[名]信紙
ひんそう ①【貧相】[名・形動]寒酸(相)
ピンチ ①【pinch】[名]危機,關鍵時刻
ヒント ①【hint】[名]暗示,提示¶～をえる/受到啟發
ひんど ①【頻度】[名]頻率¶～が高い/頻率高
びんと ⓪【副】❶繃直 ❷(馬上)明白
ピント ⓪①【(オ)brandpunt】[名]❶(照相機鏡頭的)焦距¶～を合わせる/調焦距 ❷中心,要點
ピンはね ⓪【名・自サ】揩油,抽頭
ひんぱん ⓪【頻繁】[形動]頻繁¶～におきる/頻繁發生
ぴんぴん ①【副・自サ】硬朗
ひんぷ ①【貧富】[名]貧富¶～の差/貧富之差
びんぼう ①【貧乏】[名・形動・自サ]貧窮◇貧乏ひまなし/窮人沒閒暇
びんぼうくじ ⑤③【貧乏くじ】[名]倒霉差事
びんぼうゆすり ⑤【貧乏揺すり】[名](坐着時膝蓋等)不停晃動,搖晃
ピンぼけ ⓪【名】❶(焦距不對)相片模糊 ❷抓不住要點,不得要領
ピンポン ①【ping-pong】[名]乒乓球
ひんもく ⓪【品目】[名]品種目錄
ひんやり ③【副】涼冰冰的
びんらん ⓪【便覧】[名]便覽
びんわん ⓪【敏腕】[名・形動]有能力,有才幹,能幹

ふ　フ

- ふ 五十音圖「は」行第三音。羅馬字寫作「fu」,發音爲國際音標[φu]。平假名「ふ」來自「不」字的草體,片假名「フ」是「不」字的簡筆。濁音「ぶ」,羅馬字寫作「bu」,發音爲國際音標[bu]。半濁音「ぷ」,羅馬字寫作「pu」,發音爲國際音標[pu]。
- ふ ①【府】[名] ❶府(日本行政區劃之一)【大阪(おおさか)—】【京都(きょうと)—】③[名]京都府 ❷府,機關¶學問の～/學府
- ふ ①【負】[名] ❶〈數〉負數 ❷〈物〉負極
- ふ ①【腑】[名]臟腑,內臟◇腑に落(お)ちない/不能理解
- ふ ⓪【麩】[名] ❶麩子 ❷一種麩質食品,麩輻餅
- ふ ⓪【譜】[名]樂譜
- ぶ ⓪①【部】[名] ❶部,部份 ❷(事物的)種類 ❸(政府、機構的局以下課以上的)部 ❹(團體俱樂部的組織劃分)小組,隊¶野球～/棒球隊 ❺(書籍、報刊的量詞)部、册、份
- ファースト ①⓪【first】[名] ❶第一,最初【レディー】④[名]女士優先 ❷(棒球)一壘(手)
- ファースト・フード ⑤【fast food】[名]快餐食品,速食
- ファイア ①【fire】[名]營火¶キャンプ～/野營營火,營火晚會
- ぶあいきょう ②【無愛嬌】[名・形動]不可愛,不招人喜愛
- ぶあいそう ②【無愛想】[名・形動]冷淡,愛搭不理¶～な返事/冷淡的答覆
- ファイト ①【fight】[名・感] ❶鬥志 ❷拳擊比賽 ❸(吶喊鼓勵人家)加油
- ファイル ①【file】[名] ❶文件夾 ❷合訂本 ❸整理,分類,存檔
- ファクシミリ ③【facsimile】[名]傳真(裝置)
- ファシスト ②【fascist】[名]法西斯分子
- ファシズム ②【fascism】[名]法西斯主義
- ファスナー ①【fastener】[名]拉鎖,拉鏈
- ぶあつ・い ⓪【分厚い・部厚い】[形]很厚
- ファックス ①【fax】[名]傳真,電話傳真
- ファッション ①【fashion】[名]時裝【-ショー】⑤[名]時裝表演
- ファミリー ①【family】[名] ❶家屬,家庭 ❷家族,同族,同黨
- ファン ①【fan】[名](運動、電影、歌曲的)狂熱愛好者,迷
- ふあん ⓪【不安】[名・形動]不安,擔心¶～をいだく/感到不安
- ファンタジック ④【fantasic】[形動]幻想的◆也寫做「ファンタスティック」
- ふあんてい ②【不安定】[形動]不安定,不安穩
- ファンデーション ③【foundation】[名]粉底霜(液)
- ふい ⓪【不意】[名・形動]意外,突然¶相手の～を突く/攻其不備
- ふい ①[名]一場空
- ブイアイピー ⑤【VIP】[名]最重

要的人物,要人

フィアンセ ②【(仏)fiancé】[名]未婚夫(妻)

フィート ①【feet】[名]英尺

フィールド ⑩【field】[名]❶田賽 ❷(研究)領域,範圍

フィールド・アスレチック ⑧【field athletics】原野遊樂(場)

ふいうち ⓪【不意打ち・不意討ち】出其不意的打擊,突然襲擊

フィギュア ①【figure】[名]花式滑冰

フィクション ①【fiction】[名]❶虛構 ❷虛構的小說

ブイティーアール ⑤【VTR】[名]錄影,錄影機

フィルター ①【filter】[名]❶過濾器 ❷(相機的)濾色鏡 ❸(香煙的)過濾嘴

フィルム ①【film】[名]❶膠卷 ❷影片

ふう ①【風】[名]❶風俗,習慣 ❷樣子,狀態

ふう ①【封】[名]封上(信等)¶～をする/封口¶～を切る/開封,啟封

ふうう ①【風雨】[名]❶風和雨 ❷暴風雨

ふうか ⓪【風化】[名・自サ]❶地質風化 ❷(記憶,印象)淡薄

ふうかく ⓪【風格】[名]風格,風度,品格

ふうがわり ③【風変わり】[名・形動]與衆不同,奇特,古怪

ふうきり ④⓪【封切(り)】[名]❶開封,剛啟封的東西 ❷(電影)首次放映,首映

ふうけい ①【風景】[名]風景,景色【-画(が)⓪】[名]風景畫【田園(でんえん)- ⑤】[名]田園景色

ふうさ ⓪①【封鎖】[名・他サ]❶封鎖 ❷〈經〉封鎖,凍結

ふうさい ⓪【風采】[名]相貌,衣着打扮

ふうし ⓪【風刺・諷刺】[名・他サ]諷刺

ふうしゃ ①【風車】[名]風車

ふうしゅう ⓪【風習】[名]風習,風俗習慣

ふう・じる ⓪【封じる】[他上一]❶封閉,封上¶倉庫を～/封閉倉庫 ❷封鎖¶逃げ道を～/封鎖退路 ❸阻止住¶口を～/封住(對方的)口

ふうせん ⓪【風船】[名]氣球

ふうぜん ⓪【風前】[名]風前¶～のともしび/風燭殘年

ふうそく ⓪【風速】[名]風速

ふうぞく ①【風俗】[名]❶風俗【-画(が)⓪】[名]風俗畫 ❷習慣(しゅうかん)⑤】[名]風俗習慣 ❸風紀【-営業(えいぎょう)⑤】[名]指酒吧,舞廳,撞球房等供客人遊戲賭博的行業

ふうちょう ⓪【風潮】[名]潮流,傾向¶最近の～/最近的潮流

ブーツ ①【boots】[名]靴子

ふうど ①【風土】[名]風土,水土¶～にあわない/不服水土【-病(びょう)⓪】[名]地方病

ふうとう ⓪【封筒】[名]信封

ふうふ ①【夫婦】[名]夫妻¶～になる/成爲夫妻

ふうぶつ ①【風物】[名]❶風景,景色 ❷應時,應季的東西¶西瓜(すいか)は夏の～だ/西瓜是夏季的時鮮瓜果【-詩(し)④】[名]季節的象徵

ふうみ ③①【風味】[名]風味,味道

ブーム ①【boom】[名]高潮,熱潮

ふうりゅう ①【風流】[名・形動]❶高雅,幽雅 ❷風雅(指遠離世俗,迷於詩書,茶道等)【-人(じん)③】[名]風雅之士

ふうりん ⓪【風鈴】[名](夏季吊在屋簷下的)風鈴

プール ①【pool】[名]游泳池
ふうん ①【不運】[名・形動]不幸
ふえ ⓪【笛】[名]❶笛子¶～をふく/吹笛子 ❷哨子
フェア ①【fair】[名・形動]❶正大光明(的) ❷商品展銷會 ❸(球類運動)界内球
フェアプレー ④【fair play】[名]光明正大的比賽¶～の精神/坦蕩蕩的精神
フェスティバル ①【festival】[造語]慶典慶祝活動
ふえて ②①【不得手】[名・形動]不擅長
フェミニズム ③【feminism】[名]男女平等主義,女權主義
フェリー ①【ferry boat】[名](「フェリーボート」的簡稱)渡船(可同時載汽車和乘客)
ふ・える ②【増える】[自下一]増加,増多¶人口が～/人口増加
── 【殖える】❶(財産)増多 ❷(生物)繁殖
フォーカス ①【focus】[名](照相)焦點
フォーク ①【fork】[名]叉子
フォークソング ④【folk song】[名]❶用吉它伴奏的欧美民歌 ❷具有欧美民歌風格的歌曲
フォークダンス ④【folk dance】[名]集體舞蹈,土風舞
フォーマル ①【formal】[形動]正式,合禮儀[-ウエア] ⑤[名]禮服[-ドレス] ⑤[名]晚禮服
ふおん ⓪【不穏】[名・形動]不穩,險惡
ぶか ①【部下】[名]部下
ふか・い ②【深い】[形]❶深¶底が～/底很深 ❷(感情,思考的程度)深,深重¶～く考える/深思¶～悲しみ/深切的悲哀 ❸(知識、經驗等)豐富,淵博¶造詣(ぞうけい)が～/造詣深 ❹(色)深¶～緑/深綠 ❺濃,茂密¶霧が～/霧濃¶草が～/草茂密 ❻(睡得)沉¶眠りが～/睡得沉
ふかい ②【不快】[名・形動]不愉快,不高興
ふがいな・い ④【腑甲斐無い】[形]不中用,没出息
ふかかい ②【不可解】[名・形動]難以理解,不可思議
ふかく ⓪【不覚】[名・形動]失策,過失¶～を取る/遭到意想不到的失敗
ぶがく ①【舞楽】[名]伴有舞蹈的雅樂
ふかけつ ②【不可欠】[名・形動]不可少,必需
ふかこうりょく ③【不可抗力】[名]不可抗力,人力不可抗拒
ふか・す ②【更かす】[他五]熬夜¶夜を～/熬夜
ふか・す ②【吹かす】[他五]❶吸煙¶タバコを～/吸煙 ❷(使發動機)高速運轉 ❸用「…風をふかす」的形式表示擺架子
ふか・す ②【蒸かす】[他五]蒸
ぶかっこう ②【不格好・無格好】[名・形動]樣式不好,不好看
ふかのう ②【不可能】[名・形動]不可能,做不到
ふかふか ②【副・形動】鬆軟,暄騰騰¶～した布団(ふとん)/鬆軟的被子
ぶかぶか ①【形動】(衣褲等)肥大不合身
ふかぶかと ③【深深と】[副]深深地
ふかま・る ③【深まる】[自五]漸深起來,加深¶秋が～/秋意漸濃
ふかみ ③【深み】[名]❶(河,海的)深處 ❷深度
ふか・める ③【深める】[他下一]加深,加強¶理解を～/加深理解
ふかんぜん ②【不完全】[名・形

動]不完備,不完全
- **ぶき** ①【武器】[名]武器
- **ふきかえ** ⓪【吹(き)替(え)】[名]❶(外國電影、電視等的)配音複製─映画(えいが) ❺]電影譯製片 ❷(戲劇、電影的)替身
- **ふきげん** ②【不機嫌】[名・形動]不愉快,不高興¶～な顔つき/不高興的臉色
- **ふきこ・む** ③⓪【吹(き)込む】[自五]吹進,刮進¶風が～/風吹進來
  ── [他五]❶教唆,灌輸 ❷錄音,灌製¶新曲を～/錄製新歌
- **ふきそく** ②③【不規則】[名・形動]不規律
- **ふきだ・す** ③⓪【噴(き)出す】[自五]❶(液體、氣體)湧出,冒出¶温泉が～/温泉湧出 ❷噗地笑出聲來,忍不住笑起來
- **ふきつ** ⓪【不吉】[形動]不吉利,不祥¶～な予感/不祥之感
- **ふきとば・す** ④⓪【吹(き)飛ばす】[他五]❶刮跑 ❷驅除,驅散¶寒さを～/驅寒
- **ふきまく・る** ④⓪【吹(き)捲る】[自五](風)猛刮
  ──[他五]説大話,吹牛皮¶ほらを～/吹牛皮
- **ふきまわし** ⓪【吹き回し】[名](用「どういう風の吹き回しか」「どうした風の吹き回しか」の形式表示)不知刮得哪陣風¶どうした風の～か、筆不精(ふでぶしょう)の彼が寄来見舞いをよこした/不知刮得哪陣風,不愛寫信的他,居然給我寄來暑期問候信
- **ぶきみ** ②①【不気味・無気味】[形動]令人不快的,令人感到恐怖
- **ふきゅう** ⓪【不朽】[名]不朽
- **ふきゅう** ⓪【普及】[名・他自サ]普及
- **ふきょう** ⓪【不況】[名]不景氣,蕭條
- **ぶきよう** ②【不器用・無器用】[名・形動]❶(手)笨 ❷笨,笨拙
- **ぶきりょう** ②【不器量・無器量】[名・形動](女人的)相貌醜
- **ふきん** ②【付近・附近】[名]附近,一帶(=あたり)
- **ふきん** ②【布巾】[名]擦碗布,抹布
- **ふきんこう** ②【不均衡】[名]不均衡¶貿易の～/貿易不均衡
- **ふく** ②【服】[名]衣服¶～を着る/穿衣服
- **ふく** ②【福】[名]福氣,幸福
- **ふ・く** ②①【吹く】[自五]刮(風)¶風が～/刮風
  ──[他五]❶吹¶火を～いておこす/吹火 ❷吹奏¶口ぶえを～/吹口哨 ❸(向外部)冒出,現出¶芽を～/冒芽兒 ◇あわを吹く/冒泡;大吃一驚 ❹吹牛,説大話 ◇ほらを吹く/吹牛 ❺鑄造
- **ふ・く** ⓪【拭く】[他五]擦,拭¶あせを～/擦汗
- **ふ・く** ⓪①【葺く】[他五]葺,修葺
- **ふ・く** ②①【噴く】[自他五]噴出¶火を～/噴火
- **ふぐ** ①【河豚】[名]河豚
- **ふくあん** ⓪【腹案】[名]腹稿¶～をねる/打腹稿
- **ふくいん** ⓪【復員】[名・自他サ]復員,退伍
- **ふぐう** ⓪【不遇】[名・形動]懷才不遇
- **ふくえん** ⓪【復縁】[名・自サ]破鏡重圓,恢復養父子關係
- **ふくぎょう** ⓪【副業】[名]副業
- **ふくげん** ⓪【復元・復原】[名・自他サ]復原,恢復原狀
- **ふくごうご** ⓪【複合語】[名]複合詞
- **ふくざつ** ⓪【複雑】[名・形動]複雜

ふくさよう ③【副作用】[名]副作用
ふくさんぶつ ③【副産物】[名] ❶副產品 ❷附帶的收穫
ふくし ⓪【副詞】[名]副詞
ふくし ②【福祉】[名]福利【社会(しゃかい)—⑤】[名]社會福利
ふくしゃ ⓪【複写】[名・他サ] ❶複印 ❷複寫【-紙(し)③】[名]複寫紙
ふくしゅう ⓪【復習】[名・他サ]複習
ふくしゅう ⓪【復讐】[名・自サ]復仇
ふくじゅう ⓪【服従】[名・自サ]服從
ふくしょう ⓪【副賞】[名](正獎外的)副獎
ふくしょく ⓪【服飾】[名]服飾
ふくしょく ⓪【副食】[名]副食
ふくじょし ③【副助詞】[名]副助詞
ふくしん ⓪【腹心】[名]腹心,心腹
ふくしん ⓪【副審】[名]副裁判員
ふくすう ③【複数】[名]複數
ふくせい ⓪【複製】[名・他サ]複製¶名画を～する/複製名畫
ふくせん ⓪【伏線】[名]伏筆¶～をしく/打下伏筆
ふくそう ⓪【服装】[名]服裝
ふくだい ⓪【副題】[名]副標題
ふくつう ⓪【不屈】[名・形動]不屈服,不屈
ふくつう ⓪【腹痛】[名]腹痛
ふくどくほん ③【副読本】[名]補充教材◆也寫做「ふくとくほん」
ふくびき ⓪【福引き】[名]抽簽,抽彩
ふくぶん ⓪【複文】[名]〈語〉複句
ふく・む ②【含む】[他五] ❶含着¶口に水を～/嘴裡含着水 ❷包含,含有 ❸含,帶(某種感情,思想)¶深い意味を～言葉/寓意深長的話
ふく・める ③【含める】[他下一] ❶包括 ❷叮囑,教誨
ふくよか ②【形動】富態,豊滿
ふくらはぎ ⓪③【脹(ら)脛】[名]腿肚子
ふくら・む ⓪【膨らむ】[自五]膨脹起,鼓起¶つぼみが～/花蕾鼓起
ふくり ②【福利】[名]福利【-厚生(こうせい)④】[名]衛生福利
ふくれっつら ⓪【膨れっ面】[名]繃臉,噘著嘴的臉
ふく・れる ⓪【膨れる】[自下一] ❶膨大,鼓起¶腹が～/肚子飽 ❷生氣,不高興
ふくろ ③【袋】[名] ❶袋,口袋 ❷袋狀物¶胃袋(いぶくろ)②】[名]胃 ❸(包在柑橘瓣等上的)薄膜◇袋のねずみ/甕中之鱉
ふくろう ②③【梟】[名]貓頭鷹
ふくろだたき ④【袋叩き】[名]多數人圍打(一人)¶～にする/大伙一齊打
ふけ ⓪[名]頭皮,頭屑
ぶけ ⓪①【武家】[名] ❶武士門第 ❷武士
ふけいかい ②【父兄会】[名]家長會
ふけいき ②【不景気】[名・形動] ❶蕭條,不景氣 ❷無精打彩(的臉)
ふけいざい ②【不経済】[名・形動]不經濟,浪費
ふけつ ⓪【不潔】[名・形動]不乾淨,不潔
ふ・ける ③【老ける】[自下一]老,上年紀¶～けて見える/顯得老
ふ・ける ②【更ける・深ける】[自下一] ❶(夜)深¶夜が～/夜深 ❷(秋)深
ふけ・る ②【耽る】[自五]埋頭於…,熱衷於…,沉迷於…¶読書に

~/埋頭於讀書
- **ふげんじっこう** ①⓪【不言実行】埋頭實幹,光做不説
- **ふけんぜん** ②【不健全】[名・形動]不健康,不健全
- **ふこう** ②【不幸】[名・形動] ❶不幸¶～中(ちゅう)のさいわい/不幸中之大幸 ❷(親屬的)死亡¶～がある/(家中)遇上不幸
- **ふこう** ②【不孝】[名・形動]不孝親(おや)- ④【名】不孝敬父母【-者(もの)】⑤【名】不孝之子,逆子
- **ふごう** ⓪【符号】[名]符號
- **ふごうかく** ②【不合格】[名](考試、檢驗)不合格,不及格
- **ふこうへい** ②【不公平】[名・形動]不公平
- **ふごうり** ②【不合理】[名・形動]不合理
- **ふさ** ②【房】[名] ❶纓,穗子 ❷一串,一掛
- **ブザー** ①【buzzer】[名]蜂鳴器
- **ふさい** ①【夫妻】[名]夫妻,夫婦
- **ふさい** ⓪【負債】[名]負債,欠債,債務¶巨額の～を負う/背上很多債
- **ふざい** ⓪【不在】[名] ❶不在,不在家 ❷不存在
- **ふさがる** ⓪【塞がる】[自五] ❶堵,堵塞¶車で道が～/車將路堵住了 ❷闔,閉¶目が～/眼閉上 ❸佔用,佔滿¶手が～/没功夫
- **ふさく** ⓪【不作】[名]欠收
- **ふさぐ** ⓪【塞ぐ】[他五] ❶閉,捂¶口を～/捂嘴 ❷堵,塞,擋¶道を～/堵塞道路 ❸佔用,佔有 ──[自五]不舒暢,鬱悶¶気が～/心裡鬱悶
- **ふざける** ③【自下一】 ❶開玩笑 ❷小孩(瘋吵),玩鬧 ❸愚弄人,捉弄人¶～けたまねをするな/少拿人開玩笑
- **ぶさた** ⓪【無沙汰】[名]久疏問候,久未通信¶長らくご～しています/久未通信了
- **ふさふさ** ②【副・自サ】毛茸茸
- **ぶさほう** ②【不作法・無作法】[名・形動]没規矩,没禮貌
- **ぶざま** ①⓪【無様・不様】[名・形動]難看,不像樣子,拙笨
- **ふさわしい** ④【相応しい】[形]適合,相稱¶年齢に～/與年齢相稱
- **ふし** ②【節】[名] ❶(竹、葦等的)節 ❷(人、動物的)關節 ❸(工作等)告一段落 ❹〈音〉旋律,小節 ❺地方,點
- **ふじ** ⓪【藤】[名]紫藤【-色(いろ)】⓪【名】淡紫色
- **ぶし** ①【武士】[名]武士
- **ぶじ** ①【無事】[名・形動]平安,平安無事¶～をいのる/祝(您)平安
- **ふしあわせ** ②③【不幸せ】[名・形動]不幸
- **ふしぎ** ⓪【不思議】[名・形動]奇怪,不可思議¶～に思う/感到不可思議
- **ふじさん** ①【富士山】[名]富士山
- **ふしぜん** ②【不自然】[形動]不自然
- **ぶしつけ** ⓪②【不躾】[名・形動]没禮貌,唐突,冒失
- **ふじのやまい** 【不治の病】[名]不治之症
- **ふじばかま** ③【藤袴】[名]蘭草
- **ふしまつ** ②【不始末】[名・形動] ❶不注意,不經心 ❷(行為)不檢點,没規矩
- **ぶしゅ** ①【部首】[名](漢字的)部首
- **ふじゆう** ①【不自由】[名・形動]不自由,不方便,不如意¶金に～する/缺錢
- **ふじゅうぶん** ②【不十分・不充

分】[名・形動]不充份,不完全

ぶじゅつ ①【武術】[名]武術

ふじゅん ⓪【不順】[名・形動]不順,不調,異常

ふしょう ⓪【負傷】[名・自サ]負傷

ぶしょう ②【不精・無精】[名・形動]懶,怠情¶筆(ふで)〜な人/懶於動筆的人【-ひげ ②】[名]懶得剃的邋遢鬍子

ぶじょく ⓪【侮辱】[名・他サ]侮辱

ふしん ⓪【不信】[名] ❶無信義,不誠實 ❷不相信¶〜をまねく/招致不信任

ふしん ⓪【不振】[名・形動]不振,不好,不興旺

ふしん ⓪【不審】[名・形動]奇怪,懷疑¶〜に思う/覺得奇怪

ふじん ⓪【夫人】[名]夫人

ふじん ⓪【婦人】[名]婦女【-警官(けいかん) ④】[名]女警官【-科(か) ⓪】[名]婦科

ふしんせつ ②【不親切】[名・形動]不熱情,冷淡

ぶす ①[名]〈俗〉醜女,相貌難看的女人

ふすう ②【負数】[名]負數

ふすま ⓪③【襖】[名](和式房間裡的)隔扇,拉門

ふせい ⓪【不正】[名・形動](金錢上的)不正當行爲 ¶〜をはたらく/做違法的事

ふぜい ⓪①【風情】[名] ❶風趣,情趣¶秋の〜/秋天的情趣 ❷狀態,樣子
——[接尾](接在體言下面表示輕視或自謙)像…樣的人¶私〜にこんなことまでしていただいて,それおいります/對我這樣的人竟照顧得如此週到,不勝感激

ふせ・ぐ ②【防ぐ】[他五] ❶防禦,防守¶敵を〜/防禦敵人 ❷防止,預防¶火災を〜/防火

ふ・せる ②【伏せる】[他下一] ❶趴,把身體伏在地面¶草むらに〜/趴在草叢中 ❷向下,伏下¶顏を〜/埋下頭¶目を〜/垂下眼簾 ❸翻(過來),扣(過來)

ぶそう ⓪【武装】[名・自サ]武裝

ふそうおう ②【不相應】[名・形動]不相稱

ふそく ⓪【不足】[名・形動・自サ]不足,缺少¶金が〜する/缺錢【認識不足(にんしきぶそく) ⑤】[名]認識不足【睡眠不足(すいみんぶそく) ⓪】[名]睡眠不足
——[名]不滿¶〜を言う/發洩不滿

ふぞく ⓪【付属・附属】[名・自サ]附屬

ふた ⓪【蓋】[名]蓋子◇蓋を開(あ)ける/開始;揭曉

ふだ ⓪【札】[名] ❶牌子,條子,簽【荷(に)- ①】[名]行李吊牌【立(た)て- ②④】[名]告示牌¶紙牌

ぶた ⓪【豚】[名]豬◇豚に真珠(しんじゅ)/明珠暗投

ぶたい ①【部隊】[名] ❶部隊 ❷隊伍

ぶたい ①【舞台】[名]舞臺【-装置(そうち) ④】[名]舞臺裝置

ふたえ ③②【二重】[名]雙層,雙重【-まぶた ④】[名]雙眼皮

ふたご ⓪【双子】[名]雙胞胎

ふたたび ⓪【再び】[副]又一次,再次

ふたつ ③【二つ】[名] ❶二,兩個 ❷兩歲

ふだつき ④⓪【札付き】[名]聲名狼藉,臭名昭彰

ふたつへんじ ②【二つ返事】[名]馬上答應,立即同意,欣然應允

ふたり ③【二人】[名] ❶二人,兩個人 ❷一對兒(人)

ふたん ⓪【負担】[名・他サ]承擔,負擔¶〜がおもい/負擔重
ふだん ①【不断】[名] ❶不間斷¶〜の努力/不斷的努力 ❷猶豫不決【優柔(ゆうじゅう)ー】⑤[名・形動]優柔寡斷
――【普段】[名・副]平素,日常【-着(ぎ)】②[名]日常穿的衣服
ふち ②【淵】[名] ❶淵,深水處 ❷痛苦的地境,深淵
ふち ②【縁】[名] ❶邊,緣,框¶めがねの〜/眼鏡框 ❷帽沿兒
ぶちころ・す ⓪【打ち殺す】[他五]〈俗〉❶打死 ❷(「殺す」的強調形)殺
ぶちこわ・す ⓪④【打ち壊す】[他五]〈俗〉❶弄壞,打壞 ❷破壞
ぶちま・ける ⓪④【他下一】❶傾倒一空 ¶バケツの水を〜/把水桶裡的水全部倒出來 ❷完全說出
ふちゅうい ②【不注意】[名・形動]不注意,不小心,疏忽
ふちょう ⓪【不調】[名・形動] ❶不正常¶エンジンが〜だ/引擎不正常 ❷失敗,不成功
ぶちょう ⓪①【部長】[名]部長
ふっ- ⓪【吹っ】[接頭]吹跑,刮跑
ぶ・つ ①【打つ】[他五] ❶打 ❷進行(演說)
-ぶつ ①【-物】[名]物品¶危險物(きけんぶつ)/危險物¶郵便物(ゆうびんぶつ)/郵件
ふつう ⓪【不通】[名]不通 ❶(交通)不通【音信】不通【音信(おんしん)-】⓪[名]音信不通,毫無音信

ふつう ⓪【普通】[名・形動]普通,平常¶ごく〜の人/很普通的人【-預金(よきん)】④[名]活期存款【-列車(れっしゃ)】④[名]慢車【-名詞(めいし)】④[名]普通名詞
――[副]通常,一般

ふつか ⓪【二日】[名] ❶二日,二號 ❷兩天
ぶっか ⓪【物價】[名]物價
ぶっか・ける ④⓪【ぶっ掛ける】[他下一]〈俗〉(猛)潑¶〜/澆(水)
ふっかつ ⓪【復活】[名・自他サ] ❶復活 ❷恢復,復興
ふつかよい ⓪【二日酔い】[名]宿醉,醉到第二天
ぶつか・る ⓪【自五】❶撞,碰¶トラックとタクシーが〜/卡車和計程車相撞 ❷遇到¶困難に〜/遇到困難 ❸發生¶衝突 ❹適逢,趕在一起¶会合が二つ〜/兩個會趕到一塊兒了
ふっかん ⓪【復刊】[名・他サ]復刊
ぶっきょう ③①【仏教】[名]佛教
ぶっきらぼう ③④[名・形動]〈俗〉(說話、態度)生硬,粗魯
ブック ①【book】[名] ❶書,書籍 ❷本子
ブック・カバー ④【book cover】[名]書皮
ふっくら ③[副・自サ]軟呼呼地
ぶつ・ける ⓪[他下一] ❶扔,投 ❷碰,撞¶車を〜/撞車 ❸發洩
ふっこう ⓪【復興】[名・自他サ]復興,重建
ふつごう ②【不都合】[名・形動]不合適,不方便¶そんなことされては〜だ/你那樣做,對我很不利【-千万(せんばん)】[名・形動]不可饒恕,實在不像話
ぶっころ・す ⓪④【ぶっ殺す】[他五]→ぶちころす
ぶっさん ⓪【物產】[名]物產,土特產【-展(てん)】③[名]土特產展銷會
ぶっし ①【物資】[名]物資
ぶっしつ ⓪【物質】[名]物質
プッシュホン ④【push-button phone】[名]按鍵式電話機

ぶっしょく ◎【物色】[名・他サ]物色,尋找

ぶつぜん ◎【仏前】[名] ❶佛前 ❷供在佛前的東西

ぶっそう ③【物騒】[名・形動]騒然不安,不安定

ぶつぞう ③◎【仏像】[名]佛像

ぶったい ◎【物体】[名]物體

ぶったお・す ◎④【ぶっ倒す】[他五]〈俗〉〈猛地〉打倒

ぶつだん ◎【仏壇】[名]佛龕,佛壇

ぷっつり ③[副] ❶線断了 ❷突然,驟然

ふっとう ◎【沸騰】[名・自サ] ❶(水)滾沸 ❷(聲望、爭論)達到頂點,白熱化,沸騰¶人気(にんき)が～する/紅極一時

フットボール ④【football】[名]足球

ぶつぶつ ①[名] ❶小聲嘟噥 ❷牢騒,不満¶～言う/發牢騒 ——[名]很多疙瘩

ぶつり ①【物理】[名]物理[–学(がく) ③][名]物理學

ふつりあい ②【不釣り合い】[名・形動]不相稱,不相配¶～なカップル/不相配的一對兒

ふで ◎【筆】[名] ❶毛筆¶～をとる/執筆 ❷寫文章(的能力)◇筆が立(た)つ/文章寫得好◇筆を入(い)れる/修改文章◇筆を折(お)る/折筆,停止寫文章◇筆を絶(た)つ/停筆,停止寫文章

ふていしょう ②【不定称】[名]不定稱

ブティック ②【(仏)boutique】[名](專賣婦女服裝和裝飾品的)商店,時裝店

ふでいれ ④③【筆入(れ)】[名]文具盒

ふてぎわ ②【不手際】[名・形動]笨拙,有漏洞,不漂亮

ふてくさ・れる ⑤【ふて腐れる】[自

下一]鬧彆扭,嘔氣

ふでたて ④③【筆立(て)】[名] ❶筆架 ❷筆筒

ふてってい ②【不徹底】[名・形動]不徹底,半途而廢

ふでばこ ◎【筆箱】[名]文具盒

ふでぶしょう ③【筆不精・筆無精】[名・形動]懶於提筆(的人)

ふてぶてし・い ⑤【太太しい】[形]目中無人,厚臉皮,毫不客氣

ふでまめ ◎【筆まめ】[名・形動]好動筆,勤於寫文章

ふと ◎[副] ❶猛然,忽然¶～思いだす/猛然想起 ❷偶然

ふと・い ②【太い】[形] ❶粗¶～糸/粗線 ❷(膽)大◇胆(きも)が～/膽大 ❸(聲音)低沉,粗 ❹臉皮厚◇太いやつ/臉皮厚的傢伙 ❺神経(しんけい)が太い/不過於敏感,神經不脆弱◇腹(はら)が太い/有度量

ふとう ◎【不当】[名・形動]不正當

ふとう ◎【埠頭】[名]碼頭

ふどう ◎【不動】[名] ❶不動[–産(さん) ②][名]不動産 ❷不可動搖¶～の信念/堅定不移的信念 ❸「不動明王」的簡稱[–明王(みょうおう) ⑥][名](佛)不動明王

ぶどう ◎【葡萄】[名]葡萄[–酒(しゅ) ②][名]葡萄酒[–糖(とう) ◎][名]葡萄糖

ふとういつ ◎【不統一】[名・形動]不統一

ふどうさん ②【不動産】[名]不動産,房地産

ふところ ◎【懐】[名] ❶懐,胸 ❷(腰包裡的)錢 ◇懐がさびしい(寒い)/手頭緊,腰包裡沒幾個錢 ◇懐が暖かい/手裡有錢 ❸心事,想法 ❹四周被圍的地方¶山の～/山坳◇懐を肥(こ)やす/肥私囊

ふとじ ◎【太字】[名]粗體字,黑體

字
- **ふとした** ②[連体]一點,稍微
- **ふとっぱら** ⓪⑤[太っ腹][名・形動]度量大
- **ふと・る** ②[太る][自五]❶胖,肥胖 ❷增多
- **ふとん** ⓪[布団・蒲団][名]被褥的總稱¶～をたたむ/疊被褥
- **ふな** ①[鮒][名]鯽魚
- **ふなのり** ②[船乗り][名]船員,海員
- **ふなばた** ⓪[舷][名]船舷
- **ふなびん** ②[船便][名]海運,船運
- **ふなよい** ②[船酔(い)][名]暈船
- **ふなれ** ①[不慣れ][名・形動]不習慣,不熟練
- **ぶなん** ①[無難][名・形動]無可非議
- **ふにおちない**【腑に落ちない】不能理解,不能領會
- **ふにん** ⓪[赴任][名・自サ]赴任
- **ふね** ①[船・舟][名]❶船,舟 ❷(裝液體的)容器¶湯船(ゆぶね)①[名]浴盆,浴桶◇舟を漕(こ)ぐ/打瞌兒
- **ふねん** ⓪[不燃][名]不燃¶～ぶつ/不燃物
- **ふのう** ⓪[不能][名]不能
- **ふはい** ⓪[腐敗][名・自サ]❶(食物等)腐爛 ❷腐敗,腐朽¶政治の～/政治腐敗
- **ふび** ⓪[不備][名・形動]不完備,不齊全
- **ふひょう** ⓪[不評][名]評價不高,聲譽不好
- **ふひょう** ⓪[浮標][名]浮標,航標
- **ふびょうどう** ②[不平等][名・形動]不平等
- **ふびん** ①[不憫][名・形動]可憐
- **ぶひん** ⓪[部品][名]零件
- **ふぶき** ①[吹雪][名]暴風雪
- **ふふく** ⓪[不服][名]不服氣,不心服

- **ぶぶん** ①[部分][名]部份,一部份¶一食(しょく)②[名](日、月)偏蝕
- **ふへい** ⓪[不平][名・形動]不満,牢騒
- **ふへん** ⓪[普遍][名]普遍¶一性(せい)⓪[名]普遍性¶-的(てき)⓪[形動]普遍的
- **ふべん** ①[不便][名・形動]不方便
- **ふへんふとう** ⓪[不偏不党][名]不偏不倚,中立
- **ふぼ** ①[父母][名]父母
- **ふほう** ⓪[訃報][名]訃告
- **ふほんい** ②[不本意][名・形動]非本意,不得已
- **ふま・える** ③[踏まえる][他下一]❶踏,踩¶大地を～えて立つ/腳踏大地 ❷依據,根據
- **ふまん** ⓪[不満][名・形動]不満
- **ふみきり** ⓪[踏み切り][名]❶平交道 ❷〈體〉起跳(點) ❸下決心
- **ふみき・る** ③[踏(み)切る][他五]❶起跳 ❷下決心,下決斷
- **ふみこ・む** ③[踏(み)込む][自五]❶踩進,踏進 ❷闖入
- **ふみたお・す** ④[踏み倒す][他五]踏倒,踢倒
- **ふみだ・す** ③[踏(み)出す][他五]❶邁出 ❷(事業、計劃等)開始實施¶再建の第一步を～/邁出重新建設的第一步 ❸(腳)出界
- **ふみづき** ②[文月][名]陰曆七月
- **ふみにじ・る** ④[踏みにじる][他五]❶踏毀,踐踏 ❷踩躙,踐踏
- **ふみんしょう** ⓪[不眠症][名]失眠症
- **ふ・む** ⓪[踏む][他五]❶踩,踏¶ペダルを～/踩(自行車的)腳踏¶舞台を～/踏上舞臺(演出) ❷經歷過,經驗過¶場數(ばかず)を～/有很多實際經驗 ❸履行

❹估價 ❺押韻
ふむき ⓪【不向き】[名・形動]不適合,不對路,不相稱
ふめい ⓪【不明】[名・形動]❶不明,不清楚【ゆくえ- ⓪④】[名]去向不明 ❷缺乏判斷力,無能
ふめつ ⓪【不滅】[名]不滅,不朽
ふもう ⓪【不毛】[名]❶不毛 ❷無成果
ふもと ③【麓】[名]山麓,山腳下
ぶもん ①【部門】[名]部門
ふや・ける ⓪【自下一】❶泡漲 ❷散漫,懶散
ふや・す ②【増やす】[他五]増加¶人を〜/増加人
──【殖やす】繁殖,増多
ふゆ ②【冬】[名]冬天,冬季
ふゆかい ②【不愉快】[名・形動]不愉快,不高興
ふゆごもり ③【冬籠り】[名]❶(在家)過冬 ❷(動物)冬眠
ふゆば ⓪【冬場】[名]冬季
ふゆやすみ ③【冬休み】[名]寒假
ふよう ⓪【不用】[名・形動]不用,没用
──【不要】不需要,不要
ふよう ⓪【扶養】[名・他サ]扶養【〜家族(かぞく)】④[名](需)扶養的家庭成員
ぶよう ⓪【舞踊】[名]舞蹈
ふようじん ②【不用心】[名・形動]警惕不够,不安全,粗心大意
ぶよぶよ ①[副・形動・自サ]柔軟,軟趴趴
フライ ⓪②【fry】[名]油炸食品
プライド ②【pride】[名]自尊心¶〜が高い/自尊心強
フライド・チキン ⑤【fried chicken】[名]炸雞
プライバシー ②【privacy】[名]個人秘密,私生活,隱私
フライパン ⓪【frying pan】[名]炒菜鍋

プライベート ②【private】[形動]個人,私人
ブラインド ⓪【blind】[名]百葉窗
ブラウス ②【blouse】[名]女襯衫
ブラウンかん ⓪【ブラウン管】[名]顯像管
プラカード ③【placard】[名](遊行時舉的)標語牌¶〜をかかげる/高舉標語牌
ぶらく ①【部落】[名]部落,村落
プラグ ①【plug】[名](電源)插頭
プラザ ①【(ス)plaza】[名]❶廣場 ❷市場
ぶらさが・る ⓪【ぶら下がる】[自五]❶吊着,懸着 ❷抓住,吊在…上 ❸就在眼前
ぶらさ・げる ⓪【ぶら下げる】[他下一]❶掛着,佩帶 ❷提,拎
ブラシ ①【brush】[名]刷子【歯(は)-】②[名]牙刷
ブラジャー ②【(仏)brassière】[名]乳罩,胸罩
プラス ①【plus】[名・他サ]❶〈數〉加,加號 ❷正數,正號 ❸陽極,陽性 ❹有益,有利¶〜になる/有益
プラスチック ④【plastics】[名]塑料,塑膠
プラチナ ⓪【(オ)platina】[名]白金
ふらつ・く ⓪[自五]❶腳步不穩,搖晃,蹣跚 ❷心情不定,猶豫 ❸信步而行,閒逛,蹓躂
ブラック ②【black】[名]❶黑色 ❷(不放牛奶、糖的)咖啡
ぶらつ・く ⓪[自五]信步而行,閒逛,蹓躂
ブラックユーモア【black humor】黑色幽默(令人畏懼的、毛骨悚然的幽默)
ブラックリスト ⑤【blacklist】[名]黑名單
フラッシュ ②【flash】[名](照像機

的)閃光燈

ブラッシング ②【brushing】[名・自他サ](用梳子)梳頭

プラットホーム ⑤【platform】[名]站臺,月臺

ふらふら ①[副]❶(頭)暈,(眼)花¶頭が～する/頭暈 ❷搖搖晃晃,東倒西歪 ❸(決心、態度等)左右搖擺,不堅定

ぶらぶら ①[副]❶(懸空的東西)晃蕩,搖晃 ❷溜達¶～と町を歩く/在街上溜達 ❸無職閒居¶～遊んでいる/遊手好閒

プラン ①②【plan】[名]計劃,方案¶～をたてる/訂計劃

フランク ②【frank】[名]直率,坦率

ブランク ②【blank】[名]空白,空欄

ぶらんこ ①[名]鞦韆

フランス ⓪【France】[名]法國

ブランデー ②⓪【brandy】[名]白蘭地酒

ブランド ②【brand】[名]❶商標 ❷名牌商品

プラント ②【plant】[名]成套設備

ふり ①【不利】[名・形動]不利

ふり ⓪①【振り】[名]❶揮動的様子¶知らない～をする/装作不知道的樣子¶見て見ぬ～をする/看見装作沒看見 ❸(舞蹈的)動作 ❹(酒館、旅館)對新客人的稱呼¶～の客/第一次來的客人 ◇人(ひと)の振り見(み)てわが振りなおせ/借鑒他人,矯正自己

ぶり ①【鰤】[名]鰤

-ぶり【振(り)】[接尾](接名詞、動詞連用形)❶狀態,樣子¶話し～/講話時的樣子¶男～/男子漢的氣概 ❷(表示時間)間隔¶十年～に再会する/相隔十年後,再次相見

フリー ②【free】[名・形動]自由,不受束縛

フリーサイズ ③【free size】[名](衣服的)自由尺碼

ふりかえ・る ③【振り返る】[自五]❶回頭看,回身看 ❷回顧

ふりか・える ④【振(り)替える】[他下一]❶調換,轉換¶休日を～/調換休息日 ❷轉賬

ふりかざ・す ④【振りかざす】[他五]❶揮起,揮舞 ❷大肆標榜,宣揚

ふりがな ⓪【振(り)仮名】[名]標明漢字讀音的假名

ブリキ ⓪【(オ)blik】[名]馬口鐵,白鐵皮

ふりこ ⓪【振(り)子】[名](鐘等的)擺

ふりこ・む ⓪【振(り)込む】[自五]轉入(銀行)戶頭

ふりしぼ・る ④【振り絞る】[他五]竭盡全力

ふりそで ④⓪【振り袖】[名]長袖和服

ブリッジ ②【bridge】[名]❶(車站的)天橋 ❷(船的)瞭望塔,艦橋 ❸橋牌

ふりむ・く ③【振(り)向く】[自五]回頭身,回轉身

ふりょう ⓪【不良】[名・形動]❶不好,次¶成績～/成績不好【-品(ひん)⓪[名]次品 ❷(品行)不端【-少年(しょうねん)④[名]小流氓

ぶりょく ①【武力】[名]武力

ふりん ⓪【不倫】[名・形動]違背人倫¶～の恋/違背人倫的戀愛關係

プリン ①【pudding】[名]布丁◆也寫做「プディング」

プリンター ②⓪【printer】[名]❶(電腦)印字機 ❷印刷機 ❸印相機

プリント ⓪【print】[名・他サ]

❶印刷(品) ❷印染,印花布 ❸拷貝

ふる ①【古】[名]老人,老手

ふ・る ①【振る】[他五] ❶揮,搖¶首を～/搖頭¶手を～/揮手投擲 ❸撒¶塩を～/撒鹽 ❹抛掉,抛棄¶女に～られた/被女人甩了 ❺分配,分派¶ルビを～/注漢字讀音

ふ・る ①【降る】[自五] ❶降(雨等)¶雨が～/下雨¶雪が～/下雪 ❷(災難等)降臨¶災難が～りかかる/災難從天而降

フル ①【full】[名]最大限度,充份¶～に働く/全力以赴地工作【ースピード】④[名]全速

ふるい ⓪【篩】[名]篩子◇篩にかける/篩選

ふる・い ②【古い】[形] ❶舊,老¶～友人/老朋友 ❷落後,保守¶あたまが～/思想保守

ふる・う ⓪【奮う・振るう】[自五] ❶振奮¶興旺,興隆¶商売が～わない/生意不興隆 ❸與衆不同,離奇¶かなり～っている/相當與衆不同
――[他五] ❶揮動◇筆をふるう/揮筆 ❷發揮,顯示◇腕をふるう/發揮本領 ❸鼓起,振奮起¶勇気を～/鼓足勇氣

ブルー ②【blue】[名]青,藍色,天藍色

フルーツ ②【fruits】[名]水果【ーナイフ】⑤[名]水果刀【ーパーラー】⑤[名]水果店兼咖啡館【ーポンチ】⑤[名]水果片浸入果汁的冷食

フルート ②【flute】[名]長笛,横笛

ふるえあが・る ⑤【震え上がる】[自五]膽戰心驚,發抖

ふる・える ⓪【震える】[自下一]發抖,顫抖

ふるぎ ⓪【古着】[名]舊衣服【-屋(や)】⓪[名]舊衣店

フルコース ③【full course】[名]全套餐

ふるさと ②①【故郷】[名]故郷

ブルジョア ⓪【(仏)bourgeois】[名] ❶資本家 ❷資産階級

フルタイム ③【full time】[名]全日班,專任

ふるって ⓪【奮って】[副]積極地

ブルドーザー ③【bulldozer】[名]推土機;壓路機;掘土機

ふる・びる ③【古びる】[自上一]變得陳舊

ぶるぶる ①[副]哆嗦,發抖¶寒さで～ふるえる/凍得打哆嗦

ふるぼ・ける ④【古ぼける】[自下一]破舊

ふるほん ⓪【古本】[名]舊書,古書

ふるま・う ③【振る舞う】[自五]動作,舉止¶自然に～/舉止自然
――[他五]款待¶酒を～/用酒款待

ふるめかし・い ⑤【古めかしい】[形]古老,陳舊

ふるわ・せる ⓪【震わせる】[他下一]使哆嗦,使發抖

ふれあ・う ③【触れ合う】[自五]互相挨著,互相接觸

フレアスカート ⑤【flare skirt】[名]荷葉裙,喇叭口裙

ぶれい ①【無礼】[名・形動]無禮,不恭敬

プレー ②【play】[名] ❶比賽,演技¶ファイン～/④[名]絶技,妙技 ❷比賽開始,開球【ーボール】④[名]開球 ❸玩耍,遊戲【ーボーイ】④[名]花花公子

ブレーキ ②【brake】[名]閘,制動器¶～をかける/煞閘,煞車

プレーヤー ②【player】[名] ❶唱機 ❷演奏員 ❸運動員,選手

ブレーン ②【brain】[名]顧問,智囊

ブレスレット ②④【bracelet】[名]手鐲

プレゼント ②【present】[名・他サ]禮品,贈品,禮物

フレックス・タイム ⑥【flextime】[名]彈性工作時間

プレッシャー・メーター ②①【pressure meter】[名]壓力表

フレッシュ ②【fresh】[名・形動]新鮮【ージュース】⑤【名】鮮果汁【ーマン】②【名】大學的新生,公司的新職員

ふ・れる ⓪【振れる】[自下一] ❶振動 ❷偏向

ふ・れる ⓪【触れる】[自下一] ❶觸摸,摸 ❷聽到,看到¶耳に～/聽到¶目に～/看到 ❸涉及,觸及 ❹遇到(機會) ❺違反,觸及¶法に～/觸及法律

ふろ ①②【風呂】[名]浴池,浴室¶～に入る/洗澡

プロ ①[名] ❶→「プロフェッショナル」 ❷→「プロダクション」

プロ ①[名]專業(的)

フロア・スタンド ⑤【floor stand】[名]落地燈

ブローチ ②【brooch】[名]胸針

ふろく ⓪【付録】[名] ❶附錄 ❷(雜誌的)副刊

プログラム ③【program】[名] ❶節目單 ❷計劃表,預定表 ❸(計算機)程序

プロジェクト ②【project】[名]計劃,項目,設計

ふろしき ⓪【風呂敷】[名]包袱巾

プロセス ②【process】[名] ❶過程 ❷程序

プロダクション ②【production】[名](也可略爲「プロ」) ❶電影製片廠 ❷(歌手、演員等所屬的)事務所

ブロック ②【block】[名] ❶〈建〉預製板 ❷地區,區域 ❸(排球)攔網

フロッピーディスク ⑥【floppy disk】[名]軟盤

プロデューサー ③【producer】[名](電影)製片人

プロパンガス ⑤[名]→ガス

プロフェッショナル ③【professional】[名](可略爲「プロ」)專業,職業

プロペラ ⓪【propeller】[名]螺旋槳,推進器

プロポーション ③【proportion】[名](身體的)比例¶～がいい/體態勻稱

プロポーズ ③【propose】[名・自サ]求婚

ブロマイド ③【bromide】[名]明星的照片(也可做「プロマイド」)

プロやきゅう ③【プロ野球】[名]職業棒球

プロレス ⓪[名](「プロフェッショナル・レスリング」的簡稱)職業摔跤

プロレタリア ④【(独)proletarier】[名]無產者,無產階級

フロン ③①[名]氟利昂

フロント ⓪【front】[名] ❶正面,前面 ❷(飯店入口處的)登記、收款台,服務台

フロント・ガラス ⑤【front glass】[名](汽車前面的)擋風玻璃

ふわ ①【不和】[名・形動]不和,不和睦,關係不好

ふわふわ ①[副] ❶輕輕飄動 ❷心神不定,靜不下心來¶気持ちが～している/心靜不下來 ❸鬆軟 ¶～した布団(ふとん)/鬆軟的被子

ふわらいどう ①-⓪【付和雷同】[名・自サ]隨聲附和,追隨別人

ぶん ①【文】[名] ❶句子¶～の成

分/句子成份 ❷(文武的)文 ❸散文 ❹文章
ぶん ①[分][名] ❶(分的)份兒 ❷部份¶足りない～を補う/補上不足的部份 ❸本分,身分¶～を守る/守本分 ❹(用「…分には」的形式表示)只要…¶制限速度を守っている～には、あぶないこともなかろう/只要不超速,就不會有危險 ❺程度,狀態¶この～なら、明日中にはできそうだ/按這個樣子,明天可以完成
ふんいき ③[雰囲気][名]氣氛
ふんか ⓪[噴火][名・自サ](火山)噴發¶～口(こう)③[名]火山口,噴火口¶～山(ざん)③[名]活火山
ぶんか ①[文化][名] ❶文化 ❷文明
ぶんか ①[文科][名]文科¶～系(けい)⓪[名]文科系
ふんがい ⓪[憤慨][名・他サ]憤慨,氣憤
ぶんかい ⓪[分解][名・自他サ] ❶拆開,拆散 ❷〈化〉分解
ぶんがく ①[文学][名] ❶文學 ❷文藝 ❸哲學、歷史、語言等的總稱
ぶんかさい ③[文化祭][名](學校的)文化節
ぶんかざい ③[文化財][名]文化財富,文物¶重要(じゅうよう)－⑦[名](國家指定)重點文物
ぶんかつ ⓪[分割][名・他サ]分割,瓜分,分期付款
ぶんぎょう ⓪[分業][名・他サ]分工,分擔
ふんぎり ⓪[踏み切り][名]下決心
ぶんけい ⓪[文型][名]句型
ぶんげい ⓪①[文芸][名]文學藝術
ぶんけん ⓪[文献][名]文獻¶参考(さんこう)－⑤[名]參考文獻,參考書目
ぶんこ ①⓪[文庫][名] ❶(普及版的)廉價袖珍本¶－本(ぼん)⓪[名]袖珍本 ❷叢書(裝文具類、文件、印章的)手提箱
ぶんご ⓪[文語][名] ❶書面語 ❷古語,文言¶－体(たい)⓪[名]文言體
ぶんこう ⓪[分校][名]分校
ぶんごう ⓪[文豪][名]文豪
ぶんし ①[分子][名] ❶物理、化學)分子 ❷〈數〉分子 ❸(集團中的)分子
ふんしつ ⓪[紛失][名・自他サ]丟失
ぶんしゅう ⓪[文集][名]文集
ぶんしょ ①[文書][名]公文,文件
ぶんしょう ①[文章][名]文章
ぶんじょう ⓪[分譲][名・他サ]分開出售
ふんすい ⓪[噴水][名] ❶噴水池 ❷(噴水池)噴出的水
ぶんすう ③[分数][名]〈數〉分數
ぶんせき ⓪[分析][名・他サ] ❶分析,研究 ❷〈化〉分析,化驗
ふんそう ⓪[紛争]紛爭¶～をひきおこす/引起糾紛
ぶんたい ⓪[文体][名] ❶文章的體裁 ❷(作家獨特的風格)文體
ふんだく・る ④[他五] ❶硬奪 ❷敲詐,勒索
ぶんたん ⓪[分担][名・他サ]分擔
ぶんだん ⓪[文壇][名]文學界
ぶんちん ⓪[文鎮][名]鎮尺
ぶんつう ⓪[文通][名・自サ]通信
ふんとう ⓪[奮闘][名・自サ]奮鬥
ふんどし ⓪[褌][名](男子的)兜襠布◇褌を締(し)めてかかる/下定決心幹一番
ぶんど・る ③[分捕る][他五]繳獲,擄獲,却掠

ぶんなぐ・る ④【ぶん殴る】[他五]〈俗〉痛打

ぶんな・げる ④【ぶん投げる】[他下一]〈俗〉猛地摔出,胡亂地投出

ぶんぱい ⓪【分配】[名・他サ]分配,分給

ふんぱつ ⓪【奮発】[名・自サ](一狠心)拿出許多錢(買)

ふんば・る ③【踏ん張る】[自五] ❶分開雙腳使勁站住 ❷堅持,掙扎,固執到底

ぶんぴつ ⓪【分泌】[名・自他サ](生理)分泌(也可做「ぶんぴ」) ¶～ぶつ/分泌物

ぶんぷ ⓪【分布】[名・他サ]分布

ぶんぶつ ①【文物】[名]文物

ぶんぶん ①【副】❶(氣味)撲鼻,沖鼻 ❷怒沖沖的樣子

ふんべつ ①【分別】[名]通達事理,有辨別力◇分別の上(うえ)の分別/三思而後行

ぶんぼ ①【分母】[名]〈數〉分母

ぶんぽう ⓪【文法】[名]文法,語法

ぶんぼうぐ ③【文房具】[名]文房四寶

ぶんみゃく ⓪【文脈】[名]文章的脈絡

ぶんめい ⓪【文明】[名]文明

ぶんや ①【分野】[名]領域,範圍

ぶんらく ①【文楽】[名]「人形淨瑠璃」的一種,合着「義太夫」歌謠演出的木偶戲

ぶんり ⓪【分離】[名・自他サ] ❶(物理、化學)分離 ❷分開,分離

ぶんりょう ③【分量】[名]數量,重量 ¶仕事の～/工作量

ぶんるい ⓪【分類】[名・他サ]分類,分門別類

ぶんれつ ⓪【分裂】[名・自サ]分裂

ふんわり ③[副]膨鬆,鬆軟 ¶～した髮型/膨鬆的髮型

へ　へ

へ 五十音圖「は」行第四音。羅馬字寫作「he」，發音爲國際音標[he]。平假名「へ」來自「部」字的偏旁「阝」的草體，片假名「ヘ」是「部」字的偏部「阝」的簡體。濁音「べ」，羅馬字寫作「be」，發音爲國際音標[be]。半濁音「ぺ」，羅馬字寫作「pe」，發音爲國際音標[pe]。

へ [格助](讀成"え") ❶表示行爲、動作的方向、對象¶飛行機は東～むけて飛びたった/飛機向東飛去了/友だち～手紙を書く/給朋友寫信 ❷[用「…ところへ」的形式]表示發生一件事情的過程中又發生了另一件事情¶寝ようとしたところ～電話がかかってきた/正要睡覺時來了電話¶妹とけんかをしているところ～友だちがやってきた/正和妹妹吵架時,朋友來了

へ ①【屁】[名]屁

ヘア ①【hair】[名]頭髮,毛髮【-オイル】③[名]頭油,髮油【-スタイル】④[名]髮型,髮式【-ネット】③[名]髮網【-バンド】③[名]髮箍【-ピース】③[名]頭套,假髮

ペア ①【pair】[名]一雙,一對,成對的東西

ヘアピン ③【hairpin】[名]髮夾,髮卡

ベアリング ⓪【bearing】[名]軸承

ペア・ルック ③【pair look】[名](夫妻,情侶等穿的色式一樣的)服裝,情侶裝

へい ⓪【塀】[名]圍牆

へいあん ⓪【平安】[名・形動]平安

へいい ⓪【平易】[名・形動]容易,淺顯

へいえき ⓪【兵役】[名]兵役

へいおん ⓪【平穩】[名・形動]平穩,平安¶～無事(ぶじ)/平安無事

へいおんせつ ③【閉音節】[名]閉音節

へいか ①【陛下】[名]陛下

へいかい ⓪【閉会】[名・自サ]閉幕

へいがい ⓪【弊害】[名]弊病

へいき ⓪【平気】[名・形動]若無其事,不介意,不在乎¶～をよそおう/裝作若無其事的樣子

へいき ①【兵器】[名]兵器,武器

へいきん ⓪【平均】[名・他サ]平均¶-寿命(じゅみょう)⑤[名]平均寿命【-台(だい)】③[名]平衡木【-点(てん)】③[名]平均分數

へいげん ⓪【平原】[名]平原

へいこう ⓪【平行】[名・自サ]平行【-線(せん)】③⓪[名]平行線【-棒(ぼう)】③[名]雙槓

へいこう ⓪【並行】[名・他サ] ❶並行 ❷同時進行,一起辦

へいこう ⓪【閉口】[名・自サ]無法對付,沒辦法¶暑さに～する/熱得沒辦法

へいごう ⓪【併合】[名・他サ]合併

べいこく ⓪【米国】[名]美國

へいさ ⓪【閉鎖】[名・他サ]封閉¶門を～する/封門

へいさてき ⓪【閉鎖的】[形動]封閉,孤僻¶～な性格/孤僻的性格

へいし ①【兵士】[名]士兵,戰士

へいじ ①【平時】[名]和平時期

へいじつ ⓪【平日】[名]平日,星期日,假日除外的日子

べいじゅ ①【米寿】[名]米寿,八十八歲

へいじょう ⓪【平常】[副]平常,平素

べいしょく ⓪【米食】[名]以吃米為主

へいしんていとう ⓪【平身低頭】[名・自サ]低頭(認錯)

へいせい ⓪【平静】[名・形動]平靜,鎮靜¶～をうしなう/失去平靜

へいぜい ⓪【平生】[名]平時,平常

へいたい ⓪【兵隊】[名]士兵

へいたん ⓪【平淡】[名・形動]平淡

へいたん ⓪【平坦】[名・形動]平坦

へいち ⓪【平地】[名]平地

へいてん ⓪【閉店】[名・自サ]❶商店關門,休息 ❷商店停止營業

へいどん ⓪【併吞】[名・他サ]吞併

へいねつ ⓪【平熱】[名]正常體溫

へいねん ⓪【平年】[名]❶非閏年 ❷例年,常年

へいはつ ⓪【併発】[名・自他サ]併發

へいはんいんさつ ⓪【平版印刷】[名]平版印刷

へいほう 1⓪【平方】[名・他サ]〈數〉平方
——[名]❶平方(與長度單位合用)¶～メートル/平方米 ❷正方形¶三メートル～/邊長為三米的正方形

へいほう 1【兵法】[名]兵法

へいぼん ⓪【平凡】[名・形動]平凡¶～な人生/平凡的人生

へいまく ⓪【閉幕】[名・自サ]閉幕

へいめん 3⓪【平面】[名]平面【-図(ず) 3】[名]平面圖

へいめんてき ⓪【平面的】[形動]膚淺¶～な見方(みかた)/膚淺的看法

へいや 1【平野】[名]平原

へいよう ⓪【併用】[名・他サ]並用,同時使用

へいれつ ⓪【並列】[名・自他サ]❶並排,並列 ❷並聯

へいわ ⓪【平和】[名・形動]和平

へえ 1[感](表示疑問・驚慌)哎,嗬

ベーコン 1【bacon】[名]臘肉,培根【-エッグ 5】[名]熏肉蛋,培根蛋

ページ ⓪【page】[名]❶頁 ❷(人生的)一頁

ベース 1【base】[名]❶基礎,基本【-アップ 4】[名]加薪水【-キャンプ 4】[名]營地 ❸壘球〉壘,壘墊

ベース 1【bass】[名]〈音〉低音部

ペース 1【pace】[名]速度,步調

ベースアップ 4【baseup】[名]提高工資標準

べからず ⓪【可からず】[連語]❶表示禁止¶花をとる～/禁止摘花 ❷表示不能¶この景觀、筆舌(ひつぜつ)につくす～/此景之美,非語言文字所能表達

べき[助動]理應,應當,應該¶悪いと思ったらあやまる～だ/覺得不對就應該道歉¶これは子どもが見る～テレビじゃない/這不是小孩該看的電視節目

へきえき ⓪【辟易】[名・自サ]感到為難,感到厭煩

へきが ⓪【壁画】[名]壁畫

ヘクタール 3【hectare】[名]公項

へこた・れる ⓪[自下一]精疲力盡,洩氣,氣餒

ぺこぺこ 1[形動]癟¶おなかが～だ/肚子餓得癟癟的
——[副・自サ]點頭哈腰¶社長に～する/對經理點頭哈腰

へこ・む ⓪【凹む】[自五]❶凹下,凹陷 ¶地面が～/地面凹陷 ❷認輸

ベスト 1【best】[名]❶最好,特優【-セラー 4】[名]暢銷書 ❷全力¶～をつくす/盡全力

へそ ⓪【臍】[名]肚臍◇へそで茶(ちゃ)を沸(わ)かす/笑得肚子痛

べそ

◇へそを曲(ま)げる/鬧彆扭,賭氣

べそ ①[名](小孩)要哭的面孔¶～をかく/要哭的面孔

へそくり ④⓪[名]私房錢

へた ②[下手][名・形動]拙劣¶～な英語をしゃべる/滿嘴蹩腳的英語◇下手の横好(よこず)き/雖不擅長,但很愛好

ベター ①[better][名]比較好,更好

へたくそ ④[下手くそ][名・形動]非常笨,拙劣

へだた・る ③[隔たる][自五] ❶間隔,有距離 ❷隔閡,疏遠¶気持ちが～/内心有隔閡

へた・つく ⓪[自五]發黏,黏住

へだて ③[隔て][名] ❶間隔物 ❷隔閡

へだ・てる ③[隔てる][他下一]隔,隔開

へたば・る ③[自五]累趴下,精疲力盡

べたべた ①[副・自サ] ❶黏糊糊地¶アイスクリームをこぼしたところが～/掉下冰淇淋的地方黏糊糊的 ❷貼滿¶壁にポスターが～(と)はってある/牆上到處貼滿廣告宣傳單 ❸纏住¶母親に～(と)甘える子/纏住媽媽撒嬌的孩子

ペダル ①[pedal][名](自行車等的)腳蹬子

へちま ⓪[糸瓜][名]絲瓜

ぺちゃくちゃ ①[副]喋喋不休¶まわりの学生たちが～(と)しゃべるので、先生の話がよく聞こえない/周圍的學生沒完沒了地說話,聽不見老師的聲音

ぺちゃんこ ⓪②[副]壓扁

べつ ⓪[別][名・形動] ❶另外,其它¶～の機会/另外的機會 ❷區別,不同¶男女の～/男女之別

べっきょ ⓪[別居][名・自サ]分居

べっし ①⓪[蔑視][名・他サ]輕視,輕看,小看

べっそう ③⓪[別荘][名]別墅

べったり ③[副・自サ] ❶沾(寫,塗)滿 ❷糾纏,纏住

ベッド ①[bed][名]床[-カバー ④][名]床罩[-ルーム ④][名]寢室【ダブル- ④】[名]雙人床

ペット ①[pet][名](飼養的)心愛的小動物,寵物

ベッドタウン ④[bed town][名]衛星城

ヘッドホン ③[headphone][名]頭戴式受話機,耳機

べつに ⓪[別に][副](與否定語相呼應,表示)沒有特別…,無特別的…¶～ほしいものはない/沒有特別想要的東西

へっぴりごし ④③[へっぴり腰][名]彎腰曲背¶～な態度/缺乏信心的樣子

べつべつ ⓪[別別][名・形動]分別,各自¶～にする/分門別類

べつめい ⓪[別名][名]別名

へつら・う ③[諂う][他五]阿諛,逢迎,奉承

ベテラン ⓪①[veteran][名]內行,專家

ぺてん ⓪[名]欺騙,訛詐[-師(し) ②][名]騙子

へど ①②[反吐][名]嘔吐,嘔吐物

へとへと ⓪[副]精疲力盡

へどろ ⓪[名]淤泥

べにふで ②[紅筆][名]口紅筆

ベニヤいた ④[ベニヤ板][名]膠合板

へばりつ・く ②④[へばり付く][自五]黏上,貼上,緊貼

へび ①[蛇][名]蛇◇蛇に足(あし)を添(そ)う/畫蛇添足

ベビー ①[baby][名]嬰兒[-カー ③][名]嬰兒車[-パウダー ④][名]嬰兒爽身粉[-服(ふく) ②][名]嬰兒服 ❷小型,微型[-だんす ④][名]小衣櫃

へま ①[名・形動] ❶遲鈍,愚蠢 ❷過失,失誤¶～をやる/出差錯

ヘモグロビン ④【(独)Hämoglobin】[名]血色素

へや ②【部屋】[名] ❶房間 ❷(相撲)師傅訓練弟子的場所

へら・す ⓪【減らす】[他五]減少 ◇腹(はら)を減らす/肚子餓

ぺらぺら ①【副】❶流利,流暢¶彼は英語が～だ/他英語很流利 ❷嘩啦嘩啦(翻紙時的聲音)¶～と、ノートを繰(く)る/嘩啦嘩啦地翻筆記本

ベランダ ⓪【veranda】[名]陽臺,曬臺

へり ②【縁】[名]邊沿,沿兒

へりくだ・る ⓪④【自五】謙卑,謙恭¶～った態度/謙遜的態度

へりくつ ②【屁理屈】[名]歪理¶～をこねる/強辯奪理

ヘリコプター ③【helicopter】[名]直昇飛機

ヘリポート ③【heliport】[名]直昇飛機場

へ・る ⓪【減る】[自五]減少,下降¶人口が～/人口下降 ◇減るほど褒(ほ)める/過分誇獎 ◇腹(はら)が減る/肚子餓

へ・る ①【経る】[自下一]經,經過¶京都を～て大阪へ行く/經京都去大阪

ベル ①【bell】[名]鈴,電鈴

ヘルツ ①【(独)Hertz】[名・接尾]〈物〉赫茲

ベルト ①【belt】[名] ❶皮帶【安全(あんぜん)～】[名]安全帶 ❷傳動帶【-コンベヤー ⑥】[名]傳送帶 ❸狹長地區【グリーン-⑤】[名]綠色林帶,城郊綠化地帶

ヘルパー ①【helper】[名]幫手,助手

ヘルメット ③【helmet】[名]安全帽

べろ ①【名】舌頭

ヘロイン ②【(独)Heroin】[名]海洛因

へん ⓪【辺】[名] ❶〈数〉邊 ❷一帶,附近 ¶きみはどの～に住んでいるの/你住在哪一帶

へん ①【変】[名] ❶變故,事變 ❷〈音〉降音
——[形動]異常,怪¶～な味/怪味

へん ⓪【偏】[名]偏旁【-旁(ぼう)⓪】[名]偏旁

べん ①【便】[名] ❶方便,便利 ❷大小便

ペン ①【pen】[名] ❶鋼筆【-ネーム ③】[名]筆名【-フレンド ④】[名]筆友 ❷文章¶～の力/文筆 ◇ペンを折(お)る/不再寫文章 ◇ペンを執(と)る/寫文章

へんあつ ⓪【変圧】[名]變壓【-器(き) ④③】[名]變壓器

へんか ①【変化】[名・自サ]變化¶～に応じる/適應變化

べんかい ⓪【弁解】[名・自他サ]辯解¶～の余地がない/無可爭辯

へんかく ⓪【変革】[名・自他サ]變革¶～をくわだてる/力圖變革

へんかん ⓪【返還】[名・他サ]歸還

へんかん ⓪【変換】[名・他サ]改變,變換¶方針を～する/變換方針

べんぎ ①【便宜】[名・形動]便利,方便¶～をはかる/謀求方便

ペンキ ⓪【(オ)pek】[名]油漆

へんきゃく ⓪【返却】[名・他サ]還,歸還,退還

べんきょう ⓪【勉強】[名・自他サ] ❶學習,用功【-家(か) ⓪】[名]用功的人 ❷收穫,收益¶～になる/有收益 ❸降價,賤賣

ペンギン ⓪①【penguin】[名]企鵝

へんくつ ①【偏屈】[名・形動]怪僻

へんけん ⓪【偏見】[名]偏見

べんご ①【弁護】[名・他サ]辯護

へんこう ⓪【変更】[名・他サ]變

べんごし ③【弁護士】[名]律師
へんさい ⓪【返済】[名・他サ]還,償還¶借金を～する/還錢
へんさん ⓪【編纂】[名・他サ]編纂,編寫

へんじ ③【返事・返辞】[名・自サ]❶答應,回答¶～にこまる/難以回答 ❷回信¶～をだす/回信

へんしつ ⓪【変質】[名・自サ]❶變質 ❷性格異常¶-者(しゃ)⓪[名]怪人
へんじゃ ①【編者】[名]編者
へんしゅう ⓪【編集・編輯】[名・他サ]編輯,編纂¶-者(しゃ)③[名]編者¶-長(ちょう)③[名]總編
へんしょ ⓪【返書】[名]回信,覆信
べんじょ ③【便所】[名]厠所¶公衆(こうしゅう)-⑤[名]公共厠所
へんじょう ⓪【返上】[名・他サ]還,歸還
べんしょう ⓪【弁償】[名・他サ]賠償
べんしょうほう ⓪【弁証法】[名]辯證法
へんしょく ⓪【変色】[名・自サ]變色
へんしょく ⓪【偏食】[名・自サ]偏食
へんせい ⓪【編成】[名・他サ]組織,編制¶予算を～する/編制預算
へんせい ⓪【編制】[名・他サ]編組,組建
へんせいき ③【変声期】[名]變聲期
へんせん ⓪【変遷】[名・自サ]變遷
へんそう ⓪【変装】[名・自サ]化裝,喬裝

へんそうきょく ③【変奏曲】[名]〈音〉變奏曲
へんそく ⓪【変則】[名]破格,不合常規
へんそく ⓪【変速】[名・自サ]變速
へんたい ⓪【変態】[名]變態
ペンダント ①【pendant】[名]垂飾,項鍊
ベンチ ①【bench】[名]長椅◇ベンチをあたためる/當板凳隊員
ペンチ ①【pinchers】[名]鉗子
へんちょう ⓪【偏重】[名・他サ]偏重
へんでんしょ ⑤⓪【変電所】[名]變電所
へんどう ⓪【変動】[名・自サ]變動
べんとう ③【弁当】[名]盒飯¶-箱(ばこ)③[名]飯盒
へんとうせん ⓪【扁桃腺】[名]扁桃腺,扁桃體
へんにゅう ⓪【編入】[名・他サ]編入,編進
へんぴ ①【辺鄙】[名・形動]偏僻
べんぴ ⓪【便秘】[名・自サ]便秘
へんぴん ⓪【返品】[名・他サ]退貨,退的貨
べんめい ⓪【弁明】[名・自他サ]辯白,辯明¶～をもとめる/請求辯解
べんり ①【便利】[名・形動]方便,便利
へんれい ⓪③【返礼】[名・自サ]還禮,回禮
へんれき ⓪【遍歴】[名・自サ]❶周遊,遊歴 ❷體驗,經歷¶人生(じんせい)-①[名]過歷人生
べんろん ①⓪【弁論】[名・自サ]❶發表意見,主張¶-大会(たいかい)⑤[名]演講比賽 ❷〈法〉申述,陳述¶最終(さいしゅう)-⓪①[名]〈法〉最後一次法庭辯論

ほ　ホ

- **ほ** 五十音圖「は」行第五音。羅馬字寫作「ho」,發音爲國際音標「ho」。平假名「ほ」來自「保」字的草體,片假名「ホ」來自「保」字的右下部份。濁音「ぼ」,羅馬字寫作「bo」,發音爲國際音標「bo」。半濁音「ぽ」,羅馬字寫作「po」,發音爲國際音標「po」。
- **ほ** ⓪①【帆】[名]帆¶〜をあげる/揚帆
- **ほ** ①【步】[名]步¶〜を運ぶ/邁步
- **ほ** ①【穗】[名] ❶(植物)穗 ❷尖¶筆(ふで)の〜/毛筆尖
- **-ぽい** [接尾]→っぽい
- **ほいく** ①⓪【保育】[名・他サ]保育【-園(えん)】③[名]托兒所
- **ボイコット** ③【boycott】[名・自他サ]罷工,罷市,抵制,杯葛
- **ボイラー** ①【boiler】[名]鍋爐
- **ぼいん** ⓪【母音】[名]母音,元音
- **ポイント** ①⓪【point】[名] ❶點,要點 ❷分數,得分¶〜をかさねる/得分 ❸時機 ❹(鐵路)扳道機,輪轍機
- **ほう** ①【方】[名] ❶方向,方位¶北の〜/北方 ❷方面¶こっちの〜/我這一方面¶政府の〜/政府方面 ❸(以「…(より)…(の)方がいい」的形式)表示比較的結果¶春よりも秋の〜がすきだ/和春天比我更喜歡秋天
- **ほう** ⓪【法】[名] ❶法,法律 ❷禮節,規矩 ❸方法,做法,(佛教)法
- **ぼう** ⓪【棒】[名]棒,棍子¶足が〜のようになる/腿累極了¶棒に振(ふ)る/白白斷送
- **ほうい** ①【方位】[名]方位
- **ぼういん** ⓪【暴飲】[名・自サ]暴飲¶〜暴食(ぼうしょく)/暴飲暴食
- **ぼうえい** ⓪【防衛】[名・他サ]防衛,保衛【-庁(ちょう)】③[名]防衛廳
- **ぼうえき** ⓪【貿易】[名・自サ]貿易【自由(じゆう)-】④[名]自由貿易
- **ぼうえき** ⓪【防疫】[名]防疫
- **ぼうえんきょう** ⓪【望遠鏡】[名]望遠鏡
- **ぼうおん** ⓪【防音】[名]防音,隔音
- **ほうか** ⓪【放火】[名・自サ]放火,縱火
- **ぼうか** ⓪【防火】[名]防火
- **ほうかい** ⓪【崩壊】[名・自サ]崩潰¶家庭が〜する/家庭解體
- **ほうがい** ①⓪【法外】[名・形動]過份,過度,放肆
- **ぼうがい** ⓪【妨害】[名・他サ]妨礙,阻礙¶〜にあう/遇到阻礙
- **ほうがく** ⓪【邦楽】[名]日本(傳統)音樂
- **ほうがく** ⓪【方角】[名]方位,方向
- **ぼうかん** ⓪【傍観】[名・他サ]旁觀
- **ぼうかん** ⓪【防寒】[名]防寒
- **ほうき** ①⓪【箒・帚】[名]掃帚
- **ほうき** ①【放棄】[名・他サ]放棄
- **ほうき** ①【法規】[名]法規
- **ほうきゅう** ⓪【俸給】[名]工資,薪水
- **ぼうぎょ** ①【防御・防禦】[名・他サ]防禦,防衛
- **ほうけい** ⓪【方形】[名]四方形,方形
- **ほうけん** ⓪【封建】[名]封建【-時代(じだい)】⑤[名]封建時代【-主義(しゅぎ)】⑤[名]封建主義【-制度(せいど)】⑤[名]封建制度
- **ほうげん** ③【方言】[名]方言,地方

語言
- **ほうげん** ⓪【放言】[名・自他五] 信口開河,信口胡説
- **ぼうけん** ⓪【冒険】[名・自サ] 冒険
- **ぼうげん** ③⓪【暴言】[名] 粗暴的話
- **ほうけんしゅぎ** ⑤【封建主義】[名] 封建主義
- **ほうこう** ⓪【方向】[名] 方向
- **ほうこう** ①【奉公】[名・自サ] 幫工,做傭人 {~人(にん) ⓪}[名] 幫工
- **ぼうこう** ⓪【暴行】[名・自サ] 暴行
- **ぼうこう** ⓪【膀胱】[名] 膀胱
- **ほうこく** ⓪【報告】[名・他サ] 報告¶部長に～する/向部長匯報 {~書(しょ) ④③}[名] 報告書
- **ほうさく** ⓪【方策】[名] 對策
- **ほうさく** ⓪【豊作】[名] 豐收
- **ぼうさん** ①【坊さん】[名] 和尚
- **ほうし** ①【奉仕】[名・自サ] 服務,効力¶社会に～する/爲社會服務 ❷廉價,酬賓 {~品(ひん) ⓪}[名] 酬賓商品
- **ぼうし** ⓪【防止】[名・他サ] 防止,預防¶未然(みぜん)に～する/防患於未然
- **ぼうし** ⓪【帽子】[名] 帽子
- **ほうしき** ⓪【方式】[名] 方式
- **ほうしゃ** ⓪【放射】[名・他サ] 放射 {~線(せん) ⓪}[名] 放射線
- **ぼうじゃくぶじん** ⓪【傍若無人】[名・形動] 旁若無人
- **ほうしゅう** ⓪【報酬】[名] 報酬
- **ほうじゅう** ⓪【放縦】[名・形動] 放縱,放蕩不羈
- **ほうしょく** ⓪【飽食】[名・自他サ] 飽食
- **ほう・じる** ⓪③【報じる】[他上一] ❶報告,報導 ❷回報¶恩に～/報恩
- **ほうしん** ⓪【方針】[名] 方針
- **ほうしん** ⓪【放心】[名・自サ] 發呆,精神恍惚
- **ぼうず** ①【坊主】[名] ❶僧,和尚 ❷禿頭,光頭¶-頭(あたま) ④[名]光頭 ❸光禿禿¶山火事で山が～になった/山被山火燒得光禿禿的
- **ぼうすい** ⓪【防水】[名・自サ] 防水
- **ほうせき** ⓪【宝石】[名] 寶石
- **ぼうせき** ⓪【紡績】[名] 紡織
- **ぼうせつ** ⓪【防雪】[名] 防雪
- **ぼうせん** ⓪【傍線】[名] 旁線
- **ぼうぜん** ⓪【呆然・茫然】[形動] 茫然,茫然若失
- **ほうそう** ⓪【放送】[名・他サ] 廣播
- **ほうそう** ⓪【包装】[名・他サ] 包裝
- **ぼうそう** ⓪【暴走】[名・自サ] ❶亂開,横衝直撞 ❷失去控制突然駛去 ❸鲁莽做事,隨心所欲
- **ほうそく** ⓪【法則】[名] ❶法則,規律 ❷規則
- **ほうたい** ⓪【包帯・繃帯】[名] 绷帶
- **ほうだい**【放題】[接尾] 任其…,無限制地,隨便¶荒(あ)れ～/土地荒蕪¶食べ～/隨便吃,任你吃
- **ぼうだい** ⓪【膨大・厖大】[名・形動] 龐大,巨大
- **ぼうたかとび** ④③【棒高跳び】[名] 撐竿跳
- **ほうち** ⓪【放置】[名・他サ] 放置,擱下¶問題を～する/將問題放在一邊
- **ほうちょう** ⓪【包丁・庖丁】[名] 菜刀
- **ぼうちょう** ⓪【傍聽】[名・他サ] 旁聽
- **ぼうちょう** ⓪【膨張・膨脹】[名・自サ] ❶膨脹 ❷増加,増長¶予算(よさん)が～する/預算增長
- **ぼうっと** ④⓪[副] ❶猛然 ❷朦朦朧朧的 ❸迷迷糊糊的

ほうてい ⓪【法廷】[名]法庭
ほうてい ⓪【法定】[名]法定
ほうていしき ③【方程式】[名]方程式
ほうどう ⓪【報道】[名・他サ]報導
ぼうとう ⓪【冒頭】[名]起首,開頭
ぼうどう ⓪【暴動】[名]暴動,暴亂¶〜をおこす/發生暴亂
ぼうとく ⓪【冒瀆】[名・他サ]冒瀆
ほうにん ⓪【放任】[名・他サ]放任
ほうねん ⓪【豊年】[名]豐年,好年成
ぼうねん ⓪【忘年】[名]❶忘年,不管年齡差異◇忘年の交(こう)/忘年之交 ❷忘年,辭舊【一会(かい)】③【名]辭舊迎新會,忘年會
ぼうはてい ⓪【防波堤】[名]防波堤
ぼうはん ⓪【防犯】[名]防犯【-ベル⑤】[名]防盜鈴,警鈴
ほうび ⓪【褒美】[名]獎勵,獎品,獎賞¶〜をもらう/得到獎賞
ほうふ ①⓪【抱負】[名]抱負,志向
ほうふ ①【豊富】[形動]豐富
ぼうふう ③【暴風】[名]暴風,風暴【-雨(う)】③【名]暴風雨
ほうふく ⓪【報復】[名・自サ]報復
ぼうふざい ⓪【防腐剤】[名]防腐劑
ぼうふら ⓪[名]孑孒
ほうほう ⓪【方法】[名]方法,辦法
ほうほう ⓪【這這】[副]¶〜のてい/狼狽不堪,倉皇失措¶〜のていで逃げ出す/倉皇失措逃走
ほうぼう ①【方方】[名]各處,到處¶〜を探しまわる/各處尋找
ぼうぼう ⓪③【副】❶(草)叢生¶草が〜としげる/雜草叢生 ❷(頭髪)蓬亂¶(鬍子)拉鬆 ❸(火)熊熊燃燒¶火が〜と燃えている/大火熊熊燃燒

ほうほうのてい【這う這うの体】狼狽不堪,倉皇失措
ほうぼく ⓪【放牧】[名・自サ]放牧
ほうむ ①【法務】[名]❶司法事務 ❷佛法事務
ほうむ・る ③【葬る】[他五]❶葬,埋葬 ❷掩蓋,隱藏 ❸拋棄¶社会から〜られる/被社會所拋棄
ぼうめい ⓪【亡命】[名・自サ]逃亡,流亡
ほうめん ③【方面】[名]❶方面,方向 ❷領域
ほうもん ⓪【訪問】[名・他サ]訪問,拜訪
ぼうや ①【坊や】[名](男孩的愛稱)小朋友,小寶寶
ほうよう ⓪【抱擁】[名・自サ]擁抱
ぼうよみ ⓪【棒読み】[名・他サ]不分語句不加抑揚地讀
ぼうらく ⓪【暴落】[名・自サ]〈經〉暴跌
ほうりこ・む ④【放り込む】[他五]投入,扔進去
ほうりだ・す ④【放り出す】[他五]❶拋出,扔出¶そとへ〜/向外扔 ❷扔下不管,不顧¶仕事を〜/扔下工作
ほうりつ ⓪【法律】[名]法律
ぼうりゃく ①⓪【謀略】[名]謀略
ぼうりょく ①⓪【暴力】[名]暴力,武力¶〜をふるう/使用暴力
ボウリング ⓪【bowling】[名]保齡球
ほう・る【放る】[他五]❶扔,抛,甩¶ボールを〜/抛球 ❷扔下,棄而不管¶宿題を〜ったままで,遊びに行く/不做作業出去玩耍
ボウル ⓪【bowl】[名]碗
ほうれんそう ③【名]菠菜
ほうろう ⓪【放浪】[名・自サ]流浪,漂泊
ほうわ ⓪【飽和】[名・自サ]飽和

ほ・える ②【吠える・吼える】[自下一]吠,吼

ほお ①【頰】[名]臉蛋,面頰◇ほおが落(お)ちそう/非常好吃

ボーイ ①【boy】[名]❶男孩 ❷男服務員【-フレンド ⑤】[名]男朋友

ほおかぶり ③【頰被り】[名]❶用手巾等包住頭和雙頰 ❷假裝不知

ホース ①【(オ)hoos】[名]軟管,蛇管

ポーズ ①【pose】[名]❶姿勢,架子 ❷裝出一の様子,作態

ボート ①【boat】[名]小船,小艇【-レース ④】[名]划船比賽

ポートレート ④【portrait】[名]肖像,肖像畫,肖像照片

ボーナス ①【bonus】[名]獎金,額外津貼,期末津貼

ほおば・る ③【頰張る】[他五]大口吃,把嘴塞滿

ホープ ①【hope】[名]希望,未來(指將來有作爲的人)¶わが社の～/我公司的希望

ホーム ①【名】月台,站台◆「プラットホーム」之略

ホーム ①【home】[名]❶家,家庭,自己的家 ❷孤兒院,養老院 ❸故鄉,老家 ❹(棒球)本壘

ホームシック ④【homesick】[名]懷鄉病,思鄉病

ホームステイ ⑤【homestay】[名]去外國人家中居住生活

ホームベース ④【home base】[名]棒球本壘

ホームラン ③【home run】[名](棒球)全壘打

ボーリング ⑩【boring】[名・他サ](地質)鑽探

ホール ①【hall】[名]❶客廳,會館 ❸(「ダンスホール」的簡稱)舞廳

ボール【ball】[名]❶球【-ペン ④ ⓪】[名]原子筆 ❷(棒球)壞球◆❶爲 ⓪型, ❷爲 ①型語調

ボールがみ ⓪【ボール紙】[名]紙板

ボールペン ④⓪【ball-point pen】[名]圓珠筆,原子筆

ホーン ①【horn】[名]汽車喇叭

ほか ⓪【外・他】[名]❶其它地方,別處¶～へ行く/去別處 ❷另外,其他,別的¶～の人/其他的人 ❸以外,之外¶思いの～/沒想到

ほか[副助](與否定語相呼應表示)只得,不得不,除此之外別無其他法¶やると言ったからには、やる～ない/既然說要做就不得不做

ほかく ⓪【捕獲】[名・他サ]捕獲

ぼか・す ②【他五】❶使顏色的濃淡界限不清 ❷(使語言、說法)含糊不清,模糊

ほかならない【外ならない】❶乃是,正是 ❷(用於句首)既然是…¶～きみの言うことだから…/既是你求我,那麼…

ぽかぽか ①【副・自サ】❶暖烘烘¶日にほしたふとんが～して、いい気持ちだ/曬過的被子暖烘烘的很舒服

ぼかぼか ①【副・自サ】❶和暖 ❷不停地打

ほがらか ②【朗らか】[形動]❶開朗,爽朗 ❷明亮,晴朗¶～な空(そら)/明朗的天空

ほかん ⓪【保管】[名・他サ]保管

ほきゅう ⓪【補給】[名・他サ]補給,補充

ほきょう ⓪【補強】[名・他サ]加固,加強

ぼきん ⓪【募金】[名・自サ]募捐

ぼく ①【僕】[代]我(男子在晚輩、同輩前的自稱)

ほくい ①②【北緯】[名]北緯

ぼくごう ③【墨盒】[名]墨盒

ぼくし ①⓪【牧師】[名](基督教)牧師

ぼくじょう ⓪【牧場】[名]牧場

ボクシング ①【boxing】[名]拳擊

ほぐ・す ②[他五]❶理開,拆開 ❷揉開,解除
ぼくそう ⓪[牧草][名]牧草
ほくそ・む ④[ほくそ笑む][自五]自笑,暗自嗤笑
ぼくちく ⓪[牧畜][名]畜牧【-業(ぎょう)④】[名]畜牧業
ほくとしちせい ⑤[北斗七星][名]北斗七星
ぼくとつ ⓪[朴訥][名・形動]樸實寡言,木訥
ほくほく ①[副・自サ]❶喜歡,喜悅 ❷好吃
ほくりく ⓪[北陸][名]北陸(指福井、富山、石川、新潟四縣)
ほくろ ⓪[黒子][名]黑痣,黑子,烏痣
ほけつ ⓪[補欠・補闕][名]替補,補缺【-選手(せんしゅ)④】[名]替補隊員
ぼけつ ⓪[墓穴][名]墓穴,墳墓◇墓穴を掘る/自掘墳墓
ポケット ②[pocket][名]口袋,衣袋
——[接頭]小型 ¶—ラジオ/袖珍收音機
ポケットベル ⑤[pocketbell][名]袖珍無線電傳呼機
ぼ・ける ②[呆ける・惚ける][自下一]❶痴呆¶頭が〜/頭腦痴呆 ❷模糊,不清晰¶ピントが〜/焦距模糊
ほけん ⓪[保健][名]保健¶〜体操/保健體操,健康操
ほけん ⓪[保険][名]❶保險¶〜に入る/入保險¶生命〜/人壽保險¶〜会社(がいしゃ)/保險公司【-金(きん)②】[名]保險金 ❷(「健康保険」的簡稱)健康保險
ほこ ①[矛・鉾][名]矛
ほご ①[保護][名・他サ]保護【-者(しゃ)②】[名]保護人【-色(しょく)②】[名]保護色
ほご ①[補語][名]<語>補語
ぼご ①[母語][名]母語

ほこう ⓪[歩行][名・自サ]步行【-者(しゃ)②】[名]行人
ほこう ①[母校][名]母校
ぼこく ①[母国][名]祖國
ほごしゃ ②[保護者][名]家長,扶養人,監護人
ほこらし・い ④[誇らしい][形]洋洋得意,自豪,自鳴
ほこり ①[埃][名]灰塵¶〜がたつ/起灰
ほこり ⓪③[誇り][名]❶自尊 ❷自豪,引以爲榮¶〜に思う/引以爲榮
ほこ・る ②[誇る][他五]誇耀
ほころ・びる ④[綻びる][自上一]❶綻線,開線¶そでが〜/袖子綻線 ❷(花蕾)綻開¶梅(うめ)が〜/梅花初綻
ぼさつ ①[菩薩][名]菩薩
ぼさぼさ ①[副・自サ]❶發呆,頭髪蓬亂

ほし ⓪[星][名]❶星 ❷五星形標誌 ❸目標,靶心 ❹(相撲的)得分標誌 ❺嫌疑犯
ほじ ①[保持][名・他サ]保持
ぼし ①[母子][名]母子
ほし・い ②[欲しい][形]❶想要¶水が〜/想喝水¶お金が〜/想要錢 ❷希望,請¶もっとすなおさが〜/希望再坦率一些¶こっちへ来て〜/請到我這裡來
ほしいまま ②[形動]隨心所欲,隨意¶権力を〜にする/玩弄權勢
ポシェット ①[pochette][名]小背包
ほしかげ ③[星影][名]星光
ポジション ②[position][名]❶(球類運動的)防守位置 ❷地位,職務
ほしもの ②③[干(し)物][名]晾曬的衣物
ほしゃく ⓪[保釈][名・他サ]保釋【-金(きん)③】[名]保釋金
ほしゅ ①[保守][名]保守

ほじゅう ⓪【補充】[名・他サ]補充

ほしゅう ⓪【募集】[名・他サ]募集,征募,招募¶生徒(せいと)を〜する/招生

ほしゅてき ⓪【保守的】[形動]保守的

ほじょ ①【補助】[名・他サ]補助

ほしょう ⓪【保証】[名・他サ]保證,擔保¶-人(にん) ⓪[名]保人,擔保人

ほしょう ⓪【保障】[名・他サ]保障

ほしょう ⓪【補償】[名・他サ]賠償

ほしょうにん ⓪【保証人】[名]保證人,擔保人,保人

ほ・す ①【干す・乾す】[他五]❶曬,曬¶せんたくものを〜/晾曬洗好的衣物 ❷弄乾¶池(いけ)を〜/將池塘淘乾 ❸喝乾,喝光¶さかずきを〜/乾杯 ❹〈俗〉不給工作,晾在一邊

ポスター ①【poster】[名]廣告畫,宣傳畫,海報

ホステス ①【hostess】[名](酒吧的)女招待 ◆男性是「ホスト」

ポスト ①【post】[名]❶郵箱,郵筒 ❷職位,地位

ホスピス ①【hospice】[名]收容瀕死患者的修道院,慈善機構

ぼせいあい ②【母性愛】[名]母愛

ほそ・い ②【細い】[形]❶細,纖細¶〜糸/細線 ❷(聲音)尖細¶〜声/尖細的嗓音 ❸弱,脆弱¶神経が〜/神經質 ❹(飯量)少

ほそく ⓪【補足】[名・他サ]補充

ほそなが・い ⓪④【細長い】[形]細長

ほそぼそ ③【細細】[副]勉勉強強地

ぼそぼそ ③【副・自サ]❶嘰嘰喳喳 ❷乾乾巴巴

ほそ・める ⓪【細める】[他下一]使細,弄細

ほぞん ⓪【保存】[名・他サ]保存,貯存

ぼだいじゅ ②【菩提樹】[名]菩提樹

ぼたぼた ①[副]滴滴嗒嗒

ほたる ①【蛍】[名]螢,螢火蟲

ぼたん ①【牡丹】[名]牡丹

ボタン ⓪【(ポ)botão】[名]❶鈕扣,扣子¶〜をはめる/繫扣子¶〜をはずす/解扣子 ❷電鈕,開關

ぼち ①【墓地】[名]墓地,墓場

ぼちぼち ①[副]一點一點,慢慢,漸漸

ほちょう ⓪【歩調】[名]步調

ほちょうき ②【補聴器】[名]助聽器

ぼつ ①【没】[名]❶死 ❷不採用 ❸沒個性

ぼっか ⓪【牧歌】[名]牧歌

ほっかいどう ③【北海道】[名]北海道

ぽっかり ③[副]❶輕輕飄浮 ❷突然裂開

ほっきょく ⓪【北極】[名]北極¶-圏(けん) ④[名]北極圈¶-星(せい) ④[名]北極星

ホック ①【(オ)hoek】[名](衣服的)掛鉤¶〜をはめる/繫掛鉤

ボックス ①【box】[名]❶箱,盒,匣 ❷(劇院等)包廂 ❸箱體小建築¶電話(でんわ)-④[名]電話亭 ❹(棒球)擊球員區¶バッター-⑤[名]擊球區,擊球箱

ホッケー ①【hockey】[名]曲棍球

ほっさ ⓪【発作】[名]〈醫〉發作

ほっさてき ⓪【発作的】[名]發作性的

ぼっしゅう ⓪【没収】[名・他サ]沒收¶財産を〜/沒收財產

ぼっ・する ⓪【没する】[自他サ]❶沉沒,沒入¶日が西に〜/日落西山 ❷隱藏¶すがたを〜/隱藏起來 ❸去世,逝世 ❹(與否定語

ほっそく ◎【発足】[名・自サ](新建社團)開始活動
ほっそり ③[副・自サ]身材纖細,苗條
ほったらか・す ③⑤[他五]棄置不顧,丟下不管
ほったん ◎①【発端】[名]開端,開始
-ぽっち[接尾]只,僅僅
ホッチキス ①【Hotchkiss】[名]釘書機
ぼっちゃん ①【坊ちゃん】[名] ❶(對男孩子的敬稱)公子 ❷(蔑稱)少爺【-育(そだ)ち ⑤】[名]嬌生慣養的少爺出身
ほっと ①◎[副] ❶輕微嘆氣貌¶〜ため息をつく/嘆了一口氣 ❷放心,安心 ¶〜胸をなでおろした/放下心來
ホット ①【hot】[名・形動] ❶最新¶〜な話題/最新話題【-ニュース ④】[名]最新消息 ❷熱【-コーヒー ④】[名]熱咖啡【-ドッグ ④】[名]熱狗 ❸"ホットコーヒー"的簡稱 ❹強烈,激烈,熱烈【-ジャズ ④】[名](自由演奏的)節拍快的爵士樂
ポット ①【pot】[名] ❶壺 ❷熱水瓶
ぼっとう ◎【没頭】[名・自サ]埋頭,專心致志¶研究に〜する/埋頭鑽研
ほっと・く ◎[他五]置之不理,放下不作
ホットライン ④【hot line】[名]熱線,直通電話
ぼっぱつ ◎【勃発】[名・自サ]爆發(戰爭等)
ポップス ①【POPS】[名] ❶(美國的)流行歌曲 ❷輕音樂(團)
ほっぺた ③【頬っぺた】[名]頰,臉蛋兒
ぼつぼつ ◎[副] ❶差不多 ❷小

斑點,小疙瘩
ぽつぽつ ①[副] ❶滴答滴答 ❷小疙瘩,小斑點
ぼつらく ◎【没落】[名・自サ]沒落,衰敗
ほつ・れる ③[自下一]綻開,蓬亂
ボディー ①【body】[名] ❶人體 ❷人體模型 ❸車身,機體 ❹(拳擊)人體腹部
ボディーランゲージ ⑤【body language】[名]肢體語言,身勢語言
ポテト ①②【potato】[名]土豆,馬鈴薯【-チップ ④】[名]炸薯片
ほて・る ②【火照る】[自五]感覺發熱,發熱
ホテル ①【hotel】[名]飯店,旅館
ぼてれん ◎[俗]【孕婦的】大肚子
ほど ◎②【程】[名] ❶限度,分寸 ¶〜を知る/知道分寸 ❷程度¶真偽(しんぎ)の〜/真假程度 ❸(時間,數量等)大約,大概¶年(とし)の〜/大約年紀
──[副助] ❶(表示大體的數量)大約,左右¶わたしの家は駅から十分〜歩いたところだ/我家在從車站步行十分鐘左右的地方 ❷(與否定語相呼應表示)最…,再沒有比這個更…¶これ〜おいしいものは食べたことがない/再沒有吃過比這個更好吃的了 ❸(以「…すれば…するほど」的形式表示)越…越…¶見れば見る〜かわいい動物だ/這動物越看越覺得可愛 ❹(與否定語相呼應,表示程度對比)與…相比並不那麼嚴重¶ことしは去年〜雪が降らない/今年與去年相比雪下得並不多¶うわさに聞いた〜には被害はひどくなかった/受災情況並不像聽說的那樣嚴重 ❺舉出一事例,表示最高的程度¶彼〜の人なら、うまくやれるでしょう/他這樣的人是完全可以做好的吧
ほどう ◎【歩道】[名]人行道,便道

ほどう【横断(おうだん)-】⑤[名]人行穿越道¶-橋(きょう)⓪[名]過街天橋

ほどう⓪【補導・輔導】[名・他サ](對有犯罪傾向的青少年進行)管教,訓導

ほど・く②【解く】[他五]拆開,解開¶荷物(にもつ)を～/解開行李¶帯(おび)を～/解腰帯

ほとけ⓪【仏】[名]❶佛,佛像¶～をおがむ/拜佛 ❷死者¶～になる/逝世◇仏の顔(かお)も三度(さんど)/忍耐是有限的◇知(し)らぬが仏/眼不見心不煩

ほどこ・す③【施す】[他五]❶施,施行 ❷施捨¶めぐみを～/施捨恩惠

ほどとお・い③【程遠い】[形]遙遠,很遠

ほととぎす③【時鳥・杜鵑・不如帰】[名]杜鵑,布穀鳥

ほどなく②【程なく】[副]不久,不一會

ほとばし・る④【迸る】[自五]迸出,噴出,濺出

ほとほと②【殆・幾】[副]實在,非常

ほどほど⓪【程程】[名・副]適當地,恰如其分他

ほとぼり④⓪[名]事情的尾聲,餘波

ほとり③⓪【辺・畔】[名]邊,畔,旁邊

ぼとりと②[名]滾下

ほとんど②【殆んど】[副]幾乎,差不多¶あまりのショックに～気をうしないかけた/受到打擊太大,差點暈過去――[名]大部份,幾乎所有¶～の人は参加した/大部份的人参加了

ポニーテール④【ponytail】(婦女的)馬尾式髪型

ほにゅう⓪【哺乳】[名・自サ]哺乳,餵奶¶-瓶(びん)②[名]奶瓶¶-動物(どうぶつ)④[名]哺乳動物¶-類(るい)②[名]哺乳類

ぼにゅう⓪【母乳】[名]母乳

ほね②【骨】[名]❶骨,骨頭¶～が太い/骨頭粗 ❷魚刺 ❸骨架,支架¶扇子(せんす)の～/扇架 ❹核心,骨幹 ❺骨氣¶～のある人物/有骨氣的人◇骨をおる/賣力氣◇骨がおれる/賣力氣◇骨を惜(お)しむ/捨不得出力氣 ◇骨に刻(きざ)む/刻骨銘心

ほねおりぞん⑤【骨折り損】[名]徒勞

ほねぐみ④③【骨組(み)】[名]❶(身體的)骨骼 ❷骨架¶文章の～/文章的骨架(結構)

ほねぬき④③【骨抜き】[名]❶去掉主要部份,抽去主要内容 ❷喪失人格,喪失主見

ほねみ②①【骨身】[名]骨肉◇骨身を惜(おし)まず/不辞辛苦

ほねやすめ③【骨休め】[名]休息¶仕事がおわったら、二、三日～をする/事情辨完後準備休息兩三天

ほの[造詞]隱約露出,微暗,有點黑暗

ほのお②①【炎・焔】[名]火焰

ほのか①【仄(か)】[形動]模糊,隱約,略微

ほのぼの③【仄仄】[副]❶朦朧 ❷略感温暖

ほのめか・す④【仄めかす】[他五]暗示,略微表示

ほはば⓪【歩幅】[名]歩幅¶～が広い/歩幅大

ポピュラー①【popular】[名・形動]大衆,流行

ほふ①【保父】[名]男保育員

ポプラ①【poplar】[名]白楊樹

ほふ・る②【屠る】[他五]屠殺,殺¶敵を～/殺敵

ほへい⓪【歩兵】[名]歩兵

ほほ①【頬】[名]→ほお

ほぼ①【略・粗】[副]基本上,差不

多¶〜できあがった/基本上做成了

ほほ ①【保母】[名]保母,保育員

ほほえまし・い ⑤【微笑ましい】[形]使人欣慰,招人喜愛

ほほえ・む ③【微笑む】[自五]微笑

ポマード ②【pomade】[名](男用)髪蠟

ほまれ ③⓪【誉(れ)】[名]名譽,榮譽

ほめちぎ・る ⓪④【褒めちぎる】[他五]極力稱讚

ほ・める ②【褒める・誉める】[他下一]讚美,揚揚,稱讚

ぼや ①【小火】[名]小火災,小火警

ぼや・く ②【自他五】嘟噥,發牢騷

ぼや・ける ③【自下一】模糊,不清楚

ほやほや ①【名・副】❶(剛出爐的食品)熱騰騰,熱乎乎¶〜の肉マン/熱騰騰的包子 ❷剛剛,不久¶新婚〜のカップル/新婚夫婦

ぼやぼや ①【副・自サ】發呆,呆呆地

ほよう ⓪【保養】[名・自サ]休養,療養

ほら ①【法螺】[名]海螺◇法螺を吹(ふ)く/吹牛¶-吹(ふき) ②[名]牛皮大王,愛吹牛的人

ポラロイド・カメラ ⑥【polaroid camera】[名]快拍照相機

ボランティア ②【volunteer】[名]自願參加(者),志願者

ほり ②【堀】[名]護城河

ほりだしもの ⓪【掘り出し物】[名]偶然弄到的珍品,偶然拾到的便宜東西

ほりゅう ⓪【保留】[名・他サ]保留

ボリューム ②【volume】[名]❶份量 ❷音量¶〜を下(さ)げる/把音量關小

ほりょ ①【捕虜】[名]俘虜

ほ・る ①【掘る】[他五]挖,掘,挖掘¶穴を〜/挖坑

ほ・る ①【彫る】[他五]❶雕,刻,雕刻¶名まえを〜/刻名字 ❷刺(紋身)

ボルト ①【bolt】[名]螺栓¶〜をしめる/擰緊螺栓

ボルト ①【volt】[名・接尾]伏特,伏(電壓單位)¶-アンペア ①③[名]伏安

ホルモン ①【(独)Hormon】[名]激素,荷爾蒙

ほれぼれ ③【惚れ惚れ】[副・自サ]沈醉,迷戀

ほ・れる ⓪【惚れる】[自下一]❶愛,迷戀 ◇惚れた目(め)には痘痕(あばた)もえくぼ/情人眼裡出西施 ❷入迷¶聞(き)き- ④[自下一]聽得入迷

ぼろ ①【襤褸】[名]❶破舊衣物 ❷破爛,破爛貨 ❸破綻,短處◇ぼろが出る/露出破綻

ぼろ・い ②[形]❶一本萬利 ❷破竇

ぼろくそ ⓪【襤褸糞】[名・形動]一錢不值

ほろにが・い ④【ほろ苦い】[形]❶微苦 ❷苦澀,又苦又甜的

ほろ・びる ⓪③【滅びる・亡びる】[自上一]滅亡,滅絕,滅覆

ほろぼ・す ⓪③【滅ぼす・亡ぼす】[他五]消滅,使…滅亡¶敵を〜/消滅敵人

ぼろぼろ ①【名・形動】❶散落 ❷暴露 ❸疲勞不堪

ホワイトハウス ⑤【White House】[名]白宮

ほん ①【本】[名]❶書,書籍 ❷(數細長物的單位)支,根¶〜屋(や)/書局

ぼん ⓪【盆】[名]盆

ほんあん ⓪【翻案】[名・自サ](小說,戲劇)改編

ほんい ①【本位】[名]❶中心,本位,基點 ❷「本位貨幣」的簡稱¶-貨幣(かへい) ④[名]〈經〉本位

貨幣
ほんかく ⓪【本格】[名]正式
ほんかくてき ⓪【本格的】[形動]正式,真正¶～な寒さ/真正的寒冷(季節)
ほんき ⓪【本気】[名・形動]認真,實在¶～で働(はたら)く/認真工作
ほんご ⓪【梵語】[名]梵語
ほんごく ①【本国】[名]本國
ほんごし ⓪【本腰】[名]鼓起幹勁,認真努力
ぽんこつ ④[名]廢品
ぼんさい ⓪【盆栽】[名]盆景
ほんしき ⓪【本式】[名・形動]正式
ほんしつ ⓪【本質】[名]本質
ほんじつ ①【本日】[名]今天
ほんしつてき ⓪【本質的】[形動]根本,本質上
ほんしゃ ①【本社】[名]❶總公司 ❷主神社
ほんしゅう ①【本州】[名]本州
ほんしょう ③①【本性】[名]本性
ほんしょく ①【本職】[名]❶本職,本行 ❷行家,專業
ほんしん ③①【本心】[名]❶良心 ❷本意,真意¶～をうち明ける/説明真意
ぼんじん ③⓪【凡人】[名]凡人,凡夫俗子
ほんせき ①⓪【本籍】[名]原籍
ほんそう ⓪【奔走】[名・自サ]奔走,東奔西走
ほんだな ①【本棚】[名]書架,書櫃
ぼんち ⓪【盆地】[名]盆地
ほんてん ⓪【本店】[名]總店,主店
ほんとう ⓪【本当】[名・形動]真實,真正¶～にする/當真
ほんにん ①【本人】[名]該人,本人
ほんね ①【本音】[名]真心話¶～を吐く/説真心話
ほんねん ①【本年】[名]今年

ほんの ⓪【連体】僅僅,少許,一點點¶～少し/極少
ほんのう ①⓪【本能】[名]本能
ぼんのう ⓪③【煩悩】[名]煩惱
ほんのうてき ④【本能的】[名]本能地
ほんのり ③[副・自サ]微微,稍微
ほんば ①【本場】[名]❶原産地¶お茶の～/茶葉的原産地 ❷發源地¶～の英語/道地的英語
ほんばこ ①【本箱】[名]書籍,書櫃
ほんばん ⓪【本番】[名]正式
ほんぶ ①【本部】[名]總部
ポンプ ①【(オ)pomp】[名]泵,抽水機,幫浦
ほんぶん ⓪【本文】[名]正文
ほんぶん ①【本分】[名]本分¶学生の～/學生的本分
ほんぽう ⓪【奔放】[名・形動]奔放,自由自在
ぽんぽん ①【副】❶砰砰 ❷説話不客氣
ほんまつてんとう ①【本末転倒】[名]本末倒置
ほんみょう ①【本名】[名]真名
ほんめい ①⓪【本命】[名]優勝候補者
ほんもう ①③【本望】[名]満足,宿願
ほんもの ⓪【本物】[名]真貨,真東西
ほんや ①【本屋】[名]書店
ほんやく ⓪【翻訳】[名・他サ]翻訳
ぼんやり ③[副]❶模糊,朦朧,不清楚 ❷心不在焉¶～とながめる/呆望
ぼんよう ⓪【凡庸】[名・形動]平庸
ほんらい ①【本来】[名・副]本來,原來¶～のすがた/本來面目 ──[名]按道理,常規
ほんりゅう ⓪【本流】[名]主流
ほんりょう ①⓪【本領】[名]本領,特長,本來的特色
ほんるい ①⓪【本塁】[名]本壘
ほんろん ①【本論】[名]本論,正文

ま　マ

- **ま** 五十音圖「ま」行第一音。羅馬字寫作「ma」，發音為國際音標「ma」。平假名「ま」來自「末」字的草體，片假名「マ」來自「末」字的最初二畫。
- **ま** ⓪【真】[名]真正
  ——[接頭]正¶～東(ひがし)/正東
- **ま** ⓪【間】[名] ❶間隔，空隙 ❷閒空，閒暇¶知らぬ～/不知不覺之間 ❸時機 ❹房間¶茶の～/飯廳
  ——[接尾](房屋)數，間¶三(み)～/三間◇間が抜(ぬ)ける/馬虎;愚蠢◇間が悪(わる)い/不走運;不好意思
- **ま** ⓪①【魔】[名]魔，魔鬼◇魔が差(さ)す/鬼迷心竅
- **まあ** ①[副] ❶暫先，暫且，一會兒(=まず,しばらく)¶～お掛けなさい/請坐一會兒¶～お靜かに/請先肅靜一下 ❷表示躊躇¶～行かずにおこう/我還是不要去了 ❸還算，勉強，還可以(=まずまず)¶～いい作品だね/還算是(一部)好作品啊!
  ——[感](女子用，表示驚嘆)嘿，哎呀，唷¶～うれしい/唷!好高興!
- **マーガリン** ⓪【margarine】[名]人造奶油
- **マーク** ①【mark】[名・他サ】 ❶記號¶～をつける/做記號 ❷創(記錄)¶世界記錄を～する/創世界記錄 ❸〈體〉盯人，盯住
- **マーケット** ①③【market】[名] ❶市場,商場,菜市場 ❷銷售範圍，銷售地區
- **マージャン** ⓪①【麻雀】[名]麻將
- **まあたらし・い** ⑤【真新しい】[形]嶄新
- **まあまあ** ①[副]馬馬虎虎,一般，還可以
- **まい-**【毎】[接頭]每¶～試合/每次的比賽
- **まい** ⓪【舞】[名]舞，舞蹈(多指日本傳統舞)
- **まい** ①【枚】[名](計算平,薄物體的單位)枚，張，塊，片
- **まい**[助動] ❶也許不會…,大概不會…¶まさかあのチームに負けることはある～/大概不會輸給那個隊的 ❷絕不，絕不會¶もうあんなところには行く～/絕不再去那種地方 ❸因為不是…所以…¶小さな子どもじゃあるまいし、わからないはずはないよ/又不是小孩,不會不懂的
- **まいあさ** ①【毎朝】[名]每天早晨
- **マイカー** ③【my car】[名]私車,自家車
- **まいきょ** ①【枚舉】[名・他サ]枚舉◇枚舉に暇(いとま)がない/不勝枚舉
- **マイク** ①[名](「マイクロホン」的簡稱)麥克風,話筒
- **マイクロウェーブ** ⑥【microwave】[名]微波
- **マイクロバス** ⑤【microbus】[名]小型公共汽車,麵包車
- **マイクロフィルム** ⑤【microfilm】[名]微縮影片
- **マイクロホン** ④【microphone】[名]麥克風,話筒
- **まいげつ** ⓪【毎月】[名]每月
- **まいご** ①【迷子・迷兒】[名]迷路

まいこ・む ③【舞い込む】[自五] ❶飄進,飄然飛入 ❷出乎意料地到來,闖進來

マイ・コン ⓪【microcomputer】[名]微型電子計算機

まいしゅう ③【毎週】[名]每星期,每週

まいぞう ⓪【埋蔵】[名・自サ]埋藏

まいつき ③【毎月】[名]每月,月月

まいど ⓪【毎度】[名・副]❶每次 ❷常常,屢次¶～ありがとうございます/屢蒙關照,深為感謝

まいとし ③【毎年】[名]每年,年年

マイナス ③【minus】[名・他サ]減,減去

——[名]❶負,負數 ❷負,負極,陰極 ❸虧損,赤字 ❹不利,不好

まいにち ①【毎日】[名]每天,每日

まいねん ①【毎年】[名]→まいとし

まいばん ①【毎晩】[名]每天晚上

マイペース ③【my pace】[名]按自己的速度(進行工作)

まい・る ①【参る】[自五] ❶(「行く」「来る」的自謙語)來;去¶わたしは、あしたまた～ります/我明天再來 ❷参拝(神社或寺院) ❸認輸,折服¶～った,許してくれ/我服了,饒了我吧 ❹受不了,吃不消¶暑さで～/熱得吃不消¶からだが～/身體受不了

マイル ①【mile】[名]英里,哩

ま・う ⓪①【舞う】[自五] ❶舞,舞動¶舞を～/跳舞 ❷飛舞,飄舞¶木(こ)の葉が～/樹葉飄舞

まうえ ③【真上】[名]正上方

まえ ①【前】[名] ❶前面,前方¶～通(おおどお)り/前面的大路 ❷以前,從前¶五年～/五年前 ❸(表示順序)之前,前面¶あらしの～/暴風雨來臨之前¶～の日/前一天

——[接尾](接在人數後面,表示與人數相等的量)份¶三人～/三份

まえあし ①⓪【前足】[名]前腿,前趾,前足

まえおき ⓪④【前置き】[名]前言

まえがき ④⓪【前書(き)】[名]序言,序文

まえかけ ⓪【前掛(け)】[名]圍裙

まえば ①【前歯】[名]門牙,前齒

まえばらい ③【前払(い)】[名・他サ]預先付款

まえぶれ ⓪④【前触れ】[名] ❶預先通知 ❷先兆,前兆

まえむき ⓪【前向(き)】[名] ❶向前,朝前 ❷積極

まえもって ③⓪【前もって】[副]事先,預先

まか・せる ③【任せる】[他下一] ❶委任,託付¶仕事を～/委託工作 ❷任憑¶想像に～/任憑想像

まかな・う ③【賄う】[他五] ❶籌措 ❷供給飯食

まかふしぎ ①【摩訶不思議】[形動]真不可思議

まがり ⓪③【間借り】[名]租房間

まがりかど ④【曲(が)り角】[名] ❶拐角,拐彎處 ❷轉折點¶人生の～/人生的轉折點

まかりとお・る ②④【罷り通る】[自五](很神氣地)通過,走過

まがりなりにも ⓪【曲がりなりにも】[連語]勉勉強強,好好歹歹

まが・る ⓪【曲がる】[自五] ❶曲折,彎曲¶道が～/道路彎曲 ❷拐,轉彎¶右へ～/向右拐 ❸歪斜¶ネクタイが～/領帶不正 ❹(性格)乖僻¶～った根性(こんじょう)/性情乖僻 ❺(行為等)不正,邪

マカロニ ⓪【(イ)macaroni】[名]通心粉

まき ⓪【薪】[名]薪,劈柴
まきあ・げる ④【巻き上げる・捲き上げる】[他下一] ❶捲起 ❷搶奪,攫取¶金を～/搶錢
まきかえし ⓪【巻き返し】[名]捲土重來,反攻,報復
まきこ・む ③【巻(き)込む】[他五]捲入,捲進¶事件に～まれる/被捲入事件之中
まきじゃく ⓪【巻(き)尺】[名]卷尺
まきぞえ ⓪【巻(き)添(え)】[名]牽連,連累¶～をくう/受牽連
まぎら・す ③【紛らす】[他五] ❶掩飾,隱藏 ❷排解¶たいくつを～/解悶
まぎらわし・い ⑤【紛らわしい】[形]容易混淆,含糊不清
まぎ・れる ③【紛れる】[自下一] ❶混入,混同¶人ごみに～/混入人群 ❷(由於忙碌)忘懷,(注意力等)分散¶悲しみが～/忘掉悲痛
まぎわ ⓪【間際・真際】[名]就要…的時候¶出発～/將要出發前
まく ②【幕】[名]幕
まく ②【膜】[名]膜
ま・く ⓪【蒔く】[他五] ❶播種 ❷撒金粉
――【撒く】❶灑¶水を～/灑水 ❷散發¶ビラを～/散發傳單 ❸擺脫(尾隨者)¶尾行を～/擺脫跟踪的人
ま・く ⓪【巻く】[自他五] ❶捲¶フィルムを～/捲膠卷 ❷纏,繞¶包帯を～/纏繃帶 ❸擰¶ぜんまいを～/上發條
まくあい ③⓪【幕間】[名]幕間(休息)
まくあき ④⓪【幕開(き)】[名]開幕,揭幕
まくした・てる ⑤【捲し立てる】[他下一]喋喋不休地説
まくぎれ ④【幕切れ】[名] ❶閉

幕,終場 ❷終局
まぐち ①【間口】[名] ❶房屋土地的正面寬度 ❷知識或工作範圍
マグニチュード ③①【magnitude】[名]地震震級
まくら ①【枕】[名] ❶枕頭 ❷開場白◇枕を高(たか)くして寝(ね)る/高枕無憂
まくらぎ ③【まくら木・枕木】[名]枕木
まくらもと ③【枕元】[名]枕邊
ま・くる ⓪【捲る】[他五] ❶捲起,挽起,掀起¶そでを～/捲起袖子 ❷(上接動詞連用形表示)拼命地…,一個勁地…¶書き～/一個勁地寫
まぐれ ①[名]僥幸,偶然¶～当(あ)たり ④【[名]碰巧,歪打正着
マクロ ①【(独)macro】[名]宏觀,巨大
まぐろ ⓪【鮪】[名]金槍魚,鮪魚
まけ ⓪【負(け)】[名]失敗
まけおしみ ⓪【負(け)惜しみ】[名]不服輸,不認輸¶～を言う/嘴上不認輸
まけずおとらず ⓪-②【負けず劣らず】[副]半斤八兩,不相上下
まけずぎらい ④【負けず嫌い】[名・形動]好強
ま・ける ⓪【負ける】[自下一] ❶失敗,輸 ❷經不住¶誘惑(ゆうわく)に～/經不住誘惑 ❸減價,讓價¶もう百円～けてよ/再降一百日圓吧
ま・げる ⓪【曲げる】[他下一] ❶折彎,弄彎¶パイプを～/將管子弄彎 ❷放棄¶信念を～/放棄信念 ❸歪曲¶事実を～/歪曲事實
まけんき ⓪【負けん気】[名]好強,好勝
まご ②【孫】[名]孫子
――【接頭】隔代,隔輩
まごい ⓪【真鯉】[名]黑鯉魚
まごころ ②【真心】[名]誠心誠意,

真心
- **まごつ・く** ⓪[自五・自サ]不知所措¶はじめての仕事をやらされて〜いた/接手一件從未做過的工作有些不知所措
- **まこと** ⓪[誠・真・実][名] ❶真實,實在 ❷誠意,忠誠 ──[副]實在¶〜に申しわけありません/實在抱歉
- **まことしやか** ④[真しやか][形動]好像真的,似乎是真的
- **まごのて** ③[孫の手][名](搔癢癢用的)不求人,抓癢耙
- **まごまご** ①[副]不知所措,六神無主¶いそがしくって、かえって〜する/忙碌反而不知道做什麼好
- **まさか** ①[副] ❶(與否定語相呼應表示)不可能,不會,不致於¶〜、あのことをしゃべったんじゃないだろうね/你不致於把那事說出來吧 ❷意外,萬一¶〜の時を考えて、遺言(ゆいごん)を書いておく/爲預防萬一,事先寫下遺囑
- **マザ・コン** ⓪[mother complex][名]戀母情結 ◆「マザーコンプレックス」的簡稱
- **まさつ** ⓪[摩擦][名・自他サ]摩擦
- **まさつおん** ③[摩擦音][名]摩擦音
- **まさに** ①[正に][副] ❶完全,的確¶〜その通り/完全如此 ❷正要,將要 ❸理應,理所當然¶長男のきみこそ〜家をつぐべきだ/作爲長子的你,理應繼承家業
- **まざまざ** ③①[副]歴歴在目,清清楚楚地
- **まさ・る** ⓪②[勝る・優る][自五]勝過,優秀,強¶相手に〜/強於對手
  ──[増さる][自五]増多,増加
- **まざ・る** ②[交ざる・混ざる][自五]摻雜,混雜,摻混
- **まし** ⓪[増(し)][名]増加,増多 【焼(や)き─ ⓪】[名](相片)加洗 ──[形動]勝過,強於¶ないより〜だ/比沒有強
- **まじ・える** ③[交える][他下一] ❶摻雜,夾雜¶私情を〜/摻雜私情 ❷交錯,交叉◇ひざを交える/促膝交談 ❸交,交換¶ことばを〜/交談
- **ました** ③[真下][名]正下方
- **マジック** ①[magic][名] ❶魔術,戲法 ❷魔力
- **まして** ①⓪[況して][副]何況,況且¶大人でもわからないのに、〜小さい子どもにわかるわけがない/連大人都不懂,更何況小孩子了
- **まじない** ⓪[呪い][名]咒語
- **まじまじ** ③[副]目不轉睛地看,盯着看,凝視¶〜と見つめる/死盯着看
- **まじめ** ⓪[真面目][形動] ❶認真¶〜に働く/認真工作 ❷老實正經,誠實老實¶〜な男/正經人
- **ましょう** ①[魔手][名]魔掌¶〜にかかる/落入魔掌
- **まじゅつ** ①[魔術][名] ❶魔法,魔術【─師(し) ③】[名]魔術師
- **ましょうめん** ②[真正面][名]正對面
- **まじ・る** ②[交じる・混じる][自五]摻雜,夾雜¶アメリカ人の血が〜っている/有美國血統
- **まじわ・る** ③[交わる][自五] ❶交叉,交錯,相交 ❷交際,來往 ❸性交
- **ます** ②[鱒][名]鱒魚
- **ま・す** ⓪[増す][自他五]増加,増多¶食欲が〜/食慾増加¶速さを〜/加速
- **まず** ①[先ず][副] ❶先,首先 ❷大約,大概 ¶〜降らないとは思うが、かさは持っていこう/我看大概不會下雨,但還是帶着傘吧

ますい ⓪【麻酔】[名]麻酔¶～をかける/進行麻酔
まず・い ②【不味い】[形] ❶不好吃,难吃¶～さかな/難吃的魚 ❷拙劣,差¶字が～/字難看 ❸不便,不方便¶あしたはいいんだが,あさっては～/明天可以但後天不方便
マスク ①【mask】[名] ❶口罩 ❷面具 ❸長相,貌相
マスゲーム ③【mass game】[名]團體操
マスコミュニケーション ⑥【mass communication】[名](常略作「マスコミ」)報導,宣傳
まずし・い ③【貧しい】[形] ❶貧窮 ❷貧乏
マスター ①【master】[名・他サ] ❶(酒吧等的)老闆,雇主 ❷碩士 ❸掌握,精通¶日本語を～する/掌握日語【-キー ⑤】[名]萬能鑰匙
マスプロ(ダクション) ⓪【mass production】[名]大量生産
ますます ②【益益】[副]更加,越發¶～大きくなる/起來越大
まずまず ①【先ず先ず】[副] ❶總之 ❷好歹總算
まぜこぜ ⓪【名】混雜
ま・ぜる ②【自下一】老成
ま・ぜる ②【交ぜる・混ぜる】[他下一] ❶摻合,混合 ❷調合,調拌¶色を～/調色
また ②【股・叉】[名] ❶胯,胯下 ❷叉
また ②【又】[副] ❶再,再次¶～会う日まで/後會有期 ❷也,亦¶彼も～彼女がすきだ/他也喜歡她 ❸另外,其它¶その時代、子どもは～労働力でもあった/當時,兒童又是勞動力
――[接]同時,又¶彼は歌手であり、～、俳優でもあった/他是歌手,同時又是演員
――[接頭]間接¶[-貸(が)し ⓪][名]轉借
まだ ①【未だ】[副] ❶還,仍,仍然¶火事は～消えない/火還没撲滅 ❷只,才¶～三年かたっていない/才過了三年 ❸另外,更加¶機会は～ある/另外還有機會 ❹尚且,還算¶これでも～ましな方だ/這個還算是好的
またがし ⓪【又貸し】[名・他サ]轉借出去
またが・る ③【跨(が)る・股(が)る】[自五] ❶跨,騎,乗¶馬に～/騎馬 ❷横跨¶一都三県に～平野/横跨一都三縣的平原
またぎき ⓪【又聞き】[名・他サ]間接聽到
また・ぐ ②【跨ぐ】[他五]跨過,邁過¶みぞを～/跨過水溝
またた・く ③【瞬く】[自五] ❶眨眼¶～間(ま)/轉眼間 ❷閃爍
またたくま ③【瞬く間】[連語・名]轉瞬之間
または ②①【又は】[接]或,或者¶黒～青色のインクで書いてください/請用黑的或者藍色的墨水寫
マダム ①【madam】[名] ❶夫人 ❷(酒吧的)女老闆
まだら ⓪【斑】[名]斑點,斑紋
まち ②【町・街】[名]城鎮,鎮¶見知らぬ～/陌生的城鎮
――【街】(商店)街,大街
――【町】❶(日本行政區劃)町 ❷街道
まちあい ⓪【待(ち)合(い)】[名]等候¶-室(しつ) ③】[名]候機室,候車室,候診室
まちあわ・せる ⓪【待(ち)合わせる】[自下一]約會
まぢか ①⓪【間近】[形動]臨近,接近,迫近¶～にせまる/迫近
まちがい ③【間違い】[名] ❶錯

誤,謬誤 ❷過失,過錯¶～をおかす/犯錯誤
まちか・い ③【間近い】[形](時間)臨近¶冬休みも～/寒假也快到了
まちが・う ③【間違う】[自他五]❶錯,錯誤 ❷搞錯,弄錯¶意味を～/把意思弄錯了
まちが・える ④③【間違える】[他下一]❶搞錯,弄錯¶計算を～/將計算搞錯 ❷看錯,認錯¶道を～/認錯路
まちかど ④【街角】[名]街角
まちか・ねる【待ち兼ねる】[他下一]等得不耐煩
まちかま・える ⓪⑤【待ち構える】[他下一]等待,等候
まちどおし・い ⑤【待(ち)遠しい】[形]盼望已久¶～夏休み/盼望已久的暑假
まちにまった ①【待ちに待った】[連語]等了又等,盼望很久
まちぶせ ⓪【待ち伏せ】[名・他サ]埋伏;等候
まちまち ②⓪【区区】[形動]紛歧,形形色色
まちわ・びる ⓪【待(ち)わびる・待(ち)侘びる】[他上一]焦急地等待,等得心焦
まつ ①【松】[名]❶松柏,松樹 ❷新年裝飾在門前的松樹
ま・つ ①【待つ】[他五]❶等,等待 ❷期待
まっか ③【真(っ)赤】[形動]❶鮮紅,通紅 ❷完全全全,純粹◇真っ赤なうそ/純粹撒謊
まっき ①【末期】[名]末期
まっくら ③【真(っ)暗】[形動]漆黒◇お先(さき)真っ暗/前途暗淡
まっくろ ③【真(っ)黒】[形動]烏黑,漆黑
まつげ ①【睫・睫毛】[名]睫毛
マッサージ ③【massage】[名・他サ]按摩

まっさお ③【真(っ)青】[形動]❶深藍 ❷蒼白¶～な顔/蒼白的面孔
まっしぐら ③【驀地】[副]突飛猛進
まっしろ ③【真(っ)白】[形動]雪白¶～なシーツ/潔白的床單
まっすぐ ③【真(っ)直ぐ】[副・形動]❶筆直¶～に進む/一直向前 ❷直接,不繞路¶～帰る/直接回家 ❸正直,坦率
まっせき ⓪【末席】[名]末座,下等座位
まったく ⓪【全く】[副]❶完全,確實¶～泳げない/一點也不會游¶～だね/完全正確 ❷真,實在¶～すばらしい/真棒
まつたけ ⓪【松茸】[名]松蕈
まったん ⓪【末端】[名]❶末端 ❷基層
マッチ ①【match】[名]❶火柴 ❷比賽
―[名・自サ]相稱,相配¶ネクタイと背広(せびろ)がよく～している/領帶和西服很相稱
まっちゃ ⓪【末茶・抹茶】[名]綠茶之粉末茶
マット ①【mat】[名]墊子
まっとう・する ⓪【全うする】[他サ]保全,完成
まつばづえ ④【松葉づえ】[名]丁字拐,拐杖
まつび ①⓪【末尾】[名]末尾,最後
まつり ⓪③【祭(り)】[名]❶祭祀,祭典 ❷(爲招攬顧客、遊客而舉行的各種)集市活動¶古本(ふるほん)～/舊書展賣
まつ・る ⓪②【祭る・祀る】[他五]❶祭祀 ❷當作神來供奉
まつわ・る ③【纏わる】[自五]❶纏¶あの子はいつも母親に～ってはなれない/那孩子總是纏着母親一步也不離開 ❷圍繞,關於

まで［副助］❶直至,到達¶朝～寝る/睡到早晨¶夕食～に帰る/晚飯前回來 ❷表示事物到達的程度¶やわらかくなる～煮る/煮到軟了爲止¶はい,それ～/就到此爲止吧 ❸甚至,連¶子どもに～ばかにされる/連小孩都愚弄我

まと ⓪【的】［名］靶子¶～をはずす/脫靶 ❷目標,目的

まど ⓪【窓】［名］窗,窗戶¶～をしめる/關窗

まと・う ②【纏う】［自他五］❶纏,繞 ❷穿,使…纏繞¶晴着(はれぎ)を～/身着盛裝

まどぎわぞく ④【窓際族】［名］受冷遇的公司職員,坐冷板凳的人們

まどぐち ②【窓口】［名］❶窗口 ❷詢問處

まとま・る ⓪【纏まる】［自五］集中,統一,一致¶意見が～/意見統一

まと・める ⓪【纏める】［他下一］歸納,總結,集中¶意見を～/歸納意見

まとも ⓪【真面】［名・形動］❶正面 ❷認真,正經

まどわ・す ③【惑わす】［他五］迷惑,蠱惑¶人心を～/蠱惑人心

マドンナ ②【(イ)Madonna】［名］聖母瑪利亞(像)

マナー ①【manners】［名］禮節,禮儀

まないた ④⓪【俎】［名］切菜板◇まないたに載(の)せる/提出問題並加以議論

まながつお ③【真魚鰹】［名］鯧魚

まなこ ①【眼】［名］眼,眼珠

まなざし ②⓪【眼差(し)】［名］眼光,眼神

まなつ ⓪【真夏】［名］盛夏

まな・ぶ ⓪【学ぶ】［他五］學習¶英語を～/學習英語

マニア ①【mania】［名］(具有某種興趣愛好的人)…迷¶切手(きって)～/集郵迷

まにあ・う ③【間に合う】［自五］❶趕得上,來得及¶終電車に～/趕得上末班車 ❷夠用,夠了¶一万円で～/一萬日圓夠了

まにあわせ ⓪【間に合わせ】［名］權宜之計,暫時敷衍

マニキュア ②【manicure】［名］修指甲[-液(えき)⑤]［名］指甲油

まぬが・れる ④⓪【免れる】［他下一］避免,逃脫¶大惨事を～/避免惨禍¶責任を～/逃脫責任

まぬけ ⓪【間抜け】［名・形動］愚笨,糊塗

まね ⓪【真似】［名］❶仿效,模仿¶～をする/模仿 ❷作法,舉止¶ばかな～をするな/別胡來

マネージャー ①②【manager】［名］❶(旅館,飯店等的)經理 ❷(體育,文藝的)經紀人,管理人

マネキン ⓪【mannequin】［名］❶人體模型 ❷時裝模特兒

まね・く ②【招く】［他五］❶招呼,打招呼¶手で～/舉手打招呼 ❷邀請¶家に～/邀請到家作客 ❸聘請,聘任 ❹招致¶危険を～/招致危險

ま・ねる ⓪【真似る】［他下一］模仿,仿效¶動きを～/模仿動作

まのあたり ③【目の当たり】［副］❶目前,親眼,當面 ❷直接

まばたき ②【瞬き】［名・自サ］瞬,眨眼

まばゆ・い ③【目映い・眩い】［形］耀眼,眩目

まばら ⓪【疏ら】［名・形動］❶稀疏,稀稀落落 ❷(商)零散,零星

まひ ①⓪【麻痺】［名・自サ］麻痺,癱瘓

まび・く ②【間引く】［他五］❶疏苗 ❷棄嬰,掐死初生嬰兒

まひる ⓪【真昼】［名］正午

まぶし・い ③【眩しい】[形]刺眼,眩目
まぶた ①【瞼】[名]眼皮,眼瞼
まふゆ ⓪【真冬】[名]寒冬
マフラー ①【muffler】[名] ❶圍巾,圍脖 ❷消音器
まほう ⓪【魔法】[名]魔法
まほうびん ②【魔法瓶】[名]熱水瓶,熱水壺
まぼろし ⓪②【幻】[名]幻影,幻覺,虚幻
まま ②【侭】[名] ❶照舊,一如原樣¶もとの～/原樣むかしの～/和從前一樣 ❷隨意,任意,自由¶世(よ)の中は～ならぬ/世間的事不以人的意志爲轉移 ❸任憑,聽憑¶どうなろうと～よ/靜觀其變吧
ママ ①【mamma】[名] ❶媽媽 ❷(酒吧)女老闆,媽媽桑
ままおや ⓪【継親】[名]繼父母
ままきょうだい ③【継兄弟】[名]同父異母(同母異父)的兄弟姐妹
ままこ ⓪【継子】[名]繼子,繼女
ままごと ②【飯事】[名](兒童遊戲)家家酒
ままちち ⓪【継父】[名]繼父
ままはは ⓪【継母】[名]繼母
まみず ⓪【真水】[名]淡水
まみ・れる ③【塗れる】[自下一]沾滿,滿身都是¶どろに～/滿身是泥¶あせに～/渾身是汗
まめ ②【豆】[名] ❶豆,大豆 ❷水泡¶～ができる/起水泡¶血(ち)-⓪[名]血泡
―― [接頭]小,小型¶-電球(でんきゅう) ③[名]小燈泡
まめ ⓪【名・形動】❶兢兢業業¶～に働く/兢兢業業地工作 ❷健康
まめつ ⓪【摩滅・磨滅】[名・自サ]磨損
まめほん ⓪【豆本】[名]袖珍本
まもなく ⓪【間もなく】[副]不久,一會兒¶～おわる/一會兒就好
まも・る ②【守る】[他五] ❶守護,保護¶自然を～/保護大自然 ❷遵守¶法を～/守法
まやかし ④⓪[名] ❶欺騙,誆騙 ❷假冒物
まやく ⓪【麻薬】[名](大麻,鴉片等)毒品
まゆ ①【眉】[名]眉毛¶～をしかめる/皺眉¶-墨(ずみ)②[名]眉黛
まゆ ①【繭】[名]蠶繭
まゆげ ①【まゆ毛・眉毛】[名]眉毛
まゆつばもの ⓪【眉唾物】[名]殊屬可疑
まよ・う ②【迷う】[自五] ❶迷失¶道に～/迷路 ❷優柔寡斷,猶豫¶判断に～/優柔寡斷 ❸沉迷,迷戀 ❹(佛教)執迷
まよなか ②【真夜中】[名]深更半夜,午夜
マヨネーズ ③【仏mayonnaise】[名](做沙拉用的)蛋黃醬,美奶滋
マラソン ⓪【marathon】[名]馬拉松
まり ②【毬・鞠】[名]球,皮球
マリオネット ④【marionnette】[名]提線木偶,提線木偶劇
まりょく ①【魔力】[名]魔力
まる ⓪【丸】[名] ❶圓,圓圈¶～をつける/劃圓圈(表示正確) ❷整個,整體¶～一年/整一年 ❸城廓的内部 ❹句號
―― [接尾](接在人,船,狗,刀等名字的後面)…丸¶大雪(だいせつ)～/(船)大雪號
まる・い ⓪【丸い・円い】[形] ❶圓形¶～顔/圓臉 ❷沒稜角¶えんぴつが～くなる/鉛筆尖變禿 ❸圓滿,妥善¶けんかを～くおさめる/妥善地平息紛爭
まるき ⓪【丸木】[名]原木¶-橋(ば

い）❸［名］獨木橋〔一舟（ぶね）❹〕［名］獨木舟
マルキシスト ④【Marxist】［名］馬克思主義者
マルキシズム ④【Marxism】［名］馬克思主義
まるた ⓪［丸太］［名］剝去皮的圓木頭,木料
まるだし ⓪［丸出し］［名・他サ］全部露出
まるっきり ⓪［丸っ切り］［副］完全,全然,簡直
まるで ⓪［副］❶（與否定語相呼應）完全,簡直¶～覚えていない/完全不記得了 ❷宛如,好像¶～絵のようだ/好像畫一樣
まるのみ ⓪［丸呑（み）］［名］❶整個吞下,囫圇吞下¶～にする/整個吞下 ❷生吞活剝,囫圇吞棗¶人の意見を～にする/生搬硬套別人的意見
まるまる ⓪③［丸丸］Ⅰ［名］❶雙圈 ❷某某（指不明瞭或秘密的事）❸空字的記號 Ⅱ［副］❶完全,全部,簡直 ❷圓胖
まるめこ・む ⓪［丸め込む］［他五］❶揉成一個圓塞入 ❷拉攏
まる・める ⓪［丸める］［他下一］❶圓起來,揉成圓¶紙くずを～/把廢紙揉成一團 ❷落髮（出家）¶頭を～/落髮出家 ❸任意,恣意
まるもうけ ③⑤［丸儲け］［名・自サ］全部賺到
まるやけ ⓪［丸焼（け）］［名］燒光,燒盡
まれ ②⓪［稀・希］［名］稀少,稀罕,少見¶～なできごと/罕見的事情
まろやか ②［円やか］［名・形動］圓,圓滑;可口的,醇和
まわ・す ⓪［回す］［他五］❶轉,轉動¶ハンドルを～/轉動方向盤 ❷圍上,繞¶木になわを～/

把繩子繞在樹上 ❸轉移 ❹輪流,傳遞¶～して読む/傳閱◇手（て）を回す/暗中佈置
——［接尾］上接動詞連用形表示遍及四周¶乗(の)り～/四處周遊
まわた ⓪［真綿］［名］絲棉
まわり ⓪［周り］［名］❶周圍,四周 ❷附近¶～の者/附近的人
——［回り］❶轉動,旋轉¶あたまの～がにぶい/腦筋轉得慢 ❷蔓延,擴展¶火の～が早い/火勢蔓延得快 ❸巡迴,巡訪¶年始(ねんし)～/拜年
——［回り］［接尾］❶周數,圈數¶時計の針がひと～する/錶針轉一圈 ❷（比較大小的）圈¶ひと～大きい入れもの/大一圈的容器 ❸（年齡）輪¶年がひと～ちがう/年齡差一輪
まわりくど・い ⑤［回り諄い］［形］繞大彎的
まわりみち ⓪［回り道］［名］繞路,遠道
まわ・る ⓪［回る］［自五］❶轉,旋轉,運轉¶円繞,環繞¶惑星が太陽のまわりを～/行星圍繞太陽轉 ❸繞到,迂迴¶うら口に～/繞到後門 ❹巡廻;巡訪¶あいさつに～/依次拜訪 ❺繞道¶帰りに友人の家に～/回家路上繞道去朋友家 ❻擴展,發作¶酒が～/酒勁發作 ❼（時間）超過¶5時を～/時間已過五點
——［接尾］（上接動詞連用形表示）到處,四處¶歩き～/四處走動¶にげ～/四處逃竄
マン ①【man】［名］❶人,男人 ❷（表示從事某種職業的）人¶カメラ～/攝影師
まん ①［万］［名］萬
まんいち ①［万一］［名・副］萬一¶～の場合に/萬一的情況下¶～たりなかったら追加する/萬一不夠的話再追加

まんいん ⓪【満員】［名］満員
まんえん ⓪【蔓延】［名・自サ］蔓延
まんが ⓪【漫画】［名］❶漫畫 ❷諷刺畫
まんかい ⓪【満開】［名・自サ］盛開
まんき ⓪【満期】［名］満期
まんげつ ⓪【満月】［名］満月
マンゴー ①【mango】［名］芒果
まんさい ⓪【満載】［名・他サ］満載
まんざい ③【漫才】［名］相聲
まんざら ⓪【満更】［副］（與否定語相呼應表示）未必,不一定¶～でもない/未必不好
まんじ ①【卍】［名］卍字,萬字
まんじゅう ③【饅頭】［名］包子
まんじょう ⓪【満場】［名］全場
マンション ①【mansion】［名］（高級）公寓
まんせい ⓪【慢性】［名］慢性
まんぜん ⓪【漫然】［形動］❶胡亂 ❷漫然,漫不經心
まんぞく ①【満足】［名・形動・自他サ］❶満足¶現状に～する/満足現状 ❷満意 ❸〈數〉満足
まんちょう ⓪【満潮】［名］漲潮
マンツーマン ⑤【man-to-man】［名］一對一
まんてん ③【満点】［名］❶満分¶～をとる/得満分 ❷絶佳,頂好

マント ①【(仏)manteau】［名］斗蓬
マンドリン ⓪【mandolin】［名］（樂器）曼陀林
マントル ①【mantle】［名］（地質）地慢,中間層
マントルピース ⑤【mantelpiece】［名］壁爐
まんなか ⓪【真(ん)中】［名］正中,正中央
マンネリ ⓪【mannerism】［名・形動］因循守舊,千篇一律
マンネリズム ④【mannerism】［名］守舊,千篇一律
まんねんどこ ③【万年床】［名］（鋪放著）總不疊起的被褥
まんねんひつ ③【万年筆】［名］鋼筆
まんびき ④⓪【万引(き)】［名・他サ］順手牽羊
まんぷく ⓪【満腹】［名・自サ・形動］満腹,吃飽
まんべんなく ⑤【万遍なく・満遍なく】［副］普遍,均匀
まんぽ ①【漫歩】［名・自サ］漫步
まんまと ①［副］巧妙,漂亮,完全,徹底
まんまる ⓪③【真(ん)丸】［名・形動］很圓,非常圓
まんまん ⓪③【満満】［形動］充満,十分
まんりき ④⓪【万力】［名］老虎鉗

み　ミ

み 五十音圖「ま」行第二音。羅馬字寫作「mi」，發音爲國際音標［mi］。平假名「み」來自「美」字的草體，片假名「ミ」是「三」字的草體。

み ⓪【身】［名］❶身體，軀體¶～にまとう/穿在身上 ❷立場，角度¶相手の～になって考える/站在對方的立場上思考 ❸（動物的）肉 ❹刀身◇身から出(で)たさび/自作自受◇身につける/掌握,穿着,攜帶◇身のまわり/日常生活

み ⓪【実】［名］❶果實¶～がなる/結果 ❷內容◇味がある/內容充實 ❸（添加在醬湯裡的）菜,肉

みあい ⓪【見合(い)】［名］相親【-結婚(けっこん)】④［名］經媒人介紹結婚

みあ・う ⓪【見合う】［自五］平衡,相抵¶支出に～収入/與支出相抵的收入
―――［他五］對視

みあ・げる ⓪【見上げる】［他下一］❶仰視,抬頭看 ❷令人敬佩¶～げたものだ/令人敬佩

みあた・る ⓪【見当(た)る】［自五］找到,發現

みあわ・せる ⓪【見合(わ)せる】［他下一］❶暫停,罷手 ❷對視,互相看¶顔を～/互相看着

みいだ・す ⓪【見いだす・見出す】［他五］尋求,尋找¶解決策を～/尋求解決方法

ミーティング ⑩【meeting】［名］開會,商談會

ミイラ ①【(ポ)mirra】［名］木乃伊

みう・ける ⓪【見受ける】［他下一］❶看上去,看起來 ❷看到,見到

みうごき ②④【身動き】［名］轉動身體

みうしな・う ⓪【見失う】［他五］看不見,看丟¶すがたを～/不見踪影

みうち ⓪【身内】［名］❶全身,周身 ❷親戚,親屬¶～の者/親戚 ❸幫會弟兄

みえ ②【見え】［名］❶外表,虛榮,門面 ❷（演員）亮相◇見えを張(は)る/裝門面

み・える ②【見える】［自下一］❶看得見,映入眼簾¶山が～/看見有座山 ❷能看清楚¶へやの中が,暗くて～えない/房間裡很暗,看不見 ❸看上去像…,似乎,好像¶五十歳に～/看上去像五十歲 ❹（敬語）來¶「お客様が～えました」/"客人來了"

みおくり ⓪【見送り】［名］送行

みおく・る ⓪【見送る】［他五］❶目送 ❷送行,送別¶客を～/送客 ❸放棄（而等待下次機會）¶採用を～/回絡錄用 ❹送終

みおと・す ⓪【見落(と)す】［他五］看漏,忽略過去¶誤字を～/將錯別字看漏過去

みおとり ⓪【見劣(り)】［名・サ］遜色

みおぼえ ⓪【見覚え】［名］眼熟,彷彿見過¶～がある/彷彿見過

みおろ・す ⓪【見下ろす】［他五］俯視,俯瞰,往下看¶二階の窓から～/從二樓往下看

みかい ⓪【未開】［名］❶未開化¶～人(じん)/未開化的人【-社会

みかい

(しゃかい) ④][名]未開化的社會 ❷未開墾¶～の土地/未開墾的土地
みかいけつ ②【未解決】[名・形動]未解決
みかく ⓪【味覺】[名]味覺
みが・く ⓪【磨く・研く】[他五] ❶磨,研¶歯(は)を～/刷牙¶靴を～/擦鞋 ❷磨練,修練◇うでをみがく/修練技藝
みかけ ⓪【見掛(け)】[名]外表,表面[～だおし ④][名]徒有其表,空有虛名
みか・ける ⓪【見掛ける】[他下一]看到,見到
みかた ③②【見方】[名]❶看的方法 ❷看法,想法¶～を変える/改變看法
みかた ⓪【味方】[名]我方,同伙¶～になる/成為自己人
みかづき ⓪【三日月】[名]新月,月牙,蛾眉月
みがって ②【身勝手】[名・形動]恣意,為所欲為¶～なふるまい/為所欲為的表現
みか・ねる ⓪【見兼ねる】[他下一]目不忍睹,看不過去
みがる ⓪【身軽】[形動]❶輕盈,靈活 ❷輕裝¶～な服裝/輕便的服裝 ❸(無負擔)輕鬆¶～なひとり者(mono)/輕鬆一人
みかわ・す ⓪【見交わす】[他五]互相看對方
みかん ①【蜜柑】[名]桔子
みかんせい ⓪【未完成】[名・形動]未完成,未完¶～の作品/尚未完成的作品
みき ①【幹】[名]❶樹幹 ❷(事物的)主體
みぎ ⓪【右】[名]❶右,右側¶～の手/右手¶一側(がわ)⓪]
[名]右側,右邊[一手(て)⓪]
[名]右手,右側 ❷(直寫文章時的)上文,前文¶～のとおり/正

如前所述 ❸保守,右傾¶一寄(よ)り ⓪][名]右傾 ❹[用]「右に出(で)る」的形式表示]勝過,強於¶走ることにかけては,彼の～に出る者はいない/說起跑步,沒人比得上他
みぎうで ⓪【右腕】[名]❶右手 ❷可依靠的人
みきき ①【見聞き】[名・自他サ]見聞,所見所聞
ミキサー ①[mixer][名]❶(建築)攪拌機 ❷攪果汁器
みぎひだり ③【右左】[名]❶左右 ❷左右顛倒
みきわ・める ⓪【見極める】[他下一]❶看清,看透 ❷弄清楚,研究明白 ❸鑑定
みくだ・す ⓪【見下す】[他五]輕視,小看,蔑視
みく・びる ⓪【見くびる・見縊る】[他五]輕視,藐視¶相手を～/藐視對方
みくら・べる ④【見比べる】[他下一]對比,比較
みぐるし・い ④【見苦しい】[形]骯髒,不整潔
ミクロ ①[(独)Mikro][名]微小,微觀¶～の世界/微觀世界[一経済(けいざい) ④][名]微觀經濟
みけいけん ②【未経験】[名]沒體驗過
みこし ⓪①【神輿】[名](祭祀時裝神位的)神橋
みこ・す ⓪【見越す】[他五]預測,展望¶先を～/展望未來
みごと ①【見事】[形動]❶出色,精彩¶～なプレー/出色的比賽 ❷完全,徹底¶～にしくじる/徹底失敗
みこみ ⓪【見込(み)】[名]希望,前途¶～がある/有希望
みこ・む ⓪【見込む】[他五]❶期待¶きみを男と～んで頼(たの)みがある/覺得你是個男子漢,所以

有件事請你幫忙 ❷估計在內,推算在內¶電車のおくれを～んで早めに出かける/把電車晚點的時間估計在內,提前出門 ❸糾纏住,町上

みごろ ③②【見ごろ・見頃】[名]觀賞時節

みごろし ⓪④【見殺し】[名・他サ]❶見死不救 ❷坐視不救

みこん ⓪【未婚】[名]未婚¶～の女性/未婚的女性

ミサ ①【(ラ)missa】[名]〈宗〉彌撒

ミサイル ②【missile】[名]導彈¶核(かく)-④【名】核導彈

みさき ⓪①【岬】[名]岬,海角

みさ・げる ⓪【見下げる】[他下一]輕蔑,蔑視,瞧不起

みさだ・める ⓪【見定める】[他下一]看準,認準

みじか・い ③【短い】[形]❶短¶足が～/腿短 ❷(時間)暫短,短促¶～時間/短時間◇気(き)が短い/性急

みじたく ②【身支度】[名・自サ]打扮(做外出的準備)

みじめ ①【惨め】[形動]悲慘,淒慘

みじゅく ⓪①【未熟】[形動]❶未成熟 ❷不熟練

みしょう ⓪【未詳】[名]不詳

みしらぬ ⓪【見知らぬ】[連体]不認識的,沒見過的¶～人/不認識的人

ミシン ①【sewing-machine】[名]縫紉機¶～をかける/使用縫紉機¶～をふむ/踏縫紉機

ミス ①【Miss】[名]❶(對未婚女子的稱呼)小姐 ❷選美賽的優勝者

ミス ①【miss】[名・自サ]錯誤,失誤¶～をおかす/出差錯

みず ⓪【水】[名]❶水 ❷生水

みずあか ⓪【水あか・水垢】水垢

みすい ⓪【未遂】[名]未遂¶殺人(さつじん)-⑤[名]殺人未遂

みずいらず ③【水入らず】[名]只有自家人,不夾雜外人

みずいろ ⓪【水色】[名]淡藍色,淺藍

みずうみ ③【湖】[名]湖,湖泊

みずえ ⓪【水絵】[名]水彩畫

みす・える ⓪【見据える】[他下一]❶目不轉睛地看¶相手を～/目不轉睛地看著對方 ❷看準

みずかけろん ④【水掛(け)論】[名]沒有休止的爭論,抬死槓

みずかさ ⓪【水かさ・水嵩】(河川等的)水位

みずから ①【自ら】[副]親自,親身——[名]自己¶～の手で初(はじ)めてやいた陶器/第一次親手燒製的陶器

みずがれ ⓪④【水が(れ)・水涸(れ)】[名]乾涸

みずぎ ⓪【水着】[名]游泳衣

みずききん ④③【水飢饉】[名]乾旱

みずくさ ⓪【水草】[名]水草

みずくさ・い ⓪④【水臭い】[形]❶水分多的 ❷味淡的 ❸客套,不親熱的,見外

みずけ ⓪【水気】[名]水份

みすご・す ⓪【見過ごす】[他五]❶忽略,看漏 ❷視而不見,放過¶だまって～せない/絕不能視而不見

みずしょうばい ③【水商売】[名]接待客人的營業

みずしらず ①【見ず知らず】[連語]陌生

ミスター ①【Mister】[名]先生

みずたま ⓪【水玉】[名]❶水珠 ❷圓點圖案

みずたまり ⓪【水たまり・水溜(ま)り】[名]水坑,水窪

みずっぽ・い ④【水っぽい】[形]水

みずで

份多,不够味¶～酒/味不濃的酒

みずでっぽう ③【水鉄砲】[名]噴水槍(兒童玩具)

ミステリー ①【mystery】[名] ❶神秘,不可思議 ❷推理小説

みす・てる ⓪【見捨てる・見棄てる】[他下一]抛棄

みずとり ⓪【水鳥】[名]水鳥

みずぶくれ ③⑤【水膨(れ)】[名]水腫,起泡,(水)泡漲

ミスプリント ④【misprint】[名]印刷錯誤,印錯

みすぼらし・い ⑤①【形】寒酸,寒磣¶～かっこう/寒酸相

みずまし ⓪【水増し】[名・自他サ] ❶漿水,水量增加 ❷加水沖淡 ❸假裝增加

みすみす ⓪【見す見す】[副]眼看著,眼睜睜地

みずみずし・い ⑤【瑞瑞しい】[形]水靈,新鮮,細嫩¶～くだもの/新鮮的水果¶～はだ/細嫩的皮膚

みずむし ⓪④【水虫】[名]腳癬,腳氣

みずわり ⓪【水割(り)】[名]兌水(酒),摻水(酒)

みせ ②【店】[名]商店,店鋪

みせいねん ②【未成年】[名]未成年[-者(しゃ)④][名]未滿二十歲的未成年的人

みせか・ける ⓪【見せかける】[自下一]假裝,裝作

みせしめ ⓪【見せしめ】[名]警告群衆,儆戒,懲一儆百

ミセス ①【Mistress】[名]夫人,太太

みせつ・ける ⓪【見せつける】[他下一]顯示,賣弄

みせびらか・す ⑤【見せびらかす】[他五]顯示,賣弄,炫耀

みせびらき ③【店開き】[名・自サ] ❶(一天的營業開始)營業 ❷(店鋪)開張

みせもの ④③【見世物】[名] ❶(雜耍,魔術等)小節目 ❷被人嘲弄的對象

み・せる ②【見せる】[他下一] ❶給…看,展示,出示¶ちょっと～せて下さい/請給我看看¶医者に～/讓醫生看病 ❷顯露出¶えがおを～/露出笑容
—— [補動] ❶表示説話人的決心和意志¶どんなことがあってもやりとげて～/不管出現什麽事情,我都會堅決完成 ❷表示做給別人看¶先生がまずやって～せた/老師先做了示範

みぜん ⓪【未然】[名]未然¶～にふせぐ/防患於未然

みそ ①【味噌】[名] ❶豆醬 ❷豆醬似的東西[脳(のう)-③][名]腦漿 ❸獨特之處◇みそもくそも一緒(いっしょ)/黑白不分,不分好壞◇～をつける/丟臉

みぞ ⓪【溝】[名] ❶溝¶～を掘る/挖溝 ❷紋,槽兒 ❸隔閡¶～ができる/出現隔閡

みぞう ⓪②【未曾有】[名・形動]從未有過,空前絕後¶～の大地震/空前絕後的大地震

みそぎ ③⓪【禊】[名]禊(拜神佛前以河水淨身去汚穢)¶～をすます/被禊

みそこな・う ⓪【見損なう】[他五] ❶看錯,評價錯 ❷錯過看的機會¶映画を～/錯過一場電影

みそしる ③【味噌汁】[名]味噌湯

みそっかす ④【味噌っ滓】[名] ❶醬渣 ❷最無價值的人

みそ・める ⓪【見初める】[他下一]一見鐘情

みぞれ ⓪【霙】[名]雨雪

…みたい [接尾](接體言,用言連體形,形容動詞詞幹,構成形容動詞表示) ❶像,如同¶ゆめ～な話/像夢一般的話 ❷(舉例)像…那樣¶夏は西瓜(すいか)～な水気(み

ずけ)の多いくだものがおいしい/在夏天,像西瓜那様水份多的水果真好吃 ❸可能,大概,好像¶どうも熱がある～だ/好像發燒了

みだし ⓪【見出(し)】[名] ❶標題¶～をつける/加標題 ❷索引,目錄

みだしなみ ⓪⑤【身嗜み】[名]注意外表,修飾

みた・す ②【満たす】[他五] ❶灌満,注満¶ガソリンを～/灌満汽油 ❷満足¶条件を～/満足条件

みだ・す ②【乱す】[他五]搞亂,弄亂¶髪(かみ)を～/弄亂頭髪

みだら ①【淫ら】[形動]淫亂,淫蕩

みだりに ①【妄りに】[副] ❶胡亂 ❷荒謬

みだ・れる ③【乱れる】[自下一] ❶亂,離亂,混亂¶心が～/心情亂¶服装が～/衣冠不整¶ことばが～/語無倫次 ❷不安定,動亂¶世のなかが～/社會動盪

みち ⓪【道・路・途】[名] ❶路,道路¶～をたずねる/問路 ❷路程,道程¶～が遠い/路途遙遠 ❸門路¶なんとかして助ける～はないだろうか/有没有解救的門路 ❹領域¶それぞれの～で活躍する/活躍在各個領域 ❺道徳

みち ①【未知】[名]未知¶-数(すう)②】[名]未知数

みちあんない ③【道案内】[名] ❶路標 ❷嚮導

みぢか ⓪【身近】[形動] ❶切身¶～な問題/切身問題 ❷身邊,身旁

みちが・える ⓪【見違える】[他下一]認不出來¶すっかり大きくなって～えたよ/長大了,都認不出來啦

みちくさ ⓪【道草】[名]道旁的草

みちじゅん ⓪【道順】[名]路綫

みちしるべ ③⑤【道しるべ・道標】[名] ❶路標 ❷嚮導,指南

みちづれ ⓪④【道連(れ)】[名]同行,同行者

みちのり ⓪【道程】[名]路程,距離

みちばた ⓪【道端】[名]道邊,路旁

みちび・く ③【導く】[他五] ❶領,帶,引¶広間(ひろま)へ～/領到大廳 ❷指導,引導,領導

み・ちる ②【満ちる】[自上一] ❶満¶水が～/水満(了) ❷充満¶自信に～/充満自信 ❸(潮)漲¶潮が～/漲潮 ❹期満¶任期が～/任期居満

みつ ②【密】[名・形動] ❶秘密 ❷緊密,嚴密 ❸周密,周到 ❹密切,親密

みつ ①【蜜】[名] ❶蜜,蜂蜜 ❷糖蜜

みっか ⓪【三日】[名] ❶(毎月的)三號 ❷三天 ❸時間短,無長性【-天下(てんか)④】[名]短命政權【-坊主(ぼうず)④】[名]没有定性的人

みつが ⓪【密画】[名]工筆畫

みつかど ⓪【三(つ)角】[名] ❶三角 ❷三岔口

みつか・る ⓪【見つかる】[自五] ❶找到,發現¶仕事が～/找到工作 ❷敗露,被發覺

みつぎ ①②【密議】[名]密談

みつ・ぐ ⓪②【貢ぐ】[他五]獻貢,納貢

ミックス ①【mix】[名・他サ]混合,摻混

みつげつ ②⓪【蜜月】[名]蜜月¶-旅行(りょこう)⑤】[名]蜜月旅行

みつ・ける ⓪【見付ける】[他下一] ❶找,尋找¶仕事を～/找工作 ❷發現 ❸看慣¶～けた風景/看慣的景色

みっこく ⓪【密告】[名・他サ]告密

みっしゅう ⓪【密集】[名・自サ]密集,稠密

ミッション・スクール ⑥【mission school】[名]教會學校
みっせつ ⓪【密接】[名・自サ]緊接,緊挨
——[形動]密切,緊密
みっちゃく ⓪【密着】[名・自サ]❶息息相關,有密切關係¶生活に～する/與生活緊密相關 ❷(攝影)印相,印相紙
みっちり ③[副]充分,好好地
みっつ ③【三つ】[名]❶三個 ❷三歲
みつど ①【密度】[名]❶密度【人口(じんこう)―⑤】[名]人口密度 ❷〈物〉密度¶～が大きい/密度大 ❸(小說,電影等)內容¶～がこい/內容充實
みっともな・い ⑤[形]不像樣,丟人,醜惡
みつばち ②【蜜蜂】[名]蜜蜂
みっぺい ⓪【密閉】[名・他サ]密封,封閉
みつ・める ⓪【見つめる・見詰める】[他下一]凝視,盯著
みつもり ⓪【見積(も)り】[名]估算,估計
みつも・る ⓪【見積(も)る】[他五]估算,估計¶経費を～/估算經費
みつゆ ⓪【密輸】[名・他サ]秘密輸出(入),(進出口)走私
みづら・い ③【見辛い】[形]❶不堪入目 ❷不易看
みつりん ⓪【密林】[名]密林
みてい ⓪【未定】[名・形動]未定
みてくれ ⓪【見てくれ】[名]外觀,外表¶～がいい/外觀好看
みとおし ⓪【見通し】[名]❶瞭望,看得遠¶～がきく/便於瞭望 ❷預測,預計 ❸看透,看穿
みとお・す ⓪【見通す】[他五]❶瞭望,一眼望盡 ❷展望,預測¶将来を～/展望未來 ❸看透,看穿¶心を～/看透心思 ❹從頭看到尾,一直看完

みどころ ②【見所】[名]❶精彩場面 ❷前途,出息¶彼はどこか～のある若者だ/他是個有前途的年輕人

みとど・ける ⓪【見届ける】[他下一]看到最後¶最期(さいご)を～/送終

みと・める ⓪【認める】[他下一]❶看見,看到¶すがたを～/看到身影 ❷斷定,認爲¶異状が～められる/斷定異常 ❸准許,許可¶外出を～/允許外出 ❹承認¶あやまりを～/認錯 ❺賞識,重視¶世に～められる/爲社會所承認¶仕事ぶりを～/賞識(他的)工作態度

みどり ①【緑】[名]❶綠,綠色 ❷綠樹,嫩芽

みとりず ⓪【見取(り)図】[名]示意圖,略圖

みと・る ⓪【看取る】[他五]❶看見看到 ❷看著畫

みと・れる ⓪【見とれる・見惚れる】[自下一]看得入神,看得入迷¶けしきに～/爲景色所吸引

みな ⓪①[副]全,都,皆¶家中(いえじゅう)の者が～行く/家裡人都去
—— ②①[代]諸位,各位

みなお・す ⓪【見直す】[他五]❶再看,重看 ❷重議,重新研究¶外交政策を～/重議外交政策 ❸重新認識,重新評價

みなかみ ⓪【水上】[名](江河)上游

みなぎ・る ③【漲る】[自五]充滿¶闘志が～/鬥志昂揚

みなさま ②【皆様】[代]各位,諸位

みなしご ③⓪【孤児】[名]孤兒

みな・す ⓪【見なす・看做す・見做す】[他五]看做,作爲

みなと ⓪【港・湊】[名]港口,碼頭

みなみ ⓪【南】[名]南,南邊
みなもと ⓪【源】[名] ❶源頭,水源 ❷起源¶文明の～/文明的起源
みならい ⓪【見習(い)】[名]見習,實習¶-工(こう) ⓪[名]學徒工
みなら・う ⓪【見習う】[他五] ❶模仿,以…為榜樣¶兄を～/仿效哥哥 ❷見習,學習
みなり ①【身なり】[名]裝束,打扮
みな・れる ⓪【見慣れる】[自下一]看慣
ミニ ①【mini】[名]小,短¶-カー①[名]小型汽車¶-スカート④[名]迷你裙¶-ディスク③→エムディー
みにく・い ③【醜い】[形] ❶不好看,難看¶～身なり/難看的裝束 ❷醜惡,醜陋
ミニマム ①【minimum】[名]最小,極小,最小值
みぬ・く ⓪【見抜く】[他五]看穿,看透,看破
みね ⓪②【峰・峯・嶺】[名] ❶峰,山峰 ❷刀背
みのう ⓪【未納】[名]未繳納
みのうえ ④【身の上】[名] ❶身世,經歷¶～を明かす/講明身世 ❷命運,運氣¶～をうらなう/算命
みのが・す ⓪【見逃す】[他五] ❶放過,競恕¶罪を～/競恕罪行 ❷看漏,滿看 ❸錯過¶好機を～/錯過好機會
みのしろきん ⓪【身の代金】[名]贖金
みのまわり ⓪【身の回り】[名] ❶日常生活¶～の世話(せわ)をする/照料日常生活 ❷日常(生活)用品
みの・る ⓪②【実る・稔る】[自五] ❶結果實,成熟¶稲(いね)が～/稲子成熟 ❷有成績,有結果

みばえ ②⓪【見栄え】[名・自サ]好看,美觀
みはから・う ⓪【見計らう】[他五] ❶斟酌,看着(辦) ❷估計(時間)
みはらし ⓪【見晴らし】[名]眺望,景致
みはり ⓪【見張(り)】[名] ❶看守,警戒 ❷崗哨,值班人
みは・る ⓪【見張る】[他五]看守,警戒¶犯人を～/看管犯人◇目(め)を目張る/瞠目而視
みぶり ⓪①【身振(り)】[名]姿勢,姿態¶-手振(てぶ)り ⓪-①[名]動作手勢
みぶるい ②③【身震い】[名]發抖,打顫¶～がする/渾身發抖
みぶん ①【身分】[名]身份,地位¶～がある/有身份¶-証明書(しょうめいしょ)⑥[名]身份證
みぼうじん ②【未亡人】[名]遺孀
みほん ⓪【見本】[名] ❶様品,様本 ❷例子,典型
みまい ⓪【見舞(い)】[名] ❶探望,慰問,問候¶暑中(しょちゅう)-④[名]暑期問候 ❷慰問品
みま・う ⓪【見舞う】[他五] ❶探望,慰問,問候¶病人を～/探望病人 ❷揍,打 ❸遭受¶災害に～われる/遭受災害
みまも・る ⓪【見守る】[他五] ❶照顧,照料¶子供を～/照顧孩子 ❷注視,關注
みまわ・す ⓪【見回す】[他五]環視,環顧
みまわ・る ⓪【見回る】[自五]巡視,巡查
みまん ①【未満】[名]未滿,不滿¶三十歳～/不滿三十歳

みみ ②【耳】[名] ❶耳,耳朵 ❷聽,聽力◇耳がいい/聽力好¶初(はつ)-①[名]第一次聽説 ❸(器物的)耳子,把手¶なべの～/鍋的耳子 ❹(麵包等的)邊

みみあ／兒,緣¶パンの〜/麵包邊兒◇耳が遠(とお)い/耳背◇耳が早(はや)い/消息靈通◇耳にする/聽到◇耳にたこができる/聽膩◇耳にはさむ/偶爾聽到◇耳を傾(かたむ)ける/傾聽 ◇耳を澄(す)ます/側耳傾聽

みみあか ④⓪【耳あか・耳垢】[名]耳垢,耳屎

みみうち ④③【耳打(ち)】[名・自サ]耳語

みみかざり ③【耳飾(り)】[名]耳飾,耳環

みみざわり ③【耳障り】[名・形動]刺耳

みみず ⓪【蚯蚓】[名]蚯蚓

みみたぶ ③【耳たぶ・耳朶】[名]耳垂

みみっち・い ④[形]吝嗇的

みみなり ④⓪【耳鳴(り)】[名]耳鳴¶〜がする/耳鳴

みみもと ④【耳元・耳許】[名]耳根

みみより ⓪【耳寄り】[名・形動]值得一聽

みもと ③⓪【身元・身許】[名]❶經歷,來歷¶調查(ちょうさ)④〜[名]經歷調査¶不明(ふめい)④〜[名]來歷不明 ❷身份¶保証(ほしょう)④〜[名]擔保¶保証人(ほしょうにん)⑤〜[名]保人

みもの ③【見物】[名]值得一看的東西

みや ⓪【宮】[名]❶皇族的尊稱 ❷神社

みゃく ②⓪【脈】[名]❶脈,血管 ❷脈搏¶〜をみる/診脈◇脈がある/有望

みゃくはく ⓪【脈拍・脈搏】[名]脈搏

みゃくらく ⓪【脈絡】[名]脈絡

みやげ ⓪①①【土産】[名]❶土産,土産品 ❷禮物,禮品

みやこ ⓪【都】[名]❶首都,首府 ❷都市,城市

みやす・い ③【見やすい・見易い】[形]❶容易看,容易看清¶〜席/易観賞的席位 ❷淺顯,易懂¶〜道理/淺顯的道理

みやぶ・る ⓪【見破る】[他五]看穿,識破¶正体を〜/識破真面目

ミュージック ①【music】[名]音樂【ダンス-⑥】[名]舞曲[-ホール⑥][名]音樂廳

みょう ①【妙】[名]妙,出色,巧妙——[形動]奇怪,怪¶〜な男/奇怪的男人

みょうあん ⓪【妙案】[名]好主意,妙計¶〜がうかぶ/想出妙計

みょうごにち ③【明後日】[名]後天

みょうじ ①【名字・苗字】[名]姓

みょうにち ①【明日】[名・副]明天,明日

みょうねん ⓪【明年】[名・副]明年,來年

みょうばん ①【明晩】[名・副]明天晚上

みょうれい ⓪【妙齢】[名]妙齢¶〜の女性/妙齢女子

みより ⓪【身寄(り)】[名]親人,親屬

ミラー ①【mirror】[名]❶鏡子 ❷反光鏡

みらい ①【未来】[名]未來,將來【-派(は)⓪】[名][藝術]未來派

ミリ ①【(仏)milli】[名]❶毫,千分之一 ❷「ミリメートル」的簡稱]毫米,米厘

ミリグラム③【(仏)milligramme】[名・接尾]毫克

ミリバール ③【(仏)millibar】[名・接尾](氣壓)毫巴

ミリメートル③【(仏)millimetre】[名・接尾]毫米

みりょく ⓪①【魅力】[名]魅力¶〜がある/富有魅力

ミリリットル ③【(仏)millilitre】

[名・接尾]毫升

みる ①【見る】[他上一] ❶看,觀看¶花を～/賞花¶夢(ゆめ)を～/做夢 ❷閱讀 ❸品嘗¶味を～/品嘗味道 ❹觀察¶夕方の空模様(そらもよう)からみて,あしたは天気にまちがいない/從傍晚的天空來看,明天準是個好天 ❺照看,照料,處理¶事務を～/處理事務
　——【診る】診察,看病¶患者を～/診治病人¶病気を～/看病
　——[補動]試試看¶漫画(まんが)をかいてみた/試着畫了幅漫畫 ◇ばかをみる/吃虧 ◇痛(いた)い目(め)をみる/倒霉

みるからに ①【見るからに】[副] 一看就…¶～おいしそう/一看就覺得很香

ミルク ①【milk】[名] ❶牛奶 ❷煉乳 ❸乳液

みるみる(うちに) ①【見る見る(うちに)】[副]眼看着,轉眼間¶～あたりが暗くなってきた/轉眼間天就黑了下來

みれん ①【未練】[名・形動]留戀,依戀¶～がある/戀戀不捨[-がまし・い⑥][形]不乾脆,不果斷

みわ・ける ⓪【見分ける】[他下一]區分,分辨¶ほんものを～/分辨真貨

みわた・す ⓪【見渡す】[他五] ❶遠望¶～限りの大海原(おおうなばら)/一望無際的大海 ❷環視,環顧¶会場を～/環視會場

みんい ①【民意】[名]民意
みんか ①【民家】[名]民宅
みんかん ⓪【民間】[名]民間¶-放送(ほうそう) ⑤[名]民間電臺
みんげい ⓪【民芸】[名]民間藝術
みんけん ⓪【民権】[名]民權
みんじ ①【民事】[名]民事
みんしゅ ①⓪【民主】[名]民主¶-主義(しゅぎ) ④[名]民主主義
みんしゅう ⓪【民衆】[名]民衆,大衆
みんしゅく ⓪【民宿】[名](滑雪,游泳季節,農民開辦的)臨時簡易旅館
みんじょう ⓪【民情】[名]民情
みんしん ⓪【民心】[名]民心
みんぞく ①【民俗】[名]民俗¶-学(がく) ④[名]民俗學
みんぞく ①【民族】[名]民族¶-意識(いしき) ⑤[名]民族意識
みんな ③⓪【皆】(「みな」的口語表現)→みな
みんぽう ⓪①【民放】[名]民間廣播
みんぽう ①【民法】[名]〈法〉民法
みんよう ⓪【民謡】[名]民謠,民歌
みんわ ⓪【民話】[名]民間傳説

む　ム

む 五十音圖「ま」行第三音。羅馬字寫作「mu」,發音爲國際音標[mu]。平假名「む」來自「武」字的草體,片假名「ム」來自「牟」的上半部。

む ①【無】[名] ❶無,没有¶～から有(ゆう)を生(しょう)じる/從無到有 ❷徒勞,白費,化爲烏有¶長年(ながねん)の苦勞を～にする/長年的辛苦化爲烏有

むい ①【無爲】[名]無爲

むいか ⓪【六日】[名] ❶六號,六日 ❷六天

むいぎ ②【無意義】[名・形動]無意義

むいしき ②【無意識】[名・形動] ❶昏迷,失去意識 ❷下意識,無意識

むいちもん ③【無一文】[名]身無分文

むいみ ②【無意味】[名・形動]無意義,無價値

ムード ①【mood】[名] ❶心情,情緒,氣氛,情調 ❷(語法)法;語氣

むえき ①【無益】[名・形動]無益

むえん ⓪【無縁】[名・形動] ❶無縁,無關 ❷死後無親友弔祭¶～仏(ぼとけ)/野鬼

むかい ⓪【向(か)い】[名]對面¶～の家/對面的住宅¶～さん/對門的鄰居¶- 合(あ)わせ ⓪[名]面對面

むがい ①【無害】[名・形動]無害

むがい ⓪【無蓋】[名]無蓋,無頂¶～貨車(かしゃ)/[名]敞蓬貨車

む・かう ⓪【向かう】[自五] ❶面對,面向,朝着¶机に～/面對桌子 ❷迎擊,迎抗¶敵に～/迎敵 ❸去,往¶東京に～/去東京 ❹趨向,接近¶暑さに～/漸漸熱起來

むかえ ⓪【迎え】[名]迎接,接¶～に行く/去迎接

むか・える ⓪【迎える】[他下一] ❶迎接,接 ❷請來,請¶專門家を～/請來專家 ❸迎接(某一時期的來臨)¶新年を～/迎接新年¶死を～/面臨死亡

むがく ①【無学】[名・形動]不學無術

むかし ⓪【昔】[名]往昔,從前【ひと-②】[名]十年前¶-話(ばなし)④】[名]傳説,故事

むかつ・く ⓪【自五】 ❶噁心,想嘔吐¶胸が～/心裡噁心 ❷不高興,生氣

むかで ⓪【百足・蜈蚣】[名]蜈蚣

むかむか ①【副・自サ】 ❶噁心,要吐 ❷生氣

むがむちゅう ①-⓪【無我夢中】[名]熱中得忘掉一切,拼命¶～で逃げる/拼命逃竄

むかんけい ②【無關係】[名・形動]無關,没關係

むかんしん ②【無關心】[名・形動]不關心,不感興趣

むき ①【向き】[名] ❶方向¶～が変わる/方向變了 ❷人¶ご用の～は受付(うけつけ)へおいでください/有事的人請到詢問處 ❸内容,趣旨 ❹(行爲等的)傾向 ❺適合,合適¶子ども～の本/適合兒童閲讀的書◇向きになる/(爲一點小事)認真,生氣

むき ①【無期】[名]無期

むぎ ①【麦】[名]麥,麥子

- **むきあ・う** ③【向(き)合う】[自五]相對,面對面
- **むきかごうぶつ** ④【無機化合物】[名]無機化合物
- **むきげん** ②【無期限】[名]無期,無期限【-スト】⑤[名]無限期罷工
- **むぎこ** ③②【麦粉】[名]麥粉,麵粉
- **むきだし** ⓪【剥き出し】[名・形動] ❶露出 ❷不粉飾,露骨
- **むきめい** ②【無記名】[名]無記名【-投票(とうひょう)】⑤[名]無記名投票
- **むきりょく** ②【無気力】[名・形動]沒精神,缺乏朝氣
- **む・く** ⓪【向く】[自他五] ❶向,朝¶海に～いた窓/朝海的窗戶 ❷(向某一方向)移動 ❸適合¶君は医者に～いている/你適合當醫生
- **む・く** ⓪【剝く】[他五]剝,剝開¶皮(かわ)を～/剝皮 ◇目(め)をむく/瞪眼睛 ◇歯(は)をむく/生氣
- **むくい** ⓪②【報い】[名]報應¶～をうける/得到報應
- **むく・いる** ⓪③【報いる】[自他上一]酬勞,報答¶労に～/酬勞
- **むくち** ①【無口】[名・形動]沉默寡言,不愛說話¶～な人/沉默寡言的人
- **むく・む** ⓪②【浮腫む】[自五]浮腫
- **-むけ**【向け】[接尾]以…為對象,面向¶子ども～の本/兒童讀物
- **む・ける** ⓪【向ける】[他下一] ❶向,朝¶顔を～/轉臉¶背を～/轉身 ❷派遣¶使者を～/派遣使者 ❸調撥,挪用¶予備費を穴うめに～/用機動資金填補虧損 ◇目(め)を向ける/注視 ◇注意(ちゅうい)を向ける/親注
- **むげん** ⓪【無限】[名・形動]無限
- **むこ** ①【婿・壻・聟】[名]婿,女婿【花(はな)-】③[名]新郎
- **むご・い** ②【惨い・酷い】[形] ❶悲惨 ❷残酷,残忍
- **むこう** ⓪【向こう】[名] ❶對面¶～の山/對面的山 ❷那邊,那裡¶～じゃ今ごろ雪がふっているだろう/那裡現在正在下雪吧 ❸遠處,遠方 ❹以後,從今以後¶三月から～は忙(いそが)しくなる見こみだ/看來從三月以後該忙了 ❺對方¶～の言い分(ぶん)/對方的辯解
- **むこう** ⓪【無効】[名・形動]無效¶～になる/失效,無效
- **むごん** ⓪【無言】[名]無言,沉默不語【-劇(げき)】②[名]啞劇
- **むざい** ⓪【無罪】[名]無罪
- **むさくるし・い** ⑤[形]骯髒,亂七八糟
- **むさぼ・る** ③【貪る】[他五]貪婪¶～ように本を読む/貪婪地讀書
- **むずむず** ①[副] ❶輕易地 ❷毫不在乎
- **むざん** ①【無惨・無慙・無残】[形動] ❶凄惨 ❷残酷,残暴
- **むさんかいきゅう** ④【無産階級】[名]無産階級
- **むし** ①【虫】[名] ❶蟲,蟲子 ❷(熱衷於某一事情的)人¶本の～/書呆子¶仕事の～/只知道工作的人【弱(よわ)-】②[名]懦夫【泣(な)き-】③④[名]愛哭的人 ◇虫がいい/自私自利 ◇虫が知(し)らせる/不祥的預感 ◇虫が好(す)かない/討厭,厭惡 ◇腹(はら)の虫がおさまらない/怒氣難消
- **むし** ①【無視】[名・他サ]無視
- **むし** ①【無私】[名・形動]無私¶～の心/無私之心
- **むしあつ・い** ④【蒸し暑い】[形]悶熱
- **むしくだし** ③【虫下し】[名]驅蟲藥
- **むじつ** ①【無実】[名] ❶無事實根據¶～の罪/無實之罪 ❷無實

むしなべ ③【蒸(し)鍋】[名]蒸鍋
むしば ⓪【虫歯】[名]蟲牙,蛀齒,齲齒
むしば・む ③【蝕む】[他五]侵蝕
むしぶろ ⓪②【蒸(し)ぶろ・蒸(し)風呂】[名]蒸氣浴
むしむし ①[副・自サ]悶熱
むしめがね ③【虫眼鏡】[名]放大鏡
むしゃ ①【武者】[名]武士
むじゃき ①【無邪気】[名・形動]天真,單純
むしゃくしゃ ①[副・自サ] ❶蓬亂 ❷心忙意亂
むしゃむしゃ ①[副・自サ]貪食,狼吞虎嚥
むじゅん ⓪【矛盾】[名・自サ]矛盾
むじょう ⓪【無常】[名・形動] ❶(佛教)無常 ❷人世無常
むじょう ⓪【無情】[名・形動]無情
むじょう ⓪【無上】[名・形動]無上,最上
むじょうけん ②【無条件】[名]無條件¶-降伏(こうふく)⑥[名]無條件投降
むしょうに ⓪【無性に】[副]非常,極端
むしょく ①【無色】[名] ❶無色 ❷無黨無派,中立¶〜の立場/中立的立場
むしょく ①【無職】[名]無職業
むしよけ ④⓪【虫除(け)】[名]驅蟲劑,驅蟲藥
むし・る ⓪【毟る・挘る】[他五]
❶拔,薅,揪¶毛を〜/拔毛 ❷剝,撕¶さかなの肉を〜/剝魚肉
むしろ ③【蓆・筵】[名]篦子
むしろ ①【寧ろ】[副]與其…不如…,倒不如¶いいかげんにするくらいなら、〜しない方がいい/馬馬虎虎地做倒不如不做
むしん ⓪【無心】Ⅰ[形動] ❶天真 ❷一心一意,熱衷 Ⅱ[名・他サ](毫不客氣地)要錢
むしんけい ②【無神経】[名・形動]感覺遲鈍
むしんろん ⓪【無神論】[名]無神論
む・す ①【蒸す】[自他五] ❶蒸¶ご飯を〜/蒸飯 ❷悶熱
むすう ②【無数】[名・形動]無數

むずかし・い ⓪[形]
❶難懂,不易理解¶〜文章/難懂的文章 ❷複雜,麻煩,難解決¶〜仕事/複雜的工作 ❸不好對付,好挑剔¶〜人物/不好對付的人 ❹疑難,難治的病¶〜病気/疑難病 ❺不高興¶〜顔/不高興的樣子

むずがゆ・い ⓪④【むず痒い】[形]刺癢
むすこ ⓪【息子】[名]兒子,男孩子¶うちの〜/我兒子
むすび ⓪【結(び)】[名] ❶結¶蝶(ちょう)ー③[名]蝴蝶結 ❷結尾¶演説の〜/演説的結束語 ❸飯糰
むすびめ ⓪【結(び)目】[名]結扣,扣兒
むす・ぶ ⓪【結ぶ】[自他五] ❶連接¶直線で〜/用直線連接 ❷簽訂,締結¶契約を〜/簽訂契約 ❸繫¶ネクタイを〜/打領帶 ❹結束¶会を〜/結束會議 ❺結(果)¶実を〜/結果
むずむず ①[副・自サ] ❶心癢癢 ❷急得慌
むすめ ③【娘】[名] ❶女兒 ❷年輕姑娘
むすめむこ ④【娘婿】[名]女婿
むせい ⓪【無声】[名]無聲¶-映画(えいが)④[名]無聲電影¶-化(か)①[名](發音的)無聲化
むぜい ①【無税】[名]免税
むせいげん ②【無制限】[名・形動]無限制

- むせいせいしょく ④【無性生殖】[名]無性生殖,無性繁殖
- むせいふ ②【無政府】[名]無政府【-主義(しゅぎ)】⑤[名]無政府主義
- むせいぶつ ②【無生物】[名]無生物
- むせきにん ②【無責任】[名・形動]不負責任
- むせびな・く ⓪【むせび泣く・咽び泣く】[自五]抽泣
- むせ・ぶ ⓪【噎ぶ・咽ぶ】[自五]❶(因煙,食物等)噎,嗆 ❷抽泣
- む・せる ⓪【噎せる】[自下一]❶(食物etc)噎 ❷(煙)嗆
- むせん ⓪【無線】[名]❶無線電【-放送(ほうそう)】④[名]無線電廣播 ❷(「無線電信」的簡稱)無線電通訊 ❸(「無線電話」的簡稱)無線電話
- むそう ⓪【夢想】[名・他サ]夢想
- むぞうさ ②【無造作】[名・形動]❶簡單,容易 ❷漫不經心,隨便
- むだ ⓪【無駄】[名・形動]徒勞,白費¶～になる/白費
- むだあし ⓪【無駄足】[名]白跑腿,空跑¶～をふむ/白跑一趟
- むだぐち ⓪【無駄口】[名]廢話,閒聊
- むだづかい ③【無駄遣い】[名]浪費(錢,物等)
- むだばなし ③【無駄話】[名]廢話,沒用的話,閒聊
- むだん ⑩【無断】[名]擅自¶～で使う/擅自使用
- むち ①【鞭・笞】[名]❶鞭,鞭子 ❷教鞭
- むち ①【無知・無智】[名・形動]無知,愚昧
- むち ①【無恥】[名・形動]無耻
- むちうちしょう ④【鞭打ち症】[名]頭部震顫症
- むちゃ ①【無茶】[名・形動]蠻不講理,蠻橫,過份¶～を言う/蠻不講理¶～をする/胡作非為
- むちゃくちゃ ⓪【無茶苦茶】[名・形動]❶胡亂,亂七八糟 ❷過份
- むちゅう ⓪【夢中】[名・形動]❶專心,著迷,熱中¶～になる/著迷 ❷不顧一切,拼命¶～で逃げた/不顧一切地逃走了 ❸夢中,夢境中
- むっくり ③[副・自サ]❶驀地 ❷胖嘟嘟 ❸腫脹貌
- むっつ ③【六つ】[名]❶六,六個 ❷六歲
- むっつり ③[副・自サ]沉默寡言,繃著臉
- むっと ⓪[副・自サ]❶心裏氣得慌,心頭火起 ❷悶得慌
- むつまじ・い ④⓪【睦まじい】[形]和睦
- むてき ①【無敵】[名・形動]無敵
- むてっぽう ②【無鉄砲】[名・形動]魯莽,顧前不顧後
- むでん ⓪【無電】[名]❶(「無線電信」的簡稱)無線電報¶～をうつ/拍電報 ❷(「無線電話」的簡稱)無線電話
- むとんちゃく ②【無頓着】[名・形動]不介意,不在乎,不講究
- むなぐるし・い ⑤【胸苦しい】[形]胸悶
- むなげ ⓪【胸毛】[名]胸毛
- むなさわぎ ③⑤【胸騒ぎ】[名・自サ]忐忑不安,不祥之感¶～がする/忐忑不安
- むなざんよう ③【胸算用】[名]內心盤算
- むなし・い ⓪③【空しい・虚しい】[形]❶空洞,空虛¶～生活/空虛的生活 ❷徒勞,枉然¶～努力/徒勞的努力
- むに ①【無二】[名]無雙¶～の親友/最好的朋友
- むね ②【旨】[名]❶意思,內容 ❷宗旨¶当店では、サービスを～としております/本店以服務周到

為宗旨
むね ⓪②【棟】[名] ❶屋脊 ❷棵,大棵
── [接尾]棟,幢
むね ②【胸】[名] ❶胸¶～に手をあてて考える/捫心自問 ❷肺¶～の病気/肺病 ❸心,心臟¶～がどきどきする/心怦怦地跳◇胸がつぶれる/心碎◇胸が痛(いた)む/心痛◇胸が一杯(いっぱい)になる/非常激動◇胸が騒(さわ)ぐ/忐忑不安◇胸をなでおろす/放下心來◇胸を張(は)る/趾高氣揚
むねん ①【無念】[名・形動] ❶什麼也不想 ❷悔恨
むのう ⓪【無能】[名・形動]無能
むひ ①【無比】[名]無比
むひょうじょう ②【無表情】[名・形動]無表情
むふんべつ ②【無分別】[名・形動]好壞不分,不知好歹
むぼう ⓪【無謀】[名・形動]輕率,冒失,胡來,欠斟酌
むみかんそう ①-⓪【無味乾燥】[形動]枯燥無味
むめい ⓪【無名】[名] ❶無名 ❷無名氣¶～の新人/無名新人 ❸匿名,沒寫姓名
むやみ ①【無暗・無闇】[形動] ❶隨意,胡亂¶～なことをするな/不要胡鬧 ❷拚命,過分,過度¶～に食べる/拚命吃
むゆうびょう ⓪【夢遊病】[名]夢遊病
むよう ①⓪【無用】[名・形動] ❶閒,沒有事情¶～の者の立ち入りを禁ず/閒人免進 ❷無需,不必要¶心配はご～です/無需擔心
むよく ①【無欲・無慾】[名・形動]寡慾,無慾望
むら ⓪【斑】[名・形動] ❶(顏色)深淺不均 ❷朝三暮四,易變
むら ②【村】[名] ❶村落,村子 ❷(行政區劃)村
むらが・る ③【群がる】[自五]聚集,群集¶蟻(あり)が～/螞蟻聚集在一起
むらさき ②【紫】[名] ❶紫,紫色 ❷醬油
むらびと ②⓪【村人】[名]村民
むり ①【無理】[名・形動] ❶無理,不講道理 ❷勉強,硬幹¶～をする/勉強 ❸過份,難以做到¶～な注文/過份的要求
むりすう ②【無理数】[名]〈數〉無理數
むりやり ⓪【無理矢理】[副]強迫,硬
むりょう ①⓪【無料】[名]免費
むりょく ①【無力】[名・形動] ❶無力,沒有力 ❷軟弱,無錢無勢
むれ ②【群(れ)】[名]群,幫,伙¶羊(ひつじ)の～/羊群
む・れる ②【群れる】[自下一]匯集,雲集,成群
むろん ⓪【無論】[副]當然¶～、きみのせいではない/當然不是你的過錯
むんむん ①[副・自サ]悶熱貌,熱氣蒸騰貌

め　メ

め 五十音圖「ま」行第四音。羅馬字寫作「me」，發音爲國際音標[me]。平假名「め」來自「女」字的草體,片假名「メ」來自「女」字的簡略。

め ①【目】[名] ❶眼睛¶～をあける/睜眼¶～をみはる/瞪眼¶～をさます/醒 ❷看,瞧¶～をつける/看¶～にうかぶ/浮現在眼前¶～にとめる/看到¶～もくれない/不屑一顧 ❸目光¶好奇の～/好奇的眼神¶不信の～/不信任的目光 ❹視力¶～がわるい/視力差 ❺判斷力,眼力¶～がいい/眼力好◇目が高い/有眼力 ❻中心¶台風の～/颱風眼 ❼格,眼¶あみの～/網眼¶碁盤(ごばん)の～/圍棋盤的格 ❽(鋸等的)齒¶のこぎりの～/鋸齒 ❾針脚¶～があらい/針脚大 ❿視線,注意¶人の～をひく/引人注目¶人の目をぬすむ/背着人,偷偷 ⓫體驗,經驗¶ひどい～にあう/吃苦頭

—— [接尾] ❶(表示順序)第三人～/第三個人¶五年～/第五年 ❷接形容詞詞幹,表示程度和傾向)一點,一些¶ほそ～/細點¶すくな～/少些¶はや～/早一點 ❸(接動詞連用形,表示)區分點,分界線¶切れ～/空隙,切痕¶折(お)り～/折痕,折縫¶死に～/臨死◇目が利(き)く/見多識廣◇目が肥(こ)える/有鑑賞力◇目が回(まわ)る/天旋地轉,非常忙◇目から火(ひ)が出(で)る/眼冒金星◇目と鼻(はな)の先/相隔咫尺◇目に余(あま)る/看

不下去◇目に一丁字(いっていじ)もない/目不識丁◇目に角(かど)を立(た)てる/怒目而視◇目に付(つ)く/顯眼◇目には目を,歯(は)には歯を/以眼還眼,以牙還牙◇目の色(いろ)を変(か)える/(因吃驚,生氣)變色◇目の上(うえ)のこぶ/礙事的人◇目の中(なか)に入(い)れても痛(いた)くない/含在嘴裡怕化了(喻非常疼愛子女)◇目は口(くち)ほどに物(もの)を言(い)う/眼睛比嘴還能傳情¶目を凝(こ)らす/凝視◇目を据(す)える/町着看,凝視◇目を細(ほそ)める/滿面笑容◇目を丸(まる)くする/(因吃驚)睜大眼

め ①【芽】[名] ❶芽¶木(こ)の～/樹芽 ❷(事物的)苗頭◇犯罪の芽/犯罪的苗頭

めあたらし・い ⑤【目新しい】[形] 新穎¶～デザイン/新穎的設計

めあて ①【目当(て)】[名] ❶目的 ❷目標

めい ①【姪】[名] 姪女,外甥女

めい ①【銘】[名] ❶銘 ❷銘刻,銘記 ❸(商品的)牌號

めいあん ⓪【名案】[名] 好主意

めいあん ⓪【明暗】[名] ❶明暗 ❷濃淡,明暗

めいい ①【名医】[名] 名醫

めいう・つ ①【銘打つ】[他五] ❶以…爲名,聲稱 ❷刻上作者的名字

めいおうせい ⓪【冥王星】[名] 〈天〉冥王星

めいが ①【名画】[名] ❶名畫 ❷優秀影片

めいかい ⓪【明快】[形動]明快,明白通暢

めいかく ⓪【明確】[形動]明確¶〜に規定する/明確規定

めいがら ⓪【銘柄】[名]名牌【一品(ひん) ⓪】[名]名牌商品

めいき ①⓪【銘記】[名・他サ]銘記¶心に〜する/銘刻在心

めいぎ ③【名義】[名]名義

めいきゅう ⓪【迷宮】[名]迷宮

めいきょく ⓪【名曲】[名]名曲

めいく ①【名句】[名]名句,名言

めいげつ ①【明月・名月】[名]❶明月 ❷中秋的月亮¶中秋(ちゅうしゅう)の〜/中秋節

めいげん ⓪③【名言】[名]名言,名句

めいげん ⓪③【明言】[名・他サ]明言,直言

めいさい ⓪【明細】[名・形動]詳細¶〜に記録する/詳細紀錄【一書(しょ) ⓪】[名]詳單,明細表

めいさい ⓪【迷彩】[名]迷彩

めいさく ⓪【名作】[名]名著

めいさつ ③【名刹】[名]名刹,古刹

めいさつ ⓪【明察】[名]明察

めいさん ⓪【名産】[名]特産,名特産

めいし ⓪【名刺】[名]名片¶〜を交換する/交換名片

めいし ⓪【名詞】[名]名詞

めいじいしん ④【明治維新】[名]明治維新

めいじつ ①⓪【名実】[名]名實

めいしょ ③⓪【名所】[名]名勝【一旧跡(きゅうせき) ⓪】[名]名勝古蹟

めいしょう ⓪【名称】[名]名稱

めいしょう ⓪【名勝】[名]名勝

めい・じる ⓪③【命じる】[他上一]❶命令 ❷任命¶委員を〜/任命委員 ❸命名

めい・じる ⓪③【銘じる】[自上一]銘記◇肝(きも)に銘じる/銘刻在心

めいしん ⓪【迷信】[名]迷信

めいじん ③【名人】[名]❶(某種技藝的)名人,高手 ❷(圍棋,象棋的最高等級)名人

めい・ずる ③【命ずる】→命じる

めい・ずる ③【銘ずる】→銘じる

めいせい ⓪【名声】[名]名譽,名望

めいせき ⓪【名跡】[名]有名的古蹟

めいせき ⓪【明晰】[名・形動]清晰,清楚

めいそう ⓪【瞑想】[名・他サ]瞑想,瞑思

めいちゅう ⓪【命中】[名・自サ]命中,擊中¶目標に〜する/命中目標

めいちょ ①【名著】[名]名著

めいてい ⓪【酩酊】[名・自サ]酩酊大醉

めいにち ①【命日】[名]忌辰,忌日

めいはく ⓪【明白】[形動]明明白白,明顯,明擺着的¶〜な事実/明擺着的事實

めいふく ⓪【冥福】[名]冥福¶〜をいのる/祈禱冥福

めいぶつ ①【名物】[名]❶名特産 ❷成為議論的話題(的人)¶〜男/大家議論的中心人物

めいぶん ⓪【名文】[名]有名的文章,名文

めいぶん ⓪【名分】[名]❶名分 ❷名義,名目

めいぼ ⓪【名簿】[名]名簿,名冊

めいぼう ⓪【名望】[名]名望

めいみゃく ⓪【命脈】[名]命脈,生命¶〜をたつ/喪命

めいむ ①【迷霧】[名]迷霧

めいめい ⓪【命名】[名・自サ]命名【一式(しき) ③】[名]命名儀式

めいめい ③【銘銘】[名]各人,各自,每個人

めいめいはくはく ⓪【明明白白】[形動]明明白白

めいめつ ⓪【明滅】[名・自サ](燈

光)閃爍,一亮一滅¶ネオンサインが～する/霓虹燈一亮一滅
めいもく ⓪[名目][名]名目,名義
めいもん ①[名門][名]名門
めいやく ⓪[名訳][名]著名的譯作,絕妙的譯文
めいやく ⓪[盟約][名]盟約¶～を結ぶ/締結盟約
めいゆう ⓪[名優][名]著名演員
めいゆう ⓪[盟友][名]盟友
めいよ ①[名誉][名・形動] ❶譽¶～をきずつける/破壞名譽【-教授(きょうじゅ)】④[名]名譽教授 ❷光榮,榮譽¶～に思う/感到光榮
めいり ①[名利][名]名利
めいりょう ⓪[明瞭][形動]明瞭【簡単(かんたん)-】⓪-⓪[名]簡單明瞭
めい・る ②[滅入る][自五]沉悶,憂鬱
めいれい ⓪[命令][名・他サ]命令¶～をくだす/下令【-形(けい)】⓪[名](語法)命令型
めいろ ⓪③[迷路][名]迷途
めいろう ⓪[明朗][形動] ❶明朗,快活,開朗 ❷一清二楚,(帳目)清楚
めいわく ①[迷惑][名・形動・自サ]麻煩¶～をかける/添加煩【近所(きんじょ)-】④[名]影響四鄰
メイン ①[main][造語]主要的
メインスタンド ⑤[main stand][名]主席臺
めうえ ⓪③[目上][名] ❶上司 ❷長者,長輩
めうつり ②[目移(り)][名]桃花眼,眼花繚亂
メーカー ①[maker][名]廠商,生産廠家,製造商
メーキャップ ③[make up][名・自サ]化妝
メーター ①[meter][名](水,電,距離等的)計數器
——[接尾]米,公尺
メーデー ①[May Day][名]五一勞動節
メートル ⓪[(仏)mètre][名] ❶米,公尺 ❷米尺,計量器
めが・ける ③[目掛ける][他下一]以…為目標
メガサイクル ③[megacycle][名]兆周,百萬周
めがしら ②[目頭][名]眼角◇目頭が熱くなる/熱淚盈眶
めかた ⓪[目方][名]重量,份量
メカニズム ③[machanism][名] ❶機械裝置 ❷機構 ❸機構學 ❹機械論
めがね ⓪[眼鏡][名]眼鏡
メガヘルツ ③[megahertz][名]赫茲(頻率單位)
メガホン ①②[megaphone][名]擴音喇叭筒
めきめき ①[副](事物的進展)迅速,顯著
めぐすり ②[目薬][名]眼藥¶～をさす/點眼藥
めくそ ①[目屎・目糞][名]眼屎◇目糞鼻糞(はなくそ)を笑(わら)う/烏鴉落在豬身上,看見人家黑,看不見自己黑
めくばせ ②[目配せ][名]眼色,使眼色
めぐま・れる ⓪④[恵まれる][自下一] ❶天賜¶～れた環境/理想的環境 ❷(非常幸運地)碰上,趕上,遇到¶好天に～/碰上好天氣
めぐみ ⓪[恵み][名]恩惠
めぐ・む ⓪②[恵む][他五]施恩,恩賜
めぐ・む ②[芽ぐむ][自五]發芽,萌芽
めくら ③[盲][名]盲,盲人
めぐら・す ⓪[巡らす][他五] ❶把周圍圍上 ❷旋轉 ❸動腦筋

めぐりあ・う ④【巡り会う】[自五]邂逅,偶然相遇

めぐりあわせ ⓪【巡り合わせ】[名]運氣,命運

めく・る ⓪【捲る】[他五]翻¶ページを～/翻頁

めぐ・る ⓪【巡る】[自五]❶巡廻,往復,循環 ❷周遊,遊歴¶名所を～/周遊名勝 ❸圍繞,關於,有關現代史を～諸問題/有關現代史的各種問題

め・げる ②[自下一]屈服,退縮

めさき ③【目先】[名]❶眼前 ❷目前,當前¶～の利害にとらわれる/只顧眼前的利害關係 ❸遠見,預見◇目先がきく/富有遠見 ❹〔眼前的〕狀態,様子

めざ・す ②【目指す・目差す】[他五]以…爲目標¶大學を～/把上大學作爲目標

めざと・い ③【目ざとい・目敏い】[形]眼尖,目光敏鋭

めざまし ②【目覚(ま)し】[名]❶叫醒¶一時計(どけい)⑤[名]闇鐘 ❷「目覚まし時計」的簡稱¶～をかける/上闇鐘

めざまし・い ④【目覚(ま)しい】[形]驚人¶～成長/驚人的成長

めざましどけい ⑤【目覚まし時計】[名]闇鐘

めざめ ⓪【目覚め】[名]❶睡醒 ❷覺醒,覺悟

めざ・める ③【目覚める】[自下一]❶睡醒 ❷覺悟,覺醒¶良心に～/良心發現

めざわり ②【目障(り)】[名・形動]❶礙眼的東西¶～になる/礙眼 ❷妨礙,阻礙

めし ②【飯】[名]❶米飯 ❷飯¶～を食(く)う/吃飯

めしあが・る ⓪【召(し)上がる】[他五]〈敬〉吃,喝¶たくさん～ってください/請多吃點

めしあ・げる ⓪【召(し)上げる】[他下一]收爲國有,没收

めした ③⓪【目下】[名]❶下級,部下 ❷晩輩

めしつかい ③④【召(し)使(い)】[名]傭人,僕人

めじり ①【目尻】[名]外眼角

めじるし ②【目印】[名]記號

めじろおし ⓪【目白押し】[名](很多人)緊排在一起¶～にならぶ/很多人擠在一起

メス ①【(オ)mes】[名]手術刀◇メスを入(い)れる/採取措施

めす ②【雌】[名]雌,母

めずらし・い ④【珍しい】[形]❶稀有,少見,早見¶～く早起きする/破例早起 ❷珍奇,新奇,奇異¶～けもの/異獸 ❸珍貴,貴重¶～宝/珍寶

メゾソプラノ ③【(イ)mezzosoprano】[名]〈音〉女中音

めそめそ ①[副・自サ]❶低聲哭哭啼啼貌 ❷愛哭貌

めだ・つ ②【目立つ】[自五]顯眼,引人注目

めだま ③【目玉】[名]眼球,眼珠◇お目玉をくう/挨罵

めだまやき ⓪【目玉焼き】[名]煎鶏蛋,荷包蛋

メダリスト ③【medalist】[名]獎牌獲得者

メタル ⓪【metal】[名]❶金屬 ❷→メダル

メダル ①【medal】[名]獎牌¶金(きん)－③[名]金牌

メタン ①【(独)Methan】[名]沼氣¶－ガス④[名]沼氣

めちゃくちゃ ⓪【滅茶苦茶】[名・形動]亂七八糟¶～なことを言う/胡説八道

めちゃめちゃ ⓪【滅茶滅茶】[名・形動]→めちゃくちゃ

めっき ⓪【鍍金・滅金】[名・自他サ]電鍍,鍍¶金(きん)－③[名]鍍金

めつき ①【目つ(き)・目付(き)】[名]眼神,目光
めつぎ ③【芽接(ぎ)】[名]嫁接
めっきり ③[副]顯著貌
めっきん ⓪【滅菌】[名・他サ]滅菌,殺菌
メッセージ ①【message】[名] ❶聲明,宣言 ❷問候,口信
めった ①【滅多】[形動]隨便,不負責任,胡亂¶～なことは言えない/不能亂說 ——[副](與否定語相呼應表示)幾乎,不常,很少¶いそがしくて、～に休みがとれない/忙得很少休息
めったに ①【滅多に】[副](下接否定)稀少,不多,不常¶彼は～来ない/他很少來
めつぼう ⓪【滅亡】[名・自サ]滅亡
メディア ①【media】[名] ❶媒體 ❷手段
めでた・い ③【目出度い・芽出度い】[形] ❶可喜可賀 ❷很好,非常好
めと・る ②【娶る】[他五]娶¶妻を～/娶妻
メトロポリス ④【metropolis】[名]大城市
メニュー ①【menu】[名]菜單
めぬきどおり ④【目抜(き)通り】[名]繁華街道
めのう ②①【瑪瑙】[名]瑪瑙
めのたま ④③【目の玉】[名]眼珠,眼球
めのまえ ③【目の前】[名] ❶眼前,面前¶～で事故がおこった/事故就發生在眼前 ❷眉睫¶～にせまる/迫在眉睫
めばえ ③②【芽生え】[名] ❶發芽,出芽 ❷(事物的)萌芽¶恋(こい)の～/愛情的萌芽
めば・える ③【芽生える】[自下一] ❶發芽,出芽 ❷(事物的)萌芽
めはなだち ⓪【目鼻だち】[名]相貌,眉眼,五官
めばや・い ③【目速い・目早い】[形]眼快,眼尖
めぶんりょう ②【目分量】[名]目測
めぼし ①【目星】[名] ❶(大體上的)目標 ❷記號 ❸角膜斑
めぼし・い ③[形] ❶重要的,顯著的,卓越的,較好的 ❷(比較)值錢的
めまい ②【眩暈】[名]目眩,眼暈,頭暈¶～がする/眩暈
めまぐるし・い ⑤【目まぐるしい】[形]眼花瞭亂
めめし・い ③【女女しい】[形](指男子)沒骨氣,懦弱¶～ことを言うな/別說那種沒骨氣的話
メモ ①【memo】[名・他サ]筆記,記錄¶～をとる/記筆記
めもり ②【目盛り】[名]刻度¶～を読む/讀刻度
めやす ⓪【目安】[名] ❶大致目標 ❷大致標準
メリケンこ ⓪【メリケン粉】[名]麵,麵粉
メリット ②【merit】[名]長處,優點,價值
めりはり ⓪【滅張】[名]音調的高低,抑揚
メリヤス ⓪【(ス)medias】[名]針織
メロディー ①【melody】[名]旋律
メロン ①【melon】[名] ❶瓜 ❷香瓜
めん ⓪①【面】[名] ❶臉,面 ❷面具 ❸護面用具¶～をつける/戴護面用具 ❹…方面
めん ①【綿】[名]棉,棉花
めん ①【麵】[名]麵粉
めんえき ⓪【免疫】[名]免疫
めんおりもの ③④【綿織物】[名]棉織品
めんかい ⓪【面会】[名・自サ]會

面,會見¶～を申し込む/請求會面
めんきょ ①【免許】[名・他サ] ❶許可,准許¶～をとる/考執照【運転(うんてん)-】⑤[名]駕駛執照 ❷(藝術)出師
めんきょしょう ③【免許証】[名]執照,駕駛執照
めんくら・う ⓪【面喰う】[他五]張惶失措
めんし ①【綿糸】[名]棉紗
めんじつゆ ④【棉実油】[名]棉仔油
めんじょ ①【免除】[名・他サ]免除,免去
めんじょう ③⓪【免状】[名] ❶許可證,執照 ❷畢業證書
めんしょく ⓪【免職】[名・他サ]免職,解職
めん・じる ⓪【免じる】[他上一] ❶免除,免去,免¶授業料を～/免去學費 ❷(用「…に免じて」的形式表示)鑒於 ¶いままでの手柄(てがら)に～じて、こんどの失敗は許してやる/鑒於以往的功績,饒恕你此次的失敗
メンス ①【(独)Menstruation】[名]〈俗〉月經
めん・する ③【面する】[自サ] ❶面對,朝着¶みずうみに～/面對着湖 ❷面臨¶危機に～/面臨危機
めん・ずる ⓪③【免ずる】→めんじる
めんぜい ⓪【免税】[名・他サ]免税
めんせき ①【面積】[名]面積¶～がひろい/面積大
めんせつ ⓪【面接】[名・自サ]接見,會面,會見¶～試験/面試
メンツ ①【面子】[名]面子
めんどう ③【面倒】[名・形動] ❶麻煩¶～をかける/添麻煩 ❷照料,照管¶～をみる/照料
めんどうくさ・い ⑥【面倒臭い】[形]極爲麻煩
めんどり ⓪【雌ん鳥】[名]母鷄
メンバー ①【member】[名]成員
めんぴ ①【面皮】[名]臉皮【鉄(てっ)-】③[名]厚臉皮
めんぼう ①【綿棒】[名]藥棉棍
めんぼう ①【麺棒】[名]擀麵棍
めんぼく ⓪【面目】[名]面目,體面,臉面¶～を一新する/煥然一新
めんぼくな・い ⑤【面目無い】[形]没臉面,丢臉
めんみつ ⓪【綿密】[名・形動]細緻,周密
めんもく ⓪【面目】[名]→めんぼく
めんるい ①【麺類】[名]麵類食品

も　モ

も　五十音圖「ま」行第五音。羅馬字寫作「mo」,發音爲國際音標[mo]。平假名「も」來自「毛」字的草體,片假名「モ」來自「毛」字的簡體。

も [副助] ❶也,還¶あした～雨かなあ/明天還是雨天吧¶こちら～たいへんな人出(ひとで)だ/這裡人也很多¶(接疑問詞之後表示)全部,都¶だれ～よくできている/哪個都做得好¶なんで～わかる/什麼都懂 ❸(與否定語相呼應表示)連…也,都¶部屋(へや)にはだれ～いない/房間裡連一個人也沒有¶いちど～会ったことがない/一次都沒見過¶一つ～ない/一個都沒有 ❹(舉出其一,其餘也不例外)連¶電気～ない山のなかで生活した/曾生活在連電都沒有的山裡 ❺(表示程度)甚至,竟¶学校まで二時間～かかるんだ/去学校竟要兩個小時 ❻頂多,最多¶五十人～こないだろう/五十人都來不了吧¶十ページ～読めればいい方だ/能讀十頁就算可以了 ❼表示委婉的語氣¶秋～ふかまってきた/秋色漸濃了 ❽(用「…も…も」的形式表示)並列或並舉¶行き～帰り～太郎くんといっしょだった/去和回來都是和太郎在一起的¶字～絵～へただ/字和畫都差勁

もう ◎① [副] ❶已經¶お菓子は～ありません/點心已經沒了¶～五時だ/已經五點了 ❷這就,馬上¶～お帰りですか/這就走嗎¶仕事も～終わりだ/

工作這就結束 ❸再,另外¶～ちょっと待ってね/請再等會兒¶～一つください/請再給我一個

もうか ①【猛火】[名]烈火

もうか・る ③【儲かる】[自五]獲利¶～商売/賺錢的買賣

もうきん ◎【猛禽】[名]猛禽

もうけ ③【儲け】[名]利益,利潤¶～もの/意外之財

もう・ける ③【設ける】[他下一] ❶設,設置¶席を～/設席 ❷製造,尋找¶口実を～/製造藉口

もう・ける ③【儲ける】[他下一] ❶賺,賺錢¶金を～/賺錢 ❷生(子),得(子)¶子を～/得一子

もうけん ◎【猛犬】[名]猛犬,烈犬

もうさいけっかん ⑤【毛細血管】[名]毛細血管,微血管

もうしあ・げる ◎【申(し)上げる】[他下一](「いう」の自謙語)説,講,報告
——[補助下一](上接動詞連用形成名詞)表示尊敬¶お席へご案内～げましょう/請允許我帶您入席

もうしあわせ ◎【申(し)合(わ)せ】[名]協商,協議

もうしあわ・せる ◎⑥【申(し)合(わ)せる】[他下一]協商,商議,約定

もうし・いれる ◎⑤【申(し)入れる】[他下一]提出(意見、要求等)¶苦情を～/提意見

もうしか・ねる ◎【申(し)兼ねる】[他下一] ❶難以啓齒,不好意思説¶まことに～ねますが,そろそろ閉店させていただきます」/"實在對不起,本店就要關門

了"❷不能说出

もうしこみ ⓪【申(し)込み】[名]申請

もうしこ・む ⓪【申(し)込む】[他五]申请¶試合を～/申请参赛

もうし・でる ⓪【申(し)出る】[他下一]提出,申请¶援助を～/申请援助

もうじゅう ⓪【猛獣】[名]猛獸

もうしわけ ⓪【申(し)訳】[名]申辩,辩解¶～がない/对不起,抱歉

もうしわた・す ⓪⑤【申(し)渡す】[他五]宣告¶判決を～/宣告判决

もうじん ③⓪【盲人】[名]盲人

もう・す ①【申す】[他五]("いう""話す"的自谦语)说,讲,谈——[補動五](上接动词连用形或名词)表示自谦¶お待ち～/我等着

もうそう ⓪【妄想・盲想】[名・他サ]妄想,空想

もうちょう ①【盲腸】[名]盲腸¶-炎(えん)③[名]盲腸炎

もうてん ⓪【盲点】[名]❶(眼球的)盲點 ❷漏洞,破綻

もうとう ⓪【毛頭】[副](下接否定语)絲毫,一點

もうどく ⓪【猛毒】[名]劇毒

もうひつ ⓪【毛筆】[名]毛筆

もうふ ①【毛布】[名]毛毯,毯子

もうもく ⓪【盲目】[名]盲目¶-的(てき)⑤[形動]盲目,盲目性

もうら ①【網羅】[名・他サ]收羅無遺

もうれつ ⓪【猛烈】[形動]猛烈,異常¶～に勉強する/没命地學習

もうろう ⓪【朦朧】[形動]朦朧,模糊不清

もうろく ①【耄碌】[名・自サ]老朽,年老糊塗

も・える ⓪【燃える】[自下一]❶燃燒¶火が～/火燃燒起來 ❷激動,振奮

も・える ⓪【萌える】[自下一]萌芽

モーション ①【motion】[名]❶動作 ❷積極的行爲

モーター ①【motor】[名]❶發動機,馬達¶～が回る/馬達運轉 ❷電動機¶～バイク/摩托車¶～ボート/汽艇 ❸汽車¶～プール/停車場¶～ショー/汽車展覽

もが・く ②【踠く】[自五]掙扎

もぎ・る ②【捥ぎる】[他五]揪下,摘下,撑下

もく ⓪【木】[名]木,樹

も・ぐ ①【捥ぐ】[他五]摘,揪¶なしを～/摘梨

もくぎょ ②①【木魚】[名]木魚

もくげき ⓪【目擊】[名・他サ]目擊¶-者(しゃ)④③[名]目擊者

もくざい ②⓪【木材】[名]木材

もくさつ ⓪【黙殺】[名・他サ]不理,不睬

もくじ ⓪【目次】[名]目錄,目次

もく・する ③【黙する】[自サ]沉默

もくせい ⓪【木星】[名]木星

もくせい ③【木犀】[名]桂花樹

もくせい ⓪【木製】[名]木製

もくぜん ⓪【目前】[名]❶眼前,面前 ❷眉睫¶～にせまる/迫在眉睫

もくぞう ⓪【木造】[名]木製

もくそく ⓪【目測】[名・他サ]目測

もくたん ③【木炭】[名]❶木炭 ❷炭筆

もくちょう ⓪【木彫】[名]木雕,木刻

もくてき ⓪【目的】[名]目的¶-地(ち)④[名]目的地¶-語(ご)④[名]賓語

もくどく ⓪【黙読】[名・他サ]默讀

もくにん ⓪【黙認】[名・他サ]默

認
もくば ⓪【木馬】[名]木馬
もくひょう ⓪【目標】[名]目標¶～に達する/達到目標
もくへん ③⓪【木片】[名]木片
もくもく ⓪【黙黙】[形動]默默,不聲不響
もくよう ⓪③【木曜】[名]星期四【-日(び)③】[名]星期四
もくよく ⓪【沐浴】[名・自サ]沐浴
もぐら ⓪【土竜】[名]鼹鼠
もぐ・る ②【潜る】[自五]❶潛,潛入¶海に～/潛海 ❷鑽進,鑽入¶ふとんに～/鑽進被窩
もくろく ⓪【目録】[名]❶目錄 ❷(贈品、贈款的)清單
もけい ⓪【模型】[名]模型【-飛行機(ひこうき)⑤】[名]模型飛機
もさく ⓪【模索・摸索】[名・他サ]摸索,探索,探尋¶暗中(あんちゅう)～⓪】[名]暗中摸索
もし ①【若し】[副]假若,如果,萬一¶～彼が来たら伝えてください/如果他來的話請轉告
もじ ①【文字】[名]文字
もしかしたら ①【若しかしたら】[副]或許,說不定
もしかすると ①[副]→もしかしたら
もしくは ①【若しくは】[接]或者,或
もじどおり ③【文字通り】[名]如字面所示,完完全全,的確¶彼は～ひとりで事業を成しとげた/他的確是一個人完成事業的
もじばん ⓪【文字盤】[名]❶字盤 ❷表盤 ❸鍵盤
もしも ①【若しも】[副]假使,萬一¶～のこと/萬一發生事故
もしもし ①[感]喂喂
もじもじ ①[副・自サ]坐卧不安,手足無措地

も・す ⓪【燃す】[他五]燃燒
モスク ①【mosque】清真寺
も・する ②【摸する・模する】[他サ]模仿,仿造
もぞう ⓪【模造】[名・他サ]仿造(品),仿製(品)¶～真珠(しんじゅ)/人造真珠【-品(ひん)⓪】[名]仿製品
もぞうし ⓪【模造紙】道林紙
もだ・える ③【悶える】[自下一] ❶煩惱,煩悶 ❷(痛苦地)扭動,掙扎¶身を～/痛苦地扭動身體
もた・げる ⓪【擡げる】[他下一]抬(頭)
もた・せる ③【持たせる】[他下一]❶讓…拿¶子どもに荷物を～/讓孩子拿行李 ❷讓某人帶着(東西)來(去) ❸保持,維持 ❹讓…負擔(費用)¶先方に費用を～/由對方負擔費用
もたもた ①[副・自サ]態度或行動緩慢,不明確貌
もたら・す ⓪③【齎す】[他五]帶來,造成¶繁栄を～/帶來繁榮
もた・れる ③【凭れる・靠れる】[自下一] ❶倚,靠¶かべに～/靠牆 ❷不消化,存食
モダン ⓪【modern】[名・形動]現代,摩登,時髦【-アート④】[名]現代美術【-ジャズ④】[名]現代爵士樂
もち ②【持(ち)】[名] ❶持久性,耐久性¶～がいい/耐久性強 ❷持有,所有【力(ちから) - ③⑤】[名]有力氣的人,大力士 ❸承擔
もち ⓪【餅】[名]年糕¶～をつく/搗米做年糕
──【糯】粘性較強的米
もち ⓪【黐】[名]粘鳥用的樹皮膠
もちあが・る ⓪【持ち上がる】[自五] ❶抬起,舉起,搬起¶五人がかりでやっと～った/五個人才抬起來 ❷發生,出現(麻煩事)

¶問題が〜/出現問題 ❸教師(隨學生昇級)跟班走

もちあ・げる ⓪【持(ち)上げる】[他下一] ❶抬起,舉起,搬起¶荷物(にもつ)を〜/抬行李 ❷抬舉,奉承

もちあじ ②【持(ち)味】[名] ❶原有的味道 ❷獨特風格,獨特風度

もちあわせ ⓪【持(ち)合(わ)せ】[名]隨身帶的錢¶〜がない/身上沒帶錢

もち・いる ⓪【用いる】[他上一] ❶使用,用¶道具を〜/使用工具 ❷採用,採納 ❸錄用,任用¶新人を〜/錄用新人 ❹用心,注意¶心を〜/用心,特別注意

もちきり ⓪【持ち切り】[名](某一個時期内)始終談論一件事

もちごま ②【持(ち)ごま・持(ち)駒】[名] ❶(日本將棋)贏來的對方棋子 ❷備用人材

もちこ・む ⓪【持(ち)込む】[他五] ❶帶入,拿進 ❷提出(問題、意見)

もちごめ ⓪【もち米・餅米】[名]糯米,江米

もちだ・す ⓪【持(ち)出す】[他五] ❶拿出,帶走¶家財を〜/帶走家產 ❷偷走¶金を〜/偷走錢 ❸提起,提出¶話を〜/提起話題 ❹分擔¶〜の費用

もちなお・す ⓪【持(ち)直す】[自五] ❶(病情等)好轉¶病人が〜/病人有所康復 ❷改變拿法

もちぬし ②【持(ち)主】[名]物主,所有者

もちば ③【持(ち)場】[名]職權範圍,管轄範圍

もちまわり ⓪【持ち回り】[名]傳遞,傳閱

もちもの ②【持(ち)物】[名] ❶隨身攜帶的東西 ❷所有財產

もちゅう ⓪【喪中】[名]守喪期間

もちろん ⓪【勿論】[副]當然,不用

説,不言而喻¶〜のこと/不言而喻的事情

も・つ ①【持つ】[他五] ❶持,拿¶かばんを〜/拿著提包 ❷帶,攜帶¶ハンカチを〜/帶手帕 ❸抱有,懷有¶希望を〜/抱有希望 ❹具備,具有¶ねばりづよい性格を〜った人/具備頑強性格的人 ❺有,持有¶家を〜/有家庭¶子どもを〜/有孩子 ❻擔負,擔任¶仕事を〜/有工作 ❼負擔¶費用を〜/負擔費用

——[自五]耐久,持久,耐用,經用¶靴(くつ)が〜/鞋很耐穿¶体が〜ない/身體支持不住

もっか ①【目下】[名]目前,當前

もっかんがっき ⑤【木管楽器】[名]木管樂器

もっきん ⓪【木琴】[名]木琴

もったいな・い ⑤【勿体無い】[形] ❶可惜¶時間が〜/時間太可惜了 ❷不敢當,過分,惶恐¶〜おことば/您過獎了

もったいぶ・る ⓪【勿体振る】[自五]擺架子,裝模作樣

もって ①(「用…をもって」的形式表示) ❶界限¶百点を〜満点とする/以一百分爲滿分 ❷(表示)用,以¶文書を〜通知する/以書面通知 ❸表示同意,肯定,由於

もっていく ①【持って行く】[連語・他五] ❶拿去,拿到¶だれか私(わたし)のナイフを持って行った/有人把我的小刀拿走了 ❷導致,使達到,使成爲(某種狀態)¶この議論を結論にまで〜のはなかなか難しかった/這個爭論很不容易導出結論 ❸維持,保持 ❹(用「持っていって」的形式)加上(の上)

もってこい ④【持って来い】最爲合適¶〜の天気/最爲合適的天氣

もってくる ④【持って来る】[連

語・カ変］❶拿來,帶來¶水を1杯持って来てくれ/替我拿杯水來 ❷來提出¶相談を～/前來商量 ❸(用「持って来て」的形式)不幸又,剛巧又¶ころんだ所へ持って来て…/剛摔了一跤不巧又…

もっと ①[副]再,更加,進一步¶～元気を出せ/再打起點精神來¶～ください/請再給點

もっとも ①③[尤も][形動]合理,合乎情理¶～な意見/合理意見 ◇ごもっともです/您説的很對
―― [接]不過¶～例外もある/不過也有例外

もっとも ③①[最も][副]最¶世界で～美しい鳥/世界上最美麗的鳥

もっともらし・い ⑥[尤もらしい][形] ❶似乎很合情理,好像很合理¶～理由/似乎能講通的理由 ❷做作,裝腔作勢

もっぱら ⑩[専ら][副]專心,淨,全部¶～遊ぶ/淨玩

モップ ①[mop][名]拖把

もつ・れる ⓪③[縺れる][自下一] ❶纏繞,糾纏¶糸が～/線纏繞在一起 ❷(言語、動作)不靈,不聽使喚¶足が～/腿脚不聽使喚

もてあそ・ぶ ⓪[玩ぶ・弄ぶ][他五]玩弄,擺弄¶運命に～ばれる/被命運擺佈

もてあま・す ⓪[持て余す][他五]無法對付,難於處理

もてな・す ⓪[他五]招待,款待¶あつく～/熱情招待

もてはや・す ⓪[持て囃す・持て映やす][他五] ❶極端稱讚,讚揚,特別獎獎 ❷歡迎

も・てる ②[持てる][自下一]受歡迎,有人緣¶女性に～/在女性中很受歡迎

モデル ①[model][名] ❶模型 ❷樣品 ❸素材 ❹模特兒

もと ②⓪[下][名] ❶下,下面¶旗の～にあつまれ/在旗子下面集合 ❷跟前,身邊¶親の～をはなれる/離開父母身邊 ❸(用「…のもとに」的形式,表示)在…之下

もと ①[元][名・副]原來,從前¶～校長/前任校長¶～どおり/原樣

もと ⓪②[本・元][名]根部,底部¶～が太くなっている柱(はしら)/底部粗的柱子
―― [元・本・素]根源,起源¶火の～/火種¶～をたずねる/尋根求源
―― [本]根本¶～を正さなければ、政治はよくならない/不抓根本,政治就變不好
―― [基]基礎,基盤¶農業は国の～/農業是國家的基礎
―― [元・素]成本¶～をとる/收成本 ◇元も子(こ)もない/本利全光,鷄飛蛋打,偸鷄不著蝕把米

もとい ②[基][名]基礎,地基

もどかし・い ④[形](緩慢得)令人着急的,令人不耐煩,急不可待

もときん ②⓪[元金][名]資金,本金

もど・す ②[戻す][他五] ❶還,歸還,退還¶本を～/還書 ❷還,恢復¶元に～/還原 ❸吐,嘔吐,反胃

もとせん ③[元栓][名]總閘

もとづ・く ③[基づく][自五]根據,按照,基於¶事実に～/根據事實

もとで ③⓪[元手][名]資金,本錢¶～がかかる/需要本錢

もとね ⓪[元値][名]原價

もとめ ③[求め][名]需要,要求¶～に応じる/根據需要

もと・める ③[求める][他下一]

もとめる ❶追求,尋求¶富を～/追求富貴 ❷請求,要求¶助けを～/求救 ❸尋找,尋求¶職を～/求職 ❹買,購買¶「この品はどこでお～めになりましたか」/"這東西在哪裡買的"

もともと ⓪【元元】[名]依然如故,同原來一樣¶負けて～,あたってくだけろ/"既使輸了也沒什麼損失,你應試試"
——[副]原來,原來¶～活発な子だった/原本是個很活潑的孩子

もとより ②①【固より・素より】[副]原來,本來

もどる ②【戻る】[自五] ❶回,返回¶席に～/回到座位上 ❷恢復¶平熱(へいねつ)に～/恢復到正常體溫

モニター ①【monitor】[名] ❶監視器 ❷(對廣播節目內容,商品等的)評論員

もの ②【物】[名]東西,物¶わたしの～/我的東西¶食べる～がなければ生きられない/沒有吃的東西就無法生存
——【者】人,者¶残りたい～は残れ/想留下的人留下【いなかー⓪】[名]郷下佬【あわてー⓪】[名]冒失鬼
——【物】❶事,事物¶～を思う/想事¶～も言わずに/一言不發 ❷事理,道理¶～が分(わ)かる/懂事◇ものともしない/不當回事¶～になる/成功,成為了不起的人物

もの [終助](多用於婦女、兒童)帶有不滿、撒嬌等情緒申述理由¶あなたなら,わかってくださると思っていました～/我原以為你會理解我

ものいり ④【物入(り)】[名]開銷,支出

ものおき ④③【物置】[名](儲存東西用的)倉庫,小屋

ものおしみ ③【物惜しみ】[名]吝嗇,吝惜

ものおそろしい ⓪【物恐ろしい】[形]非常可怕,非常恐怖

ものおと ④③【物音】[名]響動,動靜¶～がする/有響動

ものおぼえ ③【物覚(え)】[名]記性¶～がいい/記性好

ものおもい ③【物思(い)】[名]憂愁,思慮¶～にふける/沉思

ものか [終助]豈能…,豈會…¶UFOが着陸したなんて,そんなことがある～/什麼,幽浮著陸了,哪會有這種事¶もうあんなやつと口をきく～/我豈會再理他

ものかげ ③⓪【物影】[名]身影,影子
——【物陰】隱蔽處,藏身處,暗處

ものがたり ③【物語】[名] ❶故事 ❷物語(從平安時代到室町時代的散文文學作品)

ものがたる ④【物語る】[他五] ❶講,講述 ❷表明,證明

ものがなしい ⓪⑤【物悲しい】[形]悲哀的,悲傷的,令人難過的

ものぐさ ⓪【物臭】[形動]懶,做事嫌麻煩(的人)

モノクロ ⓪【monochrome】[名] ❶單色畫 ❷黑白照片

ものごころ ③【物心】[名]判斷力,辨別事物的能力

ものごし ②⓪【物腰】[名]態度,舉止,言談

ものごと ②【物事】[名]事物,事情

ものさし ④③【物差し・物指し】[名] ❶尺,尺子 ❷尺度,標準

ものしずか ③【物静か】[形動] ❶平靜,寂靜 ❷安靜,沉着

ものしり ④③【物知り・物識り】[名]事事通,博識的人

ものずき ②【物好(き)】[名・形動]好事,好奇,喜歡標新立異

ものすご・い ④【もの凄い】[形] ❶可怕,恐怖¶～顔つき/可怕的表情 ❷(程度)驚人¶～速さ/驚人的速度

ものたりな・い ⓪⑤【物足りない】[形]總覺得缺點什麼,不能令人十分滿意,不夠充足

ものなら [接助]假如,萬一

ものの [接助](上接連體形)雖然…但是¶学校は出た～,勤め先はない/畢業了,但還沒有工作

ものほし ④③【物干(し)】[名]晾曬(衣服等);晾曬的場所

ものみだか・い ⑤【物見高い】[形]好奇心強的,好看熱鬧的

ものものし・い ⑤【物物しい】[形]❶森嚴的 ❷過分的,小題大做的

モノレール ③【monorail】[名]單軌鐵道

モノローグ ③【monologue】[名]獨白

ものわかり ③【物分かり】[名]理解,體會¶～がはやい/理解快

ものわかれ ③【物別れ】[名・自サ]破裂

ものわすれ ③【物忘れ】[名]健忘,好忘¶～がひどい/非常健忘

ものわらい ③【物笑(い)】[名]笑料,笑柄¶～になる/成為笑料

もはや ①【最早】[副]最早,已經¶～夜明けが近い/黎明就要到來

もはん ⓪【模範】[名]模範,示範¶～をしめす/做示範

もほう ⓪【喪服】[名]喪服

もほう ⓪【模倣・摸倣】[名・他サ]模仿,仿效

もみくちゃ ⓪【揉みくちゃ】[名]揉得亂七八糟,滿是縐紋

もみじ ①【紅葉】[名]❶紅葉 ❷楓樹

も・む ⓪【揉む】[他五]❶相互擁擠 ❷揉,按摩¶肩(かた)を～/揉肩 ❸揉,搓揉¶紙を～/搓紙¶両手を～/搓着兩手 ❹[用「もまれる」的形式表示]鍛鍊,磨鍊¶世のあら波に～まれる/在社會上磨鍊 ❺操練,訓練◇気(き)をもむ/擔心

もめごと ⓪【もめ事・揉め事】[名]爭執,紛爭

も・める ⓪【揉める】[自下一]爭執,發生糾紛¶会議上(人們)爭執起來◇気(き)がもめる/擔心

もめん ⓪【木綿】[名]棉,棉布

もも ①【股・腿】[名]大腿

もも ⓪【桃】[名]❶桃 ❷(「ももいろ」的簡稱)粉紅色

ももいろ ⓪【桃色】[名]桃色,粉紅色

もや ①【靄】[名]烟,霧

もやし ③⓪【萌やし】[名]豆芽

もや・す ⓪【燃やす】[他五]❶燒,燃燒¶火を～/燒火 ❷激發¶情熱を～/激發熱情

もやもや ①[副・自サ]❶朦朧,模糊 ❷迷亂 ❸性慾衝動 ❹蓬生

もよう ⓪【模様】[名]❶圖案 ❷情況,情形

もよおし ⓪【催(し)】[名]儀式,活動,集會¶歓迎(かんげい)の～/歡迎儀式

もよお・す ⓪③【催す】[他五]❶舉行,主辦,召開¶会を～/舉行會議 ❷感覺到¶ねむけを～/發睏

もより ⓪【最寄(り)】[名]最近,附近¶～の駅/最近的車站

もらいなき ⓪【もらい泣き・貰い泣き】[名]陪着流淚

もらいもの ⓪【もらい物・貰い物】[名]要來的東西,別人給的(東西)

もら・う ⓪【貰う】[他五]❶接受,領受,要¶サインを～/請人簽名 ❷迎,娶 ❸取

勝,得勝
——[補動五](請某人爲自己做某事)請求,承蒙¶静かにして～えませんか/能不能安靜些
もら・す ②[漏らす][他五]❶漏,洩漏¶秘密を～/洩漏秘密 ❷漏,漏出 ❸遺尿
——[接尾](上接動詞連用形)漏掉¶言い～/忘記説了¶聞き～/聽漏了
モラル ①[moral][名]道德
もり ⓪[森・杜][名]森林
もりあが・る ④[盛(り)上がる][自五]❶隆起,鼓起¶った筋肉(きんにく)/隆起的肌肉 ❷(氣氛)熱烈,高漲¶雰囲気(ふんいき)が～/氣氛熱烈起來
もりかえ・す ③[盛(り)返す][他五]恢復,重振
もりもり ①[副]❶咬嚼硬東西的聲音 ❷食慾旺盛,吃得很多 ❸拼命地,勇猛地
も・る ⓪[盛る][他五]❶盛,添,堆積¶ご飯を～/盛飯¶土を～/填土 ❷放(毒)¶毒を～/下毒 ❸補充(内容)
も・る ①[漏る・洩る][自五]漏¶雨が～/漏雨
モルタル ①[mortar][名](建築)灰漿
モルヒネ ⓪②[(オ)morphine][名]嗎啡
もれなく ③[漏れなく][副]全部,無遺漏地
も・れる ②[漏れる・洩れる][自下一]❶漏¶油が～/漏油 ❷洩漏,走漏¶入試問題が一部の受験生に～れた/考題洩漏給了一部份考生 ❸落選¶選(じょう)に～/落選
もろ・い ②[脆い][形]脆,脆弱

¶情(じょう)に～/感情脆弱
もろて ⓪[もろ手・諸手][名]雙手,兩手
もろに ①[副]徹底地,完全地
もろもろ [諸諸][名]諸多,種種,許許多多
もん ①[門][名]❶門,門口 ❷師父的門下
——[接尾](計算大砲的單位)門
もんえい ⓪[門衛][名]門衛
もんがいかん ③[門外漢][名]外行,門外漢
もんく ①[文句][名]❶語句,句 ❷牢騷,怨言¶～を言う/發牢騷 ◇文句なし/没有意見,没有缺點
もんげん ③[門限][名]關門時間
もんし ①[門歯][名]門齒,門牙
もんじ ①[文字][名]文字
もんぜん ③[門前][名]門前◇門前市(いち)をなす/門庭若市
もんぜんばらい ⑤[門前払い][名]閉門羹¶～を食(く)う/吃閉門羹
もんだい ⓪[問題][名]問題,題目¶～を出す/出題
もんちゅう ⓪[門柱][名]門柱
もんどう ③[問答][名・自サ]❶問答 ❷議論
もんなし ⓪④[文無し][名]身無分文
もんばん ①[門番][名]門衛,看門人
もんぶしょう ③[文部省][名]文部省(日本中央機關之一,負責日本國民的教育、學術、文化等)
もんぺ ⓪[名](農村婦女勞動時穿的褲脚紮緊的)工作服
もんもう ⓪[文盲][名]文盲
もんもん ⓪[悶悶][形動]悶悶,愁悶,苦悶,苦惱

や　ヤ

や 五十音圖「や」行第一音。羅馬字寫作「ya」，發音爲國際音標[ja]。平假名「や」是「也」字的草體，片假名「ヤ」是「也」字草體的簡化。

や ①【矢・箭】[名] ❶矢，箭 ❷楔子

や [並助]（表示列舉同類事物）…啦…，…和…¶野球～テニスなどの球技がすきだ/喜歡棒球啦，網球什麼的¶家のまわりには、りんご～ぶどうの木がたくさんある/房子周圍有許多蘋果樹，葡萄樹等

——[接助]（多採用「…やいなや」的形式表示）剛一…就…¶戸がひらく～いな～外へ飛び出した/門剛一開就跑了出去

——[副助]〈文〉用於加強語意¶いま～ロボットの時代となった/當今已是機器人的時代

——[終助] ❶（用於比較親近的人）表示勸誘¶もうやめよう～/別做了吧 ❷（用於自言自語）表達自己的心情¶まあいい～/唉，就這樣吧 ❸（接在名字後面）用於對晚輩的稱呼¶次郎ちゃん～、ちょっとおいで/次郎呀，你來一下

-や【屋】[接尾] ❶（表示從事某種職業或經營某種商品的）人，店，鋪¶魚～の魚/八百（やお）～/菜店 ❷（表示具有某種性格的）人¶お天気～/反覆無常的人

やあ ①[感] ❶表示驚訝 ❷用於打招呼

ヤード ①【yard】[名]（長度單位）碼

やい ①Ⅰ（感）用於打招呼 Ⅱ（感助）❶用於輕慢的呼喚 ❷接在動詞命令形下表示親切的命令口氣

やいのやいの ①-①[副]催逼貌

やえ ②【八重】[名] ❶八層 ❷（花的）重瓣

やおちょう ⓪【八百長】[名]假比賽

やおや ⓪【八百屋】[名]菜店；賣菜的人

やがい ①【野外】[名]野外，郊外

やがく ⓪【夜学】[名]夜校

やがて ⓪[副] ❶不久¶～夏休みも終わる/不久暑假赤將結束 ❷必將，勢必¶自然を守ることは、～人間社会をすくう道につながるだろう/保護自然必將關係到拯救人類社會

やかまし・い ④【喧しい】[形] ❶喧鬧，吵鬧，嘈雜¶テレビが～/電視吵得慌 ❷挑剔，吹毛求疵¶服装に～/對服裝很挑剔

やかん ①【夜間】[名]夜間，晚上¶-営業（えいぎょう）④[名]晚間營業

やかん ⓪【薬缶】[名]水壺

やき ⓪【焼（き）】[名] ❶燒製（陶器等） ❷淬火，蘸火

やぎ ①【山羊】[名]山羊

やきいも ⓪【焼（き）芋】[名]烤白薯

やきいん ⓪【焼（き）印】[名]烙印，火印

やきそば ⓪【焼（き）そば】[名]炒蕎麥麵條

やきつ・く ③【焼（き）付く】[自五]留下深刻印象¶心に～/在心裡留下深刻印象 ❷烤得粘

在一起¶～ような暑さ/灼熱的天氣

やきつけ ⓪【焼(き)付(け)】[名] ❶燒瓷,燒製 ❷沖洗照片

やきなおし ⓪【焼(き)直し】[名] ❶新沖洗¶写真の～/重洗照片 ❷(作品等)翻版,改編

やきはら・う ④【焼(き)払う】[他五] 燒盡,燒光

やきぶた ⓪【焼(き)豚】[名] 叉燒豬肉

やきまし ⓪【焼(き)増(し)】[名] 加洗(照片)

やきもき ①[副・自サ]焦慮不安

やきもち ④③【焼きもち・焼(き)餅】[名] ❶烤年糕 ❷炉忌,吃醋¶～をやく/吃醋

やきゅう ⓪【野球】[名]棒球
やぎゅう ⓪【野牛】[名]野牛
やぎょう ⓪【夜業】[名]夜班
やきょく ①【夜曲】[名]〈乐〉小夜曲
やきん ⓪【冶金】[名]冶金
やきん ⓪【夜勤】[名・自サ]夜班

やく ②【役】[名] ❶任務 ❷(劇)角色 ❸職位,職務,(高的)地位 ◇役に立(た)つ/有用,有益處

やく ①【約】[名]約會,定約¶～をはたす/践約
——[副]約,大約¶～一時間かかる/大約用一個小時左右

やく ①【訳】[名]譯文,翻譯¶～がいい/譯文不錯

や・く ⓪【焼く】[他五] ❶燒,焚燒¶ごみを～/焚燒垃圾 ❷烤,焙¶さかなを～/烤魚¶炭を～/燒炭 ❸(把皮膚)曬黑 ❹(相)曬相,印(洗)相 ◇世話(せわ)を焼く/細心照料 ◇手(て)を焼く/棘手

や・く ⓪【妬く】[他五]嫉妒,吃醋
やぐ ①【夜具】[名]寝具
やくいん ⓪②【役員】[名] ❶幹事 ❷負責人,幹部
やくえき ②【藥液】[名]藥水

やくがく ⓪②【薬学】[名]藥學
やくがら ④⓪【役柄】[名] ❶職務性質 ❷身份,地位 ❸角色類型
やくざ ①[名]地痞,流氓
——[形動]無用,廢物
やくざい ⓪②【薬剤】[名]藥劑【-師(し) ③】[名]藥劑師
やくしゃ ⓪【役者】[名]演員
やくしゃ ①【訳者】[名]譯者
やくしゅ ⓪【薬酒】[名]藥酒
やくしょ ③【役所】[名]官廳,官署,機關
やくしょ ①【訳書】[名]譯本
やくしん ⓪【躍進】[名・自サ]躍進
やく・する ③【訳する】[他サ]譯,翻譯
やくそう ⓪【薬草】[名]草藥
やくそく ⓪【約束】[名・他サ]約定,約會¶～をまもる/守約
やくだ・つ ③【役立つ】[自五]有用,有效¶知識が～/知識起作用
やくだ・てる ④【役立てる】[他下一]派上用場,發揮…作用
やくちゅう ⓪【訳注】[名]譯註
やくどし ②【厄年】[名]厄運之年
やくにん ⓪【役人】[名]公務員,官吏
やくば ③【役場】[名](日本的)鄉公所,鎮公所
やくひん ⓪【薬品】[名]藥品
やくぶつ ⓪【薬物】[名]藥物
やくぶん ⓪【訳文】[名]譯文
やくほう ②⓪【薬方】[名]藥方,處方
やくほん ⓪【訳本】[名]譯本
やくみ ③⓪【薬味】[名]調料
やくめ ③【役目】[名]任務,職責¶～をはたす/盡職
やくめい ⓪【訳名】[名]譯名
やくめい ⓪【薬名】[名]藥名
やくよう ⓪【薬用】[名]藥用
やくよけ ④③【厄除(け)】[名]避邪

やぐら ⓪【櫓】[名] ❶箭樓 ❷瞭望塔,望樓
やくわり ④⓪【役割】[名]任務,職責
やけ ①【自棄】[名]自暴自棄¶～をおこす/開始自暴自棄
やけあと ⓪【焼(け)跡】[名]火災後的廢墟
やけい ⓪【夜景】[名]夜景
やけいし ⓪【焼石】[名]燒熱的石頭◇焼石に水/杯水車薪,無濟於事
やけくそ ⓪【自棄糞】[名]自暴自棄
やけつ・く ③【焼け付く】[自五]燒得粘在一起,炙熱,灼熱¶～ような暑さ/灼熱的天氣
やけど ⓪【火傷】[名]燒傷,燙傷
や・ける ⓪【焼ける】[自下一] ❶燒盡,燒光¶家が～/家燒光了 ❷灼熱¶地面が～/地面灼熱 ❸烤好,焙熟¶パンが～/麵包烤好了 ❹曬黑¶日に～/被太陽曬黑了 ❺曬褪色 ❻(天空或雲彩)變紅
やけん ⓪【野犬】[名]野狗,野犬
やこう ⓪【夜光】[名]夜光
やこう ⓪【夜行】[名] ❶夜班車 ❷夜間活動
やさい ⓪【野菜】[名]蔬菜,青菜
やさし・い ⓪【易しい】[形]簡單,容易
やさし・い ⓪【優しい】[形] ❶溫和,親切 ❷優雅,典雅
やし ①【椰子】[名]椰子
やじ ①【弥次・野次】[名] ❶嘲笑聲 ❷(運動比賽時一方的應援者向對方發出的)怪叫聲
やじうま ⓪【やじ馬・野次馬】[名]瞧熱鬧,起哄(的人)
やしき ③【屋敷・邸】[名] ❶房基地 ❷宅邸
やしな・う ⓪【養う】[他五] ❶養活,撫養¶孤児を～/撫養孤兒¶家族を～/養家 ❷飼養,餵養 ❸保養,調養
やじゅう ⓪【野獣】[名]野獸
やしょく ⓪【夜食】[名]夜餐
やじるし ②【矢印】[名]箭形符號,箭頭
やしん ①【野心】[名]野心¶～をいだく/抱有野心[～家(か)⓪][名]野心家[-満満(まんまん)⓪][名]野心勃勃
やす・い ②【安い】[形]便宜,廉價¶～ねだん/廉價◇安かろう悪かろう/便宜沒好貨
やす・い ②【易い】[形](「やすしい」的舊時說法)容易,簡單◇言(い)うはやすく行(おこな)うは難(かた)し/說起來容易,做起來難
――[接尾](上接動詞連用形表示)容易,易…¶わかり～/易懂¶書き～/容易寫¶まちがい～/容易錯
やすうり ⓪【安売(り)】[名・自サ]賤賣
やすっぽ・い ④【安っぽい】[形] ❶(看起來)不值錢,便宜¶～洋服/看起來不值錢的西裝 ❷(看起來)低賤,卑俗
やすね ②⓪【安値】[名]低價,賤價
やすみ ③【休(み)】[名]休息(日)¶～をとる/請假¶～の日/假日
やす・む ②【休む】[自他五] ❶休息,暫時停止,中斷 ❷缺席,缺勤¶学校を～/不去上課 ❸睡覺,就寢¶「もうおそいからお～みなさい」/"已經很晚了,你睡吧"
やす・める ③【休める】[他下一] ❶使…停下,使…止住¶機械を～/停下機器 ❷使…休息¶頭を～/休息腦子

やすもの ⓪【安物】[名]便宜貨
やすやす ③【易易】[副]容容易易地，輕易地
やすらか ②【安らか】[名・形動]安樂,平安,無苦無憂的
やすり ③⓪【鑢】[名]鐽刀,銼刀
やせい ⓪【野性】[名]野性
やせい ⓪【野生】[名・自サ]野生 ¶～のぶどう/野生葡萄
やせがまん ③【やせ我慢・瘦(せ)我慢】[名]硬挺着,強忍着
や・せる ⓪【瘦せる】[自下一] ❶瘦¶～せた人/瘦瘦的人 ❷貧瘠,不肥沃¶～せた土地/貧瘠的土地
やせん ⓪【夜戦】[名]夜間戰鬥
やせん ⓪①【野戦】[名]野戰¶～病院(びょういん) ④[名]野戰醫院
ヤソきょう ⓪【ヤソ教】[名]耶穌教
やたい ①【屋台】[名] ❶(節日時搭的)臨時舞臺 ❷流動售貨車
やたら ⓪【副・形動】隨心所欲,恣意
やちょう ⓪【野鳥】[名]野鳥
やちん ①【家賃】[名]房費,房租
やつ ①【奴】[名]〈俗〉像伙,東西¶ほんとうにあいつはいやな～だ/那像伙真是個討厭的東西
——[代]那小子,那像伙¶～にはとてもかなわない/實在比不上那像伙
やつあたり ③⓪【八つ当(た)り】[名]亂發脾氣,拿別人出氣
やっかい ①【厄介】[名]麻煩,累贅¶～をかける/添麻煩
——[名・形動]棘手,難辦¶～な事件/棘手的事件
やっき ⓪③【躍起】[名・形動] ❶發急,急躁 ❷熱心,熱烈
やつぎばや ⓪【矢継(ぎ)早】[名・形動]接二連三地¶～に質問する/接二連三地提問
やっきょく ⓪【薬局】[名]薬店,薬房

やっこう ⓪【薬効】[名]薬效
やっつ ③【八つ】[名] ❶八,八個 ❷八歲
やっつ・ける ④[他下一] ❶做完,幹完 ❷攻擊,打擊¶敵を～/打擊敵人
やっと ⓪[副]好不容易,勉勉強強¶～まにあった/勉強趕上¶～できあがった/好不容易做出来了
やっぱり ③[副]＝やはり
やつ・れる ⓪【窶れる】[自下一]憔悴¶～れた顏/憔悴的面孔
やど ①【宿】[名] ❶家,住處 ❷旅店
やと・う ②【雇う】[他五] ❶雇,雇傭¶人を～/雇人 ❷租用¶ハイヤーを～/租用出租汽車
やとう ⓪【野黨】[名]野黨
やどちん ⓪【宿賃】[名]房租,房費
やどなし ⓪【宿無し】[名]無家可歸,流浪者
やどや ⓪【宿屋】[名]旅店,旅館
やなぎ ⓪【柳】[名]柳樹
やにょうしょう ⓪【夜尿症】[名]夜尿症
やにわに ⓪【矢庭に】[副]突然,猛然
やぬし ①⓪【家主】[名] ❶房主,房東 ❷家長,一家之主
やね ①【屋根】[名]屋頂,屋脊
やのあさって ④【弥の明後日】[名] ❶大大後天 ❷〈方〉大後天
やば・い ⓪[形]危險,不妙
やはり ②[副] ❶依舊,仍然,還是 ❷果然,不出所料¶～優勝はむりだった/果然没能取勝 ❸畢竟¶經驗者は～手つきがちがう/有經驗的人畢竟手法不同
やはん ①【夜半】[名]半夜,深夜
やばん ⓪【野蠻】[名・形動]野蠻¶-人(じん) ④[名]野蠻人
やぶ ⓪【藪】[名] ❶灌木叢,草叢

❷(「やぶ医者」的簡稱)庸醫◇やぶから棒(ぼう)/突如其来

やぶいしゃ ⓪【藪医者】[名]庸醫

やぶ・く ⓪【破く】[他五]撕,扯

やぶ・る ⓪【破る】[他五]❶弄破,扯破¶シャツを～/扯破襯衫 ❷攪亂,打破¶しずさを～/打破寂靜 ❸破壞,違反¶やくそくを～/破壞約定
──【破る・敗る】❶打破¶記録を～/打破記錄 ❷擊敗,打敗

やぶれかぶれ ④【破れかぶれ】[形動]自暴自棄

やぶ・れる ③【破れる】[自下一]❶破裂¶靴下(くつした)が～/襪子破了 ❷破裂¶調和が～/和解破裂 ❸破滅¶夢(ゆめ)が～/夢想破滅
──【敗れる】失敗,敗北¶戦いに～/戦敗

やぶん ①【夜分】[名]夜晚,晚間

やぼ ①【野暮】[名・形動]❶不通世故 ❷土氣,俗氣

やぼう ①【野望】[名]野心

やぼった・い ④【野暮ったい】[形]有點庸俗的,有的愚蠢的

やま ②【山】[名]❶山¶～にのぼる/登山¶～をおりる/下山 ❷成堆的東西¶荷物(にもつ)の～/行李堆 ❸礦山 ❹僥倖,冒險◇やまをかける/押寶;(考試前)押題◇やまがあたる/(寶)押中了;(題)押對了 ❺高潮,高峰¶話の～/故事的最精彩處 ❻山林

やまい ①【病】[名]❶病,疾病¶不治の～/不治之症 ❷毛病,惡癖¶～が出る/暴露惡癖

やまいも ⓪【山芋】[名]山芋,甘薯

やまおく ③【山奥】[名]深山裡

やまかぜ ②【山風】[名]山風

やまくずれ ③【山崩れ】[名]山崩

やまぐに ②【山国】[名]山城

やまざくら ③【山桜】[名](櫻花的一種)山櫻

やまじ ②【山路】[名]山路,山道

やまし・い ③【疚しい】[形]内疚,問心有愧

やまたかぼうし ⑤【山高帽子】[名]圓頂禮帽

やまと ①【大和・倭】[名]❶奈良縣的舊稱 ❷日本國的舊稱
──[接頭]表示日本固有的事物【-絵(え)】③[名]日本畫

やまば ⓪【山場】[名]高潮,頂點

やまびこ ⓪②【山びこ・山彦】[名]回聲,回音

やまびらき ③【山開き(き)】[名]開放山林(允許登山)

やまみち ②【山道・山路】[名]山路,山道

やまやき ④⓪【山焼(き)】[名]燒山,燒荒

やまやま ②⓪【山山】[名・副]❶群山 ❷很多 ❸表示熱望

やみ ②【闇】[名]❶黑暗¶真(しん)の～/漆黑一團 ❷空はは晴れても,心は～だ/雖然天氣晴朗,但心情是陰鬱的 ❸黑市¶～で買う/在黑市買

やみくも ⓪【闇雲】[形動]亂,胡亂

やみつき ⓪【病みつき】[名]❶得病 ❷染上惡習

やみとりひき ③【やみ取り引き・闇取り引き】[名]❶黑市買賣,黑市交易 ❷暗中交涉

やみね ⓪②【闇値】[名]黑市價格

やみよ ②【闇夜】[名]黑夜,漆黑的夜晚¶闇夜に烏(からす)/分辨不清,判断不出來

や・む ⓪【止む】[自五]停,停止¶雨が～んだ/雨停了

や・む ①【病む】[自他五]❶生病,得病¶神経を～/神經有病¶肺を～/肺病 ❷擔心¶気に～/擔心,憂慮

やむをえず ④【已むを得ず】[副]

不得已,只得

や・める　◎【止める・辞める】[他下一] ❶終止,作罷¶タバコを～/戒煙¶計画を～/取消計畫 ❷辭掉,辭去¶会社を～/辭掉公司的工作

やもうしょう　◎【夜盲症】[名]夜盲症

やもめ　◎[名] ❶寡婦 ❷鰥夫

やもり　①【守宮】[名]壁虎

ややこし・い　④[形]麻煩,複雜,讓人費解

ややもすれば　①[副]動不動就…

やゆ　①【揶揄】[名・他サ]諷刺,嘲笑

やよい　◎【弥生】[名]陰曆三月

やら　[並助](用於列舉同類事物時)啦…啦…¶くつ～かばん～買いたいものがたくさんある/鞋啦、提包啦,有很多想買的東西
　　――[副助](表示輕微的疑問)好像,到底,不知¶なに～言っているが、よく聞こえない/好像在說什麼,但聽不清楚¶いつ完成するの～自分でもわからない/到底什麼時候完成連我也不知道

やらい　①【夜来】[名]昨夜以來

やり　◎【槍・鑓】[名] ❶矛,長矛 ❷(將棋)香車

やりあ・う　③【遣り合う】[自五] ❶互相作對 ❷爭論

やりかえ・す　③【や(り)返す・遣り返す】[他五]反駁,反撃

やりかた　◎【やり方・遣(り)方】[名]做法,幹法¶うまい～/高明的做法

やりきれな・い　④【やり切れない・遣(り)切れない】[形] ❶做不完,幹不完¶一日では～/一天做不完 ❷難以忍受,受不了¶気持ち～/難以忍受的心情

やりくち　◎【やり口・遣(り)口】[名]作法,手段¶～がきたない/手段卑鄙

やりくり　②【や(り)繰(り)・遣(り)繰(り)】[名・他サ]安排,籌措,調遣

やりこ・める　④【やり込める・遣(り)込める】[他下一]駁斥,駁倒,問住

やりそこな・う　⑤【遣(り)損なう】[他五]做錯,失敗

やりて　◎【遣り手】[名] ❶做的人,工作者 ❷給的人 ❸能幹的人

やりと・げる　④【やり遂げる・遣(り)遂げる】[他下一]完成,做完

やりとり　②【遣り取り】[名・他サ]交換,互換,交談,爭論

やりなお・す　◎【やり直す・遣(り)直す】[他五]重做,重新做

やりなげ　④③【やり投(げ)・槍投(げ)】[名]《體》標槍

やりぬ・く　③【遣(り)抜く】[他五]做完,堅持到底

や・る　◎【遣る】[他五] ❶送¶手紙を～/送信 ❷派遣,派¶車を～/派車 ❸賞賜,給¶小鳥にえさを～/給小鳥餵食¶これをおまえに～/這個給你 ❹做¶～てみる/做做看 ❺(用「やっていく」的形式表示)生活¶この給料では、とても～ていけない/靠這點收入實在無法生活下去 ❻喝(酒)¶一杯～/喝一杯
　　――[補動五] ❶(用於同輩或晚輩)表示給與¶金を貸して～/借錢給你(他) ❷表示做給…看¶殺して～/宰了你(他)

やるせな・い　④【遣(る)瀬ない】[形]鬱鬱不樂,無法排遣(憂愁)

やれやれ　①[感]表示歡喜,放心,疲倦,困惑等

やろう ⓪②【野郎】[名]〈俗〉(罵男人的話)小子¶ばか〜/混蛋
——[代]那小子,那傢伙
やわらか ③【柔らか・軟らか】[形動] ❶柔軟,軟乎乎¶〜なふとん/軟乎乎的被褥 ❷和藹 ❸靈活¶あたまが〜だ/頭腦靈活 ❹隨便,不生硬的話題¶〜な話/隨便的話題
やわらか・い ④【柔らかい・軟らかい】[形] ❶軟和,柔軟¶〜パン/鬆軟的麵包 ❷和煦,和暖¶〜日ざし/和煦的陽光 ❸靈活 ❹和緩,不生硬(的話題等)
やわら・ぐ ③【和らぐ】[自五]變柔和,和緩起來
やわら・げる ④⓪【和らげる】[他下一] ❶緩和,使…柔和¶態度を〜/緩和態度 ❷使…通俗易懂¶表現を〜/使表達通俗易懂
ヤンキー ①【Yankee】[名] ❶美國人 ❷〈俗〉品行不良(的人)
ヤング ①【young】[名] ❶年輕 ❷青年人
やんちゃ ⓪[名・形動](孩子)調皮,頑皮,淘氣;調皮的孩子

ゆ　ユ

ゆ 五十音圖「や」行第三音。羅馬字寫作「yu」,發音爲國際音標[ju]。平假名「ゆ」是「由」字的草體,片假名「ユ」是「由」字的簡略。

ゆ ①【湯】[名] ❶熱水,開水¶〜をわかす/燒開水 ❷洗澡水¶〜に入る/洗澡 ❸温泉¶〜の町/温泉之城

ゆあか ③【湯あか・湯垢】[名]水鏽,水垢

ゆあがり ②【湯上がり】[名] ❶入浴後 ❷浴巾 ❸浴衣

ゆいいつ ①【唯一】[名]唯一,獨一 ◇唯一無二(むに)/獨一無二

ゆいがどくそん ①-⓪【唯我独尊】[名]唯我獨尊

ゆいごん ⓪【遺言】[名・他サ]遺囑,遺言¶〜を残す/留遺囑

ゆいしょ ①⓪【由緒】[名] ❶由來 ❷來歷,閲歷¶〜ある家がら/名門

ゆいしん ⓪【唯心】[名]唯心¶-論(ろん)③[名]唯心論

ゆいのう ⓪【結納】[名](雙方互贈的)定婚禮品,彩禮

ゆいぶつ ⓪【唯物】[名]唯物¶-論(ろん)④[名]唯物論

ゆ・う ⓪【結う】[他五]繋,結,紮¶かみを〜/結髮

ゆうい ①【優位】[名・形動]優越地位,優勢

ゆういぎ ③【有意義】[名・形動]有意義,有價値

ゆううつ ⓪【憂鬱】[名・形動]憂鬱,鬱悶¶〜な気分/憂鬱的心情

ゆうえき ⓪【有益】[名・形動]有益,有用,有效¶〜に使う/有效地使用

ゆうえつ ⓪【優越】[名・自サ]優越¶-感(かん)④[名]優越感

ゆうえんち ③【遊園地】[名]遊樂場

ゆうが ①【優雅】[名・形動]優雅,典雅,雅致

ゆうかい ⓪【誘拐】[名・他サ]拐騙¶子どもを〜する/拐騙兒童

ゆうかい ⓪【融解】[名・自他サ] ❶融解 ❷融化¶-点(てん)③[名]融點

ゆうがい ⓪【有害】[名・形動]有害

ゆうかげ ③⓪【夕影】[名]夕陽,夕照

ゆうがた ⓪【夕方】[名]傍晚

ゆうかん ⓪【夕刊】[名]晩報¶-紙(し)③[名]晩報

ゆうかん ⓪【勇敢】[形動]勇敢

ゆうかんじしん ⑤【有感地震】[名]有感地震

ゆうき ①【勇気】[名]勇氣

ゆうぎ ①【友誼】[名]友誼,友情

ゆうぎ ①【遊戯】[名]遊戯

ゆうきおん ④【有気音】[名]送氣音

ゆうきゅう ⓪【悠久】[名・形動]悠久

ゆうぐう ⓪【優遇】[名・他サ]優待,優厚待遇

ゆうぐれ ⓪【夕暮れ】[名]黄昏

ゆうげん ⓪【有限】[名・形動]有限

ゆうげん ⓪【幽玄】[名・形動] ❶玄妙,奥妙 ❷言外的情趣,餘韻

ゆうこう ⓪【友好】[名]友好,友誼¶〜をふかめる/加深友誼

ゆうこう ⓪【有効】[形動]有效¶-期限(きげん)⑤[名]有效期

ゆうごう ⓪【融合】[名・自サ]融

合
ゆうこく ⓪【夕刻】[名]傍晚
ゆうごはん ③【夕御飯】[名]晚飯
ユーザー ①【user】[名]用户
ゆうし ①【融資】[名・自サ]通融資金
ゆうしきしゃ ④【有識者】[名]有識之士
ゆうしゅう ⓪【優秀】[名・形動]優秀,優異
ゆうじゅうふだん ⓪【優柔不断】[名・形動]優柔寡斷
ゆうしょう ⓪【優賞】[名]厚賞,重賞
ゆうしょう ⓪【優勝】[名・自サ]❶優勝 ❷優者取勝{−劣敗(れっぱい) ⓪}[名]優勝劣敗
ゆうじょう ⓪【友情】[名]友情,友誼
ゆうしょく ⓪【夕食】[名]晚飯
ゆうしょくじんしゅ ⑤【有色人種】[名]有色人種
ゆうじん ⓪【友人】[名]友人,朋友
ゆうずう ⓪【融通】[名・他サ]通融¶～がきかない/不通融
ゆうすずみ ③【夕涼(み)】[名]夜晚乘涼
ゆう・する ③【有する】[他サ]有,擁有,持有
ゆうせい ⓪【郵政】[名]郵政
ゆうせい ⓪【優勢】[名・形動]優勢¶～をたもつ/保持優勢
ゆうぜい ⓪【郵税】[名]郵資,郵費
ゆうせいおん ③【有声音】[名](使聲帶震動發出的音)有聲音
ゆうせいしょう ③【郵政省】[名]郵政省
ゆうせん ⓪①【有線】[名]有線
ゆうせん ⓪【優先】[名・自サ]優先
ゆうぜん ⓪③【悠然】[副・連体]悠然,從容
ゆうそう ⓪【郵送】[名・他サ]郵寄,寄
ユーターン ③【Uターン】[名・自サ]❶(汽車等)調頭 ❷(從大都市)返回故鄉
ゆうたい ⓪【優待】[名・他サ]優待,照顧,優厚待遇
ゆうだい ⓪【雄大】[名・形動]宏偉,巨大,壯觀¶～ながめ/壯觀的景色
ゆうだち ⓪【夕立】[名](夏季午後下的)雷陣雨
ゆうち ①【誘致】[名・他サ]❶誘致 ❷招攬
ゆうちょう ①【悠長】[形動]慢條斯理;漫長;不慌不忙
ゆうてん ⓪【融点】[名]融點
ゆうとう ⓪【優等】[名・形動]優等,優質{−生(せい) ③}[名]優等生
ゆうどう ⓪【誘導】[名・他サ]❶誘導,引導 ❷〈物〉誘導,吸引
ゆうどうだん ⓪【誘導弾】[名]導彈
ゆうどく ⓪【有毒】[名・形動]有毒{−ガス ⑤}[名]有毒氣體,毒氣
ユートピア ③【Utopia】[名]烏托邦,世外桃源
ゆうなみ ⓪【夕波】[名]傍晚時的波浪
ゆうのう ⓪【有能】[名・形動]有能力,有本事,有才能
ゆうはつ ⓪【誘発】[名・他サ]誘發,導致,引起
ゆうばれ ⓪【夕晴(れ)】[名]晚晴
ゆうはん ⓪【夕飯】[名]晚飯
ゆうひ ⓪【夕日・夕陽】[名]夕陽
ゆうび ①⓪【優美】[名・形動]優美
ゆうびん ⓪【郵便】[名]❶郵政{−局(きょく) ③}[名]郵局,郵政局{−貯金(ちょきん) ⑤}[名]郵政儲蓄 ❷郵件¶～を出す/寄郵件
ゆうびんはがき ⑤【郵便葉書】[名]明信片
ゆうびんばこ ③【郵便箱】[名]信箱

ゆうびんばんごう⑤【郵便番号】[名]郵遞區號
ユーフォー①【UFO】[名]飛碟,不明飛行體,幽浮
ゆうふく①【裕福】[形動]富裕
ゆうべ③【夕べ】[名]❶傍晚 ❷晚會¶音楽の〜/音樂晚會
ゆうべ③【昨夜・昨夕】[名]昨晚,昨天夜裡
ゆうべん①①【雄弁】[名・形動]雄辯,不副實
ゆうぼう①【有望】[形動]有為,大有前途
ゆうぼく①【遊牧】[名・自サ]遊牧¶-民(みん)①【名】遊牧民
ゆうめい①【有名】[形動]有名,著名¶〜になる/成名¶-税(ぜい)③【名】名人的煩惱(如半強迫性的捐款及其它非自願的事情)
ゆうめいむじつ⑤【有名無実】[名・形動]有名無實,徒有虛名
ユーモア①【humour】[名]幽默,該諧¶〜がある/有幽默感
ゆうもん①【幽門】[名]〈解〉幽門
ゆうやけ①【夕焼(け)】[名]晚霞
ゆうゆう①【悠悠】[副・連体]❶悠然自得,不慌不忙¶〜たるあゆみ/悠閒的步子◇悠悠自適(じてき)/悠閒自得 ❷悠久,久遠
ゆうよ①【猶予】[名・他サ]❶猶豫¶一刻(いっこく)の〜も許されない/刻不容緩 ❷緩期,延緩,延期¶執行(しっこう)ー⑤【名】緩期執行
-ゆう①【有余】[接尾](接漢語數詞)有餘¶三年〜のあいだ/在三年多的時間裡
ゆうらん①【遊覧】[名・自サ]遊覽¶-船(せん)①【名】遊覽船,觀光船
ゆうり①【有利】[形動]❶有利可圖,有便宜 ❷有利¶〜な条件/有利條件

ゆうりょ①【憂慮】[名・他サ]憂慮
ゆうりょう①【有料】[名]收費¶-道路(どうろ)⑤【名】收費公路
ゆうりょう①【優良】[名・形動]優良,優質
ゆうりょく①【有力】[形動]有力¶〜な証拠(しょうこ)/有力的證據
ゆうれい①【幽霊】[名]幽靈,亡靈
ゆうれつ①【優劣】[名]優劣
ゆうわく①【誘惑】[名・他サ]誘惑
ゆえ②【故】[名]原因
——[接助]因為,所以
ゆえに②【故に】[接]故,因此,所以¶二つの三角形の各辺の長さはひとしい。〜、二つの三角形は合同である/兩個三角形的各邊長皆相等。所以,兩個三角形全等
ゆえん①【所以】[名]原因,理由
ゆか①【床】[名]地板
ゆかい①【愉快】[形動]愉快¶〜にすごす/愉快生活
ゆが・く②【湯掻く】[他五](用開水)燙
ゆかた①【浴衣】[名]❶浴衣 ❷(夏季穿的)便裝和服
ゆが・む②【歪む】[自五]❶歪斜¶〜んだ帽子/歪斜的帽子 ❷扭曲,不正,歪¶〜んだ見方/偏執的看法
ゆが・める①【歪める】[他下一]❶歪,斜¶顔を〜/歪着臉 ❷歪曲¶事実を〜/歪曲事實
ゆかり①【縁り】[名]關係,因緣
ゆき②【雪】[名]❶雪 ❷雪白,潔白¶〜のはだ/雪白的皮膚
ゆきあそび③【雪遊(び)】[名・サ]玩雪
ゆきがっせん③【雪合戦】[名]雪仗,打雪仗
ゆきぐに①【雪国】[名]雪國,雪多的地方
ゆきき③②【行(き)来】[名]來去,往來

ゆきげしき ③【雪景色】[名]雪景

ゆきさき ⓪【行き先】[名]去的地方,目的地

ゆきす・ぎる ④【行(き)過ぎる】[自上一] ❶通過 ❷走過頭 ❸過火,過份

ゆきずり ⓪【行きずり】[名]萍水相逢,過路相遇,一面之交

ゆきだるま ③【雪だるま・雪達磨】[名]雪人

ゆきちがい ⓪【行(き)違(い)】[名] ❶走岔,沒遇上 ❷誤會,誤解

ゆきづま・る ④【行(き)詰(ま)る】[自五] ❶走到盡頭,無路可走 ❷受阻,停滯不前¶交渉は～った/交渉停滯不前

ゆきどけ ④⓪【雪解(け)】[名]雪融

ゆきとど・く ④【行(き)届く】[自五]周到,無微不至

ゆきどまり ⓪【行(き)止(ま)り】[名]走到頭,終點

ゆきなだれ ③【雪雪崩】[名]雪崩

ゆきみ ③【雪見】[名]賞雪

ゆきわた・る ④【行(き)渡る】[自五]遍及,遍布

ゆ・く ⓪【行く・往く】[自五]→いく

ゆくえ ⓪【行方】[名] ❶去向,下落【–不明(ふめい)】④[名]下落不明 ❷前途,未來,將來

ゆくさき ⓪【行く先】[名] ❶目的地,要去的地方 ❷將來,未來,前途

ゆくすえ ⓪【行く末】[名]將來,前途¶～を考えると、ぞっとする/瞻念前途,不寒而慄

ゆくゆく ⓪【行く行く】[副] ❶一邊走一邊… ❷將來

ゆげ ①【湯気】[名]熱氣,水蒸氣

ゆけつ ⓪【輸血】[名・自サ]輸血

ゆけむり ②【湯煙】[名]（澡堂、溫泉等處）昇起的蒸氣

ゆしゅつ ⓪【輸出】[名・他サ]出口,輸出【–品(ひん)】⓪[名]出口商品

ゆしゅつにゅう ③【輸出入】[名]進出口

ゆす・ぐ ⓪【濯ぐ】[他五]涮,刷洗

ゆす・ぐ ⓪【漱ぐ】[他五]漱,漱口

ゆす・る ⓪【揺する】[他五]搖動,搖晃

ゆず・る ⓪【譲る】[他五] ❶讓,讓出,讓給¶席を～/讓座位 ❷出讓,賣¶車を安く～/將車賤賣出去 ❸延期,改日

ゆせい ⓪【油井】[名]油井

ゆそう ⓪【輸送】[名・他サ]運輸,輸送

ゆたか ①【豊か】[形動] ❶富裕¶～な暮らし/富裕的生活 ❷豐富¶～な才能/豐富的才能 ❸充實¶～な心/充實的內心

ゆだ・ねる ③【委ねる】[他下一] ❶委託,託付 ❷獻身,委身

ゆだん ⓪【油断】[名・自サ]大意,疏忽◇油断大敵(たいてき)/切勿粗心大意

ゆたんぽ ②【湯たんぽ・湯湯婆】[名]湯婆,熱水袋

ゆちゃく ⓪【癒着】[名・自サ]粘連,粘合

ゆっくり ③[副] ❶慢慢¶～(と)歩く/慢步而行 ❷從容¶久しぶりに来たんだから、～していきなさい/你好久沒來了,今天就多坐會兒吧

ゆったり ③[副] ❶輕鬆,愉快,舒舒服服 ❷寬大舒適¶～した服/寬大舒適的衣服

ゆでたまご ③④【茹で卵】[名]煮雞蛋

ゆ・でる ②【茹でる】[他下一]（白水）煮¶野菜を～/煮青菜

ゆでん ⓪【油田】[名]油田

ゆとり ⓪[名]寬裕,餘裕¶～がある/有餘地

ユニーク ②【unique】[形動]獨特¶～な考え/獨特的想法

ユニバーシアード ⓖ【Universiade】[名]世界大學生運動會

ユニフォーム ③【uniform】[名] ❶制服 ❷(體育運動隊等的)隊服

ユニホーム ③→ユニフォーム

ゆにゅう ⓪【輸入】[名・他サ]進口 **~品(ひん)** ⓪[名]進口商品,舶來品

ユネスコ【UNESCO】[名]國際教科文組織

ゆのみ ③【湯飲(み)・湯呑(み)】[名]茶碗

ゆび ②【指】[名] ❶手指 ❷趾,腳指頭

ゆびおり ④⓪【指折(り)】[名] ❶屈指,屈指數數 ❷屈指可數¶~の演奏家/屈指可數的演奏家

ゆびきり ④③【指切り】[名]用小指互相拉鉤(立誓約)

ゆびさ・す ③【指差す】[他五]用手指

ゆびぬき ④③【指ぬき・指貫(き)】[名]頂針

ゆびわ ⓪【指輪・指環】[名]戒指【結婚(けっこん)-】⑤[名]結婚戒指

ゆみ ②【弓】[名] ❶弓¶~を引きしぼる/拉滿弓 ❷射箭技術,弓術 ❸琴弓,弓子

ゆみなり ⓪【弓なり・弓形】[名]弓形

ゆみや ②【弓矢】[名]弓箭

ゆめ ②【夢】[名] ❶夢¶~をみる/做夢 ❷夢想,幻想¶~がやぶれる/夢想破滅

ゆめうつつ ⓪③【夢うつつ】[名]半睡半醒,似睡非睡,在睡夢中

ゆめ・みる ③【夢見る】[自上一]做夢,夢見
——[他上一]夢想,空想

ゆや ②【湯屋】[名]澡堂,公共浴池

ゆゆし・い ③【由由しい】[形]嚴重,重大

ゆらい ⓪①【由来】[名・自サ]由來,來歷
——[副]從來,向來¶日本は~,自然の美しいことで知られている/日本從來是以其自然景觀優美而聞名的

ゆら・ぐ ⓪②【揺らぐ】[自五] ❶搖動,晃動¶風に~/隨風搖動 ❷動搖¶決心(けっしん)が~/決心動搖了

ゆらゆら ①[副](輕物體)輕輕飄動,晃動

ゆり ⓪【百合】[名]百合

ゆる・い ②【緩い・弛い】[形] ❶鬆,鬆馳¶くつが~/鞋子太大 ❷鬆懈,放鬆¶警戒が~/戒備鬆懈 ❸遲緩,緩慢¶~テンポ/緩慢的節奏 ❹稀,稀軟

ゆる・ぐ ②【揺(る)ぐ】[自五]動搖¶信念が~/信念動搖了

ゆるし ③【許(し)】[名] ❶許可,准許,允許¶~をえる/得到許可 ❷原諒,寬恕¶~をこう/乞求寬恕

ゆる・す ②【許す】[他五] ❶允許,准許,許可¶使用を~/允許使用 ❷寬恕,饒恕,原諒¶あやまちを~/原諒錯誤

ゆる・む ②【緩む・弛む】[自五] ❶鬆懈,鬆馳¶気が~/精神鬆懈 ❷緩和¶寒さが~/漸暖

ゆる・める ③【緩める・弛める】[他下一] ❶放鬆,鬆開¶ねじを~/鬆開螺絲釘 ❷鬆懈 ❸放慢,降低¶スピードを~/放慢速度

ゆるやか ②【緩やか】[形動] ❶緩慢 ❷寬鬆,寬大

ゆ・れる ⓪【揺れる】[自下一] ❶晃動,搖見¶船が~/船在搖晃 ❷動搖¶心が~/內心動搖

ゆわ・える ③【結(わ)える】[他下一]繫,紮,拴

ゆわかし ②【湯沸(か)し】[名]燒水壺

よ　ヨ

よ 五十音圖「や」行第五音。羅馬字寫作「yo」，發音爲國際音標[jo]。平假名「よ」來自「与」字的草體，片假名「ヨ」來自「与」字的右偏旁。

よ ⓪[世][名] ❶世,世間,社會◇世に出る/出世 ❷時代,年代,時期¶明治の〜/明治時期◇世を去(さ)る/去世,逝世◇世を渡(わた)る/處世

よ ①[余][名] ❶餘¶三月(みつき)の〜も入院していた/住了三個多月的醫院 ❷其他,另外¶〜の事/其他的事
──[接尾]多,餘¶百〜か所/百餘處

よ ①[夜][名]夜,夜晚¶〜がふける/夜深了◇夜を徹する/徹夜不眠◇夜を明(あ)かす/熬夜◇夜を日(ひ)に継(つ)ぐ/夜以繼日

よ[終助] ❶用於提醒對方注意¶もう八時だ〜/已經八點啦¶そこはあぶない〜/那兒可危險啊 ❷加重命令,禁止,勸誘的語氣¶いっしょに行こう〜/一起去吧¶よく考えなさい〜/好好想想啊¶そんなことするな〜/別做那種事啊 ❸同疑問詞一起使用,表示責難¶だれ〜,わたしのケーキを食べたのは/是誰呀,把我的點心吃了

よあけ ③[夜明(け)][名]黎明,拂曉¶〜の空/黎明的天空

よい ⓪[宵][名]傍晚

よい ②①[酔い][名]醉,酒醉¶〜がさめる/酒醒了

よ・い ①[良い・善い・好い][形]→いい

よいっぱり ⓪[宵っ張(り)][名]熬夜(的人),夜貓子

よいん ⓪[余韻][名] ❶餘音 ❷印象,感受,餘味 ❸餘韻,餘味

よう ①[用][名]事情,工作¶〜がある/有事◇用をたす/解手,上廁所

よ・う ①[酔う][自五] ❶醉,喝醉¶酒に〜/醉酒 ❷量(車等)¶バスに〜/暈車 ❸醉心,沉醉,陶醉¶音楽に〜/醉心於音樂

よう[終助](終助詞「よ」的強調形式)→よ

よう[終助](上接非五段動詞的未然形) ❶表示意願¶こんどはぼくがボールを投(な)げ〜/這回我來投球吧¶なにが入っているのか,のぞいてみ〜よ/裡邊裝的是什麼,看看吧 ❷表示推測,想像¶当然そういう意見も出てこ〜/當然也會出現此類意見的吧 ❸(以「…ようが」『…ようと』『…ようとも』『…ようものなら」等形式)表示假設¶人になんと言われ〜が,平気だ/無論人們說些什麼,都不在乎¶台風がこ〜と地震がこ〜と,ぜったいだいじょうぶだ/不管是颱風還是地震,都絕對保險¶仕事の手つだいをさせ〜ものなら,あとのお礼がたいへんなんだ/要求幫工的話,其後的答謝是很麻煩的

-よう【様】[接尾](上接動詞連用形) ❶樣子¶彼のよろこびよう〜といったらなかったね/看他那高興樣就別提了 ❷樣式,方法¶やり〜をくふうする/想辦法

ようい ①[用意][名・自他サ] ❶

準備¶～がととのう/準備就緒　❷(口令)各就各位,預備
ようい ⓪【容易】[形動]容易,簡單¶～なことではない/並不簡單
よういく ⓪【養育】[名・他サ]扶養
よういん ⓪【要因】[名]主要原因
ようえき ①【溶液】[名]溶液
ようおん ①【拗音】[名]拗音
ようか ⓪【八日】[名]❶八號,八日　❷八天
ようが ⓪【洋画】[名]❶西洋畫　❷歐美的電影
ようが ⓪【陽画】[名](攝影)正片
ようかい ⓪【妖怪】[名]妖怪
ようかい ⓪【溶解・鎔解】[名・自他サ]❶〈化〉溶解¶～液(えき)③[名]溶解度　❷熔化,熔融
ようがい ⓪【要害】[名]要塞,險關
ようがし ③【洋菓子】[名]西式糕點
ようかん ①【羊羹】[名]羊羹
ようがん ①【溶岩・熔岩】[名]熔岩
ようき ①【容器】[名]容器
ようき ⓪【陽気】[名]天氣,氣候　——[形動]❶開朗,爽朗¶～な人/開朗的人　❷興高彩烈¶～にさわぐ/歡鬧
ようぎ ①⓪【容疑】[名]嫌疑¶-者(しゃ)①[名]嫌疑犯
ようきゅう ⓪【要求】[名・他サ]要求
ようぎょ ①【養魚】[名]養魚
ようきょく ⓪【陽極】[名]陽極,正極
ようぐ ①【用具】[名]用具,工具
ようけい ⓪【養鶏】[名]養鶏
ようけつ ⓪【要訣】[名]秘訣,竅門
ようけん ③⓪【用件】[名](需要商談的)事,事情¶～を言う/談事情
ようけん ③⓪【要件】[名]❶要緊事　❷必要的條件

ようげん ①【用言】[名](日語語法)用言
ようご ⓪【用語】[名]術語,專門用語
ようご ①【擁護】[名・他サ]擁護
ようこう ⓪【要項】[名]重點,重要事項
ようこそ ①[感]歡迎
ようさい ⓪【洋裁】[名]西裝裁剪
ようさん ⓪【養蚕】[名]養蠶
ようし ⓪【用紙】[名]用紙,專用紙¶答案(とうあん)～/答案用紙
ようし ①【要旨】[名]要點,大意¶～をまとめる/歸納要點
ようし ①【容姿】[名]姿容
ようし ⓪【養子】[名]養子,繼子¶～をもらう/領養繼子
ようじ ⓪【用事】[名](應做的)事,事情¶～がある/有事
ようじ ①【幼児】[名]兒童,幼兒
ようじ ⓪【楊枝】[名]牙籤¶～を使う/剔牙
ようしき ⓪【洋式】[名]洋式,西式
ようしき ⓪【様式】[名]樣式,方式¶きめられた～にしたがって書く/按照規定形式寫
ようしつ ⓪【洋室】[名]西式房間
ようしゃ ①【容赦】[名・他サ]❶寬恕,饒恕　❷客氣
ようしゅ ⓪【洋酒】[名]洋酒,西式酒
ようしょ ⓪【要所】[名]❶要塞,要道　❷要点¶～をおさえる/抓住要點
ようじょ ①【養女】[名]養女
ようしょう ⓪【要衝】[名]要衝,要地¶交通の～/交通要道
ようじょう ③【養生】[名・自サ]❶養生,養身　❷療養,養病
ようしょく ⓪【洋食】[名]西餐
ようしょく ⓪【要職】[名]要職,重要職務
ようしょく ⓪【養殖】[名・他]養殖
ようじん ①【用心】[名・自サ]小

ようじん ⓪【用心】[名]要人¶政府(せいふ)の―④[名]政府要人
ようじんぼう ③【用心棒】[名]❶護衛,保鏢 ❷(為防犯而作為武器放在身邊的)棒子,棍子 ❸門閂
ようす ⓪【様子】[名]❶情況,情形¶～をみる/看情況 ❷様子,外表¶みすぼらしい～/窮酸相 ❸舉止¶あいつは,どうも～がおかしい/那傢伙舉止實在可疑 ❹(以「…ようすだ」的形式表示)好像,似乎¶風もおさまりそうな～だ/似乎風要停了¶なにか心配ごとがある～だ/好像有什麼心事
ようすい ⓪①【用水】[名]用水,使用水¶―路(ろ)③[名]水渠
よう・する ③【要する】[他サ]需要¶注意を～/需要注意
よう・する ③【擁する】[他サ]擁有,具有
ようするに ③【要するに】[副]總之,總而言之¶～しっかりやれということだ/總之,要求踏踏實實地做
ようせい ⓪【要請】[名・他サ]請求,要求
ようせい ⓪【陽性】[名]陽性
ようせい ⓪【養成】[名・他サ]培養¶技術者を～する/培養技術人員
ようせき ①【容積】[名]❶容積,容量 ❷體積
ようせつ ⓪【溶接・熔接】[名・他サ]焊接¶電気(でんき)―④[名]電焊
ようそ ①【要素】[名]要素,因素
ようそう ⓪【洋装】[名・自サ]❶(穿)西裝 ❷(書籍的)西式裝訂
よう・だ【様だ】[助動]❶如同…一様,好像…一様¶星の～に光っている/星光般地閃爍着 ❷似乎,好像¶事故があった～/好像發生了事故 ❸諸如,像¶ラグビーやサッカーの～なはげしい運動/諸如橄欖球,足球那樣的激烈運動 ❹為,為了¶はやく着ける～タクシーで行った/為了盡快到達,就坐計程車去了
ようたい ⓪【様態】[名]様子,狀態
ようだい ③【容体・容態】[名]病狀,病情
ようたし ④③【用足し・用達】[名]❶辦事,做完事情 ❷大小便 ❸(用「御用達」的形式表示)為政府機關,公司送貨的商人
ようだん ⓪【用談】[名・他サ]商談
ようち ①⓪【幼稚】[名・形動]❶年輕,年幼 ❷幼稚¶～な考え/幼稚的想法¶―園(えん)③[名]幼稚園
ようち ①⓪【要地】[名]要地,要衝
ようてん ③【要点】[名]要點,重點
ようでんき ③【陽電気】[名]正電荷,正電
ようと ①【用途】[名]用途¶～がひろい/用途廣泛
ようとうくにく ⓪-①【羊頭狗肉】[名]掛羊頭賣狗肉
ようとん ⓪【養豚】[名]養豬
ようび ⓪【曜日】[名]星期¶月～/星期一
ようひん ⓪【用品】[名]用品,用具
ようひんてん ③【洋品店】[名]洋貨店,服飾用品商店;委託店
ようふ ⓪【養父】[名]養父
ようふう ⓪【洋風】[名]洋式,西式【-建築(けんちく)⑤】[名]西洋建築
ようふく ⓪【洋服】[名]西服
ようぶん ①【養分】[名]養分,營養
ようぼ ⓪【養母】[名]養母

ようほう ⓪【用法】[名]用法,使用方法

ようほう ⓪【養蜂】[名]養蜂

ようぼう ⓪【要望】[名・他サ]要求,希望¶〜にこたえる/應要求

ようぼう ⓪【容貌】[名]容貌

ようま ⓪【洋間】[名]西式房間

ようもう ⓪【羊毛】[名]羊毛

ようやく ⓪【漸く】[副]好不容易,總算¶一望、一頂上にたどりついた/好不容易爬上了山頂

ようやく ⓪【要約】[名・他サ]歸納,整理

ようよう ⓪③【洋洋】[副・連体]遼闊,寬廣,一望無際¶〜とひろがる海/一望無際的海洋¶〜たる前途/遠大的前途

ようりゃく ⓪【要略】[名・他サ]歸納,概略

ようりょう③【用量】[名](藥劑的)用量

ようりょう③【要領】[名]要領¶〜をえない/不得要領

ようりょう③【容量】[名]容量,容積

ようれい ⓪【用例】[名]例句¶〜を示す/擧出例句

ようれき ⓪【陽暦】[名]陽暦

よえん ⓪【余炎】[名] ❶餘焰 ❷殘暑

ヨーグルト③【(独)Yoghurt】[名]酸奶,酸酪乳

ヨードチンキ④【(独)Jodtinktur】[名]碘酒

ヨーロッパ③【(ポ)Europa】[名]歐洲

よか ①【予科】[名]預科,預備科

よか ①【余暇】[名]余暇,閒暇,空閒時間

よかく ⓪【余角】[名]〈數〉餘角

よかぜ ⓪【夜風】[名]夜風

よかれあしかれ ①-③【善かれ悪しかれ】[副]不論是好是壞,不管好壞都…¶こうなってはもう、〜このまま進むしかない/事到如今,不論是好是壞都得做下去

よかん ⓪【予感】[名・他サ]預感¶〜がする/預感到

よそく ①⓪【予測】[名・他サ]預測,預料¶〜に反する/與預料相反

よぎな・い③【余儀無い】[形]不得已,無奈

よきん ⓪【預金】[名・自他サ]存錢,存款¶〜をおろす/提錢【-通帳(つうちょう)】④[名]存摺【定期(ていき)-】④[名]定期存款【普通(ふつう)-】④[名]活期存款

よく ②【欲・慾】[名]慾望,貪心¶〜が深い/貪心不足

よく ①【翼】[名](鳥・飛機)翼

よく ①【良く】[副]❶仔細,認真¶〜考える/認真考慮 ❷經常,常常,總¶〜学校を休む/常不去上學 ❸出色,好¶〜やった/做得很出色 ❹(做反語用)真敢,竟然,竟敢¶あれだけ人に迷惑(めいわく)をかけておいて、〜平気でいられるものだ/別别人添了那麼多麻煩,竟還沒事似的

よくあさ ⓪【翌朝】[名]第二天早晨

よくあつ ⓪【抑圧】[名・他サ]壓制,壓抑¶言論の自由を〜する/壓制言論自由

よくげつ ⓪②【翌月】[名]第二個月

よくしつ ⓪【浴室】[名]浴室

よくじつ ⓪【翌日】[名]翌日,第二天

よくじょう ⓪【浴湯】[名]浴池【大衆(たいしゅう)-】⑤[名]公共浴池

よく・する ①【善くする】[他サ]擅長,善於¶画家でありながら俳句も〜/雖然是畫家,但也擅長作俳句

よく・する③【浴する】[自サ]❶沐浴¶日光に〜/沐浴陽光 ❷承受,蒙受(恩惠等)¶恩恵(おんけい)

よくせい ⓪【抑制】[名・他サ]抑制,控制¶インフレを～する/抑制通貨膨脹

よくそう ⓪【浴槽】[名]浴盆,浴缸

よくちょう ⓪【翌朝】[名]第二天早晨

よくど ①【沃土】[名]沃土,肥沃的土地

よくとし ⓪【翌年】[名]→よくねん

よくねん ⓪【翌年】[名]翌年,第二年

よくばり ④③【欲張り】[名・形動]貪婪,貪得無厭,貪心

よくば・る ⓪【欲張る】[自五]貪得無厭,貪婪,貪心¶～と、かえって損(そん)をする/貪心反而受損

よくふか・い ⓪【欲深い】[形]貪得無厭,貪心不足

よくぼう ⓪【欲望】[名]慾望¶～をみたす/滿足慾望

よくめ ③②【欲目】[名]偏愛,偏心

よくも ①【副】竟敢,竟能

よくよく ⓪【善く善く】[副]仔細地,十分注意地,特別

よけい ⓪【余計】[形動]多餘,不必要¶～な心配/多餘的擔心
——[副] ❶多¶人より～練習した/比別人練得多 ❷更,更加¶だめだと言われると～にやりたくなる/一說我不行就更想試試試了

よ・ける ②【避ける・除ける】[他下一] ❶避讓,躲讓¶車を～/避讓汽車 ❷躲避,躲,避¶雨を～/躲雨

よけん ⓪【予見】[名・他サ]預見

よげん ⓪【予言】[名・他サ]預言

よこ ⓪【横】[名] ❶横,横向¶～に広がる/横向擴展 ❷旁邊◇横から口を出す/從旁插嘴 ❸側面¶箱の～にシールをはる/將標籤貼在箱子的側面◇横になる/躺下◇首(くび)を横にふる/不同意

よこう ⓪【予行】[名]預演

よこがお ③【横顔】[名] ❶側臉 ❷(一般人不知道的人物的)側面,另一面

よこがき ⓪【横書(き)】[名]横寫¶～の文章/横寫的文章

よこぎ・る ③【横切る】[自五]横穿,横過¶道を～/横穿馬路

よこく ⓪【予告】[名・他サ]預告,事先通知¶次週の～/下週預告

よこぐみ ⓪【横組(み)】[名](印刷)横排版

よこぐるま ③⑤【横車】[名]蠻横◇横車をおす/蠻横不講理

よこしま ⓪【邪(ま)】[形動]邪惡,不正當

よこ・す ②【寄越す】[他五] ❶寄¶友だちが手紙を～した/朋友來信了 ❷派,派給¶手伝いを二、三人～してください/請叫兩三個人來幫忙
——[補動五](以「…てよこす」的形式表示)…來¶国もとからみかんを送って～した/從家鄉寄來了桔子

よご・す ⓪【汚す】[他五]弄髒,玷污¶服を～/弄髒衣服

よこすべり ③【横滑り】[名] ❶斜滑,横滑 ❷調職,調任

よこた・える ③④【横たえる】[他下一] ❶躺下,(使)躺下,横臥¶からだをベッドに～/横躺在床上 ❷横(斜)著佩帶¶大刀を腰に～/腰間佩帶大刀

よこたわ・る ④【横たわる】[自五] ❶躺¶ベッドに～/躺在床上 ❷横亘¶山が前方に～っている/一座山横在眼前 ❸擺着,面臨着

よこちょう ⓪【横町】[名]胡同,小街道

よこづな ⓪【横綱】[名](相撲)横綱

よこどり ⓪④【横取(り)】[名・他

よこなサ]搶,搶奪¶資産を～する/搶奪財産

よこなみ ⓪【横波】[名]❶(物理)横波❷從側面湧來的波浪

よこぶえ ③⓪【横笛】[名]横笛

よこみち ⓪【横道・横路】[名]❶岔路,盆道❷歧途¶～に入りこむ/進入歧途

よこむき ⓪【横向(き)】[名]側身,朝側側面

よこめ ⓪【横目】[名]斜眼(看)¶～で見る/斜眼看

よこもじ ⓪【横文字】[名]横寫文字

よこやり ⓪④【横やり】[名]插嘴,干渉,干擾

よごれ ⓪【汚れ】[名]污垢

よご・れる ⓪【汚れる】[自下一]❶髒,污濁,污穢¶手が～/手髒了¶～れた空氣/污濁的空氣❷(心靈)骯髒,醜惡

よさん ⓪【予算】[名]預算

よし ①【葦・葭】[名]蘆葦

よし ①【由】[名]❶緣由,理由¶～ありげな態度/似乎有什麼事的樣子❷(多以「…由もない」的形式表示)無法…¶知る～もない/無法知道❸(以「…の由」的形式表示)内容,意思¶この～をお伝えください/請轉告上述内容❹(書信用語)據說,聽説

よし ①【良し】[形]〈文〉好,良

よし ①【感】❶(表示同意,答應)好,可以,行¶～許してやろう/好,就原諒你吧❷(表示意志,決心)來,好¶～,おれがやる/好,我來做❸…,やろう/好,做吧❸(用於安慰,勸解)好了,算了,行了¶泣くな、～、～/別哭了,好了,好了

よしあし ①②【善し悪し】[名]❶好壞,善惡,是非¶～を見分ける/辨別是非❷一利一弊,有好處也有壞處

よじげん ②【四次元】[名]四維,四次元

よじのぼ・る ⓪【よじ登る・攀(じ)登る】[自五]攀登,爬¶木に～/爬樹

よしや ①【縦(し)や】[副]縦然,即使,哪怕

よしゅう ⓪【予習】[名・他サ]預習

よじょう ⓪【余剰】[名]剰餘¶-価値(かち) ④[名]剰餘價值

よじ・る ②【捩る】[他五]扭,撑¶からだを～/扭動身體

よじ・れる ③[自下一]扭著,扭歪,扭勁兒

よしん ⓪【予審】[名]〈法〉預審

よしん ⓪【余震】[名](地震)餘震

よじん ⓪【余燼】[名]餘燼,餘火

よ・す ①【止す】[他五]停止,作罷¶この話は～そう/別談這個了

よせ ⓪【寄席】[名]曲藝場,説書場

よせあつめ ⓪【寄(せ)集め】[名]拼湊¶～のチーム/拼湊起來的運動隊伍

よせい ⓪【余生】[名]餘生¶～を送る/度過餘生

よ・せる ⓪【寄せる】[自他一]❶挨近,靠近¶波が～/波浪湧來❷移近,挪近¶車を～/把車開到跟前❸寄以(關心)¶同情を～/寄以同情¶関心を～/寄以關心集中¶額(ひたい)にしわを～/皺眉頭❺送,寄¶感想文を～/寄讀後感❻憑藉,藉著¶花に～せて思いを述べる/借花而抒懷

よせん ⓪【予選】[名]預選

よそ ②【余所・他所】[名]❶別處,另外的地方¶～へ逃(に)げる/逃往別處❷與己無關¶～の国/其它國家¶～の人/外人❸(以「…をよそに」的形式,表示)將…放不顧而¶任務を～に遊びほうける/將任務扔在一邊而只顧玩樂

よそいき ⓪【よそ行き・余所行き】[名] ❶外出時的服裝 ❷故作鄭重

よそう ⓪【予想】[名・自他サ]預想,預料¶〜に反して/同預料的相反

よそうがい ②【予想外】[名・形動]預料之外,出乎預料

よそおい ③⓪【装い】[名] ❶服裝,裝束¶春の〜/春裝 ❷裝飾,修飾

よそお・う ③【装う】[他五] ❶穿戴,打扮 ❷假裝,佯裝¶平気を〜/假裝不在乎

よそく ⓪【予測】[名・他サ]預測

よそごと ⓪【よそ事・余所事】[名]與己無關的事,分外之事¶〜とは思えない/不能認爲是分外之事

よそみ ③②【よそ見・余所見】[名]往旁邊看¶〜をする/往旁邊看

よそよそ ①[形動]東倒西歪,步履蹣跚

よそよそし・い ⑤[形]疏遠,見外,冷淡

よぞら ①②【夜空】[名]夜空

よだれ ⓪【涎】[名]口水,垂涎¶〜が出る/流口水〜掛(か)け ③[名]圍嘴,小嬰兒的口水圍兜

よち ①⓪【予知】[名・他サ]預知¶地震を〜する/預測地震

よち ⓪①【余地】[名]餘地◇立錐(りっすい)の余地もない/無立錐之地

よちよち ①[副・自サ]搖搖晃晃¶赤ちゃんが〜(と)歩いてきて、わたしの前で転んだ/幼兒搖搖晃晃走過來,在我面前摔倒了

よつ ②【四つ】[名]→よっつ

よっか ⓪【四日】[名] ❶四號,四日 ❷四天

よつかど ⓪【四(つ)角】[名] ❶十字路口 ❷(十字路口的)拐角

よっきゅう ⓪【欲求】[名・他サ]慾望

よっきゅうふまん ⑤【欲求不満】[名]慾望尚未滿足,慾望沒有達到

よっつ ③【四つ】[名] ❶四,四個 ❷四歲

ヨット ①【yacht】[名]快艇,遊艇

よっぱらい ⓪【酔(っ)払い】[名]喝醉酒的人¶〜運転/酒後開車

よっぱら・う ⓪【酔っ払う】[自五]醉,醉酒

よっぽど ⓪[副]→よほど

よつゆ ①【夜露】[名]夜裏的露水

よつんばい ⓪【四つんばい・四つん這い】[名] ❶臥,趴著 ❷爬

よてい ⓪【予定】[名・他サ]預定 ❷預約,約會¶〜がある/有預約

よとう ⓪【与党】[名]執政黨

よどおし ⓪【夜通し】[副]通宵,一整夜

よど・む ②【澱む】[自五] ❶淤塞,不流暢 ❷沉澱 ❸沒有生氣,死氣沉沉,停滯

よなか ③【夜中】[名]半夜,三更半夜

よねつ ⓪【余熱】[名] ❶(火的)餘溫 ❷(病)餘熱

よねん ⓪【余念】[名]一心一意,專心致志

よのなか ②【世の中】[名] ❶世,世間,社會¶〜に出る/進入社會 ❷世界,世道,時代¶〜におくれる/落後於時代

よび ①【予備】[名] ❶預備[-知識(ちしき) ③][名]預備知識 ❷備用

よびか・ける ④【呼(び)掛ける】[他下一] ❶呼喚,招呼 ❷號召,呼籲¶大衆に〜/向大衆呼籲

よびすて ⓪【呼(び)捨(て)】[名]不加敬稱,直呼其姓、名

よびだ・す ③【呼(び)出す】[他

よびり

五】❶叫出來,喚出來 ❷(電話)傳呼,傳喚

よびりん ⓪【呼(び)鈴】[名]電鈴

よ・ぶ ⓪【呼ぶ】[他五]❶叫,召喚¶名まえを~/叫名字 ❷招待,邀請¶夕食に~ばれる/被邀請吃晩飯 ❸叫做,稱爲 ❹引起,博得¶反響を~/引起反響¶人気(にんき)を~/博得歡迎

よふかし ②【夜更かし】[名]熬夜,開夜車

よふけ ③【夜更(け)】[名]深夜,深更

よぶん ⓪【余分】[名]餘量,剩餘——[形動]多餘,不必要¶~な口出し/多嘴多舌

よほう ⓪【予報】[名・他サ]預報【天気(てんき)-④】[名]天氣預報

よほう ⓪【予防】[名・他サ]預防【-接種(せっしゅ)④】[名]預防接種

よほど ⓪【余程】[副]❶很,相當,頗,非常¶~大きな荷物(にもつ)/相當大的行李 ❷很想,差一點要…¶~むかえに行こうかと思ったがやめた/差一點要去接你,可後來沒去

よぼよぼ ①[副・自サ]走路蹣跚¶90歳の祖父は、かぜで熱を出してから急に~してきた/90歳的祖父感冒發燒後,突然腿脚不方便了

よみ ①【黄泉】[名]黄泉,陰間

よみ ②【読(み)】[名]❶讀,唸 ❷(漢字的)讀法,唸法¶~を調べる/査讀法 ❸估計,考慮¶~がふかい/深思熟慮,看得遠

よみあ・げる ⓪【読(み)上げる】[他下一]❶朗讀 ❷讀完,看完

よみがえ・る ③【蘇る・甦る】[自五]❶死而復生,復活 ❷復蘇,恢復¶記憶が~/恢復記憶

よみかき ①【読(み)書き】[名]讀寫,讀書能力

よみかた ④③【読(み)方】[名]❶讀法,念法¶漢字の~/漢字讀法 ❷朗讀 ❸(對文章的)理解

よみせ ⓪【夜店・夜見世】[名]夜攤,夜市

よみち ⓪【夜道】[名]夜路

よみふけ・る ⓪【読(み)ふける・読(み)耽る】[他五]讀入迷,看入迷

よみもの ②③【読(み)物】[名]讀物

よ・む ①【読む】[他五]❶看,閱讀¶小説を~/看小説 ❷朗讀,讀,念¶経(きょう)を~/唸經 ❸讀作,念作¶木瓜と書いて「ぼけ」と~/寫作「木瓜」讀作「ぼけ」 ❹猜測,推斷,推察¶顔色(かおいろ)を~/察顔觀色¶心を~/猜測(對方的)心思 ❺(棋類的)算步,想着數¶手を~/考慮着數

——【詠む】詠,創作¶詩を~/作詩¶花を~/詠花

よめ ⓪【嫁】[名]❶兒媳¶むすこの~/兒媳婦 ❷老婆,媳婦

よめい ⓪【余命】[名]餘生,殘年

よめいり ⓪【嫁入り】[名]❶出嫁¶~道具(どうぐ)/嫁妝

よもや ①[副]{與否定語相呼應表示}萬萬沒有…,絕不會…¶~あの相手に敗れようとは思わなかった/萬萬沒有想到會輸給對手¶~知るまいと思ったら、よく知っていた/原以爲他末必知道,沒想到他早已了解得一清二楚

よもやま ⓪①【よも山・四方山】[名](社會上的)各種各樣的事情¶~話(ばなし)/閒聊天

よやく ⓪【予約】[名・他サ]預約,預訂¶~をとる/預約¶ホテルを~する/預訂飯店

よゆう ⓪【余裕】[名]富裕,剩餘,餘裕¶~がある/富裕;從容【-綽綽(しゃくしゃく)⓪】[名]從容不

迫,從容
より ①[副]更,更加¶～楽しい人生/更美好的人生

より [格助]①比¶すもう～野球のほうがおもしろい/棒球比相撲有意思 ②〈文〉從,自¶これ～試合を開始いたします/自現在開始比賽 ③(與否定語相呼應表示)除…以外沒有…,只好…¶自分でやる～しかたがない/只有自己做¶こうする～ほかに方法がなかった/除這樣做以外,沒有其他方法

よりかか・る ④【寄(り)掛(か)る・凭り掛(か)る】[自五]①倚,靠,依靠¶親に～って生活する/依賴父母而生活¶かべに～/倚在牆上

よりどころ ⓪③【より所・拠り所】[名]①根據,依據¶～がない/無根據 ②寄託,依託¶心の～/精神寄託

よりどり ⓪【より取(り)・選り取(り)】[名]隨意挑選

よりみち ⓪【寄(り)道】[名]順路,順便¶～をする/順便去(別處)

よりょく ⓪①【余力】[名]餘力

よる ①【夜】[名]夜,夜晚¶～がふける/夜深了

よ・る ⓪【因る・由る・依る】[自五]①由於,因為¶不注意に～事故/由於粗心而引起的事故 ②要看,取決於¶手術するかどうかは今後の病状に～/做不做手術要看今後的病情發展如何 ③根據,按照¶規則に～れば,午後五時以後は入場できない/按照規定,下午五點以後不能入場

よ・る ⓪【拠る】[自五]①依據,依照¶多くの資料に～って新説を発表する/依據衆多的資料發表新學説 ②依靠,爲根據地¶城に～/固守城池

よ・る ⓪【寄る】[自五]①靠近,挨近¶そばに～/靠到跟前 ②集中,聚集,湊在一起¶しわが～/起皺褶 ③靠,倚¶柱に～/靠着柱子 ④順便,順道¶学校の帰りにデパートに～った/從學校回家的路上,順便去了趟百貨公司 ⑤(相撲)抓住對方腰帶,推對方 ◇寄ってたかって/大家一起,全體

よ・る ①【選る】[他五]選擇,挑選
よ・る ①【縒る・撚る】[他五]搓,撚,捻¶糸(いと)を～/捻線

よれよれ ⓪[副](衣服)皺皺巴巴

よろ・ける ⓪[自下一]踉蹌

よろこばし・い ⑤【喜ばしい・悦ばしい】[形]令人喜悦,高興,可喜

よろこば・す ④【喜ばす・悦ばす】[他五]使歡喜,令快樂¶人の心を～/令人心快¶人の目を～/令人悦目

よろこび ④③【喜び・悦び】[名]①喜悦,高興,愉快¶勝利の～/勝利的喜悦 ②表示祝賀,道喜¶「新年のお～を申し上げます」/祝新年快樂

よろこ・ぶ ③【喜ぶ・悦ぶ】[他五]①喜悦,高興,歡喜¶無事を～/爲平安無事而歡喜 ②[用「喜んで…する」的形式表示]願意,樂意¶「～んでお手伝いしましょう」/"樂意爲您效勞"

よろし・い ⓪【宜しい】[形]①蠻好,妥當¶「これで～ゅうございます」/這般就蠻好了¶「ご病気は,もうお～のですか」/病已經好了,可嗎 ②(表示答應、贊同等)好的,可以,行¶「帰って～」/可以回去了¶「～,ひきうけました」/好吧,我接受了

よろしく ⓪[副]①適當地¶あとは～やってやってくれ/以後的事你就看着辦吧 ②表示問候,請求關照¶～お願いします/請多關照¶～お伝えください/請代爲問

好¶今後ともどうぞ～/以後請多指教 ❸就像…似的,好像¶外人～、大きなジェスチャーで話をする/就像個外國人似的,講話時伴隨著誇張的手勢

よろめ・く ③[自五]踉蹌,步履蹣跚

よろよろ ①[副・自サ]蹣跚,踉踉蹌蹌(的様子)

よろん ①【世論・輿論】[名]輿論【-調査(ちょうさ)】④[名]民意測驗

よわ・い ②【弱い】[形] ❶弱,軟弱¶からだが～/身體弱 ❷不擅長¶大山君は数学は強いが、国語が～/大山君擅長數學,但不擅長國語 ❸微弱¶～風/微風 ❹(以「…によわい」的形式,表示)怕,經不起¶寒さに～/怕冷¶子どもに～/管不了孩子

よわき ③⓪【弱気】[名・形動]膽怯,怯懦

よわたり ②【世渡り】[名]謀生;處世

よわね ⓪②【弱音】[名]洩氣話,不爭氣的話¶～を吐(は)く/説洩氣話

よわま・る ③【弱まる】[自五]變弱¶風が～/風小了

よわみ ③【弱み】[名]弱點,短處

よわむし ②【弱虫】[名]懦夫

よわ・める ③【弱める】[他下一]使…變弱,減弱,削弱¶力を～/削弱力量

よわよわし・い ⑤【弱弱しい】[形]軟弱無力

よわりめにたたりめ【弱り目に祟り目】禍不單行

よわ・る ②【弱る】[自五] ❶衰弱,減弱 ❷糟糕,爲難,毫無辦法¶出先で雨にふられて～ったよ/出門挨了雨淋,真糟糕

よん ①【四】[名]四,四個

よんじゅう ①【四十】[名]四十

ら　ラ

ら 五十音圖「ら」行第一音。羅馬字寫作「ra」,發音爲國際音標[ra]。平假名「ら」來自「良」字的草體,片假名「ラ」來自「良」字的頭兩筆畫。

ら【等】[接尾]❶們(用於同輩之間或對晩輩時)¶きみ〜/你們¶彼ら/他們¶子ども〜/孩子們 ❷他們¶佐藤〜/佐藤他們 ❸[上接「これ」「それ」「あれ」]表示複數¶これ〜/這些 ❹[上接「ここ」「そこ」「あそこ」「どこ」表示]附近,一帶¶そこ〜/那附近¶どこ〜/哪一帶

ラード ①【lard】[名]豬油

ラーメン ①【拉麵】[名]麵條,熱湯麵

らい【来】①【造語】❶來,下¶〜学期/下學期 ❷以來¶先月〜/上個月以來

らいう ①【雷雨】[名]雷雨,雷陣雨

ライオン ⓪①【lion】[名]獅子

らいかん ⓪【雷管】[名]雷管

らいきゃく ⓪【来客】[名]來訪者,來客

らいげつ①【来月】[名]下月,下個月

らいこう ⓪【来校】[名・自サ]來校

らいさん ⓪【礼賛・礼讃】[名・他サ]讚揚,歌頌¶功績を〜する/讚揚功績

らいしゅう ⓪【来週】[名]下星期,下週

らいしんし ③【頼信紙】[名]電報紙

ライス ①【rice】[名]米飯¶カレー〜④/[名]咖喱飯

らいせ ①⓪【来世】[名](佛教)來世,來生

ライセンス ①【license】[名]❶執照 ❷進出國許可證

ライター ①【lighter】[名]打火機¶ガス〜③/[名]液化氣打火機

——【writer】[名]作家,作者¶コピー〜④/[名]廣告作者

ライト ①①【light】[名]❶光,光線 ❷燈¶〜をつける/開燈 ❸輕[-級(きゅう)⓪]/[名]〈體〉輕量級 ❹淡

ライト ①①【right】[名]❶右,右邊 ❷(棒球)右翼,右側,右外野

らいにち ⓪【来日】[名・自サ]來到日本

らいにん ⓪【来任】[名・自サ]前來就任

らいねん ⓪【来年】[名]來年,明年

らいはい ⓪【礼拝】[名・他サ]禮拜

ライバル ①【rival】[名]❶競爭對手 ❷情敵

らいひん ⓪【来賓】[名]來賓

ライフ ①【life】[名]❶一生 ❷生命 ❸生活

ライブ ①【live】[名]實況廣播,實況錄者

ライフスタイル ①【life style】生活方式

ライブラリー ①【library】[名]❶圖書館,圖書室 ❷藏書 ❸叢刊

ライフル ①【rifle】[名]來福線,膛線¶〜銃(じゅう)④/[名]來福槍

ライフワーク ④【lifework】[名]畢生的事業

らいほう ⓪【来訪】[名・自サ]來訪

ライラック ③【lilac】[名]紫丁香

ライン ①【line】[名]❶線¶アンダー〜⑤/[名]底線¶スタート〜⑤/[名]起跑線 ❷列,隊列¶〜アップ④/[名]排隊 ❸標準,水準¶合格(ごうかく)〜⑤/[名]及格標準,及格線 ❹航線,線路¶エア〜③/[名]空中航線

ラウドスピーカー ⑤【loud speaker】[名]揚聲器,喇叭
らかん ①【羅漢】(名)(佛教)羅漢
らく ②【楽】[名・形動] ❶舒適,舒服¶〜に座(すわ)る/舒服服地坐着¶気が〜/心情舒暢 ❷輕鬆,簡單,容易¶〜に勝つ/輕易取勝¶〜に読める/很容易看懂
—— [名]「千秋楽」的簡稱
らくいん ⓪【烙印】[名]烙印
らくえん ⓪【楽園】[名]樂園¶子どもの〜/兒童樂園¶地上の〜/人間天堂
らくがき ⓪【落書き】[名]胡寫(的詞句),亂塗亂寫(的畫)
らくご ⓪【落語】[名](日本的)單口相聲
らくさ ①【落差】[名] ❶(水位)落差 ❷高低之差
らくせい ⓪【落成】[名・自サ]落成,竣工
らくせん ⓪【落選】[名・自サ]落選
らくだ ⓪【駱駝】[名]駱駝
らくだい ⓪【落第】[名・自サ] ❶留級¶〜生(せい)③[名]留級生 ❷不及格,落第¶試験に〜する/考試不及格
らくたん ⓪【落胆】[名・自サ]灰心,氣餒,沮喪
らくてん ⓪【楽天】[名]樂觀,樂天¶〜家(か)⓪[名]樂天派¶〜主義(しゅぎ)①[名]樂觀主義
らくてんてき ⓪【楽天的】[形動]樂觀,樂天派
らくに ②【楽に】[副] ❶容易,輕鬆 ❷富裕,舒服
ラグビー ①【Rugby】[名]〈體〉橄欖球
らくよう ⓪【落葉】[名・自サ]落葉
らくらく ③【楽楽】[副] ❶很舒服,很舒適 ❷很容易,很輕鬆
ラケット ②【racket】[名]球拍¶テニス-④[名]網球拍
らし・い [助動]好像,看來,看樣子¶あのようすでは、いくら頼んでもだめ〜/看那樣子似乎怎麽要求也沒用¶彼はどうやら不合格だった〜/看來他沒及格
らし・い [接尾]有…樣,有…風度,像似…樣¶子ども〜/像個孩子樣¶男〜/有男子漢的氣概
ラジウム ②【(独)Radium】[名]鐳
ラジオ ①⓪【radio】[名]收音機,無線電¶〜をつける/開收音機¶ドラマ④[名]廣播劇
ラジカセ ③【ラジオ・カセット・レコーダー(の略)】[名]收錄音機
ラシャ ①【(ポ)raxa】[名]呢絨
らしんばん ⓪【羅針盤】[名]羅盤,指南針
ラスト ①【last】[名]最後,最末¶〜チャンス④[名]最後的機會¶〜スパート⑤[名]衝刺
らぞう ⓪【裸像】[名]裸體像
らたい ⓪【裸体】[名]裸體
らち ①【埒】[名]界限,範圍,段落¶〜があかない/毫無發展,得不到結果
らっか ①⓪【落下】[名・自サ]落下,降下
らっかさん ②【落下傘】[名]降落傘
らっかせい ③【落花生】[名]花生
らっかん ⓪【楽観】[名・他サ]樂觀
らっかんてき ⓪【楽観(的)】[形動]樂觀,樂觀主義
ラッキー ①【lucky】[名・形動]幸運
らっきょう ⓪【辣韮】[名]〈植〉野蘿
ラッコ ⓪①【(ア)rakko】[名]海獺
ラッシュアワー ④【rush hour】[名]交通最擁擠的時間,車流高峰
ラッパ ⓪【喇叭】[名]喇叭
ラップ ①【lap】[名]跑道的一圈;游泳比賽的一次來回¶〜タイム④[名](游泳)來回一趟的時間;(賽跑)跑一圈所需的時間

ラップ ⓪【rap】[名]〈音〉饒舌(音樂)
ラップ ①【wrap】[名]保鮮膜
ラテックス ②【latex】[名]膠乳,生膠
ラテン ①【Latin】[名]拉丁[-語(ご) ⓪][名]拉丁語[-アメリカ ④][名]拉丁美洲
らば ①【騾馬】[名]騾,騾子
ラフ ①【rough】[名・形動] ❶糙(的)粗,粗略(的) ❸高爾夫球場上生雜草的障礙區域
ラブ ①【love】[名]愛,愛情[-シーン ③][名](電影等)男女戀愛場面[-レター ③][名]情書[-ソング ③][名]情歌
ラベル ①【label】[名] ❶(商品的)標籤,標記,商標 ❷郵票,印花
られつ ⓪【羅列】[名・自他サ]羅列
ら・れる [助動](上接五段,サ變以外的動詞未然形,構成下一段活用動詞) ❶(表示被動)被,挨¶車にどろ水をかけ～れた/被汽車濺了一身泥水¶昼寝をしているところを友だちに見～れてしまった/正睡午覺的時候被朋友看到了 ❷表示尊敬¶お父さまは何時ごろにお宅を出～れましたか/令尊何時離開府上的¶あの方も試験を受け～れますよと聞きました/聽說那位先生也參加考試 ❸表示自發¶家具をおきかえたら,へやが広くなったように感じ～れた/重新佈置家具後,感覺房間好像變大了 ❹(表示可能)能够,可以¶いくらでも食べ～れます/不管有多少都能吃掉¶きみ,五時に起き～れるかね/你五點能起來嗎
らん ①【欄】[名] ❶欄,格 ❷欄目,專欄¶婦人問題の～をつくる/編撰婦女問題專欄
らんおう ⓪【卵黄】[名]蛋黄
らんかん ⓪【卵管】[名]輸卵管

らんかん ⓪【欄干】[名]欄杆
ランク ①【rank】[名・他サ](排)順序,(分)等級¶一位に～する/列爲第一¶～をつける/排順序
らんこん ⓪【乱婚】[名]群婚,雜婚
らんざつ ⓪【乱雑】[名・形動]雜亂,亂七八糟,雜亂無章
らんし ①【卵子】[名]卵子
らんし ⓪①【乱視】[名]〈醫〉散光
らんすい ⓪【乱酔】[名・自サ]大醉,泥醉
らんそう ⓪【卵巣】[名]卵巢
ランチ ①【launch】[名]汽艇
ランチ ①【lunch】[名]午飯,午餐
らんどく ⓪【乱読・濫読】[名・他サ]無計劃地讀書,有什麼書看什麼書
ランドセル ③【(オ)ransel】[名](小學生用的)肩背書包
ランナー ①【runner】[名] ❶(田徑的)賽跑運動員 ❷(棒球)跑壘員
ランニング ①⓪【running】[名] ❶跑步 ❷(「ランニングシャツ」的簡稱)運動衣
らんぱく ⓪【卵白】[名]蛋清,蛋白
らんばつ ⓪【乱伐・濫伐】[名・他サ]亂砍,濫伐
らんぴつ ⓪【乱筆】[名]筆跡潦草,字跡潦草
ランプ ①【lamp】[名]煤油燈¶～をともす/點煤油燈
らんぼう ⓪【乱暴】[名・形動・自サ] ❶粗暴,粗野,粗魯¶～なことばづかい/粗野的話 ❷(字跡)潦草¶～な字/潦草的字 ❸蠻橫,不講理¶～をはたらく/動武¶～にふるまう/蠻橫無理
らんよう ⓪【乱用・濫用】[名・他サ]濫用¶職権を～する/濫用職權
らんりつ ⓪【乱立・濫立】[名・自サ] ❶無計劃地亂建,亂設¶スーパーが～する/亂設超級市場 ❷無計劃地排列,亂立

らん
り

り

り 五十音圖「ら」行第二音。羅馬字寫作「ri」,發音爲國際音標[ri]。平假名「り」來自「利」字的草體,片假名「リ」來自「利」字的立刀。

り ⓪①【利】[名] ❶利益,利潤¶〜をもとめる/追求利潤 ❷有利,方便¶〜地の〜/地利 ❸利息

り ①⓪【理】[名] ❶道理,理論 ❷原理,規律

リアリスト ③【realist】[名]現實主義者

リアリズム ③【realism】[名]現實主義,寫實主義

リアル ①【real】[形動]現實,寫實¶〜な描写/真實的描寫

リーグ ①【league】[名]同盟,聯盟¶〜戰(せん) ③[名]聯賽

リース ①【lease】[名]租賃,出租

リーダー ①【leader】[名]領袖,領導人¶[-シップ] ⑤[名]領導能力;領導地位

リーダー ①【reader】❶教科書,讀本¶英語の〜/英語教科書 ❷讀者

リード ①【lead】[名・自他サ] ❶領導,率領,帶領 ❷領先 ❸(報紙上的)內容提要 ❹(棒球跑壘員)離壘,出擊

りえき ①【利益】[名]利益¶〜をえる/得到利益

りえん ①【離緣】[名・他サ] ❶離婚 ❷斷絕親屬關係

りか ①【理科】[名]理科

りかい ①⓪【理解】[名・他サ]理解,領會¶〜がはやい/理解得快[-力(りょく)] ②[名]理解力

りがい ①【利害】[名]利害,利弊¶-關係(かんけい) ④[名]利害關係

りきがく ②【力学】[名]力學

りきせつ ⓪【力説】[名・他サ]強調,權力主張

りきてん ③⓪【力点】[名] ❶重點,重心 ❷支點,支撐點

りき・む ②【力む】[自五] ❶用力,使勁 ❷虛張聲勢

りく ⓪②【陸】[名]陸地¶〜にあがる/登陸

りくあげ ④【陸揚(げ)】[名]卸船,卸貨

りくうん ⓪【陸運】[名]陸地運輸

リクエスト ③【request】[名]點播¶-番組(ばんぐみ) ⑥[名]點播節目¶-曲(きょく) ⑤[名]點播歌曲

りくぐん ②【陸軍】[名]陸軍

りくじょう ⓪【陸上】[名] ❶陸地,陸上¶-運送(うんそう) ⑤[名]陸上運輸 ❷『陸上競技』的簡稱¶-競技(きょうぎ) ⑤[名]く體>田徑比賽¶-選手(せんしゅ) ②[名]田徑運動員

りくせん ⓪【陸戰】[名]陸戰¶-隊(たい) ⓪[名]陸戰隊

りくつ ⓪【理屈・理窟】[名] ❶道理¶〜を言う/講道理 ❷歪理¶〜をこねる/強詞奪理

りこ ①【利己】[名]利己¶〜的(てき)/利己的,自私自利

りこう ⓪【利口・利巧・悧巧】[名・形動]聰明,伶俐,機靈

りこう ⓪【履行】[名・他サ]履行

リコール ⓪【recall】[名・他サ] ❶罷免 ❷(公開發表後收回出產品而免費修理的制度)召回

りこん ①⓪【離婚】[名・自他サ]離婚

りさい ⓪【罹災】[名・自サ]遭災,罹災

リサイクル ⓪【recycle】[名・他サ]

❶(廢品的)再利用 ❷〈經〉資金的再循環
リサイタル ②【recital】[名] ❶獨奏會 ❷獨唱會
りし ①【利子】[名]利息
りじ ①【理事】[名]理事{一会(かい)②}[名]理事會{常務(じょうむ)-④}[名]常務理事
りしゅう ⓪【履修】[名・他サ]學完(必修課程)
りじゅん ⓪【利潤】[名]利潤¶〜を追求する/追求利潤
りす ①【栗鼠】[名]松鼠
リスク ①【risk】[名]風險
リスト ①【list】[名]名單,一覽表
リズム ①【rhythm】[名]節奏,拍節¶〜に合わせる/合拍
りせい ⓪【理性】[名]理性,理智¶〜をうしなう/失去理智{- 的(てき)④}[形動]理智
りそう ⓪【理想】[名]理想¶〜がたかい/理想遠大{-主義(しゅぎ)④}[名]理想主義
りそうてき ⓪【理想的】[形動]理想的
リゾート ②【resort】[名]遊覽勝地
りそく ⓪【利息】[名]利息
りた ①【利他】[名]利他,捨己利人
りち ①【理知・理智】[名]理智{-的(てき)⓪}[形動]理智
りつ ①【率】[名]比率,比例¶〜が高い/比率高
りつあん ⓪【立案】[名・自他サ] ❶制定(計劃) ❷起草
りっきゃく ⓪【立脚】[名・自サ]立足,根據
りっきょう ⓪【陸橋】[名]過街天橋
りっけん ⓪【立憲】[名]立憲{-政治(せいじ)⑤}[名]立憲政治
りっこうほ ③【立候補】[名・自サ]當候選人¶選挙に〜する/當選舉候選人
りっしょう ⓪【立証】[名・他サ]作證,證實,證明
りっしん ①【立身】[名・自サ]發跡,出息{-出世(しゅっせ)①}[名]出息,發跡,飛黃騰達
りったい ⓪【立体】[名]立體{-感(かん)③}[名]立體感{-的(てき)⓪}[形動]立體,有立體感{-交差(こうさ)⑤}[名]立體交叉{-映画(えいが)⑤}[名]立體電影
リットル ⑩【(仏)litre】[名・接尾]公升
りっぱ ⓪【立派】[形動] ❶出色,優秀¶〜な成績/優秀的成績 ❷漂亮,華麗 ❸充分,完全¶〜に暮らす/完全自立地生活
りっぷく ⓪【立腹】[名・自サ]生氣
りっぽう ⓪【立方】[名]立方{-根(こん)③}[名]立方根{-体(たい)②}[名]立方體
りっぽう ⓪【立法】[名]立法{-機関(きかん)⑥}[名]立法機構
りつりょう ⓪②【律令】[名]律令(日本奈良、平安時代的法令)
りてい ⓪【里程】[名]里程,里數{-標(ひょう)⓪}[名]里程碑
りてん ⓪【利点】[名]優點,長處
リニアモーターカー ⑧【linear motorcar】線性發動機牽引列車
りねん ①【理念】[名]理念,觀念
リハーサル ②【rehearsal】[名] ❶排練,彩排 ❷練習
リバイバル ②【revival】[名・自サ](以前流行過的電影、音樂等)再度流行
りはつ ⓪【理髪】[名・自サ](男子)理髮{-店(てん)③}[名]理髮店
リハビリ ⓪【rehabilitation】[名]醫療指導,醫療治療
リビングルーム ⑧【living room】[名]起居室,客廳
りふじん ②【理不尽】[名・形動]強詞奪理,不講理¶〜な要求/無理要求
リフト ①【life】[名] ❶小型行李傳送帶 ❷(滑雪場的)爬山吊車

リプリント ③【reprint】[名・他サ] ❶複製 ❷再版

リベート ②【rebate】[名]回扣,提成¶～をとる/拿回扣

りべつ ⓪【離別】[名・自サ] ❶離婚 ❷離別

リベラル ①【liberal】[形動]自由的,自由主義的

リポート ②【report】[名] ❶報導,新聞報導【ニュース－④】[名]新聞報導 ❷(調査、研究等的)報告書¶～を提出する/提交報告

リボン ①【ribbon】[名] ❶(裝飾用)緞帶,髮帶 ❷(打字機的)墨帶

りめん ①【裏面】[名] ❶(紙的)背面 ❷內幕¶外交の～を語る/談外交的內幕

リモコン ⓪【remote control (の略)】[名・他サ]遙控

りゃく ①②【略】[名]略,省略

りゃくご ⓪【略語】[名]略語,省略語

りゃくじ ⓪【略字】[名]簡化字

りゃくしき ⓪【略式】[名]簡便方式,簡化方式

りゃくしょう ⓪【略称】[名]簡稱

りゃく・す ③【略す】[他五]省略,從簡【敬称を～】/省略敬稱

りゃくず ⓪【略図】[名]簡圖,略圖

りゃくそう ⓪【略装】[名]便服

りゃくだつ ⓪【略奪・掠奪】[名・他サ]掠奪,搶奪

りゆう ⓪【理由】[名]理由¶～をつける/找理由

りゅう ①【竜】[名]龍

りゅうい ①【留意】[名・自サ]留意,注意

りゅういき ⓪【流域】[名]流域

りゅうがく ⓪【留学】[名・自サ]留學¶日本に～する/留學日本【－生 (せい)】③④[名]留學生

りゅうかん ⓪【流感】[名](「流行性感冒」的簡稱)流感

りゅうがん ①【竜眼】[名]龍眼【－肉 (にく)】③[名]桂圓肉

りゅうぎ ③【流儀】[名]流派,做派,作法

りゅうけい ⓪【流刑】[名]流刑,流放

りゅうこう ⓪【流行】[名・自サ]流行¶～のファッション/流行的時裝【－歌 (か)】③[名]流行歌曲【－病 (びょう)】⓪[名]流行性傳染病

りゅうさん ⓪【硫酸】[名]硫酸

りゅうざん ①【流産】[名・自サ]流產

りゅうし ①【粒子】[名]粒子,微粒

りゅうしゅつ ⓪【流出】[名・自サ]外流¶人口が～する/人口外流【才能 (さいのう)－】⓪[名]人材外流

りゅうすい ⓪【流水】[名]流水

りゅうせい ⓪【流星】[名]流星

りゅうせい ⓪【隆盛】[名・形動]興隆,繁榮,昌盛

りゅうせんけい ⓪【流線型】[名]流線型

りゅうたいりきがく ⑥【流体力学】[名]流體力學

りゅうち ①⓪【留置】[名・他サ]拘留【－場 (じょう)】⓪[名]拘留所

りゅうちょう ①【流暢】[形動]流暢,流利¶～に英語をしゃべる/英語講得流利

りゅうつう ⓪【流通】[名・自サ] ❶(空氣)流通 ❷(商品等)流通【－貨幣 (かへい)】⑤[名]流通貨幣

りゅうどう ⓪【流動】[名・自サ]流動

りゅうとうだび ⑤【竜頭蛇尾】[名]虎頭蛇尾

りゅうにゅう ⓪【流入】[名・自サ]流入,湧入

りゅうにん ⓪【留任】[名・自サ]留任,留職

りゅうねん ⓪【留年】[名・自サ]留級

りゅうは ①【流派】[名]流派

りゅうほ ①【留保】[名・他サ]保留(意見等)

りゅうぼう ⓪【流亡】[名]流亡,流浪

リューマチ ⓪【rheumatism】[名]風濕症

りゅうり ①【流離】[名・自サ]流離,流浪

りゅうりょう ⓪【流量】[名](水、電)流量

りゅうれい ⓪【流麗】[形動]流利¶〜な文体/流利的文體

リュックサック ④【(独)Rucksack】[名](登山或旅行用的)背嚢,背包

りょう ①【両】[名]雙,兩個

りょう ①【量】[名]量¶〜が多い/量多

りょう ①【猟】[名]❶狩獵,打獵¶〜に出る/外出打獵 ❷獵物,獵獲物

りょう ①【漁】[名]❶打漁,捕魚¶〜をする/打漁 ❷漁獲量

りょう ①【寮】[名]宿舎¶大学の〜/大學的宿舎

りよう ⓪【利用】[名・他サ]利用¶廃品を〜する/利用廢品

りょうあし ⓪【両足】[名]雙腳,雙足

りょういき ⓪①【領域】[名]領域¶考古学の〜/考古學領域

りょういん ①⓪【両院】[名]❶衆參兩院 ❷上下兩院

りょういん ⓪【料飲】[名]飲食

りょうわん ⓪【両腕】[名]雙臂

りょうえん ⓪【良縁】[名]良縁

りょうかい ⓪【了解・諒解】[名・他サ]諒解;了解¶〜をもとめる/尋求諒解

りょうかい ⓪【領海】[名]領海

りょうがえ ⓪①【両替】[名・他サ]兌換

りょうがわ ⓪【両側】[名]兩側,兩邊

りょうきょく ⓪【両極】[名]❶南極和北極 ❷正極和負極 ❸兩個極端

りょうきん ①【料金】[名]費用¶〜をはらう/交付費用【公共(こうきょう)〜】⑤[名]公共費用

りょうくう ⓪【領空】[名]領空¶〜侵犯(しんぱん)⑤[名]侵犯領空〜権(けん)③[名]領空主權

りょうけん ①【了見・料簡・了簡】[名]想法,念頭,主意

りょうこう ⓪【良好】[名・形動]良好,優良

りょうこう ⓪【良港】[名]良港¶天然の〜/天然良港

りょうさい ⓪【良妻】[名]賢妻¶〜賢母(けんぼ)⑤[名]賢妻良母

りょうし ①【猟師】[名]獵人——【漁師】[名]漁夫,漁民

りょうじ ①【領事】[名]領事¶〜館(かん)③[名]領事館

りょうしき ⓪【良識】[名]健全的判斷力

りょうしつ ⓪【良質】[名・形動]優質

りょうしゃ ①【両者】[名]兩者

りょうしゅ ①【良種】[名]良種

りょうしゅ ①【領主】[名]領主,莊園主

りょうしゅう ⓪【領収】[名・他サ]領取,接受¶〜書(しょ)⓪⑤[名]收據

りょうしょ ①【両所】[名]❶兩處,兩地 ❷(敬)兩位

りょうしょう ⓪【了承・諒承】[名・他サ]諒解;知道¶〜をえる/得到諒解

りょうしょく ⓪【糧食】[名]糧食,食糧

りょうしん ①【両親】[名]父母,雙親

りょうしん ①【良心】[名]良心¶〜がとがめる/良心自責

りょう・する ③【諒する】[他サ]諒解,體諒

りょうせいるい ③【両生類・両棲類】[名](動物)兩棲類

りょうぜん ⓪【両全】[名]兩全,兩全其美

りょうたん ⓪③【両端】[名]❶兩端

❷始末,首尾
りょうち ①【領地】[名]領地,領土
りょうて ①【両手】[名]兩手,雙手
りょうど ①【領土】[名]領土
りょうどうたい ⓪【良導体】[名]良導體
りょうぼ ①【陵墓】[名]陵墓
りょうほう ③⓪【両方】[名]雙方,兩者
りょうほう ①【療法】[名]療法,治療方法
りょうめん ③⓪【両面】[名]兩面,兩方面¶-作戦(さくせん)⑤[名]兩面作戦
りょうやく ①【良薬】[名]良藥◇良薬は口(くち)に苦(にが)し/良藥苦口(忠言逆耳)
りょうよう ⓪【療養】[名・自サ]療養¶-所(じょ)⑤[名]療養所
りょうり ①【料理】[名・他サ]❶烹飪,烹調 ❷飯菜¶西洋(せいよう)-⑤[名]西餐 ❸處理,料理¶国政を～する/處理國務
りょうりつ ⓪【両立】[名・自サ]共存,兩立¶運動と勉強とを～させる/使體育鍛錬與學習兩者相調和
りょかく ⓪【旅客】[名]旅客
りょかっき ②【旅客機】[名]客機
りょかん ⓪【旅館】[名]旅館
りよく ①【利欲】[名]利慾
りょくち ②【緑地】[名]緑地,公園
りょくちゃ ⓪【緑茶】[名]緑茶
りょけん ⓪【旅券】[名]護照
りょこう ⓪【旅行】[名・自サ]旅行¶～に出る/外出旅行¶世界中を～する/環遊世界
りょしゅう ⓪【旅愁】[名]旅愁
りょっか ⓪【緑化】[名・他サ]緑化¶-運動(うんどう)④[名]緑化運動
りょひ ⓪【旅費】[名]旅費

リラックス ②【relax】[名・自サ](精神上的)放鬆,輕鬆
りりく ⓪【離陸】[名・自サ]起飛
りりし・い ③【凛凛しい】[形]凛凛,威嚴可敬
りりつ ①⓪【利率】[名]利率
リレー ①【relay】[名]❶接力賽 ❷中轉,轉播
りれき ⓪【履歴】[名]履歴¶-書(しょ)③②[名]履歴書,履歴表
りろん ①⓪【理論】[名]理論¶～と実践/理論與實踐¶-家(か)⓪[名]理論家
りん ①【鈴】[名]鈴,鈴鐺
りんかく ⓪【輪郭・輪廓】[名]❶輪廓¶～がぼける/輪廓模糊 ❷概貌,概況¶事件の～/事件的概況
りんきおうへん ①⓪【臨機応変】[名]隨機應變
りんぎょう ⓪【林業】[名]林業
リンク ①【rink】[名]滑冰場,溜冰場
りんご ⓪【林檎】[名]蘋果
りんごく ①【隣国】[名]鄰國,鄰邦
りんじ ⓪【臨時】[名]臨時¶～に召集する/臨時召集
りんじゅう ⓪【臨終】[名]臨終,臨死
りんしょう ⓪【臨床】[名]<醫>臨床¶-医学(いがく)⑤[名]臨床醫學
りんじょう ⓪【臨場】[名・自サ]臨場,到場
りんじん ⓪【隣人】[名]鄰居
リンス ①【rinse】[名]潤絲
りんせつ ⓪【隣接】[名・自サ]鄰接,接鄰
リンチ ①【lynch】[名]私刑
りんと ①【凛と】[副]嚴肅,凛然
リンパ ①【(オ)Lymphe】[名]<醫>淋巴¶-腺(せん)③[名]淋巴腺
りんぽう ⓪【隣邦】[名]鄰邦,鄰國
りんり ①【倫理】[名]❶倫理 ❷倫理學¶-学(がく)③[名]倫理學
りんりつ ⓪【林立】[名・自サ]林立

る　ル

る 五十音圖「ら」行第三音。羅馬字寫作「ru」,發音爲國際音標[ru]。平假名「る」來自「留」字的草體,片假名「ル」取自「流」的右下部分。

るい ①【壘】[名]❶(棒球)壘¶〜をまもる/守壘 ❷保壘
るい ①【類】[名]❶類似,相似¶〜がない/獨一無二 ❷類別,種類,類¶〜にわける/分類
るいえん ⓪【類縁】[名]血緣,親屬
るいか ⓪【累加】[名・自他サ]累加
るいぎご ③【類義語】[名]近義詞
るいけい ⓪【累計】[名・他サ]累計
るいけい ⓪【類型】[名]類型
るいご ⓪【類語】[名]→るいぎご
るいじ ①【累次】[名]累次,屢次
るいじ ⓪【類似】[名・自サ]類似
るいしん ⓪【壘審】[名](棒球)審壘員,司壘員,壘審
るいじんえん ③【類人猿】[名]類人猿
るいすい ⓪【類推】[名・他サ]類推
るい・する ③【類する】[自サ]類似,相似¶兒戲(じぎ)に〜/如同兒戲
るいせき ⓪【累積】[名・自他サ]累積【-赤字(あかじ)⑤】[名]累積赤字
るいせん ⓪【淚腺】[名]淚腺
るいどう ⓪【類同】[名・自サ]類同,類似
るいべつ ⓪【類別】[名・他サ]分類,歸類

ルーズ ①【loose】[形動]鬆弛的;(思想等)散漫的¶〜(フィット)な服/寬鬆的衣服¶〜な生活/放蕩的生活
ルート ①【root】[名]〈數〉根號
——【route】[名]途徑,路徑
ルーム ①【room】[名]房間【ベッド-④】[名]寢室
ルームクーラー ④【room cooler】[名]室内冷氣裝置
ルール ①【rule】[名]規則¶〜をまもる/遵守規則¶交通(こうつう)-⑤】[名]交通規則
るけい ⓪【流刑】[名]流刑,流放罪
るす ①【留守】[名・自サ]❶外出,不在家¶〜にする/外出 ❷看家¶〜をたのむ/請人看家 ❸心不在焉¶勉強がお〜になる/不用功
るすばん ⓪【留守番】[名]❶看家,留守 ❷看家的人,留守人員
ルックス ①【looks】[名]容貌,長相
ルビー ①【ruby】[名]紅寶石
るふ ①【流布】[名・自サ]流傳,傳播
ルポ ①[名・他サ]→ルポルタージュ
ルポルタージュ ④【(仏)reportage】[名]❶現場報導,報導 ❷報告文學,紀錄文學
ルンバ ①【(ス)rumba】[名]❶倫巴舞 ❷倫巴舞曲
ルンペン ①【(独)Lumpen】[名]流浪者,無業游民

れ　レ

れ 五十音圖「ら」行第四音。羅馬字寫作「re」,發音爲國際音標[re]。平假名「れ」來自「礼」字的草體,片假名「レ」來自「礼」字的右偏旁。

れい ①【礼】[名] ❶禮貌,禮節 ❷謝意,答謝

れい ①【例】[名] ❶例,例子¶～をひく/引例¶～をあげる/舉例 ❷通常,往常¶～のごとく/和往常一樣

れい ①【零】[名]〈數〉零

れい ①【霊】[名] ❶靈魂 ❷神靈¶～をまつる/祭奠神靈

れいえん ◎【霊園】[名]公墓,陵園

れいか ①【零下】[名]零下

れいがい ◎【例外】[名]例外¶～なく/無一例外

れいがい ◎【冷害】[名]凍害,凍災,冷凍災害

れいがえし ③【礼返し】[名]答禮,回禮

れいかん ◎【霊感】[名]靈感,神靈的啟示

れいぎ ③【礼儀】[名]禮儀,禮貌,禮節¶～を欠(か)く/欠缺禮議【-作法(さほう)】④[名]禮節,禮貌

れいきゃく ◎【冷却】[名・自他サ]冷却【-装置(そうち)】⑤[名]冷却裝置

れいぐう ◎【礼遇】[名・他サ]以禮相待,禮遇

れいぐう ◎【冷遇】[名・他サ]冷遇

れいけつ ◎【冷血】[名]冷血【-動物(どうぶつ)】⑤[名]冷血動物

れいこう ◎【励行】[名・他サ]厲行,嚴格執行

れいこく ◎【冷酷】[名・形動]冷酷

れいさいきぎょう ⑤【零細企業】[名]零星企業

れいし ①【茘枝】[名]茘枝

れいじ ◎【例示】[名・他サ]例示,舉例説明

れいじょう ◎【礼状】[名]感謝信¶～をだす/發感謝信

れいせい ◎【冷静】[名・形動]冷静¶～をうしなう/喪失冷静

れいせつ ◎【礼節】[名]禮節

れいせん ◎【冷戦】[名]冷戦

れいそう ◎【礼装】[名・他サ]禮服,禮裝

れいぞうこ ③【冷蔵庫】[名]冰箱

れいだい ◎【例題】[名]例題

れいたん ③【冷淡】[名・形動]冷淡,冷漠

れいだんぼう ③【冷暖房】[名]冷、暖氣設備

れいとう ◎【冷凍】[名・他サ]冷凍【-食品(しょくひん)】⑤[名]冷凍食品

れいとうこ ③【冷凍庫】[名]冷藏櫃,冰櫃

れいねん ◎【例年】[名]例年,往年

れいの ①【例の】[連体](指談話雙方都知道的事物)那¶～店で待っている/在那個店裏等著¶～とおり/和往常一樣

れいはい ◎【礼拝】[名・他サ]禮拜

れいふく ◎【礼服】[名]禮服

れいぶん ◎【例文】[名]例句¶～をあげる/舉例句

れいほう ◎【礼砲】[名]禮炮

れいほう ◎【霊峰】[名]神聖的山

れいぼう ⓪【冷房】[名]冷氣設備
レインコート→レーンコート
れいれいし・い ⑤【麗麗しい】[形]過分艷麗,炫耀
レーザー ①【Laser】[名]雷射【光線(こうせん) ⑤】[名]雷射光線
レーザー・ディスク ①【laser disk】[名]激光影碟,雷射影碟
レース ①【race】[名]速度比賽
レース ①【lace】[名]鉤織的東西,蕾絲¶～のカーテン/蕾絲窗簾
レーダー ①【radar】[名]雷達【観測(かんそく)－ ⑤】[名]觀測雷達
レール ⓪①【rail】[名]❶鐵軌,軌道 ❷(窗簾等的)導軌【カーテン－ ⑤】[名]窗簾導軌
レーンコート ④【raincoat】[名]雨衣
レオタード ④【leotard】[名](芭蕾舞演員的)無領緊身衣
れきし ①【歴史】[名]歴史¶～に名をとどめる/青史留名
れきしてき ⓪【歴史的】[形動]❶歴史,傳統¶～な観点/傳統的觀點 ❷歴史性,具有歴史意義¶～な事件/具有歴史意義的事件
れきねん ⓪【歴年】[名]長年累月,經歴長時期
レギュラー ①【regular】[名]❶正式(選手)【－メンバー ①】[名]正式選手,正式運動員 ❷普通,一般【－ガソリン ①-⓪】[名]普通汽油
レクリエーション ④【recreation】[名]娯樂,消遣◆也可作「リクリエーション」
レコーダー ②【recorder】[名]❶紀錄員 ❷紀錄儀【テープ－ ⑤】[名]録音機
レコード ②【record】[名]❶唱片,唱盤¶～をかける/放唱片 ❷紀録¶～を破る/打破記録
レコードプレーヤー ⑥【record-player】[名]唱機,留聲機

レザー ①【leather】[名]❶皮革,皮 ❷(「レザークロス」的簡稱)人造革【－コート ④】[名]人造革大衣
レジ ①【register】[名]❶出納記録機 ❷出納員
レシート ②【receipt】[名]收據,發票
レシーバー ②【receiver】[名]耳機
レジャー ①【leisure】[名]閒暇娯樂
レストラン ①【(仏)restaurant】[名]西餐廳,西餐館
レスリング ①【wrestling】[名]摔跤(比賽)
レセプション ②【reception】[名]招待會
レター ①【letter】[名]信,書信【キャピタル－ ①】[名]大寫字母
レタス ①【lettuce】[名]萵苣(形狀似洋白菜)
れつ ①【列】[名]行列,隊列¶～をつくる/排隊
レッカーしゃ ③【レッカー車】[名](吊運汽車的)救険車
れっきょ ①⓪【列挙】[名・他サ]列舉,枚舉
れっきょう ⓪【列強】[名]列強
れっしゃ ⓪【列車】[名]列車,火車【急行(きゅうこう)－ ⑤】[名]快車
れっせい ⓪【劣勢】[名・形動]劣勢
れっせき ⓪【列席】[名・自サ]列席
レッテル ①⓪【(オ)letter】[名]❶商標,標籤 ❷(扣)帽子
れっとう ⓪【列島】[名]列島【日本－ ④】[名]日本列島
れっとう ⓪【劣等】[名]劣等,低劣¶～生/劣等生【－感(かん) ③】[名]自卑感
レディー ①【lady】[名]女士,婦人【－ファースト ④】[名]女士優先
レトロ ①【(仏)rétro】[名・形動]回顧,懐古興趣
レバー ①【liver】[名](豬、牛、鷄

的)肝
レパートリー ②【repertory】[名] ❶上演節目,演奏節目 ❷個人擅長的研究領域或技能範圍
レフェリー ①【referee】[名](拳擊、摔跤等的)裁判員
レフト ①【left】[名] ❶左,左邊 ❷(棒球)左外野(手)
レベル ①【level】[名] ❶水準,標準 ❷水平儀 ❸電平
レポート ②【report】[名]→リポート
レモン ⓪【lemon】[名]檸檬
れる [助動](上接五段動詞,サ變動詞未然形,構成下一段活用動詞) ❶(表示被動)被,挨,受¶電車の中で足をふまれた/在電車裏被踩了腳 ❷表示尊敬¶これは校長先生が書かれた文章です/這是校長先生寫的文章¶あなたが言わ〜ことはよく分かります/您所要説的我都很清楚 ❸(表示自發)情不自禁,不由地¶この音楽を聞くと小学生のころが思いださ〜/一聽到這首樂曲就不由地想起小學時代 ❹(表示可能)能,能够,可以¶步いて行か〜距離/能走着去的路程◆❷❸❹没有命令
れんあい ⓪【恋愛】[名・自サ]戀愛
れんか ①【恋歌】[名]情歌,戀歌
れんが ①【煉瓦】[名]磚,磚頭
れんきゅう ⓪【連休】[名]連休,連續休假
れんけい ⓪【連係】[名・自他サ]聯繫
れんこ ①【連呼】[名] ❶連聲呼喊,連叫多次 ❷連呼,疊聲
れんごう ⓪【連合・聯合】[名・自他サ]聯合¶-軍(ぐん) ③[名]聯軍¶国際(こくさい)- ⑤[名]聯合國
れんこん ⓪【蓮根】[名]藕

れんさ ①【連鎖】[名]連鎖¶-反応(はんのう) ④[名]連鎖反應
れんさい ⓪【連載】[名・他サ]連載¶-小説(しょうせつ) ⑤[名]連載小説
れんじつ ⓪【連日】[名]連日
れんしゅう ⓪【練習】[名・他サ]練習,訓練¶-曲(きょく) ③[名]練習曲
れんしょ ①⓪【連署】[名・他サ](在同一文件上)兩人以上的簽名
レンズ ①【lens】[名]鏡片,鏡頭
れんせつ ⓪【連接】[名・自他サ]連接
れんそう ⓪【連想】[名・他サ]聯想
れんぞく ⓪【連続】[名・自他サ]連續¶-ドラマ ⑤[名]連續劇
れんたい ⓪【連帯】[名・自サ]連帶,協同,共同
れんたいけい ⓪【連体形】[名]〈語〉連體形
れんたいし ③【連体詞】[名]〈語〉連體詞
レンタカー ③【rent a car】[名]出賃汽車
レンタル ①【rental】[名・他サ]出租
れんちゅう ⓪①【連中】[名]伙伴,同伴,同伙
レントゲン ③【(独)Röntgen】[名]X光線,放射線
れんにゅう ⓪【練乳・煉乳】[名]煉乳
れんぱつ ⓪【連発】[名・自他サ] ❶連續發射 ❷連續發生
れんぽう ⓪【連邦】[名]聯邦
れんめい ⓪【連盟・聯盟】[名]聯盟¶国際(こくさい)- ⑤[名]國際聯盟
れんようけい ⓪【連用形】[名]〈語〉連用形
れんらく ⓪【連絡】[名・自他サ]聯絡,聯繫¶〜をとる/取得聯繫

ろ ロ

ろ 五十音圖「ら」行第五音。羅馬字寫作「ro」,發音爲國際音標[ro]。平假名「ろ」來自「呂」字的草體,片假名「ロ」來自「呂」的上部。

ろ ①【炉】[名] ❶火爐 ❷熔爐

ろう ①【蠟】[名]蠟

ろうえい ⓪【朗詠】[名・他サ]朗誦,吟詠

ろうか ⓪【老化】[名・自サ]老化 【-現象(げんしょう)】④[名]老化現象

ろうか ⓪【廊下】[名]走廊

ろうがん ⓪【老眼】[名]老花眼 【-鏡(きょう)】⓪[名]老花鏡,花鏡

ろうきゅう ⓪【老朽】[名・自サ]老朽

ろうご ①⓪【老後】[名]晩年

ろうさく ⓪【労作】[名・自サ] ❶辛勤的勞動 ❷精心創作,巨作

ろうし ①【労使】[名]勞資;工人和資本家

ろうじん ③⓪【老人】[名]老人,老年人

ろうすい ⓪【老衰】[名・自サ]老衰,衰老

ろう・する ③【弄する】[他サ]玩弄,耍弄¶詭弁を～/玩弄詭辯

ろうせい ⓪【老成】[名・自サ] ❶老練,成熟 ❷老成

ろうそく ④③【蠟燭】[名]蠟燭

ろうどう ⓪【労働】[名・自サ]勞動 【-組合(くみあい)】⑤[名]工會 【肉体(にくたい)-】⑤[名]體力勞動

ろうどうしゃ ③【労働者】[名]工人

ろうどく ⓪【朗読】[名・他サ]朗讀

ろうにん ⓪【浪人】[名・自サ] ❶(沒有主子的)流浪武士 ❷沒有考上升學學校閒散在家的學生

ろうねん ⓪【老年】[名]老年 【-期(き)】③[名]老年期

ろうば ①【老婆】[名]老姬,老太婆

ろうばい ⓪【狼狽】[名・自サ]狼狽,驚慌失措

ろうひ ⓪①【浪費】[名・他サ]浪費

ろうまんしゅぎ ⑤【浪漫主義】[名]浪漫主義

ろうや ③【牢屋】[名]牢房,監牢

ろうらく ⓪①【籠絡】[名・他サ]籠絡

ろうりょく ①【労力】[名]勞力,勞動力¶～をおしむ/惜力

ろうれい ⓪【老齢】[名]老齡

ろうろう ⓪③【朗朗】[副・連体]朗朗,聲音嘹亮

ローカル ①【local】[名・形動]地方性,地區性 【-放送(ほうそう)】⑤[名]地方廣播

ロース ①【roast】[名](牛、豬的)里脊肉

ローティーン ③【low teens】[名]十三至十五歲的青少年男女

ロードショー ③【road show】[名](電影新片的)特約放映

ロープ ①【rope】[名]繩索

ロープ ①【rope】[名]鋼纜,纜繩 【-ウエー】⑤[名]空中索道車

ローマじ ③⓪【ローマ字】[名]羅馬字母,拉丁字母

ローマすうじ ④【ローマ数字】[名]羅馬數字,拉丁數字

ローラー ①【roller】[名] ❶壓路機 ❷滾筒 【-スケート】⑤[名] ❶四輪溜冰鞋 ❷滑旱冰

ローン ①【loan】[名]貸款,借款 【住宅(じゅうたく)-】⑤[名]住宅

貸款

ろく ②【六】[名]六

ろくおん ⓪【録音】[名・他サ]録音¶～をとる/進行錄音【実況(じっきょう)-】⑥[名]實況錄音【-テープ ⑤】[名]錄音磁帶【-室(しつ)④】[名]錄音室

ろくが ⓪【録画】[名・他サ]錄影

ろくがつ ④【六月】[名]六月

ろくさんせい ⓪【六三制】[名]六三制(指日本義務教育,小學六年,中學三年)

ろくじゅう ③【六十】[名]六十

ろくな ⓪【碌な】[連体](與否定語相呼應)沒…像樣的,沒…正經的¶あいつは～ことをしない/那家伙不幹正經事

ろくに ⓪【碌に】[副](與否定語相呼應)不充分地,不能很好地¶～見もしない/不好好看 ¶～口もきかない/不怎麼説話

ろくぶんぎ ③【六分儀】[名]六分儀

ろくまく ⓪【肋膜】[名]❶肋膜,胸膜 ❷「肋膜炎」的簡稱

ろくめんたい ⓪【六面体】[名]六面體

ろくろく ⓪【碌碌】[副]很好,充分

ロケット ②【rocket】[名]火箭【-砲(ほう)②】[名]火箭砲

ろこつ ⓪【露骨】[名・形動]露骨

ろじ ①【路地】[名]❶巷子 ❷過道

ロジック ①【logic】[名]邏輯

ろしゅつ ⓪【露出】[名・自他サ]❶露出,暴露出 ❷(攝影)曝光

ロス ①【loss】[名]損失,損耗

ろせん ⓪【路線】[名]路線

ロッカー ①【locker】[名]❶(存放衣物的)帶鎖的櫃子 ❷文件櫃

ろっかく ④【六角】[名]六角形

ロック ①【lock】[名・他サ]鎖,上鎖¶戸を～する/鎖上門
　――【rock】[名]〈音〉搖滾樂

ろてん ⓪【露天】[名]露天【-ぶろ ⓪】[名]露天浴池,野外浴池

ろば ①【驢馬】[名]驢

ロビー ①【lobby】[名](飯店,公司等入口處的)門廳,休息廳

ロボット ②【robot】[名]機器人

ロマン ②【(仏)roman】[名]❶故事,小説 ❷浪漫【-主義(しゅぎ)④】[名]浪漫主義

ロマンチシズム ⑤【romanticism】[名]浪漫主義

ロマンチスト ④【romanticist】[名]浪漫主義者

ロマンチック ④【romantic】[形動]羅曼蒂克,浪漫

ろん ①【論】[名]議論,討論 ◇論より証拠(しょうこ)/事實勝於雄辯

ろんぎ ①【論議】[名・他サ]議論,討論

ろんきゅう ⓪【論及】[名・自サ]論及,談到

ろんきょ ①【論拠】[名]論據

ロング ①【long】[名]長【-スカート ⑤】[名]長裙【-ソファー ④】[名]長沙發

ろんし ①【論旨】[名]論點

ろんじゅつ ⓪【論述】[名・他サ]論述

ろん・じる ⓪【論じる】[他上一]❶論,論述 ❷辯論,議論¶是非(ぜひ)を～/辯論是非

ろんせつ ⓪【論説】[名]評論,社論【-文(ぶん)④】[名]論説文

ろんそう ⓪【論争】[名・自サ]論戰,爭論,辯論

ろんちょう ⓪【論調】[名]論調

ろんてん ⓪③【論点】[名]論點

ろんぴょう ⓪【論評】[名・他サ]評論

ろんぶん ⓪【論文】[名]論文【-集(しゅう)③】[名]論文集【卒業(そつぎょう)-⑤】[名]畢業論文

ろんり ⓪【論理】[名]邏輯,條理,道理¶～がとおらない/邏輯不通【-的(てき)⓪】[形動]邏輯上,道理上

わ ワ

わ 五十音圖「わ」行第一音。羅馬字寫作「wa」,發音爲國際音標「wa」。平假名「わ」來自「和」字的草體,片假名「ワ」來自「和」字的右旁,另一説是由「輪」的符號「〇」變來的。

わ ①【輪】[名] ❶環,圈¶〜になる/圍成圓兒 ❷車輪◇輪をかける/誇大其詞

わ ①【和】[名] ❶和睦¶家庭の〜/家庭的和睦 ❷和解,講和¶〜をむすぶ/講和 ❸〈數〉和,總和

わ [終助](女子用語) ❶表示自己的意志,想法¶わたしはコーヒーにする〜/這件衣服好 ❷表示感嘆,驚訝¶まあ,おいしそうだ〜ね/啊!好香啊¶あら,ひどい熱だ〜/哎呀,燒得真厲害

-わ【羽】[接尾](數鷄、兔時的單位)隻¶小鳥三〜/三隻小鳥 ◆赤作三羽(さんば)/三隻,六羽(ろっぱ)/六隻,八羽(はっぱ)/八隻,何羽(なんば)/幾隻

わ【把】[接尾]捆,束,把¶ほうれん草三〜/三捆菠菜 ◆赤作三把(さんば)/三捆,六把(ろっぱ)/六捆,八把(はっぱ)/八捆

わあ ①[感](意外、吃驚時發出的聲音)啊¶〜,すばらしい/啊,太好了
――[副](哭聲)哇¶〜と泣き出した/哇地一聲哭起來了

ワーカホリック ④【workaholic】[名]工作迷,工作狂熱病

ワープロ ①【word processor】[名]文書處理機

ワールド ①【world】[名]世界¶-カップ ⑤[名]世界杯(賽)

わあわあ ①[副] ❶(痛哭的聲音)哇哇 ❷嘈雜聲,喧嚷

わいきょく ⓪【歪曲】[名・自他サ]歪曲¶事實を〜する/歪曲事實

ワイシャツ ⓪【white shirts】[名]男長袖襯衫

ワイフ ①【wife】[名]妻子

ワイヤ ①【wire】[名] ❶電線 ❷金屬線

ワイヤロープ ④【wire rope】[名]鋼纜,鋼索,鋼絲繩

わいろ ①【賄賂】[名]賄賂¶〜を使う/行賄

わいわい ①[副](很多人)大聲吵嚷貌

ワイン ①【wine】[名]葡萄酒

わか ①【和歌】[名](日本固有形式的詩歌)和歌,短歌

わが ①【我が・吾が】[連体]我(們)的¶〜国(くに)/我國¶〜輩(はい)は猫(ねこ)である/吾輩是猫

わか・い ②【若い】[形] ❶年輕¶〜世代/年輕的一代 ❷幼稚,未成熟¶考えがまだ〜な/想法還幼稚啊 ❸有朝氣¶気が〜/精力充沛,精力旺盛 ❹(年紀)小¶母はおばより二つ〜/母親比姨媽小兩歲 ❺(順序、數、號碼)小,少

わかい ⓪【和解】[名・自サ]和好,和解

わかがえ・る ③【若返る】[自五]變得年輕,返老還童,恢復青春活力

わかぎ ⓪②【若木】[名]嫩樹,小樹

わかさ ①【若さ】[名]年輕,青春

わかざかり ③【若盛り】[名]正當年輕(的時候)
わがし ②【和菓子】[名]日本點心
わかじに ④⓪【若死(に)】[名・自サ]早死,夭折
わか・す ⓪【沸かす】[他五]燒開,燒熱¶湯を~/燒開水¶ふろを~/燒洗澡水
——【涌かす】❶使…沸騰¶聴衆(ちょうしゅう)を~/使聴衆沸騰起來 ❷使…産生¶うじを~/使之生蛆
わか・つ ②【分かつ・別つ・頒つ】[他五]❶區分,劃分¶南北に~/分成南北 ❷分開◇たもとを分かつ/分手,分道揚鑣 ❸分擔,分享¶かなしみを~/分擔憂傷
わかて ③⓪【若手】[名]年輕人
わかば ①②【若葉】嫩葉,新葉
わがまま ④③【我(が)儘】[名・形動]任性¶~な人/任性的人¶~を言う/説任性的話
わかめ ②【若布・和布】[名]裙帶菜
わかめ ②【若芽】[名]嫩芽,新芽
わかもの ⓪④【若者】[名]年輕人,青年
わからずや ⓪【分からず屋】[名]不懂道理的人
わかり ③【分かり】[名]領會,理解,明白¶~がいい/善於領會
わか・る ②【分かる】[自五]❶懂,知道,明白¶意味が~/明白意思¶わけが~らない/莫明其妙¶英語が~/懂英語 ❷(弄)清楚,判明¶身もとが~/弄清了身分¶結果が~/知道結果 ❸理解¶心が~/理解人¶ものが~/通情達理
わかれ ③【別れ】[名]離別,分別¶~をつぐ/告別¶~のあいさつ/離別贈言
わかれみち ③【別れ道・分かれ道】[名]❶岔道,岔路 ❷岔路口¶人生の~/人生的岔路口
わかれめ ④③【分かれ目】[名]❶分界處,交界處 ❷關鍵,分水嶺¶勝負の~/勝負的關鍵
わか・れる ③【別れる】[自下一]❶分別,分手,離別 ❷(夫婦)離婚
——【分かれる】❶分開¶道が~/道路分成二條¶二つに~/分爲兩個 ❷區分,被劃分爲¶意見が~/意見不同¶一日は午前と午後に~/一天被劃分爲上午和下午
わかれわかれ ④【別れ別れ】[副]分頭,分開,分別
わかわかし・い ⑤【若々しい】[形]年輕,朝氣蓬勃
わかん ①【和漢】[名]日本與中國
わき ②【脇・腋】[名]❶腋,胳肢窩,腋下¶両~に荷物をかかえる/兩胳肢下夾著東西 ❷旁邊,側,邊¶机の~/桌子邊¶~から口を出す/在旁邊插嘴 ❸(路)旁,別的地方¶~へそれる/走上岔道;離題 ❹(戲、電影等的)配角 ❺(能樂的)配角
わきあが・る ④【沸(き)上がる】[自五](水)滾開
——【涌(き)上がる】❶(雲大量)湧出,捲起 ❷沸騰,激動¶いかりが~/義憤填膺¶不滿の声が~/怨聲載道
わきが ②【腋臭】[名]腋臭,狐臭
わきかえ・る ③【沸(き)返る】[自五](液體)沸騰,翻滾
——【涌(き)返る】(群眾)發狂,歡騰
わきた・つ ③【沸(き)立つ】[自五](水)沸騰,滾開
——【湧(き)立つ】❶(雲大量)湧出 ❷(觀眾)沸騰,歡騰
わきま・える ④【弁える】[他下一]辨別,識別
わきみ ③②【わき見・脇見】[名]

往旁處看[－運転(うんてん)]【4】[名](開車時思想不集中)往旁處看

わきみち【20】【わき道・脇道】[名] ❶岔道,小道 ❷岐途¶～にそれる/走入歧途

わきめ【32】【わき目・脇目】[名] ❶往旁處看,旁視 ❷旁觀者的眼睛,別人看來 ◇わき目も振(ふ)らず/聚精會神

わきやく【0】【脇役】[名]配角

わく【2】【枠】[名] ❶框¶額(がく)の～/區額的框 ❷めがねの～/眼鏡框 ❷建築構架 ❸範圍,界限,框

わ・く【0】【沸く】[自五](水)沸騰,滚熱¶湯が～/水開了
——【涌く】❶湧出,冒出,噴出¶泉が～/泉水湧出 ❷産生,生出¶希望が～/有了希望 ❸(生物)産生¶ぼうふらが～/生子了 ❹歡騰,轟動¶場内が～/場内沸腾

わくぐみ【40】【枠組(み)】[名] ❶框架,構架¶たてものの～/建築物的構架 ❷(計劃等)大致情節,輪廓¶論文の～/論文的大致輪廓

わくせい【0】【惑星】[名]惑星,行星

ワクチン【1】(独)Vakzin]菌苗,疫苗

わくわく【1】[副](由於高興、期待、擔心而引起的)心情不平靜,緊張不安¶胸が～する/心情激動

わけ【分(け)】[接尾] ❶分開,區分開¶組～/分組 ❷分配¶遺産～/分遺産
——[接頭](店舖)分號¶～久松/久松分號

わけ【1】【訳】[名] ❶人情事故,道理¶～知り/懂道理的人 ❷意思,内容¶ゆめにもなされて、～のわからないことばを口ばしる/被惡夢魘住,順口胡言亂語 ❸理由,原因,緣故¶～がある/有其理由 ❹當然,怪不得¶ジョージは日本で育ったのですか。どうりで日本語がうまい～だ/喬治是在日本長大的嗎。難怪他日語説的好(當然日語好) ❺(用「…わけです」的形式)表示緩和的語氣¶これでどうやら一段落という～です/好歹到此告一段落了 ❻(用「…わけにはいかない」的形式表示)不能¶これをこのままにしておく～にはいかない/不能把這個就這麼放置不管 ❼(用「…わけではないが」的形式表示)並不是¶～ではないが、いちども休んだことがない/並不是自我吹噓,我一次都沒休息過

わけな・い【1】【訳無い】[形]簡單,容易,輕而易舉¶～くやり上げた/輕而易舉地做完了

わけまえ【32】【分(け)前】[名](自己)應得到的部分

わけめ【3】【分(け)目】[名] ❶分界處,區別點 ❷(勝負、成敗的)關鍵,關頭

わ・ける【2】【分ける】[他下一] ❶分,分開¶均等に～/均分 ❷分配,分給,分發¶金を～/分錢 ❸穿過¶人波を～けて外に出た/穿過人群到外面去了

わご【1】【和語】[名](對外來語而言的日本固有的語言)日語

わこう【10】【倭寇・和寇】[名]倭寇

わこく【1】【倭國】[名]倭國

わゴム【0】【輪ゴム】[名](圓形的)橡皮筋

わざ【2】【技】[名] 技術,技能,技巧¶～をみがく/磨練技術¶柔道の～/柔道的招術

わざ【2】【業】[名]行為;事情;工作¶容易な～でない/不是件容易事¶人間～ではない/非人力所

能做之事¶離れ～/絶技

わきと ①[副]故意地,有意識地¶～知らん顔をする/故意假裝不知

わざとらし・い ⑤[形]故意,假惺惺

わさび ①[山葵][名]青芥末

わざわい ⓪[災(い)・禍][名]禍,災禍,災害,災難¶～をまねく/招災

わざわざ ①[副]特意¶～持ってきてくれて、ありがとう/特意爲我帶來、謝謝

わし ⓪[鷲][名]鷲,雕

わし ⓪[代](中年以上男子用語)我,俺

わし ①[和紙][名]日本紙

わしき ⓪[和式][名]日本式

わしつ ⓪[和室][名]日本式房間

わしづかみ ③[鷲摑(み)][名]大把抓¶～にする/大把抓

わしゅ ⓪①[和酒][名]日本酒

わしょく ⓪[和食][名]日本飯菜

わずか ①[僅か][副・形動](數量、時間)一點點,稍微,僅¶～だが貯金がある/雖然數量不多,但有點存款

わずらい ⓪[煩(い)][名]煩惱,苦惱¶恋～/苦戀
——【患(い)】病¶長(なが)～/久病

わずら・う ⓪[患(う)][自他五]患病¶肺を～/患肺病
——【煩う】[接尾](上接動詞連用形)煩惱,苦惱,苦於…¶思い～/憂慮¶言い～/苦於說出

わずらわし・い ⓪⑤[煩わしい][形]麻煩,複雜¶～人間関係/複雜的人與人之間的關係

わずらわ・す ⓪[煩わす][他五]❶使…煩惱(苦惱)¶心を～/操心¶煩惱,使…受累¶手を～/添麻煩

わすれがた・い ⑤[忘れ難い][形]難忘,難以忘懷

わすれっぽ・い ⓪[忘れっぽい][形]好忘,健忘

わすれなぐさ ④[忘れな草][名]勿忘草

わすれもの ⓪[忘れ物][名]忘拿的東西,忘帶的東西¶～をする/忘拿了東西

わす・れる ⓪[忘れる][他下一]❶忘,忘記¶宿題を～/忘做作業¶寝食(しんしょく)を～/廢寢忘食 ❷(因疏忽而)遺忘,丟下¶かさを～/忘帶傘

わせい ⓪[和製][名]日本造(的)
——[-英語(えいご)]④[名]日本自造的英語

ワセリン ⓪[Vaseline][名]凡士林,礦脂

わそう ⓪[和装][名]❶日本式服裝 ❷日本式裝訂

わた ②[綿][名]❶棉花 ❷棉絮,被套

わだい ⓪[話題][名]話題¶～をかえる/改變話題

わだかまり ⓪[障礙,隔閡,思想上的疙瘩¶～がとける/隔閡消除了

わだかま・る ⓪④[自五]心有芥蒂,心存隔閡

わたくし ⓪[私][名]❶私,個人 ❷私利
——[代]我

わたくしごと ⓪[私事][名]❶私事,個人的事 ❷秘密的事

わたくししょうせつ ⑤[私小説][名]自敍體小説,私小説

わたくしりつ ④[私立][名]私立

わたし ⓪[私][代]我

わたし ⓪[渡し]❶擺渡,渡口 ❷(把東西)給,交給

わたしば ⓪[渡(し)場][名]渡口

わたしぶね ④[渡(し)船・渡(し)

舟】[名]渡船
わた・す ⓪【渡す】[他五] ❶架,搭¶橋を~/搭(架)橋 ❷渡,送過海去¶小舟(こぶね)で人をむこう岸へ~/用小船把人送到對岸 ❸交給,遞给
——[接尾](上接動詞連用形) ❶表示一直か…,…到很遠¶見~/眺望遠方 ❷給,讓與¶売り~/賣給
わだち ⓪【轍】[名]車轍
わたり ⓪【渡り】[名] ❶舶來品,進口貨 ❷交渉,關係¶~をつける/搭上關係,搭線 ❸渡りに船(ふね)/湊巧,趕巧
わたりどり ③【渡り鳥】[名]候鳥
わた・る ⓪【渡る・渉る・亘る】[自五] ❶渡,過¶川を~/過河¶アメリカへ~/到美國去 ❷横穿,通過¶橋を~/過橋¶道を~/過馬路 ❸渡日子¶世間(せけん)を~/過日子,渡世 ❹到手,歸…所有¶人手(ひと)に~/歸別人所有 ❺涉及,影響(至某一範圍)¶静岡、愛知の両県に~って地震(じしん)の被害があった/地震的危害涉及靜岡、愛知兩縣 ❻(時間的)延續,長達¶三か月に~工事/長達三個月的工程
——[接尾](上接動詞連用形表示)範圍廣,徹底¶晴れ~/晴空萬里¶鳴り~/響徹¶行き~/走遍◇渡る世間(せけん)に鬼(おに)はない/人世間總有好人
わっ ①【感】(吃驚時)呀,啊¶~、うれしい/呀,真高興
——[副](哭聲)哇¶~と泣き出した/哇地哭起來了
ワックス ①【wax】[名]蠟,黄蠟
ワット ①【watt】[名](電力單位)瓦,瓦特
わっぷ ①【割賦・割付】[名]分期付款
わな ①【罠】[名] ❶(捕鳥獸時用的)圈套,套子 ❷(陷害人的)圈套,陷阱¶~にかかる/上了圈套
わなな・く ③【戰慄く】[自五]哆嗦,打顫
わなわな ①【副・自サ】哆嗦,打顫
わに ①【鰐】[名]鰐魚
ワニス ①【varnish】[名]清漆,單光漆
わび ⓪②【佗び・侘び】[名](「茶道」、「俳句」所表現的情趣)幽閑,恬靜
わび ⓪【詫び】[名]賠不是,道歉,賠禮¶~をいれる/賠禮,道歉
わびし・い ③【佗びしい】[形] ❶寂寞,寂靜¶~けしき/寂靜的景色 ❷孤單¶孤寂¶ひとり住(ず)まいは~ものだ/獨居很孤單 ❸貧困,寒酸的¶~くらし/貧困的生活
わびじょう ⓪②【わび状・詫び状】[名]道歉信
わ・びる ⓪【佗びる】[自上一]苦惱,痛苦
——[接尾](接動詞連用形)一邊…一邊焦慮¶待ち~/焦急地等待
わ・びる ⓪【詫びる】[自他上一]道歉¶あやまちを~/道歉
わふう ⓪【和風】[名]日本式¶~料理/日本式飯菜
わふく ⓪【和服】[名]和服,日本服裝
わへい ①【和平】[名]媾和,和睦
わめ・く ②【喚く】[自他五]大聲叫嚷
わら ①【藁】[名]稻稈,參稈¶-屋根(やね)/草屋頂◇溺(おぼ)れる者はわらをもつかむ/溺水者連稻草都抓,急病亂投醫
わらい ⓪【笑い】[名] ❶笑 ❷嘲笑¶-種(ぐさ)⓪【名】笑料,笑柄¶-話(ばなし)④【名】 ❶笑話 ❷玩笑 ❸笑柄¶-者(もの)⓪【名】嘲笑的對象

わら・う ⓪【笑う】[自他五] ❶笑 ❷嘲笑,嘲弄 ¶人に〜われる/被人嘲笑 ◇笑う門(かど)には福(ふく)きたる/和氣生財

わらじ ⓪【草鞋】[名]草鞋

わらび ①【蕨】[名]蕨菜

わらぶき ⓪【藁葺(き)】[名]稻草葺的屋頂

わらぶとん ③【藁布団】[名]草墊

わらべうた ③【童歌】[名]兒歌

わり ⓪【割】[名]❶比例,比率 ❷(盈利,虧損關係上的)比率¶〜がいい/合算,上算¶〜をくう/虧損 ❸(用「割に」的形式,表示與其基準相比不符)雖然¶〜にまずい/雖然價格高,但質量差¶年の〜に若く見える/雖然年齡已高,但看起來顯得年輕
——【割】❶分配¶へや〜/分配房間 ❷分攤¶あたま〜/按人頭均攤 ❸加水稀釋¶水〜/(酒中)加水,掺水

わり【割り】[接尾]十分之一,成¶一〜引(び)き/減價一成

わりあい ⓪【割合】[名]❶比率,比例 ❷(用「割合に」的形式,表示與其基準相比不符)雖然…但是¶年の〜にませたことを言う/年紀輕輕的卻說大人話
——[副]比較,比預想¶〜早く着いた/比較早地到了

わりあて ⓪【割(り)当て】[名]❶分配(的工作) ❷分攤

わりあ・てる ④【割(り)当てる】[他下一]❶分配,分派¶へや〜/分配房間¶仕事〜/分派任務

わりかん ⓪【割(り)勘】[名]均攤付款¶〜にする/均攤

わりき・る ③【割りきる】[他五]❶斷然,果斷¶〜った考え/斷然的見解 ❷整除,整除¶三は六を〜/三能將六除盡

わりき・れる ④【割りきれる】[自下一]❶想得通,能理解 ❷〈數〉能除盡,能整除

わりこみ ⓪【割(り)込(み)】[名]❶擠進,插入 ❷(交通規則)在十字路口附近停車或搶在將要停車的車前

わりこ・む ③【割(り)込む】[自五]❶擠進,插入¶列に〜/插隊 ❷插話,插嘴¶話に〜/插嘴

わりざん ②【割(り)算】[名]除法

わりだか ⓪【割高】[形動](與商品的質量相比)價格貴

わりに ⓪【割に】[副]比較¶〜安い/比較便宜 ◆也說「割と」

わりばし ③【割りばし・割り箸】[名]一次性筷子,衛生筷子

わりびき ⓪【割引】[名]折扣,減價【—券(けん)】④[名]減價優待券

わりび・く ③【割(り)引く】[他五]❶折扣,減價 ❷(聽話時)打折扣

わりやす ⓪【割安】[形動](與商品的質量相比)價格便宜

わる ①【悪】[名]壞蛋
——[接頭]壞¶〜知恵(ぢえ)/壞主意
——[接尾]壞事,壞人¶意地(いじ)〜/壞心眼(的人)

わ・る ⓪【割る】[他五]❶切開,割開,劈開,掰開¶三つに〜/分成三個 ❷打碎,弄碎¶ガラスを〜/打碎玻璃 ❸插入,擠進¶あいだに〜って入る/插隊進去 ❹(加水)稀釋¶ウイスキーを水で〜って飲(の)む/喝掺水的威士忌 ❺不隱瞞,敞開¶口を〜す/〜腹を割って話す/推心置腹地說 ❻除法¶八を二で〜/八被二除

わる・い ②【悪い】[形]❶不道德,不禮貌,壞¶行(おこな)いが〜/行爲不道德 ❷財運不佳,不利¶運氣不好¶〜ことに/不湊巧 ❸(質量)低劣,(能力)差¶頭が〜/腦筋不

好使¶つくりが～/做得差 ❹(機能)不正常,出毛病¶水の出が～/水流不暢¶胃の調子が～/胃不好 ❺(感覺)不好¶気味が～/毛骨悚然,發疹¶品(ひん)が～/粗俗 ❻有過失,有失點,壞¶こうなったのは、だれが～のか/這樣的結果,是誰的過失 ❼腐爛,(變)壞¶～くなる/(食品)腐爛 ❽對不起¶さきに帰っては彼に～から、のこっていよう/先回家對不起他,所以留下吧 ❾有害,不利¶タバコは体に～/抽煙對身體有害

わるがしこ・い ⑤【悪賢い】[形]狡猾的,奸詐的

わるぐち ②【悪口】[名]説人壞話,罵人◆也説「わるくち」

わるぢえ ④⓪【悪知恵・悪智慧】[名]壞主意¶～をはたらかす/使壞主意

ワルツ ①【waltz】[名]圓舞曲,華爾滋舞

わるび・れる ④【悪びれる】[自下一](下接否定語)發怵,怵状,膽怯

わるもの ⓪【悪者】[名]壞蛋,壞傢伙

われ ①【我・吾】[名]自身,本身¶～も～もと/爭先恐後地◇我を忘れる/忘我,全神貫注
——[代]〈文〉吾,吾方¶～は海の子/我(們)是海之驕子◇我に返(かえ)る/醒悟過來

われがちに ⓪【我勝ちに】[副]爭先恐後地

われしらず ⓪【我知らず】[副]不知不覺,無意識地

われながら ⓪③【我ながら】[副]連自己都…¶～よくやったと思う/連自己都認為做得好

われめ ⓪【割(れ)目】[名]裂縫,裂紋

われもの ⓪【割(れ)物】[名]易碎物品

わ・れる ⓪【割れる】[自下一]❶碎,粉碎¶ガラスが～れた/玻璃碎了 ❷分裂,破裂¶与党が左右両派に～れた/執政黨分裂為左右兩派 ❸裂,裂開¶頭が痛くて～れそうだ/腦袋疼得像要裂開似的¶～ような拍手(はくしゅ)/雷鳴般的掌聲 ❹暴露,洩露¶ほしが～/犯人暴露了

われわれ ⓪【我我】[代]我們是朋友¶～は友達だ/我們是朋友

ワン ①【one】[名]一個

わん ⓪【椀・碗・鋺】[名]❶碗 ❷(盛入碗中的)湯¶お～が付(つ)く/(吃飯時)附帶湯

わん ①【湾】[名]海灣

わんきょく ⓪【湾曲・彎曲】[名・自サ]彎曲¶背骨(せぼね)が～する/脊梁骨彎曲

わんしょう ⓪【腕章】[名]袖標,臂章¶～をつける/帶臂章

ワンタン ③[名]餛飩

わんぱく ①⓪【腕白】[名・形動]淘氣,頑皮鬼

ワンピース ③【one-piece dress】[名]連衣裙

ワンマン ③【one man】[名・形動]❶一個人(的) ❷獨裁者

ワンマンカー ③【one-man car】[名](司機兼售票員)一人駕駛的公共汽車(電車)

わんりょく ①⓪【腕力】[名]❶腕力 ❷武力¶～をふるう/動武¶～にうったえる/訴諸武力

わんわん ①[名](幼兒語)狗
——[感・副]❶(狗叫聲)汪汪 ❷(痛哭聲)嗚嗚¶～と泣く/嗚嗚地哭

を ヲ

を 五十音圖「わ」行第五音。羅馬字寫作「o」或「wo」,發音爲國際音標[o],與「わ」同。平假名「を」來自「遠」字的草體,片假名「ヲ」來自「乎」字的簡略。

を [格助] ❶表示動作的目的、對象¶本～読む/讀書¶毎日(まいにち)、新聞(しんぶん)～読(よ)む/每天看報¶湯～沸かす/燒開水 ❷表示動作的結果¶計画～立てる/制定計劃¶ご飯～たく/燒飯¶また父(ちち)～怒(おこ)らせてしまった/又惹父親生氣了 ❸表示動作的場所¶公園～散歩する/在公園散步 ¶九州～ひとりで旅行した/一人去九州旅行了 ❹表示動作的起點或經過的場所,時間¶電車は駅～出た/電車駛出車站¶五時～まわったところだ/時針剛過5點¶いつも同(おな)じ道(みち)～通(とお)る/經常走同一條路¶毎朝(まいあさ)、八時に家～出(で)る/每天八點離開家 ❺表示動作持續的時間¶スタートから三十分～経過した/從出發到現在已過了30分鐘¶夏休(なつやす)み～アルバイトで過(す)ごす/打工來過暑假

ん ン

ん 五十音圖以外的假名,表示鼻音。羅馬字一般寫作[n];但在「m」「b」「p」音前寫作[m]。發音因後續音和種類的不同,爲國際音標[n][ŋ][m]。平假名「ん」是「无」字或「毛」字的草體,片假名「ン」是古語中拔音符號「レ」的轉化;但也有的説法認爲來自「爾」字的簡體「尓」的上部或「二」字的轉變。

ん [感] ❶(表示肯定的回答)嗯,哎 ❷(表示疑問)哦 ¶～?なに?/哦,什麽?

ん [助動](否定助動詞「ぬ」的變化)不¶君に分から～はずはなかろう/你不會不知道吧——〈文〉(推量助動詞「む」的變化) ❶表示正要,將要 ¶木静(きしず)まら～と欲(ほっ)して風(かぜ)止(や)まず/樹欲靜而風不止(子欲養而親不待)¶彼の言わ～とするところは理解できる/他要説的是可以理解的 ❷表示勸誘¶いざ見に行か～/去看吧

んだ 「のだ」的口頭用語¶旅行(りょこう)に行(い)かないのは、お金(かね)がないからな～/不去旅行是因爲没有錢¶さあ、すぐ行く～/喂,快走啊!

世界各国・首都（首府）名称

通　　　称	国　　　名	首都(府)
アイスランド 冰島	アイスランド共和国 冰島共和國	レイキャビク 雷克雅未克
アイルランド 愛爾蘭	アイルランド 愛爾蘭共和國	ダブリン 都柏林
アフガニスタン 阿富汗	アフガニスタン・イスラム国 阿富汗伊斯蘭國	カブール 喀布爾
アメリカ 美國	アメリカ合衆国 美利堅合衆國	ワシントン 華盛頓
アラブ首長国連邦 阿拉伯聯合酋長國	アラブ首長国連邦 阿拉伯聯合酋長國	アブダビ 阿布紮比
アルジェリア 阿爾及利亞	アルジェリア民主人民共和国 阿爾及利亞民主人民共和國	アルジェ 阿爾及爾
アルゼンチン 阿根廷	アルゼンチン共和国 阿根廷共和國	ブエノスアイレス 布宜諾斯艾利斯
アルバニア 阿爾巴尼亞	アルバニア共和国 阿爾巴尼亞共和國	チラナ 地拉那
アルメニア 亞美尼亞	アルメニア共和国 亞美尼亞共和國	エレバン 埃裏溫
イギリス 英國	グレートブリテン・北部アイルランド連合王国 大不列顛及北愛爾蘭聯合王國	ロンドン 倫敦
イスラエル 以色列	イスラエル国 以色列國	エルサレム 耶路撒冷
イタリア 意大利	イタリア共和国 意大利共和國	ローマ 羅馬

通　　称	国　　名	首都(府)
イラク 伊拉克	イラク共和国 伊拉克共和國	バグダッド 巴格達
イラン 伊朗	イラン・イスラム共和国 伊朗伊斯蘭共和國	テヘラン 德黑蘭
インド 印度	インド 印度共和国	ニューデリー 新德裏
インドネシア 印度尼西亞	インドネシア共和国 印度尼西亞共和國	ジャカルタ 雅加達
ウガンダ 烏干達	ウガンダ共和国 烏干達共和國	カンパラ 坎帕拉
ウクライナ 烏克蘭	ウクライナ 烏克蘭	キエフ 基輔
ウズベキスタン 烏茲別克斯坦	ウズベキスタン共和国 烏茲別克斯坦共和國	タシケント 塔什乾
ウルグアイ 烏拉圭	ウルグアイ東方共和国 烏拉圭東岸共和國	モンテビデオ 蒙得維的亞
エクアドル 厄瓜多爾	エクアドル共和国 厄瓜多爾共和國	キト 基多
エジプト 埃及	エジプト・アラブ共和国 阿拉伯埃及共和国	カイロ 開羅
エストニア 愛沙尼亞	エストニア共和国 愛沙尼亞共和國	タリン 塔林
エチオピア 埃塞俄比亞	エチオピア連邦民主共和国 埃塞俄比亞聯邦民主共和國	アディスアベバ 亞的斯亞貝巴
オーストラリア 澳大利亞	オーストラリア 澳大利亞聯邦	キャンベラ 堪培拉
オーストリア 奧地利	オーストリア共和国 奧地利共和國	ウィーン 維也納

通　　称	国　　名	首都(府)
ケニア 肯尼亞	ケニア共和国 肯尼亞共和國	ナイロビ 内羅畢
コートジボアール 科特迪瓦	コートジボアール共和国 科特迪瓦共和國	ヤムスクロ 亞穆蘇克羅
コスタリカ 哥斯達黎加	コスタリカ共和国 哥斯達黎加共和國	サンホセ 聖何塞
コロンビア 哥倫比亞	コロンビア共和国 哥倫比亞共和國	サンタフェデボゴタ 聖菲波哥大
サウジアラビア 沙特阿拉伯	サウジアラビア王国 沙特阿拉伯王國	リヤド 利雅得
ザンビア 贊比亞	ザンビア共和国 贊比亞共和國	ルサカ 盧薩卡
ジャマイカ 牙買加	ジャマイカ 牙買加	キングストン 金斯敦
シリア 叙利亞	シリア・アラブ共和国 阿拉伯叙利亞共和國	ダマスカス 大馬士革
シンガポール 新加坡	シンガポール共和国 新加坡共和國	シンガポール 新加坡
スイス 瑞士	スイス連邦 瑞士聯邦	ベルン 伯爾尼
スウェーデン 瑞典	スウェーデン王国 瑞典王國	ストックホルム 斯德哥爾摩
スーダン 蘇丹	スーダン共和国 蘇丹共和國	ハルツーム 喀士穆
スペイン 西班牙	スペイン 西班牙	マドリード 馬德裏
スリランカ 斯裏蘭卡	スリランカ民主社会主義 共和国 斯裏蘭卡民主社會主義共 和國	スリジャヤワルダナプ ラコッテ 斯裏貫亞瓦德納普拉科 提

通　　称	国　　名	首都(府)
オランダ 荷蘭	オランダ王国 荷蘭王國	アムステルダム 阿姆斯特丹
ガーナ 加納	ガーナ共和国 加納共和國	アクラ 阿克拉
カザフスタン 哈薩克斯坦	カザフスタン共和国 哈薩克斯坦共和國	アスタナ 阿斯塔納
カタール 卡塔爾	カタール国 卡塔爾國	ドーハ 多哈
カナダ 加拿大	カナダ 加拿大	オタワ 渥太華
カメルーン 喀麥隆	カメルーン共和国 喀麥隆共和國	ヤウンデ 雅溫得
韓国 韓國	大韓民国 大韓民國	ソウル 漢城
カンボジア 柬埔寨	カンボジア 柬埔寨	プノンペン 金邊
ギニア 幾内亞	ギニア共和国 幾内亞共和國	コナクリ 科納克裏
キューバ 古巴	キューバ共和国 古巴共和國	ハバナ 哈瓦那
ギリシャ 希臘	ギリシャ共和国 希臘共和國	アテネ 雅典
グアテマラ 危地馬拉	グアテマラ共和国 危地馬拉共和國	グアテマラシティ 危地馬拉
クウェート 科威特	クウェート国 科威特國	クウェート市 科威特
グリーンランド 格陵蘭	グリーンランド 格陵蘭	ゴットホープ 戈特霍布
クロアチア 克羅地亞	クロアチア共和国 克羅地亞共和國	ザグレブ 薩格勒布

通　　称	国　　名	首都(府)
スロバキア 斯洛伐克	スロバキア共和国 斯洛伐克共和國	ブラチスラバ 布拉迪斯拉發
セネガル 塞内加爾	セネガル共和国 塞内加爾共和國	ダカール 達喀爾
タイ 泰國	タイ王国 泰王國	バンコク 曼谷
台湾 台灣	中華民国 中華民國	台北 台北
タンザニア 坦桑尼亞	タンザニア連合共和国 坦桑尼亞聯合共和國	ダルエスサラーム 達累斯薩拉姆
チェコ 捷克	チェコ共和国 捷克共和國	プラハ 布拉格
中央アフリカ 中非	中央アフリカ共和国 中非共和國	バンギ 班吉
中国 中國	中華人民共和国 中華人民共和國	北京 北京
チュニジア 突尼斯	チュニジア共和国 突尼斯共和國	チュニス 突尼斯
朝鮮 朝鮮	朝鮮民主主義人民共和国 朝鮮民主主義人民共和國	ピョンヤン 平壤
チリ 智利	チリ共和国 智利共和國	サンティアゴ 聖地亞哥
デンマーク 丹麥	デンマーク王国 丹麥王國	コペンハーゲン 哥本哈根
ドイツ 德國	ドイツ連邦共和国 德意志聯邦共和國	ベルリン 柏林
ドミニカ 多米尼加	ドミニカ国 多米尼加國	ロゾー 羅佐
トルコ 土耳其	トルコ共和国 土耳其共和國	アンカラ 安卡拉

通　称	国　名	首都(府)
トンガ 湯加	トンガ王国 湯加王國	ヌクアロファ 努庫阿洛法
ナイジェリア 尼日利亞	ナイジェリア連邦共和国 尼日利亞聯邦共和國	アブジャ 阿布貢
ニカラグア 尼加拉瓜	ニカラグア共和国 尼加拉瓜共和國	マナグア 馬那瓜
ニジェール 尼日爾	ニジェール共和国 尼日爾共和國	ニアメ 尼亞美
西サハラ 西撒哈拉	西サハラ独立国 西撒哈拉獨立國	アイウン 阿尤恩
西サモア 西薩摩亞	西サモア 西薩摩亞	アピア 阿皮亞
日本 日本	日本国 日本國	東京 東京
ニューカレドニア 新喀裏多尼亞	ニューカレドニア（仏） 新喀裏多尼亞（法）	ヌーメア 努美阿
ニュージーランド 紐蘭	ニュージーランド 紐西蘭	ウェリントン 惠靈頓
ネパール 尼泊爾	ネパール王国 尼泊爾王國	カトマンズ 加德滿都
ノルウェー 挪威	ノルウェー王国 挪威王國	オスロ 奥斯陸
バーレーン 巴林	バーレーン国 巴林國	マナマ 麥納麥
ハイチ 海地	ハイチ共和国 海地共和國	ポルトープランス 太子港
パキスタン 巴基斯坦	パキスタン・イスラム共和国 巴基斯坦伊斯蘭共和國	イスラマバード 伊斯蘭堡
パナマ 巴拿馬	パナマ共和国 巴拿馬共和國	パナマシティ 巴拿馬城
バハマ 巴哈馬	バハマ国 巴哈馬國	ナッソー 拿騷

通　　　称	國　　　名	首都(府)
パプア・ニューギニア 巴布亞新幾内亞	パプア・ニューギニア 巴布亞新幾内亞	ポートモレスビー 莫爾茲比港
パラグアイ 巴拉圭	パラグアイ共和国 巴拉圭共和國	アスンシオン 亞松森
ハンガリー 匈牙利	ハンガリー共和国 匈牙利共和國	ブダペスト 布達佩斯
バングラデシュ 孟加拉國	バングラデシュ人民共和国 孟加拉人民共和國	ダッカ 達卡
フィジー 斐濟	フィジー共和国 斐濟共和國	スバ 蘇瓦
フィリピン 菲律賓	フィリピン共和国 菲律賓共和國	マニラ 馬尼拉
フィンランド 芬蘭	フィンランド共和国 芬蘭共和國	ヘルシンキ 赫爾辛基
ブラジル 巴西	ブラジル連邦共和国 巴西聯邦共和國	ブラジリア 巴西利亞
フランス 法國	フランス共和国 法蘭西共和國	パリ 巴黎
ブルガリア 保加利亞	ブルガリア共和国 保加利亞共和國	ソフィア 索非亞
ブルネイ 汶萊	ブルネイ・ダルサラーム国 汶萊達魯薩蘭國	バンダル・スリ・ブガワン 斯裏巴加灣市
ベトナム 越南	ベトナム社会主義共和国 越南社會主義共和國	ハノイ 河内
ベネズエラ 委内瑞拉	ベネズエラ共和国 委内瑞拉共和國	カラカス 加拉加斯
ペルー 秘魯	ペルー共和国 秘魯共和國	リマ 利馬

通　　　称	国　　名	首都(府)
ベルギー 比利時	ベルギー王国 比利時王國	ブリュッセル 布魯塞爾
ポーランド 波蘭	ポーランド共和国 波蘭共和國	ワルシャワ 華沙
ボリビア 玻利維亞	ボリビア共和国 玻利維亞共和國	ラパス 拉巴斯
ポルトガル 葡萄牙	ポルトガル共和国 葡萄牙共和國	リスボン 裏斯本
ホンジュラス 洪都拉斯	ホンジュラス共和国 洪都拉斯共和國	テグシガルパ 特古西加爾巴
マダガスカル 馬達加斯加	マダガスカル共和国 馬達加斯加共和國	アンタナナリボ 塔那那利佛
マリ 馬裏	マリ共和国 馬裏共和國	バマコ 巴馬科
マルタ 馬耳他	マルタ共和国 馬耳他共和國	バレッタ 瓦萊塔
マレーシア 馬來西亞	マレーシア 馬來西亞	クアラルンプール 吉隆坡
ミクロネシア 密克羅尼西亞	ミクロネシア連邦 密克羅尼西亞聯邦	パリキール 帕利基爾
南アフリカ 南非	南アフリカ共和国 南非共和國	プレトリア 比勒陀利亞
ミャンマー 緬甸	ミャンマー連邦 緬甸聯邦	ヤンゴン 仰光
メキシコ 墨西哥	メキシコ合衆国 墨西哥合衆國	メキシコシティ 墨西哥城
モザンビーク 莫桑比克	モザンビーク共和国 莫桑比克共和國	マプート 馬普托
モナコ 摩納哥	モナコ公国 摩納哥公國	モナコ 摩納哥

世界各国・首都(首府)名称 575

通　　称	国　　名	首都(府)
モルドバ 摩爾多瓦	モルドバ共和国 摩爾多瓦共和國	キシニョフ 基什尼奥夫
モロッコ 摩洛哥	モロッコ王国 摩洛哥王國	ラバト 拉巴特
モンゴル 蒙古	モンゴル国 蒙古國	ウランバートル 烏蘭巴托
ユーゴスラビア 南斯拉夫	ユーゴスラビア連邦共和国 南斯拉夫聯邦共和國	ベオグラード 貝爾格萊德
ヨルダン 約旦	ヨルダン・ハシミテ王国 約旦哈希姆王國	アンマン 安曼
ラオス 老撾	ラオス人民共和国 老撾人民共和國	ビエンチャン 萬象
ラトビア 拉脱維亞	ラトビア共和国 拉脱維亞共和國	リガ 裏加
リビア 利比亞	社会主義人民リビア・アラブ国 大阿拉伯利比亞人民社會主義民衆國	トリポリ 的黎波裏
リヒテンシュタイン 列支敦士登	リヒテンシュタイン公国 列支敦士登公國	ファドゥーツ 瓦杜茲
リトアニア 立陶宛	リトアニア共和国 立陶宛共和國	ビリニュス 維爾紐斯
ルーマニア 羅馬尼亞	ルーマニア 羅尼亞	ブカレスト 布加勒斯特
ルクセンブルク 盧森堡	ルクセンブルク大公国 盧森堡大公國	ルクセンブルク 盧森堡
レバノン 黎巴嫩	レバノン共和国 黎巴嫩共和國	ベイルート 貝魯特
ロシア 俄羅斯	ロシア連邦 俄羅斯聯邦	モスクワ 莫斯科

■役に立つ表現■

I 挨拶（打招呼）

おはよう。	早安。 ツォアン
こんにちは。	你好。 ニイハウ
こんばんは。	你好。 ニイハウ
おやすみなさい。	晩安。 ワンアン
さようなら。	再見。 ツァイチェン
お元気ですか。	你好嗎。 ニイハウマ
元気です。	很好。 フェンハウ
はい／いいえ。	是／不是。 シー／プーシ
ありがとう。	謝謝。 シェシェ
ごめんなさい。	對不起。 テェプチー

II 会社訪問（公司訪問）

こんにちは。	你好。 ニイハウ

役に立つ表現 577

鈴木と申します。	我姓鈴木。 ウォシンリンム
わたしの名刺です。	這是我的名片。 チャシウォデミンペン
どうぞ宜しくお願いします。	請多多指教。 チントトチチャ
私は鈴木会社で営業課長を担当しております。	我在鈴木公司營業部擔任課長。 ウォツァィリンムコンシインイェプタンリンコチャン
これはつまらない物ですが。	這是一點小意思。 チャシイテンシァゥイシ
恐縮ですが。	不好意思。 ブハゥイシ
ありがとうございます。	謝謝。 シェシェ
台湾は初めてです。	第一次來台灣。 ディイツライタイワン
昨日着いたばかりです。	昨天剛到。 ツォテンカンデォ
五日間滞在するつもりです。	打算停留五天左右。 タサンティンリョウウテンツォヨ
これは見積書です。	這是估價單。 チャシクチャタン
同意できません。	我們不同意。 ウォムンプトンイ
契約をしておきましょうか。	訂個合約吧。 ティンホーヨーパ
夜また会いましょう。	晚上見。 ウァンシャンチェン

578　役に立つ表現

また今度。	下次再來。	シャツツァイライ
失礼いたします。	告辭了。	カッツーレ
問題はありません。	沒有問題。	メイヨウウェンティー
問題があります。	有問題。	ヨウウェンティー

III ホテルで（在飯店）

予約しておきました。	我預約過了。	ウォユーヨーコレ
チェックインお願いします。	我要住房。	ウォイァウジュファン
日本人です。	我是日本人。	ウォシーブンリン
シングルを一室お願いします。	一間單人房。	イチェンタンジンファン
一泊おいくらですか。	一個晚上多少錢。	イコウァンシャントシャウチェン
三泊お願いします。	我要住三個晚上。	ウォイァウジュサンコウァンシャン
パスポートです。	這是我的護照。	チャシウォデフーチャウ
クレジットカードは使えますか。	可以刷卡嗎。	コイシャカーマ
朝食はついていますか。	有附早餐嗎。	ヨーフツァウツァンマ

役に立つ表現 579

朝食はどこで食べるのですか。	早餐在哪裡吃呢。 ツァウツァンツァイナー リーツネ
公衆電話がありますか。	有公用電話嗎。 ヨー コンヨンテンファー マ
おみやげの店がありますか。	有土產店嗎。 ヨー トゥツァンテンマ
すみません。	對不起。 テェプチー
英語がわかりません。	我不會說英文。 ウォブー フェスォインウェン
タクシーを呼んでいただけませんか。	可以幫我叫計程車嗎。 コイパンウォチャウチー ツァンツェマ
両替できますか。	可以換錢嗎。 コイファンチェンマ
近くにコンビニはありますか。	附近有便利商店嗎。 フチンヨー ビェンリシャンテンマ
ルームサービスお願いします。	客房服務。 ケー ファンフー ウー
クリーニングお願いします。	我要送洗。 ウォイァウソンシー
サウナはありますか。	有三溫暖嗎。 ヨー サンウェンナンマ
営業時間は何時から何時までですか。	幾點開門幾點關門。 ジー テンカイマン、ジー テンクァンマン
チェックアウトお願いします。	我要退房。 ウォイァウテェファン
さようなら。	再見。 ツァイチェン

580　役に立つ表現

IV おみやげの店で (土產店)

お茶を買いたいのですが。	我想買茶葉。 ウォシャンマイチャイェ
おいくらですか。	多少錢？ トシャチェン
ちょっと高いですね。	太貴了。 タイクェーレ
もっと安いのはありませんか。	有沒有便宜一點的。 ヨー メイヨー ピェンイイテンテ
ちょっと負けてもらえませんか。	能不能算便宜一點。 ノンプノンサンピェンイイテン
まとめて買ったら、安くしてもらえませんか。	買多一點可以便宜一點嗎。 マイトイテンコイペンイー イテンマ
あれを見せてください。	那個我看一下。 ナコウォカンイシャ
部屋まで運んでもらえませんか。	可以送到房間嗎。 コイソントウファンチェンマ
三個ください。	我要三個。 ウォイァウサンコ
包装してください。	請包一下。 チンパウイシャ
日本まで郵送してもらえませんか。	可以寄到日本嗎。 コイチー トァウリー プンマ
時間はどれ位かかりますか。	要多久時間。 イァウトチョー シーチェン
キャッシュでお願いします。	我付現。 ウォフシェン

役に立つ表現　581

JCBカードは使えますか。	收JCB卡嗎。 ショーJCBカーマ
税込みですか。	含稅嗎。 ハンスェーマ
見るだけですが。	只是看看。 ジーシカンカン
返品できますか。	可以退貨嗎。 コイテーフォーマ
別々にしてください。	分開包。 フェンカイパウ
紙袋をもらっていいですか。	可以給我袋子嗎。 コイケーウォタイツマ

Ⅴ 空港で（在機場）

仕事で来ました。	我來談生意。 ウォライタンセンイ
台北ホテルに泊まります。	住台北大飯店。 ジュタイペイタイフェンテン
荷物は一つだけです。	只有一件行李。 ジュヨーイチェンシンリ
タバコ2カートンとお酒が一本あります。	我帶了兩條煙和一瓶酒。 ウォタイレリァンティェンハンイピンチョー
台湾は暑いですね。	台灣好熱。 タイワンハウレー
ほとんど毎月来ます。	幾乎每個月都來。 ジフメイコイェトライ
台湾が大好きです。	很喜歡台灣。 フェンシファンタイワン

楽しかったです。	很好玩。 フェンハゥワン
また来ます。	還會再來。 ハイフェー ツァイライ
JALのカウンターはどこですか。	日亞航櫃台在哪裏。 ジー ヤハンケー タイツァイナリ
窓側をお願いします。	要靠窗的。 イァウカウツァンデ
荷物はありません。	沒有行李。 メイヨー シンリー
登乗口は何番ですか。	幾號登機門。 ジー ハゥトンジモン
これを預けてもらいたいのですが。	這個要寄放。 チャコイァウジー ファン
バス乗り場はどちらですか。	巴士在哪裏搭。 バシー ツァイナー リタ

VI レストランで (在餐廳)

二人です。	兩位。 リァンウェー
どれくらい待ちますか。	要等多久。 イァウトントチョー
喫煙席をお願いします。	要抽煙席。 イァウチョイェンシー
日本語のメニューはありますか。	有日文菜單嗎。 ヨー リー ウンツァイタンマ
灰皿をお願いします。	我要煙灰缸。 ウォイァウイェンフェー カン

これは何ですか。	這是什麽。 チャシシャモ
ウーロン茶はありますか。	有烏龍茶嗎。 ヨー ウロンチャマ
水をください。	有開水嗎。 ヨー カイスイマ
持ち帰りにしたいのですが。	可以打包嗎。 コイター パゥマ
つまようじはありますか。	有牙籤嗎。 ヨー イァー チェンマ
お手洗いはどちらですか。	洗手間在哪。 シスォチェンツァイナー
バイキングですか。	是吃到飽的嗎。 シー ツトァウパゥテマ
小皿をください。	我要小盤子。 ウォイァウシャウペンツ
ホットコーヒーお願いします。	我要熱咖啡。 ウォイァウレー カフェ
会計してください。	我要買單。 ウォイァウマイタン
おいしかったです。	很好吃。 フェンハゥツ
領収書をください。	我要收據。 ウォイァウショチュー

Ⅶ タクシーに乗る（坐計程車）

台北ホテルまでお願いします。	我要到台北飯店。 ウォイァウタゥタイペイファンテン

メーターによる料金でお願いします。	照跳錶算。 チャウティアオピャウサン
千元札でよろしいですか。	一千塊可以找嗎。 イチェンカイコイザオマ
エアコンをつけて貰えませんか。	可以開冷氣嗎。 コイカイレンチーマ
中国語はわかりません。	我不懂中文。 ウォプトンチョンウェン
ここらへんに止めてください。	請這邊停。 チンチャペンティン
小銭を持っていません。	我沒有零錢。 ウォメイヨーリンチェン
お釣をください。	請找錢。 チンザオチェン
急いでください。	請快點。 チンカイテン
空港までどれくらいですか。	到機場多久。 トウジーツァントチョー
トランクを開けてもらえませんか。	後車箱開一下好嗎。 ホーチャシャンカイイシャハウマ

Ⅷ スナックで（在酒店）

お嬢さんは綺麗ですね。	小姐好漂亮。 シャオチェハゥピャウリャン
お酒はだめです。	我不會喝酒。 ウォプフェーフォチョー
どうぞ飲んでください。	你請喝。 ニーチンフォー

おごります。	我請客。 ウォチンコ
台湾ビールは大好き。	我最喜歡台灣啤酒。 ウォツェーシファンタイワンピーチョ
おかわりください。	再來一杯。 ツァイライイペイ
まだ独身です。	我還是單身。 ウォハイシタンシェン
結婚しています。	我結婚了。 ウォチェーフェンレ
歌が下手です。	我不會唱歌。 ウォプフェーチャンコ
お歌が上手ですね。	你歌唱的很好。 ニーコチャントフェンハウ
お年は幾つですか。	你幾歲。 ニージースェ
出身地はどこですか。	你是哪裏人。 ニーシナーリレン
趣味は何ですか。	興趣是什麼。 シンチーシシャモ
好きな食べ物は何ですか。	你喜歡吃什麼。 ニーシーファンチシャモ
あしたもデートできますか。	明天可以約會嗎。 ミンテンコイユエーフェーマ
あした五時にお会いしましょう。	明天五點見面。 ミンテンウーテンチェンメン
ちょっとお腹が空いた。	肚子餓了。 トゥツエーレ
夜食に行きませんか。	要不要去吃宵夜。 イァウプーイァウチーツーシャイエー

お風呂に入りたい。	我想洗個澡。 ウォシャンシー コツァウ
電話番号を教えてください。	電話號碼幾號。 テンファー ハゥマー ジー ハゥ
マッサージをお願いしたいのですが。	我想按摩。 ウォシャンアンモー
二次会に行きませんか。	要不要去第二攤。 イァウブー イァウチー ディーエー タン
夜市に行きたいのですが。	我想去夜市。 ウォシャンチー イエー シ
何かおいしいものはありませんか。	有什麼好吃的。 ヨー シャモ ハッツート
これはだめですね。	這個不行。 チャコブー シン
明日また来てもいいですか。	我明天再來好嗎。 ウォミンテンザイライハウマ
お世話になりました。	謝謝你了。 シェシェニー レ
おやすみなさい。	晚安。 ワンアン

IX いざという時

助けてください。	救命。 チョー ミン
警察を呼んでください。	叫警察來。 チャウチンチャライ
バッグを無くしてしまいました。	皮包不見了。 ピーパァウブー チェンレ

日本大使館に電話したいです。	我要打電話給日本大使館。 ウォイァウタテンファケー ジプンタシー クェン
気分が悪いです。	我不舒服。 ウォプシュフー
お腹が痛いです。	我肚子痛。 ウォトッツトン

■役に立つ単語■

I 曜日、月など

月曜日	星期一	シンチーイ
火曜日	星期二	シンチーエ
水曜日	星期三	シンチーサン
木曜日	星期四	シンチーシ
金曜日	星期五	シンチーウ
土曜日	星期六	シンチーリョ
日曜日	星期日	シンチーリ

一月	一月	イーイェ	二月	二月	エーイェ
三月	三月	サンイェ	四月	四月	シーイェ
五月	五月	ウーイェ	六月	六月	リョイェ
七月	七月	チーイェ	八月	八月	パーイェ
九月	九月	チョーイェ	十月	十月	シーイェ
十一月	十一月	シーイイェ	十二月	十二月	シーエイェ

今日	今天	チンテン	明日	明天	ミンテン
明後日	後天	ホーテン	昨日	昨天	ツォーテン
おととい	前天	チェンテン	午前	上午	シャンウ
午後	下午	シャウ			

II 数字

1	イ	2	エー	3	サン	4	シー	5	ウー
6	リョー	7	チー	8	パー	9	チョー	10	シー
11	シーイ	12	シーエ	13	シーサン	14	シーシ	15	シーウ
16	シーリョ	17	シーチ	18	シーパ	19	シーチョ	20	エーシ
30	サンシー	40	シーシ	50	ウーシ	60	リョシー	70	チーシ
80	パーシ	90	チョーシ	100	イパイ	1000	イチェン		

III サイズ、色

大きい	大的	ターデ	小さい	小的	シャウデ
長い	長的	チャンデ	短い	短的	タンデ
白い	白的	パイデ	黒い	黒的	ヘーデ
黄色い	黄的	ファンデ	緑色	綠的	リューデ
オレンジ色	橘的	チューデ	紫色	紫的	ツーデ
桃色	粉紅的	フェンホンデ	紺色	深藍的	シンランデ
水色	藍的	ランデ	茶色	珈琲色的	カフェデ

IV 郵便、電話

葉書	明信片	ミンシンペン
切手	郵票	ヨーピャウ
書留	掛號	カーハウ
航空便	航空	ハンコン
EMS	國際快遞	コージカイティ
印刷物	印刷品	インシャピン
封筒	信封	シンフォン
快速	限時	シェンシー
小包	小包	シャオパウ
船便	船運	ツァンイン

市内電話	市内電話	シネデンファ
市外電話	市外電話	シワイデンファ
国際電話	國際電話	コージデンファ
公衆電話	公用電話	コンヨンデンファ
交換手	總機	ツォンチ
テレフォンカード	電話卡	デンファカ
コイン	硬幣	インピー
IC電話カード	IC電話卡	ICデンファカ

V 飲みもの

おひや	開水	カイスェイ
お茶	茶	チャー
ミルクティー（タピオカ入り）	珍珠奶茶	チェンジュナイチャ
ウィスキー	威士忌	ウェイスチ
ワイン	葡萄酒	プータオチョウ
ジン	琴酒	チンチョウ
ウォッカ	伏特加	フートージャ
ブランデー	白蘭地	バイランティ
ビール	啤酒	ピーチョウ
紹興酒	紹興酒	サウシンチョウ
ジュース	果汁	コーチ
オレンジジュース	柳橙汁	リョウチェンチ
リンゴジュース	蘋果汁	ピンコーチ
トマトジュース	蕃茄汁	ファンチェーチ
ミックスジュース	綜合果汁	ゾンヘーコーチ
コカ・コーラ	可口可樂	ケーコウケーレ
7-UP	七喜汽水	チーシーチースェイ
ポカリスエット	寶礦力水得	バオクァンリスェイデー
紅茶	紅茶	ホンチャ
コーヒー	咖啡	カーフェ
緑茶	緑茶	リューチャ
烏龍茶	烏龍茶	ウーロンチャ
ホット	熱的	レーデ
アイス	氷的	ピンデ

役職対照表 (職稱對照表)

代表取締役社長	董事長 トンシー チャン
専務取締役	總經理 ツォンチンリ
常務取締役	常務董事 ツァンウー トンシー
総務部長	庶務經理 シュウー チンリ
企画部長	企畫經理 チー ファー チンリ
経理部長	總務經理 チォンウー チンリ
営業部長	業務經理 イェー ウチンリ
広報部長	公關經理 コンカンチンリ
社長秘書	經理秘書 チンリミーシュ
名誉顧問	名譽顧問 ミンユー クーウン

コンピュータ用語

ア

アイコン　icon　圖示
アクセス　access　連結
圧縮　compress, pack　壓縮
アットマーク　＠＝at sign　小老鼠
アプリケーション　application software　應用軟體，應用程式
印刷　print, print out　列印
インストール　install　安裝
インターネット　the Internet　網際網路
イントラネット　intranet　內存網路，企業內部網路
ウィンドウ　window　視窗
液晶ディスプレイ　LCD (liquidcrystal display)　液晶顯示器
エラー　error　錯誤，出錯
オペレーティングシステム　OS＝Operating System　作業系統
オンライン　online　線上

カ

解凍　unpack　復原
拡張ボード　expansion board　擴充板
画像ファイル　image file　影像檔案
壁紙　wallpaper　桌布
カラープリンタ　color printer　彩色印表機
漢字変換　convert to chinese characters　漢字轉換
キー　key　鍵
キーボード　keyboard　鍵盤
起動　start, begin　開機
共有　share　共用，共享
クリック　click　按滑鼠
ケーブル　cable　電纜

検索エンジン　search engine　　搜尋引擎
更新　update　　更新
互換性　compatibility　　相容性
コマンド　command　　指令
ゴミ箱　trash　　資源回收筒
コントロール・パネル　control panel　　控制台
コンバート　convert　　變換
コンピュータ　computer　　電腦
コンピュータウィルス　virus　　病毒

サ

サーバ　server　　伺服器
再起動　restart, reboot　　重新啟動
CDロム　CD-ROM　　光碟片
自動ハイフネーション　automatic hyphenation　　自動連字
出力　output　　輸出
初期化　initialize　　起始
初期設定　default setting　　起始設定
書体　type face　　字體
スペルチェッカー　spell checker　　拼字檢查
ソート　sort　　分類；排序
ソフトウェア　software　　軟體

タ

タワー型パソコン　tower computer　　直立式電腦
チャット　chat　　聊天室
中央揃え　centering　　置中
データ　data　　資料
データベース　data base　　資料庫
テキスト編集　word processing　　字處理技術，詞處理技術
デジタルカメラ　digital camera　　數位照相機
デスクトップ　desktop　　桌面
デスクトップ・パブリッシング　DTP＝desktop publishing　　桌面編輯
デスクトップ型パソコン　desktop computer　　桌上型電腦
テレコミュニケーション　telecommunication　　電信

電子メール　　e-mail, Email　　　電子郵件
電子メールアドレス　　e-mail address　　　電子郵件位址
トナーカートリッジ　　toner cartridge　　　墨水匣
ドメイン　　domain　　　域，定義域
ドライバ　　driver　　　驅動程式
ドライブ　　drive　　　驅動器

ナ

入力　input　　輸入
ネットワーク　　network　　　網路
ネットワークプリンタ　　network printer　　　網路印表機
ノート型パソコン　　notebook computer　　　筆記型電腦

ハ

ハードウェア　　hardware　　　硬體
ハードディスク　　hard disk　　　硬碟
バグ　　bug　　　故障，程序錯誤
パソコン　　personal computer　　　個人電腦
ハッカー　　hacker　　　駭客
左揃え　　align left　　　靠左對齊
表計算ソフト　　spread-sheet program　　　表計算程式
ピンイン入力　　enter pinyin　　　輸入大陸拼音
ファイルシステム　　filing system　　　編檔系統
ファイル管理　　file management　　　檔案管理
フォーマット　　format　　　格式
フォルダ　　folder　　　資料夾
フォント　　font　　　字形
フォントファイル　　font file　　　字形檔案
複製　　duplicate　　　複製
ブラウザ　　browser　　　瀏覽器
プリンタ　　printer　　　印表機
プログラム　　program　　　程式
プロセス　　process　　　處理；過程
フロッピーディスク　　floppy disk　　　磁碟片
プロトコル　　protocol　　　議定

プロバイダ　internet service provider　　網路服務提供者，伺服器提供者
文書ファイル　　document　　　文件
ヘルプ　　help　　　說明
編集　　edit　　　編輯
ホームページ　　homepage　　　網頁
ホストコンピュータ　　host computer　　　主電腦

マ

マイクロプロセッサ　　microprocessor　　　微處理機
マウス　　mouse　　　滑鼠
マザーボード　　mother board　　　主機板
マルチメディア　　multimedia　　　多媒體
右寄せ　　align right　　　靠右對齊
メインボード　　main board　　　主要介面板
メールボックス　　mailbox　　　電子信箱
メモリ　　memory　　　記憶體
モデム　　modem　　　數據機
モニタ　　monitor　　　顯示器
モノクロプリンタ　　monochrome printer　　　單色印表機

ヤ—ワ

ユーザ　　user　　　用戶，使用者
レーザープリンタ　　laser printer　　　雷射印表機
ワークステーション　　work station　　　工作站
ワープロソフト　　word processing program　　　文字處理程式

MEMO

MEMO

MEMO

MEMO

ポータブル新日中辞典 [繁体字版]

2002年7月15日　第1刷発行

監　修　蘇文山
編　者　王萍　徐瓊　許英淑　蔡曉軍
　　　　于潮　沈希紅　彭廣陸
発行者　前田完治
発行所　株式会社 三修社
　　　　〒110-0004　東京都台東区下谷1-5-34
　　　　電話 03-3842-1711／FAX 03-3845-3965
　　　　http://www.sanshusha.co.jp/
印刷製本　大日本印刷株式会社

©2002 Printed in Japan
ISBN4-384-00420-6 C0587
Ⓡ〈日本複写権センター委託出版物〉

※本書は台湾・文橋出版社とのライセンス契約に基づき日本で印刷したものです。

この辞典は、元来、われわれが日本語を学ぶことを目的に編纂されたものである。したがって、本来の日本語を基準とすれば、見出し語や訳文において若干おかしいと思われる表記があるかもしれない。また歴史観、社会的習慣あるいは制度など、両国の間の差により、差別的であると感じられる表記もあるかもしれない。しかし、両国の読者各位におかれてはこのような点を深く理解されてご了解くださることを願う。　台湾・文橋出版社

装幀　銀月堂

本書は『繁体字版日中辞典 第二版』(2001年小社刊)を縮刷したものです。